ISBN 978-0-332-71020-4
PIBN 11227609

I.

Privilegium.

Wir Maximilian Joseph,
von Gottes Gnaden König von Bayern etc.

Wir haben Uns bewogen gefunden, der Versorgungsanstalt für geistliche Witwen und Waisen im Rheinkreise zu ihrer bessern Begründung ein Privilegium auf den Druck und Verlag des neuen Gesangbuches für die dortige vereinigte evangelische Kirchengemeinde sowohl, als auf alle für den Rhein= kreis erscheinenden protestantischen liturgischen Schriften und die in den Schulen einzuführenden Religionsbücher zu verleihen.

Wir ertheilen daher gedachter Pfarrwitwen= und =Waisen= Pensionsanstalt das Recht, zur Erzielung möglichst wohlfeiler Preise und der nöthigen Gleichförmigkeit obengenannte Bücher ganz allein zu verlegen, zu drucken, auszugeben und feil zu halten, und dieselben durch aufgestellte Commissarien im ganzen Rheinkreise verkaufen zu lassen.

Demzufolge verbieten Wir allen Unsern Unterthanen, in= sonderheit aber allen in Unsern Staaten angesessenen Buch= druckern und Buchhändlern, bei Vermeidung Unserer aller= höchsten Ungnade und einer Strafe von einhundert Dukaten, wovon jedesmal die Hälfte Unserer Staatskasse, die andere Hälfte aber besagter Anstalt zufallen soll, sich unter keinerlei Form und Vorwand, weder mittel= noch unmittelbar, einen Nachdruck oder Debit gemeldeter Bücher und Schriften zu er= lauben.

Zugleich ermächtigen Wir Unser protestantisches Consi= storium zu Speier als Aufsichtsbehörde jener Anstalt, zur Sicherung dieses Privilegiums bei verspürten Eingriffen mit Hilfe Unserer Obrigkeiten gegen die Beeinträchtigenden ein= zuschreiten, die unrechtmäßigen Auflagen wegnehmen zu lassen und nach den darüber erhaltenen Weisungen damit zu schalten; weshalb zu Jedermanns Kenntnis und Warnung die in dem Verlage gemeldeter Anstalt erscheinenden Schriften mit einem besondern Stempel vor der Abgabe zu bezeichnen sind.

Zu dessen Urkunde haben Wir diesen Brief allerhöchst eigen= händig unterschrieben, Unser königliches Insigel vordrucken lassen und die Bekanntmachung desselben durch das allgemeine Regierungs= und Intelligenzblatt befohlen.

Gegeben Tegernsee, den fünfzehnten September im Jahre eintausend achthundert zwei und zwanzig, Unseres Reiches im siebenzehnten.

Max Joseph.

(L. S.) Graf von Thürheim.

Auf königlichen allerhöchsten Befehl:

Der General-Secretär:

Statt dessen:

Staudacher,
Geheimer Secretär.

II.

Nr. 6383.

Königreich Bayern.

Staatsministerium des Innern

für Kirchen- und Schulangelegenheiten.

Auf den Bericht untenbezeichneten Betreffes vom 31. Julius lauf. Jahrs wird erwidert, daß das der pfälzischen Pfarrwitwen-kasse unter dem 15. September 1823 allergnädigst verliehene Privilegium unbezweifelt auch auf das durch aller-höchste Entschließung vom 2. Julius lauf. Jahrs num. 5140 genehmigte neue Gesangbuch für die vereinigte protestantische Kirche der Pfalz seine volle Anwendung finde, indem sich das gedachte Privilegium nach seinem bestimmten Wortlaute auf alle für den Rheinkreis (Pfalz) erscheinenden protestantischen liturgischen Schriften erstreckt, zu welchen Schriften Gesangbücher unstreitig gehören.

München, den 13. September 1858.

Auf Seiner königlichen Majestät allerhöchsten Befehl
(Gez.) **Dr. von Aschenbrenner.**

An
das k. prot. Consistorium
zu
Speier.

Durch den Minister
der Generalsecretär,
an dessen Statt:
Der Ministerialassessor.
(Gez.) Freiherr von Hermann.

Das neu einzuführende Gesangbuch
betreffend.

Inhalts-Verzeichnis.

Der apostolische Gruß.
I. Von der Sabbathfeier oder vom Tage des Herrn.

IV. Das Leben des Glaubens.

V. Die christliche Gemeinde.

VI. Lieder für besondere Zeiten und Umstände.

Schlußlied.

Gottl. Friedr. Hillmer, 1784.

Die Gna-be unsers Herrn Jesu Chri = sti und die
Lie = be Got = tes und die Gemeinschaft des heilgen Gei=
stes sei mit uns Allen, mit uns Allen. A = men.

(2 Cor. 13, 13.)

I.

Von der Sabbathfeier oder vom Tage des Herrn.

---

1. Sonntägliche Morgenlieder.

**Herr, du bist würdig zu nehmen
Preis, Ehre und Kraft.**
(1 Tim. 1, 15—17.)

Weise 14. Herr Jesu Christ, dich zu uns wend.

1. Sei Lob, Ehr, Preis und Herrlichkeit Gott Vater bis in Ewigkeit, der alle Ding erschaffen hat und auch erhält durch seine Gnad.

2. Ehr sei auch seinem lieben Sohn, der alles Gute uns gethan, für uns am Stamm des Kreuzes starb und uns das Himmelreich erwarb.

3. Ehr sei auch Gott, dem heilgen Geist, der seine Hilf uns täglich leist, der uns die Wahrheit mach bekannt und uns eröffne den Verstand.

4. O heilige Dreifaltigkeit, du hochgelobte Einigkeit, erhör uns aus Barmherzigkeit und führ uns zu der Seligkeit!

Ver 1566. Verfasser unbekannt.

Herr, du erleuchtest meine Leuchte,
Der Herr, mein Gott, macht meine Finsternis Licht.
(Pf. 97, 11. 12.)

2. Weise: O Christe, Schußherr deiner Glieder. 1738.

O Licht, ge = boren aus dem Lich=te, du Sonne der Ge=
Du schickst uns wieder zu Ge = sich=te die an=ge=nehme

rech=tig=keit, drum will sich's ge = hö = ren, dank=bar=lich zu
Morgenzeit;

eh = ren die=se dei=ne Gunst. Gib auch unsern Sin=nen,

daß sie se=hen kön=nen dein=er Liebe Brunst.

2. Laß deines Geistes Morgenröthe in unsern dunkeln Herzen sein, daß sie mit ihren Stralen tödte der eitlen Werke kalten Schein! Siehe, Herr, wir wanken; Thun und auch Gedanken gehn auf falscher Bahn; du wollst unserm Leben deine Sonne geben, daß es wandeln kann.

3. Verknüpfe mit des Friedens Bande der armen Kirche schwache Schar, halt fern von unserm Vaterlande Verfolgung, Trübsal und Gefahr! Laß uns ruhig bleiben, unsern Lauf zu treiben diese kleine Zeit, bis wir dahin bringen, wo man dir wird singen Lob in Ewigkeit.

Martin Opiß, 1597—1639.

Das ist ein köstlich Ding, dem Herrn danken,
Und lobsingen deinem Namen, du Höchster.
(Pf. 103, 1—5. Pf. 104, 33. Hiob 10, 12.)

3. Eigne Weise. Joh. Crüger, 1653.

Lo = bet den Her = ren Al = le, die ihn eh = ren,

laßt uns mit Freu = den sei=nem Na=men sin = gen

und Dank und Preis zu sei-nem Al-tar brin-gen; lo = bet den Her=ren!

2. Der unser Leben, das er uns gegeben, in dieser Nacht so väterlich bedecket, und aus dem Schlaf uns fröhlich auferwecket; lobet den Herren!

3. Daß unsre Sinnen wir noch brauchen können und Händ und Füße, Zung und Lippen regen, das haben wir zu danken seinem Segen; lobet den Herren!

4. O treuer Hüter, Brunnen aller Güter, ach laß doch ferner über unser Leben bei Tag und Nacht dein Hut und Güte schweben; lobet den Herren!

5. Gib, daß wir heute, Herr, durch dein Geleite auf unsern Wegen unverhindert gehen und überall in deiner Gnade stehen; lobet den Herren!

6. Treib unsern Willen, dein Wort zu erfüllen, lehr uns verrichten heilige Geschäfte, und wo wir schwach sind, da gib du uns Kräfte; lobet den Herren!

7. Richt unsre Herzen, daß wir ja nicht scherzen mit deinen Strafen, sondern fromm zu werden vor deiner Ankunft uns bemühn auf Erden; lobet den Herren!

8. Herr, du wirst kommen und all deine Frommen, die sich bekehren, gnädig dahin bringen, wo alle Engel ewig, ewig singen: „Lobet den Herren!"

Paul Gerhardt, 1606—1676.

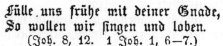

Fülle uns frühe mit deiner Gnade,
So wollen wir singen und loben.
(Joh. 8, 12. 1 Joh. 1, 6—7.)

4. Eigne Weise. 1704.

Mor=gen=glanz der E=wig=keit, Licht vom un=er=
Schick uns die=se Morgen=zeit bei=ne Stralen

schöpften Lich = te! und vertreib durch dei=ne Macht
zu Ge=sich=te

uns=re Nacht.

2. Deiner Güte Morgenthau
fall auf unser matt Gewissen;
laß die dürre Lebensau lauter
süßen Trost genießen und erquick
uns, deine Schar, immerdar.

3. Gib, daß deiner Liebe Glut
unsre kalten Werke tödte, und
erweck uns Herz und Mut bei er=
standner Morgenröthe, daß wir,
ehe wir vergehn, recht erstehn.

4. Ach, du Aufgang aus der
Höh, gib, daß auch am jüng=
sten Tage unser Leib dir auf=
ersteh und sich fern von aller
Plage auf der ewgen Freuden=
bahn freuen kann.

5. Leucht uns selbst in jene
Welt, du verklärte Gnadensonne!
Führ uns durch das Thränen=
feld in das Land der süßen Wonne,
wo die Lust, die uns erhöht,
nie vergeht.

Christian Knorr v. Rosenroth, 1636—1680.

**Ich wache frühe auf,
Daß ich rede von deinem Wort.**
(Pf. 119, 1—8.)

Weise 808.　Gott des Himmels und der Erden.

5. Großer Gott von alten Zei=
ten, dessen Hand die Welt re=
giert, dessen Treu auf allen
Seiten mich von Jugend auf
geführt: heute weckt des Tages
Lauf mich zu lauter Andacht auf.

2. Ach wie lieb ich diese Stun=
den; denn sie sind des Herren
Fest, das mit so viel Trost ver=
bunden, da mein Gott mich
ruhen läßt und durch seinen
guten Geist mir den Weg zum
Himmel weist.

3. Habe Dank für diesen Mor=
gen, der mir Zeit zum Guten
schenkt. Das sind unsre besten
Sorgen, wenn der Mensch an
Gott gedenkt und von Herzen
bet und singt, daß es durch die
Wolken dringt.

4. Was ist schöner, als Gott
dienen, was ist süßer als sein
Wort, da wir sammeln wie die
Bienen und den Honig tragen
fort; selig ist, wer Tag und
Nacht also nach dem Himmel
tracht.

5. O mein Gott, sprich selber
Amen, denn wir sind dein Eigen=
tum; Alles preise deinen Namen,
Alles mehre deinen Ruhm, bis
es künftig wird geschehn, daß
wir dich im Himmel sehn.

M. Kaspar Neumann, 1648—1715.

**Glaubet an das Licht, dieweil ihr es habet,
Auf daß ihr des Lichtes Kinder seid.**
(Joh. 8, 12. 12, 35. 36. Col. 1, 12. 1 Cor. 6, 19.)

Weise 421.　Meinen Jesum laß ich nicht.

6. Licht vom Licht, erleuchte
mich bei dem neuen Tageslichte;
Gnadensonne, zeige dich meinem
muntern Angesichte; wohne mir
mit Glanze bei, daß mein Sab=
bath fröhlich sei.

2. Brunnquell aller Süßigkeit, laß mir deine Ströme fließen; mache Mund und Herz bereit, dich in Andacht zu begrüßen; streu das Wort mit Segen ein, laß es hundertfrüchtig sein.

3. Zünde selbst das Opfer an, das auf meinen Lippen lieget; sei mir Weisheit, Licht und Bahn, daß kein Irrtum mich betrieget und kein fremdes Feuer brennt, welches dein Altar nicht kennt.

4. Laß mich heut und allezeit „heilig, heilig, heilig!" singen und mich in die Ewigkeit mit des Geistes Flügeln schwingen: gib mir einen Vorschmack ein, wie es mag im Himmel sein.

5. Ruh in mir und ich in dir, bau ein Paradies im Herzen, offenbar dich völlig mir und geuß meiner Andacht Kerzen immer neue Nahrung zu, heilge Liebesflamme du!

6. Dieser Tag sei dir geweiht; weg mit allen Eitelkeiten! ich will deiner Herrlichkeit einen Tempel zubereiten, nichts sonst wollen, nichts sonst thun, als in deiner Liebe ruhn.

7. Du bist mehr als Salomon*; laß mich deine Weisheit hören. Ich will deinen Gnadenthron mit gebeugten Knieen ehren, bis mir deine Sonne lacht und den schönsten Sonntag macht.   * Matth. 12, 42.

Benj. Schmolck, 1672—1737.

Habe deine Luft an dem Herrn,
Der wird dir geben, was dein Herz wünschet.
(5 Mof. 5, 12—15. Pf. 23. Jef. 61, 10.)
Weise 808.   Gott des Himmels und der Erden.

7. Hallelujah, schöner Morgen! schöner als man denken mag; heute fühl ich keine Sorgen, denn das ist ein lieber Tag, der durch seine Lieblichkeit recht das Innerste erfreut.

2. Ach, wie schmeck ich Gottes Güte recht als einen Morgenthau, die mich führt aus meiner Hütte zu des Vaters grüner Au; da hat wohl die Morgenstund edlen Schatz und Gold im Mund.

3. Ruhet nur, ihr Weltgeschäfte, Beßres hab ich heut zu thun; denn ich brauch all meine Kräfte, in dem höchsten Gott zu ruhn. Heut ziemt keine Arbeit sich, als nur Gotteswerk, für mich.

4. Wie soll ich mich heute schmücken, daß ich Gott gefallen mag? Jesus wird die Kleider schicken, die ich ihm zu Ehren trag; sein Blut und Gerechtigkeit ist das schönste Sonntagskleid.

5. Ich will in der Sabbathsstille heute voller Arbeit sein; denn da sammle ich die Fülle höchster, ewger Schätze ein, wenn mein Jesus meinen Geist mit dem Wort des Lebens speist.

6. Herr, ermuntre Herz und Sinne, wirke selbst in meiner Brust, daß ich Lehr und Trost

gewinne; gib zu deinem Manna Luft, daß mir deines Wortes Schall tief im Herzen wiberhall.

7. Segne deiner Knechte Lehren, öffne selber ihren Mund; mach mit Allen, die dich hören, heute deinen Gnadenbund, daß, was man hier fleht und singt, Heiland, in dein Herze bringt.

8. Gib, daß ich den Tag beschließe, wie er angefangen ist; segne, pflanze und begieße, der du Herr des Sabbaths bist, bis ich einst auf jenen Tag ewig Sabbath halten mag.

M. Jonathan Krause, 1701-1762.

2. Vom Tage des Herrn und seinen Segnungen.

Du sollst den Namen des Herrn, deines Gottes, nicht misbrauchen, Gedenke des Sabbathtages, daß du ihn heiligest.
(Röm. 6, 4. 2 Mos. 20, 8—11.)

8.   Eigne Weise.   1830.

Auf, auf, mein Herz und du mein gan=zer Sinn! wirf Al = les heut, was Welt ist, von dir hin. Heut hat das Werk der Schöpfung an = ge = fan = gen, da die=sem Rund das Licht ist auf=ge = gan=gen.

2. Auf, auf, mein Herz, wirf alles Irdsche ab! Heut ist erstanden Jesus aus dem Grab, heut hat er sein Erlösungswerk geendet, heut hat er auch den Geist herabgesendet.

3. Dies heilge Heut heißt dich auch heilig sein, der Herr will heute bei dir ziehen ein. So ruhe denn von Arbeit und von Sünden, daß er in dir mög seine Ruhe finden.

4. Gott gibt dir ja sechs Tage für den Leib, der siebente der Seelen eigen bleib; sie muß doch wohl' von sieben einen haben, daß sie sich mög mit Himmelsspeise laben.

5. Viel Sünden ladet dir die Woche auf; an diesem Tag mit Bitten Gnade lauf! Leg ab die Last, geh Gottes Wort zu hören, dies laß dich heut die Wochenwege lehren.

6. Der dich sechs Tage segnet, schützt und nährt, will heut dafür mit Danke sein geehrt. Der erste soll heut für die andern bitten, daß Gott sie woll mit Segen überschütten.

7. Gott wöchentlich gibt sie = ben Tage dir, gib einen du, den ersten, ihm dafür. Es wird der erste die sechs andern zieren, wirst du heut Gott im Mund und Herzen führen.

8. Am ersten du nach Gottes Reiche tracht, wenn auch die Welt ob deiner Andacht lacht; der Schad ist ihr, dir aber wirds gedeihen, Gott wird auf dich den Segen reichlich streuen.

9. An diesem Tag hab deine Lust am Herrn, der, was du wünschest, dir wird geben gern. Befiehl Gott heut all deine Weg und Sachen und hoff auf ihn, der's sicher wohl wird machen.

10. Wirst du ihm aber neh = men seinen Tag, so macht er dir die sechse voller Plag! Wer Gott ehrt, solchen ehrt er auch auf Erden; wer ihn veracht, soll auch verachtet werden.

Johann Heinrich Calisius, 1633—1698.

Bauet euch zum geistlichen Hause und zum heiligen Priestertum, Zu opfern Gott geistliche Opfer.
(1 Mos. 2, 2. 3.   1 Petr. 2, 2—9.)
Weise 42.   Wie groß ist des Allmächtgen Güte.

9. Beschwertes Herz, leg ab die Sorgen, erhebe dich, gebeug = tes Haupt: es kommt der an = genehme Morgen, wo Gott zu ruhen hat erlaubt, wo Gott zu ruhen hat geboten und neu den Ruhetag geweiht, als Jesus Christus von den Todten er = standen ist zur Herrlichkeit.

2. Auf, laß die Welt aus deinem Sinne, dein irdisch Werk muß ferne stehn: du sollst zu höherem Gewinne zu deines Gottes Tem = pel gehn, ihm zu bezahlen deine Pflichten, froh zu vermehren seinen Ruhm, in tiefster Andacht zu verrichten dein geistlich Werk und Priestertum.

3. Mein Gott, ich bin vor dir erschienen und gebe auf dein Winken Acht; wie kann ich dir gefällig dienen, wenn mich dein Geist nicht tüchtig macht? Wie soll ich freudig vor dich treten, wenn er nicht stillt der Sünden Schmerz? Und wie erhörlich zu dir beten, wenn du nicht lockst das blöde Herz?

4. Kann meine Harfe lieblich klingen, wenn sie dein Finger nicht berührt? Kann ich die finstre Nacht durchdringen, wenn nicht dein helles Licht mich führt? Kann ich ein reines Opfer wer = den, wenn nicht dein Feuer auf mich fährt, in mir verzehrt die Lust der Erden, mich ganz in deine Lieb verklärt?

5. Erkauft hat Jesus mich so theuer, zu seinem Tempel mich geweiht: hier sei dein Herd, hier sei dein Feuer, die Fülle

deiner Herrlichkeit. Vollführe, was du angefangen, neig, Herr, zu mir dein Angesicht, dann ist der Seele aufgegangen des Sabbaths rechtes Freudenlicht.

6. Wenn sich des Lebens Werktag enden, so ruh, von allem Frohndienst los, mein Geist in deinen Vaterhänden, mein Leib in seiner Mutter Schoß, bis zu dem vollen Himmelsfrieden dein Kind durch Christum aufersteht und in dem Reich, das du beschieden, ein Lob dir singt, das nie vergeht.

Nach **Dr.** Christoph Wegleiter, 1659-1706.

Meine Seele verlanget und sehnet sich nach den Vorhöfen des Herrn, Mein Leib und Seele freuen sich in dem lebendigen Gott.
(Pf. 84.)
Weise 808.   Gott des Himmels und der Erden.

10. Thut mir auf die schöne Pforte, führt in Gottes Haus mich ein! Ach wie wird an diesem Orte meine Seele fröhlich sein! Hier ist Gottes Angesicht, hier ist lauter Trost und Licht.

2. Herr, ich bin zu dir gekommen, komm und wohn in mir zugleich; wo du Wohnung hast genommen, da ist lauter Himmelreich. Zeuch zu meinem Herzen ein, laß es deinen Tempel sein.

3. Laß in Furcht mich vor dich treten, heilige mir Leib und Geist, daß mein Singen und mein Beten dir ein lieblich Opfer heißt; heilige mir Mund und Ohr, zeuch das Herz zu dir empor.

4. Mache mich zum guten Lande, wenn dein Satkorn in mich fällt, gib mir Licht in dem Verstande; und, was mir wird vorgestellt, präge meinem Herzen ein, laß es mir zur Frucht gedeihn.

5. Stärk in mir den schwachen Glauben, laß dein theures Kleinod mir nimmer aus dem Herzen rauben, halte stets dein Wort mir für; ja, das sei der Morgenstern, der mich führt zu meinem Herrn!

6. Rede, Herr, so will ich hören und dein Wille wird erfüllt; nichts laß meine Andacht stören, wenn der Brunn des Lebens quillt. Speise mich mit Himmelsbrot, tröste mich in aller Noth.

7. Öffne mir die Lebensauen, daß mein Geist sich weiden kann; lasse mir dein Manna thauen, zeige mir die rechte Bahn hier aus diesem Erdenthal zu des Himmels Ehrensal.

Benj. Schmolck, 1672—1737.

Gott sei uns gnädig und segne uns Und lasse uns sein Antlitz leuchten.
(Pf. 103, 17—18.)
Weise 593.   Christus, der ist mein Leben.

11. Die Gnade sei mit Allen, die Gnade unsers Herrn, des Herrn, dem wir hier wallen und sehn sein Kommen gern.

2. Auf dem so schmalen Pfade gelingt uns ja kein Tritt, es geh denn seine Gnade bis an das Ende mit.

3. Auf Gnade darf man trauen, man traut ihr ohne Reu, und wenn uns je will grauen, so bleibts: der Herr ist treu!

4. Die Gnade, die den Alten ihr Weh half überstehn, wird die ja auch erhalten, die jetzt noch zu ihm flehn.

5. Und wird der Jammer größer, so glaubt und ruft man noch: "Du mächtiger Erlöser, du kommst, so komme doch!"

6. Damit wir nicht erliegen, muß Gnade mit uns sein; sie flößet uns zum Siegen Geduld und Glauben ein.

7. So scheint uns nichts ein Schade, was man um Jesum misßt; der Herr hat eine Gnade, die über Alles ist.

8. Bald ist es überwunden durch seines Sohnes Blut, das in den schwersten Stunden die größten Thaten thut.

9. Herr, laß es dir gefallen, noch immer rufen wir: "Die Gnade sei mit Allen, die Gnade sei mit mir!"

M. Philipp Friedrich Hiller, 1699—1769.

Wir wollen täglich rühmen von Gott
Und seinen Namen preisen.
(Ps. 19, 8—15; 108, 4—5.)

12. Weise: Herr Gott, dich loben alle wir.
1555.

Kommt, Menschenkinder, rühmt und preist Gott Vater, Sohn und heil=gen Geist, die al=ler=höch=ste Ma=je=stät, vor de=ren An=gen ihr jetzt steht.

2. Ihr Lippen, hebet freudig an, die Zunge lobe, was sie kann, Ver= stand und Wille stimmen ein, das Herz soll voller Andacht sein.

3. Der König Himmels und der Erd, der große Gott, der ist's ja werth, daß nicht ein Tag vorübergeh, wo man nicht dankend vor ihm steh.

4. Auch jetzo machen Herz und Mund dein Lob, o Herr und Vater, kund; im Schmuck des Glaubens bringen wir die Opfer unsrer Lippen dir.

5. Nimm an den schwachen Preis und Ruhm von deinem Volk und Eigentum; hör unserm Lied in Gnaden zu, o treuer Gott und Vater du!

6. Allmächtger Schöpfer, sei

gepreist, so lang es heut und morgen heißt; du gibst das Leben, nährst uns wohl und machst uns deines Segens voll.

7. Herr Jesu, Heiland aller Welt, vor dir man billich niederfällt; was deine Lieb an uns gethan, ist mehr, als man dir danken kann.

8. O Geist, der bei uns kehret ein, dein Ruhm soll auch unendlich sein, wie deine Treu und Gütigkeit, die alle Morgen sich erneut.

9. Nimm an das Lob in dieser Zeit, o heiligste Dreieinigkeit! Verschmähe nicht das arme Lied, und schenk uns Segen, Heil und Fried.

10. Wann kommt die Zeit, wann kommt der Tag, wo man, befreit von aller Plag, dir ewig Hallelujah bringt und „heilig, heilig, heilig" singt?

Dr. Valentin Ernst Löscher,
1673—1749.

---

3. Gottesdienstliche Eingangs- und Schlußgesänge und Lieder zur Kinderlehre.

a. Zum Eingang.

Das Evangelium ist eine Kraft Gottes, selig zu machen Alle, die daran glauben.
(Jak. 1, 22—25.)

Weise 680.   Erhalt uns Herr, bei deinem Wort.

13. O Gott, du höchster Gnadenhort, verleih, daß uns dein göttlich Wort durchs Ohr so tief zu Herzen dring, daß es sein Kraft und Schein vollbring.

2. Der wahre Glaub ist diese Kraft, der Heil durch Jesum Christum schafft; die Liebe ist der helle Schein, daß wir des Herren Jünger sei'n.

3. Verschaff auch, daß wir, lieber Herr, durch deinen Geist je mehr und mehr in deiner Weisheit nehmen zu und endlich bei dir finden Ruh.

Konrad Hubert, 1507—1577.

Herr, sende dein Licht und deine Wahrheit,
laß sie mich leiten zu deinem heiligen Berge.
(Luc. 11, 11. Pf. 51, 13.)

14.   Eigne Weise.   1651.

Herr Je-su Christ, dich zu uns wend, bein heil-gen Geist du zu uns send; mit Hilf und Gna-den uns re-gier und

uns den Weg zur Wahrheit führ.

2. Thu auf den Mund zum Lobe dein, bereit das Herz zur Andacht sein; den Glauben mehr', stärk den Verstand, daß uns dein Nam werd wohl bekannt;

3. Bis wir singen mit Gottes Heer: „Heilig, heilig ist Gott der Herr!" und schauen dich von Angesicht in ewger Freud und selgem Licht.

4. Ehr sei dem Vater und dem Sohn, dem heilgen Geist in e i n e m Thron; der heiligen Dreifaltigkeit sei Lob und Preis in Ewigkeit.

Wilhelm II., Herzog zu Sachsen=
Weimar, 1598—1662.

**Oeffne mir die Augen,
Daß ich sehe die Wunder an deinem Gesetze.**
(5 Mos. 6, 6. 7.   Pf. 119, 50.)
Nach voriger Weise.

15. Herr, öffne mir die Herzens= thür, zeuch durch dein Wort mein Herz zu dir, laß mich dein Wort bewahren rein, laß mich dein Kind und Erbe sein.

2. Dein Wort bewegt des Herzens Grund, dein Wort macht Leib und Seel gesund, dein Wort ist's, was mein Herz erfreut, dein Wort gibt Trost und Seligkeit.

3. Ehr sei dem Vater und dem Sohn, dem heilgen Geist in e i n e m Thron; der heiligen Dreieinigkeit sei Lob und Preis in Ewigkeit.

Dr. Joh. Olearius, 1611—1684.

**Lasset uns mit Danken vor sein Angesicht kommen
Und mit Gesängen ihm jauchzen.**
(Pf. 100.)
Weise 808.   Gott des Himmels und der Erden.

16. Alle Welt, was lebt und webet und in Feld und Häu= sern ist, was nur Zung und Stimm erhebet, jauchze Gott zu jeder Frist! Dienet ihm, wer dienen kann; kommt mit Lust zu ihm heran!

2. Sprecht: Der Herr ist unser Meister, er hat uns aus nichts gemacht, unsre Leiber, unsre Gei= ster an das Licht hervorgebracht; wir sind seiner Allmacht Ruhm, sind sein Volk und Eigentum.

3. Gehet ein zu seinen Pfor= ten, geht durch seines Vorhofs Gang, lobet ihn mit schönen Worten, saget ihm Lob, Preis und Dank; denn der Herr ist jederzeit voller Gnad und Gütig= keit.

4. Gott des Himmels und der Erde, Vater, Sohn und heilger Geist: daß dein Ruhm groß bei uns werde, Beistand selbst und Hilf uns leist! Gib uns Kräfte und Begier, dich zu preisen für und für.

Johann Frank, 1618—1677.

Herr, bei dir ist die lebendige Quelle,
Und in deinem Lichte sehen wir das Licht.
(Apstgsch. 10, 33. 1 Sam. 3, 9. 10.)

17.   Eigne Weise.   Joh. Rud. Ahle, 1664.

Liebster Je = su! wir sind hier, dich und dein Wort
Len = ke Sinnen und Be = gier auf die sü = ßen
an = zu = hö = ren; daß die Her = zen von der Er = den
Himmelsleh = ren,
ganz zu dir ge = zo = gen wer = den.

2. Unser Wissen und Verstand ist mit Finsternis umhüllet, wo nicht deines Geistes Hand uns mit hellem Licht erfüllet; Gutes denken, thun und dichten mußt du selbst in uns verrichten.

3. O du Glanz der Herrlich= keit, Licht vom Licht, aus Gott geboren: mach uns allesammt bereit, öffne Herzen, Mund und Ohren. Unser Bitten, Flehn und Singen laß, Herr Jesu, wohl gelingen.

Tobias Clausnitzer, 1619—1684.

Nehmet das Wort an mit Sanftmut, das in euch gepflanzet wird,
Welches kann eure Seelen selig machen.
(Luc. 8, 4—15.)

Weise 833. Danket dem Herren, denn er ist sehr freundlich.

18. Mein Gott, du bist der Sämann, der die Sünder zu sich beruft, daß sie sind seine Kinder.

2. Hilf, daß ich ja dein Wort mag lieben, ehren und allezeit mit Lust und Freuden hören.

3. Gib, daß mein Herz sei wie die gute Erde, nicht gleich dem Weg, dein Fels, den Dor= nen werde.

4. Laß mir dein heilig Wort so tief eindringen, daß es dir Frucht mag hundertfältig bringen.

5. Dafür will ich jetzt hier und künftig droben ohn Ende mit den Heiligen dich loben.

Verfasser unbekannt.

Der Herr wird seine Hülle hinwegthun,
Womit die Völker bedecket sind.
(Jes. 25, 7—8.)

Weise 656. Schmücke dich, o liebe Seele.

19. Zeige dich uns ohne Hülle, ström auf uns der Gnade Fülle, daß an diesem Gottestage unser Herz der Welt entsage; daß in dir, der starb, vom Bösen uns Gefallne zu erlösen, deine gläubige Gemeine mit dem Vater sich vereine!

2. O, daß frei von Erdenbürden, von der Sünde Lasten würden unsre Seelen, unser Wille sanft, wie diese Sabbathstille, daß in deines Himmels Höhen wir von fern den Aufgang sähen jenes Lichts, das uns verkläret, wann der Sabbath ewig währet!

3. Was ich stralen seh am Throne, ist es nicht der Sieger Krone? Sind die Lieder, die ich höre, nicht der Ueberwinder Chöre? Feiernd tragen sie die Palmen, ihr Triumph ertönt in Psalmen. Herr, du wollest selbst mich weihen diesem Sabbath deiner Treuen!

4. O, laß dein Verdienst bedecken meiner Seele Schuld und Flecken, daß ich einst kann mit den Deinen würdig und geschmückt erscheinen dort, wohin du voller Gnaden uns zu deinem Mahl geladen, wo die Streiter nicht mehr ringen, wo sie Siegeslieder singen.

Friedrich Gottlieb Klopstock, 1724—1803.

Lobe den Herrn, meine Seele,
Und was in mir ist, seinen heiligen Namen.
(1 Joh. 5, 4—8.)

20.

Eigne Weise.

Joh. Karl Gerold, 1800 (1809).

Je = ho=vah, Je = ho=vah, Je = ho=vah! deinem

Na=men sei Eh = re, Macht und Ruhm. A = men!

A = men! Bis einst der Tem=pel die=ser Welt

auf dein Wort in Staub zer=fällt, soll in un=sern

Hal = len das Hei=lig, Hei=lig, Hei = lig er=schal=

len. Hal = le=lu=jah! Hal = le=lu=jah!

2. Sohn Gottes! Sohn Gottes! Sohn Gottes! deinen Namen preist unser Lobgesang. Amen! Amen! Die Liebe hat dich uns gesandt, du machst ihren Rath bekannt, willst uns von dem Bösen, o Heiland! Heiland! Heiland! erlösen. Sei hochgelobt! sei hochgelobt!

3. Geist Gottes! Geist Gottes! Geist Gottes! deinen Namen erhebet unser Lied. Amen! Amen! Durch dich kam Wahrheit, Licht und Recht zu dem sterblichen Geschlecht. Deiner die Erlösten, du Heilger! Heilger! Heilger! sich trösten. Hallelujah! Hallelujah!

Vers 1 von Gottlieb Konrad Pfeffel, 1736-1809. Vers 2 u. 3 von Georg Friedr. Wilh. Schulz, 1774—1842.

Wir überwinden weit
Um deswillen, der uns geliebet hat.
(Röm. 8, 37—39.)

Weise 770.   Tag des Zornes, dir zum Raube.

21. Jesu Christe, Ueberwinder aller Noth der armen Sünder, tröst uns abgefallne Kinder,

2. Die wir hier vor dir erscheinen, uns im Glauben als die Deinen mit dem Vater zu vereinen.

3. Wollst, o Herr, der Trägheit steuern, uns durch deine Kraft erneuern, daß wir deinen Tag recht feiern.

4. Wollst uns aus des Himmels Höhen mit dem heilgen Geist durchwehen, daß wir in dir auferstehen.

5. Was wir beten, was wir singen, laß aus Herzensgrunde

bringen und von dir uns Antwort bringen.

6. Rede, Herr, wir wollen hören; laß dein mächtig Wort abwehren, was uns will die Andacht stören.

7. Wer noch schläfet, den erwecke; wem's noch Noth ist, den erschrecke; unser Aller Schuld bedecke.

8. Mitten unter uns erscheine und mach rein dir die Gemeine, die ja durch dein Blut die deine.

9. Komm und in dein Reich uns trage, daß an deinem großen Tage Keiner einst vor dir verzage.

Dr. Ewald Rudolf Stier, geb. 1800.

b. Zum Schluß.

Heilig, heilig, heilig ist der Herr Jebaoth,
Und alle Lande sind seiner Ehre voll.
(4 Mos. 6, 23—27.)

Weise 14.   Herr Jesu Christ, dich zu uns wend.

22. Der Herr und Schöpfer, unser Gott, der segne uns mit seiner Gnad, behüt uns damit

allzugleich und mehre stets sein liebes Reich.

2. Der Herr und Heiland

Jesus Christ laß über uns zu aller Frist leuchten sein heilig Angesicht, sein Gnad und seines Heiles Licht.

3. Der Herre Gott, der heilge Geist erhebe zu uns allermeist sein Angesicht voll Mild und Güt und send und geb uns seinen Fried.

4. Der Vater segn uns, unser Gott, der Sohn segn uns durch seinen Tod, des heilgen Geistes Gütigkeit segne die ganze Christenheit.

5. Geht hin, die ihr gebenedeit und auserwählt in Christo seid, geht hin mit Freuden und in Fried, er richt all euern Gang und Tritt.

6. Gesegnet euer Eingang ist, gesegnet euer Ausgang ist, gesegnet ist all euer Thun durch Jesum Christum, Gottes Sohn.

7. Es führe seine Gnadenhand uns ein ins rechte Vaterland, auf daß wir seine Herrlichkeit rühmen in alle Ewigkeit,

Böhm. Brüder, 1566.
(Peter Herbert, † 1577.)

Wer beharret bis an das Ende,
Der wird selig.
(Röm. 6, 16.)
Weise 431. Dank sei Gott in der Höhe.

23. Laß mich dein sein und bleiben, du treuer Gott und Herr; von dir laß nichts mich treiben, halt mich bei reiner Lehr. Herr, laß mich nur nicht wanken, gib mir Beständigkeit; dafür will ich dir danken in alle Ewigkeit.

Nikolaus Selnecker, 1532—1592.

Erquicke mich durch deine Gnade,
Denn ich hoffe auf dich.
(Marc. 1, 15. Pf. 143, 10.)
Weise 76. Kommt her zu mir, spricht Gottes Sohn.

24. Ach Gott, gib du uns deine Gnad, daß wir all Sünd und Missethat bußfertiglich erkennen und glauben fest an Jesum Christ, der uns zu helfen Meister ist, wie er sich selbst thut nennen.

2. Hilf, daß wir auch nach deinem Wort gottselig leben fort und fort zu Ehren deinem Namen, daß uns dein guter Geist regier, auf ebner Bahn zum Himmel führ durch Jesum Christum! Amen.

Dr. Sam. Zehner, 1594—1635.

Der Herr behüte deinen Ausgang und Eingang
Von nun an bis in Ewigkeit.
(Pf. 121, 7. 8.)
Weise 17. Liebster Jesu, wir sind hier.

25. Unsern Ausgang segne, Gott, unsern Eingang gleichermaßen, segne unser täglich Brod, segne unser Thun und Lassen, segne uns mit selgem Sterben und mach uns zu Himmelserben.

M. Hartmann Schenk, 1634—1681.

Dein Wort ist meines Fußes Leuchte
Und ein Licht auf meinem Wege.
(Pf. 119, 130.)

Weise 17.　Liebster Jesu, wir sind hier.

26. Höchster Gott, wir danken dir, daß du uns dein Wort gegeben. Gnade gib uns auch, daß wir treu und heilig nach ihm leben, und den Glauben also stärke, daß er thätig sei durch Werke!

2. Unser Gott und Vater, du, der uns lehret, was wir sollen: schenk uns deine Gnad dazu, gib zum Wissen auch das Wollen; laß es ferner noch gelingen: gib zum Wollen das Vollbringen.

3. Gib uns, eh wir gehn nach Haus, deinen väterlichen Segen, breite deine Hände aus, leite uns auf deinen Wegen, laß uns hier im Segen gehen, dort gesegnet auferstehen.

Joh. Adam Haslocher, 1645—1726.

Selig sind, die Gottes Wort hören und bewahren
Und Frucht bringen in Geduld.
(Pf. 119, 103. 104. Jef. 55, 11.)

Weise 137.　Werde Licht, du Stadt der Heiden.

27. Vater, dir sei Preis gesungen, daß du uns so wohl gelehrt, daß dein Werk an uns gelungen, da wir jetzt dein Wort gehört. Laß die Lehr den Glauben stärken, mach uns reich an guten Werken.

2. Jesu Christ, dein Wort ist süße, habe Dank für diese Lehr, lenke nur auch unsre Füße, daß wir wandeln dir zur Ehr. Laß uns deinen Trost erquicken, bis wir deinen Thron erblicken.

3. Heilger Geist, schreib alle Worte nun in unsre Herzen ein, daß man stets an allem Orte ihrer eingedenk mag sein, daß wir täglich Früchte bringen und im Himmel Amen singen.

Michael Wiedemann, 1660—1719.

Der Herr segne uns, der Herr sei uns gnädig,
Der Herr gebe uns seinen Frieden.
(Pf. 61, 1—8.)

Weise 544.　Ringe recht, wenn Gottes Gnade.

28. Herr, dein Licht, dein Schutz, dein Segen, deine Gnade steh uns bei; leit uns selbst auf allen Wegen, daß dein Friede mit uns sei.

Victor Strauß, geb. 1809.

c. Zur Kinderlehre.

Sehet, welch eine Liebe hat uns der Vater erzeigt,
Daß wir Gottes Kinder ſollten heißen.
(1 Joh. 3, 1.)

Weiſe 589. Herr Jeſu Chriſt, meins Lebens Licht.

29. Nun hilf uns, o Herr Jeſu Chriſt, der du einſt hier geweſen biſt ein freundliches und frommes Kind, ohn alle Schuld, ohn alle Sünd!

2. Wir Kinder bitten e i n e s nur (verſags nicht, Herr der Creatur!): Hilf uns in deinem Willen ruhn, lehr uns nach deinem Vorbild thun!

3. Gib deinen Geiſt in unſre Bruſt, hilf lernen uns mit Kindesluſt, damit wir legen rechten Grund und ewig ſtehn in deinem Bund.

Böhm. Brüder, 1531. (Mich. Weiße, † 1534.)

Wie ſich ein Vater über Kinder erbarmet,
So erbarmet ſich der Herr über die, ſo ihn fürchten.
(Pſ. 103, 17. 18.)

Weiſe 76. Kommt her zu mir, ſpricht Gottes Sohn.

(Vor Anfang der Kinderlehre.)

30. Gott, deine Treu mit Gnaden leiſt, ſend nieder deinen heilgen Geiſt, der uns die Wahrheit lehre; gib Sinn, Verſtand, Gemüt und Herz, daß uns dein Wort nicht ſei ein Scherz; uns ganz zu dir bekehre.

2. Herr, deine Gnad darin beweis, daß ſich wohl ſchick zu deinem Preis all unſer Thun und Laſſen; was hindern mag, dasſelbe wend; was fördern mag, das gib behend, zu wandeln deine Straßen.

3. Zeuch uns bei Zeiten, Herr, zu dir, wir wiſſen nicht, wie viel uns hier beſchieden iſt an Tagen; Zucht, Glaube, Furcht, Fried, Lieb und Treu lehr uns dein Geiſt und mach uns neu; das woll er nicht verſagen.

4. Behüt uns ſtets vor falſcher Lehr, der böſen Welt auch treulich wehr, damit ſie uns nicht blende; ſchenk uns deine Barmherzigkeit, zeig uns dadurch die Seligkeit, hilf uns mit Gnad zum Ende.

(Zum Beſchluß der Kinderlehre.)

5. Nun bitten wir dich, Gott und Herr, mach feſt und ſtärk die wahre Lehr in unſern Herzen allen; denn das iſt wahr: ſo bös wir ſind, begehrt doch jedes als dein Kind dir, Vater, zu gefallen.

6. So zeig nun deine Gnad und Gunſt, laß wahre Lieb und Glaubensbrunſt in unſern Herzen leben, auf daß wir einſt, wenn dirs gefällt, das Leben ſchließen und der Welt mit Freuden Abſchied geben.

Johannes Zwick, † 1542.

2

Herr, auf dich hoffen, die deinen Namen kennen;
Auf dein Wort will ich das Netz auswerfen.
(Pf. 16, 8. Luc. 5, 1—10.)

Weise 17. Liebster Jesu, wir sind hier.

31. Fang dein Werk mit Jesu an, wenns zum Segen soll gereichen; dieser Beistand will und kann Wege, Rath und Hilfe zeigen; Alles lässet sich vollenden mit dem Herrn, er hats in Händen.

2. Vater, Sohn und heilger Geist, gib zu des Berufes Werke, wie dein wahres Wort verheißt, dein Gedeihen, Kraft und Stärke; keine Müh wird uns verdrießen, die dein Segen will versüßen.

3. Nun so werf ich aus mein Netz auf dein Wort und dein Verheißen; dein Befehl ist mein Gesetz, deinen Beistand will ich preisen, und mein Mund soll dir zu Ehren stets sich dankend lassen hören.

Ehrenfried Dürr, 1650—1715.

II.
Von Gott und seinem Wesen im Allgemeinen.

1. Gottes Wesen und Eigenschaften.

Du bist mein Vater, mein Gott,
Und der Hort meines Heils.
(Pf. 27.)

Weise 589. Herr Jesu Christ, meins Lebens Licht.

32. Gott ist mein Gott, das höchste Gut, das mir erquickt Herz, Sinn und Mut; Gott Vater, Sohn und heilger Geist mein Schutz, mein Schild und Beistand heißt,

2. Der mich erschaffen und erlöst, der heilig macht und kräftig tröst, mein Herzenstheil, mein Heil, mein Licht, mein Fels, mein Burg und Zuversicht.

3. Der Herr ist meines Lebens Kraft, der Hilfe, Trost und Rath mir schafft, mein König, der Herr Zebaoth, der große Held, der starke Gott.

4. Gott spricht: „Wer meinen Namen kennt, und wer mich seinen Vater nennt, dem leist ich Schutz in aller Noth, den reiß ich auch aus Noth und Tod.

5. Und wie mein Nam ist, bleibt mein Ruhm, bei dir, mein Kind, mein Eigentum; ich bin dein Gott zu aller Zeit, das bleibt mein Nam in Ewigkeit."

6. Will nun der Feind mich irren dran, so ruf ich Gottes Namen an; ich trau auf Gott, ich glaube fest, daß mich sein Name nicht verläßt.

7. Lob sei dem Vater und dem Sohn, und Gott dem Geist in gleichem Thron! Gelobt sei heut und allezeit die heilige Dreieinigkeit.

Dr. Joh. Olearius, 1611—1684.

**Gott ist die Liebe, und wer in der Liebe bleibet,
Der bleibet in Gott und Gott in ihm.**

(Joh. 3, 16. 17. Röm. 5, 5. 1 Joh. 2, 9. 4, 9—16. Joh. 4, 23.)

Weise 380. O Gott, du frommer Gott.

33. Gott ist die Liebe selbst, von dem die Liebesgaben, als aus dem schönsten Quell, den ersten Ursprung haben; der bleibet fest in Gott, wer in der Liebe bleibt und welchen keine Macht aus ihrem Lichte treibt.

2. Der Vater liebt die Welt, sein väterlich Erbarmen schickt den geliebten Sohn zu uns verlaßnen Armen; und dieser liebet uns, drum scheut er keine Noth, er träget williglich sogar den Kreuzestod.

3. Wie reiche Ströme sind von dieser Huld geflossen! Die Liebe Gottes ist in unser Herz gegossen; der werthe heilge Geist nimmt selbst die Seele ein, so daß wir nun sein Haus und Tempel sollen sein.

4. Nun, wer den Heiland liebt, der hält sein Wort in Ehren, und so verspricht der Herr, bei ihm selbst einzukehren; was muß für Freud und Lust, die göttlich ist, entstehn, wenn Vater, Sohn und Geist in eine Seele gehn!

5. Gott heilger Geist, lehr uns die Liebe Jesu kennen, laß unsre Herzen stets in reiner Liebe brennen, und endlich führ uns dort in jenes Leben ein, wo unsre Liebe wird in dir vollkommen sein.

Unbekannter Verfasser.

**Des Herrn Wort ist wahrhaftig,
Und was er zusagt, das hält er gewis.**

(2 Cor. 1, 20. Hebr. 6, 18.)

Weise 808. Gott des Himmels und der Erden.

34. Amen, Amen, lauter Amen hat des treuen Gottes Mund, ewig führet er den Namen, daß in ihm der Wahrheit Grund; was er sagt, trifft Alles ein, es muß Ja und Amen sein.

2. Die Verheißung kann verziehen; kommt nicht bald, was er verspricht: muß man doch den Zweifel fliehen, weil sein Wort er niemals bricht. Ist die rechte Zeit nur da, so heißt Alles lauter Ja.

3. Hat er es doch so gehalten von dem Anbeginn der Welt; seine Wahrheit wird auch walten, bis die Welt in Asche fällt, weil er jetzt und auch fortan sich nicht selbst verleugnen kann.

4. Er sprach einmal nur: „es werde", da zuvor noch gar nichts war; da ward Him-

2*

mel und die Erde, und sein Machtwort stellte dar, daß ihm nichts unmöglich sei, und es bleibet noch dabei.

5. Nicht ein Wort ist, das vergebens auf die Erde fallen kann, also gibt das Wort des Lebens sich als treuen Zeugen an. Der uns seinen Sohn versprach, kam auch seinen Worten nach.

6. Wohl, mein Herz, du kannst ihm trauen; was er dir ver=

heißen hat, wirst du auch er= füllet schauen. Kommt es auch bisweilen spat und spart er es weit hinaus: es wird doch ein Amen draus.

7. Amen! Herr, du willst er= füllen, was dein treuer Mund verspricht; ich erwart es nun im Stillen, denn ich weiß und zweifle nicht, daß du die Er= füllung gebst. Amen! ja, so wahr du lebst.

Benjamin Schmolck, 1672—1737.

Meinest du, daß sich Jemand so heimlich verbergen könne, daß ich ihn nicht sehe?
Bin ichs nicht, der Himmel und Erde füllet? spricht der Herr.
(Pf. 139. Jer. 23, 24.)

35.   Weise: Hier ist mein Herz, o Seel und Herz der Seelen.   1704.

O gro=ßer Geist, des We=sen Al=les fül=let, und den kein Ort in sei=ne Gren=zen hül=let, der un=umschränkt sich nie=der=senkt mit sei=ner Kraft in al=le Din=ge, dem nichts zu groß, nichts zu ge=rin=ge:

2. Kein Salomo kann einen Tempel bauen, von welchem man dich könnt umschlossen schauen; dein bloßer Saum* füllt dessen Raum; es müssen Himmel, Meer und Erden ein Schauplatz deiner Ehre wer= den.   * Jes. 6, 1.

3. Will unser Fuß auf zu den

Wolken steigen, so wird daselbst dein heller Glanz sich zeigen; steigt er hinab in Höll und Grab, senkt er sich zu des Meeres Gründen: so wird er dich, du ihn da finden.

4. Dein Auge sieht, was Nacht und Abgrund decken, es kann sich nichts vor deinem Licht

verstecken; es bringet ein durch Mark und Bein, und der verborgne Sitz der Nieren muß deine helle Fackel spüren.

5. Du weißt und hörst, was deine Kinder beten; du siehst, wenn sie verborgen vor dich treten; macht gleich ihr Mund nicht Alles kund, so kannst du selbst des Herzens Sehnen mit Segen und Erhörung krönen.

6. Vor Menschen bleibt jetzt manches Thun verborgen, dir aber ist die Nacht ein klarer Morgen, und dein Gericht wird an das Licht und an die helle Sonne bringen, was finstre Winkel jetzt umringen.

7. O Auge, das nicht Trug und Falschheit leidet: wohl dem, der auch verborgne Sünden meidet, der los und frei von Heuchelei, vor dir und Menschen redlich handelt und unter deiner Aufsicht wandelt!

8. Erforsche selbst die innersten Gedanken, ob sie vielleicht von deiner Richtschnur wanken; lenk Herz und Sinn zur Wahrheit hin. Sei du der Leitstern meiner Füße, bis ich, mein Licht, die Augen schließe.

Dr. Joh. Jakob Rambach, 1693—1735.

Ihr sollt heilig sein,
Denn ich bin heilig, der Herr, euer Gott.
(Jes. 6, 1—7.)

36. Weise: Zerfließ, mein Geist, in Jesu Blut und Wunden. 1704.

O großer Geist, o Ursprung aller Dinge, o
wer ist, der dir ein würdig Loblied singe? welch

Majestät voll Pracht und Licht:
sterblich Herz er = zit = tert nicht? Stellt sich der Sera=

phi = nen Schaar vor deinem Thron ver = hül = let dar, wie

soll = te nicht ich Hand voll Er = den vor dir voll

Furcht und Schau = er wer = den?

2. Ach, rühre mir die vielbe=
fleckten Lippen mit deines Altars
Kohlen* an: sonst fahr ich hin
an des Verderbens Klippen, wo
Seel und Leib zerscheitern kann.
Bring eine demutsvolle Scheu
den Kräften meiner Seele bei;
laß mich auf Knie und Antlitz
fallen, hör ich das Heilig! Heilig!
schallen. *Jes. 6, 6 u. 7. Matth. 3, 11.

3. Dein Wohnhaus ist ein Licht,
das keinen Schatten, ein Glanz,
der keinen Wechsel weiß. Eh
Sonn und Mond das Amt zu
leuchten hatten, war schon dein
lichter Freudenkreiß. Wer weiß
zu deinem Glanz die Spur?
Faßt dich wohl eine Creatur?
Und kann der Strahl erschaffner
Augen dein Wesen zu durch=
forschen taugen?

4. Die Sonne selbst hat ihre
dunkeln Flecken, du aber bist
ein reines Licht. Es kann in
dir nichts Finstres sich ver=
stecken, dein heller Lichtglanz
dunkelt nicht. Du bist in dir
vollkommen rein, dein unbefleck=
ter Gottheitsschein hat nichts,
was Sünd und Nacht zu nennen,
nichts, was die Klügsten tadeln
können.

5. So gib denn Kraft, daß
wir dich heilig scheuen mit dei=
nes Sohnes Blut besprengt.
Gib Fleiß und Ernst, wenn sich
der Staub von neuem an die
gewaschnen Füße hängt. Schenk
uns ein Herz, das heilig ist,
weil du, der Vater, heilig bist,
bis du uns an den Ort willst
bringen, wo wir dir ewig:
„Heilig" singen.
Dr. Joh. Jak. Rambach, 1693-1735.

Ich bin der allmächtige Gott,
Wandle vor mir und sei fromm.
(1 Mos. 17, 1—5.)

Weise 591. Machs mit mir, Gott, nach deiner Güt.

37. Herr, deine Allmacht reicht
so weit, so weit dein Wesen
reichet; nichts ist, was deiner
Herrlichkeit und deinen Thaten
gleichet. Es ist kein Ding so groß
und schwer, das dir zu thun
unmöglich wär.

2. Du hast dies große Weltgebäu
allmächtig aufgeführet; es zeugen
Erd und Himmel frei, daß sie dein
Arm regieret. Dein Wort, das sie
geschaffen hat, ist ihnen an der
Pfeiler Statt.

3. Auf dein allmächtig Herr=
scherwort fällt Alles dir zu Füßen;
du führest deinen Rathschluß fort
trotz allen Hindernissen. Du
winkst, so stehet eilends da, was
nie ein Menschenauge sah.

4. Die Menge deiner Wunder
zeigt, daß, Schöpfer, dein Vermö=
gen weit über die Gesetze steigt, so
die Natur bewegen. Du hast ge=
macht der Ordnung Band und
hebst es auf durch deine Hand.

5. Die Größe deiner Wunder=
macht, die Christum auferwecket,
der todt war in das Grab ge=
bracht, wird herrlich aufgedecket,
wenn unsers blöden Glaubens

Licht durch alle Nacht der Zweifel bricht.

6. O welche Wunder deiner Macht wird unser Aug einst sehen, wenn nach der langen Todesnacht der Leib wird auferstehen, wenn du des Leibes armen Rest mit Herrlichkeit umkleiden läßt!

7. O Allmacht, mein erstaunter Geist wirft sich vor dir zu Boden; Herr, der mit Recht ein König heißt von Lebenden und Todten: mach mich zum Zeugen deiner Kraft, die aus dem Tode Leben schafft.

8. Ach, zünd in mir den Glauben an, der einzig an dir hange, damit auf seiner Pilgerbahn mein Herz dich ganz umfange und traue deiner Gotteskraft, die Alles kann und Alles schafft.

Dr. Joh. Jakob Rambach, 1693—1735.

Er ist nicht ferne von einem Jeglichen unter uns; Denn in ihm leben, weben und sind wir.
(Apstgsch. 17, 24—28. Jer. 23, 23—24.)
Weise 406. Wunderbarer König.

38. Gott ist gegenwärtig; lasset uns anbeten und in Ehrfurcht vor ihn treten. Gott ist in der Mitte; Alles in uns schweige und sich innigst vor ihm beuge. Wer ihn kennt, wer ihn nennt, schlag die Augen nieder! Gebt das Herz ihm wieder!

2. Gott ist gegenwärtig, dem die Cherubinen Tag und Nacht gebücket dienen. „Heilig, heilig, heilig" singen ihm zur Ehre aller Engel hohe Chöre. Herr, vernimm unsre Stimm! wir auch, die Geringen, wollen Opfer bringen.

3. Wir entsagen willig allen Eitelkeiten, aller Erdenlust und =freuden; da liegt unser Wille, Seele, Leib und Leben, dir zum Eigentum ergeben. Du allein sollst es sein, unser Gott und Herre, dem gebührt die Ehre.

4. Majestätisch Wesen! möcht ich recht dich preisen und im Geist dir Dienst erweisen! möcht ich, wie die Engel, immer vor dir stehen und dich gegenwärtig sehen! Laß mich dir für und für trachten zu gefallen, liebster Gott, in Allem.

5. Geist, der Alles füllet,* drin wir sind und weben!** aller Dinge Grund und Leben, Meer ohn Grund und Ende, Wunder aller Wunder: ich senk mich in dich hinunter. Ich in dir, du in mir; laß mich ganz verschwinden, dich nur sehn und finden.
* Jer. 23, 24. — ** Apost. 17, 28.

6. Du durchdringest Alles: wollst mit deinem Lichte, Herr, berühren mein Gesichte. Wie die zarten Blumen willig sich entfalten und der Sonne stille halten: möcht ich so still und froh deine Stralen fassen und dich wirken lassen.

7. Mache mich voll Einfalt, innig abgeschieden, sanft und still in deinem Frieden; mach mich reines Herzens, daß ich

deine Klarheit schauen mag in
Geist und Wahrheit. Laß mein
Herz überwärts, wie ein Adler,
schweben und in dir nur leben.

8. Komm, in mir zu wohnen,
laß mein Herz auf Erden dir

ein Heiligtum noch werden.
Komm, du nahes Wesen, dich
in mir verkläre, daß ich stets
dich lieb und ehre. Wo ich
geh, sitz und steh, laß mich dich
erblicken und vor dir mich bücken.

Gerhard ter Steegen, 1697—1769.

**Mein Leib und Seele freuen sich in dem lebendigen Gott;
Er wird kein Gutes mangeln lassen den Frommen.**
(Pf. 73, 23—26. Jak. 4, 8.)
Weise 424. Jesu, meine Freude.

39. Allgenugsam Wesen, das
ich hab erlesen mir zum höch=
sten Gut: du vergnügst alleine
völlig, innig, reine Geist und Seel
und Mut. Wer dich hat, ist
still und satt; wer dir kann im
Geist anhangen, darf nichts
mehr verlangen.

2. Wem du dich gegeben, kann
in Frieden leben; er hat, was
er will; wer im Herzensgrunde
mit dir lebt im Bunde, liebet
und ist still. Bist du da und
innig nah, muß das Schönste bald
erbleichen und das Beste weichen.

3. Höchstes Gut der Güter,
Ruhe der Gemüter, Trost in
aller Pein: was Geschöpfe haben,
kann den Geist nicht laben, du
vergnügst allein. Was ich mehr
als dich begehr, kann mein Selig=
sein nur hindern und den Frie=
den mindern.

4. Was genannt mag werden
droben und auf Erden, Alles
reicht nicht zu; einer nur kann
geben Freude, Trost und Leben,
eins ist Noth: nur du! Hab
ich dich nur wesentlich, so mag
Leib und Seel verschmachten,
ich wills doch nicht achten.

5. Komm, du selig Wesen,
das ich mir erlesen, werd mir
offenbar! Meinen Hunger stille,
meinen Grund erfülle mit dir sel=
ber gar. Komm, nimm ein mein
Kämmerlein, daß ich Allem mich
verschließe und nur dich genieße.

6. Laß, o Herr, mit Freuden
mich von Allem scheiden, fern
der Creatur! Innig dir ergeben,
kindlich mit dir leben, sei mein
Himmel nur! Bleib nur du mein
Gut und Ruh, bis du wirst in
jenem Leben dich mir völlig geben.

Gerhard ter Steegen, 1697—1769.

**Gott ist die Liebe, und wer in der Liebe bleibet,
Der bleibet in Gott, und Gott in ihm.**
(Pf. 103.)
Weise 196. Lasset uns den Herren preisen.

40. Abgrund wesentlicher Liebe,
Gott, du allerhöchstes Gut, das

aus unerforschtem Triebe uns
so gerne Gutes thut; unergründ=

lich Meer der Gnaden, Sonne wahrer Freundlichkeit, Quell des Trostes in dem Leid, Arzt für unsrer Seele Schaden! meine Seele bittet dich: O du Liebe, liebe mich!

2. Huldreich Wesen, laß dir danken, preisen dich von Herzensgrund! Deine Huld ist ohne Schranken, unaussprechlich für den Mund, wunderherzlich für die Sünder, für uns Kleine viel zu groß, in der Größe grenzenlos, väterlich für alle Kinder. Meine Seele bittet dich: Große Liebe, liebe mich!

3. Du hörst mein Gebet und Sehnen; was mir noth, besorgest du, zählst und sammelst meine Thränen, siehest meinem Seufzen zu, weißt und schaffest mein Betrüben, schickst und linderst meinen Schmerz, prüfst, erfährst und kennst mein Herz, meinen Glauben und mein Lieben. Meine Seele bittet dich: Süße Liebe, liebe mich!

4. Sünden willst du mir vergeben; Gnade, Hilfe, Trost und Licht, ja sogar ein ewig Leben ist es, was dein Wort verspricht; schenkest deinen Sohn aus Liebe auch zum Bürgen meiner Schuld; er ward Mensch aus freier Huld, starb für mich aus heißem Triebe. Meine Seele bittet dich: Wunderliebe, liebe mich!

5. Diese Liebe soll mich lehren, daß ich sei sein Eigentum; diese Liebe soll ich hören durch sein Evangelium; und sein Beispiel soll auf Erden meines Wan-

dels Richtschnur sein, ja, auch in der höchsten Pein mir zum steten Vorbild werden. Meine Seele bittet dich: Heilge Liebe, liebe mich!

6. Diese Liebe hat durch Sterben meinen Tod zunicht gemacht, mir das Leben vom Verderben durch ihr Auferstehn gebracht; ja, mir steht der Himmel offen durch der Liebe Himmelfahrt, denn ein Glaube rechter Art darf ein himmlisch Erbtheil hoffen. Meine Seele bittet dich: Sohn der Liebe, liebe mich!

7. Du hast mir den Geist gegeben, daß er mich erleuchten soll; dieser heiligt unser Leben, macht die Herzen Trostes voll, lehrt die Thoren, stärkt die Müden, er erquickt, die elend sind, und versiegelt deinem Kind seinen Himmelstheil durch Frieden. Meine Seele bittet dich: Geist der Liebe, liebe mich!

8. Nicht nur gibst du mir im Leben, was man irgend Wohlthun heißt; — du hast mir dich selbst gegeben, dich mit deinem Sohn und Geist. Herr, wer kann genugsam danken? Deiner Liebe großes Licht fassen Erd und Himmel nicht, denn sie hat nicht End noch Schranken! Meine Seele bittet dich: Gott der Liebe, liebe mich!

9. Wie der Himmel ob der Erden herrlich, groß und lieblich ist, läßt du deine Gnade werden, wo du recht gefürchtet bist. Wie der Abend von dem Morgen, also ist von dir, dem Herrn, unsre Uebertretung fern,

wenn wir für die Seele sorgen. Meine Seele bittet dich: Höchste Liebe, liebe mich!

10. Wie die Väter sich erbarmen, wenn sie Kinder weinen sehn, also lässest du uns Armen dein Erbarmen offen stehn. Gib mir doch ein solch Gemüte, das in deiner Liebe steht, wacht und schlummert, liegt und geht, und nur lebt von deiner Güte. Meine Seele bittet dich: Treue Liebe, liebe mich!

11. Schließ mein Leben und mein Sterben nur in deine Liebe ein; laß mich einst mit deinen Erben auferstehn und selig sein; denn dein Lieben ist das Leben und die ewig süße Ruh; — außer deiner Lieb brauchst du, Höchster, ewig nichts zu geben. Meine Seele bittet dich: Sel'ge Liebe, liebe mich!

M. Phil. Friedr. Hiller, 1699—1769.

Der Herr ist mein Licht und mein Heil, Vor wem sollte ich mich fürchten?
(Pf. 27, 1.)

Weise 587.   Freu dich sehr, o meine Seele.

41. Gott, vor dessen Angesichte nur ein reiner Wandel gilt, ewges Licht, aus dessen Lichte nichts, als reinste Klarheit quillt: laß uns doch zu jeder Zeit deinen Stral der Heiligkeit so durch Herz und Seele dringen, daß auch wir nach Heiligung ringen!

2. Du bist rein in Werk und Wesen, und dein unbeflecktes Kleid, das von Ewigkeit gewesen, ist die reinste Heiligkeit. Du bist heilig, aber wir, großer Schöpfer, stehn vor dir, wie in einem Kleid voll Flecken, die wir dir umsonst verstecken.

3. Was dein Geist und Herze sinnet, was dein weiser Wille thut, was dein starker Arm beginnet, das ist heilig, rein und gut; und so bleibst du ewiglich, während wir auf Erden dich durch das Böse, das wir üben, stets von Jugend auf betrüben.

4. Herr, du willst, daß deine Kinder deinem Bilde ähnlich sei'n. Es besteht vor dir kein Sünder, denn du bist vollkommen rein: du bist nur der Frommen Freund, Übelthätern bist du Feind; wer beharrt in seinen Sünden, kann vor dir nicht Gnade finden.

5. Uns von Sünden zu erlösen, gabst du deinen Sohn dahin: o, so reinige vom Bösen durch ihn unsern ganzen Sinn. Gib uns, wie dein Wort verheißt, gib uns deinen guten Geist, daß er unsern Geist regiere und zu allem Guten führe.

6. Hilf, o Vater, unsern Seelen, glaubensvoll auf dich zu sehn, deinen ewgen Weg zu wählen und ihn ohne Falsch zu gehn, bis wir mit der selgen Schar der Erlösten immerdar „Heilig! Heilig! Heilig!" singen und die reinsten Opfer bringen.

Johann Christian Zimmermann, 1702—1783.

Herr, deine Güte reichet, so weit der Himmel ist,
Und deine Wahrheit, so weit die Wolken gehen.
(Pf. 36, 6—8. 1 Joh. 4, 9. 10, 16—19.)

42. Eigne Weise. 1704.

Wie groß ist des All-mäch-t-gen Gü-te! Ist der ein
der mit ver-här-te-tem Ge-mü-te den Dank er-

Mensch, den sie nicht rührt,
stickt, der ihm ge-bührt? Nein, sei-ne Lie-be

zu er-mes-sen, sei e-wig mei-ne größ-te

Pflicht. Der Herr hat mein noch nie ver-ges-sen;
ver-giß, mein Herz, auch sei-ner nicht.

2. Wer hat mich wunderbar bereitet? Der Gott, der meiner nicht bedarf. Wer hat mit Langmut mich geleitet? Er, dessen Rath ich oft verwarf. Wer stärkt den Frieden im Gewissen? Wer gibt dem Geiste neue Kraft? Wer läßt mich so viel Glück genießen? Ists nicht sein Arm, der Alles schafft?

3. Schau, o mein Geist, in jenes Leben, zu welchem du erschaffen bist, wo du, mit Herrlichkeit umgeben, Gott ewig sehn wirst, wie er ist. Du hast ein Recht zu diesen Freuden; durch Gottes Güte sind sie dein. Sieh, darum mußte Christus leiden, damit du könntest selig sein.

4. Und diesen Gott sollt ich nicht ehren? und seine Güte nicht verstehn? Er sollte rufen, ich nicht hören? den Weg, den er mir zeigt, nicht gehn? Sein Will ist mir ins Herz geschrieben, sein Wort bestärkt ihn ewiglich: Gott soll ich über Alles lieben und meinen Nächsten gleich wie mich.

5. Dies ist mein Dank, dies ist sein Wille: ich soll vollkommen sein, wie er. Je mehr ich sein Gebot erfülle, stell ich sein Bildnis in mir her. Lebt seine Lieb in meiner Seele, so treibt sie mich zu jeder Pflicht, und ob ich schon aus Schwachheit fehle, herrscht doch in mir die Sünde nicht.

6. O Gott, laß deine Güt und Liebe mir immerdar vor Augen sein; sie stärk in mir die guten Triebe, mein ganzes Leben dir zu weihn. Sie tröste mich zur Zeit der Schmerzen, sie leite mich zur Zeit des Glücks, und sie besieg in meinem Herzen die Furcht des letzten Augenblicks.

Christian Fürchtegott Gellert, 1715—1769.

Du bist der Gott, der Wunder thut,
Du hast deine Macht beweiset unter den Völkern.
(Jes. 40, 26.)

43.   Weise: Meins Herzens Jesu, meine Lust.   Sohr? 1668.

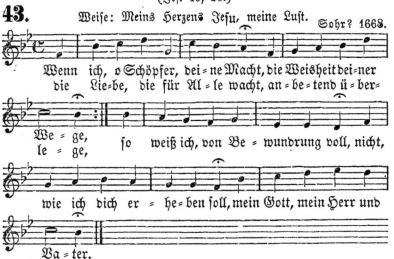

Wenn ich, o Schöpfer, dei = ne Macht, die Weisheit dei=ner
die   Lie=be, die für Al = le wacht, an = be=tend ü=ber=
We = ge,   so weiß ich, von Be = wundrung voll, nicht,
le = ge,
wie ich dich er = he=ben soll, mein Gott, mein Herr und
Va = ter.

2. Mein Auge sieht, wohin es blickt, die Wunder deiner Werke; der Himmel, prächtig ausgeschmückt, preist dich, du Gott der Stärke. Wer hat die Sonn an ihm erhöht? Wer kleidet sie mit Majestät? Wer ruft dem Heer der Sterne?

3. Wer mißt dem Winde seinen Lauf? Wer heißt die Himmel regnen? Wer schließt den Schoß der Erde auf, mit Vorrath uns zu segnen? O Gott der Macht und Herrlichkeit! Gott, deine Güte reicht so weit, so weit die Wolken reichen!

4. Dich predigt Sonnenschein und Sturm, dich preist der Sand am Meere. Bringt, ruft auch der geringste Wurm, bringt meinem Schöpfer Ehre! Mich, ruft der Baum in seiner Pracht, mich, ruft die Saat, hat Gott gemacht; bringt unserm Schöpfer Ehre!

5. Der Mensch, ein Leib, den deine Hand so wunderbar bereitet, der Mensch, ein Geist, den sein Verstand dich zu erkennen leitet, der Mensch, der Schöpfung Ruhm und Preis, ist sich ein täglicher Beweis von deiner Güt und Größe.

6. Erheb ihn ewig, o mein Geist,
erhebe seinen Namen! Gott, unser
Vater, sei gepreist, und alle Welt
sag Amen! Und alle Welt

fürcht ihren Herrn und hoff
auf ihn und dien ihm gern!
Wer wollte Gott nicht dienen?

Christian Fürchtegott Gellert,
1715—1769.

**Es sollen wohl Berge weichen und Hügel hinfallen,
Aber meine Gnade soll nicht von dir weichen, spricht der Herr.**
(1 Kor. 10, 13. 1, 9.)

Weise 598.   Es ist genug.

44. Gott ist getreu! sein Herz,
sein Vaterherz ist voller Red=
lichkeit. Gott ist getreu bei
Wohlsein und bei Schmerz, in
gut und böser Zeit. Weicht,
Berge, weicht, fallt hin, ihr Hü=
gel!* Mein Glaubensgrund hat
dieses Sigel:** Gott ist getreu!
* Jes. 54, 10. — ** 2 Tim. 2, 19.

2. Gott ist getreu! er ist mein
treuster Freund, dies weiß, dies
hoff ich fest. Ich bin gewis,
daß er mich keinen Feind zu
hart versuchen läßt.* Er wiegt
bei jeder Prüfungsstunde die
Kraft von meinem Glaubens=
pfunde. Gott ist getreu!
* 1 Kor. 10, 13.

3. Gott ist getreu! er thut,
was er verheißt, er hält, was
er verspricht;* wenn mir sein
Wort den Weg zum Leben weist,
so gleit und irr ich nicht. Gott
ist kein Mensch, er kann nicht
lügen,** sein Wort der Wahrheit
kann nicht trügen. Gott ist getreu!
* Ps. 33, 4. — ** 4 Mos. 23, 19.

4. Gott ist getreu! er handelt
väterlich, und was er thut, ist
gut; sein Liebesschlag erweckt
und bessert mich; die Ruthe
meint es gut. Das Kreuz wird

mir zur Himmelsleiter, der
Kampf macht mich zum guten
Streiter. Gott ist getreu!

5. Gott ist getreu! er gibt der
bösen Welt dahin sein liebes
Kind. Der Heiligste bezahlt
das Lösegeld für die, so Sün=
der sind. Um uns zu retten vom
Verderben, ließ er den Eingebor=
nen sterben. Gott ist getreu!

6. Gott ist getreu! mein Vater,
des ich bin, sorgt für mein See=
lenwohl. Sein Will und Wunsch,
sein Zweck und sein Bemühn
ist, daß ich leben soll. Er
reinigt mich von allen Sünden,
er läßt mich Ruh in Christo
finden. Gott ist getreu!

7. Gott ist getreu! sein gött=
lich treuer Blick gibt sorgsam
auf mich Acht; er sieht mit Lust,
wenn mich ein zeitlich Glück er=
freut und dankbar macht. Was
uns zu schwer ist, hilft er
tragen; mein Gott, was soll
ich weiter* sagen? Gott ist
getreu!   * 2 Sam. 7, 20.

8. Gott ist getreu! mein Herz,
was fehlt dir noch, dich stets
im Herrn* zu freun? Sei Gott
getreu, sei unverzagt, mag doch
die Welt voll Falschheit** sein!

der falschen Brüder Neid und Tücke wirkt mit zu Josephs Ehr und Glücke. *** Gott ist getreu!

* Phil. 4, 4. — ** Röm. 3, 4. — *** 1 Mos. 50, 20.

9. Gott ist getreu! vergiß, o Seel, es nicht,* wie zärtlich treu Gott ist. Gott treu zu sein, sei deine frohe Pflicht, so lang du denkst und bist. Halt fest an Gott,** sei treu im Glauben, laß dir den starken Trost nicht rauben: Gott ist getreu!

* Pf. 103, 2. — ** Sprüchw. 2, 2. 3.

Ehrenfried Liebich, 1713—1780.

**Dienet dem Herrn mit Freuden,
Kommt vor sein Angesicht mit Frohlocken.**
(Jes. 45, 5. 6. und 44, 6. Pf. 95, 1—8.)

Weise 250. Allein Gott in der Höh sei Ehr.

45. Der Herr ist Gott und keiner mehr; frohlockt ihm, alle Frommen! Wer ist ihm gleich? Wer ist, wie er, so herrlich und vollkommen? Der Herr ist groß, sein Nam ist groß, er ist unend=lich, grenzenlos in seinem gan=zen Wesen.

2. Er ist und bleibet, wie er ist; wer strebet nicht vergebens ihn auszusprechen? Wer er=mißt die Dauer seines Lebens? Wir Menschen sind von gestern her; eh noch die Erde ward, war er, war, eh die Himmel wurden.

3. Des Ewgen Thron umgibt ein Licht, das ihn vor uns ver=hüllet; ihn fassen alle Himmel nicht, die seine Kraft erfüllet. Er bleibet ewig, wie er war, verborgen und doch offenbar in seiner Werke Wundern.

4. Wo wären wir, wenn seine Kraft uns nicht gebildet hätte? Er kennt uns, kennet, was er schafft, der Wesen ganze Kette. Bei ihm ist Weisheit und Ver=stand und er umspannt mit seiner Hand die Erde sammt dem Himmel.

5. Ist er nicht nah? Ist er nicht fern? Weiß er nicht Aller Wege? Wo ist die Nacht, da sich dem Herrn ein Mensch ver=bergen möge? Umsonst hüllt ihr in Finsternis, was ihr beginnt; er siehts gewis, er sieht es schon von ferne.

6. Wer schützt den Weltbau ohne dich, o Herr, vor seinem Falle? Allgegenwärtig breitet sich dein Fittich über Alle; du bist voll Freundlichkeit, voll Huld, barmherzig, gnädig, voll Ge=duld, ein Vater, ein Verschoner.

7. Unsträflich bist du, heilig, gut, und reiner als die Sonne. Wohl dem, der deinen Willen thut, denn du vergiltst mit Wonne; du hast Unsterblichkeit allein,* bist selig, wirst es ewig sein, hast Freuden, Gott, die Fülle.

* 1 Timoth. 6, 16.

8. Dir nur gebühret Lob und Dank, Anbetung, Preis und Ehre: kommt, werdet Gottes Lobgesang, ihr alle seine Heere!

Der Herr ist Gott und keiner mehr; wer ist ihm gleich? wer ist, wie er, so herrlich, so vollkommen?

Dr. Joh. Andr. Cramer, 1723—1788.

Erforsche mich, Gott, und erfahre mein Herz;
Prüfe mich und erfahre, wie ich es meine.

(Pf. 139.)

Weise 380. O Gott, du frommer Gott.

46. Herr, du erforscheft mich, dir bin ich nie verborgen; du kennft mein ganzes Thun und alle meine Sorgen; was meine Seele denkt, war dir bereits bekannt, eh ein Gedanke noch in meiner Seel entstand.

2. Nie spricht mein Mund ein Wort, das du, o Herr, nicht wissest; du schaffest, was ich thu; du ordnest, du beschließest, was mir begegnen soll. Erstaunt bet ich dich an, Herr, dessen Weisheit selbst kein Engel fassen kann.

3. Wohin, wohin soll ich vor deinem Geiste fliehen? Wo könnt ich jemals wohl mich deinem Aug entziehen? Führ' ich gen Himmel auf, so bist du, Höchster, da. Führ' ich zur Tief hinab: auch hier bist du mir nah.

4. Nähm ich auch, schnell zu fliehn, die Fittiche vom Morgen und zög geflügelt fort: ich blieb dir unverborgen; es führt' und hielte mich, o Höchster, deine Hand, selbst wo die fernste Flut des Meeres netzt das Land.

5. Spräch ich zur Finsternis, sie möge mich bedecken: vor dir könnt ich mich doch in keiner Nacht verstecken; vor deinen Augen ist die Finsternis auch licht; die Nacht glänzt wie der Tag vor deinem Angesicht.

6. Du warst schon über mir in meiner Mutter Leibe; du bildetest mein Herz, Gott, des ich bin und bleibe! Ich danke dir, daß du mich wunderbar gemacht und meiner, eh ich war, schon väterlich gedacht.

7. Du kanntest mein Gebein, eh ich ans Licht gekommen, da ich im Dunkeln erst die Bildung angenommen. Dein Auge sah mich schon, eh ich bereitet war, und meiner Tage Lauf war dir schon offenbar.

8. Was für Erkenntnisse, für köstliche Gedanken! unzählbar sind sie mir, denn sie sind ohne Schranken. Mit Ehrfurcht will ich stets auf dich, mein Schöpfer, sehn, dir folgen und dein Lob, so gut ich kann, erhöhn.

9. Erforsche mich, mein Gott, und prüfe, wie ichs meine: ob ich rechtschaffen bin, wie ich von außen scheine. Sieh, ob mein Fuß vielleicht auf bösem Wege geht, und leite mich den Weg, der mich zu dir erhöht.

Dr. Johann Andreas Cramer, 1723—1788.

**Alle Weisheit ist von Gott, dem Herrn,
Und ist bei ihm ewiglich.**
(Spr. Sal. 8, 22—31. Hiob 38.)

47.   Eigne Weise.   C. Kocher, 1858.

Herr, des=sen Weisheit e = wig ist, Herr, der du
er = hab=ner als der Him=mel bist, und tie=fer

al = ler We = sen Quel=le,
als die tief = ste Höl = le: wer mißt die Don=ner

bei = ner Macht? Du brei=test aus die Mit = ter=

nacht und zählst die Stern als ei = ne Her = de;

dem Win = de gibst du sein Ge = wicht, dem Wasser

Maß, den Son = nen Licht, und hängst an nichts die

Last der Er = de.

2. Herr, wer erhebt wie du die Hand? Wer darf mit dir, o Richter, rechten? Wer thut den Kräften Widerstand, die Juda stürzten, Assur schwächten? dem Arm, der Könige zerschmeißt, die Bande seines Volks zerreißt und die Gewaltigen zerschläget? dem Herrn, der nur die Stolzen beugt, den Frommen seine Wege zeigt und sie auf Adlerflügeln träget?

3. Gott unsrer Väter und ihr Ruhm, Held, Ueberwinder und Gebieter, du Heiliger im Heiligtum, Erbarmer, Vater, Menschenhüter! was dort dein Mund zur Wittwe spricht, das mitleidsvolle: „Weine nicht!" das sprichst du noch, du Gott der Treue, und deinen Zorn entwaffnet oft ein Seufzer des, der auf dich hofft, und eine Zähre wahrer Rene.

4. Du führst den endlichen Verstand, wenn er zu deinem Licht sich wendet, zu der Erkenntnis Vaterland, wo ihn kein falscher Wahn verblendet; dann lachet ihm des Himmels Licht, das durch des Irrtums Wolken bricht und ihm den ewgen Morgen zeiget; ein neuer Glanz umfängt die Welt, die Macht der Finsternisse fällt vor ihm, dem alles Dunkel weichet.

Friedrich v. Hagedorn, 1708—1754.

**Herr, du bleibest wie du bist,
Und deine Jahre nehmen kein Ende.**
(Pf. 90, 1. 2.)
Weise 336. In dich hab ich gehoffet, Herr.

48. Gott, wie du bist, so warst du schon, noch ehe du von deinem Thron sprachst dein allmächtig „Werde" und riefest aus dem Nichts hervor den Himmel und die Erde.

2. Du wirst auch bleiben, wie du bist, wenn längst die Erde nicht mehr ist mit ihren Herrlichkeiten, wenn längst die Kämpfer nicht mehr hier um jene Krone streiten.

3. Wie du, so bleibet auch dein Wort und wird in Kraft sich fort und fort unwandelbar erhalten, wenn alle Welten, die du schufst, wie ein Gewand veralten.

4. Und stürzen Felsen in das Meer, so daß die Erde weit umher von ihrem Fall erzittert: bleibt deiner Liebe Bund mit mir doch ewig unerschüttert.

5. Was klag ich denn voll Traurigkeit, daß alle Güter dieser Zeit schnell wie ein Hauch vergehen, da du das Gut der Güter bist, das ewig wird bestehen?

6. Was ist's, daß meine Seele zagt, wenn mein Gewissen mich verklagt, daß ich an dir gesündigt? Bleibt ewig doch dein theures Wort, das Gnade mir verkündigt!

7. Was klag ich? Liebest du mich doch mit aller deiner Liebe noch und wirst mich ewig lieben, hast selber meinen Namen dir in deine Hand geschrieben.

8. Ja, ich bin Gottes, Gott ist mein, und ewig, ewig wird er's sein, nichts kann mich von ihm scheiden; die Welt vergeht mit ihrer Lust, Gott bleibt mit seinen Freuden.

Dr. Balth. Münter, 1735—1793.

2. Schöpfung, Erhaltung und Regierung der Welt.

**Die Himmel erzählen die Ehre Gottes,
Und die Veste verkündiget seiner Hände Werk.**
(Jes. 40, 26—31. Offenb. 4, 11. Pf. 148.)
Weise 589. Herr Jesu Christ, meins Lebens Licht.

49. O heilig Licht, Dreifaltigkeit, o göttliche Selbstständigkeit: du thust vor uns viel Wunderwerk, beweisest damit deine Stärk.

3

2. Die Erd, der Himmel und das Meer verkünden deine Kraft und Ehr; auch zeigen alle Berg und Thal, daß du ein Herr seist überall.

3. Die Sonne geht uns täglich auf, es hält der Mond auch seinen Lauf; so sind auch alle Stern bereit, zu preisen deine Herrlichkeit.

4. Die Thier und Vögel aller Welt, und was das Meer im Schoße hält, zeigt klar uns an sich selber an, was deine Kraft und Weisheit kann.

5. Du hast den Himmel ausgestreckt, mit Wolkenheeren überdeckt und sein Gewölb voll Majestät mit goldnen Sternen übersät.

6. Du bists, der alle Ding regiert, den Himmel und das Erdreich ziert, so wunderbar, daß

es kein Mann erforschen noch ergründen kann.

7. Wie könnt auch unsre Blödigkeit ausgründen deine Herrlichkeit, da wir doch Dinge nicht verstehn, womit wir allezeit umgehn.

8. Wie herrlich ist, Herr, und wie schön, was du geschaffen, anzusehn! Doch wie viel lieblicher bist du, Herr, unser Gott, in deiner Ruh!

9. Du schließest Erd und Himmel ein, dein Herrschen muß voll Wunder sein; du bist ein Herr in Ewigkeit von unnennbarer Herrlichkeit.

10. O Vater, Sohn und heilger Geist, dein Name, der allmächtig heißt, sei hochgelobt in Ewigkeit! So sprechen wir mit Innigkeit.

Böhm. Brüder, 1531. (Michael Weiße, † 1534.)

Singet dem Herrn, lobet seinen Namen,
Erzählet unter allen Völkern seine Wunder.
(5 Mos. 13—15. Ps. 117. 100.)

50.   Eigne Weise.   A. v. Löwenstern, 1644.

Nun prei-set Al-le Got-tes Barm-her-zig-keit!
Lob ihn mit Schal-le, dank ihm, o Christenheit!
Er läßt dich freundlich zu sich la-den: freu-e dich,
Is-ra-el, sei-ner Gna-den! freu-e dich, Is-ra-el,
sei-ner Gna-den!

2. Der Herr regieret über die ganze Welt; was sich nur rühret, Alles zu Fuß ihm fällt. Viel tausend Seelen um ihn schweben; :,: Psalter und Harfen ihm Ehre geben. :,:

3. Wohlauf, ihr Heiden, lasset das Trauern sein! Zu grünen Weiden stellet euch willig ein! Da läßt er uns sein Wort verkünden, :,: machet uns ledig von allen Sünden. :,:

4. Er gibet Speise reichlich und überall; nach Vaterweise sättigt er allzumal. Er schaffet früh und spaten Regen, :,: füllet uns alle mit seinem Segen. :,:

5. Drum preis und e)re seine Barmherzigkeit, sein Lob vermehre, dank ihm, o Christenheit! Uns soll hinfort kein Unfall schaden: :,: freue dich, Israel, seiner Gnaden! :,:

Apelles von Löwenstern, 1595—1648.

Wo der Herr nicht das Haus bauet,
So arbeiten umsonst, die daran bauen.
(Spr. Sal. 10, 22. Jer. 17, 7. Pf. 3, 9. 127, 1—3.)

51. Eigne Weise. 1738.

Al = les ist an Got = tes Se = gen und an sei = ner
Gnad ge = le = gen ü = ber al = les Geld und Gut;
wer auf Gott sein Hof = fen se = tzet, der be = hält ganz
un = ver = le = tzet ei = nen frei = en Hel = den = mut.

2. Der mich hat bisher ernähret und mir manches Gut bescheret, ist und bleibet ewig mein; der mich wunderbar geführet, und noch leitet und regieret, wird forthin mein Helfer sein.

3. Viele mühen sich um Sachen, die nur Sorg und Unruh machen, und ganz unbeständig sind; ich begehr nach dem zu ringen, was der Seele Ruh kann bringen und man jetzt gar selten findt.

4. Hoffnung kann das Herz erquicken; was ich wünsche, wird sich schicken, so es anders Gott gefällt: meine Seele, Leib und Leben hab ich seiner Gnad ergeben und ihm Alles heimgestellt.

5. Er weiß schon nach seinem Willen mein Verlangen zu erfüllen; es hat Alles seine Zeit. Ich hab ihm nichts vorzuschreiben; wie Gott will, so muß es bleiben; wann Gott will, bin ich bereit.

6. Soll ich hier noch länger leben, will ich ihm nicht widerstreben, ich verlasse mich auf ihn. Ist doch nichts, das lang bestehet; alles Irdische vergehet und fährt wie ein Strom dahin.

Seit 1676. Verfasser unbekannt.

**Danket dem Herrn, denn er ist freundlich,
Und seine Güte währet ewiglich.**
(Pf. 147. Apstgsch. 14, 17.)

Weise 833. Danket dem Herren, denn er ist sehr freundlich.

52. Was für ein Lob soll man dir, Vater, singen? Kein Menschenmund kanns würdiglich vollbringen.

2. Du hast aus nichts den Himmel und die Erden und Alles, was darin ist, lassen werden.

3. Draus riefst du uns nach deinem Bild ins Leben, hast uns Verstand und Gaben reich gegeben.

4. Du lässest uns in deinem Worte lehren, wie wir dir dienen sollen und dich ehren.

5. Von Kindheit an hast du uns stets ernähret; was wir bedurft, uns väterlich bescheret.

6. Du sättigst alles Fleisch mit Wohlgefallen und schützest uns, so lange wir hier wallen.

7. Wenn Kreuz und Trübsal oftmals uns berühret, so werden wir doch gnädig draus geführet.

8. Sehr groß ist deine Weisheit, Güt und Stärke, und wunderbar sind alle deine Werke.

9. Herr, wir bekennen es mit unserm Munde und danken dir dafür aus Herzensgrunde.

10. Lob sei dir, Vater, der du mit dem Sohne und heilgen Geist regierst in einem Throne.

11 Dein großer Nam sei immerdar gepreiset für alles Gute, das du uns erweiset.

12. Hilf, daß wir fest an dir im Glauben hangen und dann die Seligkeit darauf erlangen.

Nach einem alten niederdeutschen Liede bearbeitet von David Denicke, 1603-1680.

**Deine Güte, Herr, sei über uns,
Wie wir auf dich hoffen.**
(Hiob 10, 11. 12.)

Weise 809. Wach auf, mein Herz, und singe.

53. Nun laßt uns Gottes Güte wohl fassen zu Gemüte; kommt, lasset uns erwägen des frommen Vaters Segen.

2. Eh wir ans Licht geboren, hat er uns auserkoren und in sein Buch geschrieben zum Leben und zum Lieben.

3. Als wir noch sind gelegen ohn Regen und Bewegen, ohn Menschenhilf und Sorgen, der Mutter selbst verborgen:

4. Da hat er uns gegeben die Glieder und das Leben, dann auf der Engel Wagen uns in die Welt getragen.

5. Er hat uns aufgenommen in die Gemein der Frommen, gemacht zu seinen Erben, die auch im Tod nicht sterben.

6. Er gibt uns zu erkennen sein Wort, daß wir ihn nennen den Vater und Ernährer und alles Guts Bescherer.

7. Er gibt für unsre Sünden, daß wir Erlösung finden, den eingen Sohn und Erben, läßt ihn am Kreuze sterben.

8. O laßt es uns bedenken, wenn uns die Sorgen kränken, daß, wer das Größte gibet, uns auch aufs Höchste liebet.

9. Sollt er uns was versagen, so wir ihm gläubig klagen, was wir an kleinern Gaben zum Leben nöthig haben?

10. Die Vögel in den Lüften, die Herden auf den Triften, die Blümlein an den Wegen uns müssen widerlegen.

11. Er, der sie alle heget und ihrer treulich pfleget, sollt einen Himmelserben versäumen und verderben?

12. O Vater, so beschere zu deinem Lob und Ehre, daß wir dir recht vertrauen und gänzlich auf dich bauen.

13. Wenn wir nur Glauben haben, so werden uns die Gaben, die wir zu diesem Leben bedürfen, wohl gegeben.

14. Der Himmel sammt der Erden muß eh zu nichte werden, eh Gott die wird verlassen, die ihn in Glauben fassen.

Joh. Mich. Dilherr, 1604—1669.

Danke für Altes dem, der dich geschaffen
Und mit seinen Gütern gesättigt hat.
(Sir. 50, 21—26. Pf. 106, 1. Vgl. Sir. 50, 24—26.)

54. Eigne Weise. Joh. Crüger, 1658.

Nun dan=ket All und bringet Ehr, ihr Menschen in der Welt, ihm, den da preist der En=gel Heer im ho=hen Himmels=zelt.

2. Ermuntert euch und singt mit Schall Gott, unserm höch=sten Gut, der seine Wunder überall und große Dinge thut;

3. Der uns von Mutterleibe an frisch und gesund erhält und, wo kein Mensch uns helfen kann, sich selbst zum Helfer stellt;

4. Der, ob wir ihn gleich hoch betrübt, doch bleibet gutes Muts, die Straf erläßt, die Schuld vergibt und thut uns alles Guts.

5. Er gebe uns ein fröhlich Herz, erfrische Geist und Sinn und werf all Angst, Furcht, Sorg und Schmerz ins Meeres Tiefe hin.*   * Micha 7, 19.

6. Er lasse seinen Frieden ruhn auf unserm Vaterland; er gebe Glück zu unserm Thun und Heil in allem Staub.

7. Er lasse seine Lieb und Güt um, bei und mit uns gehn, was aber ängstet und bemüht, gar ferne von uns stehn.

8. So lange dieses Leben währt, sei er stets unser Heil, und bleib auch, wenn wir von der Erd abscheiden, unser Theil.

9. Er drücke, wenn das Herze bricht, uns unsre Augen zu und zeig uns drauf sein Angesicht dort in der ewgen Ruh.

Paul Gerhardt, 1606—1676.

**Ich will dem Herrn singen mein Leben lang,
Und meinen Gott loben, so lange ich bin.**
(Eph. 5, 19—20. Mich. 7, 18—20.)
Nach voriger Weise.

55. Ich singe dir mit Herz und Mund, Herr, meines Lebens Lust! ich sing und mach auf Erden kund, was mir von dir bewußt.

2. Ich weiß, daß du der Brunn der Gnad und ewge Quelle seist, daraus uns allen früh und spat viel Heil und Gutes fleußt.

3. Was sind wir doch, was haben wir auf dieser ganzen Erd, das uns, o Vater, nicht von dir allein gegeben werd?

4. Wer hat das schöne Himmelszelt hoch über uns gesetzt? Wer ist es, der uns unser Feld mit Thau und Regen netzt?

5. Wer wärmet uns in Kält und Frost? Wer schützt uns vor dem Wind? Wer macht es, daß man Oel und Most zu seinen Zeiten findt?

6. Wer gibt uns Leben und Geblüt? Wer hält mit seiner Hand den goldnen, edlen, werthen Fried in unserm Vaterland?

7. Ach Herr, mein Gott, das kommt von dir; du, du mußt Alles thun; du hältst die Wach an unsrer Thür und läßt uns sicher ruhn.

8. Du nährest uns von Jahr zu Jahr, bleibst immer fromm und treu und stehst uns, wenn wir in Gefahr gerathen, herzlich bei.

9. Du strafst uns Sünder mit Geduld und schlägst nicht allzusehr; ja, endlich nimmst du unsre Schuld und wirfst sie in das Meer.*   * Micha 7, 19.

10. Wenn unser Herze seufzt und schreit, wirst du gar leicht erweicht und gibst uns, was uns hoch erfreut und dir zur Ehr gereicht.

11. Du zählst, wie oft ein Christe wein, und was sein Kummer sei; kein Zähr- und Thränlein ist so klein, du hebst und legst es bei.

12. Du füllst des Lebens Mangel aus mit dem, was ewig steht, und führst uns in des Himmels Haus, wenn uns die Erd entgeht.

13. Wohlauf, mein Herze, sing und spring und habe guten Mut! Dein Gott, der Ursprung aller Ding, ist selbst und bleibt dein Gut.

14. Er ist dein Schatz, dein Erb und Theil, dein Glanz und Freudenlicht, dein Schirm und Schild, dein Hilf und Heil, schafft Rath und läßt dich nicht.

15. Was kränkst du dich in deinem Sinn und grämst dich Tag und Nacht? Nimm deine Sorg und wirf sie hin auf den, der dich gemacht.

16. Hat er dich nicht von Jugend auf versorget und ernährt? Wie oft hat er des Unglücks Lauf zum Segen dir gekehrt!

17. Er hat noch niemals was versehn in seinem Regiment; nein, was er thut und läßt geschehn, das nimmt ein gutes End.

18. Ei nun, so laß ihn ferner thun und red ihm nicht darein, so wirst du hier in Frieden ruhn und ewig fröhlich sein.

Paul Gerhardt, 1606—1676.

Der Herr ist mein Hirte, Mir wird nichts mangeln.

(Pf. 23.)

Weise 809. Wach auf, mein Herz, und singe.

56. Der Herr, der aller Enden regiert mit seinen Händen, der Brunn der ewgen Güter, der ist mein Hirt und Hüter.

2. So lang ich diesen habe, fehlt mirs an keiner Gabe; der Reichtum seiner Fülle gibt mir die Füll und Hülle.

3. Er lässet mich mit Freuden auf grünen Auen weiden, führt mich zu frischen Quellen, schafft Rath in schweren Fällen.

4. Wenn meine Seele zaget und sich mit Sorgen plaget, weiß er sie zu erquicken, aus aller Noth zu rücken.

5. Er lehrt mich thun und lassen, führt mich auf rechter Straßen, läßt Furcht und Angst sich stillen um seines Namens willen.

6. Und ob ich gleich vor Andern im finstern Thal muß wandern, fürcht ich doch keine Tücke, bin frei von Mißgeschicke.

7. Denn du stehst mir zur Seiten, schirmst mich vor bösen Leuten; dein Stab, Herr, und dein Stecken benimmt mir allen Schrecken.

8. Du setzest mich zu Tische, machst, daß ich mich erfrische, wenn mir mein Feind viel Schmerzen erweckt in meinem Herzen.

9. Du salbst mein Haupt mit Oele, tränkst meine durstge Seele auf quellenreicher Straße mit vollgeschenktem Maße.

10. Barmherzigkeit und Gutes wird mir das Herz guts Mutes, voll Lust, voll Freud und Lachen, so lang ich lebe, machen.

11. Ich will dein Diener blei-ben, dein Lob auch herrlich trei-ben im Hause, wo du wohnest und Frömmigkeit belohnest.

12. Ich will dich hier auf Erden und dort, wo wir dich werden selbst schaun, im Him-mel droben, hoch preisen, singen, loben.

Paul Gerhardt, 1606—1676.

**Was ist der Mensch, daß du sein gedenkest,
Und das Menschenkind, daß du dich sein annimmst.**

(1 Mos. 1, 26. 27. 2 Thess. 2, 13. 14.)

Weise 807. Ich dank dir schon durch deinen Sohn.

57. Tritt her, o Seel, und dank dem Herrn für seine tau-send Gaben, mit denen er dich frei und gern geziert hat und erhaben. *

* Nebenform von er h o b e n.

2. Der dich aus nichts her-vorgebracht, wie seiner Huld ge-fallen, und dich zu seinem Bild gemacht und ausgeschmückt vor Allen.

3. Für dich hat er die ganze Welt erschaffen und erbauet; für dich ist sie so wohl bestellt und was man brinnen schauet.

4. Dir dienet alle Creatur, vor dir muß sie sich neigen; die ganze herrliche Natur muß Dienste dir erzeigen.

5. Dir trägt die Erde Brot und Wein, dir Arzenei für Schmerzen; dir hegt sie Thiere groß und klein, dir Gold in ihrem Herzen.

6. Dort läuft und strömt das Wasser dir, da stehet es dir stille, bringt Perlen und Korallen-zier und Fische dir in Fülle.

7. Die Luft erquickt dich jeder-zeit von außen und von innen; der bunten Vöglein Munterkeit ergetzet deine Sinnen.

8. Dir fährt die Sonn des Tags herein auf ihrem goldnen Wagen; dir macht des Mondes Silberschein die Nächte gleich den Tagen.

9. Zu deinen Diensten sind be-reit der Engel große Scharen; sie wachen jetzt und allezeit, daß sie dich treu bewahren.

10. Und was noch mehr: Gott sieht nicht an — willst du nur Gnade finden — die Schmach, die du ihm angethan mit tausend-sachen Sünden;

11. Er gibt den eignen Sohn für dich, er liebt dich wie sein Leben und will sich endlich ewig-lich dir schenken und ergeben.

12. Drum dank, o Seele, dank dem Herrn für seine tausend Gaben, mit denen er dich frei und gern geziert hat und er-haben.

Dr. Johannes Scheffler, 1624-1677.

Groß sind die Werke des Herrn,
Wer ihrer achtet, hat eitel Luft daran.
(Pf. 104. Röm. 1, 19. 20. Pf. 19, 1.)

Weise 78.   Gott sei Dank durch alle Welt.

58. Himmel, Erde, Luft und Meer zeugen von des Schöpfers Ehr, jauchzen ihrem Gotte zu; meine Seele, sing auch du!

2. Seht das große Sonnenlicht, wie's am Tag die Wolken bricht; Mondesglanz und Sternenpracht jauchzen Gott bei stiller Nacht.

3. Seht, wie Gott den Erdenball hat gezieret überall: Wälder, Felder, jedes Thier zeigen Gottes Finger hier.

4. Seht, wie durch die Lüfte hin frisch und froh die Vögel ziehn; Donner, Blitz, Dampf, Hagel, Wind seines Willens Diener sind.

5. Seht der Wasserwellen Lauf, wie sie steigen ab und auf; von der Quelle bis zum Meer rauschen sie des Schöpfers Ehr.

6. Ach, mein Gott, wie wunderbar stellst du dich der Seele dar! Drücke tief in meinen Sinn, was du bist und was ich bin!

Joachim Neander, 1640—1680.

Wache auf, Psalter und Harfe,
Ich will dem Herrn danken unter den Völkern.
(Pf. 103, 1—9.)

59.   Eigne Weise.   1668.

Lo-be den Her-ren, den mäch-ti-gen Kö-nig der
mei-ne ge-lie-be-te See-le, das ist mein Be-

Eh-ren,
geh-ren.   Kom-met zu Hauf! Psal-ter und

Har-fe, wacht auf! Las-set den Lob-ge-sang hö-

ren!

2. Lobe den Herren, der Alles so herrlich regieret, der dich auf Adelers Fittichen sicher geführet; der dich erhält, wie es dir selber gefällt. Hast du's nicht oft schon verspüret?

3. Lobe den Herren, der künstlich und fein dich bereitet, der

dir Gesundheit verliehen, dich freundlich geleitet. In wie viel Noth hat nicht der gnädige Gott über dir Flügel gebreitet!

4. Lobe den Herren, der deinen Staub sichtbar gesegnet, der aus dem Himmel mit Strömen der Liebe geregnet! Denke daran, was der Allmächtige kann, der dir mit Liebe begegnet!

5. Lobe den Herren, was in mir ist, lob seinen Namen! Alles, was Odem hat, lobe mit Abrahams Samen!* Er ist dein Licht; Seele, vergiß es ja nicht! Lobende, schließe mit Amen!

* Abraham ist der Vater aller Gläubigen aus den Juden und Heiden. Röm. 4, 11 und 12.

Joachim Neander, 1640—1680.

Der Himmel ist durchs Wort des Herrn gemacht, Und all sein Heer durch den Geist seines Mundes.
(Ps. 104.)

Weise 402. Sollt ich meinem Gott nicht singen.

60. Gott, durch dessen Wort entsprossen Himmel, Erde sammt dem Meer; dessen Allmacht ausgeflossen in der Creaturen Heer: Engel machst du gleich den Winden und zu Flammen deine Knecht, daß dir dienet ihr Geschlecht, überall dich zu verkünden. Gott, dich lob ich in der Zeit und dort in der Ewigkeit!

2. Herrlich ist dein schönes Wesen, Licht und Sonne ist dein Kleid, der du vor der Welt gewesen, unverändert, ohne Zeit, der den Himmel du gezieret mit den Sternen ohne Zahl, sie mit Schönheit allzumal majestätisch aufgeführet. Gott, dich lob ich in der Zeit und dort in der Ewigkeit!

3. Wenn du sendest deinen Regen, der erquickt das dürre Land, schüttest du den reichen Segen aus der treuen Vaterhand, daß das Gras in Fülle stehe und das Thier sein Futter hab, daß der Wein den Men-schen Lab und Brot aus der Erde gehe. Gott, dich lob ich in der Zeit und dort in der Ewigkeit!

4. Alles wird durch dich erhalten, streckst du deine Hand uns her; läßt du deine Güte walten, wächst der Vorrath mehr und mehr; wenn du deine Hand abziehest, so erstirbt und wird zu Staub alle Welt, wie Gras und Laub, weil du sie im Zorn ansiehest. — Gott, dich lob ich in der Zeit und dort in der Ewigkeit!

5. Ewig will ich dir lobsingen, Höchster, ewig preis ich dich; von dir soll mein Mund erklingen, denn du führst mich gnädiglich. Wenn du mir wirst Wohnung machen in der schönen Himmelsstadt, die kein Aug erblicket hat, da werd ich mit Freud und Lachen dich erhöhn nach dieser Zeit in der süßen Ewigkeit.

Johannes Job, 1664—1736.

Siehe, der Himmel und aller Himmel Himmel und die Erde
Und Alles, was darinnen ist, das ist des Herrn, deines Gottes.
(Pf. 148.)

Weise 339. Warum sollt ich mich denn grämen.

61. Sei zufrieden, mein Gemüte! Gott ist gut; was er thut, ist auch voller Güte. Schaue seine großen Thaten: was die Welt in sich hält, ist ihm wohl gerathen.

2. Beides, Erd und Himmel, preisen seine Macht; Tag und Nacht müssen es beweisen. Sonn und Stern sind stumme Zeugen; was sich regt und bewegt, kann es nicht verschweigen.

3. Schau die Werke seiner Hände: Mensch und Thier sagen dir, daß sein Ruhm ohn Ende. Auch das Kleinste, was wir nennen, Gras und Laub, selbst der Staub gibt ihn zu erkennen.

4. Was auf Bergen und in Gründen, in der Höh, in der See oder sonst zu finden, rühmet seines Schöpfers Stärke, daß man hier nach Gebühr seine Weisheit merke.

5. Wie muß ich sein Lob erheben; wie so gar wunderbar gab er mir mein Leben! Seel und Leib ist sein Geschenke; wird mir nicht Dank zur Pflicht, wenn ich dran gedenke?

6. Wie sein väterliches Sorgen Tag und Nacht für mich wacht, das zeigt jeder Morgen; ja kein Augenblick verschwindet, der mir nicht, Gott, mein Licht! deine Huld verkündet.

7. Nun, mein Herz! das hat schon lange Gott gethan, denke dran; ist dir jetzo bange, als wollt er dich nun verlassen: — trau dem Herrn, er hilft gern, er wird dich nicht hassen.

8. Drum ergib dich seinem Willen, heiße gut, was er thut; einst wird sichs enthüllen. Denn Gott weiß in allen Sachen, groß an Rath, stark von That, Alles wohl zu machen.

Benj. Schmolck, 1672—1737.

Singet dem Herrn ein neues Lied,
Singet dem Herrn, alle Welt.
(Pf. 96.)

62. Eigne Weise.

1804.

Gott ist mein Lied; er ist der Gott der Stär=ke! Groß
ist sein Nam und groß sind sei = ne Wer = ke, und
al = le Him=mel sein Ge=biet.

2. Er will und sprichts, so sind und leben Welten; und er gebeut, so fallen durch sein Schelten die Himmel wieder in ihr Nichts.

3. Licht ist sein Kleid, und seine Wahl das Beste; er herrscht als Gott, und seines Thrones Veste ist Wahrheit und Gerechtigkeit.

4. Unendlich reich, ein Meer von Seligkeiten, ohn Anfang Gott und Gott in ewge Zeiten, Herr aller Welt, wer ist dir gleich?

5. Was ist und war im Himmel, Erd und Meere, das kennt der Herr; und seiner Werke Heere sind ewig vor ihm offenbar.

6. Er ist um mich, schafft, daß ich sicher ruhe; er schafft, was ich vor- oder nachmals thue, und er erforschet mich und dich.

7. Er ist mir nah, ich sitze oder gehe; ob ich ans Meer, ob ich gen Himmel flöhe, so ist er allenthalben da.

8. Er kennt mein Flehn und allen Rath der Seele; er weiß, wie oft ich Gutes thu und fehle, und eilt mir gnädig beizustehn.

9. Er wog mir dar, was er mir geben wollte, schrieb in sein Buch, wie lang ich leben sollte, da ich noch unbereitet war.

10. Nichts, nichts ist mein, das Gott nicht angehöre; Herr, immerdar soll deines Namens Ehre, dein Lob in meinem Munde sein!

11. Wer kann die Pracht all deiner Wunder fassen? Ein jeder Stanb, den du hast werden lassen, verkündigt seines Schöpfers Macht.

12. Der kleinste Halm ist deiner Weisheit Spiegel; die Luft, das Meer, die Auen, Thal' und Hügel, sie sind dein Loblied und dein Psalm.

13. Du tränkst das Land, führst uns auf grüne Weiden, und Nacht und Tag und Korn und Wein und Freuden empfangen wir aus deiner Hand.

14. Kein Sperling fällt, Herr, ohne deinen Willen. Sollt ich mein Herz nicht mit dem Troste stillen, daß deine Hand mein Leben hält?

15. Ist Gott mein Schutz, will Gott mein Retter werden, so frag ich nichts nach Himmel und nach Erden und biete selbst der Hölle Trutz.

M. Christian Fürchtegott Gellert, 1715—1769.

Die Himmel erzählen die Ehre Gottes,
Und die Veste verkündiget seiner Hände Werk.
(Ps. 19.)

63.　Eigne Weise.　Joh. Joach. Quanz, 1760.

Die Him - mel rüh - men des E - wi - gen

Eh - re, ihr Schall pflanzt sei - nen Na - men

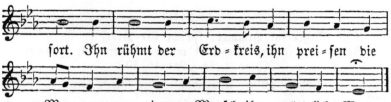

fort. Ihn rühmt der Erd = kreis, ihn prei = sen die

Mee = re; ver = nimm, o Mensch, ihr gött=lich Wort.

2. Wer trägt der Himmel un=
zählbare Sterne? Wer führt die
Sonn aus ihrem Zelt? Sie
kömmt und leuchtet und lacht
uns von ferne und läuft den
Weg gleich wie ein Held.

3. Vernimms und siehe die
Wunder der Werke, so die Natur
dir aufgestellt! Verkündigt Weis=
heit und Ordnung und Stärke
dir nicht den Herrn, den Herrn
der Welt?

4. Kannst du der Wesen un=
zählbare Heere, den kleinsten
Staub fühllos beschaun? Durch

wen ist Alles? O gib ihm die
Ehre! „Mir", ruft der Herr,
„sollst du vertraun!"

5. „Mein ist die Kraft, mein
Himmel und Erde; an meinen
Werken kennst du mich. Ich
bin es, der ich bin, war und
sein werde, dein Gott und Vater
ewiglich."

6. „Ich bin dein Schöpfer, bin
Weisheit und Güte, ein Gott
der Ordnung und dein Heil.
Ich bins; mich liebe von ganzem
Gemüte und nimm an meiner
Gnade Theil!"

M. Christian Fürchtegott Gellert, 1715—1769.

**Herr, du leitest mich nach deinem Rath
Und nimmst mich endlich mit Ehren an.**
(Pf. 23.)

Weise 782. Auferstehn, ja auferstehn wirst du.

64. Ja, fürwahr! uns führt
mit sanfter Hand ein Hirt durchs
Pilgerland der dunklen Erde,
uns, seine kleine Heerde. Halle=
lujah!

2. Wenn im Dunkel auch sein
Häuflein irrt: — er wacht, der
treue Hirt, und läßt den Sei=
nen ein freundlich Sternlein
scheinen. Hallelujah!

3. Sicher leitet aus des Todes
Graun er uns auf grüne Au'n,
aus Sturm und Wellen zur

Ruhe sanfter Quellen. Halle=
lujah!

4. Freundlich blickt sein Aug
auf uns herab; sein sanfter Hir=
tenstab bringt Trost und Friede;
er wachet sich nicht müde. Halle=
lujah!

5. Ja, fürwahr! er ist getreu
und gut! Auch unsre Heimat
ruht in seinen Armen. Sein
Name ist Erbarmen! Halle=
lujah!

Fried. Ad Krummacher, 1768-1845.

(Engel.)

Ihre Engel im Himmel, spricht der Herr,
Sehen allezeit das Angesicht meines Vaters im Himmel.
(Hebr. 1, 14. Luc. 15, 10.)

Weise 129. Allmächtiger, wir singen dir.

65. Die Engel, die im Himmelslicht Jehovah fröhlich loben und schauen Gottes Angesicht, die sind wohl hoch erhoben; doch sind sie von dem Herrn bestellt, daß sie die Kinder auf der Welt behüten und bewahren.

2. O große Lieb, o große Güt, die Gott uns Armen zeigt, daß auch der Engel rein Gemüt sich zu den Kindern neiget, die Gott im Glauben hangen an; drum lobe, was nur lallen kann, Gott mit den Engelscharen.

3. Ach, werdet doch den Engeln gleich, ihr Sterblichen auf Erden, auch hier in diesem Gnadenreich an Herzen und Geberden; es ist der Engel Amt und Pflicht, daß Gottes Will allein geschicht im Himmel und auf Erden.

4. Haut ab*, was euch verhindern mag an diesem Engelleben, reißt aus die Unart nach und nach und bleibet nimmer kleben am Erdenstaub, schwingt euch empor im Geist zu Gottes Engelschor und dienet Gott mit Freuden! * Matth. 5, 29—30.

5. Ein Mensch, der Händ und Füße läßt hier thun nach Wohlgefallen, der kommt nicht auf des Herren Fest, wo Engellieder schallen dem großen Gott zu Preis und Ruhm und wo sein herrlich Eigentum das Dreimal-Heilig singet.

6. O Jesu, mache mich bereit und tüchtig, dich zu loben, damit ich dich nach dieser Zeit mit allen Engeln droben erheben mög und engelgleich kann ewig sein in deinem Reich. Das gib aus Gnaden! Amen.

Laurentius Laurenti, 1660—1722.

Lobet den Herrn, alle seine Engel,
Lobet ihn, alle seine Heerscharen.
(Ps. 103, 17—22.)

Weise 540. O Durchbrecher aller Bande.

66. Um die Erd und ihre Kinder schwebet still die Geisterwelt; einst nach der Vollendungsstunde, wenn der dichte Schleier fällt, — einst wenn wir hinüberschweben hier aus dieser Zeitlichkeit: — reichen Brüder uns die Hände, Brüder in der Ewigkeit.

2. Reine Wesen, Himmelskinder, schön in ewger Heiterkeit: ach, der Glaube ist so selig, daß ihr unsre Freunde seid, daß euch unser Schicksal rühret, daß ihr uns zur Seite steht, unser frommes Sehnen segnet, Reuethränen gerne seht.

3. Auf, mein Geist, in jene Welten, wenn die Erde dich umstrickt, auf zu jenen Freigebornen, wenn dich deine Knechtschaft drückt! Strebe mutig zu dem Ziele, aus der Finsternis zum Licht; Gottes Engel sind dir nahe, — kämpfe, ringe, weiche nicht!

4. Gott der Gnaden, laß die Diener deiner Kraft uns dienstbar sein! Jesu Christe, Bundesengel, Fürst in aller Helden Reihn: du machst selig das Verlorne, drum sind wir so hoch geehrt; hilf uns durch, bis deine Macht uns höher noch, bir gleich, verklärt!

Joseph Sperl, 1761—1837. V. 4 von Ewald Rudolf Stier, geb. 1800.

III.
Das Werk der Erlösung.

1. Heilsrathschluß Gottes im Allgemeinen.

Da erschien die Freundlichkeit und Leutseligkeit Gottes, unsers
    Heilandes,
Und machte uns selig nach seiner Barmherzigkeit.
(1 Tim. 2, 1—6. Eph. 1, 3—7.)

67. Eigne Weise. 1523.

Nun freut euch, lie = be Christen gmein,* das Herz laßt fröhlich
daß wir ge = trost und all in ein mit Lust und Lie = be
sprin = gen,
sin = gen, was Gott an uns ge = wen = det hat, und
sei = ne sü = ße Wun = der = that; gar theur hat er's er =
wor = ben.

* Allgemein, insgesammt.

2. Dem Teufel ich gefangen lag, im Tod war ich verloren; mein Sünd mich quälte Nacht und Tag, darin ich war geboren; ich fiel auch immer tiefer drein, es war kein Guts am Leben mein: die Sünd hatt mich besessen.

3. Mein gute Werk die golten nicht, mit ihnen wars verborben; der freie Will haßt' Gotts Gericht, zum Guten ganz erstorben; die Angst mich zu verzweifeln trieb, da nichts denn Sterben bei mir blieb; zur Höllen mußt ich sinken.

4. Da jammert Gott in Ewigkeit mein Elend übermaßen; er dacht an sein Barmherzigkeit, er wollt mir helfen lassen; er wandt zu mir sein Vaterherz; zu heilen meiner Seele Schmerz ließ ers sein Bestes kosten.

5. Er sprach zu seinem lieben Sohn: „'s ist Zeit, mich zu erbarmen; fahr hin, meins Herzens werthe Kron, und sei das Heil dem Armen und hilf ihm aus der Sünden Noth, erwürg für ihn den bittern Tod und laß ihn mit dir leben."

6. Dem Vater er gehorsam ward: er kam zu mir auf Erden von einer Jungfrau rein und zart, er sollt mein Bruder werden. In meiner armen Knechtsgestalt ging er einher, um die Gewalt des Teufels zu zerstören.

7. Er sprach zu mir: „Halt dich an mich, es soll dir itzt gelingen. Ich geb mich selber ganz für dich, da will ich für dich ringen; denn ich bin dein und du bist mein, und wo ich bleib, da sollst du sein, uns soll der Feind nicht scheiden.

8. Vergießen wird er mir mein Blut, dazu mein Leben rauben; das leid ich Alles dir zu gut, das halt mit festem Glauben; den Tod verschlingt das Leben mein, mein Unschuld trägt die Sünde dein; da bist du selig worden.

9. Gen Himmel zu dem Vater mein fahr ich aus diesem Leben; da will ich sein der Meister dein, den Geist will ich dir geben, der dich in Trübnis trösten soll und lehren, mich erkennen wohl, und in der Wahrheit leiten.

10. Was ich gethan hab und gelehrt, das sollst du thun und lehren, daß Gottes Reich hier werd gemehrt zu seinem Lob und Ehren. Und hüt dich vor der Menschen Satz*, davon verdirbt der edle Schatz. Das laß ich dir zur Letze."**

*Satzung. — **Labung, Stärkung.
Dr. Martin Luther, 1483—1546.

Gott hat uns geliebet in seinem Sohne, Ehe der Welt Grund gelegt war.

(Joh. 1, 1—4. Eph. 1, 3—4.)

Weise 411. O daß ich tausend Zungen hätte.

68. Gott Vater, der du allen Dingen ein Anfang und ein Schöpfer bist, der du mit höchstem Lob und Singen von Allen „Vater" wirst gegrüßt, Gott Vater, sei in Ewigkeit gelobet und gebenedeit!

2. Der du von allen Ewig=

keiten uns zugedacht dein eingen Sohn und ihn am Ende vor'ger Zeiten uns hast gesandt vom Himmelsthron: Gott Vater, sei in Ewigkeit gelobet und gebenedeit!

3. Der du uns hast in ihm erkoren, eh du zur Welt gelegt den Grund, und uns zu Kindern neu geboren, aufrichtend einen ewgen Bund: Gott Vater, sei in Ewigkeit gelobet und gebenedeit!

4. Aus dem, als einer Ursprungs-Sonnen, die Lichter alle stammen her; aus dem, als einem Quell und Bronnen, sich ausgeußt aller Güte Meer: Gott Vater, sei in Ewigkeit gelobet und gebenedeit!

5. Der über Bös und über Gute läßt aufgehn seiner Sonne Blick, und die gerechte Straf und Ruthe sehr lang, aus Langmut, hält zurück: Gott Vater, sei in Ewigkeit gelobet und gebenedeit!

6. Der uns von Anbeginn der Erden das Reich der Himmel hat bereit, uns nöthigt, daß wir Gäste werden beim Freudenmal der Ewigkeit: Gott Vater, sei in Ewigkeit gelobet und gebenedeit!

7. Der, dessen Tiefe unergründlich, und unermeßlich seine Macht; der, dessen Anfang unerfindlich, und unvergleichlich seine Pracht: Gott Vater, sei in Ewigkeit gelobet und gebenedeit!

8. Dem von Millionen Engelschören das „Heilig, Heilig, Heilig" schallt und der des Himmels ewgen Heeren gebeut mit mächtiger Gewalt: Gott Vater, sei in Ewigkeit gelobet und gebenedeit!

9. Gib, daß dein Nam geheiligt werde, dein Reich zu uns komm auf der Welt, dein Will gescheh hier auf der Erde, wie in dem hohen Himmelszelt. Gib unser Brot uns in der Zeit, dich aber selbst in Ewigkeit!

10. Erlaß die Schuld, wie wir erlassen; führ uns, Herr, in Versuchung nicht; rett uns vom Übel allermaßen und bring uns in dein freies Licht, daß du von uns in Ewigkeit gelobt seist und gebenedeit.

Dr. Joh. Scheffler, 1624—1677.

Sehet, welch eine Liebe hat uns der Vater beweiset,
Daß wir sollen seine Kinder heißen.
(Joh. 4, 9—16.)

Weise 43. Meins Herzens Jesu, meine Lust.

69. O Liebesglut, wie soll ich dich nach Würdigkeit besingen? Es müssen deine Tiefen mich, du volle See, verschlingen; es flammet Gottes Herrlichkeit, es brennt die ganze Ewigkeit; bleibt noch mein Herz erkaltet?

2. Der in sich selber sel'ge Gott, das allerreinste Wesen, hat uns, die wir in Sünden todt, zu lieben auserlesen. Schweig still, Vernunft, gib Gott die Ehr; Gott wollt unendlich lieben mehr, als du begreifen könntest.

3. O Liebe, welche seinen Sohn Gott aus dem Schoß genommen! Er ist von dem gestirnten Thron zu uns herabgekommen. Sein Mangel, Knechtschaft, Kreuz und Grab - sind uns ein Bild und malen ab, wie stark Gott lieben könne.

4. Was war die Welt voll Schuld und Blut mit ihrem Sündenleben, daß du das allerhöchste Gut, den Sohn, für sie gegeben? Was war ich, der ich tausendmal verdient durch meiner Sünden Zahl, daß du mich von dir stießest?

5. Hör auf zu grübeln, glaub allein; wirf, kannst du's nicht ergründen, dich blindlings in dies Meer hinein mit allen deinen Sünden! Es sei dein Herze dem gewährt, der dir sein Herz hat ausgeleert. Gib Herz für Herz zum Opfer!

6. O liebster Vater, nimm es hin, gib Kraft, um dich zu lieben; Herz und Begierden, Mut und Sinn sei'n dir hiermit verschrieben. Brenn aus den Zunder böser Lust, laß ewig nichts in dieser Brust als deine Liebe glühen!　　Friedrich Adolf Lampe, 1683-1729.

Er hat uns gemacht, und nicht wir selbst,
Zu seinem Volk und zu Schafen seiner Weide.
(Eph. 1, 4. Joh. 1, 16. Offenb. 5, 13.)

70.　Weise: Jauchzet all mit Macht, ihr Frommen.
1704.

Las=set uns den Her=ren prei=sen und ver=meh=ren
stimmet an die sü=ßen Weisen, die ihr seid sein

sei = nen Ruhm,
Ei = gen=tum!　　E = wig währet sein Er=bar=men,

e = wig will er uns um=ar=men mit der sü=ßen

Lie = bes=huld, nicht ge = den = ken un = srer Schuld.

Prei=set e = wig sei=nen Na=men, die ihr seid von

Abrams Sa=men, rüh=met e=wig sei=ne Wer=ke,

ge=bet ihm Lob, Ehr und Stärke.

2. Ehe noch ein Mensch ge=boren, hat der Herr uns schon erkannt und in Christo auser=koren, seine Huld uns zuge=wandt; selbst der Himmel sammt der Erden müssen uns zu Diensten werden, weil wir durch sein lieb=stes Kind seine Kinder worden sind. Ewig solche Gnade währet, die er uns in ihm bescheret; ewig wollen wir uns üben, über alles ihn zu lieben.

3. Ja, wir wollen nun mit Freuden zu dem lieben Vater gehn, uns in seiner Liebe weiden, wie die thun, so vor ihm stehn, „heilig, heilig, heilig" singen; Hallelujah soll erklingen unserm Gotte und dem Lamm, unserm Seelenbräutigam. Lasset seinen Ruhm erschallen, und erzählt sein Werk vor Allen, daß er ewig uns erwählet und zu sei=nem Volk gezählet.

4. Lernet euern Jesum kennen, der euch theur erkaufet hat; lernet ihn sein lieblich nennen euern Bruder, Freund und Rath, euern starken Held im Streiten, eure Lust in Fröhlichkeiten, euern Trost und euer Heil, euer aller=bestes Theil. Ewig solche Güte währet, die euch durch ihn wider=fähret; ewig soll das Lob erklin=gen, das wir ihm zu Ehren singen.

5. Tretet nur getrost zum Throne, wo der Gnadenstuhl zu sehn; es kann euch von Gottes Sohne nichts als Lieb und Huld geschehn; er erwartet mit Ver=langen, bis er könne uns um=fangen und das allerhöchste Gut uns verleihen durch sein Blut. Große Gnad ist da zu finden, er will sich mit uns verbinden, es soll niemals etwas können uns von seiner Liebe trennen.

6. Er hat nunmehr selbst die Fülle seiner Gottheit aufgethan, und es ist sein ernster Wille, daß nun komme Jedermann; Keiner soll sich hiebei schämen, sondern Gnad um Gnade neh=men; wer ein hungrig Herze hat, wird aus seiner Fülle satt. Ewig solche Fülle währet, die uns so viel Guts bescheret; Wonne, die uns ewig tränket, wird uns daraus eingeschenket.

7. Hör, o Vater, unser Lallen, dessen wir uns kindlich freun; laß dirs gnädig wohlgefallen, bis wir alle insgemein ewig deine Gütigkeiten mit vollkom=nem Lob verbreiten, wo wir in der Engel Heer singen werden Preis und Ehr. Hallelujah, Macht und Stärke und was rühmet seine Werke, werde un=serm Gott gegeben; laßt uns ihm zu Ehren leben!

Christian Jakob Koitsch, gest. 1731.

4*

**Das Evangelium ist eine Kraft Gottes,
Die da selig machet Alle, die daran glauben.**
(Röm. 1, 16.)

Weise 424. Jesu, meine Freude.

71. Wort des höchsten Mundes,
Engel meines Bundes, Jesu,
unser Ruhm! Bald, da wir
gefallen, ließest du erschallen:
Evangelium, eine Kraft, die
Glauben schafft, eine Botschaft,
die zum Leben uns von dir gegeben.

2. Was dein Wohlgefallen vor
der Zeit uns allen fest bestimmet
hat, was die Opferschatten vorgebildet hatten, das vollführt dein
Rath. Was die Schrift verspricht, das trifft alles ein in
Jesu Namen und ist Ja und
Amen.

3. Alles ist vollendet, Jesu
Gnade wendet allen Zorn und
Schuld. Jesus ist gestorben,
Jesus hat erworben alle Gnad
und Huld. Auch ist dies fürwahr gewis: Jesus lebt in Preis
und Ehre; o erwünschte Lehre!

4. Uns in Sünden Todten
machen Jesu Boten dieses Leben
kund. Lieblich sind die Füße und

die Lehren süße, theuer ist der
Bund. Aller Welt wird vor-
gestellt durch der guten Botschaft
Lehre, daß man sich bekehre.

5. Kommt, zerknirschte Herzen,
die in bittern Schmerzen das
Gesetz zerschlug; kommt zu dessen
Gnaden, der, für euch beladen,
alle Schmerzen trug. Jesu Blut
stärkt euren Mut; Gott ist hier,
der euch geliebet und die Schuld
vergibet.

6. Dieser Grund bestehet; wann
die Welt vergehet, fällt er doch
nicht ein. Darauf will ich bauen,
so soll mein Vertrauen evangelisch sein. Auch will ich nun
würdiglich in der Kraft, die mir
gegeben, evangelisch leben.

7. Jesu, deine Stärke schaffet
diese Werke; stehe du mir bei!
Nichts kann uns nun scheiden,
hilf, daß auch mein Leiden evangelisch sei, und laß mich einmal
auf dich, als ein Kind mit dir
zu erben, evangelisch sterben!

Heinrich Cornelius Hecker, 1699—1743.

**Herr, ich bin zu geringe aller Barmherzigkeit
Und aller Treue, die du an deinem Knechte gethan.**
(Eph. 1, 3—12.)

Weise 411. O daß ich tausend Zungen hätte; oder:
Weise 563. Wer weiß, wie nahe mir mein Ende.

72. Geht hin, ihr gläubigen
Gedanken, ins weite Feld der
Ewigkeit, erhebt euch über alle
Schranken der alten und der
neuen Zeit; erwägt, daß Gott
die Liebe sei, die ewig alt und
ewig neu.

2. Der Grund der Welt war
nicht geleget, der Himmel war
noch nicht gemacht, so hat Gott
schon den Trieb geheget, der mir
das Beste zugedacht. Als ich noch
nicht geschaffen war, da reicht' er
mir schon Gnade dar.

3. Sein Rathschluß war, ich sollte leben durch seinen eingebornen Sohn; den wollt er mir zum Mittler geben, den macht' er mir zum Gnadenthron; in dessen Blute sollt ich rein, geheiliget und selig sein.

4. O Wunderliebe, die mich wählte vor allem Anbeginn der Welt und mich zu ihren Kindern zählte, für welche sie das Reich bestellt! O Vaterhand, o Gnadentrieb, der mich ins Buch des Lebens schrieb!

5. Wie wohl ist mir, wenn mein Gemüte empor zu dieser Quelle steigt, von welcher sich ein Strom der Güte zu mir durch alle Zeiten neigt, daß jeder Tag sein Zeugnis gibt: Gott hat mich je und je geliebt!

6. Wer bin ich unter Millionen der Creaturen seiner Macht, die in der Höh und Tiefe wohnen, daß er mich bis hieher gebracht? Ich bin ja nur ein dürres Blatt, ein Staub, der keine Stätte hat.

7. Ja freilich bin ich zu geringe der herzlichen Barmherzigkeit, womit, o Schöpfer aller Dinge, mich deine Liebe stets erfreut; ich bin, o Vater, selbst nicht mein: dein bin ich, Herr, und bleibe dein.

8. Im sichern Schatten deiner Flügel find ich die ungestörte Ruh. Der feste Grund hat dieses Sigel: wer dein ist, Herr, den kennest du! Mag Erd und Himmel untergehn, dies Wort der Wahrheit bleibet stehn.

9. Die Hoffnung schauet in die Ferne durch alle Schatten dieser Zeit, der Glaube schwingt sich durch die Sterne und sieht ins Reich der Ewigkeit; da zeigt mir deine milde Hand mein Erbtheil und gelobtes Land.

10. Ach, könnt ich dich nur besser ehren, welch edles Loblied stimmt ich an! Es sollten Erd und Himmel hören, was du, mein Gott, an mir gethan: Nichts ist so köstlich, nichts so schön, als, höchster Vater, dich erhöhn.

11. Doch nur Geduld, es kommt die Stunde, wo mein durch dich erlöster Geist im höhern Chor mit frohem Munde dich, schönste Liebe, schöner preist; drum eilt mein Herz aus dieser Zeit und sehnt sich nach der Ewigkeit.

Dr. Johann Gottfried Hermann, 1707—1791.

2. Neues Kirchenjahr und Advent.

(Neues Kirchenjahr.)

**Herr, ich danke dir von rechtem Herzen,
Daß du mich lehrest die Rechte deiner Gerechtigkeit.**
(Mal. 3, 1. Jer. 31, 31—34.)

Weise 107. Gelobet seist du, Jesu Christ.

73. Nun kommt das neue Kirchenjahr, des freut sich alle Christenschar; dein König kommt, drum freue dich, du

werthes Zion, ewiglich. Halle=
lujah!

2. Wir hören noch das Gna=
benwort, das Wort vom Hei=
land immer fort, das uns den
Weg zum Leben weist; Gott,
sei für solche Gnad gepreist!
Hallelujah!

3. Gott! was uns deine Wahr=
heit lehrt, die unsern Glau=
ben stärkt und mehrt, das
bringe Frucht, auf daß wir dir
lobsingen dankbar für und für.
Hallelujah!

Dr. Johann Olearius, 1611—1684.

Dienet dem Herrn mit Freuden,
Kommt vor sein Angesicht mit Frohlocken.
(Pf. 100. 84, 2—3.)

Weise 97. Vom Himmel hoch da komm ich her.

74. Auf, jauchze laut, du Chri=
stenschar, heut hebt sich an
dein Kirchenjahr. „Der Hei=
land kommt, der Sünder Hort,"
das ist sein erstes Segenswort.

2. Macht Thore, Thüre, Her=
zen weit: es kommt der Herr
der Herrlichkeit. Er kommt und
will vorübergehn, ob Blinde
nicht am Wege stehn.

3. Wir ziehen ihm anbetend
nach von Fest zu Fest, von Tag
zu Tag; wo möcht das Herz wohl
anders sein? Des Lebens Wort
hat er allein.

4. Zur Jungfrau spricht des
Engels Mund, Johannes schließt
den alten Bund; aufs neue
jauchzet Bethlehem, aufs neu
erschrickt Jerusalem.

5. Wir preisen, o du Gna=
denbronn, im Frieden dich mit
Simeon; du Licht der Heiden,
Trost der Welt, wirst uns im
Tempel dargestellt.

6. Am Jordan werden wir
belehrt: „Dies ist mein lieber
Sohn, den hört!" Und wie=

der schallt dein Trostwort hier:
„Kommt her, Mühselige, zu
mir!"

7. Da fassen wir dein Lieben
kaum, wir fassen bebend deinen
Saum und bleiben feiernd, Herr,
dir nah bis zu dem Kreuz auf
Golgatha.

8. Zum Grabe gehn wir mit
den Fraun, den weggewälzten
Stein zu schaun, zu hören, was
der Engel spricht: „Bei Todten
sucht das Leben nicht!"

9. Vor uns nimmt dich die
Wolke auf, schließt Himmels=
glanz den Erdenlauf, und nieder
rauscht des Geistes Wehn, mahnt
uns, im Glauben fest zu stehn.

10. So folgen wir anbetend
nach, von Fest zu Fest, von
Tag zu Tag; auf jedem Weg
und jedem Schritt gehn betend
Gottes Engel mit.

11. Drum jauchze laut, du
Christenschar, heut hebt sich an
dein Kirchenjahr! „Der Hei=
land kommt, der Sünder Hort,"
das ist sein ewig Segenswort.

Dr. Hermann Adalbert Daniel, geb. 1812.

**Wohl denen, die in deinem Hause wohnen,
Die loben dich immerdar!**
(Kol. 3, 16 2c. Pf. 28, 9.)

Weise 67. Nun freut euch, liebe Christen gmein.

75. Gottlob! ein neues Kirchenjahr macht uns die große Treue des ewgen Gottes offenbar, und nun will er aufs neue den alten hochbeschwornen Bund, den einzig festen Glaubensgrund durch seinen Geist uns lehren.

2. Auf, Zion! Preis und Ehr und Ruhm dem höchsten Gott zu singen; dein königliches Priestertum muß Dank zum Opfer bringen. Gelobt sei Gott, der durch sein Wort die Christenheit und diesen Ort zu seinem Tempel weihet!

3. Wir sind nicht werth der neuen Huld des Gottes aller Gnaden. Des alten Menschen alte Schuld, die wir auf uns geladen, nimmt unsern eignen Ruhm dahin, denn sie bewies den alten Sinn noch stets mit neuen Sünden.

4. Ach Herr, gib uns den neuen Geist, daß wir — durch deine Güte, die sich an uns aufs neu erweist, erneuert im Gemüte — den neuen Menschen ziehen an, der dir allein gefallen kann in seinem ganzen Leben.

5. Gib deinen Hirten Kraft und Geist zu reiner Lehr und Leben, dein Wort, das Gottes Weide heißt, der Heerde rein zu geben. Laß alle Hörer Thäter sein, damit kein heuchlerischer Schein des Glaubens Kraft verleugne.

6. So halten und vollenden wir das Kirchenjahr auf Erden; dabei befehlen wir es dir, wie wir es enden werden. Hier bleibt die Kirche noch im Streit; kommt aber einst die Ewigkeit, dann wird sie triumphiren.

M. Heinr. Corn. Hecker, 1699—1743.

(Adventslieder.)

**Kommt her zu mir alle, die ihr mühselig und beladen seid,
Ich will euch erquicken.**
(Matth. 11, 28—30. 7, 13. 14.)

76. Eigne Weise.

„Kommt her zu mir", spricht Gottes Sohn, „all,

die ihr seid beschweret nun und hart mit Schuld be-

la = ben! Ihr Ho = hen, Nie = dern, Groß und Klein, hört,

ich will eu = er Hel = fer sein, will hei = len eu = ern

Schaden."

2. „Mein Joch ist sanft, leicht meine Bürd; wer sie mir gern nachtragen wird, der wird der Höll entrinnen. Ich helf ihm tragen, was zu schwer; mit meiner Hilf und Kraft wird er das Himmelreich gewinnen.

3. Was ich im Leben spät und früh gethan hab und gelitten hie, das sollt ihr auch erfüllen. Was ihr gedenket, sprecht und thut, das wird euch alles recht und gut, geschiehts nach Gottes Willen." —

4. Wohl möcht die Welt gern selig sein, wenn nur nicht wär die Schmach und Pein, die alle Christen leiden! Doch mag es ja nicht anders sein; darum ergebe sich darein, wer ewge Pein will meiden.

5. Heut ist der Mensch schön, jung und roth; schon morgen ist er krank, ja todt; wie schnell muß er oft sterben! Gleich wie die Blumen auf dem Feld, so muß die Herrlichkeit der Welt in einem Nu verderben.

6. Die Welt erzittert vor dem Tod; liegt einer in der letzten Noth, dann will er erst fromm werden. Der schaffte dies, der Andre das; der armen Seel

er ganz vergaß, dieweil er lebt' auf Erden.

7. Und wenn er nimmer leben kann, so hebt er große Klagen an, will schnell sich Gott ergeben; fürwahr, ich fürchte, Gottes Gnad, die er allzeit verschmähet hat, wird schwerlich ob ihm schweben!

8. Dem Reichen hilft nicht großes Gut, dem Jungen nicht sein stolzer Mut, er muß aus diesen Freuden! Hätt einer auch die ganze Welt und alles Silber, Gold und Geld, — er muß von hinnen scheiden.

9. Gelehrten hilft nicht Witz noch Kunst, die weltlich Pracht ist gar umsonst; wir müssen alle sterben! Wer nicht in seiner Gnadenzeit in Jesu Christ sich macht bereit, muß ewiglich verderben.

10. Drum hört, ihr Kinder frommgesinnt, die treulich Gott ergeben sind: laßt euch die Müh nicht reuen! Bleibt stets am heilgen Gotteswort, das ist euer Trost und höchster Hort; Gott wird euch schon erfreuen.

11. Schaut, daß ihr hier unschuldig lebt und Böses nie um Böses gebt; laßt euch die

Welt nur schelten; laßt Gott die Rach, gebt ihm die Ehr, geht auf dem schmalen Weg einher; Gott wird der Welt vergelten.

12. Wenn es euch gieng nach Fleisches Mut in Gunst, Gesundheit, großem Gut, ihr würdet bald erkalten; drum schickt Gott Trübsal her und Schmerz, und will durch Züchtigung das Herz zur ewgen Freud erhalten.

13. Ihr sollt nach dieser kurzen Zeit bei Christo stehn in Herrlichkeit; dahin mögt ihr gedenken! Kein Mensch ist, der aussprechen kann, welch Glorie und ewzen Lohn den Frommen Gott wird schenken.

14. Und was der ewge gütge Gott in seinem Wort versprochen hat, bezeugt bei seinem Namen: das hält und gibt er auch fürwahr! — Er helf uns zu der Engel Schar durch Jesum Christum. Amen.

Hans Wißstat, lebte um 1528.

Machet die Thore weit und die Thüren in der Welt hoch,
Daß der König der Ehren einziehe!
(Ps. 24, 7—10. Matth. 21, 5.)

77. Eigne Weise. 1704.

Macht hoch die Thür, die Tho = re weit, es kommt der Herr der Herr = lich = keit, ein Kö = nig al = ler Kö = nig = reich, ein Hei=land al = ler Welt zu = gleich, der Heil und Le = ben mit sich bringt; der = hal = ben jauchzt, mit Freu = den singt: Ge = lo = bet sei mein Gott, mein Schö=pfer reich von Rath.

2. Er ist gerecht, ein Helfer werth, Sanftmütigkeit ist sein Gefährt, sein Königskron ist Heiligkeit, sein Scepter ist Barmherzigkeit; all unsre Noth zum End er bringt; derhalben jauchzt, mit

Freuden singt: Gelobet sei mein Gott, mein Heiland groß von That!

3. O wohl dem Land, o wohl der Stadt, so diesen König bei sich hat! Wohl allen Herzen insgemein, wo dieser König ziehet ein! Er ist die rechte Freudensonn, bringt mit sich lauter Freud und Wonn. Gelobet sei mein Gott, mein Tröster früh und spat.

4. Macht hoch die Thür, die Thore weit, das Herz zum Tempel macht bereit, die Palmen der Gottseligkeit streut hin mit An-

dacht, Lust und Freud: so kommt der König auch zu euch, bringt Heil und Leben mit zugleich. Gelobet sei mein Gott voll Rath, voll That, voll Gnad!

5. Komm, o mein Heiland Jesu Christ, des Herzens Thür dir offen ist; ach, zieh mit deiner Gnaden ein, in Freundlichkeit auch uns erschein; dein heilger Geist uns führ und leit den Weg zur ewgen Seligkeit. Dem Namen dein, o Herr, sei ewig Preis und Ehr!

Georg Weißel, 1590—1635.

Gott sei Dank, der uns den Sieg gegeben hat Durch unseren Herrn Jesum Christum.
(1 Cor. 15, 57—58.)

Eigne Weise

78. (oder Weise: Nun komm, der Heiden Heiland. 741). 1823.

Gott sei Dank durch al=le Welt, der sein Wort be=
stän=dig hält und der Sün=der Trost und Rath
zu uns her=ge=sen=det hat.

2. Was der alten Väter Schar höchster Wunsch und Sehnen war und was einst sie prophezeit, ist erfüllt in Herrlichkeit.

3. Zions Hilf und Abrams Sohn, Jakobs Heil, der Jungfrau Sohn, er, der zweigestammte Held, hat sich treulich eingestellt.

4. Sei willkommen, o mein Heil! Hosianna dir, mein Theil!

Richte du auch eine Bahn dir in meinem Herzen an!

5. Zeuch, du Ehrenkönig, ein, es gehöret dir allein; mach es, wie du gerne thust, rein von allem Sündenwust.

6. Und wie deine Ankunft war, voller Sanftmut, ohn Gefahr, also sei auch jederzeit deine Sanftmut mir bereit.

7. Tröste, tröste meinen Sinn,

weil ich schwach und blöde bin,
daß im Glauben ich fortan treu
dir bleibe zugethan:

8. Daß, wenn du, o Lebens=

fürst, prächtig wieder kommen
wirst, ich dir mög entgegengehn
und gerecht vor dir bestehn.

Heinrich Held, um 1643.

**Gelobt sei, der kommt in dem Namen des Herrn!
Hosianna in der Höhe!**

(Matth. 21, 1—9.)

79. Eigne Weise. 1738.

Ho = si = an = na Da=vids Soh = ne, der jetzt bei uns keh = ret ein! Hoch = ge = lo = bet soll er sein, der da kommt vom Himmelsthro = ne! Durch die Welt er= schall und geh: Ho = si = an = na in der Höh!

2. Den die Alten mit Verlangen oft gewünscht, gerufen oft, dessen Einzug sie gehofft, der läßt sich von uns empfangen; durch die Welt erschall und geh: Hosianna in der Höh!

3. Friede muß vom Himmel thauen; denn erschienen ist die Zeit, daß der Herr der Herrlichkeit sich im Fleische lässet schauen. Durch die Welt erschall und geh: Hosianna in der Höh!

4. Kommt, dem Könige zu hulden treu nach Unterthanenpflicht; denn ihr sollet ferner nicht fremde Dienstbarkeit erdulden. Durch die Welt erschall und geh: Hosianna in der Höh!

5. Kommet her, ihr blöden Herzen, seht des Herren Sanftmut an; seine Güt und Treue kann heilen alle Sündenschmerzen. Durch die Welt erschall und geh: Hosianna in der Höh!

6. Seht, ihr Sünder, den Gerechten, der euch seine Heiligkeit anlegt als ein Ehrenkleid und will euer Recht verfechten! Durch die Welt erschall und geh: Hosianna in der Höh!

7. Seht den Helfer willig kommen, euch zu rathen in der Noth, in dem Leben, in dem Tod, den er selbst auf sich genommen. Durch die Welt erschall und geh: Hosianna in der Höh!

8. Seht, ihr Armen, seht den Armen, der von seiner Armut

euch hier und droben machet reich: er will euer sich erbarmen. Durch die Welt erschall und geh: Hosianna in der Höh!

9. Nehmt, ihr Frommen, mit Verlangen den Gesalbten Gottes an; machet richtig Weg und Bahn, den Gerechten zu empfangen. Durch die Welt erschall und geh: Hosianna in der Höh!

10. Hilf, Herr, laß es wohl gelingen! diesen Tag hast du gemacht, dieser Tag hat Freuden bracht; drum wir alle billig singen: Durch die Welt erschall und geh: „Hosianna in der Höh!"

11. Hosianna Davids Sohne, der jetzt bei uns kehret ein! Hochgelobet soll er sein, der da kömmt vom Himmelsthrone! Durch die Welt erschall und geh: Hosianna in der Höh!

M. Christian Keimann, 1607—1662.

Bereitet dem Herrn den Weg,
Machet richtig seine Steige!
(Jes. 40, 3—5. Luc. 3, 4—6. 1 Pet. 5, 5.)
Weise 327.   Von Gott will ich nicht lassen.

80. Mit Ernst, ihr Menschenkinder, das Herz in euch bestellt, damit das Heil der Sünder, der große Wunderheld, den Gott aus Gnad allein der Welt zum Licht und Leben versprochen und gegeben, bei Allen kehre ein.

2. Bereitet doch sein tüchtig den Weg dem großen Gast; macht seine Steige richtig, laßt alles, was er haßt; macht eben Bahn und Pfad, die Thale rings erhöhet; macht niedrig, was hoch stehet, was krumm ist, gleich und grad!

3. Ein Herz, das Demut liebet, bei Gott am höchsten steht; ein Herz, das Hochmut übet, mit Angst zu Grunde geht; ein Herz, das richtig ist und folget Gottes Leiten, das kann sich recht bereiten, zu dem kommt Jesus Christ.

4. Ach, mache du mich Armen in dieser Gnadenzeit aus Güte und Erbarmen, Herr Jesu, selbst bereit! Zench in mein Herz hinein und wohn auf immer brinnen, so wird mein Herz und Sinnen dir ewig dankbar sein.

M. Valentin Thilo, 1607—1662.

Freue dich sehr, du Tochter Zion,
Siehe, dein König kommt zu dir, ein Gerechter und Helfer.
(Dan. 7, 14. Luc. 1, 52. 33. 2 Cor. 8, 9.)
Weise 806.   Aus meines Herzens Grunde.

81. Auf, auf, ihr Reichsgenossen! der König kommt heran; empfaht ihn unverdrossen auf seiner Siegesbahn. Ihr Christen, geht hersür, laßt uns vor allen Dingen ihm Hosianna singen mit heiliger Begier.

2. Auf, ihr betrübten Herzen, der König ist euch nah! Hinweg all Angst und Schmerzen!

der Helfer ist schon da. Seht, wie so mancher Ort hochtröstlich ist zu nennen, wo wir ihn finden können: im Nachtmahl, Tauf und Wort.

3. Auf, auf, ihr Vielgeplagten! der König ist nicht fern. Seid fröhlich, ihr Verzagten, dort kommt der Morgenstern. Der Herr will in der Noth mit reichem Trost euch speisen, er will euch Hilf erweisen, ja dämpfen gar den Tod.

4. Frisch auf, ihr Hochbetrübten! der König kommt mit Macht; an uns, die Herzgeliebten, hat er schon längst gedacht; nun wird nicht Angst noch Pein, noch Zorn hinfort uns schaden, dieweil uns Gott aus Gnaden läßt seine Kinder sein.

5. Frisch auf in Gott, ihr Armen! der König sorgt für euch; er will durch sein Erbarmen euch machen groß und reich. Nun tretet all heran, den Heiland zu begrüßen, der alles Kreuz versüßen und uns erlösen kann.

6. Der König will bedenken die, so er herzlich liebt, mit köstlichen Geschenken, da er sich selbst uns gibt in seinem Geist und Wort; o König, hoch erhoben, wir alle wollen loben dich freudig hier und dort.

7. Nun, Herr, du gibst uns reichlich, wirst selber arm und schwach; du liebst unvergleichlich und eilst den Sündern nach. Drum wolln wir dir allein die Stimmen hoch erschwingen, dir Hosianna singen und ewig dankbar sein.

Joh. Rist, 1607—1667.

Gelobet sei der Herr, der Gott Israel,
Denn er hat besucht und erlöset sein Volk.
(Sach. 2, 10. Jesaj. 42, 1—3. Pf. 2, 10—12.)
Weise 806. Aus meines Herzens Grunde.

82. Nun jauchzet all, ihr Frommen, in dieser Gnadenzeit, weil unser Heil ist kommen, der Herr der Herrlichkeit, zwar ohne stolze Pracht, doch mächtig zu verheeren und gänzlich zu zerstören des Teufels Reich und Macht.

2. Er kommt in unsre Hütten, will unser Helfer sein, und stellt sich in die Mitten für uns zum Opfer ein; er bringt kein zeitlich Gut: er will uns durch sein Sterben ein ewig Glück erwerben. Lobt ihn mit frohem Mut!

3. Kein Scepter, keine Krone sucht er auf dieser Welt: im hohen Himmelsthrone ist ihm sein Reich bestellt. Er will hier seine Macht und Majestät verhüllen, bis er des Vaters Willen gehorsam hat vollbracht.

4. Ihr Mächtigen auf Erden, nehmt diesen König an; soll euch gerathen werden, so geht die rechte Bahn, die zu dem Himmel führt; denn wenn ihr ihn verachtet und nur nach Hoheit trachtet, des Höchsten Zorn euch rührt.

5. Ihr Armen und Elenden in dieser bösen Zeit, die ihr an allen Enden müßt haben Angst und Leid: seid dennoch wohlgemut, laßt eure Lieder klingen, des Königs Lob zu singen, der euer höchstes Gut.

6. Er wird gewis erscheinen in seiner Herrlichkeit und alles Leid und Weinen verwandeln dann in Freud. Er ists, der helfen kann; macht eure Lampen fertig, seid seiner stets gewärtig, er ist schon auf der Bahn.

M. Michael Schirmer, 1606—1763.

Meine Seele erhebet den Herrn
Und mein Geist freuet sich Gottes, meines Heilandes.
(Matth. 21, 1—9.)
Weise 534. Valet will ich dir geben.

83. Wie soll ich dich empfangen und wie begegn' ich dir? o aller Welt Verlangen, o meiner Seele Zier! O Jesu, Jesu, setze mir selbst die Fackel bei, damit, was dich ergetze, kund und bewußt mir sei.

2. Dein Zion streut dir Palmen und grüne Zweige hin, und ich will dir in Psalmen ermuntern meinen Sinn; mein Herze soll dir grünen in stetem Lob und Preis und deinem Namen dienen, so gut es kann und weiß.

3. Was hast du unterlassen zu meinem Trost und Freud? Als Leib und Seele saßen in ihrem größten Leid, als mir das Reich genommen, wo Fried und Freude lacht, bist du, mein Heil, gekommen und hast mich froh gemacht.

4. Ich lag in schweren Banden, du kommst und machst mich los; ich stand in Spott und Schanden, du kommst und machst mich groß und hebst mich hoch zu Ehren und schenkst mir großes

Gut, das sich nicht läßt verzehren, wie irdscher Reichtum thut.

5. Nichts, nichts hat dich getrieben zu mir vom Himmelszelt, als das geliebte Lieben, womit du alle Welt in ihren tausend Plagen und großen Jammerlast, die kein Mund kann aussagen, so fest umfangen hast.

6. Das schreib dir in dein Herze, du herzbetrübtes Heer, das sich in Gram und Schmerze verzehrt je mehr und mehr. Seid unverzagt, ihr habet die Hilfe vor der Thür; der eure Herzen labet und tröstet, steht allhier.

7. Ihr dürft euch nicht bemühen, noch sorgen Tag und Nacht, wie ihr ihn wollet ziehen mit enres Armes Macht. Er kommt, er kommt mit Willen, ist voller Lieb und Lust, all Angst und Noth zu stillen, die ihm an euch bewußt.

8. Auch dürft ihr nicht erschrecken vor eurer Sündenschuld; nein, Jesus will sie decken mit seiner Lieb und Huld. Er kommt, er kommt den Sündern zum

Trost und wahren Heil, schafft, daß bei Gottes Kindern verbleib ihr Erb und Theil.

9. Was fragt ihr nach dem Dräuen der Feind und ihrer Tück? Der Herr wird sie zerstreuen in einem Augenblick. Er kommt, er kommt, ein König, dem wahrlich alle Feind auf Erden viel zu wenig zum Widerstande sind.

10. Er kommt zum Weltgerichte, zum Fluch dem, der ihm flucht; mit Gnad und süßem Lichte dem, der ihn liebt und sucht. Ach komm, ach komm, o Sonne, und hol uns allzumal zum ewgen Licht und Wonne in deinen Freudensal.

Paul Gerhardt, 1606—1676.

Mache dich auf, werde Licht, denn dein Licht kommt
Und die Herrlichkeit des Herrn gehet auf über dir.
(Luc. 1, 68—75.)
Weise 79. Hosianna Davids Sohne.

84. Kommst du, kommst du, Licht der Heiden? Ja, du kommst und säumest nicht, weil du weißt, was uns gebricht. O du starker Trost im Leiden, Jesu! meines Herzens Thür steht dir offen, komm zu mir.

2. Ja, du bist bereits zugegen, Weltheiland, der Jungfrau Sohn; meine Seele labt sich schon an dem gnadenvollen Segen und den Wundern deiner Kraft, welche Frucht und Leben schafft.

3. Adle mich durch deine Liebe, Jesu, nimm mein Flehen hin!

Schaffe, daß mein Geist und Sinn sich in deinem Lieben übe; denn zu lieben dich, mein Licht, steht in meiner Kraft sonst nicht.

4. Jesu, rege mein Gemüte, Jesu, öffne mir den Mund, daß ich dich aus Herzensgrund innig preise für die Güte, die du mir, o Seelengast, lebenslang erwiesen hast.

5. Gib mir deines Geistes Gaben, Liebe, Glauben und Geduld, daß ich einst, durch deine Huld über Sünd und Tod erhaben, mit den Sel'gen für und für Hosianna singe dir.

Ernst Christoph Homburg, 1605—1681.

Das Volk, so im Finstern wandelt, siehet ein großes Licht,
Und über die, so da wohnen im finstern Lande, scheinet es helle.
(Hagg. 2, 7—8.)
Weise 97. Vom Himmel hoch da komm ich her.

85. Komm, Heidenheiland, Lösegeld, komm, schönste Sonne dieser Welt! Laß abwärts flammen deinen Schein, der du willst Mensch geboren sein.

2. Komm an von deinem Ehren-

thron, Sohn Gottes und der Jungfrau Sohn, komm an, du zweigestammter* Held, geh mutig durch dies Thal der Welt.

* Gottes= und Davidsohn.

3. Du nahmest erdwärts deinen

Lauf und stiegst auch wieder himmelauf; dein Abfahrt war zum Höllenthal, die Rückfahrt in den Sternensal.

4. O höchster Fürst, dem Vater gleich: besiege dieses Fleisches Reich, denn unser Geist in Flei=

sches Haft sehnt sich nach deiner Himmelskraft.

5. Es glänzet deiner Krippe Stral, ein Licht leucht durch dies finstre Thal; es gibt die Nacht so hellen Schein, der da wird unverlöschlich sein.

Nach einem lateinischen Kirchengesange (um 380) von Joh. Franck, 1618—1677.

Es ist noch ein Kleines, spricht der Herr Zebaoth:
Da soll kommen aller Heiden Trost.
(Ps. 24, 7—10.)
Weise 197. Jesus meine Zuversicht.

86. Komm, du werthes Löse=geld, dessen alle Heiden hoffen; komm, o Heiland aller Welt, Thor und Thüren stehen offen; komm in angestammter Zier, komm, wir warten mit Begier.

2. Zeuch auch in mein Herz hinein, o du großer Ehrenkönig, laß mich deine Wohnung sein! Bin ich armer Mensch zu wenig, ei, so soll mein Reichtum sein, wenn du bei mir ziehest ein.

3. Nimm mein Hosianna an mit den Sieges=Palmenzweigen! So viel ich nur immer kann, will ich Ehre dir erzeigen und im Glauben dein Verdienst mir zueignen zum Gewinnst.

4. Hosianna, Davids Sohn: ach Herr, hilf, laß wohl gelingen, laß dein Scepter, Reich und Kron uns viel Heil und Segen bringen, daß in Ewigkeit besteh: „Hosianna in der Höh!"

M. Johann Gottfried Olearius, 1635—1711.

Gelobt sei, der da kommt im Namen des Herrn,
Hosianna in der Höhe!
(Matth. 21, 1—9.)
Weise 197. Jesus meine Zuversicht.

87. Hosianna! Davids Sohn kommt in Zion eingezogen. Auf, bereitet ihm den Thron, setzt ihm tausend Ehrenbogen; streuet Palmen, machet Bahn, daß er Einzug halten kann.

2. Hosianna! hocherfreut gehen wir dir, Herr, entgegen; unser Herz ist schon bereit, will sich dir zu Füßen legen. Zeuch zu deinen Thoren ein; du sollst uns willkommen sein.

3. Hosianna! Friedefürst, Ehrenkönig, Held im Streite: Alles, was du bringen wirst, das ist unsre Siegesbeute. Deine Rechte bleibt erhöht und dein Reich allein besteht.

4. Hosianna! lieber Gast, wir sind deine Reichsgenossen, die du dir erwählet hast: ach, so laß uns unverdrossen deinem Scepter dienstbar sein, herrsche du in uns allein.

5. Hosianna! komme bald, laß uns deine Sanftmut küssen. Wollte gleich die Knechtsgestalt deine Hoheit uns verschließen: ei so kennet Zion schon Gottes und des Menschen Sohn.

6. Hosianna! steh uns bei; hilf, o Herr, laß wohl gelingen, daß wir ohne Heuchelei dir das Herz zum Opfer bringen. Du nimmst keinen Jünger an, der dir nicht gehorchen kann.

7. Hosianna nah und fern! eile, bei uns einzugehen. Du Gesegneter des Herrn, warum willst du draußen stehen? Hosianna, bist du da? Ja, du kommst, Hallelujah!

Benjamin Schmolck, 1672—1737.

**Der Herr ist unser Richter, der Herr ist unser Meister,
Der Herr ist unser König, der hilft uns.**

(Sacharj. 9, 9. 11. Matth. 17, 5. Joh. 1, 18. Matth. 21, 5. Offenb. 1, 5-6.)

Weise 437. Wie wohl ist mir, o Freund der Seelen.

88. Dein Mittler kömmt, auf! blöde Seele, die des Gesetzes Donner schreckt, die in der bangen Trauer Höhle in Fesseln trüber Schwermut steckt. Der Fluch vergeht, die Bande springen, es reißen Satans feste Schlingen, die den gefangnen Geist beklemmt; du kannst nun Heil und Freiheit hoffen, Gott ist versöhnt, sein Schoß steht offen; dein gnadenvoller Mittler kömmt.

2. Dein Lehrer kömmt, laß deine Ohren auf seinen Mund gerichtet sein; er zeigt den Weg, den du verloren, er flößt dir Licht und Wahrheit ein. Was tief in Schatten war gestellet, hat dein Prophet dir aufgehellet, er hat das Reich der Nacht gehemmt; er thut dir kund des Vaters Willen, er gibt dir Kraft, ihn zu erfüllen; dein weisheitsreicher Lehrer kömmt.

3. Dein König kömmt, doch ohne Prangen; sein Aufzug ist an Armut reich. Auf! deinen Fürsten zu empfangen, der dir an tiefster Schwachheit gleich! Komm, Hand und Scepter dem zu küssen, der so dich wird zu schützen wissen, daß dich kein Angststrom überschwemmt; thu wie getreue Unterthanen, komm her und schwör zu seinen Fahnen! Dein längst ersehnter König kömmt.

4. Dein Alles kömmt, dich zu umfangen, dein A und O* ist vor der Thür; wer dieses Kleinod kann erlangen, vertauschet gern die Welt dafür. So greif denn zu mit beiden Händen, da dich, o Christ, von allen Enden ein Meer der Gnaden überströmt. Nimm weg den Damm, thu auf die Thüren, ihn in sein Eigentum zu führen; zu dir herab dein Alles kömmt.

* Offenb. 1, 8.

Dr. Joh. Jak. Rambach, 1693-1755.

5

Siehe, der Herr kommt gewaltiglich Und sein Arm wird herrschen.

(1 Joh. 4, 9—15.)

Weise 545. Jesu, hilf siegen, du Fürste des Lebens.

89. Jesus ist kommen, Grund ewiger Freude! A und O, Anfang und Ende steht da. Gottheit und Menschheit vereinen sich beide; Schöpfer, wie kommst du uns Menschen so nah! Himmel und Erde, erzählt es den Heiden: Jesus ist kommen, Grund ewiger Freuden!

2. Jesus ist kommen; die lieblichste Krone seines erhabenen Vaters ist hier, holet sich Sünder und führt sie zum Throne; o unergründliche Liebesbegier! Danket der Liebe, ergebt euch dem Sohne! Jesus ist kommen, die lieblichste Krone.

3. Jesus ist kommen; nun springen die Bande, Stricke des Todes die reißen entzwei. Seht, er erlöst uns vom knechtischen Stande: er, der Sohn Gottes, macht ewiglich frei, bringt uns zu Ehren aus Sünde und Schande; Jesus ist kommen, nun springen die Bande.

4. Jesus ist kommen; der starke Erlöser bricht dem gewappneten Starken ins Haus, sprenget des Feindes befestigte Schlösser, führt die Gefangenen siegend heraus. Groß ist der Feind, doch der Heiland ist größer; Jesus ist kommen, der starke Erlöser.

5. Jesus ist kommen, der Fürste des Lebens; sein Tod verschlinget den ewigen Tod, gibt uns die Frucht seines heiligen Strebens, ewiges Leben statt Jammer und Noth. Glaubt ihm, so macht er ein Ende des Bebens; Jesus ist kommen, der Fürste des Lebens.

6. Jesus ist kommen, der König der Ehren; Himmel und Erde rühmt seine Gewalt; dieser Monarch kann die Herzen bekehren; öffnet die Thüren und Thore gar bald; denkt doch: er will euch die Krone gewähren; Jesus ist kommen, der König der Ehren.

7. Jesus ist kommen, die ewige Liebe; Liebe, du bist uns recht nahe verwandt; Liebe, du liebst uns mit feurigem Triebe, Bräutigam hast du dich selber genannt. O daß mein Alles sich in dich erhübe! Jesus ist kommen, die ewige Liebe.

8. Jesus ist kommen, ein Opfer für Sünder; Sünden der ganzen Welt träget dies Lamm. Sündern die ewge Erlösung zu finden, starb er aus Liebe am blutigen Stamm. Abgrund der Liebe, wer kann dich ergründen? Jesus ist kommen, ein Opfer für Sünden.

9. Jesus ist kommen, die Quelle der Gnaden; komme, wer dürstet, und trinke, wer will! Holet für euern verderblichen Schaden Heilung aus dieser unendlichen Füll! Nehmet, ach nehmt doch, ihr seid ja geladen; Jesus ist kommen, die Quelle der Gnaden.

10. Jesus ist kommen, ein Trost der Betrübten, welche das Feuer der Trübsal bewährt; er ist ein Helfer und hilft, ihr Geliebten, herrlich aus Allem, was hier euch beschwert. Kronen erwarten euch, o ihr Geübten, Jesus ist kommen, ein Trost der Betrübten.

11. Jesus ist kommen, sagts aller Welt Luden! Eilet, ach eilet zum Gnadenpanier; schwöret ihm Treue mit Herzen und Händen; sprechet: wir leben und sterben bei dir! Herzensfreund, gürte mit Wahrheit die Lenden!* Jesus ist kommen, sagts aller Welt Luden! * Eph. 6, 14.

Johann Ludwig Conrad Allendorf, 1693—1773.

Gelobt sei, der kommt im Namen des Herrn;
Wir segnen euch, die ihr vom Hause des Herrn seid.
(Pf. 118, 24—29.)

90.　　Weise: Jesus ist das schönste Licht.　　1738.

Ho-si-an-na Da-vids Sohn', der in sei-nes
sich er-he-bet auf den Thron ü-ber Ja-kobs

Va-ters Namen
Haus und Samen; wel-chem Gott ein Reich be-stimmt,

dem die Rei-che die-ser Er-den end-lich müs-sen

dienstbar wer-den und das selbst kein En-de nimmt!

2. Sei gesegnet, theures Reich, das ein solcher Herr besitzet, dem kein Herr auf Erden gleich, der das Recht mit Nachdruck schützet; schwinge dich in stetem Flor, groß durch Frieden, reich an Freuden, unter Juden, unter Heiden mit vermehrtem Glanz empor!

3. Deines Königs Majestät müsse jedes Volk verehren, und so weit die Sonne geht, müsse sich sein Ruhm vermehren; selbst der kleinen Kinder Mund mache zum Verdruß der Feinde und zur Freude seiner Freunde seinen großen Namen kund!

4. Schreibe, Herr, mich auch mit an unter deine Unterthanen; ich will dir, so gut ich kann, in mein Herz die Wege bahnen. Ich geselle mich im Geist, Herr, zu jenen frohen Chören, die

5 *

mit lautem Dank dich ehren. Sohn des Höchsten, sei gepreist!

5. Jauchzt, ihr Kräfte, freuet euch, seid ermuntert, meine Sinne, daß des Herren Gnaden= reich Raum fortan in euch ge= winne. Kommt und schwört den Huldgungseid, kommt und küßt* den Sohn der Liebe. Ach, daß Niemand draußen bliebe! Hier, o hier ist Seligkeit!

* Pf. 2, 12.

Unbekannter Verfasser.

Denen zu Zion wird ein Erlöser kommen;
Gelobt sei, der da kömmt im Namen des Herrn.
(Matth. 21, 1—9.)

Weise 540.   O Durchbrecher aller Bande.

90¹|2. Hosianna Davids Sohne, dem Gesegneten des Herrn, dem im vollen Licht und Klarheit aufgegangnen Jakobs= stern! Heil und Glück und Sieg und Segen sei mit diesem heilgen Christ, der im Namen unsers Got= tes zu uns Menschen kommen ist.

2. Hosianna in der Höhe, Lob im Himmel vor dem Thron! Macht und Herrlichkeit und Ehre Gottes eingebornem Sohn! Ho= sianna auf der Erden ruft ihm aller Odem zu. Hosianna dem, der kommet, meine Seele, ruf auch du!

Christoph Carl Ludwig von Pfeil, 1712—1784.

Die Erlöseten des Herrn werden wieder kommen
Und gen Zion kommen mit Jauchzen.
(Jes. 35.)

Weise 431.   Dank sei Gott in der Höhe.

91. Dein Heil kommt, Zion; siehe, dein Heil, mein Heil, ist nah! Die Wächter rufen frühe: Der Tag des Heils ist da! Der Heiland, zu erlösen, zu helfen, kommt heran, daß Jeder sich vom Bösen nun helfen lassen kann.

2. So komm denn, mein Er= barmer! hilf, es ist Helfens Zeit. Ich Eleuder, ich Armer, bedarf der Hilfe heut! Der du nicht für Gesunde der Arzt und Helfer bist: hilf eilend, eh die Stunde des Heils vorüber ist!

Christian Carl Ludwig von Pfeil, 1712—1784.

Gelobt sei, der da kömmt im Namen des Herrn,
Hosianna in der Höhe!
(Matth. 21, 1—9.)

92.   Weise: Ach Jesu, meiner Seelen Freude.

1738.

Dein Kö=nig kommt in nie=bern Hül=len, ihn trägt der

laſt-barn Eſ-lin Fül-len;* em-pfang ihn froh, Je-ru-ſa-lem! Trag ihm ent-ge-gen Frie-bens-palmen, be-ſtreu den Pfad mit grü-nen Hal-men! So iſts dem Herren an-ge-nehm. * Matth. 21, 5.

2. O mächtger Herrſcher ohne Heere, gewaltger Kämpfer ohne Speere, o Friedefürſt von großer Macht: es wollen dir der Erde Herren den Weg zu deinem Throne ſperren, doch du gewinnſt ihn ohne Schlacht!

3. Dein Reich iſt nicht von dieſer Erden; doch aller Erde Reiche werden dem, das du gründeſt, unterthan. Bewaffnet mit des Glaubens Worten zieht deine Schar nach den vier Orten der Welt hinaus und macht dir Bahn.

4. Und wo du kommeſt herge-zogen, da ebnen ſich des Meeres Wogen, es ſchweigt der Sturm, von dir bedroht. Du kommſt, auf den empörten Triften des Lebens neuen Bund zu ſtiften, und ſchlägſt in Feſſel Sünd und Tod.

5. O Herr von großer Huld und Treue, o komme du auch jetzt aufs neue zu uns, die wir ſind ſchwer verſtört! Noth iſt es, daß du ſelbſt hienieden kommſt zu erneuen deinen Frieden, wo-gegen ſich die Welt empört.

6. O laß dein Licht auf Erden ſiegen, die Macht der Finſternis erliegen, und löſch der Zwietracht Glimmen aus, daß wir, die Völker ſammt den Thronen, ver-eint als Brüder wieder wohnen in deines großen Vaters Haus.

Friedrich Rückert, geb. 1789.

Ich, ich bin der Herr, ſpricht unſer Gott,
Und außer mir kein Heiland.
(Jeſ. 44, 1—6.)

Weiſe 808. Gott des Himmels und der Erden.

93. Gott mit uns, mit uns auf Erden! Völker, hörts in dunkler Welt! Hört: zum Para-dieſe werden ſoll das große Dor-nenfeld! Er zieht ein, der Fluch hinaus, und die Erd iſt Gottes Haus.

2. Gott mit uns! Im Fleiſch

erschienen ist das göttlich ewge Wort. Brüder, sehet: mit Himmelsmienen lächelt uns das Kindlein dort; der Gefallnen Angesicht adelt seiner Augen Licht.

3. Gott mit nus in Nacht und Jammer, Nacht und Jammer zu zerstreun! Schaut: ein Stall ist seine Kammer, eine Krippe schließt ihn ein; nun erblüht im hellen Raum uns der reiche Lebensbaum.

4. Gott mit uns, für uns im Streite! Die ihr als Gebundne weint: kommt und jubelt als Befreite, denn er schlägt den alten Feind, und im blutgen Siegsgewand reicht er uns die Retterhand.

5. Gott mit uns im letzten Grauen, er bei uns im Todesthal! Seht, des neuen Lebens Auen leuchten uns im Osterstral! Christus führt uns aus dem Leid heimatwärts zur Seligkeit.

6. Gott mit uns für Ewigkeiten — hier und droben unser Licht! Laßt die Zeit vorübergleiten, — unser Leben endet nicht! Auf, begrüßt den Morgenstern, kommt zum Kindlein, kommt zum Herrn!

Dr. Joh. Peter Lange, geb. 1802.

3. Weihnachten.

Kommet her und sehet an die Werke Gottes,
Der so wunderlich ist mit seinem Thun unter den Menschenkindern.
(Ps. 118, 24—29.)

94. Weise: Der Tag, der ist so freudenreich. 1531.

Ein hoch-ge-lo-bet Kin-de-lein ist uns ge-bo-ren
von ei-ner Jungfrau fromm und rein, zum Trost uns ar-men
heu-te
Leu-ten. Wär uns dies Kindlein nicht ge-born, so
wärn wir all-zu-mal ver-lorn; das Heil ist un-ser
Al-ler. O du lie-ber Je-su Christ, der du Mensch ge-
bo-ren bist, be-hüt uns vor der Höl-len.

2. Der Tag der ist so freudenreich, zu loben Gottes Namen, daß Gottes Schn vom Himmelreich auf Erden ist gekommen. Groß ist die Demut und die Gnad, die Gott vom Himmel bei uns that: der Herr ist Knecht geworden, uns — doch ohne Sünde — gleich, daß wir würden ewig reich, trägt unsrer Sünde Bürden.

3. Wohl dem, der dieses Glaubens ist und ihm von Herzen trauet, — ihm wird die Seligkeit gewis! Wohl dem, der darauf bauet: daß Christ für uns genug gethan und daß er darum zu uns kam von Gott dem ewgen Vater. Wunder über Wunderthat! Christ trägt unsre Missethat und stillet unsern Hader!

4. Drum dank ihm alle Christenheit für solche große Güte und bitte sein Barmherzigkeit, daß er uns stets behüte vor falscher Lehr und bösem Wahn, dem wir so lang schon hiengen an; er woll uns das vergeben! Vater, Sohn und heilger Geist, von dir bitten wir zumeist: laß uns in Frieden leben!

Aus dem Straßburger Gesangbuch von 1539. (Der erste Vers das älteste deutsche Weihnachtslied.)

Gelobt sei der Herr, der Gott Israel,
Denn er hat besuchet und erlöset sein Volk.
(Luc. 1, 30—33.)

95. Eigne Weise. Altdeutsch. 1524.

Ge = lo = bet seist du, Je = su Christ, daß du Mensch geboren bist von ei = ner Jung = frau; das ist wahr! Des freu = et sich der En = gel Schar. Hal = le = lu = jah!

2. Des ewgen Vaters einig Kind itzt man in der Krippen findt; in unser armes Fleisch und Blut verkleidet sich das ewge Gut. Hallelujah!

3. Den aller Welt Kreiß nie beschloß, der liegt in Mariens Schoß; er ist ein Kindlein worden klein, der alle Ding erhält allein. Hallelujah!

4. Das ewge Licht geht da herein, gibt der Welt ein neuen Schein; es leucht wohl mitten in der Nacht, uns zu des Lichtes Kindern macht. Hallelujah!

5. Der Sohn des Vaters, Gott von Art, ein Gast in der Welt hier ward; er führt uns aus dem Jammerthal, macht uns zu Erben in seim Sal. Hallelujah!

6. Er ist auf Erden kommen
arm, daß er unser sich erbarm
und uns im Himmel mache reich*
und seinen lieben Engeln gleich.
Hallelujah!   * 2 Cor. 8, 9.

7. Das hat er alles uns ge=
than, sein groß Lieb zu zeigen
an. Des freu sich alle Chri=
stenheit und dank ihm des in
Ewigkeit. Hallelujah!
Dr. Martin Luther, 1483—1546.

Das Wort ward Fleisch
Und wohnete unter uns.
(Matth. 2, 6.)

Weise 97.   Vom Himmel hoch da komm ich her.

96. Vom Himmel kam der
Engel Schar, erschien den Hir=
ten offenbar; sie thaten kund:
ein Kindlein zart das liegt dort
in der Krippen hart

2. Zu Bethlehem in Davids
Stadt, wie Micha das verkün=
det hat. Es ist der Herre Jesus
Christ, der euer Aller Heiland ist.

3. Des sollt ihr billich fröh=
lich sein, daß Gott mit euch ist
worden eins. Er ist geborn
eur Fleisch und Blut, eur Bru=
der ist das ewge Gut.

4. Was kann euch thun die

Sünd und Tod? Ihr habt mit
euch den wahren Gott; laßt
zürnen Teufel und die Höll:
Gotts Sohn ist euer Kampfgesell.

5. Er will und kann euch lassen
nicht, setzt nur auf ihn eur Zuver=
sicht; es mögen euch Viel sech=
ten an, — dem sei Trotz, ders
nicht lassen kann.

6. Zuletzt müßt ihr doch haben
Recht, ihr seid nun worden Gotts=
Geschlecht; des danket Gott in
Ewigkeit, geduldig, fröhlich alle=
zeit!

Dr. Martin Luther, 1483—1546.

(„Ein Kinderlied, anf die Weihnachten, vom
Kindlein Jesu." Luther.)

Und es waren Hirten in derselbigen Gegend auf dem Felde
bei den Hürden, die hüteten des Nachts ihre Herde.
Und siehe, des Herrn Engel trat zu ihnen und die Klarheit
des Herrn leuchtete um sie; und sie fürchteten sich sehr.
Und der Engel sprach zu ihnen:
(Luc. 2, 8—10.)

97.   Eigne Weise.   1540.

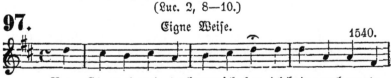

„Vom Himmel hoch da komm ich her, ich bring euch gu=te

neu=e Mähr; der gu=ten Mähr bring ich so viel, da=

von ich sing und sa=gen will."

2. „Euch ist ein Kindlein heut geborn von einer Jungfrau auserforn; dies Kindelein so zart und sein soll eure Freud und Wonne sein."

3. „Es ist der Herr Christ, unser Gott; der will euch führn aus aller Noth, er will eur Heiland selber sein, von aller Sünd euch machen rein."

4. „Er bringt euch alle Seligkeit, die Gott der Vater hat bereit; er führt uns in sein Himmelreich und macht uns seinen Engeln gleich."

5. „So merket nun das Zeichen recht: die Krippen und die Windelu schlecht, da findet ihr das Kind gelegt, das alle Welt erhält und trägt."

6. Des laßt uns alle fröhlich sein und mit den Hirten gehn hinein, zu sehn, was Gott uns hat beschert, da er uns seinen Sohn verehrt.

7. Merk auf, mein Herz, und sieh dorthin, was liegt doch in der Krippen drin? Wer mag das schöne Kindlein sein? Es ist der liebe Heiland mein.

8. Sei mir willkommen, edler Gast, den Sünder nicht verschmähet hast; du kommst so freundlich her zu mir, wie soll ich immer danken dir?

9. Ach Herr, du Schöpfer aller Ding, wie bist du worden so gering, daß du als armes Kindelein zu mir ins Elend kommst herein!

10. Und wär die Welt vielmal so weit, von Edelstein und Gold bereit, so wär sie dir doch viel zu klein, zu sein ein enges Wiegelein.

11. Der Sammet und die Seide dein das ist grob Heu und Windelein, darauf du, König groß und reich, herprangst, als wärs dein Himmelreich.

12. Das hat also gefallen dir, die Wahrheit anzuzeigen mir, wie aller Welt Pracht, Ehr und Gut vor dir nichts gilt, nichts hilft noch thut.

13. Nun komm, herzliebster Heiland mein, mach dir ein Bettlein sanft und rein, zu ruhn in meines Herzens Schrein, daß ich niemals vergesse dein;

14. Davon ich allzeit fröhlich sei, zu springen, singen immer frei das rechte seine Wiegenlied mit Herzenslust und süßem Fried.

15. Lob, Ehr sei Gott im höchsten Thron, der uns schenkt seinen eingen Sohn! Des freuet sich der Engel Schar, und singen uns solch neues Jahr.

Dr. Martin Luther, 1483—1546.

Freuet euch des Herrn, ihr Gerechten;
Die Frommen sollen ihn schön preisen.
(Röm. 3, 23—26.)

98.

Eigne Weise.

Altkirchlich. 1531.

Chor.

Lo = bet Gott, o lie = be Chri=sten, sin=get ihm mit
dem Psalmi = sten ein neu fröhlich Lied; denn aus gro=ßer Lieb
macht Gott mit uns ei = nen e = wi = gen Fried.

Gemeinde.

Got=tes Sohn hat an=ge=nommen un = ser Fleisch und
ist ge=kommen; preist ihn! er er=schien, daß er uns verführn
und uns die e = wi = ge Klarheit ver = dien.

Chor.

Er ist kommen, uns zu hei = len und sein Gut mit
uns zu thei=len, uns zu ent = bin=den von al=len
Sün = den, wie sei = ne En=gel uns fröhlich ver=
kün = den.

Gemeinde.

Dank=sa=gung sei Gott, der an uns durch sei = nen Sohn

sol = che Barm=her = zig=feit hat ge = than.

2. **Chor.** Jauchzt, ihr Jungen und ihr Alten! denn Gott hat sein Wort gehalten, gnädiglich sein Heil uns gemacht zu Theil durch den verheißnen Immanuel.

Gemeinde. Was ist Beßres zu erdenken, das uns Gott hätt mögen schenken, als den er gesandt, der Jesus genannt und wird als wahrhafter Heiland erkannt?

Chor. Wer sonst hätt uns können helfen und den Feind danieder werfen, uns benedeien, Gnade verleihen, dadurch uns von allem Übel befreien?

Gemeinde. Lob und Ehr sei Gott, daß er nicht sein Volk verstieß, sondern ihm seinen Sohn helfen ließ.

3. **Chor.** Freut euch heut, ihr Auserkornen, danket Gott, ihr Neugebornen! denn ihr habt erkannt den wahren Heiland und seine Gnad ist ganz zu euch gewandt.

Gemeinde. Gott hat Freundschaft euch beweiset, seine Lieb an euch gepreiset: denn ihr wart verflucht, er hat euch besucht und benedeit durch sein einige Frucht.

Chor. Er wollt nicht beständig dräuen, sondern höchlich euch erfreuen, läßt nun verkünden Tilgung der Sünden und sich barmherzig und gnädig erfinden.

Gemeinde. Danksagung und Preis sei Gott Vater alle Zeit, der sein Volk durch Christum benedeit.

4. **Chor.** Preiset Gott, o liebe Kinder, Christum auch, den Trost der Sünder, der zur Wahrheit euch führte allzugleich, verheißt und schenket das himmlische Reich!

Gemeinde. Auf, lobsingt dem Herrn mit Freuden, rühmt und preist das Licht der Heiden, das am dunkeln Ort leuchtet durch sein Wort den Auserwählten zur neuen Geburt.

Chor. Rühmet Gott, all ihr Gemeinen, habt an Christo Lust, dem Reinen, Danksagung bringet, das Herz aufschwinget, fröhliches Muts mit der Engelschar singet:

Gemeinde. Preis und Ehr sei Gott, Fried auf Erden, und uns alln in Christo herzliches Wohlgefalln!

Böhm. Brüder, 1531. (Mich. Weiße.)

Gelobt sei Gott und der Vater unsers Herrn Jesu Christi,
Der uns verordnet hat zur Kindschaft gegen ihn selbst.
(Joh. 1, 1—14.)

Weise 12. Herr Gott, dich loben alle wir.

99. Gelobt sei der allmächtge Gott, der unser sich erbarmet hat, gesendet seinen lieben Sohn, aus ihm geborn im höchsten Thron,

2. Auf daß er unser Heiland würd, uns freite von der Sünden Bürd und durch der Wahrheit Gnadenschein uns führt' zur ewgen Klarheit ein.

3. O reiche Gnad und Gütigkeit, o tiefe Lieb und Mildigkeit! Gott thut ein Werk, das ihm kein Mann, kein Engel auch verdanken kann.

4. Der Schöpfer aller Creatur nimmt an die menschliche Natur, des Vaters Wort von Ewigkeit wird Fleisch in aller Reinigkeit.

5. Was bist du, Mensch, was ist dein Thun, daß Gott für dich gibt seinen Sohn? Bedarf denn dein das höchste Gut, daß es so Großes für dich thut?

6. O Mensch, daß du dies nicht verstehst, dem König nicht entgegen gehst, der dir so ganz demütig kömmt und deiner sich so treu annimmt!

7. Ach nimm ihn heut mit Freuden an, bereit ihm deines Herzens Bahn, auf daß er komm in dein Gemüt und du genießest seine Güt.

8. Wo du dies thust, so ist er dein, bewahrt dich vor der Höllen Pein; thust du es nicht, so sieh dich für, er schleußt dir zu des Himmels Thür.

9. Sein erstes Kommen in die Welt ist in sanftmütiger Gestalt, sein Wiederkunft wird schrecklich sein, den Gottlosen zur großen Pein.

10. Die aber jetzt in Christo stehn, die werden dann zur Freude gehn, wo Gott zum Lebensstrom sie führt und sie kein Übel mehr berührt.

11. Dem Vater in dem höchsten Thron sammt seinem eingebornen Sohn, dem heilgen Geiste gleicherweis in Ewigkeit sei Dank und Preis!

Böhmische Brüder, 1531. (Michael Weiße, † 1534.)

Gott hat seinen Sohn nicht gesandt in die Welt, daß er die Welt richte,
Sondern daß die Welt durch ihn selig werde.
(Jes. 60, 1—3.)

100. Weise: Nun singet und seid froh. Altdeutsch. 1535.

Lob Gott, du Chri=sten = heit, dank ihm mit gro = ßer Freud! Uns=res Her=zens Won = ne ist uns ge = bo = ren heut und leuchtet, wie die

Son = ne, in die=fer dun=keln Zeit; durch

fein theur = wer=thes Wort scheint un = fer höch=fter

Hort.

2. O welch ein großes Heil, welch lieblich Erb und Theil haft du, Herr, den Deinen bereit in deinem Sohn, des sich die Engel freuen, dich ehrn im höchsten Thron und wünschen, daß auf Erd uns Fried und Freude werd.

3. Ach Jesu, lieber Herr, nach dir verlangt uns sehr; denn wir wärn verdorben mit allem unsern Thun, nun hast du uns erworben die ewge Freud und Wonn, Herr, aus Barmherzigkeit; o tiefe Mildigkeit!

4. Ei nun, Herr Jesu Christ, der du Mensch worden bist, in so große Armut dich willig geben haft und in so tiefer Demut getragen unsre Last: laß nicht die Wohlthat dein an uns verloren sein!

5. O wahrer Mensch und Gott, tröst uns in aller Noth, hilf durch deine Güte, erweck uns durch dein Wort, ernen uns das Gemüte, daß wir mit dir auch dort die Kron der Herrlichkeit empfahn in Ewigkeit.

Böhmische Brüder, 1544. (Joh. Horn, † 1547.)

Ich bin gekommen, daß sie das Leben
Und volle Genüge haben, spricht der Herr.
(Phil. 2, 6—8. Joh. 10, 11; 14, 18—23. Apstg. 1, 11.)

101.

Eigne Weise.

1531.

Got = tes Sohn ist kom = men uns zum Heil und

From = men hier auf die=fe Er = den uns gleich an Ge=

ber=den, daß er uns von Sün = de frei = e und ent=

bin = be.

2. Er kommt auch noch heute und belehrt die Leute, wie sie sich von Sünden solln zur Buße wenden, von Irrtum und Thorheit treten zu der Wahrheit.

3. Die sich sein nicht schämen, seinen Dienst annehmen durch den rechten Glauben und ihm ganz vertrauen, — denen wird er eben ihre Sünd vergeben.

4. Er will — zum Beweise seiner Lieb — als Speise selbst sich ihnen schenken in den Sacramenten, daß sie sein genießen in ihrem Gewissen.

5. Die treu und ergeben ihm beständig leben, ihm, dem Herrn, in Allem trachten zu gefallen, werden auch mit Freuden einst von hinnen scheiden.

6. Denn bald und behende kommt ihr letztes Ende, da wird er vom Bösen ihre Seel erlösen und sie mit sich führen zu der Engel Chören.

7. Von dort wird er kommen, wie dann wird vernommen, wann die Todten werden aufstehn von der Erden und zu seinen Füßen sich darstellen müssen.

8. Da wird er sie scheiden: seines Reiches Freuden erben alle Frommen; doch die Bösen kommen dahin, wo sie müssen ihr Untugend büßen.

9. Nun! bereit', o Jesu, unser Aller Herz zu, daß wir alle Stunden werden fromm erfunden und im Glauben scheiden zu den ewgen Freuden!

Böhmische Brüder, 1544. (Johann Horn, † 1547.)

(„Für die Kinder im Joachimsthal." Nic. Herman.)
Ob er wohl reich ist, ward er doch arm um euretwillen,
Auf daß ihr durch seine Armut reich würdet.
(Jes. 11, 1. 2. Phil. 2, 5—11.)

102. Eigne Weise.
N. Herman, 1560.

Lobt Gott, ihr Christen, al = le gleich in sei=nem höchsten Thron, der heut schleußt auf sein Him = mel = reich und schenkt uns sei=nen Sohn, und schenkt uns sei=nen Sohn.

2. Er kömmt aus seines Vaters Schoß und wird ein Kindlein klein, er liegt dort elend, nackt und bloß :,: in einem Krippelein, :,:

3. Entäußert sich seiner Gewalt, wird niedrig und gering und nimmt an eines Knechts Gestalt, — :,: der Schöpfer aller Ding. :,:

4. Er liegt an seiner Mutter Brust, ihr Milch ist seine Speis, auf den die Engel sehn mit Lust; :,: denn er ist Davids Reis,* :,:   * Jes. 11, 1.

5. Das seinem Stamm entsprießen sollt zu dieser letzten Zeit, durch welchen Gott aus-

richten wollt :,: sein Reich, die Christenheit. :,:

6. Er tauschet mit uns wunderbar, nimmt Fleisch an, wird uns gleich und beut uns Gottesklarheit dar :,: in seines Vaters Reich. :,: 2 Petr. 1, 4. 2 Kor. 3, 16.

7. Er wird ein Knecht und ich ein Herr; das mag ein Wechsel sein! Wie könnt er doch wohl freundlicher :,: die Kindlein benedein? :,:

8. Heut schleußt er wieder auf das Thor zum schönen Paradeis; der Cherub steht nicht mehr davor; :,: Gott sei Lob, Ehr und Preis! :,:

Nicolaus Herman, † 1561.

**Christus Jesus ist in die Welt gekommen,
Die Sünder selig zu machen.**
(Jes. 52, 9—10. Gal. 4, 1—5.)

103.   Eigne Weise.   1603.

Wir Christenleut sind jetzt voll Freud, weil Christus uns zu Trost ist Mensch ge-bo-ren und uns er-löst; wer des sich tröst und glau-bet fest, der soll nicht gehn ver-lo-ren.

2. O Wunderfreud! der Herr wird heut zu unserm Heil als wahrer Mensch geboren; ein Jungfrau zart sein Mutter ward,

von Gott dem Herren selbst dazu erkoren.

3. Die Sünd macht Leid, Christus bringt Freud, weil er zu

uns in diese Welt ist kommen. Mit uns ist Gott nun in der Noth; das haltet fest und freuet euch, ihr Frommen!

4. Und bringet Dank mit Lobgesang Christo dem Herrn, der für uns Mensch geworden, uns zu befrein von aller Pein des Sündenfluchs und seinen schweren Bürden.

5. Hallelujah! gelobt sei Gott! so singen wir aus unsers Herzens Grunde; denn Gott schenkt heut uns solche Freud, daß wirs vergessen solln zu keiner Stunde.

Caspar Jüger (?), † 1617.

**Euch soll aufgehen die Sonne der Gerechtigkeit
Und Heil unter den Flügeln des Herrn!**
(Röm. 8, 31—39.)

104.

Eigne Weise.

Andr. Hammerschmidt, 1646.

Hal = le = lu = jah, Hal = le - lu = jah, Hal = le = lu = jah, Hal = le = lu = jah, Hal = le = lu = jah, Hal = le = lu = jah, Hal = le = lu = jah, Hal = le = lu = jah, Hal = le = lu = jah, Hal = le = lu = jah, Hal = le = lu = jah!

Freu = et euch, ihr Chri = sten al = le! Freu = e sich, wer im = mer kann! Gott hat viel an uns ge = than; freu = et euch mit gro = ßem Schal = le, daß er uns so

* Das Lied beginnt und schließt mit einem vom Chor gesungenen Hallelujah.

hoch ge = acht, sich mit uns be = freundt ge = macht.

Freu = de, Freude ü = ber Freu = de! Christus weh = ret

al = lem Lei = de; Won = ne, Won = ne ü = ber Wonne!

Christus ist die Gna = den = son = ne.

2. Siehe, siehe, meine Seele, wie dein Heiland kommt zu dir; sieh den Herren, wie er hier liegt in einer Krippen Höhle als ein Kindlein dir zu gut, dich zu lösen durch sein Blut. Freude, Freude über Freude! Christus wehret allem Leide; Wonne, Wonne über Wonne! Christus ist die Gnadensonne.

3. Jesu, wie soll ich dir danken? Ich bekenne, daß von dir meine Seligkeit herrühr; laß mich drum von dir nicht wanken, nimm mich dir zu eigen hin, so empfindet

Herz und Sinn Freude, Freude über Freude: Christus wehret allem Leide; Wonne, Wonne über Wonne! Christus ist die Gnadensonne.

4. Jesu, nimm dich deiner Glieder fort und fort in Gnaden an, schenke, was man bitten kann, zu erquicken deine Brüder; gib der ganzen Christenschar Friede und ein selig Jahr. Freude, Freude über Freude! Christus wehret allem Leide; Wonne, Wonne über Wonne! Christus ist die Gnadensonne.

M. Christian Keimann, 1607—1662.

Uns ist ein Kind geboren, ein Sohn ist uns gegeben,
Er heißet Wunderbar, Rath, Kraft, Held, Ewigvater, Friedefürst.
(Jes. 9, 6—7.)

105. Eigne Weise.

Joh. Schop, 1641.

Er = munt = re dich, mein schwa = cher Geist, und
ein Kind, das E = wig = va = ter* heißt, mit

tra = ge = groß Ver = lan = gen,
Freuden zu em = pfan = gen. Dies ist die Nacht, dar=

6

in es kam und menſchlich We = ſen an ſich
nahm, daß ſei = ner Lie = bes = treu = e die
gan = ze Welt ſich freu = e.

* Jeſ. 9, 6.　Vergl. Lied 114, 8.

2. Willkommen, Held aus Da=
vids Stamm, du König aller Eh=
ren! Willkommen, Jeſu, Gottes
Lamm! Ich will dein Lob vermeh=
ren; ich will dir all mein Lebenlang
von Herzen ſagen Preis und
Dank, daß du, da wir verloren,
für uns biſt Menſch geboren.

3. O Gottesſohn, wie konnt
es ſein, dein Himmelreich zu
laſſen, zu kommen in die Welt
herein, wo nichts denn Neid
und Haſſen? Wie konnteſt du
die große Macht, dein König=
reich, die Himmelspracht, ja ſelbſt
dein theures Leben für ſolche
Feinde* geben?　　* Röm. 5, 10.

4. Du Fürſt und Herrſcher
dieſer Welt, du Friedens=Wie=
derbringer, du kluger Rath, du
tapfrer Held, der Höllenmacht
Bezwinger: wie iſt es mög=
lich, daß du dich erniedrigeſt ſo
tief für mich, daß du im ärmſten
Orden* der Menſchen Menſch
geworden?　　　　* Stand.

5. O großes Werk, o Wunder=
nacht, dergleichen nie gefunden!
Du haſt den Heiland herge=
bracht, der Alles überwunden; du

haſt gebracht den ſtarken Mann,
der Feur und Wolken zwingen
kann und alle Berg erſchüttern,
vor dem die Himmel zittern.

6. O liebſtes Kind, das Gott
uns gab, holdſelig von Geber=
den, mein Bruder, den ich lieber
hab, als alle Schätz auf Erden:
komm eilend in mein Herz hinein
und laß es deine Wohnung ſein;
komm, komm, ich will bei Zeiten
ein Lager dir bereiten.

7. Sag an, mein Herzensbräu=
tigam, mein Hoffnung, Freud
und Leben, mein edler Zweig
aus Jakobs Stamm, was ſoll
ich dir doch geben? Ach, nimm
von mir Leib, Seel und Geiſt,
ja Alles, was Menſch iſt und
heißt; ich will mich ganz ver=
ſchreiben, dir ewig treu zu bleiben.

8. Lob, Preis und Dank, Herr
Jeſu Chriſt, ſei dir von mir geſun=
gen, daß du mein Bruder worden
biſt und haſt die Welt bezwungen.
Hilf, daß ich deine Gütigkeit
ſtets preis in dieſer Gnaden=
zeit und mög hernach dort oben
in Ewigkeit dich loben.

Johann Riſt, 1607—1677.

**Mein Herz ist fröhlich in dem Herrn,
Denn ich freue mich seines Heiles.**
(Joh. 1, 11—16.)

Weise 534. Valet will ich dir geben.

106. Ihr Christen auserkoren, hört gute neue Mähr; der Heiland ist geboren, er kommt auf Erden her! Des freuen sich dort oben der heilgen Engel Schar, die Gott den Vater loben deswegen immerdar.

2. So singen sie mit Schalle: ihr Christen insgemein, freut euch von Herzen alle ob diesem Kindelein! Euch, euch ist es gegeben, euch ist das Heil bereit, daß ihr bei Gott sollt leben in steter Seligkeit.

3. Kein Mensch sich ja betrübe, denn dieses Kindelein euch bringet Fried und Liebe; was wollt ihr traurig sein? Den Himmel er dem schenket, der an ihn glaubet fest. An diesen Schatz gedenket; er ist der allerbest.

4. Nun seid ihr wohl gerochen an eurer Feinde Schar; denn Christus hat zerbrochen, was euch zuwider war; Tod, Teufel, Sünd und Hölle jetzt liegen ganz geschwächt; Gott gibt die Ehrenstelle dem menschlichen Geschlecht.

5. Drum wir nun auch dich loben, Jesu, zweistammger* Held, daß du herab von oben bist kommen in die Welt. Komm auch in unsre Herzen und bleibe für und für, daß weder Glück noch Schmerzen uns trennen ab von dir.

* Gottes und Davids Sohn.
Georg Werner, 1607—1671.

**Kommt herzu, laßt uns dem Herrn frohlocken,
Und jauchzen dem Hort unsres Heils.**
(Hebr. 1, 1—6.)

107. Weise: Gelobet seist du, Jesu Christ. Altdeutsch. 1524.

Wir sin-gen dir, Im-ma-nu-el, du Le-bensfürst und
Gna-den-quell, du Him-melsblum und Mor-gen-stern, du
Jung-frau-sohn, Herr al-ler Herrn. Hal-le-lu-jah!

2. Wir singen dir mit deinem Heer aus aller Kraft Lob, Preis und Ehr, daß du, o langgewünsch-ter Gast, dich nunmehr eingestellet hast. Hallelujah!

3. Von Anfang, da die Welt

6 *

gemacht, hat so manch Herz nach dir gewacht; dich hat gehofft so lange Jahr der Väter und Propheten Schar. Hallelujah!

4. Vor andern hat dein hoch begehrt der Hirt und König deiner Herd, der Mann, der dir so wohl gefiel, wenn er dir sang auf Saitenspiel: Hallelujah!

5. „Ach, daß der Herr aus Zion käm und unsre Bande von uns nähm! Ach, daß die Hilfe bräch herein, so würde Jakob fröhlich sein." Hallelujah!
Pf. 53, V. 7.

6. Nun, du bist hier, da liegest du, hältst in dem Kripplein deine Ruh, bist klein und machst doch Alles groß, bekleidst die Welt und kommst doch bloß. Hallelujah!

7. Du kehrst in fremder Hausung ein und doch sind alle Himmel dein; trinkst Milch aus einer Menschenbrust und bist doch aller Engel Lust. Hallelujah!

8. Du hast dem Meer sein Ziel gesteckt und wirst mit Windeln zugedeckt, bist Gott und liegst auf dürftgem Stroh, wirst Mensch und bist doch A und O. Hallelujah!

9. Du bist der Ursprung aller Freud und duldest so viel Herzeleid, bist aller Heiden Trost und Licht, suchst selber Trost und findst ihn nicht. Hallelujah!

10. Du bist der süßte Menschenfreund, doch sind dir so viel Menschen feind: Herodis Herz hält dich für Greul und bist

doch nichts als lauter Heil. Hallelujah!

11. Ich aber, dein geringster Knecht, ich sag es frei und mein' es recht: Ich liebe dich, doch nicht so viel, als ich dich gerne lieben will. Hallelujah!

12. Der Will ist da, die Kraft ist klein; doch wird dir nicht zuwider sein mein armes Herz; und was es kann, wirst du in Gnaden nehmen an. Hallelujah!

13. Bin ich gleich schwach und sündenvoll, hab ich gelebt nicht, wie ich soll: — ei, kommst du doch deswegen her, daß sich der Sünder zu dir kehr. Hallelujah!

14. Drum bin ich guter Zuversicht, du wirst auch mich verwerfen nicht. O Jesu Christ, dein frommer Sinn macht, daß ich so voll Trostes bin. Hallelujah!

15. So faß ich dich nun ohne Scheu; du machst mich alles Jammers frei, trägst meine Schuld, erwürgst den Tod, verkehrst in Freud all Angst und Noth. Hallelujah!

16. Du bist mein Haupt, hinwiederum bin ich dein Glied und Eigentum und will, so viel dein Geist nur gibt, stets dienen dir, wie dirs beliebt. Hallelujah!

17. Ich will dein Hallelujah hier mit Freuden singen für und für, und dort in deinem Ehrensal solls schallen ohne Zeit und Zahl: „Hallelujah!"
Paul Gerhardt, 1606—1676.

Der Herr hat Großes an uns gethan;
Des sind wir fröhlich.
(Luc. 2, 10. 11. Röm. 8, 31—34.)

108.   Eigne Weise.

Joh. Crüger, 1656.

Fröh=lich soll mein Her=ze sprin=gen die=ser Zeit,
wo vor Freud al=le En=gel siu=gen.,
Hört, hört, wie mit vol=len Chö=ren al=le Luft
jauchzt und ruft: Chri=stus ist ge=bo=ren!

2. Heute geht aus seiner Kammer Gottes Held, der die Welt reißt aus allem Jammer. Gott wird Mensch dir, Mensch, zu gute, Gottes Kind das verbindt sich mit unserm Blute.

3. Er nimmt auf sich, was auf Erden wir gethan, gibt sich an, unser Lamm zu werden, unser Lamm, das für uns stirbet und bei Gott für den Tod Heil und Fried erwirbet.

4. Seht, er liegt in seiner Krippen, ruft zu sich mich und dich, spricht mit süßen Lippen: „Lasset fahren, liebe Brüder, was euch quält, was euch fehlt, ich bring Alles wieder."

5. Ei so kommet ohn Verweilen, stellt euch ein, groß und klein, daß wir zu ihm eilen; liebt den, der vor Liebe brennet, schaut den Stern, der uns gern Licht und Labsal gönnet.

6. Die ihr schwebt in großen Leiden, sehzt, hier ist die Thür zu den wahren Freuden. Faßt ihn wohl, er wird euch führen an den Ort, wo hinfort euch kein Kreuz wird rühren.

7. Wer sich findt beschwert im Herzen, wer empfindt seine Sünd und Gewissensschmerzen, sei getrost; hier wird gefunden, der in Eil machet heil! auch die tiefsten Wunden.

8. Die ihr arm seid und elende, kommt herbei, füllet frei eure Glaubenshände; hier sind alle guten Gaben und das Gold, dran ihr sollt eure Herzen laben.

9. Süßes Heil, laß dich umfangen, laß mich dir, meine Zier, unverrückt anhangen. Du bist meines Lebens Leben, nun kann ich mich durch dich wohl zufrieden geben.

10. Ich will dich mit Fleiß bewahren, ich will dir leben hier und mit dir heimfahren. Mit dir will ich endlich schweben voller Freud, ohne Zeit dort im andern Leben.

Paul Gerhardt, 1606—1676.

Lasset uns ihn lieben,
Denn er hat uns zuerst geliebt.
(2 Tim. 1, 9. 10.)

Weise 43.   Meins Herzens Jesu, meine Lust.

109. Ich steh an deiner Krippe hier, o Jesu, du mein Leben! Ich komme, bring und schenke dir, was du mir hast gegeben; nimm hin, es ist mein Geist und Sinn, Herz, Seel und Mut, nimm Alles hin und laß dir's wohlgefallen.

2. Da ich noch nicht geboren war, da bist du mir geboren und hast mich dir zu eigen gar, eh ich dich kannt, erkoren; eh ich durch deine Hand gemacht*, da hat dein Herze schon bedacht, wie du mein wolltest werden.

* Joh. 1, 3. Hebr. 1, 2.

3. Ich lag in tiefster Todesnacht: du wurdest meine Sonne, die Sonne, die mir zugebracht Licht, Leben, Freud und Wonne. O Sonne, die den werthen Schein des Glaubens schickt ins Herz hinein: wie schön sind deine Stralen!

4. Ich sehe dich mit Freuden an und kann nicht satt mich sehen, und weil ich nun nicht weiter kann, so bleib ich sinnend stehen; o, daß mein Sinn ein Abgrund wär und meine Seel ein weites Meer, daß ich dich möchte fassen!

5. Wenn oft mein Herz vor Kummer weint und keinen Trost kann finden, rufst du mir zu: „Ich bin dein Freund, ein Tilger deiner Sünden, dein Fleisch und Blut, der Bruder dein, du sollst ja guter Dinge sein: ich sühne deine Schulden!"

6. Du fragest nicht nach Lust der Welt, noch nach des Leibes Freuden. Du hast dich bei uns eingestellt, an unsrer Statt zu leiden, suchst meiner Seele Herrlichkeit durch dein selbsteignes Herzeleid; das will ich dir nicht wehren.

7. Eins aber, hoff ich, wirst du mir, mein Heiland, nicht versagen: daß ich dich möge für und für in meinem Herzen tragen. Drum laß mich deine Wohnung sein, komm, komm und kehre bei mir ein mit allen deinen Freuden.

8. Zwar sollt ich denken, wie gering ich dich bewirten werde; du bist der Schöpfer aller Ding, ich bin nur Staub und Erde; doch bist du ein so frommer Gast, daß du noch nie verschmähet hast den, der dich gerne siehet.

Paul Gerhardt, 1606—1676.

Preiset mit mir die Barmherzigkeit Gottes,
Durch welche uns besuchet hat der Aufgang aus der Höhe.
(Luc. 2, 15—20.)

110.   Weise: Den die Hirten lobten sehre.

1559.

Kommt und laßt uns Christum ehren, Herz und
Sinne zu ihm kehren; singet fröhlich,
laßt euch hören, werthes Volk der Christenheit!

2. Sehet, was hat Gott gegeben: seinen Sohn zum ewgen Leben; dieser kann und will uns heben aus dem Leid zur Himmelsfreud!

3. Jakobs Stern ist aufgegangen, stillt das sehnliche Verlangen, bricht den Kopf der alten Schlangen und zerstört der Hölle Reich.

4. Unser Kerker, wo wir saßen, und wo Sorgen ohne Maßen uns das Herze schier zerfraßen, ist entzwei und wir sind frei.

5. O gebenedeite Stunde, da wir das von Herzensgrunde glauben und mit unserm Munde danken dir, o Jesu Christ!

6. Schönstes Kindlein in dem Stalle, sei uns freundlich, bring uns alle dahin, wo mit süßem Schalle dich der Engel Heer erhöht.

Paul Gerhardt, 1606—1676.

Bei dem Herrn ist die Gnade,
Und viel Erlösung bei ihm.
(Ps. 150.)

Weise 135.   Da Christus geboren war.

111. Wunderbarer Gnadenthron, Gottes- und Mariensohn, Gott und Mensch, ein kleines Kind, das man in der Krippe findt, großer Held von Ewigkeit, dessen Macht und Herrlichkeit rühmt die ganze Christenheit:

2. Du bist arm und machst zugleich uns an Leib und Seele reich; du wirst klein, du großer Gott, und machst Höll und Tod zu Spott; aller Welt wird offenbar, ja auch deiner Feinde Schar, daß du, Gott, bist wunderbar.

3. Laß mir deine Güt und Treu täglich werden wieder neu; Gott, mein Gott, verlaß mich nicht, wenn mich Noth und Tod an= sicht; laß mich deine Herrlichkeit, deine Wundergütigkeit schauen in der Ewigkeit!

Dr. Johann Olearius, 1611—1684.

Dem Frommen geht das Licht auf in der Finsternis
Von dem Gnädigen, Barmherzigen und Gerechten.
(Tit. 2, 11—13. 3, 4—7.)

Weise 411. O daß ich tausend Zungen hätte.

112. Dies ist die Nacht, da mir erschienen des großen Gottes Freundlichkeit; das Kind, dem alle Engel dienen, bringt Licht in meine Dunkelheit, und dieses Welt= und Himmelslicht weicht hunderttausend Sonnen nicht.

2. Laß dich erleuchten, meine Seele, versäume nicht den Gna= denschein; der Glanz in dieser kleinen Höhle streckt sich in alle Welt hinein; er treibet weg der Hölle Macht, der Sünden und des Todes Nacht.

3. In diesem Lichte kannst du sehen das Licht der klaren Selig= keit; wenn Sonne, Mond und Stern vergehen, vielleicht noch in gar kurzer Zeit, wird dieses Licht mit seinem Schein dein Himmel und dein Alles sein.*

　* Matth. 24, 35. Hebr. 13, 8.

4. Laß nur indessen helle schei= nen dein Glaubens= und dein Liebeslicht; mit Gott mußt du es treulich meinen, sonst hilft dir diese Sonne nicht; willst du ge= nießen diesen Schein, so darfst du nicht mehr dunkel sein.*

　* Matth. 5, 16. 6, 22. Eph. 5, 8.

5. Drum, Jesu, schöne Weih= nachtssonne, bestrale mich mit deiner Gunst; dein Licht sei meine Weihnachtswonne und lehre mich die Weihnachtskunst, wie ich im Lichte wandeln soll und sei des Weihnachtsglanzes voll.*

　* Joh. 12, 35. 36.

Kaspar Friedrich Nachtenhöfer, 1624—1685.

Das Wort ward Fleisch
Und wohnete unter uns.
(Joh. 1, 1—14.)

Weise 380. O Gott, du frommer Gott.

113. Du wesentliches Wort, von Anfang an gewesen, du Gott, von Gott gezeugt, von Ewigkeit erlesen zum Heil der ganzen Welt, o mein Herr Jesu Christ: will= kommen, der du mir zum Heil geboren bist!

2. Komm, uranfänglich Wort, und sprich zu meiner Seelen, daß mirs in Ewigkeit an Trost nicht solle fehlen; im Glauben wohn in mir und weiche von mir nicht; laß mich auch nicht von dir ab= weichen, schönstes Licht!

3. Was hat, o Jesu, dich von Anfang doch bewogen? Was hat

vom Himmelsthron dich in die Welt gezogen? Ach, deine große Lieb und meine große Noth hat deine Glut entflammt, die stärker als der Tod.

4. Du bist das Wort, woduch die ganze Welt vorhanden, und alle Dinge sind durch dich zum Licht erstanden. Und so bin ich, mein Heil! auch dein Geschöpf und Gab; der ich ja, was ich bin, von dir empfangen hab.

5. Gib, daß ich dir zum Dienst mein ganzes Herz ergebe, auch dir allein zum Preis auf dieser Erde lebe; ja, Jesu, laß mein Herz ganz

neu geschaffen sein und dir bis in den Tod gewidmet sein allein.

6. Laß gar nichts in mir sein, was du nicht selbst geschaffen, reut alles Unkraut aus und brich des Feindes Waffen. Was bös, ist nicht von dir, das hat der Feind gethan; du aber führ mein Herz und Fuß auf ebner Bahn.

7. Das Leben ist in dir und alles Licht des Lebens; mein Gott, laß deinen Glanz an mir nicht sein vergebens. Weil du das Licht der Welt: so sei mein Lebenslicht, o Jesu, bis mir dort dein Sonnenlicht anbricht.

Laurentius Laurenti, 1660—1722.

Uns ist ein Kind geboren, ein Sohn ist uns gegeben,
Er heißt Wunderbar, Rath, Kraft, Held, Ewigvater, Friedefürst.
(Jes. 9, 6—7.)

114. Weise: Preis, Lob, Ehr, Ruhm, Dank, Kraft und Macht.

1704.

Ein Kind ist uns ge = bo=ren heut, der lieb=ste
in dem Gott Gnad um Gnade beut für Al=les,

Sohn ist uns ge = schen=ket.
was die See = le krän ket. Merk auf, mein Herz, und

schau das Knäblein an; denk, welch ein Wun=der

Gott durch ihn ge = than.

2. Es glänzt in seinem An= gesicht mit freudenreicher Lust und Wonne des Vaters Klar= heit, Lieb und Licht; er ist des

neuen Himmels Sonne, wodurch der Welt ein neues Licht ent= steht, die ohne ihn im Finstern untergeht.

3. Das Kind ist zart und träget doch, was Erd und Meer und Himmel heget; der ganzen Herrschaft Last und Joch ist seinen Schultern aufgeleget durch den, der ihn zum Mittelpunkt gesetzt des, was da ist und werden soll zuletzt.

4. Sein Name heißet Wunderbar; er ist auch aller Wunder Krone; es jubelte der Engel Schar mit Herzensluft in süßem Tone, und in der Nacht brach an ein heller Tag, als dieses Kind in Bethlems Krippe lag.

5. Bedarfst du Rath und Unterricht, will dirs an Licht und Weisheit fehlen: dies Kind heißt Rath, es ist ein Licht; wenn du dich läßt von ihm beseelen, so wird es dir in aller Noth und Pein dein treuer Rath, dein Licht und Leitstern sein.

6. Fehlt dirs an Kraft, o liebe Seel, auf Gottes Wegen fortzukommen: sei unverzagt! Immanuel, der deine Menschheit angenommen, heißt Kraft und will durch seine Kraft allein in allem Kampf dein treuer Helfer sein.

7. Fehlt dirs an Mut und Tapferkeit, der Feinde Scharen zu bekriegen: hier ist der Held, der in dem Streit dich nicht kann lassen unterliegen. Wer in der Schlacht ihn an die Spitze stellt, der sieget und behält zuletzt das Feld.

8. Ein ewger Vater ist er dir, weil er dich durch sein Wort gezeuget; er pfleget deiner für und für, sein Herz bleibt stets zu dir geneiget. Was er befiehlt den Vätern in der Zeit, wird er viel mehr selbst thun in Ewigkeit.

9. Den Friedefürsten nennt er sich, weil er als Herzog für dich streitet; er labt indessen reichlich dich an seinem Tisch, den er bereitet, macht dein Gemüt von Furcht und Schrecken los und legt dich sanft in seiner Liebe Schoß.

10. Drum freue dich, mein Herz, in ihm; nimm an, was dir dein Gott gegeben; erhebe jauchzend deine Stimm und preis ihn stets mit deinem Leben. Gott gibt sich dir, gib du ihm wiederum dich ganz und gar zu seinem Eigentum.

Johann Anastasius Freylinghausen, 1670—1739.

Ehre sei Gott in der Höhe
Und Friede auf Erden und den Menschen ein Wohlgefallen.

(Joh. 1, 11—18.)

Weise 59. Lobe den Herren, den mächtigen König der Ehren.

115. Jauchzet, ihr Himmel, frohlocket, ihr Engel, in Chören! Singet dem Herren, dem Heiland der Menschen, zu Ehren! Sehet doch da! Gott will so freundlich und nah zu den Verlornen sich kehren.

2. Jauchzet, ihr Himmel! frohlocket, ihr Enden der Erden! Gott und der Sünder, die sollen zu

Freunden nun werden. Friede und
Freud wird uns verkündiget heut;
freuet euch, Hirten und Herden.

3. Sehet dies Wunder, wie
tief sich der Höchste geneiget;
sehet die Liebe, die endlich als Liebe
sich zeiget! Sie wird ein Kind,
träget und tilget die Sünd; beugt
euch in Ehrfurcht und schweiget!

4. Gott ist im Fleische, wer
kann dies Geheimnis verstehen?
Hier ist die Pforte des Lebens
nun offen zu sehen. Gehet hinein, eins mit dem Sohne zu
sein, die ihr zum Vater wollt
gehen. 1 Tim. 3, 16. Joh. 4, 2;
17, 21.

5. Hast du denn, Höchster, auch
meiner noch wollen gedenken?
Du willst dich selber, dein Herze
voll Liebe mir schenken? Sollt

nicht mein Sinn innigst sich
freuen darin und sich in Demut
versenken?

6. König der Ehren, aus Liebe
geworden zum Kinde, dem ich
auch wieder mein Herz in der
Liebe verbinde: du sollst es sein,
den ich erwähle allein; ewig ent-
sag ich der Sünde.

7. Treuer Immanuel, werd
auch in mir nun geboren; komm
doch, mein Heiland, denn ohne
dich bin ich verloren. Wohne
in mir, mach mich ganz eines mit
dir, der du mich liebend erkoren.

8. Menschenfreund, Jesu, dich
lieb ich, dich will ich erheben, laß
mich doch einzig nach deinem
Gefallen nur streben; gib mir
doch bald völlige Kindesgestalt,
um dir allein nur zu leben.

Gerhardt ter Steegen, 1697—1769.

**Dies ist der Tag, den der Herr macht,
Lasset uns freuen und frölich darinnen sein.**

(Gal. 4, 1—7. Ps. 118, 24.)

Weise 97. Vom Himmel hoch da komm ich her.

116. Dies ist der Tag, den
Gott gemacht, sein werd in aller
Welt gedacht! Ihn preise, was
durch Jesum Christ im Himmel
und auf Erden ist!

2. Die Völker haben dein ge-
harrt, bis daß die Zeit erfüllet
ward; da sandte Gott von seinem
Thron das Heil der Welt, dich,
seinen Sohn.

3. Damit der Sünder Gnad
erhält, erniedrigst du dich, Herr
der Welt, nimmst selbst an unsrer
Menschheit Theil, erscheinst im
Fleisch und wirst uns Heil.

4. Dein König, Zion, kommt
zu dir. „Ich komm, im Buche
steht von mir; Gott, deinen
Willen thu ich gern." Gelobt
sei, der da kommt im Herrn!

5. Herr, der du Mensch geboren wirst, Immanuel und Friedefürst, auf den die Väter hoffend
sahn, dich, Gott, Messias, bet
ich an.

6. Du, unser Heil und höchstes
Gut, vereinigst dich mit Fleisch
und Blut, wirst unser Freund
und Bruder hier, und Gottes
Kinder werden wir.

7. Durch Eines Sünde fiel die Welt, ein Mittler ists, der sie erhält; was zagt der Mensch, wenn der ihn schützt, der in des Vaters Schoße sitzt?

8. Jauchzt, Himmel, die ihr ihn erfuhrt, den Tag der heiligsten Geburt; und Erde, die ihn heute sieht, sing ihm, dem Herrn, ein neues Lied!

9. Dies ist der Tag, den Gott gemacht; sein werd in aller Welt gedacht! Ihn preise, was durch Jesum Christ im Himmel und auf Erden ist.

M. Christian Fürchtegott Gellert, 1715—1769.

**Siehe, ich verkündige euch große Freude,
Denn euch ist heute der Heiland geboren.**
(Luc. 2, 9—14.)

Weise 59. Lobe den Herren, den mächtigen König der Ehren.

117. Ehre sei Gott in der Höhe: der Herr ist geboren! Laßt uns ihm singen, o Christen; auch wir sind erkoren, sein uns zu freun und durch ihn selig zu sein; Christen, wir sind nicht verloren.

2. Schatten und Dunkel bedeckte den Erdkreis; es irrten Völker umher, wie die Herden verlassen von Hirten; Jesus erschien, Nächte verschwanden durch ihn, die auch den Weisen verwirrten.

3. Menschen, berufen, durch Liebe die Gottheit zu ehren, folgten der Zwietracht und haßten sich vor den Altären. Jesus erschien, und es ward Friede durch ihn; singet es laut ihm zu Ehren!

4. Ehre sei Gott in der Höhe! Ein ewiges Leben hat er durch ihn, den Geliebten, uns allen gegeben; bis in das Grab stieg er vom Himmel herab, einst uns zum Himmel zu heben.

5. Selige Aussicht! wie werd ich im Lichte der Höhe, Retter, dich preisen, wenn dort ich verherrlicht dich sehe! Dankt schon hier, Christen, o dankt ihm mit mir! Ehre sei Gott in der Höhe!

Dr. August Hermann Niemeyer, 1754—1827.

**Du Bethlehem Ephrata, die du klein bist unter Tausenden in Juda;
Aus dir soll mir der kommen, der in Israel Herr sei.**
(Mich. 5, 1.)

Weise 105. Ermuntre dich, mein schwacher Geist.

118. Ihr Hirten, auf! Wir wollen froh zur Stadt auf Engelsweisung; dort liegt im Stall auf Heu und Stroh das Kindlein der Verheißung. Ach, seht umstralt von Himmelslicht sein holdes Jesusangesicht! Sei uns in Kripp und Windlein gegrüßt, du Gotteskindlein!

2. O Bethlehem, du Segensstadt, mit nichten die geringe: du birgst den Herrn, der Alles

hat, den Schöpfer aller Dinge; aus dir kommt, reich an Macht und Ehr, der Herzog über Gottes Heer, der Sohn der Ewigkeiten, der Mann voll Schmach und Leiden.

3. Wie wirst du dulden, zartes Kind, wie wirken, lieben, flehen, im Riesenkampf mit Tod und Sünd als Leu aus Juda stehen! Und wenn zuletzt, mit Blut bedeckt, die Lieb in Sarg und Grab dich streckt, wie wirst du im Erliegen unwiderstehlich siegen!

4. Dann geht man und verkündiget das Wort von Kreuz und Krippe, vom Opfer, das entsündiget mit friedevoller Lippe; dann sammelt sich rings von der Erd auf Golgatha, was Heil begehrt, — dann kommen Millionen, den Todesstreit dir lohnen!

Joh. Bapt. Albertini, 1769—1831.

Es hat uns besuchet der Aufgang aus der Höhe;
Hallelujah! Hallelujah!
(Joh 8, 12. Matth. 11, 27. Joh. 10, 12—16.)
Weise 12. Herr Gott, dich loben alle wir.

119. Empor zu Gott, mein Lobgesang! Er, dem das Lied der Engel klang, der hohe Freudentag ist da, lobsinget ihm: Hallelujah!

2. Vom Himmel kam in dunkler Nacht, der uns das Lebenslicht gebracht; nun leuchtet uns ein milder Stral wie Morgenroth im dunklen Thal.

3. Er kam, des Vaters Ebenbild,* von schlichtem Pilgerkleid umhüllt, und führet uns mit sanfter Hand, ein treuer Hirt, ins Vaterland. * Hebr. 1, 3.

4. Er, der jetzt bei dem Vater thront, hat unter uns, ein Mensch, gewohnt, damit auch wir ihm werden gleich auf Erden und im Himmelreich.

5. Einst führet er zur Himmelsbahn uns, seine Brüder, auch hinan und wandelt unser Pilgerkleid in Sternenglanz und Herrlichkeit.

6. Empor zu Gott, mein Lobgesang! Er, dem der Engel Lied erklang, der hohe Freudentag ist da; ihr Christen, singt Hallelujah!

Dr. Friedrich Adolf Krummacher, 1768—1845.

Der Herr ist König,
Des freue sich das Erdreich.
(1 Joh. 3, 1—3. Hebr. 4, 14—16.)
Weise 806. Aus meines Herzens Grunde.

120. Der heilge Christ ist kommen, der theure Gottessohn; des freun sich alle Frommen am höchsten Himmelsthron; auch

was auf Erden ist, soll preisen
hoch und loben mit allen Engeln
droben den lieben heilgen Christ.

2. Das Licht ist aufgegangen,
die lange Nacht ist hin, die
Sünde ist gefangen, erlöset ist
der Sinn. Die Sündenangst
ist weg, der Glaube geht zum
Himmel nun aus dem Weltge=
tümmel auf einem sichern Steg.

3. Nun sind nicht mehr die
Kinder verwaist und vaterlos,
Gott rufet selbst die Kinder in
seinen Gnadenschoß; er will, daß
alle rein von ihren alten Schul=
den, vertrauend seinen Hulden,
gehn in den Himmel ein.

4. Drum freuet euch und prei=
set, ihr Seelen fern und näh!
der euch den Vater weiset, der
heilge Christ ist da. Er ruft
euch insgemein mit süßen Lie=
besworten: Geöffnet sind die
Pforten, ihr Kinder, kommt
herein!

Ernst Moriz Arndt, geb. 1769.

(Noch ein Kinderlied zu Weihnachten.)

Laffet die Kindlein zu mir kommen und wehret ihnen nicht,
Denn solcher ist das Himmelreich.
(Matth. 19, 13—15. Marc. 10, 13—16. Luc. 18, 15—17.
2 Kor. 4, 6. Pf. 51, 9. Matth. 5, 8.)

Weise 97. Vom Himmel hoch da komm ich her.

120$^{1/2}$. Du lieber, heilger,
frommer Christ, der für uns
Kinder kommen ist, damit wir
sollen weiß und rein und rechte
Kinder Gottes sein;

2. Du Licht, vom lieben Gott
gesandt in unser dunkles Erden=
land, du Himmelsbrot und Him=
melsschein, damit wir sollen
himmlisch sein;

3. Du lieber, heilger, from=
mer Christ: weil heute dein Ge=
burtstag ist, drum ist auf Er=
den weit und breit bei allen
Kindern frohe Zeit.

4. O segne mich! ich bin noch
klein; o mache mir das Herze
rein! o bade mir die Seele hell
in deinem reichen Himmelsquell!

5. Daß ich in Lieb und De=
mut treu, wie Gottes heilge
Enzel, sei, daß ich dein bleibe
für und für, das, heilger Christ,
beschere mir!

Ernst Moriz Arndt, geb. 1769.

---

4. Neujahr.

a. Namensfest Jesu.

Gelobet sei sein herrlicher Name ewiglich,
Und alle Lande müssen seiner Ehre voll werden. **Amen.**
(1 Kor. 1, 30; 6, 11. Röm. 8, 37—39.)

Weise 380. O Gott, du frommer Gott.

121. Ach Jesu, dessen Treu
im Himmel und auf Erden durch
keines Menschen Mund kann
gung gepriesen werden: ich

danke dir, daß du, als wahrer Mensch geborn, den Fluch von mir gewandt, daß ich nicht bin verlorn.

2. Dein Name heilge mich, der ich bin ganz beflecket; der heilge Jesusnam, der alle Sünd bedecket, kehr ab von mir den Fluch, den Segen zu mir wend und stärk mich, daß bei mir sich alle Schwachheit end.

3. Er sei mein Licht, das mich in Finsternis erleuchte; er sei der Himmelsthau, der mich in Hitz befeuchte; er sei mein Schirm und Schild, mein Schatten, Schloß und Hut, mein

Reichtum, Ehr und Ruhm, er sei mein höchstes Gut.

4. Er sei mein Himmelsweg, die Wahrheit und das Leben, und wolle mir zuletzt aus freier Gnade geben, daß ich getrost in ihm das Leben schließe wohl, wenn meine Sterbenszeit und Stunde kommen soll.

5. Dir leb ich, und in dir, in dir will ich auch sterben, Herr, sterben will ich dir, in dir will ich ererben das ewge Himmelreich, das du erworben mir; von dir verklärt will ich dir dienen für und für.

Johann Heermann, 1585—1647.

Es ist in keinem Andern Heil, Ist auch kein andrer Name den Menschen gegeben, darinnen wir sollen selig werden.
(Apstgsch. 4, 12. Phil. 2, 9—11.)

Weise 290. Es ist das Heil uns kommen her.

122. Der Heiland heißet Jesus Christ, von Gott selbst so genennet, der mir und dir und, wer es ist, das große Heil gegönnet. Ach nimm es ungesäumet an! Es freue sich, wer immer kann, des freudevollen Namens.

2. Dies ist der Name, der uns bringt vor Gott aufs neu zu Ehren, der, wie der Chor der Engel singt, uns Freude kann bescheren, der uns in Fried und Freiheit setzt, mit Gnad und Gaben uns ergetzt und in den Himmel hebet.

3. Denn Jesus ists, der unsre Schuld sammt aller Straf und Plagen — o unerhörte Lieb

und Huld! — hat willig wollen tragen. Er war gerecht; doch ließ er sich zur Sünde machen, daß du dich in ihm gerecht könntst nennen.

2 Kor. 5, 21. Röm. 3, 24. 26; 5, 9.

4. Er ist der rechte Josua,* der uns zur Ruhe bringet;** er, als der Priester, ist nun da, dem es so wohl gelinget, daß er des Herren Tempel baut,*** an welchen man ihn selber schaut, als festen Grund- und Eckstein.

* Jesus und Josua ist das nemliche Wort; jenes ist die griechische, dieses die hebräische Form. — ** Jos. 1, 1-2. Hebr 4, 8-9. — *** Hagg. 1, 14. Esra 3, 8-13.

5. Drum ist in keinem An-

bern Heil, ist auch kein Nam gegeben, darin wir könnten nehmen Theil zur Seligkeit und Leben; nur Jesus Christus ist der Mann, der uns das Leben schenken kann: gelobet sei sein Name!

6. O Name, werde doch in mir durch Gottes Geist verkläret; denn, was verborgen liegt in dir, kein menschlich Herz er-

fähret. Vernunft kann es begreifen nicht, ohn Gottes Glanz und Gnadenlicht bleibt es unaufgeschlossen.

7. Herr, was dein Name Gutes schafft, laß sich in mir verbreiten; laß mich empfinden seine Kraft und inure Süßigkeiten: so wird der Sündennoth gewehrt, so wird die Last in Lust verkehrt, so bin ich selig. Amen.

Unbekannter Verfasser.

Darum hat ihn auch Gott erhöhet
Und ihm einen Namen gegeben, der über alle Namen ist.
(Phil. 2, 5—11.)

Weise 197. Jesus meine Zuversicht.

123. Jesus soll die Losung sein, da ein neues Jahr erschienen; Jesu Name soll allein denen zum Paniere dienen, die in seinem Bunde stehn und auf seinen Wegen gehn.

2. Jesu Name, Jesu Wort soll in den Gemeinden schallen; und so oft wir nach dem Ort, der nach ihm genannt ist, wallen, mache seines Namens Ruhm unser Herz zum Heiligtum.

3. Ja, wir wollen unsre Bahn nun in Jesu Namen gehn; geht uns dieser Stern voran, so wird Alles wohl bestehen und durch seinen Gnadenschein Alles voller Segen sein.

4. Alle Sorgen, alles Leid soll sein Name uns versüßen, so wird alle Bitterkeit uns zum Segen werden müssen. Er, der unsern Kummer stillt, Jesu Nam sei Sonn und Schild.

Benjamin Schmolck, 1672—1737.

Ich will deinen Namen predigen meinen Brüdern,
Ich will dich in der Gemeine rühmen.
(Luc. 2, 21. Gal. 4, 4—5.)

Weise 12. Herr Gott, dich loben alle wir.

124. Gemeinde, bringe Preis und Ehr zusammen mit der Engel Heer; schau voller heiliger Begier den neugebornen Heiland hier.

2. Der, dessen Hand die Erd entrann*, nimmt des Gesetzes

Siegel an; der Mosis Herr und Hoffnung war, beut sich des Mosis Satzung dar.

* Aus dessen Hand sie hervorgieng.

3. Nimm unsern Dank und Lobgesang auf deinem ersten Leidensgang; nimm unser Herz

und Mut und Sinn sammt Seel
und Leib zum Opfer hin.

4. Was wider Gott, das brich
entzwei; was Gott gefällt, das
mache neu; die dürre Rebe
schneide fort; was grünt, das
nähre fort und fort.

5. Erweise mild und gnädiglich auch dieses Jahr als Jesus
dich, als Helfer von der Erde
Leid, als Thüre zu der Seligkeit.

6. Wie heut dir Ruhm und
Preis erklingt, ein Tag dem
andern Kunde bringt, es sagts
die Nacht der andern Nacht:
dem Herrn sei Preis und Ruhm
gebracht!

7. Hallelujah im Freudenlicht,
Hallelujah, wenn's Herze bricht,
Hallelujah hier in der Zeit,
Hallelujah in Ewigkeit!

Dr. Herm. Adalb. Daniel, geb. 1812.

b. Allgemeine Neujahrslieder.

So spricht der Herr: Ich sende dich, die zerbrochenen Herzen
zu verbinden,
Und zu predigen ein gnädiges Jahr des Herrn.
(Jes. 61, 1—2.)

Weise 806.   Aus meines Herzens Grunde.

125. Helft Gottes Güte preisen, ihr lieben Kinderlein, mit
Sang und andern Weisen ihm
allzeit dankbar sein, vornehmlich zu der Zeit, wo sich das
Jahr thut enden, die Sonn sich
zu uns wenden, das neu Jahr
ist nicht weit.

2. Laßt erstlich uns betrachten des Herren reiche Gnad, und
so gering nicht achten, was er
uns Gutes that, stets fassen zu
Gemüt, wie er dies Jahr gegeben all Nothdurft unserm Leben
und uns vor Leid behüt, —

3. Lehramt, Kirch, Schul erhalten in gutem Fried und Ruh,
den Jungen wie den Alten Nahrung beschert dazu, und mit
gar milder Hand sein Güter aus-
gespendet und Unheil abgewen-
det von diesem Ort und Land.

4. Der Herr hat uns ver-
schonet aus väterlicher Gnad;
wenn er uns hätt gelohnet nach
unsrer Missethat, wie wir es
wohl verdient: — wir wären
längst gestorben, in mancher Noth
verdorben, die wir voll Sünden sind.

5. Nach Vaters Art und Treue
er uns so gnädig ist; wenn wir
die Schuld bereuen, glauben an
Jesum Christ herzlich ohn Heuchelei, thut er all Sünd vergeben, lindert die Straf daneben,
steht uns in Nöthen bei.

6. Solch deine Güt wir preisen, Vater im Himmelsthron,
die du uns thust beweisen durch
Christum deinen Sohn, und bitten
ferner dich: Gib Fried in diesem
Jahre, vor allem Leid bewahre
und nähr uns mildiglich!

Dr. Paul Eber, 1511—1569.

**Herr, du lässest unsre Jahre dahinfahren wie einen Strom,
Aber dein Wort bleibet ewiglich.**
(Pf. 119, 89—96.)

Weise 14. Herr Jesu Christ, dich zu uns wend.

126. Das alte Jahr vergangen ist; wir danken dir, Herr Jesu Christ, daß du uns in so viel Gefahr behütet gnädiglich dies Jahr.

2. Wir bitten dich, du ewger Sohn des Vaters auf dem höchsten Thron, du wollst dein arme Christenheit bewahren ferner allezeit.

3. Entzeuch uns nicht dein heilsam Wort, der Seelen einzgen Trost und Hort. Vor Unglaub und Abgötterei behüt uns, Herr, und steh uns bei.

4. Daneben gib uns Fried und Ruh und, was uns nöthig ist, dazu; durch deine starke Gnadenhand beschütze uns und unser Land.

5. Hilf, daß wir fliehn der Sünde Bahn und fromm zu werden fangen an; der Sünd vom alten Jahr nicht denk, ein gnadenreich Neujahr uns schenk:

6. Christlich zu leben, seliglich zu sterben und dann freudiglich am jüngsten Tage aufzustehn, mit dir zum Himmel einzugehn,

7. Zu danken und zu loben dich mit allen Engeln ewiglich; o Jesu, unsern Glauben mehr' zu deines Namens Lob und Ehr!

Vers 1 und 2 von Johann Steuerlein, 1546—1613. V. 4 von einem unbekannten Verfasser. V. 3, 5, 6 und 7 von Jakob Tapp (um 1620).

**Hilf deinem Volke und segne dein Erbe,
Und weide sie und erhöhe sie ewiglich.**
(Pf. 31, 16—25.)

Weise 901. Wenn wir in höchsten Nöthen sein.

127. Das alte Jahr ist nun dahin; erneure, Jesu, Herz und Sinn, zu fliehn die Sünden immerdar in diesem lieben neuen Jahr.

2. Gib neuen Segen, Glück und Heil, hilf, daß wir sämmtlich haben Theil an dem, was uns, du höchstes Gut, erworben hat dein theures Blut.

3. Gedenke nicht der Missethat, womit wir, Jesu, früh und spat so oft gehandelt wider dich; vergib und gib uns gnädiglich!

4. Vergib uns alle Sünd und Schuld, gib in der größten Noth Geduld; dein guter Geist uns wohne bei, sein Hilf und Trost stets um uns sei!

5. Gleichwie das goldne Sonnenlicht die Stralen wieder zu uns richt: so laß auch deiner Gnade Schein uns, deinen Kindern, sich erneun!

6. Laß deine Hilfe allezeit, du Menschenfreund, uns sein bereit; beschere Nahrung, Korn und Most, und segne reichlich Trank und Kost.

7. Gib auch, Herr Jesu, dies dabei, daß ich dir stets ergeben sei, dir dien in wahrer Frömmigkeit und stets zum Tode sei bereit.

8. Indessen gib zu aller Frist, o Gott, was uns erprießlich ist, bis wir einmal nach dieser Zeit eingehen in die Ewigkeit.

Unbekannter Verfasser.

Lobet den Herrn, alle Völker,
Denn seine Gnade und Wahrheit waltet über uns in Ewigkeit.
(Pf. 103, 17.)
Weise 250. Allein Gott in der Höh sei Ehr.

128. Das liebe neue Jahr geht an, das alte hat ein Ende; drum freut sich heute Jedermann, erhebet Herz und Hände zu unserm Gott im Himmelsthron, dankt ihm und seinem lieben Sohn, auch Gott dem heilgen Geiste.

2. Gott Vater hat den Sohn gesandt, Gott Sohn ist Mensch geboren, Gott heilger Geist machts uns bekannt, uns, die wir warn verloren. Geschrieben ists an manchem Ort im selgen lieben Gotteswort und wird uns klar verkündet.

3. Die reine Lehr und Sacrament wir habn in unserm Lande, fromm Obrigkeit, gut Regiment, Glück, Heil in allem Staude; Gott krönt das Jahr mit seinem Gut, hält Kirch und Schul in guter Hut und aller Christen Häuser.

4. Das danken wir dem lieben Herrn und freun uns solcher Güte; er woll den Feinden steurn und wehrn und uns hinfort behüten. Er geb ein selges neues Jahr und helf uns zu der Engel Schar, da wolln wir ihn schön preisen.

M. Cyriakus Schneegaß, † 1597.

Ihr Gerechten, freuet euch des Herrn,
Danket ihm und preiset seine Herrlichkeit.
(Pf. 100.)

129. Weise: Allmächtiger, wir singen dir.
1785.

Herr Gott Va=ter, wir prei=sen dich im lie=ben neu=en
denn du hast uns gar vä=ter=lich be=hü=tet vor Ge=

Jah=re,
fah=ren; du hast das Le=ben uns vermehrt, das

täg = lich Brot so reich be = schert und Fried im Land ge =

ge = ben.

2. Herr Jesu Christ, wir preisen dich im lieben neuen Jahre, denn du regierst gar fleißiglich die lieben Christen= scharen, die du mit deinem Blut erlöst, du bist ihr einzger Hort und Trost im Leben und im Sterben.

3. Herr, heilger Geist, wir preisen dich im lieben neuen Jahre, denn du hast uns so mildiglich geschenkt dein Wort,

das wahre, dadurch den Glau= ben angezündt, die Lieb ge= pflanzt im Herzensgrund und andre schöne Tugend.

4. Du treuer Gott, wir bitten dich: segn uns mit deinen Hul= den, tilg unsre Sünden gnädig= lich, gedenk nicht alter Schul= den; bescher ein fröhlich neues Jahr und, kommt einst unser Stündlein dar, ein selig Ende! Amen.

M. Cyriakus Schneegaß, † 1597.

Jesus Christus, gestern und heute, Und derselbe auch in Ewigkeit.
(Hebr. 13, 8.)

Weise 593. Christus der ist mein Leben.

130. Jesu, nun sei gepreiset zu diesem neuen Jahr für dein Güt, uns beweiset in Noth und in Gefahr;

2. Daß wiedrum wir erlebet die neue frohe Zeit, die voller Gnaden schwebet und ewger Seligkeit.

3. Wir wolln uns dir ergeben jetzund und immerdar; behüt uns Leib und Leben hinfort das ganze Jahr!

4. Laß uns das Jahr voll= bringen zu Lob dem Namen dein, daß wir demselben singen in christlicher Gemein.

5. Wollst uns das Leben fristen durch deine starke Hand;

schütz deine lieben Christen und unser Vaterland.

6. Gib unverfälscht im Lande dein seligmachend Wort; die Feinde mach zu Schaude hier und an allem Ort.

7. Nach deinem Wohlgefallen gib Fried an allem End, und gnädig zu uns Allen, Herr, beinen Segen wend.

8. Dein ist allein die Ehre, dein ist allein der Ruhm; Ge= duld im Kreuz uns lehre, re= gier all unser Thun;

9. Bis wir einst fröhlich schei= den ins ewge Himmelreich zu wahrem Fried und Freuden, den Heilgen Gottes gleich.

10. So singt aus Herzens=
grunde heut die christgläubge

Schar und wünscht mit Herz und
Munde ein selges neues Jahr.

Johannes Hermann, gen. **Italus senior**, Lebenszeit unbekannt.

Kommt, lasset uns anbeten und knieen,
Und niederfallen vor dem Herrn, der uns gemacht hat!
(Pj. 97.)

Weise 324. Was mein Gott will, das g'scheh allzeit.

131. Ich preise dich, Gott,
der du mich in viel und großen
Nöthen erhalten hast, auch wenn
die Last mich oft hat wollen
tödten. Schütz und bewahr auch
dieses Jahr mich und all andre
Christen; stürz Alle, die sich spat
und früh dein Reich zu stören
rüsten.

2. Laß Seel und Leib, Gut,
Kind und Weib stets bleiben un=
verletzet; gib täglich Brot dem,
der, o Gott, sein Hoffnung auf
dich setzet. Erhalt dein Wort
an allem Ort und steure fal=
scher Lehre, die statt der Schrift
beut Seelengift; des Bösen Reich
zerstöre!

3. Geduld verleih und bene=
dei die Arbeit unsrer Hände;
besiehl, daß sich ganz mildiglich
dein Segen zu uns wende.
Schütz unser Land vor Seuch
und Brand, vor Schloßen, schwe=
rem Wetter; erhör, o Gott, und
rett aus Noth die glaubens=
vollen Beter.

4. Soll ich dennoch das harte
Joch der Trübsal auf mir tra=
gen: so hilf du mir, Gott,
wenn ich dir mein Elend werde
klagen. Ist aber ja mein Stünd=
lein da, so laß mich fröhlich
sterben und hilf, daß ich kann
seliglich das Reich der Himmel
erben.

Johann Heermann, 1585—1647.

Alles, was ihr thut mit Worten oder mit Werken,
Das thut alles in dem Namen des Herrn Jesu.
(Col. 3, 17.)

Weise 137. Werde licht, du Stadt der Heiden.

132. Hilf, Herr Jesu, laß
gelingen, hilf, das neue Jahr
geht an; laß es neue Kräfte
bringen, daß aufs neu ich wan=
deln kann. Neues Glück und
neues Leben wollest du aus
Gnaden geben!

2. Meiner Hände Werk und
Thaten, meiner Zunge Red
und Wort müsse mir durch dich

gerathen und gedeihlich gehen fort.
Neue Kraft laß mich erfüllen,
zu verrichten deinen Willen.

3. Was ich dichte, was ich
mache, das gescheh in dir al=
lein; wenn ich schlafe, wenn ich
wache, wollest du, Herr, bei
mir sein; geh ich aus, wollst
du mich leiten, komm ich heim,
so steh zur Seiten.

4. Laß mich beugen meine Kniee nur zu deines Namens Ehr; hilf, daß ich mich stets bemühe, dich zu preisen mehr und mehr. Laß mein Bitten, Flehn und Singen zu dir in den Himmel dringen.

5. Laß dies sein ein Jahr der Gnade, laß bereun mich meine Sünd; hilf, daß sie mir nimmer schade und daß ich Verzeihung find, Herr, in dir; denn du, mein Leben, kannst die Sünd allein vergeben.

6. Tröste mich mit deiner Liebe, nimm, o Gott, mein Flehen hin; sieh, wie sehr ich mich betrübe, ja voll Angst und Zagen bin: stärke mich in meinen Nöthen, daß mich Sünd und Tod nicht tödten.

7. Herr, du wolleft Gnade geben, daß dies Jahr mir heilig sei und ich christlich könne leben, sonder Trug und Henchelei: daß ich noch allhier auf Erden fromm und selig möge werden.

8. Jesus richte mein Beginnen, Jesus bleibe stets bei mir, Jesus zähme mir die Sinnen, Jesus nur sei mein Begier, Jesus sei mir in Gedanken, Jesus lasse nie mich wanken.

9. Jesu, laß mich fröhlich enden dieses angefangne Jahr; trage stets mich auf den Händen, halte bei mir in Gefahr! Freudig will ich dich umfassen, wann ich soll die Welt verlassen.

Johann Rist, 1607—1667.

Die Gnade des Herrn währet von Ewigkeit zu Ewigkeit Ueber die, so ihn fürchten, und seine Gerechtigkeit auf Kindes Kind.

(Pf. 103.)

Weise 809. Wach auf, mein Herz, und singe.

133.* Nun laßt uns gehn und treten mit Singen und mit Beten zum Herrn, der unserm Leben bis hieher Kraft gegeben.

2. Wir gehn dahin und wandern von einem Jahr zum andern; wir leben und gedeihen vom alten zu dem neuen;

(3. Durch so viel Angst und Plagen, durch Zittern und durch Zagen, durch Krieg und große Schrecken, die alle Welt bedecken.)

(4. Denn wie von treuen Müttern in schweren Ungewittern die Kindlein hier auf Erden mit Fleiß bewahret werden:)

(5. So auch und um nichts minder läßt Gott sich seine Kinder, wenn Noth und Trübsal blitzen, in seinem Schoße sitzen.)

6. Gelobt sei deine Treue, die alle Morgen neue! Lob sei den starken Händen, die alles Herzleid wenden.

7. Ach, Hüter unsers Lebens, fürwahr! es ist vergebens mit

* Die eingeklammerten Verse 3, 4, 5 und 10 werden in Friedenszeiten nicht gesungen.

unferm Thun und Machen; wo nicht dein Augen wachen.

8. Laß ferner dich erbitten, o Vater, und bleib mitten in unferm Kreuz und Leiden ein Brunnen unfrer Freuden.

9. Gib mir und allen denen, die fich von Herzen fehnen nach dir und deiner Hulde, ein Herz, das fich gedulde.

(10. Schleuß zu die Jammerpforten und laß an allen Orten auf fo viel Butvergießen die Friedensftröme fließen.)

11. Sprich deinen milden Segen zu allen unfern Wegen; laß Großen und auch Kleinen die Gnadenfonne fcheinen.

12. Sei der Verlaßnen Vater, der Irreuden Berater, der Unverforgten Gabe, der Armen Gut und Habe.

13. Hilf gnädig allen Kranken, gib fröhliche Gedanken den hochbetrübten Seelen, die fich mit Schwermut quälen.

14. Und endlich, was das meifte: füll uns mit deinem Geifte, der uns hier herrlich ziere und dort zum Himmel führe.

15. Das alles wollft du geben, o meines Lebens Leben, mir und der Chriften Scharen zum felgen neuen Jahre.

Paul Gerhardt, 1606—1676.

Trachtet am erften nach dem Reiche Gottes und feiner Gerechtigkeit, So wird euch das Andere wohl zufallen.
(Matth. 6, 33. Pf. 28, 9.)

Weife 290. Es ift das Heil uns kommen her.

134. Gott ruft der Sonn und fchafft den Mond, die Jahr und Tage theilen; er fchafft es, daß man ficher wohnt, und heißt die Zeiten eilen; er ordnet Jahre, Tag und Nacht; auf, laßt uns ihm, dem Gott der Macht, Ruhm, Preis und Dank ertheilen!

2. Herr, der da ift und der da war: von dankerfüllten Zungen fei dir für das verfloßne Jahr ein heilig Lied gefungen für Leben, Wohlfart, Troft und Rath, für Fried und Ruh, für jede That, die uns durch dich gelungen.

3. Laß auch dies Jahr gefegnet fein, das du uns neu gegeben; verleih uns Kraft, — die Kraft ift dein! — in dei-

ner Furcht zu leben. Du fchützeft uns und du vermehrft der Menfchen Glück, wenn fie zuerft nach deinem Reiche ftreben.

4. Gib mir, wofern es dir gefällt, des Lebens Ruh und Freuden; doch, fchadet mir das Glück der Welt, fo gib mir Kreuz und Leiden. Nur ftärke mit Geduld mein Herz und laß mich nicht in Noth und Schmerz die Glücklichen beneiden.

5. Hilf deinem Volke väterlich in diefem Jahre wieder; erbarme der Verlaßnen dich und der bedrängten Brüder. Gib Glück zu jeder guten That, und laß dich, Gott, mit Heil und Rath auf unfern Fürften nieder,

6. Daß Weisheit und Gerech=
tigkeit auf seinem Stuhle throne,
daß Tugend und Zufriedenheit
in unserm Lande wohne, daß
Treu und Liebe bei uns sei:
dies, lieber Vater, dies verleih
in Christo, deinem Sohne!

M. Christian Fürchtegott Gellert,
1715—1769.

5. Epiphaniaszeit.

a. Epiphaniasfest (Fest der Erscheinung Christi).

Wo ist der neugeborne König der Juden?
Wir sind gekommen, ihn anzubeten!
(Matth. 2, 1—12.)

135. Eigne Weise. Altkirchlich? 1544.

Da Chri = stus ge = bo = ren war, freu = te
sich der En = gel Schar, sin = gend all mit
fro = hem Mut: Preis sei Gott, dem höch = sten
Gut; denn es ist nun = mehr ge = sandt der ver=
heiß = ne Welt=hei = laub. Mach, o Mensch, dich
ihm be = kannt!

2. Weise aus dem Morgenland
sahn an einem Stern zuhand,
daß ein König aller Heer jüngst
geborn in Juda wär, brachten
Weihrauch, Myrrh und Gold,
—ben sich in seine Huld, daß
— verschonen sollt.

3. Suchen wir auch allzugleich
ihn, den Herrn vom Himmel=
reich, geben wir uns unter ihn,
lernen demutsvoll von ihm, so
wird er uns gnädig sein, uns
befrein von Schuld und Pein,
lassen ewig bei ihm sein.

Böhmische Brüder, 1544. (Johann Horn, † 1547).

Es wird ein Stern aus Jakob aufgehen,
Und ein Scepter aus Israel aufkommen.
(Matth. 2, 1—12.)

Weise 534. Valet will ich dir geben.

136. O König aller Ehren, Herr Jesu, Davids Sohn: dein Reich soll ewig währen, im Himmel ist dein Thron; hilf, daß allhier auf Erden den Menschen weit und breit dein Reich bekannt mög werden zur ewgen Seligkeit.

2. Von deinem Reiche zeuget die Schar aus Morgenland; die Knie sie vor dir beuget, weil du ihr bist bekannt. Der Stern auf dich hin weiset, und auch das göttlich Wort; drum man dich billich preiset, daß du bist unser Hort.

3. Du bist ein großer König, wie uns die Schrift vermeldt; doch achtest du gar wenig vergänglich Gut und Geld, prangst nicht auf stolzem Rosse, trägst keine goldne Kron, thronst nicht in festem Schlosse; — hier hast du Spott und Hohn.

4. Doch bist du schön gezieret, dein Glanz erstreckt sich weit; in deinem Reich regieret Güt und Gerechtigkeit. Du wollst die Frommen schützen durch dein Macht und Gewalt, daß sie im Frieden sitzen; die Bösen stürze bald!

5. Du wollst dich mein erbarmen, nimm in dein Reich mich auf, schenk deine Güt mir Armem und segne meinen Lauf; den Feinden wollst du wehren, dem Teufel, Sünd und Tod, daß sie mich nicht versehren; rett mich aus aller Noth!

6. Du wollst in mir entzünden dein Wort, den schönsten Stern; halt falsche Lehr und Sünden von meinem Herzen fern! Hilf, daß ich dich erkenne und mit der Christenheit dich meinen König nenne jetzt und in Ewigkeit.

Martin Behemb, 1557—1622.

In ihm war das Leben,
Und das Leben war das Licht der Menschen.
(Jes. 60, 1—3. Joh. 1, 4—5. 8, 12. 12, 36. Eph. 5, 8.)

137. Eigne Weise. 1738.

Wer-de licht, du Volk der Hei-den, und du, Sa-lem,
Schau-e, welch ein Glanz der Freuden ü-ber dei-nem

wer-de licht!
Haupt an-bricht! Gott hat de-rer nicht ver-ges-sen,

die im Finstern sind ge = sef = fen.

2. Alles Dunkel mußte wei=
chen, als dies Licht kam in die
Welt, dem kein andres ist zu
gleichen, welches alle Ding erhält;
die nach diesem Glanze sehen,
dürfen nicht im Finstern gehen.

3. Ach, wie waren wir ver=
blendet, ehe noch dies Licht brach
an! Ja, da hatte sich gewendet
schier vom Himmel Jedermann;
unsre Augen und Geberden haf=
teten nur an der Erden.

4. Irdisch waren die Gedan=
ken, Thorheit hielt uns ganz
verstrickt; die Versuchung macht'
uns wanken, wahre Tugend lag
verrückt; Fleisch und Welt hatt
uns betrogen und vom Himmel
abgezogen.

5. Gottes Rath war uns ver=
borgen, seine Gnade schien uns
nicht; Klein und Große muß=
ten sorgen, Jedem fehlt' es an
dem Licht, das zum rechten
Himmelsleben seinen Glanz uns
sollte geben.

6. Aber als hervorgegangen
nun der Aufgang aus der Höh*,
haben wir das Licht empfan=
gen, welches so viel Angst und
Weh aus der Welt hinwegge=
trieben, daß nichts Dunkles übrig
blieben.   * Luc. 1, 78.

7. Jesu, reines Licht der See=
len, du vertreibst die Finsternis;
Allen, die dein Heil erwählen,
machst du ihren Tritt gewis;
deine Liebe und dein Segen
leuchten uns auf unsern Wegen.

8. Dieses Licht läßt uns nicht
wanken in der rechten Glau=
bensbahn; ewig, Herr, will ich
dir danken, daß du hast so wohl
gethan und uns diesen Schatz
geschenket, der zu deinem Reich
uns leuket.

9. Gib, Herr Jesu, Kraft und
Stärke, daß wir dir zu jeder
Zeit durch der Liebe Glaubens=
werke folgen in Gerechtigkeit
und hernach im Freudenleben
heller als die Sterne schweben.

10. Dein Erscheinen müß er=
füllen mein Gemüt in aller Noth!
Dein Erscheinen müsse stillen
meine Seel auch in dem Tod;
Herr, in Freuden und im Weinen
müsse mir dein Licht erscheinen!

11. Jesu, laß mich endlich gehen
freudig aus der bösen Welt, dein
so helles Licht zu sehen, das
mir schon ist dort bestellt, wo
wir sollen unter Kronen in der
schönsten Klarheit wohnen.

Johann Rist, 1607—1667.

Das Licht scheinet in einem dunklen Ort, bis der Tag anbreche
Und der Morgenstern aufgehe in euern Herzen.
(Matth. 2, 1—12. 2 Petr. 1, 19.)

Weise 175. Ach, was soll ich Sünder machen?

138. Wer im Herzen will
erfahren und darum bemühet

ist, daß der König Jesus Christ
sich in ihm mög offenbaren, der

muß suchen in der Schrift, bis
er dieses Kleinod trifft.

2. Er muß gehen mit den
Weisen, bis der Morgenstern
aufgeht und im Herzen stille steht;
so kann man sich selig preisen,
weil des Herren Angesicht glänzt
von Klarheit, Recht und Licht.

3. Denn wo Jesus ist geboren,
da erweiset sich gar bald seine
göttliche Gestalt, die im Herzen war verloren; seine Klarheit spiegelt sich in der Seele
kräftiglich.

4. Alles Fragen, alles Sagen
wird von diesem Jesu sein und
von seinem Gnadenschein, dem
sie fort und fort nachjagen, bis
die Seele in der That diesen
Schatz gefunden hat.

5. Ach, wie weit sind die zurücke, die nur fragen in der
Welt: wo ist Reichtum, Gut

und Geld? wo ist Ansehn bei
dem Glücke? wo ist Wollust,
Ruhm und Ehr? und nach solcher Thorheit mehr!

6. Ja, unselig sind die Herzen und in ihrem Wandel blind,
welche so beschaffen sind, weil
sie diesen Schatz verscherzen und
erwählen einen Schein, der nichts
hilft in Todespein.

7. Jesu, laß mich auf der Erden ja nichts suchen, als allein,
daß du mögest bei mir sein und
ich dir mög ähnlich werden in
dem Leben dieser Zeit und in
jener Ewigkeit.

8. Dann will ich mit allen
Weisen, so die Welt für Thoren
acht, dich anbeten Tag und Nacht
und dich loben, rühmen, preisen,
liebster Jesu, und vor dir christlich wandeln für und für.

Laurentius Laurenti, 1670—1722.

**Die Heiden werden in deinem Lichte wandeln,
Und die Könige im Glanze, der über dir aufgehet.**

(Jes. 49, 13. Joh. 12, 46. Eph. 5, 8.)

Weise 107. Gelobet seist du, Jesu Christ.

139. Wo ist der neugeborne
Held, der ist ein Heiland aller
Welt? Wo treff ich meinen König
an, daß ich ihn recht verehren
kann? Hallelujah!

2. Nun, Kind von Bethlem,
sei gegrüßt, daß du mein Herr
und Bruder bist, der Stern aus
Jakob, dessen Schein nun bringt
in alle Welt herein. Hallelujah!

3. Du König über Israel: es
ist erfreuet Leib und Seel, daß
Gott nach langer, bauger Nacht

ein Licht auf Erden hat gebracht.
Hallelujah!

4. So lang ich lebe, leite mich,
daß ich ja nicht verliere dich;
du führst allein die rechte Bahn,
daß Niemand uns verführen kann.
Hallelujah!

5. Wenn meine Wallfahrt auf
der Welt mit meinem Leben hier
verfällt, so führe mich durchs
finstre Thal, daß ich dich find
in Zions Saal. Hallelujah!

Verfasser unbekannt.

Gehe aus deinem Vaterlande und von deiner Freundschaft
In ein Land, das ich dir zeigen will.

(1 Mof. 12, 1. Matth. 10, 37—39. Joh. 12, 25—26.)

Weise 54. Nun danket All und bringet Ehr.

140. Auf, Seele, auf! und säume nicht, es bricht das Licht herfür; der Wunderstern gibt dir Bericht, der Held sei vor der Thür.

2. Geh weg aus deinem Vaterland, zu suchen solchen Herrn; laß deine Augen sein gewandt auf diesen Morgenstern.

3. Gib Acht auf diesen hellen Schein, der dir aufgangen ist; er führet dich zum Kindelein, das heißet Jesus Christ.

4. Er ist der Held aus Davids Stamm, die theure Saronsblum,* das rechte echte Gotteslamm, Israels Preis und Ruhm.

* Purpurrothe Lilie in der Ebene Saron, ein bezeichnendes liebliches Bild des am Kreuze blutenden Erlösers.

5. Drum höre, merke, sei bereit, verlaß des Vaters Haus, die Freundschaft, deine Eigenheit, geh von dir selber aus;

6. Und mache dich behende auf, befreit von aller Last, und laß nicht ab von deinem Lauf, bis du dies Kindlein hast.

7. Halt dich im Glauben an das Wort, das fest ist und gewis, das führet dich zum Lichte fort aus aller Finsternis.

8. Ersinke du vor seinem Glanz in tiefster Demut ein und laß dein Herz erleuchten ganz von solchem Freudenschein.

9. Gib dich ihm selbst zum Opfer dar mit Geiste, Leib und Seel, und singe mit der Engel Schar: Hier ist Immanuel!

10. O wunderbare Süßigkeit, die dieser Anblick gibt dem, dessen Herz dazu bereit und dieses Kindlein liebt!

11. Hier ist das Ziel, hier ist der Ort, wo man zum Leben geht; hier ist des Paradieses Pfort, die wieder offen steht.

12. Hier fallen alle Sorgen hin, zur Lust wird jede Pein; es wird erfreuet Herz und Sinn, denn Gott ist ja nun dein.

13. Der zeigt dir einen andern Weg, als du vorher erkannt: den stillen Ruh- und Friedenssteg zum ewgen Vaterland.

Michael Müller, 1673—1704.

Ich bin die Wurzel des Geschlechts Davids,
Ein heller Morgenstern, spricht der Herr.

(Luc. 1, 68—79. Röm. 13, 12.)

Weise 97. Vom Himmel hoch da komm ich her.

141. Im Abend blinkt der Morgenstern, die Weisen nahen sich von fern; im Niedergang ersteht ein Licht, das kennet keinen Aufgang nicht.

2. Es stralet aus der Ewig-

keit und senket sich hier in die Zeit; sein heller Glanz vertreibt die Nacht, aus Finsternis wird Tag gemacht.

3. O Jesu, heller Morgen-stern, leucht in die Näh und in die Fern, daß du auch seist zu unsrer Zeit von uns erkannt und benedeit!

Ernst Lange, 1650—1727.

Werde licht, denn dein Licht kommt,
Und die Herrlichkeit des Herrn gehet auf über dir.
(Jes. 60, 1—6.)

Weise 808. Gott des Himmels und der Erden.

142. Gott der Juden, Gott der Heiden, aller Völker Heil und Licht: Saba sieht den Stern mit Freuden, der von dir am Himmel spricht; Sem und Japhet kommt von fern dich zu sehn, o Jakobsstern!

2. Wir gesellen uns zu denen, die aus Morgenlande sind; unser Fragen, unser Sehnen ist nach dir, du Wunderkind. Unsre Kniee beugen sich, unser Arm umfasset dich.

3. Nimm die aufgethanen Schätze, Schatz! der unser Herz erfreut; deine Mildigkeit ersetze unsrer Hände Dürftigkeit. Keine Reiche nahen dir, unsre Armut bringen wir.

4. Nimm für Gold und andre Gaben Glaube, Lieb und Hoff-nung an; laß dich durch den Weihrauch laben, den die An-dacht liefern kann, und als Myrrhen geben wir die Geduld und Buße dir.

5. Nun wir gehn von deiner Krippe, laß mit Segen uns von dir, zeig uns Bahn durch Dorn und Klippe, still der Feinde wilde Gier; mach uns selbst den Weg bekannt, der uns führt ins Vaterland.

Benj. Schmolck, 1672—1737.

Opfert Gerechtigkeit
Und hoffet auf den Herrn.
(1 Petr. 2, 5. 9—10.)

Weise 421. Meinen Jesum laß ich nicht.

143. Jesu, großer Wunder-stern, der aus Jakob ist erschie-nen: meine Seele will so gern dir an deinem Feste dienen; nimm doch, nimm doch gnädig an, was ich Armer schenken kann.

2. Nimm das Gold des Glau-bens hin, wie ichs von dir sel-ber habe und damit beschenket bin, so ist dirs die liebste Gabe; laß es auch bewährt und rein in der Trübsal Feuer sein.

3. Nimm den Weihrauch des Gebets, laß denselben dir ge-nügen; Herz und Lippen sollen stets, ihn zu opfern, vor dir

liegen; wenn ich bete, nimm es auf und sprich Ja und Amen brauf.

4. Nimm die Myrrhen bittrer Reu; ach, mich schmerzet meine

Sünde, aber du bist fromm und treu, daß ich Trost und Gnade finde und mit Freuden sprechen kann: Jesus nimmt mein Opfer an.

M. Erdmann Neumeister, 1671—1756.

---

b. Darstellung Jesu im Tempel.

Herr, nun lässest du deinen Diener in Frieden fahren,
Denn meine Augen haben deinen Heiland gesehen.

(Luc. 2, 29—32. Offenb. 14, 13.)

144. Eigne Weise. Luther? 1524.

1. Mit Fried und Freud fahr ich dahin, in Gottes Wil-
2. Das machet Christus, Gottes Sohn, der treue Hei-
3. Den hast du Allen vorgestellt mit großen Gna-
4. Er ist das Heil und selig Licht für die — Hei-

1. le; getrost ist mir mein Herz und Sinn, sanft und stil-
2. land, den du mich, Herr, hast lassen schaun, und machst be-
3. den, zu seinem Reich die ganze Welt heißen la-
4. den, zu leiten, die dich kennen nicht, und zu wei-

1. le; wie Gott mir verheißen hat, der Tod mein Schlaf ist
2. kannt, daß er Leben sei und Heil in Noth und auch im
3. den durch dein theuer, heilsam Wort, an allem Ort er-
4. den: er ist deins Volks Israel Preis, Ehre, Freud und

1. worden.
2. Sterben.
3. schollen.
4. Wonne.

Dr. Martin Luther, 1483—1546.

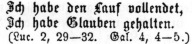

Ich habe den Lauf vollendet,
Ich habe Glauben gehalten.
(Luc. 2, 29—32. Gal. 4, 4—5.)

145. Eigne Weise. Im. Faißt, 1858.

Ma=ri=a wallt zum Hei=lig=tum und bringt ihr Kindlein
das schaut der grei=se Si=me=on, wie ihm ver=hei=ßen

dar,
war; da nimmt er Je=sum in den Arm und

singt im Gei=ste froh: „Nun fahr ich hin mit

Freud; dich, Heiland, sah ich heut, du Trost von Is=ra=

*el, das Licht der Welt!" *oder: el, das Licht der Welt!"

2. O Jesu, liebster Gottes=sohn, hilf, daß wir allezeit an dir, wie einstens Simeon, auch haben unsre Freud, und, kommt der Tod, sanft schlafen ein und also singen froh: „Nun fahr ich hin mit Freud; dich, Heiland, seh ich heut, du Trost von Israel, das Licht der Welt!"

Nach Peter Hagen, 1594.

Christus ist mein Leben,
Und Sterben mein Gewinn.
(Luc. 2, 25—32.)
Weise 354. Valet will ich dir geben.

146. Herr Jesu, Licht der Heiden, der Frommen Trost und Lieb: wir kommen jetzt mit Freuden durch deines Geistes Trieb in diesen deinen Tempel und suchen mit Begier, nach Simeons Exempel, dich, Gottes Sohn, allhier.

2. Du wirst von uns gefun=den, o Herr, an jedem Ort, wo man mit dir verbunden durch dein Verheißungswort; ver=gönnst noch heut zu Tage, daß man dich gleicherweis auf Glau=bensarmen trage, wie dort der fromme Greis.

3. Sei unsre Zier und Wonne, ein lindernd Oel in Pein, im Dunkeln unsre Sonne, im Kreuz ein Gnadenschein, in Zagheit Glut und Feuer, in Noth ein Freudenstral, in Banden ein Befreier, ein Stern in Todesqual!

4. Herr, laß uns auch gelingen, daß wir, wie Simeon, den Schwanensang einst singen im süßen Freudenton: „Wir werden nun in Frieden die Au=

gen zugedrückt, nachdem ich schon hienieden den Heiland hab erblickt."

5. Ja, ja, ich hab im Glauben, mein Jesu, dich geschaut; kein Feind kann dich mir rauben, dräut er auch noch so laut. Du wohnst in meinem Herzen, und in dem deinen ich; kein Angst und keine Schmerzen, kein Tod trennt dich und mich.

Johann Franck, 1618—1677.

Christus ist des Gesetzes Ende;
Wer an ihn glaubet, der ist gerecht.
(Gal. 4. 4—7.)

Weise 336. In dich hab ich gehoffet, Herr.

146 1|2. Greif zu, greif, meine Seele, zu! Nun kommt das Licht, nun kommt die Ruh, der Schutz und Trost der Armen; halt deinen Hort nun fort und fort fest in des Glaubens Armen.

2. Im Tempel opfert williglich für seine Brüder Jesus sich, hier thut der Brunn des Lebens sich Allen auf; drum, Herz, wohlauf! Du nahst ihm nicht vergebens.

3. Ja, schaue, wie an deiner Statt er das Gesetz erfüllet hat, und sei von ihm nicht ferne; o gib hinfort dem treuen Hort dich auch zum Opfer gerne!

4. Mein Jesu, nimm mich gnädig an; dir sag ich Dank, so lang ich kann, daß du zu meinem Frommen so manche Last hast aufgefaßt, und solche mir benommen.

5. Erleuchte mich, du wahres Licht, daß ich im Finstern wandle nicht und dich erkennen möge, wie gut allein dein Will es mein', wie köstlich deine Wege!

6. Hilf, wenn ich einstens muß davon, daß ich dich fest, wie Simeon, in wahrem Glauben fasse, und nicht durch Tod, noch Todesnoth mich von dir reißen lasse!

Unbekannter Verfasser.

Wer mir nachfolget, wird nicht wandeln in Finsternis,
Sondern das Licht des Lebens haben, spricht der Herr.
(Luc. 2, 22 2c. Röm. 13, 11 2c.)

Weise 882. Heut singt die liebe Christenheit.

147. Wohlauf, mein Herz, verlaß die Welt, dem, der für

dich sich dargestellt, nun dich auch darzustellen! Er ist das

Licht, drum sei gewiß, er wird auch deine Finsternis durch seinen Glanz erhellen.

2. Ja, du sollst ihm ein Tempel sein, er selbst macht dich von Sünden rein, hat Lust in dir zu wohnen; drum, finstres Herz, auf, werde licht! denn Jesus wohnt in Seelen nicht, die ihrer Lüste schonen.

3. Wer dich begehret, Gottessohn, vom Geist erweckt, wie Simeon, zu seinem Heil zu haben, Gott fürchtet, sich der Welt entwöhnt, aus ihr sich nach dem Himmel sehnt, der opfert rechte Gaben.

4. Wer auf die Treue Gottes baut, im Glauben seinen Heiland schaut, der kann im Frieden fahren; der Heiland hält, was er verspricht, er wird sich ihm in seinem Licht dort herrlich offenbaren.

5. Herr, mache mich gerecht und rein und laß mich stets voll Glaubens sein, um heilig dir zu leben, bis du auch mich, wenn dirs gefällt, im Frieden wirst aus dieser Welt zu deiner Wonn erheben.

Dr. Johann Adolf Schlegel,
1721—1793.

---

c. Wandel Jesu auf Erden.

**Lasset uns wachsen in allen Stücken
An dem, der das Haupt ist, Christus.**
(Luc. 2, 41—52. Matth. 3, 17.)

Weise 593. Christus der ist mein Leben.

148. Der niedern Menschheit Hülle trägt er, des Menschen Sohn; doch wohnt in ihm die Fülle der ganzen Gottheit schon.

2. Der Engel heilge Chöre thun sein Erscheinen kund; da opfert Dank und Ehre der Hirten Herz und Mund.

3. Nun endlich fährt im Frieden von hinnen Simeon, und Hanna rühmt hienieden von Gottes Trost und Lohn.

4. Auch bringen aus der Ferne die Weisen, wunderbar geführt von einem Sterne, Gold, Weihrauch, Myrrhen dar.

5. Und vor Herodis Morden ist in Aegyptenland das Kind errettet worden durch Gottes starke Hand.

6. Schon zeigt sich in dem Knaben die Gnade manigfalt; ihm leuchten Gottes Gaben aus Antlitz und Gestalt.

7. Wie Gottes Wohlgefallen den Heiligen umgibt! wie von den Menschen allen der Holde wird geliebt!

8. Wie wundern sich die Lehrer, als er zum Tempel eilt und in dem Kreis der Hörer mit ernstem Forschen weilt!

9. Er bleibt nach Gottes Willen den Eltern unterthan, und wächset so im Stillen zum großen Werk heran.

10. Wohl dem, der Gottes Wege in jungen Jahren geht und nie zum Guten träge, nie müd ist zum Gebet!

11. Und bist du groß erzogen, so bleibe wie dies Kind, daß Engel dir gewogen, dir hold die Menschen sind.

12. Gehorche Jesu Lehre, so wird die Jugend rein, dein Alter Glück und Ehre, dein Ende selig sein.

Nach Jakob Friedrich Febderfen, 1736—1788.

**Siehe, ich verkündige euch große Freude,
Denn euch ist Christus, der Heiland, geboren.**
(Luc. 2, 10—14.)

Weise 589. Herr Jesu Christ, meins Lebens Licht.

149. Sing nun und freu dich, Christenheit, lob Gott mit großer Innigkeit! es ist ein Heiland dir gesandt, der Jesus Christus wird genannt.

2. Der nimmt sich deines Kummers an und waget selbst sein Leben dran, nimmt auf sich beine Missethat, daß er dir helf aus aller Noth.

3. Ei, nimm ihn auch mit Freuden an, und fröhlich tritt auf seine Bahn; wirf all deine Gerechtigkeit zu Füßen seiner Heiligkeit.

4. Bekenn ihm deine Sündenschuld und bitt ihn, daß er dir auch wollt als Heiland und als milder Gott austilgen deine Missethat.

5. Ergib dich ihm mit Seel und Leib, auf daß er dir ins Herze schreib sein neu Gesetz, daburch du ihn erkennst und habst in deinem Sinn.

6. Nimm an sein Wort und treue Lehr; das ist die rechte, höchste Ehr, die Gott der Herr von uns begehrt; o selig, wer ihm die gewährt!

7. Der kann getrost und wohlgemut Trotz bieten selbst der Hölle Glut und danken Gott ohn Unterlaß für seine Gab und Wohlthat groß.

8. Ei nun, so laßt uns Christen sein und uns und jegliche Gemein regieren stets nach dieser Lehr, Gott unserm Herrn zu Lob und Ehr.

9. O Herre Gott, nun steh uns bei mit deiner Gnaden und verleih, daß wir, allzeit durch dich regiert, lobsingen dir in heilger Zierd!

Böhm. Brüder, 1544. (Joh. Horn.)

**Des Menschen Sohn ist gekommen,
Zu suchen und selig zu machen, was verloren ist.**
(Apstgsch. 10, 36—39. 1 Tim. 1, 15.)

Weise 12. Herr Gott, dich loben alle wir.

150. Das Leben Christi unsers Herrn laßt preisen uns mit allen Ehrn, hoch rühmen seine Herrlichkeit, sein Amt zu unsrer Seligkeit.

2. Er, den man billich selig

preist, hat sich als Gottes Bild erweist; die Menschheit des Herrn Jesu Christ der Gottheit Hütt und Wohnung ist.

Joh. 1, 14. Kol. 1, 15; 2, 9.

3. Es ruht auf ihm des Her= ren Geist, der da ein Geist der Weisheit heißt; Verstand, Er= kenntnis, Stärke, Rath und Furcht des Herrn stets kund sich that.

Jes. 11, 2. 1 Kor. 1, 24. 30. Kol. 2, 3.

4. Es war erleuchtet sein Ge= müt, das Herz erfüllt mit aller Güt, geziert mit theuren Ga= ben sein, Begierden und Ge= danken rein.

5. Sein Güte blieb verborgen nicht, sie glänzte wie der Sonne Licht, an Freund und Feind er sie erzeigt, zu Allen er sich freund= lich neigt.

6. So war des Menschensoh= nes Art, der uns gesandt vom Höchsten ward, der uns die

Seligkeit verdient, in dem all Schätz verborgen sind. Kol. 2, 3.

7. Er macht sein Evangelium den Armen kund mit großem Ruhm, bringt Heilsbotschaft aus Vaters Schoß, spricht die Gefangnen frei und los.

8. Er heilt die Herzen, die verwundt, macht beides, Seel und Leib, gesund und predigt Allen hell und klar des Herren angenehmes Jahr. Luc. 4, 19.

9. Dadurch er aufricht sein' Gemein, sammelt zerstreute Schäfelein, erwirbt endlich das ewge Heil und macht dasselb uns hier zu Theil.

10. O Christe, dir sei Dank ge= sagt, daß es dir also hat behagt, bei uns zu wohner auf der Erd, daß durch dich dein Volk selig werd.

11. Wohn auch in uns durch deinen Geist, daß sich deines Lebens Kraft erweist; dein Bild leucht uns ins Erdenthal! Nimm uns einst in den Himmelssal!

Böhmische Brüder, 1566. (Michael Thamm, † 1571.)

Niemand hat größere Liebe, denn die,
Daß er sein Leben lässet für seine Freunde.
(Matth. 11, 2—6. Joh. 10, 12—15.)

Weise 656. Schmücke dich, o liebe Seele.

151. Heiland, deine Men= schenliebe war die Quelle dei= ner Triebe, die dein treues Herz bewogen, dich in unser Fleisch gezogen, dich mit Schwachheit überdecket und vom Kreuz ins Grab gestrecket. O der wun= derbaren Triebe deiner treuen Menschenliebe!

2. Ueber seine Feinde weinen,

Jedermann mit Hilf erscheinen, sich der Blinden, Lahmen, Ar= men mehr als väterlich erbar= men, der Betrübten Klagen hö= ren, sich in Andrer Dienst ver= zehren, sich für Sünder tödten lassen, — wer kann solche Liebe fassen?

3. O du Zuflucht der Elen= den, wer hat nicht von deinen

8 *

Händen Segen, Hilf und Heil genommen, der gebeugt zu dir gekommen? O wie iſt dein Herz gebrochen, wenn dich Kranke angeſprochen; und wie pflegteſt du zu eilen, das Erbetne mitzu=theilen!

4. Die Betrübten zu erquicken, zu den Kleinen dich zu bücken, die Unwiſſenden zu lehren, die Verführten zu bekehren, Sün=der, die ſich ſelbſt verſtocken, liebreich zu dir hin zu locken, ſelbſt den Niedrigſten zu die=nen, dazu warſt du, Herr, er=ſchienen!

5. O wie hoch ſtieg dein Er=barmen, da du für die ärmſten Armen dein unſchätzbar theures Leben in den ärgſten Tod ge=geben, da du in der Sünder Or=den* aller Schmerzen Ziel ge=worden und, uns Segen zu erwerben, als ein Fluch haſt wollen ſterben!   * Stand.

6. Deine Lieb hat dich getrie=ben, Sanftmut und Geduld zu üben, ohne Schelten, Drohn und Klagen Andrer Schmach und Laſt zu tragen, Allen freundlich zu begegnen, die dich läſterten zu ſegnen, für der Feinde Schar zu beten, deine Mörder zu ver=treten!

7. Demut war bei Spott und Hohne deiner Liebe Schmuck und Krone; dieſe machte dich zum Knechte einem ſündigen Ge=ſchlechte. Deines Vaters heilgen Willen mit Gehorſam zu er=füllen und uns Heil und Troſt zu geben, dahin gieng dein gan=zes Leben.

8. Lamm, laß deine Liebe decken meiner Sünden Meng und Flecken! Du haſt das Geſetz er=füllet, des Geſetzes Fluch ge=ſtillet: laß doch wider deſſen Stürmen deiner Liebe Schild mich ſchirmen, heilge meines Herzens Triebe, ſalbe ſie mit deiner Liebe!

Dr. Johann Jakob Rambach, 1693—1735.

6. Paſſionslieder.

**Siehe, das iſt Gottes Lamm,
Welches der Welt Sünde trägt!**
(Jeſ. 53, 7.)

152.   Eigne Weiſe.
1545.

Chri=ſte, du Lamm Got=tes, der du trägſt die Sünd' der Welt: er=barm dich un=ſer! 2. Chriſte, du Lamm

Got = tes, der du trägst die Sünd der Welt: er=barm dich
un = fer! 3. Chrifte, du Lamm Got=tes, der du trägft die
Sünd der Welt: gib uns dei=nen Frie=ben!
A = = = = = men. Alte Kirche.

Fürwahr, er trug unfre Krankheit
Und lud auf fich unfre Schmerzen.
(Jef. 53, 5—8.)

153. Eigne Weise.
1540.

O Lamm Gottes, un=fchul=dig am Stamm des Kreuzes ge=
fchlach=tet, all=zeit fun=ben ge = bul=dig, wie=
wohl du wurbeft ver = ach=tet: all Sünd haft du ge=
tra = gen, fonft müß=ten wir ver = za = gen; er=
barm dich un=fer, o Je = fu!

2. O Lamm Gottes, unfchul=
dig am Stamm des Kreuzes
gefchlachtet, allzeit funden ge=
dulbig, wiewohl du wurdeft ver=
achtet: all Sünd haft du ge=

tragen, fonft müßten wir ver=
zagen; erbarm dich unfer, o
Jefu!

3. O Lamm Gottes, unfchul=
dig am Stamm des Kreuzes

geſchlachtet, allzeit funden geduldig, wiewohl du wurdeſt verachtet: all Sünd haſt du getragen, ſonſt müßten wir verzagen; gib uns dein Frieden, o Jeſu!

Nicolaus Decius, † 1529.

Wiſſet, daß ihr nicht mit vergänglichem Silber oder Golde erlöſet ſeid,
Sondern mit dem theuern Blute Chriſti, als eines unſchuldigen und unbefleckten Lammes.
(Phil. 2, 17—21.)

Weiſe 338.   Schwing dich auf zu deinem Gott.

154. O hilf, Chriſte, Gottes Sohn, durch dein bitter Leiden, daß wir, ſtets dir unterthan, all Untugend meiden, deinen Tod und ſein Urſach fruchtbarlich bedenken, dafür, wiewohl arm und ſchwach, dir Dankopfer ſchenken!

Böhmiſche Brüder, 1531. (Michael Weiße, † 1534.)

Wer ſich läßt dünken, er ſtehe,
Mag wohl zuſehen, daß er nicht falle.
(Matth. 26, 69—74.)

Weiſe 680.   Erhalt uns, Herr, bei deinem Wort.

155. Was Menſchenkraft, was Fleiſch und Blut ohn Gottes Gnad und Hilfe thut, zeigt Petri Mut und Freudigkeit und ſeine groß Vermeſſenheit.

Matth. 26, 33.

2. Zeucht Gott von uns die Gnadenhand, ſo falln wir bald in Sünd und Schand; wo Chriſt, der Herr, uns nicht erhält, ſo ſind wir bald vom Feind gefällt.

3. Petrus, der kühne, freudge Mann, getroſt und friſch trat auf den Plan; doch macht ein Wörtlein ihn verzagt, womit ihn ſchreckt ein arme Magd.

4. Da that er einen ſchweren Fall, verleugnet ſeinen Herrn dreimal; es ward aus ſeiner Freudigkeit ein gar verzagte Blödigkeit.

5. Drum hütet euch, ihr Brüder, ſein, laßt uns ja nicht vermeſſen ſein, daß wir nicht teck und ſicher gehn, in Gottes Furcht allzeit beſtehn.

6. Der Feind iſt ſtets auf uns gericht, ſpart keinen Fleiß und ſeiert nicht; er braucht die Welt, das Fleiſch und Blut, womit er täglich Schaden thut.

7. Drum bitten wir dich, Jeſu Chriſt, weil du ſein mächtig worden biſt: zerſtör ſein Reich und all ſein Macht; hilf uns durch deines Geiſtes Kraft!

Nicolaus Herman, † 1561.

Du, Herr, haft von Anfang die Erde gegründet,
Und die Himmel sind deiner Hände Werk.
(Hebr. 1, 1—12.)

Weise 901. Wenn wir in höchsten Nöthen sein.

156. Herr Christe, treuer Heiland werth, du Schöpfer Himmels und der Erd, nimm unser Flehn mit Gnaden an, zu deinem Lob und Preis gethan.

2. Dein Güt hat dich ans Kreuz gebracht, dadurch wir sind gerecht gemacht; denn Adams Band und Sünden schwer trägst du und lösest sie, o Herr!

3. Dein ist der hohe Himmelsthron, doch wirst du eines Menschen Sohn und duldest, um uns zu befrein, des irdschen Todes Schmerz und Pein.

4. Du trägst das Band, daß deine Hand uns rette von des Abgrunds Rand, leidst Schmach, um unsre ewge Schmach zu wenden und all Ungemach.

5. Man schlägt ans Kreuz dich, Heiland, an: die Erde wankt in ihrer Bahn; dein Geist entflieht. Da du vollbracht, bedeckt den Himmel dunkle Nacht.

6. Bald stehst du auf, ein Siegesherr, und leuchtest in des Vaters Ehr. Deins Geistes Kraft, du König fromm, uns allezeit zu Hilfe komm.

Aus dem Lateinischen Gregors des Großen, 540—604, nach Vincentius Schmuck, 1565—1628.

An Christo haben wir die Erlösung durch sein Blut,
Nämlich die Vergebung der Sünden.
(Röm. 5, 1—6.)

Weise 680. Erhalt uns, Herr, bei deinem Wort.

157. Wir danken dir, Herr Jesu Christ, daß du für uns gestorben bist und hast uns durch dein theures Blut vor Gott gemacht gerecht und gut;

2. Und bitten, wahrer Mensch und Gott, der du gelitten Hohn und Spott: erlös uns von dem ewgen Tod und tröst uns in der letzten Noth.

3. Behüt uns auch vor Sünd und Schand und reich uns dein allmächtge Hand, daß wir im Kreuz geduldig sei'n, uns trösten deiner schweren Pein,

4. Und schöpfen draus die Zuversicht, daß du uns wirst verlassen nicht, sondern ganz treulich bei uns stehn, bis wir durchs Kreuz ins Leben gehn.

M. Christoph Vischer, † 1600.

Meine Seele ist stille zu Gott,
Der mir hilft.
(1 Petr. 5, 10—11.)

Weise 238. Schwing dich auf zu deinem Gott.

158. Jesu, meiner Seele Licht, Freude meiner Freuden: wie viel Trost und Zuversicht fließt aus deinem Leiden! Nimm den

Dank in Gnaden an, den ich bir jetzt singe; des, was du an mir gethan, bin ich zu geringe.

2. Ich erwäg es immer mehr, was dich hat bewogen, daß so viele Herzbeschwer du dir zugezogen; daß du Angst, Gewalt und Noth, Schläge, Hohn und Bande, Läſtrung und den Kreuzestod willig ausgestanden.

3. Gottes Wohlgewogenheit, Vaterlieb und Güte, deines Herzens Freundlichkeit und dein treu Gemüte, Jeſu, haben es gebracht, daß kein Menſch verzaget, wenn der Sünden Meng und Macht das Gewiſſen naget.

4. O du wunderbarer Rath, den man nie ergründet, o der unerhörten That, die man nirgends findet! Was der Menſch, der Erdenknecht, trotzig hat verbrochen, büßt der Herr, der doch gerecht; wir ſind freigeſprochen.

5. Unſre ſchwere Sündenſchuld tilgt er durch ſein Sterben, litt am Krenze mit Geduld, daß ſein Reich wir erben, hat mit heilger Liebesmacht ſich dahingegeben, uns das ewge Heil gebracht: ſein Tod iſt mein Leben.

6. Herr, dein Friede ſei mit mir; dann wird mein Gewiſſen nie verzagen, nie bei dir Troſt und Freude miſſen! O du meines Herzens Herz, wirf durch deine Schmerzen meine Schmerzen hinterwärts, fern aus meinem Herzen;

7. Daß, ſobald mein Herz erſchrickt über Straf und Sünde, alſobald es werd erquickt und Vergebung finde. Glaubensvoll, zerknirſcht von Ren, mit wahrhafter Buße und dem Vorſatz größrer Treu ſall ich dir zu Fuße!

8. Nun ich weiß, worauf ich bau und bei wem ich bleibe, weſſen Fürſprach ich vertrau, wem ich mich verſchreibe. Du, Herr Jeſu, biſts allein, der mich freundlich ſchirmet, wenn der Süuden Schmach und Pein meinen Geiſt beſtürmet.

9. Herr, ich will, weil ich mit dir werd im Himmel erben, treu in deinen Armen hier leben und auch ſterben, daß man fröhlich ſagen wird nach des Todes Bänden: „Sieh, dein Heiland und dein Hirt, Jeſus iſt vorhanden!"

Heinrich Held, † 1643.

**Er iſt um unſerer Miſſethat willen verwundet
Und um unſerer Sünde willen zerſchlagen.**
(Röm. 6, 1—6. 1 Petr. 2, 21—25.)

159.			Eigne Weiſe.
			Joh. Crüger, 1640.

Herz=liebſter Je=ſu, was haſt du ver=bro=chen,

daß man ein ſolch ſcharf Ur=theil hat ge=ſpro=chen?

Was iſt die Schuld? in was für Miſſe=tha=ten biſt du ge=ra=then?

2. Du wirſt gegeißelt und mit Dorn gekrönet, ins Angeſicht geſchlagen und verhönet; du wirſt mit Eſſich und mit Gall getränket, ans Kreuz gehenket.

3. Was iſt doch wohl die Ur=ſach ſolcher Plagen? Ach, meine Sünden haben dich geſchlagen. Ich, mein Herr Jeſu, habe dies verſchuldet, was du erduldet!

4. Wie wunderbarlich iſt doch dieſe Strafe! der gute Hirte leidet für die Schafe; die Schuld bezahlt der Herre, der Gerechte, für ſeine Knechte.

5. O große Lieb, o Lieb ohn alle Maße, die dich gebracht auf dieſe Marterſtraße! ich lebte mit der Welt in Luſt und Freuden, und du mußt leiden.

6. Ach, großer König, groß zu allen Zeiten, wie kann ich gnugſam ſolche Treu ausbrei=ten? Kein Menſchenherz ver=mag es auszudenken, was dir zu ſchenken.

7. Ich kanns mit meinen Sin=nen nicht erreichen, mit was doch dein Erbarmen zu vergleiſ=chen; wie kann ich dir denn deine Liebesthaten im Werk erſtatten?

8. Doch iſt noch etwas, was du wirſt annehmen: des Flei=ſches Lüſte will ich dämpfen, zähmen, daß ſie mein Herze nicht aufs neu entzünden mit alten Sünden.

9. Und weils nicht ſteht in mei=nen eignen Kräften, feſt die Be=gierden an das Kreuz zu heften, ſo gib mir deinen Geiſt, der mich regiere, zum Guten führe.

10. Dann werd ich deine Gnad und Huld betrachten, aus Lieb zu dir die Welt für nichts mehr achten; bemühen werd ich mich, Herr, deinen Willen ſtets zu erfüllen.

11. Ich werde dir zu Ehren Alles wagen, kein Kreuz nicht achten, keine Schmach noch Pla=gen, und nicht Verfolgung noch auch Todesſchmerzen nehmen zu Herzen.

12. Dies alles, obs für wenig auch zu ſchätzen, wirſt du ge=wislich nicht beiſeite ſetzen; in Gnaden wirſt du es von mir annehmen, mich nicht beſchämen.

13. Wenn einſt, Herr Jeſu, dort vor deinem Throne auf meinem Haupt wird ſtehn die Ehrenkrone, da will ich dir, wenn Alles wohl wird klingen, Lob=lieder ſingen.

Johann Heermann, 1585—1647.

**Ich bin mit Chriſto gekreuzigt,
Ich lebe, doch nicht ich, ſondern Chriſtus lebet in mir.**
(Gal. 1, 3—4. Röm. 6, 6. Marc. 8, 31.)

Weiſe 587. Freu dich ſehr, o meine Seele.

160. Jeſu, deine tiefe Wunden, deine Qual und bittrer Tod geben mir zu allen Stunden Troſt in Leibs- und Seelennoth. Fällt mir etwas Arges ein, denk ich gleich an deine Pein; die erlaubt nicht meinem Herzen, mit der Sünde noch zu ſcherzen.

2. Will ſich drum in Wolluſt weiden mein verderbtes Fleiſch und Blut, ſo gedenk ich an dein Leiden, — bald wird Alles wieder gut; kommt der Feind und ſetzet mir heftig zu, halt ich ihm für deine Gnad und Gnadenzeichen: bald muß er von dannen weichen.

3. Will die Welt mein Herze führen auf die breite Sündenbahn, wo ſo Viele ſich verlieren, — Herr, dann ſchau ich emſig an deiner Marter Zentnerlaſt, die du ausgeſtanden haſt. So kann ich in Andacht bleiben, alle böſe Luſt vertreiben.

4. Ja, für Alles, was mich kränket, mir dein Leiden Hilfe ſchafft; wenn mein Herz hinein ſich ſenket, ſchöpft es neue Lebenskraft. Deines Troſtes Süßigkeit ſtillt in mir das bittre Leid, der du mir das Heil erworben, da du biſt für mich geſtorben.

5. Auf dich ſetz ich mein Vertrauen, du biſt meine Zuverſicht; dein Tod hat den Tod zerhauen, daß er mich kann tödten nicht. Daß ich an dir habe Theil, bringt mir Troſt und Schutz und Heil; deine Gnade wird mir geben Auferſtehung, Licht und Leben.

6. Hab ich dich in meinem Herzen, Brunnquell aller Gütigkeit, ſo empfind ich keine Schmerzen auch im letzten Kampf und Streit. Ich verberge mich in dich, wer kann da verletzen mich? Wer ſich birgt in deine Wunden, der hat glücklich überwunden!

Johann Heermann, 1585—1647.

**Chriſtus hat uns geliebet
Und ſich ſelbſt für uns dargegeben.**
(Röm. 8, 1—10.)

161. Weiſe: Herr Chriſt, der einig Gottsſohn.

1524.

Wenn mich die Sün-den trän-ken, o mein Herr Je-ſu Chriſt,
ſo laß mich wohl be-den-ken, wie du ge-ſtor-ben biſt
und al-le mei-ne Schul-den-laſt am

Mar=ter=stamm des Kreu=zes auf dich ge=nom=men haſt.

2. O Wunder ohne Maßen, wenn mans betrachtet recht! es hat sich martern laſſen der Herr für ſeinen Knecht; es hat sich ſelbſt mein Herr und Gott für mich verlornen Menſchen gege=ben in den Tod.

3. Was kann mir denn nun ſchaden der Sünden große Zahl? Ich bin bei Gott in Gnaden, die Schuld iſt allzumal bezahlt durch Chriſti theures Blut, daß ich nicht mehr darf fürchten der Hölle Qual und Glut.

4. Drum ſag ich dir von Herzen jetzt und mein Leben lang für deine Pein und Schmerzen, o Jeſu, Lob und Dank für deine Noth und Angſtgeſchrei, für dein unſchuldig Sterben, für deine Lieb und Treu.

5. Herr, laß dein bitter Lei=den mich reizen für und für, mit allem Ernſt zu meiden die ſündliche Begier; laß mir nie kommen aus dem Sinn, wie viel es dich gekoſtet, daß ich erlöſet bin.

6. Mein Kreuz und meine Pla=gen, und wärs auch Schmach und Spott, hilf mir geduldig tragen. Gib, o mein Herr und Gott, daß ich verleugne dieſe Welt und treu dem Beiſpiel folge, das du mir vorgeſtellt.

7. Laß mich an Andern üben, was du an mir gethan, und mei=nen Nächſten lieben, gern bienen Jedermann ohn Eigennutz und Heuchelſchein und, wie du mir erwieſen, aus reiner Lieb allein.

8. Laß endlich deine Wunden mich tröſten kräftiglich in meiner letzten Stunden und des ver=ſichern mich: weil ich auf dein Verdienſt nur trau, ſo werbſt du mich annehmen, daß ich dich ewig ſchau!

Dr. Juſtus Geſenius, 1601—1671.

Der Herr erlöſet meine Seele
Und ſchaffet mir Ruhe.
(Joh. 19, 41. 42.)
Weiſe 607. Nun laßt uns den Leib begraben.

162. Der du, Herr Jeſu, Ruh und Raſt in deinem Grab gehalten haſt: gib, daß wir in dir ruhen all und unſer Leben dir geſall.

2. Verleih, o Herr, uns Stärk und Mut, die du erkauft mit deinem Blut, und führ uns in des Himmels Licht zu deines Vaters Angeſicht.

3. Wir danken dir, o Gottes=lamm, getödtet an des Kreuzes Stamm; laß ja uns Sündern deine Pein ein Eingang in das Leben ſein.

Dr. Georg Werner, 1607—1671.

Sie nahmen den Leib des Herrn und begruben ihn;
Er iſt um unſerer Sünde willen dahin gegeben.
(Joh. 12, 24.)

163.　　Eigne Weiſe.　　R. Haſſe? 1641.

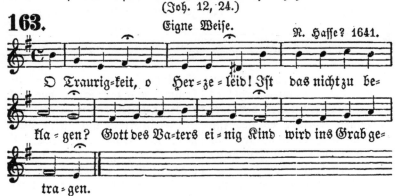

O Traurig=keit, o Her=ze=leid! Iſt das nicht zu be=
kla=gen? Gott des Va=ters ei=nig Kind wird ins Grab ge=
tra=gen.

2. O große Noth, der Herr liegt todt, am Kreuz iſt er geſtorben, hat dadurch das Himmelreich uns aus Lieb erworben.

3. O Menſchenkind, nur deine Sünd hat dieſes angerichtet, da du durch die Miſſethat wareſt ganz vernichtet.

4. Dein Bräutigam, das Gotteslamm, liegt hier mit Blut befloſſen, welches er ganz mil=diglich hat für dich vergoſſen.

5. Mein Erb und Theil, mein Schirm und Heil, wie biſt du doch zerſchlagen! Alles, was auf Erden lebt, muß dich ja beklagen.

6. O lieblich Bild, ſchön, zart und mild noch in den Todeswehen! Niemand kann dein rinnend Blut ohne Rene ſehen.

7. O ſelig iſt zu aller Friſt, wer dieſes recht bedenket, wie der Herr der Herrlichkeit wird ins Grab geſenket.

8. O Jeſu du, mein Hilf und Ruh, ich bitte dich mit Thränen: hilf, daß ich mich bis ins Grab nach dir möge ſehnen.

Johann Riſt, 1607—1667.

Er iſt durch ſein eigen Blut einmal in das Heilige eingegangen
Und hat eine ewige Erlöſung erfunden.
(Joh. 12, 24—26.)
Nach voriger Weiſe.

164. O theures Blut, o heilge Flut! wie ſtrömſt du aus den Wunden, die mit unerhörter Angſt Jeſus hat empfunden!

2. O Gottes Sohn, mein Gnadenthron! du ſtirbſt, auf daß ich lebe und an dir, o Weinſtock, ſei eine grüne Rebe.

3. Der Sünde Knecht iſt nun gerecht, mein Fluch wird mir zum Segen; denn ich bin des Höchſten Kind, meines Jeſu wegen.

4. Ich danke dir, o Himmelszier, daß du für mich gelitten, daß du ſterbend meiner Tod ritterlich beſtritten.

5. O Gottes Lamm, mein Bräutigam, laß solches mich bedenken, bis man endlich meinen Leib wird ins Grab versenken.

6. Dann leb ich wohl, gleich= wie ich soll, und sterb in deinem Namen; komm, mich in dein Himmelreich heimzuholen! Amen.

Simon Dach, 1605—1659.

**Wir giengen alle in der Irre wie Schafe,
Aber der Herr warf unser aller Sünde auf ihn.**
(1 Petr. 2, 21—24.)

Weise 847. Nun ruhen alle Wälder.

165. O Welt, sieh hier dein Leben am Stamm des Kreuzes schweben, dein Heil sinkt in den Tod! Der große Fürst der Ehren läßt willig sich beschweren mit Banden, Schlägen, Hohn und Spott.

2. Tritt her und schau mit Fleiße: mit Blut und Todesschweiße sein Leib ist überfüllt; aus seinem edeln Herzen vor unerhörten Schmerzen ein Seufzer nach dem andern quillt.

3. Wer hat dich so geschlagen, mein Heil, und dich mit Plagen so übel zugericht? Du bist ja nicht ein Sünder, wie wir und unsre Kinder; von Übelthaten weißt du nicht.

4. Ich, ich und meine Sünden, die sich wie Körnlein finden des Sandes an dem Meer, die haben dir erreget das Elend, das dich schläget, und deiner Martern ganzes Heer.

5. Du nimmst auf deinen Rücken die Lasten, die mich drücken viel schwerer als ein Stein. Du wirst ein Fluch, dagegen erwirbst du mir den Segen; dein Leiden muß mein Labsal sein.

6. Du setzest dich zum Bürgen, ja lässest dich erwürgen für mich und meine Schuld. Mir lässest du dich krönen mit Dornen, die dich höhnen, und leidest Alles mit Geduld.

7. Ich bin, mein Heil, verbunden all Augenblick und Stunden dir überhoch und sehr. Was Leib und Seel vermögen, das soll ich billich legen allzeit zu deinem Dienst und Ehr.

8. Ich kann zwar nicht viel geben in diesem armen Leben; eins aber will ich thun: es soll dein Tod und Leiden, bis Leib und Seele scheiden, mir stets in meinem Herzen ruhn.

9. Ich wills vor Augen setzen, mich stets daran ergetzen, ich sei auch, wo ich sei; es soll mir sein ein Spiegel der Unschuld und ein Sigel der Lieb und unverfälschten Treu.

10. Ich will daran erblicken, wie ich mein Herz soll schmücken mit stillem, sanftem Mut, und wie ich die soll lieben, die mich so sehr betrüben mit Werken, so die Bosheit thut.

11. Wenn böse Zungen stechen, mir Glimpf und Namen brechen,

ſo will ich zähmen mich; das Unrecht will ich dulden, dem Nächſten ſeine Schulden verzeihen gern und williglich.

12. Ich will ans Kreuz mich ſchlagen mit dir, und dem abſagen, wonach das Fleiſch gelüſt; was deine Augen haſſen,

das will ich fliehn und laſſen, ſo viel mir immer möglich iſt.

13. Dein Senfzeu und dein Stöhnen und die viel tauſend Thränen, die dir gefloſſen zu, die ſollen mich am Ende in deinen Schoß und Hände begleiten zu der ewgen Ruh.

Paul Gerhardt, 1606—1676.

**Heile du mich, Herr, ſo werde ich heil;
Hilf du mir, ſo iſt mir geholfen.**
(Pſ. 51, 3. 11. Pſ. 43, 25.)

Weiſe 587. Freu dich ſehr, o meine Seele.

166. Sei mir tauſendmal gegrüßet, der mich je und je geliebt, Jeſu, der du ſelbſt gebüßet das, womit ich dich betrübt! Ach, wie iſt mir doch ſo wohl, wenn ich knien und liegen ſoll an dem Kreuze, wo du ſtirbeſt und um meine Seele wirbeſt.

2. Heile mich, o Heil der Seelen, wo ich krank und traurig bin; nimm die Schmerzen, die mich quälen, und den ganzen Schaden hin, den mir Adams Fall gebracht und ich ſelber mir gemacht. Wird, o Arzt, dein Blut mich netzen, wird ſich all mein Jammer ſetzen.

3. Schreibe deine blutgen Wunden, Jeſu, mir ins Herz hinein, daß ſie mögen alle Stunden bei mir unvergeſſen ſein! Du biſt doch mein ſchönſtes Gut, drin mein ganzes Herze ruht. Laß mich ſtets zu deinen Füßen deiner Lieb und Gunſt genießen.

4. Dieſe Füße will ich halten, Herr, ſo gut ich immer kann; ſchaue meiner Hände Falten und mich ſelber freundlich an von des hohen Kreuzes Baum und gib meiner Bitte Raum, ſprich: Laß all dein Trauern ſchwinden, ich, ich tilg all deine Sünden.

Paul Gerhardt, 1606—1676. (Nach Bernh. v. Clairvaux, 1091—1153.)

**Er war der Allerverachtetſte und Unwertheſte,
Voller Krankheit und Schmerzen.**
(Jeſ. 50, 6. Röm. 5, 8—11.)

Weiſe 588. Herzlich thut mich verlangen.

167. O Haupt voll Blut und Wunden, voll Schmerz und voller Hohn, o Haupt, zum Spott gebunden mit einer Dornenkron, o Haupt, zuvor gekrönet

mit höchſter Ehr und Zier, gebeugt jetzt und verhöhnet: gegrüßet ſeiſt du mir!

2. Du edles Angeſichte, vor dem das All der Welt erſchrickt

und wird zunichte: — wie biſt du ſo entſtellt! wie biſt du ſo erbleichet! wer hat dein Augen= licht, dem ſonſt kein Licht nicht gleichet, ſo ſchmachvoll zugericht?

3. Die Farbe deiner Wangen, der rothen Lippen Pracht iſt hin und ganz vergangen; des blaſſen Todes Macht hat Alles hinge= nommen, hat Alles hingerafft; dahin iſt es gekommen mit deines Leibes Kraft!

4. Nun, was du, Herr, er= duldet, iſt Alles meine Laſt; ich, ich hab es verſchuldet, was du getragen haſt. Schau her, hier ſteh ich Armer, der Zorn ver= dienet hat: gib mir, o mein Erbarmer, den Anblick deiner Gnad!

5. Erkenne mich, mein Hüter; mein Hirte, nimm mich an! Von dir, Quell aller Güter, iſt mir viel Guts gethan; dein Mund hat mich gelabet mit Milch und ſüßer Koſt, * dein Geiſt hat mich begabet mit mancher Himmelsluſt.

* Mit der lautern Milch des Evan= geliums; 1 Petr. 2, 2.

6. Ich will hier bei dir ſtehen, verachte mich doch nicht! Von dir will ich nicht gehen, wann dir dein Herze bricht; und wird

dein Haupt erblaſſen im letzten Todesſtoß; alsdann will ich dich faſſen in meinen Arm und Schoß.

7. Es dient zu meinen Freu= den und kommt mir herzlich wohl, wenn ich in deinem Leiden, mein Heil, mich finden ſoll. Ach möcht ich, o mein Leben, an deinem Krenze hier mein Leben von mir geben! wie wohl geſchähe mir!

8. Ich danke dir von Herzen, o Jeſu, liebſter Freund, für deine Todesſchmerzen, da du's ſo gut gemeint. Ach, gib, daß ich mich halte zu_bir und deiner Treu und daß, wenn ich erkalte, in dir mein Ende ſei.

9. Wann ich einmal ſoll ſchei= den, ſo ſcheide nicht von mir; wann ich den Tod ſoll leiden, ſo tritt du dann herfür; wann mir am allerbängſten wird um das Herze ſein, ſo reiß mich aus den Aengſten kraft deiner Angſt und Pein.

10. Erſcheine mir zum Schilde, zum Troſt in meinem Tod, laß mich dich ſehn im Bilde der bittern Kreuzesnoth; da will ich nach dir blicken, da will ich glaubensvoll feſt an mein Herz dich drücken. Wer ſo ſtirbt, der ſtirbt wohl.

Paul Gerhardt, 1606-1676. (Nach Bernhard v. Clairvaux, 1091-1153.)

Das Lamm, das erwürget iſt, iſt würdig zu nehmen Kraft und Reichtum Und Weisheit und Stärke und Ehre und Preis und Lob.
(Joh. 1, 29. Jeſ. 53, 4—7.)

168. Weiſe: An Waſſerflüſſen Babylon.
1525.

Ein Lamm geht hin und trägt die Schuld der Welt und ih = rer
es geht und trä=get in Ge=duld die Sün=den al=ler

Kin = der,
Sün = der; es folgt den Wür = gern oh = ne Zwang,

tritt an den her = ben To = des=gang, wählt Mar=ter

statt der Freu = den; es nimmt auf sich Schmach, Hohn

und Spott, Angst, Wunden, Striemen, Kreuz und Tod und

spricht: Ich wills gern lei = ben.

2. Das Lamm das ist der große Freund und Heiland meiner Seelen; den, den hat Gott zum Sündenfeind und Sühner wollen wählen. O Wunderlieb, o Liebesmacht! du kannst, was nie ein Mensch gedacht, Gott seinen Sohn abzwingen. O Liebe, Liebe, du bist stark, du streckest den in Grab und Sarg, vor dem die Felsen springen.

3. Mein Lebetage will ich dich aus meinem Sinn nicht lassen; dich will ich stets, gleich wie du mich, mit Liebesarmen fassen. Du sollst sein meines Herzens Licht, und wenn mein Herz in Stücke bricht, sollst du mein Herze bleiben. Ich will dir, o mein höchster Ruhm, hiermit zu deinem Eigentum auf ewig mich verschreiben.

4. Ich will von deiner Lieblichkeit bei Nacht und Tage sin=

gen, mich selbst auch dir zu aller Zeit zum Freudenopfer bringen. Mein Lebensbrunner soll sich dir und deinem Namen für und für in Dankbarkeit ergießen; und was du mir zu gut gethan, das will ich stets, so tief ich kann, in mein Gedächtnis schließen.

5. Das soll und will ich mir zu Nutz zu allen Zeiten machen; im Streite soll es sein mein Schutz, in Traurigkeit mein Lachen, in Fröhlichkeit mein Saitenspiel, und wenn mir nichts mehr schmecken will, soll mich dies Manna speisen; im Durst solls meine Quelle sein; bin ich verlassen und allein, soll es mein Tröster heißen.

6. Was schadet mir des Todes Gift? Dein Tod, der ist mein Leben; wenn mich der Sonne Hitze trifft, kann er mir Schatten geben. Setzt Leiden

mir und Jammer zu, ſo ſind bei dir ich meine Ruh, wie auf dem Bett ein Kranker. Und wenn des Kreuzes Ungeſtüm mein Schifflein treibet um und um, ſo biſt du dann mein Anker.

7. Wann endlich ſoll ich treten ein in deines Reiches Freuden, ſo ſoll dies Blut mein Purpur ſein; ich will mich darein kleiden. Es ſoll ſein meines Hauptes Kron, in welcher ich will vor den Thron des höchſten Vaters gehen und dir, dem er mich angetraut, als eine wohlgeſchmückte Braut an deiner Seite ſtehen.

Paul Gerhardt, 1606—1676.

Chriſtus hat uns erlöſet vom Fluche des Geſetzes, Da er ward ein Fluch für uns.

(Matth 27, 26—31.)

Weiſe 765. Alle Menſchen müſſen ſterben.

169. Jeſu, meines Lebens Leben, Jeſu, meines Todes Tod, der du dich für mich gegeben in die größte Seelennoth, in das äußerſte Verderben, nur daß ich nicht möchte ſterben: tauſend, tauſendmal ſei dir, liebſter Jeſu, Dank dafür!

2. Du, ach du haſt ausgeſtanden Läſterreden, Spott und Hohn, Speichel, Schläge, Strick und Banden, du gerechter Gottesſohn, nur, mich Armen zu erretten von den ſchweren Sündenketten; tauſend, tauſendmal ſei dir, liebſter Jeſu, Dank dafür!

3. Wunden ließeſt du dir ſchlagen, alle Marter trugeſt du, um zu heilen meine Plagen, zu erkaufen meine Ruh. Ach, du haſt dich mir zum Segen laſſen mit dem Fluch belegen; tauſend, tauſendmal ſei dir, liebſter Jeſu, Dank dafür!

4. Man hat bitter dich verhöhnet, dich mit großem Schimpf belegt und mit Dornen gar gekrönet; was hat dich dazu bewegt? Daß du möchteſt mich erquicken, mit der Ehrenkrone ſchmücken; tauſend, tauſendmal ſei dir, liebſter Jeſu, Dank dafür!

5. Willig ließeſt du dich ſchlagen, mich zu löſen von der Pein, ließeſt fälſchlich dich verklagen, daß ich könnte ſicher ſein; daß ich möchte troſtreich prangen, haſt du ſonder Troſt gehangen; tauſend, tauſendmal ſei dir, liebſter Jeſu, Dank dafür!

6. Du haſt dich mit Schmach bedecket, haſt gelitten mit Geduld, gar den herben Tod geſchmecket, um zu büßen meine Schuld; daß ich würde freigegeben, gabſt du hin dein theures Leben; tauſend, tauſendmal ſei dir, liebſter Jeſu, Dank dafür!

7. Deine Demut hat gebüßet meinen Stolz und Uebermut, dein Tod meinen Tod verſüßet, es kommt Alles mir zu gut; dein Verſpotten, dein Verſpeien muß zur Wonne mir gedeihen.

9

Tauſend, tauſendmal ſei dir, liebſter Jeſu, Dank dafür!

8. Nun, ich danke dir von Herzen, Herr, für alle deine Noth; für die Wunden, für die Schmerzen, für den herben, bittern Tod, für dein Zittern und dein Zagen, deine tauſendſachen Plagen, deine Angſt und tiefe Pein will ich ewig dankbar ſein.

Ernſt Chriſtoph Homburg, 1605—1681.

Darum preiſet Gott ſeine Liebe gegen uns,
Daß Chriſtus für uns geſtorben iſt.
(Röm. 5, 8—11.)

170. Eigne Weiſe. 1698.

O du Lie = be mei = ner Lie = be, du er = wünſchte
bie bu dich aus höch = ſtem Trie = be in bas jammer =

Se = lig = keit, bei = nes Lei = bens, mir zu gu = te,
vol = le Leib

als ein Schlachtſchaf ein = ge = ſtellt und be = zahlt mit

bei = nem Blu = te al = le Miſ = ſe = that der Welt;

2. Liebe, die mit Schweiß und Thränen an dem Oelberg ſich betrübt, Liebe, die mit heißem Sehnen unaufhörlich feſt geliebt, Liebe, die den eignen Willen in des Vaters Willen legt und, um Gottes Zorn zu ſtillen, treu die Laſt des Kreuzes trägt;

3. Liebe, die mit ſtarkem Herzen Schmach und Läſterung gehört, Liebe, die voll Angſt und Schmerzen ſelbſt im Tod blieb unverſehrt, Liebe, die ſich liebend zeiget, als ſich Kraft und Athem endt, Liebe, die ſich liebend neiget, als ſich Leib und Seele trennt;

4. Liebe, die mit ihren Armen mich zuletzt umfangen wollt, Liebe, die aus Liebserbarmen mich zuletzt in höchſter Huld ihrem Vater übergeben, die noch ſterbend für mich bat, daß ich ewig möchte leben, weil mich ihr Verdienſt vertrat;

5. Liebe, die mit ſo viel Wunden meine Seele ſich als Braut unauflöslich hat verbunden und auf ewig angetraut: Liebe, laß auch meine Schmerzen,

meines Lebens Jammerpein in dem tiefverwundten Herzen sanft in dir gestillet sein!

6. Liebe, die für mich gestorben und ein immerwährend Gut an dem Kreuzesholz erworben: ach, wie denk ich an dein Blut! ach, wie dank ich deinen Wunden, du verwundte Liebe du, wenn ich in den letzten Stunden sanft an deinem Herzen ruh!

7. Liebe, die sich todt gekränket und für mein erkaltet Herz in ein kaltes Grab gesenket: — ach, wie dank ich deinem Schmerz! Habe Dank, die du gestorben, daß ich ewig leben kann! Der du mir das Heil erworben, liebster Jesu, nimm mich an!

Dr. Johann Scheffler, 1624—1677.

In deine Hände befehle ich meinen Geist;
Du hast mich erlöset, Herr, du treuer Gott.
(Apstgsch. 7, 55—60.)

Weise 267. Herr Jesu Christ, du höchstes Gut.

171. Ich danke dir für deinen Tod, Herr Jesu, und die Schmerzen, die du in deiner letzten Noth empfandst in deinem Herzen. Laß die Verdienste solcher Pein ein Labsal meiner Seele sein, wann mir die Augen brechen.

2. Ich danke dir für deine Huld, die du mir hast erzeiget, da du zur Zahlung meiner Schuld dein Haupt zu mir geneiget. Ach, neige dich, mein Herr und Gott, zu mir auch in der Todesnoth, damit ich Gnade spüre!

3. Laß meine Seel in deiner Gunst aus ihrem Leibe scheiden, auf daß an mir nicht sei umsonst dein theuerwerthes Leiden. Nimm sie hinauf zur selben Frist, wo du, ihr lieber Heiland, bist, und laß sie ewig leben!

Dr. Johann Scheffler, 1624—1677.

Des Menschen Sohn ist nicht gekommen, daß er sich dienen lasse,
Sondern daß er diene und gebe sein Leben zu einer Erlösung für Viele.
(Jes. 53, 5. 1 Petr. 2, 24.)

Weise 338. Schwing dich auf zu deinem Gott.

172. Jesu, deine Passion will ich jetzt bedenken; wollest mir vom Himmelsthron Geist und Andacht schenken. In dem Bilde jetzt erschein, Jesu, meinem Herzen, wie du, unser Heil zu sein, littest alle Schmerzen.

2. Meine Seele sehen mag deine Angst und Bande, deine Schläge, deine Schmach, deine Kreuzesschande, deine Geisel, Dornenkron, Speer und Nägelwunden und den Tod, o Gottessohn, den du hast empfunden!

3. Aber laß mich nicht allein deine Marter sehen, laß mich auch die Ursach sein und die

9*

Frucht verstehen! Ach, die Ursach
war auch ich, ich und meine
Sünde; diese hat gemartert dich,
daß ich Gnade finde.

4. Lehre dies bedenken mich,
Herr, mit Buß und Reue; hilf,
daß ich mit Sünde dich martre
nicht aufs neue! Sollt ich dazu
haben Lust und nicht wollen
meiden, was mein Heiland büßen
mußt mit so großen Leiden?

5. Wenn mir meine Sünde
will drohen mit der Hölle: Jesu,
mein Gewissen still', dich ins
Mittel stelle! Dich und deine
Passion laß mich gläubig fassen;
liebet mich der liebe Sohn: wie
kann Gott mich hassen?

6. Gib auch, Jesu, daß ich
gern dir das Kreuz nachtrage,
daß ich Demut von dir lern
und Geduld in Plage, daß ich
dir geb Lieb für Lieb und hier
Dank erweise, bis ich dich —
o Herr, das gib! — dort im
Himmel preise.

Sigmund von Birken, 1626—1681.

**Gott, sei mir gnädig nach deiner Güte
Und tilge meine Sünden nach deiner großen Barmherzigkeit.**
(Jes. 53, 5. 6.)
Weise 168. An Wasserflüssen Babylon.

173. So gehst du, Jesu, williglich, dein Leiden anzutreten, mit
heißen Thränen auch für mich
zu kämpfen und zu beten; du,
der du nichts verbrochen hast,
gehst hin, um aller Sünden Last
auf dich allein zu laden. Als
schon das Schwert gezücket war,
stellst du dich seinen Streichen
dar, damit sie uns nicht schaden!

2. Du Held, der Andern Stärke
gibt, was kann dich so erschüt-
tern? Ach, seine Seele wird betrübt, des Helden Glieder zittern,
und hingesunken auf die Knie
arbeitet er in schwerer Müh und
kämpfet im Gebete! Er wünscht
den bangen Kampf verkürzt; wer
sieht dies und wird nicht bestürzt?
O schauervolle Stätte!

3. Gott, wie bist du so wunderbar in allen deinen Werken! Den
Herrn vom Himmel muß sogar
ein Knecht, ein Engel, stärken.
Er ringt; von seinem Angesicht
trieft Schweiß — (ach, wer ent-
setzt sich nicht?) Blutstropfen
gleich — zur Erden! Der du in
reinster Unschuld prangst, wie
konntest du von solcher Angst,
o Herr, bestürmet werden?

4. Ach, Herr, ich war der
Sünde Knecht, ich hätte sollen
zagen, ich sollt allein nach Fug
und Recht der Sünde Strafe
tragen. Ich Armer, wie ent-
ränn ich da? Vor Gottes Zorne
müßt ich ja ohn allen Trost versinken. Und da kömmst du, daß
du ihn stillst, Sohn Gottes, du,
du selber willst den Kelch des
Zornes trinken!

5. Heil mir! Der Sohn des
Höchsten hat für mich sich richten
lassen; Gott, welch ein wunder-
voller Rath! Wer kann dein

Walten fassen? Ach, da uns Fluch und Rache drohn, da richtet Gott für uns den Sohn, den er uns selbst gegeben. Nun jauchze, Seele, du kömmst nicht in Gottes schreckliches Gericht, du bringst hindurch zum Leben.

6. Doch denk, um welchen theu= ren Preis dein Heiland dich er= kaufet; für dich rang er in To= desschweiß, für dich mit Blut getaufet. Ach, Seele, sorge, daß dich nie die Sünd in ihre Netze zieh, nichts deine Treu erschüttre! Reizt dich das Fleisch, so höre nicht; schau an das furchtbare Ge= richt, das Jesum traf, und zittre!

Christian Kortholt, 1632—1694.

Sehet, wir gehen hinauf gen Jerusalem,
Und es muß Alles erfüllet werden, was geschrieben ist von des
Menschen Sohn.

(Luc. 18, 31—33. Matth. 21, 1—9.)

Weise 338. Schwing dich auf zu deinem Gott.

174. Seele, mach dich eilig auf, Jesum zu begleiten gen Jerusalem hinaus, tritt ihm an die Seiten. In der Andacht folg ihm nach zu dem bittern Leiden, bis du aus dem Unge= mach einst zu ihm wirst scheiden.

2. Seele, siehe, Gottes Lamm gehet zu den Leiden, deiner Seele Bräutigam, als zu Hochzeits= freuden. Geht, ihr Töchter von Zion, Jesum zu empfangen; sehet ihn in seiner Kron unter Dornen prangen.

3. Du zeuchst als ein König ein, wirst auch so empfangen; aber Bande warten dein, dich damit zu fangen. Herr, man wird dir Hohn und Spott für die Ehre geben, bis du durch den Kreuzestod schließen wirst dein Leben.

4. Man wird mit der Dornen= kron dir das Haupt verletzen bis zum Tod; der Königsthron, drauf man dich wird setzen, ist das Kreuz; auf dieser Welt ist dein Reich nur Leiden; so ist es von dir bestellt bis zum letzten Scheiden.

5. O du Herr der Herrlich= keit, du wirst müssen sterben, daß des Himmels Seligkeit ich dadurch mög erben. Aber ach, wie herrlich glänzt deine Kron von ferne, bis dein siegreich Haupt bekränzt, schöner als die Sterne!

6. Herr, drum tritt getröst hinzu! Es muß dir gelingen; nach der Stillenfreitags=Ruh* wirst du Freude bringen; tritt nur auf die Todesbahn: die gestreuten Palmen zeigen dir den Sieg schon an, und die Osterpsalmen. * Charfreitagsruh.

7. Laß mich diese Leidenszeit fruchtbarlich bedenken, und voll Andacht, Reu und Leid ob der Sünd mich kränken. Auch dein Leiden tröste mich bei so vielem Jammer, bis nach allem Leiden ich geh zur Ruhekammer.

Abraham Kiesel, 1635—1702.

Daran haben wir erkannt die Liebe,
Daß er ſein Leben für uns gelaſſen hat.
(1 Joh. 3, 5. 6.)

175.   Weiſe: Ach, was ſoll ich Sünder machen?   1653. (1657.)

Je = ſu, deſ = ſen Tod und Lei = den   unſ = re Freud und

Le = ben iſt,   der du ab = ge = ſchie = den biſt,

auf daß wir nicht   von dir ſchei = den,   ſon = dern durch des

To = des Thür   zu dem Le = ben   fol = gen dir:

2. Da der ſcharfe Speer geſtochen, Herr, in deine Seite dort, und dein Blut, des Glaubens Hort,* aus der Seit hervorgebrochen, läßt du ſehen uns dein Herz voll von Liebe, voll von Schmerz.   * Hort=Schatz.

3. Deine Arme, ausgeſtrecket, zeigen deine Freundlichkeit, zu empfangen die bereit, ſo dein Kreuz zur Lieb erwecket; wer nicht unempfindlich iſt, ſich in deine Arme ſchließt.

4. Als ſich, Herr, dein Haupt geneiget, war es, um zu ſegnen mich; als der Geiſt von dannen wich, noch ſich deine Liebe zeiget. Selig, wer auch Zeichen giebt, daß er bis zum Tod dich liebt.

5. Laß die matte Seel empfinden deiner Liebe ſüße Flut; wem nicht deines Leidens Glut kann ſein kaltes Herz entzünden: — Jeſu, der muß wie ein Stein, ohne Lieb und Leben ſein!
Gottfr. Wilh. v. Leibnitz, 1646-1761.

Er ſprach: Es iſt vollbracht,
Und neigte das Haupt und verſchied.
(Matth. 27, 51—53. Luc. 23, 44—46. Joh. 19, 30. Röm. 6, 3—11.)

Weiſe 586. Ich hab mein Sach Gott heimgeſtellt.

176. Nun iſt es alles wohlgemacht, weil Jeſus ruft: „Es iſt vollbracht!" Er neigt ſein Haupt, o Menſch, und ſtirbt, der dir erwirbt das Leben, welches nie verdirbt.

2. Erſchrecklich, daß der Herr erbleicht, der Lebensfürſt, dem Niemand gleicht on Herrlichkeit! Die Erde kracht und es wird Nacht, weil Gottes Sohn wird umgebracht.

3. Die Sonn erliſcht in ihrem Lauf, der Heilgen Gräber thun ſich auf; der Vorhang reißt von oben an, daß Jedermann ins Heiligtum nun ſchauen kann.

4. Weil denn die Creatur ſich regt, ſo werd auch du, o Menſch, bewegt! Ein Fels zerreißt, — und du wirſt nicht durch dies Gericht erſchüttert, daß dein Herze bricht?

5. Ach, Vater, unter Pein und Hohn erblaßt am Kreuz dein einger Sohn! Nun, dies geſchieht für meine Schuld, drum hab Geduld und ſchenk in ihm mir deine Huld.

6. Ich will nun abgeſtorben ſein der Sünd und leben ihm allein; es hat ſein Tod das Leben mir gebracht herfür und aufgethan die Himmelsthür.

7. Ertödt, o Jeſu, ſelbſt in mir das, was noch widerſtehet dir: den alten Menſchen, daß ich ſtreb und mich erheb zum Himmel und dir, Jeſu, leb.

8. Erhör mein Flehn und ſtärke mich in meinem Vorſatz kräftiglich; laß mich den Kampf ſo ſetzen fort nach deinem Wort, daß ich die Kron erlange dort.

9. So will ich dich, Herr Jeſu Chriſt, daß du für mich geſtorben biſt, von Herzen preiſen in der Zeit und nach dem Streit in Freud und Wonn in Ewigkeit.

Laurentius Laurenti, 1660—1722.

**So laſſet uns nun Fleiß thun,
Einzugehen zu ſeiner Ruhe.**
(Röm. 8, 3—11.)
Weiſe 163. O Traurigkeit, o Herzeleid.

177. So ruheſt du, o meine Ruh, in deiner Grabeshöhle und erweckſt durch deinen Tod meine todte Seele.

2. Man ſerkt dich ein nach vieler Pein, du meines Lebens Leben! Dich hat jetzt ein Felſengrab, Fels des Heils, umgeben.

3. Ach, du biſt kalt, mein Hort und Halt; das macht dein heißes Lieben, das dich in das kalte Grab mir zu gut getrieben.

4. O Lebensfürſt, ich weiß, du wirſt mich wieder auferwecken; ſollte denn mein gläubig Herz vor der Gruft erſchrecken?

5. Sie wird mir ſein ein Kämmerlein, wo ich im Frieden liege, weil ich nun durch deinen Tod Tod und Grab beſiege.

6. Nein, nichts verdirbt, der Leib nur ſtirbt; doch wird er auferſtehen und in ganz verklärter Zier aus dem Grabe gehen.

7. Indes will ich, mein Jeſu, dich in meine Seele ſenken und an deinen bittern Tod bis zum Tod gedenken.

Salomon Franck, 1659—1725.

Mit einem Opfer hat er in Ewigkeit vollendet,
Die geheiligt werden.
(Joh. 19, 28—30. Hebr. 10, 14.)

Weiſe 563. Wer weiß, wie nahe mir mein Ende.

178. Es iſt vollbracht, er iſt
verſchieden, mein Jeſus ſchließt
die Augen zu; der Friedefürſt
entſchläft in Frieden, die Lebens=
ſonne geht zur Ruh und ſinkt
in ſtille Todesnacht; o theures
Wort: Es iſt vollbracht!

2. Es iſt vollbracht, wie er
geſprochen! des Lebens Wort *
muß ſprachlos ſein. Das Herz
der Treue wird gebrochen, den
Fels des Heils umſchließt ein
Stein. Die höchſte Kraft iſt nun
verſchmacht. O wahres Wort:
Es iſt vollbracht! * 1 Joh. 1, 1.

3. Es iſt vollbracht; ſchweig,
mein Gewiſſen; ihr Sünder,
faſſet neuen Mut; des Tem=
pels Vorhang iſt geriſſen, *
nun ſpricht für uns des Soh=
nes Blut, ** nun iſt getilgt der

Hölle Macht; o ſüßes Wort:
Es iſt vollbracht!
     * Luc. 23, 45. — Hebr. 9, 12. —
     ** Hebr. 12, 24.

4. Es iſt vollbracht! Mein
Herzverlangen, o hochgelobte
Liebe du: dich wünſchen Engel
zu umfangen, nimm auch in
meinem Herzen Ruh, wo Liebe
dir ein Grab gemacht. Troſt=
volles Wort: Es iſt vollbracht!

5. Es iſt vollbracht; ich will
mich legen zur Ruh auf Chriſti
Grabesſtein, die Engel ſind all=
hier zugegen, ich ſchlummre
ſanft, wie Jakob, * ein. Die
Himmelspfort iſt aufgemacht.
O Lebenswort: Es iſt voll=
bracht!
     * 1 Moſ. 28, 11. 12. 17.

Salomon Franck, 1659—1725.

(Sehet, welch ein Menſch!)

Fürwahr, er trug unſre Krankheit
Und lud auf ſich unſre Schmerzen.
(Joh. 19, 5. 2 Cor. 5, 21.)

Weiſe 387. Groß iſt, o großer Gott.

179. Seht, welch ein Menſch
iſt das! O Blicke voller Thrä=
nen, o Antlitz voller Schmach,
o Lippen voller Sehnen, o Haupt
voll Todesſchweiß, o Seele vol=
ler Noth, o Herze voll Geduld,
o Lieb voll Angſt und Tod!

2. Seht; welch ein Menſch
iſt das! ach ſehet ſeine Wun=
ben! Habt ihr, ihr Sünder,

nicht den Heiligen gebunden?
ſind eure Lüſte nicht die Dor=
nen, die er trägt? iſts eure
Bosheit nicht, die an das Kreuz
ihn ſchlägt?

3. Seht, welch ein Menſch iſt
das! Ach, opfert Thränenflu=
ten, denn eure Sünde macht
das Herz des Heilgen bluten;
geht nicht vorüber hier, wo

Schmerz ist über Schmerz; seht durch die offne Brust in eures Jesu Herz!

4. Seht, welch ein Mensch ist das! Ach ja, wir wollen sehen, was dir, du Menschenfreund, durch Menschen ist geschehen; so lang ein Auge blickt, so lange soll die Pein, die du für uns erträgst, uns unvergessen sein!

5. Seht, welch ein Mensch ist das! Ach sieh uns an in Gnaden! Wenn wir in Reu und Leid beweinen unsern Schaden, so laß den Blick vom Kreuz in unsre Seele gehn und dein vergoßnes Blut für uns beim Vater flehn!

6. Seht, welch ein Mensch ist das! So wollen wir dich schauen und unsern ganzen Trost auf dein Verdienst nur bauen. Wenn nun dein Haupt sich neigt, so sterben wir mit dir; wenn unser Auge bricht, Heil uns! dann leben wir.

Benjamin Schmolck, 1672—1737.

Wachet und betet, daß ihr nicht in Anfechtung fallet; Der Geist ist willig, aber das Fleisch ist schwach.
(Matth. 26, 36—46.)

Weise 365. Wer nur den lieben Gott läßt walten.

180. Du gehest in den Garten beten, mein treuer Jesu, nimm mich mit; laß mich an deine Seite treten, ich weiche von dir keinen Schritt; ich will an dir, mein Lehrer, sehn, wie mein Gebet soll recht geschehn.

2. Du gehst mit Zittern, Zagen, Klagen und bist bis in den Tod betrübt; ach, dies soll mir ans Herze schlagen: daß ich die Sünde so geliebt; drum willst du, daß ein Herz voll Reu mein Anfang zum Gebete sei.

3. Dich reißend* von der Jünger Seiten suchst du die stille Einsamkeit; so muß auch ich mich wohl bereiten und fliehen, was mein Herz zerstreut. Führ, Herr, mich in mein Kämmerlein**, daß nur wir zwei beisammen sei'n.

* Luc. 22, 41. — ** Matth. 6, 6.

4. Zur Erde beugst du deine Glieder, fällst nieder auf dein Angesicht; so sinkt die stille Demut nieder: drum rühm ich Asch und Staub* mich nicht, ich lieg und benge mich mit dir vor meinem Gott in Demut hier. * 1 Mos. 18, 27.

5. Du betest zu dem lieben Vater, rufst „Abba, Abba!" wie ein Kind; dein Vater ist auch mein Berather, sein Vaterherz ist treu gesinnt. Ich halte mich getrost an dich und rufe: Abba, höre mich!

6. Du greifst voll Zuversicht und Liebe dem Vater tief ins treue Herz und rufst aus stärkstem Herzenstriebe: „O Vater, Vater!" himmelwärts. Ach, Glaub und Liebe sind mir noth, sonst ist mein Beten alles todt.

7. Geduldig Lamm, wie hältst du stille und im Gebete drei-

mal an! Dabei ist auch für mich dein Wille, daß ich soll thun, wie du gethan. Gott hilft nicht stets aufs erstemal, drum fleh und ruf ich ohne Zahl.

8. Dein Wille senkt sich in den Willen des allerbesten Vaters ein; in ihm muß auch mein Herz sich stillen, wofern ich will erhöret sein; drum bet ich in Gelassenheit: „Was mein Gott will, gescheh allzeit!"

9. Obgleich die Jünger dein vergessen, denkt ihrer doch dein treues Herz; wie sehr dich auch die Martern pressen: du sorgst für sie im größten Schmerz.

Mein Beten bleibet ohne Frucht, wenn es des Nächsten Heil nicht sucht.

10. Du, Herr, erlangest auf dein Flehen Trost, Kraft, Sieg, Leben, Herrlichkeit; und so wirds auch mit mir geschehen, daß ich zur angenehmen Zeit auf ernstlich Beten freudevoll den gleichen Segen ernten soll.

11. Drum, Jesu, hilf mir stets so beten, wie mich dein heilig Vorbild lehrt, so kann ich frei zum Vater treten und werde stets von ihm erhört, so bet ich mich zum Himmel ein und will dir ewig dankbar sein.

M. Johann Konrad Klemm, † 1763.

Du, Herr, bleibest ewiglich,
Und dein Gedächtnis für und für.
(2 Tim. 2, 8—13.)

181. Weise: Herr und Aeltster deiner Kreuzgemeine. 1784.

Marter Christi, wer kann dein vergessen,
Nein, wir wollen immer mehr ermessen
der in dir sein Wohlsein saub? Unsre Seele
deiner Liebe theures Pfand. unsre Ohren
soll sich daran nähren, alle Tage
nie was Liebers hören;
werd dies Bild schöner unserm Blick enthüllt.

2. Tausend Dank, du unser treues Herze! Leib und Seele

beten an, daß du unter Marter, Angst und Schmerze hast

für uns genug gethan. Laß dich jedes um so heißer lieben, als es noch im Glauben sich muß üben, bis es einst als deine Braut dich von Angesichte schaut!

3. Meine kranke und bedürftge Seele eilet deinen Wunden zu, daß sie sich den Gnadenborn erwähle, wo ihr fließen Fried und Ruh. Auf dein Kreuz laß, Herr, mich gläubig sehen, laß dein Marterbild stets vor mir

stehen: so geht mir bis in mein Grab nichts von deinem Frieden ab.

4. Die wir uns allhier beisammen finden, schlagen unsre Hände ein, uns auf deine Marter zu verbinden, dir auf ewig treu zu sein; und zum Zeichen, daß dies Lobgetöne deinem Herzen angenehm und schöne — sage Amen und zugleich: „Friede, Friede sei mit euch!"

Christian Renatus, Graf von Zinzendorf, 1727—1757.

Laſſet uns ihn lieben,
Denn er hat uns zuerſt geliebt.
(1 Joh. 4, 14—19.)

Weiſe 159. Herzliebſter Jeſu, was haſt du verbrochen?

182. Herr, stärke mich, dein Leiden zu bedenken, mich in das Meer der Liebe zu versenken, die dich bewog, von aller Schuld des Bösen uns zu erlösen!

2. Du wolltest, Herr, ein Mensch gleich uns auf Erden und bis zum Tod am Kreuz gehorsam werden, an unsrer Statt gemartert und zerschlagen die Sünde tragen.

3. Welch wundervoll hochheiliges Vollbringen! Mein Geist kann nicht in seine Tiefe dringen. Mein Herz erbebt; ich seh und ich empfinde den Fluch der Sünde.

4. Gott ist gerecht, ein Rächer alles Bösen, Gott ist die Lieb und läßt die Welt erlösen; dies kann mein Geist mit Schrecken und Entzücken am Kreuz erblicken.

5. Es schlägt den Stolz und

mein Verdienst darnieder, es stürzt mich tief und es erhebt mich wieder, lehrt mich mein Glück, macht mich aus Gottes Feinde zu Gottes Freunde.

6. O Herr, mein Heil, an dessen Blut ich glaube: ich liege hier vor dir gebückt im Staube, verliere mich mit dankendem Gemüte in deine Güte.

7. Das Größt in Gott ist: Gnad und Lieb erweisen; uns kommt es zu, sie demutvoll zu preisen, zu sehn, wie hoch, wenn Gott uns Gnad erzeiget, die Gnade steiget.

8. So sei denn ewig auch von mir gepriesen für das Erbarmen, das du mir bewiesen. Du hast, mein Heiland, auch für mich dein Leben dahin gegeben!

9. Du liebtest mich; ich will dich wieder lieben und stets mit

Freuden deinen Willen üben. | heilgen Werke mir Kraft und
O gib du, Herr, zu diesem | Stärke!

M. **Chriſtian Fürchtegott Gellert**, 1715—1769.

**Chriſtus hat unſre Sünden ſelbſt geopfert an ſeinem Leibe auf
dem Holz,**
Auf daß wir, der Sünde abgeſtorben, der Gerechtigkeit leben.
(2 Cor. 5, 15. 17.)

Weiſe 682.   Jauchzet dem Herren all auf Erden.

183. O drückten Jeſu Todes= | der Liebe, klar und helle, mein
mienen ſich meiner Seel auf | Herz ſoll offen ſtehn für dich;
ewig ein; o möchte ſtündlich ſein | o unerſchöpfte Friedensquelle,
Verſühnen in meinem Herzen | ergieß ohn Ende dich in mich!
kräftig ſein! denn ach, was hab | 4. Herr Jeſu, nimm für deine
ich ihm zu danken: für meine | Schmerzen mich Armen an, ſo
Sünden floß ſein Blut; das heilet | wie ich bin; ich ſetze dir in
mich, den Armen, Kranken, und | meinem Herzen ein Denkmal
kommt mir ewiglich zu gut. | deiner Liebe hin, die dich für
2. Ein Blick im Geiſt auf | mich zum Tod getrieben, die
Jeſu Leiden gibt auch dem blöd= | mich aus meinem Jammer riß;
ſten Herzen Mut; die Quelle | ich will dich zärtlich wieder lie=
wahrer Geiſtesfreuden iſt ſein | ben, du nimmſt es an, ich bins
vergoßnes theures Blut, wenn | gewis.
ſeine Kraft das Herz durch= | 5. Wenn einſt mein Herz wird
ſließet, ſein Lieben unſre Seel | ſtille ſtehen, ſchließ mich in dein
durchbringt, die Glaubenshand | Erbarmen ein; dann werd ich
ſein Kreuz umſchließet und uns | dich von nahem ſehen in deiner
ſein Anblick Frieden bringt. | Klarheit ewgem Schein. Die
3. Für mich ſtarb Jeſus; meine | Seele, die durch dich geneſen,
Süuden ſinds, die ihn in den | ruht dann in deinen Armen
Tod verſenkt; drum läßt er Gnade | aus und läſſet gern den Leib
mir verkünden, die mich mit | verweſen; er wird bereinſt ihr
Lebenswaſſer tränkt. O Strom | neues Hans.

Herrnhuter Brüdergeſangbuch von 1778.

Sterben wir mit, ſo werden wir mit leben;
Dulden wir mit, ſo werden wir mit herrſchen.
(2 Timoth. 2, 11—13. Hebr. 12, 1. 2.)

Weiſe 386.   Dir, dir, Jehovah, will ich ſingen.

184. Ach, ſieh ihn dulden, | Gottes eingen Sohn und Er=
bluten, ſterben, o meine Seele, | ben, wie er für dich in Todes=
ſag ihm Preis und Dank! ſieh | noth verſank! Wo iſt ein Freund,

der je, was er, gethan, der, so
wie er, für Sünder ſterben kann?

2. Wie bitter waren jene
Stunden, o Herr, und welche
Laſten drückten dich! wie quoll
das Blut aus deinen Wunden!
und ach, es floß zum Heil
und Troſt für mich und ruft
noch heute mir und Allen zu,
daß dᵘ mich liebſt, du treuer
Heiland du!

3. So ſollt es ſein; du muß=
teſt leiden, dein Tod macht mir
des Vaters Liebe kund, er wird
für mich ein Quell der Freu=
den, ein Sigel auf den ewgen
Friedensbund. So wahr dich
Gott für uns Verlorne gibt,
so wahr iſt es, daß er mich
herzlich liebt.

4. Dein bin ich nun und Got=
tes Erbe; da ſeh ich in ſein
Vaterherz hinein. Wenn ich
nun leide, wenn ich ſterbe, kann
ich unmöglich je verloren ſein.
Wenn Sonne, Mond und Erde
untergehn, ſo bleibt mir ewig
Gottes Gnade ſtehn.

5. Ja, Herr, dein Vorbild
ſoll mich lehren; ich folge dir,
o gib mir Freudigkeit! Gern
will ich deine Stimme hören

und freudig thun, was mir dein
Wort gebeut; die Dankbarkeit
bringt innigſt mich dazu, —
wer hat es mehr um mich ver=
dient, als du?

6. Nie will ich mich an Fein=
den rächen (auch dies lern ich,
mein Heiland, hier von dir),
nie Gottes Willen widerſpre=
chen, wär ſeine Führung noch
ſo dunkel mir; auf Dornen
gingſt du ſelbſt zum Ziele hin;
ich folge dir, weil ich dein Jün=
ger bin.

7. Was fürcht ich noch des
Todes Schrecken? Auch du
ſchliefſt einſt im Grab, o See=
lenfreund! Mag Erde mein Ge=
bein bedecken, wann mir des
Todes Nacht zur Ruh erſcheint:
— dein Gott, der dir das Le=
ben wiedergab, der wälzet auch
den Stein von meinem Grab.

8. Nimm hin den Dank für
deine Plagen, mein Retter, den
die treue Liebe bringt! Noch
heißern Dank will ich dir ſa=
gen, wann dich mein Geiſt im
Engelchor beſingt. Dann ſtim=
men alle Sel'gen fröhlich ein,
der ganze Himmel ſoll dann
Zeuge ſein!

Dr. Johann Auguſt Hermes, 1736—1822.

**Die Strafe liegt auf ihm, auf daß wir Frieden hätten,
Und durch ſeine Wunden ſind wir geheilet.**
(Jeſ. 53, 5. 1 Petr. 2, 24.)

Weiſe 365. Wer nur den lieben Gott läßt walten.

185. Ich ſenke mich in deine
Wunden, ich ſenke mich in dei=
nen Tod, wenn in der Buße
Trauerſtunden die Sünde mir

Verdammnis droht; ich ſchaue
deine Schmerzen an und weiß:
du haſt genug gethan.

2. All Weh will ich in dich

verſenken, will theilen deine bittre Noth und hier an keine Roſen denken, wo dir der Acker Dornen bot; ich ſprech auf meiner Kreuzesbahn: das hat man Gottes Sohn gethan!

3. Flößt die verbotne Luſt dem Herzen ihr Gift mit ſüßen Reizen ein, ſo geh ich ein in deine Schmerzen und tödte ſie durch deine Pein; ſeh ich dein Dürſten, deine Schmach, ſo flieh ich, was dein Herz dir brach.

4. Will keine Sonne mehr mir ſcheinen und ſchweb ich in Verlaſſenheit, ſo denk ich, wie die Schar der Deinen, wie Gott ſelbſt dich verließ im Streit.*

Mit dir wird Nacht zum Morgenſchein, bei dir iſt kein Verlaſſenſein. * Matth. 27, 46.

5. Will einſt des Todes Pfeil mich ſchrecken und macht mir bang des Grabes Nacht, ſo hoff ich ihn mit dir zu ſchmecken, der mir Unſterblichkeit gebracht; wer mit dir ſtirbt, der lebt zugleich, ſein Sterben wird zum Himmelreich.

6. So will ich die Gemeinſchaft üben, aus deren Leid mir Freude grünt; könnt auch die Marter mich betrüben, durch die du Segen mir verdient? Ich geh in deine Leiden ein; mit dir vereint heißt ſelig ſein.

Dr. Johann Friedrich v. Meyer, 1772—1848.

Zum Schluß der Paſſionszeit.

Der Gerechte, ob er gleich zeitlich ſtirbt,
Iſt er doch in der Ruhe.
(Hebr. 4, 9. Offenb. 21, 4.)

Weiſe 771. Es iſt gewißlich an der Zeit.

186. Am Freitag muß ein jeder Chriſt ſein Kreuz mit Chriſto tragen, bis der Sabbath vorhanden iſt; dann ruht er in dem Grabe, bis kommt der fröhlich Oſtertag; dann ihn das Grab nicht halten mag, mit Freuden er aufwachet.

2. Der Freitag währt die kleine Zeit, die wir leben auf Erden, wo wir durch Jammer, Herzeleid und Angſt betrübet werden. Das macht Adams und unſre Schuld; wohl denen, welche mit Gebuld ihr Kreuz dem Herrn nachtragen!

3. Am Sabbath kommen wir zur Ruh, all Kreuz wird weggenommen; wenn uns die Augen gehen zu und unſre Stund iſt kommen, dann trägt man uns ins Ruhbettlein, darin gar ſanft ſchläft Fleiſch und Bein, bis uns der Herr aufwecket.

4. Dann kommt der fröhlich Oſtertag, an dem wir auferſtehen, wo uns der Tod nicht halten mag und wir entgegen gehen dem Herrn, mit ihm in ſeinem Reich in Freud zu leben ewiglich; Herr Chriſt, das hilf uns! Amen.

Nicolaus Herman, † 1561.

7. Osterlieder.

Der Herr ist auferstanden,
Er ist wahrhaftig auferstanden. Hallelujah!
(1 Cor. 15, 20.)

187. Eigne Weise. Altdeutsch. 1535.

Christ ist er = stan = den von der Mar=ter
al = le; des solln wir al = le froh sein,
Christ will un = ser Trost sein. Hal = le = lu = jah!
Wär er nicht er = stan = den, so wär die Welt ver=
gan = gen; seit daß er er=stan=den ist, so lobn wir den Herrn
Jesum Christ. Hal=le = lu=jah! Hal = le = lu = jah,
Hal = le = lu = jah, Hal = le = lu = jah! Des
solln wir al = le froh sein, Christ will un=ser Trost sein.
Hal = le = lu = jah!

(Altes Osterlied aus dem 13. Jahrhundert.)

Gott hat Christum von der Todten auferwecket
Und ihn gesetzt zum Haupt der Gemeinde über Alles.
(Offenb. 1, 17—18.)

188. Eigne Weise. 1535.

Je = sus Christus, un=ser Hei=land, der den Tod
ü = berwand, ist auf=er=stan=den, die Sünd hat er ge=
fan=gen. Herr, erbarm dich un = ser!

2. Der ohn Sünden war ge=
boren, trug für uns Gottes
Zorn, hat uns versöhnet, daß
uns Gott sein Huld gönnet!
Herr, erbarm dich unser!

3. Tod und Sünde, Leben,
Heil, Gnad, All's in Händen er
hat; er kann erretten all die,
so zu ihm treten. Herr, erbarm
dich unser!
Dr. Martin Luther, 1483—1546.

Der Tod ist verschlungen in den Sieg, Hallelujah!
Tod, wo ist dein Stachel? Hölle, wo ist dein Sieg?
(1 Cor. 15, 55—57.)

189. Eigne Weise. 1524.

1. Christ lag in To=des = ban = den, für uns=re Sünd ge=
2. Den Tod — niemand zwingen konnt bei al = len Menschen=
3. Je = sus Christus, Gottes Sohn an uns=rer Statt ist
4. Es war ein wun=der = licher Krieg, da Tod und Le = ben
5. Hier ist das rech = te Oster=lamm, da = von wir sol = len
6. So sei=ern wir das ho = he Fest mit Her=zens=freud und
7. Wir es = sen von seinem Mal, zum sü = ßen Brot ge=

1. ge = ben, der ist wie=der er = stan = den und
2. kin=dern; das macht — al = les unsre Sünd, kein
3. kom=men und hat die Sün = de ab=ge = than, da=
4. run=gen; das Le = ben das be = hielt den Sieg, es
5. le = ben, für uns in Tod am Kreuzes=stamm aus
6. Won=ne, das uns der Her = re scheinen läßt; er
7. la = ben; der al = te Sau = er = teig nicht soll sein

1. hat uns bracht das Le = ben; des wir sol = len
2. Un = schuld war zu fin = den. Da = von kam der
3. mit dem Tod ge = nom = men all sein Recht und
4. hat den Tod ver = schlun = gen, wie ver = kün = det
5. hei = ßer Lieb ge = ge = ben; des Blut zeich = net
6. fel = ber ist die Son = ne, der durch sei = ner
7. bei dem Wort der Gna = den. Chri = ftus felbft die

1. fröh=lich fein, Gott lo = ben und dank=bar fein und
2. Tod fo bald und nahm ü = ber uns Ge = walt, hielt
3. fein Ge = walt; da bleibt nichts denn Tods=ge = ftalt, den
4. hat die Schrift: „Tod, ich will dir fein ein Gift"; ein
5. unf=re Thür, das hält der Glaub dem To = de für; der
6. Gnaden Glanz er = leucht unf=re Her=zen ganz; der
7. Koftwill fein und fpei=fen unf=re Seel al = lein, gibt

1. fin = gen: Hal = le = lu = jah, Hal=le=lu = jah!
2. uns in fei = nen Ban = den. Hal=le=lu = jah!
3. Stachl hat er ver = lo = ren. Hal=le=lu = jah!
4. Spott der Tod ift wor = den. Hal=le=lu = jah!
5. Würger kann nicht fcha = den. Hal=le=lu = jah!
6. Sünd Nacht ift ver = gan = gen. Hal=le=lu = jah!
7. ihr das ew=ge Le = ben. Hal=le=lu = jah!

Dr. Martin Luther, 1483—1546.

Der Name des Herrn fei gelobet;
Gelobt fei, der da kommt im Namen des Herrn!
(Röm. 8, 28—34.)

190. Eigne Weife.
Melch. Bulpius? 1609.

Ge=lobt fei Gott im höch=ften Thron famnt fei=nem

ein = ge = bor=nen Sohn, der für uns hat ge=

10

nug ge = than! Hal = le = lu = jah —, Hal = le = lu =

jah —, Hal = le = lu = jah!

2. Des Morgens früh am britten Tag, weil* noch der Stein am Grabe lag, erstand er frei ohn alle Klag. Hallelujah, Hallelujah, Hallelujah!

* Während.

3. Er ist erstanden von dem Tod, hat überwunden alle Noth, versühnet Sünd und Missethat. Hallelujah, Hallelujah, Hallelujah!

4. Nun bitten wir dich, Jesu Christ, weil du vom Tod erstanden bist: verleihe, was uns selig ist. Hallelujah, Hallelujah, Hallelujah!

5. O mache unser Herz bereit, damit wir, von der Sünd befreit, dir mögen singen allezeit: „Hallelujah, Hallelujah, Hallelujah!"

Böhm. Brüder 1531. (Mich. Weiße.)

Dies ist der Tag, den der Herr gemacht hat, Hallelujah! Laßt uns sein freuen und fröhlich darinnen sein.
(Luc. 24, 34—49. Joh. 20, 19—31.)

Nach voriger Weise.

190½. Betrachten wir zu dieser Frist die Auferstehung Jesu Christ, die uns zu Trost geschehen ist. Hallelujah, Hallelujah, Hallelujah!

2. Der von den Feinden ward veracht, mit Mördern schmählich umgebracht, daß seiner nicht mehr würd gedacht, — (Hallelujah, Hallelujah, Hallelujah!) —

3. Der ist erstanden hell und klar, erfreuend seine kleine Schar, die seinethalb betrübet war. Hallelujah, Hallelujah, Hallelujah!

4. Er zeigt sich in Leibhaftigkeit, erstanden in Wahrhaftigkeit und angethan mit Herrlichkeit. Hallelujah, Hallelujah, Hallelujah!

5. Damit hat er gezeiget an, daß die, so gehen seine Bahn, in starker Hoffnung sollen stehn. Hallelujah, Hallelujah, Hallelujah!

1 Petr. 1, 3.

6. Kehr dich zu ihm, o Christenheit, folg ihm mit Unterthänigkeit, so kommst du auch zur Herrlichkeit. Hallelujah, Hallelujah, Hallelujah!

7. Die Zeit ist jetzt ganz freudenreich; derhalben laßt uns allzugleich Gott loben in dem Himmelreich. Hallelujah, Hallelujah, Hallelujah!

8. Denn Alles, was da Leben hat und dieser Zeit geharret hat, das freut sich und ist wohl-

gemut. Hallelujah, Hallelujah, Hallelujah!

Hohe Lied 2, 11—12. Pf. 148.

9. Die Blümlein lieblich sind und zart, es singen froh nach ihrer Art die Vöglein all zu dieser Fahrt. Hallelujah, Hallelujah, Hallelujah!

10. Die Engel in der Himmel Chor, die loben ihn stets für und für, der uns aufthut des Himmels Thür. Hallelujah, Hallelujah, Hallelujah!

Hebr. 1, 6.

11. So laßt uns auch begehn mit Fleiß dies Fest nach rechter Christenweis' und Christo sagen

Dank und Preis. Hallelujah, Hallelujah, Hallelujah!

12. So sprechend: O Herr Jesu Christ, der du vom Tod erstanden bist, bewahr uns vor des Feindes List! Hallelujah, Hallelujah, Hallelujah!

13. Hilf durch dein Auferstehn, daß wir im Glauben wandeln für und für und fröhlich einst vollenden hier, — (Hallelujah, Hallelujah, Hallelujah!) —

14. Auf daß wir dort die Seligkeit und deine Freud und Herrlichkeit erlangen auch in Ewigkeit! Hallelujah, Hallelujah, Hallelujah!

Böhm. Brüder, 1544. (Joh. Horn, † 1547.)

**Wir haben auch ein Osterlamm,
Das ist Christus für uns geopfert.**

(1 Cor. 5, 7—8.)

191. Eigne Weise. Altdeutsch. 1531.

Chri-stus ist er-stan-den von des To-des Ban-den; des freu-et sich der En-gel Schar und singt im Himmel im-mer-dar: Hal-le-lu-jah!

2. Der für uns sein Leben hat in Tod gegeben, — der ist nun unser Osterlamm, daß wir uns freuen allesammt. Hallelujah!

3. Der am Kreuz gehangen, kein Trost konnt erlangen, — der lebet nun in Herrlichkeit,

uns zu vertreten stets bereit. Hallelujah!

4. Der, hinabgefahren, den gefangnen Scharen das Evangelium macht bekannt, — der wird nun in der Höh erkannt. Hallelujah!

1 Petr. 3, 19. 4, 6.

10*

5. Der da lag begraben, —
der ist nun erhaben, und kräf=
tig wird sein Thun erweist und
in der Christenheit gepreist.
Hallelujah!

6. Er läßt nun verkünden Til=
gung unsrer Sünden, und wie
man die durch rechte Buß nach
seiner Ordnung suchen muß.
Hallelujah!

7. Chri=ste, o du O=ster=lamm, spei=se heut uns
al=le=sammt, nimm weg all uns=re Mis=se=that, daß
wir dir sin=gen früh und spat: Hal=le=lu=jah!

Böhmische Brüder, 1531. (Michael Weiße, † 1534.)

**Gott hat uns wiedergeboren zu einer lebendigen Hoffnung
Durch die Auferstehung Jesu Christi von den Todten.**
(Röm. 8, 34—39.)

192. Eigne Weise. 1531.

Chor.
Ihr Aus=er=wählten, freu=et euch und lo=bet Christum
O dan=ket ihm aus Herzensgrund, daß er, am Kreuzes=
all=zu=gleich, der arm ward und euch mach=te reich. Hal=
stamm verwundt, ge=macht hat eu=re Seel ge=sund. Hal=
le=lu=jah!
le=lu=jah!

Gemeinde.
Er litt für uns den bit=tern Tod und half uns aus der
größten Noth, er=stand vom Tod, ging ein zur Ruh, dar=

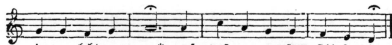

in = nen lebt er nu*, auf daß er uns stets Hil = fe thu.

* n u ist die alte ausschließliche Form unsers neudeutschen Wortes n u n.

2. Chor. Nun preiset Gott! denn er ist gut; erzählt die Wunder, die er thut der auserwählten Schar zu gut! Hallelujah! Christgläubge Herzen, jubilirt, und lobet Gott, der euch regiert, mit seinen edlen Gaben ziert. Hallelujah!

Gemeinde. Denn groß ist seine Gütigkeit, die euch erlöst aus allem Leid; er hat erkannt, was uns gebricht, sein Werk wohl ausgericht: nun lobet ihn und schweiget nicht!

3. Chor. Lob sei dir, Gott von Ewigkeit, der du uns aus Barmherzigkeit einführst zu deiner Herrlichkeit! Hallelujah! Dir sei von allem Himmelsheer, vom Erdreich und vom ganzen Meer in Ewigkeit Preis, Lob und Ehr. Hallelujah!

Gemeinde. Denn du hast für uns deinen Sohn am Kreuze lassen Buße thun, ihn darnach von des Todes Band erweckt mit starker Hand zu unserm Helfer und Heiland!

4. Chor. O werther Heiland Jesu Christ, der du vom Tod erstanden bist: sei gnädig uns zu aller Frist; behüt uns treulich vor dem Feind, bewahr uns stets als deine Freund, dir gänzlich bis zum Tod vereint! Hallelujah!

Gemeinde. Denn wo du nicht, Herr Jesu Christ, mit deiner Hilfe bei uns bist, wenn der Versucher uns ansicht, — so wird nichts ausgericht: drum hilf uns, und verlaß uns nicht!

Böhm. Brüder, 1530. (Mich. Weiße.)

Lasset uns Ostern halten nicht im Sauerteige der Bosheit und Schalkheit,
Sondern im Süßteige der Lauterkeit und Wahrheit.
(1 Cor. 5, 7—8.)

193. Eigne Weise. Nic. Herman, 1560.

Er = schie = nen ist der herr = lich Tag, dran

Nie = mand gnug sich freu = en mag: Christ, un = ser

Herr, heut tri = um = phirt, all sei = ne Feind ge =

san=gen führt. Hal = le = lu = jah!

2. Die alte Schlang*, die Sünd, den Tod, die Höll, all Jammer, Angst und Noth hat überwunden Jesus Christ, der heut vom Tod erstanden ist. Hallelujah!

   * 2 Kor. 11, 3. Off. 12, 9. 20, 2.

3. Am Sonntag früh der Weiber drei zum Grabe brachten Spece=rei, zu salben der Maria Sohn; ver war vom Tod erstanden schon. Hallelujah!

4. „Wen sucht ihr da?" der Engel sprach, „Christ ist er=standen, der hier lag; da sind die Tücher, seht hinein; geht hin und sagts den Jüngern sein." Hallelujah!

5. Der Jünger Furcht und Herzeleid wird heut verkehrt in eitel * Freud; sobald sie nur den Herrn erkannt, ihr Trauern, Furcht und Zagen schwand. Hal=lelujah!   * lauter.

6. Drei Tag und länger keine Stund der Tod den Held be=halten konnt; sein Raub er mußte geben her, das Leben siegt und ward sein Herr. Hallelujah!

7. Heut gehn wir aus Aegyp=tenland, aus schwerer Knecht=schaft Dienst und Band, und essen das recht Osterlamm ge=opfert an des Kreuzes Stamm. Hallelujah!

8. Auch essen wir die süßen Brot, die Moses Gottes Volk gebot; kein Sauerteig soll bei uns sein, daß wir von Sünden leben rein. Hallelujah!

9. Zerstört ist nun des Todes Macht, Christ hat das Leben wiederbracht und unsre Thür mit seinem Blut besprenget; das hält uns in Hut. Hallelujah!

   2 Mos. 12, 12—13. 1 Petr. 1, 2. Hebr. 12, 24.

10. Die Sonn, die Erd, all Creatur und was betrübet war zuvor, das freut sich heut an diesem Tag, wo der Welt Fürst darniederlag. Hallelujah!

11. Drum wollen wir auch fröhlich sein, das Hallelujah singen fein und loben dich, Herr Jesu Christ. Zum Trost du uns erstanden bist. Hallelujah!

         Nicolaus Herman, † 1561.

Halt im Gedächtnis Jesum Christum, Welcher auferstanden ist von den Todten.

(2 Tim. 1, 7—10.)

Nach voriger Weise.

194. Wir danken dir, Herr Jesu Christ, daß du vom Tod erstanden bist und hast zerstört des Todes Macht und uns das Leben wiederbracht. Hallelujah!

2. Wir bitten dich, durch deine Gnad nimm von uns unsre Misse=that, und hilf uns durch die Güte dein, daß wir dein treue Diener sei'n. Hallelujah!

3. Gott Vater in dem höchsten Thron sammt seinem eingebor= nen Sohn, dem heilgen Geist in gleicher Weis' in Ewigkeit sei Lob und Preis. Hallelujah!

Dr. Nicolaus Selnecker, 1532-1592.

Gleichwie Christus ist auferwecket von den Todten durch die Herrlichkeit des Vaters,

Also sollen auch wir in einem neuen Leben wandeln!

(Matth. 28, 1—7.)

Weise 193. Erschienen ist der herrlich Tag.

195. Früh Morgens, da die Sonn aufgeht, mein Heiland Christus aufersteht; vertrieben ist der Sünden Nacht, — Licht, Heil und Leben wiederbracht. Hallelujah!

2. Nicht mehr als nur drei Tage lang mein Heiland lag in Todeszwang; den dritten Tag durchs Grab er bringt, mit Ehren seine Siegsfahn schwingt. Hallelujah!

3. Jetzt ist der Tag, wo mich die Welt mit Schmach am Kreuz gefangen hält; drauf folgt der Sabbath in dem Grab, darin ich Ruh und Friede hab. Hal= lelujah!

4. In kurzem wach ich fröh= lich auf, mein Ostertag ist schon im Lauf; ich wache auf durch Christi Stimm, veracht den Tod mit seinem Grimm. Hallelujah!

5. Hier ist noch nicht ganz kund gemacht, was Christus aus dem Grab gebracht, der große Schatz, die reiche Beut, drauf sich ein Christ so herzlich freut. Hal= lelujah!

6. Der jüngste Tag wird zeigen an, was er für Thaten hat gethan; da werd ich Christi Herrlichkeit anschaun ewig, voller Freud. Hallelujah!

7. O Wunder groß! o starker Held! wo ist ein Feind, den er nicht fällt? Kein Angststein liegt so schwer auf mir, er wälzt ihn von des Herzens Thür. Hallelujah!

8. Kein Kreuz und Trübsal ist so groß, der Herr greift ein und macht mich los, führt mich heraus mit seiner Hand; wer mich will halten, wird zu Schand. Hallelujah!

9. Lebt Christus: was bin ich betrübt? Ich weiß, daß er mich herzlich liebt; wenn mir gleich alle Welt stürb ab, gnug, daß ich Christum bei mir hab. Hal= lelujah!

10. Er nährt, er schützt, er tröstet mich; sterb ich, so nimmt er mich zu sich; wo er jetzt lebt, da muß ich hin, weil seines Leibes Glied ich bin. Hallelujah!

11. Durch seiner Auferstehung Kraft komm ich zur Engelbrü= derschaft; durch ihn bin ich mit Gott versöhnt, mit Gnad und ewgem Heil gekrönt. Hallelujah!

12. Mein Herz darf nicht entsetzen sich: Gott und die

Engel lieben mich; die Freude, die mir ist bereit, vertreibet Furcht und Traurigkeit. Hallelujah!

13. Für diesen Trost, o gro=

ßer Held, Herr Jesu, dankt dir alle Welt. Dort wollen wir mit größerm Fleiß erheben deinen Ruhm und Preis. Hallelujah!

Johann Heermann, 1585—1647.

Preise, Jerusalem, den Herren,
Lobe, Zion, deinen Gott!
(1 Kor. 6, 19—20. Röm. 4, 23—25.)

196.

Eigne Weise.

Joh. Schop, 1641.

Las=set uns den Her=ren prei=sen, o ihr
Kommet, laßt uns Dank er=wei=sen un=serm

Chri=sten ü=ber=all!
Gott mit fro=hem Schall! Jauch=zet: frei von

To=des=ban=den ist der Held aus Ju=da's

Stamm; der zu uns vom Him=mel kam, Je=sus

Chri=stus, ist er=stan=den. Nun ist aus der

lan=ge Streit; freu=e dich, o Chri=sten=heit!

2. Christus hat nun über=wunden des ergrimmten Todes Macht; der im Tode lag gebunden, hat das Leben neu gebracht und die Finsternis bezwungen. Die Verwesung schaute nicht*, der des Todes Ketten bricht; nun, zum Himmelsthron gedrungen, gibt er uns ein frei Geleit; freue dich, o Christenheit!
* Ap. 2, 27.

3. War er gleich am Kreuz gestorben, war er gleich ins Grab gelegt: dennoch blieb er unverdorben; als die Erde ward erregt*, hat der Lebensfürst erhoben sein verklärtes Angesicht, stirbet nun und nimmer nicht.

Ewig werden wir ihn loben;
Harf und Psalter, seid bereit!
freue dich, o Christenheit!

* Matth. 28, 2.

4. Grab, wo sind nun deine
Schrecken? Hölle, wo ist dein
Triumph? Tod, du kannst kein
Graun erwecken, deine Pfeile sind
jetzt stumpf; Christus ist dein
Gift gewesen*; er, der starke
Gottesheld, hat dir deinen Trotz
gefällt, und wir Menschen sind
genesen. Nun vom schweren Joch
befreit, freue dich, o Christenheit!

* Hos. 13, 14.

5. Er ist aus der Angst gerissen und mit Ehren angethan;
wer ist, der sein Leben wissen
und die Läng ausreden kann?*
Christus ist der Eckstein worden**, daß wir würden nicht
zu Schand***; seine mächtge
Retterhand reißt uns aus der
Sünder Orden†, schenket uns
die Seligkeit; — freue dich, o
Christenheit!

* Jes. 53, 8. Ap. 8, 33. — ** Jes.
28, 16. Eph. 2, 20. — ***1 Petr. 2, 6.
— † Stand.

6. Preis dir, Christe, für die
Früchte, die uns gibt dein Auferstehn; deine Gunst läßt dem
Gerichte mutig uns entgegen-
sehn; deine edeln, schönen Gaben: Gnad und Leben, Freud
und Sieg, Trost und Friede
nach dem Krieg —, o, die sollen
kräftig laben Leib und Seel in
allem Leid; freue dich, o Christenheit!

7. Weil nach diesem Fried ich
dürste voller Sehnsucht Tag und
Nacht, den du, großer Krieges-
fürste, durch den Kampf hast
wiederbracht: ei, so theile jetzt
die Beute deinem Volke gnädig
mit; o, erhöre unsre Bitt! Laß
dich rühmen alle Leute, daß geendigt sei der Streit! Freue
dich, o Christenheit!

8. Gib, Herr Jesu, deine
Gnade, laß uns stets mit Reue
sehn, wie so groß sei unser
Schade, — daß wir gleich dir
auferstehn! Brich hervor in unsern Herzen, überwinde Hölle,
Tod, Teufel, Welt und Sündennoth, gib uns Trost in Angst
und Schmerzen, Wonne nach
der Traurigkeit! Freue dich, o
Christenheit!

9. Meinen Leib wird man
vergraben, aber gleichwohl ewig
nicht; neues Leben wird er haben,
wenn das letzte Weltgericht
kommt, die Gräber aufzudecken
und der Engel Feldgeschrei zeiget,
was vorhanden sei; dann wird
mich mein Gott erwecken und
erhöhn zur ewgen Freud; freue
dich, o Christenheit!

10. Ja, dann werden meine
Glieder, die jetzt Asche sind und
Erd, unverweslich leben wieder
und in Licht und Glanz verklärt, dessengleichen hier auf
Erden nimmermehr zu finden
ist. Deinem Leib, Herr Jesu
Christ, soll der meine ähnlich
werden, voller Pracht und Herrlichkeit!* Freue dich, o Christenheit!

* Phil. 3, 21. Hebr. 1, 3. 1 Kor.
15, 43.

Johannes Rist, 1607—1667.

Wir wiſſen, daß der, ſo den Herrn Jeſum hat auferwecket,
Wird uns auch auferwecken durch Jeſum.
(Hiob 19, 25—27. Joh. 6, 39—40.)

197. Eigne Weiſe. Joh. Crüger, (1653) 1658.

Je = ſus, mei = ne Zu = ver = ſicht und mein
Die = ſes weiß ich; ſollt ich nicht dar = um

Heiland, iſt im Le = ben.
mich zu = frie = den ge = ben,

was die lan = ge To = des=

nacht mir auch für Ge=dan=ken macht?

2. Jeſus, er, mein Heiland, lebt; ich werd auch das Leben ſchauen, ſein, wo mein Erlöſer ſchwebt: warum ſollte mir denn grauen? Läſſet auch ein Haupt ſein Glied, welches es nicht nach ſich zieht?

3. Ich bin durch der Hoffnung Band zu genau mit ihm verbunden; meine ſtarke Glaubenshand wird in ihn gelegt befunden, daß mich auch kein Todesbann ewig von ihm trennen kann.

4. Ich bin Fleiſch und muß daher auch einmal zu Aſche werden, dieſes weiß ich; doch wird er mich erwecken aus der Erden, daß ich in der Herrlichkeit um ihn ſein mög allezeit.

5. Dort wird mich als Chriſti Braut ein verklärter Leib umgeben; dort wird der von mir geſchaut, der die Todten ruft zum Leben*, und in Herrlich=

keit werd ich Jeſum ſehen ewiglich. *1 Kor. 6, 14.

6. Dieſer meiner Augen Licht wird ihn, meinen Heiland, kennen. Ich, ich ſelbſt, ein Fremder nicht, werd in ſeiner Liebe brennen; nur die Schwachheit um und an iſt dann von mir abgethan.

7. Was hier kranket, ſeufzt und fleht, wird dort friſch und herrlich gehen; irdiſch werd ich ausgeſät, himmliſch werd ich auferſtehen; hier geh ich natürlich ein*, droben werd ich geiſtlich ſein. *1 Kor. 15, 44.

8. Seid getroſt und hoch erfreut: Jeſus trägt euch, ſeine Glieder! Gebt nicht ſtatt der Traurigkeit! Sterbt ihr:—Chriſtus ruft euch wieder, wann einſt die Poſaun erklingt, die auch durch die Gräber dringt.

9. Lacht der finſtern Erdenkluft und des Todes; ihr ſollt

leben und dereinst aus eurer Gruft zu dem Heiland euch erheben;* dann wird Schwachheit und Verdruß liegen unter eurem Fuß.   * 1 Thess. 4, 16—18.

10. Nur daß ihr den Geist erhebt von den Lüsten dieser Erden und euch dem schon jetzt ergebt, dem ihr zugeführt sollt werden! Schickt das Herze da hinein, wo ihr ewig wünscht zu sein.

Luise Henriette, Kurfürstin von Brandenburg, 1627—1667.

Gott sei Dank, der uns den Sieg gegeben hat, Hallelujah! Durch unsern Herrn Jesum Christum.

(1 Kor. 15, 55-57. 2 Tim. 1, 10. Hebr. 2, 14-15. Kol. 2, 12. 1 Thess. 4, 14.)

Weise 290. Es ist das Heil uns kommen her.

198. O Tod, wo ist dein Stachel nun? wo ist dein Sieg, o Hölle? was kann fortan der Feind uns thun, wie grimmig er sich stelle? Gott sei gedankt in Ewigkeit, der uns den Sieg nach diesem Streit durch Jesum Christ gegeben!

2. Denn aus des Grabes dunklem Thor und aus des Todes Banden kommt Christus lebend nun hervor, der Herr ist auferstanden; nichts hält in seinem Siegeslauf den mächtigen Lebensfürsten auf; er ist der Ueberwinder.

3. Des Herren Rechte die behält den Sieg und ist erhöhet; des Herren Rechte bricht und fällt, was ihr entgegenstehet; Tod, Teufel, Höll und alle Feind durch Christi Tod besieget sind, ihr Zorn ist kraftlos worden.

4. Es war getödtet Jesus Christ, und sieh, er lebet wieder; weil nun das Haupt erstanden ist, erstehn auch wir, die Glieder.

So Jemand Christi Worten glaubt, im Tod und Grabe der nicht bleibt: er lebt, obgleich er stirbet.

5. Wer täglich hier durch wahre Reu mit Christo auferstehet, ist dort vom andern Tode frei und zu dem Herrn erhöhet. Genommen ist dem Tod die Macht, Unschuld und Leben wiederbracht und unvergänglich Wesen.

6. Das ist die rechte Osterbeut, der wir theilhaftig werden: Fried, Freude, Heil, Gerechtigkeit im Himmel und auf Erden. Hier warten stille wir hinfort, bis unser Leib wird ähnlich dort Christi verklärtem Leibe.

7. O Tod, wo ist dein Stachel nun? wo ist dein Sieg, o Hölle? was kann fortan der Feind uns thun, wie grimmig er sich stelle? Gott sei gedankt in Ewigkeit, der uns den Sieg nach diesem Streit durch Jesum Christ gegeben!

Dr. Justus Gesenius, 1601—1671.

Gott hat ihm Alles unter ſeine Füße gethan;
Der letzte Feind, der aufgehoben wird, iſt der Tod.
(1 Kor. 15, 20—26.)

Weiſe 806. Aus meines Herzens Grunde.

199. Der Tag hat zwar ver=
ſchlungen den Herrn der Herrlichkeit, doch iſts ihm nur gelungen bis zu der Oſterzeit.
Heut ſtellt ſich Chriſtus ein,
die gnadenreiche Sonne, bringt
Leben, Heil und Wonne: wer
wollt nicht fröhlich ſein?

2. Man ſinget in den Landen
mit Herzensfröhlichkeit, daß
Chriſtus ſei erſtanden, wie er
ſelbſt prophezeit; ſein Wort
erfüllet iſt; freut euch, ihr Men=
ſchen alle, und ſingt mit gro=
ßem Schalle: Wir danken dir,
Herr Chriſt!

3. Du haſt uns unverdroſſen
durch dein hochtheures Blut den
Himmel aufgeſchloſſen, erworben
großes Gut; drum halten wir
aufs beſt mit Jauchzen und mit
Freuden nach deinem ſchweren
Leiden das fröhlich Oſterfeſt.

4. Herr, der du überwunden
Tod, Feind und all ſein Heer:
in unſern letzten Stunden ein
ſanftes End beſcher; führ uns
vor deinen Thron, weck auf ohn
alle Klage den Leib am jüngſten
Tage, o Jeſu, Gottes Sohn!

Dr. Georg Werner, 1607—1671.

Sterben wir mit, ſo werden wir mit leben;
Dulden wir mit, ſo werden wir mit herrſchen.
(Marc. 16, 1—8.)

Weiſe 67. Nun freut euch, liebe Chriſten gmein.

200. Nun freut euch hier und
überall, ihr Chriſten, liebe
Brüder! das Heil, das durch
den Todesfall geſunken, ſtehet
wieder; des Lebens Leben lebet
noch, ſein Arm hat aller Feinde
Joch mit aller Macht zerbrochen.

2. Der Held, der Alles hält,
er lag im Grab als überwun=
den; er lag, bis ſich der dritte
Tag auf Erden eingefunden.
Als dieſer kam, kam auch die
Zeit, daß der, der uns im Tod
erfreut, ſich aus dem Tod erhübe.

3. Die Morgenröthe war noch
nicht mit ihrem Licht vorhanden,

und ſiehe, da war ſchon das Licht,
das ewig leucht, erſtanden; die
Sonne war noch nicht erwacht,
da wacht und gieng in voller
Macht die unerſchaffne Sonne.

4. O Lebensfürſt, o ſtarker Leu,
aus Judas Stamm erſtanden:
ſo biſt du nun wahrhaftig frei
von Todes Strick und Banden;
du haſt geſiegt und trägſt zum
Lohn ein allzeit unverwelkte
Kron als Herr all deiner Feinde!

5. Ich will dich rühmen, wie
du ſeiſt das ewge Gift der Höl=
len*; ja, Herr, ich will durch
deinen Geiſt mich dir zur Seite

stellen und mit dir sterben, wie du stirbst, und was du in dem Sieg erwirbst, soll meine Beute bleiben.   * Hosea 13, 14.

6. Ich will von Sünden auf=erstehn, wie du vom Grab er=stehest; ich will zum andern Leben gehn, wie du zum Him=mel gehest; dies Leben ist doch lauter Tod, drum komm und reiß aus aller Noth uns in das rechte Leben!

Paul Gerhardt, 1606—1676.

**Freuet euch in dem Herrn allewege,
Und abermal sage ich: Freuet euch!**
(2 Tim. 1, 10.   1 Kor. 15, 3—8; 20—26; 54—57.   Hebr. 2, 14—15.
Röm. 8, 34.   1 Joh. 3, 7.)

Weise 137.   Werde licht, du Stadt der Heiden.

2001|2. Dieses ist der Tag der Wonne, dieses ist das Freu=denfest, wo der Herr, die Le=benssonne, seine Stralen glänzen läßt. Christus ist durchs Grab gedrungen und hat nun den Tod bezwungen.

2. Tod, wo ist dein Stachel blieben? Hölle, wo ist nun dein Sieg? Deine Macht ist aufge=rieben, nunmehr endet sich der Krieg. Gott hat uns den Sieg gegeben: Trotz*, wer uns will widerstreben!

     * D. i. Trotz sei dem geboten, welcher 2c.

3. Großes Fest, sei hochgeehret, sei geehrt, erwünschtes Licht, dran die Hölle ward zerstöret und des Todes Macht vernicht! Wir sind nun des Lebens Erben, weil der Tod hat müssen sterben.

Johannes Franck, 1618—1677.

**Christus hat dem Tode die Macht genommen
Und Leben und unvergänglich Wesen ans Licht gebracht!**
(Apstgsch. 5, 29—32.   Röm. 6, 1—10.)

Weise 129.   Allmächtiger, wir singen dir.

201. Wach auf, mein Herz, die Nacht ist hin, die Sonn ist aufgegangen; ermuntre dich, mein Geist und Sinn, den Heiland zu empfangen, der heute durch des Todes Thor gebro=chen aus dem Grab hervor, der ganzen Welt zur Wonne.

2. Steh aus dem Grab der Sünden auf und such ein neues Leben; vollführe deinen Glau=benslauf und laß dein Herz sich heben gen Himmel, wo dein Jesus ist, und such, was droben, als ein Christ, der geistlich auf=erstanden.

3. Vergiß nur, was dahinten ist, und tracht nach dem, was droben, damit dein Herz zu jeder Frist zu Jesu sei erhoben; tritt unter dich die böse Welt und blicke nach des Himmels Zelt, wo Jesus ist zu finden.

4. Drückt dich ein schwerer Sorgenstein: — dein Jesus wird ihn heben; es kann ein Christ

bei Kreuzespein in Freud und Wonne leben. Wirf dein Anliegen auf den Herrn und sorge nicht: er ist nicht fern, denn er ist auferstanden.

5. Es hat der Leu aus Judas Stamm heut siegreich überwunden, und das erwürgte Gotteslamm hat uns zum Heil erfunden das Leben und Gerechtigkeit; es sind nach überwundnem Streit die Feinde schaugetragen.

6. Wohlauf, mein Herz, fang an den Streit, weil Jesus überwunden; er wird auch überwinden weit in dir, weil er gebunden der Feinde Macht, daß du erstehst und in ein neues Leben gehst und Gott im Glauben dienest.

7. Laß weder Höll und Welt, noch Tod dich scheu und zaghaft machen; dein Jesus lebt, es hat nicht Noth, er ist noch bei den Schwachen und den Geringen in der Welt als ein gekrönter Siegesheld; drum wirst du überwinden.

8. Ach, mein Herr Jesu, der du bist vom Tode auferstanden: rett uns aus Satans Macht und List und aus des Todes Banden, daß wir zusammen insgemein zum neuen Leben gehen ein, das du uns hast erworben.

9. Sei hochgelobt in dieser Zeit von allen Gotteskindern, und ewig in der Herrlichkeit von allen Überwindern, die überwunden durch dein Blut; Herr Jesu, gib uns Kraft und Muth, daß wir auch überwinden!

Laurentius Laurenti, 1660—1722.

Sind wir mit Christo gestorben,
So glauben wir, daß wir auch mit ihm leben werden.
(Röm. 6, 1—18. Hebr. 2, 14. Kol. 2, 14.)

Weise 469. Herr Christ, der einig Gottssohn.

202. Mein Fels hat überwunden der Hölle ganzes Heer, ihr Fürst liegt nun gebunden, die Sünde kann nicht mehr mich durchs Gesetz verdammen; denn alle Zornesflammen hat Jesus ausgelöscht.

2. Auf denn, mein Herz, lobsinge in der Erlösten Chor, vertreib die Furcht und schwinge im Glauben dich empor; wirf des Gewissens Nagen, dein Sorgen und dein Zagen in Christi leeres Grab.

3. Ist Jesus auferstanden mit Herrlichkeit geschmückt, so bist du ja den Banden des Todes mit entrückt; kein Fluch drückt das Gewissen, der Schuldbrief ist zerrissen, denn Alles ist bezahlt.

4. Ach, willst du noch nicht glauben, du ungewisser Geist? Wer kann dir denn noch rauben, was Jesus dir verheißt, der Licht, Kraft, Fried und Leben geneigt ist dir zu geben als seines Sieges Frucht?

5. Wohlan denn, Fürst des Lebens, ich bring dir, was ich

hab. Ich matte mich vergebens bei meinen Wunden ab; ich kann sie nicht verbinden; soll ich Genesung finden, mußt du sie rühren an.

6. Gib meinem Glauben Klarheit, zu sehn, Herr Jesu Christ, daß du Weg, Leben, Wahrheit, daß du mir Alles bist; die finstern Wolken theile des Zweifels, Herr, und heile des Glaubens dürre Hand!

7. Laß mich nicht länger wanken gleich einem Rohr im Wind; besänftge die Gedanken, die voller Unruh sind. Du bist der Stuhl der Gnaden; wer mühsam und beladen, den rufst du ja zu dir.

8. Ich darf dem Abgrund pochen auf deine Macht und Treu; die Rigel sind zerbrochen, die Fesseln sind entzwei. In des Gerichtes Wettern kann mich kein Blitz zerschmettern; mich deckt mein Glaubensschild.

9. Du hast den Tod bezwungen, — bezwing ihn auch in mir; wo du bist durchgedrungen, da laß mich folgen dir! Erfülle mein Verlangen und laß den Kopf der Schlangen in mir zertreten sein.

10. Den Götzen Eigenliebe, dies Gift in meiner Brust, zerstör; laß alle Triebe des Fleischs mit seiner Lust, die dich ans Kreuz geheftet, auf immer sein entkräftet durch deines Kreuzes Kraft.

11. Du lebst: — laß mich auch leben als Glied an deinem Leib, daß ich gleich einer Reben an dir, dem Weinstock, bleib; gib Geisteskraft zur Nahrung, gib Stärke zur Bewahrung der Pflanzung deiner Hand.

12. Leb in mir als Prophete und leit mich in dein Licht; als Priester mich vertrete, mein Thun und Lassen richt, um deinen ganzen Willen, o König, zu erfüllen. Leb, Christe, leb in mir!

Friedrich Adolph Lampe, 1683—1729.

Gelobt sei unser Herr Jesus Christus, Hochgelobet in Ewigkeit.

(Luc. 24, 13—32.)

Weise 571. Du, o schönes Weltgebäude.

203. Zween der Jünger gehn mit Sehnen über Feld nach Emmahus; ihre Augen sind voll Thränen, ihre Seelen voll Verdruß. Man hört ihre Klageworte; doch es ist von ihrem Orte unser Jesus gar nicht weit und vertreibt die Traurigkeit.

2. Ach, es gehn noch manche Herzen ihrem stillen Kummer nach; sie bejammern voller Schmerzen ihre Noth, ihr Ungemach. Mancher wandelt ganz alleine, daß er nur zur Gnüge weine; doch mein Jesus ist dabei, fragt, was man so traurig sei.

3. Oft schon hab ichs auch empfunden: Jesus läßt mich nicht allein, Jesus stellt zur rechten Stunden sich mit seinem Beistand ein; wenn ich mich in Leid verzehre, gleich als ob er ferne wäre, o so ist er mehr als nah und mit seiner Hilfe da.

4. Treuster Freund von allen Freunden, bleibe ferner noch bei mir; kommt die Welt mich anzufeinden, ach, so sei du auch allhier! Wenn mich Trübsals=wetter schrecken, wollst du mächtig mich bedecken; komm, in meinem Geist zu ruhn, — was du willst, das will ich thun.

5. Bin ich traurig und betrübet, Herr, so ruf mir in den Sinn, daß mich deine Seele liebet und daß ich der deine bin. Laß dein Wort mich fester gründen, laß es so mein Herz entzünden, daß es voller Liebe brennt und dich immer besser kennt.

6. Tröst auch Andre, die voll Jammer einsam durch die Flu=ren gehn oder in der stillen Kammer tiefbekümmert zu dir flehn! Wenn sie von der Welt sich trennen, daß sie satt sich weinen können, sprich dann ihren Seelen zu: „Liebes Kind, was trauerst du?"

7. Hilf, wenn es will Abend werden und der Lebenstag sich neigt, wenn dem dunkeln Aug auf Erden nirgend sich ein Helfer zeigt; bleib alsdann in unsrer Mitten, wie dich deine Jünger bitten, bis du sie getröstet hast; bleibe, bleibe, theurer Gast!

M. Johann Neunherz, 1653—1737.

**Gott hat den Herrn auferwecket
Und wird auch uns auferwecken durch seine Kraft.**
(Röm. 8, 33—39.)

Weise 846. Werde munter, mein Gemüte.

204. Jauchzet Gott in allen Landen! jauchze, du erlöste Schar! denn der Herr ist auf=erstanden, der für uns getödtet war. Jesus hat durch seine Macht das Erlösungswerk voll=bracht, welches er auf sich ge=nommen, da er in das Fleisch gekommen.*

* 1 Joh. 4, 2.

2. Sünde, was kannst du mir schaden? Nun erweckst du keine Noth; alle Schuld, die mich beladen, tilget Christi Blut und Tod; er hat das Gesetz erfüllt, des Gesetzes Fluch gestillt* und mir durch sein Wiederleben die Gerechtigkeit gegeben.

* Gal. 2, 10—12.

3. Hölle, schweig von deinen Banden! Strick und Ketten sind entzwei; da mein Jesus auf=erstanden, bin ich vom Gefäng=nis frei; und wie seine Himmel=fahrt im Triumph vollzogen ward, so ist seinen Reichsge=nossen nun der Himmel aufge=schlossen. Eph. 4, 8.

4. Tod, ich darf dich nicht mehr scheuen, ob ich gleich zu Grabe geh; denn mein Grab will Jesus weihen, daß ich selig

auferſteh. Sterben iſt nun mein Gewinn; alſo fahr ich freudig hin, da der Troſt vor Augen ſchwebet: Jeſus, mein Erlöſer, lebet.

5. Jeſus, mein Erlöſer, lebet, welches ich gewislich weiß; ge= bet, ihr Erlöſten, gebet ſeinem Namen Dank und Preis! Singt durch die befreite Welt, daß das Reich der Sünde fällt; ſingt und ruft in allen Landen: Jeſus Chriſtus iſt erſtanden!

M. Erdm. Neumeiſter, 1671—1756.

Der Tod iſt verſchlungen in den Sieg;
Tod, wo iſt nun dein Stachel? Hölle, wo iſt nun dein Sirg?
(1 Petr. 1, 3—7.)

Weiſe 593. Chriſtus der iſt mein Leben.

205. Willkommen, Held im Streite, aus deines Grabes Kluft! Wir triumphiren heute um deine leere Gruft!

2. Der Feind wird ſchauge= tragen und iſt nunmehr ein Spott; wir aber können ſagen: Mit uns iſt unſer Gott!

3. In der Gerechten Hütten ſchallt ſchon das Siegeslied; du ſelbſt trittſt in die Mitten und bringſt den Oſterfried!

4. Ach theile doch die Beute bei deinen Gliedern aus; wir alle kommen heute beswegen in dein Haus.

5. Schwing deine Siegesfahne auch über nnſer Herz, den Le= bensweg uns bahne vom Grabe himmelwärts.

6. Laß unſer Aller Sünden ins Grab verſenket ſein, uns einen Schatz hier finden, der ewig kann erfreun.

7. Sind wir mit dir geſtor= ben, ſo leben wir mit dir; was uns dein Tod erworben, das ſtell uns täglich für.

8. Wir wollen hier ganz fröh= lich mit dir zu Grabe gehn, wenn wir dereinſt nur ſelig mit dir auch auferſtehn.

9. Der Tod kann uns nicht ſchaden, ſein Pfeil iſt nunmehr ſtumpf; wir ſtehn bei Gott in Gna= den und rufen ſchon: Triumph!

Benjamin Schmolck, 1672—1737.

Gott ſei Dank, der uns den Sieg gegeben hat
Durch unſern Herrn Jeſum Chriſtum.
(Joh. 6, 35—40.)

Weiſe 431. Dank ſei Gott in der Höhe.

206. Ich geh zu deinem Grabe, du großer Oſterfürſt, weil ich die Hoffnung habe, daß du mir zeigen wirſt, wie man kann fröhlich ſterben und fröhlich auferſtehn und mit des Himmels Erben ins Land des Lebens gehn.

2. Du ruheſt in der Erde und haſt ſie eingeweiht, wenn ich begraben werde, daß ſich mein Herz nicht ſcheut, auch in den

11

Staub zu legen, was zu dem Staub gehört, weil dir doch allerwegen die Erde zugehört.

3. Du schlummerst in dem Grabe, daß ich auch meine Ruh an diesem Orte habe, drückst mir die Augen zu; drum soll mir gar nicht grauen, wenn mein Gesicht vergeht; ich werde den noch schauen, der mir zur Seite steht.

4. Dein Grab schließt Stein und Sigel, und dennoch bist du frei; auch meines Grabes Rigel bricht einst dein Arm entzwei. Du wirst den Stein schon rücken, der meine Gruft bedeckt; da werd ich dich erblicken, der mich vom Tode weckt.

5. Du fährest in die Höhe und zeigest mir die Bahn, wo-hin ich endlich gehe, wo ich dich finden kann. Dort ist es sicher wohnen und lauter Glanz um dich; da warten Himmelskronen in deiner Hand auf mich.

6. O meines Lebens Leben, o meines Todes Tod: ich will mich dir ergeben in meiner letzten Noth; ich will mein Bette machen in deine liebe Gruft, da werd ich einst erwachen, wenn deine Stimme ruft.

7. Du wirst den Oelberg zei-gen, wo man gen Himmel fährt; dort will ich aufwärts steigen, bis daß ich eingekehrt in Sa-lems Friedenshütten, wo du mit Palmen nah dem, welcher treu gestritten; ach, wär ich doch schon da!

Benjamin Schmolck, 1672—1737.

Was suchet ihr den Lebendigen bei den Todten? Er ist nicht hie, er ist auferstanden. Hallelujah!
(Luc. 24, 22—26.)

Weise 197. Jesus, meine Zuversicht.

207. Hallelujah! Jesus lebt! Tod und Hölle sind bezwungen; Gruft und Kluft und Erde bebt, da der Held hindurch gedrun-gen. Geht nicht mehr nach Gol-gatha: Jesus lebt, Hallelujah!

2. Hallelujah! seht das Grab, die ihr seinen Tod beweinet; wischet eure Thränen ab, weil die helle Sonne scheinet; euer Heiland ist nicht da; Jesus lebt, Hallelujah!

3. Hallelujah! suchet nicht den Lebendigen bei Todten; glaubet, glaubet dem Bericht der verklärten Osterboten; diese wissen, was geschah; Jesus lebt, Hallelujah!

4. Hallelujah! dieses Wort soll mich wiederum beleben; kann ich gleich nicht an den Ort seines Grabes mich bege-ben, — gung, daß es mein Glaube sah; Jesus lebt, Halle-lujah!

5. Hallelujah! er wird mir Leben in dem Tode geben; also sterb ich freudig hier, Christi Tod ist nun mein Leben. Nur getrost, ich glaube ja: Jesus lebt, Hallelujah!

Benjamin Schmolck, 1672—1737.

Wer will verdammen? Christus ist hier, der auferwecket ist,
 Hallelujah!
Welcher ist zur Rechten Gottes und vertritt uns.
 (Röm. 8, 31—39.)

 Weise 290. Es ist das Heil uns kommen her.

208. Kommt wieder aus der finstern Gruft, ihr Gott ergebenen Sinne! schöpft neuen Mut und frische Luft, blickt hin nach Zions Zinne; denn Jesus, der im Grabe lag, hat als ein Held am dritten Tag des Todes Reich besieget.

2. Auf, danket ihm mit Herz und Mund am Tage seiner Freuden; er hat den ewgen Gnadenbund gegründet durch sein Leiden; er hat dem Tod entwandt die Macht, das Leben wiederum gebracht und unvergänglich Wesen.

3. Nun tritt, was Christo ähnlich ist, in Glaubenskraft zusammen; wer will, da er erstanden ist, nun Christi Volk verdammen? Hier ist der Held, der überwand und nach zerrißnem Todesband zur rechten Gottes sitzet.

4. Du schwergeplagtes Christenheer, vergiß, was drückt und naget! Häuft sich die Noth gleich noch so sehr: nur frisch auf den gewaget, der durch des Grabes Rigel brach und zu dem Tode mächtig sprach: „Wo ist nunmehr dein Stachel?"

5. Denn Christi Sieg ist gut dafür, der lehrt uns überwinden und öffnet Rigel, Schloß und Thür trotz Hölle, Welt und Sünden; er ist der große Siegesmann, mit ihm ist Alles wohlgethan: wo bleibt dein Sieg, o Hölle?

6. Gott, unserm Gott, sei Lob und Dank, der uns den Sieg gegeben, der das, was hin ins Sterben sank, hat wiederbracht zum Leben: der Sieg ist unser, Jesus lebt, der uns zur Herrlichkeit erhebt; Gott sei dafür gelobet.

 Dr. Valentin Ernst Löscher, 1673—1749.

Christus ist das Haupt der Gemeinde,
 Der Anfang und der Erstgeborene von den Todten.
 (Hebr. 13, 20. 21. Col. 2, 9—12.)

 Weise 328. Was Gott thut, das ist wohlgethan.

209. O auferstandner Siegesfürst, du Leben aller Leben: heut bringst du Friede, da du wirst zur Freude uns gegeben. Erstbracht die Noth dich in den Tod, doch jetzt bist du erstanden und frei von Todesbanden!

2. Ach, unsre Sündenlust und Schuld ließ dich in Fesseln fallen; du gabest dich aus großer Huld ans Kreuz dahin uns allen. Nun sind wir frei von Sclaverei, darinnen wir gefangen, weil du hervorgegangen.

 11*

3. Nun geht uns fröhlich wieder
auf die rechte Gnadenſonne; die
uns verſchwand in ihrem Lauf,
gibt Stralen neuer Wonne; du
haſt gebracht durch deine Macht
den Seelen Kraft und Leben,
zu dir ſich zu erheben.

4. Die Kräfte deiner Majeſtät
durchbrechen Grab und Steine;
dein Sieg iſts, der uns miter=
höht zum vollen Gnadenſcheine.
Des Todes Wut, der Hölle
Glut hat alle Macht verloren,
und wir ſind neu geboren.

5. O daß wir dieſen theuern
Sieg lebendig möchten kennen!
daß unſer Herz bei dieſem Krieg
im Glauben möchte brennen!
denn anders nicht kann dieſes
Licht uns in das Leben führen,
als wenn wir Glauben ſpüren.

6. So brich denn ſelbſt durch
unſer Herz, o Jeſu, Fürſt der
Ehren, und laß vorher uns
himmelwärts zu dir im Glauben
kehren, daß wir in dir die offne
Thür zur ewgen Ruhe finden
und auferſtehn von Sünden.

7. Erſcheine uns mit deiner
Güt, wenn wir in Buße wei=
nen, und laß uns deinen theu=
ern Fried zum erſten Anblick
ſcheinen: ſo können wir, o Held,
mit dir die rechten Oſtern feiern
und uns in dir erneuern.

8. Ach, laß das wahre Auf=
erſtehn auch uns in uns erfah=
ren und aus des Todes Grab
uns gehn, daß wir den Schatz be=
wahren, das theure Pfand, das
deine Hand zum Siegen uns ge=
geben: ſo gehn wir ein zum Leben.

Dr. Juſtus Henning Böhmer, 1674—1749.

**Ich war todt, und ſiehe, ich bin lebendig von Ewigkeit zu Ewigkeit
Und habe die Schlüſſel der Hölle und des Todes.**
(Offenb. 1, 4—6.)

Weiſe 402. Sollt ich meinem Gott nicht ſingen?

210. Höllenzwinger, nimm die
Palmen, die dein Zion heute
bringt, das mit frohen Oſter=
pſalmen den erkämpften Sieg
beſingt! Wo iſt nun der Feinde
Pochen und der Würger Mord=
geſchrei, da des Todes Nacht
vorbei und ſein Stachel iſt zer=
brochen? Tod und Hölle liegen
da; Gott ſei Dank, Hallelujah!

2. Stecke nun die Siegeszeichen
auf der dunkeln Gruft empor!
Was kann deiner Krone glei=
chen? Held und König, tritt
hervor, laß dir tauſend Engel
dienen! denn nach harter Lei=

denszeit iſt dein Tag der Herr=
lichkeit, höchſte Majeſtät, er=
ſchienen. Welt und Himmel
jauchzen da: Gott ſei Dank,
Hallelujah!

3. Theile, großer Fürſt, die
Beute deiner armen Herde mit,
die in froher Sehnſucht heute
vor den Thron der Gnade tritt;
deinen Frieden gib uns allen,
o, ſo jauchzet Herz und Mut,
weil das Los uns wundergut
und aufs lieblichſte gefallen;
denn der Oelzweig grünet da,
Gott ſei Dank, Hallelujah!

4. Laß, o Sonne der Gerechten,

deinen Stral ins Herze gehn;
gib Erleuchtung deinen Knechten,
daß ſie geiſtlich auferſtehn!
Hält der Schlaf uns noch ge=
fangen, o ſo förbre du den Lauf,
rufe mächtig: „Wachet auf!"
Denn die Schatten ſind ver=
gangen und der helle Tag iſt
da; Gott ſei Dank, Hallelujah!

5. Tilg in uns des Todes
Grauen, wenn die letzte Stunde
ſchlägt, weil du denen, die dir
trauen, ſchon die Krone beige=
legt. Gib uns in den höchſten
Nöthen, gib uns mitten in der
Pein dieſen Troſt und Glauben
ein: „Mich vermag kein Tod
zu tödten, mein Erlöſer lebet
ja!" Gott ſei Dank, Hallelujah!

6. Zeige, wann der blöde Kum=
mer über Sarg und Grüften
weint, wie die Schwachheit nach
dem Schlummer dort in voller
Kraft erſcheint. Sind wir ſterb=
lich hier geboren, ei ſo nimmt
das kühle Grab nur was irdiſch
iſt uns ab, auch der Staub iſt
unverloren; unſer Hirte hütet
da, Gott ſei Dank, Hallelujah!

7. Rufe die zerfallnen Glieder
einſtens aus der dunkeln Nacht,
wenn der Deinen Aſche wieder
in verklärtem Glanz erwacht;
dann wirſt du die Krone geben,
dann wird unſre volle Bruſt,
Herr, mit engelgleicher Luſt
ewig deinen Sieg erheben, und
wir ſprechen auch allda: „Gott
ſei Dank, Hallelujah!"

Chriſtian Ludw. Tabbel, 1706-1755.

Gleichwie Chriſtus iſt auferwecket von den Todten, Alſo ſollen auch wir in einem neuen Leben wandeln.
(Röm. 6, 4—8.)
Weiſe 690. Ein feſte Burg iſt unſer Gott.

211. Er lebt, o frohes Wort!
er lebt, der Heiland aller Sün=
der; der Feinde Heer erſchrickt
und bebt vor ſeinem Ueberwin=
der. Auf! bringt Gott Lobge=
ſang; bringt Ehre, Preis und
Dank, da wir nun voller Freud
in dieſer Oſterzeit: „Chriſt iſt
erſtanden" ſingen.

2. Er lebt, der ſtarke Gottes=
ſohn, zu ſeines Vaters Rechten;
er herrſcht auf ſeinem hohen
Thron und hilft den ſchwachen
Knechten. Er lebt nun ewig=
lich, er lebt und ſchützet mich,
er thut mit ſtarker Hand den
Feinden Widerſtand, daß ſie
mich nicht verderben.

3. Er lebt! Gott hat ihn auf=
erweckt, er wird auch mich er=
wecken; der Tod, den Jeſu Sieg
erſchreckt, kann mich nun nicht
erſchrecken. Sein Stachel, ſeine
Kraft, die Sünd iſt wegge=
ſchafft; der treue Zeuge ſpricht:
„Wer glaubt, der ſtirbet nicht!"
Des tröſt ich mich von Herzen.

4. Er lebt, er lebt, der tapfre
Held; beſingt, ihr Engelchöre,
beſingt, ihr Völker in der Welt,
des Heilands Sieg und Ehre!
Beſingt des Siegers Macht,
der von dem Tod erwacht, der
unſern Tod bezwingt, der uns
das Leben bringt, der uns zu
Siegern machet!

5. Er lebt, er lebt! o laßt uns heut und stets sein Lob erheben! Er lebt! o laßt uns allezeit ihm wohlgefällig leben. Hier, Heiland, hast du mich; besiehl mir, hier bin ich; dein, dein will ich allein todt und lebendig sein, dein will ich ewig bleiben!

Ehrenfried Liebich, 1713—1780.

**Ich lebe, und ihr sollt auch leben,
So spricht der Herr.**
(Joh. 14, 19—20.)

Weise 197. Jesus, meine Zuversicht.

212. Jesus lebt, mit ihm auch ich; Tod, wo sind nun deine Schrecken? Jesus lebt und wird auch mich von den Todten auferwecken. Er verklärt mich in sein Licht; dies ist meine Zuversicht.

2. Jesus lebt! ihm ist das Reich über alle Welt gegeben; mit ihm werd auch ich zugleich ewig herrschen, ewig leben. Gott erfüllt, was er verspricht; dies ist meine Zuversicht.

3. Jesus lebt! wer nun verzagt, lästert ihn und Gottes Ehre; Gnade hat er zugesagt, daß der Sünder sich bekehre. Gott verstößt in Christo nicht; dies ist meine Zuversicht.

4. Jesus lebt, sein Heil ist mein, sein sei auch mein ganzes Leben; reines Herzens will ich sein und den Lüsten widerstreben. Er verläßt den Schwachen nicht; dies ist meine Zuversicht.

5. Jesus lebt! ich bin gewis, nichts soll mich von Jesu scheiden, keine Macht der Finsternis, keine Herrlichkeit, kein Leiden. Und wenn Alles fällt und bricht, bleibt er meine Zuversicht.

6. Jesus lebt! nun ist der Tod mir der Eingang in das Leben. Welchen Trost in Todesnoth wird es meiner Seele geben, wenn sie gläubig zu ihm spricht: „Herr, Herr, meine Zuversicht!"

M. Christian Fürchtegott Gellert, 1715—1769.

**Halte im Gedächtnis Jesum Christum,
Der auferstanden ist von den Todten.**
(1 Thessal. 4, 14.)

Weise 589. Herr Jesu Christ, meins Lebens Licht.

213. Erinnre dich, mein Geist, erfreut des hohen Tags der Herrlichkeit; halt im Gedächtnis Jesum Christ, der von dem Tod erstanden ist!

2. Entbrenn in Lieb und Dank für ihn; als ob er heute dir erschien und spräche: „Friede sei mit dir", — so freue dich, mein Geist, in mir!

3. Schau über dich und bet ihn an! er mißt den Sternen

ihre Bahn; er lebt und herrscht mit Gott vereint und ist dein König und dein Freund.

4. Mein Heiland ist für mich erhöht! was ist der Erde Majestät, wenn sie mein Geist mit der vergleicht, die ich durch Gottes Sohn erreicht?

5. Vor seinem Thron, in seinem Reich, unsterblich, heilig, Engeln gleich und ewig, ewig selig sein: ach, welche Herrlichkeit ist mein!

6. Herr, der du in den Himmeln thronst: ich soll da wohnen, wo du wohnst, und du erfüllest mein Vertraun, dich in der Herrlichkeit zu schaun.

7. Ich soll, wenn du, o Lebensfürst, in Wolken wiederkommen wirst, verklärt aus meinem Grabe gehn und froh zu deiner Rechten stehn.

8. Mit deiner heilgen Engel Schar soll ich dich loben immerdar, mit allen Frommen aller Zeit soll ich mich freun in Ewigkeit.

9. Nie komm es mir aus meinem Sinn, was ich, mein Heil, dir schuldig bin; gib Kraft, daß ich in Lieb und Treu mich stets zu deinem Bild erneu!

10. Macht, Ruhm und Hoheit immerdar dem, der da ist und der da war! Sein Name sei gebenedeit von nun an bis in Ewigkeit! —

11. Sein ist das Reich, sein ist die Kraft; er ist's, der Alles in uns schafft. Halt im Gedächnis Jesum Christ, der von dem Tod erstanden ist!

M. Christian Fürchtegott Gellert, 1715—1769.

Wer mein Wort höret und glaubet dem, der mich gesandt hat, Der ist von dem Tode zum Leben hindurchgedrungen.

(Luc. 24, 45—47.)

Weise 762. Wachet auf, ruft uns die Stimme.

214. Lobt den Höchsten, Jesus lebet! Erlöste Menschen, auf! erhebet des Welterlösers Majestät! Hörts, betrübte Sünder, gebet der Freude Raum; denn Jesus lebet, Gott hat ihn aus dem Staub erhöht. O Seele, dein Gesang erschall im Jubelklang ihm zur Ehre! Dich, großer Held, erhebt die Welt, weil deine Hand den Sieg behält!

2. Jesu Jünger, wehrt dem Leide! Lobsinget ihm und nehmt voll Freude am Siege Theil, den er erstritt. Seid ihr gleich des Grabes Kinder: — er ist des Todes Ueberwinder, er herrscht, der für euch starb und litt. Was wollt ihr traurig sein? Getrost könnt ihr euch freun; Jesus lebet in Ewigkeit, zu aller Zeit bleibt er zur Hilfe uns bereit.

3. Nun verzaget nicht, Verbrecher! Gott ist euch nun kein strenger Rächer, wenn ihr die Schuld mit Ernst bereut; durch

des Todes Überwinder ist er dem reuerfüllten Sünder ein Vater der Barmherzigkeit. Er nimmt ihn liebreich auf, mit Kraft zum Glaubenslauf ihn zu segnen. Preis sei der Huld, die mit Geduld uns trägt und tilget unsre Schuld.

4. Tod, wo sind nun deine Schrecken? Nicht ewig wird das Grab uns decken, verwest der Leib gleich in der Gruft. Einst wird er zum bessern Leben sich aus des Todes Staub erheben, wenn Jesus den Entschlafnen ruft. Dann wird des Todes Feld zu einer regen Welt. Alles lebet, so wie vernent zur Frühlingszeit sich Alles regt und wieder freut.

5. O Erstandner, welch ein Segen erwartet uns, wenn wir auf Wegen einhergehn, die dein Fuß betrat! Unerforschte Seligkeiten, die ewig währen, sind die Benten, die uns dein Sieg erkämpfet hat. Einst sind sie unser Theil; einst krönet uns das Heil deines Lebens. Auf, Christenheit, dank hoch erfreut dem Könige der Herrlichkeit!

M. Christoph Christian Sturm, 1740—1786.

Unser Glaube ist der Sieg, Welcher die Welt überwunden hat.
(1 Joh. 5, 4—5.)

Weise 417. Wie schön leucht uns der Morgenstern.

215. Erhöhter Siegesfürst und Held, dir jauchzet die erlöste Welt am Feste deiner Wonne! Du gehst aus deines Grabes Thor als wie ein Bräutigam hervor, schön wie die Morgensonne. Mächtig, prächtig kommst du heute aus dem Streite, kommst mit Segen uns aus deiner Gruft entgegen.

2. Wie majestätisch bauest du am dritten Tage deiner Ruh den Leibestempel wieder! Trotz aller Feinde List und Macht hast du dein großes Wort vollbracht: „Ich sterb und lebe wieder!" Gehet, sehet: alle Rigel, Band und Sigel sind zerstöret; Jesus lebt und ist verkläret!

3. Erlöste, kommt zu diesem Grab und blicket glaubensvoll hinab: ist dies die Gruft der Schrecken? Seit Jesus hier geschlummert hat, sind Gräber eine Ruhestatt, die Fried und Hoffnung decken. Zagt nicht! klagt nicht! Diese Glieder werden wieder sich erheben, und das Leben Christi leben.

4. Dann werd ich ihn im Lichte sehn gekrönt vor seinem Throne stehn mit himmlischem Entzücken; dann ist mein Aug von Thränen leer, dann schreckt mich Sünd und Tod nicht mehr, nichts kann mich ihm entrücken. Ewig selig, ohne Mängel, wie die Engel, werd ich leben und ihm Preis und Ehre geben.

5. Indes zerstöre, starker Held,
was mich noch hier zurücke hält,
daß ich zu dir mich schwinge.
O gib mir deinen Geist, dein
Licht, daß ich, wenn Herz und
Auge bricht, vom Tod ins Leben bringe. Mach mich mutig
in dem Streite und bereite mich
bei Zeiten zum Triumph der
Ewigkeiten!

M. Christian Gottl. Göz, 1746—1803.

**Des Herrn Rath ist wunderbar,
Aber er führet zuletzt Alles herrlich hinaus.**
(1 Joh. 1, 1—3.)

Weise 54. Nun danket All und bringet Ehr.

216. Das Grab ist leer, das
Grab ist leer, — erstanden ist
der Held! Das Leben ist des
Todes Herr, gerettet ist die
Welt!

2. Die Schriftgelehrten hat-
tens Müh, und wollten weise
sein: sie hüteten das Grab und
sie versiegelten den Stein.

3. Doch ihre Weisheit, ihre
List zu Spott und Schande ward;
denn Gottes Weisheit höher ist
und einer andern Art.

4. Sie kannten nicht den Weg,
den Gott in seinen Werken geht,
und daß nach Marter und nach
Tod das Leben aufersteht.

5. Gott gab der Welt, wie
Moses lehrt, im Paradies das
Wort, und seitdem gieng es
ungestört im Stillen heimlich
fort,

6. Bis daß die Zeit erfüllet
war — die Himmel feirten
schon —; da kams zu Tage,
da gebar die Jungfrau ihren
Sohn.

7. Der Seligmacher, hoch und
hehr und Gottes Wesens voll,
— er gieng in Knechtsgestalt
einher, that Wunder und that
wohl;

8. Er ward verachtet und verkannt, gemartert und verklagt,
und starb am Kreuz durch Men-
schenhand, wie er vorhergesagt;

9. Er ward begraben und das
Grab bedeckt mit einem Stein;
doch diesen wälzt ein Engel ab:
er lebt, das Reich ist sein.

10. Hallelujah! das Grab ist
leer, gerettet ist die Welt: das
Leben ist des Todes Herr, erstanden ist der Held!

Matthias Claudius (der Wandsbecker Bote), 1740—1815.

**Ich lebe und ihr sollt auch leben!
Siehe, ich bin bei euch alle Tage bis an der Welt Ende.**
(Joh. 6, 27—34.)

Weise 54. Nun danket All und bringet Ehr.

217. Ich sag es Jedem, daß
er lebt und auferstanden ist,
daß er in unsrer Mitte schwebt
und ewig bei uns ist.

2. Ich sag es Jedem, Jeder
sagt es seinen Freunden gleich,
daß bald an allen Orten tagt
das neue Himmelreich.

3. Jetzt scheint die Welt dem neuen Sinn erst wie ein Vaterland; ein neues Leben nimmt man hin entzückt aus seiner Hand.

4. Hinunter iŋ das tiefe Meer versank des Todes Graun, und Jeder kann nun leicht und hehr in seine Zukunft schaun.

5. Der dunkle Weg, den er betrat, geht in den Himmel aus, und wer nur hört auf seinen Rath, kommt auch ins Vaterhaus.

6. Nun weine Keiner mehr allhier, wenn eins die Augen schließt: vom Wiedersehn, spät oder früh, wird dieser Schmerz versüßt.

7. Es kann zu jeder guten That ein Jeder frischer glühn, denn herrlich wird ihm diese Sat in schönern Fluren blühn.

8. Er lebt und wird nun bei uns sein, wenn Alles uns verläßt, und so soll dieser Tag uns sein ein Weltverjüngungsfest!

Friedrich Ludwig von Hardenberg (Novalis), 1772—1801.

8. Christi Himmelfahrt und Herrschaft zur Rechten Gottes.

Es ist euch gut, daß ich hingehe, spricht der Herr;
Denn so ich nicht hingehe, so kommt der Tröster nicht zu euch.
(Joh. 16, 5—16.)

218. Eigne Weise. 1545.

Christ fuhr gen Him = mel; da sandt er uns hernie = der den Trö = ster, den heil = gen Geist, zu Trost der ar = men Christen = heit. Hal = le = lu = jah! Hal = le = lu = jah! Hal = le = lu = jah! Hal = le = lu = jah! Des solln wir al = le

froh sein; Christ will un=ser Trost sein. Hal = le = lu=

jah!   Aus dem 14. Jahrhundert.

Amen, Lob und Ehre und Weisheit und Dank und Preis
      und Kraft und Stärke
Sei unserm Gott, von Ewigkeit zu Ewigkeit!
(Apstg. 2, 24. 32—36. Pf. 2, 7; 110, 1. 4. Apstg. 13, 33.
Eph. 1, 19—23. 1 Kor. 15, 27.)

219.   Eigne Weise.   1531.

Preis, Lob und Dank=sa = gung und Herr=lich = keit

sei dir, Gott Va = ter der Barm=her = zig = leit,

und Chri = sto, bei = nem Sohn, in E = wig=keit!

2. Welchen du, als er hier lag begraben, auferweckt und herrlich hast erhaben*, daß wir möchten Frieden in ihm haben.
* Nebenform von er h o b e n.

3. Seinen Namen hast du auch verkläret, und ihm treulich Alles das gewähret, was er jemals hat von dir begehret.
Phil. 2, 9. 11.

4. Hast ihm gesagt: „Du bist mein lieber Sohn, komm, setze dich zu mir auf meinen Thron, Preis, Ehr und Herrlichkeit sei deine Kron."

5. „Du sollst mein Priester sein in Ewigkeit, den Gläubigen mit deiner Heiligkeit erstatten all ihre Gebrechlichkeit."

6. O ihr Christen, hört und merket eben: alle Ding sind Christo untergeben; Jesus Christ ist unser ewges Leben.

7. Der dem Feinde seinen Raub genommen, — ist als Held zu seinem Vater kommen, was er hat gethan zu unsern Frommen.
Kol. 2, 12—15. 2 Tim. 1, 10. Hebr. 2, 14.

8. Von dannen sendet er nieder seinen Geist der Kirche, die sein

Leib ist und auch heißt; durch ihn regieret er sie allermeist.

Joh. 16, 7. Eph. 4, 4 u. 15—17. Kol. 1, 24.

9. Ob er schon gen Himmel aufgestiegen, ist er dennoch auch bei uns hienieden; das empfinden Alle, die ihn lieben.

Matth. 18, 20. Eph. 3, 16—20.

10. Der Herr versorgt mit Gaben die Gemein, macht ihre Herzen durch den Glauben rein, er ist und bleibt ihr Hirt, Haupt und Grundstein,

11. Zieret sie und machet sie sich eben*, und nach diesem kurzen irdschen Leben will er gnädig ihr das ewge geben.

* Zu seinem Ebenbilde, gleich.

12. Ei, nun laßt uns herzlich zu ihm schreien, bitten, daß er uns hier Gnad verleihen, uns von allem Übel wolle freien*.

* Befreien.

13. Jesu Christ, du wollest uns Elenden deinen heilgen Geist herniedersenden, deinen Willen ganz in uns vollenden!

Böhmische Brüder, 1531. (Mich. Weiße, † 1534.)

Suchet, was droben ist, da Christus ist, Sitzend zur Rechten Gottes.

(Col. 3, 1—4.)

Weise 771. Es ist gewißlich an der Zeit.

220. Auf diesen Tag bedenken wir, daß Christus aufgefahren; voll Danks und herzlicher Begier flehn wir: Gott woll bewahren uns arme Sünder hier auf Erd, die wegen mancherlei Gefährd Trost nur in Hoffnung haben.*

* D. i. ohne Hoffnung keinen Trost haben.

2. Gott Lob, nun ist der Weg gemacht, uns steht der Himmel offen; Christus schleußt auf mit großer Pracht, was vorhin war verschlossen. Wers glaubt, des Herz ist freudevoll, dabei er sich doch rüsten soll, dem Herren nachzufolgen.

3. Wer nicht folgt, seinen Willn nicht thut, dem ists nicht Ernst zum Herren; denn der wird auch vor Fleisch und Blut sein Himmelreich versperren. Am Glauben liegts; soll der sein echt, so muß auch Herz und Leben recht zum Himmel sein gerichtet.

Matth. 7, 21. 1 Kor. 15, 50.

4. Solch Himmelfahrt fäht in uns an, wenn wir den Vater finden, und fliehen stets der Sünde Bahn, thun uns zu Gottes Kindern; die sehn hinauf, Gott sieht herab, an Lieb und Treu geht ihn'n nichts ab, bis sie zusammen kommen.

5. Dann wird der Tag erst freudenreich, wenn Gott uns zu sich nehmen und seinem Sohn wird machen gleich, wie wir denn jetzt bekennen; da wird sich finden Freud und Mut auf ewig bei dem höchsten Gut; Gott woll, daß wirs erleben!

Dr. Johannes Zwick, † 1542.

**Er ift aufgefahren in die Höhe und hat das Gefängnis ge=
fangen geführt
Und hat den Menfchen Gaben gegeben.**
(Eph. 4, 8—15.)

Weife 193. Erfchienen ift der herrlich Tag.

221. Nun freut euch, Gottes=
kinder all, und preifet Gott mit
Jubelfchall: — der Herr fährt
auf, lobfinget ihm, lobfinget
ihm mit lauter Stimm. Halle=
lujah!

2. Die Engel und all Him=
melsheer erzeigen Chrifto gött=
lich Ehr und jauchzen ihm mit
frohem Schall, das thun die
lieben Engel all. Hallelujah!

3. Daß unfer Heiland Jefus
Chrift, der Gottesfohn, Menfch
worden ift, des freuen fich die
Engel fehr und gönnen gern
uns folche Ehr. Hallelujah!

4. Der Herr hat uns die Stätt
bereit, da bleiben wir in Ewig=
keit: lobfinget ihm, lobfinget
ihm, lobfinget ihm mit lauter
Stimm. Hallelujah!

5. Wir find Erben im Him=
melreich, wir find den lieben
Engeln gleich, das fehn die lie=
ben Engel gern und danken
mit uns Gott dem Herrn.
Hallelujah!

6. Es hat mit uns nun nim=
mer Noth, da Satan, Sünd
und ewger Tod allfammt zu

Schanden worden find durch
Gottes und Marias Kind. Hal=
lelujah!

7. So manche fchöne Gottes=
gab bringt nun der heilge Chrift
herab, der uns vorm Argen wohl
bewahrt; das fchafft des Herren
Himmelfahrt. Hallelujah!

8. So danket nun dem lieben
Herrn und lobet ihn von Her=
zen gern, lobfinget mit der En=
gel Chor, und bis zum Him=
mel fchall empor: Hallelujah!

9. Gott Vater in der Ewig=
keit: es fagt dir deine Chri=
ftenheit groß Ehr und Dank
mit höchftem Fleiß, zu allen
Zeiten Lob und Preis. Halle=
lujah!

10. Herr Jefu Chrifte, Got=
tes Sohn, gewaltig auf der
Himmel Thron: es dankt dir
deine Chriftenheit von nun an
bis in Ewigkeit; Hallelujah!

11. O heilger Geift, du wah=
rer Gott, du unfer Troft in
aller Noth: wir rühmen dich,
wir loben dich und fagen Dank
dir ewiglich. Hallelujah!

Dr. Erasmus Alber, † 1553.

**Vater, ich will, daß, wo ich bin, fpricht der Herr,
Auch die bei mir fei'n, die du mir gegeben haft.**
(Joh. 17, 19—24.)

Weife 67. Nun freut euch, liebe Chriften gmein.

222. Allein auf Chrifti Him=
melfahrt ich meine Nachfahrt

gründe; allein auf feine Hilf
ich wart, und bitt, daß er mir

sende vom Himmel seine Gnad herab, daß ich der Welt mög sagen ab, und das, was droben, suchen.

2. Weil er gen Himmel sich gewendt, das Irdische verlassen, mein Herz auch nirgend Ruhe findt; es will dieselbe Straßen zur ewgen Himmelsfreud und Ehr; wo Christus ist, sein Haupt und Herr, da will es nun auch ruhen.

3. Von deiner Auffahrt laß die Gnad, Herr Christe, mich empfangen, auf daß mein Herz die Nachfahrt hab, bis daß ich werd erlangen die Himmelfahrt mit Seel und Leib, zu Ehren dir, und mir zur Freud; so will ich dir lobsingen.

M. Josua Wegelin, 1604—1640.

Vater, ich will, daß, wo ich bin, spricht der Herr,
Auch die bei mir sei'n, die du mir gegeben hast.
(Joh. 17, 19—24.)

Weise 771. Es ist gewißlich an der Zeit.

223. Auf Christi Himmelfahrt allein ich meine Nachfahrt gründe, und allen Zweifel, Angst und Pein hiermit stets überwinde; denn weil das Haupt im Himmel ist, wird seine Glieder Jesus Christ zur rechten Zeit nachholen.

2. Weil er gezogen himmelan und große Gab empfangen, mein Herz auch nur im Himmel kann, sonst nirgends, Ruh erlangen; denn wo mein Schatz* ist, ist mein Herz; mein Trachten geht nur himmelwärts, dahin mich stets verlanget. * Matth. 6, 21.

3. Ach Herr, laß diese Gnade mich von deiner Auffahrt spüren, daß mit dem wahren Glauben ich mög meine Nachfahrt zieren, und dann einmal, wenn dirs gefällt, mit Freuden scheiden aus der Welt. Herr, höre dies mein Flehen!

Umarbeitung des vorigen Lieds durch Justus Gesenius und David Denicke, 1647.

Christus ist zur Rechten Gottes in den Himmel gefahren,
Und sind ihm die Engel unterthan und die Gewaltigen und
die Kräfte.
(Eph. 1, 17—23.)

224. Weise: Des heilgen Geistes reiche Gnad.
1609.

Nun danket Gott, ihr Chri-sten all, und prei-set
ihn mit lau-tem Schall, die-weil er sei - ner

Gott=heit Macht durch fei=nen Sohn ans Licht ge=bracht. Triumph, Tri=umph! jauchzt al = le Welt; denn Je=fus hat den Feind ge = fällt.

2. Er ift erftanden von dem Tod, der Lebensfürft, mein Herr und Gott; er hat des Feindes Burg zerftört und Gottes Himmelreich gemehrt. Triumph, Triumph! jauchzt alle Welt; denn Jefus hat den Feind gefällt.

3. Er ift erfchienen wie ein Blitz und hat bethört der Feinde Witz; er hat bewiefen mit der That, was er zuvor verfündigt hat. Triumph, Triumph! jauchzt alle Welt; denn Jefus hat den Feind gefällt.

4. Er hat nun überwunden gar fein Leiden, Trübfal und Gefahr; fein Haupt trägt fchon mit großem Glanz den ewig grünen Siegeskranz. Triumph, Triumph! jauchzt alle Welt; denn Jefus hat den Feind gefällt.

5. Die Wunden, die er hier empfieng, da er ans Kreuz gefchlagen hieng, die leuchten wie der Morgenftern und ftralen von ihm weit und fern. Triumph, Triumph! jauchzt alle Welt; denn Jefus hat den Feind gefällt.

6. Er ift nun voller Seligkeit und herrfchet über Ort und Zeit, er lebt voll Paradiefesfreud und hört fein Lob in Ewigkeit. Triumph, Triumph! jauchzt alle Welt; denn Jefus hat den Feind gefällt.

7. Nun danket Gott, ihr Chriften all, und preifet ihn mit lautem Schall; ihr follt in ihm auch auferftehn und in die ewge Freude gehn. Drum ruf Triumph die ganze Welt; denn Jefus hat den Feind gefällt.

Dr. Johann Scheffler, 1621—1677.

Mache dich auf, werde licht; denn dein Licht kommt, Und die Herrlichkeit des Herrn gehet auf über dir.
(Eph. 1, 9—14.)

Weife 417. Wie fchön leucht uns der Morgenftern.

225. O wundergroßer Siegesheld, du Sündenträger aller Welt, dein Werk haft du vollendet, vollendet deinen fchweren Lauf und fährft verklärt zum Vater auf, der dich herabgefendet; wohneft, throneft hoch und prächtig, walteft mächtig;

Tod und Leben, Alles ist dir untergeben.

2. Dir dienen alle Cherubim, viel tausend hohe Seraphim dich Siegesfürsten loben, weil du den Segen wiederbracht und dich mit Majestät und Pracht zur Glorie hast erhoben; singet, klinget, rühmt und ehret den, der fähret auf zum Throne, zu empfahn des Sieges Krone.

3. Du bist das Haupt, o Herr, und wir sind deine Glieder; nur von dir kommt uns Licht, Trost und Leben; Heil, Fried und Freude, Stärk und Kraft, ja, was dem Herzen Labsal schafft, wird uns von dir gegeben; bringe, zwinge, ewge Güte! mein Gemüte, daß es preise, dir als Siegsherrn Ehr erweise.

4. Zeuch, Jesu, uns, zeuch uns nach dir, hilf, daß wir künftig für und für nach deinem Reiche trachten; laß un=

fern Wandel himmlisch sein, daß wir der Erde eiteln Schein und Üppigkeit verachten. Unart, Hoffahrt laß uns meiden; christlich leiden, wohl ergründen, wo die Gnade sei zu finden.

5. Sei, Jesu, unser Schutz und Schatz, sei unser Ruhm und fester Platz, darauf wir uns verlassen; laß suchen uns, was droben ist, — auf Erden wohnet Trug und List, es ist auf allen Straßen Lügen, Trügen, Angst und Plagen, die da nagen, die da quälen stündlich arme Christenseelen.

6. Herr Jesu, komm, du Gnadenthron, du Siegesfürst, Held, Davids Sohn, komm, stille das Verlangen. Du, du bist allen uns zu gut, o Jesu, durch dein theures Blut, ins Heiligtum gegangen; dafür soll dir von uns Allen Dank erschallen. Herr, ohn Ende heben wir zu dir die Hände!

Ernst Christoph Homburg, 1605—1681.

**Gott hat alle Dinge unter seine Füße gethan,
Und ihn gesetzt zum Haupt der Gemeine über Alles.**

(Eph. 1, 9—14.)

Weise 806.   Aus meines Herzens Grunde.

226. Der Herr fährt auf gen Himmel, zu seines Vaters Thron aus dieser Welt Getümmel erhebt sich Gottes Sohn. Lobsingt, lobsinget Gott, lobsingt, lobsingt mit Freuden dem Könige der Heiden, dem Herren Zebaoth.

2. Der Herr wird aufgenommen in königlicher Pracht, um=

ringt von allen Frommen, die er hat frei gemacht. Es holen Jesum ein die lautern Cherubinen und hehren Seraphinen in glanzerfüllten Reihn.

3. Lob sei dem Gott der Gnade, der unser Haupt erhöht! Nun wissen wir die Pfade, wie man zum Himmel geht. Der Heiland geht voran, will uns zu=

rück nicht lassen; er zeiget uns die Straßen, er bricht uns sichre Bahn.

4. Wir sollen himmlisch werden, der Herre macht uns Platz, wir gehen von der Erden dorthin, wo unser Schatz.* Ihr Herzen, macht euch auf; wo Jesus hingegangen, dahin sei das Verlangen, dahin sei euer Lauf.

* Matth. 6, 21.

5. Laßt uns gen Himmel dringen mit herzlicher Begier! Laßt uns zugleich auch singen: Dich, Jesu, suchen wir, dich, o du Gottessohn, dich Weg, dich wahres Leben, dem alle Macht ge-

geben, dich, unsres Herzens Kron!

6. Fahr hin mit deinen Schätzen, du trugesvolle Welt! Dein Tand kann nicht ergetzen; nur eines uns gefällt: der Herr ist unser Preis, der Herr ist unsre Freude und köstliches Geschmeide, zu ihm geht unsre Reis.

7. Wann soll es doch geschehen, wann kommt die liebe Zeit, daß wir ihn werden sehen in seiner Herrlichkeit? O Tag, wann wirst du sein, wo wir den Heiland grüßen und inniglich umschließen? Komm, stelle dich doch ein!

Dr. Gottf. Wilh. Sacer, 1635—1699.

**Das Leiden dieser Zeit ist nicht werth der Herrlichkeit,
Die an uns soll offenbaret werden.**
(1 Petr. 4, 12. 13.)

Weise 587. Freu dich sehr, o meine Seele.

227. Herr, auf Erden muß ich leiden und bin voller Angst und Weh; warum willst du von mir scheiden, warum fährst du in die Höh? Nimm mich Armen auch mit dir, oder bleibe doch in mir, daß ich dich und deine Gaben täglich möge bei mir haben.

2. Laß mir doch dein Herz zurücke und nimm meines mit hinauf; wenn ich Seufzer zu dir schicke, thue mir den Himmel auf, und wenn ich nicht beten kann, rede du den Vater an; denn du bist zu seiner Rechten, darum hilf uns, deinen Knechten.

3. Zeuch die Sinne von der

Erde ab vom Eiteln zu dir hin, daß ich mit dir himmlisch werde, ob ich gleich noch sterblich bin, und im Glauben meine Zeit richte nach der Ewigkeit, bis wir einst zu dir gelangen, wie du bist vorangegangen.

4. Dir ist Alles übergeben; nimm dich auch der Deinen an, hilf mir, daß ich christlich leben und dir heilig dienen kann. Kommt der Feind dann wider mich, o so wirf ihn unter dich zu dem Schemel deiner Füße, daß er ewig schweigen müsse.

5. Meine Wohnung, Herr, bereite droben in des Vaters Haus, wo ich werde nach dem Streite bei dir gehen ein und

aus; dahin bringe mich zur Ruh, denn der Weg dahin bist du; nimm an meinem letzten Ende meinen Geist in deine Hände!

M. Kaspar Neumann, 1648—1715.

Der Herr ist unser König,
Der hilft uns.
(1 Tim. 6, 12—16.)

Weise 656. Schmücke dich, o liebe Seele.

228. König, dem kein König gleichet, dessen Ruhm kein Mund erreichet, dem als Gott das Reich gebühret, der als Mensch das Scepter führet, dem das Recht gebührt zum Throne als des Vaters eingem Sohne, den so viel Vollkommenheiten krönen, zieren und bekleiden:

2. Himmel, Erde, Luft und Meere, aller Creaturen Heere müssen zu Gebot dir stehen; was du willst, das muß geschehen. Fluch und Segen, Tod und Leben, Alles ist dir übergeben, und vor deines Mundes Schelten zittern Menschen, Engel, Welten.

3. In des Gnadenreiches Grenzen sieht man dich am schönsten glänzen, wo viel tausend treue Seelen dich zu ihrem Haupt erwählen, die durchs Scepter deines Mundes nach dem Recht des Gnadenbundes sich von dir regieren lassen und wie du das Unrecht hassen.

4. In dem Reiche deiner Ehren kann man stets dich loben hören von dem himmlischen Geschlechte, von der Menge deiner Knechte, die dort ohne Furcht und Grauen dein verklärtes Antlitz schauen, die dich unermüdet preisen und dir Ehr und Dienst erweisen.

5. O Monarch in allen Reichen: dir ist Niemand zu vergleichen, nicht an Ueberfluß der Schätze, noch an Ordnung der Gesetze und Vortrefflichkeit der Gaben, welche deine Bürger haben; du beschützest deine Freunde, du bezwingest deine Feinde.

6. Herrsche auch in meinem Herzen über Zorn, Furcht, Lust und Schmerzen; laß mich deinen Schutz genießen, laß mich dich im Glauben küssen*, ehren, fürchten, loben, lieben und mich im Gehorsam üben, hier mit leiden, kämpfen, streiten, dort mit herrschen, dir zur Seiten!
* Pf. 2, 12.

Dr. Johann Jakob Rambach, 1693—1735.

Lasset uns festhalten an dem Bekenntnis,
Daß Jesus, der Sohn Gottes, unser Hoherpriester ist.
(Hebr. 5, 5—10.)

Weise 765. Alle Menschen müssen sterben.

229. Großer Mittler, der zur Rechten seines großen Vaters sitzt und die Schar von seinen Knechten in dem Reich der Gna-

ben schützt, — ben auf bem er=
habnen Throne in der königlichen
Krone alles Heer der Ewigkeit
mit verhülltem Antlitz scheut:

2. Dein Erlösungswerk auf
Erden und dein Opfer ist voll=
bracht; was vollendet sollte wer=
den, ist geschehn durch deine
Macht; da du bist für uns ge=
storben, ist uns Gnad und Heil
erworben, und dein siegreich
Auferstehn läßt uns in die Frei=
heit gehn.

3. Nun bist du ja Hort und
Hüter in des Vaters Heilig=
tum, die erworbnen Segensgü=
ter durch dein Evangelium al=
len benen mitzutheilen, die zum
Thron der Gnaden eilen; nun
wird uns durch deine Hand
Heil und Segen zugewandt.

4. Deines Volkes theure Na=
men trägst du stets auf deiner
Brust; und die gläubig zu dir
kamen, sind und bleiben deine
Lust. Du vertrittst, die an dich
glauben, daß sie nichts dir möge
rauben, bittest in des Vaters
Haus ihnen eine Wohnung aus.

5. Doch vergißt du auch der
Armen, die der Welt noch die=
nen, nicht, weil das Herz dir
vor Erbarmen über ihrem Elend
bricht; daß dein Vater ihrer
schone, daß er nicht nach Werken

lohne, daß er ändre ihren Sinn,
darauf zielt dein Bitten hin.

6. Zwar in deines Fleisches
Tagen, da die Sünden aller
Welt dir auf deinen Schultern
lagen, hast du dich vor Gott
gestellt, bald mit Seufzen, bald
mit Weinen für die Sünder zu
erscheinen! O, in welcher Nied=
rigkeit batest du zu jener Zeit!

7. Aber nun wird deine Bitte
von der Allmacht unterstützt,
da in der vollkommnen Hütte
die verklärte Menschheit sitzt;
nun kannst du des Satans Kla=
gen majestätisch niederschlagen.
und nun macht dein redend
Blut unsre böse Sache gut.

8. Die Verdienste deiner Lei=
den stellest du dem Vater dar,
und vertrittst vor ihm mit Freu=
den deine theur erlöste Schar,
daß er wolle Kraft und Leben
deinem Volk auf Erden geben
und die Seelen zu dir ziehn, die
noch deine Freundschaft fliehn.

9. Großer Mittler, sei geprie=
sen, daß du in dem Heiligtum
so viel Treu an uns bewiesen;
dir sei Ehre, Dank und Ruhm!
Laß uns dein Verdienst vertre=
ten, wenn wir zu dem Vater
beten; sprich für uns in letzter
Noth, wenn den Mund ver=
schließt der Tod.

Dr. Johann Jakob Rambach, 1693—1735.

Wer ist der König der Ehren?
Es ist der Herr stark und mächtig, der Herr mächtig im Streit.
(Ps. 24, 7—10.)
Weise 765.   Alle Menschen müssen sterben.

230. Siegesfürst und Ehren=
könig, hochverklärte Majestät!

alle Himmel sind zu wenig, du
bist drüber weit erhöht; sollt

12*

ich nicht zu Fuß dir fallen, nicht mein Herz vor Freude wallen, wenn mein Glaubensaug entzückt deine Herrlichkeit erblickt?

2. Seh ich dich gen Himmel fahren, seh ich dich auf Gottes Thron, seh ich, wie der Engel Scharen jauchzen dir, dem ewgen Sohn: sollt ich da nicht niederfallen, nicht mein Herz vor Freude wallen, da der Himmel jubilirt und mein König triumphirt?

3. Weit und breit, du Himmelssonne, deine Klarheit sich enthüllt und mit neuem Glanz und Wonne alle Himmelsgeister füllt; prächtig wirst du aufgenommen, freudig heißt man dich willkommen. Schau, ich armes Kindlein hier rufe Hosianna dir!

4. Sollt ich deinen Kelch nicht trinken, da ich deine Klarheit seh? Sollt ich mutlos niedersinken, da ich deine Macht versteh? Meinem König will ich trauen, nicht vor Welt und Teufel grauen, nur in Jesu Namen mich beugen hier und ewiglich.

5. Geist und Kraft nun überfließen; laß sie wirken kräftiglich, bis als Schemel dir zu Füßen alle Feinde legen sich. Herr, zu deinem Scepter wende Alles bis zum fernsten Ende; mache dir auf Erden Bahn, alle Herzen unterthan.

6. Du erfüllest aller Orten Alles durch dein Nahesein; meines armen Herzens Pforten stehn dir offen, komm herein! Komm, du König aller Ehren, komm, bei mir auch einzukehren; ewig in mir leb und wohn, als in deinem Himmelsthron.

7. Deine Auffahrt, dein Erheben bringt mir Gott und Himmel nah; lehr mich nur im Geiste leben (gleich als stündst du vor mir da), fremd der Welt, der Zeit, den Sinnen, bei dir abgeschieden drinnen, in das Himmelreich versetzt, wo nur Jesus mich ergötzt.

Gerhard ter Steegen, 1679—1769.

**Der Herr hat seinen Stuhl im Himmel bereitet,
Und sein Reich herrschet über Alles.**

(Hebr. 1 und 2.)

Weise 51.   Alles ist an Gottes Segen.

231. Jesus Christus herrscht als König, Alles wird ihm unterthänig, Alles legt ihm Gott zu Fuß. Jede Zunge soll bekennen, Jesus sei der Herr zu nennen, dem man Ehre geben muß.

2. Fürstentümer und Gewalten, Mächte, die die Thronwacht halten, geben ihm die Herrlichkeit. Alle Herrschaft dort im Himmel, wie im irdischen Getümmel, ist zu seinem Dienst bereit.

3. Gott, des Weltbaus großer Meister, hat die Engel wohl

als Geister und als Flammen um den Thron; sagt er aber je zu Knechten: „Setze dich zu meiner Rechten?" Nein, er sprach es nur zum Sohn!

4. Gott ist Herr, der Herr ist einer, und demselben gleichet keiner, als der Sohn; der ist ihm gleich. Dessen Stuhl ist unumstößlich, dessen Leben unauflöslich, dessen Reich ein ewig Reich.

5. Gleicher Macht und gleicher Ehren sitzt er unter lichten Chören über Gottes Cherubim. Aller Welt und Himmel Enden * hat er Alles in den Händen; denn der Vater gab es ihm.

* D. h. an allen Enden der Welt u. s w.

6. Nur in ihm (o Wundergaben!) können wir Erlösung haben, die Erlösung durch sein Blut. Hörts! das Leben ist erschienen, und ein ewiglich Versühnen kommt in Jesu uns zu gut.

7. Er gibt Gnad und Fried alleine; die begnadigte Gemeine hat ihn auch zu ihrem Haupt; er hat sie mit Blut erkaufet und zum Himmelreich getaufet, und sie lebet, weil sie glaubt.

8. Gebt, ihr Sünder, ihm die Herzen, klagt, ihr Kranken, ihm die Schmerzen, sagt, ihr Armen, ihm die Noth; er kann alle Wunden heilen, Balsam weiß er auszutheilen, Reichtum schenkt er nach dem Tod.

9. Der getragen die zum Hohne ihm geflochtne Dornenkrone, tilget alle Sündennoth; komm, du wirst noch angenommen, komm getrost, er heißt dich kommen; sag ihm nur: Mein Herr und Gott!*   *Joh. 20, 28.

10. Eil, es ist nicht Zeit zum Schämen! Willst du Gnade? du sollst nehmen! Willst du leben? es soll sein! Willst du erben? du wirsts sehen! Soll der Wunsch aufs Höchste gehen: willst du Jesum? er ist dein!

11. Keiner der befreiten Seelen solls an einem Gute fehlen, denn sie glauben, Gott zum Ruhm. Werthe Worte, theure Lehren! Möcht doch alle Welt dich hören, süßes Evangelium!

12. Zwar auch Kreuz drückt Christi Glieder hier auf kurze Zeit darnieder, oft umgibt sie nichts als Leid. Nur Geduld, es folgen Freuden; nichts kann sie von Jesu scheiden, er führt sie zur Herrlichkeit.

13. Ihnen steht der Himmel offen, welcher über alles Hoffen, über alles Wünschen ist. Die geheiligte Gemeine weiß, daß eine Zeit erscheine, wo sie ihren König grüßt.

14. Auch gibt er bis dahin Nahrung, Leitung, Heilung und Bewahrung, denn er pflegt und liebet sie; ja bei seinem Kreuzesstamme fraget sie, wer nun verdamme; denn sie rühmt: Der Herr ist hie!

15. Jauchz ihm, Menge heilger Knechte, rühmt, vollendete Gerechte, und du Schar, die Palmen trägt, und ihr Märtrer mit der Krone, und du Chor vor seinem Throne, der die Gottesharfen schlägt!

16. Ich auch auf der tiefſten Stufen, ich will glauben, reden, rufen, ob ich gleich noch Pilgrim bin: „Jeſus Chriſtus herrſcht als König, Alles ſei ihm unterthänig; ehret, liebet, lobet ihn!"

M. Philipp Friedrich Hiller, 1699—1769.

Ich will wieder kommen und euch zu mir nehmen, Auf daß ihr ſeid, wo ich bin, ſpricht der Herr.
(Apſtgſch. 1, 9—11.)

Weiſe 437. Wie wohl iſt mir, o Freund der Seelen.

232. Vollendet iſt dein Werk, vollendet, o Welterlöſer, unſer Heil! Uns liebet Gott, der dich geſendet, und ſeine Huld wird uns zu Theil. Verklärt erhebſt du dich vom Staube, dir ſchwingt ſich nach der Deinen Glaube, o Sieger, in dein himmliſch Licht. Dich krönt, nach Thränen und nach Leiden, dein Gott mit ſeinen Gottesfreuden vor aller Himmel Angeſicht.

2. Dein Wagen kommt, die Wolken wallen herab voll Majeſtät und Licht. Die Deinen ſehn ſie und ſie fallen anbetend auf ihr Angeſicht. Noch ſegneſt du ſie, die Geliebten, und ſenkeſt Troſt auf die Betrübten, ſtrömſt ſüße Hoffnung in ihr Herz. Sie ſehns, du biſt von Gott gekommen, wirſt im Triumph dort aufgenommen; o welche Wonne wird ihr Schmerz!

3. Ich ſeh empor zu dir, Vertreter, dich bet ich ſtill, mit Thränen, an; ich weiß, daß auch ein ſchwacher Beter im Staube dir gefallen kann. Zwar fallen vor dir Engel nieder, doch auch der Engel höhre Lieder verdrängen nicht mein ſchwaches Lied; von meinen aufgehobnen Händen wirſt du nicht weg dein Antlitz wenden, du ſiehſt den Dank, der in mir glüht.

4. Gib meinem Glauben Mut und Leben, ſich über Erde, Welt und Zeit mit ſtarken Flügeln zu erheben zu dir in deine Herrlichkeit; o du, des künftgen Lebens Sonne, des Himmels und der Erde Wonne, durch den ſich Gott mit uns vereint, du aller Welten Herr und Führer, des Geiſtes ewiger Regierer: — du biſt mein Bruder, biſt mein Freund!

5. Einſt wirſt du herrlich wiederkommen; Meſſias, komm! es ſeufzen hier im Prüfungslande deine Frommen, ihr Glaube ſeufzt nach dir, nach dir! Dann werden auf der Wolken Wagen dich Millionen Engel tragen; du wirſt in deiner Herrlichkeit, Herr, Allen, die jetzt zu dir weinen, vom Himmel als ihr Freund erſcheinen, und Jubel wird der Erde Leid.

Joh. Kaſpar Lavater, 1741—1801.

**Den Frieden lasse ich euch, meinen Frieden gebe ich euch;
Nicht gebe ich euch, wie die Welt gibt.**
(Joh. 14, 23—27.)

Weise 682. Jauchzet dem Herren all auf Erden.

233. Ihr aufgehobnen Segenshände voll Heil, voll Wunderkraft des Herrn: ihr wirkt und waltet bis ans Ende, uns ungesehn, doch niemals fern. Im Segnen seid ihr aufgefahren, im Segnen kommt ihr einst zurück; auch in des Glaubens Zwischenjahren bleibt ihr der Seelen Trost und Glück.

2. Ihr segnet Christi Schar hienieden mit Freude, die ohn Ende währt; ihr legt auf sie den hohen Frieden, den keine Welt uns sonst beschert; ja, segnend ruht ihr auf den Seinen, dies beugt und stärkt uns bis ans Grab, und wenn wir Sehnsuchtsthränen weinen, so trocknet dies die Thränen ab.

3. Ihr zieht mit Gotteskraft die Herzen zu ihm und an sein Herz hinauf, ihr stillt, ihr heilt die Seelenschmerzen, ihr helft der Schwachheit mächtig auf, ihr brecht den Zwang, der Herzen kettet, ihr faßt und stärkt des Pilgers Hand, ihr hebt, ihr tragt und ihr errettet, und führt uns bis ins Vaterland.

4. Einst öffnet ihr die Himmelsthore der treuen Erdenpilgerschar und reicht dem Ueberwinderchore des ewgen Lebens Kronen dar; dann, dann, mit jeder Gottesgabe, mit jedem Heil begabt durch euch, jauchzt eurem goldnen Königsstabe des weiten Himmels Königreich.

Karl Bernh. Garve, 1763—1841

**So wir aber im Licht wandeln, wie er im Licht ist,
So haben wir Gemeinschaft mit ihm.**
(1 Joh. 1, 7.)

Weise 250. Allein Gott in der Höh sei Ehr.

234. Triumph! Triumph! der Sieg ist mein, mein Heiland ist erstanden, der Held zieht in den Himmel ein aus Grab und Todesbanden; bezwungen ist die lange Nacht, der ganzen Welt das Licht gebracht, die Finsternis vergangen.

2. „Triumph, Triumph"! der Himmel klingt, die Erde klingt es wieder; der Sünde, Tod und Hölle zwingt, ist nun im Himmel wieder. Dort sitzet er in Herrlichkeit von Ewigkeit zu Ewigkeit und tröstet seine Brüder.

3. Drob solln wir alle fröhlich sein: der Heiland ist erstanden, aufgangen ist der helle Schein den trüben Erdenlanden, das ewge Morgenroth steht klar, das Wort des Vaters offenbar, das Wen'ge nur verstanden.

4. Drob solln wir alle fröhlich sein und jauchzen, singen, klingen, daß Gott uns solchen

Gnadenſchein der Seligkeit will bringen, daß er uns auf dem dunkeln Pfad das helle Licht gezündet hat, das Nacht und Grans kann zwingen. ─

5. O ſüßer Schein, o himm= liſch Licht, o Todesüberwinder! wir zittern nicht, wir zagen nicht, nun ſind wir alle Kinder, ſind alle Sieger in dem Sieg, voll= endet iſt des Todes Krieg, er= löſet ſind die Sünder.

Ernſt Moritz Arndt, geb. 1769.

9. Pfingſtlieder.

Ich will euch den Tröſter ſenden, den heiligen Geiſt,
Der wird euch in alle Wahrheit leiten.
(Apſtgeſch. 2.)

235.   Eigne Weiſe.   Altdeutſch. 1524.

Komm, hei = li = ger Geiſt, Her = re Gott, er=
ſüll mit dei = ner Gna=den Gut dei = ner Gläubgen Herz,
Mut und Sinn, dein brünſtge Lieb ent = zünd in ihn'n! O
Herr, durch dei = nes Lich = tes Glaſt* zum Glauben du ver=
ſam=melt haſt das Volk aus al = ler Welt Zun=gen, das
ſei bir, Herr, zu Lob ge = ſun = gen. Hal=
le = lu=jah! Hal = le = lu=jah!   * Glanz.

2. Du heiliges Licht, edler Hort, laß uns leuchten des Lebens Wort und lehr uns Gott recht erkennen, von Herzen Vater ihn nennen! O Herr, behüt vor fremder Lehr, daß wir nicht Meiſter ſuchen mehr, denn Jeſum mit rechtem Glauben und ihm aus ganzer Macht vertrauen. Hallelujah! Hallelujah!

3. Du heilige Glut, ſüßer Troſt, nun hilf uns fröhlich und getroſt in deim Dienſt beſtändig bleiben, laß Trübſal uns nicht wegtreiben! O Herr, durch dein Kraft uns bereit, und ſtärk des Fleiſches Blödigkeit, daß wir hier ritterlich ringen, durch Tod und Leben zu dir bringen. Hallelujah! Hallelujah!

Dr. Martin Luther, 1483—1546.

Niemand kann Jeſum einen Herrn heißen Ohne durch den heiligen Geiſt.

(Apſtgſch. 19, 2. 1 Cor. 12, 3.)

236. Eigne Weiſe. Altdeutſch. 1524.

Nun bit-ten wir den hei-li-gen Geiſt um den
rech-ten Glau-ben al-ler-meiſt, daß er uns be-
hü-te an unſerm En-de, wenn wir heimfahrn aus
die-ſem E-len-de. Herr, er-barm dich un-ſer!

2. Du werthes Licht, gib uns deinen Schein, lehr uns Jeſum Chriſt kennen allein, daß wir an ihm bleiben, dem treuen Heiland, der uns bracht hat zum rechten Vaterland. Herr, erbarm dich unſer!

3. Du ſüße Lieb, ſchenk uns deine Gunſt, laß uns empfinden der Lieb Inbrunſt, daß wir uns von Herzen einander lieben und im Frieden auf einem Sinn bleiben. Herr, erbarm dich unſer!

4. Du höchſter Tröſter in aller Noth, hilf, daß wir nicht fürchten Schand noch Tod, daß in uns die Sinne doch nicht verzagen, wenn der Feind wird das Leben verklagen. Herr, erbarm dich unſer!

Dr. Martin Luther, 1483—1546.

**Wisset ihr nicht, daß ihr Gottes Tempel seid
Und der Geist Gottes in euch wohnet?**
(Joh. 16, 7—14. Röm. 8.)

Weise 12. Herr Gott, dich loben alle wir.

236 1|2. O höchster Tröster,
heilger Geist, dein Güt erfreut
uns allermeist; denn du bist unsers Heiles Pfand, von Christo
seiner Kirch gesandt, —
2 Kor. 1, 3—7, 21—22. 5, 5.
Eph. 1, 13—14.

2. Des Menschheit reichlich
du erfüllt, draus eine ewge
Gnade quillt, die du ertheilst
zur Seligkeit, schenkst uns des
Herrn Gerechtigkeit.
Jes. 11, 1—2. Joh. 1, 14. 16.
Luc. 4, 18.

3. Du öffnest Christi theure
Schätz, daß unser Geist sich dran
ergetz, und nimmst und gibst
von seiner Füll nach eines Jeden
Maß und Ziel.
Joh. 1, 16; 16, 13—15. Kol. 2, 3.
Röm. 12, 3—7.

4. Durch dich zeucht Gott
zu seinem Sohn und zündt die
recht Erkenntnis an, gibt Kraft,
zu glauben seinem Wort und zu
empfahn die Neugeburt.
1 Kor. 12, 3. Eph. 1, 17. Tit. 3, 5.

5. Durch dich rechtfertigt Gottes Huld die Gläubgen von der
Sündenschuld und heiligt sie
zur neuen Art, zu gehen durch
die enge Pfort.
1 Petr. 1, 3. Matth. 7, 13—14.

6. Du kennst der Auserwählten Zahl, berufst dieselben allzumal, bezeugst Christi Theilhaftigkeit, versicherst sie der Seligkeit.
Röm. 8, 29—30. 2 Kor. 1, 7.

7. Du salbst mit deinem Freudenöl der treuen Jünger Herz
und Seel, daß es mit Fried
und Freude fließt und sich in
Wort und That ergießt.
Pf. 45, 8. 1 Joh. 2, 20. 27.
2 Kor. 1, 21. Röm. 14, 17; 15,
13. Gal. 5, 22.

8. Anhebenden verleihst du
Kraft und Schwachen Stärk zur
Ritterschaft, den Starken die
Beständigkeit und den Beständgen Freudigkeit.

9. Du machst lebendig Christi
Schar, im Guten thätig immerdar, ernährst und schirmst sie
allezeit, verherrlichst sie in Ewigkeit.
Joh. 6, 63. 2 Kor. 3, 2—6.

10. Wie wunderbarlich ist dein
Werk, darin du übst dein Gnad
und Stärk an Jedem, der durch
Jesum Christ ein Kind und
Tempel Gottes ist!
Röm. 8, 14. 16, 17. 1 Kor. 3,
16. 17; 6, 19. Gal. 3, 26.

11. Darin steht ihre Zuversicht, daß ihnen scheint das Freudenlicht, dadurch ihr Glaub
gestärket wird, der eine brünstge
Lieb gebiert.
Pf. 73, 28. Gal. 5, 6. 1 Petr.
1, 22; 4, 8.

12. In Noth und wider alles
Leid ist Hoffnung ihre höchste
Freud; zu Schanden sie nicht
werden läßt, sie gründet das
Gewissen fest.
Röm. 5, 1. 2. 5. Hebr. 6. 18. 19.

13. Dem treuen Gott sei ewig Lob für seines Geistes edle Gab, der uns den ewgen Trost aus Gnad durch Jesum Christ gegeben hat. :2 Thess. 2, 16.

Böhmische Brüder, 1566.
(Peter Herbert, † 1577.)

Der Herr wird euch den Tröster geben,
Daß er bei euch bleibe ewiglich.
(Joh. 16, 13—15.)

237.   Eigne Weise.   1640.

Heil=ger Geist, du Trö=ster mein, hoch vom Him=mel uns er=schein mit dem Licht der Gna=den dein!

2. Vater, komm der armen Herd, komm mit deinen Gaben werth, uns erleucht auf dieser Erd.

3. O du süßer Herzensgast, der du Trost die Fülle hast, uns erquick in aller Last.

4. Komm, du Ruhe unter Mühn, Schatten in des Tages Glühn, vor dem Traur und Schwermut fliehn.

5. O du sel'ge Gnadensonn, füll das Herz mit Freud und Wonn Aller, die dich rufen an.

6. Ohne deine Hilf und Gunst ist all unser Thun und Kunst ganz und gar vor Gott umsonst.

7. Wasch uns, Herr, von Sünden weiß, unser dürres Herz begeuß, die Verwundten heil mit Fleiß.

8. Lenk uns nach dem Willen dein, wärm die kalten Herzen sein, die Verirrten bring herein.

9. Gib uns, Herr, wir bitten dich, die wir glauben festiglich, deine Gaben mildiglich,

10. Daß wir leben heiliglich, alle sterben seliglich, bei dir bleiben ewiglich!

Robert, König von Frankreich, 997—1031. Aus dem Lateinischen übersetzt im 17. Jahrhundert.

Ich will meinen Geist ausgießen über alles Fleisch,
Gehet hin und lehret alle Völker, spricht der Herr.
(Apstgsch. 1, 5—8.)

Weise 107. Gelobet seist du, Jesu Christ.

238. Des heilgen Geistes Gnade groß sich in der Jün=ger Herzen goß, erfüllte si= mit Gnaden zart und lehrt' sie

Sprachen mancher Art; Halle=
lujah!

2. Er sandt sie aus mit gu=
tem Rath, zu predgen Gottes
Wunderthat, zu lehrn in Christo
Gottes Huld, Vergebung aller
Sünd und Schuld; Hallelujah!

3. Ehr sei Gott in dem höch=
sten Thron und Christo, seinem
eingen Sohn; der schenk uns
seinen heilgen Geist, der uns
den Weg zum Himmel weist.
Hallelujah!

Alte Kirche, nach der Uebersetzung des Val. Thilo, 1607—1662.

Nun aber gibst du, Gott, einen gnädigen Regen,
Und dein Erbe, das dürre ist, erquickest du.
(Joel 3, 1—5.)

Weise 549. Durch Adams Fall ist ganz verderbt.

239. Heut ist das rechte Ju=
belfest der Kirche angegangen,
daran ein Glanz sich sehen läßt
des Geistes, den empfangen der
Jünger Schar, die offenbar von
diesem Himmelsregen benetzet ist;
— dies, o mein Christ, kann
Herz und Muth bewegen.

2. Heut hat der große Him=
melsherr Herolde ausgesendet;
schaut, seine tapfern Prediger
die haben sich gewendet an man=
chen Ort, da klingt ihr Wort:
„Thut Buß, ihr Leut auf Er=
den; dies ist die Zeit, die euch
befreit und lässet selig werden!"

3. Es läßt die Kirche, Christi
Braut, sich hören auf den We=
gen; sie tritt hervor und rufet
laut: „Da kommt nun euer
Segen; macht auf die Thür, jetzt
geht herfür der Geist mit Pracht
und Ehren; der will in euch
sein herrlich Reich erbauen und
vermehren!"

4. O großer Tag, o goldner
Tag, desgleichen nie gesehen!
O Tag, davon man sagen mag,
daß Wunder sind geschehen! Des
Himmels Reich soll nun zugleich
bei uns gegründet werden; der
Herr fährt auf, des Geistes
Lauf geht nieder zu der Erden.

5. O großer Tag, nun wird
der Geist vom Himmel ausge=
gossen, der Geist, der uns der
Welt entreißt und uns als
Reichsgenossen nach dieser Zeit
zur Seligkeit durch Jesum lässet
kommen; ach, würd ich bald auch
dergestalt zum Himmel aufge=
nommen!

6. O guter Geist, regiere doch
mein Herz, daß ich dich liebe,
nicht unterm schnöden Sünden=
joch im Dienst der Welt mich
übe! Herr, laß mich bald des
Feurs Gewalt, das himmlisch
ist, empfinden, und alle Noth,
ja selbst den Tod durch solches
überwinden!

Johann Rist, 1607—1667.

**Wenn jener, der Geist der Wahrheit, kommen wird,
Der wird euch in alle Wahrheit leiten.**

(Röm. 8, 26. Pf. 143, 10.)

Weise 417. Wie schön leucht uns der Morgenstern.

240. O heilger Geist, lehr bei uns ein und laß uns deine Wohnung sein, o komm, du Herzenssonne! Du Himmelslicht, laß deinen Schein bei uns und in uns kräftig sein zu steter Freud und Wonne! Sonne, Wonne: himmlisch Leben wirst du geben, wenn wir beten; sieh uns gläubig zu dir treten!

2. Du Quell, draus alle Weisheit fleußt, die sich in fromme Seelen geußt: laß deinen Trost uns hören, daß wir in Glaubenseinigkeit mit deiner werthen Christenheit dein wahres Zeugnis ehren. Höre, lehre, daß wir können Herz und Sinnen dir ergeben, dir zum Lob und uns zum Leben!

3. Steh uns stets bei mit deinem Rath und führ uns selbst den rechten Pfad, die wir den Weg nicht wissen. Gib uns Beständigkeit, daß wir getreu dir bleiben für und für, auch wenn wir leiden müssen. Schaue, baue, was zerrissen und beflissen, dich zu schauen und auf deinen Trost zu bauen!

4. Laß uns dein edle Balsamkraft empfinden und zur Ritterschaft dadurch gestärket werden, auf daß wir unter deinem Schutz begegnen aller Feinde Trutz mit freudigen Geberden. Laß dich reichlich auf uns nieder, daß wir wieder Trost empfinden, alles Unglück überwinden!

5. O starker Fels und Lebenshort, laß uns dein himmlisch süßes Wort in unsern Herzen brennen, daß wir uns mögen nimmermehr von deiner weisheitsreichen Lehr und treuen Liebe trennen. Fließe, gieße deine Güte ins Gemüte, daß wir können Christum unsern Heiland nennen!

6. Du süßer Himmelsthau, laß dich in unsre Herzen kräftiglich, und schenk uns deine Liebe, daß unser Sinn in Liebestreu dem Nächsten stets verbunden sei und sich darinnen übe. Kein Neid, kein Streit dich betrübe; Fried und Liebe müsse schweben*; Fried und Freude wirst du geben.

* D. i. im Schwange gehn.

7. Gib, daß in reiner Heiligkeit wir führen unsre Lebenszeit, sei unsers Geistes Stärke, daß uns hinfort sei unbewußt die Eitelkeit, des Fleisches Lust und seine todten Werke. Rühre, führe unser Sinnen und Beginnen von der Erden, daß wir Himmelserben werden!

M. Michael Schirmer, 1606—1673.

Welche der Geist Gottes treibet, Die sind Gottes Kinder.

(Röm. 8, 12—17.)

241. Eigne Weise. Joh. Crüger, 1653.

Zench ein zu mei=nen Tho=ren, sei mei=nes Herzens
der du, da ich ge = bo=ren, mich neu ge=bo=ren

Gast, o hoch = ge = lieb=ter Geist des
hast,

Va = ters und des Soh = nes, mit bei = den glei = ches

Thrones, mit bei=den gleich ge = preist!

2. Zench ein, laß mich empfinden und schmecken deine Kraft, die Kraft, die uns von Sünden Hilf und Errettung schafft. Entsündge meinen Sinn, daß ich mit reinem Geiste dir Ehr und Dienste leiste, wie ich dir schuldig bin.

3. Ich war ein wilder Reben, du hast mich gut gemacht; der Tod durchdrang mein Leben, du hast ihn umgebracht, mit Segen mich geschmückt, mir schon im Wasserbade versiegelt Gottes Gnade, die mich im Tod erquickt.

4. Du bist das heilig Oele, womit gesalbet ist mein Leib und meine Seele dem Herren Jesu Christ zum wahren Eigentum, zum Priester und Propheten, zum König, den in

Nöthen Gott schützt vom Heiligtum.

Ps. 89, 21. Eph. 1, 14. 2 Kor. 1, 21. 2 Thess. 2, 14. Tit. 2, 14. 2 Mos. 19, 6. Off. 1, 6; 5, 10. 1 Petr. 2, 5 und 9. Ps. 20, 3.

5. Du bist ein Geist, der lehret, wie man recht beten soll; dein Beten wird erhöret, dein Singen klinget wohl; es steigt zum Himmel an, es läßt nicht ab und steiget, bis der sich helfend neiget, der Allen helfen kann.

6. Du bist ein Geist der Freuden, das Trauern willst du nicht, erleuchtest uns in Leiden mit deines Trostes Licht. Ach, wie so manchesmal hast du mit süßen Worten mir aufgethan die Pforten zum goldnen Freudensal!

7. Du bist ein Geist der

Liebe, ein Freund der Freund=
lichkeit, willſt nicht, daß uns
betrübe Zorn, Zank, Haß, Neid
und Streit. Der Feindſchaft
biſt du feind, willſt, daß durch
Liebesflammen ſich wieder thun
zuſammen, die voller Zwietracht
ſind.

8. Du, Herr, haſt ſelbſt in
Händen die ganze weite Welt,
kannſt Menſchenherzen wenden,
wie dir es wohlgefällt; ſo gib
doch deine Gnad zu Fried und
Liebesbanden, verknüpf in allen
Landen, was ſich getrennet hat!

9. Erhebe dich und ſteure dem
Herzleid auf der Erd; bring
wieder und erneure die Wohl=
ſahrt deiner Herd. Laß blühen,
wie zuvor, die Länder, die ver=
heeret; die Kirchen, die zer=
ſtöret, richt aus der Aſch empor!

10. Beſchirm die Obrigkeiten,
bau unſers Fürſten Thron, ſteh
ihm und uns zur Seiten, ſchmück,
als mit einer Kron, die Alten

mit Verſtand, mit Frömmigkeit
die Jugend, mit Gottesfurcht
und Tugend das Volk im ganzen
Land!

11. Erfülle die Gemüter mit
reiner Glaubenszier, die Häuſer
und die Güter mit Segen für
und für. Vertreib den böſen
Geiſt, der dir ſich widerſetzet
und, was dein Herz ergetzet,
aus unſerm Herzen reißt.

12. Gib Freudigkeit und Stärke
zu ſtehen in dem Streit, den
Satans Reich und Werke uns
bieten allezeit. Hilf kämpfen
ritterlich, damit wir überwinden
und daß zum Dienſt der Sün=
den kein Chriſt ergebe ſich.

13. Nicht unſer ganzes Leben
allzeit nach deinem Sinn, und
müſſen wir es geben ins Todes
Hände hin, wenns hier mit uns
wird aus: ſo hilf uns fröhlich
ſterben und nach dem Tod er=
erben des ewgen Lebens Haus!

Paul Gerhardt, 1606—1676.

**Ihr werdet die Kraft des heiligen Geiſtes empfahen,
Welcher auf euch kommen wird, ſpricht der Herr.**
(Joel 3, 1—5.)

Weiſe 14. Herr Jeſu Chriſt, dich zu uns wend.

242. Komm, heilger Geiſt, o
Schöpfer du, ſprich deinen ar=
men Seelen zu, erfüll mit Gna=
den, ſüßer Gaſt, die Bruſt, die
du geſchaffen haſt.

2. Der du der Tröſter biſt
genannt, des allerhöchſten Got=
tes Pfand, du Liebesquell, du
Lebensbronn, du Herzensſal=
bung, Himmelsſonn, —

3. Du ſiebenfaches * Gnaden=

gut, du Hand des Herrn, die
Wunder thut: du löſeſt aller
Zungen Band, gibſt frei das
Wort in alle Land.

* Jeſ. 11, 2. Offenb. 1, 4; 4, 5; 5, 6.

4. Leucht uns mit deinem hel=
len Schein, geuß deine Lieb ins
Herz hinein, ſtärk unſer ſchwa=
ches Fleiſch und Blut durch
deiner Gottheit ſtarken Mut.

5. Den Feind treib fern von

uns hinweg und bring uns auf
des Friedens Steg, daß wir,
durch deine Huld geführt, vom
Argen bleiben unberührt.

6. Lehr uns den Vater kennen
wohl und wie den Sohn man
ehren soll, im Glauben mache

uns bekannt, wie du von beiden
wirst gesandt.

7. Ehr sei dem Vater, unserm
Herrn, und seinem Sohn, dem
Lebensstern; dem heilgen Geist
in gleicher Weis sei jetzt und
ewig Lob und Preis!

Alte Kirche, nach Dr. Joh. Scheffler, 1624—1677.

Gott hat uns nicht gegeben den Geist der Furcht, Sondern der Kraft und der Liebe und der Zucht.
(Röm. 8, 12—23.)

Weise 808.　Gott des Himmels und der Erden.

243. Komm, o komm, du Geist
des Lebens, wahrer Gott von
Ewigkeit! Deine Kraft sei nicht
vergebens, sie erfüll uns jeder=
zeit, so wird Geist und Licht
und Schein in dem dunkeln
Herzen sein.

2. Gib in unser Herz und
Sinnen Weisheit, Rath, Ver=
stand und Zucht, daß nichts
andres wir beginnen, als nur,
was dein Wille sucht. Dein
Erkenntnis werde groß und mach
uns vom Irrtum los.

3. Zeige, Herr, die Wohl=
fahrtsstege, halt uns auf der
rechten Bahn, räume Alles aus
dem Wege, was im Lauf uns
hindern kann. Wirke Reu an
Sünden Statt, wenn der Fuß
gestrauchelt hat!

4. Laß dein Zeugnis uns em=
pfinden, daß wir Gottes Kinder
sind, die auf ihn allein sich grün=
den, wenn sich Noth und Drang=
sal findt; denn des Vaters liebe
Ruth ist uns allewege gut.

5. Reiz uns, daß wir zu ihm
treten frei mit aller Freudigkeit;
seufz auch in uns, wenn wir

beten, und vertritt uns allezeit,
so wird unsre Bitt erhört und
die Zuversicht vermehrt.

6. Wird uns auch nach Troste
bange, daß das Herz oft rufen
muß: „Ach, mein Gott, mein
Gott, wie lange?" o so mache
den Beschluß; sprich der Seele
tröstlich zu, gib uns Mut, Ge=
duld und Ruh!

7. O du Geist der Kraft und
Stärke, du gewisser, neuer Geist:
förddre in uns deine Werke, wenn
des Feindes Pfeil sich weist; schenk
uns Waffen zu dem Krieg und er=
halt in uns den Sieg! Eph. 6, 16.

8. Herr, bewahr auch unsern
Glauben, daß kein Teufel, Tod
noch Spott uns denselben möge
rauben; du bist unser Schutz
und Gott. Sagt das Fleisch
gleich immer „nein:" — laß
dein Wort gewisser sein!

9. Wenn wir endlich sollen ster=
ben, so versichr uns mehr und
mehr, als des Himmelreiches
Erben, jener Herrlichkeit und
Ehr, die uns unser Gott erkiest
und die unaussprechlich ist.

Heinrich Held, um 1643.

**Schaffe in mir, Gott, ein reines Herz
Und gib mir einen neuen gewissen Geist.**
(Apstgsch. 2.)

Weise 882. Heut singt die liebe Christenheit.

244. Es saß ein frommes
Häuflein dort und wollte nach
des Herren Wort einmütig Pfing=
sten halten. Ach, laß auch jetzt
im Christenland, Herr Jesu,
deiner Liebe Band bei frommen
Gliedern walten!

2. Schnell fiel hernieder auf
das Haus ein starker Wind, der
mit Gebraus sich wundersam er=
hoben. O Gotteshauch, ach lasse
dich bei uns auch spüren kräftig=
lich und weh uns an von oben!

3. Er füllete die Wohnung
ganz, zertheilter Zungen Feuer=
glanz ließ sich auf Jedem spüren.
Ach nimm auch unsre Kirchen
ein, laß feurig unsre Lehrer sein
und deine Sprach uns rühren!

4. Sie wurden all des Geistes
voll und fiengen an zu reden
wohl, wie er gab auszusprechen.
Erfüll auch uns mit heilger Glut,

daß wir des Herzens blöden Mut
mit freier Rede brechen.

5. Die Welt zwar treibt nur
ihren Spott, und wer nicht merkt
die Kraft aus Gott, spricht lei=
der: „Sie sind trunken." Den
rechten Freudenwein uns gib;
erquick, o Herr, in deiner Lieb,
was noch in Angst versunken.

6. Dein Licht treib in des Her=
zens Haus mit hellen Stralen
gänzlich aus die alten Finster=
nisse, daß Blindheit, Irrtum,
falscher Wahn und was uns
sonst verleiten kann, auf ewig
weichen müsse.

7. Dein Feuer tödt in unsrer
Brust, was sich noch regt von
Sündenlust, erwecke reine Triebe,
auf daß wir schmecken wahre
Freud, anstatt der schnöden Eitel=
keit, in Jesu süßer Liebe.

M. Hieronymus Annoni, 1697-1770.

**Der Herr ist Gott, der uns erleuchtet;
Schmücket das Fest mit Maien, bis an die Hörner des Altars.**
(Pf. 118, 24—29.)

Weise 424. Jesu, meine Freude.

245. Schmückt das Fest mit
Maien, lasset Blumen streuen,
zündet Opfer an; denn der Geist
der Gnaden hat sich eingeladen;
macht ihm freudig Bahn! Nehmt
ihn ein, so wird sein Schein
euch mit Licht und Heil erfüllen
und den Kummer stillen.

2. Tröster der Betrübten, Sie=

gel der Geliebten, Geist voll
Rath und That, starker Got=
tesfinger, Friedensüberbringer,
Licht auf unserm Pfad: gib
uns Kraft zur Ritterschaft, laß
uns deine theuern Gaben in
dem Kampfe laben!

3. Laß die Zungen brennen,*
wenn wir Jesum nennen, führ

13

den Geist empor! Gib uns Kraft zu beten und vor Gott zu treten, sprich du selbst uns vor; gib uns Mut, du höchstes Gut, tröst uns kräftiglich von oben bei der Feinde Toben! * Apstgsch. 2, 3.

4. Helles Licht, erleuchte, klarer Brunn, befeuchte unser Herz und Sinn; Balsamkraft, erquicke, heilges Wehn, entzücke uns zum Himmel hin; baue dir den Tempel hier, daß dein Herd und Feuer brennet, wo man Gott bekennet.

5. Goldner Himmelsregen, schütte deinen Segen auf der Kirche Feld; lasse Ströme fließen, die das Land begießen, wo dein Wort hinfällt, und verleih, daß es gedeih; hundertfältig Frucht zu bringen, laß ihm stets gelingen.

6. Schlage deine Flammen über uns zusammen, wahre Liebesglut; laß dein sanftes Wehen auch bei uns geschehen, dämpfe Fleisch und Blut; laß uns doch am Sündenjoch nicht mehr knechtisch ziehen, und das Böse fliehen!

7. Gib zu allen Dingen Wollen und Vollbringen, führ uns ein und aus; wohn in unsrer Seele, unser Herz erwähle dir zu deinem Haus. Werthes Pfand, mach uns bekannt, wie wir Jesum recht erkennen und Gott Vater nennen!

8. Unser Kreuz versüße, und durch Finsternisse sei du unser Licht; trag nach Zions Hügeln uns mit Glaubensflügeln und verlaß uns nicht, wenn der Tod, die letzte Noth, mit uns will zu Felde liegen; laß uns fröhlich siegen!

9. Laß uns hier indessen nimmermehr vergessen, daß wir Gott verwandt; dem laß stets uns dienen und im Guten grünen als ein fruchtbar Land, bis wir dort, du werther Hort, bei den grünen Himmelsmaien ewig uns erfreuen.

Benjamin Schmolck, 1672—1737.

Verachtest du den Reichtum seiner Güte, Geduld und Langmütigkeit? Weißt du nicht, daß dich Gottes Güte zur Buße leitet?
(Röm. 8, 1—9.)

Weise 339. Warum sollt ich mich denn grämen?

246. Höchster Tröster, komm hernieder, Geist des Herrn, sei nicht fern, salbe Jesu Glieder! Er, der nie sein Wort gebrochen, Jesus hat deinen Rath seinem Volk versprochen.

2. Schöpfer unsers neuen Lebens, jeder Schritt, jeder Tritt ist ohn dich vergebens. Ach, das Seelenwerk ist wichtig! Wer ist wohl, wie er soll, treu zu handeln tüchtig?

3. Herr, wir fallen dir zu Fuße; eins ist noth für den Tod: Buße, wahre Buße. Zeig uns selbst den Greul der Sünde, daß das Herz Angst und Schmerz, Reu und Scham empfinde.

4. Zeig uns des Erlösers Wunden, ruf uns zu: „Ihr habt Ruh,

ihr habt Heil gefunden!" Unfre Sünd bleibt ungerochen, Jefu Blut machet gut, was die Welt verbrochen.

5. Weck uns auf vom Sünden=schlafe, rette doch heute noch die verlornen Schafe; reiß die Welt aus dem Verderben, laß sie nicht im Gericht der Verstockung sterben!

6. Geist der Weisheit, gib uns Allen durch dein Licht Unter=richt, wie wir Gott gefallen; lehr uns freudig vor ihn treten, sei uns nah und sprich „Ja," wenn wir gläubig beten.

7. Hilf den Kampf des Glau=bens kämpfen, gib uns Mut, Fleisch und Blut, Sünd und Welt zu dämpfen; laß nicht Trübsal, Kreuz und Leiden, Angst und Noth, Schmerz und Tod uns von Jesu scheiden!

8. Hilf uns nach dem Besten streben, schenk uns Kraft, tugend=haft und gerecht zu leben; gib, daß wir nie stille stehen, treib uns an, froh die Bahn deines Worts zu gehen!

9. Sei in Schwachheit unfre Stütze, steh uns bei, mach uns treu in der Prüfungshitze; führ, wenn Gott uns nach dem Leibe sterben heißt, unfern Geist freu=dig in die Freude!

Ehrenfried Liebich, 1713—1780.

(Schlußlied der Weihnachts-, Ofter= und Pfingftzeit.)

Gelobet sei Gott, der uns gesegnet hat mit allerlei geiftlichem Segen

In himmlischen Gütern durch Chriftum.

(Eph. 1, 3—6. Luc. 2, 9—14. Matth. 28, 5—7. Joh 14. Apftgefch. 2.)

247. Eigne Weise.

O du fröh=li=che, o du se=li=ge,

Gna=den brin=gen=de Weih=nachts=zeit!

Welt ging ver=lo=ren, Chrift ift ge=bo=ren;

freu=e, freu=e dich, o Chri=ften=heit!

13*

2. O du fröhliche, o du selige, Gnaden bringende Weihnachtszeit! Christ ist erschienen, uns zu versühnen; freue, freue dich, o Christenheit!

3. O du fröhliche, o du selige, Gnaden bringende Weihnachtszeit! König der Ehren, dich wolln wir hören! Freue, freue dich, o Christenheit!

II.

4. O du fröhliche, o du selige, Gnaden bringende Osterzeit! Welt lag in Banden, Christ ist erstanden; freue, freue dich, o Christenheit!

5. O du fröhliche, o du selige, Gnaden bringende Osterzeit! Tod ist bezwungen, Leben errungen; freue, freue dich, o Christenheit!

6. O du fröhliche, o du selige, Gnaden bringende Osterzeit! Kraft ist gegeben, laßt uns ihm leben; freue, freue dich, o Christenheit!

III.

7. O du fröhliche, o du selige, Gnaden bringende Pfingstenzeit! Christ, unser Meister, heiligt die Geister; freue, freue dich, o Christenheit!

8. O du fröhliche, o du selige, Gnaden bringende Pfingstenzeit! Führ, Geist der Gnade, uns deine Pfade! Freue, freue dich, o Christenheit!

9. O du fröhliche, o du selige, Gnaden bringende Pfingstenzeit! Uns, die Erlösten, Geist, willst du trösten! Freue, freue dich, o Christenheit!

Joh. Daniel Falk, 1770—1826.

---

10. Dreieinigkeit.

Gehet hin in alle Welt, spricht der Herr, und lehret alle Völker, Und täufet sie im Namen des Vaters und des Sohnes und des heiligen Geistes.

(Eph. 4, 5. 6.)

248.　　　　Eigne Weise.　　　　Luther, 1524.

Wir glau = ben all an ei = nen Gott, Schöpfer
Himmels und der Er = den, der sich zum Va = ter ge = ben
hat, daß wir sei = ne Kin = der wer = den. Er will uns all=

zeit er=näh = ren, Leib und Seel auch wohl be = wah=ren;

al = lem Un=fall will er weh = ren, kein Leid

soll uns wi=der = fah = ren. Er sor=get für uns, hüt und

wacht; es steht Al = les in fei = ner Macht.

2. Wir glauben auch an Jesum Christ, seinen Sohn und unsern Herren, der ewig bei dem Vater ist, gleicher Gott von Macht und Ehren, von Maria der Jungfrauen als ein wahrer Mensch geboren durch den heilgen Geist im Glauben, für uns, die wir warn verloren, am Kreuz gestorben und vom Tod wieder auferstanden durch Gott.

3. Wir glauben an den heiligen Geist, Gott mit Vater und dem Sohne, der aller Blöden Tröster heißt und mit Gaben zieret schöne, die ganz Christenheit auf Erden hält in einem Sinn gar eben. Hie all Sünd vergeben werden; das Fleisch soll auch wieder leben. Nach diesem Elend ist bereit uns ein Leben in Ewigkeit. Amen.
Dr. Martin Luther, 1483—1546.

Gehet hin in alle Welt, spricht der Herr, und lehret alle Völker, Und taufet sie im Namen des Vaters und des Sohnes und des heiligen Geistes.
(Eph. 4, 5. 6.)

Weise 290. Es ist das Heil uns kommen her.

249. An einen Gott nur glauben wir, den wir auch Vater nennen, an den Beherrscher der Natur; wir glauben und bekennen, daß er durch seines Wortes Macht das All aus nichts hervorgebracht und weise stets regieret.

2. Auch glauben wir an Jesum Christ, des Vaters Eingebornen, den Herrn der Welt und unsern Herrn, den Retter der Verlornen, der mit dem Vater ist und war und den die Jungfrau uns gebar, vom heilgen Geist empfangen.

3. Ihm ward durch das erwählte Volk, das er zu Gott geleitet, da Bosheit ihm das Urtheil sprach, der Leidenskampf

bereitet. Er ward gegeißelt und gekrönt, ans Kreuz geheftet und verhöhnt, er starb und ward begraben.

4. Den Geistern Trost zu predigen, fuhr er zur Hölle nieder, und glorreich an dem dritten Tag erstand vom Tod er wieder; dann stieg empor der Gottessohn zu des allmächtgen Vaters Thron, und sitzt zu seiner Rechten.

5. Er wird dereinst, am jüngsten Tag, im Glanze wieder kommen; dann sammelt der Posaunenton die Bösen und die Frommen; und er, der unser Heiland war, stellt sich als strengen Richter dar der Lebenden und Todten.

6. Wir glauben an den heilgen Geist, den uns der Herr gesendet und der zum schweren Kampf der Pflicht uns Trost und Stärke spendet; an eine Kirche, deren Hand um Alle schlingt das heilge Band des Glaubens und der Liebe.

7. Auch glauben wir mit Zuversicht Vergebung unsrer Sünden und daß, wenn wir die Schuld bereun, vor Gott wir Gnade finden; daß unser Leben ewig währt und daß, wenn Christus wiederkehrt, die Todten auferstehen.

Neuere Bearbeitung des apostolischen Glaubensbekenntnisses.

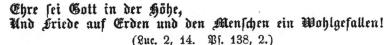

**Ehre sei Gott in der Höhe,
Und Friede auf Erden und den Menschen ein Wohlgefallen!**
(Luc. 2, 14. Ps. 138, 2.)

250.　　Eigne Weise.　　Altkirchlich. 1540.

Al-lein Gott in der Höh sei Ehr und Dank für
dar-um, daß nun und nim-mer-mehr uns rüh-ren

sei - ne Gna - de, Ein Wohl-ge - falln Gott
kann ein Scha - de.

an uns hat; nun ist groß Fried ohn Un - ter-
laß, all Fehd hat nun ein En - de.

2. Wir loben, preisn, anbeten dich für deine Ehr; wir danken, daß du, Gott Vater, ewiglich regierst ohn alles Wanken. Ganz

ohne Maß ist deine Macht, allzeit geschieht, was du bedacht; wohl uns des seinen Herren!

3. O Jesu Christ, Sohn eingeborn deines himmlischen Vaters, Versöhner derer, die verlorn, du Stiller unsers Haders, Lamm Gottes, heilger Herr und Gott: nimm an die Bitt von unsrer Noth; erbarm dich unser Aller!

4. O heilger Geist, du höchstes Gut, allerheilsamster Tröster: vor Satans Macht fortan behüt, die Jesus Christ erlöset durch große Martr und bittern Tod; abwend all unsern Jammr und Noth! Darauf wir uns verlassen.

Nicolaus Decius, † 1529.

Ehre sei Gott in der Höhe,
Und Friede auf Erden und den Menschen ein Wohlgefallen.
(Luc. 2, 14. Pf. 138, 2.)
Nach voriger Weise.

250¹|₂. Allein Gott in der Höh sei Ehr und Dank für seine Gnade; er sorget, daß uns nimmermehr Gefahr und Unfall schade. Uns wohlzuthun ist er bereit, sein Rath ist unsre Seligkeit; erhebet ihn mit Freuden!

2. Ja, Vater, wir erheben dich mit freudigem Gemüte! Du herrschest unveränderlich mit Weisheit und mit Güte; unendlich groß ist deine Macht, und stets geschieht, was du bedacht. Wohl uns, daß du regierest!

3. O Jesu Christ, des Höchsten Sohn, dich, seinen Eingebornen, hat Gott gesandt vom Himmelsthron zur Rettung der Verlornen. Du Mittler zwischen uns und Gott, hilf uns im Leben und im Tod; erbarm dich unser Aller!

4. O heilger Geist, du Geist von Gott, erleuchte, heilge, tröste, die Jesus Christ durch seinen Tod zum Dienst des Herrn erlöste! Auf deinen Beistand hoffen wir; verlaß uns nicht, so sind wir hier und auch einst ewig selig.

Nachbildung des vorigen Liedes durch Joh. Samuel Diterich, 1721-1797.

Rufe mich an in der Noth, so will ich dich erretten,
Und du sollst mich preisen.
(Röm. 16, 20. Luc. 18, 7. 8. Matth. 28, 19.)

251. Eigne Weise. Altdeutsch. 1524.

Gott der Va-ter, wohn uns bei und laß uns nicht ver-
mach uns al = ler Sün-den frei und hilf uns se = lig

ster = ben,   vor dem Teu = fel   uns be = wahr, halt
ster = ben,   dir uns laf = fen   ganz und gar mit

uns bei fe = stem   Glau = ben und   auf dich laß uns
al = len rech = ten   Chri = sten ent = fliehn des Teu = fels

bau = en, aus   Her = zensgrund ver = trau = en,
Li = sten, mit   Waf = fen Gotts uns   fri = sten.

A = men, A = men, das sei wahr, so   sin = gen wir Hal-

le = lu = jah!

2. Jesu Christ, du treuer Hort,
führ uns auf rechter Straßen,
der du bist des Vaters Wort,
darauf wir uns verlassen. Du
hast uns durch deinen Tod das
ewge Reich erworben; du bist das
Licht und Leben, vom Vater uns
gegeben; du bist unser Him=
melsbrot und das Haupt der
Christenheit, Gerechtigkeit und
Weisheit, der Fried, der Weg,
die Wahrheit; der Marias Sohn
du bist, gelobet seist du, Jesu
Christ!

3. Heilger Geist, im gleichen
Thron der Gottheit, gleicher
Ehren mit dem Vater und dem
Sohn: wollst uns den Glauben
mehren. Christ beim Vater dich
uns hat durch seinen Tod er=
worben; erscheine uns mit Gna=
den, so wird das Wort gera=
then. Hilf, daß sich zu Christ,
dem Herrn, die armen Leut be=
lehren; du kannst dem Bösen
wehren und recht von Christo
lehren. Hallelujah singen wir;
nun hilf uns, heilger Geist, zu dir!

Lied der alten Kirche, nach der Verbesserung von Vers 1 durch **Dr. Martin
Luther,** 1483-1546, und von Vers 2 und 3 durch **Dr. Erasmus Alber,** † 1553.

Von ihm, durch ihn und in ihm sind alle Dinge;
Ihm sei Ehre in Ewigkeit! Amen.
(Matth. 28, 19. 2 Kor. 13, 13.)

Weise 12. Herr Gott, dich loben alle wir.

252. O göttliche Dreifaltig=
keit in einer heilgen Wesenheit,

wie wunderbar erscheinest du in
deiner Herrlichkeit und Ruh!

2. Du schuffst den Menschen gut und rein und ziertest ihn mit Gaben sein, zu deinem Bilde schuffst du ihn und machtest einen Bund mit ihm.

3. Da nun der Mensch, vom Feind versucht, in Sünde fiel sammt seiner Frucht, da ließt du, Vater, deinen Sohn für ihn auf Erden Buße thun.

4. Als der sein Amt hier ausgericht, da trat er vor dein Angesicht und bat, daß du mit deinem Geist uns trösten wolltest allermeist.

5. Des Sohnes Bitte zugethan nahmst du die schwachen Kinder an; du richtetst die Erwählten zu, um einzugehn zu deiner Ruh.

6. Nun schenkest du die Seligkeit aus Gnad und aus Barmherzigkeit durch Christum in dem

heilgen Geist, der uns den Weg zum Himmel weist.

7. Die Sonne, die sich mächtig regt, vollführt, was du ihr auferlegt; sie leuchtet, wärmet und gibt Kraft und deutet so dein Eigenschaft.

8. O heilig Licht, Dreifaltigkeit, erleucht all unsre Dunkelheit, erwärm die Seel, gib deine Kraft; dein Wort dann Frucht und Segen schafft.

9. Schein uns mit Gnad von deinem Thron, entzünd uns auch in deinem Sohn, gib durch des heilgen Geistes Trieb uns Hoffnung, Glaub und brünstge Lieb.

10. Gott Vater, dir und deinem Sohn, aus dir geborn im höchsten Thron, desgleichen auch dem heilgen Geist sei Lob und Preis in Ewigkeit!

Böhmische Brüder, 1531. (Mich. Weiße, † 1534.)

Thut Buße und bekehret euch,
Daß eure Sünden getilgt werden.
(Pf. 32, 3—5. 1 Joh. 1, 9.)

253. Eigne Weise. 1531.

O Va-ter der Barm-her-zig-keit, wir bit-ten dich mit In-nig-keit, du wol-lest dich er-bar-men der Schwachen und der Ar-men,

2. Die sich von Herzen zu dir kehrn und Hilf und Gnad von dir begehrn, auf daß sie deinen Willen stets mögen treu erfüllen.

3. Laß sie in heiliger Gemeind zu gläubger Pilgrimschaft vereint, o Gott, die Wahrheit finden zur Tilgung ihrer Sünden!

4. O Christe, aller Welt Heiland, laß Alle, welche dich erkannt, in dir, dich recht zu ehren, zunehmen ohn Aufhören.

5. Herr, steur, daß Keiner kraftlos werd hier unter deinem Joch auf Erd und aus des Geists Gesetze * fall in des Bösen Netze.   * Röm. 8, 2.

6. O gib, daß wir gebenedeit dich loben fröhlich allezeit; hilf durch dein Blutvergießen, daß wir dein wohl genießen.

7. O heilger Geist, du wahrer Gott, sieh gnädig an der Gläubgen Noth; erleucht durch deine Güte der Irrenden Gemüte.

8. O du verheißner Tröster, komm, mach uns zu Priestern rein und fromm, daß wir Gott unsern Schöpfer lobpreisen mit Dankopfer.

9. Hilf, daß wir durch des Glaubens Kraft vollenden unsre Pilgerschaft und ewig deinen Namen im Himmel preisen! Amen.

Böhmische Brüder, 1531. (Michael Weiße.)

Gelobet sei der Herr, der Gott Israel;
Denn er hat besuchet und erlöset sein Volk.
(Ps. 95, 6. Apstgsch. 7, 10.)
Weise 224. Des heilgen Geistes reiche Gnad.

254. All Ehr und Lob soll Gottes sein, er ist und heißt der Höchst allein, sein Zorn auf Erden hat ein End, sein Fried und Gnad sich zu uns wendt; den Menschen das gefalle wohl, dafür man herzlich danken soll.

2. O lieber Gott, dich loben wir und singen Jubellieder dir; ja, herzlich wir anbeten dich, dein Ehr wir rühmen stetiglich, wir danken dir zu aller Zeit und preisen deine Herrlichkeit.

3. Herr Gott, du ewger König bist, ein Vater, der allmächtig ist; du Gottes Sohn, vom Vater bist einig geborn, Herr Jesu Christ, Herr Gott, du heilig Gotteslamm, du Sohn aus Gott des Vaters Stamm!

4. Der du der Welt Sünd trägst allein, wollst uns barmherzig, gnädig sein! Der du der Welt Sünd trägst allein, laß dir die Bitt gefällig sein! Der du gleich bist dem Vater dein, wollst uns barmherzig, gnädig sein!

5. Du bist und bleibst heilig und rein, du aller Ding ein Herr allein; der Allerhöchst allein du bist, du lieber Heiland Jesu Christ, sammt Vater und dem heilgen Geist in einer Majestät gepreist.

6. Amen! das ist gewislich wahr, dich preiset aller Engel Schar; und alle Welt, so weit und breit, bekennt und ehrt dich allezeit; dich rühmt die ganze Christenheit von Anfang bis in Ewigkeit.

Altes Lied, zuerst 1545 gedruckt.

**Gott sei uns gnädig und segne uns
Und lasse uns sein Antlitz leuchten.**
(4 Mos. 6, 24—26.)

Weise 14. Herr Jesu Christ, dich zu uns wend.

255. O heilige Dreifaltigkeit, o hochgelobte Einigkeit, Gott Vater, Sohn und heilger Geist: — heut diesen Tag mir Beistand leist!

2. Mein Seel, Leib, Ehr und Gut bewahr, daß mir kein Böses widerfahr und mich der Satan nicht verletz, noch mich in Schand und Schaden setz!

3. Des Vaters Huld mich heut anblick, des Sohnes Weisheit mich erquick, des heilgen Geistes Glanz und Schein erleucht meins finstern Herzens Schrein!

4. Mein Schöpfer, steh mir kräftig bei; o mein Erlöser, bei mir sei; o Tröster werth, weich nicht von mir, mein Herz mit werthen Gaben zier!

5. Herr, segne und behüte mich; erleuchte, Herr, mich gnädiglich; Herr, heb auf mich dein Angesicht, und deinen Frieden auf mich richt!—

-Martin Behemb, 1557—1622.

**Fürwahr, du bist ein verborgner Gott,
Du Gott Israels, der Heiland.**
(1 Tim. 6, 15. 16. Pf. 26.)

Weise 918. Christ, unser Herr, zum Jordan kam.

256. Was alle Weisheit in der Welt bei uns hier kaum kann lallen, das läßt Gott aus dem Himmelszelt in alle Welt erschallen: daß er alleine König sei, hoch über alle Götter*, groß, mächtig, freundlich, fromm und treu, der Frommen Schutz und Retter, dreifaltig und doch einig.
  * Pf. 96, 4—5.

2. Gott Vater, Sohn und heilger Geist heißt sein hochheilger Name; so kennt, so nennt, so rühmt und preist ihn der gerechte Same, den er nach seiner Weisheit Rath beschützet und bewahret, dem er aus freier Lieb und Gnad sich herrlich offenbaret und alle Gaben schenket.

3. Der Vater hat von Ewig-keit den Sohn, sein Bild, gezeuget; der Sohn hat in der Füll der Zeit im Fleische sich eräuget. Der Geist geht ohne Zeit herfür vom Vater und vom Sohne, mit beiden gleicher Ehr und Zier, gleich ewig, gleicher Krone und ungetheilter Stärke.

4. Sieh hier, mein Herz, das ist dein Gut, dein Schatz, dem keiner gleichet; das ist dein Freund, der Alles thut, was dir zum Heil gereichet, der dich gebaut nach seinem Bild, für deine Schuld gebüßet, der dich mit wahrem Glauben füllt und all dein Kreuz versüßet mit seinem heilgen Worte.

5. Erhebe dich, eil auf ihn zu und lern ihn recht erken-

nen; denn solch Erkenntnis bringt
dir Ruh und macht die Seele
brennen in reiner Liebe, die uns
nährt zum ewgen Freudenleben,
wo, was hier unser Ohr gehört,
Gott wird zu schauen geben den
Augen seiner Kinder.

6. Wohlan, so gib, du großer
Held, Gott Himmels und der
Erden, daß alle Menschen in
der Welt zu dir bekehret wer=
den; erleuchte, was verblendet
geht, bring wieder, was ver=
irret, reiß aus, was uns im
Wege steht und freventlich ver=
wirret die Schwachen in dem
Glauben!

7. Verleih uns, daß wir
allzugleich zur Himmelspforte
dringen und dermaleinst in dei=
nem Reich ohn alles Ende singen:
daß du alleine König seist, hoch
über alle Götter, Gott Vater,
Sohn und heilger Geist, der
Frommen Schutz und Retter,
dreifaltig und doch einig!

Paul Gerhardt, 1606—1676.

**Der Herr lebet, und gelobet sei mein Hort,
Und Gott, der Hort meines Heils, müsse erhoben werden.**

(2 Kor. 1, 3. Vrgl. Sir. 50, 21—26.)

Weise 400. Nun danket alle Gott.

257. Gelobet sei der Herr,
mein Gott, mein Licht, mein
Leben, mein Schöpfer, dessen
Hand mir Leib und Seel ge=
geben, mein Vater, der mich
schützt vom Mutterleibe an, der
jeden Augenblick viel Guts an
mir gethan!

2. Gelobet sei der Herr, mein
Gott, mein Heil, mein Leben,
des Vaters liebster Sohn, der
sich für mich gegeben, der mich
erlöset hat mit seinem theuern
Blut, der mir im Glauben schenkt
das allerhöchste Gut!

3. Gelobet sei der Herr, mein
Gott, mein Trost, mein Leben,
des Vaters werther Geist, den
mir der Sohn gegeben, der mir
mein Herz erquickt, der mir gibt
neue Kraft, der mir in aller Noth
Rath, Trost und Hilfe schafft!

4. Gelobet sei der Herr, mein
Gott, der ewig lebet, den Alles
rühmt und lobt, was in ihm
lebt und webet! Gelobet sei der
Herr, des Name heilig heißt,
Gott Vater, Gott der Sohn
und Gott der heilge Geist!

5. Dem Hallelujah wir mit
Freuden lassen klingen und mit
der Engelschar das Heilig, Hei=
lig singen, den herzlich lobt und
preist die ganze Christenheit, —
gelobet sei mein Gott in alle
Ewigkeit!

Dr. Joh. Olearius, 1611—1684.

Heilig, heilig, heilig ist der Herr Zebaoth,
Und alle Lande sind seiner Ehre voll.
(Eph. 1, 17—18. 5, 14.)

258. Weise: Der Herr ist König unverrückt. 1553.

Hoch = hei = li = ge Drei = ei = nig=keit, die du aus ew=ger
mich haft ge=schaf=fen in der Zeit zu dei=nem E=ben=

Mil = be
bil = be: ach, daß ich dich von Herzensgrund doch

möch=te lie=ben al = le Stund! drum komm doch und zeuch

ein bei mir, mach Wohnung und be = reit mich dir!

2. O Vater, nimm ganz kräftig ein das sehnende Gemüte, mach es zu deines Friedens Schrein und deiner stillen Hütte; vergib, daß meine Seele sich so oft zerstreuet jämmerlich; versetze sie in deine Ruh, daß nichts in ihr sei, als nur du.

3. Gott Sohn, erleuchte den Verstand mit deiner Weisheit Lichte; vergib, daß er sich oft gewandt zu eitelem Gedichte!* Laß nun in deiner Gnade Schein mein einzig Schaun und Wirken sein; zeuch mich, daß ich mich allbereit emporschwing über Ort und Zeit!

* Zu eitlem Dichten und Trachten.

4. O heilger Geist, du Liebesfeur, entzünde meinen Willen; stärk ihn, komm mir zur Hilf und Steur, den deinen zu erfüllen; vergib, daß ich so oft gewollt, was ich als sündlich nicht gesollt! Verleih, daß ich mit reiner Glut dich innig lieb, du ewges Gut!

5. O heilige Dreieinigkeit, führ mich doch ganz von hinnen; richt zu dem Lauf der Ewigkeit mein Denken und mein Sinnen; verein dich mir, laß mich schon hier eins mit dir sein, daß ich mit dir auch dort sei in der Herrlichkeit, o heiligste Dreieinigkeit!

Dr. Johann Scheffler, 1624—1677.

Gott sei uns gnädig und segne uns
Und lasse uns sein Antlitz leuchten.
(4 Mos. 6, 24—26.)

Weise 589. Herr Jesu Christ, meins Lebens Licht.

259. Brunn alles Heils, dich
ehren wir und öffnen unsern
Mund vor dir; aus deiner Gott=
heit Heiligtum dein hoher Segen
auf uns komm!

2. Der Herr, der Schöpfer,
bei uns bleib; er segne uns an
Seel und Leib, und es behüt
uns seine Macht vor allem Uebel
Tag und Nacht!

3. Der Herr, der Heiland,
unser Licht, laß leuchten uns
sein Angesicht, daß wir ihn
schaun und glauben frei, daß er
uns ewig gnädig sei.

4. Der Herr, der Tröster, ob
uns schweb, sein Antlitz über
uns erheb, daß uns sein Bild
werd eingedrückt; er geb uns
Frieden unverrückt.

5. Jehovah! Vater, Sohn und
Geist, du Segensbrunn, der ewig
fleußt: durchström Herz, Sinn
und Wandel wohl, mach uns
deins Lobs und Segens voll!
Gerhard ter Steegen, 1697—1769.

Das ist meine Freude, daß ich mich zu Gott halte
Und meine Zuversicht setze auf den Herrn Herrn.
(Ps. 100. Luc. 1, 46—47.)

Weise 417. Wie schön leucht uns der Morgenstern.

260. Was freut mich noch,
wenn dus nicht bist, Herr Gott,
der doch mein Alles ist, mein
Trost und meine Wonne? Bist
du nicht Schild, was decket mich?
Bist du nicht Licht, wo finde ich
im Finstern eine Sonne? Keine
reine, wahre Freude, Trost im
Leide und in Sünden ist, Herr,
außer dir zu finden!

2. Was freut mich noch, wenn
dus nicht bist, mein Herr und
Heiland Jesu Christ, mein
Friede und mein Leben? Heilst
du mich nicht, wo find ich Heil?
Bist du nicht mein, wo ist mein
Theil? Gibst du nicht, wer wird
geben? Meine eine, wahre
Freude, wahre Weide, wahre
Gabe hab ich, wenn ich Je=
sum habe.

3. Was freut mich noch, wenn
dus nicht bist, o Geist, der uns
gegeben ist zum Führer der Er=
lösten? Bist du nicht mein, —
was sucht mein Sinn? Führst
du mich nicht, — wo komm ich
hin? Hilfst du nicht, — wer
will trösten? Meine eine, wahre
Freude, Trost im Leide, Heil
für Schaden ist in dir, o Geist
der Gnaden!

Vers 1 und 2 von M. Philipp Friedrich Hiller, 1699—1769. Vers 3
von M. Albert Knapp, geb. 1798.

Heil und Preis, Ehre und Kraft
Sei Gott, unserm Herrn.
(Nehem. 9, 5. Offenb. 7, 11. 12.)

Weise 417. Wie schön leucht uns der Morgenstern.

261. Hallelujah! Lob, Preis und Ehr sei unserm Gott je mehr und mehr für alle seine Werke! Von Ewigkeit zu Ewigkeit sei in uns Allen ihm bereit Dank, Weisheit, Kraft und Stärke. Singet, klinget; hallet wider, Jubellieder; Preis und Ehre sei dem Herrn der Himmelsheere!

2. Hallelujah! Preis, Ehr und Macht sei auch dem Gotteslamm gebracht, in dem wir sind erwählet, das uns mit seinem Blut erkauft, damit besprengt hat und getauft, und sich mit uns vermählet. Heilig, selig ist die Freundschaft und Gemeinschaft, die wir haben und worin wir uns erlaben.

3. Hallelujah! Gott, heilger Geist, sei ewiglich von uns gepreist, durch den wir neu geboren, der uns mit Glauben ausgeziert, dem Bräutigam uns zugeführt, zur Hochzeit auserkoren. Heil uns! Heil uns! da ist Freude, da ist Weide, da ist Manna und ein ewig Hosianna!

4. Hallelujah! Lob, Preis und Ehr sei unserm Gott je mehr und mehr und seinem großen Namen! Stimmt an mit aller Himmelsschar und singet nun und immerdar mit Freuden: Amen, Amen! Singet, klinget; hallet wider, Jubellieder; Preis und Ehre sei dem Herrn der Himmelsheere!

Bartholomäus Craffelius (?) 1667—1724.

IV.
Das Leben des Glaubens.

1. Der Gnadenstand.

a. Buße und Bekehrung.

Aus der Tiefe rufe ich, Herr, zu dir;
Herr, höre meine Stimme.
(Pf. 130.)

262. Eigne Weise.

1524.

Aus tie-fer Noth schrei ich zu dir, Herr Gott, er-hör mein
Dein gnädig Ohr neig her zu mir und mei-ner Bitt es

Ru = fen; öf = fen! denn so du das willst se = hen an, was Sünd und Un = recht ist ge = than: wer kann, Herr, vor dir blei = ben?

2. Bei dir gilt nichts, denn Gnad und Gunst, die Sünde zu vergeben. Es ist doch unser Thun umsonst auch in dem besten Leben. Vor dir sich Niemand rühmen kann; des muß dich fürchten Jedermann und deiner Gnaden leben.

3. Darum auf Gott will hoffen ich, auf mein Verdienst nicht bauen, auf ihn allein verlassen mich und seiner Güte trauen, die mir zusagt sein werthes Wort; das ist mein Trost und treuer Hort; des will ich allzeit harren.

4. Und ob es währt bis in die Nacht und wieder an den Morgen: soll doch mein Herz an Gottes Macht verzweifeln nicht, noch sorgen. So thu Israel rechter Art, der aus dem Geist erzeuget ward, und harre seines Gottes.

5. Ob bei uns ist der Sünden viel: bei Gott ist viel mehr Gnade; sein Hand zu helfen hat kein Ziel, wie groß auch sei der Schade. Er ist allein der gute Hirt, der Israel erlösen wird aus seinen Sünden allen.

Dr. Martin Luther, 1483—1546.

So du willst, Herr, Sünde zurechnen, Herr, wer wird bestehen?

(Pf. 130. Apstgesch. 3, 19. 20.)

Nach voriger Weise.

263. Aus tiefer Noth laßt uns zu Gott von ganzem Herzen schreien und bitten, daß er uns aus Gnad vom Uebel wolle freien* und alle Sünd und Missethat, die unser Fleisch begangen hat, als Vater uns verzeihen, —   * = befreien.

2. So sprechend: Vater sieh uns an, die Armen und Elenden! Sehr übel haben wir gethan mit Herzen, Mund und Händen. Verleih uns, daß wir Buße thun und sie in Christo, deinem Sohn, zur Seligkeit vollenden!

3. Herr, unsre Schuld ist groß und schwer, von uns nicht aus=

zurechnen; doch deiner Gnaden ist viel mehr, kein Mensch kann sie aussprechen; die suchen und begehren wir, in Hoffnung, Herr, daß du's an dir nicht lassen wirst gebrechen.

4. Du willst nicht, daß der Sünder sterb und zur Verdammnis fahre; du willst, daß er die Gnad erwerb und sich darin bewahre. So hilf uns nun, o Herre Gott, auf daß uns nicht der ewge Tod in Sünden widerfahre.

5. Vergib, vergib und hab Geduld mit uns, den Armen, Schwachen; laß deinen Sohn von aller Schuld uns los und ledig machen; nimm unsrer Seele gnädig wahr; daß ihr kein Schaden widerfahr, wollst du getreulich wachen.

6. Ach, wenn du ins Gerichte gehn und mit uns wolltest rechten: wie würden wir vor dir bestehn, und wer würd uns verfechten?

O Herr, sieh uns barmherzig an und hilf uns wieder auf die Bahn zur Pforte der Gerechten.

7. Wir opfern dir uns arm und bloß, reumütig und zerschlagen; o nimm uns auf in deinen Schoß und laß uns nicht verzagen! O hilf, daß wir getrost und frei, ohn arge List und Heuchelei dein Joch zum Ende tragen.

8. Sprich uns durch deine Boten zu, erfreu unser Gewissen! Stell unser Herz durch sie zur Ruh, thu uns durch sie zu wissen, wie Christus vor deim Angesicht all unsre Sachen hab geschlicht, den Trost laß uns genießen!

9. Erhalt in unsers Herzens Grund deinen göttlichen Samen, und hilf, daß wir den neuen Bund in deines Sohnes Namen vollenden treulich in der Zeit und so der Kron der Herrlichkeit versichert werden! Amen. Böhm. Brüder, 1531. (Mich. Weiße.)

So thuet nun Buße und bekehret euch,
Daß eure Sünden getilget werden.
(Luc. 15, 11—32.)

Weise 901. Wenn wir in höchsten Nöthen sein.

264. Kehr um, kehr um, verlorner Sohn, der du sehr übel hast gethan, von Gott dem Vater dich gewandt, bist kommen in ein fremdes Land;

2. Der du dein Erbgut hast verzehrt, in Schmach und Schanden dich genährt, der Träber nicht kannst werden satt, und bist so hungrig und so matt!

3. Des Vaters Knechte leben wohl, sein Haus ist aller Güter voll; das Volk, so seinen Willen thut, hats bei ihm über Maßen gut.

4. Geh wieder heim in Reu und Leid und suche Gottes Gütigkeit; eröffn ihm wieder Herz und Mund und gib dich hin in seinen Bund.

5. Sprich: „Vater, hab mit mir Geduld, gedenk nicht meiner schweren Schuld; o nimm mich

14

an für einen Knecht, zu deinem
Gut hab ich kein Recht!" — —

6. Dein Vater hat für dich
bereit ein Fingerreif und neues
Kleid, er richtet an ein schönes
Fest und will dir thun das
Allerbest.

7. Er schenkt dir Gnad, Ge=
rechtigkeit, Christi Verdienst zur
Seligkeit, das Heil, das du
verloren hast, und macht dich
los von aller Last.

8. Erkenne nur, was dir ge=
bricht, geh heim, thu Buß und
säume nicht; denn willst du säu=
men bis zum Tod, so kommst
du schwerlich aus der Noth.

9. Gott Vater in dem höchsten
Thron, nimm an deinen ver=
lornen Sohn; den heimgekehr=
ten auch behüt durch deine un=
nennbare Güt!

Böhm. Brüder, 1531. (Mich. Weiße.)

**Der Herr will nicht, daß Jemand verloren werde,
Sondern daß Jedermann sich zur Buße kehre.**
(1 Petr. 3, 9—18.)

Weise 677. Ach Gott, vom Himmel sieh darein.

265. O höchster Gott von
Ewigkeit, erbarm dich der Elen=
den, die von der Ungerechtig=
keit zu dir sich lassen wenden,
die aller Bosheit abgesagt und
das allein, was dir behagt, be=
strebt sind zu vollenden.

2. Bewahre sie durch deine
Güt, ihr Schutzherr sei auf Er=
den; lenk ihren Geist und ihr
Gemüt, daß sie nicht kraftlos
werden; denn sie sind dir ge=
heiliget, und durch die Lieb ver=
einiget mit Christi frommen
Herden.

3. Herr, sei ihr Trost und
milder Gott, wie sie denn auf
dich hoffen und dich in Trübsal,
Angst und Noth von Herzens=
grund anrufen; wend dich zu
ihnen, höchstes Gut, erfreu ihren
betrübten Mut, schirm sie mit
deinen Waffen.

4. Leit sie auf deiner Bahn
zur Ruh; sieh zu auf allen Sei=

ten, damit der Feind nicht Scha=
den thu, sie auch nicht schädlich
gleiten! Denn wo du nicht ihr
Führer bist, so können sie vor
Satans List zu deiner Ruh nicht
schreiten.

5. Weil du allein allmächtig
bist und sie auf dich vertrauen
in Christo, der ihr Grundstein
ist, auf den sie sich erbauen: so
nimm in Gnaden ihrer wahr,
und wider jegliche Gefahr laß
deine Hilf sie schauen!

6. Nach allen Seiten sende
Kraft, wie du hast angefangen,
daß sie durch Glaubensritterschaft
ein selig End erlangen und nach
dem Kampf des Lebens Kron
im Himmelreich zum ewgen Lohn
in aller Freud empfangen.

7. Weil du der beste Meister
bist und innerlich kannst lehren,
so bitten wir durch Jesum Christ,
du wollest auch bekehren dein Volk,
das, von der Welt befleckt, mit

ihr in Schmach und Irrtum steckt, daß es dich recht mög ehren.

8. O zeuchs und lehr es durch dein Wort, daß es dich recht er= kenne, dich in dem Bund der Neugeburt zur Seligkeit bekenne und, von der Sünd gereiniget, dir innerlich vereiniget, dich würdig „Vater" nenne.

9. O Gott, der du ein Vater bist der Armen und Elenden: verleih, daß wir durch Jesum Christ wohl deinen Bund voll= enden! Bewahr uns Leib und Seele rein, Herr, wir befehlen uns allein zum Opfer deinen Händen!

Böhm. Brüder, 1531. (Mich. Weiße.)

So thuet nun Buße und bekehret euch,
Daß eure Sünden getilgt werden!
(1 Joh. 1, 9; 5, 2—3. Hef. 18, 23.)

Weise 680. Erhalt uns, Herr, bei deinem Wort.

266. O frommer und getreuer Gott, ich hab gebrochen dein Gebot und sehr gesündigt wider dich, das ist mir leid und reuet mich.

2. Doch hast du ja, o gnäd= ger Gott, Gefallen nicht an meinem Tod: es ist dein herz= liches Begehrn, daß ich soll Buß thun, mich bekehrn.

3. Auf dies Wort, lieber Va= ter fromm, ich armer Sünder zu dir komm und bitt dich durch die Angst und Noth und durch den bittern Kreuzestod

4. Deins lieben Sohnes Jesu Christ, der mir zu gut Mensch worden ist: laß dein Gnad und Barmherzigkeit mehr gelten, denn Gerechtigkeit!

5. Verschon, o Herr, laß deine Huld zudecken alle meine Schuld, so werd ich arm verloren Kind ledig und los all meiner Sünd.

6. Ich will, o Herr, nach deinem Wort mich bessern, leben fromm hinfort, damit ich mög nach die= ser Zeit gelangen zu der Ewigkeit.

Barthol. Ringwaldt, 1530—1598.

Gott, sei mir gnädig nach deiner Güte
Und tilge meine Sünde nach deiner großen Barmherzigkeit.
(Pf. 51. Hebr. 9, 14.)

267. Eigne Weise. 1594.

Herr Je = su Christ, du höchstes Gut, du Brunnquell al = ler
sieh doch, wie ich in meinem Mut mit Schmerzen bin be=

Gna = den,
la = den unb in mir hab der Pfei = le viel, die

14*

im Ge=wif=fen oh = ne Ziel mich ar = men Sünder quä = len.

2. Erbarm dich mein bei fol=cher Laft, nimm fie von mei=nem Herzen, dieweil du fie ge=büßet haft am Kreuz mit Todes=fchmerzen, auf daß ich nicht mit großem Weh in meinen Sünden untergeh, noch ewiglich verzage.

3. Fürwahr, wenn Alles mir kommt ein, was ich mein' Tag' begangen, fo fällt mir auf das Herz ein Stein, und hält mich Furcht umfangen; ja, ich weiß weder aus noch ein und müßte gar verloren fein, wenn ich dein Wort nicht hätte.

4. Allein dein heilfam Wort das macht mit feinem füßen Klingen, daß mir das Herze wieder lacht und froh beginnt zu fpringen, dieweil es alle Gnad verheißt dem, der fich mit zer=knirfchtem Geift zu dir, o Jefu, wendet.

5. Drum komm ich jetzt zu dir allhier in meiner Noth ge=fchritten und will dich mit ge=beugtem Knie von ganzem Herzen bitten: vergib es mir doch gnädig=lich, was ich mein Lebtag wider dich auf Erden hab gefündigt!

6. Vergib mirs doch, o Herr, mein Gott, um deines Namens willen! Du wollft in mir die große Noth der Uebertretung ftillen, daß fich mein Herz zufrie=den geb und dir hinfort zu Ehren leb in kindlichem Gehorfam.

7. Stärk mich mit deines Gei=ftes Mut, heil mich mit deinen Wunden, wafch mich mit deiner Gnade Flut in meiner letzten Stunden, und nimm mich einft, wanns dir gefällt, in wahrem Glauben von der Welt zu dei=nen Auserwählten!

Barthol. Ringwaldt, 1530—1598.

Meine Sünden gehen über mein Haupt,
Wie eine fchwere Laft find fie mir zu fchwer worden.
(Pf. 6.)

268.　　Eigne Weife.　　(1627.) 1682.

Ach Gott und Herr, wie groß und fchwer find mein be=gang=ne Sün=den! Da ift Nie=mand, der

hel=fen kann, auf die=ser Welt zu fin=den.

2. Lief ich gleich weit zu dieser Zeit bis an der Erde Enden, um los zu sein des Elends mein, so würd ichs doch nicht wenden.

3. Zu dir flieh ich; verstoß mich nicht, obgleich ichs wohl verdienet! Ach, geh doch nicht, Gott, ins Gericht; — dein Sohn hat mich versühnet.

4. Solls ja so sein, daß Straf und Pein auf Sünde folgen müs=sen, so fahr hier fort und schone dort, und laß mich ja jetzt büßen.

5. Gib auch Geduld, vergiß der Schuld, schaff ein gehorsam Herze, daß in der Zeit die Selig=keit ich murrend nicht verscherze.

6. Handle mit mir, wie's dünket dir; durch dein Gnad will ichs leiden. Nur wollst du mich nicht ewiglich von deiner Liebe scheiden!

Martin Rutilius, 1550—1618.

Ich habe keinen Gefallen am Tode des Gottlosen,
Sondern daß er sich bekehre und lebe, spricht der Herr.
(Hesek. 33, 11. Jes. 55, 7. Joel 2, 13. Vrgl. Sir. 18, 22—27.)

Weise 375. Vater unser im Himmelreich.

269. So wahr ich lebe, spricht dein Gott, mir ist nicht lieb des Sünders Tod; vielmehr ist dies mein Wunsch und Will, daß er von Sünden halte still, von seiner Bosheit lehre sich und lebe mit mir ewiglich.

2. Dies Wort bedenk, o Men=schenkind, verzweifle nicht in dei=ner Sünd! Hier findest du Trost, Heil und Gnad, die Gott dir zugesaget hat, und zwar mit einem theuern Eid. O selig, dem die Sünde leid!

3. Doch hüte dich vor Sicher=heit! Denk nicht: „Zur Buß ist „wohl noch Zeit, ich will erst „fröhlich sein auf Erd; wenn „ich des Lebens müde werd, „alsdann will ich bekehren mich, „— Gott wird wohl mein er=„barmen sich."

4. Wahr ists, Gott ist wohl stets bereit dem Sünder mit Barmherzigkeit; doch wer auf Gnade sündigt hin, fortfährt in seinem bösen Sinn und sei=ner Seele selbst nicht schont, dem wird mit Ungnad einst gelohnt.

5. Gnad hat dir zugesaget Gott von wegen Christi Blut und Tod; zusagen hat er nicht gewollt, ob du bis morgen leben sollt. Daß du mußt sterben, ist dir kund; verborgen ist des Todes Stund.

6. Heut lebst du, heut bekehre dich! Eh morgen kommt, kanns ändern sich; wer heut ist frisch, gesund und roth, ist morgen krank, ja wohl gar todt. So du nun ohne Buße stürbst, an Seel und Leib du dort verdürbst.

7. Hilf, o Herr Jesu, hilf du mir, daß ich noch heute komm zu dir und Buße thu den Augen=

blick, eh mich der schnelle Tod hinrück, auf daß ich heut und jederzeit zu meiner Heimfahrt sei bereit.

Johann Heermann, 1585—1647.

Das Blut Jesu Christi, des Sohnes Gottes, Machet uns rein von aller Sünde.
(1 Joh. 1, 6—10.)

Weise 571. Du, o schönes Weltgebäude.

270. Jesu, der du meine Seele hast durch deinen bittern Tod aus des Todes finstrer Höhle und der großen Sündennoth kräftiglich herausgerissen und mich solches lassen wissen durch dein gnadenreiches Wort: sei doch jetzt, o Gott, mein Hort!

2. Herr, ich muß es ja bekennen, daß nichts Gutes wohnt in mir; das zwar, was wir Wollen nennen, halt ich meiner Seele für; aber Fleisch und Blut zu zwingen und das Gute zu vollbringen, hindert mich der Sünde Joch; was ich nicht will, thu ich doch.

3. Ach, mein Herr, ich kann nicht wissen aller meiner Fehler Zahl; mein Gemüt ist ganz zerrissen durch der Sünden Schmerz und Qual, und mein Herz ist matt von Sorgen; ach, vergib mir, was verborgen,* rechne keine Missethat, die dich, Herr, erzürnet hat. * Psalm 19, 13.

4. Jesu, du hast weggenommen meine Schulden durch dein Blut; laß es, o Erlöser, kommen meiner Seligkeit zu gut; und dieweil du, so zerschlagen, hast die Sünd am Kreuz getragen: ei, so sprich mich endlich frei, daß ich ganz dein eigen sei.

5. Wenn ich vor Gericht soll treten, wo man nicht entfliehen kann, ach, so wollest du mich retten und dich meiner nehmen an. Du allein, Herr, kannst es wehren, daß ich nicht den Flnch darf hören: „Ihr zu mei-„ner linken Hand seid von mir „noch nicht erkannt!"

6. Du ergründest meine Schmerzen, du erkennest meine Pein; es ist nichts in meinem Herzen, als dein herber Tod allein. Dies mein Herz, von Leid bedränget und mit deinem Blut besprenget, das am Kreuz vergossen ist, geb ich dir, Herr Jesu Christ!

7. Nun ich weiß, du wirst mir stillen mein Gewissen, das mich plagt; deine Treue wird erfüllen, was du selber zugesagt: daß auf dieser weiten Erden Keiner soll verloren werden, sondern Jeder leben soll, wenn er nur ist glaubensvoll.

8. Herr, ich glaube, hilf dein Schwachen, laß mich ja verzagen nicht; du, du kannst mich stärker machen, wenn mich Sünd und Tod anficht. Deiner Güte will ich trauen, bis ich fröhlich werde schauen dich, Herr Jesu, nach dem Streit in der selgen Ewigkeit.

Johann Rist, 1607—1667.

Ihr waret wie die irrenden Schafe,
Aber nun seid ihr bekehret zu dem Hirten und Bischof eurer Seelen.
(1 Petr. 2, 21—25.)

Weise 326. Herr, wie du willst, so schicks mit mir.

271. Ich will von meiner Missethat zum Herren mich bekehren; du wollest selbst mir Hilf und Rath, o Gott, hiezu bescheren und deines guten Geistes Kraft, der neue Herzen in uns schafft, aus Gnaden mir gewähren.

2. Ein Mensch kann von Natur doch nicht sein Elend selbst empfinden, er ist ohn deines Geistes Licht blind, taub, ja todt in Sünden; verkehrt ist Wille, Sinn und Thun; des großen Jammers wollst du nun, o Vater, mich entbinden!

3. Wie hast du doch auf mich gewandt den Reichtum deiner Gnaden! Mein Leben dank ich deiner Hand; du hast mich reich beladen mit manchem Gut, mit Ehr und Brot und machtest, daß mir keine Noth bisher hat können schaden.

4. Du hast in Christo mich erwählt aus des Verderbens Fluten; es hat mir sonst auch nicht gefehlt an irgend einem Guten, und daß ich ja dein eigen sei, hast du mich auch, aus bloßer Treu, gestraft mit Vatersruthen.

5. Hab ich denn nun auch gegen dich Gehorsams mich befliffen? Nein, eines andern zeihet mich mein Herz und mein Gewissen. Darin ist leider nichts gesund; an allen Orten ist es wund, von Sünd und Reu zerrissen.

6. Die Thorheit meiner jungen Jahr, die Menge meiner Sünden verklagen mich zu offenbar; sie sind nicht zu ergründen, und ihrer keine ist so klein, daß sie nicht sollte schon allein dein Strafgericht entzünden.

7. Bisher hab ich in Sicherheit gar unbesorgt geschlafen, gedacht: es hat noch lange Zeit, Gott pflegt nicht bald zu strafen, verfähret nicht mit unsrer Schuld so strenge; denn es hat Geduld der Hirt mit seinen Schafen.

8. Doch Alles jetzt zugleich erwacht; mein Herz will mir zerspringen, ich sehe deines Donners Macht, dein Feuer auf mich bringen. Es regt sich wider mich zugleich des Todes und der Hölle Reich, die wollen mich verschlingen.

9. Die mich verfolgt, die große Noth fährt schnell ohn Zaum und Zügel; wo flieh ich hin? O Morgenroth, ertheil mir deine Flügel! Verbirg mich, o du fernes Meer! Stürzt hoch herab, fallt auf mich her, bedeckt mich, Berg und Hügel!

10. Umsonst, umsonst! und könnt ich gleich bis in den Himmel steigen, versucht ichs, in das tiefste Reich der Hölle zu entweichen: so säh dein Aug doch meine Schand, und würde dort auch deine Hand mich Sünder noch erreichen.

11. Herr Jesu, nimm mich zu

bir ein: ich flieh zu deinen Wunden. Laß mich in dir geborgen sein und bleiben alle Stunden; du haft ja, o du Gotteslamm, all meine Sünd am Kreuzesstamm gebüßt und überwunden.

12. So will ich nun zu jeder Zeit mit Ernst und Sorgfalt meiden all böse Luft und Eitelkeit und lieber Alles leiden, denn daß ich Sünd mit Vorsatz thu. Ach, Herr, gib du stets Kraft dazu, bis ich einst werde scheiden.

Luise Henriette, Kurfürstin von Brandenburg, 1627—1667.

Ich weiß, daß in mir, das ist in meinem Fleisch, wohnet nichts Gutes;
Wollen habe ich wohl, aber vollbringen das Gute finde ich nicht.
(Gal. 5, 16—24.)

272.   Weise: Herr, ich habe misgehandelt.   Joh. Crüger, 1649.

Ach, mein Je = fu, welch Ver = der = ben woh = net
Denn wie al = le A = dams = er = ben steck ich

doch in mei = ner Bruft! Ach, ich muß dir nur be = ken =
vol = ler Sünden = luft.

nen: Ich bin Fleisch vom Fleisch zu nen = nen.

2. Wie verkehrt sind meine Wege! wie verderbt mein alter Sinn! der ich zu dem Guten träge und zum Bösen hurtig bin. Ach, wer wird mich von den Ketten dieses Sündentodes retten?

3. Hilf mir durch den Geist der Gnaden aus der angeerbten Noth, heile meinen Seelenschaden durch dein Blut und Kreuzestod; schlage du die Sündenglieder meines alten Adams nieder.

4. Ich bin schwach und von der Erden, stecke in dem Sündengrab; soll ich wieder lebend werden, so mußt du von oben ab

mich durch deinen Geist gebären und mir neue Kraft gewähren.

5. Schaff in mir ein reines Herze, einen neuen Geist gib mir, daß ich ja nicht länger scherze mit der Sündenluftbegier. Laß mich ihre Tücke merken, mich im Geist dagegen stärken.

6. Lehr mich wachen, beten, ringen, um mein böses Fleisch und Blut unter Jesu Kreuz zu zwingen, dieses thut mir immer gut: was nicht kann dein Reich ererben, laß in deinem Tod ersterben.

7. Reize mich durch jene Krone,

die mir droben beigelegt, daß
ich meiner niemals schone, wann
und wo ein Feind sich regt,
sondern hilf mir tapfer kämpfen,
Hölle, Welt und Fleisch zu
dämpfen.

8. Sollt ich etwa unterliegen,
o so hilf mir wieder auf; laß
in deiner Kraft mich siegen, daß
ich meinen Lebenslauf unter bei=
nen Siegeshänden möge ritter=
lich vollenden.

Ludwig Andreas Gotter, 1691—1735.

**Verwirf mich nicht vor deinem Angesichte
Und nimm deinen heiligen Geist nicht von mir.**
(Pf. 51, 10—15.)

Weise 326. Herr, wie du willst, so schicks mit mir.

273. Schaff in mir, Gott,
ein reines Herz, mein Herz ist
ganz verderbet; es fühlt von
Sünden großen Schmerz, die ihm
sind angeerbet und die es noch
thut ohne Scheu; ach mache,
daß es wieder sei, wie du es
hast erschaffen.

2. Gib mir auch einen neuen
Geist, der so, wie du, gesinnet,
der stets dir anhengt allermeist
und, was du willst, beginnet;
gib, daß ich hasse Fleisch und
Blut, den Glauben üb und
sanften Mut, Zucht, Demut,
Hoffnung, Liebe.

3. Verwirf vor deinem Ange=
sicht, ob ich es gleich verdienet,
mich, allerliebster Vater, nicht,
weil Jesus mich versühnet; ach
laß doch nun und nimmermehr
mich fallen, mich, dein Kind, so
sehr, daß du es von dir stießest.

4. Den heilgen Geist nimm
nicht von mir, den bösen Geist
vertreibe, daß nichts von dir
mich, Herr, verführ, daß ich
stets dein verbleibe; beherrsche
meinen Sinn und Mut durch
deinen Geist, so ist es gut im
Leben und im Sterben.

5. Mit deiner Hilfe tröste
mich, hilf und vergib die Sün=
den; und sucht dann meine Seele
dich, so laß dich von ihr fin=
den; laß das Verdienst des
Herren Christ, worinnen Trost
und Leben ist, stets reichlich mich
genießen!

6. Dein Freudengeist* erhalte
mich mit seinem Freudenöle, daß
nicht Verzweiflung ewiglich ver=
derbe meine Seele; sei du mein
Freund, o Herr, allein; o laß
mich deine Freude sein und führe
mich zur Freude! * Pf. 51, 14.

Ludämilie Elisabeth, Gräfin zu Schwarzburg=Rudolstadt, 1640—1672.

**So kehret nun wieder, ihr abtrünnigen Kinder,
So will ich euch heilen von eurem Ungehorsam, spricht der Herr.**
(Jer. 3, 12. 13. Pf. 32, 1—5.)

Weise 583. Wenn mein Stündlein vorhanden ist.

274. O Vater der Barmher=
zigkeit, ich falle dir zu Fuße;

verstoß den nicht, der zu dir
schreit und thut noch endlich

Buße. Was ich begangen wider dich, verzeih mir alles gnädiglich durch deine große Güte.

2. Durch deiner Allmacht Wunderthat nimm von mir, was mich quälet; durch deine Weisheit schaffe Rath in Allem, wo mirs fehlet; gib Willen, Mittel, Kraft und Stärk, daß ich mit dir all meine Werk anfange und vollende.

3. O Jesu Christe, der du hast am Kreuze für mich Armen getragen aller Sünden Last: du wollst dich mein erbarmen! O wahrer Gott, o Davids Sohn, erbarm dich mein und mein verschon; sieh an mein kläglich Rufen!

4. Laß deiner Wunden theures Blut und dein unschuldig Sterben mir kommen kräftiglich zu gut, daß ich nicht müß verderben; den Vater bitte, daß er mir nicht strafend lohne nach Gebühr, wie ich es hab verschuldet.

5. O heilger Geist, du wahres Licht, Regierer der Gedanken: wenn mich die Sündenlust ansicht, laß mich von dir nicht wanken. Verleih, daß nun und nimmermehr Begier nach Wollust, Geld und Ehr in meinem Herzen herrsche!

6. Und wenn mein Stündlein kommen ist, so hilf mir treulich kämpfen, daß ich des Argen Trotz und List durch Christi Sieg mög dämpfen, auf daß mir Krankheit, Angst und Noth, und dann der letzte Feind, der Tod, nur sei die Thür zum Leben.

David Denicke, 1603—1680.

**Suchet den Herrn, weil er zu finden ist;
Rufet ihn an, weil er nahe ist.**

(Jer. 29, 11—13.)

275.   Eigne Weise.   1698.

Sieh, hier bin ich, Eh=ren=kö=nig, le=ge mich vor
schwa=che Thränen, kindlich Sehnen bring ich dir, du
bei=nen Thron;
Menschen=sohn! Laß dich fin=den, laß dich fin=den
von mir, der ich Erb und Thon.

2. Sieh doch auf mich, Herr, ich bitt dich; lenke mich nach deinem Sinn. Dich alleine ich nur meine, dein erkaufter Erb

ich bin. Laß dich finden, laß
dich finden; gib dich mir und
nimm mich hin!

3. Herr, erhöre! ich begehre
nichts als deine freie Gnad,
die du gibest, wo du liebest und
man dich liebt in der That. Laß
dich finden, laß dich finden; der
hat Alles, der dich hat.

4. Himmelssonne, Seelenwon=
ne, unbeflecktes Gotteslamm:
all mein Sinnen und Begin=
nen suchet dich, o Bräutigam!
Laß dich finden, laß dich finden,
starker Held aus Davids Stamm!

5. Hör, wie kläglich, wie be=
weglich dir die treue Seele singt;
wie demütig und wehmütig dei=
nes Kindes Stimme klingt! Laß
dich finden, laß dich finden, daß
mein Herze zu dir bringt.

6. Dieser Zeiten Eitelkeiten,
Reichtum, Wollust, Ehr und
Freud sind nur Schmerzen mei=
nem Herzen, denn es sucht die
Ewigkeit. Laß dich finden, laß
dich finden, großer Gott, ich bin
bereit!

Joachim Neander, 1640—1680.

**So du willst Sünde zurechnen,
Herr, wer wird bestehen?**
(Luc. 16, 2. Pf. 130, 3. Pred. 12, 14.)

Weise 387. Groß ist, o großer Gott.

276. Thu Rechnung! diese will
Gott ernstlich von dir haben;
thu Rechnung, spricht der Herr,
von allen deinen Gaben; thu
Rechnung, fürchte Gott! bald
mußt du plötzlich fort; thu Rech=
nung! denke stets an dieses ernste
Wort!

2. Sprich: Großer Gott, wer
kann vor deinem Thron bestehen,
wenn du mit deinem Knecht in
das Gericht willst gehen? Es ist
in weiter Welt zu finden nicht
ein Mann, der dir auf tausend
nur ein Wort antworten kann.

3. Laß Gnade gehn für Recht!
Ach laß mich Gnade finden, mach
mich aus Gnaden los von allen
meinen Sünden! Laß deines
Sohnes Huld auch mein Herz
machen rein; laß alle meine
Schuld getilgt, vergessen sein!

4. Laß mich in dieser Welt
nur dir zu Ehren leben und thun,
was dir gefällt, dir allzeit sein
ergeben! Dein Geist regiere
mich: so werd ich wohl bestehn
und einst durch deine Gnad zur
Himmelsfreud eingehn.

Dr. Joh. Olearius, 1611—1684.

**Vernimm mein Schreien, mein König und mein Gott,
Denn ich will vor dir beten.**
(Pf. 5. Luc. 18, 13.)

Weise 753. Zion klagt mit Angst und Schmerzen.

277. O du Schöpfer aller
Dinge, höre, höre mein Gebet,
das ich jetzo vor dich bringe,
weil mein Herz in Aengsten

steht. Meine Sünden ängsten mich, darum komm ich nun vor dich und bekenne meine Sünden; ach, Herr, laß mich Gnade finden!

2. Weil du heißest Alle kommen, die beladen sind, zu dir, bin ich auch nicht ausgenommen, nicht gewiesen von der Thür deiner Gnade; sondern du willst und wirst mich noch dazu von den Sünden, die mich drücken, ganz entbinden und erquicken.

3. Herr, das Wort bleibt ungebrochen, das du einmal hast geredt; nun hast du, o Gott, gesprochen: „Such mein Antlitz im Gebet!" Darum komm ich jetzt vor dich und dein Antlitz; ach, laß mich Trost und Gnade bei dir finden, sprich mich los von meinen Sünden!

4. Sieh die Handschrift, die ich gebe hier in deine Händ, o Gott; denn du sprichst: „So wahr ich lebe, ich will nicht des Sünders Tod, sondern, daß er sich bekehr von den Sünden und begehr ewiglich mit mir zu leben; dann will Alles ich vergeben."

5. Nun wohlan, es kann nicht triegen, Herr, mein Gott, dein

heilig Wort; drauf will ich in Demut biegen meine Knie an diesem Ort und bekennen meine Sünd: ich bin das verlorne Kind, das, vom Bösen oft verblendet, deine Güter hat verschwendet!

6. Weiter will ich nichts mehr sagen, will allein an meine Brust mit dem armen Zöllner schlagen: Gott, es ist dir wohl bewußt, daß ich sündig bin vor dir; aber sei doch gnädig mir, ich fall dir in deine Arme; ach Herr, meiner dich erbarme!

7. Ich verleugne nicht die Sünden, ich verleugne nicht die Schuld; aber laß mich Gnade finden, habe noch mit mir Geduld; nimm des Bürgen Zahlung an, der für mich genug gethan und mit seinen blutgen Wunden die Erlösung hat erfunden!

8. Nun, o Vater aller Gnaden, nimm als Kind mich wieder an, heile meiner Seele Schaden, leite mich auf rechter Bahn! Jesu, deiner tröst ich mich, laß im Glauben fassen dich, laß mich nun für alle Sünden in dem Nachtmahl Gnade finden!

Joh. Heinr. Calisius, 1633-1698.

**Herr, gehe nicht ins Gericht mit deinem Knechte,
Denn vor dir ist kein Lebendiger gerecht.**
(Ps. 143.)

Weise 365.   Wer nur den lieben Gott läßt walten.

278. Ich armer Mensch, ich armer Sünder steh hier vor Gottes Angesicht; ach Gott, ach Gott, verfahr gelinder und geh

nicht mit mir ins Gericht. Erbarme dich, erbarme dich, Gott, mein Erbarmer, über mich!

2. Wie ist mir doch so herz-

lich bange von wegen meiner großen Sünd; ach, daß von dir ich Gnad erlange, ich armes und verlornes Kind! Erbarme dich, erbarme dich, Gott, mein Erbarmer, über mich!

3. Hör und erhör mein sehnlich Schreien, du allertreustes Vaterherz! Wollst alle Sünden mir verzeihen und lindern meines Herzens Schmerz. Erbarme dich, erbarme dich, Gott, mein Erbarmer, über mich!

4. Nicht, wie ich hab verschuldet, lohne, und handle nicht nach meiner Sünd; o treuer Vater, schone, schone, erkenn mich wieder als dein Kind. Erbarme dich, erbarme dich, Gott, mein Erbarmer, über mich!

5. Sprich nur ein Wort, so werd ich leben; sprich, daß der arme Sünder hör: „Geh hin, die Sünd ist dir vergeben, nur sündige hinfort nicht mehr.“ Erbarme dich, erbarme dich, Gott, mein Erbarmer, über mich!

6. Ich zweifle nicht, ich bin erhöret, erhört von deiner Güt und Treu; weil sich der Trost im Herzen mehret, drum ruf ich nochmals zweifelsfrei: Erbarme dich, erbarme dich, Gott, mein Erbarmer, über mich!

Christoph Tietze, 1641—1703.

Ihr habt einen kindlichen Geist empfangen,
Durch welchen wir rufen: Abba, lieber Vater.
(Luc. 15, 18. Röm. 8, 12—17.)

Weise 338. Schwing dich auf zu deinem Gott.

279. Liebster Vater, ich dein Kind komm zu dir geeilet, weil ich sonsten Niemand find, der mich Armen heilet; meine Wunden sind sehr groß, groß sind meine Sünden, mache mich von ihnen los, laß mich Gnade finden!

2. Führst du väterlich Geschlecht und hast Vatersitten: ei, so hab ich Kindesrecht und darf kühnlich bitten; denn den Kindern steht es frei, Väter anzuflehen. Vater, deine Vatertreu laß mich Armen sehen!

3. Hast du doch in deinem Wort Gnade mir versprochen; laß mich an die Gnadenpfort nicht vergeblich pochen. Laß der matten Seufzer Ton durch die Wolken bringen und von deinem Himmelsthron Gnad und Heil mir bringen!

4. Ich laß doch nicht eher ab, bis du mir gewähret Gnade, die ich von dir hab inniglich begehret; segne mich, ich lasse dich eher nicht; ich hange unverrückt an dir, bis ich Gnad von dir erlange.

5. Du bist Gott und heißest gut, weil du Gutthat übest und, gleichwie ein Vater thut, deine Kinder liebest. Dieser Gutthat laß mich auch, Vaterherz, genießen; laß auf mich nach deinem Brauch deine Gnade fließen!

6. Ach verzeih mir, ach vergib, was ich misgehandelt, weil

ich nach der Sünden Trieb oft=
mals bin gewandelt. Meine
Sünden ich versenk in des Hei=
lands Wunden; ach, derselben
nicht gedenk, laß sie sein ver=
schwunden!

Christoph Tietze, 1641—1703.

Herr, heile meine Seele,
Denn ich habe an dir gesündiget.
(Luc. 5, 31—32; 6, 18—19; 8, 46.)

Weise 571. Du, o schönes Weltgebäude.

280. Liebster Jesu, in den
Tagen deiner Niedrigkeit all=
hier hörte man zum Volk dich
sagen: „Es geht eine Kraft von
mir." Laß denn deine Kraft
ausfließen, deinen Geist laß sich
ergießen, da du in der Herr=
lichkeit nun regierest weit und
breit.

2. Denn dir ist in deine Hände
nun gegeben alle Macht; bis
an aller Welt ihr Ende wird
dein Name hoch geacht. Alles
muß vor dir sich neigen, und
was hoch ist muß sich beugen;
selbst der Feinde letzter muß
endlich unter deinen Fuß.

3. Darum kannst du Allen
rathen, deine Kraft ist nie zu
klein; das bezengen deine Tha=
ten, die noch stehn in hellem
Schein. Ja, deswegen bist du
kommen, weil du dir hast vor=
genommen, aller Menschen Heil
zu sein und zu retten Groß und
Klein.

4. Hier, mein Arzt, steh auch
ich Armer, krank am Geiste,
blind und bloß; rette mich, o
mein Erbarmer, mache mich von
Sünden los und von so viel
Feindestücken, die mein armes
Herz berücken; ach, laß deinen
süßen Mund zu mir sprechen:
„Sei gesund!"

5. Siehe, meine Seele rühret
deinen Saum im Glauben an,
wartet, bis sie endlich spüret,
was du hast an ihr gethan;
an dein Wort will ich mich
halten und indes dich lassen
walten; du kannst dich verleugnen
nicht, da dein Wort mir Heil
verspricht.

6. Amen, du wirst mich er=
hören, daß ich durch dich werde
rein, wirst zu dir mein Antlitz
kehren, daß ich könne fröhlich
sein. So will ich mit Hand
und Munde deine Güt aus Her=
zensgrunde rühmen hier in dieser
Zeit bis zur frohen Ewigkeit.

Unbekannter Verfasser.

So sei nun fleißig und thue Buße;
Siehe, ich komme bald, spricht der Herr.
(Eph. 5, 14.)

281. Weise: Ach Gott, thu dich erbarmen.

1566.

Er = wach, o Mensch, er = wa = che, steh　auf vom Sünden=

schlaf! es kommt die heil=ge Ra=che* des Herrn und sei=ne

Straf; mit Schrecken** und mit Un=ge=stüm sucht sie die Sünder

heim mit Grimm†, die auf der Er=be woh=nen; der

Herr wird Je=dem loh=nen†† und nur der Frommen

scho=nen.

* Röm. 12, 19. Hebr. 10, 30. Luc. 21, 22. — ** Pf. 2, 5. — † Pf. 6, 2. — †† Röm. 4, 4. 2 Petr. 2, 13. Hebr. 2, 2. Offenb. 22, 12.

2. Drum fallet Gott zu Fuße, ihr Menschen groß und klein, thut rechte wahre Buße, stellt alle Bosheit ein; seid auf den großen Tag bereit mit Glauben und Gottseligkeit, so trifft euch kein Verderben, so könnt ihr fröhlich sterben und Gottes Reich ererben.

3. Ach nehmet dies zu Herzen, die ihr erlöset seid durch Christi Blut und Schmerzen, bekehrt euch in der Zeit! Sagt Allem ab, was zeitlich ist, und liebt alleine Jesum Christ; thut, was euch dieser lehret, denn wer ihn so nicht ehret, der wird im Zorn verzehret.*

* 5 Mos. 4, 24. Hebr. 12, 29.

4. Bekehre du uns, Herre, so werden wir bekehrt; ach führ uns aus der Irre zu deiner frommen Herd; verzeih, was wir bisher gethan, nimm uns durch Christum wieder an, laß deinen Geist uns leiten, daß wir zu allen Zeiten dein heilig Lob ausbreiten.

5. Du rufest noch voll Gnaden, wir hören, Herr, dein Wort. Wend allen Seelenschaden und hilf uns, fort und fort von nun an dir gehorsam sein, daß wir entgehn der ewgen Pein und preisen allzusammen einst deinen heilgen Namen bei dir im Himmel. Amen.

Vers 1—4 von Barthol. Crasselius, 1667—1724. V. 5 von Dr. Ewald Rudolf Stier, geb. 1800.

Schaffet, daß ihr selig werdet
Mit Furcht und Zittern. Amen.
(Matth. 7, 13. 14.)

Weise 587. Freu dich sehr, o meine Seele.

282. Schaffet, schaffet, Menschenkinder, schaffet eure Seligkeit! Banet nicht, wie freche Sünder, nur auf gegenwärtige Zeit, sondern schauet über euch, ringet nach dem Himmelreich, und bemühet euch auf Erden, wie ihr möget selig werden.

2. **Daß** nun dieses mög geschehen, müßt ihr nicht nach Fleisch und Blut und nach dessen Neigung gehen, sondern was Gott will und thut, das muß ewig und allein eures Lebens Richtschnur sein, mag es eure schwachen Herzen nun erfreuen oder schmerzen.

3. **Ihr** habt Ursach zu bekennen, daß in euch noch Sünde ist, daß ihr Fleisch von Fleisch zu nennen, daß ihr fehlt zu jeder Frist und daß Gottes Gnadenkraft nur allein das Gute schafft, daß nichts außer seiner Gnade in euch ist, als Seelenschade.

4. **Selig,** wer im Glauben kämpfet! Selig, wer im Kampf besteht und die Sünden in sich dämpfet! Selig, wer die Welt verschmäht! Unter Christi Kreuzesschmach jaget man dem Frieden nach; wer den Himmel will ererben, muß zuvor mit Christo sterben.

5. **Werdet** ihr nicht treulich ringen, sondern träg und lässig sein, eure Neigung zu bezwingen: so bricht eure Hoffnung ein. Ohne tapfern Streit und Krieg folget nie ein rechter Sieg. Nur den Siegern wird die Krone beigelegt zum Gnadenlohne.

6. **Mit** der Welt nach Lust zu jagen, findet nicht bei Christen statt; an dem Fleisch Gefallen tragen, macht des Geistes Kräfte matt; unter Christi Kreuzesfahn geht es wahrlich gar nicht an, daß man noch mit frechem Herzen wolle sicher thun und scherzen.

7. **Furcht** muß herrschen vor dem Richter, dessen Hand das Scepter trägt, der die sichern Bösewichter zur Verdammnis niederschlägt. Er ists, der, wie's ihm beliebt, Wollen und Vollbringen gibt; o so laßt uns zu ihm gehen, ihn um Gnade anzuflehen!

8. **Und** — zu werden Christi Glieder, die sein reiner Geist bewegt — kämpft den alten Menschen nieder, bis ihm seine Macht gelegt! Was euch hindert, senkt ins Grab; was euch ärgert, hanet ab* und denkt stets an Christi Worte: „Dringet durch die enge Pforte!"

* Matth. 18, 8.

9. **Zittern** will ich vor der Sünde und dabei auf Jesum sehn, bis ich seinen Beistand finde, in der Gnade zu bestehn. Ach, mein Heiland, geh doch nicht mit mir Armem ins Ge=

richt! Gib mir deines Geistes
Waffen, meine Seligkeit zu
schaffen.

10. **Amen,** es geschehe, Amen!
Gott versigle dies in mir, auf
daß ich in Jesu Namen meinen

Kampf zu Ende führ. Er ver=
leihe Kraft und Stärk und re=
giere selbst das Werk, daß ich
wache, bete, ringe und also zum
Himmel dringe.

Ludw. Andr. Gotter, 1661—1735.

Ich will, Herr, rufen zu dir:
Gott sei mir Sünder gnädig.
(Luc. 18, 9—14)

Weise 168. An Wasserflüssen Babylon.

283. O König, dessen Ma=
jestät weit über Alles steiget,
dem Erd und Meer zu Dienste
steht, vor dem die Welt sich
neiget: der Himmel ist dein
helles Kleid, du bist voll Macht
und Herrlichkeit, sehr groß und
wunderthätig; ich armer Mensch
vermag nichts mehr, als daß
ich ruf zu deiner Ehr: „Gott
sei mir Sünder gnädig!"

2. Hier steh ich, wie der Zöll=
ner that, beschämet und von
ferne; ich suche deine Hilf und
Gnad, o Herr, von Herzen
gerne; doch weil ich voller Feh=
ler bin und, wo ich mich nur
wende hin, des Ruhmes vor
dir ledig, so schlag ich nieder
mein Gesicht vor dir, du reines
Himmelslicht; Gott sei mir
Sünder gnädig!

3. Die Schulden, der ich mir
bewußt, durchängsten mein Ge=
wissen; drum schlag ich reuig
an die Brust und will von Her=
zen büßen. Ich bin, o Vater,
gar nicht werth, daß ich noch
wandle auf der Erd; doch weil
du winkst, so bet ich mit ganz
zerknirschtem, bangem Geist, der

gleichwohl dich noch Vater heißt:
„Gott sei mir Sünder gnädig!"

4. Mein Vater, schaue Jesum
an, den Gnadenthron der Sün=
der, der für die Welt genug
gethan, durch den wir deine
Kinder im gläubigen Vertrauen
sind, — der ists, bei dem ich
Ruhe find; sein Herz ist ja
gutthätig. Ich faß ihn fest und
laß ihn nicht, bis dir dein Herz
mitleidig bricht. Gott, sei mir
Sünder gnädig!

5. O nimm mich ganz zum
Opfer hin, erneure du mein
Leben; du bist mein Gott! mein
Herz und Sinn bleibt ewig dir
ergeben; ach heilige mich ganz
und gar, gib, daß mein Glaube
immerdar sei durch die Liebe
thätig; gelingts mir nicht so,
wie es soll, so ruf ich, wie
mein Herz ist voll: „Gott sei
mir Sünder gnädig!"

6. Mein Leben und mein
Sterben ruht allein auf deiner
Gnade; mir geh es übel oder
gut, gib nur, daß es nicht schade.
Kommt dann das letzte Stünd=
lein an, so sei noch auf der
Todesbahn, mein Jesu, mir

15

beiräthig; und wenn ich nicht mehr sprechen kann, so nimm den letzten Senfzer an: „Gott sei mir Sünder gnädig!"

Dr. Bal. Ernst Löscher, 1673—1749.

An dir allein hab ich gesündigt,
Herr, tilge meine Sünden nach deiner großen Barmherzigkeit.
(Pf. 51, 3—6.)

284. Eigne Weise. 1785.

An dir al=lein, an bir hab ich ge = sün = bigt und ü = bel oft an bir ge = than. Du siehst die Schuld, bie mir den Fluch ver = kün = bigt; sieh, Gott, auch mei=nen Jammer an!

2. Dir ist mein Flehn, mein Seufzen nicht verborgen, und meine Thränen sind vor dir. Ach Gott, mein Gott, wie lange soll ich forgen? wie lang ent= fernst du dich von mir?

3. Herr, haudle nicht mit mir nach meinen Sünden, vergilt mir nicht nach meiner Schuld; ich suche dich, laß mich dein Antlitz finden, du Gott der Langmut und Geduld!

4. Früh wollst du mich mit deiner Gnade füllen, Gott, Va= ter der Barmherzigkeit! Erfreue mich um deines Sohnes willen, du bist ein Gott, der gern er= freut.

5. Laß deinen Weg mich wie= ber freudig wallen und lehre mich, dein heilig Recht stets eifrig thun nach deinem Wohl= gefallen; du bist mein Gott, ich bin dein Knecht.

6. Herr, eile, du mein Schutz, mir beizustehen und leite mich auf ebner Bahn! — Er hört mein Schrei'n, der Herr erhört mein Flehen und nimmt sich meiner Seele an.

M. Christian Fürchtegott Gellert, 1715—1769.

**Ein erſchrockenes Gewiſſen
Verſiehet ſich des Aergſten immerdar.**
(Pf. 51, 13; 130, 3.)

Weiſe 365. Wer nur den lieben Gott läßt walten.

285. Vor dir verklagt uns
das Gewiſſen und zenget laut
von unſrer Schuld, daß reuevoll
wir flehen müſſen: Du Gott
der Langmut und Geduld, ſei
gnädig uns, und im Gericht ver=
wirf uns, o Erbarmer, nicht!

2. Ach, wollteſt du, Herr, mit
uns rechten, vor Scham ver=
ſtummen müßten wir; wo iſt
von allen deinen Knechten auch
einer nur gerecht vor dir? Ja,
Heiligſter, vor deinem Blick tritt
auch der Reinſte noch zurück.

3. Drum, Herr, bekennen wir
im Staube dir unſrer Ueber=
tretung Schuld. Du biſt ge=
recht; doch unſer Glaube ver=
traut auf deine Vaterhuld, die
Troſt und Gnade dem gewährt,
der reuig zu dir wiederkehrt.

4. Auch uns haſt du in dei=
nem Sohne den Seelenretter
dargeſtellt; eröffnet iſt zum Gna=
denthrone der Weg für eine
Sünderwelt. Voll Hoffnung
nahen wir hinzu und finden für
die Seele Ruh.

5. Für uns iſt ja ſein Blut
vergoſſen, es war zum Opfer
dir geweiht; dies theure Blut,
für uns gefloſſen, verkündigt
uns Barmherzigkeit. Wir ſind
verſöhnt, du willſt verzeihn und
liebreich unſer Vater ſein.

6. Es zenge künftig unſer Le=
ben, o Gott, von deiner Gütig=
keit! Mit Ernſt nach wahrer
Beßrung ſtreben, nur thun, was
uns dein Wort gebeut: dies ſoll
des Dankes Opfer ſein, das
wir für deine Huld dir weihn.

M. Chriſtoph Chriſtian Sturm, 1740—1786.

**Nehmet auf euch mein Joch, ſpricht der Herr,
So werdet ihr Ruhe finden für eure Seelen.**
(1 Petr. 1, 2—7.)

Weiſe 771. Es iſt gewislich an der Zeit.

286. Nach meiner Seele Se=
ligkeit laß, Herr, mich eifrig
ringen und nicht die kurze Gna=
denzeit in Sicherheit verbringen!
Wie würd ich einſt vor dir
beſtehn? Wer in dein Reich
wünſcht einzugehn, muß reines
Herzens werden.

2. Wer erſt am Schluß der
Lebensbahn auf ſeine Sünden

ſiehet, erſt, wenn er nicht mehr
ſündgen kann, zu deiner Gnade
fliehet, der geht den Weg zum
Leben nicht, den uns, o Gott,
dein Unterricht in deinem Wort
bezeichnet.

3. Du rufſt uns hier zur Hei=
ligung; ſo laß denn auch auf
Erden des Herzens wahre Beſ=
ſerung mein Hauptgeſchäfte wer=

15*

ben! Gib dazu Weisheit, Lust und Trieb; kein Gut der Welt sei mir so lieb, o Gott, als deine Gnade.

4. Gewönn ich auch die ganze Welt mit allen ihren Freuden und sollte das, was dir gefällt, o Gott, darüber meiden: was hülfe mirs? Nie kann die Welt mit Allem, was sie in sich hält, mir deine Huld ersetzen.

5. Was führt mich zur Zufriedenheit schon hier in diesem Leben? Was kann mir Trost und Freudigkeit auch noch im Tode geben? Nicht Menschengunst, nicht irdisch Glück, —

nur Gottes Gnade, nur der Blick auf jenes Lebens Freuden.

6. Nach diesem Kleinod, Herr, laß mich vor allen Dingen trachten und laß mich immer nur auf dich und deine Lehre achten; daß ich auf deinen Wegen geh und im Gericht dereinst besteh, sei meine größte Sorge.

7. Drum laß mich, Herr, der Erde Tand und ihre Lüste fliehen; nur jenem Ziel sei zugewandt mein eifrigstes Bemühen. O stärke mich, mein Gott, dazu, so find ich hier schon wahre Ruh und dort das ewge Leben.

Joh. Samuel Diterich, 1721—1797.

**Aus der Tiefe rufe ich, Herr, zu dir;
Herr, höre meine Stimme.**

(Ps. 130.)

287. Weise: Zu dir von Herzens Grunde. (1543.) 1555.

Aus mei-nes Jammers Grun-de ruf ich, o Gott, zu
dir; ich lieg in fin-sterm Schlunde, o nei-ge dich zu
mir; o hö-re mei-ne Stim-me und mer-ke auf mein
Flehn! Mach En-de dei-nem Grimme, sonst muß ich ja ver-gehn!

2. Willst ins Gericht du gehen mit uns, die früh und spät gefehlt: wer kann bestehen vor dir, du Majestät? Wie könnt ich vor dir leben, so du willst

richten mich? Du aber willst vergeben, auf daß man fürchte dich.

3. So hoff denn, bange Seele, auf ihn, den Gnadenhort! Heraus aus deiner Höhle, verlaß

dich auf sein Wort! Gleich Wäch=
tern, die den schönen und hellen
Morgenstern erwarten und erseh=
nen, will harren ich des Herrn.

4. O Bundesvolk, dein Hoffen
richt du auf ihn allein! Sein
Gnadenborn steht offen für alle
Sünden dein. Bei ihm ist viel
Vergeben und er wird Israel
erlösen und erheben zu seinem
Freudenquell.

Psalm 130.

b. Der rechtfertigende Glaube.

**Lasset uns halten an dem Bekenntnis der Hoffnung und nicht wanken,
Denn er ist treu, der sie verheißen hat.**
(Röm. 3, 23—28.)

288.

Eigne Weise.

1545.

Al = lein zu dir, Herr Je = su Christ, mein
ich weiß, daß du mein Trö = ster bist; kein

Hoffnung steht auf Er = den;
Trost mag sonst mir wer = den. Kein Menschenkind ward

je ge=born, wie auch kein En = gel aus = er = korn, der

mir aus Nö=then hel=fen kann; dich ruf ich an, von

dem ich Hil=fe kann empfahn.

2. Die Sünden mein sind
schwer und groß und reuen mich
von Herzen; derselben mach
mich frei und los durch deine
Todesschmerzen, und nimm dich
mein beim Vater an, der du
genug für mich gethan: so werd
ich los der Sündenlast; mein
Glaub erfaßt, was du mir,
Herr, versprochen hast.

3. Mehr mir durch deine
Freundlichkeit den wahren Chri=
stenglauben, daß ich deiner
Barmherzigkeit mich ewig mög
vertrauen, vor Allem herzlich
lieben dich und meinen Näch=

sten, gleich wie mich. Am letz=
ten End bein Hilf mir send,
damit behend des Todes Graun
sich von mir wend.

4. Ehr sei Gott in dem
höchsten Thron, dem Vater al=
ler Güte, und Christo, seinem
lieben Sohn, der uns allzeit
behüte, und Gott dem werthen
heilgen Geist, der seine Hilf
uns allzeit leist, daß wir ihm
sei'n zum Dienst bereit hier
in der Zeit und droben in der
Ewigkeit.

Konrad Hubert, 1507—1577. Vers 4 von Joh. Schneesing, † 1567.

**Es ist der Glaube eine gewisse Zuversicht des, das man hoffet,
Und nicht zweifelt an dem, das man nicht siehet.**

(Hebr. 11 ff.)

Weise 14. Herr Jesu Christ, dich zu uns wend.

289. Merk auf, o Christ, wie
sichs verhält! Ohn Glauben
Niemand Gott gefällt; drum so
du Gott gefallen willt, sieh,
was der Glaube ist und gilt.

2. Der Glaub ist ein lebendge
Kraft, die fest an der Verheißung
haft, ein herzlich starke Zuver=
sicht, die sich allein auf Chri=
stum richt.

3. Der Glaube ist ein Gei=
stesband und Werkzeug, eine
Seelenhand, womit gefaßt wird
Jesus Christ und was zum
Heile nützlich ist.

4. Dies schafft und wirkt der
heilge Geist in unsern Herzen
allermeist, wenn er durchs Wort
entzündt ein Licht, woraus so
hell der Glaube bricht.
2 Theff. 2; 3, 3—5. 1 Petr. 1, 5.
Eph. 1, 13. Röm. 10, 8—10. 17.

5. Die theure Gab gewähret
Gott der Schar, die er erwählet
hat zum ewgen Leben und zum
Heil, das ihr im Himmel wird
zu Theil. Eph. 1, 4. 2 Theff. 2, 13.

6. Der Glaub gebiert die
rechte Buß, dadurch das Fleisch
ersterben muß; der Glaub fängt
neues Leben an, ergreift das
Heil in Gottes Sohn. Röm. 6.

7. Der Glaube findt in Jesu
Christ, was uns zum Heil von=
nöthen ist; der Glaube nimmts
aus Christi Schoß; wer glaubt,
ist Christi Mitgenoß.
Joh. 17. Luc. 1, 69. Ap. 4, 12.

8. Der Glaube macht gerecht
und frei, macht uns zu Prie=
stern fromm und treu; der Glaub
macht unsre Herzen rein und
heiligt uns dem Herrn allein.
Ap. 16, 17. Röm. 6, 16. 18.
20. 22. Joh. 8, 32. 36. Röm. 8, 2.
Ap. 13, 39. Röm. 3, 24. 26. 28;
5, 1; 10, 4. 10. 1 Kor. 6, 11.
Gal. 3, 24. Ap. 15, 8—9; 26, 18.

9. Der Glaube bringt uns
Gottes Sohn ins Herz, daß er
darinnen wohn; der Glaub hat
alle Lust und Freud an Christi
Gnad und Gütigkeit.
Joh. 14, 23. Eph. 3, 17.

10. Der Glaub wirkt im Ge=
wissen Fried, tröst jedes traurige
Gemüt; der Glaub gibt Gott

die Ehr allein, macht, daß wir
Kinder Gottes sei'n.

Röm. 4, 20; 5, 1. Gal. 3, 26.
Joh. 1, 12; 1 Joh. 3, 1.

11. Der Glaub gebiert die
rechte Lieb und Hoffnung aus
des Geistes Trieb; der Glaub
wirkt Freudigkeit zu Gott, bekennt und ruft ihn an in Noth.

Gal. 5, 6. Luc. 7, 47—50. Röm.
4, 18. 5, 1—5; 10, 8—14. Heb.
4, 14—16.

12. Der Glaub wirkt Tugend-
kraft und Stärk, Gehorsam,
Furcht und gute Werk, der Glaub
trägt Früchte süß und zart, gleich
einem Baume guter Art.

2 Pet. 1, 5. Röm. 1, 5. Phil. 1, 11.

13. Der Glaub allein Gott
wohlgefällt und führt den Sieg
in aller Welt; der Glaub er-

stattet alle Fehl und machet
selig Leib und Seel.

Joh. 3, 36; 5, 4. Eph. 2, 8;
6, 16. 1 Petr. 1, 5. 9. Phil. 3, 21.

14. Sei Lob und Dank dem
treuen Gott, der uns den Glauben geben hat an Jesum Christum seinen Sohn, der unser
Trost und Lebensbronn.

15. Stärk uns den Glauben,
Herre Gott, daß er in uns
wachs bis zum Tod; erfüll sein
Werk auch in der Kraft*, daß
er üb gute Ritterschaft.

* 2 Thess. 1, 11.

16. Verleih uns auch aus Christi
Füll des rechten Glaubens End
und Ziel, das ist der Seelen
Seligkeit, die ewge Freud und
Herrlichkeit!   1 Petr. 1, 9.

Böhmische Brüder, 1566.
(Peter Herbert, † 1577.)

Wir werden gerecht aus seiner Gnade
Durch die Erlösung, so durch Christum Jesum geschehen ist.
(Röm. 3, 23—31.)

290.   Eigne Weise.   (1523.) 1524.

Es ist das Heil uns kom=men her von
die Wer=ke hel=fen nim=mermehr, sie

Gnad und lau=ter Gü=te;
mö=gen nicht be=hü=ten.

Der Glaub sieht Je=sum
Christum an; der hat ge=nug für uns ge=than, er

ist der Mittler wor=den.

2. Was Gott uns im Gesetz
gebot, das konnte Niemand hal=
ten. Darob erhob sich große
Noth vor Gott so mannigfal=
ten*; vom Fleisch wollt nicht
heraus der Geist, drauf das
Gesetz bringt allermeist; es war
mit uns verloren. *Mannigfaltig.

3. Es war der falsche Wahn
dabei, Gott hab sein Gsetz ge=
geben, als ob wir könnten sel=
ber frei nach seinem Willen
leben; ist es doch nur ein Spie=
gel zart, der uns zeigt an die
sündge Art, in unserm Fleisch
verborgen!

4. Nicht möglich war es, diese
Art aus eigner Kraft zu lassen;
wiewohl es oft versuchet ward,
doch mehrt sich Sünd ohn Maßen;
denn sie nahm Ursach am Ge=
bot, das dräute mir den ewgen
Tod, weil ich den Sünden diente.

5. Doch mußt's Gesetz erfüllet
sein, sonst waren wir verloren;
drum schickt Gott seinen Sohn
herein, der ward als Mensch
geboren. Das ganz Gesetz hat
er erfüllt, dadurch des Vaters
Zorn gestillt, der über uns gieng
Alle.

6. Und weil es nun erfüllet
ist durch den, ders konnte hal=
ten, so lerne jetzt ein frommer
Christ des Glaubens Art und
Walten. Sprich nichts, als:
„Lieber Herre mein, dein Tod
wird mir das Leben sein; du
hast für mich bezahlet!"

7. „Daran ich keinen Zweifel
trag; dein Wort kann nimmer
lügen. Du sprichst ja, daß
kein Mensch verzag (und wirst

fürwahr nicht trügen): „Wer
glaubt an mich und wird ge=
tauft, dem ist der Himmel schon
erkauft, daß er nicht wird ver=
loren."

8. Gerecht vor Gott sind die
allein, die dieses Glaubens leben;
doch wird des Glaubens heller
Schein* durch Werke kund sich
geben; der Glaub ist wohl mit
Gott daran, und aus der Nächs=
tenlieb sieht man, daß du aus
Gott geboren.   * Glanz.

9. Die Sünde, durchs Gesetz
erkannt, schlägt das Gewissen
nieder; das Evangelium kommt
zu Hand und stärkt den Sün=
der wieder; es spricht: Komm
nur zum Kreuz herzn, du fin=
dest doch nicht Rast und Ruh in
des Gesetzes Werken!

10. Die Werke kommen sicher
her aus einem rechten Glauben;
denn das kein rechter Glaube
wär, dem man die Werk wollt
rauben. Doch macht gerecht
der Glaub allein; die Werke sollen
Früchte sein, dran wir den Glau=
ben merken.

11. Die Hoffnung harrt der
rechten Zeit; was Gottes Wort
zusaget, das wird geschehen uns
zur Freud, wenn Gott es auch
vertaget. Er weiß wohl, wanns
am besten ist, und braucht an
uns kein arge List, des sollen
wir ihm trauen.

12. Und schien es auch, als
wollt er nicht, so laß dich das
nicht schrecken; es wacht ob dir
sein Angesicht, kannst dus auch
nicht entdecken. Sein Wort laß
dir gewisser sein, und spräch dein

Fleisch gleich lauter „Nein", so laß dir doch nicht grauen.

13. Sei Lob und Ehr mit hohem Preis um dieser Güte willen Gott Vater, Sohn und heilgem Geist; der woll mit Gnad erfüllen, was er in uns begonnen hat zu Ehren seiner Macht und Gnad, geheiligt werd sein Name!

14. Sein Reich zukomm, sein Will auf Erd gscheh wie im Himmelsthrone, das täglich Brot uns heute werd; Gott, unsrer Schuld verschone, wie wir auch unsern Schuldgern thun; laß uns nicht in Versuchung stehn, lös uns vom Uebel! Amen.

Paul Speratus, 1484—1554.

**Schaffe uns Beistand in der Noth,
Denn Menschenhilfe ist kein nütze.**
(Pf. 60, 13. 14. Pf. 70.)

291.

Eigne Weise.

1535.

Ich ruf zu dir, Herr Jesu Christ, ich bitt: Er=hör mein
ver=leih mir Gnad zu die=ser Frist, laß mich doch nicht ver-

Kla=gen;
za=gen! Den rech=ten Weg, o Herr, ich mein, den

wol=lest du mir ge=ben, dir zu=le=ben, dem

Nächsten nütz zu sein, nach deinem Reich zu stre=ben.

2. Ich bitt noch mehr, o Herre Gott, du kannst es mir wohl geben: daß ich nicht wieder werd zu Spott, die Hoffnung gib daneben; voraus, wenn ich muß hie davon: daß ich dir mög vertrauen, und nicht bauen auf all mein eigen Thun, sonst wirds mich ewig reuen.

3. Verleih, daß ich aus Herzensgrund den Feinden mög ver-

geben; verzeih mir auch zu dieser Stund, schaff mir ein neues Leben; dein Wort laß meine Speise sein, damit die Seel zu nähren, mich zu wehren, wenn Unglück geht daher, das mich möcht von dir kehren.

4. Laß mich nicht Lust noch Furcht von dir in dieser Welt abwenden; getreu sein bis ans End gib mir, du hasts allein

in Händen; und wem dus gibst, der hats umsonst; es kann Niemand ererben, noch erwerben durch Werke deine Gnad, die uns errett vom Sterben.

5. Ich lieg im Streit und widerstreb; hilf, o Herr Christ, dem Schwachen! Von deiner Gnad allein ich leb; du kannst mich stärker machen. Und kommt Anfechtung und Gefahr, wollst du mich nicht verlassen, fest mich fassen, behüt mich immerdar; ich weiß, du wirsts nicht lassen!

Seit 1533. Verfasser unbekannt.

Christus ist mein Leben,
Sterben ist mein Gewinn.
(1 Petr. 5, 5. Ap. 7, 55.)

Weise 607. Nun laßt uns den Leib begraben.

292. Ich armer Mensch doch gar nichts bin, nur Gottes Sohn ist mein Gewinn; daß er Mensch worden, ist mein Trost; er hat mich durch sein Blut erlöst.

2. O Gott Vater, regier du mich mit deinem Geist beständiglich; laß deinen Sohn, mein Trost und Leb'n, allzeit in meinem Herzen schwebn.

3. Wenn mein Stündlein vorhanden ist, nimm mich zu dir, Herr Jesu Christ; denn ich bin dein und du bist mein; wie gern wollt ich bald bei dir sein!

4. Herr Jesu Christe, hilf du mir, daß ich ein Zweiglein bleib an dir und nachmals mit dir aufersteh, zu deiner Herrlichkeit eingeh!

Aus dem Lateinischen des **M.** Philipp Melanchthon, 1497—1560, übersetzt von Johann Leon, um 1607.

Ich habe Lust abzuscheiden
Und bei Christo zu sein.
(1 Joh. 1, 7. Jes. 61, 10.)

Weise 375. Vater unser im Himmelreich.

293. In Christi Wunden schlaf ich ein, die machen mich von Sünden rein; Christi Blut und Gerechtigkeit das ist mein Schmuck und Ehrenkleid, damit will ich vor Gott bestehn, wenn ich zum Himmel werd eingehn.

2. Mit Fried und Freud fahr ich dahin, ein Gotteskind ich allzeit bin. Hab Dank, mein Tod, du führest mich, ins ewge Leben wandre ich mit Christi Blut gereinigt sein. Herr Jesu, stärk den Glauben mein!

Dr. Paul Eber, 1511—1569.

Das Blut Christi, des Sohnes Gottes,
Macht uns rein von aller Sünde.
(Röm. 5, 9. 1 Joh. 1, 7. Röm. 13, 14.)

Weise 224. Des heilgen Geistes reiche Gnad.

294. Christi Blut und Gerechtigkeit ist meines Glaubens Sicherheit. Wenn das Gesetz die Sünde sucht,

und mich verdammet und ver=
flucht, so spricht mich da mein
Heiland frei, daß nichts Ver=
dammlichs an mir sei.

2. **Das ist mein Schmuck
und Ehrenkleid** zu meiner
größten Herrlichkeit: ich ziehe
Jesum Christum an, wie er
für mich genug gethan; so ist
zu seiner Gnade Ruhm sein
ganz Verdienst mein Eigentum.

3. **Damit will ich vor
Gott bestehn** als auserwählt,

gerecht und schön. So väter=
lich ist Gott gesinnt: er küßt
mich als sein trautes Kind und
hat mir alle Seligkeit zum Erb=
theil ewiglich bereit.

4. **Wenn ich zum Him=
mel werd eingehn** und er
mich da wird recht erhöhn, so
will ich mit der Engelschar ihn
fröhlich loben immerdar. Indes
sei hier auch lebenslang ihm
Dank, Ehr, Preis und Lob=
gesang!

Glosse über 4 Verszeilen des vorigen Lieds von **M.** Erdmann Neu=
meister, 1671—1756.

Es ist in keinem Andern Heil
Und ist uns kein anderer Name gegeben, darin wir selig werden.
(1 Joh. 5, 9—13. Apstgsch. 4, 12.)

Weise 290. Es ist das Heil uns kommen her.

295. Such, wer da will, ein
ander Ziel, die Seligkeit zu
finden; mein Herz allein bedacht
soll sein, auf Christum sich zu
gründen. Sein Wort ist wahr,
sein Werk ist klar; sein heilger
Mund hat Kraft und Grund,
all Feind zu überwinden.

2. Such, wer da will, Noth=
helfer viel, die uns doch nichts
erworben; hier ist der Mann,
der helfen kann, bei dem nie
was verdorben. Uns wird das
Heil durch ihn zu Theil, uns
macht gerecht der treue Knecht,
der für uns ist gestorben.*

* Jes. 52, 13; Cap. 53.

3. Ach sucht doch den, laßt Alles
stehn, die ihr das Heil be=
gehret; er ist der Herr und
Keiner mehr, der euch das Heil

bewähret. Sucht ihn all Stund
von Herzensgrund, sucht ihn
allein; denn wohl wird sein dem,
der ihn herzlich ehret.

4. Meins Herzens Krön, mein
Freudensonn sollst du, Herr Jesu,
bleiben; laß mich doch nicht von
deinem Licht durch Eitelkeit ver=
treiben; bleib du mein Preis,
dein Wort mich speis; bleib du
mein Ehr, dein Wort mich lehr,
an dich stets fest zu glauben.

5. Wend von mir nicht dein
Angesicht, laß mich im Kreuz
nicht zagen; weich nicht von
mir, mein höchste Zier, hilf
mir mein Leiden tragen; hilf
mir zur Freud nach diesem Leid,
hilf, daß ich mag nach aller
Klag dort ewig Lob dir sagen.

Georg Weißel, 1590—1635.

Wo soll ich hingehen vor deinem Geiste,
Wo soll ich hinfliehen vor deinem Angesicht?
(Pf. 139, 7—12. Röm. 8, 1—11.)
Weise 337. Auf meinen lieben Gott.

296. Wo soll ich fliehen hin, weil ich beschweret bin mit viel und großen Sünden? Wo kann ich Rettung finden? Wenn alle Welt auch käme, mein Angst sie nicht wegnähme.

2. O Jesu voller Gnad, auf dein Gebot und Rath kömmt mein betrübt Gemüte zu deiner großen Güte; laß du auf mein Gewissen ein Tröpflein Gnade fließen.

3. Ich, dein betrübtes Kind, werf alle meine Sünd, so viel auch in mir stecket und mich so heftig schrecket, in deine tiefen Wunden, wo ich stets Heil gefunden.

4. Durch dein unschuldig Blut, die theure Gnadenflut, wasch ab all meine Sünde; mit Trost mein Herz verbinde und ihr nicht mehr gedenke, ins tiefe Meer sie senke.

5. Du bist es, der mich tröst, weil du mich hast erlöst; was ich gesündigt habe, das liegt in deinem Grabe, da hast du es verschlossen, da wirds auch bleiben müssen.

6. Mir mangelt zwar sehr viel; doch was ich haben will, ist alles mir zu gute erlangt mit deinem Blute, womit ich überwinde Tod, Hölle, Welt und Sünde.

7. Darum allein auf dich, Herr Christ, verlaß ich mich. Jetzt kann ich nicht verderben, dein Reich muß ich ererben; denn du hast mirs erworben, da du für mich gestorben.

8. Ach führ mein Herz und Sinn durch deinen Geist dahin, daß ich mög Alles meiden, was mich und dich kann scheiden; daß ich an deinem Leibe ein Glied=maß ewig bleibe!
Johann Heermann, 1585—1647.

Also hat Gott die Welt geliebt,
Daß er seinen eingebornen Sohn gab.
(Joh. 3, 16—18. Röm. 8, 31. 32.)
Weise 105. Ermuntre dich, mein schwacher Geist.

297. Also hat Gott die Welt geliebt (das merke, wer es höret!) die Welt, die ihn so hoch betrübt, hat er so hoch geehret, daß er den eingebornen Sohn, den eignen Schatz, die einge Kron, das einge Herz und Leben mit Willen hingegeben.

2. Gott hat uns seinen Sohn verehrt, daß aller Menschen Wesen, so mit dem ewgen Fluch beschwert, durch diesen soll genesen. Wen die Verdammnis hat umschränkt, der soll durch den, den Gott geschenkt, Erlösung, Trost und Gaben des ewgen Lebens haben.

3. Du, frommer Vater, meinst

es gut mit allen Menschenkin=
dern, du ordnest deines Sohnes
Blut und reichst es allen Sün=
dern, willst, daß sie mit der
Glaubenshand das, was du ihnen
zugewandt, sich völlig zu er=
quicken, fest in ihr Herze drücken.

4. Drum freu ich mich, so oft
und viel ich dieses Sohns ge=
denke; dies ist mein Lied und
Saitenspiel, wenn ich mich heim=
lich kränke, wenn meine Sünd
und Missethat will größer sein
als Gottes Gnad, und wenn mir
meinen Glauben mein eigen
Herz will rauben.

5. Ei, sprech ich, war mir
Gott geneigt, da wir noch Feinde*
waren, so wird er, der kein
Recht nicht beugt, nicht feindlich
mit mir fahren jetzt, wo ich bin
mit ihm versühnt, da, was ich

Böses je verdient, sein Sohn,
der nichts verschuldet, so wohl
für mich erduldet. *Röm. 5, 10.

6. Fehlts hie und da? Nur
unverzagt! Laß Sorg und Kum=
mer schwinden! Der mir das
Größte nicht versagt, wird Rath
zum Kleinen finden. Hat Gott
mir seinen Sohn geschenkt und
in den Tod für mich gesenkt,
wie sollt er (laßt uns denken!)
mit ihm nicht Alles schenken?

7. Ich bins gewis und sterbe
drauf nach meines Gottes Wil=
len: mein Kreuz und ganzer
Lebenslauf wird sich noch fröh=
lich stillen. Hier hab ich Gott
und Gottes Sohn, und dort, bei
Gottes Stuhl und Thron, da
wird fürwahr mein Leben in
ewgen Freuden schweben.

Paul Gerhardt, 1606—1676.

Das Blut Jesu Christi, des Sohnes Gottes,
Machet uns rein von aller Sünde.
(1 Joh. 1, 6—10.)

Weise 589. Herr Jesu Christ, meins Lebens Licht.

298. Herr Jesu Christ, dein
theures Blut ist meiner Seele
höchstes Gut; das stärkt, das
labt, das macht allein mein Herz
von allen Sünden rein.

2. Dein Blut, mein Schmuck,
mein Ehrenkleid, dein Unschuld
und Gerechtigkeit macht, daß ich
kann vor Gott bestehn und zu
der Himmelsfreud eingehn.

3. O Jesu Christe, Gottes
Sohn, mein Trost, mein Heil,
mein Gnadenthron, dein theures
Blut, das Leben schafft, gibt
mir stets neue Lebenskraft.

4. Herr Jesu, in der letzten
Noth, wenn mich schreckt Sünde,
Höll und Tod, so laß ja dies
mein Labsal sein: dein Blut
macht mich von Sünden rein.

Dr. Joh. Olearius, 1611—1684.

Wer das Wasser trinken wird, das ich ihm gebe,
Den wird ewiglich nicht dürsten, spricht der Herr.
(Offenb. 21, 6—7.)

Weise 380. O Gott, du frommer Gott.

299. Der Gnadenbrunn fließt
noch, den Jedermann kann trin=

ken; mein Geist, laß deinen
Gott dir doch umsonst nicht

winken! Es lehrt dich ja das Wort, das Licht für deinen Fuß, daß Christus dir allein von Sünden helfen muß.

2. Dein Thun ist nicht geschickt zu einem bessern Leben; auf Christum richte dich, der kann dir solches geben, der hat den Zorn versöhnt mit seinem theuern Blut und uns den Weg gebahnt zu Gott, dem höchsten Gut.

3. Die Sünden abzuthun kannst du dir doch nicht trauen, dein Glaube muß allein auf Gottes Hilfe bauen; Vernunft geht, wie sie will, der Böse kann sie drehn; hilft Gottes Geist dir nicht, so ists um dich geschehn.

4. Nun, Herr, ich fühle Durst nach deiner Gnadenquelle, wie ein gejagter Hirsch, auf so viel Sündenfälle; wer stillt den Durst, wenn nicht dein Gnadenbrunn mir fleußt? — In mir ist keine Kraft, hilf mir durch deinen Geist!

5. Du hast ja zugesagt, du wollst, die Durst empfinden nach der Gerechtigkeit, befrein von ihren Sünden; nun weiset uns den Weg dein Sohn, der wahre Christ; nur mußt du Helfer sein, weil du voll Hilfe bist.

6. O selig! willst du mir von diesem Wasser geben, das tränket meinen Geist zu der Gerechten Leben. Gib diesen Trank mir stets, du Brunn der Gütigkeit, so ist mir immer wohl in der Gelassenheit.

Christian Knorr von Rosenroth, 1636—1689.

Das ist gewislich wahr und ein theuer werthes Wort,
Daß Jesus Christus gekommen ist, die Sünder selig zu machen.
(1 Tim. 1, 15. Luc. 15, 1—6.)

Weise 591. Machs mit mir, Gott, nach deiner Güt.

300. Das ist ein theuer werthes Wort, ein Wort, sehr lieb zu hören: daß Jesus ist der Sünder Hort und will die Armen lehren. Das ist ein theuer werthes Wort, daß Jesus ist der Sünder Hort.

2. Er, Jesus, nimmt die Kranken an, er heilet allen Schaden, er ist ein Gast bei Jedermann, von dem er wird geladen; das ist ein theuer werthes Wort, daß Jesus ist der Sünder Hort.

3. Er, Jesus, ist ein treuer Hirt, er suchet, was verloren, er holt zurück, was sich verirrt, er ist zum Heil erkoren. Das ist ein theuer werthes Wort, daß Jesus ist der Sünder Hort.

4. Lob sei dir, Jesu, Gottes Sohn, du unsrer Schuld Verbürger, du Osterlamm, du Gnadenthron, du Freistatt vor dem Würger! Das ist ein theuer werthes Wort, daß Jesus ist der Sünder Hort.

5. Ach, gib mir, daß ich diese Gnad und meine Sünd erkenne, daß ich, mein Hirte, früh und spat nach dir vor Liebe brenne und denk an dieses werthe Wort, daß Jesus ist der Sünder Hort!

Dr. Heinr. Georg Neuß, 1654—1716.

Die Pharisäer und Schriftgelehrten murreten und sprachen:
Dieser nimmt die Sünder an und ißt mit ihnen.
(Luc. 15, 1—10.)

301. Weise: Beschränkt, ihr Weisen dieser Welt. 1731.

Mein Heiland nimmt die Sün-der an; selbst dem, den
kein Mensch, kein En = gel trö=sten kann, und wel=cher

ob der Last der Sün=den Sün=ben
nirgends Ruh kann fin = den und dem die wei = te

Welt zu klein, der sich und Gott ein Greul muß sein,

dem das Ge = setz den Stab ge = bro = chen

und dem Ver = der = ben zu = ge = spro=chen, — ihm

wird die Freistatt auf = ge=than: mein Hei=land nimmt die

Sünder an.

2. Sein mehr als mütterliches Herz trieb ihn von seinem Thron auf Erden; ihn drang der Sünder Weh und Schmerz, an ihrer Statt ein Fluch zu werden; er senkte sich in ihre Noth und litt für sie den bittern Tod; nun, da er denn sein eigen Leben zur theuren Zahlung hingegeben und seinem Vater gung gethan, so heißts: „er nimmt die Sünder an!"

3. Nun ist sein aufgethaner Schoß ein sicheres Schloß gescheuchter Seelen; er spricht sie von dem Urtheil los und endet bald ihr ängstlich Quälen; es wird ihr ganzes Sündenheer ins unergründlich tiefe Meer der ewgen Gnade eingesenket; der Geist, der ihnen wird geschenket, schwingt über sie die Gnadenfahn: „mein Heiland nimmt die Sünder an."

4. So bringt er sie dem Vater hin, trägt sie in seinen treuen Armen, das neiget dann den Vatersinn zu ewig währendem Erbarmen. Er nimmt sie an an Kindesstatt, und Alles, was er ist und hat, wird ihnen eigen übergeben. Die Pforte zu dem ewgen Leben wird ihnen fröhlich aufgethan; mein Heiland nimmt die Sünder an.

5. O solltest du sein Herze sehn, wie sichs nach armen Sündern sehnet, seis nun, daß sie noch irre gehn, seis, daß ihr Aug schon reuvoll thränet. Er streckt die Hand nach Zöllnern aus und eilt in des Zachäus Haus; wie stillt er sanft dort Magdalenen den Strom der bittern Reuethränen und denkt nicht, was sie sonst gethan! Mein Heiland nimmt die Sünder an.

6. Wie freundlich blickt er Petrus an, so tief der Jünger auch gefallen. Und dies hat er nicht bloß gethan, als er auf Erden mußte wallen, nein, er ist immerdar sich gleich, an Liebe, Treu und Gnade reich; und wie er unter Schmach und Leiden, so ist er auf dem Thron der Freuden den Sündern liebreich zugethan. Mein Heiland nimmt die Sünder an.

7. So komme denn, wer Sünder heißt, wen seine Sündenschuld betrübet, zu ihm, der Keinen von sich weist und der zerschlagne Herzen liebet. Wie? willst du dir im Lichte stehn und ohne Noth verloren gehn? Willst du der Sünde länger

dienen, da dich zu retten er erschienen? O nein, verlaß die Sündenbahn! Mein Heiland nimmt die Sünder an.

8. Komm nur mühselig und gebückt, komm nur, so gut du weißt zu kommen; wenngleich die Last dich niederdrückt, auch so wirst du noch angenommen. Sieh, wie sein Herz dir offen steht und wie er dir entgegen geht! wie hat er dich gelockt mit Flehen, wie lang nach dir sich umgesehen! So komm denn, armer Mensch, heran; mein Heiland nimmt die Sünder an.

9. Sprich nicht: „Ich sündigte zu schwer, ich ward zu oft umsonst geladen, für mich ist keine Rettung mehr, mich nimmt der Herr nicht an in Gnaden." Wenn du es jetzt nur redlich meinst und deinen Fall mit Ernst beweinst, so soll ihm nichts die Hände binden und du sollst seine Gnade finden. Er hilft, wenn sonst nichts helfen kann. Mein Heiland nimmt die Sünder an.

10. Doch sprich auch nicht: „Es ist noch Zeit, ich muß die Weltlust erst genießen; Gott wird ja nicht gerade heut die offne Gnadenpforte schließen." Nein, weil er ruft, so höre du und tritt zum Gnadenstuhl herzu; wer seiner Seele Heil verträumet, hat oft die Gnadenzeit versäumet; ihm wird hernach nicht aufgethan; heut komm, heut nimmt dich Jesus an!

11. O zeuch uns Alle hin zu dir, holdsel'ger treuer Freund der Sünder, erfüll mit sehnender

Begier auch uns und alle Adams=
kinder. Zeig uns bei unserm
Seelenschmerz dein aufgeschloß=
nes Liebesherz; und wenn wir

unser Elend sehen, so laß uns
ja nicht stille stehen, bis daß
ein Jedes sagen kann: „Gott Lob,
auch mich nimmt Jesus an!"

Leopold Franz Friedrich Lehr, 1709—1744.

Des Menschen Sohn ist gekommen,
Zu suchen und selig zu machen, was verloren ist.
(Luc. 15, 1—10.)

Weise 421. Meinen Jesum laß ich nicht.

302. Jesus nimmt die Sün=
der an! Saget doch dies Trost=
wort Allen, welche von der rech=
ten Bahn auf verkehrten Weg
verfallen. Hier ist, was sie
retten kann: Jesus nimmt die
Sünder an.

2. Keiner Gnade sind wir
werth; doch hat er in seinem
Worte eidlich sich dazu erklärt;
sehet nur, die Gnadenpforte ist
hier völlig aufgethan: Jesus
nimmt die Sünder an.

3. Wenn ein Schaf verloren
ist, suchet es ein treuer Hirte.
Jesus, der uns nie vergißt,
suchet treulich das verirrte, daß
es nicht verderben kann; Jesus
nimmt die Sünder an.

4. Kommet Alle, kommet her,
kommet, ihr betrübten Sün=
der! Jesus rufet euch, und er
macht aus Sündern Gottes=

kinder. Glaubt es doch und
denkt daran: Jesus nimmt die
Sünder an.

5. Ich Betrübter komme hier
und bekenne meine Sünden.
Laß, mein Heiland, mich bei dir
Gnade und Vergebung finden,
daß dies Wort mich trösten kann:
Jesus nimmt die Sünder an.

6. Ich bin ganz getrostes
Muts; ob die Sünden blutroth
wären, müssen sie, kraft deines
Bluts, dennoch sich in Schnee=
weiß* kehren, da ich gläubig
sprechen kann: Jesus nimmt
die Sünder an.　　* Jes. 1, 18.

7. Jesus nimmt die Sünder
an, mich auch hat er angenom=
men und den Himmel aufge=
than, daß ich selig zu ihm kom=
men und auf den Trost sterben
kann: Jesus nimmt die Sün=
der an.

M. Erdmann Neumeister, 1671—1756.

Aus Gnaden seid ihr selig worden durch den Glauben,
Und dasselbige ist nicht aus euch, Gottes Gabe ist es.
(Eph. 2, 4—10.)

Weise 411. O daß ich tausend Zungen hätte.

303. Aus Gnaden soll ich
selig werden! Herz, glaubst dus
oder glaubst dus nicht? Was

willst du dich so blöd geberden?
Ists Wahrheit, was die Schrift
verspricht, so muß auch dieses

Wahrheit sein: aus Gnaden ist der Himmel dein.

2. Aus Gnaden! Hier gilt kein Verdienen; die eignen Werke fallen hin. Der Mittler, der im Fleisch erschienen, hat diese Ehre zum Gewinn: daß uns sein Tod das Heil gebracht und uns aus Gnaden selig macht.

3. Aus Gnaden! Merk dies Wort „aus Gnaden"! So hart dich deine Sünde plagt, so schwer du immer bist beladen, so schwer dein Herze dich verklagt: — was die Vernunft nicht fassen kann, das beut dir Gott aus Gnaden an.

4. Aus Gnaden kam sein Sohn auf Erden und übernahm die Sündenlast. Was zwang ihn doch, dein Freund zu werden? Sprich, wes du dich zu rühmen hast? Gab er sich nicht zum Opfer dar und nahm dein Heil in Gnaden wahr?

5. Aus Gnaden! Dieser Grund wird bleiben, so lange Gott wahrhaftig heißt. Was alle Knechte Jesu schreiben, was Gott in seinem Worte preist, worauf all unser Glaube ruht, ist: Gnade durch des Sohnes Blut.

6. Aus Gnaden! Doch du, sichrer Sünder, denk nicht: „Wohlan, ich greise zu!" Wahr

ists, Gott rufet Adams Kinder aus Gnaden zur verheißnen Ruh; doch, wer auf Gnade sündgen kann, den nimmt er nicht zu Gnaden an.

7. Aus Gnaden! Wer dies Wort gehöret, tret ab von aller Heuchelei. Dann, wenn der Sünder sich bekehret, dann lernt er erst, was Gnade sei; beim Sündethun scheint sie gering, dem Glauben ists ein Wunderding.

8. Aus Gnaden bleibt dem blöden Herzen das Herz des Vaters aufgethan, wenns unter Angst und heißen Schmerzen nichts sieht und nichts mehr hoffen kann. Wo nähm ich oftmals Stärkung her, wenn Gnade nicht mein Anker wär?

9. Aus Gnaden! Hierauf will ich sterben; ich glaube, darum ist mir wohl. Ich weiß mein sündliches Verderben, doch den auch, der mich heilen soll. Mein Geist ist froh, mein Herze lacht, weil mich die Gnade selig macht.

10. Aus Gnaden! Die wird mich bedecken. Ich schwinge meine Glaubensfahn und geh getrost, trotz allen Schrecken, durchs rothe Meer nach Kanaan. Ich glaub, was Jesu Wort verspricht, denn er, die Wahrheit, trieget nicht.

Dr. Christian Ludwig Scheidt, 1709—1761.

Versuchet euch selbst, ob ihr im Glauben seid; Prüfet euch selbst.
(2 Cor. 13, 4—6.)

Weise 380. O Gott, du frommer Gott.

304. Versuchet euch doch selbst, ob ihr im Glauben stehet, ob | Christus in euch ist, ob ihr ihm auch nachgehet in Demut und

Geduld, in Sanftmut, Freund=
lichkeit, in Lieb dem Nächsten
stets zu dienen seid bereit.

2. Der Glaube ist ein Licht
im Herzen tief verborgen, bricht
als ein Glanz hervor, scheint
wie der helle Morgen, erweiset
seine Kraft, macht Christo gleich
gesinnt, erneuert Herz und Mut,
macht dich zu Gottes Kind.

3. Er schöpft aus Christo Heil,
Gerechtigkeit und Leben, und
wills in Einfalt auch dem Näch=
sten wiedergeben; dieweil er
überreich in Christo worden ist,
preist er die Gnade hoch, be=
kennet Jesum Christ.

4. Er hofft in Zuversicht,
was Gott im Wort zusaget;
drum muß der Zweifel fort, die
Schwermut wird verjaget; sieh,
wie der Glaube bringt die Hoff=
nung an den Tag, hält Sturm
und Wetter aus, besteht in Un=
gemach!

5. Wir waren Gottes Feind,*
er gibt vom Himmelsthrone sein
eingebornes Kind, er liebt uns
in dem Sohne, setzt Liebe gegen
Haß; wer gläubig dies erkennt,
entbrennt in Liebe bald, die allen
Haß verbrennt. *Röm. 5, 10.

6. Wie uns nun Gott gethan,
thun wir dem Nächsten eben;
droht er uns mit dem Tod,
wir zeigen ihm das Leben; flucht
er, so segnen wir; in Schande,
Spott und Hohn ist unser bester
Trost des Himmels Ehrenkron.

7. Setzt Gott uns auf die Prob,
ein schweres Kreuz zu tragen, —
der Glaube bringt Geduld, er=
leichtert alle Plagen; statt Mur=
ren, Ungeduld, wird das Gebet
erweckt, weil aller Angst und
Noth von Gott ein Ziel gesteckt.

8. Man lernet nur dadurch
sein Elend recht verstehen, wie
auch des Höchsten Güt, hält an
mit Bitten, Flehen, verzaget an
sich selbst, erkennt sich als nichts,
sucht bloß in Christo Kraft, der
Quelle alles Lichts,

9. Hält sich an sein Verdienst,
erlanget Geist und Stärke, in
solcher Zuversicht zu üben gute
Werke, steht ab vom Eigensinn,
flieht die Vermessenheit, hält
sich in Gottesfurcht in Glück
und schwerer Zeit.

10. So prüfe dich denn wohl,
ob Christus in dir lebet; denn
Christi Leben ists, wonach der
Glaube strebet; er machet erst
gerecht, dann heilig, wirket Lust
zu allem guten Werk; — sieh,
ob du auch so thust?

11. O Herr, so mehre doch
in mir den wahren Glauben,
so kann mir keine Macht die
guten Werke rauben; wo Licht
ist, geht der Schein freiwillig
davon aus. Du bist mein Gott
und Herr, bewahr mich als
mein Haus! Hebr. 3, 6.

Unbekannter Verfasser.

**Ich glaube, lieber Herr,
Hilf meinem Unglauben.**

(Luc. 17, 5. 6. Marc. 9, 24. 1 Cor. 16, 13.)

Weise 387. Groß ist, o großer Gott.

305. Herr, allerhöchster Gott, von dem wir alle Gaben und was uns nützlich ist, durch Christum sollen haben: — ich Sünder klage dir, daß leider ich nicht kann dich, wie ich gerne wollt, im Glauben beten an.

2. O Herr, ich glaub zwar wohl, doch mit sehr schwachem Glauben, den will mir oft der Feind aus meinem Herzen rauben. In solcher Noth, o Gott, weil ich auf dich allein vertraue, wollest du mein treuer Helfer sein.

3. Ach, strecke doch zu mir, Herr, deine Gnadenhände, hilf meiner Schwachheit auf, von oben Stärkung sende; ist schon, dem Senfkorn gleich, mein Glaube noch sehr klein, so laß ihn doch bei mir in stetem Wachstum sein.

4. O frommer Gott, der du ein Fünklein angezündet des Glaubens, fach es auf, daß, wenn sich Noth einfindet, ich wohl gerüstet sei und gute Ritterschaft ausübe allezeit durch dieses Lichtes Kraft.

5. Herr Jesu, blicke du mich an aus lauter Gnaden, wie dort das arme Weib von Cana, das beladen mit vielem Unglück war; vertritt du mich bei Gott, damit mein schwacher Glaub hier werde nicht zu Spott.

6. Ach, lieber Herr, wie du für Petrus hast gebeten, daß er nicht möchte ab vom wahren Glauben treten, so bitte auch für mich, der du mein Mittler bist, weil es dein Wille ja und mir ersprießlich ist.

7. Erhöre mich, mein Gott; mein Gott, mich doch erhöre! Merk auf mein brünstig Flehn, die Bitte mir gewähre, daß ich des Glaubens Ziel, der Seelen Seligkeit erlange dort einmal bei dir in Ewigkeit.

Unbekannter Verfasser.

**Das Blut Jesu Christi, des Sohnes Gottes,
Machet uns rein von aller Sünde.**

(1 Joh. 1, 6—10.)

(Vergl. die Lieder 293 und 294.)

Weise 589. Herr Jesu Christ, meins Lebens Licht.

305¹|2. Christi Blut und Gerechtigkeit das ist mein Schmuck und Ehrenkleid, damit will ich vor Gott bestehn, wenn ich zum Himmel werd eingehn.

2. Das heilige unschuldge Lamm, das an dem rauhen Kreuzesstamm für meine Seel gestorben ist, erkenn ich für den Herrn und Christ.

3. Ich glaube, daß sein theures Blut genug für alle Sünde thut,

daß es mit Gottes Schätzen füllt*
und ewig in dem Himmel gilt.
  * Matth. 6, 19. 20. Luc. 12, 21.

4. Und würd ich durch des
Herrn Verdienst auch noch so
treu in seinem Dienst und thät
auch alles Böse ab und sün=
digte nicht bis ins Grab, —

5. So will ich, wenn ich vor
ihn komm, nicht denken mehr
an „gut" und „fromm", son=
dern: „Da kommt ein Sünder
her, der gern für's Lösgeld
selig wär."

6. Wird dann die Frag an
mich gebracht: „Was hast du
in der Welt gemacht?" so sprech
ich: „Dank sei meinem Herrn!
konnt ich was Guts thun, that
ich's gern."

7. „Und weil ich wußte, daß
sein Blut die Sünde tilgt mit

seiner Flut und daß man nicht
muß will'gen ein, ließ ich mir's
eine Freude sein."

8. „Kam mir nun eine böse
Lust, so dank ich Gott, daß ich
nicht mußt; ich sprach zur Lust,
zum Stolz und Geiz: Dafür
hieng unser Herr am Kreuz!"

9. So lang ich noch hienie=
den bin, so ist und bleibet das
mein Sinn: ich will die Gnad
in Jesu Blut bezeugen mit ge=
trostem Mut.

10. Gelobet seist du, Jesu
Christ, daß du ein Mensch ge=
boren bist und hast für mich
und alle Welt bezahlt ein ewig
Lösegeld.

11. O Ehrenkönig, Jesu Christ,
des Vaters einger Sohn du bist;
erbarme dich der ganzen Welt
und segne, was sich zu dir hält!

Nicol. Ludwig, Graf von Zinzendorf, 1700—1760.

Wer an den Sohn Gottes glaubet,
Der hat das ewige Leben.
(2 Tim. 1, 12—14. Hiob 19, 25.)
Weise 588. Herzlich thut mich verlangen.

306. Ich weiß, woran ich
glaube, ich weiß, was fest be=
steht, wenn Alles hier im Staube
wie Staub und Rauch verweht;
ich weiß, was ewig bleibet, wo
Alles wankt und fällt, wo Wahn
die Weisen treibet und Trug
die Klugen hält.

2. Ich weiß, was ewig dauert,
ich weiß, was nie verläßt; auf
ewgen Grund gemauert steht
es im Herzen fest; recht fest
mit Edelsteinen von allerbester
Art hat Gott der Herr den

Seinen des Herzens Burg ver=
wahrt.

3. Ich kenne wohl die Steine,
die stolze Herzenswehr, sie fun=
keln ja mit Scheine wie Sterne
schön und hehr; sie sind des
Heilands Worte, die Worte hell
und rein, wodurch die schwäch=
sten Orte gar feste können sein.

4. Auch kenn ich wohl den
Meister, der mir die Feste baut,
es ist der Herr der Geister,
auf den der Himmel schaut,
vor dem die Seraphinen anbe=

tend niederknien, um den die Heilgen dienen; ich weiß und kenne ihn.

5. Der Fels, auf dem ich stehe, der diamanten ist, das ist das Licht der Höhe, das ist mein Jesus Christ, der Fels, der nie kann wanken, mein Heiland und mein Hort, die Leuchte der Gedanken, die leuchtet hier und dort;

6. Er, der vom Himmel nieder zu unsern Erdenau'n gestiegen, daß wir wieder nach oben lernten schaun, daß wir durch seine Wahrheit — zuvor von Trug umstrickt — auf=

schauten zu der Klarheit, woraus die Gottheit blickt;

7. Er, den man blutbedeckt am Abend einst begrub, er, der von Gott erwecket sich aus dem Grab erhub, der meine Schuld versöhnet, der seinen Geist mir schenkt, der mich mit Gnade krönet und ewig mein gedenkt.

8. Drum weiß ich, was ich glaube, ich weiß, was fest besteht und in dem Erdenstaube nicht mit als Staub verweht; es bleibet mir im Grauen des Todes ungeraubt und schmückt auf Himmelsauen mit Kronen einst mein Haupt.

Ernst Moriz Arndt, geb. 1769. (Vers 7 Zusatz des Gesangbuchs von Riga.)

Wenn das Herz traurig ist,
So hilft keine äußerliche Freude.

(Spr. 14, 10. Matth. 18, 3—4. Marc. 10, 14—15. Joh. 8, 12; 12, 46. Eph. 1, 5. Gal. 3, 26. 1 Joh. 3, 1; 4, 7—9. 16. 2 Petr. 1, 19.)

Weise 776. Wach auf, wach auf, du sichre Welt.

307. Wenn meine Seele traurig ist und Lust und Mut in mir verzaget, wenn mich bestricken Wahn und List, mich das Gewissen hart verklaget, mein Schifflein steuerlos muß treiben auf banger Zweifel wildem Meer: — wo scheint der Stern der Rettung her, was läßt mich dennoch oben bleiben?

2. Wenn um mich Alles finster wird, als säß ich in der düstern Hölle, wenns in mir bangt und zagt und irrt, als ob die Sündflut um mich schwölle, wenn ich fast will am Heil verzagen in dieser tiefsten Seelennoth: — wo dämmert dann das Mor=

genroth, der Sonne Zukunft anzusagen?

3. Aus dir, aus dir! Du bist der Stern, du bist der Hoffnung lichte Sonne, der Knechte Knecht, der Herr der Herrn, der Kranken Arzt, der Schwachen Wonne, Versöhner Aller, die verloren, der Armen Schatz, der Blinden Licht, Erlöser von des Zorns Gericht, der ganzen Welt zum Heil geboren!

4. Du bists allein, Herr Jesu Christ, du bist die Hoffnung, du der Glaube, du rettest von des Bösen List und von der eiteln Lust am Staube; du sagst uns: „Bleibet nicht im Dunkeln, mein

Sein ist lauter Lieb und Licht"
und richtest uns das Angesicht
hin, wo die ewgen Sterne funkeln.

5. Du bists allein, du süßer
Hort, du milder Tröster aller
Schmerzen, dein ist die Hoff=
nung, dein das Wort, dein ist

die Kindschaft frommer Herzen;
wir sollen Alle in dem Glau=
ben und in der Einfalt Kinder
sein. Der Kinder soll der
Himmel sein, das Reich
ist derer, die da glauben.

Ernst Moriz Arndt, geb. 1769.

**Ich bin der Weg, die Wahrheit und das Leben,
Niemand kommt zum Vater, denn durch mich.**
(Joh. 14, 1—6.)

Weise 534. Valet will ich dir geben.

308. Aus irdischem Getüm=
mel, wo Glück und Lust ver=
geht, wer ist mein Weg zum
Himmel, wohin die Hoffnung
steht? Wer spornet unser Stre=
ben, wenn es das Ziel vergißt?
Wer führt durch Tod zum Leben?
Der Weg heißt Jesus Christ.

2. Wenn Irrtum uns befan=
gen, kein Stral die Nacht durch=
bricht, wie können wir gelangen
zum wahren Lebenslicht? Ge=

trost! es strömt die Klarheit
von Gottes ewgem Thron; denn
Christus ist die Wahrheit, der
eingeborne Sohn.

3. Wer schenkt in Noth und
Leiden, wenn bang das Herz
verzagt, die Hoffnung ewger
Freuden, daß einst der Morgen
tagt? Wer stillt der Seele
Beben? Wer gibt im Tode Ruh?
Heil! Christus ist das Leben,
führt uns dem Vater zu.

Christoph Karl Julius Asschenfeld, 1792—1856.

c. Die Gewisheit des Heils.

**Es sollen wohl Berge weichen und Hügel hinfallen,
Aber meine Gnade soll nicht von dir weichen, spricht der Herr.**
(Jes. 54, 10.)

Weise 808. Gott des Himmels und der Erden.

309. Weicht, ihr Berge, fallt,
ihr Hügel, brecht, ihr Felsen,
stürzet ein! Gottes Gnade hat
das Sigel, sie will unverändert
sein. Laßt den Weltkreis unter=
gehn, Gottes Gnade muß bestehn.

2. Gott hat Gnade mir ver=
sprochen, seinen Bund gemacht
mit mir; dieser Bund wird nie
gebrochen, Gottes Treue bürgt

dafür; er, die Wahrheit, trieget
nicht; es geschieht, was er ver=
spricht.

3. Seine Gnade soll nicht wei=
chen, wenn gleich Alles bricht
und fällt, soll und muß ihr
Ziel erreichen, das sie ewig sich
gestellt. Ist die Welt voll Heu=
chelei: Gott ist fromm und gut
und treu.

4. Will die Welt den Frieden brechen, hat sie Krieg und Streit im Sinn: — Gott hält immer sein Versprechen; so fällt jeder Zweifel hin, als wär er nicht immerdar, was er ist und was er war.

5. Läßt sein Antlitz sich verstellen, — ist sein Herz doch treu gesinnt und bezeugt in allen Fällen, daß ich sein geliebtes Kind, dem er beide Hände reicht, wenn auch Grund und Boden weicht!

6. Er will Frieden mit mir halten, wenn sich auch die Welt empört; ihre Liebe mag erkalten,

ich bin seinem Herzen werth, und wenn Höll und Abgrund brüllt, bleibt er doch mir Sonn und Schild.

7. Er, der Herr, ist mein Erbarmer, wie er sich ja selber nennt. Welch ein Trost! Nun werd ich Armer nimmermehr von ihm getrennt; sein Erbarmen läßt nicht zu, daß er mir was Leides thu.

8. Nun so soll mein ganz Vertrauen ankerfest auf ihm beruhn, Felsen will ich auf ihn bauen; was er sagt, das wird er thun. Erd und Himmel mag vergehn, doch sein Bund bleibt ewig stehn.

Benj. Schmolck, 1672—1737.

Der Herr ist mein Hirt; Mir wird nichts mangeln.
(Pf. 23.)

Weise 762. Wachet auf, ruft uns die Stimme.

310. Jesu Christ, mein Licht und Leben! Leib, Seel und Geist sei dir ergeben, denn du bringst Heil und Leben mir; mir, dem Sünder und Verlornen, in dir zum Leben Auserkornen, eröffnest du die Himmelsthür, du, der als guter Hirt auf grüner Au mich wird treu stets weiden; Jesu, mein Licht, verlaß mich nicht, bis ich dich schau von Angesicht!

2. Du führst mich zur frischen Quelle, die rein und klar ist, süß und helle und die mein mattes Herz erquickt; du führst mich auf rechter Straßen, mein Hirt, ich kann dich nimmer lassen, bis ich werd ganz dahin gerückt, wo ewge Sicherheit, wo Ruhe, Fried

und Freud grünt und blühet; Jesu, mein Licht, verlaß mich nicht, bis ich dich schau von Angesicht!

3. Wall ich auch auf finstern Wegen, fehlt mir das Licht auf meinen Stegen, so zag und fürcht ich mich doch nicht; denn mein Stern bleibt mir zur Seiten, mich armes, schwaches Kind zu leiten, mein Aug ist stets auf ihn gericht; sein Stecken und sein Stab tröst mich bis in das Grab, Hallelujah! Jesu, mein Licht, verlaß mich nicht, bis ich dich schau von Angesicht!

4. Hab den Helden ich zum Freunde, so fürcht ich nicht die Macht der Feinde, sie können mir nicht Schaden thun; er gibt

Himmelsbrot zur Speise, das
stärkt mich auf der Himmels=
reise; er läßt in seinem Schoß
mich ruhn, wenn ich werd müd
und matt auf meinem Pilger=
pfad. Hallelujah! Jesu, mein
Licht, verlaß mich nicht, bis ich
dich schau von Angesicht!

5. Du stärkst mich in allen
Leiden und salbst mein Haupt
mit Oel der Freuden, du gibst
mir Kraft zum Kampf und Streit,
schenkst mir voll ein Gnad und
Leben, du bist mein Weinstock,
ich dein Reben, in dir ist Saft
zur Fruchtbarkeit. Licht, Wonn

und Himmelsfreud, Huld und
Barmherzigkeit wird mir folgen;
Jesu, mein Licht, verlaß mich
nicht, bis ich dich schau von
Angesicht!

6. Ich werd ewiglich verbleiben
bei Jesu, nichts kann mich ver=
treiben aus meines Hirten Arm
und Schoß; laß, o Herz, dein
Lied erschallen: „Mein Los ist
lieblich mir gefallen, denn Je=
sus selber ist mein Los. Ich
bleib in seiner Huld, er tilget
meine Schuld. Hosianna! Jesus,
mein Licht, verläßt mich nicht,
bis ich ihn schau von Angesicht.“

Unbekannter Verfasser.

**Ihr seid erbauet auf den Grund der Apostel und Propheten,
Da Jesus Christus der Eckstein ist.**

(Eph. 2, 19—22.)

Weise 411. O daß ich tausend Zungen hätte.

311. Ich habe nun den Grund
gefunden, der meinen Anker ewig
hält; wo anders, als in Jesu
Wunden? Da lag er vor der
Zeit der Welt, der Grund, der
unbeweglich steht, wenn Erd und
Himmel untergeht.

2. Es ist das ewige Erbarmen,
das alles Denken übersteigt, es
sind die offnen Liebesarme des,
der sich zu dem Sünder neigt,
dem allemal das Herze bricht,
wir kommen oder kommen nicht.

3. Wir sollen nicht verloren
werden, Gott will, uns soll ge=
holfen sein; deswegen kam sein
Sohn auf Erden und nahm her=
nach den Himmel ein; deswegen
klopft er für und für so stark
an unsre Herzensthür.

4. O Abgrund, welcher alle
Sünden durch Christi Tod ver=
schlungen hat! Das heißt die
Wunde recht verbinden; da
findet kein Verdammen statt,
weil Christi Blut beständig
schreit: Barmherzigkeit! Barm=
herzigkeit!

5. Darein will ich mich gläu=
big senken, dem will ich mich
getrost vertraun, und wenn mich
meine Sünden kränken, nur
bald nach Gottes Herzen schaun;
da findet sich zu aller Zeit un=
endliche Barmherzigkeit.

6. Wird alles Andre mir ent=
rissen, was Seel und Leib er=
quicken kann; darf ich von kei=
nem Troste wissen und scheine
völlig ausgethan; ist die Er=

rettung noch so weit: mir bleibet doch Barmherzigkeit.

7. Beginnt das Irdische zu drücken, ja häuft sich Kummer und Verdruß, daß ich mich noch in vielen Stücken mit eitlen Dingen mühen muß; werd ich dadurch auch sehr zerstreut: so hoff ich doch Barmherzigkeit.

8. Muß ich an meinen besten Werken, worin ich hier gewandelt bin, viel Unvollkommenheit bemerken, so fällt wohl alles Rühmen hin; doch ist mir noch ein Trost bereit: ich hoffe auf Barmherzigkeit.

9. Es gehe nur nach dessen Willen, bei dem so viel Erbarmen ist; er wolle selbst mein Herze stillen, daß es dies Eine nicht vergißt: so stehet es in Lieb und Leid in, durch und auf Barmherzigkeit.

10. Bei diesem Grunde will ich bleiben, so lange mich die Erde trägt. Das will ich denken, thun und treiben, so lange sich mein Herze regt. So sing ich einst auch nach der Zeit: O Abgrund der Barmherzigkeit!

Joh. Andr. Rothe, 1688—1758.

Einen andern Grund kann Niemand legen,
Außer dem, der gelegt ist, welcher ist Jesus Christus.
(Apstgsch. 4, 12. 1 Cor. 3, 11.)

Weise 365. Wer nur den lieben Gott läßt walten.

312. Ich weiß von keinem andern Grunde, als den der Glaub in Christo hat; ich weiß von keinem andern Bunde, von keinem andern Weg und Rath, als daß man elend, arm und bloß sich legt in seines Vaters Schoß.

2. Ich bin zu meinem Heiland kommen und eil ihm immer besser zu, ich bin auch von ihm aufgenommen und finde bei ihm wahre Ruh; er ist mein Kleinod und mein Theil, und außer ihm weiß ich kein Heil.

3. Ich bleib in Christo nun erfunden und bin in ihm gerecht und rein; bleib ich mit ihm nur stets verbunden, so kann ich immer sicher sein; Gott sieht auch mich in Christo an, — wer ist, der mich verdammen kann?

4. Ich fühle noch in mir die Sünde, doch schaden kann sie mir nicht mehr, weil ich in Christo mich befinde; wohl aber beuget sie mich sehr. Ich halte nichts gering und klein, sonst bringt ein sichres Wesen ein.

5. Ich kämpfe gegen mein Verderben im Glauben und in Christi Kraft; der alte Mensch muß täglich sterben, der noch nicht todt am Kreuze haft; dies aber macht mich rein und klein und lehrt zu Jesu ernstlich schrein.

6. Und weil ich so in Christo bleibe, stets vor ihm wandelnd auf ihn seh, das Wort des Friedens fröhlich treibe und unabläßig zu ihm fleh, so bleib ich stets im Grunde stehn, da kann mein Wachstum vor sich gehn.

7. Ich bleib im tiefsten De=
mutsgrunde und will von Christo
nimmer gehn, ich bleib im all=
gemeinen Bunde, in allgemeiner
Liebe stehn und hang an Christo
ganz allein; dies soll mein Grund
auf ewig sein!

8. O Jesu, laß mich in dir
bleiben, o Jesu, bleibe du in
mir; laß deinen guten Geist mich
treiben, daß ich im Glauben
folge dir; laß stets mich fromm
und wachsam sein, so reißet nichts
den Grund mir ein.

Karl Heinrich v. Bogatzky, 1690—1774.

**Mit ewiger Gnade will ich mich dein erbarmen,
Spricht der Herr, dein Erlöser.**
(Jes. 54, 8. 1 Tim. 1, 15—18.)

Weise 411. O daß ich tausend Zungen hätte.

313. Mir ist Erbarmung wi=
derfahren, Erbarmung, deren ich
nicht werth; das zähl ich zu
dem Wunderbaren, mein stolzes
Herz hats nie begehrt. Nnn
weiß ich das und bin erfreut
und rühme die Barmherzigkeit.

2. Ich hatte Gottes Zorn ver=
dienet und soll bei Gott in Gna=
den sein; er hat mich mit sich
selbst versühnet und macht durchs
Blut des Sohns mich rein.
Warum, ich war ja Gottes Feind?
Erbarmung hats so treu ge=
meint! Röm. 5, 10. 1 Joh. 1, 7.

3. Das muß ich dir, mein Gott,
bekennen, das rühm ich, wenn
ein Mensch mich fragt; ich kann

es nur Erbarmung nennen, so
ist mein ganzes Herz gesagt.
Ich benge mich und bin erfreut
und rühme die Barmherzigkeit.

4. Dies laß ich kein Geschöpf
mir rauben, dies soll mein einzig
Rühmen sein; auf dies Erbar=
men will ich glauben, auf dieses
bet ich auch allein, auf dieses
duld ich in der Noth, auf die=
ses hoff ich noch im Tod.

5. Gott, der du reich bist an
Erbarmen, nimm dein Erbar=
men nicht von mir und führe
einst im Tod mich Armen durch
meines Heilands Tod zu dir;
da bin ich ewig hoch erfreut
und rühme die Barmherzigkeit.

M. Philipp Friedrich Hiller, 1699—1769.

**Unser Wandel ist im Himmel,
Von dannen wir auch warten des Heilandes Jesu Christi, des Herrn.**
(Phil. 3, 20—21.)

Weise 290. Es ist das Heil uns kommen her.

314. Ich weiß, an wen mein
Glaub sich hält; kein Feind soll
mir ihn rauben. Als Bürger
einer bessern Welt leb ich hier
nur im Glauben. Dort schau

ich, was ich hier geglaubt; wer
ist, der mir mein Erbtheil raubt?
Es ruht in Jesu Händen.

2. Mein Leben ist ein kurzer
Streit, lang ist der Tag des

Sieges; ich kämpfe für die Ewig=
keit, erwünschter Lohn des Krie=
ges! Der du für mich den Tod
geschmeckt, durch deinen Schild
werd ich bedeckt, was kann mir
denn nun schaden?

3. O Herr, du bist mein ganzer
Ruhm, mein Trost in diesem
Leben, in jener Welt mein Eigen=
tum; du hast dich mir gege=
ben. Von fern lacht mir mein
Kleinod zu, drum eil ich ihm so
freudig zu; du reichst mir meine
Krone.

4. Herr, lenke meines Geistes
Blick von dieser Welt Getüm=
mel auf dich, auf meiner Seele
Glück, auf Ewigkeit und Himmel.
Die Welt mit ihrer Herrlichkeit
vergeht und währt nur kurze Zeit;
im Himmel sei mein Wandel.

5. Jetzt, da mich dieser Leib
beschwert, ist mir noch nicht
erschienen, was jene beßre Welt
gewährt, wo wir Gott heilig
dienen. Dann, wenn mein Auge

nicht mehr weint und mein Er=
lösungstag erscheint, dann werd
ichs froh empfinden.

6. Gott, nur im Dunkeln seh
ich hier, im gläubigen Vertrauen
die Seligkeit, die ich bei dir
im Glanze werde schauen. Hier
ist mein Werth mir noch ver=
hüllt, dort ist er sichtbar, wenn
dein Bild mich wird vollkommen
schmücken.

7. Zu diesem Glück bin ich
erkauft, o Heiland, durch dein
Leiden; auf deinen Tod bin ich
getauft, wer will mich von dir
scheiden? Du zeichnest mich in
deine Hand; Herr, du bist mir,
ich dir bekannt, mein sind des
Himmels Freuden.

8. Wie groß ist meine Herr=
lichkeit, empfinde sie, o Seele!
Vom Tand der Erde unentweiht
erhebe Gott, o Seele! Der
Erde glänzend Nichts vergeht;
nur des Gerechten Ruhm be=
steht durch alle Ewigkeiten.

M. Christoph Christian Sturm, 1740—1786.

**Sind wir nun gerecht worden durch den Glauben,
So haben wir Frieden mit Gott, durch unsern Herrn Jesum Christ.**
(Röm. 5, 1—5.)

Weise 777. O Ewigkeit, du Donnerwort.

315. Mein Glaub ist meines
Lebens Ruh und führt mich dei=
nem Himmel zu, o Herr, an
den ich glaube! Ach gib mir
doch Beständigkeit, daß diesen
Trost in allem Leid nichts meiner
Seele raube! Tief präg es mei=
nem Herzen ein, welch Heil
es ist, ein Christ zu sein!

2. Du hast dem sterblichen Ge=
schlecht zur selgen Ewigkeit ein
Recht durch deinen Tod erwor=
ben. Zum Staube kehrt zurück
der Staub, mein Geist wird nicht
des Todes Raub; du bist für
mich gestorben. Mir, der ich
dein Erlöster bin, ist dieses Lei=
bes Tod Gewinn.

3. Ich bin erlöst, ich bin ein
Christ; mein Herz ist ruhig und

vergißt die Schmerzen dieses Le=
bens. Ich dulde, was ich dul=
den soll, und bin des hohen
Trostes voll: ich leide nicht ver=
gebens. Gott selber mißt mein
Theil mir zu: hier kurzen
Schmerz, dort ewge Ruh.

4. Was seid ihr, Leiden die=
ser Zeit, mir, der ich meiner
Seligkeit mit Ruh entgegen=
schaue? Bald ruft mich Gott,
und ewiglich belohnet und er=
quickt er mich, weil ich ihm
hier vertraue. Bald, bald ver=
schwindet all mein Schmerz, und
Himmelsfreuden schmeckt mein
Herz.

5. Bin ich gleich schwach, so
trag ich doch nicht mehr der
Sünde schmachvoll Joch in mei=
nem Lauf auf Erden. Gehor=
sam üb ich meine Pflicht; doch
fühl ich wohl, ich bin noch nicht,
was ich dereinst soll werden.
Mein Trost ist dies: Gott hat
Geduld und straft mich nicht
nach meiner Schuld.

6. Der du den Tod für mich
bezwangst, du hast mich, Mitt=
ler, aus der Angst, in der ich
lag, gerissen. Dir, dir verdank
ich meine Ruh; denn meine Wun=
den heiltest du, du stilltest mein
Gewissen; und soll ich noch in
meinem Lauf, so richtest du mich
wieder auf.

7. Gelobt sei Gott, ich bin
ein Christ, und seine Gnad und
Wahrheit ist an mir auch nicht
vergebens. Ich wachs in meiner
Heiligung, ich fühle täglich Bes=
serung des Herzens und des
Lebens. Ich fühle, daß des Gei=
stes Kraft den neuen Menschen
in mir schafft.

8. Dank sei dir, Vater, Dank
und Ruhm, daß mich dein Evan=
gelium lehrt glauben, hoffen,
lieben! Es gibt mir schon in
dieser Zeit den Vorschmack ewger
Seligkeit, ich will es treulich
üben. Es sei mein Trost, es
sei mein Licht, auch wenn das
Herz im Tode bricht.

Dr. Balthasar Münter, 1730—1793.

**Siehe, zwei Blinde saßen am Wege, schrieen und sprachen:
Ach Herr, du Sohn Davids, erbarme dich unser!**
(Matth. 20, 30. Joh. 9, 39.)

Weise 588. Herzlich thut mich verlangen.

316. Was du vor tausend
Jahren, mein Heiland, hast ge=
than, läßt du noch jetzt erfahren
die, so dir gläubig nahn. So
wie den armen Blinden, nach
deines Worts Bericht, ließt du
mich Gnade finden und gabst
mir Freud und Licht.

2. Betrübt saß ich am Wege,
tiefblind in meinem Geist, Sehn=
sucht im Herzen rege, doch Weh=
mut allermeist; die Psalmen hört
ich singen, die Palmen fühlt ich
wehn, die dir die Gläubgen brin=
gen, und konnte dich nicht sehn.

3. Zu groß wards mit dem
Schmerze, zu drückend ward die
Pein; da saßt ich mir ein Herze,
hub an nach dir zu schrei'n:
„Sohn Davids, rette, heile, wie

bu's verheißen haſt; o liebſter
Jeſu, eile, nimm von mir Nacht
und Laſt!"

4. Mit immer heißerm Seh=
nen fuhr ich zu ruſen fort, da
ſtillte meine Thränen das ſelge
Gnadenwort. Nun ward mein
Zagen minder, es ſagte was
zu mir: „Getroſt, du armer
Blinder, getroſt, er ruſet dir!"

5. Du ſtandſt, ich fühlt es,
ſtille, ich wankte zu dir hin,
es fiel mein eigner Wille, ver=

ändert war der Sinn. Du
ſprachſt: „Was willſt du haben?"
„„O. Herr, ich möchte ſehn,
an deinem Blick mich laben!""
Du ſprachſt: „Es ſoll geſchehn!"

6. Und was du haſt geſprochen,
das fehlt ja nimmer nicht; mein
Zagen ward gebrochen und mei=
ner Seel ward Licht. Du gibſt
mir deinen Segen; frei von der
alten Schmach folg ich auf dei=
nen Wegen dir, Herr, in Freu=
den nach!

Friedrich Heinrich Karl, Freiherr de la Motte Fouqué, 1777—1843.

Lobe den Herrn, meine Seele,
Und was in mir iſt, ſeinen heiligen Namen.

317.   Weiſe: Nun preiſ, mein Seel, den Herren.

1555.

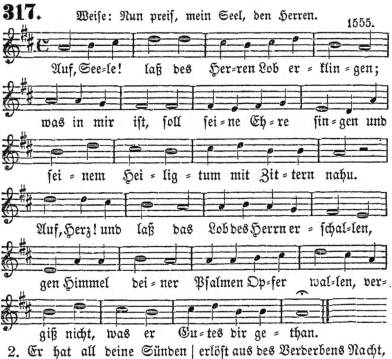

Auf, See=le! laß des Her=ren Lob er = klin = gen;
was in mir iſt, ſoll ſei=ne Eh = re ſin=gen und
ſei = nem Hei = lig = tum mit Zit=tern nahu.
Auf, Herz! und laß das Lob des Herrn er = ſchal=len,
gen Himmel dei = ner Pſalmen Op=fer wal=len, ver=
giß nicht, was er Gu=tes dir ge = than.

2. Er hat all deine Sünden
dir vergeben, geheilet dein Ge=
brechen, und dein Leben hat er

erlöſt aus des Verderbens Nacht,
hat mit Erbarmen dich und Gnad
gekrönet, an Freudenſang den

Mund dir neu gewöhnet, dem
Adler gleich dich wieder jung
gemacht.

3. Er schaffet Allen Recht, die
Unrecht leiden, er hat geoffen=
bart seit alten Zeiten sein herr=
lich Thun den Kindern Israel;
er ist barmherzig und von großer
Treue, übt jeden Morgen Gnad
und Güt aufs neue, sein Lieben
bleibt, sein Zorn vergehet schnell.

4. Er handelt nicht mit uns
nach unsern Sünden, zerschlag=
nen Herzen läßt er Heil ver=
künden und straft uns nicht nach
unsrer Missethat; so unermeß=
lich hoch des Himmels Bläue,
so hoch ist über uns auch seine
Treue, wenn wir ihn fürchten,
und sein Gnadenrath.

5. Wird dir ob deiner Sün=
den Menge bange? So fern der
Aufgang ist vom Niedergange,
so fern soll deine Schuldlast
von dir sein. Wie sich erbarmt
ein Vater über Kinder, erbarmt
der Herr sich über ren'ge Sün=
der. Er weiß, wir sind nur
Staub und Asch allein.

6. Dem Gras des Feldes
gleicht der Menschen Leben. Wie
auf dem Acker Blumen sich er=
heben, so blüht er auf in seiner

Jugend Zier. Es fährt dar=
über hin des Windes Wehen;
da ist die Blume nimmermehr
zu sehen, und ihre Stätte weiß
nichts mehr von ihr.

7. Doch ewig, ewig währt
des Herren Gnade für die, so
folgen seinem Gnadenrathe, seine
Gerechtigkeit auf Kindeskind.
Mit Lieb und Güt und Se=
gen wird er walten ob denen,
die an seinem Bunde halten
und treue Thäter seines Wortes
sind.

8. Im Himmel hat er seinen
Stuhl bereitet, sein Reich ist
übers Weltall ausgebreitet und
seine Herrschaft übers Erden=
rund. Ihr, seine Engel, lobt
den Herrn der Welten! Die
ihr sein Wort vollzieht, ihr star=
ken Helden, laßt seines Wortes
Stimme werden kund.

9. Erhebt den Herrn, ihr aller
Himmel Himmel! Heerschar der
Höh, du goldnes Sterngewim=
mel, Werkstücke seiner Hände
allerwärts! Die ihr ihm dient
nach seinem Wohlgefallen, er=
hebt den Herrn der Herren;
doch vor allen erheb und lob
und preis ihn du, mein Herz!

Der 103. Psalm.

---

2. Die Gotteskindschaft.

a. Ehrfurcht und Liebe zu Gott.

Wohl dem, der den Herrn fürchtet,
Der große Lust hat zu seinen Geboten.
(Ps. 112.)

Weise 587. Freu dich sehr, o meine Seele.

318. Wohl dem, der den Her=
ren scheuet und sich fürcht vor

seinem Gott! Selig, der sich
herzlich freuet, zu erfüllen sein

Gebot! Wer den Höchsten liebt und ehrt, wird erfahren, wie sich mehrt Alles, was in seinem Leben ihm vom Himmel ist gegeben.

2. Seine Kinder werden stehen wie die Rosen in der Blüt; sein Geschlecht einher wird gehen reich an Gottes Gnad und Güt; und was diesen Leib erhält, wird der Herrscher aller Welt reichlich und mit vollen Händen ihnen in die Häuser senden.

3. Das gerechte Thun der Frommen steht gewis und wanket nicht; sollt auch gleich ein Wetter kommen, bleibt doch Gott, der Herr, ihr Licht, tröstet, stärket, schützt und macht, daß nach ausgestandner Nacht und nach hochbetrübtem Weinen Freud und Sonne wieder scheinen.

4. Gottes Gnad, Huld und Erbarmen bleibt dem Frommen immer fest. Wohl dem, der die Noth der Armen sich zu Herzen gehen läßt und mit Liebe Gutes thut! Den wird Gott, das höchste Gut, aus der Fülle seiner Gaben als der treuste Vater laben.

5. Wer Betrübte gern erfreuet, wird vom Höchsten hoch ergetzt; was die milde Hand ausstreuet, wird vom Himmel wohl ersetzt. Wer viel gibt, erlanget viel; was sein Herze wünscht und will, das wird Gott mit gutem Willen schon zu rechter Zeit erfüllen.

6. Wenn das Unglück an will kommen, das den rohen Sünder plagt, bleibt der Mut ihm unbenommen und sein Herze unverzagt; unverzagt, ohn Angst und Pein bleibt das Herz, das sich allein seinem Gott und Herrn ergibet und in ihm die Brüder liebet.

Paul Gerhardt, 1606—1676.

Ich bin der allmächtige Gott,
Wandle vor mir und sei fromm.
(Pf. 139, 1—4. 5 Mof. 11, 1.)
Weise 380. O Gott, du frommer Gott.

319. Ich danke dir, mein Gott, daß du mir hast gegeben den Sinn, der gerne will dir hier zu Ehren leben; regiere du mein Herz, steh bei mir frü und spat, in allem meinem Thun gib selber Rath und That!

2. Laß mein Vorhaben stets auf deine Augen sehen: sie schauen, was ich thu und was da soll geschehen; laß die Gedanken stets auf dieser Probe stehn: Gott siehts, Gott hörts, Gott straft, du kannst ihm nicht entgehn.

3. Lehr mich bedenken wohl in allen meinen Sachen: ists denn auch recht? — wenn ichs der Welt gleich wollte machen, ists denn auch recht? obs schon die Menschen sehen nicht, ists recht vor Gott? ists recht vor seinem Angesicht?

4. Ach, führe mich, mein Gott, und laß ja nicht geschehen, daß ich sollt ohne dich auch einen Schritt nur gehen; denn wo ich selbst mich führ, stürz ich mich in den Tod; führst du mich aber, Herr, so hat es keine Noth.

5. Hilf mir verlassen mich und von mir selbst entbinden, nicht suchen mich, nur dich, so werd ich mich doch finden an einem bessern Ort. Sucht ich mich ohne dich, so würd ich doch gewis niemals recht finden mich.

6. Gib, Herr, daß deine Gnad an mir nicht sei vergebens, erfülle mich vielmehr mit Kräften deines Lebens, so daß dich meine Seel in Ewigkeit erhöh und ich schon jetzt in dir geh, sitze, lieg und steh.

V. 1, 2 und 3 von **Dr. Johann Olearius**, 1611—1684. Verfasser von V. 4—6 unbekannt.

Nach dir, Herr, verlanget mich, Mein Gott, ich hoffe auf dich.
(Pf. 25.)

Weise 901. Wenn wir in höchsten Nöthen sein.

320. Nach dir, o Gott, verlanget mich, mein Gott, ich denke stets an dich; zieh mich nach dir, nach dir mich wend, aus Zion deine Hilfe send!

2. Die Sonnenblum folgt ihrer Sonn, so folg ich dir, o meine Wonn; nur wünsch ich, daß ich könnte hier ganz frei von Sünden folgen dir.

3. Doch leider hat der Sünde Gift solch Uebel in mir angestift, daß sich der matte Geist nicht kann davor recht schwingen himmelan.

4. Ach, wer wird mich befreien doch von diesem schweren Sündenjoch? O Herr, ich sehne mich nach dir: befreie mich und hilf du mir!

5. Es ist mein Will nach dir gericht, doch das Vollbringen mir gebricht; und wenn ich auch hab Guts gethan, klebt doch Unreines noch daran.

6. Gedenke, daß ich bin dein Kind, vergib und tilge meine Sünd, daß ich zu dir mit freiem Lauf mich könne schwingen himmelauf.

7. Den Sinn der Welt rott in mir aus, sei du nur Herr in meinem Haus; den Schild des Glaubens mir verleih und brich des Feindes Pfeil entzwei.

8. Nach dir, mein Gott, laß mir forthin gerichtet sein den ganzen Sinn; ich eigne dich mir gänzlich zu und such in dir nur meine Ruh.

9. Hinweg, hinweg, du schnöde Lust, bleib mir auf ewig unbewußt! Was fortan mich vergnügen soll, des ist allein der Himmel voll.

10. Ach Alles, was mich reißt von dir, o höchstes Gut, das treib von mir; in dir, mein Gott, in dir allein laß fortan meine Freude sein!

Anton Ulrich, Herzog von Braunschweig-Lüneburg, 1633—1714.

Die Furcht des Herrn, das ist Weisheit;
Und meiden das Böse, das ist Verstand.

(Hiob 28, 28. Pf. 111, 10. Spr. Salom. 23, 17 ff.)

Weise 563.   Wer weiß, wie nahe mir mein Ende.

321. Mein Gott, weil ich in meinem Leben dich stets vor Augen haben soll, so wollst du mir ein Herze geben, das deiner Furcht und Liebe voll; denn beides muß zusammen gehn, soll unser Christentum bestehn.

2. Laß deine Furcht beim Thun und Denken den Anfang aller Weisheit sein und mich auf solche Wege lenken, die von dem Irrtum mich befrei'n; denn wer dich fürchtet in der That, der meidet auch der Thorheit Pfad.

3. Der Geist, den du mir hast gegeben, ist ja ein Geist der Furcht des Herrn; laß mich nach seinem Triebe leben, daß ich dich herzlich fürchten lern; doch laß die Furcht auch kindlich sein, und ihn in mir das Abba schrei'n!

4. Gib, daß ich stets zu Herzen nehme, daß du allgegenwärtig bist, daß ich zu thun mich hüt und schäme, was, Herr, vor dir ein Greuel ist; ja, deine Furcht bewahre mich vor allen Sünden wider dich.

5. Laß mich vor deinem Zorn erbeben und wirke wahre Buß in mir, laß immerdar in Furcht mich leben, daß ich die Gnade nicht verlier, die mich trotz meiner Missethat mit Langmut oft verschonet hat.

6. Erhalt in mir ein gut Gewissen, das aller Feinde Spott nicht scheut, und wehr auch allen Hindernissen und meines Fleisches Blödigkeit, daß keine Menschenfurcht mich schreck und ein verzagtes Herz entdeck.

7. Laß stets mich also vor dir wandeln, daß deine Furcht mein Leitstern sei; laß niemals mich im Finstern handeln, nichts thun zum Schein aus Heuchelei: du siehest in das Herz hinein, nichts kann vor dir verborgen sein.

8. Auch laß mich keine Trübsal scheuen; durch Kreuz und Widerwärtigkeit muß wahre Gottesfurcht gedeihen, die krönet uns zu rechter Zeit. Drum gib mir einen tapfern Sinn, wenn ich in Furcht und Hoffnung bin.

9. Verleih mir, stets mit Furcht und Zittern zu schaffen meine Seligkeit, laß mich nicht deinen Geist erbittern durch Eigensinn und Sicherheit, und stelle mir die Hölle für, daß ich den Himmel nicht verlier.

10. In deiner Furcht laß mich auch sterben, so fürcht ich weder Tod noch Grab; da werd ich die Verheißung erben, die mir dein Wort aus Gnaden gab: die Gottesfurcht bringt Segen ein, ihr Lohn wird eine Krone sein.

Benj. Schmolck, 1672—1737.

Habe deine Lust an dem Herrn,
Der wird dir geben, was dein Herz wünscht.
(Pf. 37, 4. 5. 37—40.)

Weise 421. Meinen Jesum laß ich nicht.

322. Habe deine Lust am Herrn, der dir schenket Lust und Leben, so wird dir dein Gnadenstern tausend holde Stralen geben; denn er beut dir treulich an, was dein Herz nur wünschen kann.

2. Laß der Welt die eitle Lust, die in Weinen sich verkehret; wer das Herz in seiner Brust Gott allein zur Lust gewähret, dieser trifft in Allem an, was das Herz nur wünschen kann.

3. Lust an Gott steigt über sich, wenn man Gott im Wort erkennet, Lust an Gott ist inniglich, wenn man in der Liebe brennet; solche Lust geht eine Bahn, die das Herz nur wünschen kann.

4. Wer die Lust am Herren hat, hat auch Lust an seinem Willen und bemüht sich früh und spat, diesen Willen zu erfüllen; und dann wird ihm auch gethan, was das Herz nur wünschen kann.

5. Ist die Lust nicht ohne Last, trage willig die Beschwerden; wenn du wohl gelitten hast, wirst du erst recht fröhlich werden und triffst dort im Himmel an, was dein Herz nur wünschen kann.

Benj. Schmolck, 1672—1737.

Niemand kann zween Herren dienen;
Ihr könnt nicht Gott dienen und dem Mammon.
(Matth. 6, 24. Luc. 9, 62.)

Weise 51. Alles ist an Gottes Segen.

323. Nun so will ich denn mein Leben völlig meinem Gott ergeben; nun wohlan, es ist geschehn! Sünd, ich will nicht von dir hören, Welt, ich will mich von dir kehren, ohne je zurückzusehn.

2. Hab ich sonst mein Herz getheilet, hab ich hie und da verweilet: endlich sei der Schluß gemacht, meinen Willen ganz zu geben, meinem Gott allein zu leben, ihm zu dienen Tag und Nacht.

3. Herr, ich opfre dir zur Gabe all mein Liebstes, das ich habe, schau, ich halte nichts zurück; schau und prüfe Herz und Nieren; solltest du was Falsches spüren, nimm es diesen Augenblick!

4. Ich scheu keine Müh und Schmerzen; gründlich und von ganzem Herzen will ich folgen deinem Zug; kann ich stetig und in Allem deinen Augen nur gefallen, ach, so hab ich ewig gnug.

5. Eines nur will ich betrachten, und nicht wissen, noch drauf achten, was sonst draußen mag geschehn: fremd der Welt und ihren Sorgen will ich hier, in dir verborgen, als ein wahrer Pilger gehn.

17*

6. Dich allein will ich erwäh=
len; alle Kräfte meiner Seelen
nimm nur ganz in deine Macht!

Ja, ich will mich dir verschreiben;
laß es ewig feste bleiben, was
ich dir hab zugesagt.

Gerhard ter Steegen, 1697—1769.

b. Hingabe an Gottes Führung.

Unser Vater, dein Wille geschehe
Auf Erden, wie in dem Himmel.
(Matth. 6, 9—10.)

324.   Eigne Weise.   1540.

Was mein Gott will, ge = scheh all=zeit, sein Will der ist der
zu hel=fen Alln ist er be=reit, die an ihn glauben

be = ste;
fe = ste.   Er hilft aus Noth, der from=me Gott, und

tröst die Welt ohn Ma = ßen. Wer Gott ver=traut, fest

auf ihn baut, den will er nicht ver = las = sen.

2. Gott ist mein Trost, mein
Zuversicht, mein Hoffnung und
mein Leben; dem, was Gott
will, daß mir geschicht, will ich
nicht widerstreben. Sein Wort
ist wahr, er hat mein Haar auf
meinem Haupt gezählet; er sorgt
und wacht und hat wohl Acht,
auf daß uns gar nichts fehle.

3. Und muß ich Sünder von
der Welt hinfahrn in Gottes
Willen zu meinem Gott; wanns
ihm gefällt, will ich ihm halten

stille. Mein arme Seel ich Gott
befehl in meiner letzten Stunden;
du frommer Gott: Sünd, Höll
und Tod hast du mir überwunden!

4. Noch eins, Herr, will ich
bitten dich, du wirst mirs nicht
versagen: wenn mich der böse
Geist ansicht, laß, Herr, mich
nicht verzagen. Hilf, steur und
wehr, ach Gott, mein Herr, zu
Ehren deinem Namen! Wer das
begehrt, dem wirds gewährt;
drauf sprech ich fröhlich: Amen.

Albrecht, Markgraf von Brandenburg=Culmbach, 1522—1557.

Herr, mache du es mit uns,
Wie dirs gefällt.
(Pf. 73, 23—28. 2 Sam. 15, 26.)

Nach voriger Weise.

325. Wie's Gott gefällt, ge=
fällt mirs auch, ich laß mich
gar nicht irren; muß ich auch
gehn durch Feur und Rauch,
und ob sich auch verwirren all
Sachen gar, — ich weiß für=
wahr, Gott wirds zuletzt wohl
richten; wie es soll gehn, muß
es bestehn, hier hilft kein mensch=
lich Dichten.

2. Wie's Gott gefällt, so nehm
ichs hin, das Übrig laß ich
fahren; was nicht soll sein, stell
ich ihm heim, Gott will mich
recht erfahren, ob ich auch will
ihm halten still; er wird schon
Gnad bescheren, dran zweifl ich
nicht; „solls sein,"—man spricht
— „so seis!" wer kanns Gott
wehren?

3. Wie's Gott gefällt, gefällts
mir wohl in allen meinen Sachen;
was Gott ersehen hat einmal,
wer kann es anders machen?
Drum ist umsonst Weltwitz und
Kunst, hilft auch kein Haaraus=
rausen, nicht Müh noch Fleiß;
solls sein, so seis! — weils
doch sein Weg muß laufen.

4. Wie's Gott gefällt, laß ichs
geschehen! Ich will mich drein
ergeben; wollt ich seim Willen
widerstehn, — was hülf mein
Widerstreben? Dieweil es wahr,
daß Tag und Jahr bei Gott
sind ausgezählet, — schick ich
mich drein! „Es sei, solls sein!"
So seis bei mir erwählet.

5. Wie's Gott gefällt, so solls
ergehn in Lieb und auch in
Leide; darauf laß ich mein Hoffen
stehn, daß sie mir sollen beide
gefallen wohl; drum mich auch
soll Ja oder Nein nicht schrecken.
Schwarz oder Weiß: solls sein,
so seis! Gott wird wohl Gnad
erwecken.

6. Wie's Gott gefällt, so laufs
hinaus, ich laß den Herren sor=
gen; kommt mir das Glück heut
nicht zu Haus, so wart ich sein
auf morgen. Was Gott beschert,
bleibt unverwehrt, ob sichs schon
mag verziehen; mich nicht drum
reiß; solls sein, so seis! mein
Theil werd ich schon kriegen.

7. Wie's Gott gefällt, nichts
weitres will ich sonst von ihm
begehren, der meiner Sach ge=
setzt ein Ziel, so lang wird
müssen währen das Leben mein;
ich geb mich drein, auf guten
Grund zu bauen und nicht aufs
Eis; solls sein, so seis! Will
Gott allein vertrauen.

8. Wie's Gott gefällt, so nehm
ichs an, will um Geduld nur
bitten; er ist allein der helfen
kann; und müßt ich schon in=
mitten der ärgsten Pein verlas=
sen schrei'n, läg selbst in Todes=
ketten: — solls sein, so seis!
Gewaltger Weis wird mich der
Herr schon retten.

Ambrosius Blaurer, 1492—1567.

Herr, lehre mich thun nach deinem Wohlgefallen;
Dein guter Geist führe mich auf ebener Bahn.
(Pf. 31, 6; 86, 11.)

326.   Eigne Weise.   1525.

Herr, wie du willst, so schicks mit mir im Le=ben
Al=lein zu dir steht mein Be=gier, Herr, laß mich

und im Ster=ben!
nicht ver = der = ben!   Er=halt mich, Herr, in

bei=ner Huld; sonst, wie du willst. Gib mir Ge=duld!

Dein Will ist ja der be = ste.

2. Zucht, Ehr und Treu ver=
leih mir, Herr, und Lieb zu
deinem Worte. Behüte mich
vor falscher Lehr und gib mir
hier und dorten, was dient zu
meiner Seligkeit; wend ab all
Ungerechtigkeit in meinem ganzen
Leben!

3. Wenn ich einmal nach dei=
nem Rath von dieser Welt soll
scheiden, Herr, so verleih mir
beine Gnad, daß ich es thu mit
Freuden; mein Leib und Seel
befehl ich dir, ach, gib ein selig
Ende mir durch Jesum Christum!
Amen.

Dr. Kaspar Bienemann, 1540—1591.

Fürchte dich nicht, denn ich bin mit dir;
Weiche nicht, denn ich bin dein Gott.
(Jof. 24, 16. Jef. 25, 9; 41, 10; 43, 1—2; 50, 7.)

327.   Eigne Weise.   1572.

Von Gott will ich nicht laf=sen, denn er läßt nicht von
führt mich auf rech=ter Stra=ßen, da ich sonst irr=te

mir,
sehr.   Er reicht mir sei=ne Hand; den A=bend wie den

Mor = gen will er mich wohl ver = sor = gen, wo
ich auch sei im Land.

2. Wenn sich der Menschen Treue und Wohlthat von mir kehrt, wird bald an mir aufs neue die Huld des Herrn bewährt. Er hilft aus aller Noth, erlöst von Sünd und Schanden, von Ketten und von Banden, und rettet selbst vom Tod.

3. Auf ihn will ich vertrauen in meiner schweren Zeit, es kann mich nicht gereuen, er wendet alles Leid! Ihm sei es heimgestellt; mein Leib, mein Seel, mein Leben sei Gott dem Herrn ergeben; er machs, wie's ihm gefällt.

4. Es kann ihm nichts gefallen, denn was mir nützlich ist. Er meints gut mit uns Allen, schenkt uns den Herren Christ, ja, seinen lieben Sohn, durch den er uns bescheret, was Leib und Seel ernähret; lobt ihn im Himmelsthron!

5. Lobt ihn mit Herz und Munde, die er uns beide schenkt; wie selig ist die Stunde, darin man sein gedenkt! Denn sonst verdirbt die Zeit, die man verlebt auf Erden; wir sollen selig werden und sein in Ewigkeit.

6. Darum, ob ich schon dulde hie Widerwärtigkeit, wie ichs auch wohl verschulde, kommt doch die Ewigkeit, die aller Freuden voll, und die ohn alles Ende, dieweil ich Christum kenne, zu Theil mir werden soll.

7. Das ist des Vaters Wille, der uns geschaffen hat; sein Sohn gibt uns die Fülle der Wahrheit und der Gnad; auch Gott der heilge Geist im Glauben uns regieret, zum Himmelreich uns führet; ihm sei Lob, Ehr und Preis!

M. Ludwig Helmbold, 1532—1598.

Sie verwunderten sich über die Maße und sprachen:
Der Herr hat Alles wohl gemacht.

(Marc. 7, 31—37.)

328. Eigne Weise. J. Pachelbel? 1690.

Was Gott thut, das ist wohl=gethan; es bleibt ge=recht sein
Wie er fängt meine Sa=chen an, will ich ihm hal=ten

Wil = le.
stil = le.

Er ist mein Gott, der in der Noth mich

wohl weiß zu er = hal=ten; drum laß ich ihn nur wal=ten.

2. Was Gott thut, das ist wohlgethan. Sein Thun kann nimmer trügen. Er führet mich auf rechter Bahn, drum laß ich mir genügen an seiner Huld und hab Geduld, er wird mein Unglück wenden; es steht in seinen Händen.

3. Was Gott thut, das ist wohlgethan, er wird mich wohl bedenken; mein Arzt, der Wunder schaffen kann, wird mir nicht Gift einschenken für Arzenei. Gott ist getreu; drum will ich auf ihn bauen und seiner Güte trauen.

4. Was Gott thut, das ist wohlgethan; er ist mein Licht und Leben, der mir nichts Böses gönnen kann; ich will mich ihm ergeben in Freud und Leid. Es kommt die Zeit, wo öffentlich erscheinet, wie treulich er es meinet.

5. Was Gott thut, das ist wohlgethan; muß ich den Kelch gleich schmecken, der bitter ist nach meinem Wahn: laß ich mich doch nicht schrecken, weil doch zuletzt ich werd ergetzt mit süßem Trost im Herzen; da weichen alle Schmerzen.

6. Was Gott thut, das ist wohlgethan: dabei will ich ver= bleiben. Es mag mich auf die rauhe Bahn Noth, Tod und Elend treiben, so wird Gott mich ganz väterlich in seinen Armen halten; drum laß ich ihn nur walten.

M. Samuel Rodigast, 1649—1708.

Er führet mich auf rechter Straße
Um seines Namens willen.
(Pf. 23; 4, 4. Jef. 28, 29; 55, 8 ff. 1 Kor. 1, 27—29.)

329. Eigne Weise. 1744.

So führst du doch recht se = lig, Herr, die Dei=nen, ja
Wie könn=test du es bö = se mit uns mei=nen, da

se = lig und doch mei=stens wun=der = lich!
bei = ne Treu nicht kann ver=leug=nen sich?

Die

We = ge find oft krumm und doch ge = rab, wo=
rauf du läßt die Kin = der zu dir gehn. Da
pflegt es wun = der = selt = fam aus = zu = fehn; doch
tri = um = phirt zu = letzt dein ho = her Rath.

2. Du willst dein Werk nicht auf Gesetze bauen, wie sie Vernunft und Menschenmeinung stellt; du kannst den Knoten mit dem Schwert zerhauen und sanft auflösen, wie es dir gefällt. Du reißest wohl die stärksten Band entzwei; was sich entgegensetzt, muß sinken hin, ein Wort von dir bricht oft den härtsten Sinn; oft geht dein Fuß auch durch Umwege frei.

3. Was unsre Klugheit will zusammenfügen, theilt dein Verstand in Ost und Westen aus. Was Mancher unter Joch und Last will biegen, setzt deine Hand frei an der Sterne Haus. Die Welt zerreißt, — und du verknüpfst in Kraft; sie bricht, — du banst; sie baut, — du reißest ein; ihr Glanz muß dir ein dunkler Schatten sein; dein Geist schafft selbst bei Todten Lebenskraft.

4. Wen die Vernunft oft fromm und selig preiset, den hast du schon aus deinem Buch gethan.

Doch wem die Welt dies Zeugniß nicht erweiset, den führst du in der Stille himmelan. Den Tisch der Pharisäer läßt du stehn und speisest mit den Sündern, sprichst sie frei. Wer weiß, was manchmal deine Absicht sei? Wer kann der tiefsten Weisheit Abgrund sehn?

5. Was alles ist, gilt nichts in deinen Augen; was nichts ist, hast du, großer Gott, recht lieb. Der Worte Pracht und Ruhm kann dir nicht taugen, du gibst die Kraft durch deines Geistes Trieb. Die besten Werke bringen dir kein Lob, — sie sind versteckt, der Blinde geht vorbei; wer Augen hat, sieht sie, doch nie so frei; die Sachen sind zu sein, der Sinn zu grob.

6. O Herrscher, sei von uns gebenedeiet, der du uns töbtest und lebendig machst. Wenn uns dein Geist der Weisheit Schatz verleihet, so sehn wir erst, wie wohl du für uns wachst.

Die Weisheit spielt bei uns;
wir spielen mit*; bei uns zu
wohnen, ist dir lauter Lust, die
regt sich in deiner Vaterbrust
und gängelt uns im zarten Kin-
derschritt.　　* Sprüche 8, 30—31.

7. Bald scheinst du hart und
streng uns anzugreifen, bald
fährest du mit uns ganz säu-
berlich. Geschiehts, daß unser
Sinn sucht auszuschweifen, so
weist die Zucht uns wieder hin
auf dich. Da gehn wir denn
mit blöden Augen hin; du küssest
uns, wir sagen Beßrung zu:
drauf schenkt dein Geist dem
Herzen wieder Ruh und hält
im Zaum den ausgeschweiften
Sinn.

8. Du kennst, o Vater, wohl
das schwache Wesen, die Ohn-
macht und der Sinne Unverstand; man kann es fast an
unsrer Stirne lesen, wie es mit
schwachen Kindern sei bewandt.
Drum greifst du zu und hältst
und trägest sie, brauchst Vater-
recht und zeigest Muttertreu.
Wo Niemand meint, daß es dein
eigen sei, da hegest du dein
Schäflein je und je.

9. So gehest du nicht die gemeinen* Wege, dein Fuß wird
selten öffentlich gesehn, damit
du sehst, was sich im Herzen
rege, wenn du in Dunkelheit
mit uns willst gehn. Das Wider-
spiel legt sich vor Augen dar
von dem, was du in deinem
Sinne hast; wer meint, er hab
die Absicht recht erfaßt, der
wird am End ein andres oft
gewahr.　　* d. i. gewöhnlichen.

10. O Auge, das nicht Trug
noch Heucheln leidet, gib mir
des scharfen Blickes Sicherheit,
der die Natur von Gnade unter-
scheidet, das eigne Licht von
deiner Herrlichkeit. Laß doch
mein thöricht Herz dich meistern
nicht, brich ganz den Willen,
der sich selber liebt; erweck die
Lust, die sich nur dir ergibt und
niemals tadelt dein verhüllt
Gericht!

11. Will etwa die Vernunft
dir widersprechen und schüttelt
ihren Kopf zu deinem Weg,
so wollst du ihre Festung nie-
derbrechen*, daß ihre Höh sich
bei Zeiten leg. Kein fremdes
Feuer sich in mir entzünd, das
ich vor dir in Thorheit bringen
möcht, womit ich gar dir zu
gefallen dächt! Ach, selig, wer
dein Licht ergreift und findt.
　* 2 Kor. 10, 4. 5.　3 Mos. 10, 1 ff.

12. So zieh mich gänzlich denn
nach deinem Willen und trag und
heg und führ dein armes Kind!
Dein innres Zeugnis soll den
Zweifel stillen;* dein Geist die
Furcht und Lüste überwind'. Du
bist mein Alles; denn dein Sohn
ist mein, dein Geist regt sich
ganz kräftiglich in mir. Ich
brenne nur nach dir in Heils-
begier; wie oft erquickt mich
deiner Klarheit Schein!
　　* Röm. 8, 15 ff.

13. Drum muß die Creatur
mir immer dienen, kein Engel
schämt nun der Gemeinschaft sich;
die Geister, die vor dir vollendet grünen*, sind meine Brüder
und erwarten mich. Wie oft

erquicket meinen Geist ein Herz, das dich und mich und alle Christen liebt! Ists möglich, daß mich etwas noch betrübt? Komm, Freudenquell! Weich ewig, aller Schmerz! * Hebr. 12, 22 ff.

Gottfried Arnold, 1666—1714.

**Es ist ein köstlich Ding geduldig sein
Und auf die Hilfe des Herrn hoffen.**
(Jes. 38, 15. 17. Phil. 4, 6.)

Weise 421. Meinen Jesum laß ich nicht.

330. Meine Seele senket sich hin in Gottes Herz und Hände und erwartet ruhiglich seiner Wege Ziel und Ende, lieget still und willenlos in des liebsten Vaters Schoß.

2. Meine Seele murret nicht, ist mit Allem wohl zufrieden; was der eigne Wille spricht, ist zum Tode schon beschieden; was die Ungeduld erregt, ist in Christi Grab gelegt.

3. Meine Seele sorget nicht, will vielmehr an nichts gedenken, was gleich spitzen Dornen sticht und den Frieden nur kann kränken; sorgen kommt dem Schöpfer zu, meine Seele sucht nur Ruh.

4. Meine Seele grämt sich nicht, liebt hingegen Gott im Leiden; Kummer, der das Herze bricht, trifft und ängstet nur die Heiden; wer Gott in dem Schoße liegt, bleibt in aller Noth vergnügt.

5. Meine Seele klaget nicht, denn sie weiß von keinen Nöthen, hangt an Gottes Angesicht auch alsdann, wenn er will tödten; wo sich Fleisch und Blut beklagt, wird der Freudengeist verjagt.

6. Meine Seel ist still zu Gott, und die Zunge bleibt gebunden; also hab ich allen Spott, alle Schmerzen überwunden, bin, gleichwie ein stilles Meer, voll von Gottes Preis und Ehr.

Joh. Joseph Winckler, 1670—1722.

**Er erquicket meine Seele,
Er führet mich auf rechter Straße um seines Namens willen.**
(Pf. 23, 3; 143, 8. Hof. 14, 10.)

Weise 326. Herr, wie du willst, so schicks mit mir.

331. Wie Gott mich führt, so will ich gehn, ohn alles Eigenwählen; geschieht, was er mir ausersehn, wird es an nichts mir fehlen. Wie er mich führt, so geh ich mit und folge willig Schritt vor Schritt im kindlichen Vertrauen.

2. Wie Gott mich führt, so bin ich still und folge seinem Leiten, obgleich im Fleisch der Eigenwill will öfters widerstreiten. Wie Gott mich führt, bin ich bereit in Zeit und auch in Ewigkeit, stets seinen Rath zu ehren.

3. Wie Gott mich führt, bin ich vergnügt, ich ruh in seinen Händen; wie er es schickt und mit mir fügt, wie ers will kehrn und wenden, das sei ihm ganz anheimgestellt; er mach es, wie es ihm gefällt, zum Leben oder Sterben.

4. Wie Gott mich führt, so geb ich mich in seinen Vater=willen. Scheints der Vernunft gleich wunderlich: sein Rath wird doch erfüllen, was er in Liebe hat bedacht, eh er mich an das Licht gebracht; ich bin ja nicht mein eigen.

5. Wie Gott mich führt, so bleib ich treu im Glauben, Hof=fen, Leiden. Steht er mit seiner Kraft mir bei, was will mich von ihm scheiden? Ich fasse in Geduld mich fest; was Gott mir widerfahren läßt, muß mir zum Besten dienen.

6. Wie Gott mich führt, so will ich gehn, es geh durch Dorn und Hecken. Kann ichs auch anfangs nicht verstehn, einst wird er mirs entdecken, wie er nach seinem Vaterrath mich treu und wohl geführet hat. Dies sei mein Glaubensanker!

Lambert Gedicke, 1683—1735.

Wenn mir gleich Leib und Seele verschmachtet,
So bist du doch, Gott, allezeit meines Herzens Trost und mein Theil.
(Pf. 73, 25—26.)

Weise 365.   Wer nur den lieben Gott läßt walten.

332. Ach, wenn ich dich, mein Gott, nur habe, frag ich nach Erd und Himmel nicht; nichts ist, was meine Seele labe, als du, mein Gott, mein Trost und Licht; rühmt sich die Welt mit ihrer Lust: — ohn dich ist mir kein Trost bewußt.

2. Soll Leib und Seele mir verschmachten: ich hoffe doch ge=trost auf dich; für nichts will alle Qual ich achten, an dir allein erquick ich mich; regt sich auch Alles wider mich, — es bleibt dabei: ich liebe dich.

3. Hab ich nur dich, so hab ich Alles, was meine Seele wünschen kann, auch fürcht ich mich gar keines Falles; liebst du mich nur, was ficht mich an? Drum spricht mein Herz: Du bist mein Theil, in dir ist meiner Seele Heil!

Benjamin Schmolck, 1672—1737.

Wirf dein Anliegen auf den Herrn,
Der wird dich versorgen.
(Pf. 119, 93. 94. Eph. 6, 18.)

Weise 593.   Christus der ist mein Leben.

333. So lang ich hier noch walle, soll dies mein Seufzer sein, ich sprech bei jedem Falle: „Herr, hilf mir, ich bin dein!"

2. Wenn ich am Morgen wache und schlaf des Abends ein, befehl ich Gott die Sache: „Herr, hilf mir, ich bin dein!"

3. Geh ich an die Geschäfte: bitt ich, daß sie gedeihn, ihn um Verstand und Kräfte: „Herr, hilf mir, ich bin dein!"

4. Will sich mein Fleisch vergehen, betrogen von dem Schein, so halt ich an mit Flehen: „Herr, hilf mir, ich bin dein!"

5. Wenn mich die Sünden kränken, so kann ich noch allein an den Versöhner denken: „Herr, hilf mir, ich bin dein!"

6. Fühl ich mich schwach im Beten und ist mein Glaube klein, soll mich sein Geist vertreten: „Herr, hilf mir, ich bin dein!"

7. Wenn ich in Leidenstagen bei seiner Ruthe wein, so will ich kindlich sagen: „Herr, hilf mir, ich bin dein!"

8. Will mich der Feind berauben und macht die Welt mir Pein, ruf ich getrost im Glauben: „Herr, hilf mir, ich bin dein!"

9. Macht auch mein Herz mir Granen, der Herr sei nicht mehr mein, so seufz ich voll Vertranen: „Herr, hilf mir, ich bin dein!"

10. In meinen letzten Stunden schätz ich mich heil und rein durch meines Heilands Wunden; er hilft mir, ich bin sein!

M. Phil. Friedr. Hiller, 1699-1769.

Verlaß dich auf den Herrn von ganzem Herzen, Und verlaß dich nicht auf deinen Verstand.
(Spr. 3, 5. 6.)
Weise 328. Was Gott thut, das ist wohlgethan.

334. Auf Gott und nicht auf meinen Rath will ich mein Glück stets bauen, und dem, der mich erschaffen hat, mit ganzer Seele trauen: er, der die Welt allmächtig hält, wird mich in meinen Tagen als Gott und Vater tragen.

2. Er sah von aller Ewigkeit, wie viel mir nützen würde, bestimmte meine Lebenszeit, mein Glück und meine Bürde. Was zagt mein Herz? Ist auch ein Schmerz, der zu des Glaubens Ehre nicht zu besiegen wäre?

3. Gott kennet, was mein Herz begehrt, und hätte, was ich bitte, mir gnädig, eh ichs bat, gewährt, wenns seine Weisheit litte. Er sorgt für mich stets väterlich; nicht was ich mir ersehe, sein Wille der geschehe!

4. Ist nicht ein ungestörtes Glück weit schwerer oft zu tragen, als selbst das widrige Geschick, bei dessen Last wir klagen? Die größte Noth hebt doch der Tod, und Ehre, Glück und Habe verläßt uns doch im Grabe.

5. An dem, was wahrhaft glücklich macht, läßt Gott es Keinem fehlen; Gesundheit, Ehre, Glück und Pracht sind nicht das Glück der Seelen. Wer Gottes Rath vor Augen hat, dem

wirb ein gut Gewiſſen die Trüb=
ſal auch verſüßen.

6. Was iſt des Lebens Herr=
lichkeit? Wie bald iſt ſie ver=
ſchwunden! Was iſt das Lei=

ben dieſer Zeit? Wie bald .iſts
überwunden! Hofft auf ·den
Herrn! .Er hilft uns gern; ſeid
fröhlich, ihr Gerechten: der Herr
hilft ſeinen Knechten!

M. Chriſtian Fürchtegott Gellert, 1715—1769.

**Der Herr hat Gefallen an denen, die ihn fürchten,
Die auf ſeine Güte hoffen.**

(Pſ. 25, 10; 31, 16. Jeſ. 59, 1.)

Weiſe 290. Es iſt das Heil uns kommen her.

335. Jch ſteh in meines Herren
Hand und will drin ſtehen bleiben;
nicht Erdennoth, nicht Erden=
tand ſoll mich daraus vertrei=
ben, und wenn zerfällt die ganze
Welt; wer ſich an ihn und wen
er hält, wird wohl behalten
bleiben.

2. Er iſt ein Fels und ſichrer
Hort, und Wunder ſollen ſchauen,
die ſich auf ſein wahrhaftig Wort
verlaſſen und ihm trauen; er
hats geſagt und darauf wagt
mein Herz es froh und unver=
zagt und läßt ſich gar nicht
grauen.

3. Und was er mit mir ma=
chen will, iſt Alles mir gelegen;
ich halte ihm im Glauben ſtill
und hoff auf ſeinen Segen; denn

was er thut, iſt immer gut,
und wer von ihm behütet ruht,
iſt ſicher allerwegen.

4. Ja, wenns am ſchlimmſten
mit mir ſteht, freu ich mich
ſeiner Pflege; ich weiß, die Wege,
die er geht, ſind lauter Wun=
derwege. Was böſe ſcheint, iſt
gut gemeint, er iſt doch nim=
mermehr mein Feind und gibt
nur Liebesſchläge.

5. Und meines Glaubens Un=
terpfand iſt, was er ſelbſt ver=
heißen: daß nichts mich ſeiner
ſtarken Hand ſoll je und je
entreißen. Was er verſpricht,
das bricht er nicht; er bleibet
meine Zuverſicht, ich will ihn
ewig preiſen.

Karl Joh. Philipp Spitta, 1801-1859.

---

c. Troſt im Leiden.

Herr, ich traue auf dich;
Laß mich nimmermehr zu Schanden werden!
(Pſ. 31, 1—6.)

Eigne Weiſe.

336.
(Jn dich hab ich gehoffet, Herr.) Altdeutſch? 1536.

Auf dich hab ich ge=hof=fet, Herr; hilf, daß ich nicht zu

Schan=den werd, noch e=wig=lich zu Spot=te. Das
bitt ich dich: er = hal=te mich in dir, dem tren=en
Got = te.

2. Dein gnädig Ohr neig her zu mir, erhör mein Bitt, thu dich herfür, eil bald, mich zu erretten! In Angst und Weh ich lieg und steh; hilf mir in meinen Nöthen!

3. Mein Gott und Schirmer, steh mir bei, sei meine Burg, darin ich frei und ritterlich mög streiten, da mich gar sehr der Feinde Heer bedrängt auf allen Seiten.

4. Du bist mein Stärk, mein Fels, mein Hort, mein Schild, mein Kraft — sagt mir dein Wort — mein Hilf, mein Heil, mein Leben; mein starker Gott in aller Noth: — wer mag mir widerstreben?

5. Die Welt hat trüglich zugericht mit Lügen und mit falsch Gedicht geheime Netz und Stricke; Herr, nimm mein wahr in der Gefahr, hüt mich vor falscher Tücke!

6. Herr, meinen Geist befehl ich dir; mein Gott, mein Gott, weich nicht von mir, nimm mich in deine Hände! O wahrer Gott, aus aller Noth hilf mir am letzten Ende!

7. Preis, Ehre, Macht und Herrlichkeit sei Vater, Sohn und Geist bereit, Lob seinem heilgen Namen! Dein göttlich Kraft mach uns sieghaft durch Jesum Christum. Amen.

Adam Reißner, 1471—1563.

Der Herr ist gütig und eine Veste zur Zeit der Noth,
Und kennet die, so auf ihn trauen.
(Pf. 118.)

337.
Eigne Weise.
(1578.) 1603.

Auf mei=nen lie=ben Gott trau ich in Angst und
Noth; der kann mich all=zeit ret=ten aus Trübsal, Angst und

Nöthen; mein Unglück kann er wenden; All's ſteht in ſei=nen

Händen.

2. Ob mich die Sünd anſicht, will ich verzagen nicht; auf Chriſtum will ich bauen und ihm allein vertrauen, ihm will ich mich ergeben im Tod und auch im Leben.

3. Ob mich der Tod nimmt hin, iſt Sterben mein Gewinn, und Chriſtus iſt mein Leben, dem hab ich mich ergeben; ich ſterb heut oder morgen, mein Seel wird er verſorgen.

4. O mein Herr Jeſu Chriſt, der du geduldig biſt am Kreuz für mich geſtorben: haſt mir das Heil erworben und deinem Volk beſchieden im Himmelreich den Frieden!

5. Erhöre gnädig mich, mein Troſt, das bitt ich dich; hilf mir am letzten Ende, nimm mich in deine Hände, auf daß ich ſelig ſcheide zur ewgen Him=melsfreude.

6. Amen zu aller Stund ſprech ich aus Herzensgrund; du wol=leſt uns geleiten, Herr Chriſt, zu allen Zeiten, auf daß wir deinen Namen ewiglich preiſen. Amen.

Sigismund Weingärtner, um 1609. V. 5 iſt ſpäterer Zuſatz.

Die auf den Herrn harren, kriegen neue Kraft, Daß ſie auffahren mit Flügeln, wie Adler.
(Jeſ. 40, 26—31.)

338. Eigne Weiſe. Joh. Crüger, 1653.

Schwing dich auf zu deinem Gott, du be=trüb=te
War=um liegſt du Gott zum Spott in der Schwermut

See=le!
Höh=le? Merkſt du nicht des Fein=des Liſt?

Er will durch ſein Käm=pfen deinen Troſt, den Je=ſus Chriſt

dir er=wor=ben, däm=pfen.

2. Auf! ermanne dich und sprich: Fleuch, du alte Schlange; was erneust du deinen Stich, machst mir angst und bange? Ist dir doch der Kopf zerknickt*, und ich bin durchs Leiden meines Heilands dir entrückt in den Sal der Freuden.

* 1 Mos. 3, 15.

3. Christi Unschuld ist mein Ruhm, sein Recht meine Krone, sein Verdienst mein Eigentum, drinnen ich frei wohne als in einem festen Schloß, das durch nichts zu fällen, weil an ihm der Feinde Troß und Gewalt zerschellen.

4. Was ist unterm Himmelszelt, was im tiefen Meere, was ist Gutes in der Welt, das nicht mir gut wäre? Wem erglänzt das Sternenlicht? Wozu ist gegeben Luft und Wasser? Dient es nicht mir und meinem Leben?

5. Wem doch wird das Erdreich naß von dem Thau und Regen? Wem ergrünet Laub und Gras? Wem doch füllt der Segen Berg und Thale, Feld und Wald? Wahrlich mir zur Freude, mir zum frohen Aufenthalt, mir zur süßen Weide!

6. Meine Seele lebt in mir durch die heilgen Lehren, so die Christen mit Begier alle Tage hören. Gott eröffnet früh und spat meinen Geist und Sinne, daß sie seines Geistes Gnad freudig werden inne.

7. Was sind der Propheten Wort und Apostel Schreiben, als ein Licht am dunkeln Ort, Fackeln, die vertreiben meines Herzens Finsternis, und in Glaubenssachen das Gewissen sein gewis und recht grundfest machen?

8. Ich bin Gottes, Gott ist mein! wer ist, der uns scheide? Dringt das liebe Kreuz herein mit dem bittern Leide, — laß es bringen! kommt es doch von geliebten Händen; o wie schnell zerbricht sein Joch, wenn es Gott will wenden!

9. Kinder, die der Vater soll ziehn zu allem Guten, die gerathen selten wohl ohne Zucht und Ruthen; bin ich denn nun Gottes Kind, — warum will ich fliehen, wenn er mich von meiner Sünd will zum Guten ziehen?

10. Es ist herzlich gut gemeint mit der Christen Plagen; wer hier zeitlich hat geweint, darf nicht ewig klagen, sondern hat vollkomme Lust dort in Gottes Garten an des treuen Heilands Brust endlich zu gewarten.

11. Gottes Kinder säen zwar traurig und mit Thränen, aber endlich bringt das Jahr, was sie sich ersehnen; denn es kömmt die Erntezeit, wo sie Garben machen, da wird all ihr Gram und Leid lauter Freud und Lachen.

12. Ei, so faß, o Christenherz, alle deine Schmerzen! Wirf sie fröhlich hinterwärts, laß des Trostes Kerzen dich entzünden mehr und mehr, gib dem großen Namen deines Gottes Preis und Ehr; er wird helfen! Amen.

Paul Gerhardt, 1606—1676.

18

**Der Herr iſt mein Licht und mein Heil,
Vor wem ſoll ich mich fürchten?**
(Pſ. 27, 1—3.)

339. Eigne Weiſe. Joh. G. Ebeling, 1666.

War=um ſollt ich mich denn grä=men? Hab ich doch
Chri=ſtum noch; wer will mir den neh=men? Wer will
mir den Himmel rau=ben, den mir ſchon Got=tes Sohn
bei=ge=legt im Glau=ben?

2. Nackend lag ich auf dem Boden, da ich kam, da ich nahm meinen erſten Odem; nackend werd ich auch hinziehen, wenn ich werd von der Erd wie ein Schatten fliehen.

3. Gut und Blut, Leib, Seel und Leben iſt nicht mein, Gott allein iſt es, ders gegeben; will ers wieder zu ſich kehren, nehm ers hin, ich will ihn dennoch fröhlich ehren.

4. Schickt er mir ein Kreuz zu tragen, bringt herein Angſt und Pein: ſollt ich drum verzagen? Der es ſchickt, der wird es wenden; er weiß wohl, wie er ſoll all mein Unglück enden.

5. Gott hat mich bei guten Tagen oft ergetzt, ſollt ich jetzt nicht auch etwas tragen? Fromm iſt Gott und übt mit Maßen ſein Gericht, kann mich nicht ganz und gar verlaſſen.

6. Unverzagt und ohne Grauen ſoll ein Chriſt, wo er iſt, ſtets ſich laſſen ſchauen; wollt ihn auch der Tod aufreiben, ſoll der Mut dennoch gut und ſein ſtille bleiben.

7. Kann ja doch kein Tod uns tödten, ſondern reißt unſren Geiſt aus viel tauſend Nöthen, ſchleußt das Thor der bittern Leiden und macht Bahn, da man kann gehn zur Himmelsfreuden.

8. Dorten will in ſüßen Schätzen ich mein Herz auf den Schmerz ewiglich ergetzen. Hier iſt kein recht Gut zu finden; was die Welt in ſich hält, muß im Nu verſchwinden.

9. Was ſind dieſes Lebens Güter? Eine Hand voller Sand, Kummer der Gemüter. Dort, dort ſind die edlen Gaben, wo mein Hirt, Chriſtus, wird mich ohn Ende laben.

10. Herr, mein Hirt, Brunn aller Freuden, du bist mein, ich bin dein, Niemand kann uns scheiden. Ich bin dein, weil du dein Leben und dein Blut mir zu gut in den Tod gegeben.

11. Du bist mein, weil ich dich fasse und dich nicht, o mein Licht, aus dem Herzen lasse. Laß mich, laß mich hingelangen, wo du mich und ich dich leiblich werd umfangen.

Paul Gerhardt, 1606—1676.

Bei dem Herrn findet man Hilfe;
Sie ist nahe denen, die ihn fürchten.
(Pf. 25, 1—6; 73, 24—26. Hebr. 10, 37—38.)

340. Eigne Weise. 1711.

Sollt es gleich bis=wei=len schei=nen, als ver=lie=ße Gott die Sei=nen, o so glaub und weiß ich dies: Gott hilft end=lich doch ge=wiß.

2. Hilfe, die er aufgeschoben, hat er drum nicht aufgehoben; hilft er nicht zu jeder Frist, hilft er doch, wenns nöthig ist.

3. Wie oft Väter nicht gleich geben, wonach ihre Kinder streben, so hält Gott auch Maß und Ziel; er gibt, wem und wann er will.

4. Seiner kann ich mich getrösten, wenn die Noth am allergrößten; er ist gegen mich, sein Kind, mehr als väterlich gesinnt.

5. Will der Feind mir bange machen, — ich kann seine Macht verlachen; drückt mich schwer des Kreuzes Joch, — Gott, mein Vater, lebet noch.

6. Mögen mich die Menschen kränken, mag auf mein Verderben denken, wer mir ohne Ursach feind! Gott im Himmel ist mein Freund.

7. Laß die Welt nur immer neiden! Will sie mich nicht länger leiden, ei so frag ich nichts darnach; Gott ist Richter meiner Sach!

8. Will sie gleich mich von sich treiben, muß mir doch der Himmel bleiben; ist der Himmel mein Gewinn, geb ich alles Andre hin.

9. Herr, kann ich nur dich umfassen, will ich alles Andre lassen; legt man mich dereinst ins Grab, gnug, Herr, wenn ich dich nur hab!

Christoph Tietze, 1641—1703.

18*

Du leitest mich nach deinem Rath.
Und nimmst mich endlich mit Ehren an.
(Jef. 28, 29; 55, 8. 9. Jerem. 29, 11. Röm. 11, 33—36.)

Weise 51. Alles ist an Gottes Segen.

341. Wunderanfang, herrlich
Ende, wo die wunderweisen
Hände Gottes führen ein und
aus! Wunderweislich ist sein
Rathen, wunderherrlich seine
Thaten, und du sprichst: „Wo
wills hinaus?"

2. Denke doch: es muß so
gehen, was Gott weislich heißt
geschehen, ihm und dir zur Herrlichkeit; ob der Anfang seltsam
scheinet, ist das End doch gut
gemeinet, Friede folgt nach dem
Streit.

3. Gottes Weg ist in den Quellen, die den Bach zum Strome
schwellen*, und du spürst nicht
seinen Fuß; so auch in dem Meer
der Sorgen hält Gott seinen
Pfad verborgen, daß man nach
ihm suchen muß.

* Jef. 41, 17—18.

4. In den bodenlosen Gründen, wo nur wilde Flut zu finden, in dem Angst- und Todes-
meer sieht man oft die Frommen schwimmen und in tiefster
Noth sich krümmen, als obs
schon verloren wär.

5. Kein Besinnen kann er-
sinnen, wo man könne Rath gewinnen, die Vernunft ist hier
zu blind, deren halbgebrochne
Augen nicht für das Verborgne
taugen, dem sie allzublöde sind.

6. Weil Gott im Verborgnen
wohnet und sein Reich im Trauen
thronet, wo man glaubt, ob
man nicht sieht: bleibet unnütz
unser Sorgen; wer nicht trauen
will auf morgen, dem auch keine
Hilfe blüht.

7. Gott muß man in allen
Sachen, weil er Alles wohl kann
machen, End und Anfang geben
frei; er wird, was er angefangen, lassen solch ein End
erlangen, daß es wunderherrlich sei.

8. Mußt du auch in Angst und
Schrecken gehn durch Dornen
und durch Hecken, über Stock
und über Stein; führt dich Gott
durch wilde Fluten, Stürme,
Krankheit, Feuersgluten in Gefahr und Trübsal ein:

9. So laß dir doch nimmer
grauen, lerne deinem Gott vertrauen, sei getrost und gutes
Muts. Er, fürwahr, er wird
es führen, daß du wirst am
Ende spüren, wie er dir thut
lauter Guts.

10. Du wirst seinen Ruhm
erzählen und nicht vor der Welt
verhehlen, was die blinde Welt
nicht kennt. Er wird dir dein
Kreuz versüßen, daß du wirst
bekennen müssen: Wunderanfang, herrlich End!

Heinrich Arnold Stockfleth, 1643—1708.

**In der Welt habt ihr Angst, spricht der Herr,
Aber seid getrost, ich habe die Welt überwunden.**
(Röm. 8, 35—39.)

Weise 587. Freu dich sehr, o meine Seele.

342. Meine Sorgen, Angst und Plagen laufen mit der Zeit zu End; alles Seufzen, alles Klagen, das der Herr allein nur kennt, wird, Gott Lob! nicht ewig sein; nach dem Regen wird ein Schein von viel tausend Sonnenblicken meinen matten Geist erquicken.

2. Meine Sat, die ich gesäet, wird zur Freude wachsen aus; wenn die Dornen abgemähet, träget man die Frucht nach Haus. Wenn ein Wetter ist vorbei, wird der Himmel wieder frei; nach dem Kämpfen, nach dem Streiten kommen die Erquickungszeiten.

3. Wenn man sich will Rosen brechen, muß man leiden in der Still, daß uns auch die Dornen stechen; Alles geht, wie Gott es will. Er hat uns ein Ziel gezeigt, das man nur im Kampf erreicht; will man hier das Kleinod finden, so muß man erst überwinden.

4. Unser Weg geht nach den Sternen, der mit Kreuzen ist besetzt; hier muß man sich nicht entfernen, ist er gleich mit Blut benetzt. Zu dem Schloß der Ewigkeit kommt kein Mensch hin sonder Streit; die in Salems Mauern wohnen, zeigen ihre Dornenkronen.

5. Es sind wahrlich alle Frommen, die des Himmels Klarheit sehn, aus viel Trübsal hergekommen; und nun siehet man sie stehn vor des Lammes Stuhl und Thron, prangend in der Ehrenkron und mit Palmen schön gezieret, weil sie glücklich triumphiret.

6. Gottes Ordnung stehet feste und bleibt ewig unverrückt; seine Freund und Hochzeitsgäste werden nach dem Streit beglückt, Israel erhält den Sieg nach geführtem Kampf und Krieg, Kanaan wird nicht gefunden, wo man nicht hat überwunden.

7. Darum trage deine Ketten, meine Seel, und dulde dich, Gott wird dich gewis erretten, das Gewitter leget sich; nach dem Blitz und Donnerschlag folgt ein angenehmer Tag, auf den Abend folgt der Morgen, und die Freude nach den Sorgen.

Unbekannter Verfasser, um 1700.

**Der Herr verläßt sein Volk nicht
Um seines großen Namens willen.**
(2 Cor. 4, 8. Jerem. 23, 23.)

343. Eigne Weise. 1731.

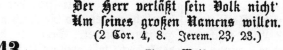

Gott le = bet noch! See = le, was ver = zagst du doch?

Gott iſt gut, der aus Er=bar=men al = le Hilf auf
der mit Macht und ſtar=ken Ar=men ma=chet Al = les

Er = den thut, Gott kann beſ=ſer, als wir den=ken,
wohl und gut.

al = le Noth zum Be = ſten len = ken. See=le, ſo be=

ben = ke doch: lebt doch un=ſer Herr=Gott noch!

2. Gott lebet noch! Seele, was verzagſt du doch? Kann der ſchlummern oder ſchlafen, der das Aug hat zugericht? Der die Ohren hat erſchaffen, ſollte dieſer hören nicht? Gott iſt Gott, der hört und ſiehet, wo den Frommen Weh geſchiehet. Seele, ſo bedenke doch: lebt doch unſer Herr=Gott noch!

3. Gott lebet noch! Seele, was verzagſt du doch? Der den Erden=kreis verhüllet mit den Wolken weit und breit, der die ganze Welt erfüllet, iſt von uns nicht fern und weit. Wer Gott liebt, dem will er ſenden Hilf und Troſt an allen Enden. Seele, ſo bedenke doch: lebt doch unſer Herr=Gott noch!

4. Gott lebet noch! Seele, was verzagſt du doch? Biſt du ſchwer mit Kreuz beladen, nimm zu Gott nur deinen Lauf; Gott iſt groß und reich von Gnaden, hilft dem Schwachen gnädig auf. Got=

tes Gnade währet immer, ſeine Treu vergehet nimmer; Seele, ſo bedenke doch: lebt doch unſer Herr=Gott noch!

5. Gott lebet noch! Seele, was verzagſt du doch? Wenn dich deine Sünden kränken, dein Ge=wiſſen quälet ſehr: komm zu Gott, er wird verſenken deine Sünden in das Meer*; mitten in der Angſt der Höllen kann er dich zufrieden ſtellen. Seele, ſo bedenke doch: lebt doch unſer Herr=Gott noch! * Mich. 7, 19.

6. Gott lebet noch! Seele, was verzagſt du doch? Will dich alle Welt verlaſſen, weißt du weder aus noch ein: Gott wird dennoch dich umfaſſen und im Leiden bei dir ſein. Gott iſts, der es herzlich meinet, wo die Noth am größten ſcheinet. Seele, ſo be=denke doch: lebt doch unſer Herr=Gott noch!

7. Gott lebet noch! Seele, was verzagſt du doch? Laß den Him=

mel ſammt der Erden immerhin in Trümmer gehn, ihre Werk* entzündet werden, Alles rings in Flammen ſtehn; laß den Tod und Abgrund ſtürmen: wer Gott traut, den will er ſchirmen. Seele, ſo bedenke doch: lebt doch unſer Herr=Gott noch!

* 2 Petr. 3, 10.

8. Gott lebet noch! Seele, was verzagſt du doch? Mußt du ſchon geängſtet wallen auf der harten Dornenbahn: es iſt Gottes Wohl= gefallen, dich zu führen himmelan. Gott wird nach dem Jammer= leben Friede, Freud und Wonne geben. Seele, ſo bedenke doch: lebt doch unſer Herr=Gott noch!

M. Johann Friedrich Zihn, 1650—1719.

Welchen der Herr lieb hat, den züchtigt er;
Er ſtäupet aber einen jeglichen Sohn, den er aufnimmt.
(Hebr. 12, 1—5. Jak. 1, 12.)

Weiſe 328. Was Gott thut, das iſt wohlgethan.

344. Ein Chriſt kann ohne Kreuz nicht ſein; drum laß dichs nicht betrüben, wenn Gott ver= ſucht mit Kreuz und Pein die Kinder, die ihn lieben; je lieber Kind, je ernſter ſind des from= men Vaters Schläge; ſchau, das ſind Gottes Wege!

2. Ein Chriſt kann ohne Kreuz nicht ſein, Gott wills nicht an= ders haben; auch dieſes Lebens Noth und Pein ſind deines Va= ters Gaben. Solls denn ſo ſein, ſo geh es ein, — es kommt von Liebeshänden; Gott wird nichts Böſes ſenden.

3. Ein Chriſt kann ohne Kreuz nicht ſein; das Kreuz lehrt fleißig beten, zieht ab vom eitlen Trug und Schein und lehrt zu Jeſu treten; drum wirfs nicht hin mit ſprödem Sinn, wenns nun zu dir gekommen; es ſoll der Seele frommen!

4. Ein Chriſt kann ohne Kreuz nicht ſein, das muß uns immer wecken, wir ſchliefen ſonſt in Sünden ein; wie müßten wir erſchrecken, wenn unbereit die Ewigkeit und der ·Poſaunen Schallen uns würde überfallen!

5. Ein Chriſt kann ohne Kreuz nicht ſein; es lehrt die Sünde haſſen und unſern lieben Gott allein mit rechter Lieb um= faſſen. Die Welt vergeht und Gott beſteht; bedenks und laß dich üben, das ewge Gut zu lieben.

6. Auch ich will ohne Kreuz nicht ſein; was Gott ſchickt, will ich tragen! Schickts doch der liebſte Vater mein, ſinds doch nur kurze Plagen und wohlgemeint! Wer gläubig weint, lebt dort in ſteten Freuden; ich will mit Chriſto leiden!

David Nerreter, 1649—1726.

Harre des Herrn, ſei getroſt und unverzagt:
Die rechte Hand des Höchſten kann Alles ändern.
(Pſ. 77, 11—16. Dan. 4, 32. Eph. 3, 20. 21.)

Weiſe 365. Wer nur den lieben Gott läßt walten:

345. Ich bin bei allem Kummer ſtille, der mir auf meinem Herzen liegt. Es iſt des lieben Gottes Wille, der mich zu ſeiner Zeit vergnügt; denn dieſer Troſt iſt mir bekannt: es ändert's Gottes rechte Hand.

2. Er kann es thun, drum will ich hoffen; er will es thun, drum trau ich drauf. Sein Vaterherze ſteht mir offen und er nimmt meine Seufzer auf. Sein Wort iſt mir ein ſichres Pfand; da ſtärkt mich Gottes rechte Hand.

3. Es kann nicht jeder Wunſch gelingen, den man ſich etwa ausgedacht; man ſieht, wer's mit Gewalt will zwingen, daß der nur Uebel ärger macht. Gnug, was mir fehlt, iſt Gott bekannt; der hilft durch ſeine rechte Hand.

4. Die rechte Stunde wird ſchon kommen, wo ſeine Rechte mich erfreut; ich weiß, daß endlich doch der Frommen der Wunſch des Herzens wohl gedeiht; mein Glaube hat dies feſte Band: mich ſegnet Gottes rechte Hand.

5. Wills Gott, ſo ſtellet ſich wohl morgen der Segen meiner Hoffnung ein und wird von allen meinen Sorgen kein Stäubchen ferner übrig ſein; ſo hab ich ein gelobtes Land, es krönt mich Gottes rechte Hand.

6. „Geduld!" will ich indeſſen ſprechen; „Geduld!" wenn ſich's noch will verziehn; „Geduld!" die Zeit wird Roſen brechen, die mir aus Gottes Liebe blühn. Dabei verharr ich unverwandt: bald ändert's Gottes rechte Hand.

M. Erdmann Neumeiſter, 1671—1756.

Wer nicht ſein Kreuz auf ſich nimmt und folget mir nach,
Der iſt meiner nicht werth.
(Matth. 10, 38—39.)

Weiſe 365. Wer nur den lieben Gott läßt walten:

346. Je größer Kreuz, je näher Himmel; wer ohne Kreuz, iſt ohne Gott, denn bei dem eiteln Weltgetümmel vergißt man Hölle, Fluch und Tod. O ſelig iſt der Mann geſchätzt, den Gott in Kreuz und Trübſal ſetzt!

2. Je größer Kreuz, je beßre Chriſten; Gott prüft uns mit dem Probeſtein. Manch Saatfeld muß gleich einer Wüſten, weil ohne Thränenregen, ſein! Das Gold wird auf dem Feuerherd, ein Chriſt in mancher Noth bewährt.

3. Je größer Kreuz, je ſtärker Glaube, die Palm erſtarket durch die Laſt; die Süßigkeit fließt aus der Traube erſt, wenn du ſie gekeltert haſt; und wie die

Perl in Salzesflut, ſo wächst im
Kreuz der Glaubensmut.

4. Je größer Kreuz, je größre
Liebe, der Sturm facht nur die
Flammen auf; ſcheint auch der
Himmel noch ſo trübe, ſo lacht
doch bald die Sonne drauf, und
wie das Oel die Flamme nährt,
wird Liebesglut durchs Kreuz
vermehrt.

5. Je größer Kreuz, je mehr
Gebete, ſie ſtrömen aus dem
Herzen fort; wenn um das Schiff
kein Sturmwind wehte, ſo fragte
man nicht nach dem Port. Wo
kämen Davids Pſalmen her,
wenn Kreuz ihm fern geblieben
wär?

6. Je größer Kreuz, je mehr
Verlangen: im Thale ſteiget
man bergan; wer durch die
Wüſten oft gegangen, der ſehnet
ſich nach Kanaan. Die Seele

findet hier nicht Ruh, drum
eilt ſie Zions Hütten zu.

7. Je größer Kreuz, je lieber
Sterben, man freut ſich recht
auf ſeinen Tod, denn man ent=
gehet dem Verderben, es ſtirbt
auf einmal alle Noth. Das
Kreuz, das unſre Gräber ziert,
bezeugt, man habe triumphirt.

8. Je größer Kreuz, je ſchönre
Krone, die Gott den Seinen
beigelegt und die einmal vor
ſeinem Throne der Ueberwinder
Scheitel trägt. Ach, dieſes
theure Kleinod macht, daß man
das größte Kreuz nicht acht.

9. Gekreuzigter, laß mir dein
Kreuze je länger deſto lieber
ſein; daß mich die Ungeduld
nicht reize, ſo pflanz ein ſolches
Herz mir ein, das Glaube, Liebe,
Hoffnung hegt, bis dort mein
Kreuz die Krone trägt!

Benjamin Schmolck, 1672—1737.

Dennoch bleibe ich ſtets an dir,
Denn du hältſt mich bei meiner rechten Hand.
(Pſ. 73, 23—28.)

Weiſe 421. Meinen Jeſum laß ich nicht.

347. Dennoch bleib ich ſtets
an dir, wenn mir Alles gleich
zuwider; keine Trübſal drückt
in mir die gefaßte Hoffnung
nieder, daß, wenn Alles bricht
und fällt, dennoch deine Hand
mich hält.

2. Leite mich nach deinem Rath,
der wohl wunderlich geſchiehet,
aber endlich in der That nur
auf meine Wohlfahrt ſiehet;
denn du führſt es wohl hinaus,
ſiehts auch noch ſo drohend aus.

3. Nimm mich dort mit Ehren
an, wenn ich ausgekämpfet habe,
führe mich die Lebensbahn zu
dem Himmel aus dem Grabe,
und dann zeige mir das Los
in der Auserwählten Schoß.

4. Mag es unterdeſſen hier
wunderlich mit mir ergehen, —
dennoch bleib ich ſtets an dir,
dennoch will ich feſte ſtehen,
denn ich muß trotz aller Pein
dennoch, dennoch ſelig ſein.

Benjamin Schmolck, 1672—1737.

Seid geduldig, liebe Brüder,
Bis auf die Zukunft des Herrn.
(Jak. 5, 7—8.)

Weiſe 421. Meinen Jeſum laß ich nicht.

348. Ach mein Herz, ergib dich drein, nimm mit deinem Gott vorwillen; nur dein Jeſus kann allein alle deine Sorgen ſtillen; richte dich nach ſeiner Huld, er gibt Troſt und gibt Geduld.

2. Geht durch Dornen deine Bahn, iſt dein Trank vermiſcht mit Gallen: — nimm es nur gedulbig an, alſo hat es Gott gefallen; glaube nur, was Gott dir thut, das iſt Alles recht und gut.

3. Bleibe deinem Gott getreu; ob das Kreuz auch bringet Schmerzen, haſt du dennoch ſtets dabei Ruh und Troſt in deinem Herzen; nichts beſiegt auf dieſer Welt einen Sinn, der Gott gefällt.

4. Schicke dich in Gottes Brauch, Chriſten müſſen dulden, hoffen; hat doch deinen Heiland auch manches Ungemach getroffen! O, er weiß, wie es dir thut; leide nur mit frohem Mut!

5. Kronen folgen auf den Streit, kämpfe nur mit feſtem Glauben, Jeſus iſt ja nimmer weit, Niemand kann ſein Herz dir rauben; bete, leide, lebe rein, ſelig wird dein Ende ſein.

Benjamin Schmolck, 1672— 1737.

Gott iſt getreu, der uns nicht läſſet verſuchen über unſer Vermögen, Sondern machet, daß die Verſuchung ſo ein Ende gewinne, daß wir es können ertragen.

(Pſ. 68, 20. 2 Theſſ. 3, 3. 1 Cor. 10, 13.)

Weiſe 380. O Gott, du frommer Gott.

349. Gott iſt und bleibt getreu; er hört nicht auf zu lieben, auch wenn es ihm gefällt, die Seinen zu betrüben; er prüfet durch das Kreuz, wie rein der Glaube ſei, wie ſtandhaft die Geduld; Gott iſt und bleibt getreu.

2. Gott iſt und bleibt getreu, er hilft ja ſelber tragen, was er uns auferlegt, die Laſt der ſchweren Plagen; er braucht die Ruthe oft und bleibet doch dabei ein Vater, der uns liebt; Gott iſt und bleibt getreu.

3. Gott iſt und bleibt getreu, er weiß, was wir vermögen; und pfleget nie zu viel den Schwachen aufzulegen; er macht ſein Erb und Volk von Laſt und Banden frei, wenn große Noth entſteht; Gott iſt und bleibt getreu.

4. Gott iſt und bleibt getreu, er tröſtet nach dem Weinen und läßt nach trüber Nacht die Freudenſonne ſcheinen; der Sturm des Unglücks geht zu rechter Zeit vorbei; ſei, Seele, nur

getrost: Gott ist und bleibt
getreu.

5. Gott ist und bleibt getreu;
er stillet dein Begehren, er will
dein Glaubensgold in Trübsals=
glut bewähren. Nimm an von
Gottes Hand den Kreuzkelch ohne
Scheu, der Lebensbecher folgt;
Gott ist und bleibt getreu.

6. Gott ist und bleibt getreu;
befiehl ihm deine Sachen, —
er wird der Trübsal schon ein
solches Eude machen, daß alles
Kreuz und Noth dir ewig nütze
sei. So liebt der Höchste dich;
Gott ist und bleibt getreu.

Dr. Johann Christian Wilhelmi,
um 1720.

Sei nur wieder zufrieden, meine Seele,
Denn der Herr thut dir Gutes.

(Pf. 116, 4—9.)

Weise 847. Nun ruhen alle Wälder.

350. Mein Herz, gib dich zu=
frieden und bleibe ganz geschie=
den von Sorge, Furcht und
Gram; die Noth, die dich jetzt
drücket, hat Gott dir zugeschicket,
sei still und halt dich wie ein Lamm.

2. Mit Sorgen und mit Za=
gen und unmutsvollem Klagen
häufst du nur deine Pein; durch
Stillesein und Hoffen wird, was
dich jetzt betroffen, erträglich,
sanft und lieblich sein.

3. Kanns doch nicht ewig
währen! Oft hat Gott unsre
Zähren gar bald schon abge=
wischt; wenns bei uns heißt:
„wie lange wird mir so angst
und bange!" — so hat er Leib
und Seel erfrischt.

4. Gott pflegt es so zu machen:
nach Weinen schafft er Lachen,
nach Regen Sonnenschein; nach
rauhen Wintertagen muß uns
der Lenz behagen. Gott führt
in Leid und Freuden ein.

5. Es sind ja Liebesschläge,
wenn ich es recht erwäge, wo=
mit der Vater schlägt; nicht

Schwerter sinds, nur Ruthen,
mit denen er im Guten die
Seinen hier zu üben pflegt.

6. Er will uns dadurch ziehen
zu Kindern, die da fliehen das,
was ihm misbehagt; er will
das Fleisch nur schwächen, den
Eigenwillen brechen, die Lust
ertödten, die uns plagt.

7. Er will uns dadurch lehren,
wie wir ihn sollen ehren mit
Glauben und Geduld, und —
sollt er auch in Nöthen uns
lassen, ja gar tödten — uns
doch getrösten seiner Huld.

8. Denn was will uns auch
scheiden von Gott und seinen
Freuden, dazu er uns ersehn?
Man lebe oder sterbe, so blei=
bet uns das Erbe des Him=
mels dennoch ewig stehn.

9. Ist Christus unser Leben,
so wird uns, seinen Reben, das
Sterben zum Gewinn; er mag
die Leibeshöhle zerbrechen, doch
die Seele steigt auf zum Bau
des Himmels hin.

10. Drum gib dich ganz zu=

frieden, mein Herz; und bleib geschieden von Sorge, Furcht und Gram; vielleicht wird Gott bald senden, die dich auf ihren Händen hintragen zu dem Bräutigam.

Johann Anastasius Freylinghausen, 1670—1739.

Die Apostel sprachen zu dem Herrn: Stärke uns den Glauben.
(Luc. 17, 5—6.)

Weise 437. Wie wohl ist mir, o Freund der Seelen.

351. Du Starker, brauche deine Stärke, greif meinen Schaden mächtig an, und mache deinem Gnadenwerke in mir durch Kreuz und Leiden Bahn; du kennst ja jede Herzensfalte, mein Heiland, prüfe, säubre, walte; ganz unbedingt weih ich mich dir! So fühl ich, Liebesgeist, dein Wehen, so gränzt mein Glauben an das Sehen; denn Jesus Christus lebt in mir.

Carl Ulysses von Salis, 1728—1809.

Kämpfe den guten Kampf des Glaubens Und ergreife das ewige Leben.
(Phil. 1, 23.)

Weise 901. Wenn wir in höchsten Nöthen sein.

352. Am Himmel ziehen Wolken schwer, ich seh das blaue Zelt kaum mehr; doch über Wolken hell und klar nehm ich ein freundlich Auge wahr.

2. Es tobt der Sturm mit wilder Macht, und immer dunkler wird die Nacht; doch, wenn auch meine Seele bebt, sie weiß, daß dort ein Heiland lebt.

3. Sie zöge gar zu gern hinaus in ihres lieben Vaters Haus, doch hält in seiner Kraft sie still, bis seine Hand sie lösen will.

4. Die Erd ist mir ein morsches Boot, das unter mir zu sinken droht; ich steh, nach oben hingewandt, mit einem Fuß an seinem Rand.

5. Gebeutst du, Herr, mit einem Blick, so schleudr ich mich hinter mich zurück und schwinge mich an deiner Hand hinauf, hinauf, und jauchze: „Land!"

6. Ich gienge gern, so gern zu dir! Doch wenn du mich noch länger hier in Sturm und dunkeln Nächten läßt, so halt du meine Seele fest,

7. Daß sie in Sturm und Nächten treu, zu deiner Ehre wacker sei, bis du mir rufst: „Nun ist mirs recht; geh ein zu mir, getreuer Knecht!"

Heinrich Möwes, 1793—1834.

d. Vertrauen und Hoffnung.

Wirf dein Anliegen auf den Herrn,
Der wird dich versorgen.
(Matth. 6, 25. Jes. 49, 15. 16.)

353.

Eigne Weise.

1588.

War=um betrübst du dich, mein Herz, be=kümmerst dich und trä=gest Schmerz nur um das zeit=lich Gut? Ver=trau du dei=nes Got=tes Rath, der al=le Ding er=schaf=fen hat.

2. Er kann und will dich lassen nicht, er weiß gar wohl, was dir gebricht, Himmel und Erd ist sein. Mein Vater und mein Herr und Gott, der mir beisteht in aller Noth: —

3. Weil du mein Gott und Vater bist, wirst du dein Kind verlassen nicht, du väterliches Herz! Ich Erd und Asche habe hier doch keinen Trost, als nur in dir.

4. Der Reiche baut auf zeit=lich Gut, ich aber will dir traun, mein Gott; ob ich gleich werd veracht, so weiß und glaub ich festiglich: wer dir vertraut, dem mangelts nicht.

5. Ach Gott, du bist noch heut so reich, als du gewesen ewig=lich; mein Trauen steht zu dir: machst du mich an der Seele reich, hab ich gnug hier und ewiglich.

6. Zeitlicher Ehr ich gern entbehr, das Ewige mir nur gewähr, das du erworben hast durch deinen herben bittern Tod; das bitt ich dich, mein Herr und Gott!

7. Alles, was ist auf dieser Welt, es sei Gold, Silber oder Geld, Reichtum und zeitlich Gut, das währt nur eine kleine Zeit und hilft gar nicht zur Seligkeit.

8. Ich dank dir, Christe, Gottes Sohn, daß du mir solches kund gethan durch dein göttliches Wort; verleih mir auch Beständigkeit zu meiner Seele Seligkeit!

9. Lob, Ehr und Preis sei dir gesagt für alle deine Güt und Gnad; ich bitt demütiglich: laß mich von deinem Antlitz nicht verstoßen werden ewiglich!

Hans Sachs, 1494—1576.

Wer dem Herrn vertrauet, Dem wird nichts mangeln.
(Pf. 27.)
Weise 324. Was mein Gott will, gescheh allzeit.

354. Wer Gott vertraut, hat wohlgebaut im Himmel und auf Erden; wer sich verläßt auf Jesum Christ, dem muß der Himmel werden. Darum hoff ich allein auf dich mit ganz getröstem Herzen; Herr Jesu Christ, mein Trost du bist in Todesnoth und Schmerzen!

2. Und wenns gleich wär dem Teufel sehr und aller Welt zuwider: dennoch so bist du, Jesu Christ, der sie all schlägt darnieder; und wenn ich dich nur hab um mich mit deinem Geist und Gnaden, so kann fürwahr mir ganz und gar kein Tod noch Teufel schaden.

3. Dein tröst ich mich ganz sicherlich; denn du kannst mir wohl geben, was mir ist noth, du treuer Gott, für dies und jenes Leben. Gib wahre Reu, mein Herz ernen, errette Leib und Seele! Ach, höre, Herr, dies mein Begehr, daß meine Bitt nicht fehle!

Seit 1598. Verfasser unbekannt.

Siehe, ich bin mit dir, spricht der Herr, Ich will dich behüten, wo du hinziehest.
(Pf. 73, 23—25. Spr. 16, 9. Jerem. 10, 23.)
Weise 847. Nun ruhen alle Wälder.

355. In allen meinen Thaten laß ich den Höchsten rathen, der Alles kann und hat; er muß zu allen Dingen, solls anders wohl gelingen, selbst geben Segen, Rath und That.

2. Nichts ist es spät und frühe um alle meine Mühe; mein Sorgen ist umsonst; er mags mit meinen Sachen nach seinem Willen machen! ich stells in seine Vatergunst.

3. Es kann mir nichts geschehen, als was er hat ersehen und was mir selig ist; ich nehm es, wie ers gibet; was ihm von mir beliebet, erkies ich auch zu jeder Frist.

4. Ich traue seiner Gnaden, die mich vor allem Schaden, vor allem Uebel schützt. Leb ich nach seinen Sätzen, so wird mich nichts verletzen und nichts mir fehlen, was mir nützt.

5. Er wolle meiner Sünden in Gnaden mich entbinden, durchstreichen meine Schuld; er wird auf mein Verbrechen nicht stracks das Urtheil sprechen, wird mit mir haben noch Geduld.

6. Leg ich mich Abends nieder, erwach ich frühe wieder, lieg oder zieh ich fort, in Schwachheit und in Banden und was mir stößt zu Handen, da tröstet allzeit mich sein Wort.

7. Hat er es denn beschlossen, so will ich unverdrossen an mein

Verhängnis gehn. Kein Unfall unter allen wird je zu hart mir fallen; mit Gott will ich ihn überstehn.

8. Ihm hab ich mich ergeben, zu sterben und zu leben, sobald er mir gebeut; es sei heut oder morgen: dafür laß ich ihn sorgen, er weiß allein die rechte Zeit.

9. So sei nun, Seele, seine und traue dem alleine, der dich geschaffen hat. Es gehe, wie es gehe, dein Vater in der Höhe der weiß zu allen Sachen Rath.

Paul Flemming, 1609—1640.

**Was betrübst du dich, meine Seele,
Und bist so unruhig in mir?**
(Pf. 42, 12.)

Weise 327. Von Gott will ich nicht lassen.

356. Was willst du dich betrüben, o meine liebe Seel? Thu den nur herzlich lieben, der heißt Immanuel. Vertrau dich ihm allein; gut wird er Alles machen und fördern deine Sachen, wie dirs wird selig sein.

2. Denn Gott verlässet Keinen, der sich auf ihn verläßt; er bleibt getreu den Seinen, die ihm vertrauen fest. Gehts oft auch wunderlich, so laß dir doch nicht grauen; mit Freuden wirst du schauen, wie Gott wird retten dich.

3. Auf ihn magst du es wagen getrost, mit frischem Mut; mit ihm wirst du erjagen, was dir ist nütz und gut; denn was Gott haben will, das kann Niemand verhindern von allen Menschenkindern, sind ihrer noch so viel.

4. Er lenkts zu seinen Ehren und deiner Seligkeit; solls sein: kein Mensch kanns wehren, und wärs ihm noch so leid; doch wills Gott haben n i c h t: kanns Niemand vorwärts treiben, es muß zurücke bleiben; was Gott will, das geschicht.

5. Ihm will ich mich ergeben, ihm sei es heimgestellt! Nach nichts sonst will ich streben, als was dem Herrn gefällt. Sein Will ist mein Begier; der ist und bleibt der beste, das glaub ich steif und feste. Wohl dem, der glaubt mit mir!

Johann Heermann, 1585—1647.

**Schauet die Vöglein unter dem Himmel,
Schauet die Lilien auf dem Felde an.**
(Matth. 6, 26—32.)

Weise 431. Dank sei Gott in der Höhe.

357. Kommt, laßt uns doch anhören die Vögel durch den Wald, wie sie den Schöpfer ehren, daß Berg und Thal erschallt. Sie singen ohne Sorgen, sind freudig, denken nicht, ob ihnen wohl auf morgen dies oder das gebricht.

2. Sie trachten nicht nach Schätzen durch Sorgen, Müh und Streit; der Wald ist ihr Ergetzen, die Federn sind ihr Kleid; ihr Tisch ist stets gedecket, sie sind vergnügt und satt, weil jedes, was ihm schmecket, so viel ihm noth ist, hat.

3. Sie bauen kleine Neste*, nicht große Scheunen auf, sind nirgends fremd und Gäste, sie kaufen guten Kauf. Es singt dafür ein jeder, so gut er kann und mag, dem Wirte schöne Lieder hindurch den ganzen Tag.

* Andere Form für „Nester."

4. Der diese Thierlein speiset und durch die Winterzeit ihr Körnlein ihnen weiset, wann Alles liegt beschneit: wie sollte der nicht geben, was dir von nöthen ist, den Unterhalt zum Leben? Trau ihm nur als ein Christ!

5. Kommt, die ihr Gott nicht trauet, daß 'er' euch kleiden kann: geht hin aufs Feld und schauet die schönen Lilien an! Von wem kommt ihr Geschmeide? Selbst König Salomo in Purpur, Gold und Seide war nicht bekleidet so.

6. Man sieht sie nimmer spinnen, doch sind sie so geschmückt, daß aller Künstler Sinnen hierüber wird entzückt. Der Herr, der solcher Maßen den Blumen Kleider gibt, wird ohne Kleid nicht lassen den Menschen, den er liebt.

7. Auf ihn will fest ich bauen, ich weiß, er läßt mich nicht; ihm will ich es vertrauen, wenn etwas mir gebricht. Ich sorge nicht für morgen, noch was ich heut verzehrt, und lasse den nur sorgen, der alle Welt ernährt.

Andr. Heinrich Buchholz, 1607-1671.

Befiehl dem Herrn deine Wege
Und hoffe auf ihn, er wirds wohl machen.
(Pf. 37, 5.)

Weise 588. Herzlich thut mich verlangen.

358. Befiehl du deine Wege und was dein Herze kränkt der allertreusten Pflege des, der den Himmel lenkt; der Wolken, Luft und Winden gibt Wege, Lauf und Bahn, der wird auch Wege finden, wo dein Fuß gehen kann.

2. **Dem Herren** mußt du trauen, wenn dirs soll wohlergehn; auf sein Werk mußt du schauen, wenn dein Werk soll bestehn; mit Sorgen und mit Grämen und mit selbsteigner Pein läßt Gott sich gar nichts nehmen; es muß erbeten sein.

3. **Dein** ewge Treu und Gnade, o Vater, weiß und sieht, was gut sei oder schade dem sterblichen Geblüt; und was du dann erlesen, das treibst du, starker Held, und bringst zu Stand und Wesen, was deinem Rath gefällt.

4. **Weg** hast du allerwegen, an Mitteln fehlt dirs nicht; dein Thun ist lauter Segen,

dein Gang ist lauter Licht; dein Werk kann Niemand hindern, dein Arbeit darf nicht ruhn, wenn du, was deinen Kindern ersprießlich ist, willst thun.

5. **Und** ob gleich alle Teufel hier wollten widerstehn, so wird doch ohne Zweifel Gott nicht zurückegehn; was er sich vorgenommen und was er haben will, das muß doch endlich kommen zu seinem Zweck und Ziel.

6. **Hoff**, o du arme Seele, hoff und sei unverzagt! Gott wird dich aus der Höhle, wo dich der Kummer plagt, mit großen Gnaden rücken; erwarte nur die Zeit, so wirst du schon erblicken die Sonn der schönsten Freud.

7. **Auf**, auf! Gib deinem Schmerze und Sorgen gute Nacht! laß fahren, was dein Herze betrübt und traurig macht! Bist du doch nicht Regente, der Alles führen soll, — Gott sitzt im Regimente und führet Alles wohl.

8. **Ihn**, ihn laß thun und walten, er ist ein weiser Fürst und wird sich so verhalten, daß du dich wundern wirst, wenn er, wie ihm gebühret, mit wun-

derbarem Rath die Sach hinausgeführet, die dich bekümmert hat.

9. **Er** wird zwar eine Weile mit seinem Trost verziehn und thun an seinem Theile, als hätt in seinem Sinn er deiner sich begeben, und, sollst du für und für in Angst und Nöthen schweben, fragt er doch nichts nach dir.

10. **Wirds** aber sich befinden, daß du ihm treu verbleibst, so wird er dich entbinden, wenn du's am mindsten glaubst; er wird dein Herze lösen von der so schweren Last, die du zu keinem Bösen* bisher getragen hast.

* D. i. dir nicht zum Übel.

11. **Wohl** dir, du Kind der Treue! Du hast und trägst davon mit Ruhm und Dankgeschreie den Sieg und Ehrenkron. Gott gibt dir selbst die Palmen in deine rechte Hand und du singst Freudenpsalmen dem, der dein Leid gewandt.

12. **Mach End**, o Herr, mach Ende mit aller unsrer Noth! Stärk unsre Füß und Hände und laß bis in den Tod uns allzeit deiner Pflege und Treu empfohlen sein, so gehen unsre Wege gewis zum Himmel ein.

Paul Gerhardt, 1606—1676.

Ist Gott für uns, Wer mag wider uns sein?
(Röm. 8, 31—39)
Weise 534. Valet will ich dir geben.

359. Ist Gott für mich, so trete gleich Alles wider mich; so oft ich ruf und bete, weicht Alles hinter sich. Hab ich das

Haupt zum Freunde und bin geliebt bei Gott, was kann mir thun der Feinde und Widersacher Rott?

19

2. Nun weiß und glaub ich feste, ich rühms auch ohne Scheu, daß Gott, der Höchst und Beste, mein Freund und Vater sei und daß in allen Fällen er mir zur Rechten steh und dämpfe Sturm und Wellen und was mir bringet Weh.

3. Der Grund, drauf ich mich gründe, ist Christus und sein Blut; das machet, daß ich finde das ewge, wahre Gut. An mir und meinem Leben ist nichts auf dieser Erd; was Christus mir gegeben, das ist der Liebe werth.

4. Mein Jesus ist mein Ehre, mein Glanz und helles Licht; wenn der nicht in mir wäre, so dürft und könnt ich nicht vor Gottes Auge stehen und seinem strengen Sitz; ich müßte stracks vergehen, wie Wachs in Feuershitz.*   * Pf. 68, 3.

5. Mein Jesus hat gelöschet, was mit sich führt den Tod; er ists, der rein mich wäschet, macht schneeweiß, was blutroth.* In ihm kann ich mich freuen, hab einen Heldenmut, darf kein Gerichte scheuen, wie sonst ein Sünder thut.   * Jes. 1, 18.

6. Nichts, nichts kann mich verdammen, nichts nimmt mir meinen Mut. Die Höll und ihre Flammen löscht meines Heilands Blut. Kein Urtheil mich erschrecket, kein' Unheil mich betrübt, weil mich mit Flügeln decket mein Heiland, der mich liebt.

7. Sein Geist wohnt mir im Herzen, regieret meinen Sinn, vertreibt mir Sorg und Schmerzen, nimmt allen Kummer hin, gibt Segen und Gedeihen dem, was er in mir schafft, hilft mir das Abba schreien aus aller meiner Kraft.

8. Und wenn an meinem Orte sich Furcht und Schwachheit findt, so seufzt und spricht er Worte, die unaussprechlich sind* zwar mir und meinem Munde, Gott aber wohl bewußt, der an des Herzens Grunde ersiehet seine Lust.   * Röm. 8, 26.

9. Sein Geist spricht meinem Geiste manch süßes Trostwort zu, wie Gott dem Hilfe leiste, der bei ihm suchet Ruh, und wie er hab erbauet ein edle neue Stadt, wo Aug und Herze schauet, was es geglaubet hat.

10. Da ist mein Theil und Erbe mir prächtig zugericht; wenn ich gleich fall und sterbe, fällt doch mein Himmel nicht. Muß ich auch gleich hier feuchten mit Thränen meine Zeit: mein Jesus und sein Leuchten durchsüßet alles Leid.

11. Wer sich mit ihm verbindet, das Böse flieht und haßt, der wird verfolgt und findet ein harte schwere Last zu leiden und zu tragen, geräth in Hohn und Spott; das Kreuz und alle Plagen die sind sein täglich Brot.

12. Das ist mir nicht verborgen, doch bin ich unverzagt; dich will ich lassen sorgen, dem ich mich zugesagt. Es koste Leib und Leben und Alles, was ich hab: an dir will ich fest bleiben und nimmer lassen ab.

13. Die Welt die mag zer=
brechen, du stehst mir ewiglich.
Kein Brennen, Hauen, Stechen
soll trennen mich und dich, kein
Hunger und kein Dürsten, kein
Armut, keine Pein, kein Zorn
der großen Fürsten soll Hin=
derung mir sein.

14. Kein Engel*, keine Freu=
den, kein Thron, kein Herrlich=
keit, kein Lieben und kein Lei=
den, kein Angst, kein Herzeleid,
was man nur kann erdenken,
es sei klein oder groß, der † keines
soll mich leuken aus deinem Arm
und Schoß. *Röm. 8, 38. †von diesen.

15. Mein Herze geht in Sprün=
gen und kann nicht traurig sein,
ist voller Freud und Singen,
sieht lauter Sonnenschein. Die
Sonne, die mir lachet, ist mein
Herr Jesus Christ; das, was
mich singen machet, ist, was im
Himmel ist.

Paul Gerhardt, 1606—1676.

Nach dem Ungewitter lässest du die Sonne wieder scheinen,
Und nach dem Heulen und Weinen überschattest du uns mit
Freuden.
(Pf. 30, 6. Vrgl. Tob. 3, 21—23.)

Weise 135.   Da Christus geboren war.

360. Auf den Nebel folgt die
Sonn, auf das Trauern Freud
und Wonn; auf die schwere
bittre Pein stellt sich Trost und
Labsal ein. Meine Seele, die
zuvor sich in finstre Nacht verlor,
bringt zum Lichte jetzt empor.

2. Der, vor dem die Welt
erschrickt, hat mir meinen Geist
erquickt, reißt mit hoher starker
Hand mich aus der Verzweif=
lung Band. Alle seine Lieb
und Güt überströmt mir mein
Gemüt und erfrischt mir mein
Geblüt.

3. Hab ich vormals Angst ge=
fühlt, hat der Gram mein Herz
zerwühlt, hat der Kummer mich
beschwert, der Versucher mich
bethört: ei, so bin ich nunmehr
frei, Heil und Rettung, Schutz
und Treu steht mir wieder treu=
lich bei.

4. Gott läßt Keinen traurig
stehn, noch mit Schimpf zurücke
gehn, der sich ihm zu eigen
schenkt und ihn in sein Herze
senkt. Wer auf Gott sein Hoffen
setzt, findet sicher noch zuletzt,
was ihm Leib und Seel ergetzt.

5. Kommts nicht heute, wie
man will, — sei man nur ein
wenig still; ist doch morgen auch
ein Tag, wo die Wohlfahrt kom=
men mag. Gottes Zeit hält
ihren Schritt; wenn die kommt,
kommt reichlich mit die Erhö=
rung unsrer Bitt.

6. Ach, wie oftmals dacht ich
doch, als mir noch des Trüb=
sals Joch auf dem Haupt und
Nacken lag und mir fast das
Herz zerbrach: „Nun ist alle Hoff=
nung hin, keine Ruh hat Herz
und Sinn, nur der Tod ist
mein Gewinn!"

19*

7. Doch der Höchste wandt es bald, heilt' und hielt mich dergestalt, daß ich, was sein Arm gethan, nie genugsam preisen kann: da ich weder hier noch da einen Weg zur Hilfe sah, hatt ich seine Hilfe nah.

8. Als ich furchtsam und verzagt mich selbst und mein Herz geplagt, als ich manche liebe Nacht mich mit Wachen krank gemacht, als mir aller Mut entfiel: tratst du selbst, mein Gott, ins Spiel, gabst der Trübsal Maß und Ziel.

9. Nun, so lang ich in der Welt werde haben Haus und Zelt, soll mir dieser Wunderschein stets vor meinen Augen

sein; ich will all mein Leben lang meinem Gott mit Lobgesang hierfür bringen Preis und Dank.

10. Allen Jammer, allen Schmerz, den des ewgen Vaters Herz mir schon jetzo zugezählt oder künftig auserwählt, will ich hier, in diesem Lauf meines Lebens, allzuhauf frisch und freudig nehmen auf.

11. Ich will gehn in Angst und Noth, ich will gehn bis in den Tod, ich will gehn ins Grab hinein und doch allzeit fröhlich sein. Wem der Stärkste bei will stehn, wen der Höchste will erhöhn, kann nicht ganz zu Grunde gehn.

Paul Gerhardt, 1606—1676.

Wir warten auf dich, Herr,
Des Herzens Lust stehet zu deinem Namen.
(Pf. 34. Jes. 26, 8.)
Weise 324. Was mein Gott will, das g'scheh allzeit.

361. Ich hab in Gottes Herz und Sinn mein Herz und Sinn ergeben. Was böse scheint, ist mir Gewinn, der Tod selbst ist mein Leben. Ich bin ein Sohn des, der vom Thron des Himmels wohl regieret, der, wenn er schlägt und Kreuz auflegt, doch stets mit Liebe führet.

2. Das kann mir fehlen nimmermehr, mein Vater muß mich lieben. Schickt er mir Angst und Trübsal her, so will er mich nur üben und mein Gemüt in seiner Güt gewöhnen fest zu stehen; halt ich dann Stand, weiß seine Hand mich wieder zu erhöhen.

3. Ich bin ja von mir selber nicht, — von ihm hab ich das Leben; mein Gott ists, der mich zugericht, mir Leib und Seel gegeben; und läßt er nicht des Geistes Licht in meiner Seele scheinen? Wer so viel thut, des Herz und Mut kanns nimmer böse meinen.

4. Woher wollt ich mein' Aufenthalt auf dieser Erd erlangen? Ich wäre längstens todt und kalt, wenn mich nicht Gott umfangen mit seinem Arm, der Alles warm, gesund und fröhlich machet; was er nicht hält, das bricht und fällt; was er erfreut, das lachet.

5. Zudem ist Weisheit und Verstand bei ihm ohn alle Maßen; Zeit, Ort und Stund ist ihm bekannt zum Thun und auch zum Lassen. Er weiß, wann Freud, er weiß, wann Leid uns, seinen Kindern, diene; und was er thut, ist Alles gut, obs noch so traurig schiene.

6. Du denkest zwar, wenn du nicht hast, was Fleisch und Blut begehret, als sei mit einer großen Last dein Licht und Heil beschweret; hast spät und früh viel Sorg und Müh zu deinem Wunsch zu kommen, und denkest nicht, daß, was geschicht, gescheh zu deinem Frommen.

7. Fürwahr, der dich geschaffen hat und sich zur Ehr erbauet, der hat schon längst in seinem Rath ersehen und beschauet aus wahrer Treu, was dienlich sei dir und den Deinen allen; laß ihm doch zu, daß er nur thu nach seinem Wohlgefallen!

8. Wills Gott, so kanns nicht anders sein: es wird dich noch erfreuen; was du jetzt nennest Kreuz und Pein, wird dir zum Heil gedeihen; wart in Geduld, die Gnad und Huld wird sich doch endlich finden, all Angst und Qual wird auf einmal, wenn er gebeut, verschwinden.

9. Das Feld kann ohne Ungestüm gar keine Früchte tragen: so fällt auch Menschenwohlfahrt um bei lauter guten Tagen. Ob die Arznei auch bitter sei: sie macht doch rothe Wangen; so muß ein Herz durch Angst und Schmerz zu seinem Heil gelangen.

10. Ei nun, mein Gott, so fall ich dir getrost in deine Hände; nimm mich und mach es so mit mir bis an mein letztes Ende, wie du wohl weißt, daß meinem Geist dadurch sein Heil entstehe, und deine Ehr je mehr und mehr sich in ihr selbst erhöhe.

11. Willst du mir geben Sonnenschein, so nehm ichs an mit Freuden; solls aber Kreuz und Unglück sein, will ichs geduldig leiden. Soll mir allhier des Lebens Thür noch ferner offen stehen: wie du mich führst und führen wirst, so will ich gern mitgehen.

12. Und soll ich denn des Todes Weg und finstre Straße reisen, nun, so betret ich Bahn und Steg, den mir dein' Augen weisen. Du bist mein Hirt, der Alles wird zu solchem Ende kehren, daß ich einmal in deinem Sal dich ewig werde ehren.

Paul Gerhardt, 1606—1676.

Mit Gott wollen wir Thaten thun;
Er wird unsre Feinde untertreten.
(Röm. 8, 31—39.)

Weise 76. Kommt her zu mir, spricht Gottes Sohn.

362. Ist Gott mein Schild und Helfersmann, was ist dann, das mir schaden kann? Weicht, alle meine Feinde, die ihr der

Schmach entgegengeht, wie listig auch ihr mir nachsteht:* ich habe Gott zum Freunde!

* nachstellet.

2. Ist Gott mein Trost und Zuversicht, so gibts kein Leid, das mich ansicht; weicht, alle meine Feinde, die ihr nur sinnet auf Gefahr! ich achte solches nicht ein Haar, — ich habe Gott zum Freunde.

3. Ist Gott mein Schirm und mein Panier, kein Ungemach kann schaden mir; weicht, alle meine Feinde, die ihr mich ängstet und betrübt! es ist umsonst, was ihr verübt; ich habe Gott zum Freunde.

4. Ist Gott mein Schutz und treuer Hirt, kein Unglück mich berühren wird; weicht, alle meine Feinde, die ihr nur stiftet Angst und Pein! es wird zu eurem Schaden sein; ich habe Gott zum Freunde.

5. Ist Gott mein Hort und großer Lohn: acht ich nicht Welt, noch Schimpf und Hohn; weicht, alle meine Feinde, die ihr mich lästert früh und spat! es wird euch richten eure That: ich habe Gott zum Freunde.

6. Ist Gott mein Heil und meine Kraft, die Welt nichts Böses an mir schafft; weicht, alle meine Feinde, die ihr auf mich erbittert seid! ihr thut euch selbst nur bittres Leid; ich habe Gott zum Freunde.

7. Ist Gott mein Beistand in der Noth: was kann mir schaden Sünd und Tod? Weicht, alle meine Feinde! Tod, Sünde, Teufel, Höll und Welt, ihr müsset räumen doch das Feld: ich habe Gott zum Freunde!

Ernst Christoph Homburg, 1605—1681.

**Herr, ich traue auf dich;
Laß mich nimmermehr zu Schanden werden.**
(Pf. 71, 1; 145. Matth. 6, 25—34. Eph. 5, 19.)
Weise 175. Ach, was soll ich Sünder machen?

363. Sollt ich meinem Gott nicht trauen, der mich liebt so väterlich, der so herzlich sorgt für mich? Sollt ich auf den Fels nicht bauen, der mir ewig bleibet fest, der die Seinen nicht verläßt?

2. Er weiß Alles, was mich drücket, mein Verlangen, meine Noth, steht mir bei bis in den Tod, weiß, was mir mein Herz erquicket; seine Lieb und Vatertreu bleibt mir jetzt und ewig neu.

3. Der die Vögel all ernähret, der die Blumen, Laub und Gras kleidet schön ohn Unterlaß, der uns alles Guts bescheret, sollte der verlassen mich? Nein, ich trau ihm festiglich.

4. Wenn nach seinem Reich ich trachte, wenn ich durch Gerechtigkeit finde meine Seligkeit, wenn ich Geld und Gut nicht achte: — wird er segnen früh und spat Wort und Werke, Rath und That.

5. Ei, so bleib der andre Morgen; das, was noch zukünftig ist, irrt mich nicht; ich bin ein Christ, ich laß meinen Gott versorgen Alles, weil doch aller Zeit ihre Sorg ist schon bereit.

6. Preis ihm, der mein Herz erfreuet, daß ich glaube festiglich: Gott, mein Vater, sorgt für mich! Preis ihm, der den Trost erneuet, daß ich weiß: Gott liebet mich, Gott versorgt mich ewiglich!

Dr. Joh. Olearius, 1611—1684.

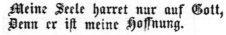

Meine Seele harret nur auf Gott,
Denn er ist meine Hoffnung.

(Pf. 62, 6.)

364.

Eigne Weise.

Joach. Neander, 1680.

Mei = ne Hoffnung ste = het fe = ste, steht auf den le =
er ist ja der treu = ste, be = ste, der mir bei = steht

bendgen Gott;
in der Noth;   er al = lein soll es sein, wel = chen ich von

Her = zen mein.

2. Sagt mir, wer kann doch vertrauen auf ein schwaches Menschenkind? wer kann feste Schlösser bauen in die Luft und in den Wind? Nichts besteht, was ihr seht auf der Erde, es vergeht.

3. Aber Gottes Güte währet immer und in Ewigkeit; Vieh und Menschen er ernähret durch erwünschte Jahreszeit; Alles hat seine Gnad dargereichet früh und spat.

4. Gibt er uns nicht Alles reichlich und mit großem Ueberfluß? Seine Lieb ist unvergleichlich, wie ein Frühlingsregenguß; Land und See, Thal und Höh schuf er, daß uns Guts gescheh.

5. Dankt ihm, der uns wie ein Töpfer hat gemacht aus Erd und Thon;* dauket ihm, dem großen Schöpfer, durch den wahren Menschensohn. Groß von Rath, stark von That ist, der uns erhalten hat.

* Jes. 64, 8.

Joach. Neander, 1640—1680.

Vertrau auf Gott, so wird er dir aushelfen;
Küste deine Wege und hoffe auf ihn.
(Pf. 37, 37—39. Eph. 3, 20—21. Hebr. 10, 35.)

365.　　　　Eigne Weise.　　　　G. Neumark, 1657.

Wer nur den lie = ben Gott läßt wal = ten
den wird er wun = der = bar er = hal = ten

und hof=fet auf ihn al = le = zeit,　Wer Gott dem
in al = ler Noth und Trau = rig = keit.

Al = ler = höch = sten traut, der hat auf kei = nen

Sand ge = baut.

2. Was helfen uns die schwe=
ren Sorgen? was hilft uns
unser Weh und Ach? was hilft
es, daß wir alle Morgen be=
seufzen unser Ungemach? Wir
machen unser Kreuz und Leid
nur größer durch die Traurigkeit.

3. Man halte nur ein wenig
stille und sei doch in sich selbst
vergnügt, wie unsers Gottes
Gnadenwille, wie sein Allwissen=
heit es fügt. Gott, der uns ihm
hat auserwählt, der weiß auch
sehr wohl, was uns fehlt.

4. Er kennt die rechten Freu=
denstunden, er weiß wohl, was
uns nützlich sei. Wenn er uns
nur hat treu erfunden und merket
keine Heuchelei, so kommt er,
eh wirs uns versehn, und lässet
uns viel Guts geschehn.

5. Denk nicht in deiner Drang=
salshitze, daß du von Gott ver=
lassen seist und daß ihm der
im Schoße sitze, der sich mit
stetem Glücke speist. Die Folge=
zeit verändert viel und setzet
Jeglichem sein Ziel.

6. Es sind ja Gott geringe
Sachen und ist dem Höchsten
Alles gleich, den Reichen klein
und arm zu machen, den Armen
aber groß und reich. Gott ist
der rechte Wundermann, der
bald erhöhn, bald stürzen kann.

7. Sing, bet und geh auf Got=
tes Wegen, verricht das Deine
nur getreu und trau des Him=
mels reichem Segen, so wird
er bei dir werden neu; denn
welcher seine Zuversicht auf Gott
setzt, den verläßt er nicht.

Georg Neumark, 1621—1681.

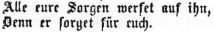

Alle eure Sorgen werfet auf ihn,
Denn er sorget für euch.
(Matth. 6, 25—34.)

366. Eigne Weise.   1731.

Gott sorgt für dich, was willst du dich viel pla = gen
mit dei=ner Sorg, o Mensch, und gar ver = za = gen?

Du bist sein Kind, er wird dich nicht ver = las = sen; trau

nur auf ihn, so wirst du Sor=gen has = sen.

2. Kein Vöglein sorgt für sei=
nes Lebens Speise; es steht früh
auf und singt nach seiner Weise
sein Morgenlied, dann fleugt es
durch die Wälder mit frohem
Mut und über alle Felder.

3. Es weiß noch nicht, wo
ihm hab hingeleget ein Körnlein
Speis der Gott, der Alles trä=
get durch seine Macht; doch
findt es alle Morgen sein Speis
und Trank, läßt Gott noch fer=
ner sorgen.

4. So, Menschenkind, mach's
auch in deinen Sachen, laß Gott
für dich nur immer sorgen,
wachen; arbeit und bet, er wird
dir Alles geben, was nöthig ist
zu deinem ganzen Leben.

5. Vertraue Gott und ehre
seinen Willen, so wird er dich
mit Gnad und Gut erfüllen;
er sorget schon, wie er dich
mög erhalten: laß du nur Gott
noch serner für dich walten!

M. Simon Bornmeister, 1632—1688.

Unsere Seele harret auf den Herrn;
Er ist unsere Hilfe und Schild.
(Pf. 3.)

Weise 901. Wenn wir in höchsten Nöthen sein.

367. Wenn Menschenhilfe dir
gebricht, so hoff auf Gott und
zage nicht; wenn Niemand hilft,
so hilft doch er und macht dein
Leiden nicht zu schwer.

2. Was trachtest du nach Men=
schengunst, die doch vergehet wie
ein Dunst? Es ist in dieser

Welt kein Freund, ders immer
gut mit einem meint!

3. Nimm deine Zuflucht drum
zu Gott, der kann dir nehmen
deine Noth; such den zum
Freund, der dir allein mit sei=
ner Hilf kann nützlich sein.

4. Ist Gott dein Freund, so

ist dein Feind ganz ohne Macht, wie stark er scheint; und wären tausend Feinde hier, so könnt doch keiner schaden dir.

5. Ob Alles sich entgegenstellt: es muß doch gehn, wie's Gott gefällt; es muß vor seiner All=

macht Dräun sich selbst des Meeres Sturm zerstreun.

6. Wenn alle Hilf scheint aus zu sein, so stellt sich Gottes Hilfe ein; laß Gott nur machen, wie er will, und halte seinem Willen still!

Anton Ulrich, Herzog zu Braunschweig=Lüneburg, 1633—1714.

Sorget nicht für den andern Morgen!
Denn der morgende Tag wird für das Seine sorgen.
(Matth. 6, 24—34.)

Weise 339. Warum sollt ich mich denn grämen?

368. Warum willst du doch für morgen, armes Herz, im= merwärts wie ein Heide sorgen? Wozu dient dein täglich Grä= men, da Gott will in der Still sich der Noth annehmen?

2. Gott hat dir geschenkt das Leben, Seel und Leib, darum bleib ihm allein ergeben; er wird Alles sonst noch schenken, traue fest, er verläßt nicht, die an ihn denken.

3. Sage nicht: Was soll ich essen? Gott hat dir schon all= hier so viel zugemessen, daß der Leib sich kann ernähren; Uebri= ges wird indes Gottes Hand bescheren.

4. Sorgst du, wie du dich sollst kleiden? Jesus spricht: Sorge nicht, solches thun die Heiden! Schau die Blumen auf den Feldern, schau, wie schön Bäume stehn in den grünen Wäldern.

5. Sorgt ein Vögel auf den Zweigen, wenn er singt, hüpft und springt, wer ihm köune zeigen, was er essen soll und

trinken? Nein, o nein, ganz allein folgt er Gottes Winken.

6. Ach, der Glaube fehlt auf Erden; wär er da, müßt uns ja, was uns noth ist, werden. Kannst du Gott im Glauben fassen: wird er nicht, wenns gebricht, jemals dich verlassen.

7. Wer gerecht zu leben trach= tet und zugleich Gottes Reich über Alles achtet, der wird wahr= lich nach Verlangen Speis und Trank lebenslang wie im Schlaf empfangen.

8. Laß die Welt denn sich be= mühen immerhin; Herz und Sinn soll zu Jesu fliehen, der mir, was mir fehlt, gewähret, wenns auch oft unverhofft eine Weile währet.

9. Nun, Herr Jesu, meine Freude, meine Sonn, meine Wonn, meine Seelenweide: sorge nur für meine Seelen, so wird mir auch allhier für den Leib nichts fehlen.

10. Großer Gott, dir sei be= fohlen, was mir fehlt, was mich quält, Alles unverholen. Sorge

du, so will ich schweigen und vor dir nach Gebühr meine Kniee beugen.

11. Ich will dir mit Freuden danken fort und fort, hier und dort, und will nimmer wanken. Lob und Preis sei deinem Namen! Sei mein Theil, Hilf und Heil, liebster Jesu! Amen.

Laurentius Laurenti, 1660—1722.

Unsere Hilfe stehet im Namen des Herrn, Der Himmel und Erde gemacht hat.
(Jes. 30, 15.)
Weise 544. Ringe recht, wenn Gottes Gnade.

369. Gott wills machen, daß die Sachen gehen, wie es heilsam ist. Laß die Wellen immer schwellen, wenn du nur bei Jesu bist!

2. Wer sich kränket, daß er denket, Jesus liege in dem Schlaf, wird mit Klagen sich nur plagen, da der Unglaub leidet Straf. Matth. 8, 23—27.

3. Du Verächter! Gott, dein Wächter, schläfet ja, noch schlummert nicht; zu den Höhen aufzusehen, wäre deine Glaubenspflicht. Ps. 121, 3. 4.

4. Im Verweilen und im Eilen bleibt er stets dein Vaterherz. Laß dein Weinen bitter scheinen: dein Schmerz ist ihm auch ein Schmerz.

5. Glaub nur feste, daß das Beste über dich beschlossen sei. Wenn dein Wille nur ist stille, wirst du von dem Kummer frei.

6. Willst du wanken in Gedanken, faß dich in Gelassenheit.

Laß den sorgen, der auf morgen Herr ist über Freud und Leid!

7. Gottes Hände sind ohn Ende, sein Vermögen hat kein Ziel. Ists beschwerlich, scheints gefährlich: deinem Gott ist nichts zu viel.

8. Wenn die Stunden sich gefunden, bricht die Hilf mit Macht herein; und dein Grämen zu beschämen, wird es unversehens sein.

9. Drum wohl denen, die sich sehnen nach der stillen Willensruh. Wenn wir wollen, was wir sollen, fällt auch das Vollbringen zu.

10. Nun so trage deine Plage nur getrost und mit Geduld! Wer das Leiden will vermeiden, häufet seine Sündenschuld.

11. Amen! Amen! In dem Namen meines Jesu halt ich still. Es geschehe und ergehe, was und wie und wann er will.

Dr. Johann Daniel Herrnschmid, 1675—1723.

Der Herr ist ein rechter Gott, ein lebendiger Gott, Ein ewiger König. Hallelujah!
(Mal. 3, 16—18.)
Weise 328. Was Gott thut, das ist wohlgethan.

370. Gott lebt! wie kann ich traurig sein, als wär kein Gott zu finden? Er weiß zar wohl von meiner Pein, die ich hier muß empfinden. Er kennt mein Herz und meinen Schmerz; drum will ich nicht verzagen und will ihm Alles klagen.

2. Gott hört, wenn Niemand hören will! Wie sollt ich bange sorgen, mein Seufzen dringe nicht zum Ziel und sei vor Gott verborgen? Ruf ich empor, so hört sein Ohr, so steigt die Hilfe nieder und schallt das Amen wieder.

3. Gott sieht! wie klaget denn mein Herz, als säh er nicht mein Weinen? Vor ihm muß auch der tiefste Schmerz ganz offenbar erscheinen. Kein Thränlein fällt, das er nicht zählt, ja werth und theuer schätzet, bis er uns drauf ergetzet.

4. Gott führt! drum geh ich ruhig fort auf allen meinen Wegen; mag mir die Welt bald hier, bald dort arglistig Schlingen legen, so wird er mich, ob wunderlich, doch im-

mer selig leiten, daß nie mein Fuß kann gleiten.

5. Gott gibt! und wär ich noch so arm, soll ich doch nicht verderben. Was hilft mir denn mein steter Harm, als müßt ich Hungers sterben? Er hat ja Brot! Und wenn die Noth uns nach der Wüste weiset, wird man auch da gespeiset.

6. Gott liebt, ob ich die Vaterlieb in Schlägen nicht gleich finde; wie er ein lieber Vater blieb am Kreuze seinem Kinde, so bleibt er mir mein Vater hier, der je und je mich liebet, obgleich sein Kreuz betrübet.

7. Gott lebt! wohlan, ich merke das; Gott hört! ich will ihm klagen; Gott sieht! er setzt den Thränen Maß; Gott führt! ich darf nicht zagen. Gott gibt und liebt; nur unbetrübt! er wird mir endlich geben, auch dort mit ihm zu leben.

Benj. Schmolck, 1672—1737. Vers 6 von M. Albert Knapp, geb. 1798.

Befiehl dem Herrn deine Wege
Und hoffe auf ihn, er wird es wohl machen.
(Ps. 37, 4—5.)

Weise 424. Jesu, meine Freude.

371. Seele, sei zufrieden; was dir Gott beschieden, das ist alles gut. Treib aus deinem Herzen Ungeduld und Schmerzen, fasse frischen Mut. Ist die Noth dein täglich Brot, mußt du weinen mehr, als lachen, — Gott wirds doch wohl machen.

2. Scheint der Himmel trübe, stirbt der Menschen Liebe dir

auch ganz dahin; kommt auch Mißgeschicke fast all Augenblicke und quält deinen Sinn: — nur Geduld! des Himmels Huld sieht auf alle deine Sachen, Gott wirds doch wohl machen!

3. Ungeduld und Grämen kann nichts von uns nehmen, macht nur größern Schmerz; wer sich widersetzet, wird nur mehr ver-

letzet; drum Geduld, mein Herz! Wirf, mein Sinn, die Sorgen hin! Drücket gleich die Last den Schwachen, Gott wirds doch wohl machen.

4. Auf die Wasserwogen folgt ein Regenbogen, und die Sonne blickt; so muß auf das Weinen lauter Freude scheinen, die das Herz erquickt. Laß es sein, wenn Angst und Pein mit dir schlafen, mit dir wachen, — Gott wirds doch wohl machen.

5. Kronen sollen tragen, die des Kreuzes Plagen in Geduld besiegt; fröhlich auszuhalten und Gott lassen walten, das macht recht vergnügt. Drum nimm dir, o Seele, für, aller Noth getrost zu lachen; Gott wirds doch wohl machen.

6. Nun, so solls verbleiben: ich will mich verschreiben, Gott getreu zu sein! Ja, in Tod und Leben bleib ich ihm ergeben, ich bin sein, er mein; denn mein Ziel ist: wie Gott will! Drum sag ich in allen Sachen: Gott wirds doch wohl machen.

Benjamin Schmolck, 1672—1737.

Das ist meine Freude, daß ich mich zu Gott halte Und meine Zuversicht setze auf den Herrn Herrn.
(Pf. 73, 23—28.)

Weise 328. Was Gott thut, das ist wohlgethan.

372. Der Herr ist meine Zuversicht, mein einzger Trost im Leben. Dem fehlt es nie an Trost und Licht, der sich dem Herrn ergeben. Gott ist mein Gott; auf sein Gebot wird meine Seele stille, mir gnügt des Vaters Wille.

2. Wer wollte, Herr, dir nicht vertraun? Du bist des Schwachen Stärke; die Augen, welche auf dich schaun, sehn deine Wunderwerke. Herr, groß von Rath und stark von That: mit gnadenvollen Händen wirst du dein Werk vollenden!

3. Noch nie hat sich, wer dich geliebt, verlassen sehen müssen; du läßt ihn, wenn ihn Noth umgibt, doch deinen Trost genießen; des Frommen Herz wird frei vom Schmerz; der Sünder eitles Dichten das wirst du, Herr, vernichten.

4. Drum hoff, o Seele, hoff auf Gott! Des Thoren Trost verschwindet, wenn der Gerechte in der Noth Ruh und Erquickung findet. Wenn jener fällt, ist er ein Held; er steht, wenn Sünder zittern, ein Fels in Ungewittern.

5. Wirf nicht den Trost der Hoffnung hin, den dir dein Glaube reichet. Weh denen, die zu Menschen fliehn; weh, wer vom Höchsten weichet! Dein Heiland starb, und er erwarb auf seinem Todeshügel dir deines Glaubens Sigel.

6. Sei unbewegt, wenn um dich her auch Trübsalswetter stürmen! Flieh nur zu Gott, gewis wird er mit starkem Arm

dich schirmen. Die Zeit der Qual, der Thränen Zahl zählt er, er wägt die Schmerzen und nimmt sie von dem Herzen.

7. Herr, du bist meine Zuversicht, auf dich hofft meine Seele; du weißt es ja, was mir gebricht, wenn ich mich sorgend quäle. Wer wollte sich nicht ganz auf dich, Allmächtiger, verlassen, sich nicht im Kummer fassen?

8. In deine Hand befehle ich mein Wohlsein und mein Leben; mein hoffend Auge blickt auf dich, dir will ich mich ergeben: sei du mein Gott und einst im Tod mein Fels, auf den ich traue, bis ich dein Antlitz schaue!

M. Christoph Christian Sturm, 1740—1786.

Die Himmel verkündigen seine Gerechtigkeit, Und alle Völker sehen seine Ehre.
(Pf. 97, 1—6.)

Weise 365. Wer nur den lieben Gott läßt walten.

373. Groß ist der Herr! Die Berge zittern vor seiner Gottesmajestät, wenn er in dunkeln Ungewittern, der Heilige, vorübergeht. Doch Liebe strömt aus seiner Hand in finstern Wollen auf das Land.

2. Vom Raum, wo sich der Halm entfaltet, bis zu der letzten Sonn hinaus herrscht sein Gesetz; als Vater waltet er durch das große Weltenhaus; der Leben gibt und Freude schafft, mit Liebe waltet er und Kraft.

3. Was dich auch drückt, mein Herz, — er rettet! Vertraun zu ihm ist deine Pflicht. Gott, der dem Wurm ein Lager bettet, verläßt gewis den Menschen nicht. Ihn preise dankend, o mein Geist, der so viel gibt und mehr verheißt.

4. Vermiß dich nicht, mit ihm zu rechten; mit Demut nahe dich dem Herrn! In trauervollen Mitternächten ist dir der Ewige nicht fern. Mit deinem Frieden, deinem Harm wirf seiner Huld dich in den Arm!

5. O, schwinge dich empor vom Staube, verfinstern deine Tage sich; zu ihm blick auf, und bet und glaube! Versagend selbst erhört er dich; doch nie enthüllt die Ungeduld das heilge Dunkel seiner Huld!

6. Gott fehlet nicht! O Seele, thue, was dir gebührt, sei fromm und gut! Versage dir nicht diese Ruhe; aus ihr erwächst der hohe Mut, der, wenn das Unglück uns umstürmt, uns rettet, tröstet, hebt und schirmt.

7. Vertraue Gottes Vaterhänden, wenn er den frömmsten Wunsch versagt; was hier beginnt, wird sich vollenden dort, wo ein neues Leben tagt. Es ruhn im engen Raum der Zeit die Keime deiner Ewigkeit.

Christoph August Tiedge, 1752—1841.

Welche der Geist Gottes treibet,
Die sind Gottes Kinder.
(Röm. 8, 14—17.)

Weise 54. Nun danket All und bringet Ehr.

374. Ich bin dein Kind! O Herr, dies Glück erfüllt mein ganzes Herz; es hebt den tiefgesenkten Blick, nimmt weg der Sünde Schmerz.

2. Ich bin dein Kind! An deiner Brust ruh ich nun sanft und still; du labest mich mit Himmelslust, gibst mir der Freude Füll.

3. Ich bin dein Kind! Du leitest mich, hältst mich an deiner Hand, führst liebreich mich, ich schau auf dich hinauf zum Vaterland.

4. Ich bin dein Kind! Ist um mich her auch Nacht, verzag ich nicht; mich deckt der Engel starkes Heer, mir strahlt dein Angesicht.

5. Ich bin dein Kind! Mir strömen Ruh und Freuden ohne Zahl aus deinen Vaterblicken zu im dunkeln Erdenthal.

6. Ich bin dein Kind! Die Sünd ist hin durch Christum, deinen Sohn, durch den euch ich dein Erbe bin, Theil hab an deinem Thron.

7. Ich bin dein Kind! Geheiligt, rein ist durch sein Blut mein Herz; so darf ich keines Andern sein, mein Weg geht himmelwärts.

8. Ich bin dein Kind! Was frag ich doch nach Ehr und Ruhm der Welt? Ich trage Jesu sanftes Joch; das ists, was mir gefällt.

9. Ich bin dein Kind! In letzter Noth bringt dies mir Trost und Ruh; der Kindschaft Glück drückt sanft im Tod mein müdes Auge zu.

Emanuel Christian Gottlieb Langbecker, 1792—1843.

e. Bitte und Gebet.

Du, Herr, bist unser Vater und Erlöser;
Von Alters her ist das dein Name.
(Matth. 6, 9—13.)

375.

Eigne Weise.
(Vater unser im Himmelreich.)

1540.

Un=ser Va=ter im Himmelreich, der du uns Al=le
hei=ßest gleich Brü=der sein und dich ru=fen an, und

willst, daß werd Ge = bet gethan: gib, daß nicht bet al=

lein der Mund; hilf, daß es geh aus Herzensgrund!

2. Geheiligt werd der Name dein; dein Wort bei uns hilf halten rein, daß wir auch leben heiliglich, nach deinem Namen würdiglich. Behüt uns, Herr, vor falscher Lehr, das arm ver= führte Volk bekehr!

3. Es komm dein Reich zu dieser Zeit und dort hernach in Ewigkeit; der heilge Geist uns wohne bei mit seinen Gaben mancherlei; des Satans Zorn und groß Gewalt zerbrich, vor ihm dein Kirch erhalt!

4. Dein Will gescheh, Herr Gott, zugleich auf Erden wie im Himmelreich; gib uns Ge= duld in Leidenszeit, gehorsam sein in Lieb und Leid; wehr und steur allem Fleisch und Blut, das wider deinen Willen thut!

5. Gib uns heut unser täg= lich Brot und was man braucht zur Leibesnoth; behüt uns vor Unfried und Streit, vor Seu= chen und vor theurer Zeit, daß wir in gutem Frieden stehn, der Sorg und Geizes müßig gehn!

6. All unsre Schuld vergib uns, Herr, daß sie uns nicht betrübe mehr, wie wir auch unsern Schuldigern ihr Schuld und Fehl vergeben gern; zu dienen mach uns All bereit, in rechter Lieb und Einigkeit!

7. Führ uns, Herr, in Ver= suchung nicht, wenn uns der böse Geist ansicht. Zur linken und zur rechten Hand hilf uns thun starken Widerstand, im Glauben fest und wohl gerüst und durch des heilgen Geistes Trost!

8. Von allem Uebel uns er= lös; es sind die Zeit und Tage bös. Erlös uns von dem ew= gen Tod und tröst uns in der letzten Noth; bescher uns auch ein selig End, nimm unsre Seel in deine Händ!

9. Amen, das ist: es werde wahr! Stärk unsern Glauben immerdar, auf daß wir ja nicht zweifeln dran, es sei die Bitte wohlgethan auf dein Wort, in dem Namen dein! So sprechen wir das Amen sein.

Das Gebet des Herrn von Dr. Martin Luther, 1483—1546.

Rufe mich an in der Noth,
So will ich dich erretten.
(Psalm 68, 21. 1 Joh. 3, 21—24.)
Weise 680. Erhalt uns, Herr, bei deinem Wort.

376. Herr Gott, der du mein Vater bist: ich ruf im Namen Jesu Christ zu dir, auf Christi | Wort und Tod; hör, Helfer treu in Angst und Noth!

2. Laß uns dein Wort, stärk

uns im Geist; hilf, daß wir thun, was du uns heißt; gib Friede, Schutz und täglich Brot, behüt dein Volk, du treuer Gott.

3. Errett von Hölle, Sünd und Tod, aus Leibes und der Seele Noth, ein selig Stündlein uns

bescher; dein ist das Reich, Kraft, Preis und Ehr.

4. Auf dein Wort sprech ich Amen, Herr, aus Gnad mein kleinen Glauben mehr'; du bist allein der Vater mein, laß mich dein Kind und Erbe sein!

Das Gebet des Herrn von M. Joh. Mathesius, 1504—1565.

Ich freue mich in dem Herrn,
Und meine Seele ist fröhlich in meinem Gott.
(Matth. 6, 9—13. Pf. 9, 3. Jef. 61, 10.)
Weise 107. Gelobet seist du, Jesu Christ.

377. Du, des sich alle Himmel freun: auch meine Seele freut sich dein, daß du, du selbst, der ewig ist, Herr, Herr, daß du mein Vater bist, mein Vater bist!

2. Weit über unser Stammeln, weit geht deines Namens Herrlichkeit; ihn heilige, von Lieb entbrennt, wer deinen großen Namen nennt, Unendlicher!

3. Du herrschest, Gott; wer herrscht dir gleich? Die Welten alle sind dein Reich! Am väterlichsten herrschest du durch Christum; gib uns Christi Ruh! Du bist versöhnt!

4. Der du dich uns durch ihn enthüllst, — das nur ist selig, was du willst. Dein Will auf Erden hier gescheh, wie droben in der Himmel Höh, du Liebender!

5. O Vater, in des Leibes Noth sei mit uns, gib uns unser Brot! Läßt du den Leib, schickst

du ihm Schmerz: froh, still, voll Dank sei unser Herz; erhalt uns dir!

6. Vergib uns unsre Missethat, die, Vater, dich erzürnet hat, wie wir, vom Haß des Bruders rein, ihm seine Schulden gern verzeihn; erbarme dich!

7. Zu heiß sei die Versuchung nicht; uns leucht, Erbarmender, dein Licht, wenn uns der Fluch der Sünde schreckt, und Nacht vor uns dein Antlitz deckt, Erbarmender!

8. Erlös, erlös uns, unser Gott, aus dieser und aus aller Noth! Laß sterbend uns dein Herz erflehn und dann zu deiner Ruh eingehn, Gott, dem wir traun!

9. In deines Himmels Heiligtum, auf deiner Erd erschall dein Ruhm! Du bist der Herr der Herrlichkeit von Ewigkeit zu Ewigkeit! Hallelujah!

Das Gebet des Herrn von Friedr. Gottlieb Klopstock, 1724—1803.

20

**Der Herr ist nahe Allen, die ihn anrufen,
Allen, die ihn mit Ernst anrufen.**
(1 Tim. 2, 1—4.)

Weise 431. Dank sei Gott in der Höhe.

378. Weil wir sind hier versammelt im Namen Jesu Christ, zu bitten, was uns mangelt, von Gott zu dieser Frist: so laßt uns recht erheben die Herzen über sich, der Vater woll uns geben die Nothdurft gnädiglich.

2. Die erste Bitt erheben wir für die Obrigkeit, daß wir gottselig leben in Fried und Ehrbarkeit; o Herr Gott, ihr verleihe recht königlichen Geist, daß sie mit rechter Treue die schuldge Pflicht dir leist!

3. Zugleich für alle Hirten aus Herzensgrund wir flehn, du wolleft sie umgürten mit Kraft aus deinen Höhn, daß deine Schaf auf Erden, zerstreuet hier und dort, durch sie versammelt werden auf dein allmächtig Wort.

4. Wir bitten auch von Herzen für die, so krank und arm, in Elend sind und Schmerzen; ihr Aller dich erbarm! laß sie die Sünd bereuen mit ernstem Herzeleid, laß deine Zucht gedeihen zu ihrer Seligkeit!

5. Vor dir wir auch gedenken an die, so irre gehn, es woll dein Geist sie leuken, dein wahres Licht zu sehn, daß sie dich recht erkennen in Christo, unserm Hort, dich herzlich Vater nennen, und glauben an dein Wort.

6. Und welchen du gegeben, zu hangen Christo an, — der ja das ewge Leben, die Wahrheit und die Bahn — die stärk, daß sie bezwingen Welt, Sünde, Tod und Höll, zur engen Pfort eindringen, bewahrt an Leib und Seel!

Conrad Hubert, 1507—1577.

**Bleibet in mir und ich in euch! —
Denn ohne mich könnet ihr nichts thun, spricht der Herr.**
(Joh. 15, 5. Luc. 24, 29.)

Weise 593. Christus der ist mein Leben.

379. Ach bleib mit deiner Gnade bei uns, Herr Jesu Christ, daß uns hinfort nicht schade des bösen Feindes List.

2. Ach bleib mit deinem Worte bei uns, Erlöser werth, auf daß uns hier und dorten sei Güt und Heil bescheert.

3. Ach bleib mit deinem Glanze bei uns, du werthes Licht; dein Wahrheit uns umschanze, damit wir irren nicht.

4. Ach bleib mit deinem Segen bei uns, du reicher Herr; dein Gnad und all Vermögen reichlich in uns vermehr.

5. Ach bleib mit deinem Schutze bei uns, du starker Held, daß uns der Feind nicht trutze, noch fäll die böse Welt.

'6. Ach bleib mit deiner Treue Beständigkeit verleihe, hilf uns
bei uns, mein Herr und Gott; aus aller Noth!

Dr. Josua Stegmann, 1588—1632.

Wandelt wie die Kinder des Lichtes,
Und prüfet, was da sei wohlgefällig dem Herrn.
(Jak. 1, 17. 1 Kön. 3, 5—14.)

380.

Eigne Weise.   1711.

O Gott, du frommer Gott, du Brunnquell al=ler
ohn den nichts ist, was ist, von dem wir Al=les
Ga=ben,
ha=ben: ge=fun=den Leib gib mir und
daß in sol=chem Leib ein un=ver=letz=te Seel und
rein Ge=wis=sen bleib.

2. Gib, daß ich thu mit Fleiß, was mir zu thun gebühret, wozu mich dein Befehl in meinem Staube führet; gib, daß ichs thue bald, zu der Zeit, wo ich soll; und wenn ichs thu, so gib, daß es gerathe wohl.

3. Hilf, daß ich rede stets, womit ich kann bestehen, laß kein unnützes Wort aus meinem Munde gehen, und wenn in meinem Amt ich reden soll und muß, so gib den Worten Kraft und Nachdruck ohn Verdruß.

4. Findt sich Gefährlichkeit, so laß mich nicht verzagen, verleih mir Heldenmut, das Kreuz hilf selber tragen. Gib, daß ich meinen Feind mit Sanft= mut überwind, und, wenn ich Rath bedarf, auch guten Rath erfind.

5. Laß mich mit Jedermann in Fried und Freundschaft leben, so weit es christlich ist. Willst du mir etwas geben an Reich= tum, Gut und Geld, so gib auch dies dabei, daß von unrechtem Gut nichts untermenget sei.

6. Soll ich auf dieser Welt mein Leben höher bringen, durch manchen sauern Tritt hindurch ins Alter bringen: so gib Ge= duld; vor Sünd und Schande mich bewahr, auf daß ich tragen mag mit Ehren graues Haar.

7. Laß mich an meinem End auf Christi Tod abscheiden, die

Seele, nimm zu dir hinauf zu deinen Freuden, dem Leib ein Räumlein gönn bei frommer Christen Grab, auf daß er seine Ruh an ihrer Seite hab.

8. Wenn du die Todten wirst an jenem Tag erwecken, so thu auch deine Hand zu meinem Grab ausstrecken. Laß, Herr, durch deine Stimm dann meinen Leib erstehn und schön verklärt zur Schar der Auserwählten gehn.

Johann Heermann, 1585—1647.

Haltet an im Gebet,
Und wachet an demselbigen mit Danksagung.
(Col. 4, 2.)

Weise 326. Herr, wie du willst, so schicks mit mir.

381. Laß, Vater, deinen guten Geist mich innerlich regieren, daß ich stets thue, was du heißt, und mich nichts laß verführen; daß ich dem Argen widersteh und nicht von deinem Weg abgeh zur Rechten oder Linken.

2. Ob böse Lust noch mannigfalt mich anficht, weil* ich lebe, so hilf, daß ich ihr alsobald im Anfang widerstrebe, und daß ich ja vergesse nicht die Todesstunde, das Gericht, den Himmel und die Hölle.

* so lang, während.

3. Gib, daß ich denke jederzeit an diese letzten Dinge und dadurch alle Sündenfreud aus meinem Herzen bringe, damit ich mög mein Leben lang dir dienen ohne Furcht und Zwang in willigem Gehorsam.

4. Gott Vater, deine Kraft und Treu laß reichlich mich empfinden! O Jesu Christe, steh mir bei, daß ich könn überwinden! Hilf, heilger Geist in diesem Krieg, auf daß ich immer einen Sieg erhalte nach dem andern!

David Denicke, 1603—1680.

Ich weiß, Herr, daß des Menschen Thun stehet nicht in seiner Gewalt,
Und stehet in Niemandes Macht, wie er wandle oder seinen Gang richte.
(Pf. 73, 23—25. Spr. 16. 9. Jerem. 10, 23.)

Weise 336. In dich hab ich gehoffet, Herr.

382. Ich weiß, mein Gott, daß all mein Thun und Werk in deinem Willen ruhn, von dir kommt Glück und Segen; was du regierst, das geht und steht auf rechten guten Wegen.

2. Es steht in keines Menschen Macht, daß sein Rath werd ins Werk gebracht, er seines Gangs sich freue; dein Rath, o Höchster, macht allein, daß Menschenrath gedeihe.

3. Oft denkt der Mensch in seinem Mut, dies oder jenes sei ihm gut, und ist doch weit gefehlet; oft sieht er auch für

schädlich an, was Gott doch
selbst erwählet.

4. Drum, lieber Vater, der
du Kron und Scepter trägst im
Himmelsthron und aus den Wol=
ken blitzest, vernimm mein Wort
und höre mich vom Stuhle, wo
du sitzest!

5. Verleihe mir das edle Licht,
das sich von deinem Angesicht
in fromme Seelen gießet, auf
daß der rechten Weisheit Kraft
in meiner Seele sprießet.

6. Gib mir Verstand aus deiner
Höh, auf daß ich ja nicht ruh
und steh auf meinem eignen Wil=
len; sei du mein Freund und
treuer Rath, was gut ist zu er=
füllen.

7. Prüf Alles wohl, und was
mir gut, das gib mir ein; was
Fleisch und Blut erwählet, das
verwehre; mein höchstes Ziel,
mein bestes Theil sei deine Lieb
und Ehre.

8. Was dir gefällt, das laß
auch mir, o meiner Seele Sonn
und Zier, gefallen und belieben;
was dir zuwider, laß mich nicht
in Wort und That verüben!

9. Ists Werk von dir, so hilf
zu Glück; ists Menschenthun,
so treibs zurück und ändere
mein Sinnen; was du nicht
wirkst, pflegt von sich selbst in
kurzem zu zerrinnen.

10. Tritt du zu mir und mache
leicht, was sonst mir fast un=
möglich däucht, und bring zum
guten Ende das, was du an=
gefangen hast durch Weisheit
deiner Hände.

11. Ist gleich der Anfang etwas
schwer und muß ich auch ins
tiefe Meer der bittern Sorgen
treten, so treib mich nur ohn
Unterlaß zu seufzen und zu beten.

12. Wer fleißig betet und dir
traut, wird alles das, wovor
ihm graut, mit tapferm Muht
bezwingen; du nimmst ihm alle
Sorgen ab und hilfst zum Ziele
dringen.

13. Der Weg zum Guten ist
gar wild, mit Dorn und Hecken
ausgefüllt; doch wer ihn freu=
dig ziehet, kommt endlich hin
durch deinen Geist, wo Freud
und Wonne blühet.

14. Du bist mein Vater, ich
dein Kind; was ich bei mir
nicht hab und find, das hast du
zur Genüge; so hilf nun, daß
ich meinen Staub wohl halt und
herrlich siege.

15. Dein soll sein aller Ruhm
und Ehr, ich will dein Thun
je mehr und mehr aus hocher=
frenter Seelen vor deinem Volk
und aller Welt, so lang ich leb,
erzählen.

Paul Gerhardt, 1606—1676.

Wenn die Gerechten schreien, so höret der Herr
Und errettet sie aus aller Noth.
(Ps. 50, 15. Ps. 145, 18. 19.)

Weise 587. Freu dich sehr, o meine Seele.

383. Wenn dich Unglück hat
betreten, wenn du liegst in Angst
und Noth, mußt zu Gott du
fleißig beten; Beten hilft in Noth

und Tod, daß du Gottes Ange= sicht, auch im Kreuz auf dich ge= richt, kannst aus seinem Wort erblicken und dein Herz mit Trost erquicken.

2. Es wird Keiner je zu Schan= den, der sich seinem Gott ver= traut; kommt dir gleich viel Noth zu Handen: hast du wohl auf ihn gebaut; scheint es gleich, als hört er nicht: weiß er doch, was dir gebricht; deine Noth mußt du ihm klagen und in keiner Angst verzagen.

3. Rufen, flehen, brünstig beten ist der Christen beste Kunst; freu= dig vor den Herren treten findet Hilfe, Gnad und Gunst; wer Gott fest vertrauen kann, ist am allerbesten dran, er wird allzeit Rettung finden und kein Feind ihn überwinden.

4. Lerne Gottes Weise merken, die er bei den Seinen hält;

er will ihren Glauben stärken; wenn sie Unglück überfällt. Un= ser Gott der lebt ja noch; schweigt er gleich, so hört er doch. Ruf getrost, du mußt nicht zagen; dein Gott kann dir nichts versagen.

5. Laß dich Gottes Wort re= gieren, merke, was die Wahr= heit lehrt; laß dich nicht vom Feind verführen, der die ganze Welt verkehrt; Gottes Wahr= heit ist dein Licht, Schutz und Trost und Zuversicht; trau nur Gott, der kann nicht lügen; bet, du wirst gewislich siegen.

6. Lob sei Gott für seine Gnade! Seine große Güt und Treu macht, daß mir der Feind nicht schade, sie ist alle Morgen neu; drum soll ihn mein Leben lang prei= sen meiner Harfe Klang; Gott will ich in allen Dingen fröh= lich Hallelujah singen.

Dr. Joh. Olearius, 1611—1684.

Was ihr bitten werdet in meinem Namen,
Das will ich euch thun, spricht der Herr.
(Joh. 16, 23. Gal. 4, 6. 1 Joh. 3, 22.)
Weise 380. O Gott, du frommer Gott.

384. Wohlauf, mein Herz, zu Gott dein Andacht fröhlich bringe, daß dein Gebet und Flehn durch alle Himmel dringe, weil Gott dich beten heißt, weil dich sein lieber Sohn so freudig treten heißt vor seinen Gnaden= thron.

2. Dein Vater ists, der dir befohlen hat zu beten, dein Bru= der ists, der dich vor ihn getrost heißt treten, es gibt die Worte

dir der werthe Tröster ein, drum muß auch dein Gebet gewis er= höret sein.

3. Da siehst du Gottes Herz, das dir nichts kann versagen; sein Mund, sein theures Wort vertreibt ja alles Zagen; was dich unmöglich dünkt, kann seine Vaterhand noch geben, die von dir so manche Noth gewandt.

4. Komm nur, komm freudig her, in Jesu Christi Namen

sprich: „Lieber Vater, hilf, ich bin dein Kind," sprich: „Amen; ich weiß, es wird geschehn, du wirst mich lassen nicht, du wirst, du willst, du kannst thun, was dein Wort verspricht!"

Dr. Joh. Olearius, 1611—1684.

Du, Herr, bist unser Vater und Erlöser, Von Alters her ist das dein Name.
(Mal. 2, 10. Matth. 23, 9. Röm. 8, 15.)

Weise 808. Gott des Himmels und der Erden.

385. Vater, denk an deinen Namen, den du führst von Anfang her; durch dein göttlich kräftig Amen meinen Glauben stärk und mehr', daß ich möge kindlich nahn und im Glauben dich umfahn.

2. Vater bist du ja zu nennen, weil du uns geschaffen hast, keinen Vater sonst wir kennen, nur in dir ist Ruh und Rast, liegt und quillt doch für und für alle Vaterschaft in dir!

3. Vater bist du, weil du nährest, was gemacht hat deine Hand, alles Gute du bescherest, segnest reichlich alles Land; ohne dich vergiengen wir, alles Leben kommt von dir.

4. Vater, ach, ein treuer Vater, der uns auch erlöset hat! Was kein Vater thut, das that er für der Sünder Missethat, gab den eingebornen Sohn uns zum Schild und Gnadenthron.

5. „Vater!" kann ich nun recht sagen, da er dieses hat vollbracht, kann den Kindesnamen tragen, da er mich zum Kind gemacht. Abba, lieber Vater, hör, in dem Sohn ich dich verehr!

6. Vater, ich bin irr gegangen; darum komm ich nun zu dir mit dem sehnlichen Verlangen: „Lieber Vater, ach, gib mir wieder, was verloren ist, weil du ja mein Vater bist!"

Gustav Adolf, Herzog zu Mecklenburg, 1633—1695.

Wir wissen nicht, was wir beten sollen, Sondern der Geist vertritt uns mit unaussprechlichem Seufzen.
(Eph. 5, 18—19. 1 Joh. 3, 20—22.)

386. Eigne Weise.

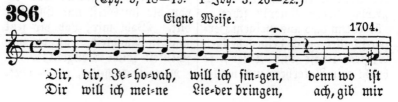

Dir, dir, Je-ho-vah, will ich sin-gen, denn wo ist
Dir will ich mei-ne Lie-der bringen, ach, gib mir

doch ein sol-cher Gott, wie du?
bei-nes Gei-stes Kraft da = zu,　daß ich es thu im

Na=men Je=su Christ, so wie es dir durch ihn ge=fäl-lig

ist.

2. Zeuch mich, o Vater, zu dem Sohne, damit dein Sohn mich wieder zieh zu dir; dein Geist in meinem Herzen wohne und gnädiglich Verstand und Sinn regier, daß ich den Frieden Gottes schmeck und fühl, und dir darob im Herzen sing und spiel.

3. Verleih mir, Höchster, solche Güte, so wird gewis mein Singen recht gethan, so klingt es schön in meinem Liede, so bet ich dich in Geist und Wahrheit an, so hebt dein Geist mein Herz zu dir empor, daß ich dir Psalmen sing im höhern Chor.

4. Denn der kann mich bei dir vertreten mit Seufzern, die ganz unaussprechlich sind, der lehret mich recht gläubig beten, gibt Zeugnis meinem Geist, daß ich dein Kind, daß ich ein Mit-erb Jesu Christi sei, daher ich „Abba, lieber Vater!" schrei.

5. Wenn dies aus meinem Herzen schallet durch deines heilgen Geistes Kraft und Trieb, so bricht dein Vaterherz und wallet ganz brünstig gegen mich vor heißer Lieb, daß mirs die Bitte nicht versagen kann, die ich nach deinem Willen hab gethan.

6. Was mich dein Geist selbst bitten lehret, das ist nach deinem Willen eingericht und wird gewis von dir erhöret, weil es im Namen deines Sohns geschicht, durch welchen ich dein Kind und Erbe bin und von dir nehme Gnad um Gnade hin.

7. Wohl mir, daß ich dies Zeugnis habe! Drum bin ich voller Trost und Freudigkeit; ich weiß ja: alle gute Gabe, die ich von dir verlange jederzeit, die gibst du und thust überschwenglich mehr, als ich verstehe, bitte und begehr.

8. Wohl mir! Ich bitt in Jesu Namen, der mich zu deiner Rechten selbst vertritt; in ihm ist Alles Ja und Amen, was ich von dir im Geist und Glauben bitt. Wohl mir, Lob dir jetzt und in Ewigkeit, daß du mir schenkest solche Seligkeit!

Barthol. Crasselius, 1667—1724.

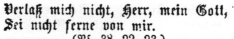

Verlaß mich nicht, Herr, mein Gott,
Sei nicht ferne von mir.
(Pf. 38, 22. 23.)

387. Weise: Groß ist, o großer Gott.

1648.

2. Ach Gott, verlaß mich nicht, regiere du mein Wallen; ach laß mich nimmermehr in Sünd und Schande fallen; gib mir den guten Geist, gib Glaubenszuversicht, sei meine Stärk und Kraft; ach Gott, verlaß mich nicht!

3. Ach Gott, verlaß mich nicht, ich ruf aus Herzensgrunde; ach Höchster, stärke mich in jeder bösen Stunde; wenn mich Versuchung plagt und meine Seel ansicht, so weiche nicht von mir; ach Gott, verlaß mich nicht!

4. Ach Gott, verlaß mich nicht; ach laß dich doch bewegen, ach Vater, kröne doch mit deinem Himmelssegen die Werke meines Amts, die Werke meiner Pflicht, zu thun, was dir gefällt; ach Gott, verlaß mich nicht!

5. Ach Gott, verlaß mich nicht; ich bleibe dir ergeben, hilf mir, o großer Gott, recht glauben, christlich leben und selig sterben einst, zu sehn dein Angesicht; hilf mir in Noth und Tod; ach Gott, verlaß mich nicht!

Sal. Franck, 1659—1752.

Hilf deinem Volke und segne dein Erbe,
Und weide sie und erhöhe sie ewiglich.
(1 Tim. 2, 1—4.)

Weise 847. Nun ruhen alle Wälder.

388. Herr, höre! Herr, erhöre! Breit deines Namens | Ehre an allen Orten aus! Behüte alle Stände durch deiner

Allmacht Hände, schütz Kirche,
Obrigkeit und Haus!

2. Ach laß dein Wort uns
Allen noch ferner reichlich schallen zu unsrer Seelen Nutz!
Bewahr uns vor den Rotten,
die deiner Wahrheit spotten,
beut allen deinen Feinden Trutz.

3. Gib, Herr, getreue Lehrer
und unverdroßne Hörer, die
beide Thäter sei'n; aufs Pflanzen und Begießen laß dein Gedeihen fließen, und ernte reiche
Früchte ein.

4. Du wollst das Land be-
glücken, mit hellen Gnadenblicken
auf unsern König sehn, ihn
schützen auf dem Throne, auf
seinem Haupt die Krone in vollem Glanze lassen stehn.

5. Laß Alle, die regieren, ihr
Amt getreulich führen, schaff
Jedermann sein Recht, daß Fried
und Tren sich müssen in unserm
Lande küssen; ja segne gnädig
Herrn und Knecht.

6. Erhalt in jeder Ehe, beim
Glücke wie beim Wehe, recht-
schaffne Frömmigkeit. In Unschuld und in Tugend gedeihe
unsre Jugend, zu deines Reiches Dienst bereit.

7. Ach wend in allen Gnaden
Krieg, Feuer, Wasserschaden,
Seuch, Sturm und Hagel ab;
bewahr des Landes Früchte und
mache nicht zu nichte, was deine
milde Hand uns gab.

8. Die Leidenden erquicke, und
bringe die zurücke, die sonst verirret gehn; die Wittwen und die
Waisen wollst du mit Troste
speisen, wenn sie zu dir um
Hilfe flehn.

9. Hilf als ein Arzt den
Kranken, und, die im Glauben
wanken, laß nicht zu Grunde
gehn; die Alten heb und trage,
damit sie ihre Plage und Noth
geduldig überstehn.

10. Bleib der Verfolgten
Stütze, die Reisenden beschütze,
die Sterbenden begleit mit deinen Engelscharen, daß sie im
Frieden fahren zu Zions Freud
und Herrlichkeit.

11. Nun, Herr, du wirst erfüllen, was wir nach deinem
Willen in Demut jetzt begehrt;
wir sprechen nun das Amen in
unsers Jesu Namen, so ist gewis der Wunsch gewährt!

Benj. Schmolck, 1672—1737.
(Vers 4 von Dr. Claus Harms,
geb. 1778.)

**Seid fröhlich in Hoffnung, geduldig in Trübsal,
Haltet an am Gebet.**
(Pf. 145, 18—21. Röm. 12, 12. Joh. 16, 23.)

Weise 421. Meinen Jesum laß ich nicht.

389. Bete nur, betrübtes
Herz, wenn dich Angst und
Kummer kränken, klag und sag
Gott deinen Schmerz, er wird
endlich an dich denken; Gott
wird dein Gebet und Flehn, ist
es ernstlich, nicht verschmähn.

2. Gott wird dein Gebet und
Flehn dir zur rechten Zeit gewähren; glaube nur, es wird

geschehn, was die Frommen hier begehren; denn Gott kennet deinen Schmerz, — bete nur, betrübtes Herz!

3. Bete nur, betrübtes Herz, bete stets in Jesu Namen, wirf die Sorgen hinterwärts, Gott spricht schon das Ja und Amen; deines Jesu Tod und Blut macht dein Beten echt und gut.

4. Deines Jesu Tod und Blut stillet des Gewissens Flammen; bete mit beherztem Mut, Gott kann dich nun nicht verdammen; sei getreu bis in den Tod, Beten hilft aus aller Noth.

5. Beten hilft aus aller Noth; ei, so bete ohne Zweifel! Bist du arm, — Gott schenkt dir Brot; schreckt dich Hölle, Welt und Teufel, — bete nur, so wirst du sehn: Gott wird dir zur Seite stehn.

6. Gott wird dir zur Seite stehn; vor wem sollte dir nun grauen? Mußt du hier auf Dornen gehn, endlich sollst du Rosen schauen, denn Gott kennet deinen Schmerz; bete nur, betrübtes Herz!

Johann Gottfried Krause,
1685—1746.

Herr, gedenke meiner nach deiner Gnade,
Suche mich heim mit deiner Hilfe.
(Jes. 49, 15. 16. Pf. 25, 4—7.)

Weise 563. Wer weiß, wie nahe mir mein Ende.

390. Mein lieber Gott, gedenke meiner im besten jetzt und allezeit, denn außer dir ist nirgend einer, der mich mit Rath und Trost erfreut; dein Wort macht mich voll Zuversicht und sagt mir: du vergißt mein nicht!

2. Gedenke meiner, wenn ich höre dein süßes Evangelium, und mache deine Himmelslehre zu meines Lebens Kraft und Ruhm, daß deine Aussaat wohl geling und tausendfache Früchte bring.

3. Gedenke meiner, wenn ich bete, und merk in Huld und Gnaden drauf; weil ich in Christo vor dich trete, so schließ dein Vaterherze auf. Doch gib mir nichts, als das allein, was mir kann gut und heilsam sein.

4. Gedenke meiner, wenn ich falle, und wirf mich nicht im Zorne hin; weil, wie die andern Menschen alle, im Fleisch ich schwach und blöde bin, so fördre meinen Gang und Staub durch Kraft und Stärke deiner Hand.

5. Gedenke meiner, wenn ich leide; wen hab ich sonst, als dich allein, der bei der Menschen Haß und Neide mein Freund und Tröster könnte sein? Und hab ich dich, so bleibt mein Mut getrost bei aller Feinde Wut.

6. Gedenke meiner auch in Allem, woran ich nicht gedenken kann, und blicke mich mit Wohlgefallen in meinem ganzen Leben an! Denn gibst du mir,

was dir gefällt, so ists um mich
gar wohl bestellt.

7. Gedenke meiner, wenn ich
sterbe und wenn mich alle Welt
vergißt; versetze mich in jenes
Erbe, wo du mein Theil und
Leben bist; denn bleibst du nicht
im Himmel mein, so wollt ich
nie geboren sein.

8. Ich will mich über nichts
betrüben, in deine Hände hast
du mich zum Heil und Segen
angeschrieben, drum sieht die
Hoffnung bloß auf dich; ich
glaube fest und ungekränkt, daß
Gott im besten mein gedenkt.

M. Erdmann Neumeister,
1671—1756.

**Sammelt euch Schätze im Himmel, da sie weder Motten noch Rost fressen,
Und da die Diebe nicht nachgraben, noch stehlen.**
(Matth. 6, 10. 19—21. Joh. 15, 7. Off. 2, 10.)
Weise 340. Sollt es gleich bisweilen scheinen.

391. Urquell aller Seligkei=
ten, die in Strömen sich ver=
breiten durch der Schöpfungen
Gebiet, Vater: hör mein fle=
hend Lied!

2. Nicht um Güter dieser
Erden, die zur Last der Seele
werden, nicht um Goldstaub,
der verweht, nicht um Ehre,
die vergeht;

3. Auch nicht um ein langes
Leben will ich Herz und Händ
erheben, um die Weltlust komm
ich nicht, Vater, vor dein An=
gesicht.

4. Schätze, welche nie ver=
stäuben, Tugenden, die ewig
bleiben, Thaten, eines Christen
werth, sind es, die mein Herz
begehrt.

5. Geber aller guten Gaben:
festen Glauben möcht ich haben,
wie ein Meerfels unbewegt,
wenn an ihn die Woge schlägt;

6. Lieb, aus reinem Herzen
stammend, immer rein und im=
mer flammend, Liebe, die dem

Feind verzeiht und dem Freund
das Leben weiht;

7. Hoffnung, die mit hohem
Haupte, wenn die Welt ihr
Alles raubte, hinblickt, wo sie
wonnevoll Alles wieder finden
soll;

8. Starken Mut im Kampf
des Christen mit der Welt und
ihren Lüsten, Sieg dem Geist
und, wenn er siegt, Demut, die
im Staub sich schmiegt;

9. Sanftmut und Geduld, die
Plagen dieses Lebens zu ertra=
gen, stilles Harren, bis der Tod
mich erlöst auf dein Gebot;

10. Seelenruhe, Mut im Ster=
ben; wenn die Lippen sich ent=
färben, diesen Seufzer noch von
mir: „Jesu, nimm den Geist
zu dir!"

11. Willst du, Herr, in mei=
nem Leben diese Seligkeit mir
geben, dann wird selbst die Lei=
densnacht mir zum hellen Tag
gemacht.

12. Immer will ich beten,

ringen, Lob= und Dankeslieder
singen, harren, bis es dir gefällt,
mich zu rufen aus der Welt.

13. Seele, gib dich nun zu=

frieden, Jesus kommt und stärkt
die Müden; nur vergiß nie sein
Gebot: „Sei getreu bis in den
Tod!"

Christian Friedrich Daniel Schubart, 1739—1791.

---

f. Lob und Dank.

**Heilig, heilig, heilig ist der Herr Jebaoth,
Und alle Lande sind seiner Ehre voll.**
(Pf. 66, 1—2. 67, 2—3. 100.)

392. Eigne Weise. (Altkirchlich.) 1527.

Erster Chor.

1. Herr Gott, dich lo=ben wir!

Dich Va=ter in E=wig=keit

All En=gel und Him=mels=heer

auch Che=ru=bim und Se=ra=phim

„Hei = lig ist un=ser Gott!

Zweiter Chor.

Herr Gott, wir dan=ken dir!

ehrt die Welt weit und breit!

und was die=net dei=ner Ehr,

sin=gen im=mer mit ho=her Stimm:

Hei = lig ist un=ser Gott!"

Beide Chöre.

„Hei = lig ist un=ser Gott, der Her=re Ze = ba=oth!"

Erster Chor.

2. Dein göttlich Macht und Herrlichkeit
der hei=ligen zwölf Bo=ten Zahl
die theuren Märtrer all zu=mal
die gan=ze wer=the Christen=heit
dich Gott Va=ter im höchsten Thron,
den heilgen Geist und Tröster werth

Zweiter Chor.

geht ü=ber Erd und Himmel weit;
und die lie=ben Prophe=ten all,
loben dich, Herr, mit großem Schall;
rühmt dich auf Erden al=le=zeit,
deinen rechten und eingen Sohn,
mit rechtem Dienst sie lobt und ehrt.

3. Du König der Ehren, Jesu Christ,   Gott Vaters ew=ger Sohn du bist,

hast nicht verschmäht der Jungfrau Schoß,   zu machen uns vor Sünden los;
du hast dem Tod zerstört sein Macht   und all Christen zum Himmel bracht;
du sitzt zur Rechten Gottes gleich   mit al=ler Ehr in Va=ters Reich;
ein Richter du zu=künf=tig bist   Al=les, was todt und lebend ist.

4. Nun hilf uns, deine Die=ner tröst,   die du mit dei=nem Blut er=löst;

laß uns im Himmel ha=ben Theil   mit den Heil=gen am ew=gen Heil!

Hilf deinem Volk, Herr Jesu Christ,   und segne, was dein Erbtheil ist,

wart und pfleg sein zu al=ler Zeit   und heb es hoch in E=wig=keit.

5. Täglich, Herr Gott, wir loben dich   und deinen Namen ste=tig=lich.

Be=hüt uns heut, o treu=er Gott,   vor al=ler Sünd und Misse=that!
Sei uns gnädig, o Her=re Gott,   sei uns gnä=dig in al=ler Noth!
Zeig uns dei=ne Barmherzigkeit,   wie uns=re Hoffnung zu dir steht!

Auf dich hof=fen wir, lie=ber Herr!   In Schanden laß uns nimmermehr!

Beide Chöre.

A = = = men!

Nach dem Ambrosianischen Lobgesang von Dr. Martin Luther, 1483—1546.

Lobet, ihr Himmel, den Herrn, lobet ihn alle sein Heer,
Lobet den Herrn auf Erden. Hallelujah!
(Ps. 67.)

393. Eigne Weise. Altkirchlich.

Herr Gott, dich lo=ben wir, Herr, dich be=ken=nen wir,

„Va=ter von E=wig=keit!" sin=get der Erdkreis dir;

Him=mel und Himmelsheer, Che=ru=bim, Se=ra=phim

ru=fen in sel=gem Chor e = wig mit ho=her Stimm:

„Hei=lig ist un=ser Gott, der Her=re Ze=ba=oth,

Him=mel und Erd zu=mal sind sei=ner Eh=re voll!"

2. Dich lobt der rühmliche, heilge Apostelchor, dich die gottselige, hohe Prophetenschar; dich preist der blutigen Zeugen verklärtes Heer, dir bringt die heilge Kirch allzumal Ruhm und Ehr, Vater der Herrlichkeit, dir und dem ewgen Wort und deinem heilgen Geist, Tröster und Lebenshort!

3. Christe, du heiliger König der Herrlichkeit, Christe, des Vaters Sohn, Abglanz von Ewigkeit: uns zu erlösen hast du dich ins Fleisch gesenkt, uns durch dein Todespein himmlische Freud geschenkt! Jetzt in des Vaters Reich herrschest du mächtiglich, einst in des Richters Kraft kommst du gewaltiglich!

4. Drum hilf, wir bitten dich, uns, deine Diener, tröst, die durch dein theures Blut, Herr, du so theur erlöst; laß sie nach dieser Noth haben in Friede Theil mit deinen Heilgen alln dort an dem ewgen Heil. Rette dein Volk, o Herr, segne dein Christenheit, selber regier und heb hoch sie in Ewigkeit!

5. Herr Gott, dich loben wir jeden Tag stetiglich, preisen dein

Herrlichkeit immer und ewiglich. herzig sein! Wie wir vertrauet
Gnädiglich, Herr, bewahr heut dir, werd uns der Gnaden Theil;
uns von Sünden rein, wolleſt Herr, ich vertraue dir, ſo bleibt
verſchonen uns, wollſt uns barm= mir ewges Heil.

A = men!

Nach dem Ambroſianiſchen Lobgeſang von **Dr. Johann Friedrich von
Meyer,** 1772—1848.

**Lobe den Herrn, meine Seele,
    Und vergiß nicht, was er dir Gutes gethan.**
    (Pſ. 103.)

Weiſe 67.   Nun freut euch, liebe Chriſten gmein.

394. O gläubig Herze, be=
nedei und lobe deinen Herren;
gedenk, daß er dein Vater ſei,
den du allzeit ſollſt ehren, die=
weil du keine Stund ohn ihn,
mit aller Sorg in deinem Sinn,
dein Leben kannſt ernähren.

2. Er iſts, der dich von Her=
zen liebt und dir ſein Gut mit=
theilet, dir deine Miſſethat
vergibt und deine Wunden hei=
let, dich waffnet zum geiſtlichen
Krieg, daß dir der Feind nicht
oben lieg und deinen Schatz
zertheile.

3. Er iſt barmherzig und ſehr
gut den Armen und Elenden,
die ſich von allem Uebermut
zu ſeiner Wahrheit wenden; er
nimmt ſie als ein Vater auf
und gibt, daß ſie den rechten
Lauf zur Seligkeit vollenden.

4. Wie ſich ein treuer Vater
neigt und Guts thut ſeinen Kin=
dern, alſo hat ſich auch Gott
bezeigt getreu uns armen Sün=
dern; er hat uns lieb und iſt
uns hold, vergibt uns gnädig
alle Schuld, macht uns zu Ueber=
windern.

5. Er gibt uns ſeinen guten
Geiſt, erneuet unſre Herzen,
daß wir vollbringen, was er
heißt, wenn auch in Leid und
Schmerzen; er hilft uns hier
mit Gnad und Heil, verheißt
uns auch ein herrlich Theil von
ſeinen ewgen Schätzen.

6. Nach unſrer Ungerechtigkeit
hat er uns nicht vergolten, ſon=
dern erzeigt Barmherzigkeit, da
wir verderben ſollten; mit ſei=
ner Gnad und Gütigkeit iſt uns
und Allen er bereit, die ihm von
Herzen hulden.

7. Was er nun angefangen
hat, das will er auch vollenden;
wenn wir uns geben ſeiner Gnad,
uns opfern ſeinen Händen und
thun darneben unſern Fleiß,
hoffend, er werd zu ſeinem Preis
all unſern Wandel wenden.

8. O Vater, ſteh uns gnädig
bei, weil wir ſind im Elende,
daß unſer Thun aufrichtig ſei
und nehm ein ſelig Ende; leucht

uns mit deinem hellen Wort, daß uns an diesem dunkeln Ort kein falscher Schein verblende! 9. O Gott, nimm an zu Lob und Dank, was wir in Einfalt singen, und laß dein Wort mit freiem Klang durch alle Herzen bringen; o hilf, daß wir mit deiner Kraft durch recht geistliche Ritterschaft des Lebens Kron erringen.

Böhm. Brüder, 1531. (Mich. Weiße.)

Lobe den Herrn, meine Seele,
Und was in mir ist, seinen heiligen Namen.
(Pf. 103.)

395.
Eigne Weise.
1540.

Nun lob, mein Seel, den Her = ren, was in mir
sein Wohlthat thut er meh = ren, ver = giß es
ist, den Na = men sein;
nicht, o Her = ze mein! Er hat dein Sünd ver-
ge = ben, heilt dei = ne Schwachheit groß, be-
schirmt dein ar = mes Le = ben, nimmt dich in sei = nen
Schoß, mit rech = tem Trost be = schüt = tet, verjüngt dem Ad = ler gleich. Der Herr schafft Recht, be-
hü = tet die Lei = den = den im Reich.

12. Er hat uns wissen lassen sein heilig Recht und sein Gericht, dazu sein Güt ohn Maßen, es mangelt an Erbarmung nicht. Zorn will er nicht bewahren, straft nicht nach unsrer Schuld; die Gnad thut er nicht sparen, der Demut ist er hold. Sein

21

Gut ist hoch erhaben ob dem, der fürchtet ihn; fern, wie der Ost vom Abend, ist unsre Sünd dahin.

3. Wie Väter sich erbarmen ob ihrer jungen Kindelein, so thut der Herr uns Armen, wenn wir ihn fürchten kindlich rein. Er kennet unsre Schwäche und weiß, wir sind nur Staub, wie Gras auf dürrer Fläche, ein Blum und fallend Laub. Der Wind nur drüber wehet, so ist es nimmer da; also der Mensch vergehet, sein End das ist ihm nah.

4. Des Herren Gnad alleine steht fest und währt in Ewigkeit bei seiner lieben G'meine, die steht in seiner Furcht bereit und die den Bund gehalten. Gott herrscht im Himmelreich; ihr starken Engel, waltet seins Lobs und dient zugleich dem großen Herrn zu Ehren und treibt sein heilig Wort; mein Seel soll auch vermehren sein Lob an allem Ort.

5. Sei Lob und Preis mit Ehren Gott Vater, Sohn und heilgem Geist! Der woll in uns vermehren, was er aus Gnaden uns verheißt, daß wir ihm fest vertrauen und hoffen ganz auf ihn, von Herzen auf ihn bauen, daß unser Mut und Sinn ihm allzeit mög anhangen. Drauf singen wir zur Stund: Amen, ich werds erlangen, ich glaubs von Herzensgrund!

Johann Gramann, 1487—1541. (Vers 5 späterer Zusatz.)

**Lobe den Herrn, meine Seele,
Und was in mir ist, seinen heiligen Namen.**
(Pf. 103.)

Nach voriger Weise.

396. Auf, meine Seele, singe, es singe Gott, was in mir ist! Der Herr thut große Dinge an dem, der seiner nicht vergißt; er hat voll Huld vergeben dir deine Missethat, gerettet dich ins Leben nach gnadenvollem Rath, beschüttet dich mit Heile, vom Elend dich befreit; und einst wird dir zu Theile die Ruh der Ewigkeit.

2. Es hat uns wissen lassen der Herr sein Recht und sein Gericht, Erbarmung ohne Maßen dem Frommen, der den Bund nicht bricht. Schnell eilt sein Zorn vorüber, straft nicht nach unsrer Schuld; der Herr begnadigt lieber, nimmt lieber auf zur Huld. Wer Gott vertraut, ihm lebet, sein Frieden ist mit dem; mit Adlersflügeln schwebet Erbarmung über dem.

3. Wie Väter mit Erbarmen auf ihre jungen Kinder schaun, so thut der Herr uns Armen, wenn wir nur kindlich ihm vertraun. Gott weiß es, wir sind Sünder, er weiß es, wir sind Staub, zum Tode reise Sünder, ein niederfallend Laub; kaum daß die Winde wehen,

so ist es nicht mehr da; wir Sterbliche vergehen, stets ist der Tod uns nah.

4. Jehovahs Gnad alleine steht fest und bleibt in Ewigkeit, bleibt bei des Herrn Gemeine, die ganz sich seinem Dienste weiht, die, daß sie selig werde, mit Furcht und Zittern ringt. O schwing dich von der Erde hin- auf, wo Jubel singt die Schar stets treuer Knechte und unsrer Sel'- gen Schar: Licht, Heil sind deine Rechte und ewig wunderbar!

5. Anbetung, Preis und Ehre sei dir, Gott Vater, Sohn und Geist! Wir singens in die Chöre der Schar, die dich vollkommner preist. Anbetung, Preis und Ehre dir, der du warst und bist! Wir stammelns nur; doch höre, hör uns, der ewig ist! Einst tragen wir auch Palmen, du Gott, auf den wir traun; einst singen wir dir Psalmen, wenn wir dich droben schaun.

Nachbildung des vorigen Lieds durch Friedrich Gottlieb Klopstock, 1724—1803.

Lobe den Herrn, meine Seele;
Herr, mein Gott, du bist sehr herrlich, schön und prächtig geschmückt.
(Pf. 104.)

Weise 250. Allein Gott in der Höh sei Ehr.

397. Dem Herren Lob und Ehre gebt, des Antlitz freund- lich leuchtet! Sein Herrlichkeit stets ob uns schwebt, sein Huld die Erde feuchtet; sie bringet Frucht auf Berg und Thal, auch Korn und Kraut schießt überall, zum Dienst für Thier und Menschen.

2. Du läßt das Brot, Herr, uns zu gut aufwachsen von der Erden, den Wein, der fröhlich macht den Mut, das Oel läßt du uns werden. Der Wunder sind so groß und viel, der rei- chen Gaben ist kein Ziel, die alle Erd erfüllen.

3. All Creaturen warten hie auf dich, daß du sie speisest, denn wenn du gibst, so sammeln sie; wenn deine Hand du wei- sest, so werden sie mit Gütern satt; doch kraftlos werden sie und matt, verbirgst du deine Gnade.

4. Wenn du den Geist von ihnen wendst, zu Staub sie wieder werden; doch Alles lebt, wenn du ihn sendst, verneut wird dann die Erde. Den Herrn mit meinem Lobgesang will rüh- men ich mein Lebenlang und singen Hallelujah.

Adam Reißner, 1471—1563.

Gelobt sei Gott der Vater, der Sohn und der heilige Geist,
Von nun an bis in Ewigkeit. Amen.
(Matth. 28, 19.)

Weise 679. Ein feste Burg ist unser Gott.

398. Lob, Ehr und Preis dem höchsten Gott, dem Vater | aller Gnaden, der uns aus Lieb gegeben hat sein Sohn für

21*

unsern Schaden, sammt dem | den Weg zum Himmel weist;
heilgen Geist, der uns Kinder | der helf uns fröhlich! Amen.
heißt, von Sünden uns reißt, | Ein Gloria aus dem Straßburger
　　　　　　　　　　　　　Gesangbuch von 1568.

**Danket dem Herrn Jebaoth, daß er so gnädig ist
Und thut immerdar Gutes.**
(Jak. 1, 17. 18.)

Weise 809. Wach auf, mein Herz, und singe.

399. Nun laßt uns Gott dem
Herren danksagen und ihn ehren
für alle seine Gaben, die wir
empfangen haben.

2. Den Leib, die Seel, das
Leben hat er allein gegeben;
dieselben zu bewahren, thut er
gar nie was sparen.

3. Nahrung gibt er dem Leibe,
die Seele muß auch bleiben,
wiewohl tödtliche Wunden sind
kommen von der Sünden.

4. Ein Arzt ist uns gegeben,
der selber ist das Leben: Christus,
für uns gestorben, hat uns das
Heil erworben.

5. Sein Wort, sein Tauf, sein
Nachtmahl dient wider allen
Unfall; der heilge Geist im Glau-
ben lehrt uns darauf vertrauen.

6. Durch ihn ist uns vergeben
die Sünd, geschenkt das Leben;
im Himmel solln wir haben,
o Gott, wie große Gaben!

7. Wir bitten deine Güte,
wollst uns hinfort behüten, uns
Große mit den Kleinen; du kannsts
nicht böse meinen.

8. Erhalt uns in der Wahrheit, gib ewigliche Freiheit zu
preisen deinen Namen durch
Jesum Christum, Amen.
　　　　Ludwig Helmbold, 1532—1598.

**Nun danket Alle Gott,
Der große Dinge thut an allen Enden.**
(Pf. 95, 2. Vgl. Sir. 50, 24—26.)

400.　　　Eigne Weise.　　　Joh. Crüger, 1649.

Nun dan-ket Al-le Gott mit Her-zen, Mund und
der gro-ße Din-ge thut an uns und al-len
Hän-den,　　der uns von Mutter-leib und Kin-des-bei-nen
En-den,
an un-zäh-lig viel zu gut und je-tzo noch ge-

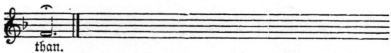

than.

2. Der ewig reiche Gott woll uns bei unserm Leben ein immer fröhlich Herz und edlen Frieden geben und uns in seiner Gnad erhalten fort und fort und uns aus aller Noth erlösen hier und dort.

3. Lob, Ehr und Preis sei Gott, dem Vater und dem Sohne und dem, der beiden gleich im hohen Himmelsthrone; ihm, dem dreieinen Gott, wie er im Anfang war und ist und bleiben wird jetzund und immerdar.

Martin Rinckart, 1586—1649.

**Gott, man lobet dich in der Stille zu Zion,
Und dir bezahlet man Gelübde.**
(Psalm 65, 2—5.)

Weise 395. Nun lob, mein Seel, den Herren.

401. Man lobt dich in der Stille, du hocherhabner Zions-Gott! Des Rühmens ist die Fülle vor dir, du starker Zebaoth! Du bist doch, Herr, auf Erden der Frommen Zuversicht, in Trübsal und Beschwerden läßt du die Deinen nicht. Drum soll dich stündlich ehren mein Mund vor Jedermann und deinen Ruhm vermehren, so lang er lallen kann.

2. Es müsse dein sich freuen, wer deine Macht und Gnade kennt, und deinem Dienst sich weihen, wer dich in Christo Vater nennt! Hoch seist du stets gepriesen; du bists, der Wunder thut, und hast auch mir erwiesen das, was mir nutz und gut. Nun, das ist meine Freude, zu halten fest an dir, daß nichts von dir mich scheide, so lang ich walle hier.

3. Herr, du hast deinen Namen sehr herrlich in der Welt gemacht; wenn Schwache zu dir kamen, hast du gar bald an sie gedacht. Du hast mir Gnad erzeiget; nun, wie vergelt ichs dir? Ach, bleibe mir geneiget, so will ich für und für den Kelch des Heils* erheben und preisen allezeit dich, Herr Gott, hier im Leben und dort in Ewigkeit. * Ps. 116, 13.

Johann Rist, 1607—1667.

**Alles vergängliche Ding muß ein Ende nehmen,
Aber die Güte des Herrn währet ewiglich.**
(Psalm 145. Eph. 5, 19—20.)

402. Eigne Weise.

1785.

Sollt ich mei-nem Gott nicht sin-gen? sollt ich ihm nicht
Seh ich doch in al-len Dingen, wie so gut ers

fröhlich sein?
mit mir mein'! Ist doch nichts als lau = ter Lie=ben,

das sein treu=es Her = ze regt, das ohn En = de

hebt und trägt die in sei=nem Dienst sich ü = ben.

Al = les Ding währt sei = ne Zeit, Got=tes Lieb in

E = wig=keit.

2. Wie ein Adler sein Gefieder über seine Jungen streckt, also hat auch hin und wieder mich des Höchsten Arm gedeckt alsobald im Mutterleibe, da er mir mein Wesen gab und das Leben, das ich hab und noch diese Stunde treibe. Alles Ding währt seine Zeit, Gottes Lieb in Ewigkeit.

3. Sein Sohn ist ihm nicht zu theuer, nein, er gibt ihn für mich hin, daß er mich vom ewgen Feuer durch sein theures Blut gewinn. O du unergründter Brunnen: wie will doch mein schwacher Geist, ob er gleich sich hoch befleißt, deine Tief ergründen können! Alles Ding währt seine Zeit, Gottes Lieb in Ewigkeit.

4. Seinen Geist, den edlen Führer, gibt er mir in seinem Wort, daß er werde mein Regierer durch die Welt zur Him=melspfort, daß er mir mein Herz erfülle mit dem hellen Glaubenslicht, das des Todes Reich zerbricht und die Hölle selbst macht stille. Alles Ding währt seine Zeit, Gottes Lieb in Ewigkeit.

5. Meiner Seele Wohlergehen hat er ja recht wohl bedacht; will dem Leibe Noth entstehen, nimmt ers gleichfalls wohl in Acht. Wenn mein Können, mein Vermögen nichts vermag, nichts helfen kann, kommt mein Gott und hebt mir an sein Vermögen beizulegen. Alles Ding währt seine Zeit, Gottes Lieb in Ewigkeit.

6. Himmel, Erd und ihre Heere hat er mir zum Dienst bestellt; wo ich nur mein Aug hinkehre, find ich, was mich nährt und hält, Thier und Kräuter und Getreide, in den Gründen, in der Höh, in den Büschen, in

der See, überall ist meine Weide. Alles Ding währt seine Zeit, Gottes Lieb in Ewigkeit.

7. Wenn ich schlafe, wacht sein Sorgen und ermuntert mein Gemüt, daß ich jeden neuen Morgen schaue neue Lieb und Güt. Wäre nicht mein Gott gewesen, hätte mich sein Angesicht nicht geleitet: wär ich nicht aus so mancher Angst genesen. Alles Ding währt seine Zeit, Gottes Lieb in Ewigkeit.

8. Wie so manche saure Tage hat Gott schon vorbeigeführt, und wie manche schwere Plage hat noch niemals mich berührt! Gottes Engel, den er sendet, hat das Böse, was der Feind anzurichten war gemeint, in die Ferne weggewendet. Alles Ding währt seine Zeit, Gottes Lieb in Ewigkeit.

9. Wie ein Vater seinem Kinde niemals ganz sein Herz entzeucht, ob es gleich bisweilen Sünde thut und von dem Pfade weicht: also hält auch mein Verbrechen mir mein frommer Gott zu gut, will mein Fehlen mit der Ruth und nicht mit dem Schwerte rächen. Alles Ding währt seine Zeit, Gottes Lieb in Ewigkeit.

10. Seine Strafen, seine Schläge, ob sie mir gleich bitter sind, — dennoch, wenn ichs recht erwäge, sind es Zeichen, daß mein Freund, der mich liebet, mein gedenke und mich von der schnöden Welt, die uns hart gefangen hält, durch das Kreuz zu ihm hinlenke. Alles Ding währt seine Zeit, Gottes Lieb in Ewigkeit.

11. Das weiß ich fürwahr und lasse mirs nicht aus dem Sinne gehn: Christenkreuz hat seine Maße und muß endlich stille stehn. Wenn der Winter ausgeschneiet, tritt der schöne Sommer ein; also wird auch nach der Pein, wers erwarten kann, erfreuet. Alles Ding währt seine Zeit, Gottes Lieb in Ewigkeit.

12. Weil denn weder Ziel noch Ende sich in Gottes Liebe findt, ei, so heb ich meine Hände zu dir, Vater, als dein Kind, bitte, wollst mir Gnade geben, dich aus aller meiner Macht zu umfangen Tag und Nacht hier in meinem ganzen Leben, bis ich dich nach dieser Zeit lob und lieb in Ewigkeit.

Paul Gerhardt, 1606—1676.

Wohl dem, des Hilfe der Gott Jakobs ist, Des Hoffnung auf den Herrn, seinen Gott, stehet.
(Pf. 146.)

Weise 534. Valet will ich dir geben.

403. Du, meine Seele, singe, wohlauf, und singe schön dem, welchem alle Dinge zu Dienst und Willen stehn! Ich will den Herren droben hier preisen auf der Erd, ich will ihn herzlich loben, so lang ich leben werd.

2. Wohl dem, der einzig schauet nach Jakobs Gott und Heil; wer dem sich anvertrauet, der hat das beste Theil, das höchste Gut erlesen, den treusten Freund geliebt, sein Herz und ganzes Wesen bleibt ewig unbetrübt.

3. Bei ihm ist alle Stärke, ist unerschöpfte Macht, das predigen die Werke, die seine Hand gemacht, der Himmel und die Erde mit ihrem ganzen Heer, der Fisch' unzählge Herde im großen wilden Meer.

4. Es will sein treues Sinnen, das Niemand Unrecht thut, nur Gutes Jedem gönnen, der in der Treu beruht. Gott hält sein Wort mit Freuden, und was er spricht, geschicht, und wer Gewalt muß leiden, den schützt er im Gericht.

5. Er weiß viel tausend Weisen, zu retten aus dem Tod, ernähret und gibt Speisen zur Zeit der Hungersnoth, macht

schöne, rothe Wangen oft bei geringem Mahl, und, die da sind gefangen, die reißt er aus der Qual.

6. Er ist das Licht der Blinden, thut auf der Tauben Ohr; und die sich schwach befinden, gehn stark durch ihn hervor. Er liebet alle Frommen, und wenn ihr Auge weint, sehn sie, sobald sie kommen, an ihm den besten Freund.

7. Er ist der Fremden Hütte, sorgt für die Waisen mild, erfüllt der Wittwen Bitte, wird selbst ihr Trost und Schild. Die aber, die ihn hassen, von seinem Geiste nicht sich ziehn und strafen lassen, die trifft sein schwer Gericht.

8. Ach, ich bin viel zu wenig, zu rühmen seinen Ruhm: der Herr ist ewger König, ich eine welke Blum; jedoch weil ich gehöre gen Zion in sein Zelt, ists billig, daß ich mehre sein Lob vor aller Welt.

Paul Gerhardt, 1606—1676.

Jauchzet dem Herrn, alle Welt, Dienet dem Herrn mit Freuden!
(Ps. 100.)
Weise 97. Vom Himmel hoch da komm ich her.

404. Nun jauchzt dem Herren, alle Welt! Kommt her, zu seinem Dienst euch stellt, kommt mit Frohlocken, säumet nicht, kommt vor sein heilig Angesicht!

2. Erkennt, daß Gott ist unser Herr, der uns erschaffen sich zur Ehr, und nicht wir selbst; durch Gottes Gnad ein jeder Mensch das Leben hat.

3. Er hat uns ferner wohl bedacht und uns zu seinem Volk gemacht, zur Herde, die er ist bereit zu führen stets auf guter Weid.

4. Ihr, die ihr nun wollt bei ihm sein, kommt, geht zu seinen Thoren ein mit Loben durch der Psalmen Klang zu seinem Vorhof mit Gesang!

5. Erhebet Gott, lobsinget ihm,
lobsinget ihm mit lauter Stimm!
Lobsingt und lobet allesammt!
Gott loben das ist unser Amt.

6. Er ist voll Güt und Freund=
lichkeit, voll Lieb und Treu zu
aller Zeit, sein Gnade währet

dort und hier und seine Wahr=
heit für und für.

7. Gott Vater in dem höch=
sten Thron und Jesus Christ,
sein einger Sohn sammt Gott
dem werthen heilgen Geist sei
nun und immerdar gepreist.

David Denicke, 1603—1680.

Danket dem Herrn, denn er ist freundlich,
Und seine Güte währet ewiglich.
(Marc. 7, 37. 1 Cor. 15, 55. Eph. 1, 3—14.)
Weise 105. Ermuntre dich, mein schwacher Geist.

405. Der Herr hat Alles wohl=
gemacht! Er wird nichts böse
machen; dies, fromme Seele,
wohl betracht in allen deinen
Sachen, in Freud und Leid,
Genüg und Noth, in Krankheit,
Jammer, Kreuz und Tod, in
Kummer, Angst und Schmerzen;
das glaub, o Herz, von Herzen!

2. Der Herr hat Alles wohl=
gemacht, noch eh er uns er=
schaffen; er hat uns mit dem
Heil bedacht, das einzig unser
Waffen, ja unser Schild und
Rettung ist, hat uns erkorn vor
aller Frist; eh man die Sterne
zählet, da hat er uns erwählet.

3. Der Herr hat Alles wohl=
gemacht, da er für uns gestorben,
uns Heil und Leben wiederbracht
und durch sein Blut erworben.
Was willst du mehr, betrübter
Geist? Komm her, schau hier,
was Lieben heißt! Sollt der
nicht Alles geben, der für dich
gibt sein Leben?

4. Der Herr hat Alles wohl=
gemacht, da er vom Tod erstan=
den und aus ganz eigner Kraft
und Macht uns von des Todes

Banden und seinen Schrecken hat
befreit. Jauchzt ihm voll Lust
und Freudigkeit, erlöste Gottes=
kinder: Hosianna Ueberwinder!

5. Der Herr hat Alles wohl=
gemacht, da er ist aufgefahren
gen Himmel, wo ein Herz hin=
tracht, das Trübsal hat erfahren.
Er hat die Stätt uns da bereit,
wo wir nach dieser kurzen Zeit
in Freuden sollen schweben und
mit ihm ewig leben.

6. Der Herr hat Alles wohl=
gemacht, weil seinen Geist er
sendet zu uns herab, der uns
bewacht und unsre Herzen wen=
det von dieser Welt zu Gott
hinauf, daß wir ganz selig un=
sern Lauf vollenden und mit
Freuden zu ihm von hinnen
scheiden.

7. Der Herr hat Alles wohl=
gemacht, auch wenn er uns be=
trübet, wenn uns die finstre
Kreuzesnacht befällt und allzeit
übet in Kreuz und Widerwär=
tigkeit, in Angst und Trübsal
und in Leid, wenn er uns stärkt
im Glauben, den Niemand uns
kann rauben.

8. Der Herr hat Alles wohl=
gemacht! Er wird nichts böse
machen, er träget dich gar sanft
und sacht; drum gib in allen
Sachen, in Freud und Leid,
Genüg und Noth, in Krankheit,
Jammer, Kreuz und Tod, in
Kummer, Angst und Schmerzen
ihm Lob und Dank von Herzen.
Christoph Runge, 1619 — nach 1680.

Ich danke dem Herrn von ganzem Herzen
Und erzähle alle deine Wunder.
(Pf. 108.)

406.   Eigne Weise.   Neander? 1680.

Wun = der = ba = rer Kö = nig, Herr=scher von uns
Dei = ne Va = ter = gü = te hast du las = sen

Al = len: laß dir un = ser Lob ge = fal = len!
flie = ßen, ob wir schon dich oft ver = lie = ßen.

Hilf uns noch! stärk uns doch! laß die Zungen sin = gen,

laß die Stimmen klin = gen!

2. Himmel, lobe prächtig dei=
nes Schöpfers Stärke, mehr
als aller Menschen Werke. Gro=
ßes Licht der Sonne, sende deine
Stralen, die das große Rund
bemalen. Lobet gern, Mond
und Stern! Seid bereit, zu
ehren einen solchen Herren.

3. O du meine Seele, singe
fröhlich, singe, singe deine Glau=
benslieder! Was da Odem holet,
jauchze, preise, klinge! Wirf dich
in den Staub danieder. Er
ist Gott Zebaoth! Er nur ist
zu loben hier und ewig droben.

4. Hallelujah bringe, wer den
Herren kennet, wer den Herren
Jesum liebet; Hallelujah singe,
wer da Christum nennet, sich von
Herzen ihm ergibet. O wohl dir!
Glaube mir, endlich wirst du
droben ohne Sünd ihn loben.

Joachim Neander, 1640—1680.

Ich will den Namen des Herrn preisen,
Gebt unserm Gott allein die Ehre.
(5 Mos. 32, 1—7.)

Weise 290.   Es ist das Heil uns kommen her.

407. Sei Lob und Ehr dem höchsten Gut, dem Vater aller Güte, dem Gott, der alle Wunder thut, dem Gott, der mein Gemüte mit seinem reichen Trost erfüllt, dem Gott, der allen Jammer stillt; gebt unserm Gott die Ehre!

2. Es danken dir die Himmels=heer, o Herrscher aller Thronen; und die auf Erd, in Luft und Meer in deinem Schatten wohnen, die preisen deine Schöpfer=macht, die Alles also wohl=bedacht; gebt unserm Gott die Ehre!

3. Was unser Gott geschaffen hat, das will er auch erhalten, darüber will er früh und spat mit seiner Gnade walten. In seinem ganzen Königreich ist Alles recht und Alles gleich; gebt un=serm Gott die Ehre!

4. Ich rief zum Herrn in meiner Noth: „Ach Gott, vernimm mein Schreien!" Da half mein Hel=fer mir vom Tod, ließ Trost mir angedeihen. Drum dank, ach Gott, drum dank ich dir. Ach, danket, danket Gott mit mir! Gebt unserm Gott die Ehre!

5. Der Herr ist noch und nim=mer nicht von seinem Volk ge=schieden; er bleibet ihre Zuver=sicht, ihr Segen, Heil und Frie=den. Mit Mutterhänden leitet er die Seinen stetig hin und her; gebt unserm Gott die Ehre!

6. Wenn Trost und Hilfe man=geln muß, die alle Welt erzei=get, so kommt, so hilft der Ueber=fluß, der Schöpfer selbst, und neiget die Vateraugen denen zu, die nirgendwo sonst finden Ruh; gebt unserm Gott die Ehre!

7. Ich will dich all mein Leben lang, o Gott, von nun an ehren, man soll, Gott, deinen Lobgesang an allen Orten hören! Mein ganzes Herz ermuntre sich, mein Geist und Leib erfreue dich; gebt unserm Gott die Ehre!

8. Ihr, die ihr Christi Namen nennt, gebt unserm Gott die Ehre! Ihr, die ihr Gottes Macht bekennt, gebt unserm Gott die Ehre! Die falschen Götzen macht zu Spott, der Herr ist Gott, der Herr ist Gott: gebt unserm Gott die Ehre!

9. So kommet vor sein An=gesicht, mit Jauchzen Dank zu bringen, bezahlet die gelobte Pflicht und laßt uns fröhlich singen: Gott hat es Alles wohl bedacht und Alles, Alles recht gemacht; gebt unserm Gott die Ehre!

Joh. Jakob Schütz, 1640—1690.

Bringet her dem Herrn, ihr Völker,
Bringet her dem Herrn Ehre und Macht!
(Pf. 148, 11—13. Joh. 3, 16. Phil. 1, 6.)
Weise 250. Allein Gott in der Höh sei Ehr.

408. Bringt her dem Herren Lob und Ehr aus freudigem Gemüte, ein Jeder Gottes Ruhm vermehr und preise seine Güte! Ach lobet, lobet Alle Gott, der uns befreiet aus der Noth, und danket seinem Namen!

2. Lobt Gott und rühmet allezeit die großen Wunderwerke, die Majestät und Herrlichkeit, die Weisheit, Kraft und Stärke, die er beweist in aller Welt, durch die er alle Ding erhält; drum danket seinem Namen!

3. Lobt Gott, der uns erschaffen hat, Leib, Seele, Geist und Leben aus lauter väterlicher Gnad uns Allen hat gegeben, der uns durch seine Engel schützt und täglich darreicht, was uns nützt; drum danket seinem Namen!

4. Lobt Gott, der uns schenkt seinen Sohn, der für uns ist gestorben und uns des ewgen Lebens Kron durch seinen Tod erworben, der worden ist der Hölle Gift* und Frieden hat mit Gott gestift; drum danket seinem Namen! *Hos. 13, 14.

5. Lobt Gott, der in uns durch den Geist den Glauben angezündet und alles Gute noch verheißt, uns stärket, kräftigt, gründet, der uns erleuchtet durch sein Wort, regiert und heiligt fort und fort; drum danket seinem Namen!

6. Lobt Gott, der auch das gute Werk, das in uns angefangen, vollführen wird, und geben Stärk, das Kleinod zu erlangen, das er hat Allen dargestellt und seinen Gläubgen vorbehält; drum danket seinem Namen!

7. Lobt Gott, ihr starken Seraphim, ihr Engel auf den Thronen; lobt Gott den Herrn mit heller Stimm, die hier auf Erden wohnen; lobt Gott und preist ihn früh und spat, ja Alles, was nur Odem hat, das danke seinem Namen!

Cyriacus Günther, 1649—1704.

Heilig, heilig, heilig ist Gott, der Herr, der Allmächtige,
Der da war, und der da ist, und der da kommt.
(Offenb. 4, 8.)
Weise 338. Schwing dich auf zu deinem Gott.

409. Dein, o Gott, soll ewig sein Dank und Preis und Ehre; Ruhm und Herrlichkeit ist dein! Erd und Himmel höre: Heilig, heilig, heilig ist, der uns Alles gibet, der die Seinen nie vergißt, sie als Vater liebet!

2. Laß, o Vater, lebenslang uns einander geben — du mir Gnade, ich dir Dank, ich dir Lob,

du Leben, du dich mir und ich mich dir, ich dir mein Vertrauen, du mir Mut und Trost dafür, Hoffnung dich zu schauen.

Aemilie Juliane, Gräfin von Schwarzburg-Rudolstadt, 1637—1706.

Der Herr ist König ewiglich,
Dein Gott, Zion, für und für. Hallelujah!
(Psalm 146.)

410.

2. Fürsten sind Menschen, vom Weib geboren, und sinken wieder in den Staub; all ihr Anschläge sind auch verloren, sobald das Grab nimmt seinen Raub. Weil denn kein Mensch uns helfen kann, rufe man Gott um Beistand an. Hallelujah! Hallelujah!

3. Selig, ja selig ist der zu nennen, des Hilfe der Gott Jakobs ist, der sich vom Glauben durch nichts läßt trennen und hofft getrost auf Jesum Christ.

Wer diesen Herrn zum Beistand hat, findet am besten Rath und That. Hallelujah! Hallelujah!

4. Dieser hat Himmel und Meer und Erden und was darinnen ist gemacht. Alles muß pünktlich erfüllet werden, was er uns einmal zugedacht. Er ists, der Herrscher aller Welt, welcher uns ewig Glauben hält. Hallelujah! Hallelujah!

5. Zeigen sich welche, die Unrecht leiden: er ists, der ihnen

Recht verschafft; Hungrigen will er zur Speis bescheiden, was ihnen dient zur Lebenskraft; die hart Gebundnen macht er frei, des Herren Gnad ist mancherlei. Hallelujah! Hallelujah!

6. Sehende Augen gibt er den Blinden, erhebt die tief gebenget gehn. Wo er nur immer kann Fromme finden, da läßt er seine Liebe sehn. Sein Aufsicht ist des Fremden Trutz;* Wittwen und Waisen hält er Schutz. Hallelujah! Hallelujah!

* Vertrauen.

7. Aber der Gottesvergeßnen Tritte lenkt er mit starker Hand zurück, daß sie nur machen verkehrte Schritte und fallen selbst in ihren Strick. Der Herr ist König ewiglich; Zion, dein Gott, sorgt stets für dich. Hallelujah! Hallelujah!

8. Rühmet, ihr Menschen, den hohen Namen des, der so große Wunder thut. Alles, was Odem hat, rufe Amen und bringe Lob mit frohem Mut. Ihr Kinder Gottes, lobt und preist Vater und Sohn und heilgen Geist. Hallelujah! Hallelujah!

Dr. Johann Daniel Herrnschmid, 1675—1723.

Alles, was Odem hat, lobe den Herrn! Hallelujah!

(Pf. 148. 150.)

411.   Eigne Weise.   1738.

O, daß ich tau=send Zun=gen hät=te und
so stimmt ich da=mit in die Wet=te von
ei=nen tau=send=fa=chen Mund,
al=ler=tief=stem Her=zens=grund
ein Lob=lied
nach dem an=dern an von dem, was Gott an mir ge=than!

2. O, daß doch meine Stimme schallte bis dahin, wo die Sonne steht! O, daß mein Blut mit Jauchzen wallte, so lang es noch im Laufe geht! Ach, wäre jeder Puls ein Dank und jeder Athem ein Gesang.

3. Was schweigt ihr denn, ihr meine Kräfte? Auf, auf, braucht allen euern Fleiß, und stehet munter im Geschäfte zu Gottes, meines Herren, Preis! Mein Leib und Seele, schicke dich und lobe Gott herzinniglich!

4. Ihr grünen Blätter in den Wäldern, bewegt und regt euch

doch mit mir! Ihr schwanken Gräslein in den Feldern, ihr Blumen, laßt doch eure Zier zu Gottes Ruhm belebet sein und stimmet lieblich mit mir ein!

5. Ach, Alles, Alles, was ein Leben und einen Odem in sich hat, soll sich mir zum Gehilfen geben; denn mein Vermögen ist zu matt, die großen Wunder zu erhöhn, die allenthalben um mich stehn.

6. Lob sei dir, liebster Gott und Vater, für Leib und Seele, Hab und Gut; Lob sei dir, mildester Berather, für Alles, was dein Lieben thut und was du in der ganzen Welt zu meinem Nutzen hast bestellt!

7. Mein treuster Jesu, sei gepriesen, daß dein erbarmungsvolles Herz sich mir so hilfreich hat erwiesen und mich durch Blut und Todesschmerz vom harten Sündenjoch befreit und dir zum Eigentum geweiht!

8. Auch dir sei ewig Ruhm und Ehre, o heiligwerther Gottesgeist, für deines Trostes süße Lehre, die mich ein Kind des Lebens heißt; denn wo was Guts von mir geschicht, das wirket nur dein göttlich Licht!

9. Wer überströmet mich mit Segen? Bist du es nicht, o reicher Gott? Wer schützet mich auf meinen Wegen? Du, du, o Gott, Herr Zebaoth! Du trägst mit meiner Sündenschuld unsäglich gnädige Geduld!

10. Ich küsse, Vater, deine Ruthe, mit der du mich geschlagen hast. Wie viel thut sie mir doch zu gute! Sie ist mir eine sanfte Last; sie macht mich fromm und zeugt dabei, daß ich dir lieb und theuer sei.

11. Ich habe ja mein Lebetage es schon so manchesmal gespürt, daß du durch Kreuz und viele Plage getreulich mich hindurch geführt; denn in der größesten Gefahr ward ich dein Trostlicht stets gewahr.

12. Wie sollt ich nun nicht voller Freuden in deinem steten Lobe stehn? Wie wollt ich auch im tiefsten Leiden nicht triumphirend mit dir gehn? Und fiele auch der Himmel ein, so will ich doch nicht traurig sein.

13. Drum reiß ich jetzt aus Herzensgrunde von dem, was irdisch heißt, mich los und rufe mit erhöhtem Munde: Mein Gott, du bist sehr hoch und groß! Kraft, Ruhm, Preis, Dank und Herrlichkeit gehört dir jetzt und allezeit.

14. Ich will von deiner Güte singen, so lange sich die Zunge regt; ich will dir Freudenopfer bringen, so lange sich mein Herz bewegt. Ja, wenn der Mund wird kraftlos sein, so stimm ich noch mit Seufzen ein.

15. Ach, nimm das arme Lob auf Erden, mein Gott, in allen Gnaden hin! Im Himmel soll es besser werden, wenn ich bei dir verkläret bin. Da bring ich dir in sel'ger Schar viel tausend Hallelujah dar!

Johann Mentzer, 1658—1734.

Ich freue mich und bin fröhlich in dir
Und lobe deinen Namen, du Allerhöchster.
(Pf. 103, 10—18.)

Weise 765. Alle Menschen müssen sterben.

412. Womit soll ich dich wohl loben, mächtiger Herr Zebaoth? Sende mir dazu von oben deines Geistes Kraft, mein Gott! Denn ich kann mit nichts erreichen deine Gnad und Liebeszeichen. Tausend-, tausendmal sei dir, großer König, Dank dafür!

2. Herr, entzünde mein Gemüte, daß ich deine Wundermacht, deine Gnade, Treu und Güte stets erhebe Tag und Nacht, da von deinen Gnadengüssen Leib und Seele zengen müssen. Tausend-, tausendmal sei dir, großer König, Dank dafür!

3. Denk ich, wie ich dich verlassen und gehäufet Schuld auf Schuld, so möcht ich vor Scham erblassen vor der Langmut und Geduld, womit du, o Gott, mich Armen hast getragen mit Erbarmen. Tausend-, tausendmal sei dir, großer König, Dank dafür!

4. Wahrlich, wenn ich überlege, wie mit Lieb und Gütigkeit du durch so viel Wunderwege mich geführt die Lebenszeit, so weiß ich kein Ziel zu finden, weiß den Grund nicht zu ergründen. Tausend-, tausendmal sei dir, großer König, Dank dafür!

5. O, wie hast du meine Seele stets gesucht zu dir zu ziehn! Daß ich nicht mein Heil verfehle, soll ich zu den Wunden fliehn, die mich ausgesöhnet haben und mir Kraft zum Leben gaben! Tausend-, tausendmal sei dir, großer König, Dank dafür!

6. Ja, Herr, lauter Gnad und Wahrheit ist vor deinem Angesicht. Du, du trittst hervor in Klarheit, in Gerechtigkeit, Gericht, daß man soll aus deinen Werken deine Güt und Allmacht merken. Tausend-, tausendmal sei dir, großer König, Dank dafür!

7. Wie du setzest jedem Dinge Zeit, Gewicht, Zahl, Maß und Ziel, daß ja keinem zu geringe möcht geschehen, noch zu viel: so hab ich auf tausend Weisen deine Weisheit auch zu preisen. Tausend-, tausendmal sei dir, großer König, Dank dafür!

8. Bald mit Lieben, bald mit Leiden kommst du, Herr, mein Gott, zu mir, um mein Herze zu bereiten, ganz sich zu ergeben dir, daß mein gänzliches Verlangen möcht an deinem Willen hangen. Tausend-, tausendmal sei dir, großer König, Dank dafür!

9. Wie ein Vater nimmt und gibet, wie's den Kindern nützlich ist: so hast du mich auch geliebet, Herr, mein Gott, zu jeder Frist und dich meiner angenommen, wenns aufs höchste auch

gekommen. Tausend=, tausend=
mal sei dir, großer König,
Dank dafür!

10. Du hast mich auf Adler=
flügeln oft getragen väterlich,
in den Thälern, auf den Hü=
geln wunderbar errettet mich;
schien's, daß Alles auch zerrinne,
ward doch deiner Hilf ich inne.
Tausend=, tausendmal sei dir,
großer König, Dank dafür!

11. Fielen Tausend mir zur
Seiten und zur Rechten zehn=
mal mehr, ließest du mich doch
begleiten durch der Engel star=
kes Heer, daß den Nöthen, die
mich drangen, ich durch deinen
Schutz entgangen. Tausend=,
tausendmal sei dir, großer Kö=
nig, Dank dafür!

12. Vater, du hast mir er=
zeiget lauter Gnad und Gütig=
keit; du auch hast zu mir ge=
neiget, Jesu, deine Freundlich=
keit; und durch dich, o Geist
der Gnaden, werd ich stets noch
eingeladen! Tausend=, tausend=
mal sei dir, großer König,
Dank dafür!

13. Tausendmal sei dir ge=
sungen, Herr, mein Gott, Preis,
Lob und Dank, daß es mir bis=
her gelungen! Ach, laß mei=
nes Lebens Gang ferner noch
durch Jesu Leiten gehen in die
Ewigkeiten. Da will, Herr,
ich für und für ewig, ewig dan=
ken dir!

Ludwig Andreas Gotter,
1661—1735.

**Ich danke dem Herrn von ganzem Herzen im Rath der Frommen
Und in der Gemeinde.**

(Ps. 111, 1.)

Weise 250. Allein Gott in der Höh sei Ehr.

413. Ich danke Gott in Ewig=
keit, dem Vater aller Gnaden,
daß er mir hat zur rechten Zeit
gezeiget meinen Schaden, daß
er die Seele hat gerührt und
kräftiglich herausgeführt aus
ihren todten Werken.

2. Ich danke Gott in Ewig=
keit, denn er ist mir erschienen;
sein liebes Wort hat auch so
weit mir Sünder müssen die=
nen, daß ich erkenne seinen Sinn
und wie ich ewig schuldig bin,
in seiner Furcht zu wandeln.

3. Ich danke Gott in Ewig=
keit; und weil ich bin entron=
nen so mancher Angst und Herze=
leid, so bleibt mein Herz ge=
sonnen, zu wandeln auf der
schmalen Bahn, auf der uns
Jesus geht voran und führt
uns in den Himmel.

4. Ich danke Gott in Ewig=
keit; es gilt zwar Furcht und
Zittern, zu schaffen meine Se=
ligkeit bei so viel Ungewittern,
die Feind und Welt so oft er=
hebt, darüber Fleisch und Blut
erbebt; doch Gott hilft über=
winden.

5. Ich danke Gott in Ewig=
keit; denn seine Güt und Treue
beschützt mich allweg weit und
breit, daß sie mein Herz er=

22

neue. Nur weg mit Schein und Heuchelei, weg mit der Menschen Täuscherei,* im Glauben werd ich selig! *. Eph. 4, 14.

6. Ich danke Gott in Ewigkeit, des Herz mir ewig offen.

So bleibt mein Herz auch ihm bereit zum Glauben, Lieben, Hoffen. Sein Wille soll mein Wille sein, sein Vaterherz mein Trost allein im Leben und im Sterben.

Johann Martin Schamelius, 1668—1742.

**Lasset das Wort Christi reichlich unter euch wohnen,
Und singet dem Herrn in eurem Herzen.**
(Col. 3, 16. Pf. 26, 6—8.)

Weise 563. Wer weiß, wie nahe mir mein Ende.

4131/2. Noch sing ich hier aus dunkeln Fernen, Gott meines Lebens, dir mein Lied; wann einst, weit über allen Sternen, dich mein verklärtes Auge sieht, dann schallet dir im Jubelklang der Ueberwinder mein Gesang.

2. Wohl mir indes! Du schaust hernieder, steigt mein Gebet zu dir hinan; du hörst den Dank der schwachen Lieder mit Vaterhuld und Gnaden an, und meines Herzens Fried und Ruh nimmt durch das fromme Lied oft zu.

3. Ich walle froh mit meinen Brüdern zu deines Tempels Heiligtum; da schallt, in dir geweihten Liedern, des Dankes Stimme dir zum Ruhm, und dann durchdringet meine Brust ein fromm Gefühl der reinsten Lust.

4. Die Kraft der heilgen Himmelslehren durchströmt und hebet meinen Geist, wenn er, ver-

eint mit heilgen Chören, Gott, deinen großen Namen preist, Anbetung dir und Ehre bringt und Fülle der Empfindung singt.

5. Oft hab ich auch in stillen Stunden, wenn ich dir meine Freuden sang, der Andacht Seligkeit empfunden, die durch die frohe Seele drang; mein Herz, wenn dir mein Lied erscholl, ward seliger Empfindung voll.

6. Ich habe mir die Last der Leiden oft durch ein Trostlied leicht gemacht und statt des Kummers Ruh und Freuden in mein beklommnes Herz gebracht: die Hoffnung lebte wieder auf, sang ich zu dir, mein Gott, hinauf.

7. Doch sing ich noch aus dunkeln Fernen! O, welche Wonne wird es sein, wann einst, weit über allen Sternen, mich, Herr, dein Antlitz wird erfreun! Da bin ich dir ganz Lobgesang in aller Himmel Jubelklang.

Heinrich Erhart Heeren, 1728—1811.

3. Die Hingabe an den Heiland.

a. Liebe zu Jesu.

Das Wort war bei Gott und Gott war das Wort;
Alle Dinge sind durch dasselbe gemacht.

(Joh. 1, 1—4. Röm. 8, 38—39.)

Weise 78. Gott sei Dank durch alle Welt.

414. O du liebster Jesu Christ, der du unser Heiland bist: hilf, daß wir aus Herzensgrund loben dich zu aller Stund!

2. Denn du bist das ewge Wort, das im Anfang war bei Gott und durch welches alle Ding überall geschaffen sind.

Joh. 1, 1. 10. Kol. 1, 15—16.

3. Wir, dein Volk, das dich bekennt, sind die Werke deiner Händ, du bist unser Herr und Gott, der uns hilft aus aller Noth.

4. Bei dem Vater immerdar warst du herrlich, hehr und klar, bis du hier des Fleisches Kleid hast empfahn in Reinigkeit.

5. Du hast uns erlöst vom Tod, uns erworben ewge Gnad, uns von Sünd gereiniget und mit Gott vereiniget.

6. Nun bist herrlich du ver= klärt, wirst im Himmel hochge= ehrt und regierst nach deinem Rath deine Herde früh und spat.

Phil. 2, 9—10.

7. Unser Trost und Zuversicht ist allein auf dich gericht; sind wir doch dein Volk erkorn, neu durch Gottes Wort geborn,

Eph. 1, 4. 2 Thess. 2, 13. 1 Petr. 1, 23.

8. Glauben auch von Herzens= grund und bekennens mit dem Mund: daß du unser und wir dein nun und ewig werden sein.

Röm. 10, 9—10.

9. Darauf hoffen wir und kann mit ganz herzlichem Ver= traun: daß dereinst an jenem Tag wir entgehen aller Plag.

10. O du edler Gottessohn, unser Kleinod, Zier und Kron: laß uns deine Herrlichkeit schauen in der Ewigkeit!

Böhmische Brüder, 1544. (Joh. Horn, † 1547.)

Herzlich lieb habe ich dich, Herr, meine Stärke,
Herr, mein Fels, meine Burg, mein Erretter!

(Ps. 18, 2—4.)

415.   Eigne Weise.   Vor 1577.

Herz=lich lieb hab ich dich, o Herr! Ich bitt, wollst sein von
die gan=ze Welt er=freut mich nicht, nach Erd und Himmel

22*

mir nicht fern mit dei=ner Güt und Gna=den;
frag ich nicht, wenn ich nur dich kann ha = ben! Und
wenn mir gleich mein Herz zer = bricht, bist du doch mei=ne
Zu = ver=ſicht, mein Theil und mei = nes Herzens Troſt, der
durch ſein Blut mich hat er=löſt. Herr Je = ſu Chriſt, mein
Gott und Herr, mein Gott und Herr: in Schanden laß mich
nimmermehr!

2. Es iſt ja dein Geſchenk und Gab mein Leib und Seel und was ich hab in dieſem armen Leben; damit ichs branch zum Lobe dein, zum Nutz und Dienſt des Nächſten mein, wollſt deine Gnäd mir geben. Behüt mich, Herr, vor falſcher Lehr, des Satans Mord und Lügen wehr; in allem Krenz erhalte mich, auf daß ichs trag gedulbiglich. Herr Jeſu Chriſt, mein Herr und Gott, mein Herr und Gott: tröſt mir mein Seel in Todes=noth!

3. Ach Herr, laß deine En=gelein an meinem End die Seele mein in Abrahams Schoß tragen, den Leib in ſeinem Kämmerlein gar ſanft ohn alle Qual und Pein ruhn bis zum jüngſten Tage. Alsbann vom Tod erwecke mich, daß meine Augen ſehen dich in aller Freud, o Gottesſohn, mein Heiland und mein Gnadenthron! Herr Jeſu Chriſt, erhöre mich, er=höre mich! Ich will dich prei=ſen ewiglich.

Martin Schalling, 1532—1608.

Meine Seele erhebet den Herren,
Und mein Geiſt freuet ſich Gottes, meines Heilandes.
(Röm. 8, 35—39. Luc. 24, 29.)
Weiſe 336. In dich hab ich gehoffet, Herr.

416. Mein ſchönſte Zier und Kleinod biſt auf Erden du, Herr | Jeſu Chriſt! Dich will ich laſ=ſen walten, und allezeit, in Lieb und Leib., im Herzen dich behalten.

2. Dein Lieb und Tren vor Allem geht, kein Ding auf Erd so fest besteht, dies muß man frei bekennen; drum soll nicht Tod, nicht Angst und Noth von deiner Lieb mich trennen.

3. Dein Wort ist wahr und trieget nicht und hält gewis,

was es verspricht, im Tod und auch im Leben. Du bist nun mein und ich bin dein, dir hab ich mich ergeben.

4. Der Tag nimmt ab, o schönste Zier! Herr Jesu Christ, bleib du bei mir, es will nun Abend werden; laß doch dein Licht auslöschen nicht bei uns allhier auf Erden.

Seit 1598. Verfasser unbekannt.

**Ich bin das A und das O, spricht der Herr,
Die Wurzel des Geschlechtes Davids, ein heller Stern.**
(Pf. 45. Joh. 6, 27—40.)

417.

Eigne Weise.

1599.

Wie schön leucht uns der Mor=gen=stern
Du, Da=vids Sohn aus Ja=kobs Stamm,

voll Gnad und Wahrheit von dem Herrn so herr=
mein Kö=nig und mein Bräu=ti=gam, hältst mir

lich auf=ge=gan=gen! lieb=lich, freund=lich,
mein Herz um=fan=gen,

schön und präch=tig, groß und mächtig, reich an Gaben,

ü=ber Al=les hoch er=ha=ben.

2. O meine Perl und werthe Kron, Sohn Gottes und Mariensohn, ein hochgeborner König: mein Herz erfreut sich deiner Ehr, deins heilgen Wortes süße Lehr ist lauter Milch

und Honig! Freudig sing ich Hosianna! Himmlisch Manna, das wir essen: deiner kann ich nicht vergessen!

3. Geuß tief mir in mein Herz hinein, du Gottesglanz

und Edelstein*, die Flamme
deiner Liebe, und laß an dir,
dem Haupte, mich ein Glied
verbleiben stetiglich in frischem
Lebenstriebe, daß sich in dich,
du holdsel'ge Himmelslilje, meine
Seele ganz versenk und dir ver=
mähle!

* Vergl. Hebr. 1, 2.

4. Von Gott kommt mir ein
Freudenlicht, wenn du mit dei=
nem Angesicht willst freundlich
auf mich blicken. O Jesu, du
mein trautes Gut: dein Wort,
dein Geist, dein Fleisch und
Blut mich innerlich erquicken!
Laß mich freundlich nun er=
warmen in den Armen deiner
Gnaden; auf dein Wort komm
ich geladen!

5. Herr Gott Vater, mein
starker Held, du hast mich ewig
vor der Welt in deinem Sohn
geliebet; dein Sohn hat theuer
mich erkauft, ich bin in seinen
Tod getauft, nichts ist das mich

betrübet. Sterb ich: erb ich
himmlisch Leben, das er geben
will dort oben; ewig soll mein
Herz ihn loben.

6. Die Saiten stimmt zu hel=
lem Klang und laßt den süßen
Lobgesang ganz freudenreich er=
schallen; ich soll ja ewig selig
sein und mit dem treuen Hei=
land mein in Lieb und Freude
wallen. Singet, klinget, jubi=
liret, triumphiret, dankt dem
Herren; groß ist der König der
Ehren.

7. Wie bin ich doch so herz=
lich froh, daß mein Freund ist
das A und O*, der Anfang
und das Ende. Er nimmt der=
einst zu seinem Preis mich zu
sich auf ins Paradeis, reicht
mir die treuen Hände. Amen,
Amen! Komm, du schöne Freu=
denkrone, bleib nicht lange; dei=
ner wart ich mit Verlangen!

* Off. 1, 11; 22, 13.

Dr. Philipp Nicolai, 1550—1608.

Ich bin das A und das O, spricht der Herr,
Die Wurzel des Geschlechtes Davids, ein heller Stern.
(Pf. 45. Joh. 6, 27—40.)

Nach voriger Weise.

418. Wie herrlich stralt der
Morgenstern! O welch ein Glanz
geht auf vom Herrn! Wer sollte
sein nicht achten? Glanz Got=
tes, der die Nacht durchbricht:
du bringst in finstre Seelen Licht,
die nach der Wahrheit schmach=
ten. Dein Wort, Jesu, ist voll
Klarheit, führt zur Wahrheit
und zum Leben; wer kann dich
genug erheben?

2. Du hier mein Trost und
dort mein Lohn, Sohn Gottes
und des Menschen Sohn, des
Himmels großer König: von
garzem Herzen preis ich dich;
hab ich dein Heil, so rühret
mich das Glück der Erde we=
nig. Zu dir komm ich; wahr=
lich Keiner tröstet deiner: sich
vergebens, sucht er dich nur,
Brot des Lebens.

3. Durch dich nur kann ich selig sein; o drücke tief ins Herz mir ein Empfindung deiner Liebe, damit ich ganz dein eigen sei, aus Weltsinn deinen Dienst nicht scheu, gern deinen Willen übe. Nach dir, Heiland, den ich fasse und nicht lasse, ewig wähle, dürstet meine ganze Seele.

4. Von Gott stralt mir ein Freudenlicht, die Hoffnung, daß dein Angesicht ich einstens werd erblicken; du wirst indes durch deine Kraft, die Ruh in müden Seelen schafft, mich stärken und erquicken. Tröste du mich, Seligmacher, daß ich Schwacher auf der Erde Himmelsfreuden inne werde.

5. Wie sehr, Gott Vater, preis ich dich; von Ewigkeit her hast du mich in deinem Sohn geliebet! Dein Sohn hat mich mit dir vereint, er ist mein Bruder und mein Freund; was ist, das mich betrübet? Seele, wähle ihn, den Besten, ihn, den Größten, dir zum Freunde, und dann fürchte keine Feinde.

6. Ihm, welcher Sünd und Tod bezwang, ihm müsse froher Lobgesang mit jedem Tag erschallen, dem Lamme, das erwürget ist, dem Freunde, der uns nie vergißt, zum Ruhm und Wohlgefallen! Schallet, schallet, Jubellieder, hallet wider, daß die Erde voll von seinem Lobe werde!

7. Wie freu ich mich, o Jesu Christ, daß du der Erst und Letzte bist, der Anfang und das Ende! Ich gebe, Heiland, meinen Geist, wenn er sich einst dem Staub entreißt, in deine treuen Hände. Ewig werd ich, Herr, dort oben hoch dich loben, dem ich traue, wenn ich einst dein Antlitz schaue.

Nachbildung des vorigen Liedes von **Dr. Johann Adolf Schlegel,** 1721—1793.

Kommet her zu mir, die ihr mühselig und beladen seid, Ich will euch erquicken, spricht der Herr.
(Pf. 73, 23—27.)

Weise 375. Vater unser im Himmelreich.

419. Ach Gott, wie manches Herzeleid begegnet mir in dieser Zeit! Der schmale Weg ist trübsalsvoll, den ich zum Himmel wandern soll; wie schwer doch lässet Fleisch und Blut sich zwingen zu dem ewgen Gut!

2. Wo soll ich mich denn wenden hin? Zu dir, Herr Jesu, steht mein Sinn; bei dir mein Herz Trost, Hilf und Rath allzeit gewis gefunden hat! Niemand jemals verlassen ist, der fest vertraut auf Jesum Christ.

3. Du bist der rechte Wundermann, das zeigt dein Amt und Wesen an; o Wunderwerk, so wir erfahrn, daß du für uns bist Mensch geboren und führest uns durch deinen Tod ganz wunderbar aus aller Noth.

4. O Jesu, du mein Herr

allein, wie süß ist mir der Name dein! Es kann kein Trauern sein so schwer, dein süßer Nam erfreut viel mehr; kein Elend mag so bitter sein, dein süßer Trost der linderts sein.

5. Ob mir gleich Leib und Seel verschmacht, so weißt du, Herr, daß ichs nicht acht; wenn ich dich hab, so hab ich wohl, was ewig mich erfreuen soll. Dein bin ich ja mit Leib und Seel, was kann mir thun Sünd, Tod und Höll?

6. Kein beßre Treu auf Erden ist, denn nur bei dir, Herr Jesu Christ! Ich weiß, daß du mich nicht verläßt, stets bleibt mir deine Wahrheit fest; du bist mein rechter treuer Hirt, der ewig mich behüten wird.

7. Jesu, du edler Bräutgam werth, mein höchste Zierd auf dieser Erd, an dir allein ich mich ergetz weit über alle goldnen Schätz; mein ganz Gemüt

erfreuet sich, so oft ich nur gedenk an dich:

8. Wenn ich mein Hoffnung stell zu dir, so fühl ich Freud und Trost in mir; wenn ich in Nöthen bet und sing, so wird mein Herz recht guter Ding; dein Geist bezeugt, daß solches frei des ewgen Lebens Vorschmack sei.

9. Drum will ich, weil* ich lebe noch, das Kreuz getrost dir tragen nach; mein Gott, mach mich dazu bereit, es dient zum besten allezeit. Hilf mir mein Sach recht greifen an, daß ich den Lauf vollenden kann!

* so lang.

10. Hilf mir auch zwingen Fleisch und Blut, vor Sünd und Schande mich behüt, erhalt mein Herz im Glauben rein, so leb und sterb ich dir allein. Jesu, mein Trost, hör mein Begier; o Heiland, wär ich doch bei dir!

Konrad Hojer, 1584—1612.

Lasset uns ihn lieben, denn er hat uns zuerst geliebt!
O daß mein Leben deine Rechte mit ganzem Ernst hielte!

(Joh. 15, 1—16.)

Weise 417. Wie schön leucht uns der Morgenstern.

420. O Jesu, Jesu, Gottes Sohn, mein Bruder und mein Gnadenthron, du meine Freud und Wonne: du weißt es, daß ich rede wahr, vor dir ist Alles sonnenklar und klarer als die Sonne. Herzlich lieb ich mit Gefallen dich vor Allen; nichts auf Erden kann und mag mir lieber werden!

2. Dies ist mein Schmerz, dies kränket mich, daß ich nicht gnug kann lieben dich, wie ich dich lieben wollte. Je mehr ich, täglich neu entzündt, dich liebe, desto mehr ich find, wie ich dich lieben sollte. Von dir laß mir deine Güte ins Gemüte reichlich fließen, so wird sich die Lieb ergießen.

3. Durch deine Kraft treff ich das Ziel, daß ich, soviel ich soll und will, dich allzeit lieben könne. Nichts auf der ganzen weiten Welt, nicht Pracht, Lust, Ehre, Freud und Geld, wenn ich mich recht besinne, kann mich ohn dich gnugsam laben; nur die Gaben deiner Liebe trösten, wenn ich mich betrübe.

4. Denn wer dich liebt, den liebest du, schaffst seinem Herzen Fried und Ruh, erfreuest sein Gewissen. Es geh ihm, wie es woll, auf Erd, und wenn ihn auch das Kreuz verzehrt, soll er doch dein genießen. Ewig, selig wird er Freude nach dem Leide droben finden; alles Trauern muß verschwinden.

5. Kein Ohr hat jemals es gehört, kein Aug gesehn, kein Mensch gelehrt, es läßt sich nicht beschreiben, was denen dort für Herrlichkeit bei dir und von dir ist bereit, die in der Liebe bleiben. Gründlich läßt sich nicht erreichen, noch vergleichen Erdenschätzen, was uns droben wird ergetzen.

6. Drum laß ich billich dies allein, o Jesu, meine Freude sein: daß ich dich herzlich liebe, daß ich in dem, was dir gefällt und was dein klares Wort mir meldt, aus Liebe stets mich übe, bis ich endlich werde scheiden und mit Freuden zu dir kommen, aller Trübsal ganz entnommen.

7. Da werd ich deine Freundlichkeit, die hochgelobt ist weit und breit, in reiner Liebe schmecken und sehn dein liebreich Angesicht mit unverwandtem Augenlicht, ohn alle Furcht und Schrecken. Reichlich werd ich dann erquicket und geschmücket mit der Krone, Herr, vor deinem Himmelsthrone!

Johann Heermann, 1585—1647.

**Wer bis ans Ende beharret, der wird selig;
Ich lasse dich nicht, du segnest mich denn.**
(Röm. 8, 35—39.)

421. Eigne Weise.

1668.

Meinen Je=sum laß ich nicht; weil er sich für mich ge = ge = ben, so er=for=dert mei=ne Pflicht, un=ver=rückt in ihm zu le = ben. Er ist mei=nes Le=bens Licht; mei=nen Je=sum laß ich nicht!

2. **Jesum** laß ich nimmer nicht, weil* ich soll auf Erden leben. Ihm hab ich voll Zuversicht, was ich bin und hab, ergeben. Alles ist auf ihn gericht; meinen Jesum laß ich nicht.

* so lang.

3. **Laß** vergehen das Gesicht, Hören, Fühlen von mir weichen; laß das letzte Tageslicht mich auf dieser Welt erreichen; wenn der Lebensfaden bricht, — meinen Jesum laß ich nicht.

4. **Ich** werd ihn auch lassen nicht, wenn ich einst dahin gelanget, wo vor seinem Angesicht meiner Väter Glaube pranget.

Mich erfreut sein Angesicht; meinen Jesum laß ich nicht.

5. **Nicht** nach Welt, nach Himmel nicht meine Seel in mir sich sehnet; Jesum sucht sie und sein Licht, der mich hat mit Gott versöhnet, der mich freiet vom Gericht; meinen Jesum laß ich nicht!

6. **Jesum** laß ich nicht von mir, Geh ihm ewig an der Seiten. **Christus** wird mich für und für Zu den Lebensbächen leiten. Selig, wer mit mir so **spricht: Meinen Jesum laß ich nicht!***

M. Christian Keimann, 1607—1662.

* Die großen Anfangsbuchstaben der fünf ersten Zeilen von Vers 6 bedeuten: Johann Georg (I.), Churfürst zu Sachsen. Die Worte: „Meinen Jesum laß ich nicht,“ waren der Lieblingsspruch dieses Fürsten, mit welchem er auch, 72 Jahre alt, am 8. October 1656 starb, was Keimann in obigem Liede verewigt hat.

Ich bin das Licht der Welt; wer mir nachfolget, Der wird nicht wandeln in Finsternis, sondern das Licht des Lebens haben.

(1 Joh. 1, 2—6.)

Weise 291. Ich ruf zu dir, Herr Jesu Christ.

422. O Jesu Christ, mein schönstes Licht, der du in deiner Seelen so hoch mich liebst, daß ich es nicht aussprechen kann noch zählen: gib, daß mein Herz dich wiederum mit Lieben und Verlangen mög umfangen und als dein Eigentum nur einzig an dir hangen.

2. Gib, daß sonst nichts in meiner Seel, als deine Liebe, wohne; gib, daß ich deine Lieb erwähl als meinen Schatz und Krone! Stoß Alles aus, nimm Alles hin, was mich und dich

will trennen und nicht gönnen, daß mein Gemüt und Sinn in deiner Liebe brennen.

3. Wie freundlich, selig, süß und schön ist, Jesu, deine Liebe! Wenn ich die hab, kann nichts bestehn, das meinen Geist betrübe. Drum laß nichts andres denken mich, nichts sehen, fühlen, hören, lieben, ehren, als deine Lieb und dich, der du sie kannst vermehren.

4. Du bist allein die rechte Ruh, in dir ist Fried und Freude; gib, Jesu, gib, daß immerzu

mein Herz in dir sich weide!
Sei meine Flamm und brenn in
mir; mein Balsam, wollest eilen,
lindern, heilen den Schmerz, der
mich allhier mit Seufzen lässet
weilen.

5. Was ist, o Jesu! das ich
nicht an deiner Liebe habe? Sie
ist mein Stern, mein Sonnen=
licht, mein Quell, dran ich mich
labe, mein Freudenwein, mein
Himmelsbrot, mein Kleid vor
Gottes Throne, meine Krone,
mein Schutz in aller Noth, mein
Haus, darin ich wohne.

6. Ach liebste Lieb, wenn du
entweichst, was hilft mir sein
geboren? Wenn du mir deine
Lieb entzeuchst, ist all mein
Gut verloren. So gib, daß ich
dich, meinen Gast, wohl such
und bestermaßen möge fassen,
und, wenn ich dich gefaßt, in
Ewigkeit nicht lassen.

7. Du hast mich je und je

gelieöt und mich zu dir gezogen;
eh ich noch etwas Guts geübt,
warst du mir schon gewogen;
ach, laß doch ferner, edler Hort,
mich deine Liebe leiten und be=
gleiten, daß sie mir immerfort
beisteh auf allen Seiten.

8. O Herr, den Stand, darin
ich steh, laß deine Liebe zieren;
laß sie, wenn ich wo irre geh,
alsbald zurecht mich führen. Laß
sie mich allzeit guten Rath und
gute Werke lehren, steuern, weh=
ren der Sünd, und nach der
That bald wieder mich bekehren.

9. Sie sei in Leide meine
Freud, in Schwachheit mein
Vermögen; und wenn ich nach
vollbrachter Zeit mich soll zur
Ruhe legen, alsdann laß deine
Liebestreu, Herr Jesu, bei mir
stehen, Trost zuwehen, daß ich
getrost und frei mög in dein
Reich eingehen.

Paul Gerhardt, 1606—1676.

Komm herein, du Gesegneter des Herrn!
Warum stehest du draußen?
(1 Mos. 24, 31. Joh. 14, 23. Offenb. 3, 20.)
Weise 587. Freu dich sehr, o meine Seele.

423. Warum willst du dran=
ßen stehen, du Gesegneter des
Herrn? Laß dir, bei mir ein=
zugehen, wohl gefallen, du mein
Stern! Du mein Jesu, meine
Freud, Helfer in der rechten
Zeit, hilf, o Heiland, meinem
Herzen von den Wunden, die
mich schmerzen!

2. In der Welt ist Alles nichtig,
nichts ist, was nicht kraftlos
wär. Hab ich Hoheit, die ist
flüchtig; hab ich Reichtum, was

ists mehr, als ein Stäublein
armer Erd? Hab ich Lust, was
ist sie werth? Was ist, das
mich heut erfreue und nicht
morgen schon mich rene?

3. Aller Trost und alle Freude
ruht in dir, Herr Jesu Christ.
Dein Erfreuen ist die Weide,
wo das Herz recht fröhlich ist.
Leuchte mir, o Freudenlicht, ehe
mir mein Herze bricht. Laß
mich, Herr, an dir erquicken;
Jesu, komm, laß dich erblicken!

Paul Gerhardt, 1606—1676.

**In dem Allem überwinden wir weit
Um deswillen, der uns geliebet hat.**

(Röm. 8, 28—39.)

424.   Eigne Weise.   Joh. Crüger, 1656.

Je = su, mei = ne Freu = de, mei = nes Her = zens
ach, wie lan = ge, lan = ge ist dem Her = zen

Wei = de, Je = su, mei = ne Zier:
ban = ge und verlangts nach bir!   Got = teslamm, mein

Bräu=ti=gam, au = ßer bir soll mir auf Er = ben

nichts sonst lie=bers wer=ben.

2. Unter deinem Schirmen bin ich vor den Stürmen aller Feinde frei; mag von Ungewittern rings der Erdkreis zittern, mir steht Jesus bei. Ob die Welt gleich bricht und fällt, ob auch Sünd und Hölle schrecken, Jesus will mich decken.

3. Mag der Feind mir nahen, mich der Tod umfahen, dennoch hab ich Mut. Zürne, Welt, und tobe, meinen Herrn ich lobe in gar sicher Hut. Gottes Macht hält mich in Acht; Erd und Abgrund muß sich scheuen, ob sie noch so dräuen.

4. Weg mit allen Schätzen! Du bist mein Ergetzen, Jesu, meine Lust. Weg, ihr eitlen Ehren! Ich mag euch nicht hören, bleibt mir unbewußt!

Elend, Noth, Krenz, Schmach und Tod soll mich, muß ich auch viel leiden, nicht von Jesu scheiden.

5. Gute Nacht, o Wesen, das die Welt erlesen, mir gefällst du nicht. Gute Nacht, ihr Sünden, bleibet weit dahinten, kommt nicht mehr ans Licht. Gute Nacht, o Stolz und Pracht; dir sei ganz, o fleischlich Leben, gute Nacht gegeben.

6. Weicht, ihr Trauergeister; denn mein Freudenmeister, Jesus, tritt herein! Denen, die Gott lieben, muß auch ihr Betrüben lauter Segen sein. Duld ich schon hier Spott und Hohn, dennoch bleibst du auch im Leibe, Jesu, meine Freude.

Johann Franck, 1618—1677.

**Lasset uns ihn lieben,
Denn er hat uns zuerst geliebt.**
(Joh. 14, 21—24.)

Weise 563. Wer weiß, wie nahe mir mein Ende.

425. Ich will dich lieben, meine Stärke, ich will dich lie= ben, meine Zier; ich will dich lieben mit dem Werke und im= merwährender Begier; ich will dich lieben, schönstes Licht, bis mir das Herz im Tode bricht.

2. Ich will dich lieben, o mein Leben, als meinen allerbesten Freund; ich will dich lieben und erheben, so lange mich dein Glanz bescheint; ich will dich lieben, Gotteslamm, als meiner Seele Bräutigam.

3. Ach, daß ich dich so spät erkannte, du hochgelobte Liebe du! daß ich nicht eher mein dich nannte, du höchstes Gut und wahre Ruh! Es ist mir leid, ich bin betrübt, daß ich dich hab so spät geliebt.

4. Ich ging verirrt und war verblendet, ich suchte dich und faud dich nicht, ich hatt= mich von dir gewendet und liebte das geschaffne Licht; nun aber ists durch Dich geschehn, daß ich dich mir hab ausersehn.

5. Ich danke dir, du wahre Sonne, daß mir dein Glanz hat Licht gebracht; ich danke dir, du Himmelswonne, daß du mich froh und frei gemacht; ich danke dir, du goldner Mund, daß du mich ewig machst gesund.

6. Erhalte mich auf deinen Stegen und laß mich nicht mehr irre gehn, laß meinen Fuß in deinen Wegen nicht straucheln oder stille stehn; erleucht mir Leib und Seele ganz, du reiner, starker Himmelsglanz.

7. Ich will dich lieben, meine Krone, ich will dich lieben, mei= nen Gott, dich lieben auch bei Spott und Hohne, selbst in der allergrößten Noth; ich will dich lieben, schönstes Licht, bis mir das Herz im Tode bricht!

Dr. Joh. Scheffler, 1624—1677.

**Groß und wundersam sind deine Werke,
Herr, allmächtiger Gott, du König der Heiligen!**
(Offenb. 15, 3—4.)

Weise 51. Alles ist an Gottes Segen.

426. Großer König, den ich ehre, der durch seines Geistes Lehre angezündet mir sein Licht, der jetzt und zu allen Zeiten durch viel tausend Gütigkeiten liebevoll zum Herzen spricht:

2. Sollt ich denn nicht auch gedenken, dir mich wiederum zu schenken, der du über mich hältst Wacht und mich schirmst auf allen Seiten vor der Feinde Thätlichkeiten und mein Licht bist in der Nacht?

3. Herr, ich will mein Herz dir geben, dir soll es aufs neue leben, denn du forderst es von

mir; es soll sich mit dir verbinden und den angewöhnten Sünden ganz entsagen für und für.

4. Gib, daß es dein Geist erneue, dir zu einem Tempel weihe, der auf ewig heilig sei; ach, verbrenne doch darinnen alle Lust und Furcht der Sinnen, opfre mich dem Vater frei!

5. Halt, o Herr, durch Liebesflammen meiner Seele Kraft beisammen, laß sie deine Ruhstatt sein; und ein Lager reiner Freude mache dir von weißer Seide der Gerechtigkeit darein!

6. Laß mich kräftig von der Erden hin zu dir gezogen werden, zeuch, o Herr, mich ganz in dich, daß ich, in dich eingekehret, von dir immerdar geleh= ret und gestärkt sei mächtiglich.

7. In dir laß mich stets dir dienen und zu deinem Lobe grünen; deiner Herrlichkeit zum Thron,

zum Palast, zur ewgen Wonne geb ich ganz mich dir, o Sonne und geliebter Gottessohn!

8. Mach mein Herz zu einem Garten, wo Gewächse schönster Arten stehn voll Blüt und Lieblichkeit; machs zu einem vollen Bronnen, der voll Gnade kommt geronnen, fließend in die Ewigkeit!

9. Ja, es sei dein rechter Himmel, fern von eitlem Weltgetümmel, dir, dem rechten Herrn, geschenkt, als ein Thabor heilger Klarheit, als ein Eden selger Wahrheit deiner Liebe eingesenkt!

10. Nun, so hab ich dir, mein Leben, ganz zu eigen mich gegeben; stehe mir in Gnaden bei, gib, daß ich in allen Stunden also von dir werd erfunden und dir ewge Freude sei!

Dr. Joh. Scheffler, 1624—1677.

Gott ist die Liebe; und wer in der Liebe bleibet, Der bleibet in Gott und Gott in ihm.
(1 Joh. 4, 8—21.)
Weise 808. Gott des Himmels und der Erden.

427. Liebe, die du mich zum Bilde deiner Gottheit hast gemacht; Liebe, die du mich so milde nach dem Fall mit Heil bedacht: Liebe, dir ergeb ich mich, dein zu bleiben ewiglich.

2. Liebe, die du mich erkoren, eh ich noch geschaffen war; Liebe, die du Mensch geboren und mir gleich wardst ganz und gar: Liebe, dir ergeb ich mich, dein zu bleiben ewiglich.

3. Liebe, die für mich gelit=

ten und gestorben in der Zeit; Liebe, die mir hat erstritten ewge Lust und Seligkeit: Liebe, dir ergeb ich mich, dein zu bleiben ewiglich.

4. Liebe, die du Kraft und Leben, Licht und Wahrheit, Geist und Wort; Liebe, die sich dargegeben mir zum Heil und Seelenhort: Liebe, dir ergeb ich mich, dein zu bleiben ewiglich.

5. Liebe, die mich hat gebunden an ihr Joch mit Leib und

Sinn; Liebe, die mich über=
wunden, ganz mein Herz genom=
men hin: Liebe, dir ergeb ich
mich, dein zu bleiben ewiglich.

6. Liebe, die mich ewig liebet,
die für meine Seele bitt'; Liebe,
die das Lösgeld gibet und mich
kräftiglich vertritt: Liebe, dir

ergeb ich mich, dein zu bleiben
ewiglich.

7. Liebe, die mich wird erwecken
aus dem Grab der Sterblich=
keit; Liebe, die mich wird be=
decken mit dem Glanz der Herr=
lichkeit: Liebe, dir ergeb ich
mich, dein zu bleiben ewiglich!
Dr. Joh. Scheffler, 1624—1677.

Reichtum und Ehre ist bei mir,
Wahrhaftiges Gut und Gerechtigkeit, spricht der Herr.
(Spr. 8, 17—19. 1 Joh. 2, 15—17. 1 Petr. 1, 23—25.)
Weise 411. O daß ich tausend Zungen hätte.

428. Ach sagt mir nichts von
Gold und Schätzen, von Pracht
und Schönheit dieser Welt; es
kann mich ja kein Ding ergetzen,
das mir die Welt vor Augen
stellt. Ein Jeder liebe, was er
will; ich liebe Jesum, der mein
Ziel.

2. Er ist allein nur meine
Freude, mein Kleinod und mein
schönstes Bild, in dem ich meine
Augen weide und finde, was
mein Herze stillt. Ein Jeder
liebe, was er will; ich liebe
Jesum, der mein Ziel.

3. Die Welt vergeht mit ihren
Lüsten, des Fleisches Schönheit
dauert nicht; die Zeit kann Alles
das verwüsten, was Menschen=
hände zugericht. Ein Jeder liebe,
was er will; ich liebe Jesum,
der mein Ziel.

4. Er ist allein mein Licht
und Leben, die Wahrheit selbst,
das ewge Wort; er ist mein
Weinstock, ich sein Reben, er ist
der Seelen Fels und Hort. Ein
Jeder liebe, was er will; ich
liebe Jesum, der mein Ziel.

5. Er ist der König aller Eh=
ren, er ist der Herr der Herr=
lichkeit; er kann mir ewges Heil
gewähren und retten mich aus
allem Streit. Ein Jeder liebe,
was er will; ich liebe Jesum,
der mein Ziel.

6. Sein Schloß kann keine
Macht zerstören, sein Reich ver=
geht nicht mit der Zeit, sein
Thron bleibt stets in gleichen
Ehren von nun an bis in Ewig=
keit. Ein Jeder liebe, was er
will; ich liebe Jesum, der mein
Ziel.

7. Sein Reichtum ist nicht zu
ergründen; sein hoch und heilig
Angesicht und, was von Schmuck
um ihn zu finden, verbleichet
und veraltet nicht. Ein Jeder
liebe, was er will; ich liebe
Jesum, der mein Ziel.

8. Er will mich über Alles
heben und seiner Klarheit ma=
chen gleich; er wird mir so viel
Schätze geben, daß ich werd
unerschöpflich reich. Ein Jeder
liebe, was er will; ich liebe
Jesum, der mein Ziel.

9: Muß ich gleich hier sehr viel entbehren, so lang ich wandre in der Zeit, so wird er mirs doch wohl gewähren im Reiche seiner Herrlichkeit. Drum lieb ich billich in der Still nur Jesum, meines Herzens Ziel.

Dr. Joh. Scheffler, 1624—1677.

Opfert geistliche Opfer,
Die Gott angenehm sind durch Jesum Christum.
(Röm. 12, 1—2.)

429.   Eigne Weise.   1704.

Höchster Priester, der du dich selbst ge-o-pfert
haft für mich: laß doch, bitt ich, noch auf Er-den
auch mein Herz dein O-pfer wer-den!

2. Denn die Liebe nimmt nichts an, was du, Liebe, nicht gethan; was durch deine Hand nicht gehet, wird zu Gott auch nicht erhöhet.

3. Drum so tödt und nimm dahin meinen Willen, meinen Sinn; reiß mein Herz aus meinem Herzen, sollts auch sein mit tausend Schmerzen.

4. Trage Glut auf den Altar, opfre mich dir ganz und gar; o du allergrößte Liebe, wenn von mir doch nichts mehr bliebe!

5. Also wird es wohl geschehn, daß der Herr es wird ansehn; also werd ich noch auf Erden Gott ein Liebesopfer werden!

Dr. Joh. Scheffler, 1624—1677.

Nun spiegelt sich in uns Allen
Des Herrn Klarheit mit aufgedecktem Angesichte.
(2 Kor. 3, 4—6; 17—18.)

Weise 101. Gottes Sohn ist kommen.

429¹ 2. Spiegel aller Tugend, Führer meiner Jugend, treuer Hirt der Seelen, der du längst vor Allen meinem Sinn gefallen, — laß dich ganz erwählen!

2. Laß mich in den Armen deiner Huld erwarmen, laß mich dich umfangen und in deinem Lichte schaun dein Angesichte, Jesu, mein Verlangen!

3. Trage deine Flammen in mein Herz zusammen, daß es sich entzünde und in heißer Liebe durch des Geistes Triebe sich mit dir verbinde.

4. Zähle meine Thränen und

der Seele Sehnen, wäge meine Schmerzen, die ich um dich leide, Jesu, meine Freude, innerlich im Herzen.

5. Komm, erzeig dich milde deinem Ebenbilde; denn ich find hienieden, willst du nicht dein Leben meiner Seele geben, keinen Trost noch Frieden.

6. Darum laß mich werden dir vermählt auf Erden, daß ich kann mit Freuden meine Zeit vollenden und in deinen Händen einst von hinnen scheiden.

Dr. Joh. Scheffler, 1624—1677.

Ich bin ein guter Hirte und erkenne die Meinen Und bin bekannt den Meinen, spricht der Herr.
(Joh. 10, 1—30.)
Weise 571. Du, o schönes Weltgebäude.

430. Jesu, frommer Menschenherden guter und getreuer Hirt, laß mich auch dein Schäflein werden, das dein Stab und Stimme führt; ach, du hast aus Lieb dein Leben für die Schafe hingegeben und du gabst es auch für mich, — laß mich wieder lieben dich!

2. Herden ihre Hirten lieben, und ein Hirt liebt seine Herd; laß uns auch so Liebe üben, du im Himmel, ich auf Erd. Schallet deine Lieb hernieder, soll dir meine schallen wieder; wenn du rufst: „Ich liebe dich!" ruft mein Herz: „Dich liebe ich!"

3. Schafe ihren Hirten kennen, dem sie auch sind wohl bekannt; laß mich auch für dich entbrennen, wie du bist für mich entbrannt; da der Wolf mit offnem Rachen mich zur Beute wollte machen, riefest du: „Ich kenne dich!" Ich ruf auch: „Dich kenne ich!"

4. Herden ihren Hirten hören, folgen seiner Stimm allein; Hirten sich zur Herde kehren, wenn sie rufen, Groß und Klein. Wenn du rufest, laß mich eilen; wenn du dräuest, nicht verweilen; laß mich hören stets auf dich, Jesu, höre du auch mich!

5. Höre, Jesu, und erhöre meine, deines Schäfleins, Stimm; mich auch zu dir rufen lehre, wenn sich naht des Wolfes Grimm. Laß mein Rufen dir gefallen, deinen Trost hernieder schallen; wenn ich bete: „Höre mich!" o so sprich: „Ich höre dich!"

6. Höre, Jesu, und erhöre, wenn ich ruf, anklopf und schrei; Jesu, dich von mir nicht kehre, steh mir bald in Gnaden bei! Ja, du hörst; in deinem Namen ist ja Alles Ja und Amen; nun, ich glaub und fühle schon deinen Trost, o Gottes Sohn!

Sigmund v. Birken, 1626—1681.

Meine Freude ist, daß ich mich zu Gott halte
Und meine Zuversicht setze auf den Herrn Herrn.
(Marc. 10, 21. Röm. 12, 1. 2. Col. 3, 1—4.)

431. Weise: Dank sei Gott in der Höhe. 1605.

Schatz ü=ber al=le Schä=tze, o Je=su, lieb=ster
an dir ich mich er = ge = tze; hier hab ich ei = nen

Schatz,
Platz in mei=nem treu=en Her = zen dir,

Hei=land, zu = ge = theilt, weil du mit dei=nen

Schmer=zen mir mei=nen Schmerz ge = heilt.

2. Ach, Freude meiner Freuden, du wahres Himmelsbrot, mit dem ich mich kann weiden, das meine Seelennoth ganz kräftiglich kann stillen und mich in Leidenszeit so reichlich kann erfüllen mit Trost und Süßigkeit:

3. Laß, Liebster, mich erblicken dein freundlich Angesicht, mein Herze zu erquicken, komm, komm, mein Freudenlicht! Denn ohne dich zu leben ist lauter Herzeleid; vor deinen Augen schweben ist wahre Seligkeit.

4. Mein Herze bleibt ergeben dir immer für und für, zu sterben und zu leben; ich will getrost mit dir die Schmach des Kreuzes leiden, es soll mich keine Pein von deiner Liebe scheiden, noch mir beschwerlich sein.

5. O Herrlichkeit der Erden, dich mag und will ich nicht! Mein Geist will himmlisch werden und ist dahin gericht, wo Jesus wird geschauet; da sehn' ich mich hinein, wo Jesus Hütten bauet, denn dort ist gut zu sein.

6. Nun, Jesu, mein Verlangen, komm, zeuch mich hin zu dir, daß ich dich mög umfangen; komm, meiner Seele Zier, erhebe mich aus Gnaden in deine Freudenstadt, so kann mir Niemand schaden, so bin ich reich und satt.

M. Salomon Liskov, 1640—1689.

Aus seiner Fülle haben wir genommen
Gnade um Gnade.
(Pf. 23.)

Weise 765. Alle Menschen müssen sterben.

432. Jesu, meiner Seele Leben, meines Herzens höchste Freud, dir will ich mich ganz ergeben jetzo und in Ewigkeit! Meinen Herrn will ich dich nennen und vor aller Welt bekennen, daß ich dein bin und du mein; ich will keines Andern sein.

2. Deine Güt hat mich umfangen, ehe mich die Welt empfieng; du bist mir schon nachgegangen, als an Mutterbrust ich hieng; dein Schoß hat mich aufgenommen, schon als ich ans Licht gekommen; ich bin dein und du bist mein, ich will keines Andern sein.

3. Auf der Kindheit wilden Wegen folgte stets mir deine Güt; deines Geistes Trieb und Segen regte oft mir das Gemüt, daß ich, wenn ich fehlgetreten, wieder zu dir kam mit Beten; ich bin dein und du bist mein, ich will keines Andern sein.

4. Ach, wie oft hat in der Jugend deine Hand mich angefaßt, wenn ich Frömmigkeit und Tugend weggeworfen und gehaßt; ach, ich wäre längst gestorben ohne dich und ganz verdorben! Ich bin dein und du bist mein, ich will keines Andern sei.

5. Ja, in meinem ganzen Leben hat mich stets dein Licht geführt; du hast, was ich hab, gegeben, du hast meinen Lauf regiert; deine Huld, die täglich währet, hat mich immerdar ernähret; ich bin dein und du bist mein, ich will keines Andern sein.

6. Irr ich, sucht mich deine Liebe; fall ich, so hilft sie mir auf; wenn ich zagend mich betrübe, stärkt sie mich in meinem Lauf; bin ich arm, gibt sie mir Güter; schlaf ich ein, ist sie mein Hüter; ich bin dein und du bist mein, ich will keines Andern sein.

7. Dein Geist zeiget mir das Erbe, das mir droben beigelegt; ich weiß, wohin, wenn ich sterbe, deine Hand die Seele trägt; ja, wenn ich von hinnen scheide, nimmst du sie in deine Freude; ich bin dein und du bist mein, ich will keines Andern sein.

8. Drum, ich sterbe oder lebe, so bleib ich dein Eigentum; du, dem ich mich ganz ergebe, du bist meiner Seele Ruhm, meine Zuversicht und Freude, meine Süßigkeit im Leide; ich bin dein und du bist mein, ich will keines Andern sein.

9. Höre, Jesu, noch ein Flehen, schlag mir diese Bitt nicht ab: wenn mein Augen nicht mehr sehen, wenn ich keine Kraft mehr hab, mit dem Mund was vorzutragen, — dann laß noch im Geist mich sagen: „Ich bin dein und du bist mein, ich will keines Andern sein!"

M. Christian Scriver, 1629—1693.

Halt im Gedächtnis Jesum Christum, der auferstanden ist von den Todten.
(2 Tim. 2, 8.)

Weise 326. Herr, wie du willst, so schicks mit mir.

433. Halt im Gedächtnis Jesum Christ, o Mensch, der auf die Erden vom Himmelsthron gekommen ist, dein Bruder da zu werden! Vergiß nicht, daß er dir zu gut hat angenommen Fleisch und Blut; dank ihm für diese Liebe!

2. Halt im Gedächtnis Jesum Christ, der für dich hat gelitten, ja gar am Kreuz gestorben ist und dir dadurch erstritten das Heil, besieget Sünd und Tod, und dich erlöst aus aller Noth; dank ihm für diese Liebe!

3. Halt im Gedächtnis Jesum Christ, der auch am dritten Tage siegreich vom Tod erstanden ist, befreit von Noth und Plage. Bedenke, daß er Fried gemacht, sein Unschuld Leben wiederbracht; dank ihm für diese Liebe!

4. Halt im Gedächtnis Jesum Christ, der nach den Leidenszeiten gen Himmel aufgefahren ist, die Stätt dir zu bereiten, wo du sollst bleiben allezeit und sehen seine Herrlichkeit; dank ihm für diese Liebe!

5. Halt im Gedächtnis Jesum Christ, der einst wird wiederkommen, der sich, was todt und lebend ist, zu richten vorgenommen. O sorge, daß du da bestehst und mit ihm in sein Reich eingehst, ihm ewiglich zu danken.

6. Gib, Jesu, gib, daß ich dich kann mit wahrem Glauben fassen, und nie, was du an mir gethan, mög aus dem Herzen lassen, daß dessen ich in aller Noth mich trösten mög und durch den Tod zu dir ins Leben bringen.

Cyriacus Günther, 1650—1704.

Siehe, der Bräutigam kommt; Gehet aus ihm entgegen!
(Matth. 25, 1—13. Eph. 5, 25—32.)

434. Eigne Weise. A. Drese, 1698.

See=len=bräu=ti=gam, Je=su, Got=tes=lamm, ha=be Dank für dei=ne Lie=be, die mich zieht aus reinem Triebe zu dir, Got=tes=lamm, See=len=bräu=ti= gam!

2. Deiner Liebe Glut stärket Mut und Blut. Wenn du freundlich mich anblickest und an deine Brust mich drückest, macht mich wohlgemut deiner Liebe Glut.

3. Wahrer Mensch und Gott, Trost in aller Noth: du bist darum Mensch geboren, zu ersetzen, was verloren, durch den Kreuzestod, wahrer Mensch und Gott!

4. Meines Glaubens Licht laß erlöschen nicht; salbe mich mit Freudenöle, daß hinfort in meiner Seele ja verlösche nicht meines Glaubens Licht.

5. So werd ich in dir bleiben für und für; deine Liebe will ich ehren und in dir dein Lob vermehren, weil ich für und für bleiben werd in dir.

6. Held aus Davids Stamm, deine Liebesflamm mich ernähre, sie verwehre, daß die Welt mich nicht versehre, ob sie mir gleich gram, Held aus Davids Stamm!

7. Großer Friedefürst, wie hast du gedürst nach der Menschen Heil und Leben und dich in den Tod gegeben, als du riefst: „Mich dürst," großer Friedefürst!

8. Deinen Frieden gib aus so großer Lieb uns, den Deinen, die dich kennen und nach dir sich Christen nennen, denen du bist lieb, deinen Frieden gib!

9. Wer der Welt abstirbt, emsig sich bewirbt um ein gläubiges Vertrauen, der wird bald mit Freuden schauen, daß Niemand verdirbt, der der Welt abstirbt.

10. Nun ergreif ich dich; du mein ganzes Ich; ich will nimmermehr dich lassen, sondern gläubig dich umfassen, weil im Glauben ich nun ergreife dich.

11. Hier durch Spott und Hohn, — dort die Ehrenkron! Hier im Hoffen und im Glauben, dort im Haben und im Schauen; denn die Ehrenkron folgt auf Spott und Hohn.

12. Jesu, hilf, daß ich kämpfe ritterlich, Alles durch dich überwinde und in deinem Sieg empfinde, wie so ritterlich du gekämpft für mich.

13. Du mein Preis und Ruhm, werthe Saronsblum:* in mir soll nun nichts erschallen, als nur was dir kann gefallen, werthe Saronsblum, du mein Preis und Ruhm!

* Purpurfarbige Lilie in der Ebene Saron, treffendes Bild des am Kreuze blutenden Erlösers.

Adam Drese, 1630—1718.

**Niemand hat größere Liebe, denn die,
Daß er das Leben lässet für seine Freunde.**

(Joh. 14, 21. Röm. 8, 38—39.)

Weise 587. Freu dich sehr, o meine Seele.

435. Der am Kreuz ist meine Liebe, meine Lieb ist Jesus Christ! Weg, ihr argen Sündentriebe, weg, ihr schnöden Fleischeslüst!

Eure Lieb ist nicht von Gott, eure Liebe bringt den Tod. Der am Kreuz ist meine Liebe, weil ich mich im Glauben übe.

2. Der am Kreuz ist meine Liebe; Frevler, was befremdet dich, daß ich mich im Glauben übe? Jesus gab sich selbst für mich. So wird er mein Friedensschild, aber auch mein Lebensbild; der am Kreuz ist meine Liebe, weil ich mich im Glauben übe.

3. Der am Kreuz ist meine Liebe; Sünde, du bist mir verhaßt! Weh mir, wenn ich den betrübe, der für mich am Kreuz erblaßt! Kreuzigt ich nicht Gottes Sohn? Trät ich nicht sein Blut mit Hohn? Der am Kreuz ist meine Liebe, weil ich mich im Glauben übe.

4. Der am Kreuz ist meine Liebe! Schweig, Gewissen, zage nicht! Gott zeigt seine Liebestriebe, mahnt die Schuld dich ans Gericht. Sieh, wie Jesus blutend ringt mit der Sünd und sie bezwingt; der am Kreuz ist meine Liebe, weil ich mich im Glauben übe.

5. Der am Kreuz ist meine Liebe! Trübsal, noch so schwer und groß, Hunger, Blöße, Geiselhiebe, — nichts macht mich von Jesu los, nicht Gewalt, nicht Gold, nicht Ruhm, Engel nicht, kein Fürstentum! Der am Kreuz ist meine Liebe, weil ich mich im Glauben übe.

6. Der am Kreuz ist meine Liebe; komm, o Tod, mein bester Freund! Wenn ich einst wie Staub zerstiebe, werd mit Jesu ich vereint. Da, da schau ich Gottes Lamm, meiner Seele Bräutigam. Der am Kreuz ist meine Liebe, weil ich mich im Glauben übe.

Seit 1676, Verfasser unbekannt.

Lasset uns hinzutreten zu dem Gnadenstuhl,
Auf daß wir Barmherzigkeit empfahen und Gnade finden.
(Hebr. 10, 22. 23. Eph. 6, 10—17.)

436. Eigne Weise. 1704.

Mein Je-su, dem die Se-ra-phi-nen im Glanz der
nur mit be-deck-tem Ant-litz die-nen, wenn dein Be-

höch-sten Ma-je-stät wie soll-ten blö-de
fehl an sie er-geht:

Fleisches-au-gen, die der ver-haß-ten Sün-den Nacht mit

ih = rem Schat=ten trüb ge=macht, dein hel=les Licht zu

schauen tau = gen?

2. Doch gönne meinen Glau=
bensblicken den Eingang in dein
Heiligtum, und laß mich deine
Gnad erblicken zu meinem Heil
und deinem Ruhm; schau an,
o König, meine Seele, die sich
in Demut vor dir neigt und
dir als deine Braut sich zeigt;
sprich: Ja, du bists, die ich er=
wähle!

3. Ach, laß mich deine Weis=
heit leiten und nimm ihr Licht
nicht von mir weg; stell deine
Gnade mir zur Seiten, daß ich
auf dir beliebtem Steg bestän=
dig bis ans Ende wandle, da=
mit ich hier zu jeder Zeit in
Lieb und Herzensfreudigkeit
nach deinem Wort und Willen
handle.

4. Reich mir die Waffen aus
der Höhe und stärke mich durch
deine Macht, daß ich im Glau=
ben sieg und stehe, wenn Stärk
und List der Feinde wacht: so

wird dein Gnadenreich auf Er=
den, das uns zu deiner Ehre
führt und endlich gar mit Kro=
nen ziert, auch in mir aufge=
richtet werden.

5. Ja, ja, mein Herz will dich
umfassen, erwähl es, Herr, zu
deinem Thron! Hast du aus
Lieb dereinst verlassen des Him=
mels Pracht und deine Kron:
so würdge auch mein Herz, o
Leben, und laß es deinen Him=
mel sein, bis du, wenn dieser
Bau fällt ein, mich wirfst in
deinen Himmel heben.

6. Ich steig hinauf zu dir im
Glauben, steig du in Lieb herab
zu mir; laß nichts mir diese
Freude rauben, erfülle mich nur
ganz mit dir! Ich will dich
fürchten, lieben, ehren, so lang
in mir der Puls sich regt;
und wenn derselbe nicht mehr
schlägt, so soll doch noch die
Liebe währen.

Wolfgang Christoph Deßler, 1660—1722.

Mein Freund ist mein,
Und ich bin sein.
(Röm. 8, 32—34.)

437. Eigne Weise.

1785.

Wie wohl ist mir, o Freund der See = len, wenn
Ich stei=ge aus der Schwermut Höh = len und

ich in dei = ner Lie = be ruh!
ei = le dei = nen Ar = men zu;   da muß die

Nacht des Trauerns schei = den,   wenn mit so

ho = hen, rei = nen Freu = den die Lie = be strahl aus

dei = ner Brust.   Hier ist mein Him = mel schon auf

Er = den;   wer woll = te nicht ver = gnü = get

wer = den, der in dir su = chet Ruh und Lust?

2. Die Welt mag meine Fein= din heißen! Es sei also! ich trau ihr nicht, wenn sie mir gleich will Lieb erweisen mit einem freundlichen Gesicht. In dir vergnügt sich meine Seele, du bist mein Freund, den ich erwähle, du bleibst mein Freund, wenn Freundschaft weicht. Der Haß der Welt kann mich nicht fällen, weil in den stärksten Unglückswellen mir deine Treu den Anker reicht.

3. Will mich die Last der Sünden drücken, blitzt auf mich des Gesetzes Weh, so kannst du mich dem Fluch entrücken; ich steige gläubig in die Höh und flieh zu dir und deinen Wunden, da habe ich den Ort ge= funden, wo mich kein Fluchstral treffen kann. Tritt Alles wider mich zusammen: du bist mein Heil; wer will verdammen? Die Liebe nimmt sich meiner an.

4. Führst du mich in die Kreu= zeswüsten: ich folg und lehne mich auf dich. Du nährest aus der Wolke Brüsten und labest aus dem Felsen mich. Ich traue dei= nen Wunderwegen, sie enden sich in Lieb und Segen; genug, wenn ich dich bei mir hab. Ich weiß: wen du willst herrlich zieren und über Sonn und Sterne führen, den führest du zuvor hinab.

5. Der Tod mag Andern düster scheinen, mir nicht, weil Seele, Herz und Mut in dir, der du verlässest Keinen, o allerliebstes

Leben, ruht. Wer kann des Weges End erschrecken, wenn er aus mördervollen Hecken gelanget in die Sicherheit? Mein Licht, so will ich auch mit Freuden aus dieser finstern Wildnis scheiden zu deiner Ruh der Ewigkeit.

6. Wie ist mir dann, o Freund der Seelen, so wohl, wenn ich mich lehn auf dich! Welt, Noth und Tod kann mich nicht quälen, denn du, mein Gott, vergnügest mich. Laß solche Ruh in dem Gemüte nach deiner unumschränkten Güte des Himmels süßen Vorschmack sein. Weg, Welt, mit allen Schmeicheleien! Mich kann mein Jesus nur erfreuen. O reicher Trost: mein Freund ist mein!

Wolfg. Christoph Deßler, 1660-1722.

Ich weiß nichts,
Als Jesum, den Gekreuzigten.
(Matth. 13, 45—46. 1 Cor. 2, 2. Gal. 6, 14. Phil. 3, 7—8.)

438.

Eigne Weise.

J. B. Reinmann, 1747.

Wollt ihr wis-sen, was mein Preis? Wollt ihr ler-nen, was ich weiß? Wollt ihr sehn mein Ei-gen-tum? Wollt ihr hö-ren, was mein Ruhm? Je-sus, der Ge-kreu-zig-te, Je-sus, der Ge-kreu-zig-te!

2. Wer ist meines Glaubens Grund? Wer stärkt und erweckt den Mund? Wer trägt meine Straf und Schuld? Wer schafft mir des Vaters Huld? :,: Jesus, der Gekreuzigte. :,:

3. Wer ist meines Lebens Theil? meines Geistes Kraft und Heil? Wer macht rein mich und gerecht? Wer macht mich zu Gottes Knecht? :,: Jesus, der Gekreuzigte. :,:

4. Wer ist meines Leidens Trost? Wer schützt, wenn der Feind erbost? Wer erquickt mein mattes Herz? Wer verbindet meinen Schmerz? :,: Jesus, der Gekreuzigte. :,:

5. Wer ist meines Todes Tod? Wer hilft in der letzten Noth? Wer versetzt mich in sein Reich? Wer macht mich den Engeln gleich? :,: Jesus, der Gekreuzigte. :,:

6. Und so, wißt ihr, was ich weiß, wisset meinen Zweck und Preis. Glaubt, lebt, duldet,

M. Johann Christoph Schwedler, 1672—1730.

Ihr seid meine Freunde, spricht der Herr,
So ihr thut, was ich euch gebiete.
(Joh. 15, 9—15. Jac. 4, 4.)

Weise 411. O daß ich tausend Zungen hätte.

439. Der beste Freund ist in dem Himmel, auf Erden sind die Freunde rar, und bei dem falschen Weltgetümmel ist Redlichkeit oft in Gefahr; drum hab ichs immer so gemeint: mein Jesus ist der beste Freund.

2. Die Menschen sind wie eine Wiege, mein Jesus stehet felsenfest; und ob ich gleich darnieder liege, mich seine Freundschaft doch nicht läßt; drum hab ichs immer so gemeint: mein Jesus ist der beste Freund.

3. Die Welt verkaufet ihre Liebe dem, der am meisten nützen kann; und scheinet dann das Glück uns trübe, so steht die sterbet dem,. der uns Gott macht angenehm, :,: Jesu, dem Gekreuzigten! :,:

Freundschaft hinten an. Doch hier ist es nicht so gemeint, — mein Jesus ist der beste Freund.

4. Er läßt sich selber für mich tödten, vergießt für mich sein eigen Blut, er steht mir bei in allen Nöthen, er spricht für meine Schulden gut, er hat mir niemals was verneint: mein Jesus ist der beste Freund, —

5. Mein Freund, der mir sein Herze gibet, mein Freund, der mein ist und ich sein, mein Freund, der mich beständig liebet, mein Freund bis in das Grab hinein. Sag, hab ichs nun nicht recht gemeint? Mein Jesus ist der beste Freund!

Benjamin Schmolck, 1672—1737.

Nehmet auf euch mein Joch, spricht der Herr,
So werdet ihr Ruhe finden für eure Seelen.
(Joh. 10, 11. Col. 1, 19—20.)

Weise 434. Seelenbräutigam.

440. Wer ist wohl wie du? Jesu, süße Ruh! unter Vielen auserkoren, Leben derer, die verloren, und ihr Licht dazu, Jesu, süße Ruh!

2. Leben, das den Tod, mich aus aller Noth zu erlösen, hat geschmecket, meine Schulden zu-

gedecket und mich aus der Noth hat geführt zu Gott!

3. Glanz der Herrlichkeit, du bist vor der Zeit zum Erlöser uns geschenket und in unser Fleisch versenket in der Füll der Zeit, Glanz der Herrlichkeit!

4. Großer Siegesheld! Tod,

Sünd, Höll und Welt haft du mächtig überwunden und ein ewig Heil erfunden durch das Lösegeld deines Bluts, o Held!

5. Höchste Majestät, König und Prophet: deinen Scepter will ich küssen, mit Maria dir zu Füßen sitzen früh und spät, höchste Majestät!

6. Laß mich deinen Ruhm, als dein Eigentum, durch des Geistes Licht erkennen, stets in deiner Liebe brennen als dein Eigentum, du mein höchster Ruhm!

7. Deiner Sanftmut Schild, deiner Demut Bild mir anlege, in mich präge, daß kein Zorn noch Stolz sich rege; vor dir sonst nichts gilt, als dein eigen Bild.

8. Steure meinem Sinn, der zur Welt will hin, daß ich nicht mög von dir wanken, halte mich in deinen Schranken. Sei du mein Gewinn, gib mir deinen Sinn!

9. Wecke mich recht auf, daß ich meinen Lauf unverrückt zu dir fortsetze, daß die Sünd in ihrem Netze mich nicht halte auf; fördre meinen Lauf!

10. Deines Geistes Trieb in die Seele gib, daß ich wachen mög und beten, freudig vor dein Antlitz treten; ungefärbte Lieb in die Seele gib!

11. Wenn der Wellen Macht in der trüben Nacht will des Herzens Schifflein decken, wollst du deine Hand ausstrecken; habe auf mich Acht, Hüter in der Nacht!

12. Einen Heldenmut, der da Gut und Blut gern um deinetwillen lasse und des Fleisches Lüste hasse, gib mir, höchstes Gut, durch dein theures Blut!

13. Solls zum Sterben gehn: wollst du bei mir stehn, mich durchs Todesthal begleiten und zur Herrlichkeit bereiten, daß ich einst mag sehn mich zur Rechten stehn.

Johann Anastasius Freylinghausen, 1670—1739.

Herr, lehre mich thun nach deinem Wohlgefallen; Dein guter Geist führe mich auf ebner Bahn.
(Pf. 143, 8—11. 1 Petr. 2, 24—25.)
Weise 386. Dir, dir, Jehovah, will ich singen.

441. Herr Jesu Christ, mein Licht und Leben: erneure meinen Geist sammt Leib und Seel; dir, dir hab ich mich ganz ergeben, mit meiner Seel dich inniglich vermähl! Ach, nimm dich meiner Seele herzlich an und zeig mir, führe mich die Lebensbahn!

2. So lange ich allhier noch lebe, gib, Herr, mir deinen heilgen guten Geist, daß ich in deinem Willen schwebe und thue nur, was du, mein Gott, mich heißt. Ach, nimm dich meiner Seele allzeit an und führ mich, führe mich auf ebner Bahn!

3. Mein Jesu, laß mich mit

dir sterben und mit dir leben in der Ewigkeit; was sündlich ist, laß ganz verderben, ach, mache mich, mein Gott, recht bald bereit; o nimm dich meiner Seele gnädig an und führ mich, führe mich die Lebensbahn!

4. Wenn ich von auß- und innen leide Anfechtung, Schmach, Verfolgung, Angst und Pein, so gib, daß ich stets bleib in Freude und allzeit könne gutes Mutes sein. Ach, nimm dich meiner Seele treulich an, so fehl ich nicht, ich geh die rechte Bahn!

5. O Jesu Christe, Heil der Menschen, o wahrer Gott von aller Ewigkeit: die Sünde wollst du ganz versenken, die sich in mir noch regt zu dieser Zeit! Ach, nimm dich meiner Seele herzlich an und führ mich, führe mich die Lebensbahn!

Joh. Friedr. Sannom, um 1700.

Ich bin der Weinstock, ihr seid die Reben;
Ohne mich könnet ihr nichts thun, spricht der Herr.
(Joh. 15, 1—11. Kol. 1, 10.)

Weise 469. Herr Christ, der einig Gottssohn.

442. Herr Jesu Christ, mein Leben und einzge Zuversicht, dir hab ich mich ergeben, verlaß, verlaß mich nicht! Ach, laß mich deinen Willen beständiglich erfüllen zu meiner Seele Zier!

2. Ach, schenk mir deine Liebe, mein Hort und Bräutigam, gib, daß ich nicht betrübe dich, werthes Gotteslamm! Ach, laß mich an dir hangen, im Herzen dich umfangen; denn du bist liebenswerth.

3. Ach, laß mich allzeit bleiben ein grüne Reb an dir; dir will ich mich verschreiben, ach, weiche nicht von mir! Ich bleib dir ganz ergeben im Tod und auch im Leben, ach, hilf mir Armem bald!

4. Gib, daß ich mein Vertrauen nur setz auf dich allein; Herr, laß mich auf dich schauen und warten allzeit dein; laß mich dich stetig loben hier und hernach dort oben in alle Ewigkeit!

5. Mein Heiland, du wollst kommen, ja komm, ach komme doch, erlöse deine Frommen von allem Band und Joch; ach Jesu, komm und dämpfe das Fleisch, gib, daß ich kämpfe allein durch deine Kraft!

6. Nun, Vater, hör mein Lallen! Mein Jesu, meine Bitt laß dir doch nicht mißfallen, und selber mich vertritt! Gott, heilger Geist, erfülle mein Herz, daß ich sei stille und allzeit lobe dich!

Joh. Friedr. Sannom, um 1700.

Ich bin ein guter Hirte;
Ein guter Hirte lässet sein Leben für seine Schafe.
(Joh. 10, 12—29.)

Weise 241. Zeuch ein zu meinen Thoren.

443. Wie treu, mein guter Hirte, gehst du dem Sünder nach, der sich von dir verirrte, der, elend, blind und schwach, in sein Verderben läuft, wenn deine Hand den Armen nicht selber aus Erbarmen, eh er versinkt, ergreift!

2. Wie tröstlich ist die Stimme, die alle Sünder lockt! Ach, sprächest du im Grimme: „Weicht, die ihr euch verstockt, weicht, Sünder, weicht von mir, ich will euch nicht erkennen!" wer wollt es Unrecht nennen? Wer bist du, wer sind wir?

3. Doch heißt dein Ruf uns kommen; und merken wir nicht drauf, ob wir ihn schon vernommen, so suchst du selbst uns auf. Dein Herz, o Heiland, brennt, daß doch das Schaf zur Herde zurückgeführet werde, von der es sich getrennt.

4. Nimmt nun der freche Sünder den Gnadenruf nicht an, so bist du viel gelinder, als man es denken kann; sein Ziel verlängerst du, er kann noch Gnade hoffen, der Zugang steht ihm offen, er eile nur herzu.

5. Erretter unsrer Seelen, mein Hirt, mein treuster Freund: wie könnt ichs doch verhehlen, wie wohl du es gemeint? Ich war auf meiner Flucht ein Raub der schnöden Lüste, doch du hast in der Wüste mich huldreich aufgesucht.

6. Dein Wort schallt noch im Herzen, das mich zur Buße rief, als ich, zu deinem Schmerze, den Weg zur Hölle lief; wie gnädig zogst du mich von diesem breiten Wege durch Kreuz zum schmalen Stege! Mein Hirt, ich preise dich.

7. Ach, daß ich deiner Liebe nur immer folgsam wär, und nicht zurück oft bliebe an Lieb und Eifer leer, mir nicht, was du gethan, so oft entfallen ließe, der ich ja mehr genieße, als ich verdanken kann!

8. Nun, Jesu, ich beklage den blöden Unverstand und daß ich meine Tage so übel angewandt. Verstoß den Sünder nicht! Mich reut und schmerzt mein Schade; verwandle deine Gnade nicht in ein Zorngericht!

9. Für uns gemacht zum Fluche gabst du dein Leben dar, daß so dein Lieben suche, was ganz verloren war. Ja, Nam und That erweist, daß du, Herr, nicht vergebens das rechte Brot des Lebens, der Sünder Heiland heißt.

10. Das laß mich herzlich glauben, gib mir dazu die Kraft; laß nichts das Heil mir rauben, das mir dein Tod verschafft. Zeig, wie ich glaubensvoll aus

deinem Überfluße zum wirk=
lichen Genuße stets Gnade
schöpfen soll.

11. Doch sollte ich aufs neue
in Schwachheit mich vergehn,

so laß mich deine Treue, mein
Heiland, dennoch sehn! Erweck
und führe mich, daß nichts von
dir mich wende, so preis ich ohne
Ende als meinen Hirten dich.

M. Gottlob Adolph, 1685—1745.

**Was hülfe es dem Menschen, so er die ganze Welt gewönne
Und nähme Schaden an seiner Seele?**

(Matth. 6, 35; 16, 28. Phil. 3, 8—14.)

Weise 421. Meinen Jesum laß ich nicht.

444. Seele, was ermüdst du
dich in den Dingen dieser Er=
den, die doch bald verzehren sich
und zu Staub und Asche wer=
den? Suche Jesum und sein
Licht, alles Andre hilft dir nicht.

2. Sammle den zerstreuten
Sinn, laß ihn auf zu Gott sich
schwingen; richt ihn stets zum
Himmel hin, laß ihn in die
Gnad eindringen! Suche Jesum
und sein Licht, alles Andre hilft
dir nicht.

3. Oft verlangst du Trost und
Ruh, dein betrübtes Herz zu
laben. Eil der Lebensquelle zu,
da kannst du sie reichlich haben!
Suche Jesum und sein Licht,
alles Andre hilft dir nicht.

4. Geh in Einfalt stets ein=
her, laß dir nichts das Ziel
verrücken, Gott wird aus dem
Liebesmeer dich, den Kranken,
wohl erquicken. Suche Jesum
und sein Licht, alles Andre hilft
dir nicht.

5. Du bist ja ein Hauch aus
Gott und aus seinem Geist
geboren, bist erlöst durch Christi

Tod und zu seinem Reich er=
koren. Suche Jesum und sein
Licht, alles Andre hilft dir nicht.

6. Schwinge dich recht oft im
Geist über alle Himmelshöhen,
laß, was dich zur Erde reißt,
weit von dir entfernet stehen;
suche Jesum und sein Licht, al=
les Andre hilft dir nicht.

7. Nahe dich dem lautern
Strom, der vom Thron des
Lammes fließet und auf die,
so keusch und fromm, sich in
reichem Maß ergießet; suche
Jesum und sein Licht, alles
Andre hilft dir nicht.

8. Laß dir seine Majestät
immerdar vor Augen schweben,
laß mit brünstigem Gebet sich
dein Herz zu ihm erheben!
Suche Jesum und sein Licht,
alles Andre hilft dir nicht.

9. Sei im übrigen ganz still,
du wirst schon zum Ziel gelan=
gen; glaube, daß sein Liebeswill
stillen werde dein Verlangen.
Drum such Jesum und sein Licht,
alles Andre hilft dir nicht.

Dr. Jakob Gabriel Wolf, 1633—1754.

**Meine Seele erhebet den Herrn,
Und mein Geist freuet sich Gottes, meines Heilandes.**
(Joh. 1, 16; 6, 27—35.)

Weise 110. Den die Hirten lobten sehre.

445. Jesu, deiner zu geben=
ken, kann dem Herzen Freude
schenken; doch mit welchen Him=
melstränken labt uns deine Ge=
genwart!

2. Lieblicher hat nichts ge=
klungen, holder ist noch nichts
gesungen, sanfter nichts ins
Herz gedrungen, als: mein Je=
sus, Gottes Sohn!

3. Tröstlich, wenn man reuig
stehet, herzlich, wenn man vor
dir flehet, lieblich, wenn man zu
dir gehet, unaussprechlich, wenn
du da.

4. Schweigt, ihr ungeübten
Zungen! Welches Lied hat ihn
besungen? Niemand weiß, als
der's errungen, was die Liebe
Christi sei.

5. Jesu, wunderbarer König,
dem die Völker unterthänig:
Alles ist vor dir zu wenig, du
allein bist liebenswerth!

6. Wo ich lebe auf der Erde,
such ich dich, o Hirt der Herde,
fröhlich, wenn ich finden werde,
selig, wenn ich fest dich halt!

7. König, würdig aller Kränze,
Quell der Klarheit ohne Grenze,
komm der Seele näher, glänze,
bleib, du längst Erwarteter!

8. Brunnen der Barmherzig=
keiten, Licht der unumschränkten
Weiten, treibe weg die Dunkel=
heiten, gib uns deiner Klarheit
Blick!

9. Dich erhöhn des Himmels
Heere, dich besingen unsre Chöre,
du bist unsre Macht und Ehre,
du hast uns mit Gott versöhnt.

10. Himmelsbürger, kommt ge=
zogen, öffnet eurer Thore Bogen,
ruft, von Freuden überwogen:
„Holder König, sei gegrüßt!"

Nicolaus Ludw. Graf v. Zinzendorf,
1700—1760 (nach Bernhard von
Clairvaux, 1091—1153).

**Laß mich nicht, und thue nicht von mir die Hand ab,
Gott, mein Heil! —**
(Pf. 27, 7—9.)

Weise 328. Was Gott thut, das ist wohlgethan.

446. Dich Jesum laß ich ewig
nicht, dir bleibt mein Herz er=
geben; du kennst dies Herz, das
redlich spricht: „Nur Einem
will ich leben." Du, du allein,
du sollst es sein, du sollst mein
Trost auf Erden, mein Glück
im Himmel werden.

2. Dich Jesum laß ich ewig

nicht; ich halte dich im Glau=
ben; nichts kann mir meine
Zuversicht und deine Gnade
rauben. Der Glaubensbund
hat festen Grund; die deiner
sich nicht schämen, die kann dir
Niemand nehmen.

3. Dich Jesum laß ich ewig
nicht; aus göttlichem Erbarmen

giengst du für Sünder ins Ge=
richt und büßtest für mich Ar=
men! Mit Dankbarkeit will
ich allzeit bir Ehr und Dank er=
weisen und deine Gnade preisen.

4. Dich Jesum laß ich ewig
nicht; du stärkest mich von oben,
auf dich steht meine Zuversicht,
wenn Stürme mich umtoben.
Ich flieh zu dir, du eilst zu mir;
wenn mich die Feinde hassen,
wirst du mich nicht verlassen.

5. Dich Jesum laß ich ewig
nicht; nichts soll von dir mich
scheiden, es bleibet jedes Glie=
des Pflicht, mit seinem Haupt
zu leiden. Doch all mein Leid
währt kurze Zeit; bald ist es

überstanden und Ruh ist dann
vorhanden.

6. Dich Jesum laß ich ewig
nicht; nie soll mein Glaube wan=
ken, und wann des Leibes Hütte
bricht, sterb ich mit dem Ge=
danken: mein Freund ist mein
und ich bin sein; er ist mein
Schutz, mein Tröster, und ich
bin sein Erlöster.

7. Dich Jesum laß ich ewig
nicht; hier will ich dir vertrauen,
dort hoff ich dich von Angesicht
zu Angesicht zu schauen. Dort
werd ich dein mich ewig freun
und ewig deinen Namen, Er=
löser, preisen. Amen.

Ehrenfried Liebich, 1713—1780.

**Ich will euch nicht Waisen lassen, spricht der Herr,
Siehe, ich bin bei euch alle Tage bis an der Welt Ende.**
(Joh. 15, 1—11.)

447.   Weise nach: Nun bitten wir den heiligen Geist.   1524.

Ach mein Herr Je = su, dein Na = he = sein
bringt gro=ßen Frie=den ins Herz hin=ein, und dein Gnaden=
an=blick macht uns so se = lig, daß Leib und See = le dar=
ü = ber fröh = lich und dank=bar wird.

2. Wir sehn dein freundliches
Angesicht voll Huld und Gnade
wohl leiblich nicht, aber unsre
Seele kanns schon gewahren,
du kannst ihr fühlbar dich of=
fenbaren auch ungesehn.

3. O wer nur immer bei Tag
und Nacht dein zu genießen recht
wär bedacht! Der hätt ohne Ende
von Glück zu sagen, und Leib
und Seele müßt immer fragen:
Wer ist, wie du?

4. Barmherzig, gnädig, ge=
duldig sein, uns täglich reich=
lich die Schuld verzeihn, heilen,
stillen, trösten, erfreun und segnen
und unsrer Seele als Freund
begegnen ist deine Lust.

5. Ach, gib an deinem köst=
baren Heil uns alle Tage voll=
kommnen Theil und laß unsre
Seele sich immer schicken, aus
Noth und Liebe nach dir zu
blicken ohn Unterlaß.

6. Und wenn wir weinen, so
tröst uns bald mit deiner blu=
tigen Todsgestalt; ja, die laß
uns immer vor Augen schwe=
ben, und dein wahrhaftiges In=
uns = leben mach offenbar.

7. Ein herzlich Wesen und

Kindlichkeit sei unsre Zierde zu
aller Zeit, und die heilge Tröstung
aus deinen Wunden erhalt uns
solche zu allen Stunden bei Freud
und Leid.

8. So werden wir bis zum
Himmel ein mit dir vergnügt
wie die Kindlein sein; muß
gleich sich das Auge noch manch=
mal netzen: wenn sich das Herz
nur an dir ergetzen und stillen
kann!

9. Du reichst uns deine durch=
grabne Hand, die so viel Treue
an uns gewandt, daß wir beim
Dran=denken beschämt dastehen
und unser Auge muß übergehen
vor Lob und Dank.

Christian Gregor, 1723—1801.

Es ist den Menschen kein anderer Name gegeben,
Darinnen wir selig werden, denn der Name Jesu Christi, des Herrn.
(Apstgsch. 4, 10—12.)

Weise 682. Jauchzet dem Herren all auf Erden.

448. Was wär ich ohne dich
gewesen? und ohne dich — was
würd ich sein? Zu Furcht und
Ängsten auserlesen stünd ich
in weiter Welt allein; nichts
wüßt ich sicher, was ich liebte,
die Zukunft wär ein dunkler
Schlund; und wenn mein Herz
sich tief betrübte, wem thät ich
meine Sorge kund?

2. Hast aber du dich kund ge=
geben, ist ein Gemüt erst dein
gewis: wie schnell verzehrt dein
Licht und Leben dann jede öde
Finsternis! Mit dir bin ich aufs
neu geboren, die Welt wird mir
verklärt durch dich, das Para=

dies, das wir verloren, blüht
herrlich wieder auf für mich.

3. Ja, du mein Heiland, mein
Befreier, du Menschensohn voll
Lieb und Macht, du hast ein
allbelebend Feuer in meinem
Innern angefacht; durch dich
seh ich den Himmel offen als
meiner Seele Vaterland, ich
kann nun glauben, freudig hof=
fen und fühle mich mit Gott
verwandt.

4. O gehet aus auf allen
Wegen und ruft die Irrenden
herein, streckt allen eure Hand
entgegen und ladet froh sie zu
uns ein! Der Himmel ist bei

uns auf Erden, das kündigt ihnen freudig an; und wenn sie unsers Glaubens werden, ist er auch ihnen aufgethan.

Friedrich Ludwig von Hardenberg (Novalis), 1772—1801.

Sei getreu bis in den Tod,
So will ich dir die Krone des Lebens geben.
(Hebr. 6, 4—6. Matth. 26, 33. Röm. 6, 16.)

Weise 431. Dank sei Gott in der Höhe.

449. Wenn Alle untreu werden, so bleib ich dir doch treu, daß Dankbarkeit auf Erden nicht ausgestorben sei. Für mich umfieng dich Leiden, vergiengst für mich in Schmerz; drum geb ich dir mit Freuden auf ewig dieses Herz.

2. Oft möcht ich bitter weinen, daß Mancher dich vergißt, der du doch für die Deinen, o Herr, gestorben bist. Von Liebe nur durchdrungen hast du so viel gethan; doch bist du fast verklungen, nur Wenig' denken dran!

3. Du stehst voll treuer Liebe noch immer Jedem bei, und wenn dir Keiner bliebe, so bleibst du dennoch treu; o, diese Liebe sieget, am Ende fühlt man sie, weint bitterlich und schmieget sich kindlich an dein Knie.

4. Ich habe dich empfunden; o, lasse nicht von mir, laß innig mich verbunden auf ewig sein mit dir! Einst schauen meine Brüder auch wieder himmelwärts und sinken liebend nieder und fallen dir ans Herz.

Friedrich Ludwig von Hardenberg (Novalis), 1772—1801.

Kommet her zu mir Alle, die ihr mühselig und beladen seid,
Ich will euch erquicken, spricht der Herr.
(Matth. 11, 27—30.)

Weise 339. Warum sollt ich mich denn grämen?

450. Meines Herzens reinste Freude ist nur die, daß ich nie mich von Jesu scheide, daß ich ihn durch Glauben ehre, jederzeit hocherfreut seine Stimme höre.

2. Freundlich ruft er alle Müden und erfüllt sanft und mild ihren Geist mit Frieden; seine Last ist leicht zu tragen, er macht Bahn, geht voran, stärkt uns, wenn wir zagen.

3. Ja, er kennt die Leidensstunden; größern Schmerz, als sein Herz, hat kein Herz empfunden. Darum blickt, wenn seiner Brüder einer weint, unser Freund mitleidsvoll hernieder.

4. Will das Herz vor Jammer brechen, ach, dann pflegt er und trägt uns in unsern Schwächen. Selig, wer in bösen Zeiten, in Gefahr immerdar sich von ihm läßt leiten!

5. Jesu, treuster Freund von allen, mit dir will froh und

ftill ich durchs Leben wallen! | fchrecken, denn bu wirft, Lebens=
Auch der Tod kann mich nicht | fürft, einft mich auferwecken.

Samuel Gottlieb Bürde, 1753—1831.

**Ich lebe aber; doch nun nicht ich,
Sondern Chriftus lebet in mir.**
(Gal. 2, 20.)

Weife 181. Herr und Älfter deiner Kreuzgemeine.

451. Eines wünfch ich mir
vor allem Andern, eine Speife
früh und fpät; felig läßt im
Thränenthal fich wandern, wenn
dies Eine mit uns geht: un=
verrückt auf einen Mann zu
fchauen, der mit blutgem Schweiß
und Todesgrauen auf fein Antlitz
niederfank und den Kelch des
Vaters trank.

2. Ewig foll er mir vor Au=
gen ftehen, wie er dort als
ftilles Lamm war fo blutig und
fo bleich zu fehen, hängend an
des Kreuzes Stamm, wie er
dürftend rang um meine Seele,
daß fie ihm zu feinem Lohn
nicht fehle, und dann auch an
mich gedacht, als er rief: „Es
ift vollbracht!"

3. Ja, mein Jefu, laß mich
nie vergeffen meine Schuld und
deine Huld! Als ich in der
Finfternis gefeffen, trugeft du
mit mir Geduld, hatteft längft
nach deinem Schaf getrachtet,
eh es auf des Hirten Ruf ge=
achtet, und mit theurem Löfe=
geld mich erkauft von diefer
Welt.

4. Ich bin dein! — Sprich du
darauf ein Amen, treufter Jefu,
du bift mein! Drücke deinen
füßen Jefusnamen brennend in
mein Herz hinein! Mit dir Alles
thun und Alles laffen, in dir
leben und in dir erblaffen, —
das fei bis zur letzten Stund
unfer Wandel, unfer Bund.

M. Albert Knapp, 1798.

b. Nachfolge Chrifti.

**Gott fei Dank, der uns den Sieg gegeben hat
Durch unfern Herrn Jefum Chriftum.**
(1 Cor. 15, 57. 1 Joh. 5, 4.)

Weife 833. Danket dem Herren, denn er ift fehr freundlich.

452. O Chrifte, der du fiegeft
in den Deinen und deinen Na=
men herrlich läffeft fcheinen:

2. Ach, hilf uns, deinen Schwa=
chen und Elenden, die wir im
Glauben hin zu dir uns wenden,

3. Auf daß wir, fo wir deinet=
wegen leiden, in deiner Liebe
recht beftändig bleiben

4. Und einft nach diefem Leben
zu dir kommen und dich in
Ewigkeit dort ehren. Amen!

Böhmifche Brüder, 1566. (Michael Thamm, † 1571.)

24*

Wer nicht sein Kreuz auf sich nimmt und folget mir nach,
Der ist mein nicht werth, spricht der Herr.
(Matth. 10, 37—39.)

Weise 591.   Machs mit mir, Gott, nach deiner Güt.

453. „Mir nach!" spricht Christus, unser Held, „mir nach, ihr Christen alle! Verleugnet euch, verlaßt die Welt, folgt meinem Ruf und Schalle; nehmt euer Kreuz und Ungemach auf euch, folgt meinem Wandel nach!"

2. „Ich bin das Licht, ich leucht euch für mit heilgem Tugendleben; wer zu mir kommt und folget mir, darf nicht im Finstern schweben. Ich bin der Weg, ich weise wohl, wie man wahrhaftig wandeln soll."

3. „Mein Herz ist voll Demütigkeit, voll Liebe mein Gemüte, mein Mund voll Huld und Freundlichkeit, voll Sanftmut und voll Güte; mein Geist und Seele, Kraft und Sinn ist Gott ergeben, schaut auf ihn."

4. „Ich zeig euch das, was schädlich ist, zu fliehen und zu meiden, und euer Herz von arger List zu rein'gen und zu scheiden; ich bin der Seele Fels und Hort und führ euch zu der Himmelspfort."

5. „Fällts euch zu schwer, ich geh voran, ich steh euch an der Seite; ich kämpfe selbst, ich brech die Bahn, bin Alles in dem Streite. Ein böser Knecht, der still mag stehn, sieht er voran den Feldherrn gehn."

6. „Wer seine Seel zu finden meint, wird sie ohn mich verlieren; wer sie hier zu verlieren scheint, wird sie in Gott einführen; wer nicht sein Kreuz nimmt und folgt mir, ist mein nicht werth und meiner Zier."

Matth. 10, 37—39.

7. So laßt uns denn dem lieben Herrn mit Leib und Seel nachgehen und wohlgemut, getrost und gern im Leiden bei ihm stehen! Wer nicht gekämpft, trägt auch die Kron des ewgen Lebens nicht davon.

Dr. Joh. Scheffler, 1624—1677.

Wo ich bin, spricht der Herr,
Da soll mein Diener auch sein.
(Joh. 11, 16. 2 Tim. 2, 11—12; 3, 12.)

Weise 196.   Lasset uns den Herren preisen.

454. Lasset uns mit Jesu ziehen, seinem Vorbild folgen nach, in der Welt der Welt entfliehen auf der Bahn, die er uns brach, immerfort zum Himmel reisen, irdisch noch schon himmlisch sein, glauben recht und leben rein, in der Lieb den Glauben weisen. Treuer Jesu, bleib bei mir; geh voran, ich folge dir!

2. Lasset uns mit Jesu leiden, seinem Vorbild werden gleich; nach dem Leide folgen

Freuden, Armut hier macht dor=
ten reich; Thränenfat die erntet
Wonne, Hoffnung tröftet mit
Geduld; leichtlich fcheint durch
Gottes Huld nach dem Regen
uns die Sonne. Jefu, hier leid
ich mit dir, dort theil deine
Freud mit mir!

3. Laffet uns mit Jefu fter=
ben, fein Tod wehrt dem andern
Tod, fchützt die Seel vor dem
Verderben, wendet ab die ewge
Noth. Laffet uns, fo lang wir
leben, fterben unferm Fleifche ab,

fo wird er uns aus dem Grab in
das Himmelsleben heben. Sterb
ich, Herr, fo fterb ich dir, daß
ich lebe für und für.

4. Laffet uns mit Jefu leben;
weil er auferftanden ift, muß das
Grab uns wiedergeben; Jefu,
unfer Haupt du bift. Wir find
beines Leibes Glieder, wo du
lebft, da leben wir; ach, erkenn
uns für und für, trauter Freund,
für deine Brüder! Dir, o Jefu,
leb ich hier, leb auch ewig dort
bei dir.

Sigmund v. Birken, 1626—1681.

Zeuch uns dir nach,
So laufen wir.
(Joh. 14, 1—8.)
Weife 268. Ach Gott und Herr.

455. Zench uns nach dir, fo
laufen wir mit herzlichem Ver=
langen dahin, Herr Chrift, wo=
hin du bift aus diefer Welt
gegangen.

2. Zench uns nach dir in Liebs=
begier aus diefem Erdenleben,
fo dürfen wir nicht länger hier
in Noth und Sorgen fchweben.

3. Zench uns nach dir, Herr
Chrift, und führ uns deine
Himmelsftege; wir irrn fonft

leicht und find verfcheucht vom
rechten Lebenswege.

4. Zench uns nach dir, fo
folgen wir dir nach in deinen
Himmel, daß uns nicht mehr
allhie befchwer das böfe Welt=
getümmel.

5. Zench uns nach dir nun
für und für und gib, daß wir
nachfahren dir in dein Reich,
und nach uns gleich den aus=
erwählten Scharen!

Friedrich Fabricius, 1642—1703.

Laffet uns auffehen auf Jefum Chriftum,
Den Anfänger und Vollender unferes Glaubens.
(Joh. 13, 15. 14, 13—14. 17, 22. Hebr. 12, 1—2. 1 Petr. 2, 21—24.)
Weife 762. Wachet auf, ruft uns die Stimme.

456. Heilger Jefu, Heilungs=
quelle, mehr als Kryftall rein,
klar und helle, du lauterer Strom
der Heiligkeit: aller Glanz der
Cherubinen und Heiligkeit der
Seraphinen ift gegen dich nur

Dunkelheit. Ein Vorbild bift
du mir, ach bilde mich nach dir,
du mein Alles! Jefu, Jefu,
hilf mir dazu, daß ich auch
heilig fei, wie du.

2. Stiller Jefu, wie dein Wille

dem Willen deines Vaters stille
und bis zum Tod gehorsam war:
also mach auch gleichermaßen
mein Herz und Willen dir ge=
lassen, still meinen Willen ganz
und gar. Mach mich dir gleich=
gesinnt, wie ein gehorsam Kind,
fromm und stille. Jesu, Jesu,
hilf mir dazu, auf daß ich stille
sei, wie du.

3. Wacher Jesu, ohne Schlum=
mer, in großer Arbeit, Müh und
Kummer bist du gewesen Tag
und Nacht, mußtest täglich viel
ausstehen, des Nachts lagst du
vor Gott mit Flehen, und hast
gebetet und gewacht. Gib mir
auch Wachsamkeit, daß ich zu
dir allzeit wach und bete. Jesu,
Jesu, hilf mir dazu, daß ich
stets wachsam sei, wie du.

4. Gütger Jesu, ach wie gnä=
dig, wie liebreich, freundlich und
gutthätig bist du doch gegen
Freund und Feind! Deine Sonne
scheinet Allen, dein Regen muß
auf Alle fallen, ob sie dir gleich
undankbar sind. Mein Herr,
ach lehre mich, damit hierinnen
ich dir nacharte! Jesu, Jesu,
hilf mir dazu, daß ich auch
gütig sei, wie du.

5. Sanfter Jesu, ganz un=

schuldig, trugst du doch alle
Schmach geduldig, vergabst und
ließst nie Rache aus! Wer
kann deine Sanftmut messen,
bei der kein Eifer dich besessen,
als der für deines Vaters Haus?
Mein Heiland, ach verleih mir
Sanftmut und dabei reinen Eifer.
Jesu, Jesu, hilf mir dazu, daß
ich sanftmütig sei, wie du.

6. Würdger Jesu, Ehrenkönig,
du suchtest deine Ehre wenig
und wurdest niedrig und gering,
wandeltest ganz arm auf Erden
in Demut und in Knechtsge=
berden, erhubst dich selbst in
keinem Ding. Herr, solche De=
mut lehr auch mich. je mehr und
mehr stetig üben. Jesu, Jesu,
hilf mir dazu, daß ich demütig
sei, wie du.

7. Liebster Jesu, liebstes Le=
ben, mach mich in Allem dir
ergeben und deinem heilgen
Vorbild gleich. Deine Kraft
laß mich durchdringen, daß ich
viel Glaubensfrucht mag brin=
gen und tüchtig werd zu dei=
nem Reich. Ach, zeuch mich
ganz zu dir, behalt mich für
und für, treuer Heiland! Jesu,
Jesu, laß mich, wie du, und
wo du bist, einst finden Ruh!

　　Nach dem Holländer Jodocus von Lobenstein, 1620—1677, von
Bartholomäus Crasselius, 1667—1724.

**Ein Sohn ist uns gegeben, dessen Herrschaft ist auf seiner Schulter,
Und heißet Wunderbar, Kraft, Held, Ewig-Vater, Friedefürst.**
(Jes. 9, 6—7. Matth. 18, 3.)

　　Weise 437.　Wie wohl ist mir, o Freund der Seelen.

457. O Vaterherz, o Licht,
o Leben, o treuer Hirt, Im=

mannel: dir bin ich einmal
übergeben, dir, dir gehöret meine

Seel! Ich will mich nicht mehr
ſelber führen, der Vater ſoll
das Kind regieren; ſo geh denn
mit mir aus und ein. Ach Herr,
erhöre doch mein Bitten und
leite mich auf allen Tritten;
ich gehe keinen Schritt allein.

2. Was kann dein ſchwaches
Kind vollbringen? Ich weiß in
keiner Sache Rath; drum ſei in
groß- und kleinen Dingen mir
immer ſelber Rath und That!
Du willſt dich meiner gar nicht
ſchämen, ich darf dich ja zu
Allem nehmen, du willſt mir
ſelber Alles ſein; ſo ſollſt du
denn in allen Sachen den Anfang und das Ende machen;
dann ſtellt ſich lauter Segen ein.

3. Du führeſt mich, ich kann
nicht gleiten; dein Wort muß
ewig feſte ſtehn. Du ſprichſt:
„Mein Auge ſoll dich leiten,
mein Angeſicht ſoll vor dir
gehn;" ja, deine Güt und dein
Erbarmen ſoll mich umfangen
und umarmen! O daß ich nur
recht kindlich ſei, bei Allem gläubig zu dir ſtehe und ſtets auf
deinen Wink nur ſehe, ſo ſpür
ich täglich neue Treu.

4. Gib, daß ich auch im Klein-
ſten merke auf deine Weisheit,
Güt und Treu, damit ich mich
im Glauben ſtärke, dich lieb und
lob und ruhig ſei und deine
Weisheit laſſe walten, ſtets Ordnung, Maß und Ziel zu halten.
Drum halte mich auf rechter
Bahn und mach in Allem mich
gelaſſen, nichts ohne dich mir
anzumaßen; was du mir thuſt,
iſt wohlgethan!

5. Du weißt allein die rechten
Wege, weißt auch, was meinen
Frieden ſtört; drum laß mich
meiden alle Stege, wo Welt
und Sünde mich verſehrt. Ach
daß ich nimmer von dir irrte,
noch durch Zerſtreuung mich
verwirrte, ſelbſt nicht beim aller-
beſten Schein! O halte meine
Seele feſte, hab auf mich acht
aufs allerbeſte und halte der
Verſuchung ein!

6. Du wollſt ohn Unterlaß mich
treiben zum Wachen, Ringen,
Flehn und Schrei'n; laß mir
dein Wort im Herzen bleiben,
und Geiſt und Leben in mir
ſein! Laß deinen Zuruf ſtets
erſchallen, daß ich in Furcht vor
dir mög wallen; zieh ganz zu
dir die Seele hin. Vermehr
in mir dein innres Leben, dir
unaufhörlich Frucht zu geben,
und bilde mich nach deinem
Sinn!

7. Ach, mach einmal mich treu
und ſtille, daß ich dir immer
folgen kann; nur dein, nur dein
vollkommner Wille ſei für mich
Schranke, Ziel und Bahn. Nichts
ſoll mich ohne dich vergnügen;
laß mir nichts mehr am Herzen
liegen, als deines heilgen Namens Ruhm. Das ſei allein
mein Ziel auf Erden; ach, laß
mirs nie verrücket werden, denn
ich bin ja dein Eigentum.

8. Laß mich in dir den Vater
preiſen, wie er die Liebe ſelber
iſt; laß deinen Geiſt mir klärlich weiſen, wie du von ihm
geſchenkt mir biſt. Ach, offenbare deine Liebe und wirke doch

die heißen Triebe der reinen Gegenlieb in mir. Durchdring dadurch mein Herz und Sinnen, daß ich hinfort mein ganz Beginnen in deiner Lieb und Lob nur führ.

9. So lieb und lob ich in der Stille und ruh als Kind in deinem Schoß. Ich schöpfe Heil aus deiner Fülle, die Seel ist aller Sorgen los. Sie sorget nur vor allen Dingen, wie sie zum Himmel möge dringen; sie schmückt und hält sich dir bereit. Ach zeuch mich, zeuch mich weit von hinnen; was du nicht bist, laß ganz zerrinnen, o reiner Glanz der Ewigkeit!

Karl Heinrich von Bogatzky, 1690—1774.

Herr, wohin sollen wir gehen?
Du hast Worte des ewigen Lebens.
(Joh. 6, 67—69.)

Weise 852. Nun sich der Tag geendet hat.

458. Merk, Seele, dir das große Wort: wenn Jesus winkt, so geh; wenn er dich zieht, so eile fort; wenn Jesus hält, so steh!

2. Wenn er dich lobet, bücke dich; wenn er dich liebt, so ruh; wenn er dich aber schilt, so sprich: „Ich brauchs, Herr, schlage zu!"

3. Wenn Jesus seine Gnadenzeit bald da, bald dort verklärt, so freu dich der Barmherzigkeit, die Andern widerfährt!

4. Wenn er dich aber brauchen will, so steig in Kraft empor; wird Jesus in der Seele still, so nimm auch du nichts vor!

5. Kurz, liebe Seel, dein ganzes Herz sei von dem Tage an bei Schmach, bei Mangel und bei Schmerz dem Heiland zugethan!

Nikolaus Ludwig, Graf von Zinzendorf, 1700—1760.

Christus hat uns ein Vorbild gelassen,
Daß ihr sollt nachfolgen seinen Fußtapfen.
(Joh. 14, 6. 1 Petr. 2, 21—25.)

Weise 434. Seelenbräutigam.

459. Jesu, geh voran auf der Lebensbahn, und wir wollen nicht verweilen, dir getreulich nachzueilen; führ uns an der Hand bis ins Vaterland.

2. Solls uns hart ergehn, laß uns feste stehn und auch in den schwersten Tagen niemals über Lasten klagen; denn durch Trübsal hier geht der Weg zu dir.

3. Rühret eigner Schmerz irgend unser Herz, kümmert uns ein fremdes Leiden: o so gib Geduld zu beiden; richte unsern Sinn auf das Ende hin.

4. Ordne unsern Gang, Liebster, lebenslang; führst du uns durch rauhe Wege: gib uns auch die nöthge Pflege; thu uns nach dem Lauf deine Thüre auf!

Nikolaus Ludwig, Graf von Zinzendorf, 1700—1760.

**Ich bin der Weg, die Wahrheit und das Leben;
Niemand kommt zum Vater, denn durch mich.**
(Joh. 3, 2. Luc. 24, 19. Hebr. 4, 14—16. 1, 1—3.)

Weise 14.	Herr Jesu Christ, dich zu uns wend.

460. Herr Jesu Christe, mein
Prophet, der aus des Vaters
Schoße geht: mach mir den
Vater offenbar und seinen heil=
gen Willen klar.

2. Lehr mich in Allem, weil
ich blind; mach mich dir ein
gehorsam Kind, andächtig und
in mich gekehrt, so werd ich
wahrlich gottgelehrt.

3. Gib, daß ich auch vor Je=
dermann von deiner Wahrheit
zengen kann, und Allen zeig mit
Wort und That den schmalen,
sel'gen Himmelspfad.

4. Mein Hoherpriester, der
für mich am Kreuzesstamm ge=
opfert sich: mach mein Gewis=
sen still und frei; mein ewiger
Erlöser sei!

5. Gesalbter Heiland, segne
mich mit Geist und Gnaden
kräftiglich, schließ mich in deine
Fürbitt ein, bis ich werd ganz
vollendet sein.

6. Ich opfre auch, als Prie=
ster, dir mich selbst und Alles
für und für; schenk mir viel
Inbrunst zum Gebet, das stets
zu dir im Geiste geht!

7. Mein Himmelskönig, mich
regier; mein Alles unterwerf
ich dir; rett mich vor Satan,
Welt und Sünd, die mir sonst
gar zu mächtig sind.

8. Ja, komm du in mein Herz
hinein und laß es dir zum
Throne sein; vor allem Uebel
und Gefahr mich, als dein
Eigentum, bewahr.

9. Hilf mir im königlichen
Geist mich selbst beherrschen
allermeist und Willen, Lust,
Begierd und Sünd, auf daß
mich nichts Geschaffnes bind.

10. Du hocherhabne Majestät,
mein König, Priester und Pro=
phet: sei du mein Ruhm und
meine Freud von nun an bis
in Ewigkeit!

Gerhard ter Steegen, 1697—1769.

**Wer da saget, daß er in ihm bleibet,
Der soll auch wandeln, gleichwie er gewandelt hat.**
(1 Joh. 2, 3—6.)

Weise 544.	Ringe recht, wenn Gottes Gnade.

461. Herr, bei jedem Wort
und Werke mahne mich dein
Geist daran: Hat auch Jesus
so geredet? Hat auch Jesus so
gethan?

2. Bin ich auch bei meinem
Wallen meines Meisters treuer
Knecht? Kann mein Wandel

ihm gefallen? Dien ich mei=
nem Herrn auch recht?

3. Folg ich ihm, wohin er
gehet? Oder stehet noch mein
Sinn, wo der Wind der Welt
hinwehet? Zeig mir, Jesu, wo
ich bin!

4. Dir zu folgen, laß alleine

meinen Ruhm und Reichtum
sein; prüf, erfahre, wie ichs
meine, tilge allen Heuchelschein.

5. Deinem Vorbild nachzu=

leben, deinem Vorbild nur al=
lein, laß mein einziges Bestre=
ben, Jesu, bis ans Ende sein!

Christoph Carl Ludwig von Pfeil,
1712—1784.

4. Der Wandel im heiligen Geist.

a. Bitte um den Beistand des heiligen Geistes.

**Ich, der Herr, will euch ein neu Herz
Und einen neuen Geist in euch geben.**
(Joh. 14, 23—26.)

Weise 237. Heilger Geist, du Tröster mein.

462. Heilger Geist, o Herre
Gott, höchster Trost in aller Noth,
such uns heim mit deiner Gnad!

2. Tröster der Unglücklichen,
Leiter aller Irrenden, stärk uns,
die Schwachgläubigen!

3. Denn du rührst die Her=
zen an, führest sie auf rechter
Bahn, daß sie dir sind unterthan.

4. Du stärkst sie mit deiner
Gnad, daß sie Marter nicht,
noch Tod von dir scheide in
der Noth.

5. Du gibst deine heilge Brunst,*
lehrst die allerbeste Kunst zu des
Höchsten Lieb und Gunst.**
　* Röm. 12, 11.　1 Petr. 1, 22;
4, 8.　Ap. 18, 25.　** Röm. 5, 5.

6. Niemand kann ohn dich be=
stehn, in des Herren Dienst fort=
gehn* und den Sünden wider=
stehn.　　* voranschreiten.

7. Heil' uns, die wir sind ver=
wundt, unsre Seelen mach ge=
sund, stärke sie im neuen Bund.

8. Wasch ab*, was das Herz
befleckt, wehr, was wider dich
erweckt, daß nicht Gottes Zorn
uns schreckt. **
　* Hos. 36, 25.　** Ps. 2, 5.

9. O verleih durch deine Kraft,
daß dein Wort im Herzen haft,
Frucht zum ewgen Leben schafft.

10. Mach uns die Gewissen
rein, hilf uns, durch die Gaben
dein, ewig Christo eigen sein!

Böhmische Brüder (Joh. Horn), 1544. (Nachbildung des lateinischen
Liedes des Königs Robert von Frankreich, 997—1031.)

**Gott der Hoffnung erfülle euch mit aller Freude und Friede
im Glauben,
Daß ihr völlige Hoffnung habet durch die Kraft des heiligen
Geistes.**
(2 Cor. 1, 21—22.)

Weise 583. Wenn mein Stündlein vorhanden ist.

463. Gott heilger Geist, hilf
uns mit Grund auf Jesum Chri-

stum schauen, damit wir in der
letzten Stund auf seine Wun=

den bauen, die er für uns nach Gottes Rath am Kreuzesstamm empfangen hat, zu tilgen unsre Sünde.

2. Durchs Wort in unsre Herzen schein und wollst uns neu gebären, daß wir, als Gottes Kinder rein, vom bösen Weg uns kehren und in dir bringen Früchte gut, so viel als unser

blöder Mut in diesem Fleisch kann tragen.

3. In Sterbensnöthen bei uns steh und hilf uns wohl verscheiden, daß wir sein sanft, ohn alles Weh, hinfahren zu den Freuden, die uns der fromme Vater werth aus lauter Gnaden hat beschert in Christo, seinem Sohne!

Bartholomäus Ringwaldt, 1530—1598.

Der Vater im Himmel wird den heiligen Geist geben Denen, die ihn bitten, spricht der Herr.
(Joh. 15, 26. 27. 16, 12—15.)

Weise 76. Kommt her zu mir, spricht Gottes Sohn.

464. Gott Vater, sende deinen Geist, den uns dein Sohn erbitten heißt, aus deines Himmels Höhen! Wir bitten, wie er uns gelehrt; laß uns doch ja nicht unerhört von deinem Throne gehen.

2. Der Geist, den Gott vom Himmel gibt, der leitet Alles, was ihn liebt, auf wohlgebahnten Wegen; er setzt und richtet unsern Fuß, daß er nur dahin treten muß, wo wir erlangen Segen.

3. Er macht geschickt und rüstet aus die Diener, die des Herren Haus in diesem Leben bauen, ziert ihnen Herz, Mund und Verstand und läßt sie, was uns unbekannt, zu unserm Besten schauen.

4. Er öffnet unsers Herzens Thor, wenn sie sein Wort in unser Ohr als edlen Samen streuen, gibt seine Kraft dem Gnadenwort, hilft, wenn es Wurzel schlägt, ihm fort und lässets wohl gedeihen.

5. Er lehret uns die Furcht des Herrn, liebt Reinigkeit und wohnet gern in frommen, keuschen Seelen; was niedrig ist, was Tugend ehrt, was Buße thut und sich bekehrt, das pflegt er zu erwählen.

6. Er ist und bleibet stets getreu und steht uns auch im Tode bei, wenn alle Dinge fallen; er lindert unsre letzte Qual, läßt uns hindurch zum Himmelssal getrost und fröhlich wallen.

7. O selig, wer in dieser Welt läßt diesem Gaste Haus und Zelt in seiner Seel aufschlagen! Wer ihn aufnimmt in dieser Zeit, den wird er dort zur ewgen Freud in Gottes Hütte tragen.

8. Nun, Herr und Vater aller Güt, hör unsern Wunsch, geuß ins Gemüt uns Allen diese Gabe. Gib deinen Geist, der uns allhier regiere und dort für und für im ewgen Leben labe!

Paul Gerhardt, 1606—1676.

Wandelt wie die Kinder des Lichts!
Die Frucht des Geistes ist allerlei Gütigkeit und Gerechtigkeit
und Wahrheit.
(Gal. 5, 16—26.)

Weise 846.　Werde munter, mein Gemüte.

465. O du allersüßte Freude, o du allerschönstes Licht, der du uns in Lieb und Leide unbesuchet lässest nicht, Geist des Höchsten, höchster Fürst, der du hältst und halten wirst ohn Aufhören alle Dinge: höre, höre, was ich singe!

2. Du bist ja die beste Gabe, die ein Mensch nur nennen kann; wenn ich dich erwünsch und habe, geb ich alles Wünschen dran. Ach, ergib dich, komm zu mir in mein Herze, das du dir, als ich in die Welt geboren, selbst zum Tempel auserkoren.

3. Ausgegossen wie ein Regen wirst du von des Himmels Thron, bringest nichts als lauter Segen von dem Vater und dem Sohn: laß doch, o du werther Gast, Gottes Segen, den du hast und verwaltst nach deinem Willen, mich an Leib und Seele füllen!

4. Du bist weis und voll Verstandes, was geheim ist, ist dir kund; zählst den Staub des kleinsten Sandes, gründst des tiefen Meeres Grund: nun, du weißt auch zweifelsfrei, wie verderbt und blind ich sei; drum gib Weisheit und vor allen, wie ich möge Gott gefallen.

5. Du bist heilig, läßt dich finden, wo man rein und lauter ist, fleuchst hingegen Schand und Sünden, hassest Schlangentrug und List; wasche mich, o Gnadenquell, keusch und züchtig, rein und hell; laß mich fliehen, was du fliehest, gib mir, was du gerne siehest.

6. Du bist, wie ein Schäflein pfleget, frommes Herzens, sanftes Muts, bleibst im Lieben unbeweget, thust uns Bösen alles Guts: ach, verleih und gib mir auch diesen edlen Sinn und Brauch, daß ich Freund und Feinde liebe, Keinen, den du liebst, betrübe.

7. O mein Hort, ich bin zufrieden, wenn du mich nur nicht verstößt; bleib von dir ich ungeschieden, ei, so bin ich gung getröst. Laß mich sein dein Eigentum, ich versprech hinwiederum, hier und dort all mein Vermögen dir zu Ehren anzulegen.

8. Nur allein, daß du mich stärkest und mir treulich stehest bei! Hilf, mein Helfer, wo du merkest, daß mir Hilfe nöthig sei; brich des bösen Fleisches Sinn, nimm den alten Willen hin, hilf, daß er sich ganz erneue, daß mein Gott sich meiner freue.

9. Sei mein Retter, führ mich eben, wenn ich sinke, sei mein Stab; wenn ich sterbe, sei mein Leben; wenn ich liege, sei mein

Grab; wenn ich wieder aufer=
steh, o so hilf mir, daß ich geh

hin, wo du in ewgen Freuden
wirst die Auserwählten weiden.

Paul Gerhardt, 1606—1676.

Die Furcht des Herrn
Das ist der Weisheit Anfang.
(Hiob 28, 28. Pf. 111, 10. Jak. 3, 17.)

Weise 380. O Gott, du frommer Gott.

466. O Weisheit aus der
Höh, gib du mir zu erkennen
bei meinem Unverstand, was
Weisheit sei zu nennen; vor
Allem aber gib, daß ich dich
recht verehr, aus deines Geistes
Kraft, nach deines Sohnes Lehr!

2. Ich leb im Christentum:
laß mich doch christlich leben,
auf deines Sohnes Pfad nach
reiner Tugend streben, weil ich
dir zugesagt, ich wolle deinen
Willn nach meiner Taufe Bund
genau durch dich erfülln.

3. Die Lehr entspringt von
dir, sei du mein rechter Lehrer!
Bist du der Weisheit Quell, so
sei auch ihr Vermehrer! Was
hilft mein Lesen mir, mein
Forschen, mein Bemühn, willst
du mich nicht zu dir und dei=
nem Reiche ziehn?

4. Mein Denken und mein
Wort, mein Lassen und mein
Handeln regiere ganz nach dir;
ja, laß mich stets so wandeln,
daß ich, im Herzen rein, dir,
Gott, vertrauen kann und froh
versichert sei: du nimmst dich
meiner an.

5. Doch sink ich unachtsam in
Schwachheitssünden nieder, so
richte bald mich auf durch deine
Hilfe wieder; daß ich mich stets
auf dich mit offnem Angesicht,
und nimmer weg von dir auf
diese Weltbahn richt.

6. Dein theures Pfand, mein
Geist, mein Ehre, Gut und Leben
sei dir, o Herr, allein in deinen
Schutz gegeben. Mein Höchster,
was ich bin, werf ich in deine
Händ; wie du mein Anfang bist,
so bleib auch stets mein End!

Christian Knorr von Rosenroth, 1636—1689.

Ich will Wasser gießen auf die Durstigen
Und Ströme auf die Dürren, so spricht der Herr.
(Jes. 44, 1—4. Luc. 11, 9—13.)

Weise 587. Freu dich sehr, o meine Seele.

467. Gott, gib einen milden
Regen, denn mein Herz ist dürr
wie Sand; Vater, gib vom
Himmel Segen, träufe du dein
durstig Land. Laß des heilgen
Geistes Gab aus der Höh auf

mich herab sich in starkem Strom
ergießen und mein ganzes Herz
durchfließen!

2. Kann ein Vater hier im
Leben, der doch bös ist von
Natur, seinen lieben Kindern

geber nichts als gute Gaben nur: wie sollst du denn, der du heißt guter Vater, deinen Geist mir nicht geben, mich nicht laben mit den guten Himmelsgaben?

3. Jesu, der du hingegangen zu dem Vater: sende mir deinen Geist, den mit Verlangen ich erwarte, Herr, von dir. Laß den Tröster ewiglich bei mir sein und lehren mich fest in deiner Wahrheit stehen und auf dich im Glauben sehen.

4. Heilger Geist, du Kraft der Frommen, kehre bei mir Armem ein; sei mir tausendmal willkommen, laß mich deinen Tempel sein. Säubre du nur selbst das Haus meines Herzens, wirf hinaus Alles, was

mich hier kann scheiden von den süßen Himmelsfreuden.

5. Schmücke mich mit deinen Gaben, mach mein Herz neu, rein und schön, laß mich wahre Liebe haben und in deiner Gnade stehn. Gib mir einen starken Mut, heilige mein Fleisch und Blut, lehre mich, vor Gott hintreten und im Geist und Wahrheit beten.

6. So will ich mich dir ergeben, dir zu Ehren soll mein Sinn dem, was himmlisch ist, nachstreben, bis ich werde kommen hin, wo mit Vater und dem Sohn dich im höchsten Himmelsthron ich erheben kann und preisen mit den süßen Himmelsweisen.

Moritz Kramer, 1646—1702.

Es sei denn, daß Jemand geboren werde aus dem Wasser und Geist, So kann er nicht in das Reich Gottes kommen.
(Eph. 1, 17—23. 1 Cor. 3, 16. 17.)

Weise 272. Herr, ich habe mißgehandelt.

467 1|2. Stral der Gottheit, Kraft der Höhe, Geist der Gnaden, wahrer Gott: höre, wie ich Armer flehe, das zu geben, was mir noth; laß den Ausfluß deiner Gaben auch mein dürres Herze laben!

2. Glaube, Weisheit, Rath und Stärke, Furcht, Erkenntnis und Verstand, das sind deiner Gottheit Werke, dadurch wirst du uns bekannt, dadurch weißt du recht zu lehren, wie wir sollen Jesum ehren.

3. Theurer Lehrer, Gottes Finger, lehr und schreibe deinen Sinn auch ins Herz mir, dei-

nem Jünger, komm zu mir und nimm mich hin, daß ich stets von deiner Fülle reichlich lerne, was dein Wille.

4. Laß das Feuer deiner Liebe rühren meine Zung und Mund, daß auch ich mit heißem Triebe Gottes Thaten mache kund; laß es Seel und Herz entzünden und verzehren alle Sünden.

5. Leg in Gnaden meiner Seele deine heilge Salbung bei, daß mein Leib von ihrem Oele dein geweihter Tempel sei; bleib auch bei mir, wenn ich sterbe, daß ich Christi Reich ererbe.

6. Stral der Gottheit, Kraft

der Höhe, Geist der Gnaden, wahrer Gott: höre, wie ich Armer flehe, das zu geben, was mir noth; laß den Ausfluß deiner Gaben auch mein dürres Herze laben!

Unbekannter Verfasser.

Wenn aber der Tröster kommen wird, der Geist der Wahrheit, Der vom Vater ausgehet, der wird zeugen von mir.
(Joh. 15, 26. 16, 13.)

Weise 587. Freu dich sehr, o meine Seele.

468. Geist vom Vater und vom Sohne, der du unser Tröster bist und von unsres Gottes Throne hilfreich auf uns Schwache siehst: stehe du mir mächtig bei, daß ich Gott ergeben sei, o so wird mein Herz auf Erden schon ein Tempel Gottes werden.

2. Laß auf jedem meiner Wege deine Weisheit mit mir sein, wenn ich bange Zweifel hege, deine Wahrheit mich erfreun. Lenke kräftig meinen Sinn auf mein wahres Wohlsein hin! Lehrst du mich, was recht ist, wählen, werd ich nie mein Heil verfehlen.

3. Heilige des Herzens Triebe, daß ich über Alles treu meinen Gott und Vater liebe, daß mir nichts so wichtig sei, als in seiner Huld zu stehn. Seinen Namen zu erhöhn, seinen Willen zu vollbringen, müsse mir durch dich gelingen.

4. Stärke mich, so oft zur Sünde mein Gemüt versuchet wird, daß sie mich nicht überwinde. Hab ich irgend mich verirrt, o so strafe selbst mein Herz, daß ich unter Reu und Schmerz mich vor Gott darüber beuge und mein Herz zur Beßrung neige.

5. Reize mich, mit Flehn und Beten, wenn mir Hilfe nöthig ist, zu dem Gnadenstuhl zu treten. Gib, daß ich auf Jesum Christ als auf meinen Mittler schau und auf ihn die Hoffnung bau, Gnad um Gnad auf mein Verlangen von dem Vater zu empfangen.

6. Stehe mir in allen Leiden stets mit deinem Troste bei, daß ich auch alsdann mit Freuden Gottes Führung folgsam sei. Gib mir ein gelassen Herz; laß mich selbst im Todesschmerz bis zum frohen Ueberwinden deines Trostes Kraft empfinden!

Gottfr. Hoffmann, 1658—1712.

Glaubet an das Licht, dieweil ihr es habet, Auf daß ihr des Lichtes Kinder seid.
(Joh. 7, 37—39. 12, 41—50.)

469. Weise: Herr Christ, der einig Gottssohn.

1524.

Herr Je-su, Gna-den-son-ne, wahr-haf-tes Le-bens-
laß Le-ben, Licht und Won-ne mein blö-des An-ge-

licht,
sicht
nach deiner Gnad er=freu = en und mei=nen Geist er=

neu = en. Mein Gott, ver=sag mirs nicht!

2. Vergib mir meine Sünden und wirf sie hinter dich; laß allen Zorn verschwinden und hilf mir gnädiglich; laß deine Friedensgaben mein armes Herze laben. Ach Herr, erhöre mich!

3. Vertreib aus meiner Seele den alten Adamssinn; hilf, daß ich dich erwähle, damit ich mich forthin nur deinem Dienst ergebe und dir zu Ehren lebe, weil ich erlöset bin.

4. Beförbre dein Erkenntnis in mir, mein Seelenhort, und öffne das Verständnis mir durch dein heilig Wort, damit ichs gläubig treibe, in deiner Wahrheit bleibe und wachse fort und fort.

5. Zeuch mich zu deinem Herzen, tilg aus und töbt in mir (seis auch mit tausend Schmerzen) die sündliche Begier, daß ich

der Welt absterbe, dem Fleische nach verderbe, hingegen leb in dir!

6. Ach, zünde deine Liebe in meiner Seelen an, daß ich aus innerm Triebe dich ewig lieben kann und dir zum Wohlgefallen beständig möge wallen auf rechter Lebensbahn.

7. Wohlan! verleih mir Stärke, verleih mir Mut und Kraft; denn das sind Gnadenwerke, Herr, die dein Geist nur schafft; mein Denken und mein Sinnen, mein Lassen und Beginnen ist nimmer recht und gut.

8. Darum, du Gott der Gnaden, du Vater aller Treu, wend allen Seelenschaden und mach mich täglich neu. Gib, daß ich deinen Willen stets suche zu erfüllen, und steh mir kräftig bei!

Ludw. Andr. Gotter, 1661—1735.

Wisset ihr nicht, daß ihr Gottes Tempel seid Und der Geist Gottes in euch wohnet?
(1 Cor. 5, 16—17. 6, 19—20. 2 Cor. 6, 16—18.)

Weise 571. Du, o schönes Weltgebäude.

470. Komm, o Geist, o heilig Wesen, laß uns deinen Tempel sein, den du dir zum Sitz erlesen, zeuch in diese Wohnung ein; wirke selbst in unserm Herzen wahrer Buße sel'ge Schmerzen, wirke Weisheit, Liebe,

Zucht, als des Glaubens rechte Frucht.

2. Mach uns in der Hoffnung sehnlich, in der Demut Jesu gleich, mach uns in Geduld ihm ähnlich, in dem Beten andachtsreich, in der Treu unüberwind-

lich, in der Gottesfurcht recht kindlich, bild uns als dein Eigentum nur zu unſres Königs Ruhm.

3. Zeuch uns aus dem Weltgetümmel, bring uns unſrer Ruhe nah; unſer Herz ſei ſchon im Himmel, weil auch unſer Schatz allda; laß ſich unſern Sinn gewöhnen, ſich nach jener Welt zu ſehnen; denn dein auserwählt Geſchlecht hat des Himmels Bürgerrecht.

Unbekannter Verfaſſer.

**Der Geiſt erforſchet alle Dinge,
Auch die Tiefen der Gottheit.**
(1 Cor. 2, 9—14.)

471. Weiſe: Hinweg, ihr irdſchen Hinderniſſe. 1738.

O Gott, o Geiſt, o Licht des Le = bens, das
du ſcheinſt und lockſt ſo lang ver = ge = bens, weil
uns im To = des = ſchat = ten ſcheint,
Fin = ſter = nis dem Lich = te feind;
o Geiſt, dem
Kei = ner kann ent = ge = hen, dich laß ich meinen Jammer
ſe = hen.

2. Entdecke Alles und verzehre, was nicht vor deinem Blicke rein, wenn mirs gleich noch ſo ſchmerzlich wäre; die Wonne folget nach der Pein. Du wirſt mich aus dem finſtern Alten* in Jeſu Klarheit umgeſtalten.

* D. i. dem finſtern alten Weſen. Röm. 6, 6. Eph. 4, 22. Kol. 3, 9. Eph. 5, 8. 1 Joh. 2, 8.

3. Der Sündennacht iſt nicht zu ſteuern, als durch die Stralen deines Lichts; du mußt von Grund aus mich erneuern, ſonſt hilft mein eignes Trachten nichts. O Geiſt, ſei meines Geiſtes Leben; ich kann mir ſelbſt nichts Gutes geben.

4. Du Athem aus der ewgen Stille, durchwehe ſanft der Seelen Grund; füll mich mit aller Gottesfülle, und da, wo Sünd und Greuel ſtund, laß Glaube, Lieb und Ehrfurcht grünen, in Geiſt und Wahrheit Gott zu dienen.

5. Mein Wirken, Wollen und Beginnen ſei kindlich folgſam

deinem Trieb; bewahr mein Herz mit allen Sinnen unwandelbar in Gottes Lieb. Dein In=mir=Beten, =Lehren, =Kämpfen laß mich auf keine Weise dämpfen.

6. O Geist, o Strom, der, uns vom Sohne eröffnet, nun krhstallenrein aus Gottes und des Lammes Throne in stille

Herzen quillt hinein: ich öffne meinen Mund und sinke hin zu der Quelle, daß ich trinke.

7. Ich laß mich dir und bleib indessen, von Allem abgekehrt, dir nah, ich will die Welt und mich vergessen und inniglich glauben: Gott ist da. O Gott, o Geist, o Licht des Lebens, man harret deiner nie vergebens.

Gerhard ter Steegen, 1697—1769.

Bittet, so wird euch gegeben; Suchet, so werdet ihr finden.
(Luc. 11, 9—13.)

Weise 587. Freu dich sehr, o meine Seele.

472. Der du uns als Vater liebest, treuer Gott, und deinen Geist denen, die dich bitten, giebest, ja, um ihn uns bitten heißt, — demutsvoll steh ich zu dir: Vater, send ihn auch zu mir, daß er meinen Geist erneue und ihn dir zum Tempel weihe.

2. Ohne ihn fehlt meinem Wissen Leben, Kraft und Fruchtbarkeit, und mein Herz bleibt dir entrissen und dem Dienst der Welt geweiht, wenn er nicht durch seine Kraft die Gesinnung in mir schafft, daß ich dir mich ganz ergebe und zu deiner Ehre lebe.

3. Dich auch kann ich nicht erkennen, Jesu, noch mit echter Treu meinen Gott und Herrn dich nennen, — stehet mir dein Geist nicht bei. Drum so laß ihn kräftiglich in mir wirken, daß ich dich glaubensvoll als Mittler ehre und auf deine Stimme höre.

4. Ewge Quelle wahrer Güter, hochgelobter Gottesgeist, der du menschliche Gemüter besserst und mit Trost erfreust: Herr, nach dir verlangt auch mich, ich ergebe mich an dich; mache mich zu Gottes Preise heilig und zum Himmel weise.

5. Fülle mich mit heilgen Trieben, daß ich Gott, mein höchstes Gut, über Alles möge lieben, daß ich mit getrostem Mut seiner Vaterhuld mich freu und mit wahrer Kindestreu stets vor seinen Augen wandle und rechtschaffen denk und handle.

6. Geist des Friedens und der Liebe, bilde mich nach deinem Sinn, daß ich Lieb und Sanftmut übe und mirs rechne zum Gewinn, wenn ich je ein Friedensband knüpfen kann, wenn meine Hand zur Erleichtrung der Beschwerden kann dem Nächsten nützlich werden.

7. Lehre mich mich selber kennen, die verborgnen Sünden

sehn, sie voll Reue Gott beken=
nen und ihn um Vergebung
flehn. Mache täglich Ernst und
Tren, mich zu bessern, in mir
neu; zu dem Heiligungsgeschäfte
gib mir immer neue Kräfte!

8. Wenn der Anblick meiner
Sünden mein Gewissen nieder=
schlägt, wenn sich Zweifel in
mir finden, die mein Herz mit
Zittern hegt, wenn mein Aug
in Nöthen weint, und Gott nicht

zu hören scheint: o dann laß
es meiner Seelen nicht an Trost
und Stärkung fehlen.

9. Was sich Gutes in mir
findet, ist dein Gnadenwerk in
mir; selbst den Trieb haft du
entzündet, daß mich, Herr, ver=
langt nach dir. O, so setze
durch dein Wort deine Gnaden=
wirkung fort, bis sie durch ein
selig Ende herrlich sich an mir
vollende.

M. David Bruhn, 1727—1782.

Alle gute Gabe
Und alle vollkommne Gabe kommt von oben herab.
(Jak. 1, 17. Luc. 11, 13.)
Weise 852. Nun sich der Tag geendet hat.

473. Nicht um ein flüchtig
Gut der Zeit, ich fleh um dei=
nen Geist, Gott, den zu meiner
Seligkeit dein theures Wort
verheißt.

2. Die Weisheit, die vom
Himmel stammt, o Vater, lehr
er mich, die Weisheit, die das
Herz entflammt zur Liebe ge=
gen dich.

3. Dich lieben, Gott, ist Se=
ligkeit; gern thun, was dir ge=
fällt, wirkt reinere Zufrieden=
heit, als alles Glück ter Welt.

4. Vertrauen hab ich dann
zu dir, dann schenket auch dein
Geist das freudige Bewußtsein
mir, daß du mir gnädig seist.

5. Er leite mich zur Wahr=
heit hin, zur Tugend stärk er
mich und zeige, wenn ich trau=
rig bin, auch mir als Tröster
sich.

6. Er schaff in mir ein rei=
nes Herz, versigle deine Huld
und waffne mich in Noth und
Schmerz mit Mut und mit Ge=
duld!

Christian Friedrich Neander, 1723—1802.

Gott der Hoffnung erfülle euch mit aller Freude und Friede
im Glauben,
Daß ihr völlige Hoffnung habet durch die Kraft des heiligen
Geistes.
(Röm. 15, 13. Gal. 5, 22.)
Weise 14. Herr Jesu Christ, dich zu uns wend.

473¹|2. Dich, Geist der Wahr=
heit, Geist der Kraft, du Hort
der Glaubensritterschaft, der alle

Blöden trösten kann, — dich,
starken Tröster, ruf ich an.

2. Dich, Licht der Höhe, mil=

25*

der Stern, dich freundlich from=
men Geist vom Herrn, der al=
les Dunkel lichten kann, dich,
Licht der Höhe, ruf ich an.

3. Tief sitz ich in der dunkeln
Nacht, worein die Sünde mich
gebracht, tief sitz ich in der
Finsternis, wohin Verzweiflung
mich verstieß.

4. Drum komm, mein Hort,
und rette mich, mein Tröster,
komm und tröste mich, mein Licht,
geh auf mit deinem Schein und
funkle durch die Nacht herein.

5. Komm, Helfer in dem Sün=
bengraus, und sprich mir zu

und leg mirs aus, damit ich
recht begreifen mag, was Chri=
stus zu den Sündern sprach.
    Matth. 9, 2. Luc. 7, 48.

6. Sprich mir das Wort der
Liebe zu; das rechte Zeugnis
gibst nur du, nur du verstehst
den rechten Klang, des Glau=
bens Hoffnung und Em=
pfang.

7. O Geist der Liebe, Geist
des Herrn, o Himmelslicht und
Gnadenstern: geh auf in mir
mit deinem Schein, so kann ich
wieder fröhlich sein.
    Ernst Moritz Arndt, 1769—1860.

Nach dir, Herr, verlanget mich,
Mein Gott, ich hoffe auf dich.
(Pf. 25. Pf. 10, 17.)

474.   Weise: Zu dir ich mein Herz erhebe.   (1543.) 1555.

Ach, in mei=nen schwe=ren Ban=den hoff ich, Herr, al=
laß mich werden nicht zu Schan=den! Herr, nach dir ver=

lein auf dich;
lan=get mich.   Kei=ner, der auf   bei=ne Macht

har=ret, wird zu Grun=de ge = hen; Kei=ner,

der dich, Herr, ver=acht, wird vor dei=nem Zorn be=ste=hen.

2. Wollst mir zeigen deine
Wege und mich lehren deinen
Pfad, führ mich deiner Wahr=
heit Stege, lehr mich kennen
deine Gnad! Denn nur du

hilfst mir allein, täglich harr
ich deiner Treue; Herr, gedenk
der Güte dein, die mit jedem
Tag wird neue!

3. O gedenke meiner Sünden;

meiner Uebertretung nicht! Zeig in' deiner unergründten Liebe mir dein Angesicht! O, der Herr ist gut und fromm, weiset Sündern seine Stege, spricht zu dem Gebeugten: Komm, komm, ich lehr dich meine Wege!

4. Lauter Güte ist sein Walten, lauter Wahrheit spricht sein Mund; Treue wird er Allen halten, die bewahren seinen Bund. Meine Missethat ist groß; dennoch, Herr, um deinetwillen, dennoch laß du mich nicht los; du nur kannst mein Herze stillen.

5. Die die Furcht des Herren treiben, denen zeiget er sein Heil; in dem Land des Lebens bleiben sollen sie, das ist ihr Theil; Gottes Rathschluß und sein Bund ist geoffenbaret ihnen. Drum so will ich auch zur Stund ihn recht fürchten und ihm dienen.

5. Nun so wende dich in Gnaden auf mein Angst und Elend her! Schrecklich ist mein Seelenschaden; ach, mein Jammer wird mir schwer. Herr, bewahre meine Seel! Laß dein Opfer mich vertreten; ja, erlöse Israel, Herr, aus allen seinen Nöthen!

Der 25. Psalm.

---

b. Das neue christliche Leben im heiligen Geist.

Du sollst lieben Gott, deinen Herrn,
Von ganzem Herzen, von ganzer Seele, von ganzem Gemüte.
(Matth. 22, 35—40.)

Weise 8. Auf, auf, mein Herz und du, mein ganzer Sinn.

475. Auf, auf, mein Herz und du, mein ganzer Sinn, gib, was du hast, dem Geber wieder hin; im Fall du willst, was göttlich ist, erlangen, so opfre Gott, was du von ihm empfangen.

2. Gott Vater, nimm dein Kind in Gnaden an, betrachte nicht, was ich zuvor gethan; ich bin nicht werth, daß ich dich Vater nenne, erbarme dich, weil ich die Schuld bekenne.

3. Erlöser, nimm, was du erkaufet hast, nimm weg von mir die schwere Sündenlast; du Gotteslamm hast sie ja selbst getragen; ich weiß, du wirst die Bitte nicht versagen.

4. Du werther Geist, nimm mein Beginnen auf und führe fort den angefangnen Lauf, wollst Seel und Herz, mein Sinnen und mein Denken von dieser Erd zu dem, was droben, lenken.

5. Hinfort will nimmer ich mein eigen sein; Dreieiniger, dein bin ich ganz allein; ich lebe zwar noch hier auf dieser Erden, doch sehn ich mich, ganz himmlisch bald zu werden.

6. Auf, auf, mein Herz, und du, mein ganzer Sinn, schwing

eilend dich zu deinem Ursprung hin: so kannst du hier den Himmel schon erlangen, so kannst du dort im Himmel ewig prangen.

Unbekannter Verfasser.

**Selig sind, die Gottes Wort hören
Und bewahren, spricht der Herr.**
(Matth. 5, 1—12.)

Weise 753.   Zion klagt mit Angst und Schmerzen.

476. Selig sind die geistlich Armen, die betrübt und traurig gehn, die nichts suchen, als Erbarmen, und vor Gott mit Thränen stehn: denen öffnet er gewis sein schön, herrlich Paradies, daß sie sollen vor ihm schweben voller Freud und ewig Leben.

2. Selig sind, die Leide tragen, da die Noth ist täglich Gast; Gott gibt unter allen Plagen Trost und endlich Ruh und Rast; wer sein Kreuz in Demut trägt und sich ihm zu Füßen legt, dem wird er sein Herz erquicken, keine Last darf ihn erdrücken.

3. Selig sind die frommen Herzen, die mit Sanftmut angethan, die der Feinde Zorn verschmerzen, gerne weichen Jedermann, die auf Gottes Rache schaun und die Sach ihm ganz vertraun: die wird Gott mit Gnaden schützen, daß das Erdreich sie besitzen.

4. Selig sind, die im Gemüte hungern nach Gerechtigkeit: Gott wird sie aus lauter Güte sättigen zu rechter Zeit; selig sind, die Fremder Noth auf Erbarmung klagen Gott, mit Betrübten sich betrüben: Gott wird sie hienieden lieben.

5. Er wird sich zu ihnen kehren mit Barmherzigkeit und Treu und wird allen Feinden wehren, die sie plagen ohne Scheu; selig sind, die Gott befindt, daß sie reines Herzens sind und der Unzucht Teufel meiden: diese schauen Gott mit Freuden.

6. Selig sind, die allem Zanken, allem Zwiespalt, Haß und Streit, so viel möglich ist, abdanken, stiften Fried und Einigkeit: die sinds, die sich Gott erwählt, unter seine Kinder zählt; selig, die Verfolgung leiden, Gott nimmt sie zu seinen Freuden.

Joh. Heermann, 1585—1647.

**Selig sind eure Augen, daß sie sehen,
Und eure Ohren, daß sie hören.**
(Matth. 5, 1—12; 13, 16.)

Weise 587.   Freu dich sehr, o meine Seele.

477. Kommt und laßt euch Jesum lehren, kommt und lernet allzumal, welche die sind, die gehören in der rechten Christen Zahl: die bekennen mit dem Mund, glauben auch von Herzensgrund und mit Lust und Eifer streben, Guts zu thun, so lang sie leben.

2. Selig sind, die Demut haben und sind allzeit arm im Geist, rühmen sich gar keiner Gaben, daß Gott werd allein gepreist, danken ihm auch für und für; denn das Himmelreich ist ihr, Gott wird dort zu Ehren setzen, die sich selbst gering hier schätzen.

3. Selig sind, die Leide tragen, da sich göttlich Trauern findt, die beseufzen und beklagen ihr und andrer Leute Sünd; denn die deshalb traurig gehn, oft vor Gott mit Thränen stehn: diese sollen noch auf Erden und dann dort getröstet werden.

4. Selig sind die frommen Herzen, da man Sanftmut spüren kann, welche Hohn und Trutz verschmerzen, weichen gerne Jedermann, die nicht suchen eigne Rach und befehlen Gott die Sach: diese will der Herr so schützen, daß sie noch das Land besitzen.

5. Selig sind, die sehnlich streben nach Gerechtigkeit und Treu, daß in ihrem Thun und Leben nicht Gewalt noch Unrecht sei, die aufrichtig, fromm und schlecht,* lieben, was da gleich und recht:** die wird Gott mit Gnaden füllen und des Herzens Hunger stillen.

* schlicht. Hiob 1, 1. 8. Jes. 26, 7. ** Kol. 4, 1.

6. Selig sind, die aus Erbarmen sich annehmen fremder Noth, sind mitleidig mit den Armen, bitten treu für sie zu Gott. Die behilflich sind mit Rath, auch wo möglich mit der That, werden wieder Hilf empfangen und Barmherzigkeit erlangen.

7. Selig sind, die funden werden reines Herzens jederzeit, die in Werk, Wort und Geberden lieben Zucht und Heiligkeit; diese, denen nicht gefällt die unreine Lust der Welt, sondern die mit Ernst sie meiden, werden schauen Gott in Freuden.

8. Selig sind, die Friede machen und drauf sehn ohn Unterlaß, daß man mög in allen Sachen fliehen Hader, Streit und Haß; die da stiften Fried und Ruh, rathen allerseits dazu, sich auch Friedens selbst befleißen, — werden Gottes Kinder heißen.

9. Selig sind, die müssen dulden die Verfolgung dieser Welt, da sie es doch nicht verschulden und ihr Sinn gerecht sich hält: ob des Kreuzes gleich ist viel, setzet Gott doch Maß und Ziel, und im Himmel wird ers lohnen ewig mit der Ehrenkronen.

10. Herr, regier zu allen Zeiten meinen Wandel auf der Erd, daß ich solcher Seligkeiten doch aus Gnaden fähig werd; gib, daß ich mich acht gering, meine Klag oft vor dich bring, Sanftmut auch an Feinden übe, die Gerechtigkeit stets liebe, —

11. Daß ich Armen helf und diene, immer hab ein reines Herz, die im Unfried stehn,

verſühne, dir anhang in Freud
und Schmerz. Vater, hilf von
deinem Thron, daß ich glaub
an deinen Sohn und durch deines Geiſtes Stärke mich befleiße
rechter Werke!

David Denicke, 1603—1680 (nach Johann Heermann).

Wohl dem, der nicht wandelt im Rathe des Gottloſen, Noch tritt auf den Weg der Sünder.
(Pſ. 1.)
Weiſe 846. Werde munter, mein Gemüte.

478. Wohl dem Menſchen,
der nicht wandelt in gottloſer
Leute Rath! Wohl dem, der
nicht unrecht handelt, noch tritt
auf der Sünder Pfad, der der
Spötter Freundſchaft ſleucht und
von ihren Seſſeln weicht, der
hingegen liebt und ehret, was
uns Gott vom Himmel lehret.

2. Wohl dem, der mit Luſt
und Freude das Geſetz des Höchſten treibt und auf dieſer ſüßen
Weide Tag und Nacht beſtändig
bleibt: deſſen Segen wächſt und
blüht wie ein Palmbaum, den
man ſieht an der Waſſerbäche
Seiten ſeine friſchen Zweig ausbreiten.

3. Alſo wird auch blühn und
grünen, wer in Gottes Wort
ſich übt; Luft und Erde wird
ihm dienen, bis er reiſe Früchte
gibt; ſeine Blätter werden alt
und doch niemals ungeſtalt, Gott
gibt Glück zu ſeinen Thaten,
was er macht, muß wohl gerathen.

4. Aber, wen die Sünd er-
ſrenet, mit dem gehts viel anders zu; er wird, wie die Spren,
zerſtreuet von dem Wind im
ſchnellen Nu. Wo der Herr
ſein Häuflein richt, da bleibt
kein Gottloſer nicht. Denn Gott
liebet alle Frommen, und wer
bös iſt, muß umkommen.

Paul Gerhardt, 1606—1676.

Ich will mich freuen des Herrn Und fröhlich ſein in Gott, meinem Heil.
(Pſ. 32, 11; 35, 9; 64, 11; 97, 11.)
Weiſe 197. Jeſus meine Zuverſicht.

479. Ich will fröhlich ſein in
Gott, fröhlich, fröhlich, immer
fröhlich, denn ich weiß in aller
Noth, daß ich ſchon in Gott bin
ſelig; weil der Freudenquell iſt
mein, ſo kann ich wohl fröhlich ſein.

2. Aber ach, ich Menſchenkind,
kann ich auch von Freude ſagen, da doch die unzählig ſind,
die bald hier, bald dort mich
plagen? — Ja, weil Gott, der
Helfer, mein! Wohl mir, ich
kann fröhlich ſein!

3. Hätt ich gleich gar keinen
Freund, ei, was könnte mir das
ſchaden? Wär die ganze Welt
mir feind: Jeſus kann mich

doch berathen; dieser Menschen=
freund ist mein, mit ihm will
ich fröhlich sein!

4. Bin ich elend und nicht
reich, mangeln mir die hohen
Gaben, bin ich dem Geringsten
gleich und kann nicht, was An=
dre, haben: so ist Gott, der
Reichste, mein; drum kann ich
auch fröhlich sein.

5. Herz und Mut ist fröhlich
nun; fröhlich, Jesu, ist die

Seele; gib, daß fröhlich alles
Thun dich zum Zweck und Ziel
erwähle; laß mich, o mein
Sonnenschein, ohne dich nicht
fröhlich sein!

6. Laß mich fröhlich leben
hier, fröhlich sein in allem
Leide, hilf mir fröhlich sterben
dir, führe mich zur Himmels=
freude! — Da bleibst du, die
Freude mein: ewig will ich
fröhlich sein.

Ludämilia Elisabetha, Gräfin zu Schwarzburg=Rudolstadt, 1640—1672.

**Gib mir, mein Sohn, dein Herz, spricht der Herr,
Und laß deinen Augen meine Wege wohlgefallen.**
(Spr. 23, 26.)

Weise 852. Nun sich der Tag geendet hat.

480. Mein Gott, das Herze
bring ich dir als Gabe und Ge=
schenk, denn du verlangst es ja
von mir, des bin ich eingedenk.

2. „Gib mir, mein Sohn, dein
Herz," sprichst du, „das ist mir
lieb und werth; du findest an=
ders auch nicht Ruh im Himmel
und auf Erd."

3. So nimm es denn, mein
Vater, an, mein Herz, veracht
es nicht: ich gebs, so gut ichs
geben kann, kehr zu mir dein
Gesicht!

4. Es sei fortan dein Eigen=
tum und soll es ewig sein!
Schaff aber, Vater, schaff es
um und machs vom Bösen rein!

5. Denn es ist voller Sünden=
lust und voller Eitelkeit, des
Guten völlig unbewußt und
wahrer Frömmigkeit.

6. Es stehet nun in tiefer
Reu, kennt seinen Uebelstand

und trägt vor jenen Dingen
Scheu, dran es Gefallen fand.

7. Es fällt und lieget dir zu
Fuß und fleht: „O Gott voll
Huld, in Gnaden sieh auf meine
Buß, vergib mir meine Schuld.

8. „Zermalme meine Härtig=
keit, mach mürbe meinen Sinn,
und ziehe mich in Reu und Leid
zu deinem Herzen hin!"

9. Verwirf, o Gott, dies Flehen
nicht, sei mir mit Gnade nah!
Auf dich steht meine Zuversicht,
mein Vater bist du ja.

10. Drum stärke meinen Mut,
o Gott, mit freudigem Vertraun,
auf dich und meines Heilands
Tod mein ganzes Heil zu baun!

11. Stärk meine schwache
Glaubenshand, mein Heiland
Jesu Christ, des Kreuzestod
das Unterpfand der Sünden=
tilgung ist.

12. Schenk mir nach deiner

Jesushuld Gerechtigkeit und Heil,
nimm auf dich meine Sünden=
schuld und meiner Strafe Theil.

13. In dich wollst du mich
kleiden ein; dein Unschuld zieh
mir an, daß ich, von allen
Sünden rein, vor Gott be=
stehen kann.

14. O heilger Geist, nimm du
auch mich in die Gemeinschaft
ein, ergieß um Jesu willen dich
tief in mein Herz hinein.

15. Dein göttlich Licht ström
in mich aus und Glut der reinen
Lieb; lösch Finsternis, Haß,
Falschheit aus, schenk stets mir
deinen Trieb.

16. Hilf, daß ich sei von
Herzen treu im Glauben mei=
nem Gott, daß ich in seinem
Dienst nicht scheu der Welt
List, Macht und Spott.

17. Hilf, daß ich sei von Herzen
fest in Hoffnung und Geduld,
daß, wenn auch Alles mich ver=
läßt, mich tröste deine Huld.

18. Hilf, daß ich sei von
Herzen rein und dir zum Preis
thu kund, mein Lieben sei nicht
Augenschein, es komm aus Her=
zensgrund.

19. Hilf, daß ich sei von Herzen
schlicht, von Haß und Rache
frei, und keinen Menschen lieb=
los richt, selbst meinem Feind
verzeih.

20. Hilf, daß ich sei von Herzen
klein, Demut und Sanftmut
üb, daß ich von aller Welt=
lieb rein, stets wachs in Gottes
Lieb.

21. Hilf, daß ich sei von Herzen
fromm, ohn alle Heuchelei, da=
mit mein ganzes Christentum
dir wohlgefällig sei.

22. Nimm ganz, o Gott, zum
Tempel ein mein Herz hier in
der Zeit, und laß es deine Woh=
nung sein auch in der Ewig=
keit!

Johann Kaspar Schade,
1666—1698.

**Welche er berufen hat, die hat er auch gerecht gemacht;
Welche er hat gerecht gemacht, die hat er auch herrlich gemacht.**

(Röm. 8, 28—31. Eph. 1, 4. 2 Thess. 2, 13. 1 Petr. 2, 9.)

Weise 135. Da Christus geboren war.

481. Ich bin Gottes Bild
und Ehr, bin sein Kind, was
will ich mehr? Christus ist mit
mir verwandt, überköstlich ist
mein Staub; Christus ist mein
Schmuck und Kleid hier und
dort in Ewigkeit, durch ihn
werd ich hocherfreut.

2. Gott hat mich gerecht ge=
macht, Christus hat mir Heil
gebracht, Gott zürnt nimmer=

mehr mit mir, ich bin selig für
und für, Gott hält mich auf
seinem Schoß, ich bin Gottes
Hausgenoß, mein Sitz ist im
Himmelsschloß.

3. Gott verläßt mich nimmer=
mehr, gibt mir, was ich nur
begehr; Alles, was er hat, ist
mein, Christi Taufe wascht mich
rein. Ich bin Gottes Heilig=
tum, Christus zieret mich mit

Ruhm, ſchenkt ſich mir zum Eigentum.

4. Gottes Liebe wohnt in mir, Gottes Gnad iſt mein Panier, er hat, eh ich noch geborn, mich zur Seligkeit erkorn; Chriſtus hat mich zugezählt der Gemein, die er erwählt und auf ewig ſich vermählt. Offenb. 21, 2. 9.

5. Volle Gnüg iſt mir gewährt, meine Ruh bleibt ungeſtört, meine Luſt vergehet nicht, ich komm nimmer ins Gericht; Chriſtus ſelber iſt der Mann, der für mich genug gethan, keine Plage rührt mich an.

6. Drum bin ich ſtets wohlgemut, weil mich Chriſtus hält in Hut und ſein Herz mich ewig liebt, ja, weil er ſich ganz mir gibt. Auf, mein Geiſt, und nicht verweil, Gott, dein wahres Gut und Theil, ſtets zu lieben für dies Heil!

Aus dem Freylinghauſiſchen Geſangbuch von 1714, Verf. unbekannt.

Eins iſt noth. — Maria hat das gute Theil erwählet, Das ſoll nicht von ihr genommen werden.
(Luc. 10, 38—42. 1 Cor. 1, 30.)

482. Eigne Weiſe. (1680.) 1704.

Eins iſt noth! ach Herr, dies Ei = ne leh = re mich er=
Al = les And=re, wie's auch ſcheine, iſt ja nur ein

ken=nen doch!
ſchweres Joch, dar = un=ter das Her=ze ſich

na=get und pla=get und den=noch kein wah=res Ver=

gnü=gen er = ja=get. Er = lang ich dies Ei = ne, das

Al = les er = ſetzt, ſo werd ich mit Ei=nem in

Al = lem er = ſetzt.

2. Seele, willſt du dieſes fin=
den, ſuch's bei keiner Creatur;
laß, was irdiſch iſt, dahinten, —
ſchwing dich über die Natur.
Wo Gott und die Menſchheit in
Einem vereinet, wo alle voll=
kommene Fülle erſcheinet, da,
da iſt das beſte, nothwendigſte
Theil, mein Ein und mein
Alles, mein ſeligſtes Heil.

3. Wie dies Eine zu genießen
ſich Maria dort befliß, als ſie
ſich zu Jeſu Füßen voller An=
dacht niederließ, das Herz ihr
entbrannte, die heiligen Lehren
von Jeſu, dem göttlichen Meiſter,
zu hören, ihr Alles in Jeſum
war gänzlich verſenkt und Alles
ihr wurde in Einem geſchenkt:

4. Alſo iſt auch mein Ver=
langen, liebſter Jeſu, nur nach
dir; laß mich treulich an dir
hangen, ſchenke dich zu eigen
mir. Ob Viele zum größeren
Haufen ſich kehren, ſo ſoll doch
mein Herz dir in Liebe gehören;
denn Leben und Geiſt iſt, o Jeſu,
dein Wort; in dir hab ich Alles,
mein Heiland und Hort!

5. Aller Weisheit höchſte
Fülle in dir ja verborgen liegt;
gib nur, daß ſich auch mein Wille
ſein in ſolche Schranken fügt,
worinnen die Demut und Einfalt
regieret und mich zu der Weis=
heit, die himmliſch iſt, führet.
Ach wenn ich nur Jeſum recht
kenne und weiß, ſo hab ich der
Weisheit vollkommenen Preis.

6. Nichts kann ich vor Gott
ja bringen, als nur dich, mein
höchſtes Gut; Jeſu, es muß
mir gelingen durch dein theures,
heilges Blut. Die höchſte Ge=
rechtigkeit iſt mir erworben,
da du biſt am Stamme des
Kreuzes geſtorben; da hab ich
die Kleider des Heiles erlangt,
worinnen mein Glaube in Ewig=
keit prangt.

7. Nun, ſo gib, daß meine
Seele auch nach deinem Bild
erwacht; denn du, den ich mir
erwähle, biſt zur Heilgung
mir gemacht. Was dienet zum
göttlichen Wandel und Leben, iſt
Alles, mein Heiland, in dir mir
gegeben; entreiße mich aller ver=
gänglichen Luſt, — dein Leben
ſei, Jeſu, mir einzig bewußt.

8. Ja, was ſoll ich mehr ver=
langen? Auf mich ſtrömt die
Gnadenflut; du biſt einmal ein=
gegangen in das Heilge durch
dein Blut. Da haſt du die ewge
Erlöſung erfunden, ſo daß ich
der Herrſchaft des Tods bin
entbunden, dein Eingang die
völlige Freiheit mir bringt, im
kindlichen Geiſte das Abba* nun
klingt. * Lieber Vater! Gal. 4, 6.

9. Volle Gnüge, Fried und
Freude jetzo meine Seel ergetzt,
weil auf eine friſche Weide Jeſus
mich, mein Hirt, geſetzt. Nichts
Süßres vermag mir das Herz
zu erlaben, als wenn ich, mein
Jeſu, dich immer ſoll haben.
Nichts, nichts iſt, das alſo mich
innig erquickt, als wenn ich dich,
Jeſu, im Glauben erblickt.

10. Drum auch, Jeſu, ſollſt
alleine du mein Ein und Alles
ſein; prüf, erfahre, wie ich's
meine, tilge allen Heuchelſchein.
Sieh, ob ich auf böſem, betrüg=

lichem Stege, und leite mich, Höchſter, auf ewigem Wege. Gib, daß ich nichts achte, nicht Leben noch Tod, und Jeſum gewinne; dies Eine iſt noth! Joh. Heinrich Schröder, 1666-1728.

Das iſt Liebe zu Gott, daß wir ſeine Gebote halten; Und ſeine Gebote ſind nicht ſchwer.
(Matth. 11, 28—30. 1 Joh. 5, 1—3.)

Weiſe 484. Es koſtet viel, ein Chriſt zu ſein.

483. Es iſt nicht ſchwer, ein Chriſt zu ſein und nach des reinen Geiſtes Sinn zu leben; zwar der Natur geht es gar ſauer ein, ſich immerdar in Chriſti Tod zu geben; doch führt die Gnade ſelbſt zu aller Zeit den ſchweren Streit.

2. Du darfſt ja nur ein Kindlein ſein, du darfſt ja nur die leichte Liebe üben! O blöder Geiſt, ſchau doch, wie gut ers mein'! Das kleinſte Kind kann ja die Mutter lieben! Drum fürchte dich nur ferner nicht ſo ſehr; es iſt nicht ſchwer.

3. Dein Vater fordert nur das Herz, daß er es ſelbſt mit reiner Gnade fülle. Der fromme Gott macht dir gar keinen Schmerz; die Unluſt ſchafft in dir dein eigner Wille; drum übergib ihn willig in den Tod, ſo hats nicht Noth.

4. Wirf nur getroſt den Kummer hin, der dir das Herz vergeblich ſchwächt und plaget; erwecke nur zum Glauben deinen Sinn, wenn Furcht und Weh am ſchwachen Herzen naget; ſprich: „Vater, ſchau mein Elend gnädig an!" ſo iſts gethan.

5. Erhalt dein Herz nur in Geduld, wenn du nicht gleich des Vaters Hilfe merkeſt. Verſiehſt du's oft und fehlſt aus eigner Schuld, ſo ſieh, daß du dich durch die Gnade ſtärkeſt; dann iſt dein Fehl und kindliches Verſehn wie nicht geſchehn.

6. Laß nur dein Herz im Glauben ruhn, wenn dich wird Nacht und Finſternis bedecken; dein Vater wird nichts Schlimmes mit dir thun, vor keinem Sturm und Wind darfſt du erſchrecken. Ja, ſiehſt du nirgends eines Weges Spur, ſo glaube nur!

7. So wird dein Licht aufs neu entſtehn, du wirſt dein Heil mit großer Klarheit ſchauen; was du geglaubt, wirſt du dann vor dir ſehn, drum darfſt du nur dem frommen Vater trauen; o Seele, ſieh doch, wie ein wahrer Chriſt ſo ſelig iſt!

8. Auf, auf, mein Geiſt, was ſäumeſt du, dich deinem Gott ganz kindlich zu ergeben? Geh ein, mein Herz, genieß die ſüße Ruh, in Friede ſollſt du vor dem Vater ſchweben; die Sorg und Laſt wirf nur getroſt und kühn allein auf ihn!

Dr. Chriſtian Friedrich Richter, 1676—1711.

Fürchte dich nicht, Zion, laß deine Hände nicht laß werden;
Denn der Herr dein Gott iſt bei dir, ein ſtarker Heiland.
(Hebr. 12, 8. 1 Tim. 6, 12. 2 Cor. 12, 9.)

484.   Eigne Weiſe.   1704.

Es ko = ſtet viel, ein Chriſt zu ſein und nach des rei=nen
Gei=ſtes Sinn zu le = ben; denn der Na=tur geht
es gar ſau=er ein, ſich im=mer=dar in Chri=ſti Tod zu
ge = ben; und iſt hier gleich ein Kampf wohl aus = ge=
richt,—das machts noch nicht, das machts noch nicht.

2. Man muß hier ſtets auf Schlangen gehn, die leicht ihr Gift in unſre Ferſen bringen; da koſtets Müh, auf ſeiner Hut zu ſtehn, daß nicht das Gift kann in die Seele bringen. Wenn mans verſucht, ſo ſpürt man mit der Zeit :,: die Schwierigkeit. :,:

3. Doch iſt es wohl der Mühe werth, wenn man mit Ernſt die Herrlichkeit erwäget, die ewiglich ein ſolcher Menſch erfährt, der ſich hier ſtets aufs Himmliſche verleget. Wohl koſtets Müh; die Gnade aber macht, :,: daß mans nicht acht. :,:

4. Du ſollſt ein Kind des Höchſten ſein, ein reiner Glanz, ein Licht im großen Lichte. Wie wirſt du da ſo ſtark, ſo hell und rein, ſo herrlich ſein, ver=klärt im Angeſichte, dieweil da Gottes weſentliche Pracht :,: ſo ſchön dich macht. :,:

5. Da wird das Kind den Vater ſehn, im Schauen wird es ihn mit Luſt empfinden; ein lauterer Strom wird von dem Throne gehn* und es mit Gott zu einem Geiſt verbinden. Wer weiß, was da im Geiſte wird ge=ſchehn? :,: wer mags verſtehn? :,:
  * Offenb. 22, 1.

6. Da gibt ſich ihm die Weis=heit ganz, die es hier ſtets als Mutter hat geſpüret; ſie krönet es mit ihrem Perlenkranz und wird als Brant der Seele zuge=führet. Da wird, was hier in ihr verborgen war, :,: ganz offenbar. :,:

7. Was Gott genießt, genießt es auch; was Gott beſitzt, wird ihm in Gott gegeben; des Himmels Schätze ſind ihm zum Gebrauch; wie lieblich wird es damit Jeſu leben! An Kraft und Würde wird nichts höher ſein, :,: als Gott allein. :,:

8. Auf, auf, mein Geiſt, ermüde nicht, der Macht der Finſternis dich zu entreißen! Was ſorgeſt du, daß dirs an Kraft gebricht? Bedenke, was für Kraft uns Gott verheißen! Wie gut wird ſichs doch nach der Arbeit ruhn, :,: wie wohl wirds thun! :,:

Dr. Chriſtian Friedrich Richter, 1676—1711.

Mein Joch iſt ſanft,
Und meine Laſt iſt leicht, ſpricht der Herr.
(Matth. 11, 25—30.)

485.

Eigne Weiſe.

~1704.

Der ſchmale Weg iſt breit ge=nug zum Le=ben; wenn man nur ſacht und grad und ſtil = le geht, ſo wird man nicht ſo leicht=lich um = ge = weht; man muß ſich recht hin = ein be = ge=ben, ſo iſt er breit ge = nug zum frommen Le = ben.

2. Des Herren Weg iſt voller Süßigkeiten, wenn man es nur im Glauben recht bedenkt, wenn man das Herz nur fröhlich dazu lenkt; man muß ſich recht dazu bereiten, ſo iſt der ſchmale Weg voll Süßigkeiten.

3. Du mußt erſt Geiſt aus Geiſt geboren werden, dann wandelſt du des Geiſtes ſchmale Bahn; ſonſt iſt es ſchwer und gehet doch nicht an. Weg! ſchnöder Sinn, du Schaum der Erden! ich muß erſt Geiſt aus Geiſt geboren werden.

4. Wer die Geburt aus Chriſto hat erlanget, der folgt allein dem Herren treulich nach; er leidet erſt, er trägt erſt ſeine Schmach, eh er mit ihm im Lichte pranget, der die Geburt aus Chriſto hat erlanget.

5. Er wird mit ihm in ſeinen Tod begraben, er wird im Grab auf eine Zeit verwahrt, er ſtehet auf und hält die Himmelfahrt, empfängt darauf des Geiſtes Gaben, wenn er vorher in ſeinen Tod begraben. Röm. 6, 3—9.

6. Derſelbe Geiſt, der Chri=

ſtum hier geübet, derſelbe übt die Jünger Chriſti auch; der eine Geiſt hält immer einen Brauch, kein andrer Weg wird ſonſt beliebet, der Jünger wird, wie Chriſtus, hier geübet.

7. Und ob es gleich durch Tod und Dornen gehet, ſo trifft's doch nur die Ferſe, nicht das Herz. Die Traurigkeit läßt keinen tiefen Schmerz dem, der getroſt und feſte ſtehet, obſchon es oft durch Tod und Dornen gehet.

8. Das ſanfte Joch kann ja ſo hart nicht drücken, es wird dadurch das Böſe nur erſtickt, der Menſch wird frei, wenn Chriſti Joch ihn drückt; wer

ſich nur weiß darein zu ſchicken, den kann das ſanfte Joch ſo hart nicht drücken.

9. Die leichte Laſt macht nur ein leicht Gemüte, das Herz hebt ſich darunter hoch empor; es tritt der Geiſt mit freier Kraft hervor und ſchmeckt dabei des Herren Güte. Die leichte Laſt macht nur ein leicht Gemüte.

10. Zeuch, Jeſu, mich, zeuch mich, dir nachzugehen, zeuch mich dir nach, zeuch mich, ich bin noch weit; dein ſchmaler Weg iſt voller Süßigkeit, des Guten Füll iſt hier zu ſehen; zeuch, Jeſu, mich, zeuch mich, dir nachzugehen!

Dr. Chriſtian Friedrich Richter, 1676—1711.

Euer Leben iſt verborgen mit Chriſto in Gott,
Aber ihr werdet offenbar werden mit ihm in der Herrlichkeit.
(Col. 2, 1—4. 2 Cor. 6, 4—10. 13, 4.)

486. Eigne Weiſe. 1704.

Es glän=zet der Chri=ſten in=wen=di=ges
Was ih=nen der Kö=nig des Him=mels ge=

Le=ben, ob=gleich ſie von au=ßen die Son=ne verbrannt.
ge=ben, iſt Kei=nem als ih=nen nur ſel=ber be=kannt.

Was Niemand ver=ſpü=ret, was Niemand be=rüh=ret, hat

ih=re er=leuch=te=ten Sin=ne ge=zie=ret und

ſie zu der gött=li=chen Wür=de ge=füh=ret.

2. Sie scheinen von außen oft arm und geringe, verschmäht von den Hohen, verlacht von der Welt; doch innerlich sind sie voll herrlicher Dinge, der Zierat, die Krone, die Jesu gefällt, das Wunder der Zeiten, die hier sich bereiten, dem König, der unter den Lilien weidet, zu dienen, mit heiligem Schmucke bekleidet.

3. Sonst sind sie wohl Adams natürliche Kinder und tragen das Bildnis des Irdischen auch.* Sie leiden am Fleische wie andere Sünder, sie essen und trinken nach nöthigem Brauch. In leiblichen Sachen, in Schlafen und Wachen sieht man sie vor Andern nichts Sonderlichs machen: nur daß sie die Thorheit der Weltlust verlachen. - * 1 Kor. 15, 49.

4. Doch innerlich sind sie aus göttlichem Stamme, die Gott durch sein mächtig Wort selber gezeugt, ein Funken und Flämmlein aus göttlicher Flamme, ein Leben vom himmlischen Zion gesäugt.* Die Engel sind Brüder, die froh ihre Lieder mit ihnen holdselig und inniglich singen; das wird dann ganz herrlich und prächtig erklingen.
   * Gal. 4, 26.

5. Sie wandeln auf Erden und leben im Himmel, sie bleiben unmächtig und schützen die Welt, sie schmecken den Frieden bei allem Getümmel, sind arm, doch sie haben, was ihnen gefällt. Sie stehen im Leiden, sie bleiben in Freuden, sie scheinen ertödtet den äußeren Sinnen und führen das Leben des Glaubens von innen.*
   * 2 Kor. 6, 9—10. Gal. 2, 20.

6. Wenn Christus, ihr Leben, wird offenbar werden, wenn er sich einst dar in der Herrlichkeit stellt, so werden sie mit ihm, als Herren der Erden, auch herrlich erscheinen zum Wunder der Welt. Sie werden regieren, mit ihm triumphiren, als leuchtende Sterne des Himmels dort prangen, denn dann ist die Welt und das Alte vergangen.

7. Frohlocke, du Erde, und jauchzet, ihr Hügel, daß ihr solches Samens gewürdiget seid! Denn das ist des Ewigen göttliches Sigel, zum Zeugnis, daß er euch dereinst noch verneut. Ihr sollt noch mit ihnen aufs prächtigste grünen, wenn einst ihr verborgenes Leben erscheinet, wornach sich eur Seufzen mit ihnen vereinet.
   Röm. 8, 19—22. 2 Petr. 3, 13. Offenb. 21, 1.

8. O Jesu, verborgenes Leben der Seelen, du heimliche Zierde der inneren Welt: laß deinen verborgenen Weg uns erwählen, wenn gleich uns die Bürde des Kreuzes entstellt. Gering hier geachtet und oftmals verachtet, verborgen mit Christo im Vater gelebet, dort öffentlich mit ihm im Himmel geschwebet!

Dr. **Christian Friedrich Richter**, 1676—1711.

Ich jage ihm nach, daß ichs ergreifen möchte,
Nachdem ich von Christo Jesu ergriffen bin.
(Eph. 1, 15—20. 2, 4—10.)

487.   Weise: Zeuch meinen Geist, triff meine Sinne.   1698.

Hier legt mein Sinn sich vor dir nie=der, mein Geist sucht sei=nen Ursprung wieder; Herr, dein er=freu=end An=ge=sicht auf mei=ne Ar=mut gnä=dig richt!

2. Schau her, ich fühle mein Verderben; laß mich in deinem Tode sterben! O möchte doch in deiner Pein die Eigenheit ertödtet sein!

3. Du wollest, Jesu, meinen Willen ganz mit Gelassenheit erfüllen; brich der Natur Gewalt entzwei und mache meinen Willen frei!

4. Ich fühle wohl, daß ich dich liebe und mich in deinen Wegen übe; jedoch ist von Unlauterkeit die Liebe noch nicht ganz befreit.

5. Ich muß noch mehr auf dieser Erden durch deinen Geist geheiligt werden, der Sinn muß tiefer in dich gehn, der Fuß muß unbeweglich stehn.

6. Ich weiß mir zwar nicht selbst zu rathen, hier gelten nichts der Menschen Thaten; wer macht sein Herz wohl selber rein? Es muß durch dich gewirket sein.

7. Doch kenn ich wohl dein treues Lieben, du bist noch immer treu geblieben; ich weiß gewis, du stehst mir bei und machst mich von mir selber frei.

8. Indessen will ich treulich kämpfen und stets die falsche Regung dämpfen, bis du dir deine Zeit ersiehst und mich aus solchen Netzen ziehst.

9. In Hoffnung kann ich fröhlich sagen: „Gott hat der Hölle Macht geschlagen; Gott führt mich aus dem Kampf und Streit in seine Ruh und Sicherheit."

10. Drum will die Sorge meiner Seelen ich dir, mein Vater, ganz befehlen; ach, drücke tief in meinen Sinn, daß ich in dir schon selig bin!

11. Wenn ich hieran mit Ernst gedenke und mich in dein Erbarmen senke, so werd ich von dir angeblickt und tief im Herzensgrund erquickt.

12. So wächst der Eifer mir

im Streite, ſo ſchmeck ich hier
ſchon ſel'ge Freude und fühle,

daß es Wahrheit iſt: daß du,
mein Gott, die Liebe biſt!

Dr. Chriſtian Friedrich Richter, 1676—1711.

**Gott, der da hieß das Licht aus der Finſternis hervorgehen,
Der hat einen hellen Schein in unſere Herzen gegeben.**
(Joh. 17, 19—26. 2 Cor. 3, 17—18; 4, 6.)
Weiſe 51. Alles iſt an Gottes Segen.

488. O wie ſelig ſind die Seelen, die mit Jeſu ſich vermählen, die ſein Lebenshauch durchweht, daß ihr Herz mit heißem Triebe ſtündlich nur auf ſeine Liebe und auf ſeine Nähe geht!

2. O wer faſſet ihre Würde, die bei dieſes Leibes Bürde in Verborgnen ſchon ſie ſchmückt! Alle Himmel ſind zu wenig für die Seele, der ihr König ſolches Sigel aufgedrückt.

3. Wenn die Seraphim mit Schrecken ſich vor ſeinem Glanz bedecken, ſpigelt ſich ſein Angeſicht in der Seele, die ihn kennet und von ſeiner Liebe brennet hier ſchon mit enthülltem Licht.*
* 2 Cor. 3, 13.

4. Nach Jehovahs höchſten Ehren wird in allen Himmelschören nichts, das herrlicher, geſchaut, als ein Herz, das er erleſen, und mit dem das höchſte Weſen ſich zu einem Geiſt vertraut.*
* 1 Cor. 6, 17.

5. Drum, wer wollte ſonſt was lieben und ſich nicht beſtändig üben, dieſes Königs Freund zu ſein? Muß man gleich dabei viel leiden, ſich von allen Dingen ſcheiden, bringts ein Tag doch wieder ein.

6. Schenke, Herr, auf meine Bitte mir ein göttliches Gemüte, einen königlichen Geiſt: dir als treue Braut zu leben, Alles freudig hinzugeben, was nur Welt und irdiſch heißt.

7. So will ich mich ſelbſt nicht achten; ſollte gleich der Leib verſchmachten, bleib ich Jeſu doch getreu! Sollt ich keinen Troſt erblicken, will ich mich damit erquicken, daß ich meines Jeſu ſei.

8. Ohne Fühlen will ich trauen,* bis die Zeit kommt, ihn zu ſchauen, wo vorbei die letzte Nacht und mein Geiſt zum obern Leben aus der Tiefe darf entſchweben und nach ſeinem Bild erwacht.**
* Joh. 20, 25. — ** Pſ. 17, 15.
Nach Dr. Chriſtian Friedrich Richter, 1676—1711.

**Die der Geiſt Gottes treibet,
Die ſind Gottes Kinder.**
(Joh. 3, 1—8. 1 Petr. 1, 23; 1 Joh. 3, 1—9.)
Weiſe 43. Meins Herzens Jeſu, meine Luſt.

489. Ein neugebornes Gotteskind ſchmeckt ſeines Vaters Liebe, der ihm in Chriſto alle Sünd geſchenkt aus reinem Triebe, der

26*

es in seinen Gnadenbund, in welchem es zuvor schon stund, von neuem aufgenommen.

2. Ein neugebornes Gottes=kind darf sich nicht knechtisch scheuen, weil blöde Furcht ihm ganz verschwindt, — es kann sich kindlich freuen. Der Geist der Kindschaft treibt den Sinn zum Schoß des lieben Vaters hin, es darf ihn Abba nennen.

3. Ein neugebornes Gottes=kind wird seinen Vater lieben und, weil es ihm ist gleichge=sinnt, sich im Gehorsam üben. Es hält ihn für sein höchstes Gut und lebt mit ihm durch Christi Blut in einem süßen Frieden.

4. Ein neugebornes Gottes=kind liebt herzlich seine Brüder, die auch aus Gott geboren sind, die auch sind Christi Glieder; ja, seine Lieb ist allgemein, es weiß nicht mehr, was Feinde sei'n, sein Herz ist ganz voll Liebe.

5. Ein neugebornes Gottes=kind kämpft gegen alle Sünden, es kann den Feind, der Andre bindt, durch Christum überwin=den; und greift er es auch heftig an: stets wird ihm Widerstand gethan, der tapfre Glaube sieget.

6. Ein neugebornes Gottes=kind ist voll von dem Verlan=gen, die Milch, die aus dem Worte rinnt, zur Nahrung zu empfangen;* durch dieses süße Lebenswort geht es im Guten freudig fort und wird am Geist gestärket.   * 1 Petr. 2, 2.

7. Ein neugebornes Gottes=kind küsst seines Vaters Ruthe und ruft, weil es sie lieb ge=winnt: „Du thust mir viel zu gute!" Es unterwirft sich gern der Zucht und läßt dadurch die Geistesfrucht zu größrer Reife kommen.

8. Hier prüfe, meine Seele, dich, ob du aus Gott geboren; vielleicht regt Eigenliebe sich und bläst dir in die Ohren: du sollst auf deine Tauf allein ohn alle Sorge sicher sein und nur das Beste hoffen.

9. Ach, hast du deiner Taufe Kraft durch Sündendienst ver=loren, so ruh nicht, bis Gott Rath geschafft und dich aufs neu geboren, so ruh nicht, bis der Kindschaft Geist dich durch sein Zeugnis überweist: du seiest Kind und Erbe.

Dr. Johann Jakob Rambach, 1693—1735.

Es sei denn, daß Jemand von neuem geboren werde, kann er das Reich Gottes nicht sehen.
(Joh. 3, 5; 1 Joh. 3, 1—8.)
Weise 771. Es ist gewißlich an der Zeit.

490. In Gottes Reich geht Niemand ein, er sei denn neu geboren; sonst ist er bei dem besten Schein an Leib und Seel verloren. Was fleischliche Ge=burt verderbt, in der man nichts als Sünde erbt, das muß Gott selber bessern.

2. Wenn man mit Gott, dem höchsten Gut, soll in Gemeinschaft leben, muß er ein ander Herz und Mut und neue Kräfte geben; denn was vor ihm alleine gilt, das ist sein göttlich Ebenbild, wenns in uns aufgerichtet.

3. Ach, Vater der Barmherzigkeit, was Jesus uns erworben, als er zu unsrer Seligkeit am Kreuz für uns gestorben und wieder auferstanden ist, so daß du nun versöhnet bist: das laß auch uns genießen!

4. Dein heilger Geist gebär uns neu, er ändre die Gemüter, mach uns vom Sündendienste frei, schenk uns des Himmels Güter und laß die göttliche Natur, die edle neue Creatur in uns beständig bleiben!

5. Wirst du uns durch dein Gnadenwort und deinen Geist erneuern, so wollen wir dir, treuer Hort, mit Herz und Mund betheuern, nicht mehr in falscher Sicherheit, vielmehr mit Fleiß, Beständigkeit und Treu vor dir zu wandeln.

6. Nimm uns, o Vater, gnädig an, obgleich wir schnöde Sünder nicht das, was du befiehlst, gethan; wir werden deine Kinder, wenn uns dein Geist von neuem zeugt und unser Herz zum Guten neigt im Glauben und in Liebe.

7. Alsdann wird deine Vaterhuld uns jederzeit bedecken, dann darf uns keine Sündenschuld und keine Strafe schrecken; und weil die Kindschaft uns gewis, so wird uns einst das Paradies, das Erbe deiner Kinder.

Konrad Gebhart Stübner, um 1727.

**Ich bin mit Christo gekreuzigt,
Ich lebe, doch nun nicht ich, sondern Christus lebet in mir.**
(Gal. 2, 19. 20. Röm. 6, 3—6.)
Weise 437. Wie wohl ist mir, o Freund der Seelen.

491. Lebst du in mir, o wahres Leben, so sterbe nur, was du nicht bist; ein Blick von dir kann mehr mir geben, als was die Welt im Staube ist. O Jesu, du sollst mein verbleiben, nichts wird mich von der Liebe treiben, die du mir zugesaget hast; o süße Wonne, die mich tränket, wenn sich die Seel in dich versenket und dich, o Seelenfreund, umfaßt!

2. Herz, das in Liebesglut gestorben, ach laß mein Herz in Flammen stehn; entzünd das Herz, das du erworben, und laß darinnen untergehn, was du nicht bist, o volle Gnüge, daß ich in deiner Liebe siege; ja, siege du nur selbst in mir, so werd ich fröhlich triumphiren, so wird dein Todessieg mich zieren, so leb und leid und sterb ich dir.

3. Zünd auch in mir die Liebesflammen zum Dienste deiner Glieder an, bind mich und ihre Noth zusammen, damit ich mich versichern kann, ich sei also, wie du, gesinnet; wenn die Gestalt

mein Geiſt gewinnet, die bei=
nem Sinn recht ähnlich iſt, ſo
werd ich Freund und Feinde
lieben, ſo wird ihr Kummer
mich betrüben, wie du mir vor=
gegangen biſt.

4. Gib mir des Glaubens Licht
und Kräfte, damit er Blüt und
Früchte treibt; mach mich zur
Rebe voller Säfte, die feſt an
dir, dem Weinſtock, bleibt; du
biſt der Fels, auf den ich baue,
du biſt mein Heiland, dem ich
traue, du biſt des Glaubens
feſter Grund. Wenn ſich die
Zweifelsſtunden finden, ſo laß
die Hilfe nicht verſchwinden und
mach den kranken Geiſt geſund.

5. Hilf, daß die Hoffnung
nicht erlieget und daß dein Kreuz
ihr Anker iſt; gib, daß ſie alle
Angſt beſieget durch dich, der
du mein Alles biſt. Die Welt
mag auf das Eitle bauen, ich
aber will auf dich nur ſchauen,
o Jeſu, meiner Hoffnung Licht!
Ich will dich ſtets in Lieb um=
faſſen, dich, der du mich nicht
wirſt verlaſſen; denn deine Liebe
wanket nicht.

6. Soll ich in Noth und Kum=
mer ſtehen, ſo laß mich nie ver=
zaget ſein; die Liebe muß mit

Thränen ſäen, eh goldne Halme
ſie erfreun. Du gehſt voran
mit treuem Winken; wenn meine
müden Kniee ſinken, ſo richte du
ſie wieder auf. Laß mich im
Kampf nicht mutlos werden!
Der kurze Leidensgang auf Er=
den führt mich zur ewgen Freud
hinauf.

7. Zur Demut führe mich dein
Leiden, die Niedrigkeit ſei meine
Zier; wer dich ſucht, muß das
Hohe meiden, der Stolz hat
keinen Theil an dir. Weh dem,
der nur nach Ehren rennet!
Dagegen, wer ſein Nichts er=
kennet, den hebſt du aus dem
Staub empor. O drück dein
Bild mir in die Seele, daß ich
das Kleinod „Demut“ wähle,
ſo bring ich durch das enge Thor!

8. Willſt du mich noch im Leben
wiſſen, ſo leb ich, weil es dir
beliebt; werd ich vom Tode hin=
geriſſen, ſo bin ich gleichfalls
nicht betrübt. Dein Leben laß
ſtets in mir leben, dein Ster=
ben laß mir Stärke geben, wenn
meines Lebens Ziel erſcheint;
ich will dir meinen Willen ſchen=
ken, ich will in Tod und Leben
denken, daß du es gut mit mir
gemeint.

Philipp Balthaſar Sinold, 1657—1742.

**Wer überwindet, der wird Alles ererben, ſpricht der Herr;
Ich werde ſein Gott ſein, und er wird mein Sohn ſein.**
(Jeſ. 61, 10. 2 Tim. 4, 7. 8.)

Weiſe 108. Fröhlich ſoll mein Herze ſpringen.

492. O was für ein herrlich
Weſen hat ein Chriſt, der da iſt
recht in Gott geneſen, der aus

ihm iſt neu geboren und hier
ſchon in dem Sohn iſt zum Kind
erkoren!

2. Wenn die Seele von der Erden los sich reißt, durch den Geist heilig hier zu werden: so ist das ihr hoher Adel, welchen sie je und je findet ohne Tadel.

3. Königsscepter, Königskronen stehn auf Sand, sind nur Raub nebst der Erde Thronen; eine Seel, die Gott regieret, hat hier schon eine Kron, die sie ewig zieret.

4. Köstlich ist sie ausgeschmücket, reine Seid ist ihr Kleid, hoch ist sie beglücket; innerlich erglänzt ihr Leben, hoch und hehr ist die Ehr, die ihr Gott gegeben.

5. Doch ihr Glanz bleibt hier verdecket, weil die Welt dafür hält, daß sie sei beflecket; still lebt sie, in Gott verborgen, hat oft Hohn hier zum Lohn, doch sie läßt Gott sorgen.

6. Christus, der sie sich erwählet und als Braut angetraut, siehet, was ihr fehlet, tröstet sie im bittern Leiden, führt sie dann auf die Bahn reiner Himmelsfreuden.

7. Ihre Hoheit wird vermehret bei dem Schmerz, der das Herz hier im Kreuz bewähret; dieses schmücket ihre Krone, die einmal nach der Qual sie empfängt zum Lohne.

8. Ewig wird sie triumphiren, wann ihr Hirt, Christus, wird in sein Haus sie führen und ihr öffnen alle Schätze, daß sie sich ewiglich dort daran ergetze.

9. Dann wird sie kein Leid mehr beugen und ihr Glanz wird sich ganz offenbarlich zeigen; leuchten wird sie wie die Sonne, Gott allein wird dann sein ihre Freud und Wonne.

10. Dann wird Christus sie erheben auf den Thron, ihr die Kron der Gerechten geben; dann wird Jedermann sie kennen und sie frei, ohne Schen, hoch von Adel nennen.

Dr. Jakob Gabriel Wolf, 1683—1754.

Ihr seid das auserwählte Geschlecht, das königliche Priestertum, Das heilige Volk, das Volk des Eigentums.
(1 Petr. 2, 6—10.)

493. Weise: O du Hüter Israel.
1714.

Chri-sten sind ein gött-lich Volk, aus dem Geist des Herrn ge-zeu-get, ihm ge-beu-get, und von sei-ner Flam-men Macht an-ge-

facht;   vor des Bräutgams Au = gen   schwe = ben,

das ist   ih = rer   See = 'len   Le = ben,   und fein

Blut ist   ih = re   Pracht.

2. Königskronen sind zu bleich vor der Gottverlobten Würde; eine Hürde wird zum himmlischen Palast, und die Last, drunter sich die Helden klagen, wird den Kindern leicht zu tragen, die des Kreuzes Kraft gefaßt.

3. Ehe Jesus unser wird, eh wir unser selbst vergessen und gesessen zu den Füßen unsers Herrn: — sind wir fern von der ewgen Bundesgnade, von dem schmalen Lebenspfade, von dem hellen Morgenstern.

4. Pilgrimschaft zur Ewigkeit bleibet immerdar beschwerlich, ja gefährlich, bis man ringt und bringt zu dir, einzge Thür, einzge Ursach der Vergebung, Glut der göttlichen Belebung, Jesu, unser Liebspanier!

5. Zeuch uns hin, erhöhter Freund, zeuch uns an dein Herz voll Liebe! Deine Triebe führen mich, du Siegesheld, durch die Welt, daß ich deine Seele bleibe, mich im Glauben dir verschreibe, bis ich schau im Himmelszelt.

Nikol. Ludw. Graf von Zinzendorf,
1700—1760.

Denen, die Gott lieben,
Müssen alle Dinge zum Besten dienen.
(2 Cor. 6, 9—10. Col. 3, 3. Röm. 8, 27—30. Pf. 73, 23—28.)
Weise 847.   Nun ruhen alle Wälder.

494. Komm, Herz, und lerne schauen auf die, so Gott vertrauen, schau, wie es um sie steht; ach, siehe doch die Wege, die wunderbaren Stege, die Gott mit seinen Kindern geht.

2. Sie sind die Hochgeliebten und doch die Hochbetrübten, sie sind den Aermsten gleich, sie schrei'n oft um Erbarmen mit Lazarus dem Armen und erben doch das Himmelreich.

3. Gott strafet sie als Sünder und liebt sie doch als Kinder, er macht sie voller Schmerz, er schlägt zu manchen Stunden in ihre Seelen Wunden und heilt doch ihr verwundet Herz.

4. Sie glänzen, wie die Sterne, und sehn doch aus von ferne,

wie· ohne Glanz und Schein;
sie ·gehn im finstern Thale und
sollen doch im Sale des Him=
mels· lauter Sonnen sein.

5. Sie sind zerbrochne Hal=
men und blühen doch wie Pal=
men, sie sind voll Bangigkeit;
und will auch Angst und Zit=
tern ihr ganzes Herz erschüt=
tern, so stehn sie doch beherzt
zum Streit.

6. Wie geht es dem Getreide?
dem Gräslein auf der Weide?
— Manch Wetter bricht herein;
der Regen drückt es nieder, der
Wind erhebt es wieder, und
drauf erfolgt der Sonnenschein.

7. So hälts Gott mit den

Seinen; sie gehen hin·und wei=
nen, wenn sie im Kreuze stehn;
das Herz ist voller Sehnen, die
Augen voller Thränen; doch auf
den Regen wächst es schön.

8. Nnn, Vater, das gewähre:
steht meine Glaubensähre vom
Regen ganz verblüht, so wollst
du dein·Gedeihen von oben her
verleihen, bis man vollkommne
Früchte sieht.

9. So bin ich schön gezieret,
so bin ich wohl geführet auf
meiner Lebensbahn. Nun, Herr,
du wirsts wohl machen in allen
meinen Sachen; was du thust,
das ist wohlgethan.

Gottfried Kleiner, 1691—1767.

---

c. Die Früchte des heiligen Geistes oder die christlichen Tugenden.

(Die christlichen Tugenden überhaupt.)

**Ich habe Lust an deinen Rechten und vergesse deine Worte nicht;
Deine Rechte sind mein Lied im Hause meiner Wallfahrt.**
(5 Mos. 5, 6—21. Jes. 66, 2. Ps. 119.)

Weise 681. Wo Gott, der Herr, nicht bei uns hält.

495. Herr, deine Rechte und
Gebot, darnach wir sollen leben,
wollst du mir, o getreuer Gott,
ins Herze selber geben, daß ich
zum Guten willig sei und ohne
Falsch und Heuchelei was du
befiehlst vollbringe.

2. Gib, daß ich dir allein ver=
trau und dich nur fürcht und
liebe, auf Menschentrost und
=Hilf nicht bau, noch mich darum
betrübe; laß großer Leute Gnad
und·-Gunst, Gewalt, Pracht,
Reichtum, Witz und Kunst mir
nicht zum Abgott werden.

3. Hilf, daß ich deinen Gna=
denbund aus deinem Wort er=
kenne, auch niemals dich mit
meinem Mund ohn Herzensan=
dacht nenne; daß ich bedenke
jeden Tag, wie stark mich meine
Taufzusag zu Diensten dir ver=
binde.

4. Am Tage deiner heilgen
Ruh laß früh·mich vor·dich
treten, die Zeit auch heilig brin=
gen zu mit Danken und mit
Beten, daß ich·hab meine Lust an
dir, dein Wort ·gern hör und
dich dafür herzinniglich lobpreise.

5. Die Eltern, Lehrer, Obrigkeit, die vorgesetzt mir werden, laß mich ja ehren alle Zeit, daß mirs wohl geh auf Erden; für ihre Treu und Sorg laß mich, auch wenn sie werden wunderlich, gehorsam sein und dankbar.

6. Hilf, daß ich nimmer eigne Rach aus Zorn und Feindschaft übe, dem, der mir anthut Trutz und Schmach, verzeihe und ihn liebe, sein Glück und Wohlfahrt Jedem gönn, schau, ob ich Jemand dienen könn, und es dann thu mit Freuden.

7. Unreine Werk der Finsternis laß mich mein Lebtag meiden, daß ich nicht für die Wollust müß die ewge Qual erleiden; schaff in mir, Gott, ein reines Herz, daß ich durch unehrbaren Scherz nicht deinen Geist betrübe.

8. Verleih, daß ich mich redlich nähr und böser Ränke schäme, mein Herz vom Geiz und Unrecht kehr und fremdes Gut nicht nehme, und von der Arbeit meiner Händ, was übrig ist, auf Arme wend und nicht auf Pracht und Hoffart.

9. Hilf, daß ich meines Nächsten Glimpf zu retten mich befleiße, von ihm abwende Schmach und Schimpf, doch Böses nicht gut heiße; gib, daß ich lieb Aufrichtigkeit und Abscheu habe jederzeit an Lästerung und Lüge.

10. Laß mich des Nächsten Haus und Gut nicht wünschen noch begehren; das aber, Herr, was Noth mir thut, das wollst du mir gewähren; doch daß es Niemand schädlich sei, ich auch ein ruhig Herz dabei und deine Gnad behalte.

11. Ach Herr, ich wollte deine Recht und deinen heilgen Willen, wie mir gebührt als deinem Knecht, ohn Mangel gern erfüllen; doch fühl ich wohl, was mir gebricht, und wie ich das Geringste nicht vermag aus eignen Kräften.

12. Drum gib du mir von deinem Thron, Gott Vater, Gnad und Stärke; verleih, o Jesu, Gottes Sohn, daß ich thu rechte Werke; o heilger Geist, hilf, daß ich dich von ganzem Herzen, und, wie mich, den Nächsten treulich liebe.

Lucas Osiander, 1534—1604.

Herr, erzeige uns deine Gnade Und hilf uns.

(Luc. 11, 9. 10. Ps. 121.)

Weise 607. Nun laßt uns den Leib begraben.

496. Gott Vater in dem Himmel, sprich dein Wort des Segens über mich, daß ich im Frieden jeden Tag beginnen und vollenden mag.

2. Herr, was mir deine Hand bestimmt, was sie mir spendet oder nimmt, Glück oder Weh, das gelte mir als Segen und Geschenk von dir.

3. Gib mir ein Herz durch Gnade fest, das dich in Allem walten läßt und unbedingt mit Kindesmut in deinem Vater=willen ruht.

4. Hilf, daß ich züchtig, klug und treu in Worten, Sinn und Werken sei und Alles, was zur Sünde räth, in mir besiege durch Gebet.

5. Laß deines Sohnes Gna=denschein beständig mir im Her=zen sein; sein Leben, Wort und Kreuzesbild sei meiner Seele Sonn und Schild.

6. Fällt mir ins Herz dein Lebenswort, dann wirke du, daß es sofort im Innern aufkeimt,

Wurzel schlägt und Frucht für dich und Andre trägt.

7. Bedroht mich Trübsal und Gefahr, so rette du mich im=merdar und laß mich, wann ich Hilfe saud, demütig küssen deine Hand.

8. Sinkt aus der Hand mein Wanderstab, geh ich ins finstre Thal hinab: — o Herr und Heiland, nimm alsdann dich meiner Seele herzlich an.

9. Schenk mir im letzten Au=genblick ein Vorgefühl von je=nem Glück, das nach des Tages Hitz und Last den Deinen du bereitet hast.

Sam. Gottlieb Bürde, 1753—1831.

(Brüderliche und allgemeine Liebe.)
In Christo Jesu gilt nur der Glaube,
Der durch die Liebe thätig ist.
(Joh. 15, 9—14. Matth. 5, 43—48. 1 Cor. 13, 4—7.)

Weise 589. Herr Jesu Christ, meins Lebens Licht.

497. Bei Christo nur der Glaube gilt, daraus ein schönes Brünnlein quillt, die brüderliche Lieb genannt, an der ein Christ wird recht erkannt.

2. Der Herr sie selbst das Zeichen nennt, daran man seinen Jünger kennt; in Nie=mands Herz man sehen kaun, an Werken wird erkannt ein Mann.

3. Ja, bei der Liebe spürt man frei, wer ein rechtschaffner Bru=der sei; der Glaub von Herzen traut auf Gott, die Lieb hält treulich sein Gebot.

4. Die Lieb nimmt sich des Nächsten an, sie hilft und die=

net Jedermann, gutwillig ist sie allezeit, sie lehrt, sie straft, sie gibt und leiht.

5. Sie überhebt sich keiner That, wenn sie gedient, gehol=fen hat; denn was sie thut, thut sie aus Pflicht, und Lohn und Dank begehrt sie nicht.

6. Wer dient dem Nächsten auf Gewinn, der hat schon sei=nen Lohn dahin; denn solches auch die Heiden thun, und wis=sen nichts von Gottes Sohn.

7. Wie Gott läßt scheinen seine Sonn und regnen über Bös und Fromm, so solln wir segnen auch den Feind, gleich wie wir Liebes thun dem Freund.

8. Die Lieb erweist sich mil=
diglich, sie eifert nicht, noch
bläht sie sich; sie glaubt und
hofft, trägt mit Geduld, ver=
zeiht gutwillig alle Schuld.

9. Sie wird nicht müd, fährt
immer fort; kein saurer Blick,
kein bitter Wort entfähret ihr;
nicht arg sie denkt, Unrecht und
Lügen sehr sie kränkt.

10. Dem Nächsten hält sie
viel zu gut, sich ihres Rechts
begeben thut; und was man

Böses sinn und sag, sie kehrt
zum Besten jede Sach.

11. Darum die Lieb das
Schönste ist, des sich befleißen
soll ein Christ; die Lieb in
Gottes Willen ruht und alles
Gute schafft und thut.

12. Herr Christ, bedenk all
unsre Sünd und solche Lieb
in uns entzünd, daß wir mit
Lust dem Nächsten thun, wie
du uns thust, o Gottes Sohn.

Nikolaus Herman, † 1561.

**Ziehet an die Liebe, die da ist das Band der Vollkommenheit;
Und der Friede Gottes regiere in euren Herzen.**
(Col. 3, 12—17.)

Weise 771. Es ist gewißlich an der Zeit.

498. O Vater der Barm=
herzigkeit, der du dir deine Her=
den gesammelt zur Apostelzeit
und herrlich lassen werden: du
hast durch deines Geistes Kraft
die große Schar der Heidenschaft
zu deinem Reich berufen.

2. Aus ihrer Mannigfaltigkeit
des Streits und vieler Spra=
chen, wodurch sie, in die Welt
zerstreut, sich von einander bra=
chen, hat sie dein guter Geist
geführt und sie mit Herrlich=
keit geziert in Einigkeit des
Glaubens.

3. Ach sei doch auch zu dieser
Zeit uns, Vater, wieder gnä=
dig, und mache von der Zun=
gen Streit uns wieder frei und
lebig; gib, daß dein Häuflein
für und für in einem Geiste
diene dir, in deiner Liebe lebe.

4. Ach, Herr, hilf der Zer=
streuung ab, versammle deine
Herde, daß unter deines Wor=
tes Stab sie wieder einig werde,
daß dein Band der Vollkommen=
heit, die Liebe, uns aus allem
Streit in deinem Geiste bringe.

5. Wie schön und lieblich sieht
es aus, wenn Brüder sind bei=
sammen einträchtiglich in einem
Haus und stehn in Liebesflam=
men, wenn sie im Geist zusam=
menstehn, zu Gott in einem
Sinne flehn und halten an mit
Beten!

6. Dann fließet Gottes Geist
und Gnad von Christo zu uns
nieder auf die, so er erwählet
hat, auf alle seine Glieder.
Das ist die Frucht der Einig=
keit: Heil, Segen, Leben alle=
zeit und alle Himmelsgüter.

Dr. Heinrich Georg Neuß, 1654—1716.

2. Nun bleibet Glaube, Hoffnung, Liebe, diese drei;
Aber die Liebe ist die größte unter ihnen.
(1 Cor. 13, 1—8. 13.)

Weise 196. Lasset uns den Herren preisen.

499. Unter jenen großen Gütern, die uns Christus zugetheilt, ist die Lieb in den Gemütern wie ein Balsam, der sie heilt, wie ein Stern, der herrlich blinket, wie ein Kleinod, dessen Preis Niemand zu benennen weiß, wie die Schönheit, die uns winket, und die Lust, die Jedermann zwingen und vergnügen kann.

2. Liebe kann uns Alles geben, was auf ewig nützt und ziert, und zum höchsten Stand erheben, der die Seelen aufwärts führt. Menschen- oder Engelzungen, wo sich keine Liebe findt, wie beredt sie sonst auch sind, wie beherzt sie angedrungen, sind ein flüchtiger Gesang, sind ein Erz- und Schellenklang.

3. Was ich von der Weisheit höre, der Erkenntnis tiefer Blick, die geheimnisvolle Lehre und des Glaubens Meisterstück, so der Berge Grund versetzt, und was sonst den Menschen ehrt, das verlieret seinen Werth, Alles wird für nichts geschätzet, wenn sich nicht dabei der Geist, der die Liebe wirkt, erweist.

4. Hätt ich alle meine Habe armen Brüdern zugewandt, opfert ich mich selbst dem Grabe, scheut ich nicht der Flammen Brand, gäb ich meinen Leib auf Erden ihnen zu verzehren hin, und behielte meinen Sinn: würd ich doch nicht besser werden, bis mich wahre Lieb erfüllt, die aus Gottes Herzen quillt.

5. Glaubenssieg und Hoffnungsblüte führt uns tröstend durch die Welt, bis das irdische Gebiete und der Schöpfungsbau zerfällt; nur der Liebe weite Grenzen strecken sich in Ewigkeit, Alle, die sich ihr geweiht, werden unaufhörlich glänzen. Glaub und Hoffnung bleiben hier, Liebe währet für und für.

6. O du Geist der reinen Liebe, der von Gott du gehest aus, laß mich spüren deine Triebe, komm in meines Herzens Haus! Was in mir sich selbst nur suchet, es nicht gut mit Andern meint, mag es Feind sein oder Freund, laß mich halten als verfluchet. Geist der Liebe, meinen Sinn lenke ganz zur Liebe hin!

Ernst Lange, 1650—1727.

Ein Jeglicher sei gesinnet,
Wie Jesus Christus auch war:
(Joh. 13, 1—15; 17, 19—26.)

Weise 852. Nun sich der Tag geendet hat.

500. Herr, der du einst gekommen bist, in Knechtsgestalt zu gehn, des Weise nie gewesen ist, sich selber zu erhöhn:

2. Komm, führe unsre stolze Art in deine Demut ein; nur wo sich Demut offenbart, kann Gottes Gnade sein.

3. Der du noch in der letzten Nacht, eh du für uns erblaßt, den Deinen von der Liebe Macht so treu gezeuget hast:

4. Erinnre deine kleine Schar, die sich so oft entzweit, daß deine letzte Sorge war der Glieder Einigkeit.

5. Du opfertest die Jünger noch dem Vater im Gebet, o würden unsre Herzen doch oft im Gebet erhöht!

6. Der du um unsre Seligkeit mit blutgem Schweiße rangst und thränenvoll im bangen Streit des Todes Macht bezwangst:

7. Bezwing doch unsern stolzen Sinn, der nichts von Demut weiß, und führ ihn in die Liebe hin zu deiner Liebe Preis.

8. Gekreuzigter, den seine Lieb in Noth und Tod geführt: ach würd auch unsrer Liebe Trieb treu bis zum Tod verspürt!

9. Drum leit auf deiner Leidensbahn uns selber an der Hand, weil dort nur mit regieren kann, wer hier mit überwand.

Nikolaus Ludwig, Graf von Zinzendorf, 1700—1760.

Seid fleißig, zu halten die Einigkeit im Geist Durch das Band des Friedens.
(Eph. 4, 1—6.)

Weise 327. Von Gott will ich nicht lassen.

501. Herr, hilf uns fleißig halten die Einigkeit im Geist, daß über uns mag walten dein Segen allermeist, daß wir nach deinem Sinn einander uns vertragen im Frieden und nachjagen dem köstlichen Gewinn.

Unbekannter Verfasser.

So Jemand spricht: „ich liebe Gott", und hasset seinen Bruder, Der ist ein Lügner.
(1 Joh. 4, 20. 21. Matth. 18, 21—35.)

Weise 591. Machs mit mir, Gott, nach deiner Güt.

502. So Jemand spricht: „ich liebe Gott," und haßt doch seine Brüder, der treibt mit Gottes Wahrheit Spott und tritt sie frevelnd nieder; Gott ist die Lieb und will, daß ich den Nächsten liebe gleich als mich!

2. Wer dieser Erde Güter hat und sieht die Brüder leiden, und macht die Hungrigen nicht satt, will Nackende nicht kleiden, —

der sündigt an der ersten Pflicht und hat die Liebe Gottes nicht.

3. Wir haben einen Gott und Herrn, sind eines Leibes Glieder; drum diene deinem Nächsten gern, denn wir sind Alle Brüder. Gott schuf die Welt nicht bloß für mich, mein Nächster ist sein Kind wie ich.

4. Ein Heil ist unser Aller Gut; ich sollte Brüder hassen,

die Gott durch seines Sohnes Blut so hoch erkaufen lassen? Daß Gott mich schuf und mich versühnt, hab ich dies m e h r, als sie, verdient?

5. Du schenkst mir täglich so viel Schuld, du Herr von meinen Tagen, ich aber sollte nicht Geduld mit meinen Brüdern tragen? dem nicht verzeihn, dem du vergibst, und den nicht lieben, den du liebst?

6. Was ich den Brüdern hier gethan, dem kleinsten auch von diesen, das siehet mein Erlöser an, als hätt ichs ihm erwiesen; wie könnte ich sein Jünger sein und ihn in Brüdern nicht erfreun?

7. Ein unbarmherziges Gericht wird über den ergehn, der nicht barmherzig ist, der nicht erhört des Nächsten Flehen; drum gib mir, Gott, durch deinen Geist ein Herz, das dich durch Liebe preist!

M. Christian Fürchtegott Gellert, 1715—1769.

Was ihr gethan habt einem unter meinen geringsten Brüdern, Das habt ihr mir gethan, spricht der Herr.
(Matth. 25, 34—46. 2 Cor. 9, 7. Hebr. 13, 2.)
Weise 852. Nun sich der Tag geendet hat.

503. O Christ, wenn Arme manchesmal vor deiner Thüre stehn, merk auf, ob nicht in ihrer Zahl der Herr sei ungesehn.

2. Und wenn ihr matter Ruf so bang erschallt zu dir herein, horch auf, ob seiner Stimme Klang nicht möchte drunter sein.

3. O nicht so fest und eng verschließ die Thüren und das Herz; ach, wer den Heiland von sich stieß', was träfe den für Schmerz!

4. Drum reiche mild der Liebe Zoll dem Dürftigen hinaus, und öffne gern und mitleidsvoll dem Flehenden dein Haus.

5. Denn ehe du dichs wirst versehn, wird dein Herr Jesus Christ hinein zu deiner Thüre gehn, weil sie so gastlich ist;

6. Und ehe du ihn noch erkannt, der arm erschien vor dir, erhebt er seine heilge Hand zum Segen für und für,

7. Zum Segen über deinen Tisch und über all dein Gut, und über deine Kinder frisch und deinen frohen Muot.

8. Zum Segen über deine Zeit, die du hienieden gehst, und über deine Ewigkeit, wo du dort oben stehst,

9. Dort oben, wo er dann die Thür dir auf mit Freuden thut, wie ihm und seinen Brüdern hier du thatst mit frommem Mut.

Wilhelm Hey, 1789—1854.

Gott lieben von ganzem Herzen und seinen Nächsten, wie sich selbst, Ist mehr werth als Brandopfer und alle Opfer.
(Marc. 12, 29—34.)
Weise 431. Dank sei Gott in der Höhe.

504. Nicht Opfer und nicht Gaben, auch Ruhm und Ehre nicht, noch, was sonst Sünder haben, befreit uns vom Gericht.

Nur Jesu Liebe bleibet, sie ist
von Ewigkeit; was außer ihr
uns treibet, verschwindet mit
der Zeit.

2. Sie gibt uns Kraft und
Leben, reißt jeden Bann ent=
zwei, lehrt helfen, trösten, geben,
macht von der Lüge frei; sie
muß gerecht uns machen und
los von Sündenlust, zum Beten
und zum Wachen bewegen unsre
Brust.

3. Sie ist die höchste Zierde,
des Christentumes Kern, sie gilt
als schönste Würde und Krone
vor dem Herrn. Was hilfts,
mit Engelzungen hoch reden ohne

Herz? Wen Liebe nicht durch=
drungen, der ist ein todtes Erz.
4. Geheimnisvolle Lehren und
starker Glaubenssinn stehn nicht
bei Gott in Ehren, wenn Liebe
nicht darin. Der treibt nur
arm Geschwätze, wer kalt und
liebeleer der größten Weisheit
Schätze darleget um sich her.

5. Der Vater ist die Liebe,
der Sohn ist Lieb allein, des
heilgen Geistes Triebe sind Liebe
heiß und rein. Das ist die
Lebensquelle vom Vater und
vom Sohn! Mach unsre Seelen
helle, du Strom von Gottes
Thron!
Johannes Rothen, geb. 1805.

(Christliche Freundschaft.)

**Ein Freund liebet allezeit,
Und ein Bruder wird in der Noth erfunden.**
(1 Sam. 20, 17. 42. 2 Sam. 1, 26. Spr. Sal. 17, 17.)

Weise 765. Alle Menschen müssen sterben.

505. Jesu, du mein Hirt und
Bruder, ders am besten mit
mir meint, du mein Anker und
mein Ruder, mein getreuster
Herzensfreund, der du, eh ein
Mensch geboren, uns zu deinem
Volk erkoren, auch mich armen
Erdengast dir zur Lieb ersehen
hast:

2. Herr, ich bitte dich, erwähle
mir aus aller Menschen Meng
eine fromme, heilge Seele, die
in Treue an mir häng, auch
nach deinem Sinn und Geiste
stets mir Trost und Hilfe leiste,
Trost, der in der Noth besteht,
Hilfe, die von Herzen geht!

3. Laß mich Davids Glück er=

leben, gib mir einen Jonathan,
der sein Herz mir möge geben,
und der, wenn auch Jedermann
mir nichts Gutes mehr will
gönnen, sich nicht lasse von mir
trennen, sondern fest in Wohl
und Weh als ein Felsen bei
mir steh!

4. O wie groß ist meine Habe,
o wie köstlich ist mein Gut, Jesu,
wenn mit dieser Gabe deine Hand
mein' Willen thut, daß mich mei=
nes Freundes Treue und be=
ständig Herz erfreue! Wer dich
fürchtet, liebt und ehrt, dem ist
solch ein Schatz beschert.

5. Gute Freunde sind wie Stä=
be, dran der Menschen Gang sich

hält, daß der schwache Fuß sich hebe, wenn der Leib zu Boden fällt. Wehe dem, der nicht zum Frommen* solches Stabes weiß zu kommen, — der hat einen schweren Lauf! Wenn er fällt, wer hilft ihm auf? * Nutzen.

6. Nun, Herr, laß dirs wohl= gefallen, bleib mein Freund bis in mein Grab, bleib mein Freund und unter allen mein getreu= ster, stärkster Stab! Wenn du dich mir wirst verbinden, wird sich schon ein Herze finden, das, durch deinen Geist gerührt, mir sich beigesellen wird.

Paul Gerhardt, 1606—1676.

(Chriſtliche Weisheit und Einfalt.)

Gib mir die Weisheit, die ſtets um deinen Thron iſt, Und verwirf mich nicht aus deinen Kindern.
(Hiob 38, 36. Spr. 3, 13. Pred. Sal. 2, 26.)

Weise 901. Wenn wir in höchſten Nöthen sein.

506. Herr, aller Weisheit Quell und Grund, dir ist all mein Vermögen kund; wo du nicht hilfst und deine Gunst, da ist mein Thun und Werk umsonst.

2. Ich, leider! als ein Sün= denkind bin von Natur zum Gu= ten blind; mein Herze, wenn birs dienen soll, ist ungeschickt und Thorheit voll.

3. Ja, Herr, ich bin gering und schlecht, zu handeln dein Gesetz und Recht; was meinem Nächsten nütz im Land, ist mir verdeckt und unbekannt.

4. O Gott, mein Vater, kehre dich zu meiner Bitt und höre mich: nimm solche Thorheit von mir hin und gib mir einen bes= sern Sinn!

5. Gib mir die Weisheit, die du liebst und denen, die dich lieben, gibst, die Weisheit, die vor deinem Thron allstets er= scheint in ihrer Kron.

6. Sie ist hochedel, auserkorn, von dir, o Höchster, selbst ge= born; sie ist der hellen Sonne gleich, an Tugend und an Gäben reich.

7. Befiehl ihr, daß sie mit mir sei und, wo ich geh, mir stehe bei; wenn ich arbeite, helfe sie mir tragen meine schwere Müh.

8. Gib mir durch ihre weise Hand die recht Erkenntnis und Verstand, daß ich in dir nur web und schweb und ganz nach deinem Willen leb.

9. Gib mir durch sie Geschick= lichkeit, zur Wahrheit laß mich sein bereit, daß ich nicht mach aus sauer süß,* noch aus dem Lichte Finsternis. * Jes. 5, 20.

10. Gib Lieb und Lust zu dei= nem Wort, hilf, daß ich bleib an meinem Ort und mich zur frommen Schar gesell, in ihren Rath mein Wesen stell.

11. Gib auch, daß ich gern Jedermann mit Rath und That, so viel ich kann, aus rechter unverfälschter Treu zu helfen allzeit willig sei;

27

12. Daß ich in Allem, was ich thu, in deiner Liebe nehme zu; denn wer sich nicht der Weisheit gibt, der bleibt auch von dir ungeliebt.

Paul Gerhardt, 1606—1676.

Hütet euch, daß eure Sinne nicht verrücket werden Von der Einfältigkeit in Christo!

(Matth. 6, 22. 23; 10, 16. Röm. 16, 17—19.)

Weise 42. Wie groß ist des Allmächtgen Güte.

507. O süßer Stand, o selig Leben, das aus der wahren Einfalt quillt, wenn sich ein Herz Gott so ergeben, daß Christi Sinn es ganz erfüllt; wenn sich der Geist nach Christi Bilde im Licht und Recht hat aufgericht und unter solchem klaren Schilde durch alle falschen Höhen bricht!

2. Was Andern schön und lieblich scheinet, ist solchem Herzen Kinderspiel*; was Mancher für unschuldig meinet, ist solchem Herzen schon zu viel; warum? es gilt, der Welt absagen; hier heißts: rührt kein Unreines an! Das Kleinod läßt sich nicht erjagen, es sei denn Alles abgethan.　　* 1 Kor. 13, 11.

3. Die Einfalt kennet keine Zierde, als Christi Liebe, die sie schmückt; die reine himmlische Begierde hat sie der Thorheit schon entrückt; an einem reinen Gotteskinde glänzt Gottes Name schön und rein, wie könnt es denn vom eitlen Winde der Welt noch eingenommen sein?

4. Von Sorgen, Noth und allen Plagen, womit die Welt sich selbst ansicht, von Neid, womit sich Andre tragen, weiß Christi Sinn und Einfalt nicht: den Schatz, den sie im Herzen heget, behält sie wider allen Neid; wenn Jemand Lust zu solchem* träget, — das macht ihr lauter Herzensfreud.

* Zu solchem Schatze.

5. O schönes Bild, ein Herz zu schauen, das sich mit Christi Einfalt schmückt! Geht hin, ihr thörichten Jungfrauen, harrt nur, bis euch die Nacht berückt! Ihr laßt das Oel den Lampen fehlen, ein falscher Schein triegt euern Sinn; sucht doch was Beßres für die Seelen und gebt der Welt das Ihre hin!

6. Ach, Jesu, drücke meinem Herzen den Sinn der lautern Einfalt ein; reiß aus, wenn auch mit tausend Schmerzen, der Welt Lust, Wesen, Tand und Schein. Des alten Menschen Bild und Zeichen das leg ich ab; drum laß mich nur der Einfalt Zier und Schmuck erreichen: das ist die neue Creatur.

Johann Joseph Winckler, 1670—1722.

Unser Ruhm ist der, nämlich das Zeugnis unsers Gewissens,
Daß wir in Einfältigkeit und göttlicher Lauterkeit bei euch
wandeln.

(2 Cor. 1, 12. Matth. 10, 16.)

Weise 544. Ringe recht, wenn Gottes Gnade.

508. Heilge Einfalt, Gnaden=
wunder, tiefste Weisheit, größte
Kraft! Schönste Zierde, Liebes=
zunder, Werk, das nur der
Höchste schafft!

2. Alle Freiheit geht in Ban=
den, aller Reichtum ist nur
Wind, alle Schönheit wird zu
Schanden, wenn wir ohne Ein=
falt sind.

3. Wenn wir in der Einfalt
stehen, ist es in der Seele licht;
aber wenn wir doppelt sehen,
so vergeht uns das Gesicht.

4. Einfalt ist ein Kind der
Gnade, die bei uns sich Woh=
nung baut und auf schmalem
Pilgerpfade nicht nach dem und
jenem schaut.

5. Einfalt denkt nur auf das
Eine, drinnen alles Andre steht;
Einfalt hängt sich ganz alleine
an den ewigen Magnet.

6. Wem sonst nichts als Je=
sus schmecket, wer allein auf
Jesum blickt, wessen Ohr nur
Jesus wecket, wen nichts außer
ihm erquickt; —

7. Wer nur hat, was Jesus
gibet, wer nur lebt aus seiner
Füll, wer nur will, was ihm
beliebet, wer nur kann, was
Jesus will; —

8. Wer nur geht auf seinem
Pfade, wer nur sieht in sei=
nem Licht, wer nur stets ver=
langt nach Gnade und mag
alles Andre nicht; —

9. Wer ihn so mit Inbrunst
liebet, daß er seiner selbst ver=
gißt, wer sich nur um ihn be=
trübet und · in ihm nur fröh=
lich ist; —

10. Wer allein auf Jesum
trauet, wer in Jesu Alles findt:
der ist auf den Fels erbauet
und ein selig Gnadenkind.

August Gottlieb Spangenberg, 1704—1792. Vers 4 von Nikolaus
Ludwig, Graf von Zinzendorf, 1700—1760.

Wer sich rühmen will,
Der rühme sich des Herrn.
(Jer. 9, 23—24.)

Weise 852. Nun sich der Tag geendet hat.

509. O rühmt euch eurer
Weisheit nicht, die ihr euch
weise meint! Wißt, daß euch
eurer Weisheit Licht im Tode
nicht erscheint.

2. O rühmt euch eurer Stärke

nicht, die jetzt euch trotzig macht!
Wißt, daß es euch an Mut ge=
bricht, sinkt ihr in Todesnacht.

3. O rühmt euch eures Reich=
tums nicht, des ihr euch heute
freut! Wißt, daß er euch nicht

27*

Zuversicht in Todesnacht verleiht.

4. Sucht darin euern wahren Ruhm, daß ihr Gott wißt und kennt, daß ihr, sein Volk und Eigentum, ihn gläubig Vater nennt.

5. Dies ist es, was dem Herrn gefällt; bedenke dies, o Christ! Er, er regiert in aller Welt. Wohl dem, des Ruhm er ist!

Heinrich Erhart Heeren,
1723—1811.

Wo sind die Klugen, wo sind die Schriftgelehrten, wo sind die Weltweisen?
Hat Gott nicht die Weisheit dieser Welt zur Thorheit gemacht?
(Jak. 1, 5—8. Pf. 111, 10. 1 Cor. 1, 18—31.)

Weise 808. Gott des Himmels und der Erden.

510. Eins nur wollen, eins nur wissen: Jesum, Gottes Herrlichkeit, und die Weltluft fliehn und missen, heißt vor Gott Einfältigkeit. Ist ein Herz auf dies gestellt, so gefällt es nicht der Welt.

2. Das ist Klugheit edler Seelen, das ist geistlicher Verstand; will ein Mensch das Höchste wählen, will er strecken seine Hand nach dem Lebensbaum allein, — könnt er dann wohl weiser sein?

3. Einfalt ist es, eins erblicken, das dem Herzen ganz genug; nur, was ewig kann erquicken, zu verlangen, das ist klug; hält für einen Thoren dann dich die Welt, — was liegt daran?

4. Was die Menschen Klugheit nennen, ist oft blinder Unverstand; was der Weltsinn will gewinnen, bringt um jenes Vaterland; sollte das nicht Thorheit sein? Dieses sieht die Einfalt ein.

5. Einfalt sucht sich vorzusehen, sammelt auf die Zeit der Noth; wenn sie muß von hinnen gehen, geht sie dann nicht ohne Gott; das ist Einfalt, das ist klug, denn wer Gott hat, hat genug.

6. Einfalt trachtet dem vor Allen, der sie theuer hat erkauft, ihrem Heiland, zu gefallen, daß er sie mit Feuer tauft; hätte sie nicht Christi Licht, hülf ihr alles Andre nicht.

7. Treuer Jesu, meine Liebe sei nur dir, nur dir geweiht; hilf, daß meine Herzenstriebe seien nimmermehr zerstreut! Dich nur wollen, dich nur sehn, heißt dem rechten Ziel nachgehn.

8. Tritt mir etwas vor die Augen, das mir könnte schädlich sein und dem Geiste nicht mag taugen, o so halt davon mich rein, daß es geh an mir vorbei, ob es noch so lockend sei!

9. Wohne, Herr, in meiner Seele, fülle meinen Herzensgrund. Was ists dann, das

mir noch fehle, wenn ich bin in dir gesund? Ja, durch Einfalt halte mich dir verbunden ewiglich!

Joh. Michael Hahn, 1758—1819.

(Keuschheit und Herzensreinheit.)
**Enthaltet euch von fleischlichen Lüsten,
Welche wider die Seele streiten!**
(1 Joh. 2, 16. 17.)

Weise 387. Groß ist, o großer Gott.

511. Die Wolluft dieser Welt ist Honig unter Gallen; was heut uns wohl gefällt, ist morgen schon zerfallen. So wechseln Luft und Noth; in dieses Traumes Haft heißt einer billich todt bei bester Lebenskraft.

2. Der Thorheit Bahn ist glatt, doch sorglich, voller Wanken; und gar gewislich hat der Ausgang ihrer Schranken ein so verderblich Ziel, daß das, was wir erjagt, uns öfter mehr als viel an Leib und Seele plagt.

3. Die Zeit läuft schnell dahin, der Blume keuscher Jugend vergleicht sich kein Gewinn, und wer auf reine Tugend von zarter Kindheit an mit Ernst beflissen ist, der wird auf seiner Bahn von Fried und Heil geküßt.

4. Drum, schnöde Luft, fahr hin, du sollst mich nicht betriegen, den Gott verlobten Sinn kann Jesus nur vergnügen; der lässet uns zuletzt durch Tod zum Leben gehn, wenn die, so Luft ergetzt, in ihrem Lohn vergehn.

Unbekannter Verfasser.

**Schaffe in mir, Gott, ein reines Herz
Und gib mir einen neuen, gewissen Geist.**
(Pf. 51, 1—14.)

Weise 563. Wer weiß, wie nahe mir mein Ende.

512. O großer Gott, du reines Wesen, der du die reinen Herzen dir zur steten Wohnung auserlesen: ach, schaff ein reines Herz in mir, ein Herz, das von der argen Welt sich rein und unbefleckt erhält.

2. Vor Allem mache mein Gemüte durch ungefärbte Buße rein, und laß es, Herr, durch deine Güte und Christi Blut gewaschen sein; dann mache mich zur Reinigkeit des Lebens fertig und bereit.

3. Regiere mich nach deinem Geiste, der mein getreuer Beistand sei und mir erwünschte Hilfe leiste; Gott, stehe mir in Gnaden bei und gib mir einen solchen Geist, der neu, gewis und willig heißt.

4. Doch, weil ich meine Schwachheit merke, mein Vater, so verwirf mich nicht, und stoß mich,

wegen meiner Werke, ja nicht von deinem Angesicht; laß mich hier in der Gnade stehn und dort in deinen Himmel gehn!

5. Nimm deinen Geist; den Geist der Liebe, ja nun und nimmermehr von mir und leite mich durch seine Triebe, durch seinen Beistand für und für. Ja, führe du mich durch die Zeit hin zu der sel'gen Ewigkeit.

Unbekannter Verfasser.

Erforsche mich, Gott, und erfahre mein Herz, Prüfe mich und erfahre, wie ich es meine.
(Pf. 139, 1—4. 23. 24.)

Weise 365.   Wer nur den lieben Gott läßt walten.

513. Mein Gott, ach lehre mich erkennen den Selbstbetrug und Heuchelschein, daß Tausend, die sich Christen nennen, mit nichten Christi Glieder sei'n; ach, wirk in mir zu deinem Ruhm, mein Gott, das wahre Christentum!

2. Hilf, daß ich dir allein ergeben und mir ganz abgesaget sei, laß mich mir sterben, dir zu leben, o Herr, mach Alles in mir neu; ach, wirk in mir zu deinem Ruhm, mein Gott, das wahre Christentum!

3. Reiß du mein Herz los von der Erden und nimm mich von mir selber hin, laß einen Geist mit dir mich werden und gib mir meines Heilands Sinn; ach, wirk in mir zu deinem Ruhm, mein Gott, das wahre Christentum!

4. Ach, führe mir Herz, Leib und Seele, damit ich Christo folge nach, daß ich den schmalen Weg erwähle und Ehre such in Christi Schmach; ach, wirk in mir zu deinem Ruhm, mein Gott, das wahre Christentum!

5. Hilf, daß ich Fleisch und Weltgeschäfte ertödt und dir verbleibe treu, daß ich an Christi Kreuz mich hefte und mir die Welt gekreuzigt sei; ach, wirk in mir zu deinem Ruhm, mein Gott, das wahre Christentum!

6. Laß in mir Glauben, Hoffnung, Liebe lebendig, fest und thätig sein, daß ich bis an mein Sterben übe das Christentum ohn Heuchelschein; ach, wirk in mir zu deinem Ruhm, mein Gott, das wahre Christentum!

7. So hab ich schon auf dieser Erde des Paradieses Fried und Freud; wenn ich mit Gott vereinigt werde, schmeck ich des Himmels Seligkeit; ach, wirk in mir zu deinem Ruhm, mein Gott, das wahre Christentum!

Unbekannter Verfasser.

Wandelt im Geist,
So werdet ihr die Lüste des Fleisches nicht vollbringen.
(1 Cor. 6, 18—20.)

Weise 14. Herr Jesu Christ, dich zu uns wend.

514. Ein reines Herz, Herr, schaff in mir, schleuß zu der Sünde Thor und Thür, vertreibe sie und laß nicht zu, daß sie in meinem Herzen ruh.

2. Dir öffn ich, Jesu, meine Thür, ach komm und wohne du bei mir; was unrein ist, das treib hinaus aus deinem Tempel, deinem Haus.

3. Laß deines guten Geistes Licht und dein hellglänzend Angesicht mein Herz erleuchten und Gemüt, o Brunnquell unerschöpfter Güt;

4. Und mache dann mein Herz zugleich an Himmelsgut und =Segen reich; gib Weisheit, Stärke, Rath, Verstand aus deiner milden Gnadenhand:

5. So will ich deines Namens Ruhm ausbreiten als dein Eigentum, und dies nur achten als Gewinn, wenn ich dir ganz ergeben bin.

Dr. Heinr. Georg Neuß, 1654-1716.

Es sei denn, daß Jemand von neuem geboren werde,
So kann er das Reich Gottes nicht sehen.
(Joh. 3, 1—8.)

Weise 589. Herr Jesu Christ, meins Lebens Licht.

515. Erneure mich, o ewges Licht, und laß von deinem Angesicht mein Herz und Seel mit deinem Schein durchleuchtet und erfüllet sein!

2. Ertödt in mir die schnöde Lust, feg aus den alten Sündenwust, ach, rüst mich aus mit Kraft und Mut, zu streiten wider Fleisch und Blut.

3. Schaff in mir, Herr, den neuen Geist, der dir mit Lust Gehorsam leist und nichts sonst, als was du willst, will; ach Herr, mit ihm mein Herz erfüll.

4. Auf dich laß meine Sinne gehn, laß sie nach dem, was droben, stehn, bis ich dich schau, o ewges Licht, von Angesicht zu Angesicht!

Johann Friedrich Ruopp, † 1708.

Machet keusch eure Seelen
Im Gehorsam der Wahrheit durch den Geist
(1 Petr. 1, 22—25.)

Weise 765. Alle Menschen müssen sterben.

516. Keuscher Jesu, hoch von Adel, unbeflecktes Gotteslamm, züchtig, heilig, ohne Tadel, reiner Zweig aus Davids Stamm,

o du Krone keuscher Jugend,
o du Schutzherr reiner Tugend:
ach entziehe mir doch nicht dein
holdselig Angesicht!

2. Gib, daß unverfälschter
Glaube mich von Sünden mache
rein und dein Geist, die reine
Taube, nehm mein Herz zur
Wohnung ein. Laß mich stets
in Buße kämpfen und die bösen
Lüste dämpfen, laß mich sein
ein rein Gefäß, deiner Herrlich=
keit gemäß.

3. Weil du meinen Leib willst
ehren, daß er dir ein Tempel
sei, aber den im Grimm ver=
zehren, der ihn gottlos bricht
entzwei: o so laß mich dir an=
hangen und dich inniglich um=

fangen; und was du so hoch ge=
ehrt, werde nie von mir zerstört.

4. Du hast dich mit mir ver=
mählet, dein Geist ist mein
Unterpfand, und ich habe dich
erwählet und mit Herzen, Mund
und Hand ewge Treue dir ge=
schworen, dich allein hab ich
erkoren; drum wiß alle Crea=
tur: Jesum, Jesum lieb ich nur.

5. Keuscher Jesu, hoch von
Adel, unbeflecktes Gotteslamm,
züchtig, heilig, ohne Tadel, reiner
Zweig aus Davids Stamm,
o du Krone keuscher Jugend,
o du Schutzherr reiner Tugend!
laß mein End und Anfang sein:
Jesum lieb ich ganz allein.

Jakob Baumgarten, 1668—1722.

**Selig sind, die reines Herzens sind,
Denn sie werden Gott schauen.**

(Gal. 5, 16—24.)

Weise 762.   Wachet auf, ruft uns die Stimme.

517. Selig sind die reinen
Herzen, die ihre Krone nicht
verscherzen, sie werden Gottes
Antlitz sehn; all die Keuschen,
Unbefleckten, vom Herrn zum
guten Kampf Erweckten, die in
der Reinigkeit bestehn, sie sehen
einst im Licht sein stralend An=
gesicht voller Gnaden. Herr,
wir sind dein; behalt uns rein
und lehre uns, dir ähnlich sein!

Nach Nikolaus, Ludwig Graf von
Zinzendorf, 1700—1760.

(Christliche Demut und Geduld.)

**Wer sich selbst erhöhet, der wird erniedriget,
Und wer sich selbst erniedriget, der wird erhöhet.**

(Ps. 103. 14—16. Klagl. 3, 22. Phil. 2, 13.)

Weise 76.   Kommt her zu mir, spricht Gottes Sohn.

518. Wie ist es möglich, höch=
stes Licht, daß, weil vor deinem
Angesicht doch Alles muß er=
blassen, ich und mein armes

Fleisch und Blut dir zu ent=
gegnen eingen Mut und Herze
sollte fassen?

2. Was bin ich mehr, als
Erd und Staub? Was ist mein
Leib, als Gras und Laub? Was
taugt mein ganzes Leben? Was
kann ich, wenn ich Alles kann?
Was hab und trag ich um und
an, als was du mir gegeben?

3. Was bin ich armes Men=
schenkind? Ein Strohhalm, den
ein Hauch und Wind gar leicht
hinweg kann treiben; wenn deine
Hand, die Alles trägt, mich
nur ein wenig trifft und schlägt,
so weiß ich nicht zu bleiben.

4. Herr, ich bin nichts, du
aber bist mein Hort, der Alles
hat und ist, in dir steht all mein
Wesen; wo du mit deiner Hand
mich schreckst und nicht mit Huld
und Gnaden deckst, so kann ich
nicht genesen.

5. Du bist getreu, ich unge=
recht, du fromm, ich gar ein
böser Knecht, und muß mich
wahrlich schämen, daß ich bei
solchem schnöden Staub aus
deiner milden Vaterhand das
kleinste Gut soll nehmen.

6. Drum sei das Rühmen fern
von mir! Was dir gebührt, das
geb ich dir; du bist allein zu
ehren! Ach laß, Herr Jesu, mei=
nen Geist und was aus mei=
nem Geiste fleußt, zu dir sich
allzeit kehren.

7. Auch wenn ich etwas wohl=
gemacht, so hab ichs doch nicht
selbst vollbracht, — aus dir ist
es entsprungen. Dir sei auch
dafür Ehr und Dank, mein
Heiland, all mein Leben lang,
und Lob und Preis gesungen.

Paul Gerhardt, 1606—1676.

Der Herr widerstehet den Hoffärtigen, Aber den Demütigen gibt er Gnade.
(1 Petr. 5, 5. 6.)

Weise 380. O Gott, du frommer Gott.

519. Hinab geht Christi Weg;
und du und dein Beginnen willst
aus vermeßnem Stolz bis an
des Himmels Zinnen? steigst
ungenügsam auf? Dein Heiland
stieg herab! Wer mit ihm auf=
wärts will, muß erst mit ihm
hinab.

2. Darum, mein Sinn, hinab!
verlerne nur dein Steigen! Was
leicht ist, hebt sich schnell, was
schwer ist, muß sich beugen.
Die Quelle, die sich senkt, ver=

mehret ihre Hab und wird zu=
letzt zum Strom; darum, mein
Sinn, hinab!

3. Hinab, mein Aug, hinab!
Gott selber schaut hernieder vom
Thron aufs Niedrige, der Stolz
ist ihm zuwider; je höher hier
ein Aug, je näher ists dem Grab
und sinkt in Todesnacht. Darum,
mein Aug, hinab!

4. Hinab, ihr Händ, hinab!
Hier stehen arme Brüder; neigt
euch zur Niedrigkeit und labet

Christi Glieder! Greift nicht in hohe Luft nach Ruhm und stolzer Hab! Christ that den Ärmsten wohl; darum, ihr Händ, hinab!

5. Hinab, mein Herz, hinab! so wird Gott in dir wohnen. Die Demut lohnet er mit goldnen Himmelskronen; im Demutsthale liegt des heilgen Geistes Gab; o wohl dem, der sie sucht! Darum, mein Herz, hinab!

6. Hinab, auch du mein Leib! Du bist gemacht aus Erden; durch Demut sollst auch du im Geist verkläret werden. O Gott, bereite mich zum Himmel und zum Grab! Ich sehne mich hinauf, ich sehne mich hinab!

Andreas Ingolstetter, 1633—1711.

**Wandelt, wie sich gebühret eurem Berufe,
Mit aller Demut und Sanftmut und Geduld.**

(Eph. 4, 1—3. Jak. 3, 13—16; 5, 7—11.)

Weise 340. Sollt es gleich bisweilen scheinen.

520. Wer Geduld und Demut liebet und sich denen recht ergibet, kann im Glück und Unglücksschein immer gutes Mutes sein.

2. Er kann unbeweglich sehen hin und her sein Glücke gehen, und ist allemal bereit zu der gut= und bösen Zeit.

3. Wenn das Unglück ihn mit Haufen und mit Macht will überlaufen, stehet die Geduld ihm bei, daß er unbeweglich sei.

4. Will sodann das Glück ihm lachen und ihn gar zu mutig machen: hält ihn Demut zu der Erd, daß er nicht vermessen werd.

5. Will sein Thun gar nicht bestehen und nach seinem Willen gehen, dann faßt die Geduld ihn an, daß er Alles leiden kann.

6. Wenn es ihm nach Wunsch ergehet und er jetzt am höchsten stehet, hält die Demut ihn zurück, daß er scheut des Glückes Tück.

7. Will ihn alle Welt betrüben und kein Mensch ihn herzlich lieben: gibt den Trost ihm die Geduld, daß er daran ohne Schuld.

8. Wenn er sitzt in hohen Würden und von allen Kreuzesbürden ganz ist ledig, los und frei, ist die Demut doch dabei.

9. Demut scheut des Glückes Triegen, die Geduld weiß sich zu fügen, Demut schützt vor Sicherheit, die Geduld vor Traurigkeit.

10. Drum hab ich mirs ausersehen, mit den beiden umzugehen, weil die Demut mich ergötzt, und Geduld in Ruhe setzt.

Anton Ulrich, Herzog von Braunschweig=Lüneburg, 1633—1714.

**Es ist ein köstlich Ding, geduldig sein
Und auf die Hilfe des Herrn hoffen.**
(Klagl. 3, 22—33. 2 Tim. 2, 5.)

Weise 326. Herr, wie du willst, so schicks mit mir.

521. Es ist gewis ein köstlich Ding, sich in Geduld stets fassen und Gottes heilgem Rath und Wink sich willig überlassen, gleich wie bei hellem Sonnenschein, so auch bei trüber Noth und Pein; Geduld erhält das Leben.

2. Drum auf, mein Herz, verzage nicht, wenn dich ein Leiden drücket; flieh nur getrost zum ewgen Licht, das kräftiglich erquicket! Küss in Geduld des Vaters Ruth, der dir so viel zu Gute thut; Geduld bringt Mut und Kräfte.

3. Nur frisch im Glauben fortgekämpft, bis sich der Sturmwind leget! Im Kreuze wird die Lust gedämpft, die sich im Fleisch noch reget; dem Geist wird neue Kraft geschenkt, daß er sich still in Gott versenkt; Geduld erhält viel Gnade.

4. Es wird auch Keiner dort gekrönt, der hier nicht recht gestritten, der nicht, wenn ihn die Welt verhöhnt, die Schmach des Herrn gelitten; wer aber Christi Joch hier trägt, dem wird sein Schmuck dort angelegt; Geduld erlangt die Krone.

5. Gott hilft dir auch bei aller Noth, dem kannst du sicher trauen, er übergibt dich nicht dem Tod, du sollst das Leben schauen; er steht dir bei, er tröstet dich, beweiset sich recht väterlich; Geduld ist voller Segen.

6. Erwarte nur die rechte Zeit, so wirst du wohl empfinden, wie er in süßer Freundlichkeit sich wird mit dir verbinden. Es wird nach ausgestandner Pein dein Labsal unaufhörlich sein; Geduld wird nicht zu Schanden.

Dr. Jakob Gabriel Wolf,
1683—1754.

**Alle gute und alle vollkommene Gabe
Kommt von oben herab, vom Vater des Lichts.**
(Jak. 1, 17.)

Weise 847. Nun ruhen alle Wälder.

522. Herr, Alles, was ich habe, ist einzig deine Gabe, die gibst du, weil du liebst; den Geist, den Leib, das Leben erhältst du, ders gegeben; wie viel ists, was dem Geist du gibst!

2. Herr, daß ich Glauben habe, ist einzig deine Gabe, den Glauben, der mich lehrt, den Glauben, der mich fröhlich und heilig macht und selig, der meinen Blick zum Himmel kehrt.

3. Herr, daß ich Liebe habe, ist einzig deine Gabe, aus deiner Lieb entstammt; mit dir, mein Gott, verbündet, von deiner Lieb entzündet, wird immer neu mein Herz entflammt.

4. Herr, daß ich Hoffnung habe, ist einzig deine Gabe; dich soll ich schaun, dir gleich! Zwar ists noch nicht erschienen, doch will ich treu dir dienen; mach mich hier rein im Gnadenreich!

5. Herr, daß ich Frieden habe, ist einzig deine Gabe; du hast mich Gott versöhnt, du hast mein sündlich Leben und alle Schuld vergeben, mich mit Barmherzigkeit gekrönt.

6. Herr, daß ich Freiheit habe, ist einzig deine Gabe; du gabst den heilgen Geist, du hilfst dem Glauben kämpfen, der Sünde Lust zu dämpfen, bis sich mein Herz ihr ganz entreißt.

7. Herr, daß ich Freude habe, ist einzig deine Gabe; du hast mich oft erquickt. Wie bin in dir ich fröhlich, wie werd ich einst so selig, wenn dich verklärt mein Aug erblickt!

Karl August Döring, 1783—1844.

(Zufriedenheit und Genügsamkeit.)

Sei zufrieden, meine Seele,
Denn dein Herr thut dir Gutes.

(Matth. 6, 31—34. Jes. 30, 15.)

523.　　Eigne Weise. J. Hintze? (1686.) 1690.

Gib dich zu‑frie‑den und sei stil‑le
in ihm ruht al‑ler Freu‑den Fül‑le,
in dem Got‑te bei‑nes Le‑bens;
ohn ihn mühst du dich ver‑ge‑bens.
Er ist dein Quell und bei‑ne Son‑ne, scheint täg‑lich hell zu bei‑ner Won‑ne; gib dich zu‑frie‑den!

2. Er ist voll Lichtes, Trost und Gnaden, ungefärbtes, treues Herzens; wo er steht, thut dir keinen Schaden auch die Pein des größten Schmerzens. Kreuz, Angst und Noth kann er bald wenden, ja, auch den Tod hat er in Händen; gib dich zufrieden!

3. Wie dirs und Andern oft ergehe, ist ihm wahrlich nicht verborgen; er sieht und kennet aus der Höhe der betrübten

Herzen Sorgen; er zählt den
Lauf der heißen Thränen und
faßt zu Hauf all unser Seh=
nen; gib dich zufrieden!

4. Wenn gar kein Einzger
mehr auf Erden, deffen Treue
du darfst trauen: — alsdann
will er dein Treuster werden
und zu deinem Besten schauen.
Er weiß dein Leid und heimlich
Grämen und weiß die Zeit, dirs
zu benehmen; gib dich zufrieden!

5. Er hört die Seufzer deiner
Seelen und des Herzens stilles
Klagen, und was du Keinem
darfst erzählen, magst du Gott
gar kühnlich sagen. Er ist nicht
fern, steht in der Mitte, hört
bald und gern der Armen Bitte;
gib dich zufrieden!

6. Laß dich dein Elend nicht
bezwingen, halt an Gott, so
wirst du siegen; ob alle Fluten
dich umringen, du wirst doch
nicht unterliegen; denn wenn
du wirst zu hoch beschweret,
hat Gott, dein Fürst, dich schon
erhöret; gib dich zufrieden!

7. Was sorgst du für dein
armes Leben, wie dus halten
wollst und nähren? Der dir
das Leben hat gegeben, wird
auch Unterhalt bescheren. Er
hat die Hand voll reicher Ga=
ben, dran See und Land sich
können laben; gib dich zufrieden!

8. Der allen Vögeln in den
Wäldern ihr bescheidnes Körn=
lein weiset, der Schaf und Rin=
der auf den Feldern alle Tage
tränkt und speiset, der, glaube
das, wird nicht vergessen, nach

rechtem Maß dein Theil zu
messen; gib dich zufrieden!

9. Sprich nicht: „Ich sehe keine
Mittel; wo ich such, ist nichts
zum Besten;" denn das ist Got=
tes Ehrentitel: „helfen, wenn
die Noth am größten." Wenn
ich und du ihn nicht mehr spü=
ren, tritt er herzu, uns wohl
zu führen; gib dich zufrieden!

10. Bleibt gleich die Hilf in
etwas lange, wird sie dennoch
endlich kommen; macht dir das
Harren angst und bange, glaube
mir, es ist dein Frommen. Was
langsam schleicht, faßt man ge=
wisser, und was verzeucht, ist
desto süßer; gib dich zufrieden!

11. Nimm nicht zu Herzen,
was die Rotten deiner Feinde
von dir dichten; laß sie nur
immer bitter spotten, Gott
wirds hören und recht richten.
Ist Gott dein Freund und deiner
Sachen, was kann dein Feind,
der Mensch, groß* machen? Gib
dich zufrieden!   * viel.

12. Es kann und mag nicht
anders werden, alle Menschen
müssen leiden; was lebt und
webet auf der Erden, kann das
Unglück nicht vermeiden. Des
Kreuzes Stab schlägt unsre
Lenden bis in das Grab; da
wird sichs enden; gib dich zu=
frieden!

13. Es ist ein Ruhetag vor=
handen, wo uns unser Gott
wird lösen; er wird uns reißen
aus den Banden dieses Leibs
und allem Bösen. Es kömmt
einmal der Tod behende, und

alle Qual hat bann ein Ende; gib dich zufrieden!

14. Er wird uns bringen zu ten Scharen der Erwählten und Getreuen, die hier mit Frieden heimgefahren, sich auch nun in Friede freuen, wo sie den Grund, der nicht kann brechen, den ewgen Mund selbst hören sprechen: „Gib dich zufrieden!"

Paul Gerhardt, 1606—1676.

Es ist ein großer Gewinn, wer gottselig ist Und lässet ihm genügen.
(1 Tim. 6, 6—8.)

524.   Eigne Weise.   1738.

2. Nicht ein einzig Menschenkind hat ein Recht in dieser Welt; Alle, die geschaffen sind, sind nur Gäst im fremden Zelt. Gott ist Herr in seinem Haus; wie er will, so theilt er aus.

3. Bist du doch nicht darum hier, daß du Erde haben sollt! Schau den Himmel über dir, da, da ist bein edles Gold, da ist Ehre, da ist Freud, Freud ohn Ende, Ehr ohn Neid!

4. Der ist albern, der sich kränkt um ein Handvoll Eitelkeit, wenn ihm Gott dagegen schenkt Schätze für die Ewigkeit. Bleibt der Zentner dein Gewinn, fahr der Heller immer hin.

5. Schaue alle Güter an, die dein Herz für Güter hält: keines mit dir gehen kann, wenn du gehest aus der Welt; trittst du in des Grabes Thür, so bleibt Alles hinter dir.

6. Aber was die Seele nährt, Gottes Huld und Christi Blut, wird von keiner Zeit verzehrt, ist und bleibet allzeit gut; Erbengut zerfällt und bricht, Seelengut das schwindet nicht.

7. Gott ist beiner Liebe voll und von ganzem Herzen treu; wenn du wünschest, prüft er wohl, wie dein Wunsch beschaffen sei. Ist birs gut, so geht ers ein; ists dein Schade, spricht er: „Nein!"

8. Unterdessen trägt sein Geist

dir in beines Herzens Haus Manna, das die Engel speist, ziert und schmückt es herrlich aus; ja, er wählet, dir zum Heil, dich zu seinem Gut und Theil.

9. Ei, so richte dich empor, du betrübtes Angesicht! Laß das Seufzen, nimm hervor beines Glaubens Freudenlicht! Das behalt, wenn dich die Nacht beines Kummers traurig macht.

10. Setze, als ein Himmels=sohn, deinem Willen Maß und Ziel; rühre stets vor Gottes Thron beines Dankes Saiten=spiel, weil dir schon gegeben ist mehr, als du nur würdig bist.

11. Führe deinen Lebenslauf allzeit Gottes eingedenk. Wie es kommt, nimm Alles auf als ein wohlbedacht Geschenk; geht dirs widrig, laß es gehn: Gott und Himmel bleibt dir stehn!

Paul Gerhardt, 1606—1676.

Armut und Reichtum gib mir nicht,
Laß mich aber mein bescheiden Theil Speise dahin nehmen.
(Spr. Sal. 30, 7—9.)

Weise 135.   Da Christus geboren war.

525. Zweierlei bitt ich von dir, zweierlei trag ich dir für, dir, der Alles reichlich gibt, was uns dient und dir beliebt: gib mein Bitten, das du weißt, eh ich sterb und sich mein Geist aus des Leibes Banden reißt.

2. Gib, daß ferne von mir sei Lügen und Abgötterei; Armut, so die Maße bricht, großen Reich=tum gib mir nicht; allzuarm und allzureich ist nicht gut, stürzt beides gleich leichtlich uns ins Sündenreich.

3. Laß mich aber, o mein Heil, nehmen mein bescheiden Theil, und beschere mir zur Noth hier mein täglich Stücklein Brot; ein klein wenig, da der Mut und ein gut Gewissen ruht, ist fürwahr ein großes Gut.

4. Sonsten möcht im Ueber=fluß ich empfinden Ueberbruß, dich verleugnen, dir zum Spott sagen: Was frag ich nach Gott? Denn das Herz ist Frechheit voll, weiß oft nicht, wenn ihm ist wohl, wie es sich erheben soll.

5. Wiedrum, steht man arm und bloß und die Noth wird gar zu groß: wird man untreu leicht und stellt nach des Näch=sten Gut und Geld, thut Ge=walt, braucht Ränk und List, ist mit Unrecht ausgerüst, fragt gar nicht, was christlich ist.

6. Ach mein Gott, mein Schatz und Licht! dieses Alles ziemt mir nicht, denn es schändet deine Ehr, stürzet mich ins Höllen=meer. Drum gib mir nicht Hüll und Füll, sondern, so dein Herze will, nicht zu wenig, nicht zu viel.

Paul Gerhardt, 1606—1676.

Ich habe gelernt,
Bei welchen ich bin, mir genügen zu lassen.
(Spr. 17, 1. Röm. 12, 16. 1 Tim. 4, 8; 6, 6. Phil. 4, 8—13.)

Weise 682.   Jauchzet dem Herren all auf Erden.

526. Du klagst und fühlest
die Beschwerden des Stands,
in dem du mühsam lebst; du
strebest glücklicher zu werden,
und siehst, daß du vergebens
strebst. Ja, klage nur; wer
sollt es wehren? doch denk im
Klagen auch zurück: ist denn
das Glück, das wir begehren,
für uns auch stets ein wahres
Glück?

2. Nie schenkt der Stand, nie
schenken Güter dem Menschen
die Zufriedenheit; die wahre
Ruhe der Gemüter ist Demut
und Genügsamkeit. Genieße,
was dir Gott beschieden, ent=
behre gern, was du nicht hast;
ein jeder Staub hat seinen
Frieden, ein jeder Stand hat
seine Last.

3. Gott ist der Herr, und
seinen Segen vertheilt er stets
mit weiser Hand, nicht so, wie
wirs zu wünschen pflegen, doch
so, wie ers uns heilsam fand.
Willst du zu denken dich erküh=
nen, daß seine Liebe dich ver=
gißt? Er gibt uns mehr, als
wir verdienen, und niemals
was uns schädlich ist.

4. Verzehre nicht des Lebens
Kräfte in träger Unzufrieden=
heit, besorge deines Stands
Geschäfte und nütze deine Le=
benszeit. Bei Pflicht und Fleiß
sich Gott ergeben, ein ewig
Glück in Hoffnung sehn, —
dies ist der Weg zu Ruh und
Leben; o Herr, lehr diesen Weg
mich gehn!

M. Christian Fürchtegott Gellert,
1715—1769.

Du, Herr, segnest die Gerechten;
Du krönest sie mit Gnaden, wie mit einem Schilde.
(Pf. 5. Spr. 30, 7—8.)

Weise 326.   Herr, wie du willst, so schicks mit mir.

527. Gott, deine Güte reicht
so weit, so weit die Wolken
gehen; du krönst uns mit Barm=
herzigkeit und eilst, uns beizu=
stehen. Herr, meine Burg, mein
Fels, mein Hort, vernimm mein
Flehn, merk auf mein Wort,
denn ich will vor dir beten.

2. Ich bitte nicht um Ueber=
fluß und Schätze dieser Erden;
laß mir, so viel ich haben muß,

nach deiner Gnade werden. Gib
mir nur Weisheit und Ver=
stand, dich, Gott, und den, den
du gesandt, und mich selbst zu
erkennen.

3. Ich bitte nicht um Ehr
und Ruhm, so sehr sie Men=
schen rühren; des guten Namens
Eigentum laß mich nur nie ver=
lieren! Mein wahrer Ruhm sei
meine Pflicht, der Ruhm vor

deinem Angesicht und frommer Freunde Liebe.

4. So bitt ich dich, mein Herr und Gott, auch nicht um langes Leben; im Glücke Demut, Mut in Noth, — das wollest du mir geben. In deiner Hand steht meine Zeit, laß du mich nur Barmherzigkeit vor dir im Tode finden.

M. Christian Fürchtegott Gellert, 1715—1769.

(Christliche Arbeitsamkeit und Berufstreue.)

Herr, zeige mir deine Wege
Und lehre mich deine Steige.
(Pf. 121; 127, 1.)

Weise 847.   Nun ruhen alle Wälder.

528. Du sollst in allen Sachen mit Gott den Anfang machen aus treuer Schuld und Pflicht; wem hast du Dank zu geben, o Mensch, für Heil und Leben? Nur ihm; von dir entspringt es nicht.

2. Der Mensch mit seinem Dichten weiß wenig auszurichten, was gut zu heißen sei! Was will dein kaltes Sinnen, du Staub der Zeit, beginnen, legt Gott nicht seine Hilfe bei?

3. Drum sei nicht zu verwegen auf deines Amtes Stegen und such nicht eignen Ruhm! Wie kannst du mit Vertrauen auf deine Kräfte bauen? sind sie doch kaum dein Eigentum.

4. Schlag an die Himmelspforten mit starken Glaubensworten, da bitte Beistand aus; daher wird Segen fließen und reichlich sich ergießen auf dich und auf dein ganzes Haus.

5. Wo Gott die Hand dir reget, selbst Grund zur Arbeit leget, da fügt er Segen bei; entzieht er seine Gnaden, so muß das Werk misrathen, wie trefflich auch der Meister sei.

Andreas Tscherning, 1611—1659.

Unsere Hilfe sei im Namen des Herrn,
Der Himmel und Erde gemacht hat.
(Pf. 28, 7.   2 Sam. 22, 3.   Col. 3, 17. 23.)

Weise 771.   Es ist gewislich an der Zeit.

529. In Gottes Namen fang ich an, was mir zu thun gebühret; mit Gott wird Alles wohl gethan und glücklich ausgeführet. Was man in Gottes Namen thut, ist allenthalben recht und gut und muß uns auch gedeihen.

2. Gott ists, der das Vermögen schafft, das Gute zu vollbringen, er gibt uns Segen, Mut und Kraft und läßt das Werk gelingen, daß uns ein reicher Zug* entsteht und Gottes Gab in Fülle geht, daß wir zur Gnüge haben.   * Joh. 21, 6.

28

3. Gott ist der Frommen Schild und Lohn, er krönet sie mit Gnaden; der bösen Welt Haß, Neid und Hohn kann ihnen gar nicht schaden. Gott decket sie mit seiner Hand, er segnet ihren Weg und Stand und füllet sie mit Freuden.

4. Drum komm, Herr Jesu, stärke mich, hilf mir in meinen Werken; laß du mit deiner Gnade dich bei meiner Arbeit merken. Gib dein Gedeihen selbst dazu, daß ich in Allem, was ich thu, erfahre deinen Segen.

5. Regiere mich durch deinen Geist, den Müßiggang zu meiden, daß das, was du mich schaffen heißt, gescheh mit lauter Freuden, auf daß ich dir mit aller Treu auf dein Gebot gehorsam sei und meinem Nächsten diene.

6. Nun, Jesu, komm und bleib bei mir; die Werke meiner Hände befehl ich, liebster Heiland, dir; hilf, daß ich sie vollende zu deines Namens Herrlichkeit, und gib, daß ich zur Abendzeit erwünschten Lohn empfange!

Salomon Liscov, 1640—1689.

Seine Gnade und Wahrheit
Waltet über uns in Ewigkeit. Hallelujah!
(Jak. 4, 13—15. Pf. 90, 17. Phil. 2, 13.)

530. Weise: Gelobet seist du, Jesu Christ. Altdeutsch. 1524.

Das wal=te Gott, der hel=fen kann! mit Gott fang ich die Ar=beit an, mit Gott nur geht es glück=lich fort, drum ist auch dies mein er=stes Wort: Das wal=te Gott!

2. All mein Beginnen, Thun und Werk erheischt vom Herren Kraft und Stärk; mein Herz zu Gott ist stets gericht, drum auch mein Mund mit Freuden spricht: Das walte Gott!

3. Wenn Gott nicht hilft, so kann ich nichts; wo Gott nicht gibet, da gebrichts; Gott gibt und thut mir alles Guts, drum sprech ich nun auch gutes Muts: Das walte Gott!

4. Will Gott mir etwas geben hier, so will ich dankbar sein dafür; auf sein Wort werf ich aus mein Netz* und sag in meiner Arbeit stets: Das walte Gott!   * Luc. 5, 4—10.

5. Anfang und Mitte sammt dem End stell ich allein in Got-

tes Händ; er gebe, was mir nützlich ist, drum sprech ich auch zu jeder Frist: Das walte Gott!

6. Legt Gott mir seinen Se=gen bei nach seiner großen Güt und Treu, so hab ich Gnüg zu jeder Stund; drum sprech ich auch von Herzensgrund: Das walte Gott! ·

7. Trifft mich ein Unglück: unverzagt! Ist doch mein Werk mit Gott gewagt; er wird mir gnädig stehen bei, drum dies auch meine Losung sei: Das walte Gott!

8. Er kann mich segnen früh und spat, bis all mein Thun ein Ende hat; er gibt und nimmt, machts, wie er will; drum sprech ich fein auch in der Still: Das walte Gott!

9. Gott steht mir bei in aller Noth und gibt mir auch mein täglich Brot; nach seinem alten Vaterbrauch thut er mir Guts, drum sprech ich auch: Das walte Gott!

10. Nichts glücket ohne Got=tes Gunst, nichts hilft Verstand, Witz oder Kunst; mit Gott gehts fort, geräth auch wohl, daß ich kann sagen glaubens=voll: Das walte Gott!

11. Theilt Gott was mit aus Gütigkeit, so acht ich keiner Feinde Neid; mag hassen, wers nicht lassen kann, ich stimme doch mit Freuden an: Das walte Gott! —

12. Thu ich denn was mit Gottes Rath, der mir beistehet früh und spat, so fügt ers, daß es glücken muß; drum sprech ich nochmals zum Beschluß: Das walte Gott!

Johann Betichius, wahrscheinlich vor 1700.

Trachtet am ersten nach dem Reiche Gottes und nach seiner Gerechtigkeit,
Dann wird euch solches Alles zufallen.
(Matth. 6, 24—34. Ps. 147, 7—9.)

Weise 14. Herr Jesu Christ, dich zu uns wend.

531. Gott, dessen Hand die Welt ernährt und Jedermann sein Theil beschert, regiere mich doch Tag für Tag, daß ich mich redlich nähren mag.

2. Du sorgst für mich, doch so, daß ich auch sorgen soll, zu thun, was mich dein offenbar=ter Wille heißt; dazu verleih mir deinen Geist!

3. Hilf, daß ich hier in dieser Welt so lebe, wie es dir gefällt; laß meine erste Sorge sein, wie ich zum Himmel gehe ein.

4. Ist meiner armen Seele wohl, so lehre mich auch, wie ich soll dem Leibe thun, was ihm gebührt, damit er keinen Mangel spürt.

5. Ich ruf dich an: verlaß mich nicht! Du weißt ja wohl, was mir gebricht; doch schreib ich, Vater, dir nichts für; was du willst geben, das gib mir.

28*

6. Mit Beten geh ich an mein Werk; gib du dem Leibe Kraft und Stärk. Ich streck die Hand mit Freuden aus; komm du mit Segen in mein Haus.

7. Versüße mir den sauern Schweiß und hilf, daß ich mit allem Fleiß das thu, was meines Amtes ist; ich weiß, daß du mein Helfer bist.

8. Ich trau auf dich von Herzensgrund, du werdest mir zu deiner Stund auf meine Arbeit und Bemühn den Nahrungssegen nicht entziehn.

9. Du machst die dürren Berge naß, du kleidest Lilien, Laub und Gras, du speisest alle Vögelein: sollt ich denn ohne Segen sein?

10. Ach, daß wir unser Leben lang nur wüßten recht zu deinem Dank mit deinen Gaben umzugehn, so würd es wohl im Hause stehn!

11. Nun, treuer Gott, erhöre mich! Mein Auge siehet nur auf dich. Hilf, daß ich sorge, wie ich soll; ja, sorge du, so geht mirs wohl!

Gabriel Wimmer, 1671—1745.

(Wahrhaftigkeit, Eid.)

Denke Keiner Arges in seinem Herzen, und liebet nicht falsche Eide; Denn solches Alles hasse ich, spricht der Herr.

(Sachar. 8, 16. 17. Matth. 5, 37; 10, 28.)

Weise 777. O Ewigkeit, du Donnerwort.

532. Gott, der du Herzenskenner bist, Herr, dem die Falschheit Greuel ist und jede Lüg Verbrechen: kein Wort spricht je ein falscher Mund, das dir, Allwissender, nicht kund; du, Heiliger, wirsts rächen! Laß jederzeit mein Ja und Nein, wie's Christen ziemt, aufrichtig sein!

2. Und wenn ich schwörend vor dir steh, dir in dein heilig Antlitz seh, die Hand zum Himmel hebe, wenn ich zum Zeugen feierlich anrufe, Hocherhabner, dich, durch den ich bin und lebe: dann sei von Trug und Heuchelei mein Herz und meine Zunge frei!

3. Wenn Frevler dich auch da noch schmähn und frech mit Lügen vor dir stehn, dann laß mein Herz erschrecken! Weh dem, der Gott und Gottes Macht zum Sigel seiner Bosheit macht, sie vor der Welt zu decken! Herz, schau den Gott mit Zittern an, der Seel und Leib verderben kann.

4. Gott, wenn du nicht mein Gott mehr bist, dein Sohn nicht mehr mein Heiland ist, dein Himmel nicht mein Erbe; wenn mich beim Leiden dieser Zeit kein Trost vom Himmel mehr erfreut, kein Trost mehr, wenn ich sterbe; wenn Gott und Jesus nicht mehr mein: — dann besser, nie geboren sein!

5. Nein, Ehre nicht, nicht Gut

und Geld, kein Fürstentum und keine Welt soll mich so weit verführen; um alle Leiden dieser Zeit will ich doch Gott und Seligkeit mutwillig nicht verlieren! Wie klein mein Glück auch immer sei: nur Gott und reines Herz dabei!

6. O hilf mir, Herr, bei je=
dem Eid aus Furcht vor deiner Heiligkeit die Wahrheit treulich sprechen. Beschwör ich aber Amt und Pflicht, so laß mich auch im Kleinsten nicht die theure Zusag brechen! Auch dir, Gott, schwur ich treu zu sein, — erhalt mich ewig, ewig dein!

Johann Karl Daniel Bickel,
1737—1809.

Ich will mich üben zu haben ein unverletzt Gewissen allenthalben, Beides, gegen Gott und die Menschen.

(Apstgsch. 24, 16. 1 Tim. 1, 5. 19; 3, 9; 4, 2.)

Weise 175. Ach, was soll ich Sünder machen?

533. Wer geht froh durchs Erdenleben an der Liebe treuer Hand? Der in Christo Friede fand, der sich völlig ihm ergeben; stets sein Eigentum zu sein, hält er sein Gewissen rein.

2. Möge dich die Welt verhöhnen! Spricht dich dein Gewissen frei, bleibst du deinem Herrn getreu: o dann wird er dich auch krönen, er wird dein Vertreter sein; halte dein Gewissen rein!

3. Mußt du kaufen und verkaufen, gib den Frieden drum nicht hin; was ist aller Welt Gewinn? Erde nur sind Goldeshaufen! Kauf die eine Perle ein: halte dein Gewissen rein!

4. Redlich geht auf Gottes Wegen, unrecht Gut gedeihet nicht, falsches Maß und falsch Gewicht rauben dir nur Gottes Segen; strebe reich in Gott zu sein, — halte dein Gewissen rein!

5. Deines Hauses Schmuck sei Friede; die dir dienen liebe

du, gönne ihnen Sabbathsruh; sie zu fördern sei nicht müde, laß ihr Wohl dir heilig sein, — halte dein Gewissen rein!

Eph. 6, 8—9.

6. Wem du dich zum Dienst verpflichtet: diene dem, wie Gott dem Herrn, redlich, treu und herzlich gern; Gott belohnet, Christus richtet! Hasse Augendienst und Schein, — halte dein Gewissen rein!

Eph. 6, 5—6; 1 Tim. 6, 1. 2;
2 Tim. 3, 5.

7. Prüfe dich, wenn du sollst schwören, daß des Meineids Frevel nicht dich verklagen im Gericht; laß die Lust dich nicht bethören! Gott wird schneller Zenge sein; halte dein Gewissen rein!

8. Stürmt es auch in Ungewittern, sinket Noth auf dich herab, öffnet sich dir selbst das Grab: — dennoch wirst du nimmer zittern; Gott wird dir ein Helfer sein, hältst du dein Gewissen rein.

9. Wohl dem Christen, der im Leben Gottes Ruf im Herzen ehrt! Christus, der sich ihm verklärt, wird ihm Trost im Tode geben. Halte dein Gewissen rein, dann gehst du zum Himmel ein.

M. Wilh. Hülsemann, geb. 1781.

d. Kämpfe und Anfechtungen.

**Ich will auf den Herrn schauen
Und den Gott meines Heils erwarten.**
(2 Cor. 1—10. Mich. 7, 7.)

534.　　　　Eigne Weise.　　M. Teschner (1613?) 1615.

Va = let * will ich dir ge = ben, du ar = ge, fal = sche
dein sünd = lich bö = ses Le = ben durch = aus mir nicht ge =

Welt; Im Him = mel ist gut woh = nen, hin =
fällt.

auf steht mein Be = gier; da wird Gott e = wig loh = nen dem,

der ihm dient all = hier.

* Abschied, Lebewohl.

2. Rath mir nach deinem Herzen, o Jesu, Gottes Sohn; soll ich ja dulden Schmerzen, hilf mir, Herr Christ, davon; verkürz mir alles Leiden, stärk meinen blöden Mut, laß selig mich abscheiden, setz mich in dein Erbgut.

3. In meines Herzens Grunde dein Nam und Kreuz allein funkelt all Zeit und Stunde; drauf kann ich fröhlich sein. Erschein mir in dem Bilde zum Trost in meiner Noth, wie du, Herr Christ, so milde dich hast geblut zu Tod;

4. Und nimm mein Seel aus Gnaden, o Herr, in dein Geleit, rück sie aus allem Schaden in deine Herrlichkeit. Der ist wohl hier gewesen, wer kommt ins himmlisch Schloß, und ewig ist genesen, wer bleibt in deinem Schoß.

5. Schreib meinen Nam aufs beste ins Buch des Lebens ein

und bind mein Seel gar feste
ins Lebensbündlein ein* der**,
die im Himmel grünen und
vor dir leben frei: so will ich

ewig rühmen, daß treu dein
Herze sei.

* 1 Sam. 25, 29. — ** Der=
jenigen.

Valerius Herberger, 1562—1627.

Wer beharret bis ans Ende,
Der wird selig.
(Offenb. 2, 10. Röm. 8, 18.)

Weise 587. Freu dich sehr, o meine Seele.

535. Sei getreu bis an das
Ende, daß nicht Marter, Angst
und Noth dich von deinem Jesu
wende; sei ihm treu bis in den
Tod! Ach, das Leiden dieser Zeit
ist nicht werth der Herrlichkeit,
die dein Jesus dir will geben
dort in jenem Freudenleben.

2. Sei getreu in deinem Glau=
ben! Laß dir dessen festen
Grund ja nicht aus dem Her=
zen rauben, halte treulich dei=
nen Bund, den dein Gott durchs
Wasserbad fest mit dir geschlossen
hat. Der ist gottlos und ver=
loren, der meineidig ihm ge=
schworen.

3. Sei getreu in deiner Liebe
gegen Gott, der dich geliebt!
Auch am Nächsten Gutes übe,
wenn er gleich dich hat betrübt;
denke: wie dein Heiland that,
als er für die Feinde bat, so
mußt du verzeihen eben*, soll
dir anders Gott vergeben.

* Ebenso, gleichfalls.

4. Sei getreu in deinem Lei=
den! Lasse dich kein Ungemach,
laß dich nichts von Jesu schei=
den; murre nicht in Weh und
Ach! denn du machest deine
Schuld größer nur durch Unge=
duld; leichter trägt, wer willig
träget, was sein Gott ihm auf=
erleget!

5. Sei getreu in deinem Hof=
fen! Traue fest auf Gottes
Wort; hat dich Kreuz und Noth
betroffen und Gott hilft nicht
alsofort: — hoff auf ihn doch
festiglich; sein Herz bricht ihm
gegen dich*, seine Hilf ist schon
vorhanden, Hoffnung machet nie
zu Schanden.

* Jerem. 31, 20.

6. Nun wohlan, so bleib im
Leiden, Glauben, Liebe,
Hoffnung fest! — „Ich will
treu sein bis zum Scheiden,
weil mein Gott mich nicht ver=
läßt. Herr, den meine Seele
liebt, dem sie sich im Kreuz
ergibt, sieh, ich fasse deine Hände:
hilf mir treu sein bis zum Ende!"

Benjamin Prätorius, um 1659; Vers 6 nach Kaspar Schade von
Albert Knapp.

Sei getreu bis in den Tod, spricht der Herr,
So will ich dir die Krone des Lebens geben.
(Luc. 9, 59—62. Offenb. 2, 10; 3, 11.)

Weise 549.   Durch Adams Fall ist ganz verderbt.

536. Sei Gott getreu, halt seinen Bund, o Mensch, in deinem Leben; leg diesen Stein zum ersten Grund, bleib ihm allein ergeben. Denk an den Kauf in deiner Tauf, wo er sich dir verschrieben bei seinem Eid, in Ewigkeit als Vater dich zu lieben.

2. Sei Gott getreu, laß keinen Wind und Sturm dich von ihm kehren; ist er dein Vater, du sein Kind, was willst du mehr begehren? Dies höchste Gut macht rechten Mut; kann seine Huld dir werden, — nichts Beßres ist, mein lieber Christ, im Himmel und auf Erden.

3. Sei Gott getreu von Jugend auf, laß dich nicht Lust noch Leiden in deinem ganzen Lebenslauf von seiner Liebe scheiden. Sein alte Treu wird täglich neu, auf sein Wort kannst du bauen; was er verspricht, das bricht er nicht, drauf sollst du kühnlich trauen.

4. Sei Gott getreu in deinem Stand, worein er dich gesetzet; wenn er dich hält mit seiner Hand: wer ist, der dich verletzet? Wer seine Gnad zum Schilde hat, dem kann 'kein Teufel schaden; ist die Brustwehr um einen her, so bleibt er wohl berathen.

5. Sei Gott getreu, sein liebes Wort standhaftig zu bekennen; steh fest darauf an allem Ort, laß dich davon nicht trennen. Was diese Welt in Armen hält, muß Alles noch vergehen; sein liebes Wort bleibt immerfort ohn alles Wanken stehen.

6. Sei Gott getreu, denn er läßt sich getreu und gnädig finden; streit unter ihm nur ritterlich, laß über dich den Sünden ja wider Pflicht den Zügel nicht; und wär ein Fall geschehen, so sei bereit, durch Buß bei Zeit nur wieder aufzustehen.

7. Sei Gott getreu bis in den Tod, laß dich durch nichts abwenden; er wird und kann in aller Noth dir treuen Beistand senden. Und käm auch gleich der Hölle Reich mit aller Macht gedrungen, wollt auf dich zu, so glaube du, du kleibest unbezwungen.

8. Wenn so du wirst Gott bleiben treu, wird er sich dir erweisen, daß er dein lieber Vater sei, wie er dir hat verheißen, und eine Kron zum Gnadenlohn im Himmel dir aufsetzen; da wirst du dich dort ewiglich in seiner Treu ergetzen.

Michael Franck, 1609—1667.

Der Weg ist breit, der zur Verdammnis abführet,
Und ihrer sind Viele, die darauf wandeln.
(Jef. 40, 6—8. Matth. 7, 13. 14.)
Weise 588. Herzlich thut mich verlangen.

537. Nnu hört, ihr frommen Christen, ihr, die ihr wissen wollt, wie ihr den argen Lüsten der Welt entgehen sollt: was euer Thun und Lassen, was euer Staud soll sein, damit ihr auf den Straßen des Himmels gehet ein.

2. Des Leibes kurze Freude und was dem Fleisch gefällt, der Augen schnöde Weide, die Wolluft dieser Welt, das eitle Thun und Streben, was Ehr und Gut betrifft, — das ist dem Christenleben ein schädlich Seelengift.

3. Strebt nicht, den Leib zu kleiden, nach Gold und großem Gut, nach Edelstein und Seiden, wie sonst ein Weltkind thut! Wollt ihr mit Schönheit prangen, so laßt die Seele sein mit Gottesfurcht umfangen und reich geschmücket sein.

4. Ach, was sind Rosenwangen und seidnes Prachtgewand? Was ist der Jugend Prangen? Was ist ein hoher Staud? Was meint ihr da zu finden? Was ist das eitle Geld? — Ein Schein, der bald muß schwinden, ein Schaum, der bald zerfällt.

5. Gleich wie vom kalten Wetter der Blumen Glanz erstirbt; gleich wie die Zier der Blätter im feuchten Herbst verdirbt: also muß auch vergehen des Fleisches kurze Frist, und das nur kann bestehen, was geistlich, göttlich ist.

6. O König der Heerscharen, dein Wort ist Burg und Schloß, wo man sich kann verwahren vor feindlichem Geschoß; dahin ists Noth zu laufen! Wer diese Straß verfehlt, hat mit dem rohen Haufen den breiten Weg erwählt.
Johannes Franck, 1618—1677.

Lasset uns laufen durch Geduld im dem Kampfe, der uns verordnet ist,
Und aufsehen auf Jesum, den Anfänger und Vollender des Glaubens.
(2 Tim. 2, 1—5. Hebr. 12, 1.)
Weise 290. Es ist das Heil uns kommen her.

538. Auf, Christenmensch, auf, auf, zum Streit! auf, auf, zum Ueberwinden! In dieser Welt, in dieser Zeit ist keine Ruh zu finden. Wer nicht will streiten, trägt die Kron des ewgen Lebens nicht davon; drum streite, ringe, kämpfe!

2. Der Satan kommt mit seiner List, die Welt mit Pracht und Prangen, das Fleisch mit Wolluft, — wo du bist, zu fälln

dich und zu fangen; streitst du nicht als ein tapfrer Held, so bist du hin, und schon gefällt, drum streite, ringe, kämpfe!

3. Gedenke, daß du zu der Fahn deins Feldherrn hast geschworen; gedenke, daß du als ein Mann zum Streit bist auserkoren; gedenk, daß ohne Streit und Krieg noch Keiner zum Triumph aufstieg; drum streite, ringe, kämpfe!

4. Wie schmählich ists, wenn ein Soldat dem Feind den Rücken kehret! wie schändlich, wenn er seine Statt verläßt und sich nicht wehret! wie sträflich, wenn er gar mit Fleiß aus Zagheit sich dem Feind gibt preis; drum streite, ringe, kämpfe!

5. Wer überwindt* und hat den Raum der Laufbahn wohl durchmessen, der wird im Paradies vom Baum des ewgen Lebens essen. Er wird fürwahr von keinem Leid noch Tod berührt

in Ewigkeit; drum streite, ringe, kämpfe! * Off. 2, 7. 11. 17. 26.

6. Wer überwindet*, der soll dort in weißen Kleidern gehen; sein guter Name soll sofort im Buch des Lebens stehen; ja, Christus wird denselben gar bekennen vor der Engel Schar; drum streite, ringe, kämpfe! * Off. 3, 5.

7. Wer überwindt*, soll ewig nicht aus Gottes Tempel gehen, vielmehr drin wie ein himmlisch Licht und goldne Seule stehen; der Name Gottes, unsers Herrn, soll leuchten von ihm weit und fern; drum streite, ringe, kämpfe! * Off. 3, 12.

8. So streit denn wohl, streit leck und kühn, daß du mögst überwinden; streng an die Kräfte, Mut und Sinn, daß du dies Gut mögst finden. Wer nicht will streiten um die Kron, bleibt ewiglich in Spott und Hohn; drum streite, ringe, kämpfe!

Dr. Johann Scheffler, 1624—1677.

Suchet den Herrn, weil er zu finden ist;
Rufet ihn an, weil er nahe ist.

(Jes. 55, 6—11.)

Weise 431.   Dank sei Gott in der Höhe.

539. Wollt ihr den Heiland finden, so sucht ihn, weils noch Zeit; wollt ihr euch ihm verbinden, so thuts, weil ers gebent; wollt ihr die Kron empfangen, so laufet nach dem Ziel; wer viel strebt zu erlangen, der sucht und müht sich viel.

2. Sucht ihn mit Kindsgeberden, den Kindlein werdet gleich;

wer nicht ein Kind will werden, der kommt nicht in sein Reich; sucht ihn, den reinen Knaben, in zarter Jungfrau Schoß, denn wer dies Gold will haben, muß kommen fleckenlos.

2. Sucht ihn, soll er sich zeigen, voll Demut und Geduld; wer meiden kann und schweigen, der findet seine Huld; sucht ihn

in stillen Räumen, voll Abge=
schiedenheit; denn die von Welt=
lust träumen, die sind vom Herrn
noch weit.

4. Sucht ihn in Kreuz und
Leiden, in Trübsal und Elend;
denn durch des Weltkinds Freu=
den wird man von ihm getrennt;
sucht ihn in seinem Sterben,
sucht ihn in seinem Grab; sein

Reich kann nur ererben, wer
auch der Welt stirbt ab.

5. Sucht ihn im Himmel droben
im Chor der Seraphim, denn
die ihn liebend loben, die sind
nicht weit von ihm. Sucht ihn
in euerm Herzen mit tiefer Innig=
keit, so seid ihr frei von Schmer=
zen jetzt und in Ewigkeit.

Dr. Joh. Scheffler, 1624—1677.

**Wer Sünde thut, der ist der Sünde Knecht;
So euch aber der Sohn frei macht, so seid ihr recht frei.**
(Mich. 2, 13. Röm. 8.)

540. Eigne Weise. 1704.

O Durchbrecher al=ler Ban=de, der du im=mer
und bei welchem Schad und Schande lau=ter Lust und

bei uns bist
Himmel ist: ü=be fer=ner dein Ge=rich=te

wi=der un=sern A=dams=sinn, bis dein treu=es

An=ge=sich=te uns führt aus dem Ker=ker hin.

2. Ists doch deines Vaters
Wille, daß du endest dieses
Werk; darum wohnt in dir die
Fülle aller Weisheit, Lieb und
Stärk, daß du nichts von dem
verlierest, was er dir geschenket
hat, und es aus dem Kampfe
führest zu der süßen Ruhestatt.

3. Ach, so mußt du uns voll=
enden, willst und kannst ja anders
nicht; denn wir sind in deinen

Häuden, dein Herz ist auf uns
gericht, ob die Welt uns auch
verachte hier in dieser Pilgerzeit
und mit Hochmut uns betrachte
ob des Kreuzes Niedrigkeit.

4. Aber schau doch unsre Ketten,
da wir mit der Creatur seuf=
zen, ringen, schreien, beten um
Erlösung der Natur von dem
Dienst der Eitelkeiten, der uns
noch so hart bedrückt, wenn auch

unser Geist zu Zeiten sich auf etwas Beßres schickt!

5. Stärke doch die matten Kräfte, sich zu reißen los; verleih, daß sie, durch die Weltgeschäfte durchgebrochen, stehen frei. Weg mit Menschenfurcht und Zagen! weich, Vernunft-Bedenklichkeit! fort mit Scheu vor Schmach und Plagen! weg des Fleisches Zärtlichkeit!

6. Herr, erlöse deine Kinder, brich der Sünde Macht entzwei; denke, daß ein armer Sünder dir im Tod nichts nütze sei. Heb uns aus dem Staub der Sünden, wirf die Lust der Welt hinaus; laß uns wahre Freiheit finden, Freiheit in des Vaters Haus!

7. Wir verlangen keine Ruhe für das Fleisch in diesem Streit. Wie dus nöthig findst, so thue noch vor unsrer Abschiedszeit! Aber unser Geist der bindet dich im Glauben, läßt dich nicht, bis er die Erlösung findet, die dein treuer Mund verspricht.

8. Herrscher, herrsche! Sieger, siege! König, brauch dein Regiment! Führe deines Reiches Kriege, mach der Sclaverei ein End! Aus dem Kerker laß die Seelen durch des neuen Bundes Blut; laß uns länger nicht so quälen, denn du meinsts mit uns ja gut.

9. Lange hält uns schon gefangen Lust und Selbstgefälligkeit; ach, so laß uns nicht stets hangen in dem Tod der Eigenheit! Denn die Last treibt uns zu rufen, Alle flehen wir dich an: Zeig doch nur die ersten Stufen der gebrochnen Freiheitsbahn!

10. Theuer sind wir ja erworben, nicht der Menschen Knecht zu sein! Drum, so wahr du bist gestorben, mußt du uns auch machen rein, rein und frei und ganz vollkommen, in dein heilig Bild verklärt; der hat Gnad um Gnad genommen, wer aus deiner Füll sich nährt.

11. Liebe, zeuch uns in dein Sterben! Laß mit dir gekreuzigt sein, was dein Reich nicht kann ererben; führ ins Paradies uns ein! Doch wohlan, du wirst nicht säumen, nur laß uns nicht lässig sein; werden wir doch gleichwie träumen*, wenn die Freiheit bricht herein!   * Ps. 126, 1.

Gottfried Arnold, 1666—1714.

Wachet und betet, daß ihr nicht in Anfechtung fallet! Der Geist ist willig, aber das Fleisch ist schwach.

(Phil. 2, 12. Marc. 13, 13—37. Eph. 6, 10—20.)

541.   Weise: Straf mich nicht in deinem Zorn.

J. Rosenmüller, 1655? (1694.)

Ma-che dich, mein Geist, be-reit, wa-che, fleh und
daß dir nicht die bö-se Zeit plötzlich na-he

be = te,
tre = te!
Un=ver=hofft ist schon oft ü = ber vie = le

From = men die Ver=su=chung kom=men.

2. Aber wach auch erst recht auf von dem Sündenschlafe, denn es folget sonst darauf eine lange Strafe; und die Noth sammt dem Tod möchte dich in Sünden unvermutet finden.

3. Wache auf, sonst kannst du nicht Christi Klarheit sehen; wache, sonsten wird sein Licht dir noch ferne stehen; denn Gott will für die Füll seiner Gnadengaben offne Augen haben.

4. Wache, laß des Feindes List nicht im Schlaf dich finden, wo es ihm ein leichtes ist, dich zu überwinden; denn Gott gibt, die er liebt, oft in seine Strafen, wenn sie sicher schlafen.

5. Wache, daß dich nicht die Welt durch Gewalt bezwinge, oder wenn sie sich verstellt, wieder an sich bringe. Wach und sieh, daß du nie falsche Brüder hörest und dich so bethörest.

6. Wache, nimm dich wohl in Acht, trau nicht deinem Herzen! Leicht kann, wer es nicht bewacht, Gottes Huld verscherzen; denn es ist voller List, kann sich selber heucheln und in Hoffart schmeicheln.

7. Bete aber auch dabei mitten in dem Wachen; denn der Herr nur kann dich frei von dem Allem machen, was dich drückt und bestrickt, daß du schläfrig bleibest und sein Werk nicht treibest.

8. Ja, er will gebeten sein, wenn er was soll geben; er verlanget unser Schrei'n, wenn wir wollen leben und durch ihn unsern Sinn, Feind, Welt, Fleisch und Sünden wollen überwinden.

9. Doch wohlan, es muß uns schon Alles glücklich gehen, wenn zu ihm durch seinen Sohn inniglich wir flehen; denn er will mit der Füll seiner Gunst beschütten, wenn wir gläubig bitten.

10. Drum so laßt uns immerdar wachen, flehen, beten, weil uns Angst, Noth und Gefahr immer näher treten; denn die Zeit ist nicht weit, da der Herr wird richten und die Welt vernichten.

Joh. Burkhart Freistein, † 1720.

Seid stark in dem Herrn und in der Macht seiner Stärke; Ziehet an den Harnisch Gottes.
(Eph. 6, 10—17.)

Weise 762. Wachet auf, ruft uns die Stimme.

542. Rüstet euch, ihr Christenleute! die Feinde suchen euch zur Beute; ja, Satan selbst hat eur begehrt!* Wappnet euch mit

Gottes Worte und kämpfet frisch an jedem Orte, damit ihr bleibet unversehrt. Ist euch der Feind zu schnell: hier ist Immanuel. Hosianna! Der Starke fällt durch diesen Held, und wir behalten mit das Feld. * Luc. 22, 31.

2. Reinigt euch von euern Lüsten; besieget sie, die ihr seid Christen, und stehet in des Herren Kraft! Stärket euch in Jesu Namen, daß ihr nicht strauchelt wie die Lahmen. Wo ist des Glaubens Ritterschaft? Wer hier ermüden will, der schaue auf das Ziel; da ist Freude. Wohlan, so seid zum Kampf bereit! dann krönet euch die Ewigkeit.

3. Streitet recht die wenig Jahre, eh ihr kommt auf die Todtenbahre; kurz, kurz ist unser Lebenslauf. Wenn Gott wird die Todten wecken, und das Gericht die Welt wird schrecken, so stehen wir mit Freuden auf. Gott Lob, wir sind versöhnt; daß uns die Welt noch höhnt, währt nicht lange, und Gottes Sohn hat längstens schon uns beigelegt die Ehrenkron.* * 2 Tim. 4, 8.

4. Jesu, stärke deine Kinder und mach aus denen Ueberwinder, die du erkauft mit deinem Blut! Schaff in uns ein neues Leben, daß wir uns stets zu dir erheben, wenn uns entfallen will der Muth. Geuß aus auf uns den Geist, durch den die Liebe fleußt in die Herzen, so halten wir getreu an dir im Tod und Leben für und für.

Wilh. Erasmus Arends, † 1721.

Ich achte Alles für Schaden, Auf daß ich Christum gewinne.
(1 Joh. 2, 15—17.)
Weise 387. Groß ist, o großer Gott.

543. Was frag ich nach der Welt und allen ihren Schätzen, wenn ich mich nur an dir, Herr Jesu, kann ergetzen? Dich hab ich einzig mir zur Wonne vorgestellt; du, du bist meine Ruh; was frag ich nach der Welt?

2. Die Welt ist wie ein Rauch, der in der Luft vergehet, und einem Schatten gleich, der kurze Zeit bestehet. Mein Jesus aber bleibt, wenn Alles bricht und fällt; er ist mein starker Fels; was frag ich nach der Welt?

3. Die Welt sucht Ehr und Ruhm bei hocherhabnen Leuten und deult nicht einmal dran, wie bald doch diese gleiten; das aber, was mein Herz allein für rühmlich hält, ist mein Herr Jesus Christ; was frag ich nach der Welt?

4. Die Welt bekümmert sich, wenn man gering sie achtet, betrübet sich, wenn man ihr nach der Ehre trachtet. Ich trage Christi Schmach, so lang es ihm gefällt; wenn mich mein Heiland ehrt, was frag ich nach der Welt?

5. Die Welt sucht Geld und Gut und kann nicht eher ruhen, sie habe denn zuvor den Mammon in den Truhen; ich weiß ein besser Gut, das einzig mir gefällt; ist Jesus nur mein Schatz: — was frag ich nach der Welt?

6. Die Welt kann ihre Lust nicht hoch genug erheben; sie dürfte noch dafür wohl gar den Himmel geben. Ein Andrer halt's mit ihr, der von sich selbst viel hält; ich liebe meinen Gott, — was frag ich nach der Welt?

7. Was frag ich nach der Welt? Im Nu muß sie vergehen, ihr Glanz und Schimmer kann dem Tod nicht widerstehen; die Güter müssen fort, und alle Lust verfällt; bleibt Jesus nur bei mir, — was frag ich nach der Welt?

8. Was frag ich nach der Welt? Mein Jesus ist mein Leben, mein Schatz, mein Eigentum, dem ich mich ganz ergeben, mein ganzes Himmelreich und was mir sonst gefällt. Drum sag ich noch einmal: was frag ich nach der Welt?

M. Georg Michael Pfefferkorn, 1646—1732.

So Jemand auch kämpfet, wird er doch nicht gekrönt, Er kämpfe denn recht.
(Luc. 13, 24. Offenb. 2, 4 ff.)

544. Eigne Weise. 1784.

Rin-ge recht, wenn Got-tes Gna-be dich nun zie-het und be-kehrt, daß dein Geist sich recht ent-la-de von der Last, die ihn beschwert.

2. Ringe, denn die Pfort ist enge, und der Lebensweg ist schmal. Hier bleibt Alles im Gedränge, was nicht zielt zum Himmelssaal.

3. Kämpfe bis aufs Blut und Leben, dring hinein in Gottes Reich; will der Feind dir widerstreben, werde weder matt und weich.

4. Ringe, daß dein Eifer glühe und die erste Liebe dich von der ganzen Welt abziehe; halbe Liebe hält nicht Stich!

5. Ringe mit Gebet und Flehen, halte feurig damit an; laß den Eifer nicht vergehen, Tag und Nacht sei es gethan!

6. Hast du so die Perl errungen, denke ja nicht, daß du dann alles Böse hast bezwungen, was uns Schaden bringen kann!

7. Deines Heiles, deiner Seele nimm mit Furcht und Zittern

wahr; hier in dieser Leibeshöhle schwebst du täglich in Gefahr.

8. Halt ja deine Krone feste, halte männlich, was du hast; recht beharren ist das beste, Rückfall ist ein böser Gast.

9. Laß dein Auge ja nicht gaffen nach der schnöden Eitelkeit, bleibe Tag und Nacht in Waffen, fliehe träge Sicherheit.

10. Laß dem Fleische nicht den Willen, gib der Lust den Zügel nicht; willst du die Begierden stillen, so verlischt das Gnadenlicht.

11. Wahre Treu führt mit der Sünde bis zum Grab beständig Krieg, gleichet nicht dem Rohr im Winde, sucht in jedem Kampf den Sieg.

12. Wahre Treu liebt Christi Wege, steht beherzt auf ihrer Hut, weiß von keiner Fleischespflege, hält kein Unrecht sich zu gut.

13. Wahre Treu kommt dem Getümmel dieser Welt niemals zu nah. Ist ihr Schatz doch in dem Himmel; drum ist auch ihr Herz allda! Luc. 12, 34.

14. Dies bedenket wohl, ihr Streiter! streitet recht und fürchtet euch;* bringet alle Tage weiter, bis ihr kommt ins Himmelreich.   * Phil. 2, 12.

15. Denkt bei jedem Augenblicke, obs vielleicht der letzte sei. Bringt die Lampen ins Geschicke, holt stets neues Oel herbei.

16. Eilet, zählet Tag und Stunden, bis der Bräutgam kommt und winkt und euch, wenn ihr überwunden, dort zum Schauen Gottes bringt.

17. Eilet, gehet ihm entgegen, sprecht: „Mein Licht, wir sind bereit, unsre Hütte abzulegen, uns dürst nach der Ewigkeit!"

Joh. Jos. Winckler, 1670—1722.

Die Rechte des Herrn ist erhöhet,
Die Rechte des Herrn behält den Sieg.
(Psf. 118. 16. Hebr. 4, 15. 16. Matth. 12, 20.)

545.   Eigne Weise.   1698.

Je=su, hilf sie=gen, du Für=ste des Le=bens!
wie sie ihr mäch=ti=ges Heer nicht ver=ge=bens

sieh, wie die Fin=ster=nis brin=get her=ein,
wi=der mich füh=ret, mir schäd=lich zu sein!

Schau, wie sie sin=net auf al=ler=hand Rän=ke,

daß sie mich sich = te, ver = füh = re und kräu = te.

2. Jesu, hilf siegen! Du wollest mich schirmen, Heiland, wenn Fleisch, Blut, Versucher und Welt mich zu berücken gewaltig anstürmen, oder mir schmeichlerisch nahn und verstellt; wider die Sünde von außen und innen laß deine Hilfe mir niemals zerrinnen!

3. Jesu, hilf siegen! Ach, wer muß nicht klagen: Herr, mein Gebrechen ist immer vor mir! Hilf, wenn die Sünden der Jugend mich nagen, die mein Gewissen mir täglich hält für; ach, laß mich schmecken dein kräftig Versühnen und dies zu meiner Demütigung dienen.

4. Jesu, hilf siegen! Wenn in mir die Sünde, Eigenlieb, Hoffart und Mißgunst sich regt; wenn ich die Last der Begierden empfinde, und mein Verderben wird offen gelegt: hilf dann, daß ich vor mir selber erröthe und durch dein Leiden die Sündenlust tödte.

5. Jesu, hilf siegen und lege gefangen in mir die Lüste des Fleisches, und gib, daß in mir lebe des Geistes Verlangen, aufwärts sich schwingend durch heiligen Trieb; laß mich eindringen ins göttliche Wesen, dann wird mein Geist, Leib und Seele genesen.

6. Jesu, hilf siegen, damit auch mein Wille dir, Herr, sei gänzlich zu eigen geschenkt, und ich mich stets in dein Wollen verhülle, wo sich die Seele in Ruhe versenkt; laß mich mir sterben und allem dem Meinen, daß ich mich zählen kann unter die Deinen.

7. Jesu, hilf siegen! Wer mag sonst bestehen wider den listig verschlagenen Feind? Wer mag doch dessen Versuchung entgehen, der als ein Engel des Lichtes erscheint?* Ach, wo du weichst, Herr, so muß ich ja irren, wenn mich die Schlangenlist sucht zu verwirren.   * 2 Kor. 11, 14.

8. Jesu, hilf siegen und laß mich nicht sinken! Herr, wenn die Kräfte der Lüge sich blähn und mit dem Scheine der Wahrheit sich schminken, laß deine Kraft dann viel heller noch sehn. Steh mir zur Rechten, o König und Meister, lehre mich kämpfen und prüfen die Geister!

9. Jesu, hilf siegen im Wachen und Beten! Hüter, du schläfst ja und schlummerst nicht ein; laß dein Gebet mich unendlich vertreten, der du versprochen, mein Fürsprech zu sein; wenn mich die Nacht mit Ermüdung will decken, wollst du mich, Jesu, ermuntern und wecken.

10. Jesu, hilf siegen! Wenn Alles verschwindet, wenn ich mein Nichts und Verderben nur seh; wenn kein Vermögen zu beten sich findet, wenn ich bin wie ein verschüchtertes Reh*: ach Herr, so wollst du im Grunde der Seelen dich mit dem innersten Seufzen vermählen.   * Jes. 13, 14.

11. Jesu, hilf siegen und
laß mirs gelingen, daß ich das
Zeichen des Sieges erlang; dann
will ich ewig dir Loblieder sin=
gen, Jesu, mein Heiland, mit
frohem Gesang. Wie wird dein
Name da werden gepriesen, wo
du, o Held, dich so mächtig
erwiesen!

12. Jesu, hilf siegen, wenn
ich einst soll scheiden von dieser
jammer= und leidvollen Welt;
wenn du mich rufest, gib, daß
ich mit Freuden zu dir mög
fahren ins himmlische Zelt. Laß
auch zuletzt mich im Kampf
nicht erliegen, reiche die Hand
mir, o Jesu, hilf siegen!

Johann Heinrich. Schröder, 1666—1728.

**Nicht daß ichs schon ergriffen hätte oder schon vollkommen sei,
Ich jage ihm aber nach, daß ichs ergreifen möchte.**
(1 Cor. 9, 24—27.)
Weise 765. Alle Menschen müssen sterben.

546. Wer das Kleinod will
erlangen, der muß laufen, was
er kann; wer die Krone will
empfangen, der muß kämpfen
als ein Mann. Dazu muß er
sich in Zeiten auf das beste zu=
bereiten, alles Andern müßig
gehn, was ihm kann im Wege
stehn.

2. Treuer Jesu, deine Güte
steckt mir auch ein Kleinod für,
das entzücket mein Gemüte durch
den Reichtum seiner Zier; o
wie glänzt die schöne Krone
von dem hohen Ehrenthrone,
die du in der Herrlichkeit dei=
nen Streitern hast bereit!

3. Mich verlangt von ganzem
Herzen dieses Kleinods Herr zu
sein; ja, ich strebe recht mit
Schmerzen jener Krone mich zu
freun; doch die Weltlust macht

mich irre, daß ich kläglich mich
verwirre, wo nicht deine treue
Kraft mir gewünschte Hilfe
schafft.

4. Jesu, stehe mir, dem Armen,
in der großen Schwachheit bei!
Laß dich meiner Noth erbarmen;
mache mich von Allem frei, was
mir will mein Ziel verrücken,
komm, mich selbst recht zuzu=
schicken, gib mir Kraft und Freu=
digkeit, fördre meinen Lauf und
Streit!

5. Es verlohnt sich wohl der
Mühe, kämpfen, eh ich werd ge=
krönt, drum ich mich der Welt
entziehe, die den heilgen Kampf
verhöhnt; deine theure Gnaden=
krone ist mir übergnug zum Lohne;
wirst du nur mein Beistand sein,
so ist sie in kurzem mein.

Joh. Mentzer, 1658—1734.

**Gott ist unsre Zuversicht und Stärke,
Drum fürchten wir uns nicht, wenn gleich die Welt untergienge.**
(Ps. 27, 1; 46, 2—3. 2 Cor. 12, 9.)
Weise 324. Was mein Gott will, gescheh allzeit.

547. Auf, auf, mein Geist,
ermuntre dich und tritt auf deine

Höhen! Wenn Mond und Sterne
mischen sich, wenn Alles will

zergehen, wenn Erd und Him=
mel fallen ein, wenn Berg und
Hügel splittern: — ein Bun=
deskind kann sicher sein und
braucht vor nichts zu zittern.

2. Warum doch stör ich meine
Ruh mit Aengsten, Sorgen,
Schrecken? Die Furcht gehört
nur Sclaven zu, die Gott in
Schmach läßt stecken; mir beut
er seine Vaterhand, an sie will
ich mich klammern, — des

Zornes Blitz ist unbekannt in
seinen Zufluchtskammern.

3. O Jesu, hilf dem matten
Geist, bezwinge die Gedanken,
zeig, daß du mir stets nahe
seist, laß mich durch Furcht nicht
wanken; laß mich in Wellen,
Wind und Sturm auf Hoffnung
fröhlich leben! Ich bin ein Rohr,
ein schwacher Wurm; doch du
kannst Stärke geben!

Dr. Fried. Adolf Lampe, 1683-1729.

**Siehe, das ist Gottes Lamm,
Das der Welt Sünde trägt.**

(Joh. 1, 29. 2 Cor. 4, 10. 2 Tim. 2, 11.)

548. Weise: Ist dieser nicht des Höchsten Sohn?

1668.

Brich durch, mein an=ge=focht=nes Herz, brich durch den tie=fen

See=lenschmerz; komm, schaue deinen Bräu=ti=gam, den

Gna=denbrunn, das Got=tes=lamm am Kreu=zes=stamm!

2. Dein Jesus reicht die Arme
dir und legt dir Ruh und Leben
für, die Krone der Gerechtig=
keit, den Zugang, der uns ist
bereit zur Seligkeit.

3. Sei nur getrost und ringe
recht, durch Ringen wirst du
Gottes Knecht; denn jeder An=
fall lehret dich, daß man mit
ihm soll ritterlich bewaffnen sich.

4. Dein Heiland hält sein Ster=
ben dir zur Tröstung und zur
Heilung für; da findet, wenn
sonst nirgendwärts, den ewgen

Balsam für den Schmerz das
kranke Herz.

5. Hier ist dein Hort für alle
Noth, das Gegengift für Höll
und Tod, der Brunn, daraus
das Leben quillt, das Meer,
das Durst und Kummer stillt,
mit Gnad erfüllt.

6. Stürmt die Versuchung los,
— wohlan, so treten wir zu
ihm hinan! Da stärkt uns unser
Jesus Christ, wenn nur das
Herz aufrichtig ist, zu aller Frist.

7. Nun, theurer Jesu, meine

Ruh! ich eile deinem Kreuze zu; mein Herz und Glaube läßt dich nicht, bis auch dein theures Gnadenlicht in mir anbricht.

8. Mein Herz empfindt der Feinde Wut, auf allen Seiten stürmt die Flut; ich fühle stets der Sünden Pfeil, drum ich zu dir im Glauben eil und suche Heil.

9. Zu deiner Liebe fliehe ich, an deiner Seite stärk ich mich; es labt mich dein vergoßnes Blut, das kommt durch deine Liebesglut auch mir zu gut.

10. Du hängst am Kreuz aus großer Huld für fremde Sünd, für unsre Schuld, damit der ange=

fochtne Sinn nicht mit den Sünden längerhin sich dürfe mühn.

11. Du, Heilger, wirst vor aller Welt zum ewgen Opfer dargestellt, erwirbest uns durch deinen Tod die Freiheit aus der Seelennoth, bringst uns zu Gott!

12. Wie sollt ich denn noch traurig sein? Ich kehr bei dir, mein Jesu, ein; hier find ich wahre Ruh und Rast, weil du auf dich die Sündenlast genommen hast.

13. Dies ewge Wort trägt volle Kraft, hier ist die beste Ritterschaft; wohlan denn, Jesu, mein Gewinn! dir geb ich Herze, Seel und Sinn; ach, nimm es hin!

Dr. Justus Henning Böhmer, 1674—1749.

**Ich vermag Alles durch den,
Der mich mächtig macht, Christus.**
(2 Tim. 2, 19. Eph. 3, 16.)

549. Weise: Durch Adams Fall ist ganz verderbt.
1535.

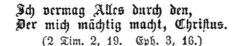

Wer sich auf sei = ne Schwachheit steurt,* der bleibt in Sünden
und wer nicht Herz und Sinn er=neurt, wird sich ge=wiß be=

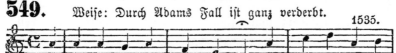

lie = gen,
trie = gen; den Him=mels=weg und schmalen Steg hat

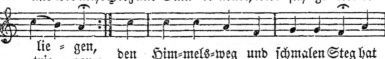

er nie an=ge=tre=ten, er weiß auch nicht in

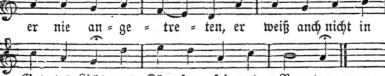

Got=tes Licht, was Kämpfen sei und Be=ten. *stützt.

2. Was jetzt die Welt nur Schwachheit heißt, ist ihrer Bos=

heit Stärke; dadurch vermehrt der böse Geist sehr mächtig seine

Werke. Auf, Seele, auf! lenk deinen Lauf zur Allmacht, die dich rettet; des Heilands Hand zerreißt das Band, womit du angekettet.

3. Der erste Schritt im Christentum macht von der Sünd uns scheiden; denn bei dem wahren Glaubensruhm muß man die Weltlust meiden. Wenn Christi Geist die Seele reißt aus ihren Todesbanden, so spürt sie Kraft, die Jesus schafft, mit dem sie auferstanden.

4. Mein Heiland. fördre selbst dein Werk, laß mich gekräftigt werden; es ist Gerechtigkeit und Stärk mein bestes Theil auf Erden. Du machst gerecht uns, dein Geschlecht, und willst zugleich uns stärken, daß wir in dir des Glaubens Zier, die Macht der Gnade merken.

5. Brich durch, o starker Gottessohn, damit auch wir durchbrechen; laß uns in dir, o Gnadenthron, nicht mehr von Schwachheit sprechen, wenn deine Hand das theure Pfand des Geistes uns gegeben, wodurch wir, frei von Heuchelei, im Streite siegreich leben.

6. Gib Kraft, wo keine Kraft mehr ist, gib Kraft, das Fleisch zu dämpfen; gib Kraft, wenn Satans Macht und List uns schwächen will im Kämpfen. Wenn uns die Welt viel Netze stellt, gib Kraft, sie zu vernichten: so wird in Noth, ja selbst im Tod uns deine Kraft aufrichten.

Bernhart Walter Marperger, 1681—1746.

Gleich wie wir des Leidens Christi viel haben,
Also werden wir auch reichlich getröstet durch Christum.
(2 Cor. 1, 5)

550. Eigne Weise. 1704.

Du bist ja, Je = su, mei = ne Freu = de,
Kann denn die Freud auch bei dem Lei = be

warum ist denn mein Herz be=trübt?
im Her=zen woh=nen, das dich liebt? Ach ja, mein

Je = su, wenn ich ü = be mein Herz in bei = ner

sü = ßen Lie = be, so zeigt sich sol = che Freud oft

an, die kei = ne Zung aus = spre = chen kann.

2. Weil aber noch nicht ganz gedämpfet in mir mein böses Fleisch und Blut, und noch der Geist dawider kämpfet, wird oft dadurch gekränkt der Mut. Drum leg ich mich vor dich mit Flehen; mein Heil, laß Hilfe mir geschehen und stärke mich in diesem Streit, daß ich mög überwinden weit.

3. Du hast, o Held, ja überwunden: gib mir auch Ueberwindungskraft und laß mich in den Kampfesstunden erfahren, was dein Leiden schafft, wodurch du Alles hast besieget, das unter deinen Füßen lieget, Welt, Sünde, Teufel, Höll und Tod; nun mach sie auch an mir zu Spott!

4. Ich trau allein auf deine Gnade, die mir dein theures Wort verspricht; es sagt, daß nichts den Deinen schade, weils nie an deiner Kraft gebricht. Nun hast du ja mich angenommen, als ich bin flehend zu dir kommen; mein Herz hat es gar wohl gespürt, als es dein Gnadenblick gerührt.

5. Weil ich denn nun an deinem Leibe ein Glied, wiewohl unwürdig, bin, so gib, daß ich stets an dir bleibe und in mir habe deinen Sinn. Laß mich nicht andre Helfer suchen, laß falsche Lüste mich verfluchen, besitze du mein Herz allein, dein Leben laß mein Leben sein!

6. Gib, daß ich stets in dir mich freue, weil mich dein Herz beständig liebt, doch auch dabei kein Leiden scheue, weil jedes meinen Glauben übt und macht, daß ich viel stärker ringe und immer näher zu dir bringe, bis endlich nach besiegter Pein bei dir wird lauter Freude sein.

Christian Jakob Koitsch, 1671—1735.

Wie lange hinket ihr auf beiden Seiten? Ist der Herr Gott, so wandelt ihm nach.
(Luc. 16, 10—13. 2 Cor. 6, 14—18.)

Weise 365.   Wer nur den lieben Gott läßt walten.

551. Was hinket ihr*, betrogne Seelen, auf beiden Seiten immerfort? Fällts euch zu schwer, das zu erwählen, was euch anbeut des Himmels Wort? O sehts mit offnen Augen an und brechet durch die schmale Bahn!
    * 1 Könige 18, 21.

2. Bedenkt, es sind nicht Kaiserkronen, nicht Reichtum, Ehr und Lust der Welt, womit euch Gott will ewig lohnen, wenn euer Kampf den Sieg erhält, — Gott selbst ists und die Ewigkeit voll Lust, voll Ruh, voll Seligkeit!

3. Drum gilt hier kein getheiltes Leben, Gott krönet kein getheiltes Herz*; wer Jesu sich nicht recht ergeben, der macht

sich selber Müh und Schmerz, und träget zum verdienten Lohn hier Unruh, dort die Qual davon.   * Matth. 6, 24.

4. Wer aber mit Gebet und Ringen der Welt auf ewig Abschied gibt, wer Christo folgt in allen Dingen und ihn allein von Herzen liebt, der wird der Krone werth geschätzt und auf des Königs Stuhl* gesetzt.
          * Offenb. 3, 21.

5. Zerreißet die gelegten Schlingen, die euch in diesem schönen Lauf verhindern und zum Säumen bringen, und rafft euch heut von Neuem auf! Wohlan, verlaßt die falsche Ruh; auf, auf! es geht dem Himmel zu.

6. Gott fordert nur, daß ihr euch haltet an ihn, den Herrn, der mit euch geht; daß ihr die schwachen Hände faltet und ohne Heucheln zu ihm fleht; er kämpft für euch, er macht euch Bahn. Trotz dem, der euch besiegen kann!

7. Die Allmacht stehet euch zur Seiten, die Weisheit hält bei euch die Wach, die Gottheit selber will euch leiten, folgt nur mit treuen Schritten nach. Wie Manchen hat nicht diese Hand schon durchgeführt ins Vaterland!

8. O spart es nicht auf andre Zeiten, es ist schon jetzo viel versäumt; ihr mehrt euch nur die Schwierigkeiten, wenn ihr das süße Heut verträumt. Eilt, eilt! es fliegt die Gnadenzeit ohn Zügel zu der Ewigkeit.

9. Laßt euch das Fleisch nicht träge machen, verbannet Furcht und Weichlichkeit; ihr wagt euch ja um eitle Sachen in so viel Müh und Fährlichkeit! Wie, daß ihr um das höchste Gut so träg, verzagt und sorglos thut?

10. Eilt, faßt einander bei den Händen, seht, wie ist unser Ziel so nah! Wie bald wird unser Kampf sich enden! Dann stehet unser König da; er führt uns ein zur stillen Ruh und theilet uns das Kleinod zu.
          Leopold Franz Friedrich Lehr, 1709—1744.

Jage nach dem Kleinod,
Welches dir vorhält die himmlische Berufung in Christo Jesu.
(Phil. 3, 13—14.)

552.   Weise: Ich wills wagen.   1784.

Ich will stre-ben nach dem Le-ben, wo ich se-lig bin;
ich will rin-gen ein-zu-bringen, bis daß ichs ge-winn.
Hält man mich, so eil ich fort; bin ich matt, so

ruft das Wort: „Fort-ge-run-gen, durch-ge-drun-gen

bis zum Kleinod hin!"

2. Als berufen zu den Stufen vor des Lammes Thron, will ich eilen; das Verweilen bringt oft um den Lohn. Wer auch läuft und läuft zu schlecht, der versäumt sein Kronenrecht. Was dahinten, das mag schwinden, ich will nichts davon.

3. Jesu, richte mein Gesichte nur auf jenes Ziel; lenk die Schritte, stärk die Tritte, wenn ich Schwachheit fühl. Lockt die Welt, so sprich mir zu; schmäht sie mich, so tröste du; deine Gnade führ gerade mich aus ihrem Spiel.

4. Du mußt ziehen! mein Bemühen ist zu mangelhaft; wo ihrs fehle, spürt die Seele, aber du hast Kraft, weil dein Tod uns Leben bringt und dein Geist das Herz durchbringt. Dort beim Krönen wird es tönen: „Gott ists, der es schafft."

M. Philipp Friedrich Hiller, 1699—1769.

Wer sich lässet dünken, er stehe,
Mag wohl zusehen, daß er nicht falle.
(Matth. 26, 41. Phil. 2, 12. 2 Petr. 2, 9.)

Weise 544. Ringe recht, wenn Gottes Gnade.

553. Wer sich dünken läßt, er stehe, sehe zu, daß er nicht fall; es umschleicht ihn, wo er gehe, der Versucher überall.

2. Sicherheit kann nur betriegen, Läßigkeit thut nimmer gut; lässest du in Schlaf dich wiegen, mehret sich des Feindes Mut.

3. Ist der neue Geist auch willig, ist das alte Fleisch doch schwach; schläfst du, o so trifft dich billich statt des Lohns viel Weh und Ach.

4. Immer steht der Feind in Waffen, nie kommt ihn der Schlummer an; warum wollten wir denn schlafen? O, das wär nicht wohl gethan!

5. Wohl dem, der mit Furcht und Zittern seine Seligkeit stets schafft, er entgeht den Ungewittern, die den Sichern weggerafft.

6. Wohl dem, der stets wacht und flehet auf der schmalen Pilgerbahn, weil er unbeweglich stehet, wenn der Feind ihn greifet an.

7. O du Hüter deiner Kinder, der du schläfst und schlummerst nicht, mache mich zum Ueberwinder alles Schlafs, der mich anficht.

8. Laß mich niemals sicher werden, deine Furcht beschirme mich; will Versuchung mich gefährden, mildre du sie gnädiglich.

9. Weck und hüte Geist und Sinnen, laß sie dir stets wachend sein, daß ich, rufst du mich von hinnen, wachend auch mag schlafen ein.

Unbekannter Verfasser.

Betet stets in allem Anliegen, mit Bitten und Flehen im Geist, Und wachet dazu mit allem Anhalten.
(Luc. 22, 40. 46. Phil. 3, 12—14.)

Weise 365. Wer nur den lieben Gott läßt walten.

554. Sei nicht vermessen, wach und streite, denk nicht, daß du schon gnug gethan; dein Herz hat seine schwache Seite, die greift der Feind der Wohlfahrt an. Die Sicherheit droht dir den Fall; drum wache stets, wach überall!

M. Christian Fürchtegott Gellert, 1715—1769.

**Heile du mich, Herr, so werde ich heil;
Hilf du mir, so ist mir geholfen.**
(Jer. 17, 14. Matth. 26, 41; 7, 7—11. Marc. 9, 24.)

Weise 571. Du, o schönes Weltgebäude.

555. Vater, heilig möcht ich leben, Rechtthun wäre meine Lust; aber Lüste widerstreben dem Gesetz in meiner Brust. Ach, mein Herz ist mir verdächtig, selten bin ich meiner mächtig; hart drückt mich der Sünde Joch; was ich nicht will, thu ich doch.

2. Ach, ich kanns nicht weiter bringen, meinem Vorsatz trau ich nicht; lockende Begierden dringen zwischen mich und meine Pflicht. Selbst den süßen Andachtstunden, wo ich, Vater, dich empfunden und von Treu und Liebe sprach, — folgten Sündentage nach.

3. Tausendmal hab ich geweinet, schmerzlich meinen Fall bereut, hab der Sünde Macht beweinet und des Herzens Flüchtigkeit. Tief bog meine Schuld mich nieder; aber dann vergaß ich wieder meine Thränen, Herr, und dich; ach, mein Fleisch besiegte mich.

4. Nichts mehr darf ich dir versprechen! Meint ichs auch so redlich noch, nicht mehr mein Gelübd zu brechen: ich vergäß und bräch es doch. Nein, zu oft hab ichs erfahren, was Gelübd und Thränen waren; plötzlich, eh ich michs versuh, war die Sünde wieder da.

5. Nun, ich weiß nichts anzufangen, als in tiefer Demut dir brünstig flehend anzuhangen; töte du die Sünd in mir, reiß die Wurzel meiner Schmerzen, reiß die Sünd aus meinem Herzen! Tief im Staube bitt ich dich: Reinige du selber mich.

6. Vater, du, du kannst mich retten, wenn mich Niemand retten kann. Beten will ich, brünstig beten, schau mich mit

Erbarmen an! Laß mir nichts die Hoffnung rauben, unterstütze meinen Glauben, meinen Eifer im Gebet, das um nichts als Gnade fleht.

7. Jesu Christ, o schau mein Schmachten, höre mich, o Seelenfreund; solltest du ein Herz verachten, das nach deinem Geiste weint? Dich will ich im Glauben fassen; solltest du mich schmachten lassen? Treuer Heiland, nein, mein Flehn kannst du länger nicht verschmähn.

8. Bist du denn nicht reich für Alle, bist du Aller Heiland nicht, der gestorben ist für Alle, Allen seinen Geist verspricht? Ja, ich glaub an dein Versprechen, laß mich nicht durch Zweifel schwächen; gib mir, was dein Wort verheißt, gib mir, Jesu, deinen Geist.

9. Sende bald den Geist des Lebens, Vater Jesu Christi, mir. Oder ist mein Flehn vergebens? bringt mein Schreien nicht zu dir? Soll ich denn nicht neugeboren, soll ich ewig denn verlo-

ren, ewig Sclav der Sünde sein, ewig schmachten mein Gebein?

10. Nein, wenn durch dich Wesen werden, wie du auch mein Schöpfer bist, — wenn von deinem Thron auf Erden Jesus Christ gekommen ist, — wenn er hieß die Todten leben: wirst du uns durch Jesum geben, der für uns sich tödten ließ, geben, was er uns verhieß.

11. Väter, böse Väter schenken Brot den Kindern, wenn sie flehn; Vater, und ich sollte denken, du, du könntest mich verschmähn? könntest erst den Sohn uns senden und dein Aug doch von uns wenden? gäbst nicht auf die Deinen Acht, flehten sie gleich Tag und Nacht?

12. Nein, du kannst mich nicht verstoßen, Wahrheit ist es, was du lehrst; fest ist nun mein Herz entschlossen, fortzuflehen, bis du hörst. Nein, ich will von dir nicht wanken; wer dir glaubet, wird dir danken. Herr, ich ruh und schweige nicht, bis dein Geist mir Mut einspricht.

Johann Kaspar Lavater, 1741—1801.

---

5. Wandel im Himmel.

a. Vergänglichkeit und Tod.

Wir haben einen Gott, der da hilft,
Und einen Herrn Herrn, der vom Tode errettet.
(Joh. 3, 17. 36. 1 Cor. 15, 30—31.)

556.   Eigne Weise.   Altdeutsch. 1524.

Mit-ten wir im Le-ben sind mit dem Tod um-fan-gen;
wer ist, der uns Hil-fe thu, daß wir Gnade—

2. lan = gen? Das bist du, Herr, al = lei = ne. Uns
reu = et uns = re Mis = se = that, die dich, Herr, er =
zür=net hat. Hei = li = ger Her = re Gott, hei = li = ger,
star=ker Gott, hei = li = ger, barm = her = zi = ger Hei = land, du
e = wi = ger Gott, laß uns nicht ver = fin = ken in des
bit=tern To=des Noth! Er = barm dich un = fer!

2. Mitten in dem Tod anficht uns der Hölle Rachen. Wer will uns aus solcher Noth frei und ledig machen? Das thust du, Herr, alleine! Es jammert dein Barmherzigkeit unsre Sünd und großes Leid. Heiliger Herre Gott, heiliger, starker Gott, heiliger, barmherziger Heiland, du ewiger Gott, laß uns nicht verzagen vor der tiefen Hölle Glut! Erbarm dich unser!

3. Mitten in der Höllenangst unsre Sünd uns treiben. Wo solln wir denn fliehen hin, da wir mögen bleiben? Zu dir, Herr Christ, alleine. Vergossen ist dein theures Blut, das gnug für die Sünde thut. Heiliger Herre Gott, heiliger, starker Gott, heiliger, barmherziger Heiland, du ewiger Gott, laß uns nicht entfallen von des rechten Glaubens Trost! Erbarm dich unser!
Dr. Martin Luther, 1483—1546.

**Ein Mensch ist in seinem Leben wie Gras;
Er blühet wie eine Blume auf dem Felde.**
(1 Petr. 2, 11. Pf. 39, 13. Eph. 2, 19.)

Weise 583. Wenn mein Stündlein vorhanden ist.

557. O Mensch, bedenk zu dieser Frist: was ist dein Ruhm auf Erden? denn nicht allhier dein Bleiben ist, du mußt zur Leiche werden; es ist dein Leben gleich wie Heu und fleugt da=

hin wie leichte Spreu, die rasch der Wind verjaget.

2. Gedenk, du bist hier nur ein Gast, du kannst nicht lange bleiben; die Zeit läßt dir nicht Ruh noch Rast, bis sie dich wird vertreiben. Drum eile zu dem Vaterland, das Christus dir hat zugewandt durch sein heiliges Leiden.

3. Daselbst wird rechte Bürgerschaft den Gläubigen gegeben, dazu der Engel Brüderschaft, ein gar herrliches Leben mit solcher Wonne, Freud und Lust, die niemals hat ein Mensch gekost und nie ein Herz erfahren.

4. Nun, laßt uns wachen alle Stund und dies gar wohl betrachten. Die Lust der Welt geht ganz zu Grund; die sollen wir verachten und warten auf das höchste Gut, das ewig uns erfreuen thut. Das helf uns Christus! Amen.

Dr. Johann Hesse, 1490—1547.

Wie Viel euer getauft sind,
Die haben Christum angezogen.
(Gal. 3, 26—28. Joh. 5, 24.)

558. Eigne Weise. 1566.

Mensch, er=heb dein Herz zu Gott, eil aus Kum=mer, Angst und Noth, fleuch der Er=den Ei=tel=keit und ihr Un=ge=rech=tig=keit, denn du hast ja kaum noch Zeit.

2. Siehe, du mußt sterben bald, hier du nicht lang erben sollt, hast nur eine kurze Zeit gegen jene Ewigkeit, drum sei schnell dazu bereit!

3. Fang in deiner Jugend an, glaub an Christum, Gottes Sohn, deine Buße schieb nicht auf, sondern denk an deine Tauf und vollende deinen Lauf!

4. So wird dir der Tod ein Schlaf; sonsten träf dich Gottes Straf, müßtest scheun sein streng Gericht, drum betrieg dich selber nicht und erfülle deine Pflicht!

5. Opfre Gott dein junges

Blut, weil* noch blüht der wackre Mut, eh das traurig Alter schleicht, wo Gestalt und Stärke weicht und der Leib sich krümmt und beugt. *so lang.

6. Wach, daß Irdsches dich nicht irr, noch von deinem Heil abführ; denn dies ist der Gnadenquell, der da reinigt unsre Seel ganz allein von aller Fehl.

7. Ritterlich im Glauben kämpf, böse Lüste fleuch und dämpf, jag nach der Gerechtigkeit, Liebe und Gottseligkeit, Keuschheit, Fried und Freundlichkeit.

8. Des befleiß dich immerdar, keine Müh noch Arbeit spar; wie ein Licht leucht vor der Welt, das im Finstern aufgestellt; solches Gott gar wohl gefällt.

9. Tritt nicht von der schmalen Bahn, nimm dich lautrer Tugend an, nütze wohl die Gnadenzeit, wart des Tods und sei bereit, denn sein Kommen ist nicht weit.

10. Nützlich sei dem Nächsten dein, hilf stets gerne Groß und Klein, bleib getreu bis in den Tod; Christus, der dir Hilfe bot, hilft dir auch in letzter Noth.

11. Also warte sorgenfrei, aber wach und bet dabei, daß du morgen oder heut mögest eingehn in die Freud, die dir bleibt in Ewigkeit.

12. Treuer Heiland Jesu Christ, steh uns bei zu aller Frist, sonderlich in Sterbenszeit, gib dein sicheres Geleit uns zur selgen Himmelsfreud!

Böhmische Brüder, 1566. (Centurio Syrutschko, † 1578.)

Unser Leben auf Erden ist wie ein Schatten,
Und ist kein Aufhalten.

(Pf. 90, 1—10. 1 Chron. 30, 15.)

Weise 76. Kommt her zu mic, spricht Gottes Sohn.

559. Du, Gott, bist außer aller Zeit von Ewigkeit zu Ewigkeit; eh noch die Welt entstanden, da warst du schon, was jetzt du bist, und wirst, wenn Alles nicht mehr ist, noch immer sein vorhanden.

2. Hingegen, ach, wir Menschen sind vergänglich, Nebel, Rauch und Wind; auf dein Wort sind wir kommen, erblicken kaum den Erdenkreiß und werden stracks auf dein Geheiß auch wieder weggenommen.

3. Wir fahren hin, gleich wie ein Traum, vergehn, wie Schatten und wie Schaum, gleich einer Seifenblase. Der Zeit Gewalt eilt mit uns fort, wie mit den Wolken thut der Nord, die Herbstluft mit dem Grase.

4. Wenn der und jener auch vielleicht wohl siebzig, achtzig Jahr erreicht, was wird er groß erlangen? Dir, dem sich nichts vergleichen mag, sind tausend Jahre, wie der Tag, der gestern ist vergangen.

5. Wie lang dies Leben währen kann, so ist es dennoch um und

an nur Arbeit, Schmerz und
Leiden. Angst ist, was uns zur
Welt gebiert, Angst, was uns
leitet, trägt und führt und was
uns heißet scheiden.

6. Erbarmt dich, Vater, Alles
nicht? stellst du noch vor dein
Angesicht den Greuel unsrer
Sünden? Ach, zürne nicht mit
dürrem Heu, mit Rauch und
Staube, Schaum und Spreu;
ach, laß uns Gnade finden!

7. Drück unserm Sinn und
Herzen ein des eiteln Lebens
Flucht und Pein, daß wir die
Sünde fliehen, Rath suchen bloß
bei deinem Sohn und lebens=
satt, wie Simeon, zu dir von
hinnen ziehen.

M. Simon Dach, 1605—1659.

**Die Welt vergehet mit ihrer Lust,
Wer aber den Willen Gottes thut, der bleibet in Ewigkeit.**

(Jes. 40, 6—8. 1 Petr. 1, 21. 1 Joh. 2, 17.)

Weise 847. Nun ruhen alle Wälder.

560. Die Herrlichkeit der Er=
den muß Rauch und Asche wer=
den, kein Fels, kein Erz bleibt
stehn; was uns hier mag er=
getzen, was wir für ewig schätzen,
wird als ein leichter Traum
vergehn.

2. Was sind doch alle Sachen,
die uns so trotzig machen, als
schlechte Nichtigkeit? Was ist des
Menschen Leben, der stets um=
her muß schweben als wie ein
Schattenspiel der Zeit?

3. Der Ruhm, nach dem wir
trachten, den wir unsterblich ach=
ten, ist nur ein falscher Wahn;
sobald der Geist gewichen und
unser Mund verblichen, fragt
Keiner, was man hier gethan.

4. Es hilft nicht Kunst noch
Wissen, wir werden hingerissen
ohn allen Unterscheid; was nützt
der Schlösser Menge? Dem hier
die Welt zu enge, dem wird
ein enges Grab zu weit.

5. Ja, Alles wird zerrinnen,
was Müh und Fleiß gewinnen
und saurer Schweiß erwirbt;
was Menschen hier besitzen, kann
vor dem Tod nicht schützen, dies
Alles stirbt uns, wenn man stirbt.

6. Gibts eine Lust, ein Scher=
zen, das nicht ein heimlich
Schmerzen mit Herzensangst
vergällt? Was ists, womit wir
prangen? Wo willst du Ehr
erlangen, die in dem Tode nicht
verfällt?

7. Was sind doch alle Throne,
da keine Macht und Krone kann
unvergänglich sein? Es kann
vom Todesreihen kein Scepter
dich befreien, kein Purpur, Gold
noch Edelstein.

8. Wie eine Rose blühet, wenn
man die Sonne siehet begrüßen
diese Welt, und, eh der Tag sich
neiget, eh sich der Abend zeiget,
verwelkt und unversehns zer=
fällt: —

9. So wachsen wir auf Erden
und hoffen, groß zu werden, von
Schmerz und Sorgen frei; doch
eh wir zugenommen und recht

zur Blüte kommen, bricht uns des Todes Sturm entzwei.

10. Wir rechnen Jahr auf Jahre, indessen wird die Bahre uns vor die Thür gebracht; drauf müssen wir von hinnen und, eh wir uns besinnen, der Erde sagen gute Nacht.

11. Auf, Herz, wach und bedenke, daß dieser Zeit Geschenke den Augenblick nur dein. Was du zuvor genossen, ist wie ein Strom verflossen, — was künftig, wessen wird es sein?

12. Trau nicht auf Menschenlehre, auf Weltgunst, Macht und Ehre! Vertrau dem Herrn dich an, der immer König bleibet, den keine Zeit vertreibet, der einzig ewig machen kann!

13. Wohl dem, der auf ihn trauet! der hat recht fest gebanet, und ob er hier gleich fällt, wird er doch dort bestehen und nimmermehr vergehen, weil ihn die Stärke selbst erhält.

M. Andreas Gryphius, 1616—1664.

Alles Fleisch ist wie Gras,
Und alle Herrlichkeit des Menschen wie des Grases Blumen.
(1 Petr. 1, 24. Pf. 90, 10.)

561.

Eigne Weise.

1661.

Ach wie flüchtig, ach wie nich=tig ist der Menschen Le=ben! Wie der Ne=bel weicht und zie=het, wenn die Sonn am Him=mel glü=het, al=so un=ser Le=ben flie=het.

2. Ach wie nichtig, ach wie flüchtig sind der Menschen Tage! Wie ein Strom beginnt zu rinnen und im Laufe nicht hält innen, so fährt unsre Zeit von hinnen.

3. Ach wie flüchtig, ach wie nichtig ist der Menschen Freude! Wie da wechseln Stund und Zeiten, Licht und Dunkel, Fried und Streiten, so sind unsre Fröhlichkeiten.

4. Ach wie nichtig, ach wie flüchtig ist der Menschen Schöne! Wie die Blümlein niederhangen, wenn sie rauher Nord umfangen, so verblühn die Rosenwangen.

5. Ach wie flüchtig, ach wie nichtig ist der Menschen Stärke! Der, dem Löwen gleich, gerungen, oft die Siegesfahn geschwungen, wird von Krankheit rasch bezwungen.

6. Ach wie nichtig, ach wie flüchtig ist der Menschen Glücke! Wie sich eine Kugel drehet, die bald da, bald dorten stehet, also unser Glück vergehet.

7. Ach wie flüchtig, ach wie nichtig ist der Menschen Ehre! Ueber den, so man hat müssen heut noch unterthänig grüßen, geht man morgen schon mit Füßen.

8. Ach wie nichtig, ach wie flüchtig ist der Menschen Wissen! Der, des Witz an allen Orten hat geglänzt mit prächtgen Worten, ist gar bald zu Schanden worden.

9. Ach wie flüchtig, ach wie nichtig ist der Menschen Dichten! Der die Kunst hat lieb gewonnen und manch schönes Werk ersonnen, wird zuletzt vom Tod erronnen.* * erreicht.

10. Ach wie nichtig, ach wie flüchtig sind der Menschen Schätze! Es kann Glut und Flut entstehen, daß, eh wir es uns versehen, Alles muß in Trümmer gehen.

11. Ach wie flüchtig, ach wie nichtig ist der Menschen Herrschen! Der durch Macht ist hoch gestiegen, muß doch bald gar nieder liegen, in den engen Sarg sich fügen.

12. Ach wie nichtig, ach wie flüchtig ist der Menschen Prangen! Der in Purpur, hoch vermessen, auf dem Throne hat gesessen, dessen wird im Tod vergessen.

13. Ach wie flüchtig, ach wie nichtig sind der Menschen Sachen! Alles, Alles, was wir sehen, das muß fallen und vergehen, — wer Gott fürcht, wird ewig stehen!

Michael Franck, 1609—1667.

Ist doch der Mensch gleich wie nichts, Seine Zeit führet dahin, wie ein Schatten.
(Hiob 14, 1. 2. 5. Jes. 38, 1. Ps. 39, 5.)
Weise 586. Ich hab mein Sach Gott heimgestellt.

561[1]|2. Wie fleucht dahin der Menschen Zeit, wie eilet man zur Ewigkeit! Wie Wenig denken an die Stund von Herzensgrund, wie schweigt hievon der träge Mund!

2. Das Leben ist gleich wie ein Traum, ein eitler, nichtger Wasserschaum; im Augenblick es bald vergeht und nicht besteht, dem Wind gleich, der vorüberweht.

3. Nur du, Jehovah, bleibest mir das, was du bist; ich traue dir. Laß Berg und Hügel fallen hin: mir ists Gewinn, wenn ich nur Jesu eigen bin.

4. So lang ich in der Hütte* wohn, so lehre mich, o Gottessohn; gib, daß ich zähle meine

Tag und munter wach, daß, eh ich sterb, ich sterben mag.
*2 Corinth. 5, 1.

5. Was hilft die Welt in letzter Noth, Lust, Ehr und Reichtum in dem Tod? Bedenks, o Mensch: was eilest du dem Schatten zu? Du kommst so nicht zur wahren Ruh!

6. Weg, Eitelkeit, der Thoren Lust; mir ist das höchste Gut bewußt! Das such ich nur, das bleibet mir; o mein Begier, Herr Jesu, zeuch mein Herz nach dir!

7. Was wird das sein, wenn ich dich seh und dort vor deinem Throne steh? Du unterdessen lehre mich, zu suchen dich mit klugem Herzen stetiglich!
Joachim Neander, 1640—1680.

Was ist euer Leben? Ein Dampf ist es,
Der eine kleine Zeit währet, darnach aber verschwindet er.
(Jes. 40, 6—8. Jak. 4, 14.)

562. Weise: Herr, wie lange willst du noch?
Crüger, 1653.

Ach, was ist doch unsre Zeit? Flüchtig-keit,
Menschen kön-nen nicht be-stehn, sie ver-gehn,
Ne-bel, Rauch und Wind und Schat-ten; wie die Blumen auf den Mat-ten.* Un-ser Le-ben
fleucht be-hen-de; Mensch, be-den-ke doch das En-de!
* Wiesen.

2. Menschen sind zerbrechlich Glas, nichtig Gras, Blumen, die nicht lange stehen; ach, wie bald wird ihre Kraft hingerafft, wenn die Todeslüfte wehen! Unser Leben fleucht behende; — Mensch, bedenke doch das Ende!

3. Jugend, die den Rosen gleicht, die verbleicht, ihre Schöne muß verschwinden; es vergeht durch Todesnacht alle Pracht, die wir au.ben Menschen finden. Unser Leben fleucht behende; — Mensch, bedenke doch das Ende!

4. Menschen sind der Zeiten Spiel und ein Ziel, drauf die Todespfeile fliegen; die wie schlanke Cedern stehn, groß und schön, müssen durch den Tod erliegen. Unser Leben fleucht behende; — Mensch, bedenke doch das Ende!

5. Ach, der Tod ist dir gewis, drum vergiß alles Eitle dieser

30

Erben; lenke dich zur Ewigkeit jederzeit, willſt du dort unſterblich werden! Unſer Leben fleucht behende; — Menſch, bedenke doch das Ende!

6. Schwinge dein Gemüt und Herz himmelwärts, wo nicht Tod, nicht Noth, nicht Leiden; denk an das, was ewig iſt, lieber Chriſt, — ſoll dich einſt der Himmel weiden. Unſer Leben fleucht behende; — Menſch, bedenke doch das Ende!

Um 1692. Verfaſſer unbekannt.

Herr, lehre mich doch, daß es ein Ende mit mir haben muß Und mein Leben ein Ziel hat und ich davon muß.

(2 Kön. 20, 1. Pſ. 90, 12. Hiob 34, 20. Joh. 11, 25 ff.
Vrgl. Sir. 18, 22. 26.)

563.   Eigne Weiſe.   1809.

Wer weiß, wie na = he mir mein En = be! Hin
ach, wie ge = ſchwin = de und be = hen = de kann
geht die Zeit, her kommt der Tod; Mein Gott, ich
kom = men mei = ne To = des = noth!
bitt durch Chriſti Blut: machs nur mit mei = nem
En = be gut!

2. Es kann vor Nacht leicht anders werden, als es am frühen Morgen war; ſo lang ich leb auf dieſer Erden, leb ich in ſteter Todsgefahr. Mein Gott, ich bitt durch Chriſti Blut: machs nur mit meinem Ende gut!

3. Herr, lehr mich ſtets mein End bedenken und — wenn ich einmal ſterben muß — in Jeſu Tod die Seele ſenken und ja nicht ſparen meine Buß. Mein Gott, ich bitt durch Chriſti Blut: machs nur mit meinem Ende gut!

4. Laß mich bei Zeit mein Haus beſtellen, daß ich bereit ſei für und für und ſag getroſt in allen Fällen: „Herr, wie du willſt, ſo ſchicks mit mir!" Mein Gott, ich bitt durch Chriſti Blut: machs nur mit meinem Ende gut!

5. Mach immer ſüßer mir den Himmel und immer bittrer mir die Welt; gib, daß mir in dein

Weltgetümmel die Ewigkeit sei vorgestellt. Mein Gott, ich bitt durch Christi Blut: machs nur mit meinem Ende gut!

6. Ach Vater, deck all meine Sünde mit dem Verdienste Christi zu, worauf ich meine Hoffnung gründe; das gibt mir die ersehnte Ruh. Mein Gott, ich bitt durch Christi Blut: machs nur mit meinem Ende gut!

7. Nichts ist, das mich von Jesu scheide, nichts, es sei Leben oder Tod; ich leg die Hand an seine Seite und sage: „Du mein Herr und Gott!" Mein Gott, ich bitt durch Christi Blut: machs nur mit meinem Ende gut!

Joh. 20, 25. 27. 28.

8. Ich habe Jesum angezogen schon längst in meiner heilgen Tauf; daher bist du mir auch gewogen, hast mich zum Kind genommen auf. Mein Gott, ich

bitt durch Christi Blut: machs nur mit meinem Ende gut!

9. Ich habe Jesu Leib gegessen, ich hab sein Blut getrunken hier; nun kannst du meiner nicht vergessen! Ich bleib in ihm und er in mir. Mein Gott, ich bitt durch Christi Blut: machs nur mit meinem Ende gut!

10. So komm mein End heut oder morgen, ich weiß, daß mirs mit Jesu glückt; ich bin und bleib in deinen Sorgen mit Jesu Hochzeitskleid geschmückt. Mein Gott, ich bitt durch Christi Blut: machs nur mit meinem Ende gut!

11. Ich leb indes in dir vergnüget und sterb ohn alle Kümmernis. Mir gnüget, wie mein Gott es füget, ich glaub und bin des ganz gewis: durch deine Gnad und Christi Blut machst dus mit meinem Ende gut!

Emilie Juliane, Gräfin von Schwarzburg-Rudolstadt, 1637—1706.

**Herr, lehre uns bedenken, daß wir sterben müssen,
Auf daß wir klug werden.**

(1 Thess. 5, 2—8. 2 Cor. 5, 10.)

Weise 588. Herzlich thut mich verlangen.

564. Bedenke, Mensch, das Ende, bedenke deinen Tod. Der Tod kommt oft behende; wer heute frisch und roth, kann morgen und geschwinder hinweg gestorben sein: drum bilde dir, o Sünder, ein täglich Sterben ein.

2. Bedenke, Mensch, das Ende, bedenke das Gericht; es müssen alle Stände vor Jesu Angesicht. Kein Mensch ist ausgenommen,

hier muß ein jeder dran und wird den Lohn bekommen, nachdem er hat gethan.

3. Bedenke, Mensch, das Ende, der Höllen Angst und Leid, daß dich die Welt nicht blende mit ihrer Eitelkeit; hier sind nur kurze Freuden, dort aber ewiglich Gewissensschmerz und Leiden. Ach Sünder, hüte dich!

4. Bedenke, Mensch, das Ende, bedenke doch die Zeit, daß dich

ja nichts abwende von jener Herrlichkeit, womit vor Gottes Throne die Seele wird gepflegt; dort ist die Lebenskrone den Frommen beigelegt.

5. Herr, lehre mich bedenken der Zeiten letzte Zeit, daß sich nach dir zu lenken mein Herze sei bereit; laß mich den Tod betrachten und deinen Richter-

spruch, laß nimmer mich ver-achten den ewgen Tod und Fluch.

6. Hilf, Gott, daß ich in Zeiten auf meinen letzten Tag mit Buße mich bereiten und täg-lich sterben mag! Im Tod und vor Gerichte steh mir, o Jesu, bei, daß ich im Himmelslichte zu wohnen würdig sei.

Unbekannter Verfasser.

Ich hoffe auf dich, Herr, du bist mein Gott;
Meine Zeit stehet in deinen Händen.
(Ps. 5, 5. Hesek. 18, 23. 2 Cor. 4, 10. 11.)
Weise 563. Wer weiß, wie nahe mir mein Ende.

565. Ich sterbe täglich, und mein Leben eilt immerfort zum Grabe hin; wer kann mir einen Bürgen geben, ob ich noch mor-gen lebend bin? Die Zeit geht hin, der Tod kommt her; ach wer doch immer fertig wär!

2. Ein Mensch, der sich mit Sünden träget, ist immer reif zu Sarg und Grab; ein Apfel, der den Wurm schon heget, fällt endlich unversehens ab; ich weiß, es ist der alte Schluß, daß ich zur Erden werden muß.

3. Es kann vor Abend anders werden, als es am Morgen mit mir war; den einen Fuß hab ich auf Erden, den andern auf der Todtenbahr; ein einzger Schritt nur ist dahin, wo ich der Würmer Speise bin.

4. Es schickt der Tod nicht immer Boten, er kommt gar oft unangemeldt und fordert uns ins Land der Todten; wohl dem, der Herz und Haus bestellt!

Denn ewig Weh und ewig Glück hängt an des Lebens Augenblick.

5. Herr aller Herren! Tod und Leben hast du allein in deiner Hand. Wie lange du mir Frist gegeben, das ist und bleibt mir unbekannt; hilf, daß ich jeden Glockenschlag an meinen Abschied denken mag.

6. Ein einzger Schlag kann Alles enden, und Fall und Tod beisammen sein; drum halt mich, Herr, mit Vaterhänden und schließ in Jesu Tod mich ein, daß, wenn der Leib danieder-fällt, die Seel an Christi Kreuz sich hält.

7. Vielleicht kann ich kein Wort mehr sagen, wenn Auge, Mund und Ohr sich schleußt; drum bet ich bei gesunden Tagen: „Herr, dir befehl ich meinen Geist!" Verschließen meine Lippen sich, so bitte Jesu Blut für mich!

Hebr. 12, 24.

8. Kann ich die Meinen nicht

mehr segnen-, so segne du sie mehr als ich; wenn lauter Thränen um mich regnen, o Vater, so erbarme dich und laße der Verlaßnen Schrei'n bei meinem Tod erhörlich sein!

9. Dringt mir der letzte Stoß zu Herzen, so schließe mir den Himmel auf! Verkürze mir des Todes Schmerzen und hole mich zu dir hinauf! So wird mein Abschied keine Pein, zwar traurig, dennoch selig sein.

Benjamin- Schmolck, 1672—1737.

Wachet, denn ihr wisset weder Tag noch Stunde, In welcher des Menschen Sohn kommen wird.
(Hiob 7, 21. Spr. 27, 1. Matth. 25, 13—30.)
Weise 197. Jesus, meine Zuversicht.

566. Heute mir und morgen dir! so hört man die Glocken klingen, wenn wir die Verstorbnen hier auf den Gottesacker bringen; aus den Gräbern rufts herfür: Heute mir und morgen dir!

2. Heute roth und morgen todt! Unser Leben eilt auf Flügeln; und wir habens täglich noth, daß wir uns an Andern spigeln. Wie bald ruft des Herrn Gebot! Heute roth und morgen todt!

3. Einer folgt dem Andern nach, Keiner kann den Andern retten, und was Adam einst verbrach, wird uns All im Grabe betten. Jeder findt sein Schlafgemach, Einer folgt dem Andern nach.

4. Mensch, das ist der alte Bund! Und der Tod zählt keine Jahre. Bist du heute noch gesund, — denk an deine Todtenbahre. Morgen fällt, der heute stund; Mensch, das ist der alte Bund.

5. Ach, wer weiß, wie nah mein Tod! Ich will sterben, eh ich sterbe; so wird mir die letzte Noth, wenn sie kommt, doch nicht so herbe. Rüste mich dazu, mein Gott! Ach, wer weiß, wie nah mein Tod!

6. Selig, wer in Christo stirbt! Christi Tod wird ihm zum Leben; wer sich dessen Gnad erwirbt, kann den Geist getrost aufgeben, weil er also nicht verdirbt. Selig, wer in Christo stirbt!

Benjamin Schmolck, 1672—1737.

Es wird des Herrn Tag kommen, Wie ein Dieb in der Nacht.
(Matth. 24, 42. Offenb. 3, 3.)
Weise 265. Wer nur den lieben Gott läßt walten.

567. Mein Gott, ich weiß wohl, daß ich sterbe; ich bin ein Mensch, der bald vergeht, und finde hier kein sichres Erbe, kein Gut, das ewiglich besteht; drum zeige mir in Gnaden an, wie ich recht selig sterben kann!

2. Mein Gott, ich weiß nicht, wann ich sterbe, ob es nicht heute schon geschieht; zerbrechlich bin ich, gleich der Scherbe, der Blume gleich, die schnell verblüht; drum mache täglich mich bereit hier in der Zeit zur Ewigkeit!

3. Mein Gott, ich weiß nicht, wie ich sterbe, wie mich des Todes Hand berührt; dem Einen wird das Scheiden herbe, sanft wird der Andre heimgeführt. Doch, wie du willst; nur dies verleih, daß einst mein Ende selig sei!

4. Mein Gott, ich weiß nicht, wo ich sterbe und welcher Staub mich einst bedeckt; doch wenn ich nur dies Heil erwerbe, daß mich dein Ruf zum Leben weckt, mag hier, mag dort die Stätte sein; die Erd ist allenthalben dein!

5. Nun, liebster Gott, wenn ich einst sterbe, so nimm du meinen Geist zu dir, auf daß ich dort mit Christo erbe! Wenn nur mein Heiland lebt in mir, so gilt mirs gleich und gehts mir wohl, wann, wo und wie ich sterben soll.

Benjamin Schmolck, 1672—1735.

Herr, lehre uns bedenken, daß wir sterben müssen, Auf daß wir klug werden.
(Ps. 90, 12.)

Weise 421. Meinen Jesum laß ich nicht.

568. Meine Lebenszeit verstreicht, stündlich eil ich zu dem Grabe, und wie wenig ists vielleicht, das ich noch zu leben habe! Denk, o Mensch, an deinen Tod, säume nicht; denn eins ist Noth!

2. Lebe, wie du, wenn du stirbst, wünschen wirst, gelebt zu haben! Güter, die du hier erwirbst, Würden, die dir Menschen gaben, nichts wird dich im Tod erfreun, — diese Güter sind nicht dein.

3. Nur ein Herz, das Jesum liebt, nur ein ruhiges Gewissen, das vor Gott dir Zeugnis gibt, wird dir deinen Tod versüßen.

Solch ein Herz, von Gott erneut, ist im Tod voll Freudigkeit.

4. Daß du dieses Herz erwirbst, fürchte Gott und bet und wache; sorge nicht, wie früh du stirbst, deine Zeit ist Gottes Sache; lern, o Christ, den Tod nicht scheun, lerne, seiner dich zu freun.

5. Überwind ihn durch Vertraun, sprich: „Ich weiß, an wen ich glaube, und ich weiß, ich werd ihn schaun, denn er weckt mich aus dem Staube; er, der rief: „„Es ist vollbracht!"" nahm dem Tode seine Macht."

6. Tritt im Geist zum Grab oft hin, siehe dein Gebein ver-

senken; sprich: „Herr, daß ich Erde bin, lehre du mich selbst

M. **Christian Fürchtegott Gellert,** 1715—1769.

Wie gar nichts sind alle Menschen, Die doch so sicher leben! —
(Pf. 39, 5—6; 90, 12. Coloff. 1, 22. 23.)

Weise 901.   Wenn wir in höchsten Nöthen sein.

569. Wie sicher lebt der Mensch, der Staub! Sein Leben ist ein fallend Laub, und dennoch schmeichelt er sich gern, der Tag des Todes sei noch fern.

2. Der Jüngling hofft des Greifes Ziel, der Mann noch seiner Jahre viel, der Greis zu vielen noch ein Jahr, und Keiner nimmt den Irrtum wahr.

3. Sprich nicht: Ich denk bei Glück und Noth im Herzen oft an meinen Tod! Der, den der Tod nicht weiser macht, hat nie im Ernst an ihn gedacht.

4. Wir leben hier zur Ewigkeit, zu thun, was uns der Herr gebeut; und unsers Lebens kleinster Theil ist eine Frist zu unserm Heil.

5. Der Tod rückt Seelen vors Gericht, da bringt Gott Alles an das Licht und macht, was hier verborgen war, den Rath der Herzen, offenbar.

Hebr. 9, 27.

6. Drum, da dein Tod dir täglich dräut, so sei doch wacker und bereit. Prüf deinen Glauben als ein Christ, ob er durch Liebe thätig ist.

7. Ein Seufzer in der letzten Noth, ein Wunsch, durch des

bedenken! Lehre du michs jeden Tag, daß ich weiser werden mag."

Erlösers Tod vor Gottes Thron gerecht zu sein, — macht dich noch nicht von Sünden rein.

8. Ein Herz, das Gottes Stimme hört, ihr folgt und sich vom Bösen kehrt, ein gläubig Herz, von Lieb erfüllt, dies ist es, was bei Christo gilt. —

9. Die Heiligung erfordert Müh, du wirkst sie nicht, Gott wirket sie; du aber ringe stets nach ihr, als wäre sie ein Werk von dir.   Hebr. 12, 14.

10. Ihr alle seine Tage weihn heißt eingedenk des Todes sein, und wachsen in der Heiligung ist wahre Todserinnerung.

11. Wie leicht vergeß ich diese Pflicht! Herr, geh mit mir nicht ins Gericht; an meinen Tod erinnre mich, vor dir zu wandeln würdiglich.

12. Gib, Herr, daß ich an jedem Tag mein Herz vor dir erforschen mag, ob Liebe, Demut, Fried und Treu die Frucht des Geistes in ihm sei.

13. Daß ich zu dir um Gnade fleh, stets meiner Schwachheit widersteh und endlich in des Glaubens Macht mit Freuden ruf: „Es ist vollbracht!"

M. **Christian Fürchtegott Gellert,** 1715—1769.

Kämpfe den guten Kampf des Glaubens, Ergreife das ewige Leben.

(Pf. 39, 5—8. Joh. 17, 3. Gal. 6, 8. Tit. 1, 2; 3, 7. 1 Joh. 2, 25.)

Weise 588. Herzlich thut mich verlangen.

569 1/2. Mein Herz, was hilft dein Sorgen hier um das eitle Nichts? Es leuchtet jeden Morgen ein junger Stral des Lichts; es g.e g viel tausend Jahre der Tag im Wechselgang hin zwischen Wieg und Bahre; die Ewigkeit ist lang.

2. Mein Herz, was hilft dein Grämen in der Secunde Zeit? Kannst du dir etwa nehmen nur einen Tropfen Freud? Kannst du dir etwa geben auch nur ein Fünklein Mut? Ein Andrer hält dein Leben, der, was ihm liebet*, thut.　　* beliebet.

3. Mein Herz, was hilft dein Streiten, dein Ringen für und für? dein Haschen, dein Erbeuten? Es bleibt ja nichts bei dir! Und bliebe Lust und Habe dir treu wohl hundert Jahr, so schaue hin zum Grabe, da wird dir Alles klar.

4. Aus diesem dunkeln Grunde, der nicht mehr lügen kann, klingt wie aus ernstem Munde ein hohes Wort dich an: „Hieher! hier lerne schauen, was Tand, was Wahrheit ist; hieher! hier lerne bauen auf das, was ewig ist."

5. „In diesem dunkeln Grunde, in diesem blinden Sand, du Würmlein* der Secunde, hier lerne deinen Stand, du Pünktlein auf den Wogen der Uner-

meßlichkeit, du Stäublein**, das geflogen herein in diese Zeit!"
　　* Hiob 25, 6. — ** Pf. 103, 14.

6. Und doch sollst du nicht zagen, du weißt ja Trost, mein Herz, darfst nur den Aufflug wagen aus diesem Erdenschmerz, die Glaubensflügel schwingen empor zum Himmelszelt und glaubensfreudig singen: Dort, dort ist meine Welt!

7. Dort oben, ja dort oben, da ist des Christen Welt, wenn, was aus Staub gewoben, in Staub hienieden fällt; dort oben, ja dort oben, da ist des Christen Zeit; dahin den Flug gehoben! Lang ist die Ewigkeit.
　　Pred. 12, 7.

8. Dort oben, ja dort oben bei Gott und seinem Christ ist aller Wahn zerstoben und Menschentrug und -List, die citeln Eitelkeiten, die eitle Sorg und Noth, um die so Viele streiten und ringen bis zum Tod.

9. Mein Herz! dein Heiland lebet, die Hoffnung blühet grün, die Kreuzesfahne schwebet hoch über Erdenmühn. Harr fröhlich, todesmutig, in festem Glauben aus; sei schwer dein Kampf und blutig: — dort oben steht dein Haus!

10. Sagst du bereinst der Erde die letzte gute Nacht, hast Arbeit, Kampf, Gefährde in Christo du

vollbracht, besieget Noth und
Mühen der armen Sterblichkeit:
dann siehst du Kränze blühen im
Lenz der Ewigkeit.

11. Drum stell, o Herz, dein
Grämen, den leeren Jammer ein,
streb aus den Erdenschemen em=
por zum Himmelsschein; wirf
hin die eiteln Sorgen der kurzen
Spanne Zeit! Bei Gott bist du
geborgen in sel'ger Ewigkeit!

Ernst Moritz Arndt, 1769—1860.

b. Sehnsucht nach dem Himmel.

**Ich bin beides, dein Pilgrim
Und dein Bürger, wie alle meine Väter.**
(Pf. 39, 12. Hebr. 13, 14.)

Weise 588. Herzlich thut mich verlangen.

570. Ich bin ein Gast auf
Erden und hab hier keinen Staub,
— der Himmel soll mir werden,
da ist mein Vaterland. Hier
wandr ich bis zum Grabe; dort
in der ewgen Ruh ist Gottes
Gnadengabe, die schleußt all
Arbeit zu.

2. Was ist mein ganzes We=
sen von meiner Jugend an, als
Müh und Noth gewesen? So
lang ich denken kann, hab ich so
manchen Morgen, so manche
liebe Nacht mit Kummer und
mit Sorgen des Herzens zuge=
bracht.

3. Mein Heimat ist dort dro=
ben, wo aller Engel Schar den
großen Herrscher loben, der Alles
ganz und gar in seinen Händen
träget und für und für erhält,
auch Alles hebt und leget, wie
es ihm wohlgefällt.

4. Zu ihm steht mein Ver=
langen, da wollt ich gerne hin;
die Welt bin ich durchgangen,
daß ichs fast müde bin. Je
länger ich hier walle, je minder
find ich Freud, die meinem Geist
gefalle; das Meist ist Eitelkeit.

5. Die Herberg ist zu böse, der
Trübsal ist zu viel; ach komm,
mein Gott, und löse mein Herz,
wenn dein Herz will; komm,
mach ein selig Ende mit meiner
Wanderschaft, und was mich
kränkt, das wende durch deines
Armes Kraft.

6. Wo ich bisher gesessen, ist
nicht mein rechtes Haus; so
bald mein Ziel gemessen, so tret
ich dann hinaus, und was ich
hier gebrauchet, das leg ich Alles
ab, und wenn ich ausgehauchet,
so legt man mich ins Grab.

7. Du aber, meine Freude, du
meines Lebens Licht, du zeuchst
mich, wenn ich scheide, hin vor
dein Angesicht, ins Haus der
ewgen Wonne, allwo ich freu=
denvoll gleich wie die helle Sonne
ohn Ende leuchten soll.

8. Da will ich immer wohnen,
und nicht nur als ein Gast, bei
denen, die mit Kronen du aus=
geschmücket hast; da will ich herr=
lich singen von deinem großen
Thun, und frei von schnöden
Dingen in meinem Erbtheil ruhn.

Paul Gerhardt, 1606—1676.

**Ich achte es Alles für Schaden
Gegen der überschwenglichen Erkenntnis Christi Jesu.**
(1 Petr. 1, 24—25.)

571.   Eigne Weise.   Joh. Crüger, 1649.

Du, o schö=nes Welt=ge=bäu=de, magst ge=
bei=ne scheinbar=li=che Freu=de ist mit

sal=len, wem du willt;
lau=ter Angst um=hüllt.   De=nen, die den Himmel has=

sen, will ich ih=re Weltlust las=sen; mich verlangt nach

dir al=lein, treu=er Herr und Hei=land mein!

2. Müde, die der Arbeit Menge
und der heiße Stral beschwert,
wünschen, daß des Tages Länge
werde durch die Nacht verzehrt,
daß sie nach so vielen Lasten
können sanft und süße rasten;
mich verlangt bei dir zu sein,
treuer Herr und Heiland mein!

3. Ach, möcht ich in deinen
Armen Ruhe finden nach dem
Streit! Für dein ewiges Erbar=
men geb ich alle Lust der Zeit.
Gold und Ehr und andre Ga=
ben möcht ich nimmer, nimmer
haben; du nur sollst mein Reich=
tum sein, treuer Herr und Hei=
land mein!

4. Andre mögen durch die Wel=
len und durch Wind und Klip=
pen gehn, ihren Handel zu be=
stellen, und da Sturm und Noth
bestehn; ich will auf des Glau=

bens Schwingen aufwärts in
den Himmel dringen, ewig da
bei dir zu sein, treuer Herr und
Heiland mein!

5. Tausendmal pfleg ich zu sa=
gen und noch tausendmal dazu:
Würd ich doch ins Grab getra=
gen, ach, so käm ich ja zur Ruh,
und mein bestes Theil das würde,
frei von dieser Leibesbürde, je
und ewig um dich sein, treuer
Herr und Heiland mein!

6. Komm, o Tod, du Schla=
fesbruder, komm und führe mich
nur fort, löse meines Schiff=
leins Ruder, bringe mich in
sichern Port; mag, wer immer
will, dich scheuen, — mich,
mich kannst du nur erfreuen,
denn durch dich komm ich hinein
zu dem treuen Heiland mein!

7. Ach, daß ich den Leibesker=

ker heute noch verlassen müßt
und käm an den Sternenerker,
wo das Haus der Freuden ist!
Da wollt ich in heilgen Chören
mit den Engeln dich verehren,
rühmen deinen Gottheitsschein,
treuer Herr und Heiland mein!

8. Doch weil ich die Friedens-auen und des Himmels Frie-
denssal, Jesu, jetzt noch nicht darf
schauen: ei, so soll im Thränenthal doch mein ganzes Herz und
Sinnen, bis ich scheiden kann von
hinnen, unterdessen bei dir sein,
treuer Herr und Heiland mein!

Joh. Franck, 1618—1677.

**Darum fleißigen wir uns, wir sind daheim
Oder wir wallen, daß wir ihm wohlgefallen.**
(2 Kor. 5, 9.)

Weise 340.   Sollt es gleich bisweilen scheinen.

572. Allenthalben wo ich gehe,
sitze, liege oder stehe, sehn ich
mich nach Jesu Christ, der für
mich gestorben ist.

2. Von der bösen Welt zu scheiden nach so vielem Kreuz und
Leiden, wenn es ihm gefällig
ist, bin ich fertig und gerüst.

3. Wenn ich werde mit ihm
leben, herrschen und in Freuden schweben, o wie selig werd
ich sein bei den lieben Engelein.

4. Herzlich werd ich mich er-freuen, wenn mich Christus wird
erneuen und zum Himmel füh-
ren ein, prächtig stets bei ihm
zu sein.

5. Zung und Herze wird da
klingen und dem Herren Jesu
singen; ewig werd ich stimmen
ein mit den lieben Engelein.

6. Beßres Leben werd ich finden, ohne Tod und ohne Sünden. O wie selig werd ich sein
bei den lieben Engelein!

Dr. Joh. Scheffler, 1624—1677.

**Herr, vor dir ist Freude die Fülle,
Und liebliches Wesen zu deiner Rechten ewiglich.**
(Pf. 16, 11. 1 Joh. 5, 19. Röm. 12, 2.)

573.   Eigne Weise.   J. Rosenmüller, 1649.

Welt a = de! ich bin dein mü = be, ich will
nach dem Himmel zu; da wird sein der rech = te Frie-
be und die stol=ze See=len = ruh. Welt, bei dir ist

Krieg und Streit, nichts denn lau=ter Ei=tel=keit,

dort im Him=mel al=le=zeit Frie=de,

Ruh und Se=lig=keit.

2. Wenn ich werde dahin kom=
men, bin ich aller Krankheit los
und der Traurigkeit entnommen,
ruhe sanft in Gottes Schoß. In
der Welt ist Angst und Noth,
endlich gar der bittre Tod; aber
d o r t ist allezeit Friede, Freud
und Seligkeit.

3. Was ist doch der Erden
Freude? Nebel, Dunst und Her=
zeleid! Hier auf dieser öden
Heide sind die Laster ausge=
streut. Welt, bei dir ist Krieg
und Streit; nichts denn lauter
Eitelkeit, dort im Himmel alle=
zeit Friede, Ruh und Seligkeit.

4. Unaussprechlich lieblich sin=
get Gottes auserwählte Schar;
„heilig, heilig, heilig!" klinget in
dem Himmel immerdar. Welt,
bei dir ist Spott und Hohn und
ein steter Jammerlohn, aber
dort ist allezeit Friede, Freud
und Seligkeit.

5. Nichts ist hier, denn lauter
Weinen, keine Freude bleibet
nicht; will uns gleich die Sonne
scheinen, so verhemmt die Nacht
das Licht. Welt, bei dir ist
Angst und Noth, Sorgen und
der bittre Tod, doch im Him=

mel allezeit Friede, Ruh und
Seligkeit.

6. Nun, ich hoff, es wird ge=
schehen, daß auch ich in kurzer
Zeit meinen Heiland werde sehen
in der großen Herrlichkeit; denn
bei uns ist lauter Noth, Müh
und Furcht, zuletzt der Tod,
aber dort ist allezeit Friede,
Freud und Seligkeit.

7. Heil dem, der dorthin ge=
langet, wo der schöne sel'ge Chor
in des Himmels Kronen pranget
und die Stimme schwingt empor!
Denn die Welt hat Krieg und
Streit, all ihr Thun ist Eitel=
keit; aber dort ist allezeit Friede,
Ruh und Seligkeit.

8. Zeit, wann wirst du doch
anbrechen? Stunden, o wann
schlaget ihr, daß ich doch mit
ihm kann sprechen, mit dem
Schönsten* für und für? Welt,
du hast nur Sturm und Streit,
lauter Qual und Traurigkeit;
aber dort ist allezeit Friede,
Freud und Seligkeit.

* Ps. 45, 3.

9. Jetzt will ich mich fertig
machen, daß mein Thun vor
Gott besteh, daß, wenn Alles

wird zerkrachen*, dann es heißt:
„Komm!" und nicht: „Geh!"
Welt, bei dir ist Angstgeschrei,
Sorge, Furcht und Heuchelei,

doch im Himmel allezeit Friede,
Ruh und Seligkeit.

* 2 Petr. 3, 1C.

Joh. Georg Albinus, 1624—1679.

Bittet, so wird euch gegeben,
Klopfet an, so wird euch aufgethan.
(1 Cor. 13, 9—12. Offenb. 21, 27; 22, 17.)
Weise 196. Lasset uns den Herren preisen.

574. Oeffne mir die Perlen=
pforten*, Licht vom Licht und
Schmuck der Stadt, die durch
dich erbauet werden, eh die Welt
den Anfang hatt; eil, o Jesu,
heimzuführen meine Seele, deine
Braut, die du dir hast angetraut.
Laß mich diese Klarheit zieren,
wo mich keine Sündennacht
mehr betrübt und traurig macht.

* Offenb. 21, 21.

2. Es verlanget mich, zu se=
hen* ohne Decke dein Gesicht
und von Sünden frei zu stehen,
reines Lamm, in deinem Licht;
doch, ich will dir nichts vor=
schreiben, und mein Himmel ist
schon hier, wirst du, meiner
Seele Zier, nur mit mir ver=
einigt bleiben; denn wie sollt
auch, ohne dich, Himmelslust
vergnügen mich?

* 2 Cor. 3, 15-16. Vgl. 1 Cor. 13, 12.

3. Du bist meiner Seele Won=
ne, wenn mich Angst betrüben
will; mein Herz nennt dich seine
Sonne und das Sorgenmeer
wird still, wenn mir deine

Blicke lachen, deren liebumglänz=
ter Stral trennet alle Nacht und
Qual; du kannst mich vergnü=
get machen, in dir hab ich Him=
melsfreud, außer dir Verdruß
und Leid.

4. Laß mich, Baum des Le=
bens, bleiben an dir einen grü=
nen Zweig, der, wenn ihn auch
Stürme treiben, stärker werde,
höher steig und im Glauben
Früchte bringe; und versetz mich
nach der Zeit in das Feld der
Ewigkeit, wo ich mich in dir
verjünge, wenn des Leibes wel=
kes Laub wieder grünt aus sei=
nem Staub.

5. Gieß indessen in die Seele
deinen süßen Lebenssaft, Leben,
dem ich mich vermähle, und laß
deiner Liebe Kraft mich ganz
gnadenvoll erlaben; bleibe mein,
ich bleibe dein, dein will ich
auf ewig sein. Dich, mein
Jesu, will ich haben; Erd und
Himmel acht ich nicht ohne dich,
mein Trost und Licht!

Wolfg. Christoph Deßler, 1660-1722.

Wir sollen kommen zur Stadt des lebendigen Gottes,
Zum himmlischen Jerusalem.
(Offenb. 7, 14—17.)
Weise 808. Gott des Himmels und der Erden.

575. O Jerusalem, du schöne,
wo man Gott beständig ehrt

und das himmlische Getöne
„Heilig, heilig, heilig!" hört;

ach, wann komm ich doch ein=
mal hin zu deiner Bürger Zahl?

2. Muß ich nicht in Pilger=
hütten unter strengem Kampf
und Streit, wo so mancher
Christ gelitten, führen meine
Lebenszeit; wo so oft die beste
Kraft wird durch Thränen weg=
gerafft?

3. Ach, wie wünsch ich dich zu
schauen, Jesu, liebster Seelen=
freund, dort auf deinen Salems=
auen, wo man nicht mehr klagt
und weint, sondern in dem höch=
sten Licht schauet Gottes Ange=
sicht!

4. Komm doch, führe mich mit
Freuden aus der Fremde har=
tem Stand, hol mich heim nach
vielen Leiden in das rechte Va=
terland, wo dein Lebenswasser

quillt, das den Durst auf ewig
stillt.

5. O der auserwählten Stätte,
voller Wonne, voller Zier! Ach,
daß ich doch Flügel hätte, mich
zu schwingen bald von hier nach
der neu erbauten Stadt, welche
Gott zur Sonne hat!

6. Soll ich aber länger blei=
ben auf dem ungestümen Meer,
wo mich Sturm und Wellen
treiben durch so mancherlei Be=
schwer: — ach, so laß in Kreuz
und Pein Hoffnung meinen
Anker sein!

7. Nimmer werd ich dann er=
trinken, Christus ist mein Arm
und Schild, und sein Schifflein
kann nicht sinken, wär das Meer
auch noch so wild; wenn auch
Mast und Segel bricht, läßt
doch Gott die Seinen nicht!

Friedrich Konrad Hiller, 1662—1726.

**Wir warten eines neuen Himmels und einer neuen Erde
Nach seiner Verheißung, in welchen Gerechtigkeit wohnet.**
(Röm. 8, 21—24. 1 Joh. 3, 2. 2 Petr. 3, 13.)
Weise 588. Herzlich thut mich verlangen.

576. Wann wird doch einst
erscheinen die angenehme Zeit?
Komm, Jesu, führ die Deinen
in deine Herrlichkeit! Ach, laß
auch uns anbrechen den schön=
sten Sommertag, da man wird
freudig sprechen: Weg Tod!
weg Noth! weg Plag!

2. Es kann nicht lang mehr
werden, drum hebt das Haupt
empor; ach neigt es nicht zur
Erden, denn seht, es bricht
hervor der Tag, da ihr sollt
sehen, was die Erlösung sei,

der Tag, da ihr sollt stehen
vor Jesu sündenfrei.

3. Ach, Jesu, meine Liebe,
mein Theil in jener Welt, ach,
hilf, daß ich mich übe so, wie
es dir gefällt; gib, daß ich
stets bedenke, der Tag sei nicht
mehr weit, damit sich ja nicht
lenke mein Herz zur Eitelkeit.

4. Ach, lehre mich stets beten
und stehn auf meiner Hut, laß
mich einst vor dich treten mit
unverzagtem Mut, und wenn
ich soll erscheinen und kommen

vor Gericht, so trenn mich von den Deinen ein strenges Urtheil nicht.

5. Du Freude meiner Seelen, verleide mir die Welt, hilf, daß ich das mag wählen, was broben mir bestellt; gib, daß mein Herz sich finde in dir, mein treuer Hort, und zeige deinem Kinde den ewgen Friedensport!

6. So ist wohl aufgehoben mein allerbestes Theil; nicht unten, sondern oben im Himmel ist mein Heil. Gehts dann, o Welt, zu Ende mit deiner Lust und Last, so tragen Jesu Hände mich heim zur süßen Rast.

7. Nun komm, erwünschtes Leben, komm, schönste Sommerzeit, komm, Tag, der mir wird geben die süße Ewigkeit, komm, Jesu, Lebenssonne, komm, führe mich hinein ins Haus der Freud und Wonne; da werd ich selig sein!

Joh. Job, 1664—1736.

Wir sind Fremdlinge und Gäste vor dir,
Wie nnsre Väter alle.

(Pf. 39, 13. 1 Chron. 30, 15. Gal. 4; 26. Hebr. 9, 11—15.)

577.

Weise: O Gott, der du ein Heerfürst bist.

1562.

Mein Le=ben ist ein Pilgrimstand, ich rei=se nach dem Va=terland, nach dem Je=ru=sa=lem, das bro=ben Gott selbst als ei=ne fe=ste Stadt auf Bun=desblut ge=grün=det hat; da werd ich Ja=kobs Hir=ten* lo=ben. Mein Le=ben ist ein Pil=grim=stand, ich rei=se nach dem Va=ter=land.

* Pf. 80, 2. Vrgl. 1 Mof. 32, 28.

2. So schnell ich Land und Strand verlaß, läuft meines Lebens Stundenglas, und was vorbei ist, kommt nicht wieder;

ich eile zu der Ewigkeit. Herr Jesu, mach mich wohl bereit und öffne meine Augenlider, daß ich, was zeitlich ist, nicht acht und nur nach dem, was ewig, tracht.

3. Kein Reisen ist ohn Ungemach, der Lebensweg hat auch sein Ach, man wandelt nicht auf weichen Rosen; der Steg ist eng, der Feinde viel, die mich wegreißen von dem Ziel. Ich muß mich oft an Dornen stoßen, ich muß durch dürre Wüsten gehn und kann oft keinen Ausweg sehn.

4. Der Sonne Glanz mir oft gebricht, der Sonne, die ihr Gnadenlicht in unverfälschte Herzen stralet; Wind, Regen stürmen auf mich zu, mein matter Geist findt nirgend Ruh. Doch alle Müh ist schon bezahlet, sobald ich mir das Himmelsthor in festem Glauben stelle vor.

5. Israels Hüter, Jesu Christ, der du ein Pilgrim worden bist,

da du mein Fleisch hast angenommen: zeig mir im Worte deine Tritt und laß mich doch mit jedem Schritt zu deinem Heile näher kommen. Mein Leben fleucht, ach eile du und fleng mit Gnad und Hilf herzu.

6. Durch deinen Geist mich heilig leit, gib in Geduld Beständigkeit, vor Straucheln meinen Fuß beschütze. Ich falle stündlich, — hilf mir auf, zeuch mich, damit ich dir nachlauf; sei mir ein Schirm in Trübsalshitze, laß deinen süßen Gnadenschein in Finsternis nie ferne sein.

7. Wann mir mein Herz, o Gnadenfüll, vor Durst nach dir verschmachten will, so laß mich dich zum Labsal finden; und schließ ich einst die Augen zu, so bring mich zu der stolzer Ruh, wo Müh und Kampf auf ewig schwinden: laß mich in deinem Himmelsschloß dein Liebling sein und Hausgenoß!

Dr. Friedrich Adolf Lampe,
1683—1729.

Wir haben hier keine bleibende Stadt, Sondern die zukünftige suchen wir.

(Matth. 6, 19—21. Hebr. 13, 14.)

Weise 197. Jesus, meine Zuversicht.

578. Himmelan geht unsre Bahn! Wir sind Gäste nur auf Erden, bis wir dort nach Kanaan durch die Wüste kommen werden. Hier ist unser Pilgrimstand, droben unser Vaterland.

2. Himmelan schwing dich,

mein Geist, denn du bist ein himmlisch Wesen und kannst das, was irdisch heißt, nicht zu deinem Ziel erlesen. Ein von Gott erleuchter Sinn kehrt zu seinem Ursprung hin.

3. Himmelan! ruft Gott mir zu, wenn ich ihn im Worte

höre; das weist mir den Ort
der Ruh, wo ich einmal hinge=
höre. Wenn mich dieses Wort
bewahrt, halt ich eine Himmel=
fahrt.

4. Himmelan! mein Glaube
zeigt mir das schöne Los von
ferne, daß mein Herz schon auf=
wärts steigt über Sonne, Mond
und Sterne; denn ihr Licht ist
viel zu klein gegen jenen Glanz
und Schein.

5. Himmelan wird mich der
Tod in die rechte Heimat füh=
ren, wo ich über alle Noth ewig
werde triumphiren. Jesus geht
mir selbst voran, daß ich freu=
dig folgen kann.

6. Himmelan, ach himmelan!
das soll meine Losung bleiben.
Ich will allen eitlen Wahn
durch die Himmelslust vertrei=
ben. Himmelan nur steht mein
Sinn, bis ich in dem Him=
mel bin.

Benjamin Schmolck, 1672—1737.

Selig sind,
Die zum Abendmahle des Lammes berufen sind!
(Hebr. 12, 22. 23. Offenb. 19, 9.)

Weise 765. Alle Menschen müssen sterben.

579. Uebergroße Himmels=
freude, wie vergnügst du mei=
nen Geist, der in solcher Hoff=
nung heute sich schon überselig
preist und mit herzlichem Ver=
langen wartet, bis er wird ge=
langen in den goldnen Him=
melssal zu des Lammes Abend=
mahl!

2. Dort leucht Gott selbst
als die Sonne, und wie Sterne
ohne Zahl glänzen in der höch=
sten Wonne die Propheten all=
zumal; um sie her mit hellem
Scheinen die Apostel sich ver=
einen, ja die ganze Christenschar
leuchtet helle, rein und klar.

3. Was für himmlisch süßes
Klingen hört man dort im heil=
gen Licht! was für Jauchzen
und Lobsingen, da der Chor der
Engel spricht: „Heilig, heilig,
heilig heißet, der uns so viel
Guts beweiset, Gott der Vater
sammt dem Sohn und dem
Geist im Himmelsthron!"

4. Was für Liebe, was für
Friede herrschet dort in stiller
Ruh, da man hört dem neuen
Liede mit entzückten Ohren zu!
Abgewischt sind alle Thränen
und gestillt ist alles Sehnen,
Alles gibt den Frommen Lust
und nichts kränket ihre Brust.

5. Jesu, dem ich mich ergeben,
führe mich doch bald heraus
aus dem schnöden Sündenleben
in dies schöne Himmelshaus!
Laß mich auch an deiner Seite
fühlen solche Himmelsfreude und
in dieser Wonne mich dann er=
getzen ewiglich!

Dr. Valentin Ernst Löscher, 1673—1749.

Wir sind beides, Gottes Pilgrime und Bürger,
Bis wir kommen zum Berge Zion, zum himmlischen Jerusalem.
(Pf. 39, 13. Hebr. 12, 22.)

Weise 241. Zeuch ein zu meinen Thoren.

580. Kommt, Kinder, laßt uns gehen, der Abend kommt herbei; es ist gefährlich stehen in dieser Wüstenei. Kommt, stärket euern Mut, zur Ewigkeit zu wandern, von einer Kraft zur andern; es ist das Ende gut.

2. Es soll uns nicht gereuen der schmale Pilgerpfad; wir kennen ja den Treuen, der uns gerufen hat. Kommt, folgt und trauet dem; mit ganzer Wendung richte ein Jeder sein Gesichte fest nach Jerusalem.

3. Der Ausgang, der geschehen, ist uns fürwahr nicht leid; es soll noch besser gehen zur Abgeschiedenheit. Ihr Lieben, seid nicht bang, verachtet tausend Welten, ihr Locken und ihr Schelten, und geht nur euern Gang.

4. Laßt uns wie Pilger wandeln, vom Eignen frei und leer; viel sammeln, halten, handeln macht unsern Gang nur schwer. Wer will, der trag sich todt; wir reisen abgeschieden, mit Wenigem zufrieden, und brauchens nur zur Noth.

5. Schmückt euer Herz aufs beste, weit mehr, als Leib und Haus; wir sind hier fremde Gäste und ziehen bald hinaus. Das Kinderspiel am Weg laßt uns nicht viel besehen, durch Säumen und durch Stehen wird man verstrickt und träg.

6. Ist unser Weg gleich enge, gar einsam, krumm und schlecht, der Dornen wohl in Menge und manches Kreuz auch trägt: es ist doch nur ein Weg. Es sei! wir gehen weiter, wir folgen unserm Leiter und brechen durchs Geheg.

7. Was wir hier hören, sehen, das hören, sehn wir kaum; wir lassens da und gehen; es irret uns kein Traum. Wir gehn ins Ewge ein; mit Gott muß unser Handeln, im Himmel unser Wandeln und Herz und Alles sein.

8. Wir wandeln eingekehret, verachtet, unbekannt, man siehet, kennt und höret uns kaum im fremden Land; und höret man uns ja, so höret man uns singen von all den großen Dingen, die auf uns warten da.

9. Kommt, Kinder, laßt uns gehen, der Vater gehet mit, er selbst will bei uns stehen bei jedem sauren Tritt; er will uns machen Mut, mit süßen Sonnenblicken uns locken und erquicken. Ach ja, wir habens gut.

10. Ein Jeder munter eile! wir sind vom Ziel noch fern; schaut auf die Feuerseule*, die Gegenwart des Herrn! Das Aug dahin gekehrt, wo uns die Liebe winket und den, der strauchelnd sinket, hält und den Ausgang lehrt! *2 Mof. 13, 21—22.

11. Kommt, laßt uns munter

wandern! Wir gehen Hand in Hand; Eins freuet sich am Andern in diesem fremden Land. Kommt, laßt uns kindlich sein, uns auf dem Weg nicht streiten!* Die Engel selbst begleiten als Brüder unsre Reihn. * 1 Mos. 45, 24.

12. Sollt wo ein Schwacher fallen, so greif der Stärkre zu; man trag, man helfe Allen, man pflanze Lieb und Ruh. Kommt, schließt euch fester an, ein Jeder sei der Kleinste, doch auch wohl gern der Reinste auf unsrer Lebensbahn.

13. Kommt, laßt uns munter wandern, der Weg nimmt immer ab; ein Tag folgt auf den andern, bald sinkt das Fleisch ins Grab. Nur noch ein wenig Mut, nur noch ein wenig treuer, vor allen Dingen freier gewandt zum ewgen Gut!

14. Es wird nicht lang mehr währen; harrt noch ein wenig aus! es wird nicht lang mehr währen, so kommen wir nach Haus. Da wird man ewig ruhn, wenn wir mit allen Frommen heim zu dem Vater kommen; wie wohl, wie wohl wirds thun!

15. Drauf wollen wirs denn wagen (es ist wohl wagenswerth!) und gründlich dem absagen, was aufhält und beschwert. Welt, du bist uns zu klein; wir gehn durch Jesu Leiten hin in die Ewigkeiten; der Weg soll Jesus sein!

16. O Freund, den wir erlesen, o allvergnügend Gut, o ewigbleibend Wesen, wie reizest du den Mut! Wir freuen uns in dir, du unsre Wonn und Leben, worin wir ewig schweben, du unsre ganze Zier!

Gerhard ter Steegen, 1697—1769.

**Ich halte es dafür, daß dieser Zeit Leiden der Herrlichkeit nicht werth sei,
Die an uns soll offenbaret werden.**

(Röm. 8, 17. 18.)

Weise 365. Wer nur den lieben Gott läßt walten.

581. Nach einer Prüfung kurzer Tage erwartet uns die Ewigkeit; dort wandelt sich die Erdenklage in himmlische Zufriedenheit; hier kämpft der Christ mit Ernst und Fleiß, und jene Welt reicht ihm den Preis.

2. Wahr ists, der Fromme schmeckt auf Erden schon manchen selgen Augenblick; doch alle Freuden, die ihm werden, sind ihm ein unvollkommnes Glück;

er bleibt ein Mensch, und seine Ruh nimmt in der Seele ab und zu.

3. Bald stören ihn des Körpers Schmerzen, bald das Geräusche dieser Welt; bald kämpft in seinem eignen Herzen ein Feind, der öfter siegt, als fällt; bald sinkt er durch des Nächsten Schuld in Kummer und in Ungeduld.

4. Hier, wo die Tugend oft-

31*

mals leidet, das Laster oftmals glücklich ist, wo man den Glück- lichen beneidet und des Beküm- merten vergißt, hier kann der Mensch nie frei von Pein, nie frei von aller Schwachheit sein.

5. Hier such ichs nur, dort werd ichs finden; dort werd ich, heilig und verklärt, erlöst aus aller Noth der Sünden, den prei- sen, der mir Heil gewährt; den Gott der Liebe werd ich sehn, und er wird mich zu sich erhöhn.

6. Da wird der Vorsicht heil- ger Wille mein Will und meine Wohlfahrt sein, wird lieblich Wesen, Heil die Fülle am Throne Gottes mich erfreun; dann läßt Gewinn stets auf Gewinn mich fühlen, daß ich ewig bin.

7. Da werd ich das im Licht erkennen, was ich auf Erden dunkel sah, das wunderbar und heilig nennen, was unerforsch- lich hier geschah; da denkt mein Geist mit Preis und Dank die Schickung im Zusammenhang.

8. Da werd ich zu dem Throne bringen, wo Gott, mein Heil, sich offenbart; ein „Heilig, Heilig, Heilig" singen dem Lamme, das erwürget ward, und Cherubim

und Seraphim und alle Himmel jauchzen ihm.

9. Da werd ich in der Engel Scharen mich ihnen gleich und heilig sehn, das nie gestörte Glück erfahren, mit Reinen rein stets umzugehn; da wird in un- gemeßner Zeit ihr Heil auch meine Seligkeit.

10. Da werd ich dem den Dank bezahlen, der Gottes Weg mich gehen hieß, und ihn zu millionen Malen noch segnen, daß er mir ihn wies; da find ich in des Höchsten Hand den Freund, den ich auf Erden fand.

11. Da ruft (o möchte Gott es geben!) vielleicht auch mir ein Sel'ger zu: „Heil sei dir, denn du hast mein Leben, die Seele mir gerettet, du!" O Gott, wie muß dies Glück erfreun, der Retter einer Seele sein!*

  * Jac. 5, 19—20.

12. Was seid ihr, Leiden dieser Erden, doch gegen jene Herrlich- keit, die offenbar an uns soll werden von Ewigkeit zu Ewig- keit? Wie nichts, wie gar nichts gegen sie ist doch ein Augenblick voll Müh!

  M. **Christian Fürchtegott Gellert,**
        1715—1769.

---

c. Das Sterben des Christen.

**Herr, ich bin beides, dein Pilgrim und dein Bürger,
Wie alle meine Väter.**
(Hiob 16, 22. Pred. 12, 7.)

Weise 847. Nun ruhen alle Wälder.

582. O Welt, ich muß dich lassen, ich fahr dahin mein Straßen ins ewge Vaterland; den Geist will ich aufgeben, und legen Leib und Leben in meines Gottes gnädge Hand.

2. Mein Lauf ist nun vollen=
det, der Tod das Leben endet,
Sterben ist mein Gewinn; kein
Bleiben ist auf Erden, das Ewge
muß mir werden, mit Fried und
Freud fahr ich dahin.

3. Ob mich die Welt betro=
gen und oft von Gott gezogen
durch Sünden mancherlei: will
ich doch nicht verzagen, sondern
mit Glauben sagen, daß meine
Schuld vergeben sei.

4. Auf Gott steht mein Ver=
trauen, sein Antlitz will ich
schauen wahrlich durch Jesum
Christ, der auch für mich ge=
storben, mir Gottes Huld er=
worben, und der mein Mittler
worden ist.

5. Die Sünd kann mir nicht
schaden, erlöst bin ich aus Gna=
den, umsonst, durch Christi Blut.
Es kann kein Werk mir from=
men, wenn ich zu Gott will
kommen; der Glaub allein kömmt
mir zu gut.

6. Drauf will ich fröhlich ster=
ben, das Himmelreich ererben,
der Herr hält mirs bereit; hier
mag ich nicht mehr bleiben, der
Tod thut mich vertreiben; die
Seel sich von dem Leibe scheidt.

7. Damit fahr ich von hinnen:
o Welt, thu dich besinnen, gar
bald mußt du mir nach. Thu
dich zu Gott bekehren und Gnad
von ihm begehren, und sei ja
nicht im Glauben schwach.

8. Die Zeit ist bald vorhan=
den: laß ab von Sünd und
Schanden und rüste dich zur
Bahn mit Beten und mit Wa=
chen; laß alle irdschen Sachen
und fang ein göttlich Leben an.

9. Das schenk ich dir am Ende;
zu Gott ich mich nun wende, zu
ihm steht mein Begehr. Hüt
dich vor Pein und Schmerzen,
mein' Abschied nimm zu Her=
zen; meins Bleibens ist jetzt
hie nicht mehr!

Dr. Joh. Hesse, 1490—1547.

Ich weiß, daß mein Erlöser lebt,
Und er wird mich hernach aus der Erde auferwecken.
(1 Joh. 2, 1. 2. Hiob 19, 25.)

583.   Eigne Weise.   1569.

Wenn mein Stündlein vor=han=den ist und ich soll ziehn mein
Stra=ße: so leit du mich, Herr Je=su Christ, mit
Hilf mich nicht ver=laf=se! Mein Seel an mei=nem

letz=ten End be = fehl ich, Herr, in bei = ne Händ: du

wollst sie mir be = wah=ren!

2. Mein Sünde wird mich kränken sehr und mein Gewissen nagen, da ihrer viel, wie Sand am Meer; doch will ich nicht verzagen, will denken, Herr, an deinen Tod, an deine letzte Pein und Noth; die werden mich erhalten.

3. Ich bin ein Glied an deinem Leib, des tröst ich mich von Herzen; von dir ich ungeschieden bleib in Todesnoth und Schmerzen; wenn ich gleich sterb, so sterb ich dir, ein ewig Leben hast du mir durch deinen Tod erworben.

4. Weil du vom Tod erstanden bist, werd ich im Grab nicht bleiben; mein höchster Trost dein Auffahrt ist, Todsfurcht kann sie vertreiben; denn wo du bist, da komm ich hin, daß ich stets bei dir leb und bin; drum fahr ich hin mit Freuden!

Nikolaus Herman, † 1561.

Wer an mich glaubet, der wird leben,
Ob er gleich stürbe, spricht der Herr.
(Joh. 6, 40; 12, 47 ff.)

Weise 375. Vater unser im Himmelreich.

584. Herr Jesu, wahrer Mensch und Gott, der du littst Marter, Angst und Spott, für mich zuletzt am Kreuze starbst und mir des Vaters Huld erwarbst: — ich bitt durchs bittre Leiden dein, du wollst mir Sünder gnädig sein.

2. Wenn ich nun komm in Sterbensnoth und ringen werde mit dem Tod; wenn mir vergeht all mein Gesicht* und meine Ohren hören nicht; wenn meine Zunge nichts mehr spricht, und mir vor Angst mein Herz zerbricht;   * das Sehen.

3. Wenn mein Verstand sich nicht besinnt und mir all menschlich Hilf zerrinnt: so komm, Herr Christe, mir behend zu Hilf an meinem letzten End und führ mich aus dem Jammerthal; verkürz mir auch des Todes Qual!

4. Die bösen Geister von mir treib, mit deinem Geiste bei mir bleib, bis sich die Seel vom Leibe trennt, dann nimm sie, Herr, in deine Händ; der Leib hab in der Erde Ruh, bis naht der jüngste Tag herzu.

5. Ein fröhlich Urständ* mir verleih, am jüngsten Tag mein Fürsprech sei und meiner Sünd nicht mehr gedenk, aus Gnaden mir das Leben schenk; das trau

ich dir, wie du, mein Hort, mir zugesagt in deinem Wort:

* Auferstehung.

6. „Fürwahr, fürwahr, euch sage ich, wer mein Wort hält und glaubt an mich, der wird nicht kommen ins Gericht, den Tod auch ewig schmecken nicht, und ob er gleich hie zeitlich stirbt, mit nichten er drum gar verdirbt;"

7. „Sondern ich will mit starker Hand ihn reißen aus des Todes Band und zu mir nehmen in mein Reich; da soll er dann mit mir zugleich in Freuden leben ewiglich." — Dazu hilf uns ja gnädiglich!

8. Ach Herr, vergib all unsre Schuld! Hilf, daß wir warten mit Geduld, bis unser Stünd=lein kommt herbei; gib, daß der Glaub stets wacker sei, dem Wort zu trauen festiglich, bis wir entschlafen seliglich.

Dr. Paul Eber, 1511—1569.

Meine Zeit steht in deinen Händen;
Nun, Herr, wes soll ich mich trösten? Ich hoffe auf dich.
(Hiob 14, 1—2. Pf. 31, 16.)

Weise 583. Wenn mein Stünblein vorhanden ist.

585. Herr Jesu Christ, ich weiß gar wohl, daß ich ein=mal muß sterben; wann aber das geschehen soll und wie ich werd verderben dem Leibe nach, das weiß ich nicht; es steht vor deinem Angesicht, du kennst mein letztes Ende.

2. Und weil ich denn, wie dir bewußt, durch deines Geistes Gabe an dir allein die beste Lust in meinem Herzen habe und sicher glaub, daß du allein mich von der Schuld gewaschen rein und mir dein Reich erworben, —

3. So bitt ich dich, Herr Jesu Christ, halt mich bei dem Ge=danken und laß mich ja zu keiner Frist von diesem Glau=ben wanken, sondern dabei ver=harren sein, bis aus dem Leib die Seele mein wird zu dem Himmel fahren.

4. Kanus sein, so gib durch deine Hand mir ein vernünftig Ende, daß ich die Seele mit Verstand befehl in deine Hände und so im Glauben, voll Ver=traun, auf meinem Bett ohn alles Graun von hinnen möge fahren!

5. Doch wolltest du an frem=dem Ort, durch schnellen Tod im Felde, in Wassersnoth, durch Feuer, Mord, Seuch, Hitze oder Kälte nach deinem Rath mich nehmen hin, so richt, o Herr, mich nach dem Sinn, den ich im Leben führe.

6. Macht Krankheit meine Schwachheit groß auf meinem Sterbebette, daß ich im Fieber liege bloß und unbescheiden rede, so laß michs, Herr, entgelten nicht, dieweil es unbewußt ge=schicht und die Besinnung fehlet.

7. O Herr, gib in der letzten Noth mir friedliche Geberden

und laß das Herze mir im Tod
sein sanft gebrochen werden, auf
daß mein Leben ohne Weh, wie
ein verlöschend Licht, ausgeh,
mein Athem leis verhauche.

8. Doch, Jesu, es gescheh dein
Will, ich will dir nichts vor=
schreiben; ich will dir halten
allweg still, bei deinem Wort
verbleiben und glauben, daß du,
als ein Fürst des Lebens, mich

erhalten wirst, ich sterbe, wie
ich wolle.

9. Derhalben will in meinem
Sinn ich ganz mich dir ergeben;
ich weiß, der Tod ist mein Ge=
winn, du aber bist mein Leben
und wirst den Leib ohn alle
Klag, das glaub ich fest, am
jüngsten Tag zum Leben auf=
erwecken.

Barthol. Ringwaldt, 1530—1598.

**Er ist der Herr,
Er thue, was ihm wohlgefällt.**
(Pf. 90.)

586.   Eigne Weise.   1598.

Ich hab mein Sach Gott heim=ge=stellt, er machs mit mir, wie's
ihm ge=fällt; lang o = der kurz sei mei=ne Zeit, ich
bin be = reit zu Al=lem, was der Herr ge=beut.

2. Mein Zeit und Stund ist,
wann Gott will; ich setz ihm
weder Maß noch Ziel. Es sind
gezählt all Härlein mein; groß
oder klein, fällt keines ohn den
Willen sein.

3. Was ist der Mensch? Ein
Erdenkloß*, kommt von der Mut=
ter nackt und bloß, bringt nichts
mit sich auf diese Welt, kein Gut,
noch Geld, nimmt nichts mit sich,
wenn er verfällt. * 1 Mof. 2, 7.

4. Es hilft nicht Reichtum,
Geld, noch Gut, nicht Kunst
und Gunst, noch stolzer Mut;
für'n Tod kein Kraut gewachsen

ist, mein frommer Christ; Alles,
was lebet, sterblich ist.

5. Heut sind wir frisch, gesund
und stark, und morgen schließt
uns ein der Sarg; heut sind
wir wie die Rosen roth, bald
krank und todt; allhier ist nichts,
als Müh und Noth.

6. Man trägt Eins nach dem
Andern hin, wohl aus den Augen,
aus dem Sinn! Die Welt ver=
gisset unser bald, Jung oder Alt,
auch unsrer Ehren mannichfalt.

7. Ach, Herr, lehr uns be=
denken wohl, daß wir sei'n
sterblich allzumal, daß Keiner

hier sein Bleiben hab, und müß ins Grab, gelehrt, schön, groß und klein, hinab.

8. Das macht die Sünd, o treuer Gott! sie hat gezeugt den bittern Tod; der rafft dahin all Menschenkind, wie er sie find, fragt nicht, weß Stands und Ehr sie sind.

9. Doch ob mich schon die Sünd ansicht, so will ich doch verzagen nicht; ich weiß, daß für - mich in den Tod mein treuer Gott sein lieben Sohn gegeben hat.

10. Dem leb und sterb ich allezeit, der Tod von ihm mich nimmer scheidt. Leb oder sterb ich, bin ich sein; er ist allein

der einzge Trost und Helfer mein.

11. Das ist mein Trost zu aller Zeit, in aller Noth und Traurigkeit: ich weiß, daß ich am jüngsten Tag ohn alle Klag werd auferstehn aus meinem Grab.

12. Den lieben Gott von Angesicht werd ich dann schaun, dran zweifl ich nicht, in ewger Freud und Herrlichkeit, die mir bereit; ihm sei Lob, Preis in Ewigkeit!

13. Amen, mein lieber, frommer Gott, bescher uns einen sel'gen Tod; hilf, daß wir mögen allzugleich bald in dein Reich kommen und bleiben ewiglich!

Dr. Johann Pappus, 1549—1610.

Gott wird abwischen alle Thränen von ihren Augen;
Und siehe, ich mache Alles neu, spricht der Herr.
(Hiob 7, 2—3. Offenb. 21, 4—5.)

587. Eigne Weise.

(1543.) 1555.

Freu dich sehr, o mei=ne See=le, und ver=giß all
weil dich Christus nun, dein Her=re, ruft aus die=sem

Noth und Qual,
Jam=mer=thal! Aus der Trüb=sal, Angst und Leid

sollst du fah=ren in die Freud, die kein Ohr je=

mals ge=hö=ret, die in E=wig=keit auch wäh=ret.

2. Tag und Nacht hab ich gerufen zu dem Herren, meinem | Gott, weil mich stets viel Kreuz betroffen, daß er mir hülf aus

der Noth. Wie sich sehnt ein Wandersmann nach dem Ende seiner Bahn, so hab ich gewünschet eben*, daß sich euden mög mein Leben.

* d. i. ebenso hab ich gewünschet.

3. Denn gleichwie die Rosen stehen unter Dornen spitzig gar,* also auch die Christen gehen stets in Ängsten und Gefahr. Wie die Meereswellen sind unter ungestümem Wind, also ist allhier auf Erden unser Lauf voll von Beschwerden.

* mitten unter gar spitzigen Dornen.

4. Drum leucht mir mit deiner Gnade, ewig heller Morgenstern, sei auf meinem dunkeln Pfade, Jesu, jetzt von mir nicht fern. Hilf, daß ich mit Fried und Freud heute noch von hinnen scheid; ach, sei du mein Licht und Straße, mich mit Beistand nicht verlasse!

5. Wohin anders soll ich fliehen, als zu deiner Gnadenhand? Laß durch deinen Tod mich ziehen in mein himmlisch Vaterland. In das schöne Paradies, das dein Wort dem Schächer wies, wirst du mich, Herr Jesu, führen und mit ewger Klarheit zieren.

6. Ob mir schon die Augen brechen und mir das Gehör verschwindt, meine Zung nicht mehr kann sprechen, mein Verstand sich nicht besinnt: bist du doch mein Licht und Hort, Leben, Weg und Himmelspfort. Du wirst mich in Gnad regieren, mich die Bahn zum Himmel führen.

7. Laß die Engel heim mich holen, wenn zerreißt des Leibes Band; meine Seele bleibt befohlen, Herr, in deine Hirtenhand! Laß sie ruhn in deinem Schoß und erfülle sie mit Trost, bis der Leib kommt aus der Erden, um mit ihr vereint zu werden.

8. Freu dich sehr, o meine Seele, und vergiß all Noth und Qual, weil dich Christus nun, dein Herre, ruft aus diesem Jammerthal. Seine Freud und Herrlichkeit sollst du sehn in Ewigkeit, mit den Engeln jubiliren, ohn Aufhören triumphiren.

Seit 1620, Verfasser unbekannt.

Unser Wandel ist im Himmel,
Von dannen wir auch warten des Heilandes Jesu Christi.
(Phil. 1, 23; 3, 20. 21. Matth. 13, 43.)

588. Eigne Weise. H. L. Haßler, 1601. (1613.)

Herzlich thut mich ver-lan-gen nach ei-nem sel'-gen End,
weil ich hier bin um-fan-gen mit Trübsal und E-lend.

Ich hab Lust ab-zu-schei-den von die-ser ar-gen Welt,

sehn mich nach ew = gen Freuden; o Je = su, komm nur

bald!

2. Du haft mich ja erlöſet von Sünde, Tod und Höll; es hat dein Blut gekoſtet: drauf ich mein Hoffnung ſtell. Warum ſollt mir denn grauen, wenn meine Kraft zerrinnt? Weil ich auf dich kann bauen, bin ich ein ſelig Kind.

3. Wenn gleich ſüß iſt das Leben, der Tod ſehr bitter mir: will ich mich doch ergeben, zu ſterben willig dir. Ich weiß ein beſſer Leben, wo meine Seel fährt hin; des freu ich mich gar eben, Sterben iſt mein Gewinn.

4. Der Leib wird in der Erden von Würmern zwar verzehrt, aber erwecket werden durch Chriſtum, ſchön verklärt; wird leuchten wie die Sonne und leben ohne Noth in Himmelsfreud und Wonne; was ſchadet mir der Tod?

5. Ob mich die Welt gleich reizet, länger zu bleiben hier, und mir auch immer zeiget Ehr, Geld, Gut, all ihr Zier: doch ich das gar nicht achte, es währt nur kleine Zeit; nach Gottes Reich ich trachte, — das bleibt in Ewigkeit.

6. Wenn ich auch gleich nun ſcheide von meinen Freunden gut, für mich und ſie zum Leide: doch tröſtets meinen Mut, daß wir in größern Freuden uns wie-

der ſehn zumal, wo uns nichts mehr wird ſcheiden, im ſchönen Himmelsſal.

7. Muß ich auch hinterlaſſen betrübte Waiſelein, ob deren Noth ohn Maßen ſich härmt das Herze mein: will ich doch gerne ſterben und trauen meinem Gott; er wird ſie wohl ernähren, retten aus aller Noth.

8. Was thut ihr ſo verzagen, ihr armen Waiſelein? Sollt euch Gott Hilf verſagen, der ſpeiſt die Raben klein? Frommen Wittwen und Waiſen iſt er ein Vater treu, trotz dem, der ſie will kränken; das glaubt ohn alle Scheu.

9. Geſegn euch Gott, ihr Lieben, geſegn euch Gott der Herr; es darf euch nicht betrüben mein Abſchied allzuſehr! Beſtändig bleibt im Glauben! Es währt nur kurze Zeit, bis wir uns wieder ſchauen dort in der Ewigkeit.

10. Nun will ich mich ganz wenden zu dir, Herr Chriſt, allein: gib mir ein ſelig Ende, ſend mir die Engel dein; führ mich ins ewge Leben, das du erworben haſt, als du dich hingegeben für meine Sündenlaſt.

11. Hilf, daß ich ja nicht wanke von dir, Herr Jeſu Chriſt! Den ſchwachen Glauben ſtärke in mir

zu aller Frist. Hilf ritterlich mir ringen, halt mich durch deine Macht, daß ich mag fröh= lich singen: Gott Lob, es ist vollbracht!

Christoph Knoll, 1563—1621.

Wer mir dienen will, der folge mir nach;
Und wo ich bin, da soll mein Diener auch sein, spricht der Herr.
(Joh. 12, 24—26.)

589.

Eigne Weise.

1630.

Herr Jesu Christ, meins Lebens Licht, mein Hort, mein Trost, mein Zuversicht: auf Erden bin ich nur ein Gast und drückt mich sehr der Sünden Last.

2. Ich hab ein schwere Reis vor mir, ins himmlisch Paradies zu dir; da ist mein rechtes Vaterland, darauf du hast dein Blut gewandt.

3. Zur Reis ist mir mein Herz sehr matt, der Leib gar wenig Kräfte hat; doch meine Seele schreit in mir: Herr, hol mich heim, nimm mich zu dir!

4. Drum stärk mich durch das Leiden dein in meiner letzten Todespein; dein' Hohn und Spott, dein Dornenkron laß sein mein Ehre, Freud und Wonn.

5. Dein Durst und Gallen= trank mich lab, wenn ich sonst keine Stärkung hab; dein Angst= geschrei komm mir zu gut, be= wahr mich vor der Hölle Glut.

6. Wenn mein Mund nicht kann reden frei, dein Geist in meinem Herzen schrei; hilf, daß meine Seel den Himmel find, wenn meine Augen werden blind.

7. Dein letztes Wort laß sein mein Licht, wenn mir der Tod das Herz zerbricht; behüte mich vor Ungeberd, wenn ich mein Haupt nun neigen werd.

8. Dein Kreuz laß sein mein' Wanderstab, mein Ruh und Rast dein heilig Grab; die reinen Grabestücher dein laß meine Sterbekleider sein.

9. Auf deinen Abschied, Herr, ich trau und meine letzte Heim= fahrt bau. Thu mir die Thür des Himmels auf, wenn ich be= schließ meins Lebens Lauf.

10. Am jüngsten Tag erweck den Leib; hilf, daß ich dir zur Rechten bleib, daß mich nicht treffe dein Gericht, wenn dann dein Mund das Urtheil spricht.

11. Alsdann den Leib erneure

ganz, daß er leucht wie der Sonne Glanz, sei ähnlich deinem klaren Leib, auch gleich den lieben Engeln bleib.

12. Wie werd ich dann so fröhlich sein, werd singen mit den Engeln dein und mit der auserwählten Schar schaun ewiglich dein Antlitz klar!

Martin Behemb, 1557—1622.

**Ich habe einen guten Kampf gekämpft,
Ich habe den Lauf vollendet.**
(Col. 3, 2. Luc. 2, 29. 1 Joh. 2, 17.)

590.　　　Eigne Weise.　　　M. Altenburg. 1620.

Herr Gott, nun schleuß den Him=mel auf, mein
ich hab vol=len=det mei=nen Lauf, des

Zeit zum End sich nei=get; hab gnug ge=lit=ten,
sich mein Seel sehr freu=et;

mich müd ge=strit=ten und schick mich zu zur

ew=gen Ruh, laß fah=ren, was auf Er=den, will

lie=ber se=lig wer=den.

2. Wie du mir, Herr, befohlen hast, hab ich, um dich zu schauen, den lieben Heiland aufgefaßt in meinen Arm mit Glauben; hoff zu bestehen, will frisch eingehen vom Thränenthal zum Freudensal, laß fahren, was auf Erden, will lieber selig werden.

3. Herr, laß mich nur, wie Simeon, im Frieden zu dir fahren; befiehl mich Christo, deinem Sohn, der wird mich wohl bewahren, wird mich recht führen, im Himmel zieren mit Ehr und Kron; fahr drauf davon, laß fahren, was auf Erden; will lieber selig werden.

Tobias Kiel, 1584—1627.

Es ist der Herr;
Er thue, was ihm wohlgefällt.
(1 Sam. 3, 18. Jos. 23, 14.)

591.   Eigne Weise.   Joh. Herm. Schein, 1628.

Machs mit mir, Gott, nach dei = ner Güt, hilf
ruf ich dich an, ver = sag mirs nicht; wenn

mir in meinem Lei = den;   so nimm sie, Herr, in
sich mein Seel will schei=den,

dei = ne Händ! 'sist Al = les gut, wenn gut das End.

2. Gern will ich folgen, lieber Herr, du wirst mirs nicht verderben; denn du bist ja von mir nicht fern, ob ich gleich hier muß sterben, verlassen meine besten Freund, die's herzlich gut mit mir gemeint.

3. Ruht doch der Leib sanft in der Erd, die Seel zu dir sich schwinget, in deiner Hand sie unversehrt durch Tod ins Leben bringet. Hier ist doch nur ein Thränenthal, Angst, Noth, Müh, Arbeit überall.

4. Tod, Teufel, Hölle, Welt und Sünd mir können nichts mehr schaden; an dir, o Herr, ich Rettung find, ich tröst mich deiner Gnaden. Dein eigner Sohn hat alle Schuld für mich bezahlt aus Lieb und Huld.

5. Was sollt ich denn lang traurig sein, da ich so wohl bestehe, bekleidt mit Christi Unschuld sein wie eine Braut hergehe? Gehab dich wohl, du schnöde Welt, — bei Gott zu leben mir gefällt!

Joh. Hermann Schein, 1587—1630.

Ach Herr, erzeige mir Gnade
Und nimm meinen Geist weg in Frieden.
(Ps. 31, 16. Hiob 14, 5. Luc. 2, 29.)

Weise 588. Herzlich thut mich verlangen.

592. Ich hab mich Gott ergeben, dem liebsten Vater mein; hier ist kein Immerleben, es muß geschieden sein. Der Tod kann mir nicht schaden, er ist nur mein Gewinn; in Gottes Fried und Gnaden fahr ich mit Freud dahin.

2. Mein Weg geht jetzt vorüber; o Welt, was acht ich dein? Der

Himmel ist mir lieber, da trachte ich hinein, darf mich nicht schwer beladen, weil ich wegfertig bin; in Gottes Fried und Gnaden fahr ich mit Freud dahin.

3. Ach, sel'ge Freud und Wonne hält mir der Herr bereit; wo Christus ist die Sonne, Leben und Seligkeit. Was kann mir denn nun schaden, da ich bei Christo bin? In Gottes Fried und Gnaden fahr ich mit Freud dahin.

4. Gesegn euch Gott, ihr Meinen, ihr Liebsten allzumal! Um mich sollt ihr nicht weinen, — ich weiß von keiner Qual. Den rechten Port* noch heute nehmt fleißig ja in Acht! In Gottes Fried und Freude fahrt mir bald Alle nach. * Hafen.

Johannes Siegfried, 1564—1637.

Christus ist mein Leben, Und Sterben mein Gewinn.

(Phil. 1, 21.)

593. Eigne Weise. Melch. Vulpius? 1609.

Chri = stus der ist mein Le = ben, und Ster=ben mein Ge=winn; ihm hab ich mich er = ge = ben, mit Fried fahr ich da= hin.

2. Mit Freud fahr ich von bannen zu Christ, dem Bruder mein, daß ich mög zu ihm kommen und ewig bei ihm sein.

3. Ich hab nun überwunden Krenz, Leiden, Angst und Noth; durch seine heilgen Wunden bin ich versöhnt mit Gott.

4. Wenn meine Kräfte brechen, mein Athem geht schwer aus, und kann kein Wort mehr sprechen: Herr, nimm mein Seufzen auf!

5. Wenn Sinne und Gedanken vergehn als wie ein Licht, das hin und her thut wanken, wenn ihm die Flamm gebricht:

6. Alsdann sein sanft und stille, Herr, laß mich schlafen ein nach deinem Rath und Willen, wenn kommt mein Stündelein.

7. Laß mich, als deinen Reben, anhangen dir allzeit und ewig bei dir leben in Himmelswonn und Freud.

Seit 1608, Verfasser unbekannt.

Ich gebe ihnen das ewige Leben,
Und sie werden nimmermehr umkommen, spricht der Herr.
(Pf. 23, 4. Hiob 14, 5. Joh. 10, 28. 1 Cor. 15, 55.)
Weise 577. O Gott, der du ein Heerfürst bist.

594. Ich bin ja, Herr, in deiner Macht! Du hast mich an das Licht gebracht, und du erhältst mir auch das Leben; du kennest meiner Monde Zahl, weißt, wann ich diesem Jammerthal auch wieder gute Nacht muß geben; wo, wie und wann ich sterben soll, das weißt du, Herr des Lebens, wohl.

2. Wen hab ich nun, als dich allein, der mir in meiner letzten Pein mit Trost und Rath weiß beizuspringen? Wer nimmt sich meiner Seelen an, wenn mir die Lebenskraft zerrann und ich muß mit dem Tode ringen, wenn allen Sinnen Kraft gebricht? Thust du es, Gott, mein Heiland, nicht?

3. Ich höre der Posaunen Ton und sehe den Gerichtstag schon, der mir auch wird ein Urtheil fällen. Hier weiset mein Ge-wissensbuch, dort aber des Gesetzes Fluch mich Sündenkind hinab zur Höllen. Wer hülfe sonst in dieser Noth, wenn du nicht wärst des Todes Tod?

4. Herr Jesu Christ, dein eignes Blut zeugt, daß ich bin dein theures Gut, daß ich der Sünde nicht gehöre. Darum kann mich der Bösewicht nicht schrecken mit dem Zorngericht, du rettest deines Leidens Ehre. Du gibst mich nicht in fremde Hand, da du so viel an mich gewandt.

5. Nein, nein, ich weiß gewis, mein Heil, ich nehm an deiner Wonne Theil und darf zu dir mich froh erheben. Ich siege über Angst und Noth, ob auch Gesetz und Höll und Tod mit ihren Schrecken mich umgeben. Dieweil ich lebte, war ich dein, jetzt kann ich keines Andern sein.

M. Simon Dach, 1605—1659.

Es ist vollbracht;
Herr Jesu, nimm meinen Geist auf.
(Apstgsch. 7, 58. Röm. 5, 1. 2.)
Weise 598. Es ist genug; so nimm, Herr, meinen Geist.

595. Es ist vollbracht! Gott Lob, es ist vollbracht! Mein Heiland nimmt mich auf. Fahr hin, o Welt! ihr Freunde, gute Nacht! Ich ende meinen Lauf bei Jesu Kreuz mit tausend Freuden und sehne mich, von hier zu scheiden. Es ist vollbracht!

2. Es ist vollbracht! Mein Jesus hat auf sich genommen meine Schuld; gebüßt hat er am Kreuzesstamm für mich, o unermeßne Huld! Und ich hab in des Heilands Wunden die rechte Freistatt nun gefunden. Es ist vollbracht!

3. Es ist vollbracht! Weg Krankheit, Schmerz und Pein, weg Sorg und Überdruß! sein Golgatha soll mir ein Thabor*

sein; mein matter, müder Fuß wird hier auf diesen Friedens=höhen frei von der Erde Bangen gehen. Es ist vollbracht!

* Ein reizender Berg, nach der Sage der Berg der Verklärung Christi; vgl. Matth. 17, 1—5.

4. Es ist vollbracht! Hier bin ich frei von Noth; wie wohl, wie wohl ist mir! Hier speiset mich der Herr mit Himmels=brot und zeigt mir Salems Zier; hier hör ich mit der Sel'gen Singen den süßen Ton der Engel klingen. Es ist vollbracht!

5. Es ist vollbracht! Der Leib mag immerhin Raub der Ver=wesung sein; ich weiß ja, daß ich Staub und Asche bin! Doch Jesus ist ja mein; der wird mich sanft im Grabe decken und einst in Klarheit auferwecken. Es ist vollbracht!

6. Es ist vollbracht! Gott Lob, es ist vollbracht! Mein Heiland nimmt mich auf; fahr hin, o Welt! ihr Freunde, gute Nacht! Ich. ende meinen Lauf und alle Noth, die mich getroffen; wohl mir, ich seh den Himmel offen! Es ist vollbracht!

M. Andreas Gryphius, 1616—1664.

**Fortan ist mir beigelegt die Krone der Gerechtigkeit,
Welche mir der Herr an jenem Tage geben wird.**
(2 Tim. 4, 6—8.)

Weise 338. Schwing dich auf zu deinem Gott.

596. Einen guten Kampf hab ich auf der Welt gekämpfet; denn mein Gott hat gnädiglich all mein Leid gedämpfet, daß ich meinen Lebenslauf seliglich vollendet und die Seele himmel=auf Christo zugesendet.

2. Forthin ist mir beigelegt der Gerechten Krone, die mir wahre Freud erregt vor des Himmels Throne, wo ja meines Lebens Licht, dem ich hier vertrauet, meinen Gott von Ange=sicht meine Seele schauet.

3. Dieser gar verderbten Welt kümmerliches Leben mir nun länger nicht gefällt, drum ich mich ergeben meinem Jesu; jetzo bin ich in lauter Freuden, denn sein Tod ist mein Gewinn, und mein Trost sein Leiden.

4. Gute Nacht, ihr meine Freund, alle meine Lieben! Alle, die ihr um mich weint, laßt euch nicht betrüben durch den Hingang, den ins Grab ich nun thue nieder! Seht, die Sonne sinkt hinab, kommt doch morgen wieder.

Heinrich Albert, 1604—1668.

**Ich weiß, daß mein Erlöser lebt,
Und er wird mich von den Todten erwecken.**
(Luc. 2, 29—32. 2 Tim. 4, 6—8.)

Weise 101. Gottes Sohn ist kommen.

597. Herr, laß nun in Friede, lebenssatt und müde deinen Diener fahren zu den Him=melsscharen, selig und im

Stillen, doch nach deinem Willen.

2. Gerne will ich sterben und den Himmel erben; Christus mich geleitet, welchen hat bereitet Gott zum Licht der Heiden, das uns setzt in Freuden.

3. Hier hab ich gestritten, Ungemach erlitten, ritterlich gekämpfet, manchen Feind gedämpfet, Glauben auch gehalten treulich, gleich den Alten.

4. Unter Angst und Sehnen rannen meine Thränen, Trübsal mußt ich tragen, über Sünde klagen, schweres Leid erfahren in der Christen Scharen.

5. Nunmehr soll sichs wenden, Kampf und Lauf sich enden; Gott will mich erlösen bald von allem Bösen; es soll besser werden, als es war auf Erden.

6. Friede werd ich finden, ledig sein von Sünden, und nach keiner Seiten nimmer dürfen streiten; himmlisch Freudenleben wird mich ganz umgeben.

7. Wo man Palmen träget, da ist beigeleget mir zum Gnadenlohne eine schöne Krone, die zum ewgen Leben mir der Herr wird geben.

8. Mein Erlöser lebet, der mich selber hebet aus des Todes Kammer, weg ist aller Jammer; in die Stadt der Frommen werd ich aufgenommen.

9. Dieser Leib soll leben und in Klarheit schweben, wenn die Todten werden aufstehn von der Erden; Christum werd ich schauen, darauf kann ich trauen.

10. Ihm drum will ich singen, Lob und Ehre bringen, rühmen seine Güte mit Seel und Gemüte, preisen seinen Namen ohn Aufhören. Amen!

David Böhme, 1605—1657.

**Es ist genug; so nimm nun, Herr, meine Seele!
Ich bin nicht besser, denn meine Väter.**

(1 Kön. 19, 4.)

598.   Eigne Weise.   Joh. Rud. Ahle, 1662.

Es ist ge=nug; so nimm, Herr, mei=nen Geist zu
lös auf das Band, das all=ge=mach schon reißt, be=

Zi=ons Gei=stern hin;
frei=e die=sen Sinn,   der sich nach sei=nem

Got=te seh=net, der täg=lich klagt und nächtlich thrä=

net! es ist ge = nug.

2. Es ist genug des Jammers, der mich drückt; die sündliche Begier mit ihrem Gift hat mich fast gar umstrickt; nichts Gutes wohnt in mir. Was täglich mich von Gotte trennet, was täglich mein Gewissen brennet, — es ist genug.

3. Es ist genug des Kreuzes, das mir fast den Rücken wnub gemacht! Wie schwer, o Gott, wie hart ist diese Last! Ich netze manche Nacht die harte Lagerstatt mit Zähren; ach Herr, wie lange soll es währen? Es ist genug.

4. Es ist genug, wenn nur mein Jesus will, er kennet ja mein Herz; ich harre sein und halt indessen still, bis er mir allen Schmerz, der meine sieche Brust zernaget, abnimmt und endlich zu mir saget: „Es ist genug."

5. Es ist genug! Spann doch, wenn dirs gefällt, Herr, aus dem Joch mich aus! — Mein Jesus kommt, nun gute Nacht, o Welt! Ich geh ins Himmels Haus, ich fahre sicher hin in Frieden; mein großer Jammer bleibt darnieden. Es ist genug!

Franz Joachim Burmeister, † 1688.

Kämpfe den guten Kampf des Glaubens, Ergreife das ewige Leben.
(1 Tim. 6, 11. 12.)

Weise 324. Was mein Gott will, das g'scheh allzeit.

599. O komm, geliebte Todesstund, komm, Ausgang meiner Leiden! Ich seufz aus diesem Erdengrund nach jenen Himmelsfreuden. Ach, liebster Tod, komm bald heran; ich warte mit Verlangen, mit weißen Kleidern angethan vor Gottes Thron zu prangen.

2. O Jesu, deine Liebe macht mir alle Furcht verschwinden, ich werd in dieser Todesnacht dich Lebensfürsten finden; ich finde, ja, ich halte dich, mein Leben, mein Verlangen! Mein Leben, du wirst selber mich mit deinem Licht umfangen!

3. Drum sterb ich nicht in diesem Tod, der Tod ist nur mein Leben; nach kurzem Kampf, nach kurzer Noth ist dort ein ewig Schweben voll Herrlichkeit, voll Ruh und Freud, voll Fried, voll Trost, voll Wonne, voll Seligkeit, wo allezeit Gott selber ist die Sonne.

4. So zage nicht, mein schwacher Sinn, verlaß den Leib der Erden, wirf alles Eitle willig hin; die Erd muß Erde werden! Die Seele bleibt in Gottes Hand, in ewigem Vergnügen, das nur der Geist und kein Verstand anjetzt begreifen mögen.

32*

5. An uns ſtirbt nichts als Sterblichkeit, wir ſelbſt ſind unverloren; der Leib wird von der Laſt befreit und himmliſch neu geboren. Denn was man hier verweslich ſät, was hier verdirbt im Dunkeln, das wird, ſobald es auferſteht, voll Glanz und Schönheit funkeln.

6. Gott ſelbſt mit ſeinem Angeſicht wird ewig mich erquicken; ſo werd ich auch in ſeinem Licht mir ſelber ihn erblicken.* O Herrlichkeit, wie ſind ich mich, wenn engelreine Seelen mit ſonnenklaren Leibern ſich vor Gottes Stuhl vermählen! * Hiob 19, 27.

Sophia Eliſab. Herzogin zu Sachſen-Zeitz, 1653—1684.

**Alles, was ihr thut mit Worten oder mit Werken,
Das thut Alles in dem Namen des Herrn Jeſu Chriſti.**
(Röm. 8, 31—39.)

Weiſe 563.   Wer weiß, wie nahe mir mein Ende.

600. Gottlob, es geht nunmehr zum Ende, das meiſte Schrecken iſt vollbracht, mein Jeſus reicht mir ſchon die Hände, mein Jeſus, der mich ſelig macht; drum laßt mich gehn, ich reiſe fort, mein Jeſus iſt mein letztes Wort.

2. Was fragt ihr viel nach meinem Glauben? Ich glaube, daß mich Jeſus liebt; kein Tod ſoll mir die Freude rauben, wenn Jeſus Troſt und Leben gibt; ich fahre wohl und weiß den Ort, denn Jeſus bleibt mein letztes Wort.

3. Die Hoffnung hat mich nie betrogen: ich bin auf ſeinen Tod getauft; da hab ich Jeſum angezogen, da hat er mich vom Tod erkauft; drum bleib er auch mein Heil und Hort, ſein Name ſei mein letztes Wort.

4. Wiewohl die Sünde mich will kränken (wer iſt, der ohne Tadel lebt?), ſo darf ich doch an Jeſum denken, der mich in ſeinen Tod begräbt; ſo komm ich an den Lebensport, und Jeſus iſt mein letztes Wort.

5. Mein Jeſus hat den Tod bezwungen, als er am Kreuzesſtamm verſchied; da ward zugleich mein Tod verſchlungen, er iſt mein Haupt, ich bin ſein Glied; was Jeſus hat, das hab ich dort, drum ſei er auch mein letztes Wort.

6. O denket nicht an eitle Sachen, der Höchſte ſorget für die Welt; befehlt euch ihm, er wirds wohl machen, daß Licht und Recht den Platz behält; Gott wendet Jammer, Liſt und Mord durch Jeſum als mein letztes Wort.

7. Nun freuet euch, es geht zum Ende, mein Jeſus heißt der letzte Ruhm; wie fröhlich klopf ich in die Hände, wo bleibſt du doch, mein Eigentum? Ach, Jeſu! Jeſu! ſei mein Wort! Nun ſchweigt mein Mund; ich eile fort.

M. Chriſtian Weiſe, 1642—1708.

Siehe, dein König kommt zu dir,
Ein Gerechter und ein Helfer.
(Hebr. 13, 8. Phil. 3, 20.)

Weise 365. Wer nur den lieben Gott läßt walten.

601. Herr Gott, du kennest meine Tage, du siehst, daß ich, dein schwaches Kind, den Schatz in solchen Schalen trage, die irdisch und zerbrechlich sind; drum mache du mich allezeit zum Sterben fertig und bereit.

2. Mein Herz ist nur im Himmel droben, denn da ist auch mein Schatz und Theil, den hat mir Jesus aufgehoben, dort ist das mir versprochne Heil; die Weltlust ist mir viel zu schlecht, im Himmel ist mein Bürgerrecht.

3. So kommt, ihr langersehnten Stunden, komm, eile, mein Erlösungstag, wo ich, von aller Noth entbunden, sterbend zum Leben dringen mag; da find ich in des Höchsten Hand mein Eden und gelobtes Land.

Ludwig Rudolf von Senft zu Pilsach, 1631—1718.

Bestelle dein Haus, denn du mußt sterben!
Wer an mich glaubt, der wird leben, ob er gleich stürbe, spricht
der Herr.
(2 Kön. 20, 1. Jes. 38, 1. Joh. 11, 25. 2 Kor. 5, 1.)

Weise 588. Herzlich thut mich verlangen.

602. Ich habe Lust zu scheiden, mein Sinn geht aus der Welt; ich sehne mich mit Freuden nach Zions Heimatsfeld. Weil aber keine Stunde zum Abschied ist benennt, so hört aus meinem Munde mein letztes Testament.

2. Gott Vater, meine Seele bescheid ich deiner Hand; führ sie aus dieser Höhle ins rechte Vaterland. Du hast sie mir gegeben; so nimm sie wieder hin, daß ich in Tod und Leben nur dein alleine bin.

3. Was werd ich, Jesu, finden, das dir gefallen kann? Ach, nimm du meine Sünden als ein Vermächtnis an! Wirf sie kraft deiner Wunden ins tiefe Meer hinein*, so hab ich Heil gefunden und schlafe selig ein!   * Mich. 7, 19.

4. Dir, o du Geist der Stärke, laß ich den letzten Blick! Wenn Todesangst ich merke, so sieh auf mich zurück. Ach, fleh in meinem Herzen, wenn ich kein Glied mehr rühr, und stell in meinen Schmerzen mir nichts als Jesum für!

5. Ihr Engel, nehmt die Thränen von meinen Wangen an! Ich weiß, daß euer Sehnen sonst nichts erfreuen kann. Wenn Leib und Seele scheiden, tragt mich in Jesu Schoß, so bin ich voller Freuden und aller Thränen los.

6. Euch aber, meine Lieben,

die ihr mich dann beweint, euch hab ich was verschrieben: Gott, euren besten Freund. Drum nehmt den letzten Segen; es wird gewis geschehn, daß wir auf Zions Wegen einander wieder sehn.

7. Zuletzt sei dir, o Erde, mein blasser Leib vermacht, damit dir wieder werde, was du mir zugebracht. Mach ihn zu Asch und Staube, bis Gottes Stimme ruft; denn dieses sagt mein Glaube: er bleibt nicht in der Gruft.

8. Das ist mein letzter Wille; Gott drück das Sigel drauf! Nnn wart ich in der Stille, bis daß ich meinen Lauf durch Christi Tod vollende; so geh ich freudig hin und weiß, daß ich ohn Ende des Himmels Erbe bin.

Benjamin Schmolck, 1672—1737.

**Ich weiß, an welchen ich glaube,
Und bin gewis, daß er mir meine Beilage bewahren wird auf jenen Tag.**

(Apstgsch. 7, 58.)

Weise 682.   Jauchzet dem Herren All auf Erden.

6021/2. Laß mir, wenn meine Augen brechen, Herr, deinen Frieden fühlbar sein; komm, deinen Trost mir zuzusprechen, und segne du mein matt Ge= bein; gib Ruhe mir in deinen Armen, darin ich Gnad und Frieden saub, und trag mich vollends mit Erbarmen sanft zu dir heim ins Vaterland!

Christian Renatus, Graf von Zinzendorf, 1727—1752.

**Laß leuchten dein Antlitz über deinen Knecht;
Hilf mir durch deine Güte.**

(Pf. 31, 1—6.)

Weise 588.   Herzlich thut mich verlangen.

603. O Gott, wenn ich soll scheiden aus dieser Zeitlichkeit, so gib mir, daß mit Freuden ich es zu thun bereit; laß mich nur recht bedenken, was Welt und Himmel sei, so werd ich mich nicht kränken, wenn mein End kommt herbei.

2. Wenn mich die Angst der Schmerzen gleich nicht viel reden läßt, halt ich in meinem Herzen doch meinen Jesum fest; er kennt mein ängstlich Sehnen, er kennet meine Noth, er fasset meine Thränen, er läßt mich nicht im Tod.

3. Wenn Mund und Zunge starren und ich nichts sprechen kann, will, Herr, ich deiner harren, ach, nimm dich meiner an! So will ich bald dort oben mit aller Engel Heer mit Herz und Mund dich loben, dir brin= gen Preis und Ehr.

4. Auf dich nur will ich ster= ben, auf dich nur sterb ich hin;

du läßt mich nicht verderben, drum ist mein Tod Gewinn. Herr Jesu, ich befehle in deine treuen Händ dir meinen Leib und Seele; Gott Lob, es geht zum End!

Johann Jakob v. Moser, 1701—1785.

Alles Fleisch ist wie Gras,
Und alle Herrlichkeit der Menschen wie des Grases Blumen.
(Hiob 14, 1. 2. 5. Röm. 8, 17. 18.)

Weise 588. Herzlich thut mich verlangen.

604. Die auf der Erde wallen, die Sterblichen sind Staub; sie blühen auf und fallen, des Todes sicherer Raub. Verborgen ist die Stunde, wo Gottes Stimme ruft; doch jede, jede Stunde bringt näher uns der Gruft.

2. Getrost gehn Gottes Kinder die finstre Todesbahn, zu der verstockte Sünder verzweiflungsvoll sich nahn, wo selbst der freche Spötter nicht mehr zu spotten wagt, vor dir, Gott, seinem Retter, erzittert und verzagt.

3. Wenn diese Bahn zu gehen, dein Will einst mir gebeut, wenn nahe vor mir stehen Gericht und Ewigkeit, wenn meine Kräfte beben und schon das Herz mir bricht: Herr über Tod und Leben, o dann verlaß mich nicht!

4. Hilf, Todesüberwinder, hilf mir in solcher Angst, für den du, Heil der Sünder, selbst mit dem Tode rangst. Und wenn des Kampfes Ende gewaltiger mich faßt, nimm mich in deine Hände, den du erlöset hast!

5. Des Himmels Wonn und Freuden ermißt kein sterblich Herz. O Trost für kurze Leiden, für kurzen Todesschmerz! Dem Sündenüberwinder sei ewig Preis und Dank! Preis ihm, der für uns Sünder den Kelch des Todes trank!

6. Heil denen, die auf Erden sich schon dem Himmel weihn, die aufgelöst zu werden mit heilger Furcht sich freun! Bereit, den Geist zu geben in ihres Gottes Hand, gehn sie getrost durchs Leben ins ewge Vaterland.

Dr. Gottfried Benedict Funk, 1734—1814.

Ich weiß, an wen ich glaube;
Ich weiß, daß mein Erlöser lebt.
(2 Tim. 1, 12—14. Hiob 19, 25.)

Weise 593. Christus der ist mein Leben.

605. Ich weiß, an wen ich glaube, und mein Erlöser lebt, der, wird der Leib zu Staube, den Geist zu sich erhebt;

2. Ich weiß, an wem ich hange, wenn Alles wankt und weicht, der, wird dem Herzen bange, die Rettungshand mir reicht;

3. Ich weiß, wem ich vertraue, weiß, wenn mein Auge

bricht, daß ich ihn ewig schaue, ihn selbst von Angesicht.

4. Er trocknet alle Thränen

so tröstend und so mild, und mein unendlich Sehnen wird mir durch ihn gestillt.

Dr. August Hermann Niemeyer, 1754—1828.

Ich habe nun Lust abzuscheiden Und bei Christo zu sein.

(Joh. 8, 51; 14, 2. 3.)

Weise 421. Meinen Jesum laß ich nicht.

606. Geht nun hin und grabt mein Grab, denn ich bin des Wanderns müde; von der Erde scheid ich ab, denn mir ruft des Himmels Friede, denn mir ruft die süße Ruh von den Engeln droben zu.

2. Geht nun hin und grabt mein Grab! Meinen Lauf hab ich vollendet, lege nun den Wanderstab hin, wo alles Ird=sche endet, lege selbst mich nun hinein in das Bette sonder Pein.

3. Was soll ich hienieden noch in dem dunklen Thale machen? Denn wie mächtig, stolz und hoch wir auch stellen unsre Sachen, muß es doch wie Sand vergehn, wenn die Winde drüber wehn.

4. Darum, Erde, fahre wohl, laß mich nun im Frieden schei=den! Deine Hoffnung, ach, ist hohl, deine Freuden selber Lei=den, deine Schönheit Unbestand, eitel Wahn und Trug und Tand.

5. Darum letzte gute Nacht, Sonn und Mond und liebe Sterne! fahret wohl mit eurer Pracht, denn ich reis in weite Ferne, reise hin zu jenem Glanz, drinnen ihr verschwindet ganz.

6. Die ihr nun in Trauer geht, fahret wohl, ihr lieben Freunde! Was von oben nie=derweht, tröstet ja des Herrn Gemeinde; weint nicht ob dem eitlen Schein, Ewges kann nur droben sein!

7. Weinet nicht, daß nun ich will von der Welt den Abschied nehmen, daß ich aus dem Irr=tum will, aus den Schatten, aus den Schemen*, aus dem Eitlen, aus dem Nichts, hin ins Land des ewgen Lichts!

* Wesenlose Bilder, Pf. 39, 7.

8. Weinet nicht! mein süßes Heil, meinen Heiland hab ich funden, und ich habe auch mein Theil in den warmen Herzens=wunden, draus dereinst sein heilig Blut floß der ganzen Welt zu gut.

9. Weint nicht! mein Erlöser lebt; hoch vom finstern Erden=staube hell empor die Hoff=nung schwebt, und der Him=melsheld, der Glaube, und die ewge Liebe spricht: „Kind des Vaters, zittre nicht!"

Ernst Moriz Arndt, 1769—1860.

Sei getreu bis in den Tod, spricht der Herr,
So will ich dir die Krone des Lebens geben.
(2 Tim. 4, 8. Offenb. 2, 10. Joh. 12, 32.)

Weise 588. Herzlich thut mich verlangen.

606 1|2. Abe*, ich muß nun scheiden, ihr Freunde, gute Nacht! In Freuden und in Leiden gar schwer ist mirs gemacht, in Kummer und in Thränen, in Arbeit und in Noth; drum ruft mein heißes Sehnen: O komm, mein Herr und Gott!   * Lebt wohl.

2. O komm und schleuß dem Matten die müden Augen zu, bett ihm im kühlen Schatten die stille, sanfte Ruh, bett ihm im kühlen Grabe den letzten weichen Pfühl, die einzge letzte Habe vom ganzen Weltgewühl!

3. Ade! ihr sollt nicht weinen, ihr Freunde lieb und fromm, das Licht wird wieder scheinen, das ruft dem Schläfer: „Komm!", das klingt in seiner Kammer: „Steh, Schläfer, steh nun auf, steh auf vom Erdenjammer, der Himmel thut sich auf!"

4. Ade, ihr sollt nicht klagen, daß ich von hinnen muß, die Nacht wird wieder tagen mit Freudenüberfluß; der große Held der Frommen wird mit der Krone stehn, und Engel werden kommen und mich zu Gott erhöhn.

Ernst Moriz Arndt, 1769—1860.

d. Das christliche Begräbnis.

(Beim Begräbnisse Erwachsener.)*

Es wird gesät ein natürlicher Leib,
Und wird auferstehen ein geistlicher Leib.
(1 Mos. 3, 19. 1 Cor. 15, 42—44.)

607.   Eigne Weise.   1544.

Nun las-set uns den Leib begrab'n und da-ran kei-nen
Zwei-fel hab'n: er werd am jüngsten Tag er-stehn und
in ein neu-es Le-ben gehn.

2. Derselb ist Erd und von der Erd, daß er zur Erde wieder werd; doch wird er herrlich auferstehn, wenn die Posaune wird ergehn.

3. Sein Seel lebt ewiglich in

* Hieher können auch die Lieder 724—728 gerechnet werden.

Gott, der ſie allhier aus lauter
Gnad von aller Sünd und
Miſſethat durch ſeinen Sohn
erlöſet hat.

4. Sein Arbeit, Trübſal und
Elend iſt kommen nun zu gutem
End; er hat getragen Chriſti
Joch, er iſt geſtorb'n und lebet
noch.

5. Die Seele lebt ohn alle
Klag, der Leib ſchläft bis zum
jüngſten Tag, an welchem ihn
der Herr verklärt und ihm die
Seligkeit gewährt.

6. Allhier war er in Angſt
und Pein, dort wird er ganz
geneſen ſein, dort wird in ewger
Freud und Wonn er leuchten
wie die helle Sonn.

7. Nun laſſen wir ihn ſeiner
Ruh und gehen unſern Hütten
zu und ſchicken uns mit allem
Fleiß; der Tod kommt uns ja
gleicherweis.

8. Ein Jeder denke Nacht und
Tag, daß er einſt ſelig ſterben
mag; das helf uns Chriſtus,
unſer Troſt, der durch ſein
Blut uns hat erlöſt!

Böhm. Brüder, 1531. (Mich. Weiße.)
Vers 8 ſpäterer Zuſatz.

Ich weiß, daß mein Erlöſer lebt,
Und er wird mich aus der Erde auferwecken.
(Joh. 6, 39. 40.)

Nach voriger Weiſe.

608. Hört auf mit Trauer
und mit Klag, ob ſeinem Tode
Niemand zag; er iſt geſtorben
als ein Chriſt, ſein Tod ein
Gang zum Leben iſt.

2. Drum Sarg und Grab
auch wird geziert, der Leib in
Ehr begraben wird, zu zeigen
an: er iſt nicht todt, er ſchläft
und ruhet ſanft in Gott.

3. Wohl ſcheints, es ſei nun
Alles hin, weil er da liegt ohn
Mut und Sinn; doch Gott
wird herrlich ihn erneun und
Kraft und Leben ihm verleihn.

4. Einſt werden dieſe Todten-
bein erwarmen und ſich fügen
ſein zuſammen, daß ſie neu
belebt ſich ſchwingen auf, wo
Chriſtus lebt.

5. Der Leichnam, der jetzt
liegt und ſtarrt, wird einſt ſo
leicht in ſchneller Fahrt in Lüften ſchweben unverſehrt, gleichwie die Seel von dannen fährt.

6. Ein Weizenkörnlein in der
Erd liegt erſt ganz dürr, todt und
ohn Werth; doch kommts hervor
gar ſchön und zart, und bringt
viel Frucht nach ſeiner Art.

7. Der Leib, gemacht vom
Erdenkloß, ſoll liegen in der
Erden Schoß und ſoll da ruhen
ohne Leid bis auf die liebe
jüngſte Zeit.

8. Er war das Haus der
Seele ſein, die Gottes Athem
blies hinein; ein edel Herz,
Gemüt und Sinn war durch
die Gabe Gottes drin.

9. Den Körper nun die Erde
deckt, bis Gott ihn wieder auf-

erweckt, der des Geschöpfs ge=
denken wird, das er mit seinem
Bild geziert.

10. Ach, daß nur käm der

Nikolaus Herman, † 1561. (Nach dem Lateinischen des römischen
Rechtsgelehrten Aurelius Prudentius Clemens, um 400.)

jüngste Tag, wo Christus, sei=
ner Zusag nach, hervor wird
bringen hell und klar, was in
die Erd gesäet war!

Selig sind die Todten,
Die in dem Herrn sterben.
(Joh. 11, 25. 26. 1 Thess. 4, 14.)

609.   Eigne Weise. J. G. Ch. Störl, 1710.

Ruhet wohl, ihr Tod=ten = bei = ne, in der stil=len Ein = sam = keit! Ruhet, bis das End er = schei = ne, wo der Herr euch zu der Freud ru = fen wird aus eu=ren Grüf = ten zu den frei = en Himmels = lüf=ten.

2. Nur getrost, ihr werdet leben, weil das Leben, euer Hort, die Verheißung hat ge= geben durch sein theuer werthes Wort: die in seinem Namen sterben, sollen nicht im Tod verderben.

3. Und wie sollt im Grabe bleiben, der ein Tempel Gottes war? den der Herr ließ ein= verleiben seiner auserwählten Schar, die er selbst durch Blut und Sterben hat gemacht zu Himmelserben?

4. Nein, die kann der Tod nicht halten, die des Herren Glieder sind! Neu wird sich der Leib gestalten, ein zu Gott geht Gottes Kind. Was der Herr sich auserkoren, geht im Grabe nicht verloren.

5. Jesus wird, wie er er= standen, auch die Seinen einst mit Macht führen aus des Todes Banden, führen aus des Grabes Nacht zu dem ewgen Himmelsfrieden. den er seinem Volk beschieden.

6. Ruhet wohl, ihr Todten= beine, in der stillen Einsamkeit! Ruhet, bis der Herr erscheine an dem Ende dieser Zeit! Da sollt ihr mit neuem Leben herr= lich ihm entgegen schweben.

Friedrich Konrad Hiller, 1662—1726.

Die richtig vor fich gewandelt haben,
Kommen zum Frieden und ruhen in ihren Kammern.
(Pf. 116, 15. 1 Cor. 15, 55—57. Joh. 12, 24.)

Weife 851.   Der lieben Sonne Licht und Pracht.

610. Die Chriften gehn von Ort zu Ort durch manigfaltgen Jammer und kommen in den Friedensport und ruhn in ihrer Kammer. Gott nimmt fie nach dem Lauf in feinen Armen auf; das Waizenkorn wird in fein Beet auf Hoffnung fchöner Frucht gefät.

2. Wie feid ihr doch fo wohl gereist! gelobt fei'n eure Schritte, du friedevoll befreiter Geift, du jetzt verlaßne Hütte!

Du, Seele, bift beim Herrn, dir glänzt der Morgenftern; euch, Glieder, deckt mit fanfter Ruh der Liebe ftiller Schatten zu.

3. Wir freun uns in Gelaffen=heit der großen Offenbarung; indeffen bleibt das Pilgerkleid in heiliger Verwahrung. Wie ift das Glück fo groß in Jefu Arm und Schoß! Die Liebe führ uns gleiche Bahn fo tief hinab, fo hoch hinan.

Nikolaus Ludwig, Graf von Zinzen=dorf, 1700—1760.

Es wird gefäet verweslich
Und wird auferftehen unverweslich.
(1 Cor. 15, 42—44.)

Weife 852.   Nun fich der Tag geendet hat.

611. Ach wie fo fanft entfchlä=feft du nach manchem fchweren Stand und liegft nun da in füßer Ruh in deines Heilands Hand!

2. Du läßt dich zur Ver=wandelung in diefe Felder fä'n, mit Hoffnung und Verficherung, viel fchöner aufzuftehn.

3. Verbirg dich unferm An=geficht im kühlen Erdenfchoß,

du haft das Deine ausgericht, empfängft ein felig Los!

4. Wir wiffen, daß der Bräu=tigam und allertreufte Hirt dich, fein fchon hier geliebtes Lamm, dort fchön empfangen wird.

5. Er führe feine ganze Herd, die fich zu ihm gefellt, und die ihm ja fo theur und werth, auch vollends durch die Welt!

Gottfried Neumann, † nach 1778.

Der Staub muß wieder zur Erde kommen
Und der Geift wieder zu Gott, der ihn gegeben hat.
(Pred. Sal. 12, 7. Joh. 6, 39—40.)

Weife 607.   Nun laßt uns den Leib begraben.

612. So gib denn jetzt, du Chriftenfchar, der Erde das, was Erde war, verfchuff dem

Müden in dem Sand die Ruh, die er bisher nicht fand.

2. O Ruhe, Wunfch des

Kämpfenden, du letzter Trost des Weinenden, wo Erdennoth zu Ende ist, wo keine Thräne weiter fließt!

3. Hier endigt sich der Feinde Trutz, hier findet der Gedrängte Schutz, hier wird im süßen Schlaf erquickt, den manche Hitz und Last gedrückt.

4. Doch hier ist auch die düstre Pfort zum ungesehnen Schreckensort, wo, wer sein Heil nicht hat gesucht, in ewger Pein sich selber flucht.

5. Hier weichet Hoheit, Ruhm und Glück, der bloße Mensch nur bleibt zurück: die Bretter und das Leichenkleid sind nun die ganze Herrlichkeit.

6. Hier hört der Kampf des Christen auf, vollendet ist sein saurer Lauf; der Geist eilt in sein Vaterland, ist ganz beglückt in Gottes Hand.

7. Gebracht zur Schar der Siegenden und zu der Engel Tausenden wird er Gott schauen, wie er ist, in seinem Heiland Jesu Christ.

8. Hier fängt die Qual der Sünder an, die nicht im Glauben Buß gethan; hier senkt man Viele ruhig ein, die dort erwartet Höllenpein.

9. So nimm auch diesen Leib, o Gruft, bis ihn einst Jesus Christus ruft und stellt in seiner Wahrheit Licht die Todten alle vors Gericht.

10. Und uns erinnre jederzeit, o Gott, an Tod und Ewigkeit, damit wir deinen Ruf verstehn und freudig in das Grab einst gehn!

Heinr. Jul. Tode, 1733—1797.

Es wird gesäet in Schwachheit Und wird auferstehen in Kraft.
(1 Cor. 15, 36—44.)

Weise 607. Nun laßt uns den Leib begraben.

613. Nun bringen wir den Leib zur Ruh und decken ihn mit Erde zu, den Leib, der nach des Schöpfers Schluß zu Staub und Erde werden muß.

2. Er bleibt nicht immer Asch und Staub, nicht immer der Verwesung Raub; er wird, wenn Christus einst erscheint, mit seiner Seele neu vereint.

3. Hier, Mensch, hier lerne, was du bist, schau hier, was unser Leben ist: nach Sorge, Furcht und mancher Noth kommt endlich noch zuletzt der Tod.

4. Schnell schwindet unsre Lebenszeit, ans Sterben folgt die Ewigkeit; wie wir die Zeit hier angewandt, so folgt der Lohn aus Gottes Hand.

5. Es wären Reichtum, Ehr und Glück, wie wir selbst, einen Augenblick; so währt auch Kreuz und Traurigkeit, wie unser Leben, kurze Zeit.

6. O sichrer Mensch, besinne dich! Tod, Grab und Richter nahen sich; in Allem, was du denkst und thust, bedenke, daß du sterben mußt. —

7. Hier, wo wir bei den Gräbern stehn, soll Jeder zu dem Vater flehn: Ich bitt, o Gott, durch Christi Blut, machs einst mit meinem Ende gut!

8. Laßt alle Sünden uns berenn, vor unserm Gott uns kindlich scheun; wir sind hier immer in Gefahr: nehm Jeder seiner Seele wahr!

9. Wenn unser Lauf vollendet ist, so sei uns nah, Herr Jesu Christ, mach uns das Sterben zum Gewinn, zeuch unsre Seelen zu dir hin!

10. Und wenn du einst, du Lebensfürst, die Gräber mächtig öffnen wirst, dann laß uns fröhlich auferstehn und ewiglich dein Antlitz sehn!

Ehrenfried Liebich, 1713—1780.

Der letzte Feind, der aufgehoben wird, Ist der Tod.

(1 Cor. 15, 21—25.)

Weise 587. Freu dich sehr, o meine Seele.

614. Lasset ruhn die Trauerklage, hemmet eurer Thränen Lauf! Seid getrost, am Todestage geht ein neues Leben auf. Denn was sagt des Hügels Moos und die Gruft im finstern Schoß? Nicht geendigt ist das Leben, nur dem Schlummer übergeben.

2. Diesen Leib, den wir erblicken ruhig und vom Geist entleert, wird ein kurzer Schlaf erquicken, bis der Sinn ihm wiederkehrt. Um ein Kleines kommt der Tag, da des Herzens warmer Schlag und des Lebens frische Quelle fließet an der kalten Stelle.

3. Was als Leichnam kalt und träge lag in dumpfer Modergruft, das begleiten Flügelschläge sel'ger Scharen durch die Luft.

Wie ein dürrer Same sprießt, welchen Tod und Grab umschließt, wird er sich im Glanz der Ähren wieder heben und verklären.

4. Öffne deinen Schoß, du Erde, und nimm auf das welke Laub, daß dir anvertrauet werde eines Menschen edler Staub! Eine Seel aus Gottes Hand war es, die hier Wohnung fand, und des Heilands Gnadenfülle hat gelebt in dieser Hülle.

5. Lasset uns den Leib versenken in die stille Ruhestatt, Gott wird dessen wohl gedenken, der sein Bild getragen hat. Um ein Kleines kommt der Tag, der erfüllt, was Gott versprach. Was ich heut begraben habe, wird nicht bleiben in dem Grabe.

Christian Rudolph Heinrich Puchta, 1808—1858. (Nach Aurelius Prudentius Clemens, vergl. Nr. 608.)

(Beim Begräbnisse von Kindern.)*

Lasset die Kindlein zu mir kommen, spricht der Herr,
Und wehret ihnen nicht, denn das Himmelreich ist ihr.
(Joh. 5, 28. 29. 14, 2. 3. Luc. 20, 36.)

Weise 588. Herzlich thut mich verlangen.

615. Ich war ein kleines Kindlein, geborn auf diese Welt;
doch hat mein Sterbestündlein
mir Gott gar bald bestellt. Ich
weiß gar nicht zu sagen, was
Welt ist und ihr Schein; auch
hab ich nie gelernet, was gut,
was bös mag sein.

2. Mein allerliebster Vater,
mein trautster Freund fürwahr,
und mein herzliebe Mutter, die
mich zur Welt gebar, die thun
mich jetzt verlassen mit Seufzen
herziglich; jedoch der Herr, mein
Heiland, der nimmt mich auf
zu sich.

3. Er nimmt mich auf in Gna-
ben zum Erben in sein Reich;
der Tod kann mir nicht schaden,
ich bin den Engeln gleich. Mein
Leib wird wieder leben in Ruh
und ewger Freud, mit sammt
der Seele schweben in ewger
Seligkeit.

4. Gott segn euch, Vater,
Mutter! mir ist gar wohl geschehn; Gott hat mich kleines
Pflänzlein ins Paradies ersehn;
dort wollen wir in Freuden einander wiederschaun, wo unser
Gott und Herre wird Eins
und Alles sein.

Unbekannter Verfasser.

Ihr sollt nicht traurig sein, wie die Andern,
Die keine Hoffnung haben.
(Ps. 103, 15—17. Joh. 16, 22.)

Weise 847. Nun ruhen alle Wälder.

616. Gott Lob, die Stund ist
kommen, wo ich werd aufgenommen ins schöne Paradeis!
Ihr Eltern dürft nicht klagen;
mit Freuden sollt ihr sagen:
Dem Höchsten sei Lob, Ehr
und Preis!

2. Kurz ist mein irdisch Leben,
ein beßres wird mir geben Gott
in der Ewigkeit; da werd ich
nicht mehr sterben, in keiner
Noth verderben, dort ist mein
Leben lauter Freud.

3. Gott eilet mit den Seinen,

läßt sie nicht lange weinen in
diesem Thränenthal. Ein schnell
und selig Sterben ist schnell
und glücklich erben des schönen
Himmels Ehrensal.

4. Zuvor bracht ich euch
Freude, jetzt, da ich von euch
scheide, betrübt sich euer Herz;
doch, wenn ihrs recht betrachtet
und das, was Gott thut, achtet, wird bald sich lindern aller
Schmerz.

5. Gott zählet alle Stunden,
er schlägt und heilet Wunden,

* Hieher können auch die Lieder 729—735 gerechnet werden.

er kennet Jebermann; niemals ist was geschehen, das er nicht vorgesehen, und was er thut, ist wohlgethan.

6. Wenn ihr mich werdet finden vor Gott, frei aller Sünden, in weißer Seide stehn und tragen Siegespalmen in Händen und mit Psalmen des Herren Ruhm und Lob erhöhn:

7. Da werdet ihr euch freuen;

es wird euch herzlich reuen, daß ihr euch so betrübt. Wohl dem, der Gottes Willen gedenket zu erfüllen und in Geduld sich ihm ergibt!

8. Ade, nun seid gesegnet! was jetzund euch begegnet, ist Andern auch geschehn; Viel' müssens noch erfahren. Nun, Gott woll euch bewahren! Dort wollen wir uns wiedersehn.

Joh. Heermann, 1585—1647.

Christus hat dem Tode die Macht genommen Und Leben und unvergänglich Wesen ans Licht gebracht.

(Pf. 31, 6. Hiob 1, 21.)

Weise 431. Dank sei Gott in der Höhe.

617. So hab ich obgesieget, mein Lauf ist nun vollbracht; ich bin gar wohl vergnüget; nun tausend gute Nacht! Ihr aber, meine Lieben, thut nicht so ängstiglich! was wollt ihr euch betrüben? stehts doch sehr gut für mich.

2. Denkt, Vater, wie viel Sorgen, wie manche wache Nacht, wie manchen düstern Morgen ein liebes Kind oft macht! Was ihm kann widerfahren, das fürchtet, wer es liebt; den Kummer könnt ihr sparen, drum seid doch unbetrübt!

3. Ach, Mutter, laßt die Zähren, stellt euer Klagen ein! Des Ewigen Begehren das muß erfüllet sein. Worum ihr jetzo weinet und gar so kläglich thut, das ist sehr wohl gemeinet; Gott macht ja Alles gut.

4. Fahrt hin, o Angst und Schmerzen, fahrt immer, im-

mer hin! Ich freue mich von Herzen, daß ich erlöset bin. Ich leb in tausend Freuden in meines Schöpfers Hand; mich trifft forthin kein Leiden, das dieser Welt bekannt.

5. Die noch auf Erden wallen in irrtumsvoller Zeit, vermögen kaum zu lallen von froher Ewigkeit. Viel besser, wohl gestorben, als mit der Welt gelebt! Ich hab das Erb erworben, nach dem der Fromme strebt.

6. Schmückt meinen Sarg mit Kränzen, wie sonst ein Sieger prangt! Aus jenen Himmelslenzen hat meine Seel erlangt die ewig grüne Krone; die werthe Siegespracht rührt her von Gottes Sohne, der hat mich so bedacht.

7. Noch netzet ihr die Wangen, ihr Eltern, über mir; euch hat das Leid umfangen, das Herze bricht euch schier. Des Vaters

treue Liebe sieht sehnlich in mein Grab; die Mutter stehet trübe und kehrt die Augen ab.

8. Ich war euch nur geliehen auf eine kurze Zeit; will Gott mich zu sich ziehen, so werfet hin das Leid und sprecht: Gott hats gegeben, Gott, nimms, du hast das Recht; bei dir steht Tod und Leben, der Mensch ist Gottes Knecht.

9. Daß ihr mein Grab müßt sehen, zeigt unsern schwachen Stand; daß es so bald ge= schehen, thut Gottes Vaterhand. Gott wird das Leid euch stillen; ich sterbe nicht zu jung; wer stirbt nach Gottes Willen, der stirbt schon alt genung.

Dr. Gottfried Wilhelm Sacer,
1635—1699.

**Sie sind den Engeln gleich und Gottes Kinder,
Dieweil sie Kinder sind der Auferstehung.**

(Luc. 20, 36.)

Weise 598. Es ist genug, so nimm, Herr, meinen Geist.

618. Zeuch hin, mein Kind! Gott selber fordert dich aus dieser argen Welt. Ich leide zwar, dein Tod betrübet mich; doch weil es Gott gefällt, so unterlaß ich alles Klagen und will mit stillem Geiste sagen: Zeuch hin, mein Kind!

2. Zeuch hin, mein Kind! der Schöpfer hat dich mir nur in der Welt geliehn. Die Zeit ist aus, darum befiehlt er dir nun wieder fortzuziehn. Zeuch hin! Gott hat es so ersehen; was dieser will, das muß geschehen; zeuch hin, mein Kind!

3. Zeuch hin, mein Kind! im Himmel findest du, was dir die Welt versagt; denn nur bei Gott ist wahre Freud und Ruh, kein Schmerz, der Seelen plagt.

Hier müssen wir in Aengsten schweben, dort kannst du ewig fröhlich leben; zeuch hin, mein Kind!

4. Zeuch hin, mein Kind! wir folgen Alle nach, sobald es Gott gefällt. Du eilest fort, eh dir das Ungemach verbittert diese Welt. Wer lange lebt, steht lang im Leide, wer frühe stirbt, kommt bald zur Freude; zeuch hin, mein Kind!

5. Zeuch hin, mein Kind! die Engel warten schon auf deinen frommen Geist. Nun siehest du, wie Gottes lieber Sohn dir selbst die Krone weist. Nun wohl, die Seele ist entbunden, du hast durch Jesum überwun= den; zeuch hin, mein Kind!

M. Gottfried Hoffmann, 1658-1712.

Ich bin der Weinstock,
Ihr seid die Reben.
(Joh. 15, 5. Gal. 3, 27.)

Weise 598. Es ist genug, so nimm, Herr, meinen Geist.

619. O selig Kind, so führt dich nun der Tod zu deinem Jesus hin! Dein Schmerz entflieht, dein Schlaf wird Morgenroth, dein Sterben ein Gewinn. Dein Jesus ruft dir zu: „Ich lebe, ich bin der Weinstock, du die Rebe;" o selig Kind!

2. O selig Kind! du reißest früh dich ab von dieser argen Welt; du fliehst vor ihr hinunter in dies Grab, weil es dem Herrn gefällt, daß deine Seele bei ihm lebe; der Weinstock fordert seine Rebe; o selig Kind!

3. O selig Kind! die Taufe pflanzte dich in diesen Weinstock ein; jetzt zieht er liebend dich hinauf zu sich in Zions Sonnenschein. Dort pflegt er ewig dich als Rebe, daß eines in dem andern lebe; o selig Kind!

4. O selig Kind! Die Welt hat Thränen viel, doch wenig reine Lust; wie wohl ist dir, daß du am hohen Ziel nun stehst mit leichter Brust! Nun sind die Thränen überwunden, — die Rebe hat den Weinstock funden; o selig Kind!

5. O selig Kind! Gott rufe dieses Wort auch deinen Eltern zu: „wie selig ist nun euer Kindlein dort in stiller Himmelsruh! O lernet Gott das Seine geben! Kein Weinstock lässet seine Reben. O selig Kind!"

6. O selig Kind! so sehen wir dir nach und preisen deinen Tod; wer überwindet, dem wird tausendfach versüßt die Erdennoth. Dein zarter Geist er blüh und lebe, an Christi Weinstock eine Rebe! O selig Kind!

Benjamin Schmolck, 1672—1737.

Der Herr hats gegeben, der Herr hats genommen,
Der Name des Herrn sei gelobt!
(Hiob 1, 21. Joh. 13, 7.)

Weise 847. Nun ruhen alle Wälder.

619 1/2. Wenn kleine Himmelserben in ihrer Unschuld sterben, so büßt man sie nicht ein; sie werden nur dort oben vom Vater aufgehoben, damit sie unverloren sei'n.

2. Sie sind ja in der Taufe zu ihrem Christenlaufe für Jesum eingeweiht und noch bei Gott in Gnaden; was sollt es ihnen schaden, daß sie der Herr zu sich gebeut?

3. O wohl auch diesem Kinde! es starb nicht zu geschwinde; zeuch hin, du liebes Kind! du gehest ja nur schlafen und bleibest bei den Schafen, die ewig unsers Jesu sind.

Johann Andreas Rothe, 1688—1758.

V.
Die christliche Gemeinde.

1. Die Gnadenmittel.

a. Die Predigt des Wortes.

**Heiliger Vater, heilige uns in deiner Wahrheit,
Dein Wort ist die Wahrheit.**
(Joh. 17, 7—13. Eph. 2.)

Weise 680. Erhalt uns, Herr, bei deinem Wort.

620. Sehr groß ist Gottes Gütigkeit, denn er schuf uns zur Seligkeit; da wir nichts Gutes konnten thun, half er uns durch sein lieben Sohn.

2. Er kennt der Auserwählten Zahl, er hilft ihr aus dem Sündenfall und bessert sie mit seiner Gab durch seinen Geist von oben ab.

3. Er ist der geistlich Ackersmann, bestellt und baut die Herzen an, so daß sein Wort darinnen bleibt, viel Blüt und gute Früchte treibt.

4. Er zeucht sein Volk zu seinem Sohn und lehrt es seinen Willen thun; er ist es, der es heilig macht und für sein Bestes sorgt und wacht.

5. Wer Christi Wort von Herzen hört und es bewahrt, wie sichs gebührt, bekennt und glaubt mit Herz und Mund: der wird an seiner Seel gesund.

6. Des Herren Christi Sacrament durch seiner treuen Boten Händ verleihn ihm die Theilhaftigkeit an seines Heilands Heiligkeit.

7. Wenn er in diesem Segen bleibt und ritterlichen Wandel treibt, so wird ihm zugesagt die Kron der Heiligen vor Gottes Thron.

8. Kommt dann der Tod und nimmt ihn hin, so ists sein Frommen und Gewinn; er kömmt vor Gottes Angesicht, wo ihn kein Uebel mehr ansicht.

9. Ein Herr ist nur und eine Tauf, ein Glaub und Geist, ein Bund und Laus, eine Wahrheit und Heiligkeit, dadurch man kömmt zur Seligkeit.

10. O Gott, hilf uns durch deinen Sohn, aufs beste deinen Willen thun; heilg' uns in deiner Wahrheit hier, dadurch uns dort zur Klarheit führ!

Böhm. Brüder, 1531. (Mich. Weiße.)

33*

Wir sind erbauet auf den Grund der Apostel und Propheten,
Da Jesus Christus der Eckstein ist.
(Jes. 54, 11. Ps. 122. 1 Petr. 2, 6—7. 1 Kor. 3, 11. Eph. 2, 19—22.)

621. Weise: Unser Jesus in der Nacht. 1731.

Je-ru-sa-lem, Got-tes Stadt, ist Chri-sti Ge-
mei-ne, die sich Gott er-bau-et hat von gar ed-len
Stei-nen,

2. Deren Grundfest Jesus Christ, darauf sie gar eben durch Gotts Wort erbauet ist zum christlichen Leben.

3. Die von Gott sind auser-wählt, werden darein kommen, seinem Volk da zugesellt, daß sie mit den Frommen

4. Gottes Wort recht rein und klar allzeit mögen hören und ihn mit der gläubgen Schar preisen und verehren.

5. Wünschet drum Jerusalem Glück von Gott und Frieden, daß von ihm der Christgemein Segen sei beschieden:

6. Daß sie hier in Einigkeit friedlich möge leben und nach ihrer Seligkeit stets aufrichtig streben.

7. O Herr Gott, wir bitten dich: durch dein große Güte wollst vor Argem gnädiglich du dein Volk behüten.

8. Erhalt es in deiner Hut hier bei reiner Wahrheit, daß es dich, o Herre Gott, lobe in der Klarheit!

Böhm. Brüder, 1566. (Johann Geletzky, † 1568.)

**Alle Worte Gottes sind durchläutert
Und ein Schild denen, die auf ihn trauen.**
(Spr. 30, 5. Joh. 5, 24.)

Weise 324. Was mein Gott will, das g'scheh allzeit.

622. Dein Wort ist ja die rechte Lehr, ein Licht, das uns erleuchtet, ein Schild zu unsrer Gegenwehr, ein Thau, der uns befeuchtet, ein Stärkungstrank, wenn wir uns krank an Seel und Geist befinden, ein festes Band, das unsre Hand mit deiner kann verbinden.

2. So führe denn auf rech-tem Pfad durch dies dein Licht mich Blinden, laß mich durch deinen Schutz und Rath das Böse überwinden, laß allezeit

die Süßigkeit, Herr, deines Worts mich schmecken, und deine Gunst in mir die Brunst der Gegenlieb erwecken.

3. Verleih auch deinen guten Geist, der Alles das versigle, worin dein Wort mich unterweist, daß ich darin mich spigle und immerdar das, was ich war und was ich bin, erkenne, auch niemals mehr von deiner Lehr in Sünd und Irrtum renne.

4. Gib meinem Glauben Stärk und Kraft, die Alles kann vollbringen, damit in treuer Ritterschaft ich tapfer könne ringen und Kreuz und Noth, ja gar den Tod viel lieber woll erleiden, als daß ich hier vom Wort und dir mich ließ aus Kleinmut scheiden.

Aus dem 17. Jahrhundert, Verfasser unbekannt.

Herr, thue wohl deinem Knechte,
Daß ich lebe und dein Wort halte.
(Pf. 119, 1—12.)

Weise 105. Ermuntre dich, mein schwacher Geist.

623. Dein Wort gib rein in unser Herz, laß, Gott, es Früchte bringen; laß uns empfinden Reu und Schmerz bei allen schnöden Dingen, die wider deinen Willen wir begangen haben, laß uns hier die Sünden wohl erkennen, in deiner Liebe brennen.

2. Wenn unser Stündlein kommt herbei, hilf, daß dein Wort uns bleibe, mach dann uns aller Sünden frei, und unsre Namen schreibe, Herr, in das ewge Lebensbuch, laß uns entgehn dem ewgen Fluch; Herr Christ, auf deinen Namen laß uns einschlafen. Amen!

Unbekannter Verfasser.

Himmel und Erde werden vergehen,
Aber meine Worte werden nicht vergehen, spricht der Herr.
(Joh. 6, 63. 67—69.)

Weise 340. Sollt es gleich bisweilen scheinen.

624. Treuster Meister, deine Worte sind die rechte Himmelspforte: deine Lehren sind der Pfad, der uns führt zur Gottesstadt.

2. O wie selig, wer dich höret, wer von dir will sein gelehret, wer zu jeder Zeit und Stund schaut auf deinen treuen Mund!

3. Sprich doch ein in meiner Seele, gib ihr Weisung und Befehle; lehr sie halten bis zum Tod deiner Liebe sanft Gebot!

4. Hilf mir, mich im Lieben üben und Gott über Alles lieben; laß mich lieben inniglich meinen Nächsten, gleich wie mich.

5. Lehr mich heilige Geberden, laß mir deine Demut werden,

geuß mir deine Sanftmut ein,
laß mich klug in Einfalt sein.

6. Also werd ich mich verbin=den ganz mit dir und Ruhe finden; also werd ich in der Zeit schon gelehrt zur Ewigkeit.

Dr. Joh. Scheffler, 1624—1677.

Nehmet das Wort an mit Sanftmut, Welches kann eure Seelen selig machen.

(Matth. 13, 1—23. Marc. 4, 2—20. Luc. 8, 4—15. Hebr. 1, 1. 2.)

Weise 681.　Wo Gott, der Herr, nicht bei uns hält.

625. Wir Menschen sind zu dem, o Gott, was geistlich ist, untüchtig; dein Wesen, Wille und Gebot ist viel zu hoch und wichtig. Wir wissens und verstehens nicht, wenn uns dein göttlich Wort und Licht den Weg zu dir nicht weiset.

2. Drum sind vor Zeiten ausgesandt Propheten, deine Knechte, daß durch sie würden wohlbekannt dein Will und deine Rechte; zuletzt ist selbst dein lieber Sohn, o Vater, von des Himmels Thron gekommen, uns zu lehren.

3. Für solches Heil sei, Herr, gepreist, laß es uns Niemand rauben, und gib uns deinen guten Geist, daß wir dem Worte glauben, dasselb annehmen jederzeit mit Sanftmut, Ehre, Lieb und Freud als Gottes, nicht der Menschen.

4. Hilf, daß der losen Frevler Spott uns nicht vom Wort abwende; wer dich verachtet, großer Gott, der nimmt ein schrecklich Ende. Gib du selbst deinem Donner * Kraft, daß deine Lehre in uns haft, auch reichlich bei uns wohne!

* Pf. 68, 34.

5. Öffn uns die Ohren und das Herz, daß wir das Wort recht fassen, in Lieb und Leid, in Freud und Schmerz es außer Acht nicht lassen: daß wir nicht Hörer nur allein des Wortes, sondern Thäter sei'n, Frucht hundertfältig bringen.

6. Der Sam am Wege wird sofort vom Teufel weggenommen;* auf Fels und Steinen kann das Wort niemals zum Wurzeln kommen; der Same, der in Dornen fällt von Sorg und Wolluft dieser Welt, verdirbet und ersticket.

* Luc. 8, 12.

7. Ach hilf, Herr, daß wir werden gleich allhier dem guten Lande und sei'n an guten Werken reich in unserm Amt und Stande, viel Früchte bringen in Geduld, bewahren deine Lehr und Huld in seinem, gutem Herzen.

8. Laß uns, dieweil wir leben hier, den Weg der Sünder meiden, gib, daß wir halten fest an dir in Anfechtung und Leiden. Rott aus die Dornen allzumal, hilf uns die Weltsorg überall und böse Lüste dämpfen.

9. Dein Wort, o Herr, laß

allweg sein die Leuchte unsern Füßen; erhalt es bei uns klar und rein, hilf, daß wir draus genießen Kräft, Rath und Trost in aller Noth, daß wir im Leben und im Tod beständig darauf trauen.

10. Gott Vater, laß zu beiner Ehr dein Wort sich weit ausbreiten; hilf, Jesu, daß uns deine Lehr erleuchten mög und leiten; o heilger Geist, dein göttlich Wort laß in uns wirken fort und fort Glaub, Lieb, Geduld und Hoffnung.

David Denicke, 1603—1680.

So du gerufen wirst, so sprich:
Rede, Herr, denn dein Knecht höret.
(1 Sam. 3, 9. 10. Pf. 19, 8—12. Joh. 7, 16. 17.)
Weise 587. Freu dich sehr, o meine Seele.

626. Rede, liebster Jesu, rede! denn dein Knecht gibt Acht darauf; stärke mich (denn ich bin blöde), daß ich meines Lebens Lauf dir zu Ehren setze fort; hilf, Herr, daß dein heilig Wort in mein Herze sei verschlossen, daß ich dir folg unverdrossen.

2. Ach, wer wollte dich nicht hören, dich, du liebster Menschenfreund? Sind doch deine Wort und Lehren alle herzlich wohl gemeint! Sie vertreiben alles Leid, selbst des Todes Bitterkeit: nichts ist ihnen zu vergleichen, Alles muß vor ihnen weichen.

3. Deine Worte sind mein Stecken, dessen ich mich trösten kann, will der Feind zurück mich schrecken von der schmalen Lebensbahn; sie, sie führen ohne Qual selbst mich durch das Todesthal, sind der Schild, der mich beschirmet, wenn der Trübsal Wetter stürmet.

4. Herr, dein Wort das soll mich laben, deine trosterfüllte Lehr will ich in mein Herze graben; ach, nimm sie ja nimmermehr hier von mir in dieser Zeit, bis ich in der Ewigkeit werde kommen zu den Ehren, dich, o Jesu, selbst zu hören.

5. Unterdes vernimm mein Flehen, liebster Jesu, höre mich! Laß bei dir mich feste stehen, Herr, so will ich ewiglich preisen dich mit Herz und Mund, will dir alle Tag und Stund Ehr und Dank in Demut bringen und dein hohes Lob besingen.

Anna Sophia, Landgräfin von Hessen-Darmstadt, 1638—1683.

Die Worte, die ich rede, spricht der Herr,
Sind Geist und Leben.
(Matth. 13, 1—13.)
Weise 771. Es ist gewislich an der Zeit.

627. O Mensch, wie ist dein Herz bestellt? Hab Achtung auf dein Leben! Was trägt für Frucht dein Herzensfeld? sinds

Dornen oder Reben? Denn aus der Frucht kennt man die Sat, auch wer das Land besäet hat, Gott oder der Verderber.

2. Ist nun dein Herz gleich einem Weg und einer Neben=straßen, wo auf dem breiten Lasterweg die Vögel Alles fra=ßen? Ach prüfe dich! es ist kein Scherz; ist so bewandt dein armes Herz, so bist du zu beklagen.

3. Und ist dein Herze felsen=hart, verhärtet durch die Sün=den, so ist der Same schlecht verwahrt auf solchen Felsen=gründen; ein Felsenstein hat keinen Saft, drum hat der Same keine Kraft zu sprießen und zu schießen.

4. Oft ist das Herz auch dor=nenvoll, mit Sorgen angefüllet, oft lebet es im Reichtum wohl; da wird die Sat verhüllet, ja sie ersticket ganz und gar und

wird nicht einmal offenbar; das ist auch zu beklagen.

5. Doch ist, Gott Lob! noch gutes Land auf dieser Welt zu finden, das Gott dem Herrn allein bekannt, wo in den Her=zensgründen der Same, den Gott eingelegt, noch hundert=fältig Früchte trägt; das sind die rechten Herzen.

6. Wer Ohren hat, der höre doch und prüfe sich ohn Heu=cheln, dieweil es „heute" heißet noch; hier muß sich Kei=ner schmeicheln. Die Zeit ver=geht, das Ende naht; fällt auf kein gutes Land die Sat, so mußt du ewig sterben.

7. Herr Jesu, laß mein Herze sein zerknirschet und zerschlagen, damit der Same bring hinein, und laß ihn Früchte tragen, die mir gen Himmel folgen nach, wo ich sie finde tausendfach; das wünsch ich mit Verlangen.

Laurentius Laurenti, 1660—1722.

**Erquicke mich durch deine Gnade,
Daß ich halte die Zeugnisse deines Mundes.**
(Jerem. 15, 16. 2 Petr. 1, 19.)

Weise 808. Gott des Himmels und der Erden.

628. Theures Wort aus Got=tes Munde, das mir lauter Se=gen trägt, dich allein hab ich zum Grunde meiner Seligkeit gelegt; in dir treff ich Alles an, was zu Gott mich führen kann.

2. Will ich einen Vorschmack haben von des Himmels Selig=keit, so kannst du mich herrlich laben, weil bei dir ein Tisch bereit, der mir lauter Manna

schenkt, mich mit Lebenswasser tränkt.

3. Du mein Paradies auf Erden, schleuß mich stets im Glauben ein; laß mich täglich klüger werden, daß ein heller Gnadenschein mir bis in die Seele dring und die Frucht des Lebens bring.

4. Geist der Gnaden, der im Worte mich an Gottes Herze

legt, öffne mir die Himmels=
pforte, daß mein Geist hier
recht erwägt, was für Schätze
Gottes Hand durch sein Wort
mir zugesandt.

5. Laß in dieses Leibes Schran=
ken mich ohn eitle Sorge sein;
schließe mich mit den Gedanken
in ein stilles Wesen ein, daß
die Welt mich gar nicht stört,
wenn mein Herz dich reden hört.

6. Gib dem Saatkorn einen
Acker, der die Frucht nicht
schuldig bleibt; mache mir die
Augen wacker, und, was hier
dein Finger schreibt, präge mei=
nem Herzen ein; laß den Zwei=
fel ferne sein.

7. Was ich lese, laß mich

merken, was du sagest, laß
mich thun; wird dein Wort den
Glauben stärken, laß es nicht
damit beruhn, sondern gib, daß
auch dabei ihm das Leben ähn=
lich sei.

8. Hilf, daß alle meine Wege
nur nach deiner Richtschnur
gehn! Was ich hier zum Grunde
lege, müsse wie ein Felsen stehn,
daß mein Geist auch Rath und
That in den größten Nöthen hat.

9. Laß dein Wort mir einen
Spiegel in der Folge Christi
sein; drücke drauf dein Gna=
densiegel, schleuß den Schatz im
Herzen ein, daß ich fest - im
Glauben steh, bis ich dort zum
Schauen geh.

Benjamin Schmolck, 1672—1737.

**Herr, wohin sollen wir gehen?
Du hast Worte des ewigen Lebens.**
(Pf. 119, 56—59.)
Weise 540. O Durchbrecher aller Bande.

629. Herr, dein Wort, die
edle Gabe, diesen Schatz erhalte
mir; denn ich zieh es aller Habe
und dem größten Reichtum für.
Wenn dein Wort nicht mehr
soll gelten, worauf soll der
Glaube ruhn? Mir ists nicht
um tausend Welten, aber um
dein Wort zu thun.

2. Hallelujah! Ja und Amen!
Herr, du wollest auf mich sehn,
daß ich mög in deinem Namen
fest bei deinem Worte stehn.
Laß mich eifrig sein beflissen,
dir zu dienen früh und spat,
laß mich stets zu deinen Füßen
sitzen, wie Maria that.

Nikolaus Ludwig, Graf von Zinzen=
dorf, 1700—1760.

**Meine Seele ist stille zu Gott, der mir hilft;
Denn er ist mein Hort, meine Hilfe, mein Schutz.**
(Pf. 62, 2—3.)
Weise 268. Ach Gott und Herr.

630. Gott ist mein Hort, und
auf sein Wort soll meine Seele
trauen! Ich wandle hier, mein

Gott, vor dir im Glauben, nicht
im Schauen.

2. Dein Wort ist wahr; laß

immerdar mich seine Kräfte schmecken; laß keinen Spott, o Herr, mein Gott, mich von dem Glauben schrecken.

3. Wo hätt ich Licht, wofern mich nicht dein Wort die Wahrheit lehrte? Gott, ohne sie verstünd ich nie, wie ich dich würdig ehrte.

4. Dein Wort erklärt der Seele Werth, Unsterblichkeit und Leben. Zur Ewigkeit ist diese Zeit von dir mir übergeben.

5. Des Ewgen Rath, die Missethat der Sünder zu versühnen, den kennt ich nicht,

wär mir dies Licht nicht durch dein Wort erschienen.

6. Nun darf mein Herz in Reu und Schmerz der Sünden nicht verzagen; nein, du verzeihst, lehrst meinen Geist ein gläubig Abba sagen.

7. Mich zu erneun, mich dir zu weihn ist meines Heils Geschäfte; durch meine Müh vermag ichs nie; dein Wort gibt mir die Kräfte.

8. Herr, unser Hort, laß uns dies Wort, denn du hasts uns gegeben; es sei mein Theil, es sei mir Heil und Kraft zum ewgen Leben!

M. Christian Fürchtegott Gellert, 1715—1769.

Oeffne mir die Augen,
Daß ich sehe die Wunder an deinem Gesetz.
(Pf. 119, 43—50. Hebr. 4, 12.)
Weise 328. Was Gott thut, das ist wohlgethan.

631. Dein Wort, o Herr, ist milder Thau für trostbedürftige Seelen, laß keiner Pflanze deiner Au den Himmelsbalsam fehlen; erquickt durch ihn laß jede blühn und in der Zukunft Tagen dir Frucht und Samen tragen.

2. Dein Wort das ist ein Flammenschwert, ein Keil, der Felsen spaltet, ein Feuer, das im Herzen zehrt und Mark und Bein durchschaltet. O laß dein Wort noch fort und fort der Sünde Macht zerscheitern und alle Herzen läutern!

3. Dein Wort ist uns der Wunderstern für unsre Pilgerreise, es führt die Thoren hin zum Herrn und macht die Ein-

falt weise; dein Himmelslicht verlösch uns nicht und leucht in jede Seele, daß keine dich verfehle.

4. Ich suchte Trost und fand ihn nicht, — da ward das Wort der Gnade mein Labsal, meine Zuversicht, die Fackel meiner Pfade. Sie zeigte mir den Weg zu dir und leuchtet meinen Schritten bis zu den ewgen Hütten.

5. Nun halt ich mich mit festem Sinn zu dir, dem sichern Horte; wo kehrte ich mich anders hin? Herr, du hast Lebensworte! Noch hör ich dein „komm, du bist mein!" Das rief mir nicht vergebens dein Wort des ewgen Lebens.

6. Auf immer gilt dein Se=
gensbund, dein Wort ist Ja
und Amen; nie weich es uns
aus Herz und Mund und nie
von unserm Samen. Laß im=
merfort dein helles Wort in al=
len Lebenszeiten uns trösten,
warnen, leiten!

7. O sende bald von Ort zu
Ort den Durst nach deinen
Lehren, den Hunger aus, dein
Lebenswort und deinen Geist
zu hören, und send ein Heer
von Meer zu Meer, der Herzen
Durst zu stillen und dir dein
Reich zu füllen. Amos 8, 11. 12.

Karl Bernhart Garve, 1773—1841.

**Mein Wort soll nicht wieder zu mir leer kommen,
Sondern es soll ihm gelingen, dazu ich es sende.**
(Matth. 9, 37—38; 24, 14. Jes. 55, 11.)

Weise 78.   Gott sei Dank durch alle Welt.

632. Walte, walte nah und
fern, allgewaltig Wort des
Herrn, wo nur seiner All=
macht Ruf Menschen für den
Himmel schuf.

2. Wort vom Vater, der die
Welt schuf und in den Armen
hält und der Sünder Trost und
Rath zu uns hergesendet hat, —

3. Wort von des Erlösers
Huld, der der Erde schwere
Schuld durch des heilgen Todes
That ewig weggenommen hat, —

4. Kräftig Wort von Gottes
Geist, der den Weg zum Him=
mel weist und durch seine heilge
Kraft Wollen und Vollbringen
schafft, —

5. Wort des Lebens, stark und
rein: alle Völker harren dein!
Walte fort, bis aus der Nacht
alle Welt zum Tag erwacht!

6. Auf zur Ernt in alle Welt!
weithin wogt das reife Feld,
klein ist noch der Schnitter
Zahl, viel der Garben überall.

7. Herr der Ernte, groß und
gut, weck zum Werke Lust und
Muth, laß die Völker allzumal
schauen deines Lichtes Stral!

Jonathan Friedrich Bahnmaier, 1774—1841.

**Dein Wort ist meines Fußes Leuchte
Und ein Licht auf meinen Wegen.**
(Ps. 119, 105. Joh. 5, 24; 17, 17.)

Weise 808.   Gott des Himmels und der Erden.

633. Licht, das in die Welt
gekommen, Sonne voller Glanz
und Pracht, Morgenstern aus
Gott entglommen: treib hinweg
die alte Nacht! Zeuch in deinen
Wunderschein bald die ganze
Welt hinein.

2. Gib dem Wort, das von
dir zeuget, einen recht gepriesnen
Lauf, daß noch manches Knie
sich beuget, sich noch manches
Herz thut auf, eh die Zeit er=
füllet ist, wo du richtest, Jesu
Christ.

3. Heile die zerbrochnen Herzen, baue dir Jerusalem und verbinde unsre Schmerzen, denn so ists dir angenehm. Herr, thu auf des Wortes Thür; rufe, Heiland, laut zu dir!

4. Geh, du Bräutgam, aus der Kammer, laufe deinen Heldenpfad; strale Tröstung in den Jammer, der die Welt umdunkelt hat; o erleuchte, ewges Wort, Ost und West und Süd und Nord!

5. Und erquick auch unsre Seelen, mach die Augen hell und klar, daß wir dich zum Lohn erwählen, dich umfassen ganz und gar. Ja, laß deinen Himmelsschein unsers Fußes Leuchte sein!

Dr. Ewald Rudolf Stier, geb. 1800.

b. Die heilige Taufe.
Die Taufhandlung.
(Vor der Taufe.)

Lasset die Kindlein zu mir kommen und wehret ihnen nicht, Denn solcher ist das Reich Gottes.
(Marc. 10, 14—16.)

Weise 241. Zeuch ein zu meinen Thoren.

634. Lasset die Kindlein kommen zu mir, spricht Gottes Sohn; sie sind mein Freud und Wonne, ich bin ihr Schild und Kron. Auch für die Kindelein, daß sie nicht wärn verloren, bin ich ein Kind geboren: sie solln mein eigen sein.

2. Der Herr gar freundlich küsset und herzt die Kindelein, bezeugt mit Worten süße: der Himmel ihr soll sein, dieweil sein theures Blut, das einst aus seinen Wunden am Kreuzesstamm geronnen, auch ihnen kommt zu gut.

3. Drum nach des Herrn Verlangen bringet die Kinder her, damit sie Gnad erlangen; Niemand es ihnen wehr. Führet sie Christo zu, er will sich ihr erbarmen, hält sie in seinen Armen, darin sie finden Ruh.

4. Ob sie gleich zeitlich sterben, ihr Seele Gott gefällt; denn sie sind Gottes Erben, lassen die schnöde Welt; sie sind frei von Gefahr und dürfen hier nicht leiden; sie loben Gott mit Freuden dort bei der Engelschar.

Dr. Cornelius Becker, 1561—1604.

Es sei denn, daß Jemand geboren werde aus dem Wasser und Geist, So kann er nicht in das Reich Gottes kommen.
(Joh. 3, 3—15.)

Weise 336. In dich hab ich gehoffet, Herr.

635. Erhör, Gott Vater, unsre Bitt, theil diesem Kind den Segen mit, erzeig ihm deine Gnade: es sei dein Kind;

nimm weg die Sünd, daß ihm dieselb nicht schade!

2. Herr Christe, nimm es gnädig auf durch dieses Bad der heilgen Tauf zu deinem Glied und Erben, damit es dein mög allzeit sein im Leben und im Sterben!

3. Und du, o werther heilger Geist, sammt Vater und dem Sohn gepreist: wollst gleichfalls zu uns kommen, damit jetzund in deinen Bund es werde aufgenommen!

4. O heilige Dreieinigkeit, dir sei Lob, Ehr und Dank bereit für diese große Güte; gib, daß dafür wir dienen dir, vor Sünden uns behüte!

Unbekannter Verfasser.

Wer das Reich Gottes nicht empfähet als ein Kindlein, Der wird nicht hinein kommen.
(Joh. 3, 3—15; 10, 27—28; 15, 5.)
Weise 17. Liebster Jesu, wir sind hier.

636. Liebster Jesu, hier sind wir, deinem Worte nachzuleben; dieses Kindlein kommt zu dir, weil du den Befehl gegeben, daß man sie zu dir hinführe, denn das Himmelreich ist ihre.

2. Ja, es schallet allermeist dieses Wort in unsern Ohren: wer durch Wasser und durch Geist nicht zuvor ist neugeboren, wird von dir nicht aufgenommen und in Gottes Reich nicht kommen.

3. Darum eilen wir zu dir; nimm das Pfand von unsern Armen, tritt mit deinem Glanz herfür und erzeige dein Erbarmen, daß es dein Kind hier auf Erden und im Himmel möge werden.

4. Hirte, nimm dein Schäflein an, Haupt, mach es zu deinem Gliede, Himmelsweg, zeig ihm die Bahn, Friedefürst, schenk du ihm Friede, Weinstock, hilf, daß diese Rebe dich im Glauben auch umgebe!

5. Nun wir legen an dein Herz, was von Herzen ist gegangen; führ die Seufzer himmelwärts und erfülle das Verlangen; ja, den Namen, den wir geben, schreib ins Lebensbuch zum Leben!

Benjamin Schmolck, 1672—1737.

(Nach der Taufe.)
Welche der Geist Gottes treibt, Die sind Gottes Kinder.
(Röm. 8, 14.)
Weise 17. Liebster Jesu, wir sind hier.

637. Nun Gott Lob, es ist vollbracht, und der Bund mit Gott geschlossen; was uns rein und selig macht, ist auf dieses Kind geflossen; Jesus hat es eingesegnet und mit Himmelsthau beregnet.

3. O du dreimal selig Kind,

vom Dreieinigen geliebet, dem
der Vater sich verbindt, dem
der Sohn das Leben gibet,
dem der Geist ist eingeflossen
und der Himmel aufgeschlossen!

3. O was könte größer
sein, als die Kindschaft Gottes
haben? Dieser helle Gnaden=
schein übersteiget alle Gaben;
dieses ist des Himmels Spigel,
dieses ist des Lebens Sigel.

4. Nun, so denk an diesen

Bund, weil* du einen Athem
hegest, daß du auf den festen
Grund deinen Christenglauben
legest; Adam wird in dir er=
tränket, Christus in dich ein=
gesenket.   * so lang.

5. Werde fromm und wachse
groß, werde deiner Eltern
Freude, und dein jetzt erlangtes
Los tröste dich in allem Leide;
deine Taufe sei die Thüre,
welche dich zum Himmel führe!
Benjamin Schmolck, 1672—1737.

Der Herr ist mein Theil, spricht meine Seele,
Darum will ich auf ihn hoffen.
(Matth. 3, 11.)

Weise 375.　Vater unser im Himmelreich.

638. Dies Kindlein, Jesu, ist
nun dein, laß es dir wohl em=
pfohlen sein; mit Wasser tauf=
ten wir es hent, mit Geist tauf

du's in Ewigkeit; wir wollens
pflegen fort und fort, mach,
Herr, es ewig selig dort!
Robert Steiger.

Der heilige Taufbund.

Es sei denn, daß ihr euch umkehret und werdet wie die Kinder,
So werdet ihr nicht ins Himmelreich kommen.
(Matth. 18, 1—5.)

Weise 549.　Durch Adams Fall ist ganz verderbt.

639. Herr, schaff uns, wie
die kleinen Kind, in Unschuld
neu geboren, die wir getauft
im Wasser sind, zu deinem
Volk erkoren, daß demnach

sich, Herr Christ, an dich der
sündlich Mensch ergebe, daß er
wohl sterb und nicht verderb,
mit dir ersteh und lebe.
Thomas Blaurer, 1540.

Wir sind durch Einen Geist Alle zu Einem Leibe getauft
Und zu Einem Geiste getränkt.
(Röm. 6, 3 ff.)

Weise 365.　Wer nur den lieben Gott läßt walten.

640. Ich bin getauft auf
deinen Namen, Gott Vater,
Sohn und heilger Geist; ich

bin gezählt zu deinem Samen,
zum Volk, das dir geheiligt
heißt; ich bin in Christum ein=

gesenkt, ich bin mit seinem Geist beschenkt.

2. Du hast zu deinem Kind und Erben, mein lieber Vater, mich erklärt; du hast die Frucht von deinem Sterben, mein treuer Heiland, mir gewährt; du willst in aller Noth und Pein, o guter Geist, mein Tröster sein.

3. Doch hab ich dir auch Furcht und Liebe, Treu und Gehorsam zugesagt; ich hab, o Herr, aus reinem Triebe dein Eigentum zu sein gewagt; hingegen sagt ich bis ins Grab des Bösen schnöden Werken ab.

4. Mein treuer Gott, auf deiner Seite bleibt dieser Bund wohl feste stehn; wenn aber ich ihn überschreite, so laß mich nicht verloren gehn; nimm mich, dein Kind, zu Gnaden an, wenn ich hab einen Fall gethan.

5. Ich gebe dir, mein Gott, aufs neue Leib, Seel und Herz zum Opfer hin; erwecke mich zu neuer Treue und nimm Besitz von meinem Sinn; es sei in mir kein Tropfen Blut, der nicht, Herr, deinen Willen thut.

6. Laß diesen Vorsatz nimmer wanken, Gott Vater, Sohn und heilger Geist! halt mich in deines Bundes Schranken, bis mich dein Wille sterben heißt; so leb ich dir, so sterb ich dir, so lob ich dich dort für und für.

Dr. Johann Jakob Rambach, 1693—1735.

Meine Gnade soll nicht von dir weichen,
Und der Bund meines Friedens nicht hinfallen, spricht der Herr.
(Joh. 1, 12. Tit. 3, 4—7.)
Weise 563. Wer weiß, wie nahe mir mein Ende.

641. Ich bin getauft, ich steh im Bunde durch meine Tauf mit meinem Gott! So sprech ich stets mit frohem Munde in Kreuz, in Trübsal, Angst und Noth. Ich bin getauft, des freu ich mich; die Freude bleibet ewiglich.

2. Ich bin getauft, ich hab empfangen das allerschönste Ehrenkleid, darin ich ewiglich kann prangen, hier und dort in der Herrlichkeit. Ich bin mit Jesu Blut erkauft, ich bin in Jesu Tod getauft.

3. Ich bin getauft, mir ist gegeben zu gleicher Zeit der heilge Geist; der heiliget mein Herz und Leben: dafür sei ewig Gott gepreist! O welche Zier, welch große Pracht, die mich gerecht und selig macht!

4. Ich bin getauft, ich bin geschrieben auch in das Buch des Lebens ein; nun wird mein Vater mich ja lieben und seinem Kinde gnädig sein. Es ist mein Name Gott bekannt und eingeprägt in seine Hand.

5. Ich bin getauft, was kann mir fehlen, weil ja mein Vater an mich denkt? Wer kann die Wohlthat all erzählen, die er mir wirklich hat geschenkt? Mein Vater ist ein reicher Herr, der gibt mir immer mehr und mehr.

6. Ich bin getauft! obgleich ich sterbe, was schadet mir das kühle Grab? Ich weiß mein Vaterland und Erbe, das ich bei Gott im Himmel hab; nach meinem Tod ist mir bereit des Himmels Freud und Seligkeit.

M. Joh. Friedrich Stark, 1680-1756.

Die Gnade des Herrn währet von Ewigkeit zu Ewigkeit Bei denen, die seinen Bund halten.
(Gal. 3, 26—29.)

Weise 808.   Gott des Himmels und der Erden.

642. Seele, die du hoch von Adel durch den Heiland Jesum Christ aus dem Taufbad ohne Tadel weiß und rein gekommen bist, als ein von dem Dienst der Sünd frei gemachtes Gottes= kind: —

2. Denk an diesem heilgen Morgen ernst an deinen freien Stand, richte dein Gemüt und Sorgen stets auf das nur un= verwandt, was ein Kind des Höchsten ziert und was ihm zu thun gebührt!

3. Diene deinem Gott mit Treue, diene Welt und Sünde nicht. Amen! Herr, ich bin aufs neue dir zu deinem Dienst verpflicht. Steh mir, Gott, in Gnaden bei, daß ich stets dein eigen sei!

Christoph Karl Ludwig v. Pfeil, 1712—1784.

---

c. Die Erneuerung des heiligen Taufbundes. (Confirmation.)

Welche der Herr berufen hat, die hat er auch gerecht gemacht; Welche er aber hat gerecht gemacht, die hat er auch herrlich gemacht.
(Röm. 8, 30. 1 Theff. 2, 11. 12. 2 Theff. 2, 13. 14. 1 Petr. 1, 15; 5, 10.)

Weise 487.   Zeuch meinen Geist, triff meine Sinne.

643. Erschein auch diesen Auserwählten, Herr Christ, zu deinem Volk Gezählten! laß aufgehn deines Wortes Stern den Herzen, welche sein begehrn;

2. Daß sie mit herzlichem Vergnügen sich Alle mögen zu dir fügen, Untugend meiden und all Sünd, und sei'n, o Herr, wie du gesinnt; Phil. 2, 5 ff.

3. Daß sie dein Joch im Glück und Leiden geduldig tragen und mit Freuden, und daß ihr Geist und Seel und Leib dir eigen sei und stets verbleib;

4. Ja, daß sie dir, du ewges Leben, Gut, Ehr und Alles ganz heimgeben, und nur zu dir, du höchstes Gut, hinwenden Herz und Sinn und Mut.

Böhmische Brüder, 1531. (Mich. Weiße, † 1534.)

**Wer da glaubt und getauft wird,
Der wird selig werden.**

(Marc. 16, 16.)

Weise 690. Ein feste Burg ist unser Gott.

644. Gottlob, daß Gottes Kind ich bin, so werd ich nicht verloren; die Taufe bleibet mein Gewinn, da ward ich neugeboren; denn war ich gleich in Noth und in der Sünde todt: doch, als die Gnade kam und in den Bund mich nahm, sollt ich mit Jesu leben.

2. Mit Wasser ward mein Haupt besprengt in Gottes theuerm Namen, das Pfand ward mir dazu geschenkt durch ein bewährtes Amen. Was Gott der Vater liebt, was mein Herr Jesus gibt und was der heilge Geist in seiner Kraft verheißt, das hab ich nun beisammen.

3. Ich bin durch Jesum Gottes Kind, den hab ich angezogen; der Vater, dem er gleichgesinnt, der ist auch mir gewogen. Und was mich sonst befleckt, ist völlig nun bedeckt, ich steh in lauter Huld und finde keine Schuld, die mich verdammen könnte.

4. Ich bin schon selig in der Welt, da mag ich Alles hoffen; denn wer sich an den Taufbund hält, dem steht der Himmel offen. Das, was Gott selbst verspricht, betriegt mich sicher nicht; ter Grund steht ewig fest, dieweil Gott ewig läßt die Gnad und Wahrheit walten.

5. Es liegt nicht an der Würdigkeit, denn hier ist lauter Sünde; gnug, daß ich in der Gnadenzeit mein Heil in Jesu finde, wenn ich nur fernerhin treu, fromm und dankbar bin. Ich soll des Vaters Freund und aller Sünden Feind und Christi Jünger heißen.

6. Wenn Tod und Hölle Schrecken schafft, bekenn ich Gott die Sünde; da zeigt die Taufe ihre Kraft, daß ich Vergebung finde. Mag auch die Welt vergehn, sein Bund muß fest bestehn; uns muß, wie er verheißt, Gott Vater, Sohn und Geist Schutz, Heil und Hoffnung bleiben.

7. Ach Gott, steh mir in Gnaden bei, daß ich im Geiste wandle und der versprochnen Bundestreu niemals zuwider haudle. Gib deinen Geist dazu, so oft ich Buße thu, daß dir mein Thun gefällt, bis wir in jener Welt der Buße nicht bedürfen!

M. Christian Weise, 1642—1708.

Ich will meinen Bund nicht entheiligen,
Und nicht ändern, was aus meinem Munde gegangen ist,
spricht der Herr.
(Pf. 89, 35; 103, 17. 18.)

Weise 14.   Herr Jesu Christ, dich zu uns wend.

645. Im Namen des Herrn Jesu Christ, der seiner Kirche König ist, nimmt seines Brudervolks Verein euch jetzt in seine Mitte ein:

2. Mit uns in einem Bund zu stehn, dem Herrn beständig nachzugehn in gliedlicher Theilhaftigkeit an seiner Schmach und seiner Freud.

3. Er geb euch seinen Friedenskuß zu seines ganzen Heils Genuß, der euch ein Sigel seiner Treu und unserer Gemeinschaft sei.

4. Wir reichen euch dazu die Hand; der Herr, dem euer Herz bekannt, laß euern Gang in der Gemein euch Seligkeit, ihm Freude sein.

5. Der Gott des Friedens heilge euch, seid sein, dient ihm in seinem Reich; sorgt, daß ihm Geist und Seel und Leib auf seinen Tag unsträflich bleib!
Nikolaus Ludwig, Graf von Zinzendorf, 1700—1760.

Der Herr segne dich aus Zion,
Der Himmel und Erde gemacht hat!
(1 Petr. 3, 20. 21. Hesek. 16, 60—63.)

Weise 777.   O Ewigkeit, du Donnerwort.

646. Erhör, o Gott, das heiße Flehn der Kinder, die hier vor dir stehn, blick gnädig auf sie nieder; gib ihnen, Vater, Sohn und Geist, den Segen, den dein Wort verheißt, denn sie sind Jesu Glieder! Steh ihnen bei mit deiner Kraft, die Wollen und Vollbringen schafft.

2. Sie wollen ihren Bund erneun, mit Herz und Leben dir sich weihn und treu am Glauben halten, auf Christi hohes Vorbild sehn und fest in ihrer Hoffnung stehn, nicht in der Lieb erkalten. Zu dem Gelübde, Vater, sprich dein Ja und Amen gnädiglich!

3. O mache sie zum Kampf bereit, schenk ihnen Kraft und Freudigkeit, das Böse zu bezwingen! Auch wir erneun mit Herz und Mund des Glaubens und der Trene Bund; laß uns das Ziel erringen, daß Alle, die vereint hier flehn, auch dort vereint dein Antlitz sehn!
Eliefer Gottlieb Küster, 1732-1799.

Danket Gott allezeit, der euch berufen hat durch sein Evangelium
Zum herrlichen Eigentum unsres Herrn Jesu Christi.
(Pf. 89, 35; 103, 1—13; 2 Theff. 2, 13. 14.)

Weise 851. Der lieben Sonne Licht und Pracht.

647. **Gemeinde.** Seid heut aufs neu dem Herrn geweiht, ihr, unsre lieben Kinder! O seht, der Herr selbst benedeit euch hochbedürftge Sünder! Sein Herz ist aufgethan; o kommt und betet an! Er legt zum treuen Jüngerlauf euch selbst die Hände segnend auf.

2. Wir weihten in der Taufe euch dem Herrn zum Eigentume, und baten: „Laß in deinem Reich sie dir gedeihn zum Ruhme!" Heut gebt euch selbst ihm hin mit zartem Kindessinn, und reicht ihm eure schwache Hand zu treuer Liebe Unterpfand.

3. Wohlan, erneuert nun den Bund, dem Herrn euch zu verschreiben; gelobet ihm mit Herz und Mund, daß ihr ihm treu verbleiben, daß ihr bei Nacht und Tag, selbst unter Spott und Schmach, ihn lieben und ihm dienen wollt, so lang ihr hier noch wallen sollt.

Chor der Kinder. 4. Dein sind wir, Vater, Sohn und Geist, dich wollen wir bekennen; von dem, was uns dein Wort verheißt, soll ewig uns nichts trennen, nicht. Menschen-

ruhm noch Spott, nicht Trübsal, Schmach und Tod. Schenk uns des Glaubens Zuversicht, wend nicht von uns dein Angesicht!

5. Den Weg der Wahrheit wählen wir, wir wissen deinen Willen; verleih uns Kraft — sie kommt von dir! — ihn treulich zu erfüllen. Nimm dich der Schwachheit an, führ uns auf ebner Bahn; wir opfern uns dir ganz allein, bewahr uns Leib und Seele rein!

6. O Jesu, Herr der Herrlichkeit, kehr ein in unsern Herzen; zieh uns zum Glanz der Ewigkeit von Erdenfreud und =Schmerzen; erhalt uns alle Stund getreu in deinem Bund und laß uns einst vor deinem Thron verklärt empfahn des Lebens Kron!

Gemeinde. 7. Der Herr der segne und behüt euch als die lieben Seinen; der Herr laß euch voll Gnad und Güt sein freundlich Antlitz scheinen! Er, unser Trost und Licht, erheb sein Angesicht auf die Gemein und jedes Glied und theil euch seinen Frieden mit!

Christian Gregor, 1723—1801; Vers 4—6 (zum Theil nach B. Münter) von Karl Eugen Prinz, geb. 1815.

Wer mich liebet, den wird mein Vater lieben,
Und wir werden Wohnung bei ihm machen.
(Spr. Sal. 8, 17. Joh. 14, 23.)
Weise 170. O du Liebe meiner Liebe.

648. Mittler, schau auf sie hernieder, die sich deiner Gnade freun und als deiner Kirche Glieder dir geloben, dein zu sein, dein, der mit der größten Treue auch für sie sein Leben gab; sie sind dein, Erbarmer, weihe sie dir ganz bis in das Grab!

2. Halte sie mit starken Armen, wenn sie straucheln sollten, fest, laß sie fühlen dein Erbarmen, das sie nimmermehr verläßt; und wenn eines sich verirrte und verließe deine Bahn, ach, dann nimm dich, guter Hirte, des verirrten Schäfleins an.

3. Keines, keines, ach, von allen, die mit dir den Bund erneun, laß aus deiner Gnade fallen und von dir geschieden sein; Herr, versigle ihren Glau- ben, der sie ewig selig macht, keinem laß die Krone rauben, die du allen zugedacht.

4. Sammle sie einst alle wieder in des Vaters ewgem Reich, deines Haupts geweihte Glieder, den Verklärten Gottes gleich, daß dann in die höhern Chöre, wie der Engel Loblied rein, Heiland, dir zu Preis und Ehre, stimm ihr Halleluja ein!

5. Seid gesegnet, Kinder- scharen, eurem Heiland, der euch liebt, der schon euern zarten Jahren Himmelskost zu schmecken gibt; seinen Gruß empfangt zum Feste, öffnet ihm der Herzen Schrein; räumt sie ihm, der euch erlöste, dank- barlich zur Wohnung ein!

Unbekannter Verfasser.

Wenn aber Christus, euer Leben, sich offenbaren wird,
Dann werdet ihr auch offenbar werden mit ihm in der Herrlichkeit.
(Col. 3, 4.)
Weise 395. Nun lob, mein Seel, den Herren.

648¹|2. So schreib ins Buch des Lebens nun, Herr, auch ihre Namen ein und laß sie nicht vergebens dir, Jesu, zugezählet sein! Bewahr sie vor der Sünde und vor der ewgen Pein; ach, präg es jedem Kinde heut tief ins Herz hinein, daß es zum ewgen Leben durch dich erkaufet ist; denn du willst allen geben dein Heil, Herr Jesu Christ!

Unbekannter Verfasser.

Schaffe in mir, Gott, ein neues Herz
Und gib mir einen neuen gewissen Geist.
(2 Tim. 1, 7. Röm. 8, 14. 15.)
Weise 434. Seelenbräutigam.

649. Von des Himmels Thron sende, Gottes Sohn, deinen Geist, den Geist der Stärke; gib uns Kraft zum heilgen

Werke, dir uns ganz zu weihn, ewig dein zu sein.

2. Mach uns selbst bereit, gib uns Freudigkeit, unsern Glauben zu bekennen und dich unsern Herrn zu nennen, dessen theures Blut floß auch uns zu gut.

3. Richte Herz und Sinn zu dem Himmel hin, daß wir unsern Bund erneuern und mit Wahrheit dir betheuern, deine Bahn zu gehn, Weltlust zu verschmähn.

4. Wenn wir betend nahn, Segen zu empfahn, wollest du auf unsre Bitten uns mit Gnade überschütten; Licht und Kraft und Ruh ströme dann uns zu!

5. Gib auch, daß dein Geist, wie dein Wort verheißt, unauflöslich uns vereine mit der gläubigen Gemeine, bis wir dort dich sehn in den Himmelshöhn.

Samuel Marot, geb. 1770.

Wachset in der Gnade und Erkenntnis Unsers Herrn und Heilandes Jesu Christi.
(2 Petr. 3, 18.)

Weise 593. Christus der ist mein Leben.

650. Wir flehn um deine Gnade, nichts sind wir ohne dich; leit uns auf ebnem Pfade, die Seele sehnet sich.

2. Wir flehn um deine Nähe, noch sind wir dir so fern; daß unser Blick dich sehe, geh auf, du Morgenstern!

3. Wir flehn um deine Wahrheit in unsrer Seele Nacht; durch dich nur wird uns Klarheit in unsern Geist gebracht.

4. Wir flehn um deinen Frieden, die Sünde bringt uns Angst; uns sei das Heil beschieden, das du am Kreuz errangst.

5. Wir flehn um deine Stärke, du weißt, wie schwach wir sind; zu jedem guten Werke hilf jedem schwachen Kind.

6. Wir flehn um deinen Segen zum großen Bundestag: laß nun auf allen Wegen uns treu dir folgen nach!

Karl August Döring, 1783—1844.

Die dein Heil lieben, müssen sagen allewege: Gelobet sei der Herr ewiglich; Amen, Amen!
(Marc. 10, 14—16.)

Weise 762. Wachet auf, ruft uns die Stimme.

651. Gemeinde. Vor dir, Todesüberwinder, stehn deine theurerkauften Kinder; ihr Lobgesang sei dir gebracht! Freudig gehn sie dir entgegen, weil du der Liebe reichsten Segen den Kinderseelen zugedacht. Dein Auge sieht sie hier versammelt still vor dir, guter Hirte! So nimm sie ein, — sie sind ja dein, — und laß sie dir gesegnet sein!

Chor der Kinder. 2. Friedefürst! ich ward erkoren am ersten

Tag, da ich geboren, zu deinem
sel'gen Gnadenkind; du gabst mir
des Himmels Gaben, weil wir
nichts Gutes eigen haben und
ohne dich verloren sind. O Jesu,
meine Ruh! ich greife freudig
zu nach den Gaben, die du mir
heut zur Seligkeit durch dein
Erbarmen hast erneut.

3. Laß dich halten und um=
fassen, ich will dich ewig nicht
verlassen, verlaß auch du mich
ewig nicht! Schütze mich vor
Welt und Sünde, und offenbare
deinem Kinde dein gnadenvolles
Angesicht; auf daß ich Tag für
Tag in dir mich freuen mag
still und heilig, und mich dein
Mund zu jeder Stund erinnre
an den Liebesbund.

Gemeinde und Kinder. 4. O
du Hirt erkaufter Seelen, ich
muß des rechten Wegs verfehlen,
wenn meine Seele von dir geht;
darum gib mir Licht und Stärke
und Glaubensmut zum guten
Werke, zum Ringen, Wachen
und Gebet, bis ich den Pilger=
stand im ewgen Vaterland sieg=
reich ende, und du, o Sohn,
der Treue Lohn mir reichst von
deinem Gnadenthron.

M. Albert Knapp, geb. 1798.

**Bleibet in mir und ich in euch, spricht der Herr,
Denn ohne mich könnet ihr nichts thun.**
(Joh. 15, 4. 5; 16, 1—11.)

Weise 777. O Ewigkeit, du Donnerwort.

652. Ich bin in dir, und du
in mir! Nichts soll mich, ewge
Liebe, dir in dieser Welt ent=
reißen! Auf Erden, wo nur
Sünder sind, nennst du mich
freundlich schon dein Kind, o
laß michs ewig heißen und treu
mit Wandel, Herz und Mund
bewahren deinen Friedensbund.

2. Ich bin in dir, und du in
mir, dreieiniger Gott, du hast
zu dir mich frühe schon be=
rufen. Was mir, dem Kind=
lein, war bereit, ergreif ich heut
voll Innigkeit an des Altares
Stufen, und sag: O Liebe, du
bist mein, ich will dein Kind
auf ewig sein!

3. Ich bin in dir, und du in
mir; noch wohn ich völlig nicht
bei dir, weil ich auf Erden
walle: drum führ mich, Jesu,
treuer Hirt, daß mich, was
locket, schreckt und irrt, nicht
bringe je zu Falle! O daß,
was ich dir heut versprach, mir
gehe tief und ewig nach!

4. Ich bin in dir, und du in
mir; komm, Herr, mir deine
Tugendzier frühzeitig anzulegen,
daß mir des Lebens Glück und
Noth, ja, selbst der letzte Feind,
der Tod, nur kommen mög im
Segen. Mit dir will ich durchs
Leben gehn, dir leiden, sterben,
auferstehn!

M. Albert Knapp, geb. 1798.

Wer da saget, daß er in ihm bleibet,
Der soll auch wandeln, gleich wie er gewandelt hat.
(Joh. 6, 68; 15, 4—7. Röm. 8, 38 ff. 1 Joh. 2, 6.)

Weise 170. O du Liebe meiner Liebe.

653. Bei dir, Jesu, will ich bleiben, stets in deinem Dienste stehn; nichts soll mich von dir vertreiben, deine Wege will ich gehn. Du bist meines Lebens Leben, meiner Seele Trieb und Kraft, wie der Weinstock seinen Reben zuströmt Kraft und Lebenssaft.

2. Könnt ichs irgend besser haben, als bei dir, der allezeit so viel tausend Gnadengaben für mich Armen hat bereit? Könnt ich je getroster werden, als bei dir, Herr Jesu Christ, dem im Himmel und auf Erden alle Macht gegeben ist?

3. Wo ist solch ein Herr zu finden, der, was Jesus that, mir thut, mich erkauft von Tod und Sünden mit dem eignen theuern Blut? Sollt ich dem nicht angehören, der sein Leben für mich gab? Sollt ich ihm nicht Treue schwören, Treue bis zum Tod und Grab?

4. Ja, Herr Jesu, bei dir bleib ich, so in Freude, wie in Leid; bei dir bleib ich, dir verschreib ich mich für Zeit und Ewigkeit. Deines Winks bin ich gewärtig, auch des Rufs aus dieser Welt; denn der ist zum Sterben fertig, der sich lebend zu dir hält.

5. Bleib mir nah auf dieser Erden, bleib auch, wenn mein Tag sich neigt; bleib, wenn es will Abend werden und die Nacht herniedersteigt. Lege segnend dann die Hände mir aufs müde, schwache Haupt, sprechend: „Kind, hier gehts zu Ende, aber dort lebt, wer hier glaubt!"

6. Bleib mir dann zur Seite stehen, wenn mir Graun erregt der Tod, als das kühle, scharfe Wehen vor des Himmels Morgenroth. Wird mein Auge dunkler, trüber, dann erleuchte meinen Geist, daß ich fröhlich zieh hinüber, wie man nach der Heimat reist!

Karl Joh. Phil. Spitta, 1801—1859.

d. Das heilige Abendmahl.

(Vor und während des Abendmahls.)

Nehmet hin und esset, das ist mein Leib;
Nehmet hin und trinket, das ist mein Blut, spricht der Herr.
(Matth. 26, 26—28. 1 Cor. 11, 23—29.)

Weise 680. Erhalt uns, Herr, bei deinem Wort.

654. Da Christus von uns scheiden wollt, zu opfern sich für unsre Schuld, setzt er ein Sacrament uns ein: sein Leib und Blut mit Brot und Wein.

2. Daß er uns im Gedächt=

nis bleib, hieß er uns essen seinen
Leib, desgleichen trinken auch
sein Blut, am Kreuz vergossen
uns zu gut.

3. Wohl dem, der würdig sie
genießt und in sein Herz ihr
Wahrheit schließt; denn sie bezeugt ihm klar und frei*, daß
er ein rechter Jünger sei.

* deutlich.

4. Wer Christum nicht im
Herzen hat und ihn nur sucht
bei Wein und Brot, den teu-
schet seine Zuversicht; denn was
er sucht, das findt er nicht.

5. Drum prüft euch, ob ihr,
wohl begabt, den Herren Christum in euch habt, ob ihr seid

innerlich bereit, zu thun Gottes Gerechtigkeit.

2 Kor. 13, 5.

6. Wo dies wahrhaftig in euch
ist, wo ihr nicht weicht von
Jesu Christ, wird euch des Herren Brot und Wein ein Zeichen
seiner Gnade sein.

7. O Jesu, gib, daß wir uns
rein vereinigen mit der Gemein,
genießen würdig dieser Speis
und stets dir geben Lob und
Preis.

8. Begab dein Volk mit deinem Geist, im Glauben stärk
es allermeist, daß es dein göttlich Wort bewahr und seliglich
darin beharr!

Böhm. Brüder (Mich. Weiße, 1531). (V. 2 u. 8 v. Joh. Horn, 1544.)

**Er hat ein Gedächtnis gestiftet seiner Wunder,
Der gnädige und barmherzige Herr.**

(1 Cor. 11, 23—26.)

Weise 807. Ich dank dir schon durch deinen Sohn.

654 1/2. Als Jesus Christus
in der Nacht, darin er ward
verrathen, auf unser Heil war
ganz bedacht, dasselb uns zu
erstatten,

2. Da nahm er in die Hand
das Brot und brachs mit seinen Fingern, sah auf gen Himmel, dankte Gott und sprach zu
seinen Jüngern:

3. „Nehmt hin und eßt, das
ist mein Leib, der für euch wird
gegeben, und denket, daß ich
euer bleib im Tod und auch
im Leben."

4. Desgleichen nahm er auch
den Wein im Kelch und sprach

zu Allen: „Nehmt hin und trinket insgemein, wollt ihr Gott
wohlgefallen."

5. „Hier biet ich dar mein
theures Blut und gebs euch zu
genießen, das ich für euch und
euch zu gut am Kreuze werd
vergießen."

6. „Das macht euch aller Sünden frei, daß sie euch nicht
mehr kränken; so oft ihrs thut,
sollt ihr dabei an meinen Tod
gedenken."

7. O Jesu, dir sei ewig Dank
für deine Treu und Gaben;
ach, laß durch diese Speis und
Trank auch mich das Leben haben!

Johann Heermann, 1585—1647.

Ich bin das Brot des Lebens;
Wer zu mir kommt, den wird nicht hungern, spricht der Herr.
(Pf. 22, 27. Joh. 6, 51—58.)

Weise 589. Herr Jesu Christ, meins Lebens Licht.

655. O Jesu, Seelenbräutigam, der du aus Lieb am Kreuzesstamm für mich den Tod gelitten haft, genommen weg der Sünden Last:

2. Ich komm zu deinem Abendmahl, verderbt durch manchen Sündenfall, bin krank, blind, unrein, nackt und bloß und arm; ach, Herr, mich nicht verstoß!

3. Du bist der Arzt, du bist das Licht, du bist der Herr, dem nichts gebricht, du bist der Brunn der Heiligkeit, du bist das rechte Hochzeitskleid.

4. Drum, o Herr Jesu, bitt ich dich: in meiner Schwachheit heile mich; was unrein ist, das mache rein durch deinen hellen Gnadenschein.

5. Erleuchte mein verfinstert Herz, zünd an die schöne Glaubenskerz! In Reichtum meine Armut kehr und meinem Fleische steur und wehr,

6. Auf daß ich dich, das rechte Brot vom Himmel, wahrer Mensch und Gott, zu deiner Ehr, Herr Jesu Christ, empfahe, wie mirs heilsam ist.

7. Lösch alle Laster aus in mir, mein Herz mit Lieb und Glauben zier; und was sonst ist von Tugend mehr, das pflanz in mich zu deiner Ehr.

8. Gib, was mir nützt an Seel und Leib; was schädlich ist, fern von mir treib. Komm in mein Herz, laß mich mit dir vereinigt bleiben für und für.

9. Hilf, daß durch deines Mahles Kraft das Bös' in mir werd abgeschafft, erlassen alle Sündenschuld, erlangt des Vaters Lieb und Huld.

10. Vertreibe du all deine Feind, die mir zu schaden sind gemeint; den guten Vorsatz, den ich führ, mach fest durch deinen Geist in mir.

11. Mein Leben, Sitten, Sinn und Pflicht nach deinem heilgen Willen richt; ach, laß mich meine Tag in Ruh und Friede christlich bringen zu,

12. Bis du mich, o du Lebensfürst, einst in den Himmel nehmen wirst, daß ich bei dir dort ewiglich an deiner Tafel freue mich.

Johann Heermann, 1585—1647.

Siehe, der Bräutigam kommt;
Gehet aus ihm entgegen!
(Offenb. 3, 20.)

656.

Eigne Weise.

Joh. Crüger, 1649.

Schmücke dich, o lie = be See = le, laß die
komm ans hel = le Licht ge = gan = gen, fan = ge

dunk=le Sün=ben=höh=le,
herr=lich an zu pran=gen; denn der Herr, voll Heil und

Gna=den, will dich jetzt zu Ga=fte la=ben;

der ben Himmel kann ver=wal=ten, will jetzt

Her=berg in dir hal=ten.

2. Eile, wie Verlobte pflegen,
beinem Bräutigam entgegen, der
mit süßen Gnadenworten klopft
an beines Herzens Pforten.
Eile, sie ihm aufzuschließen,
wirf dich hin zu seinen Füßen,
sprich: Mein Heil, laß dich
umfassen, von bir will ich nicht
mehr lassen.

3. Ach, wie hungert mein
Gemüte, Menschenfreund, nach
beiner Güte; ach, wie pfleg ich
oft mit Thränen mich nach
beiner Koft zu sehnen; ach,
wie pfleget mich zu bürsten
nach bem Trank bes Lebens=
fürsten! Stets wünsch ich, daß
mein Gebeine sich burch Gott
mit Gott vereine.

4. Heilge Luft und tiefes
Bangen nimmt mein Herze
jetzt gefangen; das Geheimnis
bieser Speise und bie uner=
forschte Weise machet, baß ich
früh vermerke, Herr, bie Größe
beiner Stärke. Ift wohl auch
ein Mensch zu finden, der bein
Allmacht könnt ergründen?

5. Jesu, meine Lebenssonne,
Jesu, meine Freud und Wonne,
Jesu, du mein ganz Beginnen,
Lebensquell und Licht der Sin=
nen: hier fall ich zu beinen
Füßen; laß mich würbiglich
genießen biese beine Himmels=
speise, mir zum Heil und bir
zum Preise!

6. Herr, es hat bein treues
Lieben bich vom Himmel her=
getrieben, baß bu willig haft
bein Leben in den Tod für uns
gegeben und ben Himmel uns
erschlossen burch bein Blut, am
Kreuz vergossen, das uns jetzt
kann kräftig tränken, beiner
Liebe zu gedenken.

7. Jesu, wahres Brot des
Lebens, hilf, baß ich doch nicht
vergebens ober gar zu meinem
Schaden sei zu beinem Tisch
geladen; laß mich burch bies
Seelenessen beine Liebe recht
ermessen, baß ich auch, wie jetzt
auf Erden, mög bein Gaft im
Himmel werden!

Johannes Franck, 1618—1677.

Kommet her zu mir Alle, die ihr mühselig und beladen seid; Ich will euch erquicken, spricht der Herr.

(Joh. 4, 14. Matth. 22, 8—12.)

Weise 846. Werde munter, mein Gemüte.

657. O der wundergroßen Gnaden, heißet das nicht Gütigkeit, daß uns Jesus hat geladen zu dem Tisch, den er bereit? Jesus ladet uns zu Gast, daß wir aller Sorgenlast, aller Sünd und Noth entnommen in den Himmel mögen kommen.

2. Er, der Heiland, will uns speisen und auch selbst die Speise sein; heißet das nicht Gnad erweisen, ist er nun nicht dein und mein? Er gibt sich uns selbst zum Theil, daß wir möchten werden heil von den tiefen Seelenwunden, die sonst blieben unverbunden.

3. Herr, du hast dich hingegeben unsertwegen in den Tod, daß wir möchten wieder leben, frei von Sündenstraf und Noth; aber deiner Liebe Macht hat dich auch dahin gebracht, daß du selbst wirst unsre Speise; o, der nie erhörten Weise!

4. Nun zu dir komm ich geschritten, o mein Heiland Jesu Christ! Laß dich jetzt von mir erbitten, weil für mich bereitet ist dein so theurer Gnadentisch, daß sich meine Seel erfrisch; du wollst ihren Hunger stillen und in ihrem Durst sie füllen.

5. Ach, du wollest, Herr, mich laben mit dem rechten Himmelsbrot und mit reichem Trost begaben wider alle Sündennoth! Ach, laß deinen Lebensquell mich auch machen rein und hell, tränke mich mit Gnadenströmen, so will ich dich ewig rühmen!

6. Räume mir aus Seel und Leibe alles Böse gänzlich aus, daß mein Herze werd und bleibe deines heilgen Geistes Haus. Auch verleih, daß ich mir nicht eß' und trinke zum Gericht, da du dich zum Heil und Leben und Erlösung mir gegeben.

7. Leite mich durch deine Güte stets mit deinem guten Geist, daß ich mich vor Sünden hüte, und daß ich das allermeist suche, was dir wohlgefällt, daß ich mich der bösen Welt mög in Gottesfurcht entziehen, ihre bösen Lüste fliehen.

8. Gib mir auch Geduld im Leiden und des wahren Glaubens Licht, laß mich Geiz und Hoffart meiden; hilf auch, daß ich zürne nicht, wenn mein Nächster mich betrübt, sondern, wie du mich geliebt und mir meine Schuld vergeben, laß mich mit ihm friedlich leben.

9. Herr, du sollst zu eigen haben mein ganz müd und mattes Herz; ach, das wollst du gnädig laben und wegnehmen meinen Schmerz: nimm's zu deiner Wohnung ein, laß es dir zum Tempel sein, — du wollst selbst darinnen leben, Herr, dir sei es ganz ergeben!

Anna Sophia, Landgräfin von Hessen, 1638—1683.

**Der Herr sandte seinen Knecht aus zur Stunde des Abendmahls
Und sprach: Kommet, denn es ist Alles bereit.**
(Matth. 22, 1—9. Luc. 14, 16—24. Offenb. 19, 7. 9.)
Weise 587. Freu dich sehr, o meine Seele.

658. Gott, des Scepter, Stuhl
und Krone herrschet über alle
Welt, der du deinem liebsten
Sohne eine Hochzeit hast be=
stellt: dir sei Dank ohn End
und Zahl, daß zu diesem Lie=
besmahl von den Zäunen, von
den Straßen du auch mich hast
laden lassen.

2. Herr, wer bin ich? und
hingegen wer bist du in deiner
Pracht? Ich ein Würmlein an
den Wegen, du der König großer
Macht; ich nur Staub — mich
nimmt der Tod —, du der
Herr, Gott Zebaoth; ich ein
Scherz und Spiel der Zeiten,
du der Herr der Ewigkeiten.

3. Ich bin unrein, ganz ver=
dorben, du die höchste Heilig=
keit; ich verfinstert und erstor=
ben, du des Lebens Licht und
Freud; ich ein armes schwaches
Kind, lahm, gebrechlich, taub
und blind, du das Wesen aller
Wesen, ganz vollkommen, aus=
erlesen.

4. Und doch lässest du mich
laden zu dem großen Hochzeits=
mahl! O der übergroßen Gna=
ben! Ich soll in des Himmels
Sal mit dem Herrn der Herr=
lichkeit einst in reiner Seligkeit
bei der Engel Chor und Reihen
ewig mich, ach, ewig freuen!

5. Wen nun dürstet, soll sich
laben mit dem süßen Lebens=
quell; wen nun hungert, der
soll haben Himmelsbrot für
seine Seel! O wie süß ist Mahl
und Ort, wo sich Gottes Herz
und Wort ganz zu eigen gibt
den Seinen, die sich gläubig
ihm vereinen.

6. Zeuch du mich, dein Mahl
zu schmecken, aus der finstern
Erdenkluft! Deine Stimme laß
mich wecken, die so hell und
lieblich ruft: Komm, o Mensch,
komm, eile, komm! Komm zum
Lebensquell und Strom; komm
zum Brot, davon zu zehren und
den Geist damit zu nähren!

7. Ach, eröffne mir die Oh=
ren zu der Stimm, die also
klingt, und die zu den Freuden=
thoren von Jerusalem mich bringt!
Theuer hast du mich erkauft
und auf deinen Tod getauft, laß
mich doch als Brot der Seelen
nicht die eitlen Träber wählen.

8. Fahre wohl, o Weltgetüm=
mel, das wie Dampf wird bald
entfliehn; nichts soll mich dem
Mahl im Himmel, wo mein
Jesus bleibt, entziehn. Kleide
mich schon in der Zeit, Jesu,
in dein Hochzeitkeid, daß ich,
ohne aufzuhören, seire deiner
Hochzeit Ehren!

Dr. Heinrich Georg Neuß, 1654—1716.

**Saget der Tochter Zion: Siehe, dein Heil kommt! —
Kommt, denn es ist Alles bereit!**
(Matth. 22, 1—14.)

Weise 541. ›Straf mich nicht in deinem Zorn.

659. Tretet her zum Tisch des Herrn, Gott hat euch geladen, eure Herzen sei'n nicht fern von dem Mahl der Gnaden! Mit Bedacht nehmt in Acht, was euch Gott wird geben zu dem ewgen Leben.

2. Kommt in Reu und wahrem Leid über eure Sünden; Demut und Gottseligkeit lasset bei euch finden. Schlagt die Brust, der bewußt, was ihr habt verbrochen — eh es wird gerochen.*

* Von rächen.

3. Geht heran, schön angethan mit dem Glaubenskleide; solche Gäste nimmt Gott an, sie sind seine Freude. Nehmt die Speis gleicher Weis, trinkt sein Blut vergossen, o ihr Tischgenossen!

4. Wenn ihr würdig eßt und trinkt von dem Brot und Weine, solches Sacrament euch bringt Lebenstrost alleine. Danket Gott, liebt in Noth, lebt als fromme Kinder, werdet nicht mehr Sünder!

5. Jesu, Jesu, höchstes Gut, König aller Frommen, laß doch deinen Leib und Blut in mein Herze kommen seliglich! Das bitt ich, Herr, in deinem Namen hochgelobet. Amen!

M. Joh. Georg Müller, 1651-1745.
V. 5 späterer Zusatz.

**So Jemand meine Stimme hören wird und die Thür aufthun,
Mit dem will ich das Abendmahl halten und er mit mir.**
(Joh. 4, 14; 14, 23. Matth. 22, 8—12. Jes. 25, 6; 55, 1.
Offenb. 3, 20; 21, 6; 22, 17.)

Weise 771. Es ist gewislich an der Zeit.

660. Herr Jesu Christ, du höchstes Gut, du Brunnquell aller Gnaden, wir kommen, deinen Leib und Blut, wie du uns hast geladen, zu deiner Liebe Herrlichkeit und unsrer Seele Seligkeit zu essen und zu trinken.

2. O Jesu, mach uns selbst bereit zu diesem hohen Werke, schenk uns dein schönes Ehrenkleid durch deines Geistes Stärke; hilf, daß wir würdge Gäste sei'n und werden dir gepflanzet ein zum ewgen Himmelswesen.

3. Bleib du in uns, daß wir in dir auch bis ans Ende bleiben; daß Sünd und Noth uns für und für nicht wieder von dir treiben, bis wir durch deines Nachtmahls Kraft in deines Himmels Bürgerschaft dort ewig selig leben.

Bartholomäus Ringwaldt, (?) 1530—1598.

**Ich lebe; doch nun nicht ich,
Sondern Christus lebet in mir.**
(1 Cor. 11, 26. Gal. 2, 20.)

Weise 656.	Schmücke dich, o liebe Seele.

661. Komm, mein Herz! aus Jesu Leiden strömt auch dir ein Quell der Freuden; stille hier dein sehnlich Dürsten an dem Mahl des Lebensfürsten! Daß ich einen Heiland habe und in seinem Heil mich labe und in sein Verdienst mich kleide, das ist meines Herzens Freude.

2. Zwar ich hab ihn alle Tage, wenn ich Sehnsucht nach ihm trage; er ist auf der Himmelsreise täglich meine Seelenspeise. Daß ich einen Heiland habe, bleibt mein Alles bis zum Grabe, und ich mag nichts Anders wissen, als sein theures Heil genießen.

3. Dennoch will ich mit Verlangen auch sein Abendmahl empfangen. Darf ich da mich ihm verbinden, werd ichs tiefer noch empfinden, daß ich einen Heiland habe, der am Kreuz und in dem Grabe, wie sein Wort mir sagt und schreibet, mein Erlöser war und bleibet.

4. Ach, wie werd ich oft so müde, wie entweicht der süße Friede! Sünd und Welt kann mich verwunden, wenn mir dieses Licht entschwunden, daß ich einen Heiland habe, der mit seinem Hirtenstabe sanft und mild und voll Vergeben mir nichts ist, als Heil und Leben.

5. Sei gesegnet, ewge Liebe, daß du mir aus treuem Triebe, da das Mistraun mich vergiftet, solch ein Denkmal selbst gestiftet, daß ich einen Heiland habe, welcher gieng zum Kreuz und Grabe, daß er meinen Tod bezwänge und in seinen Sieg verschlänge.

6. Heilges Brot, sei mir gesegnet, weil mir der mit dir begegnet, der mit seinen heilgen Wunden die Erlösung mir erfunden! Daß ich einen Heiland habe, der erblaßt und tobt im Grabe auch für meine Schuld gelegen, will ich schmecken und erwägen.

7. Heilger Kelch, sei mir gesegnet, weil mir der mit dir begegnet, dessen Blut mich lässet finden die Vergebung aller Sünden! Daß ich einen Heiland habe, der die matte Seele labe, muß dieß nicht mein Dürsten stillen und mein Herz mit Wonne füllen?

8. Gott! was brauch ich mehr zu wissen, ja, was will ich mehr genießen? Wer kann nun mein Heil ermessen, werd ich das nur nicht vergessen, daß ich einen Heiland habe! Ich bin frei von Tod und Grabe; wenn mich Sünd und Hölle schrecken, so wird mich mein Heiland decken.

9. Will hinfort mich etwas quälen, oder wird mir etwas fehlen, oder wird die Kraft zerrinnen, so will ich mich nur

besinnen, daß ich einen Heiland habe, der vom Kripplein bis zum Grabe, bis zum Thron, wo man ihn ehret, mir, dem Sünder, zugehöret!

Ernst Gottlieb Woltersdorf,
1725—1761.

Kommet,
Denn es ist Alles bereit!
(Luc. 14, 17.)

Weise 534. Valet will ich dir geben.

662. Wer singt denn so mit Freuden im hohen sanften Ton? Ein Lamm von Jesu Weiden bekennt und rühmt den Sohn, ein Sünder, der aus Gnaden nun als bekehrt erscheint, nachdem er seinen Schaden gefühlet und beweint.

2. Hier bin ich ewig selig, hier hab ich ewig satt, die Güter sind unzählig, die hier mein Glaube hat; die Sünden sind vergeben, ich bin gerecht gemacht und aus dem Tod ins Leben von Jesu durchgebracht.

3. Drum lieb ich ihn mit Freuden und sag es aller Welt, will gerne thun und leiden, was seinem Sinn gefällt; und wenn die Feinde kommen, sei Trutz der Finsternis! Er wird mir nicht genommen, sein Heil bleibt mir gewis!

4. Kommt her, ihr Menschenkinder, hier hat mans ewig gut! Kommt her, ihr reu'gen Sünder, hier quillt der rechte Mut; Vergebung aller Sünden und Kraft zur Heiligkeit sollt bei dem Herrn ihr finden; kommt, Alles ist bereit!

Aus dem Eisenbergischen Beicht- und Communionbuch.

Kommt, uns zum Herrn zu fügen mit einem ewigen Bunde,
Des nimmermehr vergessen werden soll.
(Jerem. 31, 25; 50, 5. Matth. 11, 28. Joh. 15, 5.)

Weise 168. An Wasserflüssen Babylon.

663. Ich komme, Herr, und suche dich mühselig und beladen; Gott, mein Erbarmer, würdge mich des Wunders deiner Gnaden! Ich liege hier vor deinem Thron, Sohn Gottes und des Menschen Sohn, mich deiner zu getrösten; ich fühle meiner Sünden Müh, ich suche Ruh und finde sie im Glauben der Erlösten.

2. Dich bet ich zuversichtlich an, du bist das Heil der Sünder, du hast die Handschrift abgethan, und wir sind Gottes Kinder; ich denk an deines Leidens Macht und an dein Wort: „Es ist vollbracht!" Du hast mein Heil verdienet, du hast für mich dich dargestellt; Gott war in dir und hat die Welt in dir mit sich versühnet.

3. So freue dich, mein Herz, in mir: er tilget deine Sünden und läßt an seinem Tische hier dich Gnad um Gnade finden; du rufst und er erhört dich schon, spricht liebreich: „Sei getrost, mein Sohn, die Schuld ist dir vergeben; du bist in meinen Tod getauft, und du wirst dem, der dich erkauft, von ganzem Herzen leben!"

4. „Dein ist des Himmels Seligkeit; bewahr sie hier im Glauben, und laß durch keine Sicherheit dir deine Krone rau=ben! Sieh, ich vereine mich mit dir, ich bin der Weinstock, bleib an mir, so wirst du Früchte bringen; ich helfe dir, ich stärke dich, und durch die Liebe gegen mich wird dir der Sieg gelingen!"

5. Ja, Herr, mein Glück ist dein Gebot, ich will es treu erfüllen, und bitte dich durch deinen Tod um Kraft zu mei=nem Willen; laß mich von nun an würdig sein, mein ganzes Herz dir stets zu weihn und deinen Tod zu preisen; laß mich den Ernst der Heiligung, o Herr, durch wahre Besserung mir und der Welt beweisen!

M. Christian Fürchtegott Gellert, 1715—1769.

**Herr Gott, stärke mich in dieser Stunde;
Meine Seele verlanget nach deinem Heil.**
(1 Cor. 11, 26—28. Offenb. 3, 21.)

Weise 762. Wachet auf, ruft uns die Stimme.

664. Gemeinde. Herr, du wollst uns vollbereiten zu deines Mahles Seligkeiten; sei mitten unter uns, o Gott! Heil und Leben zu empfahen, laß uns, o Sohn, dir würdig nahen und sprich uns los von Sünd und Tod! Wir sind, o Jesu, dein; dein laß uns ewig sein, Ho=sianna! O laß uns sehn in beinen Höhn von fern der Ueber=winder Lohn!

Chor. 2. Nehmt und eßt zum ewgen Leben! Nehmt hin und trinkt zum ewgen Leben! Die Gnade Jesu sei mit euch! Nehmt und eßt zum ewgen Leben! Nehmt hin und trinkt zum ewgen Leben! Ererbt des treuen Mittlers Reich! Wacht, eure Seele sei bis in den Tod ge=treu. Amen! Amen! Der Weg ist schmal; klein ist die Zahl der Sieger, die der Richter krönt.

Gemeinde. 3. Die dein Kreuz in jenen Tagen der Märtyrer dir nachgetragen, verließen oft des Bundes Mahl, um vorm Blutgericht zu stehen, mit dir bis in den Tod zu gehen, voll Freud in vieler Tode Qual! Herr, gib Beständigkeit auch uns! Nicht Lust noch Leid laß uns scheiden, Heiland, von dir; dein bleiben wir im Tode, wie im Leben, dein!

Friedrich Gottlieb Klopstock, 1724—1803.

**Ich bin der Weinstock, ihr seid die Reben, spricht der Herr;
Wer in mir bleibet und ich in ihm, der bringet viele Frucht.**
(Joh. 15, 1—5.)

Weise 656. Schmücke dich, o liebe Seele.

665. Jesu, Freund der Menschenkinder, Heiland der verlornen Sünder, der die Kreuzesschmach erduldet, und gesühnt, was wir verschuldet: wer kann fassen das Erbarmen, das du trägest mit uns Armen! In der Schar erlöster Brüder fall ich dankend vor dir nieder.

2. Ja, auch mir strömt Heil und Segen, Herr, aus deiner Füll entgegen; in dem Elend meiner Sünden soll bei dir ich Hilfe finden; meine Schulden willst du decken, mich befrein von Furcht und Schrecken, willst ein ewig selig Leben als des Glaubens Frucht mir geben.

3. Herr, du kommst, dich mit den Deinen in dem Nachtmahl zu vereinen; du, der Weinstock, gibst den Reben neue Kraft zum neuen Leben. Hilf, daß ich die Lust der Sünde stark von nun an überwinde! Ja, durch dich muß es gelingen, Frucht der Heiligung zu bringen.

4. Nun so sei der Bund erneuet, unser Herz dir ganz geweihet! Auf dein Vorbild wolln wir sehen und dir nach, mein Heiland, gehen. Schaff ein neues Herz uns Sündern, mach uns, Herr, zu deinen Kindern, die dir leben, leiden, sterben, deine Herrlichkeit zu erben!

Joh. Kaspar Lavater, 1741—1801.

(Theils vor, theils nach dem Abendmahl.)

**Selig sind,
Die zu dem Abendmahl des Lammes berufen sind.**
(Offenb. 3, 20. Joh. 14, 23.)

Weise 326. Herr, wie du willst, so schicks mit mir.

(Vor dem Abendmahl.)

666. Wie heilig ist die Stätte hier, wo ich voll Andacht stehe! Sie ist des Himmels Pforte mir, die ich nun offen sehe. O Lebensthor, o Tisch des Herrn, vom Himmel bin ich nicht mehr fern, und fühle Gottes Nähe!

2. Wie heilig ist dies Lebensbrot, dies theure Gnadenzeichen, vor dem des Herzens Angst und Noth und alle Qualen weichen! O Brot, das meine Seele nährt, o Manna, das mir Gott beschert, dich will ich jetzt genießen!

3. Wie heilig ist doch dieser Trank, der mein Verlangen stillet, der mein Gemüt mit Lob und Dank und heilger Freud erfüllet! O Lebenstrank, o heilges Blut, das einst geflossen mir zu gut, dich will ich jetzt empfangen!

35

4. Welch unaussprechlich Glück ist mein, welch Heil hab ich gefunden! Mein Jesus kehret bei mir ein, mit ihm werd ich verbunden. Wie ist mein Herz so freudenvoll, daß ich in Jesu leben soll und er in mir will leben!

5. O wär doch auch mein Herz geweiht zu einer heilgen Stätte, damit der Herr der Herrlichkeit an mir Gefallen hätte! O wäre doch mein Herz der Ort, an welchem Jesus fort und fort aus Gnaden Wohnung machte!

6. Mein Jesu, komm und heile mich; was sündlich ist, vertreibe, damit ich nun und ewiglich dein Tempel sei und bleibe! Von bir sei ganz mein Herz erfüllt; Herr, laß dein heilig Ebenbild beständig an mir leuchten!

(Nach dem Abendmahl.)

7. Nun, du hast himmlisch mich erquickt, du hast dich mir gegeben; in dir, der mich so hoch beglückt, will ich nun stünd= lich leben! Laß mich, mein Hei= land, allezeit, von nun an bis in Ewigkeit mit dir vereinigt bleiben!

Dr. Valentin Ernst Löscher, 1673—1749.

(Nach dem Abendmahl.)
**Danket dem Herrn, denn er ist freundlich,
Und seine Güte währet ewiglich.**
(Pf. 34, 9. 1 Cor. 11, 26.)
Weise 809. Wach auf, mein Herz, und singe.

667. O Jesu, meine Wonne, du meiner Seelen Sonne, du Freundlichster auf Erden, laß mich dir dankbar werden!

2. Wie kann genug ich schätzen dies himmlischsüß Ergetzen und diese theuern Gaben, die uns gestärket haben!

3. Wie soll ich dirs verdanken, o Herr, daß du mich Kranken gespeiset und getränket, ja selbst dich mir geschenket?

4. Ich lobe dich von Herzen für alle deine Schmerzen, für deine Schläg und Wunden, die du für mich empfunden.

5. Dir dank ich für dein Lei= den, den Ursprung meiner Freu= den, bir dank ich für dein Seh= nen und heißvergoßne Thränen.

6. Dir dank ich für dein Lie= ben, das standhaft ist geblieben; bir dank ich für dein Sterben, das mich dein Reich läßt erben.

7. Jetzt schmecket mein Ge= müte bein übergroße Güte; dies theure Pfand der Gnaden tilgt allen meinen Schaden.

8. Herr, laß mich nicht ver= gessen, daß du mir zugemessen die kräftge Himmelsspeise, wo= für mein Herz dich preise.

9. Du wollest ja die Sünde, die ich annoch empfinde, aus meinem Fleische treiben und kräftig in mir bleiben.

10. Nun bin ich losgezählet von Sünden und vermählet mit dir, mein liebstes Leben! Was kannst du Werthers geben?

11. Verleih, daß meine Seele dich stets zum Leitstern wähle; laß stets mich mit Verlangen an deiner Liebe hangen!

12. Laß mich die Sünde meiden, laß mich geduldig leiden, laß mich mit Andacht beten und von der Welt abtreten.

13. So kann ich nicht verderben, drauf will ich selig sterben und freudig auferstehen, o Jesu, dich zu sehen.

Johann Rist, 1607—1667.

Die Gnade des Herrn währet ewig
Bei denen, die seinen Bund halten.
(Hesek. 17, 15. Jer. 11, 3.)

Weise 563. Wer weiß, wie nahe mir mein Ende.

668. Dank, ewig Dank sei deiner Liebe, erhöhter Mittler, Jesu Christ; gib, daß ich deinen Willen übe, der du für mich gestorben bist, und laß die Größe deiner Pein mir immer in Gedanken sein!

2. Heil mir! mir ward das Brot gebrochen, ich trank von deines Bundes Wein; voll Freude hab ich dir versprochen, dir, treuster Jesu, treu zu sein; noch einmal, Herr, gelob ichs dir, schenk du nur deinen Segen mir.

3. So soll denn weder Spott noch Leiden, noch Ehre, Freud und Lust der Welt mich, Herr, von deiner Liebe scheiden, die selbst im Tode mich erhält. Du bist und bleibest ewig mein, laß mich auch ewig bleiben dein!

Georg Joachim Zollikofer, 1730—1788.

Gelobet sei des Herrn Name,
Es segne uns Gott, unser Gott.
(Eph. 1, 3. 1 Cor. 11, 26.)

Weise 42. Wie groß ist des Allmächtgen Güte.

669. Vollbracht ist nun die heilge Feier; verkündigt ward, o Herr, dein Tod. Stets bleib uns dein Gedächtnis theuer und unvergeßlich dein Gebot! Laß nie des Himmels Vorgefühle in uns erkalten und vergehn; laß würdig, Herr, am großen Ziele uns deine Herrlichkeit einst sehn!

Johann Christian Wagner, 1747—1825.

2. Die Gemeinschaft der Heiligen.

**Der Herr wird wohnen zu Zion,
Saget der Tochter Zion: Siehe, dein König kommt!**
(Offenb. 2, 4—5.)

670.   Eigne Weise.   **1704.**

Fah = re fort, fah = re fort, Zi = on, fah = re
fort im Licht, ma = che dei = nen Leuch = ter hel = le,
laß die er = ste Lie = be nicht, su = che stets die
Le = bens=quel = le. Zi = on, brin = ge durch die en = ge
Pfort; fah = re fort, fah = re fort!

2. Leide gern, leide gern, Zion, leide ohne Scheu Trübsal, Angst mit Spott und Hohne, sei bis in den Tod getreu, siehe auf die Lebenskrone. Zion, scheint der Trost dir noch so fern, leide gern, leide gern!

3. Folge nicht, folge nicht, Zion, folge nicht der Welt, die dich suchet groß zu machen; achte nichts ihr Gut und Geld, laß sie deines Glaubens lachen. Zion, wenn sie dir viel Lust verspricht, folge nicht, folge nicht!

4. Prüfe recht, prüfe recht, Zion, prüfe recht den Geist, der dir ruft zu beiden Seiten; thue nicht, was er dich heißt, laß nur deinen Stern dich leiten. Zion, das was gut scheint und was schlecht, prüfe recht, prüfe recht!

5. Dringe ein, bringe ein, Zion, bringe ein in Gott, stärke dich mit Geist und Leben; sei nicht wie die Andern todt, sei du gleich den grünen Reben. Zion, in die Kraft, nicht in den Schein, bringe ein, bringe ein!

6. Brich hervor, brich hervor, Zion, brich hervor in Kraft, weil die Bruderliebe brennet; zeige, was der in dir schafft, der als seine Braut dich kennet. Zion, durch das dir erbrochne Thor brich hervor, brich hervor!

7. Halte aus, halte aus, Zion, halte deine Treu, laß doch nimmer lau dich finden. Auf! das Kleinod rückt herbei; auf! verlasse, was dahinten; Zion, in dem letzten Kampf und Strauß halte aus, halte aus!

Joh. Eusebius Schmitt, 1669-1745.

Daran wird Jedermann erkennen, daß ihr meine Jünger seid, So ihr Liebe unter einander habt, spricht der Herr.
(Joh. 17, 20—23.)

Weise 540. O Durchbrecher aller Bande.

671. Herz und Herz vereint zusammen, sucht in Gottes Herzen Ruh; lasset eure Liebesflammen lodern auf den Heiland zu! Er das Haupt, wir seine Glieder, er das Licht und wir der Schein, er der Meister, wir die Brüder; er ist unser, wir sind sein!

2. Kommt, ach kommt, ihr Gotteskinder, und erneuert euern Bund! Schwöret unserm Ueberwinder Lieb und Treu von Herzensgrund! Und wenn eurer Liebeskette Festigkeit und Stärke fehlt, o so flehet um die Wette, bis sie Jesus wieder stählt.

3. Legt es unter euch, ihr Glieder, auf so treues Lieben an, daß ein Jeder für die Brüder auch das Leben lassen kann. So hat uns der Herr geliebet, so vergoß er dort sein Blut! Denkt doch, wie es ihn betrübet, wenn ihr selbst euch Eintrag thut.

4. Einer reize doch den Andern, kindlich, leidsam und gering unserm Heiland nachzuwandern, der für uns am Kreuze hieng; Einer soll den Andern wecken, alle Kräfte Tag für Tag nach Vermögen dran zu strecken, daß man ihm gefallen mag.

5. Hallelujah, welche Höhen, welche Tiefen reicher Gnad, daß wir dem ins Herze sehen, der uns so geliebet hat; daß der Vater aller Geister, der der Wunder Abgrund ist, daß du, unsichtbarer Meister, uns so fühlbar nahe bist!

6. Ach, du holder Freund, vereine deine dir geweihte Schar, daß sie es so herzlich meine, wie's dein letzter Wille war. Ja, verbinde in der Wahrheit, die du selbst im Wesen bist, Alles, was von deiner Klarheit in der That erleuchtet ist.

7. So wird dein Gebet erfüllet, daß der Vater Alle die, welche du in dich gehüllet, auch in seine Liebe zieh, und daß, wie du eins mit ihnen, also sie auch eines sei'n, sich in wahrer Liebe dienen und einander gern erfreun.

8. Liebe, hast du es geboten, daß man Liebe üben soll: o so mache doch die todten, trägen Geister lebensvoll! Zünde an die Liebesflamme, daß ein Jeder sehen kann: wir, als die von einem Stamme, stehen auch für einen Mann.

9. Laß uns so vereinigt wer-

den, wie du mit dem Vater
bist, bis schon hier auf dieser
Erden kein getrenntes Glied mehr
ist! Ganz allein von deinem

Brennen nehme unser Licht den
Schein, — also wird die Welt
erkennen, daß wir deine Jün=
ger sei'n.

Nikolaus Ludwig, Graf von Zinzendorf, 1700—1760.

**In der Welt habt ihr Angst, aber seid getrost,
Ich habe die Welt überwunden.**

(Joh. 16, 33.)

Weise 545.   Jesu, hilf siegen, du Fürste des Lebens.

672. Einer ist König, Imma=
nuel sieget, bebet, ihr Feinde,
und gebet die Flucht! Zion
hingegen, sei innig vergnüget,
labe dein Herze mit himmlischer
Frucht! Ewiges Leben, unend=
lichen Frieden, Freude die Fülle
hat er uns beschieden.

2. Stärket die Hände, ermun=
tert die Herzen, trauet mit Freu=
den dem ewigen Gott; Jesus,
die Liebe, versüßet die Schmer=
zen, reißet aus Ängsten, aus
Jammer und Noth. Ewig muß
unsere Seele genesen in dem
holdseligsten, lieblichsten Wesen.

3. Halt nur, o Seele, im Lei=
den sein stille, schlage die Ruthe
des Vaters nicht aus; bitte und
nimm aus der göttlichen Fülle
Kräfte, zu siegen im Kampf und
im Strauß; Fluten der Trüb=
sal verrauschen, vergehen: Jesus,
der treue, bleibt ewig dir stehen.

4. Zion, wie lange nun hast
du geweinet? Auf, und erhebe
dein sinkendes Haupt; siehe, die
Sonne der Freuden erscheinet
tausendmal heller, als du es
geglaubt; Jesus, er lebet, die
Liebe regieret, die zu den Quellen
des Lebens dich führet.

5. Lauft in der Irre nicht,
eilet zur Quelle, Jesus der
bittet: „Kommt Alle zu mir!"
Sehet, wie lieblich, wie lauter
und helle fließen die Ströme des
Lebens allhier! Trinket, ihr Lie=
ben, und werdet erquicket; hier
ist Erlösung für Alles, was
drücket.

6. Streitet nur unverzagt, seht
auf die Krone, welche der König
des Himmels euch beut; Jesus
wird selber den Siegern zum
Lohne; wahrlich, dies Kleinod be=
lohnet den Streit! Streitet nur
unverzagt, seht auf die Krone;
selbst wird Jehovah den Sie=
gern zum Lohne.

7. Herrliches Gotteslamm, dort
wird man sehen eine gewaltige,
siegende Schar deine unendliche
Hoheit erhöhen, und Hallelujah
bringt Alles dir dar. Sehet,
wie Kronen und Throne hin=
fallen; höret, wie donnernde
Stimmen erschallen:

8. „Reichtum, Kraft, Weis=
heit, Preis, Stärke, Lob, Ehre
Gott und dem Lamm und dem
heiligen Geist!" Wenn ich da
stünde, o wenn ich da wäre!
Springet, ihr Bande, ihr Fes=

seln, zerreißt! Amen, die Liebe wird wahrlich erhören. Alles, was Odem hat, lobe den Herren!

Johann Ludwig Konrad Allendorf, 1693—1773.

Vater, erhalte sie in deinem Namen,
Daß sie eins seien, gleich wie wir, spricht der Herr.
(Eph. 2, 19—22; 4, 3—6.)

Weise 436. Mein Jesu, dem die Seraphinen.

673. Dein Wort, o Herr, bringt uns zusammen, daß wir in der Gemeinschaft stehn; es läßt an uns die heilgen Flammen des Glaubens und der Liebe sehn. Wir werden durch das Wort der Gnaden auch zur Gemeinschaft jener Schar, die um das Lamm beständig war, gelockt und kräftig eingeladen.

2. Nur Menschen, die von Gott geboren, die unter einem Haupte stehn, die hat der Herr sich auserkoren, die läßt er Wunderliebe sehn. Gemeinschaft mit dem Vater haben und mit dem Sohn im heilgen Geist, das ist, was ihre Seele speist, nur das kann sie vollkommen laben.

3. Das unsichtbare Haupt regieret, die Glieder folgen seinem Wink; wo Christi Geist die Herzen führet, entdeckt er, welch unnützes Ding in Menschenwerk und Zwanggesetzen, in Formelkram und Meinung sei; man kann es nur für Sclaverei, nicht für des Herrn Gemeinschaft schätzen.

4. Der Glaubensgrund, auf dem wir stehen, ist Christus und sein theures Blut; das einzge Ziel, worauf wir sehen, ist Christus, unser höchstes Gut; sein Wort die Regel, die wir kennen, nicht dieser oder jener Ort.* Das ist, was wir mit einem Wort Gemeinschaft und Gemeine nennen. * Joh. 4, 21—24.

5. Was ist das für ein himmlisch Leben, mit Vater, Sohn und heilgem Geist in seliger Gemeinschaft schweben, genießen das, was Gott geneußt! Wie flammen da die heilgen Triebe! Gott schüttet in sein geistlich Haus die ganze Gnadenfülle aus: — hier wohnet Gott, die ewge Liebe.

6. Der Vater liebt und herzt die Kinder und schenkt den Geist, der Abba schreit; des Sohnes Treue schmückt die Sünder mit ewiger Gerechtigkeit; der heilge Geist tritt mit dem Oele des Friedens und der Freude zu, das Herze schmecket Gottes Ruh, die Kraft durchdringet Leib und Seele.

7. Die eines Herren Leib gegessen, die stehen auch für einen Mann; wagt sich der Feind an eins vermessen, so greifet er sie alle an; sie fallen betend Gott zu Füßen und siegen in des Herren Kraft; sie wollen von der Brüderschaft auch das geringste Glied nicht missen.

8. Sie wallen mit vereinten Herzen durchs Thränenthal ins Vaterland, versüßen sich die bittern Schmerzen, eins reicht dem andern seine Hand; sie wollen sich mit Freuden dienen, mit Herz und Auge, Hand und Fuß, bis zu dem völligen Genuß des großen Worts: „Ich, ich in ihnen!"* * Joh. 17, 23.

Johann Ludwig Konrad Allendorf, 1693—1773.

**Sie werden meine Stimme hören, spricht der Herr,
Und wird eine Herde und ein Hirte werden.**
(1 Cor. 12, 12—27. Pf. 110, 3.)

674.   Weise nach: Nun bitten wir den heilgen Geist. (b)

Die Kir=che Chri=sti, die er hat ge=weiht zu sei=nem Hau=se, ist weit und breit in der Welt zer=streu=et, in Nord und Sü=den, in Ost und We=sten, und doch hie=nie=den, wie dro=ben, eins.

2. Die Glieder sind meistens sich unbekannt und doch einander gar nah verwandt; einer ist ihr Heiland, ihr Vater einer, ein Geist regiert sie, und ihrer keiner lebt mehr sich selbst.

3. Sie leben dem, der sie mit Blut erkauft und mit dem heiligen Geiste tauft; und im wahren Glauben und treuer Liebe gehn ihrer Hoffnung lebendge Triebe aufs ewge Gut.

4. Sie all besorget in der Näh und Fern die unumschränkete Hand des Herrn; und wenn in der Demut sie ihn nur meinen, eilt er, im Geiste sie zu vereinen zu einem Leib.

5. So wandelt er durch die Gemeinden hin, die schaun, wie Stern um die Sonn, auf ihn; wo der Glaube wohnt, steht der Herr inmitten und füllt die Seinen in Pilgerhütten mit Gnad und Licht.

6. O Geist des Herren, der das Leben schafft: walt in der Kirche mit deiner Kraft, daß die Gotteskinder geboren werden, gleich wie der Morgenthau, schon auf Erden zu Christi Preis!

Nach August Gottlieb Spangenberg, 1704—1792. (Aus dem Würtemberger Gesangbuch.)

Die Pforte ist enge,
Und der Weg ist schmal, der zum Leben führet.
(Matth. 7, 13—14.)

Weise 534. Valet will ich dir geben.

675. In unsers Königs Na=
men betreten wir die Bahn.
Ihr, ihr von seinem Samen, o
schließt euch freudig an! Wir
ziehn zum Friedenslande, ein
Leib, ein Herz, ein Geist;
wohl dem, der alle Bande voll
Heldenmut zerreißt!

2. Der Weg ist schmal, doch
eben, und führt zur Seligkeit.
Die Straße dort daneben ist
zwar bequem und breit; doch
wer sie geht, muß sterben, an
ihrem Ende droht ein ewiges
Verderben, Fluch, Zorn und
Qual und Tod.

3. Wir folgen deinem Locken,
du ewig treuer Freund; wer
könnte sich verstocken? Du hast's
so gut gemeint! Wir wandern
abgeschieden; sein Kreuz und
seine Last trägt Jeder still zufrie=
den, bis daß es geht zur Rast.

4. Der große Hirt der Herde
geht seinem Volk voran, sein
Allmachtswort: "es werde" be=
reitet selbst die Bahn; es lähmt

erzürnten Feinden Herz, Zunge,
Fuß und Hand, knüpft zwischen
frommen Freunden der Liebe
Bruderband.

5. So wandeln wir entschlossen
dem Himmelsführer nach, und
dulden unverdrossen und tragen
seine Schmach und flehn im
finstern Thale: O Jesu, steh
uns bei und mach im Hoch=
zeitssale bald Alles, Alles neu!

6. Seht, wie die Krone schim=
mert, die unser Haupt einst
schmückt! Wird dieser Leib zer=
trümmert, der Weltenbau zer=
stückt, erlöschen Sonn und Sterne:
— kein Pilger werde matt!
Dort glänzt uns schon von ferne
des großen Königs Stadt.

7. Hinan, hinan, ihr From=
men, mag's kosten Schweiß und
Blut! Hinan, hinan geklom=
men mit wahrem Heldenmut!
Bald hebt uns unser Sehnen
hoch über Tod und Grab; bald
trocknet unsre Thränen die Hand
der Liebe ab.

Johann Ludwig Frickert (unbekannt, wann und wo).

3. Kirche und Reformation.

Wir rühmen, daß du uns hilfst,
Und in dem Namen unseres Gottes werfen wir Panier auf.
(Pf. 20, 6—10.)

676. Weise: Freuen wir uns All in Ein.

1531.

Herr, nun lenk den Wa=gen selbst, sonst ver=un=glückt

uns = re Fahrt; das brächt Lust dem Wi = ber = part, der

dich ver=acht, so fre=vent=lich.

2. Gott, erhöh den Namen
dein, strafend alle Bösen schreck,
wiederum dein Volk erweck, das
dich lieb hat so inniglich!

3. Hilf, daß alle Bitterkeit
scheide fern, und alte Treu wie=
derkehr und werde neu, daß
wir ewig lobsingen dir!
　　　　Huldreich Zwingli, 1484—1531.

**Hilf, Herr, die Heiligen haben abgenommen! —
Ich will auf und eine Hilfe schaffen, spricht der Herr.**
(Pf. 12.)

677.　　　　Eigne Weise.　　　　1524.

Ach Gott, vom Himmel sieh dar=ein und laß dich des er=
wie we = nig sind der Heilgen dein, ver = las = sen sind wir

bar = men:
Ar = men!　Dein Wort man läßt nicht ha = ben wahr, der

Glaub ist auch ver = lo = schen gar bei al = len Menschen=

lin = dern.

2. Sie lehren eitel falsche List,
was eigner Witz erfindet; ihr
Herz nicht eines Sinnes ist,
in Gottes Wort gegründet. Der
wählet dies, der Andre das;
sie trennen uns ohn alle Maß
und gleißen schön von außen.

3. Gott wollt ausrotten Alle
gar, die falschen Schein uns
lehren, dazu ihr Zung stolz

offenbar spricht: „Trotz! wer
wills uns wehren? Wir haben
Recht und Macht allein, und
was wir setzen, gilt gemein;
wer ist, der uns soll meistern?"
　　　　Pf. 73, 6—9.

4. Darum spricht Gott: Ich
muß auf sein, die Armen sind
verstöret; ihr Seufzen bringt
zu mir herein, ich hab ihr

Klag erhöret. Mein heilsam Wort soll auf den Plan, getrost und frisch sie greifen an und sein die Kraft der Armen.

5. Das Silber, durchs Feur siebenmal bewährt, wird lauter funden; an Gottes Wort man warten soll desgleichen alle Stunden. Es will durchs Kreuz bewähret sein; da wird erkannt sein Kraft und Schein und leucht stark in die Lande.

6. Das wollst du, Gott, bewahren rein vor diesem argen Gschlechte; und laß uns dir befohlen sein, daß sichs in uns nicht flechte. Der gottlos Hauf sich umher findt, wo diese losen Leute sind in deinem Volk erhaben.

Dr. Martin Luther, 1483—1546.

Unsere Hilfe stehet im Namen des Herrn, Der Himmel und Erde gemacht hat.
(Ps. 124.)

Weise 681. Wo Gott der Herr nicht bei uns hält.

678. Wär Gott nicht mit uns diese Zeit, so soll Israel sagen, wär Gott nicht mit uns diese Zeit: wir müßten gar verzagen, die so ein armes Häuflein sind, veracht von soviel Menschenkind, die an uns setzen alle.

2. Gar zornig ist auf uns ihr Sinn; hätt Gott es zugegeben: verschlungen hätten sie uns hin mit ganzem Leib und Leben, gleich denen, so die Flut ersäuft und über die groß Wasser läuft, sie mit Gewalt verschwemmend.

3. Gott Lob und Dank, der nicht zugab, daß uns ihr Schlund möcht fangen! Wie vom Strick kommt ein Vogel ab, ist unsre Seel entgangen. Strick ist entzwei, und wir sind frei; o Herr, dein Name steht uns bei, Gott Himmels und der Erden!

Dr. Martin Luther, 1483—1546.

Herr, du bist meine Zuversicht und meine Burg, Mein Schild, auf den ich traue.
(Ps. 46.)

679. Eigne Weise. (a.) Dr. M. Luther, 1529.

Ein fe = ste Burg ist un = ser Gott, ein gu = te Wehr und
er hilft uns frei aus al = ler Noth, die uns itzt hat be =

Waf = fen, Der alt bö = se Feind mit
trof = fen.

Ernſt ers itzt meint, groß Macht und viel Liſt ſein

grauſam Rüſtung iſt; auf Erd iſt nicht ſeins Glei = chen.

2. Mit unſrer Macht iſt nichts gethan, wir ſind gar bald verloren; es ſtreit für uns der rechte Mann, den Gott ſelbſt hat erkoren. Fragſt du, wer der iſt? Er heißt Jeſus Chriſt, der Herr Zebaoth, und iſt kein andrer Gott; das Feld muß er behalten.

3. Und wenn die Welt voll Teufel wär und wollt uns gar verſchlingen, ſo fürchten wir uns nicht ſo ſehr; es ſoll uns doch gelingen. Der Fürſt dieſer Welt, wie ſaur er ſich ſtellt, thut er uns doch nicht*; das macht, er iſt gericht, ein Wörtlein kann ihn fällen.

* D. i. er thut uns nicht ſo ſauer, als er ſich ſtellt.

4. Das Wort ſie ſollen laſſen ſtahn und kein Dank dazu haben. Er iſt bei uns wohl auf dem Plan mit ſeinem Geiſt und Gaben. Nehmen ſie den Leib, Gut, Ehr, Kind und Weib: laß fahren dahin, ſie habens kein Gewinn; das Reich muß uns doch bleiben.

Dr. Martin Luther, 1483—1546.

Urſprüngliche Form. **(b.)** Dr. M. Luther, 1529.

Ein fe = ſte Burg iſt un = ſer Gott,
er hilft uns frei aus al = ler Noth,

ein gu = te Wehr und Waf = = fen,
die uns itzt hat be = trof = = fen.

Der alt bö = ſe Feind mit Ernſt ers itzt meint,

groß Macht und viel Liſt ſein grau=ſam Rü=ſtung iſt;

auf Erd iſt nicht ſeins Glei = = chen.

Erhalte uns, Herr, dein Wort,
Denn es ist unseres Herzens Freude und Trost.
(Pf. 119, 41—43. Matth. 28, 20.)

680. Eigne Weise. 1543.

Er=halt uns, Herr, bei deinem Wort und steur der Wi=der=
chri=sten Mord, die Je=sum Christum, dei=nen Sohn, stür=
zen wol=len von sei=nem Thron!

2. Beweis dein Macht, Herr Jesu Christ, der du Herr aller Herren bist, beschirm dein arme Christenheit, daß sie dich lob in Ewigkeit!

3. Gott heilger Geist, du Tröster werth, gib deim Volk einen Sinn auf Erd; steh bei uns in der letzten Noth, leit uns ins Leben aus dem Tod.

4. Ach Herr, laß dir befohlen sein die arm bedrängten Christen

dein, bei festem Glauben sie erhalt und reiß sie aus der Feind Gewalt.

5. Ihr Anschläg, Herr, zu nichte mach, laß sie treffen die böse Sach, und stürz sie in die Grub hinein, die sie machen den Christen dein,

6. So werden sie erkennen doch, daß du, unser Gott, lebest noch und hilfst gewaltig deiner Schar, die sich auf dich verlassen gar!

V. 1, 2 u. 3 von **Dr. Martin Luther** (1483—1546). V 4 von der Kurfürstin Sibylla, die dreimal wöchentlich in der Schloßkirche zu Weimar diesen Vers mitsingen ließ, als ihr Gemahl, der Kurfürst von Sachsen, Johann Friedrich, seit der Schlacht bei Mühlberg (1547) vom deutschen Kaiser gefangen gehalten ward. V. 5 und 6 von **Dr. Justus Jonas** (1493—1555).

(Das obige Lied für die Kinder.)

Nach voriger Weise.

680¹|2. O Herre Gott, wir Kindlein klein, die wir auch sind von deiner Gmein, wir rufen jetzt an allem Ort: Erhalt uns, Herr, bei deinem Wort!

2. Denn dich bekennet unser

Mund: so weißt du unsres Herzens Grund; wir wissen, daß du Vater bist, hast uns erlöst durch Jesum Christ.

3. Gott! diesen Trost nicht von uns wend; nimm Leib und Seel

in deine Händ! Nimm uns, Herr Chrift, in deinen Arm, aus Gnaden unfer dich erbarm!

4. Vor deiner Feinde Lift und

Mord bewahr uns, Herr, erhalt dein Wort; barmherzig ift der Name dein, in deim Schutz laß uns ficher fein!

Aus der Reformationszeit. (Nach der Heidelberger Handschr. Num. 724.)

Unfere Hilfe ftehet im Namen des Herrn, Der Himmel und Erde gemacht hat.
(Pf. 124; 73, 7—9.)

681.   Eigne Weife.   1535.

Wo Gott der Herr nicht bei uns hält, wenn unf=re Fein=de
und er nicht unf=rer Sach zu=fällt im Himmel hoch dort
to = ben,
o = ben,   wo   er If = ra=els Schutz nicht ift und
fel=ber bricht der Feinde Lift, fo ifts mit uns ver = lo = ren.

2. Was Menfchenkraft und =Witz anfäht, foll billich uns nicht fchrecken: er fitzet an der höchften Stätt, wird ihren Rath aufdecken. Wenn fies aufs klügfte greifen an, fo geht doch Gott ein andre Bahn; es fteht in feinen Händen.

3. Sie wüten fehr und fahren her und drohen hochvermeffen; zu würgen fteht all ihr Begehr; Gott haben fie vergeffen. Wie Meereswellen hoch hergehn, nach Leib und Leben fie uns ftehn; des wird fich Gott erbarmen.

4. Sie ftellen uns wie Ketzern nach, nach unferm Sturz fie trachten; doch rühmen fie fich Chriften* hoch, die Gott allein groß achten. Ach Gott, der

theure Name dein muß ihrer Schalkheit Deckel fein! Du wirft einmal aufwachen.

* D. i. Chriften zu fein.

5. Sie fitzen auf dem Stuhle breit und wollen fein die Meifter; doch Preis fei Gott, er ift bereit, zu ftürzen falfche Geifter. Zerreißen wird er noch ihr Netz, vertilgen all ihr Truggefetz; fie werdens ihm nicht wehren.

6. Ach Gott, wie reichlich tröfteft du, die gänzlich find verlaffen! Die Gnadenthür fteht nimmer zu; Vernunft kann das nicht faffen. Denn fie gibt Alles gleich verlorn, da doch das Kreuz hat neugeborn, die deiner Hilfe warten.

7. Die Feinde find in deiner

Hand, dazu all ihr Gedanken; ihr Anschlag ist dir wohl bekannt; hilf nur, daß wir nicht wanken. Vernunft wider den Glauben ficht, aufs Künftge will sie trauen nicht, da du wirst selber trösten.

8. Den Himmel hast du und die Erd, Herr, unser Gott, gegründet; gib, daß dein Licht uns helle werd, das Herz uns werd entzündet; laß bis ans End beständig dein in rechter Glaubenslieb uns sein; die Welt laß immer murren!

Dr. Justus Jonas, 1493—1555.

O Jerusalem, ich will Wächter auf deine Mauern bestellen, Die nimmer stillschweigen sollen.

(Eph. 2, 14—22.)

682. Weise: Jauchzet dem Herren All auf Erden. 1555.

Preis, Lob und Dank sei Gott dem Her = ren, der
sei = ner Menschen Jam = mer wehrt und sam = melt
draus zu sei = nen Eh = ren sich ei = ne heil = ge
Kirch auf Erd, die er von An = fang schön er =
ban = et als sei = ne aus = er = wähl = te Stadt*, die al = le =
zeit auf ihn ver = trau = et, sich trö = stend sol = cher
-gro = ßen Gnad.

* Gal. 4, 26. Hebr. 12, 22—24.

2. Sie ist des Herren Ruh und Wohnung*, sein Haus und Tempel und Gemein und aller Gläubigen Versammlung, die sich auf Christum gründt allein, — Grundfest und Pfeiler seiner Wahrheit**, darin behalten wird das Wort und fortbesteht

troß aller Bosheit der Welt, ja troß der Höllenpfort. ***

* Hebr. 3, 11; 18, 3. 4. Pf. 132, 13. 14. — ** 1 Tim. 3, 15. — *** Matth. 16, 18.

3. Sie ist gebaut auf rechtem Grunde der Jünger= und Prophetenlehr, so zeugt und rühmt mit e i n e m Munde der Auserwählten ganzes Heer, aus edeln und lebendgen Steinen, aus Perlen schön und feinem Gold *, aus Christi Leib **, dem heilgen, reinen, erfüllt mit Glaub, Treu, Lieb und Huld.

* Off. 21, 18—21. — ** Eph. 5, 30.

4. Der heilge Geist darin regieret, hat seine Hüter eingeseßt; die wachen stets, wie sichs gebühret, daß Gottes Haus sei unverlezt; die führn das Predigtamt darinnen und zeigen an das ewge Licht, darin wir Bürgerrecht gewinnen durch Glaube, Lieb und Zuversicht.

5. Die recht in dieser Kirche wohnen, die werden in Gott selig sein; des Todes Flut wird sie verschonen, denn Gottes Arche schließt sie ein. Für sie · ist Christi Blut vergossen, das sie im Glauben nehmen an; sie werden Gottes Hausgenossen und sind ihm willig unterthan.

6. Obwohl die Thore nicht verschlossen und stets das Licht des Tages scheint: wird doch nicht Jeder eingelassen und mit dem ewgen Gott vereint; denn keinen Weg gibts, als den Glauben an Jesum Christum unsern Herrn; wer den nicht geht, muß draußen bleiben, von Gottes Haus und Tempel fern.

Jes. 60, 19. 20. Off. 21, 23-25. Joh. 3, 36.

7. So wird nun Gottes Christgemeine gepflegt, erhalten in der Zeit; Gott, unser Hort, schüßt sie alleine und segnet sie in Ewigkeit. Auch nach dem Tod will er ihr geben aus Christi Wohlthat, Füll und Gnad das ewge freudenreiche Leben. Das gib auch uns, Herr, unser Gott!

Böhmische Brüder, 1566. (Peter Herbert, † 1577.)

Ich habe dich zum Lichte der Heiden gemacht, Daß du seist mein Heil bis an der Welt Ende.
(Marc. 7, 37. Jak. 5, 19. 20.)

Weise 589. Herr Jesu Christ, meins Lebens Licht.

683. O Jesu Christe, wahres Licht, erleuchte, die dich kennen nicht, und bringe sie zu deiner Herd, daß ihre Seel auch selig werd.

2. Herr, deiner Gnade Schein laß sehn die, so verführt in Irrtum stehn, auch die, so heimlich noch ficht an in ihrem Sinn ein falscher Wahn.

3. Und was sich sonst verloren hat von dir, das suche du mit Gnad, und ihr verwundt Gewissen heil; laß sie am Himmel haben Theil.

4. Den Tauben öffne das

Gehör, die Stummen richtig reden lehr, die nicht bekennen wollen frei, was ihres Herzens Glaube sei.

5. Erleuchte, die da sind verblendt; bring her, die sich von uns getrennt; versammle, die zerstreuet gehn; mach feste, die in Zweifel stehn.

6. So werden sie mit uns zugleich auf Erden und im Himmelreich, hier zeitlich und dort ewiglich für solche Gnade preisen dich.

Joh. Heermann, 1585—1647.

Fürchte dich nicht, du armer Haufe Israel,
Ich helfe dir, spricht der Herr, dein Erlöser.
(2 Chron. 20, 15. Luc. 12, 32; 18, 7. 8.)
Weise 76. Kommt her zu mir, spricht Gottes Sohn.

684. Verzage nicht, du Häuflein klein, ob auch die Feinde willens sei'n, dich gänzlich zu verstören, und suchen deinen Untergang, davor dir wird recht angst und bang; es wird nicht lange währen.

2. Tröste dich nur, daß deine Sach ist Gottes; dem befiehl die Rach und laß es ihn nur walten. Er wird durch seinen Gideon*, den er wohl weiß, dir helfen schon, dich und sein Wort erhalten.
* Richter 6, 13.

3. So wahr Gott Gott ist, und sein Wort, muß Widerchrist, Feind, Höllenpfort und was ihn' thut anhangen, endlich werden zu Schand und Spott. Gott ist mit uns und wir mit Gott: den Sieg wolln wir erlangen!

4. Drum sei getrost, du kleines Heer, streit ritterlich für Gottes Ehr und laß dir ja nicht grauen; wie groß auch sei des Feindes Wut, er wird ihm nehmen seinen Mut; du wirfts mit Augen schauen.

5. Amen! das hilf, Herr Jesu Christ, dieweil du unser Schutzherr bist, hilf uns durch deinen Namen: so wollen wir, deine Gemein, dich loben und dir dankbar sein und fröhlich singen: Amen!

Vers 1—3 Feldliedlein Gustav Adolf's, gedichtet vor der Schlacht bei Lützen am 19. Nov. 1632 von seinem Feldprediger Jakob Fabricius (1593—1654). V. 4—5 Zueignungswort der Gemeinde, von Dr. Samuel Zehner, 1594—1635.

Ihr werdet die Wahrheit erkennen,
Und die Wahrheit wird euch frei machen.
(Joh. 8, 32. 1 Tim. 2, 4.)
Weise 549. Durch Adams Fall ist ganz verderbt.

685. O Herr, dein seligmachend Wort ist lang verdunkelt blieben, da sie fast nichts an allem Ort, als Menschensatzung trieben. Dein theures Wort, der Seelen Hort, ward überall verlassen, und eitler Tand, Trug, Sünd und Schand stieg über alle Maßen.

2. Da sprachst du zu dem Irrsalsmeer, das Alles wollte fällen: „Bis hierher und nicht weiter mehr wirf deine stolzen Wellen!" Es hat dein Mund den Gnadenbund von neuem klar bezeuget und alle Macht, die dich verlacht, mit starkem Arm gebeuget.

3. Dir, Herr, sei ewig Preis und Ehr, daß wir zur Wahrheit kommen und daß du durch die reine Lehr die Blindheit weggenommen; behüt uns doch vorm argen Joch der falschen Menschenlehre, die wiederum dir nimmt den Ruhm; erbarm dich und erhöre!

4. Hilf deiner Kirch in ihrer Noth und sei ihr ferner gnädig; mach uns von allem Trotz und Spott der Widersacher ledig! Den Glauben mehr', erbarm dich der, die noch dein Wort verwirren,

aus Unverstand sind abgewandt und ins Verderben irren.

5. Was uns gesagt dein eigner Mund, dabei laß fest uns bleiben; es soll von diesem Glaubensgrund uns selbst kein Engel treiben. Und ob mit Licht, wer anders spricht, sich stolz auch möge brüsten: es ist gewis nur Finsternis; das wissen deine Christen.

6. Geuß aus, o Jesu, deinen Geist und rüste neue Zeugen; das Wort, das deine Gnade preist, laß nimmer bei uns schweigen! Und wers veracht: — laß deine Macht sein hartes Herz bezwingen, daß deine Knecht behalten Recht, und Lob und Preis dir bringen.

7. Herr, deiner Kirche starker Hort, du wirst die nicht verlassen, die fest ins Herz dein wahres Wort mit rechtem Glauben fassen! Gib ihnen Theil am ewgen Heil und laß sie nicht verderben; ja, auch für mich, Herr, bitt ich dich: hilf mir nur selig sterben!

Dr. Justus Gesenius, 1601—1671. (Theils nach der Bearbeitung des M. Albert Knapp, geb. 1798, theils des Dr. Ewald Rudolf Stier, geb. 1800.)

Gott, der Vater unsers Herrn Jesu Christi, hat alle Dinge unter seine Füße gethan Und ihn gesetzt zum Haupt der Gemeine über Alles.
(Eph. 1, 17—23.)
Weise 690. Ein feste Burg ist unser Gott.

686. O Jesu, einig wahres Haupt der heiligen Gemeine, die an dich, ihren Heiland, glaubt und nur auf dir alleine als

ihrem Felsen steht, der niemals untergeht, wenn gleich die ganze Welt zertrümmert und zerfällt: — erhör, erhör uns, Jesu!

2. Laß uns, dein kleines Häufe-
lein, das sich zu dir bekennet,
dir ferner anbefohlen sein, erhalt
uns ungetrennt! Wort, Tauf
und Abendmahl laß, Herr, in
seiner Zahl und erster Reinigkeit bis an den Schluß der Zeit
zu unserm Troste bleiben.

3. Hilf, daß wir dir zu aller
Zeit mit reinem Herzen dienen;
laß uns das Licht der Seligkeit, das uns bisher erschienen,
zur Buße kräftig sein mit seinem hellen Schein, der unsern
Glauben mehrt, der Sünden
Macht zerstört und fromme
Christen machet.

4. Laß uns beim Evangelio
Gut, Blut und Leben wagen,
mach uns dadurch getrost und
froh, das schwerste Kreuz zu
tragen; gib uns Beständigkeit,
auf daß uns Lust und Leid von
dir nicht scheiden mag, bis wir
den Jubeltag bei dir im Himmel halten!

5. Auf unsers Landesvaters
Haus geuß von dem Gnaden-
throne den Segen deines Geistes
aus; umstrale seine Krone mit
deiner Herrlichkeit, ihm selbst
zur Sicherheit, zu seiner Feinde
Trutz, und zum gewünschten
Schutz uns, deinen armen Kindern!

6. Erbarm dich deiner Christenheit, vermehre deine Herde;
für uns, dein armes Häuflein,
streit, daß es erhalten werde.
Den Ärgernissen wehr, und
was dich haßt, bekehr; was
sich nicht beugt, zerbrich; mach
endlich gnädiglich all unsrer
Noth ein Ende!

7. Ach Jesu, ach, wir bitten
dich in deinem Jesusnamen:
erhör, erhör uns gnädiglich,
sprich, Jesu, Ja und Amen!
Willst du uns Jesus* sein und
sind wir, Jesu, dein: so halt
dein Jesuswort und laß uns
hier und dort darüber jubiliren!
* Seligmacher, Heiland.

Joh. Mentzer, 1658—1734.

**Ich habe dich zum Wächter gesetzt über das Haus Israel,
Du sollst aus meinem Munde das Wort hören, spricht der Herr.**
(Hesek. 3, 17—19. Matth. 9, 35—38.)

Weise 386. Dir, dir, Jehovah, will ich singen.

687. Wach auf, du Geist der
ersten Zeugen, der Wächter, die
auf Zions Mauern stehn, die
Tag und Nächte nimmer schweigen und die getrost dem Feind
entgegen gehn, ja deren Schall
die ganze Welt durchdringt und
aller Völker Scharen zu dir
bringt!

2. O daß doch bald dein Feuer
brennte! o möcht es doch in alle
Lande gehn! Gib zu der Erute
doch die Hände, viel Knechte, die
in treuer Arbeit stehn. O Herr
der Ernte, siehe doch darein:
die Ernt ist groß, die Zahl der
Knechte klein!

3. Dein Sohn hat ja mit
klaren Worten uns diese Bitte
in den Mund gelegt. O siehe,

36*

wie an allen Orten sich deiner
Kinder Herz und Sinn bewegt,
dich herzinbrünstig darum anzu-
flehn; drum hör, o Herr, und
sprich: es soll geschehn!

4. So gib dein Wort mit
großen Scharen, die in der Kraft
Evangelisten sei'n*; laß eilend
Hilf uns widerfahren, brich in
des Feindes Reich und Macht
hinein. O breite, Herr, auf
weitem Erdenkreis dein Reich
bald aus zu deines Namens
Preis!　　　* Pf. 68, 12.

5. Ach, daß die Hilf aus Zion
käme! O daß dein Geist so,
wie dein Wort verspricht, dein
Volk aus dem Gefängnis nähme!
O würd es doch nur bald vor
Abend licht! Ach reiß, o Herr,
den Himmel bald entzwei, und
komm herab zur Hilf und mach
uns frei!

6. Ach, laß dein Wort recht
schnelle laufen; es sei kein Ort
ohn dessen Glanz und Schein!
Ach, führe bald dadurch in
Haufen der Heiden Füll zu
allen Thoren ein! Ja, wecke
doch auch Israel bald auf und
also segne deines Wortes Lauf!

7. O beßre Zions wüste Stege;
und, was dein Wort im Laufe
hindern kann, das räume bald
aus jedem Wege! Vertilg, o Herr,
den falschen Glaubenswahn, und
mach uns bald von jedem Miet-
ling frei, daß Kirch und Schul
ein Garten Gottes sei.

8. Laß jede hoh' und niedre
Schule die Werkstatt deines guten Geistes sein; ja sitze du nur
auf dem Stuhle und präge dich
der Jugend selber ein, daß treue
Lehrer überall erstehn, die für
die ganze Kirche stehn und flehn.

Karl Heinrich von Bogatzky, 1690—1774.

Also hat Gott die Welt geliebt,
Daß er seinen eingebornen Sohn gab.

(Joh. 3, 16—18.)

Weise 290.　Es ist das Heil uns kommen her.

688. Ach Vater, der die arge
Welt in seinem Sohn geliebet,
der, was er zusagt, treulich hält
und stets Erbarmen übet: sieh
gnädig an die Christenheit, die
du in dieser Pilgerzeit dir aus
den Menschen sammelst!

2. Du willst sie als dein
Eigentum hier rein, dort herrlich machen; sie ist dein Volk,
du bist ihr Ruhm, du selbst
willst sie bewachen. Du kleine
Herde, hoffe still! Getrost, es

ist des Vaters Will, das Reich
dir zu bescheiden!

3. Es ist doch Christus unser
Heil; so viel nur an ihn glau-
ben, die haben an ihm ihren
Theil, den Satan nicht soll
rauben. Vom Herrn fließt
Trost und Leben zu, Erquickung,
Segen, Schutz und Ruh und
alle Gnadenfülle.

4. Müßt auch Gebirg und
Thal ins Meer durch Gottes
Schelten sinken, ja selbst das

ganze Weltenheer vergehen auf sein Winken: so fällt doch seine Kirche nie, der Herr erhält und schützet sie; drum wird sie ewig bleiben.

5. So stärk uns denn, Herr, unser Gott, bei Christi Kreuzesfahnen, mach aller Feinde Macht zu Spott, hilf deinen Unterthauen; tröst uns mit deiner Gegenwart, mach uns, ist die Verfolgung hart, zu deines Namens Zeugen.

6. Laß uns in froher Glaubenskraft dich ehren, fürchten, lieben, und eine gute Ritterschaft für deine Wahrheit üben! Und kostets dann auch Gut und Blut: — laß uns dein Wort mit Gut und Blut vor aller Welt bekennen!

7. Steht gleich die Kirche hier im Streit, wo tausend Feinde toben: wird sie doch einst zur Herrlichkeit hoch im Triumph erhoben. Ach, nimm auch uns einst aus dem Krieg und gib auch uns, wie jenen, Sieg, die jetzt schon Kronen tragen.

8. Wenn Menschen und der Engel Chor einst e i n e Kirche werden, dann steigt dein herrlich Lob empor vollkommner, als auf Erden. Komm, Jesu, bald, wir bitten dich, laß uns, die Deinen, ewiglich bei dir im Himmel wohnen!

Unbekannter Verfasser.

Ich bin ein guter Hirte, spricht der Herr, Und es soll eine Herde und ein Hirte werden.
(Joh. 10, 12—16.)
Weise 51. Alles ist an Gottes Segen.

689. Großer Hirte deiner Herden in dem Himmel und auf Erden, treuer Heiland, Jesu Christ: laß in diesen letzten Zeiten sich dein Reich noch mehr verbreiten, als bisher geschehen ist!

2. Laß es sich, zu deinen Ehren, königlich in uns vermehren, breite es von Haus zu Haus, unter unsern Anverwandten, unsern Freunden und Bekannten und in allen Ländern aus!

3. Gib dich Allen zu erkennen, die sich darum Christen nennen, weil sie sind auf dich getauft; laß dein Wort auch kräftig wirken unter Juden, Heiden, Türken, denn du hast auch sie erkauft.

3. Gib dazu von Jahr zu Jahren viel Evangelistenscharen, treue Lehrer ohne Fehl, die im Glauben, Wort und Leben gründlich, kindlich dir ergeben, heiliger Gott Israel!

5. Flöße früh der zarten Jugend alle Wissenschaft und Tugend nur durch dein Erkenntnis ein; gib ihr Leben, nicht nur Wissen, und behalt von Ärgernissen Lehrer mit den Schülern rein!

6. Laß dein Wort die Sichern schrecken und die Geistlichtobten wecken, stürz die Selbstgerechtigkeit, mach die geistig Blinden

sehend, mach die geistig Lahmen gehend, mach dir selbst den Weg bereit!

7. Schenke den Erweckten Gnade, nicht zu ruhen, bis ihr Schade recht entdeckt und schmerzhaft ist; dann zeuch sie zu deinem Sohne, daß vor seinem Gnadenthrone sie erquicke Jesus Christ.

8. Welchen ihre Schuld vergeben, die laß stets im Glauben leben, der viel Geistesfrüchte bringt; laß sie niemals stille stehen, treibe sie, stets fortzu=

gehen, bis ihr Geist die Kron erringt.

9. Die am Ende sich befinden, denen hilf du überwinden; zeig dem Glauben jenen Lohn, den du denen aufgehoben, die nach ausgestandnen Proben siegreich stehen vor dem Thron.

10. Herr, so sammle deine Glieder; dann erscheine gnädig wieder als der ewig gute Hirt, da aus so viel tausend Herden eine Gottesherde werden und um dich sich stellen wird.

Johann Jakob v. Moser, 1701—1785.

**Warum toben die Heiden,
Und die Leute reden so vergeblich?**
(Pf. 2.)

690.   Weise: Ein feste Burg ist unser Gott.

Dr. M. Luther, 1529.

Wenn Christus sei=ne Kir=che schützt, so mag die Höl=le
Er, der zur Rechten Got=tes sitzt, hat Macht ihr zu ge=
wü=ten!
bie=ten.   Er ist mit Hil=fe nah; wenn
er ge=beut, stehts da. Er schützt zu sei=nem Ruhm mit
Macht das Christen=tum! Mag doch die Höl=le wü=ten.

2. Und wenn die Fürsten auf dem Thron sich wider ihn empören und den Gesalbten, Gottes Sohn, den Herrn der Welt nicht hören, und schämen sich des Worts des Heilands, unsers

Horts, — ist selbst sein Kreuz ihr Spott: — doch lachet ihrer Gott; sie mögen sich empören!

3. Der Frevler mag die Wahrheit schmähn, uns kann er sie nicht rauben. Der Unchrist mag

ihr widerstehn, wir halten fest am Glauben. Gelobt sei Jesus Christ! Wer hier sein Jünger ist, sein Wort von Herzen hält, dem kann die ganze Welt die Seligkeit nicht rauben.

5. Auf, Christen, die ihr ihm vertraut, laßt euch kein Drohn erschrecken! Der Gott, der von dem Himmel schaut, wird uns gewis bedecken. Der Herr, der starke Gott, der hält auf sein Gebot, gibt uns Geduld in Noth und Kraft und Mut im Tod; wer will uns denn erschrecken?

M. Christian Fürchtegott Gellert, 1715—1769.

Aber du, mein Knecht Jakob, fürchte dich nicht, Und du, Israel, verzage nicht!
(Jerem. 46, 27.)
Weise 690. Ein feste Burg ist unser Gott.

691. Verzage nicht, du kleine Schar, ob auch die Feinde schnauben; halt dich an Gott in der Gefahr und stehe fest im Glauben! Sein helles Auge wacht auch in der Mitternacht. Gewaltig ist sein Arm; der Widersacher Schwarm schlägt seine Hand zu Boden.

2. Mag immerhin ihr stolzer Mund viel neue Satzung lehren, den alten, tiefen Glaubensgrund der Christen umzukehren: so weichen wir doch nicht von Gott und seinem Licht; sein seligmachend Wort wird von der Höllenpfort doch nimmermehr bezwungen.

3. Wir ziehn den Harnisch Gottes an, umgürten unsre Lenden, und stehn mit Wahrheit angethan, das Geistesschwert in Händen. Des Heilands reine Lehr ist unsre Waff und Wehr; Christi Gerechtigkeit ist unser Panzerkleid, und unser Schild der Glaube.

4. Wir wandeln in dem lichten Glanz, der von dem Herrn ausgehet; der Herr ist selber unsre Schanz, wenn unser Feind aufstehet. Wir sind auf festem Grund, da unserm Glaubensbund der Heiland Jesus Christ der Grund und Eckstein ist und allezeit wird bleiben.

5. Mit Christo muß beschützet sein die Kirch ganz ohne Gleichen, wenn auch wohl Hügel sinken ein und selber Berge weichen. Ihm ist sie ja vertraut, auf ihn, den Fels, erbaut; er wohnt bei ihr darin; hell glänzet ihre Zinn, darauf sein Zeichen stehet.

6. O Glaubensherzog, Jesu Christ, hilf uns dein Wort bewahren; und wächst der Feinde Macht und List, so stärk uns in Gefahren! Held Gottes, dein Panier richt auf, wir folgen dir! In deiner heilgen Hut steht Ehre, Gut und Blut der treuen Kampfgenossen.

M. Christian August Bähr, 1795—1846.

**Lasset uns Gutes thun an Jedermann,
Allermeist aber an des Glaubens Genossen.**
(Gal. 6, 9. 10.)

Weise 762.   Wachet auf, ruft uns die Stimme.

692. Wachet auf, erhebt die Blicke: laut mahnen uns die Weltgeschicke, es dränget hart der Brüder Noth! Seht, gekommen ist die Stunde, die uns vereint zu schönem Bunde, zu thun, was uns der Herr gebot. Laßt nicht die Hände ruhn; auf, laßt uns Gutes thun allen Menschen im rechten Geist, doch, wie es heißt: an Glaubensbrüdern allermeist.

2. Wachet auf, schaut an das Gute, das ihr der Väter Mut und Blute und ihrer Glaubenstreu verdankt. Auf und tilgt die alten Schulden! Wie lange soll sich noch gedulden das Schifflein, das im Sturme schwankt? Eilt ihm zur Hilf herbei! es rudert froh und frei — wenn ihm Liebe die Segel schwellt — hin durch die Welt; Gott ist es, der das Steuer hält.

3. Wachet auf! in allen Landen erheben sich, vom Tod erstanden, die Zeugen frischer Glaubensmacht. Werdet müde nicht im Werke, der Gott des Rechts ist unsre Stärke, und seinem Lichte weicht die Nacht. Drum wirkt, so lang es Tag, so heiß er glühen mag; reift die Frucht doch im Sonnenglanz; der Erntekranz wiegt auf die Mühe voll und ganz.

3. Wachet auf! die Zeit zum Wachen soll alle Glieder munter machen, und keines trete scheu hintan. Leidet eins, so leiden alle; drum wachet, daß nicht eines falle, und stehet freudig Mann für Mann. So streitet wacker fort, und haltet fest am Wort! Hoch vom Himmel stralt uns das Licht; es trieget nicht: der Herr ist unsre Zuversicht!

Dr. Karl Rudolf Hagenbach, geb. 1801.

---

4.   Der christliche Hausstand.

a.   Der christliche Hausstand insgemein.

**Wo der Herr nicht das Haus bauet,
So arbeiten umsonst, die daran bauen.**
(Ps. 127.)

Weise 589.   Herr Jesu Christ, meins Lebens Licht.

693. Wo Gott zum Haus nicht gibt sein Gunst, so arbeit Jedermann umsonst; wo Gott die Stadt nicht selbst bewacht, so ist umsonst der Wächter Macht.

2. Vergebens, daß ihr früh aufsteht, dazu mit Sorgen schlafen geht und eßt eur Brod mit Ungemach: — denn wems Gott gönnt, gibt ers im Schlaf.

3. Dem Herrn sind unsre Kind bekannt; wie Pfeil' in eines Starken Hand gerathen sie durch Gottes Gnad, der sie uns auch bescheret hat.

4. Dem soll und muß geschehen wohl, der dieser hat den Köcher voll; sie werden nicht zu Schand und Spott, vor ihrem Feind bewahrt sie Gott.

5. Lob sei dem Vater und dem Sohn sammt heilgem Geist in einem Thron, das ihm auch also sei bereit von nun an bis in Ewigkeit.

Johann Kohlros, † 1558.

Der in euch angefangen hat das gute Werk,
Der wird es auch vollführen bis an den Tag Jesu Christi.
(Phil. 1, 6. Luc. 5, 1—10.)

Weise 338. Schwing dich auf zu deinem Gott.

694. Fang dein Werk mit Jesu an, Jesus hats in Händen; Jesum ruf zum Beistand an, Jesus wirds vollenden. Steh mit Jesu Morgens auf, geh mit Jesu schlafen; führ mit Jesu deinen Lauf, lasse Jesum schaffen.

2. Morgens soll der Anfang sein, Jesum anzubeten, daß er woll der Helfer sein stets in allen Nöthen. Morgens, Abends und bei Nacht will er stehn zur Seiten, wenn des Bösen List und Macht wider dich will streiten.

3. Wenn dein Jesus mit dir ist, laß die Feinde wüten; er wird dich vor ihrer List schützen und behüten. Setz nur das Vertrauen dein in sein Allmachtshände und glaub sicher, daß allein er dein Unglück wende.

4. Ist dann deine Sach mit Gott also angefangen: ei so hat es keine Noth, wirst den Zweck erlangen. Es wird folgen Glück und Heil hier in diesem Leben; endlich wird dir Gott dein Theil auch im Himmel geben.

5. Nun, Herr Jesu, all mein Sach sei dir übergeben; ganz nach deinem Willen mach es im Tod und Leben. All mein Werk greif ich jetzt an, Herr, in deinem Namen; laß es doch sein wohlgethan! Darauf sprech ich: Amen.

Unbekannter Verfasser.

Das sei ferne von uns, daß wir den Herrn verlassen
Und andern Göttern dienen.
(Jes. 24, 14—16.)

Weise 589. Herr Jesu Christ, meins Lebens Licht.

695. Wohl einem Haus, wo Jesus Christ allein das All in Allem ist! Ja, wenn er nicht darinnen wär, wie finster wärs, wie arm und leer!

2. Wohl, wenn der Mann, das Weib, das Kind im rechten Glauben einig sind, zu dienen ihrem Herrn und Gott nach seinem Willen und Gebot!

3. Wohl, wenn ein ſolches Haus der Welt ein Vorbild vor die Augen ſtellt, daß ohne Gottesdienſt im Geiſt das äußre Werk nichts iſt und heißt!

4. Wohl, wenn der Herzen fromm Gebet beſtändig in die Höhe geht, und man nichts treibet fort und fort, als Gottes Werk und Gottes Wort!

5. Wohl, wenn im äußerlichen Staub mit fleißiger, getreuer Hand ein Jegliches nach ſeiner Art den Geiſt der Eintracht offenbart!

6. Wohl, wenn die Eltern gläubig ſind und wenn ſie Kind und Kindeskind verſäumen nicht am ewgen Glück! Dann bleibet ihrer keins zurück.

7. Wohl ſolchem Haus! denn es gedeiht; die Eltern werden hoch erfreut und ihren Kindern ſieht mans an, wie Gott die Seinen ſegnen kann.

8. So mach ich denn zu dieſer Stund ſammt meinem Hauſe dieſen Bund: wich alles Volk auch von dem Herrn, ich und mein Haus ſtehn bei dem Herrn!

Chriſtoph Karl Ludwig von Pfeil, 1712—1784.

**Wohl dem, der den Herrn fürchtet
Und auf ſeinen Wegen gehet.**
(Pſ. 128.)
Weiſe 431.   Dank ſei Gott in der Höhe.

696. Wohl dem, der allerwegen die Furcht des Herren treibt, und, ſich zum Heil und Segen, auf Gottes Wegen bleibt! Wohl dir, der Gott zu Ehren ſein Werk und Arbeit thut! Dein Arbeit wird dich nähren; wohl dir, du haſt es gut!

2. Gleich einer edlen Reben, die ringsum deinen Sal mit Früchten will umgeben, ſo iſt dein Ehgemahl. Und deine Kinder gleichen des Baumes friſchem Reis, ſtehn gleich Olivenzweigen um deinen Tiſch im Kreis.

3. Sieh, mit ſo reichem Gute erquickt der Herr den Mann, der mit getreuem Mute ihm dienet, wie er kann. Von ſeines Zions Auen, der reichen Himmelsſtadt, wird Gott dem Häuſer bauen, der ihn gefürchtet hat.

4. Du wirſt mit Freuden ſehen, mit Preis und mit Geſang, dein Volk in Frieden ſtehen, in Heil dein Leben lang. Zu ſchaun iſt dir beſchieden Enkel an deiner Stell, und ſcheidend rufſt du: Friede, Friede mit Israel!

Aus dem Erlanger reformirten Geſangbuch von 1853.

**Glaube an den Herren Jeſum Chriſtum,
So wirſt du und dein Haus ſelig.**
(Joſ. 24, 15. Apſtgſch. 16, 31.)
Weiſe 417.   Wie ſchön leuchtet uns der Morgenſtern.

697. Ich und mein Haus wir ſind bereit, dir, Herr, die ganze Lebenszeit mit Seel und Leib zu dienen. Du ſollſt der Herr im Hauſe ſein; gib deinen Segen nur darein, daß wir dir willig dienen. Eine kleine, fromme reine Hausgemeine mach aus Allen! Dir nur ſoll ſie wohlgefallen.

2. Es wirke durch dein kräftig Wort dein guter Geiſt ſtets fort und fort an unſer Aller Seelen; es leucht uns, wie das Sonnen=licht, damits am rechten Lichte nicht im Hauſe möge fehlen. Reiche gleiche Seelenſpeiſe auch zur Reiſe durch dies Leben uns, die wir uns dir ergeben.

3. Gieß deinen Frieden auf das Haus und Alle, die drin wohnen, aus, im Glauben uns verbinde; laß uns in Liebe jeder=zeit zum Dulden. Tragen ſein bereit, voll Demut, ſanft und linde. Liebe übe jede Seele; Keinem fehle, dran man kennet den, der ſich den Deinen nennet.

4. Laß unſer Haus gegründet ſein auf deine Gnade ganz allein und deine große Güte. Auch

hilf uns in der Nächte Graun auf deine treue Hilfe ſchaun mit kindlichem Gemüte, ſelig, fröhlich, ſelbſt mit Schmerzen in dem Herzen, dir uns laſſen, und dann in Geduld uns faſſen.

5. Gibſt du uns irdiſch Glück ins Haus, ſo ſchließ den Stolz, die Weltluſt aus, des Reich=tums böſe Gäſte! Denn wenn das Herz an Demut leer und voll von eitler Weltluſt wär, ſo fehlt uns ja das Beſte: jene ſchöne, tiefe, ſtille Gnadenfülle, die mit Schätzen einer Welt nicht zu erſetzen.

6. Und endlich flehn wir aller=meiſt, daß in dem Haus kein andrer Geiſt, als nur dein Geiſt regiere, daß er, der Alles wohl beſtellt und gute Zucht und Ordnung hält, uns Alle lieblich ziere. Seude, ſende ihn uns Allen, bis wir wallen heim und droben dich in deinem Hauſe loben!

Karl Philipp Spitta, 1801—1859.

Der Herr wird dir Worte ſagen,
Dadurch du ſelig werdeſt und dein ganzes Haus.
(1 Moſ. 18, 19. Joh. 2, 2 ff. Apſtgſch. 11, 14; 16, 31.)

698. Weiſe: So führſt du doch recht ſelig, Herr, die Deinen. 1744.

O ſe=lig Haus, wo man dich auf=ge=nom=men, du
wo un=ter al=len Gäſten, die da kom=men, du

wah=rer See=len=freund, Herr Je=ſu Chriſt!
der ge=fei=ert=ſte und lieb=ſte biſt,

wo

Al = ler Her=zen dir ent=ge=gen ſchlagen und

Al = ler Au=gen freu=dig auf dich ſehn, wo

Al = ler Lip=pen dein Ge=bot er=fra=gen und

Al = le dei=nes Winks ge=wär=tig ſtehn!

2. O ſelig Haus, wo Mann und Weib in einer, in deiner Liebe eines Geiſtes ſind, ge= würdigt beide eines Heils, und keiner im Glaubensgrunde an= ders iſt geſinnt, wo beide un= zertrennbar an dir hangen in Lieb und Leid, in Glück und Ungemach, und nur bei dir zu bleiben ſtets verlangen an jedem guten und auch böſen Tag.

3. O ſelig Haus, wo man die lieben Kleinen mit Händen des Gebets ans Herz dir legt, du Freund der Kinder, der ſie als die Seinen mit mehr als Mutter= liebe hegt und pflegt, wo ſie zu deinen Füßen gern ſich ſammeln und horchen deiner ſüßen Rede zu, und lernen früh dein Lob mit Freuden ſtammeln, ſich deiner freun, du lieber Heiland du!

4. O ſelig Haus, wo Knecht und Magd dich kennen und, wiſſend, weſſen Augen auf ſie ſehn, bei allem Werk in einem Eifer brennen, daß es nach deinem Willen mag geſchehn; als deine Diener, deine Haus= genoſſen, in Demut willig und in Liebe frei das Ihre ſchaffen, froh und unverdroſſen, in kleinen Dingen zeigen große Tren!

5. O ſelig Haus, wo du die Freude theileſt, wo man bei keiner Freude dein vergißt! O ſelig Haus, wo du die Wun= den heileſt und Aller Arzt und Aller Tröſter biſt, bis Jeder einſt ſein Tagewerk vollendet, und bis ſie endlich Alle ziehen aus dahin, woher der Vater dich geſendet, ins große, freie, ſchöne Vaterhaus!

Karl Johann Philipp Spitta, 1801—1859.

b. Der christliche Ehestand.

**Wem ein tugendsames Weib bescheret ist,
Die ist viel edler, denn die köstlichsten Perlen.**
(Spr. 18, 22; 19, 14; 31, 10.)

Weise 589. Herr Jesu Christ, meins Lebens Licht.

699. Wem Gott' ein ehlich Weib beschert, das Tugend, Zucht und Glauben ehrt, der hat den schönsten Schatz auf Erd, solch Weib ist aller Ehren werth.

2. Sie ist des Mannes Hilf und Freud, die ihn erquickt in Lieb und Leid, sie ist sein Ruhm und Ehrenkranz; kein Glück ist ohne Gattin ganz.

3. Ihr Mann hat Trost und Ehr von ihr, sie ist seins Herzens Lust und Zier, ist seine Freundin und sein Hort, an ihn geknüpft durch Gottes Wort.

4. Hang treu an ihr, mit Lieb ihr lohn, sie ist deins Herzens werthe Kron; ein Fleisch und Sinn ihr zwei sollt sein, eins mit dem andern treu es mein'!

5. Gott hat ein Aug auf Eheleut, krönt Ehetreu zu jeder Zeit; ein züchtig Herz und keuscher Mut ist vor Gott gar ein edles Gut;

6. Dabei man Christi Lieb erkennt und Gott in Wahrheit Vater nennt, kann dienen ihm in Zucht und Ehrn und redlich sich im Glauben nährn.

7. Herr Jesu, unser Bräutgam gut, der eine Braut sich durch sein Blut erkauft aus menschlichem Geschlecht, daß sie sei heilig, fromm, gerecht:

8. Erhalt, Herr Christ, sie fromm und rein und laß sie deine Zierde sein; bewahr der Frann und Jungfrauu Ehr; fromm Mann, Weib, Kind und Fried bescher!

M. Joh. Mathesius, 1504—1565.

**Wohl dem, der den Herrn fürchtet
Und auf seinen Wegen gehet.**
(Ps. 128. Marc. 10, 6—9. Hebr. 4, 16.)

Weise 417. Wie schön leucht uns der Morgenstern.

700. Wie schön ists doch, Herr Jesu Christ, im Staude, wo dein Segen ist, im Staude heiliger Ehe! Wie steigt und neigt sich deine Gab und alles Gut so mild herab aus deiner heilgen Höhe, wenn sich an dich fleißig halten Jung und Alte, die im Orden* eines Lebens einig worden.

* Stand.

2. Wenn Mann und Weib sich wohl verstehn und Hand in Hand durchs Leben gehn im Bunde reiner Treue, da blüht das Glück von Jahr zu Jahr, da sieht man, wie der Engel Schar im Himmel selbst sich freue. Kein Sturm, kein Wurm kann zerschlagen, kann zernagen, was Gott gibet dem Paar, das in ihm sich liebet.

3. Zwei Herzen sind auf ihn gericht, drum thut er, wie sein Wort verspricht, ist mitten unter ihnen; von erster bis zu letzter Stund bleibt er der Dritt in derer Bund, die ihm von Herzen dienen. Stets wird ihr Hirt treu sie weiden, bis mit Freuden zu der Frommen Zelt und Sitz dereinst sie kommen.

4. Der Mann wird einem Baume gleich, an Aesten schön, an Zweigen reich, das Weib gleich einer Reben, die ihre Trauben trägt und nährt und sich je mehr und mehr vermehrt mit Früchten, die da leben. Wohl dir, o Zier, Manneswonne, Hausessonne, Ehrenkrone! Gott denkt dein auf seinem Throne!

5. Seid gutes Muts! wir sind es nicht, die dieses Bündnis aufgericht, es ist ein höhrer Vater; der hat uns je und je geliebt, und bleibt, wenn unsre

Sorg uns trübt, der beste Freund und Rather. Anfang, Ausgang aller Sachen, die zu machen wir gedenken, wird er wohl und weislich lenken.

6. Zwar bleibts nicht aus, es kommt ja wohl ein Stündlein, wo man leidensvoll die Thränen lässet fließen; doch wer sich still gibt in Geduld, des Leib wird Gottes reiche Huld in großen Freuden schließen. Trage, dulde nur ein wenig, unser König wird behende machen, daß die Angst sich wende!

7. Wohlan, mein König, nah herzu! Gib Rath in Kreuz, in Nöthen Ruh, und Trost in Angst und Leide! Des sollst du haben Ruhm und Preis; wir wollen singen bester Weis und danken dir voll Freude, bis wir bei dir, deinen Willen zu erfüllen, deinen Namen ewig loben werden. Amen!

Paul Gerhardt, 1606—1676. (Vers 3 geändert nach M. Albert Knapp, geb. 1798.)

Der Herr höret mein Flehen, Mein Gebet nimmt der Herr an.
(Pf. 6, 10.)

Weise 587. Freu dich sehr, o meine Seele.

701. Wer den Ehstand will erwählen, daß er ihn bei guter Ruh, ohne Sorge, Gram und Quälen möge glücklich bringen zu, der fang es mit Beten an; so ist es recht wohl gethan, und Gott wird es also fügen, daß es beide kann vergnügen.

2. Dann ist es wohl ange=fangen, wenn Gebet und reifer

Rath beiderseits vorhergegangen; da verspürt man in der That, daß Gott selbst das Liebesband knüpfet und aus seiner Hand Segen und ein friedlich Leben will dem neuen Paare geben.

3. Dieser Friede, dieser Segen bringet Ehre, Gut und Freud; wo man bleibt auf Gottes Wegen, gibt er auch die Seligkeit; glück=

lich geht die Heirat an, wenns heißt: das hat Gott gethan! Gott der hat es so gefüget, daß zwei Herzen sind vergnüget.

Dr. Joh. Olearius, 1611—1684.

Wo Gott nicht die Stadt behütet,
So wacht der Wächter umsonst.
(Pf. 127.)

Weise 417. Wie schön leucht uns der Morgenstern.

702. Wo Gott ein Haus nicht selber baut, wo Gott nicht Braut und Bräutgam traut, ist Rath und Werk vergebens. Wo Gott des Hauses Gang regiert, dem Bräutigam die Braut zuführt, da quillet Lust des Lebens. Zählet, wählet, sorgt und denket! — Wenns Gott lenket, wirds gelingen; sonst wird Niemand was erzwingen.

2. Wenn Gott die Stadt nicht selbst bewacht, da gibt umsonst der Wächter Acht, und Feind und Flammen wüten. Wo Gottes Hand nicht Ehen schließt, wo er nicht wird ums Ja begrüßt, hofft man vergebens Frieden. Schauet, trauet: wer Gott dienet, der nur grünet; die ihn fliehen, müssen sich zu Tode mühen.

3. Umsonst springst du vom Lager auf und eilst vor Tag mit bangem Lauf Brot, Kleidung zu erjagen; umsonst sitzst du bis Mitternacht und denkst, es sei nicht gnug vollbracht, und ißt und trinkst mit Zagen. Hülle, Fülle edler Gaben soll der haben, der, begnadet, Jesum zu der Hochzeit ladet.

4. Wohl dem, der von dem Geist regiert, mit Christo seinen Ehstand führt und Gottes Reich erbaut! Wohl dem, der fromme Kinder hat, die er zum Heil der Vaterstadt im Geiste wachsen schauet! Jesu, Jesu, laß geschehen, was wir flehen: laß es Ehen, die dein Werk sind, wohlergehen!

Joh. Adam Lehmus, 1707—1788.

c. Die christliche Trauung.
(Vor der Trauung.)

Der Gott Abrahams, der Gott Isaaks, der Gott Jakobs sei mit euch
Und helfe euch zusammen und gebe seinen Segen reichlich über euch.
(Matth. 19, 4—6. Eph. 4, 1—3. Vgl. Tob. 7, 15.)

Weise 417. Wie schön leucht uns der Morgenstern.

703. Von dir, du Gott der Einigkeit, ward einst der Ehebund geweiht; von dir kommt auch der Segen. O segn auch jetzt von deinen Höhn, die hier vor deinem Antlitz stehn, um

Hand in Hand zu legen. Laß sie, Vater, dir ergeben einig leben, treu sich lieben und in deinem Wort sich üben.

2. Gott, der du selbst geknüpft ihr Band: laß sie durch Eintracht, Hand in Hand, ihr Eheglück stets mehren! Laß ihre Liebe lauter sein, laß Untreu nie den Bund entweihn, den sie dir heut beschwören! Immer laß sie dir ergeben friedlich leben, einig handeln, fromm und heilig vor dir wandeln.

3. Nimm sie in deine Vaterhut, halt ihren Sinn bei frohem Mut, ihr Herz dem Himmel offen, und lehre sie, sich deiner freun, ein Herz und eine Seele sein im Glauben, Lieben, Hoffen! Laß sie, Vater, dir ergeben glücklich leben, freudig sterben und vereint den Himmel erben!

Nach Georg Ernst Waldau, 1745—1817.

Lasset uns ihn lieben,
Denn er hat uns zuerst geliebt.
(1 Joh. 4, 19.)

Weise 474. Zu bir ich mein Herz erhebe.

704. Möge deine sel'ge Liebe unsrer Liebe Fackel sein! Wer dir, Sonne, nahe bliebe, bliebe reich an Glut und Schein! Du verwandelst Nacht in Tag, du zerstreuest jede Wolke: zeige, was dein Stral vermag, deinem lieben Ehevolke.

2. Send ihn uns zum neuen Leben, daß der Herzen Opfer sich flammend hoch zu dir erheben; Herr, empfang sie gnädiglich! Weih uns dir zum Priestertum, steig herab in unsre Mitte, schaff das Herz zum Tempel um, jedes Haus zu deiner Hütte!

Joh. Baptist v. Albertini, 1769-1831.

Der Segen des Herrn sei über euch;
Wir segnen euch im Namen des Herrn.
(1 Mos. 1, 27. 28. Joh. 2, 1. 2.)

Weise 431. Dank sei Gott in der Höhe.

705. O wesentliche Liebe, du Quell der Heiligkeit, der du durch reine Triebe den Ehstand eingeweiht; du, dessen Bild aufs beste geschmückt die erste Braut, die du beim Hochzeitsfeste dem ersten Mann vertraut:

2. Du wollst auf diesen Zweien, die deine Hand vereint, den Ehstand benedeien! Und du, holdselger Freund, Herr Christ, wohn auch dem Feste, wie dort, in Cana, bei, daß Bräutgam, Braut und Gäste dein Segenswort erfreu!

3. Ihr Herz wollst du erfüllen mit deinem Gnadenschein, daß sie nach deinem Willen fruchtbare Pflanzen sei'n. Gib, daß sie Kinder ziehen in deiner Furcht

und Lehr, damit sie ewig blühen zu deines Namens Ehr.

4. Auf allen ihren Wegen gib ihnen, Herr, Gedeihn und lehr mit deinem Segen in ihrem Hause ein. Die schönste Hochzeitsgabe sei du, dein Fried und Wort, daß sie, eins bis zum Grabe, sich freuen hier und dort.

Nach dem neuen Schaffhauser Gesangbuch.

Was Gott zusammengefügt hat, Das soll der Mensch nicht scheiden.
(Matth. 19, 5. 6.)

Weise 431. Dank sei Gott in der Höhe.

706. Herr, binde du zusammen dies neu verlobte Paar und gib ihm heilge Flammen vom himmlischen Altar, daß sie sich treu vereinen, wie dort beim Abendmahl dein treuer Mund die Deinen dem Vater anbefahl!

2. Zwei Bäume sei'ns, die streben vereint zum Himmel hin, zwei trautverschlungne Reben am Weinstock, ewig grün! Zwei der lebendgen Steine, draus Christus auferbaut die heilige Gemeine, sei'n Bräutigam und Braut!

3. Vom Bund, den sie geschlossen, komm, o Herr Jesu Christ, ein Leben hergeflossen, das unverwelklich ist, das edle Frucht dir trage im Sturm und Sonnenschein, damit am jüngsten Tage sie dir zur Rechten sei'n!

M. Albert Knapp, geb. 1798.

(Nach der Trauung.)
Herr, hebe an zu segnen das Haus deines Knechtes; Denn was du, Herr, segnest, das ist gesegnet ewiglich.
(1 Chron. 18, 27. Matth. 19, 5. 6.)

Weise 571. Du, o schönes Weltgebäude.

707. Herr, ein Herz mach aus den zweien durch der Liebe festes Band; gieße Segen und Gedeihen auf den neuerwählten Stand! Laß sie alt beisammen werden und viel Gutes sehn auf Erden; steh bei ihnen in der Noth, und sei ewig unser Gott!

M. Kaspar Neumann, 1648—1715.

Der Herr ist dein Schild Und dein sehr großer Lohn.
(Matth. 19, 4—6. 1 Mos. 15, 1.)

Weise 380. O Gott, du frommer Gott.

708. Was Gott zusammenfügt, das soll der Mensch nicht scheiden; drum gehen wir dahin in Gottes Fried und Freu-

37

ben! Der unſre Namen ſchreibt
ins Buch des Lebens ein, er

ſelbſt, Herr Zebaoth, wird
Schild und Lohn uns ſein.

Benjamin Schmolck, 1672—1737.

---

d. Die chriſtliche Kinderzucht.

**Laſſet die Kindlein zu mir kommen
Und wehret ihnen nicht, denn ſolcher iſt das Himmelreich.**
(Luc. 18, 15—17.)

Weiſe 14. Herr Jeſu Chriſt, dich zu uns wend.

709. Ihr Eltern hört, was
Chriſtus ſpricht: „Den Kindlein
ſollt ihr wehren nicht, ſondern
ſie laſſen zu mir nahu, daß
meine Hand ſie ſegnen kann.“

2. Er nimmt ſie auf ins Him=
melreich, und was iſt dem auf
Erden gleich? Mit aller Welt=
luſt, Pracht und Ehr hats bald
ein End und iſt nicht mehr.

3. Das Himmelreich kein Ende
nimmt, darein uns Jeſus Chri=
ſtus bringt durch ſeine Lehr,
darin er will, daß man die
Kinder lehren ſoll.

4. Gehorchet ihm und bringt
ſie her, daß man von Jugend
auf ſie lehr in Kirchen und in
Schulen wohl, wie man Gott
recht erkennen ſoll.

5. Habt ihr ſie lieb mit treuem
Sinn, ſo führet ſie zu Jeſu
hin; wer dies nicht thut, iſt
ihnen feind, wie hoch er ſie zu
lieben meint.

6. Was hilft den Kindern nur
viel Geld, groß Gut und Erb
in dieſer Welt? Wer ſie von
Gott recht lehren läßt, der thut
für ſie das Allerbeſt!

M. Ludwig Helmbold, 1532—1598.

**Ich habe keine größere Freude, denn die,
Daß ich höre meine Kinder in der Wahrheit wandeln.**
(3 Joh. 4. Jeſ. 8, 18.)

Weiſe 326. Herr, wie du willſt, ſo ſchicks mit mir.

710. Ach Gott, laß dir be=
fohlen ſein in gut= und böſen
Zeiten den theuern Schatz, die
Kinderlein; wollſt ſie zum Gu=
ten leiten! Die Jugend wird gar
leicht verführt, wohl auch ein
Alter ſich verirrt; drum ſtehe
du zur Seiten!

2. Mit Vatertreu ſie mir be=
hüt, in Gnad ſie mir regiere;

dein guter Geiſt leit ihr Gemüt,
daß Niemand ſie verführe! Dir,
Herr, ich ſie befehlen thu; die
Engelwach gib ihnen zu, daß
keine Plag ſie rühre!

3. Und weil man dir ja die=
nen ſoll allhier in allen Stän=
den, ſo mach ſie deiner Weis=
heit voll, daß Weg und Weiſ'
ſie finden, zu dienen dir in der

Gemein, der du am beſten kannſt allein ihr Thun zu Nutz anwenden.

4. Dir, o mein Gott, erzieh ich ſie in deiner Furcht und Treue; gib, daß kein Arbeit, Sorg und Müh inskünftig mich gereue, daß ich vielmehr in Ewigkeit mich innig der Gottſeligkeit all meiner Kinder freue!

M. Joſua Wegelin, † 1640.

Ihr Väter, reizet eure Kinder nicht zum Zorn, ſondern ziehet ſie auf in der Zucht und Vermahnung zum Herrn.
(Matth. 21, 15. 16. Eph. 6, 4.)

Weiſe 901. Wenn wir in höchſten Nöthen ſein.

711. Hilf, Gott, daß unſre Kinderzucht geſchehe ſtets mit Nutz und Frucht, daß aus dem Mund der Kinder dir ein Lob ertöne für und für.
Pſ. 8, 2. 3. Matth. 21, 6.

2. Laß ſie den Eltern insgemein, den Obern auch gehorſam ſein, und meiden all ihr Leben lang Lug, Eigenſinn und Müßiggang.

3. Gib ja, daß ihnen mangle nicht heilſame Lehr und Unterricht, damit aus deinem Wort und Mund ihr Glaub erhalte feſten Grund.

4. Erleuchte ſie mit deinem Schein, laß ſie zum Lernen willig ſein; gib Gottesfurcht in ihren Sinn, die aller Weisheit Anbeginn.
Pſ. 111, 10. Spr. 9, 10.

5. Behüte ſie vor Aergernis, mach ſie des rechten Wegs gewis, wenn ihnen ein Verführer naht mit giftgem Reiz zur Miſſethat.
Spr. 1, 10.

6. Durch deine Weisheit, Macht und Güt vor allem Unfall ſie behüt; führ du ſie ſelbſt auf rechter Bahn, damit ihr Fuß nicht gleiten kann.
Pſ. 17, 5; 119, 9.

7. Hilf, Gott, daß ſie dich überall vor Augen haben allzumal und ſich befleißen jederzeit der Tugend, Zucht und Ehrbarkeit.

8. Und wo ſie gehen aus und ein, da laß du ſie geſegnet ſein, auf daß ſie ihre Lebensjahr zubringen chriſtlich immerdar.
5 Moſ. 28, 6. Pſ. 121, 8.

9. Vollende ſie in dieſer Zeit zum Erbtheil in der Ewigkeit; den Kindern, Heiland, ſprichſt ja du ſo liebevoll den Himmel zu!

10. Und ſchließt ſich dann ihr Erdenlauf, ſo nimm ſie, Herr, zu dir hinauf; gib, daß mit ihnen wir zugleich dich preiſen dort in deinem Reich.

11. Gott Vater, Sohn und heilger Geiſt, von dem ein Meer der Gnade fleußt: wir loben dich, wir danken dir mit unſern Kindern für und für!

David Denicke, 1603—1680.

**Der Herr ſegne euch je mehr und mehr,
Euch und eure Kinder.**

(Pſ. 102, 29; 115, 14. Spr. 14, 26. Jeſ. 8, 18.)

Weiſe 587. Freu dich ſehr, o meine Seele.

712. Sorge doch für meine Kinder, Vater, ſorge für ihr Heil! Sind ſie gleich vor dir nur Sünder, haben ſie an dir doch Theil, ſind durch deines Sohnes Blut dein dir theur erworbnes Gut; darum wirſt du ſie aus Gnaden wohl beſchützen und berathen.

2. Sie ſind dir von Kindesbeinen und von ihrer erſten Stund zugeeignet als die Deinen, und durch deinen Gnadenbund haſt du ſie in ihrer Tauf väterlich genommen auf, daß ſie, wenn ſie ſollten ſterben, wären deines Reiches Erben.

3. Du haſt ſie bisher ernähret, und ſo manchem Unglücksfall mehr als väterlich gewehret, der ſie hier und überall hätt in Angſt und Noth geſtürzt, ja ihr Leben abgekürzt; aber deine Vatertreue ſendeſt täglich du aufs neue. Pſ. 57, 4.

4. Sollt ich nicht für ſolche Güte immer dir verpflichtet ſein und mit dankbarem Gemüte ſolchen Glücks = und Segensſchein rühmen und vor Jedermann deine Wohlthat zeigen an? — ach, ſo müßt ich ganz vermeſſen ſein, mein Gott und Heil, vergeſſen!

5. Sammeln Andre große Schätze, ſuchend in der Welt ihr Heil, daß ſie Geld und Gut ergötze, ſo biſt du mein einzig

Theil! Bleib auch meiner Kinder Gott, laß ſie, Herr, in keiner Noth und in keinem Kreuz verderben, bis ſie endlich ſelig ſterben.

6. Der du ſie bisher erhalten, wolleſt ſtets ihr Schützer ſein, wollſt in Gnaden ihrer walten, bricht Gefahr für ſie herein. Regt in ihrer eignen Bruſt ſich mit Macht die böſe Luſt: gib dann, daß ſie mutig kämpfen und den Reiz der Sünde dämpfen.

7. Schütze ſie vor böſen Leuten und vor der Verführer Schar, daß ihr Fuß nicht möge gleiten; laß ſie ihre Lebensjahr in der Gnade bringen zu, bis du ſie, wie mich, zur Ruh wirſt ins kühle Grab verſenken und die Seligkeit uns ſchenken.

8. Ja, erhalte deinem Reiche, lieber Vater, ſie getreu, auf daß keines von dir weiche und dereinſt verloren ſei! Stets laß ihnen, wo ſie gehn, deine Furcht vor Augen ſtehn, daß ſie dich im Thun und Laſſen allzeit in ihr Herze faſſen.

9. Gib auch, daß ſie meinen Feinden werden nicht zum Hohn und Spott, und zur Laſt nicht meinen Freunden, wenn ein Unfall, lieber Gott, oder eine Noth ſie trifft. Wehre ſelber allem Gift, daß die Feind nicht ihrer lachen und ihr Unglück größer machen.

10. Stehen ſie — wenn ſie

genoſſen ehrlich ihre Lebenszeit
und wenn ihre Jahr verfloſſen
— an dem Thor der Ewigkeit:
dann, o Vater, führe du ſie der
ewgen Heimat zu und laß ſie
nach ſanftem Sterben glaubens=
voll den Himmel erben.

11. Gönne mir die große
Freude, daß ich einſt am jüng=
ſten Tag nach ſo manchem
Kampf und Leide mit Frohlocken
ſprechen mag: „Liebſter Vater,
ich bin hier mit den Kindern,
die du mir haſt in jener Welt
beſcheret; ewig ſei dein Nam
geehret!"

Ludwig Heinrich Schloſſer, 1663—1723. V. 6 Zuſatz nach dem
Berliner Geſangbuch von 1829.

---

e. Lieder beim hohen Alter.

**Verwirf mich nicht in meinem Alter;
Verlaß mich nicht, wenn ich ſchwach werde.**
(Pſ. 71, 9.)

Weiſe 593. Chriſtus der iſt mein Leben.

713. Verwirf mich nicht im
Alter, verlaß mich nicht, mein
Gott! Biſt du nur mein Er=
halter, ſo werd ich nie zu Spott.

2. Wie oft hab ich erfahren,
der Vater ſei getreu; ach, mach
in alten Jahren mir dieſes täg=
lich neu!

3. Wenn ich Berufsgeſchäfte
von außen ſchwächlich thu, leg
deines Geiſtes Kräfte dem in=
nern Menſchen zu!

4. Wenn dem Verſtand, den
Augen die Schärfe nun gebricht,
daß ſie nicht viel mehr taugen,
ſei Jeſus noch mein Licht.

5. Will mein Gehör verfallen,
ſo laß dies Wort allein mir in
dem Herzen ſchallen: „Ich will
dir gnädig ſein!"

6. Wenn mich die Glieder
ſchmerzen, ſo bleibe du mein
Theil und mache mich im Her=
zen durch Chriſti Wunden heil.

1 Petr. 2, 24.

7. Sind Stimm und Zunge
blöde, ſo ſchaffe du, daß ich im
Glauben ſtärker rede: „Mein
Heiland ſpricht für mich!"

8. Wenn Händ und Füße be=
ben, als zu dem Grabe reif,
ſo gib, daß ich das Leben, das
ewig iſt, ergreif.

M. Phil. Friedr. Hiller, 1699-1769.

**Ja, ich will euch tragen bis in das Alter
Und bis ihr grau werdet, ſpricht der Herr.**
(Jeſ. 46, 4.)

Weiſe 847. Nun ruhen alle Wälder.

714. Gott hat in meinen Ta=
gen mich väterlich getragen von
meiner Jugend auf; ich ſah auf
meinen Wegen des Höchſten
Hand und Segen, er lenkte mei=
nes Lebens Lauf.

2. Sein Weg war oft verborgen, doch, wie der helle Morgen aus dunklen Nächten bricht, so hab ich stets gespüret: der Weg, den Gott mich führet, bringt mich durchs finstre Thal zum Licht.

3. War Menschenhilf vergebens, so kam der Herr des Lebens und half und machte Bahn. Wußt ich mir nicht zu rathen, so that Gott große Thaten und nahm sich meiner mächtig an.

4. „Bis zu des Alters Tagen will ich dich heben, tragen und dein Erretter sein!" Dies hat mir Gott versprochen, der nie sein Wort gebrochen; ich werde sein mich ewig freun.

5. Er wird mir schwachem Alten, was er verheißen, halten, denn er ist fromm und treu; bin ich gleich matt und müde: er gibt mir Trost und Friede und steht mit Mut und Kraft mir bei.

6. Noch wenig bange Stunden, — dann hab ich überwunden, ich bin vom Ziel nicht weit; o welche große Freuden sind nach dem letzten Leiden vor Gottes Thron für mich bereit!

7. Ich harre froh und stille, bis meines Gottes Wille mich nach dem Kampfe krönt. An meiner Laufbahn Ende sink ich in Jesu Hände, der mich dem Vater hat versöhnt.

Jakob Friedrich Feddersen, 1736—1788.

f. Gesundheit, Krankheit und Genesung.
(Lob und Dank für die Gesundheit.)

Lobe den Herrn, dieweil du lebest und gesund bist;
Gesund und frisch sein ist besser, denn Gold.
(Pf. 104, 33. Luc. 17, 15. Vrgl. Sir. 17, 27; 30, 14—17.)

Weise 338.   Schwing dich auf zu deinem Gott.

715. Wer wohlauf ist und gesund, hebe sein Gemüte und erhöhe seinen Mund zu des Höchsten Güte; laßt uns danken Tag und Nacht mit gesunden Liedern unserm Gott, der uns bedacht mit gesunden Gliedern!

2. Ein gesundes, frisches Blut hat ein fröhlich Leben; gibt uns Gott dies eine Gut, ist uns guug gegeben hier in dieser armen Welt, da die schönsten Gaben und des goldnen Himmels Zelt wir noch künftig haben.

3. Hätt ich aller Ehren Pracht, säß im höchsten Stande, wär ich mächtig aller Macht und ein Herr im Lande, groß und reich: — was würde doch Alles dies mir frommen, hätt mein Leib der Krankheit Joch an= und aufgenommen?

4. Aber nun gebricht mir nichts (gnädiges Geschicke!); ich erfreue mich des Lichts und der Sonnenblicke. Meine Augen sehn sich um, mein Gehör das höret, wie der Vöglein süße Stimm ihren Schöpfer ehret.

5. Händ und Füße, Herz und Geist sind bei guten Kräften, und mein Wirken sich erweist freudig in Geschäften, die mein Herrscher mir bestellt in der Welt zu treiben, alsolang es ihm gefällt, daß ich hier soll bleiben.

6. Ist es Tag, so sinn und thu ich, was mir gebühret; kommt die Nacht und süße Ruh, die zum Schlafe führet: schlaf und ruh ich unbewegt, bis die Sonne wieder mit den hellen Stralen regt meine Augenlider.

7. Habe Dank, du milde Hand, die du von dem Throne deines Himmels mir gesandt diese schöne Krone, · die durch deine Huld

noch grünt, die ich all mein Tage niemals hab um dich verdient und doch an mir trage.

8. Gib, so lang ich in mir hab ein lebendig Hauchen, daß ich solche theure Gab auch wohl möge brauchen. Laß mich mit gesundem Mund und erfreuten Sinnen dir zu aller Zeit und Stund alles Liebs beginnen!

9. Halt mich auch bei Stärk und Kraft, wenn ich älter werde, bis mein Stündlein hin mich rafft in das Grab der Erde. Gib mir meine Lebenszeit ohne sondres Leiden, und dort in der Ewigkeit die vollkommnen Freuden!

Paul Gerhardt, 1606—1676.

(Lieder in Krankheiten.)
Meine Seele ist stille zu Gott,
Der mir hilft.
(Pf. 62, 1—8.)

Weise 677. Ach Gott, vom Himmel sieh darein.

716. Ach treuer Gott, barmherzig Herz, des Güte sich nicht wendet, ich weiß, dies Kreuz und diesen Schmerz hat deine Hand gesendet; auch weiß ich, daß du diese Last aus Lieb mir zugetheilet hast; ein Vater kann nicht hassen!

3. Ich bitte dich, verleihe mir, o höchstes Gut der Frommen, daß mir durch Trübsal nicht die Zier des Glaubens werd genommen. Erhalte mich, o starker Hort, befestge mich in deinem Wort, behüte mich vor Murren!

3. Bin ich ja schwach: laß

deine Treu mir an die Seite treten; hilf, daß ich unverdrossen sei im Rufen, Seufzen, Beten. So lang ein Herz noch hofft und glaubt und im Gebet beständig bleibt, so lang ists unbezwungen.

4. Greif mich auch nicht zu heftig an, damit ich nicht vergehe! Du weißt wohl, was ich tragen kann, wie's um mein Leben stehe; wie eine Blume schnell verweht, sobald der Sturm darübergeht, so fall ich hin und sterbe.

5. Ach Jesu, der du worden bist mein Heil mit deinem Blute:

du weißt gar wohl, was Trüb=
sal ist und wie dem sei zu
Mute, den Kreuz und großes
Unglück plagt; drum wirst du,
was mein Herz dir klagt, gar
gern zu Herzen fassen.

6. Ich weiß es, Herr, dein
Herz und Sinn wird Mitleid
mit mir haben und mich, wie
ichs bedürftig bin, mit Gnad
und Hilfe laben; ach stärke meine
schwache Hand, ach heil und
bring in bessern Stand das
Straucheln meiner Füße.

7. Sprich meiner Seel ein
Herze zu und tröste mich aufs
beste; denn du bist ja der Müden
Ruh, der Schwachen Thurm
und Feste, ein Schatten vor der
Sonnenglut, die Hütte, wo man
sicher ruht in Sturm und Un=
gewittern.

8. O heilger Geist, du Freu=
denöl, das Gott vom Himmel
schicket, erfreue mich, gib meiner
Seel, was Mark und Bein er=
quicket! Du bist der Geist der
Herrlichkeit, weißt, was für
Gnade, Trost und Freud mein
in dem Himmel warte.

9. O laß mich schauen, wie
so schön und lieblich sei das
Leben, das denen, die durch
Trübsal gehn, du dermaleinst
wirst geben, — ein Leben, ge=
gen welches hier die ganze Welt
mit ihrer Zier durchaus nicht
zu vergleichen.

10. Daselbst wirst du in ewger
Lust gar liebreich mit mir han=
deln, mein Kreuz, das mir und
dir bewußt, in Freud und Ehr
verwandeln. Da wird mein
Trauern Sonnenschein, mein
Ächzen lauter Jauchzen sein;
das glaub ich; hilf mir! Amen.
Paul Gerhardt, 1606—1676.

**Ich muß das leiden;
Die Hand des Höchsten kann Alles ändern.**
(Pf. 77, 11. 2 Cor. 12, 9. 10.)

717.   Eigne Weise.   1714.

Gott, den ich als Lie=be ken=ne, der du Krankheit
auf mich legst und des Lei=dens Hitz er=regst,
daß in hei=ßer Glut ich bren=ne: o ver=bren=ne
doch in mir Al=les, was den Geist ver=hin=dert

und der Lie=be Re = gung min=dert, die mir oft=mals

kommt von dir.

2. In der Schwachheit sei du kräftig, in den Schmerzen sei mir süß; schaff auch, daß ich dein genieß, wenn die Krankheit streng und heftig! Denn was jetzt den Leib bewegt, was mein Fleisch und Mark verzehret, was den Körper jetzt beschweret, hat die Liebe selbst erregt.

3. Leiden ist jetzt mein Ge= schäfte; anders kann ich jetzt nichts thun, als nur in dem Leiden ruhn; leiden müssen meine Kräfte, leiden ist jetzt mein Ge= winnn, das ist jetzt des Vaters Wille, den verehr ich sanft und stille; — leiden ist mein Got= tesdienst.

4. Gott, ich nehms aus dei= nen Händen als ein Liebeszei= chen an; denn in solcher Lei= densbahn willst du meinen Geist vollenden. Auch die Labung, die man mir zu des Leibes Stärkung gibet, kommt von dir, der mich geliebet; Alles kommt, mein Gott, von dir!

5. Laß nur nicht den Geist ermüden bei des Leibes Mattig= keit, daß er sich zu aller Zeit in dich senk in Lieb und Frie= den. Laß des Leibes Angst und Schmerz nicht der Seele Auf= fahrt hindern und in mir die Ruhe mindern; unterstütze du das Herz!

6. Hilf mir, daß ich ganz-be= scheiden, ganz in Ruh mit Freund= lichkeit, stille mit Gelassenheit mög. auf meinem Bette leiden! Denn wer hier am Fleische leidt, wird bewahrt vor jenen Sün= den, die den Körper oft ent= zünden, und an seinem Geist erneut.

7. Dir empfehl ich nun mein Leben und dem Kreuze meinen Leib; gib, daß ich mit Freuden bleib dir nun völlig übergeben! Denn so weiß ich festiglich, ich mag leben oder sterben, daß ich nicht mehr kann verderben; denn die Liebe reinigt mich.

Dr. Christian Friedrich Richter,
1676—1711.

Ich bin der Herr, Dein Arzt.

(Matth. 6, 10. 2 Mos. 15, 26. Röm. 5, 3—5. Ps. 88, 2. 3.)

Weise 262. Aus tiefer Noth schrei ich zu dir.

718. Die Krankheit, du ge= rechter Gott, die ich an mir jetzt spüre, die sagt mir, daß

ich meinen Tod stets in und bei mir führe; denn jede Stunde, jede Zeit gemahnt mich an die

Sterblichkeit und spricht: denk
an dein Ende!

2. Du hast die Schmerzen
auferlegt, die jetzt die Glieder
tragen, und da mich deine Ruthe
schlägt, so willst du damit sagen:
des Todes Ursach ist in dir,
dein Leben aber kommt von mir
und steht in meinen Händen.

3. So ist es! Deine Vaterhand
will mich zum Leiden weisen,
sie sucht dadurch mich aus dem
Staub der Eitelkeit zu reißen;
wenn ich nur endlich mürbe bin,
so wird hernach dein treuer Sinn
der Krankheit gründlich helfen!

4. Du gibst den Blinden ihr
Gesicht, die Lahmen heißt du
gehen, es müssen, wenn dein
Mund nur spricht, auch Todte
auferstehen; und also kannst du
auch allein der Arzt all meiner
Schwachheit sein, wenn du ein
Wort wirst sprechen.

5. Die Menschen schreiben
Mittel für, daß sich die Schmer=
zen legen, allein die Hilfe kommt
von dir; und ohne deinen Segen
macht keine Salb, kein Kraut
uns frei, dein Wort, Herr, ist
die Arzenei, die unsre Schmer=
zen heilet.

6. Beschließest du in deinem
Rath, daß ich soll länger leben,
so kannst du leicht auch in der
That Kraft zu den Mitteln geben.
Ist aber dies dein weiser Schluß,
daß ich anjetzo sterben muß, so
bin ichs auch zufrieden.

7. Dies Eine bitt ich: heile
nur die Wunden meiner See=
len, wenn gleich die Kräfte der
Natur und alle Mittel fehlen;
denn lebt mein Geist in dir,
mein Gott, so soll mein Mund
auch in dem Tod doch deine Güte
preisen.

M. Samuel Urlsperger, 1685—1772.

**Haben wir Gutes empfangen von Gott,
Und sollten das Böse nicht auch hinnehmen?**
(Hiob 2, 10.)

Weise 847. Nun ruhen alle Wälder.

719. Ich hab in guten Stun=
den des Lebens Glück empfun=
den und Freuden ohne Zahl;
so will ich denn gelassen mich
auch in Leiden fassen! Welch
Leben hat nicht seine Qual?

2. Ja, Herr, ich bin ein Sün=
der, und stets strafst du gelinder,
als es der Mensch verdient.
Will ich, beschwert mit Schul=
den, kein zeitlich Weh erdulden,
das doch zu meinem Besten dient?

3. Dir will ich mich ergeben,

nicht meine Ruh, mein Leben
mehr lieben, als den Herrn;
dir, Gott, will ich vertrauen und
nicht auf Menschen bauen; du
hilfst und du errettest gern!

4. Laß du mich Gnade finden,
mich alle meine Sünden erkennen
und bereun! Jetzt hat mein
Geist noch Kräfte, sein Heil
laß mein Geschäfte, dein Wort
mir Trost und Leben sein!

5. Wenn ich in Christo sterbe,
bin ich des Himmels Erb, —

was schreckt mich Grab und Tod?
Auch auf des Todes Pfade ver=
trau ich deiner Gnade; du, Herr,
bist bei mir in der Noth.

6. Ich will dem Kummer weh=
M. Christian

ren, Gott durch Geduld vereh=
ren, im Glauben zu ihm flehn;
ich will den Tod bedenken, der
Herr wird Alles lenken; und
was mir gut ist, wird geschehn.
Fürchtegott Gellert, 1715—1769.

Herr, du bist mein Gott,
Mein Heil steht in deinen Händen.
(Pf. 31, 15—17.)

Weise 267. Herr Jesu Christ, du höchstes Gut.

720. Dein Wille, bester Va=
ter, ist, daß ich jetzt Schmerzen
leide; doch weiß ich, daß du
Vater bist, und dies ist meine
Freude. Dir ist mein ganzes
Leib bekannt, mein Leben steht
in deiner Hand, du zählest
meine Tage!

2. Mein Gott, mein Vater,
gib nicht zu, daß Ungeduld mich
kränke; gib deinen Geist mir,
der mir Ruh und Kraft und
Hoffnung schenke, den Geist, der
stark in Schwachen ist, damit
ich als ein wahrer Christ mein
Kreuz geduldig trage.

3. Voll Hoffnung wend ich
mich zu dir und bleibe dir er=
geben. Gott, wie du willst, so
schicks mit mir, zum Sterben
oder Leben! In deiner Hand
steht meine Zeit; mach du mich
nur zur Ewigkeit durch deine
Gnade tüchtig!

4. Laß nicht zu, daß der Kran=
heit Pein zu schwer mir Schwa=
chem werde; laß deine Gnade
mich erfreun und mildre die
Beschwerde. Du, Vater, weißt,
was jeden Tag dein schwaches
Kind ertragen mag; hilf mir,
erbarm dich meiner!

Aus dem Landauer reformirten Gesangbuche von 1811.

(Lieder bei der Genesung.)
Ich preise dich, Herr,
Denn du hast mich erhöret und gesund gemacht.
(Pf. 30. Jes. 38, 10—20.)

Weise 806. Aus meines Herzens Grunde.

721. Ich preise dich und singe,
Herr, deine Wundergnad, die
mir so große Dinge bisher er=
wiesen hat; denn das ist meine
Pflicht: in meinem ganzen Le=
ben dir Lob und Dank zu geben;
mehr hab und kann ich nicht.

2. Wie angstvoll war ich Kran=

ker! Du hörtest mein Geschrei;
da war dein Trost mein Anker,
du standst mir gnädig bei; an
mir auch thatst du kund, du
könnest uns das Leben leicht
nehmen und auch geben, und
machtest mich gesund.

3. Ihr Heiligen, lobsinget und

danket eurem Herrn, der, wenn
die Noth eindringet, bald hört
und herzlich gern uns Gnad
und Hilfe gibt; rühmt den, des
Hand uns träget, der, wenn er
uns ja schläget, nicht allzusehr
betrübt!

4. Gott hat ja Vaterhände
und strafet mit Geduld; die
Prüfung nimmt ein Ende, sein
Herz ist voller Huld und gönnt
uns lauter Guts. Den Abend
währt das Weinen, des Morgens macht das Scheinen der
Sonn uns gutes Muts.

5. Ich führte schwere Klagen,
es war mir angst und bang;
ich rief zum Herrn mit Zagen:
„Mein Gott, wie lang, wie

lang! o eil und hilf mir auf,
und gib mir Kraft zum Leben,
dafür will ich dir geben mein
ganzen Lebenslauf.‟

6. Nun wohl, ich bin erhöret,
mein Seufzen ist erfüllt; mein
Kreuz ist abgekehret, mein Herzleid ist gestillt, mein Grämen
hat ein End: es sind von meinem
Herzen der bittern Sorgen
Schmerzen durch dich, Herr,
abgewendt.

7. O daß zu deiner Ehre mein
Mund sich stets erhüb und nimmer stille wäre, bis daß ich
deine Lieb und ungezählte Zahl
der großen Wunderdinge mit
ewgen Freuden singe im goldnen Himmelssal!

Paul Gerhardt, 1606—1676.

Gott, tröste uns und laß uns leuchten dein Antlitz, So genesen wir.

(Pf. 107, 17—22.)

Weise 400. Nun danket Alle Gott.

722. Mit welchem Dank, o
Gott, soll dich mein Lied erheben? Nur deine Vaterhuld
erhielt mir noch das Leben; du
standst mit deiner Kraft mir
in der Schwachheit bei, und von
Gefahr und Schmerz bin ich
nun wieder frei.

2. Dem Tode war ich nah;
schon sah ich für mein Leben um
meine Lagerstatt manch treues
Herz erbeben; doch ich erbebte
nicht, mich schreckte nicht das
Grab; gestärkt durch deinen
Geist sah ich getrost hinab.

3. Ich sah das Todesthal zwar
finster vor mir liegen, doch licht-

voll hinter ihm ein himmlisches
Vergnügen; es winkte meinem
Leib hier Ruh und Sicherheit,
und meiner Seele dort Heil
und Unsterblichkeit.

4. Indessen stärktest du die
halberstorbnen Glieder; dem
Geist verliehst du Mut, dem
Körper Kräfte wieder. Und so
gibst du, o Gott, den Meinen
mich zurück; hab Dank! Gesundheit ist und Leben auch ein
Glück.

5. Nun, durch dies Leben
selbst will ich dir Dank beweisen, durch wahre Frömmigkeit stets deine Liebe preisen;

treu meiner Pflicht die Kraft, | um mich in Ewigkeit der Selig-
die du mir schenkteft, weihn, | keit zu freun!

Charlotte Elifabetha Conftantia, Freifrau von der Rede, geborene
Reichsgräfin von Medem, 1756—1833.

---

g. Trostlieder bei Todesfällen.

(Beim Tode eines Ehegatten.)

**Gott wird abwischen alle Thränen von deinen Augen;
Denn der Tod wird nicht mehr fein, und das Erfte ift vergangen.**
(Offenb. 21, 3—5.)

Weife 583. Wenn mein Stündlein vorhanden ift.

723. Ach Gott, ich muß in
Traurigkeit mein Leben nun beschließen, dieweil der Tod von
meiner Seit fo eilends hat ge-
riffen mein treues Herz, der
Tugend Schein; des muß ich
jetzt beraubet feyn! Wer kann
mein Elend wenden?

2. Wenn ich des Gatten
Freundlichkeit gedenk in meinem
Herzen, die er mir hat zu jeder
Zeit, in Freud und auch in
Schmerzen erwiefen ganz be-
ftändiglich, fo mehrt mein Kreuz
und Weinen fich; vor Gram
möcht ich vergehen.

3. Bei wem foll ich auf diefer Welt rechtfchaffne Liebe finden? Der meifte Theil nicht
Glauben hält, die Treu will
gar verfchwinden. Ich glaub
und red es ohne Scheu: die
beft ift die getraute Treu! Der
muß ich jetzt entrathen.*

* entbehren.

4. Fürwahr, es geht ein fchar-
fes Schwert mir jetzt durch
meine Seele, die abzufcheiden
oft begehrt aus ihres Leibes
Höhle. Wofern du nicht, Herr

Jefu Chrift, in folchem Kreuz
mein Tröfter bift, muß ich in
Leid verzagen!

5. O treugeliebtes fel'ges Herz,
zu dir will ich mich wenden in
diefem meinem großen Schmerz,
ob fich die Angft möcht wenden;
ich will betrachten deinen Stand,
wie Gott dir alles Kreuz gewandt
in höchfte Freud und Wonne.

6. Kein Angft und Trübfal,
Weh und Noth kann dich jetzund
verletzen; im Himmel thut der
fromme Gott mit Liebe dich ergetzen. Die Seele fchaut mit
Luft und Freud die heilige Dreifaltigkeit mit allen Auserwählten.

7. Der Höchfte hat dich auf
dem Schoß, wifcht ab all deine
Thränen, erfüllet dich mit Freu-
den groß, darnach wir uns noch
fehnen. Du fitzeft bei der Engel
Schar, lobfingeft Gott, frei von
Gefahr, mit füßem Ton und
Schalle.

8. Den Leib wird einftens Jefus Chrift dir wieder auferwecken; und weil du auch fein
eigen bift, wird er die Hand

ausſtrecken, ihn führen in ſein Himmelreich, wo du mit Leib und Seel zugleich bei ihm ſollſt ewig leben.

9. Du kommſt nicht wieder her zu mir in dies betrübte Leben; ich aber komm hinauf zu dir, da werd ich mit dir ſchweben in höchſter Freude, Wonn und Luſt, die deine Seele täglich koſt, drauf ich mich herzlich freue.

10. O wie mit großer Freudigkeit wolln wir einander kennen! Da wird uns dann zu keiner Zeit der bittre Tod mehr trennen. Ach, welche Freude wird dann ſein, wenn ich den, ſo ich jetzt bewein, mit Freuden werd umfangen!

11. Dies will ich ſtets in meinem Leib mir zu Gemüte führen und harren in Geduld der Zeit, wie Chriſten will gebühren. Gott alles Troſtes, ſteh bei mir, und mich durch deinen Geiſt regier zu deines Namens Ehren!

Joh. Heermann, 1585—1647.

(Beim Tode einer Gattin.)
Der Tod ſeiner Heiligen
Iſt werth gehalten vor dem Herrn.
(Offenb. 21, 1—7.)

Weiſe 275. Sieh, hier bin ich Ehrenkönig.

724. Geh zum Schlummer ohne Kummer, theures, gottvertrautes Herz! Nun iſts ſtille; deine Hülle ſchläft nun aus den letzten Schmerz, und die Liebe, wenn auch trübe, ſchaut durch Thränen himmelwärts.

2. Geh zur Ruhe, thu, o thue friedevoll die Augen zu, Vielgeliebte, Vielgeübte, deines Gatten Wonne du! All die Deinen, die hier weinen, gönnen dir die ſüße Ruh!

3. Schlafe, ſchlafe! Seine Schafe kennt der Herr, der treue Hirt. Nun verſchwindet, was da bindet, was die Seelen quält und irrt! Dein Verweſen ſchafft Geneſen, das dich ewig freuen wird.

4. Jauchzend ſtehen, wiederſehen wird dich unſre Liebe dann, deren Zähre, Gott zur Ehre, bitter, doch im Glauben rann. Dann, beim Krönen, wird ertönen, was die ewge Liebe kann.

5. O umfaß uns, Herr, und laß uns leuchten hell dein Angeſicht; wach und hüte, bis die Blüte neu aus ihrem Grabe bricht! Laß dich loben hier und droben; denn die Liebe ſtirbet nicht!

M. Albert Knapp, geb. 1798.

(Beim Tode der Eltern.)

Ich errettete den Armen, der da schrie,
Und den Waisen, der keinen Helfer hatte; so spricht der Herr.
(Psf. 10, 14. Hiob 29, 11—13.)

Weise 380. O Gott, du frommer Gott.

725. Ihr Waisen, weinet nicht! wie? könnt ihr euch nicht fassen? Verlasset euch auf Gott, der wird euch nicht verlassen! Sind gleich die Eltern todt, so lebet dennoch Gott; weil aber Gott noch lebt, so habt ihr keine Noth.

2. Gott ist und bleibet stets ein Vater aller Waisen, der will sie insgesammt ernähren, kleiden, speisen. Demselben trauet nur, der nimmt sich euer an; seht, er ist euer Schutz und euer Helfersmann.

3. Gott ist ein reicher Gott, er wird euch wohl versorgen; er weiß ja eure Noth, sie ist ihm nicht verborgen. Habt ihr auch wenig nur, und ist der Vorrath klein, so will fürs Künftige Gott der Versorger sein!

4. Habt einen guten Mut! Gott hat es ja verheißen, er woll Verlassene aus ihrer Trübsal reißen; dies Wort geht euch auch an! Ihr werdet es schon sehn, wie auch an euch es noch wird in Erfüllung gehn.

5. Ja, glaubet, bleibet fromm und geht auf Gottes Wegen, erwartet mit Geduld den euch verheißnen Segen und weichet nicht von Gott, vertraut ihm allezeit: so werdt ihr glücklich sein in Zeit und Ewigkeit!

Unbekannter Verfasser.

(Insbesondere beim Tode eines Vaters.)

Fürchte dich nicht, spricht der Herr, denn ich habe dich erlöset;
Ich habe dich bei deinem Namen gerufen, du bist mein.
(Offenb. 19, 6—9.)

Weise 609. Ruhet wohl, ihr Todtenbeine.

726. Vater, in dem Erdenschoße ruhst du lange nun forthin! Bald wird auch mit grünem Moose sich dein stilles Grab umziehn; Stürme werden drüber fliegen, Schnee auf deinem Bette liegen.

2. Doch in unsern treuen Herzen wird dein Geist, dein Bild, dein Wort unter tiefen Liebesschmerzen unvergänglich leben fort, wie du liebend uns umfangen und im Frieden hingegangen.

3. O wie heilig ist das Bette, wo der Herr dich hingelegt! O wie theuer ist die Stätte, die nun dein Gebeine hegt, das im ewgen Osterwehen himmlisch klar soll auferstehen!

4. Schlafe wohl, o Vater, schlafe deiner Wallfahrt Leiden aus, bis der Hirte seine Schafe sammelt in des Vaters Haus!

Sanft ſei dir der letzte Schlum=
mer, dein Erwachen ohne Kum=
mer.

5. Jeſu Chriſte, Herr der
Todten, der du nichts von dem
verlierſt, was dein Vater dir
geboten, daß dus zur Vollendung
führſt: dieſes Vaters Geiſt und
Ende legen wir in deine Hände!

6. Gott, du wollſt uns Gnade
geben und der Wahrheit hellen
Schein, daß, wann ſich die Tod=
ten heben, unſer Vater ohne
Pein ſpreche bei des Herrn Er=
ſcheinen: „Sieh, hier bin ich
und die Meinen!"

M. Albert Knapp, geb. 1798.

(Beim Tode einer Mutter.)
**Der Herr iſt meines Lebens Kraft,
Vor wem ſollte mir grauen?**
(Pſ. 27, 1.)
Weiſe 587.　Freu dich ſehr, o meine Seele.

727. Eingeſargt zum letzten
Schlummer, blaß im weißen
Sterbekleid, ohne Schmerzen,
ohne Kummer, ſeh'n wir dich
mit ſtillem Leid, vielgetreue
Mutter du! jetzo trägt man dich
zur Ruh; ſchlummre ſüß im
kühlen Grunde bis zur Aufer=
ſtehungsſtunde!

2. Auge, das mit Lieb und
Sehnen oft die Seinen ange=
blickt: — ſegnend, mit viel tau=
ſend Thränen haben wir dich
zugedrückt! Nie auf dieſer Erde
mehr blickſt du zärtlich auf uns
her! Doch zu Wiederſehens
Grüßen wirſt du heller dich er=
ſchließen.

3. Hand, die treulich uns
geleitet, die uns nichts als Liebe
gab, Freud und Troſt um uns
verbreitet: — ruhe nun im ſtil=
len Grab! Unermüdet war dein
Fleiß, und dein Tagewerk war
heiß! Wann die Todten aufer=
ſtehen, wird in dir die Palme
wehen.

4. Edler Mund, zum Rei=
nen, Großen und zu Lieb und
mildem Wort freundlich, lieb=
lich aufgeſchloſſen: — nimmer
töneſt du hinfort! Aber was die
Lippe ſprach, tönt in unſern
Herzen nach, bis du, wann die
Gräber ſpringen, Gott wirſt
ewge Pſalmen ſingen.

5. Herz, das ohne Falſch
geſchlagen, das im Lieben nie
geruht, das uns ſterbend noch
getragen: — ruhe ſanft in Got=
tes Hut! Weinend, dankend ru=
fen wir: Ewger Segen folge
dir! Wann die Grüfte ſich
bewegen, ſchlage wieder uns
entgegen!

6. Dann wird froh die Thräne
fließen, wie ſie jetzt in Trauer
fließt; froh wird unſer Herz
dich grüßen, das dich heut in
Thränen grüßt! Dann, dann
wird der ſchwere Stein weg
von deinem Grabe ſein! Chri=
ſtus war im Tod dein Leben,
— ewig darfſt du vor ihm
ſchweben!

M. Albert Knapp, geb. 1798.

**Der Tod seiner Heiligen ist werth gehalten vor dem Herrn;
Er hat Alles wohlgemacht.**
(Ps. 116, 15. Marc. 7, 37. Pf. 30, 6. 1 Kor. 15, 57. Joh. 12, 24.)

Weise 851. Der lieben Sonne Licht und Pracht.

728. Noch dieses Bett, dann keines mehr, zum letzten Schlaf auf Erden! Fast wurde dir die Wallfahrt schwer, nun wird es lichter werden. Erlöste Pilgerin, fahr sanft zum Heiland hin! Im Thränenthale warst du sein, nun ist er dort am Throne dein.

2. Fürwahr, im Frieden wirst du ruhn; drum will sichs kaum geziemen, von deiner Liebe, deinem Thun viel vor der Welt zu rühmen! Die Werke folgten dir zum Herrn; drum schweigen wir, bis er das Lebensbuch erschließt und laut der Seinen Namen liest.

3. An jenem Tage werden dann auch wir ihn nicht mehr fragen, warum er dies und das gethan und schmerzlich uns geschlagen, warum ein dunkles Los so früh dein Auge schloß, warum dir von der Lieben Schar so früh zu scheiden besser war.

4. Doch ists der Pfad, der alte Pfad: durch Kreuz zu Herrlichkeiten! Und Jesus, der ihn selbst betrat, will uns nicht anders leiten. Wer scheu zurücke tritt, den nimmt der Herr nicht mit; wer glaubt, weint einen Abend lang, und morgens schallt sein Lobgesang.

5. O Gotteswort, das blüht und grünt für Alle, die ihn lieben! Nichts ist, was nicht zum Besten dient, auch wenn sie sich betrüben; aus ihrem Schmerz und Tod bricht helles Morgenroth. Wenns heut dein Herz nicht fassen kann, so nimms auf morgen gläubig an!

6. Sein Weg ist, wie im tiefen Meer, sein Fußtritt scheint zerflossen; dann blickt die Seele bang umher und wäre bald verdrossen. Doch bleibt er ewig treu, schnell wandelt er herbei und trocknet dir mit süßem Licht die Thräne von dem Angesicht.

7. Er hats gethan; das Satkorn ruht im Erdenschoß geborgen, der Lebenskeim schläft still und gut bis an den Frühlingsmorgen. Viel Winterstürme ziehn noch über ihm dahin; doch kommt die Zeit, so schmilzt der Schnee, so weicht die Nacht und alles Weh.

8. Indessen ist auch unser Kleid, das irdsche, abgestreifet; fern röthet sich die Ewigkeit, das Satfeld Gottes reifet. Da bringt Posaunenschall hinab ins Erntethal, wir stehen auf, — dann führe du, o Mutter, uns dem Throne zu!

M. Albert Knapp, geb. 1798.

(Beim Tode von Kindern.)

Siehe auch die Lieder 615—619½.

Ich beuge meine Kniee gegen den Vater unsres Herrn Jesu Christi, Der der rechte Vater ist über Alles, was da Kinder heißt im Himmel und auf Erden.

(Eph. 3, 13—21.)

Weise 168. An Wasserflüssen Babylon.

729. * Mein herzer Vater, weint ihr noch, und ihr, die mich geboren? Was grämt ihr euch? was macht ihr doch? Ich bin ja unverloren. Ach, wenn ihr sähet, wie mirs geht und wie mich der so hoch erhöht, der selbst so hoch erhoben: ich weiß, ihr würdet anders thun und meiner Seele süßes Ruhn mit euerm Munde loben.

2. Der saure Kampf, den ich dort hab in eurer Welt empfunden, der ist durch Gottes Gnad und Gab nun glücklich überwunden. Im Himmel hier ist lauter Licht, ein Licht, wovon mein Angesicht so schön wird, als die Sonne. Hier ist ein ewig Freudenmeer; wohin ich nur die Augen kehr, ist Alles voller Wonne.

3. Nun lobt, ihr Menschen, wie ihr wollt, des Erdenlebens Güte; was ist darinnen, das mir soll jetzt neigen mein Gemüte? Was ist das Beste, das ihr liebt? Was gibt die Erde, wenn sie gibt, als Angst und bittre Schmerzen? Was ist das güldne Gut und Geld? Was bringt der Schein und Pracht der Welt, als Kummer euern Herzen?

4. Was ist der großen Leute

Gunst, als Zunder großes Neides? Was ist das Wissen vieler Kunst, als Ursprung vieles Leides? Denn wer viel weiß, der grämt sich viel; und welcher Andre lehren will, muß leiden und viel tragen. Seht Alles an, Ruhm, Lob und Ehr; habt Freud und Lust: was habt ihr mehr, als endlich Weh und Klagen?

5. Nichts ist so schön und wohlbestellt, daß man dort wohl drauf stehe; drum nimmt Gott, was ihm wohlgefällt, bei Zeiten in die Höhe und setzet es in seinen Schos: da ist es alles Kummers los, darf nicht, wie ihr, sich kränken, die ihr oft denket, wie doch wohl dies oder jenes werden soll, und könnets nicht erbenken!

6. Wer selig stirbt, der schleußet zu die schwarzen Jammerthore; hingegen schwingt er sich zur Ruh im güldnen Engelchore, legt Asche weg, kriegt Freudenöl*, zeucht aus das Fleisch und schmückt die Seel in reiner, weißer Seiden. Die Erd verläßt er und nimmt ein die Au, wo Christi Schäfelein in lauter Rosen weiden.

*Jerem. 6, 26. Jes. 61, 3. Ps. 45, 8. Hebr. 1, 9.

---

* Trostworte eines verstorbnen Kindes an seinen betrübten Vater.

7. So gebt euch, Liebe, recht und schlecht* dahin in Gottes Willen. Sein Rath ist gut, sein Thun ist recht und wird wohl wieder stillen die Schmerzen, die er euch gemacht! Und hiermit sei euch gute Nacht von euerm Sohn gegönnet. Es kommt die Zeit, wo mich und euch vereinen wird in seinem Reich, der euch und mich getrennet.   * schlicht.

8. Da will ich eure Treu und Müh und was ihr euerm Kranken erwiesen habt, im Himmel hie, sobald ihr kommt, verdanken. Ich will erzählen, wie ihr habt euch selbst betrübt und mich gelabt, vor Christo und vor Allen; und für den heißen Thränenfluß will ich mit mehr als einem Kuß um euern Hals euch fallen.

Paul Gerhardt, 1606—1676.

Die göttliche Weisheit erhöhet die Kinder Und nimmt die auf, die sie suchen.
(Matth. 10, 37—39.)

Weise 105.   Ermuntre dich, mein schwacher Geist.

730.* Du bist zwar mein und bleibest mein; wer will mirs anders sagen? Doch bist du nicht nur mein allein; der Herr von ewgen Tagen der hat das meiste Recht an dir, der hat gefordert dich von mir, o du mein Kind, mein Wille, mein Herz und Wunsches Fülle!

2. Ach, gölt es wünschen, wollt ich dich, du Sternlein meiner Seelen, vor allem Weltgut ewiglich mir wünschen und erwählen. Ich wollte sagen: „Bleib bei mir; du sollst sein meines Hauses Zier; an dir will ich mein Lieben bis in mein Sterben üben."

3. So sagt mein Herz und meint es gut, Gott aber meints noch besser; groß ist die Lieb in meinem Mut, in Gott ist sie noch größer. Ich bin ein Vater und nichts mehr, Gott ist der Väter Haupt und Ehr, ein Quell, draus alle Jungen und Alten sind entsprungen.

4. Ich sehne mich nach meinem Sohn; und der mir ihn gegeben, will, daß er nah an seinem Thron im Himmel solle leben. Ich sprech: „Ach, weh! mein Licht verschwindt;" Gott spricht: „Willkommen, liebes Kind; dich will ich bei mir haben und ewig reichlich laben!"

5. O süßer Rath, o schönes Wort, und heilger als wir denken! Bei Gott ist ja kein böser Ort, kein Unglück und kein Kränken, kein Angst, kein Mangel, kein Versehn, bei Gott kann Keinem Leid geschehn; wen Gott versorgt und liebet, wird nimmermehr betrübet.

6. Wir Menschen sind ja auch bedacht, die Unsrigen zu zieren; wir gehn und sorgen Tag und Nacht, wie wir sie wollen führen

---

* Erwiderung des sich tröstenden Vaters auf das vorige Lied.

38*

in einen seinen selgen Stand, und doch ist's selten so bewandt mit dem, wohin sie kommen, als wirs uns vorgenommen.

7. Wie manches junges, frommes Blut wird jämmerlich verführet durch böses Beispiel, daß es thut, was Christen nicht gebühret! Da hats denn Gottes Zorn zum Lohn, auf Erden nichts als Spott und Hohn; der Vater muß mit Grämen sich seines Kindes schämen.

8. Ein solches darf ich ja nun nicht an meinem Sohn erwarten; der steht vor Gottes Angesicht und geht in Christi Garten, hat Freude, die ihn recht erfreut, und ruht von allem Herzeleid; er sieht und hört die Scharen, die uns allhier bewahren.

9. Er sieht und hört der Engel Mund — sein Mündlein hilft selbst singen —, weiß alle Weisheit aus dem Grund und spricht von solchen Dingen, die unser einer noch nicht weiß, die auch durch unsern Fleiß und Schweiß wir, weil wir sind auf Erden, nicht ausstudiren werden.

10. Ach, könnt ich doch von ferne stehn und nur ein wenig hören, wenn deine Sinne sich erhöhn und Gottes Namen ehren, der heilig, heilig, heilig ist, durch den auch du geheiligt bist; — ich weiß, es würden müssen mir Freudethränen fließen.

11. Nun denn, es sei und bleibe so! Ich will nicht um dich weinen; du lebst und bist von Herzen froh, siehst lauter Sonnen scheinen, die Sonnen ewger Freud und Ruh, — da leb und bleib nur immerzu! Wills Gott, werd ich mit Andern auch bald hinüber wandern.

Paul Gerhardt, 1606—1676.

Lasset die Kindlein zu mir kommen und wehret ihnen nicht, Denn solcher ist das Reich Gottes, spricht der Herr.
(Marc. 10, 14—16.)

731. Weise: Sieg, Sieg, mein Kampf ist aus. 1738.

Ihr El-tern, laßt mich fort, mich hei-ßet Je-sus
ver-wehrt mir nicht den Ort, wo ich werd auf-ge-
kom-men;
nom-men! Ich ge-he aus von Lei-ben, und

komm zu Himmels-freu-den.

2. Laßts, Eltern, laßts geschehn, daß ich die Schifffahrt ende, wo Sturm und Unglück wehn, und in dem Port* anlände! Ich wähle statt der Wellen die sichern Ruhestellen. * Hafen.

3. O laßt die Zähren sein, wenn ihr mir Gutes gönnet. Was macht ihr euch denn Pein, die ihr den Himmel kennet? Kann Gott es mit den Seinen wohl jemals böse meinen?

4. Wohlan, so lasset mich, — mein Jesus heißt mich kommen. Und glaubet sicherlich, ich bin euch nicht genommen; es wird gar bald geschehen, daß wir uns wiedersehen!

Unbekannter Verfasser.

Siehe, ich sehe den Himmel offen Und des Menschen Sohn zur Rechten Gottes stehn.
(Luc. 20, 36. Apstgsch. 7, 55.)

Weise 380. O Gott, du frommer Gott.

732. Ihr Eltern, gute Nacht! Nun geht es an ein Scheiden: ich fahr zu Jesu hin in seine Himmelsfreuden, zu ihm, des huldvoll Aug in Ewigkeit mir lacht; ach weinet, weinet nicht, ihr Eltern; gute Nacht!

2. Ihr Eltern, gute Nacht! Hört auf, um mich zu klagen, wenn jetzt mein zarter Leib wird in das Grab getragen; wißt, meine Seele wird zur Himmelsruh gebracht; ach weinet, weinet nicht, ihr Eltern; gute Nacht!

3. Ihr Eltern, gute Nacht! Sehr herrlich ists zu wohnen im schönen Himmelsschloß, wo man erblicket Kronen, die Gott den Frommen hat aus Gnaden zugedacht; ach weinet, weinet nicht, ihr Eltern; gute Nacht!

4. Ihr Eltern, gute Nacht! Muß ich euch schon verlassen, so werdet ihr mich doch mit Herzenslust umfassen, wenn einst der liebe Gott mit euch ein Ende macht; ach weinet, weinet nicht, ihr Eltern; gute Nacht!

5. Ihr Eltern, gute Nacht! Die Angst- und Marterstunden die sind in dieser Welt nun völlig überwunden, mein Leib schläft sanft, bis daß er wiederum erwacht; ach weinet, weinet nicht, ihr Eltern; gute Nacht!

Gotthart Schuster, geb. 1673.

Es sei denn, daß ihr umkehret und werdet wie die Kinder, So werdet ihr nicht in das Himmelreich kommen.
(Matth. 18, 1—5.)

Weise 609. Ruhet wohl, ihr Todtenbeine.

733. Niemand lasse sich erschrecken, wenn ein zartes Kindlein stirbt; Gott will uns dadurch erwecken, weil die Seele nicht verdirbt, daß wir auch ans Sterben denken und den Geist zu Jesu lenken.

2. Daß wir sterbend nicht ver-

derben, kommt von Gottes Kinde her; doch, wenn unsre Kinder sterben, sind sie unsre Prediger, sind sie unsere Propheten, daß der Tod uns auch wird tödten.

3. Lange leben auf der Erden ist zwar auch ein Gnadenstand; in der Eh gesegnet werden kommt von Gottes Wunderhand. Doch

was kann zuletzt mehr frommen, als ins Reich des Vaters kommen?

4. Jesu, Todesüberwinder, du bist auch ein Menschenkind; führe uns als deine Kinder, bis man endlich überwindt. Hilf, daß wir die Kindschaft erben und als Kinder selig sterben!

Unbekannter Verfasser.

Wer an mich glaubt, der wird leben, Ob er gleich stürbe, spricht der Herr.
(Joh. 11, 25. Pred. 3, 2.)

Weise 324. Was mein Gott will, das gscheh allzeit.

734. Mein Sohn, den ich mit sel'gem Blick hab an mein Herz genommen, als durch ein himmlisches Geschick du in die Welt gekommen, du, meines Lebens edle Zier, darfst du schon heimwärts gehen? Muß schon dein Vater weinend hier an deinem Hügel stehen?

2. Ich sah mit stillem Troste dich in Gottes Wort dich maien, im Geist erblühn und züchtiglich für Jesum Christ gedeihen, ein mannhaft Kind im trauten Kreis, gereift in wenig Tagen, ein frühgezeitigt Palmenreis, das Blüt und Frucht getragen.

3. Ich dachte mir: im Alter soll mich dieser Liebling führen, und seinen Arm will friedevoll ich mir zum Halt erküren*; ich will an seinem trauten Sinn mich sonnen und erquicken, und segnend, wenn ich sterbend bin, ihm in sein Auge blicken.

* Nebenform für erkiesen.

4. Und nun? — So hatt ichs

nicht gemeint, daß diese Freudengabe so schnell verwelkt, so früh beweint versinken sollt im Grabe! So aber hats der Herr gefügt des Himmels und der Erden, und damit hoff auch ich vergnügt in meinem Leid zu werden.

5. Er, dessen Lichtgedanken hehr dastehn ob uns, wie Sterne, — von unserm Herzen hat dich er geführt in sel'ge Ferne; hier blühtest du frisch, fröhlich, fromm, doch stets noch arm und sündig, — dort bist du wonniglich willkomm, als Himmelsbürger mündig.

6. Hier hättest wohl in mancher Noth du deine Bahn durchmessen, geduldig oft dein täglich Brot als Thränenbrot gegessen; dort stehst im lichten Siegerchor du nun als ein Befreiter und steigst die Sprossen schnell empor auf goldner Himmelsleiter.

7. Was wir im dunkeln Erden-

staub noch kaum als Knospe fas=
sen, wird Gott im Paradieses=
laub als Frucht dich kosten lassen;
und was wir hier nur tropfen=
gleich die Geister sehn bethauen,
wirst du in jenem Königreich
als Wundermeere schauen.

8. Deshalb, o Lieber, murr
ich nicht, ob ich auch bitter weine;
warst du hier mein in Christi
Licht, so bleibst du dort der
meine. Als mir das Herze schier
zersprang beim Scheiden und
Versenken, mußt ich an dei=
nen Lobgesang, du freie Seele,
denken!

9. Du bist durch deines Hirten
Blut zur Herde durchgedrungen,
die dort vor seinem Throne
ruht mit sel'gen Huldigungen.
So geb er uns zum rechten

Trost, — statt Schatten nach=
zuschweifen —: daß wir, was
deine Seel erloost, im Glauben
auch ergreifen.

10. Blick ich auf deinen Lauf
zurück vom Anfang bis zum
Ende, so bildet er ein einzig
Stück, das woben Jesu Hände;
gepriesen sei, der dich als Kind
zum Liebling sich bereitet und
dann nach dir die Arme lind
im Sterben ausgebreitet.

11. In seinen Purpur einge=
hüllt bist du dahin gefahren,
hast viele Jahre schnell erfüllt in
kurzen Jünglingsjahren! Wenn
das geschah, du theures Herz:
— wie sollt ich mich nicht
schicken, getrost mit meinem
Liebesschmerz zum Heiland auf=
zublicken?

M. Albert Knapp, geb. 1798.

(Wittwen= und Waisenlied.)

**Der Herr verachtet des Waisen Gebet nicht,
Noch die Wittwe, wenn sie klaget.**

(Ps. 68, 6. Jer. 49, 11. Jac. 1, 27.)

Weise 753. Zion klagt mit Angst und Schmerzen.

735. Nichts betrübters ist auf
Erden, nichts kann so zu Herzen
gehn, als wenn arme Wittwen
werden und verlaßne Waisen
stehn, ohne Vater, ohne Blut,
ohne Freunde, ohne Gut. Witt=
wen sind verlaßne Frauen; wer
mag auf die Waisen schauen?

2. Wittwen sind in Gottes
Armen, Waisen sind in Gottes
Schoß; ihrer will er sich er=
barmen, wär die Noth auch noch
so groß. Ein solch ungerechter

Mann tastet Gottes Augen an,
der die armen Waisen drücket
und der Wittwen Herz bestricket.

3. Wenn sie bleiben in den
Schranken, darein Gott sie hat
gestellt, und von seiner Treu
nicht wanken, weil er sich zu
ihnen hält, sollen sie im Him=
melsschloß werden alles Kum=
mers los; da soll nicht mehr,
wie auf Erden, Wittwennoth
gehöret werden.

Mich. Hunold, 1621—1672.

(Waisenlied.)

**Ich will euch nicht Waisen lassen,
Ich komme zu euch, spricht der Herr.**

(Pf. 146, 8. 9. Joh. 14, 16—18.)

Weise 170. O du Liebe meiner Liebe.

736. Will ich nicht, so muß ich weinen, wenn ich mir es recht betracht, weil verlassen mich die Meinen und genommen gute Nacht. Wo ist Vater nun und Mutter? Ach sie liegen schon im Grab. Wo sind Brüder, ach, und Schwestern? Keinen Freund ich nirgends hab.

2. O mein allerliebster Jesu, schau mich arme Waise an! Du bist ja mein liebster Vater, sonst mir Niemand helfen kann. Weil die Eltern mir gestorben, nicht mehr leben auf der Welt, so hab ich, o liebster Jesu, dich zum Vater auserwählt.

3. O mein allerliebster Jesu, hör mich arme Waise an, weil ich traurig vor dir stehe und mir selbst nicht helfen kann! Du bist ja mein treuer Heiland, und dein Kind will ich nun sein, so im Leben, so im Sterben, treu beständig dir allein!

4. Fort, o Welt und dein Getümmel, fort mit deiner Eitelkeit! Mein Begehr steht nach dem Himmel, dort zu suchen Trost und Freud. Hier ist doch nur Kreuz und Leiden, Falschheit und Betrügerei; nimmer will von Gott ich weichen, denn er ist der beste Freund!

Unbekannter Verfasser.

5. Die Mission.

**Gott sei uns gnädig und segne uns,
Er laß uns sein Antlitz leuchten.**

(Pf. 67.)

737. Eigne Weise. 1525.

Es wol=le Gott uns gnä=dig sein und sei=nen Se=gen
sein Ant=litz uns mit hellem Schein er=leucht zum ew=gen

ge = ben; daß wir er=ken=nen sei = ne Werk und
Le = ben:

was ihm lieb* auf Er = ben, und Je = su Chri = sti

Heil und Stärk be = kannt den Hei = den wer = den und
sie zu Gott be = keh = ren.　　　* beliebt.

2. So danken, Gott, und loben dich die Heiden überalle; und alle Welt die freue sich und sing mit großem Schalle: daß du auf Erden Richter bist und läßt die Sünd nicht walten, dein Wort die Hut und Weide ist, die alles Volk erhalten, in rechter Bahn zu wallen.

3. Es danke, Gott, und lobe dich das Volk in guten Thaten; das Land bringt Frucht und bessert sich, dein Wort ist wohl gerathen. Uns segne Vater und der Sohn, uns segne Gott der heilig Geist, dem alle Welt die Ehre thu, vor ihm sich fürchte allermeist. Nun sprecht von Herzen Amen!
Dr. Martin Luther, 1483—1546.

Gott gebe euch viel Gnade und Friede
Durch die Erkenntnis Gottes und Jesu Christi, eures Herrn.
(Joh. 8, 32—36. 2 Cor. 6, 2; 5, 17—21.)
Weise 777. O Ewigkeit, du Donnerwort.

738. Die Macht der Wahrheit bricht herfür und klopft an vieler Herzen Thür, daß man sie woll einlassen; des Reichs Erkenntnis gehet auf und führet ihren schnellen Lauf durch aller Völker Straßen. Der Herr ergießet seinen Geist, daß bald die ganze Erd ihn preist.

2. Seht, was der Herr für Wunder thut, er gibt den Friedensboten Mut und Kraft den Wahrheitszeugen, die er aussendet spät und früh; sie glauben, darum reden sie und könnens nicht verschweigen; sie breiten aus zu seinem Ruhm das ew'ge Evangelium.

3. „Ich lasse", spricht das A und O, „vom ew'gen Evangelio die Botschaft nun ertönen; ich laß verkünden Fried und Freud, daß alles Volk soll sein bereit, mit mir sich zu versöhnen. Mein Engel, der die Botschaft bringt, sich mitten durch den Himmel schwingt." Offenb. 14, 6—7.

4. „Ich, ich will machen Alles neu, die Creatur soll werden frei vom Dienst der Eitelkeiten. Wohl dem, der dieses fassen kann, und nimmt in meinem Sohn mich an zu diesen frohen Zeiten! Wie selig ist, wer diesen Tag des Heiles jetzt erkennen mag!" Röm. 8, 20—21.
Unbekannter Verfasser.

Ich bin gekommen, ein Feuer anzuzünden;
Ich wollte, es brennete schon, spricht der Herr.
(Jer. 23, 29.)

Weise 42. Wie groß ist des Allmächtgen Güte.

739. O daß doch bald dein Feuer brennte, du unaussprechlich Liebender, und bald die ganze Welt erkennte, daß du bist König, Gott und Herr! O möchten seine Himmelsfunken entzünden jedes todte Herz, die Durstgen machen freudetrunken, und heilen allen Sündenschmerz!

2. Zwar brennet es mit heller Flamme schon hier und dort, in Ost und West, dir, dem am Kreuz erwürgten Lamme, ein herrlich Pfingst= und Freudenfest; doch wecke, läutre und vereine des ganzen Christenvolkes Schar, und mach in deinem Gnadenscheine dein Heil noch Jedem offenbar.

3. Du unerschöpfter Quell des Lebens, allmächtger, starker Gotteshauch: dein Feuermeer ström nicht vergebens; ach, zünd in unsern Herzen auch! Schmelz Alles, was sich trennt, zusammen und baue deinen Tempel aus, laß leuchten deine heilgen Flammen durch deines Vaters ganzes Haus!

4. Beleb, erleucht, erwärm, entflamme doch bald die ganze weite Welt, und zeig dich jedem Völkerstamme als Heiland, Friedefürst und Held! Dann tönen dir von Millionen der Liebe Jubelharmonien, und Alle, die auf Erden wohnen, knien vor dem Thron des Lammes hin.

M. Joh. Ludwig Fricker, 1729—1766.

Der Knecht sprach: Herr, es ist geschehen, was du befohlen hast;
Es ist aber noch Raum da.
(Luc. 14, 22. 23.)

Weise 598. Es ist genug, so nimm, Herr, meinen Geist.

740. Es ist noch Raum; sein Haus ist noch nicht voll, sein Tisch ist noch zu leer; der Platz ist da, wo Jeder sitzen soll: bringt seine Gäste her! Geht, nöthigt sie auf allen Straßen! der Herr hat viel bereiten lassen; da ist noch Raum!

2. Es ist noch Zeit; die Liebe rufet noch, noch gehen Diener aus zu Stadt und Land; sie laden heute noch ins große Rettungshaus. Noch ist die Thüre nicht verschlossen, für Kind und Greis noch nicht verflossen die Rettungszeit.

3. Doch es ist Zeit; die Stunden folgen schnell! Es geht auf Mitternacht, bald schlägt es voll, und drüben schimmerts hell; ihr Jungfrauen, erwacht! der Bräutigam erscheint von weitem; auf, auf, die Lampen zu bereiten! Auf, es ist Zeit!

Ernst Gottlieb Woltersdorf, 1725—1761.

**Machet die Thore weit und die Thüren in der Welt hoch,
Daß der König der Ehren einziehe.**
(2 Thess. 3, 1—4.)

741. Weise: Nun komm der Heiden Heiland.
Altkirchlich. 1524.

Je=su, bit=tend kom=men wir mit den Dei=nen
jetzt zu dir; hör auf un=ser kind=lich Flehn,
was wir bit=ten, laß ge=schehn!

2. Jesu, ziehe bei uns ein,
laß uns ganz dein eigen sein;
schenk uns Allen deinen Geist,
den dein theures Wort verheißt.

3. Weck die todte Christenheit
aus dem Schlaf der Sicherheit;
mache deinen Ruhm bekannt
überall im ganzen Land!

4. Laß dein Wort zu dieser
Zeit kräftig schallen weit und
breit! Allen Heiden werde kund
deiner Gnade Friedensbund.

5. Thu der Völker Thüren
auf! Deines Himmelreiches Lauf
hemme keine List noch Macht.
Schaffe Licht in dunkler Nacht!

6. Gib den Boten Kraft und
Mut, Glaubenshoffnung, Liebes=
glut; laß viel Früchte deiner
Gnad folgen ihrer Thränensat!

7. Zion, danke deinem Herrn:
was du bittest, thut er gern;
ja, er kommt mit seinem Reich!
was ist seinen Freuden gleich?
Unbekannter Verfasser.

**Ihr werdet die Kraft des heiligen Geistes empfahen,
Welcher auf euch kommen wird.**
(Apstgsch. 1, 8.)

Weise 540. O Durchbrecher aller Bande.

742. Vater, deines Geistes
Wehen durch die ganze Christen=
heit läßt uns schon von ferne
sehen deines Reiches Herrlich=
keit; denn dein Wort wird aus=
gespendet durch die ganze weite
Welt, millionenweis versendet
auf das große Ackerfeld.

2. Bald wird dieser Same

blühen allenthalben hoch und
hehr; denn Evangelisten ziehen
über Inseln, Land und Meer,
um die Saten zu begießen.
Geist der Pfingsten, komm herab!
laß uns Lebensströme fließen
bis zum Grabe tief hinab.

3. Sei gegrüßt, du ewger
Morgen; steige, Sonne, bald

empor, weicht nun all, ihr bangen Sorgen, Tagsverkünder, tritt hervor! Seht, der Berge Spitzen glühen schon im ewgen Morgenlicht, und die Frühlings= blumen blühen; theure Brüder, sorget nicht!

Joh. Heinr. Jung, gen. Stilling, 1740—1817.

Wie lieblich sind auf den Bergen die Füße der Boten, Die da Friede verkündigen.

(Jef. 52, 7.)

Weise 682. Jauchzet dem Herren All auf Erden.

743. Noch irren viele Natio= nen, o Quell des Lichts, in Dunkelheit, und uns, die in dem Lichte wohnen, umzieht die Wolke fündger Zeit. Herr, in der Wolke Nacht und Schauer ist doch ein Funke, der noch glimmt; du haft den Tag, die Nacht, die Dauer von beiden ewiglich bestimmt.

2. Es schalle, Herr, die ganze Erde von deinem Lobe, deinem Ruhm; vom Nordpol bis zum Südpol werde sie deiner Liebe Heiligtum! Am Eisgestad des Nordens singe sein Psalmenlied der Gläub'gen Chor; aus Sa= ba's lauen Lüften bringe der Hirtenvölker Dank empor!

3. Ich schwinge mich auf öde= Hügel: schon seh ich Blumen drauf erblühn, im Geist seh ich die goldnen Flügel der neuen Morgenröthe glühn. Wer sind, die, wie gescheuchte Tauben, die Hand des Herrn zerstreuet hat? Willkommen, Israel, in Lauben, die Jakobs Gott gepflanzet hat!

4. Die Feuerseule seh ich flam= men, wo längst die Wolkenseule sank; es sammelt Gott sein Volk zusammen, ihm tönet aller Völker Dank: der Aufgang und der Abend grüßen und Mitter= nacht und Mittag sich, und Al= les sinkt zu Jesu Füßen, lebt selig in ihm ewiglich.

Friedrich Leopold, Graf zu Stolberg, 1750—1819.

Ich habe noch andere Schafe, die sind nicht aus diesem Stalle, Und dieselben muß ich herführen, und wird Eine Herde und Ein Hirte werden.

(Joh. 10, 12—16.)

Weise 417. Wie schön leucht uns der Morgenstern.

744. Was rührt so mächtig Sinn und Herz, was hebt die Blicke himmelwärts, wem schal= len die Gesänge? Zu dir drängt sich aus fernem Land, vereinigt durch des Glaubens Band, der Völker frohe Menge, Heiland, Retter! Deine Wahrheit füllt mit Klarheit unsre Erde, daß der Sünder selig werde.

2. Ein himmlisch Feuer ist entflammt durch dich, der aus

dem Himmel stammt und uns zum Himmel leitet. Es glüht gewaltig fort und fort, wo sich dein seligmachend Wort in Lauterkeit verbreitet. Glaube, Liebe füllt die Seelen, die dich wählen, läutert, reinigt, bis in dir sich Alles einigt.

3. Herr, du gibst Sieg, dich preisen wir: schon glüht der kalte Pol von dir, o Licht, das Allen scheinet; des Negers Sklavenkette bricht, der Inseln Menge jauchzt dem Licht, das alle Völker einet. Falscher Götter Tempelhallen sind zerfallen; auf den Trümmern siehet man das Kreuz nun schimmern.

4. Des blutgen Halbmonds Licht erbleicht, des Ostens falscher Schimmer weicht vor deiner Wahrheit Sonne! Schon blickt mit reuiger Begier ein Häuflein Jakobs, Herr, nach dir, ahnt der Vergebung Wonne. Ist die Fülle aller Heiden einst mit Freuden eingegangen, wird auch Jakob Heil erlangen.

5. Dein Geist erfüll die Boten all, laß ihres Wortes Freudenschall durch alle Länder dringen; mit Kraft von oben angethan laß sie bekämpfen Sünd und Wahn, und Heil den Völkern bringen. Dies nur wolle ihre Seele; sie befehle voll Vertrauen dir das Werk, an dem sie bauen.

6. Vertilge alle Eigensucht, Gemächlichkeit und Leidensflucht und heilge dir die Herzen. Verleih zu jedem Opfer Mut, für dich zu wagen Gut und Blut, zu dulden Hohn und Schmerzen. Hilf uns, Heiland, und vermehre dir zur Ehre deine Herde, daß dein Reich vollendet werde!

Dr. Jonathan Friedr. Bahnmaier,
1774—1841.

Himmel und Erde werden vergehen, Aber meine Worte vergehen nicht.

(Joh. 10, 12—16.)

Weise 197. Jesus meine Zuversicht.

745. Eine Herde und ein Hirt! Wie wird dann dir sein, o Erde, wenn sein Tag erscheinen wird! Freue dich, du kleine Herde, mach dich auf und werde licht! Jesus hält, was er verspricht.

2. Hüter, ist der Tag noch fern? Schon ergrünt es auf den Weiden, und die Herrlichkeit des Herrn nahet dämmernd sich den Heiden; blinde Pilger flehn um Licht. Jesus hält, was er verspricht.

3. Komm, o komm, getreuer Hirt, daß die Nacht zum Tage werde; ach, wie manches Schäflein irrt fern von dir und deiner Herde! Kleine Herde, zage nicht, Jesus hält, was er verspricht.

4. Sieh, das Heer der Nebel flieht vor des Morgenrothes Helle, und der Sohn der Wüste

kniet dürstend an der Lebens=
quelle. Ihn umleuchtet Mor=
genlicht; Jesus hält, was er
verspricht.

5. Gräber harren aufgethan;
rauscht, verdorrete Gebeine!
Macht dem Bundesengel Bahn!
Großer Tag des Herrn, er=
scheine! Jesus ruft: es werde

Licht! Jesus hält, was er ver=
spricht.

6. O des Tags der Herrlich=
keit! Jesus Christus, du die
Sonne, und auf Erden weit
und breit Licht und Wahrheit,
Fried und Wonne! Mach dich
auf! Es werde Licht! Jesus
hält, was er verspricht.

Dr. Friedrich Adolf Krummacher, 1767—1845.

**Jesus sprach: Mir ist gegeben alle Gewalt im Himmel und
auf Erden;
Darum gehet hin in alle Welt und lehret alle Völker.**

(Matth. 28, 18—20.)

Weise 534. Valet will ich dir geben.

746. Der du zum Heil er=
schienen der allerärmsten Welt
und von den Cherubinen zu
Sündern dich gesellt, — den sie
mit frechem Stolze verhöhnt für
seine Huld, als du am Mar=
terholze versöhntest ihre Schuld:

2. Damit wir Kinder wür=
den, giengst du vom Vater aus,
nahmst auf dich unsre Bürden
und bautest uns ein Haus! Von
Westen, Norden, Süden und
Morgen, ohne Zahl sind Gäste
nun beschieden zu deinem Abend=
mahl!

3. Im schönen Hochzeitkleide,
von allen Flecken rein, führst
du zu deiner Freude die Völ=
kerscharen ein; und welchen
nichts verkündigt, kein Heil ver=
heißen war, die bringen nun ent=
sündigt dir Preis und Ehre dar.

4. Du hast dem ärmsten Skla=
ven, dem heiß die Sonne glüht,
wie deinen andern Schafen, zu
liebe dich gemüht, hast selbst

den öden Norden, den ewges
Eis bedrückt, zu deines Him=
mels Pforten erbarmend hin=
gerückt.

5. Drum kann nicht Ruhe
werden, bis deine Liebe siegt,
bis dieser Kreis der Erden zu
deinen Füßen liegt, bis du im
neuen Leben die ausgesöhnte
Welt dem, der sie dir gegeben,
vors Angesicht gestellt.

6. Und siehe, tausend Fürsten
mit Völkern ohne Licht stehn
in der Nacht, und dürsten nach
deinem Angesicht; auch sie hast
du gegraben in deinen Priester=
schild, am Brunnquell sie zu la=
ben, der dir vom Herzen quillt.

7. So sprich dein göttlich
„Werde", laß deinen Odem
wehn, daß aus der finstern
Erde die Todten auferstehn;
daß, wo man Greueln fröhnet
und vor den Götzen kniet, ein
willig Volk versöhnet zu deinem
Tempel zieht.

8. Wir rufen, du willſt hören, wir faſſen, was du ſprichſt; dein Wort muß ſich bewähren, womit du Feſſeln brichſt. Wie viele ſind zerbrochen! wie viele ſinds noch nicht! O du, ders uns verſprochen, werd aller Heiden Licht!

M. Albert Knapp, geb. 1798.

Wir haben hier keine bleibende Stadt, Sondern die zukünftige ſuchen wir.
(Hebr. 13, 14.)
Weiſe 108. Fröhlich ſoll mein Herze ſpringen.

747. Süß iſt's, für ein ewig Leben Erdengut, Leib und Blut Jeſu hinzugeben. Pilger ſind wir noch hienieden; droben hat eine Stadt uns der Herr beſchieden.

2. Tauſend gehn zu ihren Thoren ſelig ein, werden ſein ewig unverloren; auch die Herrlichkeit der Heiden kommt und wird eingeführt in die Stadt der Freuden.

3. Darum rufen ſie dem Hüter: „Iſt die Nacht ſchier vollbracht? wo ſind unſre Güter?" Doch getroſt! der ewgen Gnade Sonnenſchein glänzt herein auf die finſtern Pfade.

4. Unſre Brüder ſind gegangen übers Meer weit umher, haben angefangen; gute Botſchaft iſt verkündet, Gottes Macht hat gewacht, Feuer angezündet.

5. Gnade weht an ihren Orten; manches Herz, hart wie Erz, iſt ſchon weich geworden.

Denn das Wort von Chriſti Leiden kann allein Mark und Bein, Geiſt und Seele ſcheiden.

6. Das muß edle Früchte tragen, das erneut unſre Freud in den böſen Tagen; daß man darauf möge warten, gibt uns Gott frei von Noth keinen Roſengarten.

7. Selig, wen von Welt und Sünden Chriſtus reißt und ihn heißt ſeinen Tod verkünden! Denn es iſt die beſte Gabe, theuerwerth, ihm beſchert mit dem Wanderſtabe.

8. Selig, wer im Kampf beſtehet, Glauben hält und ins Feld guten Samen ſäet! Nach dem Weinen, nach dem Ringen wird er nun friedlich ruhn und viel Garben bringen.

9. Jeſu, ſüßes Licht der Seele, tritt herzu, ſalb uns du mit dem Freudenöle. Was du dir an uns erſehen, was du willſt und befiehlſt, müſſe dir geſchehen!

M. Albert Knapp, geb. 1798.

Hüter, iſt die Nacht ſchier hin?
Hüter, iſt die Nacht ſchier hin?
(Jeſ. 21, 11. Pſ. 2, 8; 67, 2. 3.)

Weiſe 765. Alle Menſchen müſſen ſterben.

748. Hüter, iſt die Nacht verſchwunden? Hüter, iſt die Nacht ſchier hin? Ach, wir zählen alle Stunden, bis die Morgenwolken blühn, bis die Finſternis entweichet, bis der Sterne Schein erbleichet und der Sonne warmer Stral leuchtet über Berg und Thal.

2. Seht ihr nicht der Berge Spitzen tauchen aus des Nebels Nacht? Durch der dunkeln Wolken Ritzen bricht der Frühſchein an mit Macht. Aus der Todesſchatten Höhle reißt ſich manche Heidenſeele und entſchleiert ihr Geſicht Gottes wunderbarem Licht.

3. O du Gott der Macht und Stärke, ſieh uns hier verwundert ſtehn über deinem großen Werke, das vor unſerm Blick geſchehn! Manches Thor haſt du entriegelt, viele Seelen dir verſiegelt, gabſt uns für das Heidenland manches theure Unterpfand.

4. Immer tiefer, immer weiter in das feindliche Gebiet bringt das Häuflein deiner Streiter, dem voran dein Banner zieht.

Wo wirs kaum gewagt zu hoffen, ſtehn nun weit die Thüren offen; mühſam folgt der ſchwache Tritt deinem raſchen Siegesſchritt.

5. Langſam und durch Schwierigkeiten waren wir gewohnt zu gehn; plötzlich bricht in alle Weiten deine Hand aus lichten Höhn! Staunend ſehn wir dein Beginnen; keine Zeit iſt's, lang zu ſinnen. Geh voran! wir folgen nach, wo dein Arm die Bahnen brach.

6. Breiteſt du in unſern Tagen, Herr, dein Werk noch weiter aus: laß uns mutig Steine tragen zu dem großen Tempelhaus! Schenk den Herzen reinen Eifer, mach uns lautrer ſtets und reiſer; brich des eignen Geiſtes Thun, laß in deinem Sinn uns ruhn!

7. Welch ein Segen wird erſprießen, wenn wir gehn an deiner Hand! Wenn uns deine Quellen fließen, grünet bald das dürre Land. Nationen aller Orten ſtrömen her zu deinen Pforten, fallen auf ihr Angeſicht, jubeln laut im ewgen Licht.

Dr. Chriſtian Gottlob Barth, geb. 1799.

Die Erlöſeten des Herrn werden wieder kommen
Und gen Zion kommen mit Jauchzen.
(Jeſ. 35, 10.)

Weiſe 170. O du Liebe meiner Liebe.

749. Laſſet uns von Zion ſingen! Zion hat der Herr erwählt; er wirds noch zu Ehren bringen, daß es nicht an

Einem fehlt. Noch sind wir im fremden Lande, wo das Lied des Pilgers klagt; doch es brechen schon die Bande, und der Heimat Morgen tagt.

2. Die ihr sitzt in schwerem Leide an den Wassern Babylon, nehmt die Harfe von der Weide, wecket auf den Freudenton. Nicht mehr soll das Auge thränen, wenn das Herz an Zion denkt; denn ihm ward nach langem Sehnen neu ein Hoffnungsstral geschenkt.

3. Kann man in der Knechtschaft singen und im Weinen fröhlich sein? Aber wenn die Bande springen, wenn die Freiheit bricht herein! Hört ihr nicht von ferne schallen der Erlösten Freudenlied? Seht ihr nicht ein Häuflein wallen, das hinauf nach Zion zieht?

4. Noch ist nur die Erstlingsgarbe in das Haus des Herrn gebracht; doch schon weicht die Trauerfarbe der betrübten langen Nacht. Sind die Erstlinge gereifet, ist auch nah das

Erntefest, wo der Herr uns aufgehäufet reiche Garben sehen läßt.

5. Ach, wie würd es uns erquicken, Gottesstadt Jerusalem, wenn der Herr mit Gnadenblicken deine Bande von dir nähm! Und getrost darfst du drauf hoffen; sieh, dein Retter säumet nicht: über dir sein Himmel offen, und es scheinet dir sein Licht!

6. Noch ist gültig die Verheißung, die in Gottes Buche steht, und die er mit Machterweisung wird erfüllen früh und spät. Nicht ein Iota wird zerfallen, das sein theures Wort verspricht. Laßt es laut und fröhlich schallen: was er zusagt, das geschicht.

7. Zionskönig, laß uns sehen, daß du gnädig auf uns blickst, bis du uns aus deinen Höhen vollen Erntesegen schickst! Krön indes durch stille Früchte huldreich unser schwaches Thun, bis wir einst im ewgen Lichte selig von der Arbeit ruhn.

Dr. Christian Gottlob Barth, geb. 1799.

Bittet den Herrn der Ernte, Daß er Arbeiter in seine Ernte sende.
(Matth. 9, 35—38.)

Weise 250. Allein Gott in der Höh sei Ehr.

750. Wir sind vereint, Herr Jesu Christ, in deinem heilgen Namen; der Menschensohn allein du bist, der säet guten Samen. Der Acker ist die ganze Welt; o pflanze selbst im wüsten Feld dir deines Reiches Kinder!

2. Ja, Erstgeborner, ewger Fürst der Könige auf Erden: von allen Heiden sollst und wirst du angebetet werden! Das glauben und drum hoffen wir, die du zum Werke rufst, von dir auch unsrer Sat Gedeihen.

39

3. Schon sproßt manch Säm=
lein zart und still, verspricht
einst vollen Weizen; wir dan=
ken, und solch Danken will als=
dann zum Bitten reizen: klein
ist dein Garten noch zur Zeit,
die Wildnis rings so öd und
weit; o Heiland, hilf uns weiter!
4. Gib uns durch deines Gei=
stes Kraft, Herr Jesu, heiße
Liebe, die Eintracht, Mut und
Eifer schafft, daß sich ein Jeder
übe, für sich und Andre stets
zugleich nach dem verheißnen
Gottesreich vor allem Ding zu
trachten.
5. Was wirds doch einst für
Freude sein, wenn deine Schnit=
ter ernten, und Alle dann sich
ewig freun, die dein zu harren
lernten! Wir harren dein; o
siege du in deinen Gliedern,
bis die Ruh für Gottes Volk
erscheinet.

Dr. Ewald Rudolf Stier, geb. 1800.

Bei dir, Herr, ist die lebendige Quelle,
Und in deinem Lichte sehen wir das Licht.
(Luc. 13, 29. Marc. 16, 15.)
Weise 410. Lobe den Herren, o meine Seele.

751. Lobe den Herren, o
Christgemeinde, der seine Kirche
mächtig hält, sinkt in den Staub,
ihr des Kreuzes Feinde: der
Herr ist Gott und sein die
Welt! Sein kräftig Wort schallt
weit und breit von Ewigkeit zu
Ewigkeit. Hallelujah, Halle=
lujah!
2. Ringsumher gehen in alle
Lande Apostel aus nach Ost und
West, fürchten nicht Martern
und scheun nicht Bande, sie
halten am Erlöser fest. Auf
aller theuren Märtrer Blut ohn
Wanken Christi Kirche ruht.
Hallelujah, Hallelujah!
3. Schon beneiden dich alle
Zungen, o Herr, als Heiland
und Prophet; überall ist ja
dein Nam erklungen, des Kreu=
zes Gnadenbild erhöht; den fer=
nen Inseln naht dein Wort,
dir jauchzt der Süden und der
Nord: Hallelujah, Hallelujah!
4. Fernhin und nahe sind wir
nun Brüder: ein Herr, ein
Glaub, ein Sacrament. Allzu=
gleich sind wir des Mittlers
Glieder, der vor dem Vater
uns bekennt. Tausend und Tau=
send flehn zugleich: „Vater un=
ser im Himmelreich. Hallelu=
jah, Hallelujah!"
5. Lobet den Herren! Einst
kommt die Stunde, wo eine
Herd, ein Hirte ist! Alle die
Völker sind dann im Bunde
und beugen sich vor Jesus
Christ; wann dieser selge Tag
erscheint, Himmel und Erde
sind vereint. Hallelujah, Hal=
lelujah!

Dr. Hermann Adalbert Daniel,
geb. 1812.

6. Die Gemeinde unter dem Kreuz.

**Ich will den Herrn loben und anrufen,
So werde ich von meinen Feinden erlöset werden.**
(Jef. 49, 13—17.)

Weise 534. Valet will ich dir geben.

752. Lob Gott getroft mit Singen, frohlock, du Christenschar! Es soll dir nicht mislingen, Gott hilft dir immerdar; obgleich du hier mußt tragen viel Widerwärtigkeit, sollst du doch nicht verzagen; er hilft aus allem Leid.

2. Er hat dich auserkoren und durch sein Wort erbaut, bei seinem Eid geschworen, weil du ihm bist vertraut: daß er dein wolle pflegen in aller Angst und Noth, die Feinde niederlegen sammt ihrem Hohn und Spott.

3. Kann eine Mutter lassen von ihrem eignen Kind, und also es verstoßen, daß es nicht Gnade findt? Und ob sich's möcht begeben, daß sie von ihm abfiel, — Gott schwört bei seinem Leben, daß er dein bleiben will.

4. „Wie kann ich dich verlassen", spricht selbst zu dir dein Gott, „und deiner so vergessen, wenn dich schreckt Sünd und Tod? Hab ich dich doch gezeichnet, gegraben in die Händ! Dein Nam stets vor mir leuchtet, daß ich dir Hilfe send."

5. „Niemand mich von dir scheidet, du meines Sohnes Kron! Glaub mir, wer dich beleidet, greift mein' Augapfel an;* laß dich nur nicht befremden Leid, Trübsal, Angst und Noth; mit dir an allen Enden ist dein allmächtger Gott!"

* Zach. 2, 8. Pf. 17, 8.

6. Drum laß dich nicht erschrecken, du christgläubige Schar; Gott wird dir Hilf erwecken und deiner nehmen wahr! Der Herr wird selbst bekämpfen den Feind, den Widerchrist, die falsche Lehre dämpfen und seine arge List.

7. Sein Wort läßt er ja hören, erschallen weit und breit, um dadurch zu zerstören erlogne Heiligkeit, läßt seinem Volk verkünden sehr freudenreichen Trost, wie es von seinen Sünden durch Christum wird erlöst.

8. Es wird ihn nicht gereuen, was längst er prophezeit: die Kirche zu erneuen in dieser schweren Zeit; er wird herzlich anschauen dein Jammer und Elend, dich herrlich auferbauen durch's Wort und Sacrament.

9. Drum sollen wir ihn loben, der sich aus großer Gnad durch seine milden Gaben uns kund gegeben hat! Er wird uns auch erhalten in Lieb und Einigkeit und unser freundlich walten hier und in Ewigkeit.

Böhmische Brüder, 1544. (Johann Horn.) V. 4. u. 5 Zusatz der Ausgabe von 1566.

Ich will deiner nicht vergessen, spricht der Herr;
Siehe, in die Hände habe ich dich gezeichnet.
(Jef. 49, 14—16.)

753.   Eigne Weise.   Joh. Crüger, 1640.

Zi = on klagt mit Angst und Schmerzen, Zi = on, Got=tes
die er trägt in sei=nem Her = zen, die er sich er=

wer=the Stadt,   Ach, spricht sie, wie hat mein Gott
wäh=let hat.

mich ver = laf = fen in der Noth und läßt mich mit-

Jammer pref=fen! Mei=ner hat er ganz ver=gef=fen!

2. Der Gott, der mir hat versprochen seinen Beistand jederzeit, der läßt sich vergebens suchen jetzt in meiner Traurigkeit! Ach, will er denn für und für grausam zürnen über mir? Kann und will er sich der armen jetzt nicht, wie zuvor, erbarmen?

3. „Zion, o du vielgeliebte", spricht zu ihr des Herren Mund, „zwar du bist jetzt die betrübte, Seel und Geist ist dir verwundt; — doch stell alles Trauern ein! wo mag eine Mutter sein, die ihr eigen Kind kann hassen und aus ihrer Sorge lassen?"

4. „Ja, wenn gleich du möchtest finden einen solchen Muttersinn, dem die Liebe kann entschwinden: so bleib ich doch, der ich bin. Meine Treue bleibet dir, Zion, o du meine Zier! Du hältst mir mein Herz besessen; deiner kann ich nicht vergessen."

5. „Laß dich nicht vom Feinde blenden, der sonst nichts als schrecken kann! Siehe, hier in meinen Händen hab ich dich geschrieben an. Wie mag es denn anders sein? Ich muß ja gedenken dein; deine Mauern will ich bauen und will allzeit auf dich schauen."

6. „Du bist stets mir vor den Augen, du liegst mir in meinem Schoß, wie die Kindlein, die noch fangen; meine Treu zu dir ist groß. Dich und mich soll keine Zeit, keine Noth, Gefahr noch Streit, ja die Hölle selbst nicht scheiden. Bleib getreu in allen Leiden!"

Johann Heermann, 1585—1647.

**Wir wissen nicht, was wir thun sollen,
Sondern unsre Augen sehen nach dir.**
(Pf. 46.)

Weise 135. Da Christus geboren war.

754. Treuer Wächter Israel, des sich freuet meine Seel, der du kennest alles Leid deiner armen Christenheit, o du Wächter, der du nicht schläffst noch schlummerst: zu uns richt dein hilfreiches Angesicht!

2. Schau, wie große Noth und Qual trifft dein Volk jetzt überall! Täglich wird der Trübsal mehr: hilf, ach hilf; schütz deine Lehr! Wir verderben, wir vergehn, nichts wir sonst vor Augen sehn, wo du nicht bei uns wirst stehn.

3. Hoherpriester Jesu Christ, der du eingegangen bist in das Heiligtum zu Gott durch dein Kreuz und bittern Tod, uns versöhnt mit deinem Blut, ausgelöscht der Hölle Glut, wiedergebracht das höchste Gut,

4. Sitzest in des Vaters Reich, ihm an Macht und Ehren gleich, unser Mittler, Gnadenthron, seine höchste Freud und Kron, den er in dem Herzen trägt, dessen Fürbitt ihn bewegt, daß er keine Bitt abschlägt:

5. Kläglich rufen wir zu dir, klopfen an die Gnadenthür, wir, die du mit höchstem Ruhm dir erkauft zum Eigentum: Herr, dich gnädig zu uns wend, mach des Vaters Zorn ein End, der jetzt wie ein Feuer brennt!

6. Red von deiner Kreuzesnoth, deinen Wunden, deinem Tod, und, was mehr du hast gethan, zeig ihm unsertwegen an; sage, daß du unsre Schuld hast bezahlet in Geduld, uns erlanget Gnad und Huld!

7. Jesu, der du Jesus* heißt: als ein Jesus Hilfe leist! Hilf mit deiner starken Hand; Menschenhilf hat sich gewandt. Eine Mauer um uns bau, daß dem Feinde davor grau und er sie mit Zittern schau!

* Jesus, zu deutsch: Heiland.

8. Liebster Freund, Immanuel, du Beschützer meiner Seel, Gott mit uns in aller Noth, um uns und auch in uns Gott, Gott für uns zu aller Zeit: Trutz dem, der uns thut ein Leid! Gottes Straf ist ihm bereit.

9. Deines Vaters starker Arm, komm und unser dich erbarm! Laß jetzt sehen deine Macht, drauf wir hoffen Tag und Nacht! Aller Feinde Bündnis trenn, daß dich alle Welt erkenn, aller Herren Herrn dich nenn.

10. Andre trau'n auf ihre Kraft, auf ihr Glück und Ritterschaft: deine Christen trau'n auf dich; auf dich trau'n sie festiglich! Laß sie werden nicht zu Schand! Schütze sie mit starker Hand, sind sie dir doch all bekannt!

11. Gürt dein Schwert dir an die Seit als ein Held und für sie streit, schmettre nieder

deine Feind, so viel ihr auf Erden sind; leg sie dir zum Schemel hin und brich ihren stolzen Sinn; laß dein Israel erblühn!*   * Jes. 27, 6.

12. Du bist ja der Held und Mann, der den Kriegen steuern kann, der da Spieß und Schwert zerbricht, der die Bogen macht zu nicht, der die Wagen gar verbrennt und der Menschen Herzen wendt, daß der Krieg gewinnt ein End!

13. Jesu, wahrer Friedefürst, der der Schlange hat zerknirscht ihren Kopf durch seinen Tod, Frieden wiederbracht bei Gott: gib uns Frieden gnädiglich! So wird dein Volk freuen sich und dich preisen ewiglich.

Johann Heermann, 1585—1647.

Herr, auf dich traue ich,
Laß mich nimmermehr zu Schanden werden.
(Jer. 15, 15—21.)

Weise 159. Herzliebster Jesu, was hast du verbrochen?

755. Herr, unser Gott, laß nicht zu Schanden werden die, so in ihren Nöthen und Beschwerden bei Tag und Nacht auf deine Güte hoffen und zu dir rufen.

2. Mache zu Schanden Alle, die dich hassen, die sich allein auf ihre Macht verlassen. Ach, kehre dich mit Gnaden zu uns Armen; laß dichs erbarmen!

3. Und schaff uns Beistand wider unsre Feinde! Wenn du ein Wort sprichst, werden sie bald Freunde; sie müssen Wehr und Waffen niederlegen, kein Glied mehr regen.

4. Wir haben Niemand, dem wir uns vertrauen; vergebens ists, auf Menschenhilfe bauen. Mit dir wir wollen Thaten thun und kämpfen, die Feinde dämpfen.

5. Du bist der Held, der sie kann niedertreten und das bedrängte kleine Häuflein retten. Wir trau'n auf dich, wir flehn in Jesu Namen: hilf, Helfer! Amen!

Johann Heermann, 1585—1647.

Fürchte dich nicht, du kleine Herde,
Denn es ist eures Vaters Wohlgefallen, euch das Reich zu geben.
(Ps. 54.)

Weise 159. Herzliebster Jesu, was hast du verbrochen?

756. Christe, du Beistand deiner Kreuzgemeine: eile, mit Hilf und Rettung uns erscheine! Steure den Feinden, ihre Blutgedichte* mache zu nichte!

     * Blutgedanken.

2. Streite doch selber für uns arme Kinder; wehre dem Teufel, seine Macht verhinder! Alles, was kämpfet wider deine Glieder, stürze darnieder!

3. Friede bei Kirch und Schu=

len uns beschere, Friede zugleich der Obrigkeit gewähre; Friede dem Herzen, Friede dem Gewissen gib zu genießen!

4. Also wird zeitlich deine Gü**t** erhoben, also wird ewig und ohn Ende loben dich, o du Wächter deiner armen Herde, Himmel und Erde.

Matthäus Apelles von Löwenstern, 1594—1648.

**Erhalte mich durch dein Wort, daß ich lebe,
Und laß mich nicht zu Schanden werden über meiner Hoffnung.**
(Ps. 119, 3—5. 2 Petr. 1, 19.)

Weise 588. Herzlich thut mich verlangen.

757. Erhalt uns deine Lehre, Herr, zu der letzten Zeit; erhalt dein Reich, vermehre dein edle Christenheit! Erhalt standhaften Glauben; der Hoffnung Leitstern stral'; laß uns dein Wort nicht rauben in diesem Jammerthal!

2. Erhalt dein Ehr und wehre dem, der dir widerspricht; erleucht, Herr, und bekehre, allwissend ewig Licht, was dich bis jetzt nicht kennet; entdecke doch der Welt, der du dich Licht genennet, was einzig dir gefällt!

3. Erhalt, was du gebauet und was auf dich getauft, was du dir angetrauet und durch dein Blut erkauft. Es zielt des Feindes Stürmen auf deiner Kirche Fall; komm, Herr, sie zu beschirmen, sei du ihr Hort und Wall!

4. Erhalt, Herr, deine Schafe, der grimme Wolf kömmt an; erwach aus deinem Schlafe*, weil Niemand retten kann, als du, o großer Hirte; leit uns auf guter Weid, treib, nähr,

erfreu, bewirte uns in der wüsten Heid!

* Ps. 35, 23; 44, 24. Matth. 8, 24. 25.

5. Erhalt uns, Herr, dein Erbe, dein werthes Heiligtum; zerreiß, zerschmeiß, verderbe, was wider deinen Ruhm! Laß dein Gesetz uns führen, gönn uns dein Himmelsbrot, laß deinen Schmuck uns zieren, heil' uns durch deinen Tod!

6. Erhalt und laß uns hören dein Wort, das selig macht, den Spigel deiner Ehren, das Licht in finstrer Nacht, daß dieser Brunn uns tränke, der Himmelsthau uns netz, uns diese Richtschnur lenke und dieser Honig letz.

7. Erhalt in Sturm und Wellen dein Häuflein; laß doch nicht uns Wind und Wetter fällen: steur selbst dein Schiff und richt den Lauf, daß wir entrinnen der wilden Flut der Zeit und Anfurt drauf gewinnen in sel'ger Ewigkeit.

Adam Gretgen, † 1660.

Ich habe dich einen kleinen Augenblick verlassen;
Aber mit großer Barmherzigkeit will ich dich sammeln.
(Jes. 54, 7. 8.)

Weise 753. Zion klagt mit Angst und Schmerzen.

758. Zion, gib dich nur zufrieden, Gott ist noch bei dir
darin! Du bist nicht von ihm
geschieden, er hat einen Vatersinn. Wenn er straft, so liebt
er auch, dies ist Gottes steter
Brauch; Zion, lerne dies bedenken! warum willst du dich
so kränken?

2. Treiben dich die Meereswellen auf der wilden tiefen
See; wollen sie dich gar zerschellen, mußt du rufen Ach
und Weh; schweigt dein Heiland still dazu, gleich als schlief
er sanft in Ruh: — Zion, laß
dich nicht bewegen; Sturm und
Flut wird bald sich legen!

3. Berg und Felsen mögen
weichen, ob sie noch so feste
stehn; mag die ganze Welt desgleichen wanken, ja selbst untergehn: dennoch hat es keine
Noth, nicht im Leben noch im
Tod; Zion, du kannst doch nicht
wanken aus des ewgen Bundes
Schranken!

4. Müssen schon allhier die
Thränen deine schönsten Perlen sein; muß dein Seufzen
und dein Stöhnen auch dein
bestes Lied oft sein; muß dein
Purpur sein das Blut, Mangel sein dein Hab und Gut:
Zion, laß dir doch nicht grauen;
du kannst deinem Gott vertrauen!

5. Droht man dir mit Schmach
und Bauden, mit viel Qual und
Herzeleid, dennoch wirst du nicht
zu Schanden, — denk nur an
die Ewigkeit! Sei getrost und
wohlgemut, denn der Herr ists,
der es thut; Zion, Gott wird
dich schon stärken, auf den Herren mußt du merken!

6. Freue dich, es kommt das
Ende und der Abend schon herbei; gib dich nur in Gottes
Hände, der macht dich in kurzem frei; für die Trübsal,
Spott und Hohn gibt er dir
die Freudenkron; Zion, du wirst
wieder lachen, drum laß du die
Welt nur machen!

7. Hallelujah! deine Wonne,
liebes Zion, wird bald groß;
Christus, deine Gnadensonne,
nimmt dich auf in seinen Schoß,
gibt dir einen Freudengruß und
den rechten Friedenskuß! Zion,
wo ist nun dein Klagen? Jetzt
kannst du von Freuden sagen!

8. Freut euch, selge Himmelserben, freuet euch mit Zion hier!
Die vor Jammer wollten sterben, sollen leben für und für.
Dort ist nicht mehr Angst und
Qual in dem schönen Himmelssal; Zion, wer will dich denn
scheiden von dem Lamm und
ewgen Freuden?

Joachim Pauli, um 1660.

Siehe, es hat überwunden der Löwe,
Der da ist vom Geschlecht Juda, die Wurzel Davids.
(Offenb. 5, 5.)

759. Eigne Weise. Bernh. Klein, 1830.

Lö=wen, laßt euch wie=der=fin=den, wie im er=sten Christen = tum, die nichts konn=te ü = ber=win = den; seht nur an ihr Mar=thr=tum, wie in Lieb sie glüh=ten, wie sie Flammen sprüh=ten, daß sich vor der Sterbenslust selbst der Sa=tan fürchten mußt.

2. In Gefahren unerschrocken und von schnöden Lüsten rein, die zum Eiteln konnten locken, so war einst des Herrn Gemein; ihr Sinn drang zum Himmel, übers Weltgetümmel war erhoben Herz und Geist, suchte nicht, was zeitlich heißt.

3. Alle Dinge nach dem Wesen schätzten sie, nicht nach dem Schein, denn vom Trug der Welt genesen war ihr Herz, ihr Auge rein. In der Trübsal fröhlich waren sie und selig; ihr Gesicht im letzten Streit stralt' von Engelsfreudigkeit.

4. Hohes Mutes sie verlachten, was die Welt für Vortheil hält und wonach die Meisten trachten: Ehr und Freuden, Gut und Geld. Furchtlos sie erschienen auf den Kampfschaubühnen, wo der wilden Thiere Wut lechzete nach ihrem Blut.

5. Wär ich doch, wie diese waren, hielt ich doch so tapfer Stand! Laß in Gnaden mich erfahren deine starke Helfershand, mein Gott, recht lebendig! Gib, daß ich beständig bis zum Tod durch deine Kraft übe gute Ritterschaft!

6. Gib, daß ich mit Geisteswaffen kämpf in Jesu Löwenstärk und ja niemals mög erschlaffen, daß mir dieses große Werk, Herr, durch dich gelinge und ich tapfer ringe, daß ich in die Luft nicht streich, sondern bald das Ziel erreich.

7. Fort mit jenem Wahn der Weisen, dem das Kreuz nur Thorheit ist! Jene Weisheit laßt uns preisen, die da preiset Jesum Christ! Auf ihn laßt uns schauen, seinem Worte trauen, wenn der Feind sein Wort verkehrt und sein Zeugnis uns verwehrt!

8. Nun wohlan, nur sein standhaftig, Brüder, in dem Kampfeslauf; lasset uns doch recht herzhaftig folgen jener Zeugen Hauf! Steht in Jesu Namen, wenn der Schlangensamen sich dem Glauben widersetzt und das Schlachtschwert auf uns wetzt.

9. Ja, auf Jesum laßt uns schauen, der das Kreuz erduldet hat! Laßt uns ewge Hütten bauen droben in der goldnen Stadt! Sterben heißt: Gott ehren und die Welt bekehren. Reiche Sat von Glaub und Mut sproßt aus treuer Zeugen Blut.

10. Komm, befrucht, du Gnadenregen, uns, dein Erb, die dürre Erd, daß wir dir getreu sein mögen und nicht achten Feur und Schwert, ganz in dir versunken und in Liebe trunken! Mach die Kirch an Glauben reich, daß das End dem Anfang gleich!

Unbekannter Verfasser.
(Vers 9 von Dr. August Ebrard, geb. 1818.)

Viele wandeln als die Feinde des Kreuzes Christi, Deren Ende die Verdammnis ist.
(Phil. 3, 17—21.)

Weise 290. Es ist das Heil uns kommen her.

760. Die Feinde deines Kreuzes drohn, dein Reich, Herr, zu zerstören; du aber, Mittler, Gottes Sohn, kannst ihrem Trotze wehren. Dein Thron bestehet ewiglich; vergeblich wird sich wider dich die Macht der Hölle rüsten.

2. Dein Reich ist nicht von dieser Welt, kein Werk von Menschenkindern; drum konnt auch alle Macht der Welt nicht seinen Fortgang hindern. Dein Erbe bleibt dir immerdar und wird selbst durch der Feinde Schar zu deinem Ruhm sich mehren.

3. Du wollest deine Herrschaft noch auf Erden weit verbreiten und unter deinem sanften Joch zum Heil die Völker leiten! Vom Aufgang bis zum Niedergang bring alle Welt dir Lobgesang und glaub an deinen Namen!

4. Auch deine Feinde, die dich schmähn, die frevelnd sich empören, laß deiner Gnade Wunder sehn, daß sie sich noch bekehren! Lehr sie mit uns gen Himmel schaun und unerschüttert im Vertraun auf deine Zukunft warten.

5. Uns, deine Gläubgen, wollest du fest in der Wahrheit gründen, daß wir für unsre Seelen Ruh in deiner Gnade finden. Mach unsers Glaubens

uns gewiß; vor Irrtum und vor Finsternis bewahr uns bis ans Ende!

6. Dein Geist führ uns auf ebner Bahn und heilge unsern Willen, so wird dein Volk, dir unterthan, gern dein Gesetz erfüllen, bis du erscheinest zum Gericht und dann vor deinem Angesicht die Menschenkinder sammelst.

7. Voll Zuversicht erwarten dich, Herr, alle deine Frommen und freun des großen Tages sich, wo du wirst wiederkommen. Dann werden wir, o Gottessohn, den uns verheißnen Gnadenlohn, dein Himmelreich, ererben.

Dr. Balthasar Münter, 1735—1793.

7. Die Aufrichtung des Reiches Christi.

a. Die Sehnsucht nach der Vollendung des Reiches Christi.

**Herr, bleibe bei uns, denn es will Abend werden,
Und der Tag hat sich geneiget.**

(Luc. 24, 28. 29. Amos 8, 11.)

Weise 680. Erhalt uns, Herr, bei deinem Wort.

761. Ach, bleib bei uns, Herr Jesu Christ, weil es nun Abend worden ist; dein göttlich Wort, das helle Licht, laß ja bei uns auslöschen nicht.

2. In dieser letzten trüben Zeit verleih uns Alln Beständigkeit, daß wir dein Wort und Sacrament behalten rein bis an das End.

3. Laß uns in guter stiller Ruh das zeitlich Leben bringen zu, und wenn das Leben neiget sich, laß uns einschlafen seliglich!

4. Herr Jesu, hilf, dein Kirch erhalt: wir sind gar sicher, träg und kalt; gib Glück und Heil zu deinem Wort, damit es schall an allem Ort.

5. Erhalt uns nur bei deinem Wort und wehr des Feindes Trug und Mord. Gib deiner Kirche Gnad und Huld, Fried, Einigkeit, Mut und Geduld.

6. Ach Gott, es geht gar übel zu, auf dieser Erd ist keine Ruh; viel Sekten und viel Schwärmerei auf einen Haufen kommt herbei.

7. Den stolzen Geistern wehre doch, die sich mit Macht erheben hoch und bringen stets was Neues her, zu fälschen deine rechte Lehr.

8. Die Sach und Ehr, Herr Jesu Christ, nicht unser, sondern dein ja ist; darum so steh du denen bei, die sich auf dich verlassen frei.

9. Dein Wort ist unsers Herzeus Trutz und deiner Kirche

wahrer Schutz; dabei erhalt uns, lieber Herr, daß wir nichts Anders suchen mehr.

10. Laß leben uns nach deinem Wort und darauf einstens fahren fort von hinnen aus dem Jammerthal zu dir in deinen Himmelssaal.

V. 1—3 von einem Unbekannten. V. 4—10 von **Dr. Nikolaus Sel**necker, 1532—1592.

Wachet auf, denn ihr wisset nicht die Stunde,
Da euer Herr kommen wird.
(Matth. 25, 1—13.)

762. Eigne Weise. 1599.

„Wa = chet auf“! ruft uns die Stim = me der
Mit = ter = nacht heißt die = se Stun = de! sie

Wächter sehr hoch auf der Zin = ne, „wach auf, du Stadt Je-
ru = fen uns mit hel = lem Mun = de: „Wo seid ihr klu-gen

ru = sa = lem“!
Jungfrau=en? Wohl = auf, der Bräutgam kömmt! steht

auf, die Lam=pen nehmt! Hal = le = lu = jah! macht
euch be = reit zu der Hoch = zeit; ihr müs=set ihm ent=

ge = gen gehn“!

2. Zion hört die Wächter singen, das Herz will ihr vor Freuden springen; sie wacht und stehet eilend auf. Ihr Freund kommt vom Himmel prächtig, von Gnaden stark, von Wahrheit mächtig; ihr Licht wird hell, ihr Stern geht auf. Nun komm, du werthe Kron, Herr Jesu, Gottes Sohn! Hosianna! Wir folgen All zum Freudensal und halten mit das Abendmahl.

3. Gloria sei dir gesungen mit Menschen= und mit Engel=

zungen, mit Harfen und mit Cymbeln schön! Von zwölf Perlen sind die Thore* an deiner Stadt; wir stehn im Chore der Engel hoch um deinen Thron.

Kein Aug hat je gespürt, kein Ohr hat je gehört solche Freude. Drum schallt dir Dank und Lobgesang ewig im süßen Jubelklang.   * Off. 21, 21.

Dr. Philipp Nicolai, 1556—1608.

**Wachet auf, denn ihr wisset nicht die Stunde,
Da euer Herr kommen wird.**

(Matth. 25, 1—13.)

Nach voriger Weise.

763. „Wachet auf!" so ruft die Stimme, so rufet einst des Richters Stimme, „verlaßt, ihr Todten, eure Gruft!" Wachet auf, erlöste Sünder! Versammelt euch, ihr Gotteskinder! Der Welten Herr ists, der euch ruft. Des Todes stille Nacht ist nun vorbei; erwacht! Lobt den Höchsten! macht euch bereit zur Ewigkeit! Sein Tag, sein großer Tag ist da!

2. Erd und Meer und Felsen beben; die Frommen stehen auf zum Leben, zum ewgen Leben stehn sie auf. Ihr Erlöser kommt voll Klarheit, vor ihm ist Gnade, Treu und Wahrheit, des Himmels Lohn krönt ihren Lauf. Licht ist um deinen Thron, und Leben, Gottes Sohn! Preis dir, Heiland! Erlöser, dir, dir folgen wir zu deines Vaters Herrlichkeit!

3. Ewig sei dir Lob gesungen! Wir sind zum Leben durchgedrungen, am Ziel sind wir beim großen Lohn. Christus strömt der Freuden Fülle auf uns, wir schauen ohne Hülle ihn, unsern Freund und Gottes Sohn. Noch sah kein Auge sie, noch scholl dem Ohre nie diese Wonne. In Ewigkeit sei dir geweiht, Herr, unser Dank und Ehr und Preis!

Nachbildung des vorigen Lieds von Friedrich Gottlieb Klopstock, 1724—1803.

**Siehe da, eine Hütte Gottes bei den Menschen! —
Und er wird bei ihnen wohnen, und sie werden sein Volk sein.**

(Offenb. 21, 1—7; 10. 11.)

764.   Eigne Weise.   M. Frank? 1663.

Je=ru=sa=lem, du   hoch=ge=bau=te Stadt, wollt
Mein sehnlich Herz   so   groß Verlan=gen   hat und

Gott, ich wär in dir!
ist nicht mehr bei mir. Weit ü = ber Berg und
Tha = le, weit ü = ber blaches Feld schwingt sichs zum Himmels=
sa = le und eilt aus bie=ser Welt.

2. O schöner Tag und noch viel schönre Stund, wann wirst du kommen schier*, daß ich mit Lust, mit freiem Freudenmund die Seele geb von mir in Gottes treue Hände zum auserwählten Pfand, daß sie mit Heil anlände in jenem Vaterland?
  * balb.

3. O Ehrenburg, sei nun gegrüßet mir! Thu auf die Gnadenpfort! Wie große Zeit hat mich verlangt nach dir, eh ich gekommen fort aus jenem bösen Leben, aus jener Nichtigkeit, und eh mir Gott gegeben das Erb der Ewigkeit!

4. Was für ein Volk, welch eine edle Schar kommt dort gezogen schon? Was in der Welt von Auserwählten war, seh ich, die beste Kron, die Jesus mir, der Herre, entgegen hat gesandt, als ich noch war so ferne in meinem Thränenland.

5. Propheten groß und Patriarchen hoch, auch Christen insgemein, die weiland trugen dort des Kreuzes Joch und der Thrannen Pein, schau ich in Ehren schweben, in Freiheit überall, mit Klarheit hell umgeben, mit sonnenlichtem Stral.

6. Wenn dann zuletzt ich angelanget bin im schönen Paradeis, da wird erfüllt mit höchster Freud der Sinn, der Mund mit Lob und Preis. Das Hallelujah singet man dort in Heiligkeit, das Hosianna klinget ohn End in Ewigkeit

7. Mit Jubelklang, mit Harfen Gottes schön in Chören ohne Zahl, daß von dem Schall und lieblichen Getön sich regt der Freudensal, — mit hunderttausend Zungen, wie um den Schöpfer her von Anbeginn gesungen das sel'ge Himmelsheer.
Dr. Joh. Matth. Meyfart, 1590-1642.

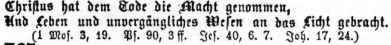

Christus hat dem Tode die Macht genommen,
Und Leben und unvergängliches Wesen an das Licht gebracht.
(1 Mos. 3, 19. Pf. 90, 3 ff. Jef. 40, 6. 7. Joh. 17, 24.)

765.   Eigne Weise.   1687.

Al = le Menschen müs=sen ster=ben, al=les Fleisch ver=
was da le = bet, muß ver=der=ben, soll es an=ders

geht wie Heu; Die=ser Leib muß erst ver=we=sen,
wer = ben neu.

wenn er e = wig soll ge = ne=sen zu der gro = ßen

Herr=lich=keit, die den From=men ist be = reit.

2. Drum so will ich dieses Leben, wenn es meinem Gott beliebt, auch ganz willig von mir geben; bin darüber nicht betrübt. Denn in meines Jesu Wunden hab ich schon Erlösung funden, und mein Trost in Todesnoth ist des Herren Jesu Tod.

3. Jesus ist für mich gestorben, und sein Tod ist mein Gewinn; er hat mir das Heil erworben, drum fahr ich mit Freuden hin, hin aus diesem Weltgetümmel in den schönen Gotteshimmel, wo ich werde allezeit schauen die Dreieinigkeit.

4. Da wird sein das Freudenleben, wo viel tausend Seelen schon sind mit Himmelsglanz umgeben, dienen Gott vor seinem Thron; wo die Seraphinen prangen und das hohe Lied anfangen: „Heilig, heilig, heilig heißt Gott, der Vater, Sohn und Geist!"

5. Wo die Patriarchen wohnen, die Propheten allzumal; wo auf ihren Ehrenthronen sitzet die gezwölfte Zahl*; wo in so viel tausend Jahren alle Frommen hingefahren; wo dem Herrn, der uns versöhnt, ewig Hallelujah tönt.   * Matth. 19, 28.

6. O Jerusalem, du schöne, ach, wie helle glänzest du! Ach, wie lieblich Lobgetöne hört man da in sanfter Ruh! O, der großen Freud und Wonne: jetzund gehet auf die Sonne, jetzund gehet an der Tag, der kein Ende nehmen mag.

7. Ach, ich habe schon erblicket diese große Herrlichkeit! Jetzo werd ich schön geschmücket mit

dem weißen Himmelskleid; mit der güldnen Ehrenkrone steh ich da vor Gottes Throne, schaue solche Freude an, die kein Ende nehmen kann.

———

8. Nnn, da will ich ewig woh=

nen; meine Lieben, gute Nacht! Eure Treu wird Gott belohnen, die ihr habt an mir vollbracht. Liebste Kinder und Verwandte, Brüder, Freunde und Bekannte: lebet wohl zu guter Nacht! Gott sei Dank, es ist vollbracht!

Johann Georg Albinus, 1624—1679.

Sehet auf und hebet eure Häupter auf,
Darum, daß sich eure Erlösung nahet.
(Matth. 25, 1—13.)

Weise 534. Valet will ich dir geben.

766. Ermuntert euch, ihr Frommen, zeigt eurer Lampen Schein! Der Abend ist gekommen, die finstre Nacht bricht ein. Es hat sich aufgemachet der Bräutigam mit Pracht; auf! betet, kämpft und wachet! bald ist es Mitternacht.

2. Macht eure Lampen fertig und füllet sie mit Oel und seid des Heils gewärtig; bereitet Leib und Seel. Die Wächter Zions schreien: der Bräutigam ist nah, begegnet ihm in Reihen und singt Hallelujah!

3. Ihr klugen Jungfraun alle, hebt nun das Haupt empor mit Jauchzen und mit Schalle zum frohen Engelchor! Die Thür ist aufgeschlossen, die Hochzeit ist bereit; auf, auf, ihr Reichs= genossen, der Bräutgam ist nicht weit!

4. Er wird nicht lang ver= ziehen, drum schlafet nicht mehr ein! Man sieht die Bäume blühen; der schönste Frühlings= schein verheißt Erquickungszei= ten; die Abendröthe zeigt den

schönen Tag von weitem, vor dem das Dunkel weicht.

5. Begegnet ihm auf Erden, ihr, die ihr Zion liebt, mit freudigen Geberden und seid nicht mehr betrübt! Es sind die Freudenstunden gekommen, und der Brant wird, weil sie überwunden, die Krone nun vertraut.

6. Die ihr Geduld getragen und mit gestorben seid, sollt nun nach Kreuz und Klagen in Freuden sonder Leid mit leben und regieren und vor des Lam= mes Thron mit Jauchzen trium= phiren in eurer Siegeskron.

7. Hier sind die Siegespalmen, hier ist das weiße Kleid, hier stehn die Weizenhalmen in Frie= den nach dem Streit und nach den Wintertagen, hier leben die Gebein, die dort im Tode lagen, hier schenkt man Freu= denwein.

8. Hier ist die Au der Freu= den, wo der getreue Hirt selbst die Erlösten weiden und reich= lich tränken wird, hier sind die

goldnen Gassen, hier ist das
Hochzeitsmahl, hier soll sich
niederlassen die Braut im Frie-
densthal.

9. O Jesu, meine Wonne,
komm bald und mach dich auf!

Geh auf, ersehnte Sonne, und
fördre deinen Lauf! O Jesu,
mach ein Ende und führ uns
aus dem Streit! Wir heben
Haupt und Hände nach der Er-
lösungszeit.

Laurentius Laurenti, 1660—1722.

Ach daß die Hilfe aus Zion über Israel käme Und der Herr sein gefangenes Volk erlösete.

(Pf. 14, 7.   Offenb. 18, 2 ff.)

*Weise 104.   Freuet euch, ihr Christen alle.

767. Herr, wann wirst du
Zion bauen, Zion, die geliebte
Stadt, die sich dir ergeben hat?
Ach, soll sie nicht einmal schauen
ihre Mauern aufgericht? Ja, der
Herr verläßt sie nicht! Freude,
Freude über Freude, Christus
wehret allem Leide! Wonne,
Wonne über Wonne, Christus
ist die Gnadensonne!

2. O wann wird die Stimm
erschallen, daß man rufet überall
in der Auserwählten Zahl: Babel, Babel ist gefallen*, die mit
ihrer stolzen Pracht vormals war
so hoch geacht? Freude, Freude
über Freude, Christus wehret
allem Leide! Wonne, Wonne
über Wonne, Christus ist die
Gnadensonne!
        * Off. Joh. 14, 8.

3. Höre, wie dein Zion klaget
unter Babels Dienstbarkeit jetzt
in dieser finstern Zeit! Doch,
du wirst den, der sie plaget,
stürzen bald durch deinen Geist,
der die Frommen singen heißt!

Freude, Freude über Freude,
Christus wehret allem Leide!
Wonne, Wonne über Wonne,
Christus ist die Gnadensonne!

4. Drück uns, Herr, dein
heilig Sigel auf die Stirne,
auf die Hand*, dir zu Ehren,
uns zum Pfand, daß wir uns
durch Glaubensflügel können
schwingen himmelan, wo uns
Niemand schaden kann. Freude,
Freude über Freude, Christus
wehret allem Leide! Wonne,
Wonne über Wonne, Christus
ist die Gnadensonne! *Off. 7, 3 ff.

5. Zeichne mit dem heilgen
Zeichen uns, dein Volk, dein
Eigentum, liebster Jesu, höchster
Ruhm, so muß Satan von uns
weichen; des Verderbens Kind*
entflieht, wenn es deine Zeichen
sieht. Freude, Freude über
Freude, Christus wehret allem
Leide; Wonne, Wonne über
Wonne, Christus ist die Gna-
densonne!   * 2 Theff. 2, 3.

6. O wie wird dein Volk dich

---

* Man kann auch den Kehrreim: Freude, Freude rc. weglassen; alsdann wird das Lied nach Weise 175 „Ach, was soll ich Sünder
machen" gesungen.

ehren, wenn es nun entrissen ist Babels Stolz, des Feindes List! Deinen Ruhm wird es vermehren und in alle Ewigkeit dich zu loben sein bereit. Freude, Freude über Freude, Christus wehret allem Leide! Wonne, Wonne über Wonne, Christus ist die Gnadensonne!

7. Zion, sei drum unbetrübet!

Die Erquickungszeit ist da, und des Herren Hilf ist nah! Selig, der sich ihm ergibet und vor seinem Heiland kann stimmen Hallelujah an. Freude, Freude über Freude, Christus wehret allem Leide! Wonne, Wonne über Wonne, Christus ist die Gnadensonne!

Dr. Joachim Lange, 1670—1744.

Der Herr wird uns erlösen von allem Uebel Und aushelfen zu seinem himmlischen Reich.
(2 Tim. 4, 18.)

Weise 807. Ich dank bir schon.

768. Herr, unser Gott, wann kommt dein Reich? Wir warten sein so lange! Wir beten: „Zu uns komm dein Reich!" es ist uns sehnlich bange.

2. Der Frevler höhnt, der Spötter lacht, der Böse triumphiret; und du, Herr, hast noch nicht vollbracht, hast noch nicht ausgeführet,

3. Wofür du lebtest, littest, starbst, vom Grab erstandest wieder und dir, ein Haupt zu sein, erwarbst; hier sind wir, deine Glieder,

4. Sind ohne deinen Geist und Kraft verwelkte todte Glieder; beleb uns, Himmels-Lebenssaft, und weck, erweck uns wieder!

5. Wir fordern nicht, wir wünschen nur, laß unsre Lampen brennen, und wollst, o Herr der Creatur, uns einst die Deinen nennen!

6. Verzeuchst du auch — wir harren bein, du wirst gewislich kommen! Dein Ja ist Ja,

dein Nein ist Nein! Du hast das Reich genommen,

7. Und bist zu deines Vaters Hand und kommst, ein König, wieder; die du hienieden dein genannt, sind ewig deine Glieder.

8. Du theilst mit ihnen Herrlichkeit und Freudenmahl und Krone, und winkst, daß Jedermann schon heut in deiner Hütte wohne,

9. Und pfleg im Himmel Bürgerschaft, und bet und dir vertraue, und herrsche hier in deiner Kraft, bis er dich droben schaue.

10. Gebet und Glaube, Hoffnung, Mut und stilles Thun und Leiden sind uns hienieden Himmelsgut und Vorschmack jener Freuden,

11. Die du, o Herr, für uns erwarbst, als, selbst von Gott verlassen, du für die Treugeliebten starbst, sie ewig zu erfassen;

12. Und ließest uns dein

Abendmahl, dein Wort: „Ich komme wieder!" und sprachst zu deiner kleinen Zahl: „Lebt, sterbet mir, ihr Brüder!"

13. Wir leben dir, wir sterben dir, dich wieder bald zu sehen; dir leben wir, dir ster-

ben wir, dein Wort kann nicht vergehen.

14. Herr, unser Leben ist gar bald, ein Nichts, ein Traum, verschwunden; komm bald, du ewger Aufenthalt, geht hin, ihr kurzen Stunden!

Johann Gottfried von Herder, 1744—1803.

Ich sah einen neuen Himmel Und eine neue Erde.
(Offenb. 21.)

Eigne Weise
(oder: Nun preiset Alle, Nr. 50).

769.   Aug. Ebrard, 1857.

Ich hab von fer-ne, Herr, dei-nen Thron er-blickt und hät-te ger-ne mein Herz vor-aus-ge-schickt und hät-te gern mein mü-des Le-ben, Schöpfer der Gei-ster, dir hin-ge-ge-ben.

2. Das war so prächtig, was ich im Geist gesehn; du bist allmächtig, drum ist dein Licht so schön. Könnt ich an diesen hellen Thronen doch schon von heut an ewig wohnen!

3. Nur bin ich sündig, der Erde noch geneigt, das hat mir bündig dein heilger Geist gezeigt; ich bin noch nicht genug gereinigt, noch nicht ganz innig mit dir vereinigt.

4. Doch bin ich fröhlich, daß mich kein Bann erschreckt; ich bin schon selig, seitdem ich das entdeckt. Ich will mich noch im Leiden üben und dich zeitlebens inbrünstig lieben.

5. Ich bin zufrieden, daß ich die Stadt gesehn; und ohn Ermüden will ich ihr näher gehn und ihre hellen goldnen Gassen lebenslang nicht aus den Augen lassen.

Dr. Johann Timotheus Hermes, 1738—1821.

———

f. Wiederkunft Chrifti, Auferftehung, Gericht und Ewigkeit, oder Lieder vom jüngften Tage.

Diefer Tag ift ein Tag des Grimms,
Ein Tag der Wolken und Nebel.
(Zeph. 1, 15—17. 2 Petr. 3, 10. 17. Offenb. 20, 12—15.)

770.

Eigne Weife.   Altkirchlich.

Tag des Zor=nes! dir zum Rau=be finkt die Welt zu
Afch und Staube, fo zeugt Schrift und Völ=ker=glau=be.

Röm. 2, 5.   Apftgfch. 17, 31.   Pf. 102, 27.   2 Petr. 3, 10.

2. Welch ein Graun, wenn zum Gerichte naht der Herr, umftralt von Lichte, daß er Alles prüf und fichte*!
Pf. 90, 8. Eph. 5, 13. — * Am. 9, 9.

3. Dröhnend durch der Grä=ber Boden bringt Pofaunen=fchall, die Todten werden vor dem Thron entboten.
1 Kor. 15, 52.   1 Theff. 4, 16. Matth. 24, 31.

4. Erd und Tod wird fchaun mit Beben das Gefchöpf der Gruft entfchweben, Rechenfchaft dem Herrn zu geben!

5. Eine Schrift wird aufge=fchlagen, drinnen Alles einge=tragen, wes die Welt ift anzu=klagen.

6. Wird dann das Gericht be=ginnen: kommt verborgnes Thun und Sinnen an den Tag; nichts wird entrinnen.   Luc. 8, 17.

7. Ach, was werd ich Armer fagen, wen um Schutz zu bit=ten wagen, da Gerechte felbft verzagen?
Hiob 9, 2. 3.   1 Petr. 4, 18.

8. König fchrecklicher Gewal=ten, frei ift deiner Gnade Schal=ten; Gnadenquell, laß Gnade walten!
Gal. 2, 16.   Eph. 2, 8.

9. Haft ja, Jefu, mich erko=ren, bift für mich als Menfch geboren, laß mich drum nicht fein verloren!   Luc. 19, 10.

10. Haft dich müb um mich geftritten, bift für mich zum Kreuz gefchritten, — das fei nicht umfonft gelitten!
1 Petr. 2, 24.

11. Richter, mit gerechter Wage* fprich mich frei von Schuld und Klage an dem großen Rechnungstage.   * Dan. 5, 27.

12. Sieh, ich feufze fchuldbe=laden, fchamroth über meine Thaten; fchone mein, o Gott, in Gnaden!

13. Der du losfprachft einft Marien* und dem Schächer haft verziehen,** haft auch Hoff=nung mir verliehen!***
* Maria Magdalena. Luc. 7, 37 bis 48. — ** Luc. 23, 42. 43. *** Jef. 1, 18.

14. Ach, nicht würdig ist mein Flehen*; doch laß mich vor dir bestehen, nicht zur ewgen Pein mich gehn! * Dan. 9, 18. 19.

15. Zu den Sel'gen mich geleite, mich von den Verworfnen scheide; stell mich dir zur rechten Seite! Matth. 25, 31—40.

16. Wenn, den Flammen preisgegeben, die zur Linken dann erbeben, — öffne mir die Thür zum Leben!
Matth. 25, 41—46.

17. Zitternd voll Zerknirschung wende ich zu dir empor die Hände, steh mir bei am letzten Ende!
Jes. 57. 15. 16; 66, 2. Pf. 51, 19.

18. O des Tags, des thränenreichen, wo der Aschengruft entsteigen zum Gericht die Menschen schuldvoll!

19. Schon', Gott Vater, ihrer huldvoll! Frommer Jesu, wollst uns geben Ruhe und das ewge Leben!

Nach dem Lateinischen (dies irae, dies illa) des Thomas von Celano, 1250.

Es ist den Menschen gesetzet, einmal zu sterben, Darnach aber das Gericht.
(Offenb. 20, 12—15. 2 Petr. 3, 10. 17.)

771. Eigne Weise. 1535.

Es ist ge-wis-lich an der Zeit, daß Christ, der Herr, wird in sei-ner gro-ßen Herrlich-keit, zu rich-ten Bös' und kom-men From-me. Da wird das La-chen wer-den theur, wenn Al-les wird ver-gehn durchs Feur, wie Pe-trus da-von schreibet.

2. Ergehen wird Posaunenton bis an der Welt ihr Ende; da wird Gott fordern vor sein Thron all Menschen gar behende. Da wird der Tod erschrecken sehr, wenn er wird hören neue Mähr, daß alles Fleisch soll leben.

3. Drauf wird ein Buch gelesen bald, darinnen steht geschrieben, wie Gott wird richten Jung und Alt; nichts soll verborgen bleiben, und einem Jeden kommt zu Haus, was er hier hat gerichtet aus in seinem ganzen Leben.

4. Hilf, heilige Dreieinigkeit,
daß mein Nam werd gefunden
im Buch des Lebens allezeit;
in meiner letzten Stunden weich
nicht von mir, Herr Jesu Christ,
der du allein mein Helfer bist;
du wollst von mir nicht scheiden!

5. Was werd ich armer Sün=
der dann vor deinem Richtstuhl
sagen? Wer ist, der mich ver=
treten kann und meine Sach
austragen? Das wirst du thun,

Herr Jesu Christ, weil du auf
Erden kommen bist, all Sünder
zu erlösen.

6. Wenn ich, Herr, meine
Sünd bedenk, mein Auge bitter
weinet; wenn ich der ewgen
Freud gedenk, mein ganzes Herz
sich freuet. Herr, hilf, daß ich
dein Angesicht mög sehn mit
meinem Augenlicht dort in dem
ewgen Leben!

Das deutsche dies irae. Altes
Kirchenlied von 1588.

**Gott wird geben einem Jeglichen nach seinen Werken,
Denn es ist kein Ansehen der Person vor Gott.**
(Offenb. 20, 12—15. 2 Petr. 3, 10. 17.)
Nach voriger Weise.

772. Es wird gewis am End
der Zeit des Menschen Sohn
einst kommen mit Engeln seiner
Herrlichkeit, wie er sich vorge=
nommen; der Himmel wird dann
nicht bestehn, in Feuer wird die
Erd vergehn, wie uns die Schrift
bezeuget.

2. Posaunen wird man hören
gehn an aller Welt ihr Ende,
worauf bald werden auferstehn
die Todten gar behende. Die
aber noch am Leben dann, die
wird der Herr von Stunde an
verwandeln und erneuen.

3. Darnach wird man ablesen
bald ein Buch, worin geschrieben,
was alle Menschen, jung und
alt, auf Erden hier getrieben,
da dann gewislich Jedermann
wird hören, was er hat gethan
bei seines Leibes Leben.

4. Weh jenem, der auf Er=
ben hat des Herren Wort ver=

achtet, und der allein nur, früh
und spat, nach Lust, Geld, Ehr
getrachtet! Er wird fürwahr
gar schlimm bestehn und weg
von Christo müssen gehn, ver=
bammt zur Höllenstrafe.

5. Was werd ich armer Sün=
der dann vor jenem Richtstuhl
sagen? Wo ist ein Fürsprech,
welcher kann mich zu vertreten
wagen? Das wirst du thun,
Herr Jesu Christ, weil du auf
Erden kommen bist, die Sünder
zu erlösen.

6. O Jesu, hilf zur selben
Zeit durch deine heilgen Wun=
den, daß ich im Buch der Se=
ligkeit werd eingezeichnet funden!
Weich dann nicht von mir, Jesu
Christ, der du allein mein Hel=
fer bist; du wollst von mir nicht
scheiden!

7. Herr, wenn ich meine Sünd
bebenk, so muß mein Auge wei=

nen; doch wenn an deine Gnad ich denk, muß mir die Sonne scheinen! O hilf, daß ich dein Angesicht mög sehn mit meinem Augenlicht dort in dem ewgen Leben!

8. Derhalben mein Erbarmer sei, wenn du einst wirst erscheinen, und lies mich aus dem Buche frei, worinnen stehn die Deinen, auf daß ich sammt den Brüdern mein mit dir geh in den Himmel ein, den du uns hast erworben!

Das vorige Lied unter Zugrundlegung der dem Bartholomäus Ringwaldt (1530—1598) zugeschriebenen Ueberarbeitung und mit einigen neuern Varianten.

Selig sind die Todten,
Die in dem Herrn sterben.
(Jes. 57, 2. Offenb. 14, 13; 21, 1. 3.)

773. Eigne Weise. Joh. Crüger, 1649.

O wie se-lig seid ihr doch, ihr From-men, die ihr durch den Tod zu Gott ge-kom-men! Ihr seid ent-gan-gen al-ler Noth, die uns noch hält ge-fan-gen.

2. Muß man hier doch wie im Kerker leben, wo nur Sorge, Furcht und Schrecken schweben; was wir hier kennen, ist nur Müh und Herzeleid zu nennen.

3. Ihr hingegen ruht in eurer Kammer sicher und befreit von allem Jammer; kein Kreuz und Leiden ist euch hinderlich in euern Freuden.

4. Christus wischt euch ab all eure Thränen, ihr habt schon, wonach wir uns erst sehnen; euch wird gesungen, was in Keines Ohr allhier gedrungen.

5. Ach, wer wollte denn nicht gerne sterben und den Himmel für die Welt ererben? Wer wollt hier bleiben, sich vom Jammer länger lassen treiben?

6. Komm, o Herr, uns aus dem Joch zu spannen! Lös uns auf und führ uns bald von dannen! Bei dir, o Sonne, ist der frommen Seelen Freud und Wonne!

M. Simon Dach, 1605—1659.

**Wir müssen offenbar werden vor dem Richterstuhle Christi,
Auf daß ein Jeglicher empfahe, nach dem er gehandelt hat.**
(Röm. 2, 6—11.)

Nach voriger Weise.

774. O wie mögen wir doch unser Leben so der Welt und ihrer Lust ergeben, und uns selbst scheiden von der Frommen Ruh und tausend Freuden?

2. Müssen wir nicht auch nach kurzen Jahren zu den Todten in die Grube fahren? Es wird geschehen, daß ein Jeder seinen Lohn wird sehen.

3. Wenn die Welt ihr Ende einst genommen, und der Richter wird vom Himmel kommen, wird er entdecken Alles, was wir meinten zu verstecken.

4. O was wird er für ein Urtheil fällen, wenn er unser Thun wird vor sich stellen, wenn er wird finden, wie wir hie gelebt in lauter Sünden?

5. O Herr Christe, wollest mein verschonen und mir Sünder nach Verdienst nicht lohnen; ich will verlassen alle Welt und ihre Lüste hassen!

6. Forthin soll mein Leben dir zu Ehren nimmer sich von deinem Worte kehren. Dein will ich bleiben, keine Welt soll mehr von dir mich treiben!

7. Deine Gnadenthür steht Allen offen, die auf dich in diesem Leben hoffen; die ohn dich sterben, müssen dort mit Leib und Seel verderben.

8. Darum schließ ich mich in beine Wunden, wo ich meiner Sünden Heil gefunden; dein Kreuz und Leiden führet mich zu wahren Himmelsfreuden.

Heinrich Albert, 1604—1668.

**Die Gottlosen werden in die ewige Pein gehen,
Die Gerechten aber in das ewige Leben.**
(Matth. 25, 46. Joh. 11, 25.)

Weise 375. Vater unser im Himmelreich.

775. O Ewigkeit! o Ewigkeit! wie lang bist du, o Ewigkeit! doch eilt zu dir schnell unsre Zeit, gleich wie das Schlachtroß zu dem Streit, nach Haus der Bot, das Schiff zum Port, der schnelle Pfeil vom Bogen fort.

2. O Ewigkeit! o Ewigkeit! wie lang bist du, o Ewigkeit! Gleichwie an einer Kugel rund kein Anfang und kein End ist kund, so auch, o Ewigkeit, an dir nicht Ein= noch Ausgang finden wir.

3. O Ewigkeit! o Ewigkeit! wie lang bist du, o Ewigkeit! Du bist ein Ring, unendlich weit, dein Mittelpunkt heißt „Allezeit," dein runder Umkreis „Niemals" heißt, dieweil er nie ein Ende weist.

4. O Ewigkeit! o Ewigkeit! wie lang bist du, o Ewigkeit!

Es trüge wohl ein Vögelein weg aller Berge Sand und Stein, wenns nur läm alle tausend Jahr; du Ewigkeit bleibst immerdar.

5. O Ewigkeit! o Ewigkeit! wie lang bist du, o Ewigkeit! Der hier gelebet arm und bloß, ruht ewig reich in Gottes Schoß, er liebt und lobt das höchste Gut in vollem Trost und Freudenmut.

6. O Ewigkeit! o Ewigkeit! wie lang bist du, o Ewigkeit! Ein Augenblick ist alle Freud, dadurch man kommt in stetes Leid; ein Augenblick ist alles Leid, dadurch man kommt in stete Freud.

7. O Ewigkeit! o Ewigkeit! wie lang bist du, o Ewigkeit!

Wer sich besinnt, zu Gott so spricht: „Hier brenn! hier schneid! hier straf und richt! hier haudle nach Gerechtigkeit! verschon nur nach der Gnadenzeit"!

8. O Ewigkeit! o Ewigkeit! wie lang bist du, o Ewigkeit! „Ich, Ewigkeit, ermahne dich, o Mensch, gedenk nur erst an mich, die ich der Sünder Straf und Pein, der Gotteslieb ein Lohn soll sein."

9. O Ewigkeit! o Ewigkeit! wie lang bist du, o Ewigkeit! So lange als Gott Gott wird sein, so lang wird sein der Höllen Pein, so lang wird sein des Himmels Freud; o lange Freud! o langes Leid!

Nach einem ältern Liede von Daniel Wülffer, 1617—1683.

Wache auf, der du schläfest, stehe auf von den Todten, So wird dich Christus erleuchten.
(Matth. 24, 27—44. 1 Thess. 5, 2—4. Offenb. 3, 3.
Joh. 5, 29. Luc. 21, 34.)

776.   Eigne Weise.
                                                          1715.

Wach auf, wach auf, du sich-re Welt, der letz-te Tag wird
Denn, was im Himmel ist bestellt, wird durch die Zeit nicht

wahrlich kom=men!
hin-ge-nom-men;   ja, was der Hei-land selbst geschwo-

ren, soll end-lich all-zu-mal ge-schehn; ob-

gleich die Welt muß un-tergehn, so wird sein Spruch doch

nicht ver = lo = ren.

2. Wach auf, der Herr kommt zum Gericht, er wird gar herrlich laffen schauen fein majeftätisch Angesicht, das den Verlornen machet grauen; feht, den der Vater läffet fitzen zu seiner Rechten, der die Welt zu seinen Füßen hat gestellt, der kommt mit Donner, Feur und Blitzen.

3. Doch welch ein lieblich Los und Theil wird bringen dieser Tag den Frommen, an welchem ihr erwünschtes Heil, fie frei zu machen, ist gekommen! Der rechte Josua wird bringen die Seinigen mit ftarker Hand in das gelobte Vaterland, ein Siegeslied daselbst zu singen.

4. Sind gleich die Zeiten so verkehrt, daß wir vor Unmut schier vergehen; wird schon die Trübsal so vermehrt, daß kaum ein Ziel davon zu sehen: geduldet euch, bald wird sich enden des Lebens schwere Pilgerschaft; bald werden wir dahingerafft, wo sich die Plagen von uns wenden.

5. Der Frühling ist bald vor der Thür, der Feigenbaum wird Laub gewinnen, die Blümlein sprießen auch herfür, die Zeit erneut uns Herz und Sinnen; dann kommt das rechte Sommerleben, in welchem unser Leib wird sein verkläret wie der Sonnenschein, den uns der jüngste Tag wird geben.

6. Wach auf, wach auf, du sichre Welt! gar schnell wird dieser Tag einbrechen; wer weiß, wie bald es Gott gefällt? — Sein Will ist gar nicht auszusprechen. Ach, hüte dich vor Geiz und Praffen; gleichwie das Vöglein wird berückt*, bevor's noch seinen Feind erblickt, — so schnell wird dieser Tag dich faffen!

* Vom Garn umstrickt. Pred. 9, 12.

7. Wohlan, wir wollen Tag und Nacht im Geist und unablässig beten; wir wollen treulich geben Acht auf unsern Herrn und vor ihn treten! Kommt, laffet uns entgegengehen dem Bräutigam zu rechter Zeit, damit wir in der Ewigkeit sammt allen Engeln vor ihm stehen.

Johann Rist, 1607—1667.

**Wachet, denn ihr wiffet nicht Tag noch Stunde,
In welcher des Menschen Sohn kommen wird.**
(Marc. 9, 43. 44; 46—48. Matth. 24, 42—51.)

777. Eigne Weise. Joh. Crüger, 1653.

O E = wig = keit, du Donnerwort, o Schwert, das durch die
o E = wig = keit, Zeit oh = ne Zeit: ich weiß vor gro = ßer

See = le bohrt, o An=fang son=der En = be! Mein
Trau=rig=keit nicht, wo ich mich hin = wen = be.

ganz er=schrock=nes Herz er=bebt, wenn mir dies Wort im

Sin=ne schwebt.

2. Kein Unglück ist in aller Welt, das endlich mit der Zeit nicht fällt und ganz wird aufgehoben: — der Hölle Dauer hat kein Ziel; sie ist ein Meer, des Wellenspiel läßt nimmer ab zu toben. Ja, wie mein Heiland selber spricht: ihr Wurm und Fener stirbet nicht.

3. O Ewigkeit, du machst mir bang! o ewig, ewig ist zu lang! Hier gilt fürwahr kein Scherzen. Drum wenn ich diese lange Nacht zusammt der großen Pein betracht, erschreck ich recht von Herzen. Nichts ist zu finden weit und breit so schrecklich, als die Ewigkeit.

4. Wie bist du heilig und gerecht, o Gott, wenn du den bösen Knecht bestraffst mit ewgen Schmerzen! Auf kurze Sünden dieser Welt ist lange Qual und Pein gestellt! Ach, nimm es recht zu Herzen; und merke dirs, o Menschenkind: kurz ist die Zeit, der Tod geschwind!

5. Wach auf vom Sündenschlaf, wach auf, o sichrer Mensch, zu neuem Lauf, und beßre bald dein Leben! Wach auf! denn es ist hohe Zeit, es kommt heran die Ewigkeit, dir deinen Lohn zu geben! Vielleicht ist hent der letzte Tag; wer weiß doch, wann er sterben mag?

6. Ach, laß die Wollust dieser Welt, Pracht, Hoffahrt, Reichtum, Ehr- und Geld dir länger nicht gebieten! Schau an die große Sicherheit, die arge Welt und böse Zeit, und flieh den falschen Frieden! Vor allen Dingen hab in Acht des ewgen Todes lange Nacht!

7. O Ewigkeit, du Donnerwort! o Schwert, das durch die Seele bohrt! o Anfang sonder Ende! o Ewigkeit, Zeit ohne Zeit! ich weiß vor großer Traurigkeit nicht, wo ich mich hinwende. Nimm du mich, wenn es dir gefällt, Herr Jesu, in dein Freudenzelt!

Joh. Rist, 1607—1667.

Was ihr gethan habt einem unter diesen meinen geringsten Brüdern, Das habt ihr mir gethan, spricht der Herr.

(Matth. 25, 31—46.)

Weise 588. Herzlich thut mich verlangen.

778. Ich denk an dein Gerichte, du Richter aller Welt, obs für ein Wahngedichte auch manches Weltkind hält. Dein Wort und mein Gewissen zeigt es mir deutlich an, daß du wirst richten müssen, was jeder Mensch gethan.

2. Ich seh die Erde beben, geöffnet jede Gruft die Todten wieder geben, wenn deine Stimme ruft. Ich höre die Posaunen in meinen Ohren schon und sehe mit Erstaunen dich nahn, o Menschensohn!

3. Ich sehe schon dich sitzen in deiner Herrlichkeit, wenn Donnerhall und Blitzen der Welt das Ende bräut; mein Geist erblickt die Scharen vor deinem Stuhl gestellt, so viel als Menschen waren von Anbeginn der Welt.

4. Du rufst, und sie erscheinen vor deinem Richterthron; den Sündern und den Deinen gibst du gerechten Lohn. Ein Jeder muß sich stellen und seinen Urtheilsspruch von dir sich lassen fällen zum Segen oder Fluch.

5. Da geht es an ein Scheiden: du stellst zur rechten Hand und führst zu ewgen Freuden, die du als treu erkannt. Die Bösen gehn zur Linken von deinem Angesicht und müssen dort versinken, wo weder Trost noch Licht.

6. O, ihr zur rechten Seite, wie lieblich ruft er euch: „Kommt her, Gebenedeite, erbt meines Vaters Reich! Ihr habet mich gespeiset, mit Trank und Kleid versehn; was Brüdern ihr erweiset, das ist für mich geschehn."

7. Wie angstvoll aber beben, die hier dein Wort verhöhnt und wider dich im Leben sich sträflich aufgelehnt! Des Zornes Blitze schießen auf die zur linken Hand, sie werden hören müssen: „Ich hab euch nie erkannt!"

8. So gehen die Gerechten ins Freudenleben ein; so wird den Sündenknechten des ewgen Todes Pein. Die Seligen erlangen der Engel Brüderschaft, die Bösen sind gefangen in höllischer Verhaft.

9. Herr, laß mich stets erwägen dein künftiges Gericht, damit ich mir zum Segen empfinde sein Gewicht! Gib, daß ich mich recht schicke auf deinen letzten Tag und alle Augenblicke mich drauf bereiten mag!

10. Und ist er einst vorhanden: alsdann erhör mein Flehn und laß mich nicht mit Schanden vor deinem Throne stehn; stell mich zu deiner Rechten von aller Schuld befreit, führ mich mit deinen Knechten in deine Herrlichkeit!

Nach Benjamin Schmolck, 1672—1737.

Ihr Wurm wird nicht sterben,
Und ihr Feuer wird nicht verlöschen.
(Dan. 12, 2. 3.　Marc. 9, 43—48.)

Weise 777.　O Ewigkeit, du Donnerwort.

779. Bedenke, Mensch, die Ewigkeit, wie hoch, wie tief, wie weit und breit der Abgrund stehet offen; bedenk, wie aus dem Ort der Qual, dem schreckens- vollen Todesthal, kein Ausgang ist zu hoffen; das „Ewig! Ewig!" stelle dir bei allen deinen Sün- den für.

2. Wie unaussprechlich wird die Pein bei den verworfnen Sündern sein! Der Tod wird ewig nagen; das ist die ewig lange Nacht, die unaufhörlich bangen macht, wo sich die Wäch- ter fragen mit Zittern, Zagen und Geschrei: „Wann ist die lange Nacht vorbei?"

3. Erzittre, sichres Menschen- kind, das noch in seinen Sün- den blind und in der Lust ent- schlafen! Wohlan, so ändre dei- nen Lauf, denn Ewig! Ewig! hört nicht auf, und ewig sind die Strafen; o welch entsetzli- ches Gericht: man lebet nicht und stirbt auch nicht!

4. Bedenke nur, wie kurze Zeit dich kann der Erden Üppigkeit nach deinem Sinn erfreuen! Und willst dich nicht vor der Gefahr von mehr als tausend- tausend Jahr, die nicht zu zäh- len, scheuen? — Und diese Zahl wird niemals klein, Gott müßte denn nicht Gott mehr sein!

5. O Mensch, bei jedem Glo- ckenschlag gedenk an deinen jüng- sten* Tag; vor allen deinen Sünden erwäge dieses allemal, was du dereinst für große Qual dafür hast zu empfinden. Denn wer oft an die Hölle denkt, wird von der Hölle nicht gekränkt.

* letzten.

6. Ach, laß mich doch, mein Jesu, nicht einst fern von dei- nem Angesicht bei den Verlor- nen stehen; laß mich in das gelobte Land mit denen, die zur rechten Hand, zu deiner Freude gehen; führ mich zum auserwählten Hauf und nimm in deinen Schoß mich auf!

Christian Friedrich Henrici, † 1764.

Wir Alle müssen offenbar werden
Vor dem Richterstuhle Christi.
(2 Cor. 5, 10.)

Weise 847.　Nun ruhen alle Wälder.

780. Die Welt kommt einst zusammen im Glanz der ewgen Flammen vor Christi Richter- thron; dann muß sich offenba- ren, wer die und jene waren! Sie kennt und prüft des Men- schen Sohn.

2. Der Greul in Finsternissen, das Brandmal im Gewissen, die Hand, die blutvoll war, das

Aug voll Ehebrüche, das frevle Maul voll Flüche, das Herz des Schalks wird offenbar.

3. Das Flehn der armen Sünder, das Thun der Gotteskinder, die Hand, die milde war, das Aug voll edler Zähren, der Mund voll Lob und Lehren, des Chriſten Herz wird offenbar.

4. Wo wird man ſich verſtecken? Was will die Blöße decken? Wer ſchminkt ſich da geſchwind? Wen kann die Lüge ſchützen? Was wird ein Werkruhm nützen? Da ſind wir Alle, wie wir ſind.

5. Herr, dieſe Offenbarung drück du mir zur Bewahrung beſtändig in den Sinn, daß ich auf das nur ſehe, — ich gehe oder ſtehe, — wie ich vor deinem Ange bin!

Ph. Friedr. Hiller, 1699—1769.

Der Tod iſt der Sünde Sold, aber die Gabe Gottes Iſt das ewige Leben in Chriſto Jeſu.

(Röm. 6, 22. 23.)

Weiſe 777. O Ewigkeit, du Donnerwort.

781. Erhöhter Jeſu, Gottes Sohn, der du ſchon längſt der Himmel Thron als Herrſcher eingenommen: du wirſt dereinſt zu rechter Zeit in großer Kraft und Herrlichkeit vom Himmel wiederkommen. Gib, daß dann froh und mit Vertraun dich, Herr, auch meine Augen ſchaun!

2. Wer faßt, o Heiland, jetzt die Pracht, die deinen Tag einſt herrlich macht? Wie groß wirſt du dich zeigen, wenn du auf lichten Wolken einſt mit deiner Engel Heer erſcheinſt, die ſich dem Herrſcher beugen! Dann ſieht die Welt die Majeſtät, zu der dich Gott, dein Gott erhöht.

3. Dann tönt dein Ruf in jedes Grab, es tönt der Allmacht Ruf hinab und ſchafft ein neues Leben. Auf deinen Wink muß Erd und Meer das unzählbare große Heer der Todten wiedergeben. Sie gehen alle neu beſeelt durch dich hervor und keiner fehlt.

4. Du ſammelſt ſie vor deinen Thron, um jedem den beſtimmten Lohn nach ſeinem Werk zu geben. Dann trifft den Böſen Schmach und Pein, den Frommen aber führſt du ein in das verheißne Leben; ſo zeigeſt du, Herr Jeſu Chriſt, daß du der Erde Richter biſt!

5. Gib, wenn dein großer Tag erſcheint, daß ich im Richter auch den Freund und Heiland wiederfinde, daß ich mit Freuden vor dir ſteh und mit dir in den Himmel geh, befreit vom Fluch der Sünde! Laß mich im Glauben wachſam ſein, und auch die kleinſte Sünde ſcheun!

6. Dein Name ſei mir ewig werth, und was dein Wort von mir begehrt, das laß mich treulich üben! Niemals ermüde hier mein Geiſt, dich, den der ganze

Himmel preist, aus aller Kraft
zu lieben: so hab ich in der

Ewigkeit auch Theil an deiner
Herrlichkeit.

Christian Samuel Ulber, 1714—1776.

**Es wird gesäet in Unehre
Und wird auferstehen in Herrlichkeit.**
(1 Cor. 15, 42—44.)

782. Eigne Weise. F. B. Glaser, 1804.

Auf = er = stehn, ja auf = er = stehn wirst du, mein
Staub, nach kur=zer Ruh; un = sterblich Le = ben wird,
der dich schuf, bir ge = ben. Hal = le = lu = jah!

2. Wieder aufzublühn werd
ich gesät; der Herr der Ernte
geht und sammelt Garben uns
ein, bie in ihm starben. Halle=
lujah!

3. Tag des Danks, der Freu=
benthränen Tag, du meines
Gottes Tag! wenn ich im Grabe
genug geschlummert habe, er=
weckst bu mich.

4. Wie den Träumenden, wird
dann uns sein; mit Jesu gehn
wir ein zu seinen Freuden. Der
müden Pilger Leiden sind dann
nicht mehr.

5. Ach, ins Allerheiligste führt
mich mein Mittler dann, lebt
ich im Heiligtume zu seines
Namens Ruhme! Hallelujah!

Friedrich Gottlieb Klopstock,
1724—1803.

**c. Ewiges Leben, oder Lieder von der ewigen
Seligkeit.**

**Wir warten eines neuen Himmels
Und einer neuen Erde nach der Verheißung.**
(Matth. 22, 2—14. 1 Cor. 2, 9. 1 Petr. 1, 3—5.)

Weise 534. Valet will ich dir geben.

783. Herzlich thut mich er=
freuen bie liebe Sommerzeit,
wenn Gott wird schön verneuen
Alles zur Ewigkeit. Den Him=

mel und die Erden wird neu
Gott schaffen gar, all Creatur
soll werden ganz herrlich, schön
und klar.

2. Kein Zunge kann erreichen die ewge Schönheit dort, man kanns mit nichts vergleichen, es gibt dafür kein Wort; drum müssen wir dies sparen bis an den jüngsten Tag, dann wollen wir erfahren, was Gott ist und vermag.

3. Denn Gott wird dann uns Alle, was je geboren ist, mit der Posaunen Schalle im Sohne Jesu Christ verklärtes Leibs erwecken zu großer Herrlichkeit und klärlich uns entdecken die ewge Seligkeit.

4. Sein' Engel wird auch senden Herr Christus, unser Trost, daß wir uns zu ihm wenden, der uns aus Lieb erlöst; er wird uns schön empfangen in aller Heilgen Schar, mit Armen uns umfangen; das wird erfreun fürwahr.

5. Da werden wir mit Freuden den Heiland schauen an, der durch sein Blut und Leiden den Himmel aufgethan, die lieben Patriarchen, Propheten allzumal, die Märtrer und Apostel bei ihm in großer Zahl.

6. Die werden dann uns nehmen als Brüder zu sich ein, sich unser gar nicht schämen, sich stelln in unsre Reihn; wir werden Alle treten zur Rechten Jesu Christ, als unsern Gott anbeten, der unsers Fleisches ist.

7. Er wird zur rechten Seiten uns freundlich sprechen zu: „Kommt, ihr Gebenedeiten, zu meiner selgen Ruh! Nun sollet ihr ererben meins lieben Vaters

Reich, das ich euch hab erworben; drum seid ihr Erben gleich!"

8. Also wird uns erlösen der Herr von aller Noth, vom Tod und allem Bösen, von Trübsal, Angst und Spott, von Trauern, Weh und Klagen, von Krankheit, Schmerz und Leid, von Schwermut, Sorg und Zagen, von aller bösen Zeit.

9. Er wird uns fröhlich leiten ins ewge Parabeis, die Hochzeit zu bereiten zu seinem Lob und Preis. Da werden Freud und Wonne in rechter Lieb und Treu aus Gottes Schatz und Brunnen uns täglich werden neu.

10. Kein Ohr hat je gehöret, kein Aug hat je gesehn, was denen wird bescheret, die Gott sich ausersehn; sie werden Gott anschauen von hellem Angesicht, leiblich mit ihren Augen das ewig wahre Licht.

11. Wir werden mit ihm halten das ewge Abendmahl, die Speis wird nicht veralten in Gottes Himmelssal. Er wird sich selbst zu eigen uns geben völliglich, all seine Güt uns zeigen in Christo sichtiglich.

12. Wir werden stets mit Schalle vor Gottes Stuhle stehn, mit Freuden singen Alle ein neues Lied gar schön: „Lob, Ehr, Preis, Kraft und Stärke Gott Vater und dem Sohn, des heilgen Geistes Werke sei Lob und Dank gethan!"

———

13. Fröhlich pfleg ich zu sin=

gen, wenn ich solch Freud betracht, und geh in vollen Sprüngen, mein Herz vor Freuden lacht. Mein Geist thut hoch sich schwingen von dieser Welt mit Macht; sehn mich nach solchen Dingen, der Welt ich gar nicht acht.

14. Drum wollen nicht verzagen, die jetzt in Trübsal sind, und die die Welt thut plagen, dieweil sie ihnen feind. Sie solln ihr Kreuz nur tragen mit Freuden in Geduld, auf Gottes Wort sich wagen, sich trösten seiner Huld.

15. Man laß die Welt nur toben und zornig stürmen an: es sitzt im Himmel droben, Gott Lob! ein starker Mann; es wird gar bald aufwachen, der ewig strafen kann, der Richter aller Sachen, er ist schon auf der Bahn.

16. Der Bräutgam wird bald rufen: „Kommt all ihr Hochzeitsgäst!" Hilf, Gott, daß wir nicht schlafen im Sünden-

schlummer fest, und haben in den Händen die Lampen, Oel und Licht, und uns nicht müssen wenden von deinem Angesicht!

17. Der König wird bald kommen, die Hochzeitgäst besehn; wer vor ihm wird verstummen, dem wirds sehr übel gehn. O Gott, hilf, daß ich habe das rechte Hochzeitskleid, den Glauben, deine Gabe, zu geben recht Bescheid!

18. Herr Gott, durch deine Güte führ mich auf rechter Bahn! Herr Christ, mich wohl behüte; sonst möcht ich irre gehn! Halt mich im Glauben feste in dieser bösen Zeit; hilf, daß ich stets mich rüste zur ewgen Hochzeitsfreud!

19. Hiemit will ich beschließen das fröhlich Sommerlied. Es wird gar bald aussprießen die ewge Sommerblüt, das ewig Jahr herfließen; Gott geb in jenem Jahr, daß wir der Frucht genießen. Amen, das werde wahr!

M. Joh. Walther, † nach 1566.

Das ist das Zeugnis, daß Gott uns das ewige Leben gegeben hat, Und solches Leben ist in seinem Sohne.
(1 Petr. 1, 3. 4. 2 Petr. 3, 10—13.)

784. Weise: Erzürne dich nicht über die Gottlosen.
1555.

Laßt uns mit Lust und Freud aus Glauben sin-gen vom

ed-len Trost der werthen Christen-heit und von der Hoffnung

der zu-künftgen Din-ge, wo-rin die ew-ge Freud und Se-lig-

keit! Woll Gott, daß uns die = sel = be mög ge = lin = gen burch

sei = ne grundlo = se Barmher=zig = keit!

2. Obwohl kein Mensch genugsam kann verstehen, welch große Freud uns Gott hat zubereit und was am End der Welt noch soll geschehen, so lehrt doch Christus unsre Blödigkeit, wie es mit seiner Kirche werd ergehen, wenn er erscheinen wird in Herrlichkeit.

3. Er will am jüngsten Tage hoch sie ehren — dazu ist ihm gegeben die Gewalt —, will herrlich sie an Leib und Seel verklären und rein'gen ihre sterbliche Gestalt: das neue Leben will er ihr bescheren, wo als sein völlig Ebenbild sie stralt.
Matth. 13, 43. Röm. 8, 29. 1 Kor. 15, 42—53. 2 Kor. 3, 18. Phil. 3, 21.

4. Dazu will schön und lieblich er verneuen Himmel und Erd und alle Creatur, und seine Kinder hoch damit erfreuen, Genossen seiner göttlichen Natur; will ihnen übergroße Freud verleihen und herrlich sie erhöhn im Engelchor.
Off. 21, 1. 2 Petr. 3, 13. Jes. 65, 17. Röm. 8, 11. 17.

5. Da will sein Reich er über Maßen zieren mit Perlen, lauterm Gold und Edelstein, darin mit seiner Heiligkeit regieren und leuchten heller, denn der Sonnen-

schein, ganz fröhlich seine Braut zum Vater führen: die auserwählte christliche Gemein.
Off. 21 u. 22.

6. Die wird mit Freuden ihren Gott dann schauen von hellem Angesicht zu Angesicht, nicht mehr im Glauben wandeln und Vertrauen, sondern mit Augen sehn das ewge Licht, mit sel'ger Lust, befreit von allem Grauen, verwundert schauen ihres Heils Geschicht.

7. Da werden alle Frommen triumphiren und siegen wider alle ihre Feind; die lieben Engel werden jubiliren, daß wir sind ihre, und sie unsre Freund, kein Leid wird uns in Ewigkeit berühren; denn wir sind göttlicher Natur vereint.
2 Petr. 1, 4.

8. Da werden sich all Gotteskinder kennen, die je gewesen von Beginn der Welt, und, wie ein Feur, in Gottes Liebe brennen; ob mehr, ob minder, wie es ihm gefällt, Gott Jeden ehrt: — wird Unhuld* sie nicht trennen; sie bleiben brüderlich sich zugesellt.   * Mißgunst.
Joh. 12, 26. 1 Kor. 15, 41. 42. Dan. 12, 3.

9. So wird Gott selber Alles sein in Allen, ihr volle Gnüg

und großer Lohn allzeit, ihr Lebensbronn, ihr höchstes Wohl= gefallen, ihr Speis und Trank, ihr Schmuck und schönes Kleid; sie lassen drob ein neues Lied erschallen, erfüllt mit unaus= sprechlich hoher Freud.
1 Kor. 15, 28. Pf. 36, 10.

10. Das ist und heißet nun das ewge Leben; mit Christo ist verborgen es in Gott, und wird dann offenbaret und gegeben, wenn uns der Herr aufwecken wird vom Tod und dort zu seiner Herrlichkeit erheben, den Fein= den all zum Trotze, Hohn und Spott. Kol. 3, 3. 4.

11. Dies Leben aber wird hier angefangen, sobald wir glauben an den Herren Christ, durch Geist und Wort die Neu= geburt erlangen, erkennen den, der unser Leben ist, und bleiben, wie die Reben, an ihm hangen, verkläret in sein Bild und wohl gerüst.
Joh. 3, 16. 36; 11, 25. Röm. 8, 29; 15, 5. 2 Kor. 3, 18.

12. Nun, komm* und eil, Herr Jesu Christ, von oben, reich' uns in unfrer Wallfahrt deine Hand, zeuch unser Herz zu dir durch deine Gaben, hilf auch dem schwachen Leib zum Vater= land: so wollen wir dich herz= lich dafür loben – in dem voll= kommnen, freudenreichen Stand!
* Offenb. 22, 20.

Böhmische Brüder, 1566. (Peter Herbert, † 1571.)

Wir sind gekommen zu der Gemeine der Erstgebornen, Die im Himmel angeschrieben sind.
(Offenb. 3, 5; 7, 9—17.)

Weise 587. Freu dich sehr, o meine Seele.

785. Lasset Klag und Trauern fahren! Aus dem finstern To= desthal gehn die auserwählten Scharen zu dem hohen Him= melssal, in die Friedens=Palmen= stadt, wo der Krieg ein Ende hat, wo sie unter Siegespalmen loben Gott mit schönen Psalmen.

2. Heil und Weisheit, Kraft und Stärke sei dem höchsten Gott bereit; alle seine Weg und Werke sind voll Heil und Selig= keit! Preis sei Gott und seinem Lamm, das uns half am Kreu= zesstamm; Lob und Dank sei seinem Namen ewig, ewig! Amen, Amen!

3. Die mit Palmenkränzen prangen, sind das Überwinder= heer; die ihr Feierkleid em= pfangen, drückt der Arbeit Last nicht mehr. Ihr hochzeitlich Ehrenkleid ist des Herrn Ge= rechtigkeit, die er uns aus Gnad erworben, da er ist für uns gestorben.

4. Gottes Lamm hat sie ge= führet aus der Trübsal Hitz und Glut; Gottes Lamm hat sie ge= zieret und geschmückt mit seinem Blut; Gottes Lamm sie würdig macht, daß vor Gott sie Tag und Nacht stehn in königlichen Kronen und in seinem Tempel wohnen.

5. Auf sie, die im Himmel wallen, wird nicht mehr der Sonne Stral, wird nicht Durst noch Hunger fallen, sie berühret keine Qual. Gottes Lamm sie nun regiert und zum Lebens=brunnen führt; Gott wird stillen all ihr Sehnen und abwischen ihre Thränen.

6. Heil und Weisheit, Kraft und Stärke gebet Gott je mehr und mehr; alle seine Weg und Werke sind voll Herrlichkeit und Ehr! Preis sei Gott und sei=nem Lamm, das uns half am Kreuzesstamm; Lob und Dank sei seinem Namen ewig, ewig! Amen, Amen!

Joh. Heermann, 1585—1647.

**Ich will mich mit dir verloben in Ewigkeit,
Ja, im Glauben will ich mich mit dir verloben, spricht der Herr.**
(Hos. 2, 19. 20.)

Weise 777. O Ewigkeit, du Donnerwort.

786. O Ewigkeit, du Freu=denwort, das mich erquicket fort und fort, o Anfang sonder Ende! O Ewigkeit, Freud ohne Leid, ich weiß vor Herzensfröhlichkeit nichts mehr vom Weltelende, weil mir versüßt die Ewigkeit, was uns betrübet in der Zeit.

2. Kein Herrlichkeit ist in der Welt, die endlich mit der Zeit nicht fällt und gänzlich muß vergehen; die Ewigkeit nur hat kein Ziel, ihr Licht, ihr selges Freudenspiel bleibt unverändert stehen, wie Gott in seinem Worte spricht: das Erbe dort verwelket nicht. Kol. 3, 24. 1 Petr. 1, 4.

3. O Ewigkeit, du währest lang! Wenn mir auf Erden gleich ist bang, weiß ich, daß das auf=höret. Drum, wenn ich diese lange Zeit erwäge, sammt der Seligkeit, die ewig nichts zer=störet: so acht ich alles Leiden nicht, das mich nur kurze Zeit anficht.

4. Was ist doch aller Christen Qual, die Pein der Märtrer allzumal, so vieles Kreuz und Leiden? Was ists, wenn mans zusammenträgt und Alles auf die Wage legt, wohl gegen Him=melsfreuden? Wie wird es über=wogen weit von jenes Lebens Herrlichkeit!

5. Im Himmel lebt der Sel=gen Schar bei Gott viel tausend, tausend Jahr, sie werden des nicht müde, stehn mit den Engeln im Verein, sehn immerdar der Gott=heit Schein, ihr Erb ist goldner Friede, wo Jesus Christ, wie er verheißt, sie mit dem Brot des Lebens speist.

6. Ach, wie verlanget doch nach dir mein mattes Herze mit Be=gier, du unaussprechlich Leben! Wann komm ich doch einmal da=hin, wohin mein blöder, schwa=cher Sinn sich allzeit übt zu streben? Mich sehnend nach des Himmels Glanz will ich der Welt vergessen ganz!

7. O Ewigkeit, du Freuden=

wort, das mich erquicket fort und fort, o Anfang sonder Ende! O Ewigkeit, Freud ohne Leid, ich weiß von keiner Trau= rigkeit, wenn ich· zu dir mich wende. Erhalt mir, Jesu, die= sen Sinn, bis ich bei dir im Himmel bin!

M. Kaspar Heunisch, 1627—1694. ·

**Vor dir ist Freude die Fülle,
Und liebliches Wesen zu deiner Rechten ewiglich.**
(Ps. 17, 15. Offenb. 3, 5. Hebr. 12, 22. 23.)

Weise 534. Valet will ich dir geben.

787. Ein Tröpflein von den Reben der süßen Ewigkeit kann mehr Erquickung geben, als die= ser eiteln Zeit reich strömende Genüsse; und wer nach jenen strebt, tritt unter seine Füße, was hier die Welt erhebt.

2. Wer von dir möchte sehen nur einen Blick, o Gott, — wie wohl würd ihm geschehen! die Welt wär ihm ein Spott mit allem ihrem Wesen; so herrlich und so rein, so lieblich, so er= lesen in deiner Augen Schein!

3. Du reichlichste Belohnung der auserwählten Zahl, wie lieb= lich ist die Wohnung, wo deiner Gottheit Stral sich offenbarlich zeiget! O herrlich edler Tag, dem diese Sonn aufsteiget, und dem sie leuchten mag!

4. O Licht, das ewig brennet, dem keine Nacht bewußt, das keinen Nebel kennet! Gesell= schaft, reich an Lust, wo Gott und Engel kommen mit Mensch= heit überein, wo ewiglich die Frommen gesegnet werden sein!

5. Vollkommne Liebe bringet dort immer neue Freud, aus ewger Lieb entspringet dort ewge Fröhlichkeit. Gott selbst ist solche Wonne, ist solcher Liebe Preis, ist seiner Blumen Sonne im bunten Paradeis.

6. Sein Licht wird in uns leuchten; des ewgen Weinstocks Saft wird unsre Lippen feuch= ten; mit seiner Stärke Kraft, mit Himmelsklarheit werden wir ganz erfüllet sein, wenn wir uns spiegeln werden in seiner Gott= heit Schein.

7. Was wünschest du für Ga= ben? Du wirst sie finden dort, und in dir selber haben den Reichtum fort und fort; denn Gott, vor welchem Kronen und Perlen Staub und Spott, wird selber in uns wohnen, und wir in unserm Gott.

8. Wann werd ich einmal kom= men zu jenem Freudenmeer? O daß ich aufgenommen und dort bei Gott schon wär! Nimm unterdes mein Flehen, Herr Jesu, gnädig an, bis ich in je= nen Höhen dein Antlitz schauen kann!

Erasmus Finx, genannt Francisci, 1627—1694.

Ich will euch wiedersehen, und euer Herz soll sich freuen,
Und eure Freude soll Niemand von euch nehmen.
(Jes. 51, 11. Joh. 16, 16—22.)

788. Eigne Weise. D. T. Nicolai? 1819.

Wird das nicht Freu-de sein: nach gläu-bi-gem Ver-
trau-en dort selbst den Heiland schau-en und e-wig bei ihm
sein, an sei-nen hol-den Bli-cken und Wor-ten uns er-
qui-cken? wird das nicht Freude sein?

2. Wird das nicht Freude sein:
wenn, was der Tod entnommen,
uns wird entgegen kommen, uns
jauchzend holen ein? Wenn freudig wir umfassen, was thränend
wir verlassen? wird das nicht
Freude sein?

3. Wird das nicht Freude sein,
wenn Alles liegt bezwungen,
womit man hier gerungen?
Gott dienen engelrein, von
Schmerzen, Kümmernissen und
Sorgen nichts mehr wissen,
wird das nicht Freude sein?

4. Wird das nicht Freude sein:
was unaussprechlich, hören? des
Höchsten Lob vermehren? Mit
Engeln stimmen ein, wenn sie
mit süßem Klingen ihr dreimal
„Heilig" singen? wird das nicht
Freude sein?

5. O das wird Freude sein!
Weg, Güter dieser Erden, ihr
Ehren voll Beschwerden, weg,
eitler Freuden Schein! Gehabt
euch wohl, ihr Lieben! Will
euch mein Tod betrüben: denkt,
dort wird Freude sein!

Hans Christoph von Schweinitz, 1645—1722.

Hier ist gut sein,
Hier lasset uns Hütten bauen.
(2 Cor. 5, 1—9. 1 Petr. 1, 3—9; 4, 13.)

Weise 534. Valet will ich dir geben.

789. Im Himmel ist gut | klärt, dort, wo mit goldnen
wohnen, wo Jesus sich ver- | Kronen der Glaube wird geehrt.

Dort ist gut Hütten bauen, wo, frei von aller Pein, man Jesum Christ kann schauen; im Himmel ist gut sein.

2. Im Himmel ist gut wohnen, dies ist das frohe Haus, wo Seraphinen thronen; da theilt man Palmen aus. Wenn diese Hütt zerbrochen, der Lebensbau fällt ein, ist dort das Haus versprochen; im Himmel ist gut sein.

3. Im Himmel ist gut wohnen, dort endet alles Leid; das Kreuz muß mein verschonen, verwandelt ist's in Freud. Wer hier viel Angst erlitten, erlangt dort Sonnenschein, wohnt in den Himmelshütten; im Himmel ist gut sein.

4. Im Himmel ist gut wohnen, wo mit dem Ehrenkleid mein Jesus wird belohnen der Frommen Herzeleid; die glänzen dort und funkeln viel mehr, als Edelstein*, das Licht wird niemals dunkeln; im Himmel ist gut sein.

* Dan. 12, 2. 3. 1 Kor. 15, 41. 42. Matth. 13, 43.

5. Im Himmel ist gut wohnen, wo sel'ge Wonn und Lust erfreuet durch Aonen*, und Niemand Leid bewußt; dahin steht mein Begehren! Der Himmel bleibet mein; ach, Jesu, wollsts gewähren! Im Himmel ist gut sein.   * Ewigkeiten.

M. Joh. Balthasar Beyschlag, 1669—1717.

Wir wissen, daß wir einen Bau haben von Gott erbauet, Ein Haus, das ewig ist im Himmel.
(2 Cor. 5, 1—8. Offenb. 2, 10.)
Weise 762. Wachet auf, ruft uns die Stimme.

790. Mag dies Haus, das aus der Erden, nun immerhin zerbrochen werden, ein andres Haus wird uns erbaut; Gott selbst will den Bau vollführen, mit ewger Himmelsklarheit zieren, dran man nichts Unvollkommnes schaut. Hinweg, was irdisch heißt! Mein Herz und ganzer Geist fleucht von hinnen, ergreift dies Wort und ist schon dort an jenem selgen Freudenort.

2. Kein Vorhang wird da getroffen, das Allerheiligste steht offen, o seligste Zufriedenheit! Innig gibt sich zu umschließen, in süßer Wonne zu genießen die heiligste Dreieinigkeit. Es schenkt sich uns allhier der Engel schöne Zier; alle Frommen umfassen sich recht brüderlich; o Herz und Seele, freue dich!

3. Hier ist lauter Licht und Freude, die Seele prangt im weißen Kleide der allerreinsten Heiligkeit, und es stralt vor Gottes Throne auf unserm Haupt des Lebens Krone, es kommt und wechselt keine Zeit. Hör auf, mein blöder Sinn! wo willst du endlich hin? Stille, stille! Geh ruhig ein, wo Gott allein wird Alles und in Allem sein!

Jak. Baumgarten, 1668—1722.

**Wer überwindet, der wird es Alles ererben, spricht der Herr,
Und ich werde sein Gott sein und er wird mein Sohn sein.**
(Offenb. 7, 9—17.)

Weise 808. Gott des Himmels und der Erden.

791. Wer sind die vor Gottes Throne? was ist das für eine Schar? Jeder träget eine Krone, glänzet gleich den Sternen klar; Hallelujah singen all, loben Gott mit hohem Schall.

2. Wer sind die, so Palmen tragen, wie ein Sieger, in der Hand, welcher seinen Feind geschlagen und gestreckt hat in den Sand? Welcher Streit und welcher Krieg hat erzeuget diesen Sieg?

3. Wer sind die in reiner Seide göttlicher Gerechtigkeit, angethan mit weißem Kleide, das bestäubet keine Zeit und veraltet nimmermehr? Wo sind diese kommen her?

4. Es sind die, so wohl gekämpfet für des großen Gottes Ehr, haben Fleisch und Blut gedämpfet, folgend nicht dem sündgen Heer; die erlanget auf den Krieg durch des Lammes Blut den Sieg.

5. Es sind die, so viel erlitten, Trübsal, Schmerzen, Angst und Noth, im Gebet auch oft gestritten mit dem hochgelobten Gott. Nun hat dieser Kampf ein End, Gott hat all ihr Leid gewendt.

6. Es sind Zeugen eines Namens, der uns Huld und Heil gebracht, haben in dem Blut des Lammes ihre Kleider hell gemacht, sind geschmückt mit Heiligkeit, prangen nun im Ehrenkleid.

7. Es sind die, so stets erschienen hier als Priester vor dem Herrn, Tag und Nacht bereit zu dienen, Leib und Seel geopfert gern. Drum als Priester stehn sie nun in dem obern Heiligtum.

8. Wie ein Hirsch am Mittag lechzet nach dem Strom, der frisch und hell, so hat ihre Seel geächzet nach dem rechten Lebensquell. Nun ihr Durst gestillet ist, da sie sind bei Jesu Christ.

9. Auf dem Zionsberg sie weidet Gottes Lamm, die Lebenssonn, mitten in dem Stuhl und leitet sie zum rechten Lebensbronn; Hirt und Lamm, das ewge Gut, lieblich sie erquicken thut.

10. Dahin streck auch ich die Hände, o Herr Jesu, zu dir aus; mein Gebet ich zu dir wende, hilf zu deinem Reich mir aus! Hier bin ich im Kampf und Streit; treibe, Herr, die Feinde weit!

11. Hilf mir Fleisch und Blut besiegen, Sünd und Hölle, Feind und Welt; laß mich nicht danieder liegen, wenn ein Sturm mich überfällt; führe mich aus aller Noth, Herr, mein Fels, mein treuer Gott!

12. Gib, daß ich sei auserko-

ren, durch dein Blut gewaschen weiß: daß ich wachse, neugeboren, an dir als ein grünes Reis, meine Kleider wahre rein und meid allen falschen Schein, —

13. Daß mein Theil sei bei den Frommen, welche, Herr, dir ähnlich sind und aus großer Trübsal kommen. Hilf, daß ich auch überwind alle Trübsal, Noth und Tod, bis ich komm zu meinem Gott.

14. Mach bereit mich, dir zu dienen, Gott, daß ich als Priester dein im Gebet mich darf erkühnen, dich zu nennen Vater mein; beine Hütt sei Schirm und Hut vor der heißen Sonnenglut.

15. Meinen Durst und Hunger stille auf den grünen Zionsau'n; mein Verlangen auch erfülle, dort dein Angesicht zu schaun; meine Thränen wische ab; stets dein Geist die Seel mir lab!

16. O wie groß wird sein die Wonne, wenn wir werden allermeist schauen auf dem hohen Throne Vater, Sohn und heilgen Geist! Amen! Lob sei dir bereit, Dank und Preis in Ewigkeit!

Heinrich Theodor Schenk, † 1727.

Die mit Thränen säen,
Werden mit Freuden ernten.
(Pf. 126, 5. 6. 1 Cor. 2, 9.)

Weise 765. Alle Menschen müssen sterben.

792. O wie fröhlich, o wie selig werden wir im Himmel sein! Droben ernten wir unzählich unsre Freudengarben ein. Gehen wir hier hin und weinen: — dorten wird die Sonne scheinen, wo man nach den Thränen lacht; dort ist Tag und keine Nacht.

2. Es ist doch um dieses Leben nur ein jämmerliches Thun; Müh und Noth, die uns umgeben, lassen uns gar selten ruhn. Von dem Abend bis zum Morgen kämpfen wir mit lauter Sorgen; Kreuz und Trübsal, Angst und Noth ist hier unser täglich Brot.

3. Ach, wer sollte sich nicht sehnen dort in Zion bald zu stehn und aus diesem Thal der Thränen in den Freudenort zu gehn, wo sich unser Kreuz in Palmen, unser Klagelied in Psalmen, unsre Last in Lust verkehrt, und das Jauchzen ewig währt?

4. Da wird unser Aug erblicken, was ganz unvergleichlich ist. Da wird unsern Mund erquicken, was aus Gottes Herzen fließt. Da wird unser Ohr nur hören, was die Freude kann vermehren. Da empfindet unser Herz lauter Labsal ohne Schmerz.

5. Ach, wann werd ich dahin kommen, daß ich Gottes Antlitz schau? Werd ich nicht bald aufgenommen in den schönen

Himmelsbau, dessen Grund den Perlen gleichet, dessen Glanz die Sonne weichet, dessen wunderbolle Pracht alles Gold zu Schanden macht?

6. Nun so stille mein Verlangen, o du großer Lebensfürst,

laß mich bald dahin gelangen, wo du mich recht trösten wirst! Unterdes laß schon auf Erden meine Seele himmlisch werden, bis mein Los in jener Welt auf das lieblichste mir fällt!

Benjamin Schmolck, 1672—1737.

**Meine Seele verlangt
Und sehnet sich nach den Vorhöfen des Herrn.**
(Pf. 84, 2—5.)

793. Eigne Weise. 1738.

Un = ter Li = lien je = ner Freuden sollst du wei = den,
See = le, schwinge dich em = por; wie ein Ad = ler
fleug be = hen = de! Chri = sti Hän = de öff = nen schon das
Per = len = thor.

2. Laßt mich gehen, laßt mich fahren zu den Scharen derer, die des Lammes Thron nebst dem Chor der Seraphinen schon bedienen mit dem reinsten Jubelton.

3. Lös' doch, erstgeborner Bruder*, lös' die Ruder meines Schiffleins, führe mich in den sichern Friedenshafen zu den Schafen, die der Furcht entrückt durch dich!   * Röm. 8, 29.

4. Nichts soll mir am Herzen kleben, süßes Leben! was die Erd hier in sich hält. Sollt in diesen öden Räumen ich noch

säumen? Nein, ich eil ins Himmelszelt.

5. O wie bald kannst du es machen, daß mit Lachen unser Mund erfüllet sei! Du kannst durch des Todes Thüren träumend führen, und machst uns auf einmal frei.

6. Du hast unsre Schuld getragen; Furcht und Zagen muß nun ferne von mir gehn. Tod, dein Stachel liegt darnieder; meine Glieder werden fröhlich auferstehn!

7. Gottes Lamm, dich will ich loben hier und droben; du

bift meiner Seele Zier! Du haft dich zum ewgen Leben mir gegeben; Heiland, hole mich zu dir!

Johann Ludwig Konrad Allendorf, 1693—1773.

Sie schauen das Angesicht Gottes,
Und sein Name wird an ihren Stirnen sein.

(Offenb. 1, 8; 22, 4.)

Weise 437. Wie wohl ist mir, o Freund der Seelen.

794. Die Seele ruht in Jesu Armen, der Leib schläft sanft im Erdenschoß; am Herzen kann das Herz erwarmen, die Ruh ist unaussprechlich groß, die sie nach wenig Kampfesstunden bei ihrem holden Freund gefunden; sie schwimmt im stillen Friedensmeer. Gott hat die Thränen abgewischet, ihr Geist wird durch und durch erfrischet, des Lammes Glanz ist um sie her.

2. Sie ist nun aller Noth entnommen, ihr Schmerz und Seufzen ist dahin; sie ist zur Freudenkron gekommen, sie steht als Braut und Königin im Golde ewger Herrlichkeiten dem großen Könige zur Seiten, sie sieht sein klares Angesicht. Sein freudevoll und lieblich Wesen macht sie nun durch und durch genesen; sie ist ein Licht im großen Licht.

3. Sie jauchzt den Sterblichen entgegen: „Ja, ja, nun ist mir ewig wohl! Ich bin durch meines Mittlers Segen des Lebens, Lichts und Freude voll, mein schönes Erbtheil ist mir worden, viel Tausend aus der Sel'gen Orden bewundern jauchzeud meine Pracht." Man kann in allen Himmelschören gleich-

wie mit Donnerstimmen hören: „Der Herr hat Alles wohl gemacht."

4. Ja, wohl gemacht durchs ganze Leben! recht wohl in meiner Todespein! Sein mütterliches Tragen, Heben bracht mich h e r a u s, h i n d u r c h, h i n e i n; h e r a u s aus dieser Erde Lüsten, h i n d u r c h durch die Versuchungswüsten, h i n e i n ins schöne Kanaan, wo ich auf ewig grünen Auen den rechten Josua kann schauen, der große Ding an mir gethan.

5. Das war ein Tag der süßen Wonne, das war ein lang gewünschtes Heut, als Jesus, meine Lebenssonne, den ersten Blick der Herrlichkeit beim freudevollen Uebergehen ließ meinen Geist durchdringend sehen; der eilte meinem Freunde zu und schwang sich mit den Engelscharen, die um mein Sterbelager waren, ins Vaterhaus zur stolzen Ruh!

6. Nun kann das Kind den Vater sehen, es fühlt den süßen Liebestrieb; nun kann es Jesu Wort verstehen: „Er selbst, der Vater, hat dich lieb!" Ein unergründlich Meer des Guten, ein Abgrund ewger Segens-

sluten entdeckt sich dem verklär=
ten Geist; er schauet Gott von
Angesichte und weiß, was Got=
tes Erb im Lichte, weiß, was
ein Miterb Christi heißt.

7. Zur Seligkeit ist eingegan=
gen* die Seel** beim Him=
melsbräutigam†; gestillt ist nun
ihr heiß Verlangen bei dem so
theuern Gotteslamm; sie sitzt
bei ihm auf seinem Throne,
blitzt in des ewgen Lebens Krone
als eine auserwählte Sonn. Je=
hovah, der sich ihr ergeben, ist
selbst ihr Theil, ihr ewig Le=
ben, ihr Schild und ihr sehr
großer Lohn.

* Hebr. 5, 9. 10; 6, 17—20;
1 Petr. 1, 5—9. — ** Off. 20, 4.
— † Joh. 3, 28. 29; Matth. 9, 14.
15. Off. 19, 7. 8; 21, 2. 9; 22, 17.

8. Sie hat nun Alles zu ge=
nießen, worauf ihr Glaube sich
gefreut; die Lebensquell läßt in
sie fließen die Ströme ewger
Süßigkeit*. Sie wohnt in ewger
Ruh und Stille beim Freuden=
meer in Gottes Fülle; verschlun=
gen ist, was sie geschmerzt. Der
Vater küsst sie mit dem Triebe
der unbegreiflich zarten Liebe,
womit er seine Lieben herzt.

* Joh. 4, 13. 14; 7, 37. 38.
Off. 22, 1. 17.

9. Ihr ewig Alles ist erschie=
nen: Jehovah stellet sich ihr

bar. Das große Wort: „Ich,
ich in ihnen" ist ihr nun
völlig offenbar. Hier findt sie
ewig süße Weide, ein ewig Him=
melsbrot der Freude im aller=
seligsten Genuß; mit denen, die
vorangegangen, hat sie im gro=
ßen Gott empfangen den aller=
höchsten Überfluß.

10. Der matte Leib ruht in
der Erden, er schläft, bis Je=
sus ihn erweckt. Da wird der
Staub zur Sonne werden, den
jetzt die finstre Gruft bedeckt.
Wie fröhlich wird er auferste=
hen, wie wird man ihn verei=
nigt sehen mit dem verklärten
selgen Geist! Da wird an den
erlösten beiden an jenem Tag
der Hochzeitsfreuden des Lam=
mes Herrlichkeit gepreist.

11. Wir, die wir noch durch
Mara* reisen, wir sehnen uns
im Glauben nach; wir denken
unter Thränenspeisen** an je=
nen selgen Freudentag, an dem
wir mit der Schar der From=
men beim Hochzeitmahl zusam=
menkommen und bei dem Herrn
sind allezeit. Da wollen wir
ihn ewig sehen. Wie wohl, wie
wohl wird uns geschehen! Herr
Jesu, komm, mach uns bereit!

* 2 Mos. 15, 23. 4 Mos. 33, 8 ff.
Ruth 1, 20. — ** Psalm 42, 4.

Johann Ludwig Konrad Allendorf, 1693—1773.

**Es ist noch eine Ruhe vorhanden dem Volke Gottes;
Säumet nicht, einzukommen zu seiner Ruhe!**
(Hebr. 4, 1; 9, 11.)

Weise 437. Wie wohl ist mir, o Freund der Seelen.

795. Es ist noch eine Ruh
vorhanden; auf, müdes Herz,

und werde licht! Du seufzest
hier in deinen Banden, und

deine Sonne scheinet nicht. Sieh auf das Lamm, das dich mit Freuden dort wird vor seinem Stuhle weiden, wirf hin die Last und eil herzu! Bald ist der schwere Kampf geendet, bald, bald der saure Lauf vollendet, und du gehst ein zu deiner Ruh.

2. Die Ruhe hat uns Gott erkoren, die Ruhe, die kein Ende nimmt; es hat, da noch kein Mensch geboren, die Liebe sie uns so bestimmt. Der Heiland wollte darum sterben, uns diese Ruhe zu erwerben; er ruft, er locket weit und breit: „Ihr müden Seelen und ihr Frommen, versäumet nicht, hereinzukommen zu meiner Ruhe Lieblichkeit!"

3. So kommet denn, ihr matten Seelen, die manche Last und Bürde drückt! Eilt, eilt aus euern Kummerhölen, geht nicht mehr seufzend und gebückt! Ihr habt des Tages Last getragen, dafür läßt euch der Heiland sagen: „Ich selbst will eure Ruhstatt sein!" Ihr seid sein Volk, gezeugt von oben; ob Sünde, Welt und Hölle toben: seid nur getrost und gehet ein!

4. Was mag wohl einen Kranken laben und einen müden Wandersmann? Darf jener nur ein Bette haben, auf welchem sanft er ruhen kann, — darf dieser nur sich niedersetzen und sich an frischem Trunke letzen: wie sind sie beide so erfreut! Doch dies sind kurze Ruhestunden; es ist noch eine Ruh erfunden, die währt in alle Ewigkeit!

5. Da wird man Freudengarben bringen, denn unsre Thränensat ist aus. O welch ein Jubel wird erklingen, welch süßer Ton im Vaterhaus! Schmerz, Seufzen, Leid wird ferne weichen, es wird kein Tod uns mehr erreichen; wir werden unsern König sehn, er wird am Brunnquell uns erfrischen, die Thränen von den Augen wischen; wer weiß, was sonst noch wird geschehn!*

* Off. 7, 17.

6. Kein Durst noch Hunger wird uns schwächen, denn die Erquickungszeit ist da. Die Sonne wird uns nicht mehr stechen, das Lamm ist seinem Volke nah. Es will selbst über ihnen wohnen und ihre Treue wohl belohnen mit Licht und Trost, mit Ehr und Preis. Die Leiber werden blühn und grünen, der große Sabbath ist erschienen, wo man von keiner Arbeit weiß.

7. Da ruhen wir und sind im Frieden und leben ewig sorgenlos. Ach, fasset dieses Wort, ihr Müden, legt euch dem Heiland in den Schoß! Ach, Flügel her! wir müssen eilen und uns nicht länger hier verweilen, dort wartet schon die frohe Schar. Fort, fort, mein Geist, zum Jubiliren! Begürte dich zum Triumphiren! Auf, auf, es kommt das Ruhejahr!

M. Johann Sigmund Kunth,
1700—1779.

**Er selber, Gott mit ihnen, will ihr Gott sein
Und abwischen alle Thränen von ihren Augen.**
(Offenb. 21, 1—5; 21—27.)

Weise 417. Wie schön leucht uns der Morgenstern.

796. Mein Geist, o Gott, wird ganz entzückt, wenn er hinauf zum Himmel blickt, der Glaube sieht ihn offen; er schauet deinen Königsthron, zur Rechten Jesum, deinen Sohn, auf den wir Alle hoffen. Klinget, singet Jubellieder, Christen, Brüder! Jauchzt von Herzen! Jesus stillet alle Schmerzen.

2. Was sind die Freuden dieser Zeit doch gegen jene Herrlichkeit, die dort bei Gott zu finden? Er stellt uns schon auf Erden zwar viel Wunder seiner Güte dar, daß wir sie froh empfinden; doch hier sind wir bei den Freuden stets von Leiden noch umgeben; dort nur ist vollkommnes Leben.

3. Dort ist kein Tod mehr und kein Grab, dort wischet Gott die Thränen ab von seiner Kinder Wangen; dort ist kein Kummer mehr, kein Leid, denn Alles hat der Herr erneut, das Alte ist vergangen! Hinfort sind dort für Gerechte, seine Knechte, keine Plagen mehr zur Prüfung zu ertragen.

4. In unsers Gottes Heiligtum erschallet seines Namens Ruhm von Millionen Zungen; da stralt die Herrlichkeit des Herrn, da schaut man sie nicht mehr von fern, da wird sie neu besungen. Völlig gibt sich den Erlösten, sie zu trösten, der zu kennen, den sie hier schon Vater nennen.

5. Mit neuer Inbrunst lieben wir dich, Vater, dann und dienen dir mit fröhlichem Gemüte; es ist uns nichts als Lust bewußt, die tausendfache heilge Lust an deiner großen Güte! Meister, Geister, Cherubinen, Seraphinen schaun entzücket, wie des Herrn Gemein geschmücket.

6. Welch selge Schar ist dort vereint! die Lieben, die ich hier beweint, die find ich droben wieder; dort sammelt Gottes Vaterhand sie, die ein Sinn schon hier verband, als seines Sohnes Glieder. Fröhlich werd ich, frei von Mängeln, mit den Engeln Gott lobsingen, Preis und Dank ihm ewig bringen.

7. Da komm ich zu des Höchsten Sohn, der für mich starb; wie glänzt sein Thron in jenen Himmelshöhen! Da werd ich dich, Herr Jesu Christ, der du der Engel Wonne bist, im reinen Lichte sehen; dann wird mein Hirt, nichts mich scheiden von den Freuden, die du droben deinen Treuen aufgehoben.

8. Wie heilig ist die neue Stadt, die Gott und Lamm zum Tempel hat, zum Grunde die zwölf Boten! Gar nichts Gemeines geht hinein; wer Greul

thut, muß verbannet sein, sein
Theil ist bei den Todten. Trauet,
schauet Gottes Güte, Gottes
Hütte bei den Kindern, Gott
wohnt bei bekehrten Sündern!
9. Die Stadt bedarf die Sonne
nicht, noch unsers Mondes blasses
Licht: das Lamm ist ihre Sonne.
Ihr leuchtet Gottes Herrlichkeit;
die Völker wandeln weit und
breit bei dieses Lichtes Wonne,
ewig selig; es stehn dorten die
zwölf Pforten allzeit offen, keine
Nacht ist je zu hoffen.

10. Wie herrlich ist die neue
Welt, die Gott den Frommen
vorbehält, wenn sie im Glau=
ben sterben. O Jesu, Herr der
Herrlichkeit, du hast die Stätt
auch mir bereit; hilf mir sie
auch ererben! Laß mich eifrig
darnach streben und mein Le=
ben hier so führen, daß ich dort
kann triumphiren!

Dr. Ahasverus Fritsch, 1629—1701, mit Aenderungen von Johann
Samuel Diterich, 1721—1797.

Selig sind die Todten,
Die in dem Herrn sterben.
(Offenb. 7, 14—17; 14, 13; 21, 23; 22, 5.)
Weise 762. Wachet auf, ruft uns die Stimme.

797. Selig sind des Himmels
Erben, die Todten, die im Her=
ren sterben, zur Auferstehung
eingeweiht! Nach den letzten
Augenblicken des Todesschlum=
mers folgt Entzücken, folgt
Wonne der Unsterblichkeit! Im
Frieden ruhen sie, frei von der
Erde Müh. Hosianna! Vor
Gottes Thron, zu seinem Sohn
begleiten ihre Werke sie.

2. Dank, Anbetung, Preis und
Ehre, Macht, Weisheit, ewig,
ewig Ehre sei dir, Versöhner
Jesu Christ! Ihr, der Ueber=
winder Chöre, bringt Dank,
Anbetung, Preis und Ehre dem
Lamme, das geopfert ist! Er
sank, wie wir, ins Grab, wischt
unsre Thränen ab, alle Thrä=
nen! Er hats vollbracht! Nicht
Tag, nicht Nacht wird an des
Lammes Throne sein.

3. Nicht der Mond, nicht mehr
die Sonne scheint uns alsdann;
er ist uns Sonne, der Sohn,
die Herrlichkeit des Herrn. Heil,
nach dem wir weinend rangen,
nun bist du, Heil, uns aufge=
gangen, nicht mehr im Dunkeln,
nicht von fern! Nun weinen
wir nicht mehr; das Alte ist
nicht mehr. Hallelujah! Er
sank hinab, wie wir, ins Grab;
er ging zu Gott, wir folgen ihm.

Friedr. Gottlieb Klopstock, 1724-1803.

Christus ist mein Leben,
Und Sterben ist mein Gewinn.
(Joh. 3, 16—18. Offenb. 2, 10; 3, 5.)
Weise 417. Wie schön leucht uns der Morgenstern.

798. Wie wird mir dann, o
dann mir sein, wann ich, mich
ganz des Herrn zu freun, in
ihm entschlafen werde, von kei=

ner Sünde mehr entweiht, entbunden von der Sterblichkeit, nicht mehr der Mensch von Erde! Freu dich, Seele! Stärke, tröste dich, erlöste, mit dem Leben, das dir dann dein Gott wird geben.

2. Ich freue mich und bebe doch, so drückt mich meines Elends Joch, der Fluch der Sünde nieder. Doch Jesu Beistand stärket mich; an ihn, den Mittler, halt ich mich, und er erhebt mich wieder. Jesus Christus, laß mich streben, dir zu leben, dir zu sterben, deines Vaters Reich zu erben!

3. Verachte denn des Todes Graun, mein Geist! Er ist der Weg zum Schaun, der Weg im finstern Thale. Er sei dir nicht mehr fürchterlich; ins Allerheiligste führt dich der Weg im finstern Thale. Gottes Ruh ist unvergänglich, überschwänglich; die Erlösten wird sie unaussprechlich trösten.

4. Herr, Herr, ich weiß die Stunde nicht, die mich, wenn dieses Auge bricht, zu deinen Todten sammelt; vielleicht umgibt mich ihre Nacht, eh ich dies Flehen noch vollbracht, mein Lob dir ausgestammelt. Vater, Vater, ich befehle meine Seele deinen Händen; laß mich einst in Frieden enden!

5. Vielleicht sind meiner Tage viel, ich bin vielleicht noch fern vom Ziel, an dem die Krone schimmert. Bin ich von meinem Ziel noch weit, die Hütte meiner Sterblichkeit wird sie erst spät zertrümmert: dann laß, Vater, reiche Saten guter Thaten mich begleiten vor den Thron der Ewigkeiten!

6. Wie wird mir dann, o dann mir sein, wann ich, mich ganz des Herrn zu freun, ihn dort anbeten werde, von keiner Sünde mehr entweiht, ein Mitgenoß der Herrlichkeit; nicht mehr der Mensch von Erde! „Heilig, heilig, heilig!" singen wir und bringen deinem Namen Ehr und Preis auf ewig! Amen.

Friedr. Gottlieb Klopstock, 1724–1803.

VI.
Lieder für besondere Zeiten und Umstände.

1. Morgenlieder.

**Die Güte des Herrn ist alle Morgen neu,
Und deine Treue ist groß.**
(Röm. 12, 1. 2.)

Weise 589. Herr Jesu Christ, meins Lebens Licht.

799. Es geht daher des Tages Schein; o Brüder, laßt uns dankbar sein dem gütigen und milden Gott, der uns die Nacht bewahret hat.

2. Laßt uns ihn bitten diese

Stund, herzlich singen mit e i=
nem Mund, begehren, daß er
uns auch wollt bewahren heut
mit seiner Huld;

3. Sprechend: O Gott von
Ewigkeit, der du uns aus Barm=
herzigkeit mit deiner größen Kraft
und Macht bewahret hast in die=
ser Nacht, —

4. Du wollest uns durch dei=
nen Sohn an diesem Tag auch
Hilfe thun und stehen unsrer
Seele bei, daß vor dem Fall
sie sicher sei.

5. O Herre Gott, nimm un=
ser wahr, bleib unser Wächter
immerdar, sei unser König, Erb
und Theil, Heerführer, Schutz=
herr, Hort und Heil.

6. Wir opfern uns dir, Herre
Gott, daß du das Herz sammt
Wort und That uns leiten wollst
nach deinem Mut*, daß es vor
dir sei recht und gut.

  * Sinn.

7. Dies bringen wir in dei=
nem Sohn als Morgenopfer vor
dein' Thron, darauf wir nun
zu deinem Lob genießen mögen
deiner Gab.

Böhmische Brüder 1531. (Michael Weiße, † 1534.)

**Siehe, ich sende einen Engel vor dir her,
Der dich auf deinem Wege behüte.**
(Pf. 91, 11. 12.)

Weise 12. Herr Gott, dich loben Alle wir.

800. Der Tag bricht an und
zeiget sich: o Herre Gott, wir
loben dich, wir danken dir, du
höchstes Gut, daß du die Nacht
uns hast behüt;

2. Wir bitten auch, behüt uns
heut, denn wir sind arme Pil=
gersleut; o steh uns bei, thu
Hilf, bewahr, daß uns kein Übel
widerfahr!

3. Regier du uns mit starker
Hand, auf daß dein Werk in
uns erkannt und daß mit gläu=
biger Geberd dein Nam von uns
geheiligt werd.

4. Hilf, daß der Geist Zucht=
meister bleib und unser Fleisch
so zwing und treib, daß sichs
nicht ungestüm erheb und ihm
in Argheit widerstreb.

5. Stärk ihn, daß er all Übel
schwäch, des Fleisches Mut und
Willen brech, daß sich in Lüste
nicht ergeb und wie zuvor in
Sünden leb.

6. Versorg uns auch, o Herre
Gott, auf heute nach Bedarf
und Noth, theil deinen milden
Segen aus, denn unsre Sorge
richt nichts aus.

7. Gib Segen, Herr, auf unser
Thun, auf unsre Arbeit und den
Lohn durch Jesum Christum,
deinen Sohn und unsern Herrn
vor deinem Thron!

Böhmische Brüder, 1531. (Michael Weiße, † 1534.)

42

Dich lobet alles Himmelsheer,
Und dich soll man preisen immer und ewiglich.
(Pf. 103.)

801.   Eigne Weise.   1738.

Der Tag vertreibt die finst-re Nacht, o Brüder, seid munter und wacht, die-net Gott, dem Her-ren!

2. Die Engel singen immer=
dar und loben Gott in großer
Schar, der Alles regieret.

3. Die Hähn und Vögel man=
cherlei die loben Gott mit Sang
und Schrei, der sie speist und
kleidet.

4. Die Erd, der Himmel und
das Meer geben dem Herren
Lob und Ehr, thun sein Wohl=
gefallen.

5. Alles was je geschaffen ward,
ein jeglich Ding nach seiner Art
preiset seinen Schöpfer.

6. Ei nun, Mensch, so edle
Natur, o du vernünftge Crea=
tur, sei nicht so verdrossen!

7. Gedenk, daß dich dein Herr
und Gott zu seinem Bild ge=
schaffen hat, daß du ihn er=
kennest

8. Und habest lieb aus Her=
zensgrund, ihn auch bekennest
mit dem Mund und so sein ge=
nießest.

9. Weil du nun seinen Geist
gekost und seiner Gnad genossen
hast, so dank ihm von Herzen.

10. Sei munter, bet mit Fleiß
und wach, sieh, daß du stets
in seiner Sach werdest treu be=
funden.

11. Du weißt nicht, wann der
Herre kömmt, denn er dir keine
Zeit bestimmt, sondern stets heißt
wachen.

12. So üb dich nun in seinem
Bund, lob ihn mit Herzen, That
und Mund, dank ihm seiner
Wohlthat.

13. Sprich: O Vater in Ewig=
keit, ich dank dir aller Gütig=
keit, mir bisher erzeiget

14. Durch Jesum Christum,
deinen Sohn, dem sammt dir
in dem höchsten Thron all Engel
lobsingen.

15. Hilf, Herr, daß ich d ch
gleicherweis von nun an allzeit
lob und preis in Ewigkeit. Amen!

Böhmische Brüder 1531. (Michael Weiße, † 1534.)

Wache auf, der du schläfest,
So wird dich Christus erleuchten.
(Eph. 5, 8—14.)
Nach voriger Weise.

802. Christgläubger Mensch,
wach auf, wach auf, thu Gott
dem Herrn dein Herze auf, der
dich hat geschaffen,

2. Dich auch erhält in seiner Macht und über dir wacht Tag und Nacht, dich nicht läßt verderben!

3. Gedenk an seine Herrlichkeit und dank ihm der Barmherzigkeit, dir bisher beweiset!

4. Sieh zu, daß du ihn nicht verachtst, dich nicht vor ihm zu Schanden machst und ihn so erzürnest;

5. Sondern sei demutsvoll vor ihm und unterwirf ihm deinen Sinn, so wird er dein walten,

6. Und, wie ein Vater seinen Sohn, dich leiten in all deinem Thun zu dem ewgen Leben

7. Durch Jesum Christum, seinen Sohn, der uns vertritt vor seinem Thron stets mit seinem Opfer.

Böhmische Brüder, 1531. (Michael Weiße, † 1534.)

Es ist das Licht süße; und den Augen lieblich, Die Sonne zu sehn.

(Pf. 74, 16; 136, 1—9. Preb. 11, 7. Joh. 1, 4. 5.)

Weise 589. Herr Jesu Christ, meins Lebens Licht.

803. Am Himmel schön und voller Pracht sehn wir die Sonn mit großer Macht jetzt wieder gegen Mittag hin in ihrem Morgenlaufe ziehn.

2. Nun laßt uns Gott, das höchste Licht, das solche Dinge zugericht', anflehen ganz demütiglich, uns zu erleuchten innerlich

3. Herab von seinem festen Thron mit Christo, seinem eingen Sohn, dem Glanze seiner Herrlichkeit, der Sonne der Gerechtigkeit, Mal. 4, 2. Hebr. 1, 3.

4. Sprechend: O Gott, du ewges Licht, wir bitten dich mit Zuversicht, gib deinen Geist in unser Herz, daß er uns leuchte himmelwärts!

5. Verleih, daß wir mit Herzenslust vollführn, was du befohlen hast, auf daß dein Werk in uns beweist, du werdst gelobet und gepreist.

6. Bewahr in uns dein göttlich Licht, den Glauben, Lieb und Zuversicht; der Sünde wehr, daß Seel und Leib uns unbeschwert und lauter bleib.

7. All unsre Hoffnung steht zu dir, Herr, uns nicht in Versuchung führ, sondern hilf uns mit deiner Stärk, daß deine Gnad man in uns merk!

8. So singen wir in e i n e m Ton, Gott Vater, dir und deinem Sohn, dem heilgen Geiste gleicherweis in Ewigkeit Lob, Dank und Preis.

Böhmische Brüder, 1531. (Michael Weiße, † 1534.)

42*

**Opfert Gerechtigkeit,
Und hoffet auf den Herrn!**
(Pf. 4, 6.)

Weise 107. Gelobet seist du, Jesu Christ.

804. Ich geb und opfre dir mein Herz, o Gott, nimms und zeuchs himmelwärts, daß ich mich stets im Geist erheb, an dem, was irdisch ist, nicht kleb, nach dir nur streb!

Unbekannter Verfasser.

**Ich will von deiner Macht singen
Und des Morgens rühmen deine Güte.**
(Pf. 59, 17; 125.)

Weise 589. Herr Jesu Christ, meins Lebens Licht.

805. Die helle Sonn leucht jetzt herfür; fröhlich vom Schlaf aufstehen wir. Gott Lob, der uns heint* diese Nacht behütet vor des Feindes Macht!

* Heint = diese (vergangne oder künftige) Nacht.

2. Herr Christ, den Tag uns auch behüt vor Sünd und Schand durch deine Güt! laß deine lieben Engelein unsre Hüter und Wächter sein,

3. Daß unser Herz gehorsam leb und deinem Wort nicht widerstreb, daß wir stets gehn auf deiner Bahn in Allem, was wir fangen an.

4. Laß unser Werk gerathen wohl, was ein Jeder ausrichten soll, daß unsre Arbeit, Müh und Fleiß gereich zu deinem Lob und Preis.

Nikolaus Herman, † 1561.

**Wer Dank opfert, der preiset mich,
Und das ist der Weg, daß ich ihm zeige das Heil Gottes.**
(Pf. 121.)

806.　　　　Eigne Weise.

1598.

Aus mei-nes Her = zens Grun = de sag
in die-ser Mor = gen = stun = de und

ich dir Lob und Dank
all mein Le = ben lang,

o Gott, auf bei = nem

Thron, dir zu Lob, Preis und Eh = ren, durch

Chri=stum, un = fern Her = ren, dein ein = ge=

bor=nen Sohn,

2. Daß du mich haft aus Gna= ben in der vergangnen Nacht vor Fährlichkeit und Schaden behütet und bewacht. Ich bitt demütiglich: wollst alle Sünd vergeben, womit in diesem Le= ben ich hab erzürnet dich.

3. Du wollst durch deine Güte mich auch an diesem Tag vor Feindeslift behüten, vor Sün= ben und vor Schmach, vor Feur und Wassersnoth, vor Armut und vor Schanden, vor Ketten und vor Banden, vor bösem, schnellem Tod.

4. Ich will mit Freuden ge= ben in deine Händ, o Herr, all dein Geschenk: das Leben, die Seel, den Leib, die Ehr, mein

Gut, Gemahl und Kind, die Eltern und Verwandten, Ge= schwister und Bekannten, dazu mein Hausgesind.

5. Gott will ich lassen rathen, der alle Ding vermag; er segne meine Thaten, er fördre meine Sach. Ihm hab ich heimge= stellt Leib, Seele, Gut und Le= ben und was er sonst gegeben; er machs, wie's ihm gefällt.

6. Drauf sprech ich fröhlich Amen und zweifle nicht daran: Gott wird es allzusammen in Gnaden sehen an; und streck nun aus mein Hand, greif an mit Freud und Frieden das Werk, wozu beschieden mich Gott in meinem Staub.

M. Johann Mathesius, 1504—1565.

**Das ist ein köstlich Ding, dem Herrn danken,
Und lobsingen deinem Namen, du Höchster.**
(Pf. 92, 2—5.)

807. Eigne Weise. M. Prätorius? 1610.

Ich dan=ke dir durch dei=nen Sohn, o Gott, für dei=ne

Gü = te, daß du mich haft in die=ser Nacht so

gnä-dig-lich be = hü = tet.

2. Als heint auf meinem Lager ich vom Dunkel war umfangen, da quälten meine Sünden mich, die ich mein Tag begangen.

3. Drum bitt ich dich aus Herzensgrund, du wollest mir vergeben in Gnaden alle meine Sünd, die ich begieng im Leben.

4. Du wollest mich auch diesen Tag in deinem Schutz erhalten und, daß kein Feind mir schaden mag, mit Gnaden ob mir walten.

5. Regier mich nach dem Willen dein, laß mich in Sünd nicht fallen, auf daß dir mög das Leben mein und all mein Thun gefallen.

6. Denn ich befehl dir Seel und Leib in deine treuen Hände; in aller Noth, Herr, bei mir bleib und deine Hilf mir sende,

7. Auf daß der Fürst der argen Welt mich nimmermehr verderbe! Wenn deine Gnade mich erhält, werd ich des Himmels Erbe.

8. Ich hab es all mein Tag gehört, daß Menschenhilf verloren; drum steh mir bei, du treuer Gott, zur Hilf bist du erkoren!

9. Allein Gott in der Höh sei Preis, sammt seinem eingen Sohne, dem heilgen Geiste gleicherweis, der herrscht im Himmelsthrone.

10. Er herrschet so gewaltiglich vom Anfang bis zum Ende. Gott Vater, Sohn und heilger Geist, gib uns ein selig Ende!

Seit 1586; Verfasser unbekannt. Vers 8 und Vers 10 sind spätere Zusätze eines andern Unbekannten.

Laß mich frühe hören deine Gnade,
Denn ich hoffe auf dich.
(Pf. 143, 8—12.)

Weise 901. Wenn wir in höchsten Nöthen sein.

8071|2. Das walt Gott Vater und Gott Sohn, Gott heilger Geist im Himmelsthron! Man dankt dir, eh die Sonn aufgeht; wenns Licht anbricht, man vor dir steht.

2. Drum beug ich diesen Morgen früh in rechter Andacht meine Knie und ruf zu dir mit heller Stimm: dein Ohr mir neig, mein Flehn vernimm!

3. Ich rühm von Herzen deine Güt, weil du mich gnädig hast behüt, daß ich nun hab auch diese Nacht in Ruh und Friede hingebracht.

4. Ich bitte dich, du höchstes Gut: nimm mich auch diesen Tag in Hut und laß die lieben Engel dein mir Wächter und Gefährten sein!

5. Dein Geist mir Leib und Seel regier und mich mit seinen Gaben zier; er führ mich heut

auf rechter Bahn, daß ich was Guts vollbringen kann!

6. Verleih, daß ich mein Werk und Pflicht mit Freuden diesen Tag verricht, behüt mich heut und allezeit vor Schaden und vor Herzeleid!

7. Bewahr mein Herz vor Sünd und Schand, daß ich, vom Bösen abgewandt, die Seel mit Sünden nicht beschwer und mein Gewissen nicht versehr!

8. Mein Aus= und Eingang heut bewahr, daß mir kein Uebel widerfahr, behüte mich vor schnellem Tod und hilf mir, wo mir Hilfe noth!

Martin Behemb, 1557—1622.

Ich will schauen dein Antlitz in Gerechtigkeit;
Ich will satt werden, wenn ich erwache nach deinem Bilde.
(Pf. 17, 5. 2 Mof. 23, 20. Eph. 6, 12.)

808. Eigne Weise.

Heinr. Albert, 1642.

Gott des Himmels und der Er = den, Va = ter,
der du Tag und Nacht läßt wer = den, Sonn und

Sohn und heil = ger Geist,
Mond uns schei = nen heißt, des = sen star = ke

Hand die Welt und was drin = nen ist er = hält:

2. Gott, ich danke dir von Herzen, daß du mich in dieser Nacht vor Gefahr, Angst, Noth und Schmerzen hast behütet und bewacht; ach, bei aller meiner Schuld trägst du mich mit Vaterhuld!

3. Laß die Nacht auch meiner Sünden jetzt mit dieser Nacht vergehn. O Herr Jesu, laß dich finden, laß dein Herz mir offen stehn, wo alleine Hilf und Rath ist für meine Missethat.

4. Hilf, daß ich mit diesem Morgen geistlich auferstehen mag und für meine Seele sorgen, daß, wenn einst dein großer Tag uns erscheint und dein Gericht, ich davor erschrecke nicht.

5. Führe mich, o Herr, und leite meinen Gang nach deinem Wort; sei und bleibe du auch heute mein Beschützer und mein Hort! Nirgends als bei dir allein kann ich recht bewahret sein.

6. Meinen Leib und meine Seele sammt den Sinnen und Verstand, großer Gott, ich dir befehle unter deine starke Hand. Herr, mein Schild, mein Ehr

und Ruhm: nimm mich auf, dein Eigentum!

7. Deinen Engel zu mir sende, der des bösen Feindes Macht,

List und Anschläg von mir wende und mich halt in guter Acht, der auch endlich mich zur Ruh trage nach dem Himmel zu!

Heinrich Albert, 1604—1668.

Seine Barmherzigkeit hat kein Ende, Sondern sie ist alle Morgen neu.
(Pf. 19, 1. 6. Klagl. 3, 22—24.)

Weise 12. Herr Gott, dich loben Alle wir.

808¹|₂. Die Morgensonn geht stralend auf und wallet freudig ihren Lauf; es muß ein großer Herrscher sein, der ihr ertheilt den goldnen Schein.

2. Die Himmel rühmen Gottes Ehr und geben uns die schöne Lehr, daß wir ihn auch mit unserm Mund hochpreisen sollen alle Stund.

3. Herr, deine Gnade, Güt und Treu ist alle Morgen bei

uns neu! Erleucht uns ganz das blöde Herz mit deinem Wort, der Himmelskerz!

4. Erwärme nun durch deine Güt, o Gott, Sinn, Seele und Gemüt, geuß deiner Gnaden hellen Schein in unser ganzes Wesen ein:

5. So wollen wir dir allezeit hier danken in der Christenheit, und dort mit deiner Engel Schar dich fröhlich loben immerdar!

Georg Philipp Harsdörffer, 1607—1658.

Wache auf, Psalter und Harfe! Mein Herz ist bereit, daß ich singe und lobe.
(Pf. 57.)

809.   Eigne Weise.   N. Selneccer? 1587.

Wach auf, mein Herz, und sin-ge dem Schöpfer al-ler Din-ge, dem Ge-ber al-ler Gü-ter, dem frommen Menschen-hü-ter.

2. Heint, als die dunkeln Schatten mich ganz umfangen hatten, hat mich kein Leid versehret, Gott hat es abgewehret.

3. Ja, Vater, wenn Gefahren und Schreck mir nahe waren, hieltst du mich mit Erbarmen in deinen Vaterarmen.

4. Du sprachst: Kind, lieg in Frieden, ich will dich treu behüten; schlaf wohl, laß dir nicht grauen, du sollst die Sonne schauen.

5. Dein Wort das ist geschehen; ich kann das Licht noch sehen, von Noth blieb ich befreiet, dein Schutz hat mich verneuet.

6. Du willst ein Opfer haben: hier bring ich meine Gaben; das Opfer, das ich bringe, ist, was ich bet und singe.

7. Dies wirst du nicht verschmähen; du kannst ins Herze sehen und weißt wohl, daß zur Gabe ich ja nichts Bessers habe.

8. So wollst du nun vollenden dein Werk an mir, und senden, der mich an diesem Tage auf seinen Händen trage.

9. Sprich Ja zu meinen Thaten, hilf selbst das Beste rathen, und Anfang, Mitt und Ende, o Herr, zum Besten wende!

10. Mit Segen mich beschütte, mein Herz sei deine Hütte, dein Wort sei meine Speise, bis ich gen Himmel reise.

Paul Gerhardt, 1606—1676.

Dem Gerechten muß das Licht immer wieder aufgehen, Und Freude den frommen Herzen.

(Pf. 84, 10—13.)

810. Eigne Weise. Joh. Georg Ebeling, 1666.

Die goldne Son-ne, voll Freud und Won-ne, bringt un-sern Grän-zen mit ih-rem Glän-zen ein herz-er-quicken-des, lieb-li-ches Licht. Mein Haupt und Glie-der die la-gen dar-nie-der; a-ber nun steh ich, bin mun-ter und fröh-lich, schau-e den Him-mel mit

mei=nem Ge = ſicht.

2. Mein Auge ſchauet, was Gott gebauet zu ſeinen Ehren und uns zu lehren, wie ſein Vermögen ſei mächtig und groß, und wo die Frommen dann ſollen hinkommen, wenn ſie mit Frieden von hinnen geſchieden aus dieſer Erde vergänglichem Schoß.

3. Laſſet uns ſingen, dem Schöpfer bringen Güter und Gaben; was wir nur haben, Alles ſei Gotte zum Opfer geſetzt. Die beſten Güter ſind unſre Gemüter; Lieder der Frommen von Herzen gekommen, — die ſinds, dran er ſich am meiſten ergetzt.

4. Abend und Morgen ſind ſeine Sorgen; ſegnen und mehren, Unglück verwehren ſind ſeine Werke und Thaten allein. Wenn wir uns legen, ſo iſt er zugegen; wenn wir aufſtehen, ſo läßt er aufgehen über uns ſeiner Barmherzigkeit Schein.

5. Ich hab erhoben zu dir hoch droben mein ganzes Sinnen; laß mein Beginnen ohn allen Anſtoß und glücklich ergehn. Laſter und Schande, der Finſternis Bande, Fallen und Tücke treib ferne zurücke; laß mich auf deinen Geboten beſtehn.

6. Laß mich mit Freuden ohn alles Neiden ſehen den Segen, den du wirſt legen in meines Bruders und Näheſten* Haus; geiziges Brennen, unchriſtliches Rennen nach Gut mit Sünde das tilge geſchwinde von meinem Herzen und wirf es hinaus.

* Frühere Form von „Nächſten.“

7. Menſchliches Weſen, was iſts geweſen? In einer Stunde geht es zu Grunde, wie nur die Lüfte des Todes drein wehn. Alles in Allen muß brechen und fallen; Himmel ſammt Erden die müſſen das werden, was ſie geweſen vor ihrem Beſtehn.

8. Alles vergehet, Gott aber ſtehet ohn alles Wanken; ſeine Gedanken, ſein Wort und Wille hat ewigen Grund. Sein Heil und Gnaden die nehmen nicht Schaden, heilen im Herzen die tödtlichen Schmerzen, halten uns zeitlich und ewig geſund.

9. Gott, meine Krone, vergib und ſchone! Laß meine Schulden in Gnad und Hulden aus deinen Augen ſein ferne verbannt; ſonſten regiere, mich lenke und führe, wie dirs gefället: ich habe geſtellet Alles in deine Beliebung und Hand.

10. Willſt du mir geben, womit mein Leben ich kann ernähren, ſo laß mich hören allzeit im Herzen dies heilige Wort: Gott iſt das Größte, das Schönſte, das Beſte, Gott iſt das Süßte und Allergewißte, aus allen Schätzen der edelſte Hort.

11. Willſt du mich kränken, mit Galle tränleu, und ſoll von

Plagen ich auch was tragen: wohlan, so mach es, wie dir es beliebt! Was gut und tüchtig, was schädlich und nichtig meinem Gebeine, das weißt du alleine, hast Keinen jemals zu bitter betrübt.

12. Nicht ewig währen Trüb= sal und Zähren; nach Meeres= brausen und Windessausen leuch= tet der Sonne ersehntes Gesicht. Freude die Fülle und selige Stille darf ich erwarten im himmlischen Garten; dahin sind meine Ge= danken gericht.

Paul Gerhardt, 1606—1676.

Wir haben ein festes prophetisches Wort, das da scheinet, bis der Tag anbreche und der Morgenstern aufgehe in euren Herzen.
(2 Petr. 1, 19.)

Weise 417.   Wie schön leucht uns der Morgenstern.

811. Wie schön leucht uns der Morgenstern vom Firmament des Himmels fern! Die Nacht ist nun vergangen; all Creatur macht sich herfür, des edlen Lichtes Pracht und Zier mit Freuden zu empfangen. Was lebt und schwebt hoch in Lüf= ten, tief in Klüften, läßt zu Ehren seinem Gott ein Dank= lied hören.

2. Drum, o mein Herz, dich auch aufricht, erheb die Stimm und säume nicht, dem Herrn dein Lob zu bringen! — Denn, Herr, du bists, dem Lob gebührt, und dem man billich jubiliert, dem man läßt innig klingen mit Fleiß, Dank, Preis, Freuden= saiten, daß von weitem man kann hören dich, o meinen Schöpfer, ehren.

3. Du warst um mich in die= ser Nacht, dein Auge hat mich treu bewacht, dein Schild hat mich bedecket; zu meinem Leben fügest du jetzt einen neuen Tag hinzu, da mich dein Licht er= wecket! Schöpfer, Vater, deine Treue rührt aufs neue mein Gemüte; froh empfind ich deine Güte.

4. O Gott, mein süßer Le= benshort, laß mir doch deiner Gnade Pfort auch serner offen bleiben; sei meine Burg und festes Schloß und laß kein feind= liches Geschoß mich je daraus vertreiben! Laß mich stündlich auf dich schauen; kein Vertrauen wird zu nichte, Herr, vor dei= nem Angesichte!

5. Geuß deiner Gnade reichen Stral auf mich vom hohen Him= melssal; das Herz in mir er= neue! Dein guter Geist mich leit und führ, daß ich nach mei= nes Stands Gebühr zu thun mich innig freue! Gib Rath und That; laß mein Sinnen und Beginnen stets sich wenden, seinen Lauf in dir zu enden!

6. Wehr Unfall ab, kanns anders sein; wo nicht, so geb ich mich darein und will nicht widerstreben; doch komm, o sü= ßer Morgenthau, erfrisch mein Herz, daß ich dir trau im Kreuz

auch treu ergeben, bis ich endlich nach den Leiden zu den

Freuden werd erhoben, wo ich
dich kann ewig loben.

Burkhart Wiesenmeyer (lebte in der ersten Hälfte des 16. Jahrhun-
derts). Vers 3 aus späterer Zeit.

Vom Aufgang der Sonne bis zu ihrem Niedergang Sei gelobet der Name des Herrn.
(Pf. 113, 3.)

Weise 92. Ach Jesu, meiner Seelen Freude.

812. Ich sehe schon die golde-
nen Wangen der Morgenröth
am Himmel prangen, drum
will auch ich dem Himmel zu,
der Leibesruh den Abschied geben und mich zu meinem Gott
erheben, zu Gott, der meiner
Seele Ruh.

2. Ich will durch alle Wolken
bringen und meinem Gott und
Heiland singen, daß er mich hat
ans Licht gebracht; ich will ihn
preisen, will ihm danken, daß er
mich in des Leibes Schranken
durch seinen Engel hat bewacht.

3. Er ist mein Himmel, meine
Sonne, meins Herzens Tag und
meine Wonne, mein Abend- und
mein Morgenstern; er macht
mir Leib und Seele munter, er
geht allein mir niemals unter,
ist nur mein Herz von ihm
nicht fern.

4. O hätt ich hunderttausend
Zungen, daß er mit allen würd
besungen, gelobt mit allen und
gepreist! O daß ihm doch ein
Lied erklänge, das jubelnd durch
den Aether dränge, so weit als
Mond und Sonne reist!

5. O möcht doch alles Grün
der Erden zu lauter schönen
Stimmen werden und alle Tro-

pfen in dem Thau! O daß doch
alles Laub der Wälder ihn lobt'
und jeder Halm der Felder und
alle Blumen auf der Au!

6. Es stimme, was auf Erden
lebet, im Wasser schwimmt, in
Lüften schwebet, zu seinem Lobe
mit mir ein! Es wollen aller
Engel Chöre, daß Erd und
Himmel ihn verehre, Genossen
meines Lobliebs sein!

7. Er wolle selbst mein Thun
und Dichten zu seinen lautern
Ehren richten, das Herz regieren und den Mund, mir Sinne,
Will und Kräfte stärken zu aller
Zucht und guten Werken, erhalten Leib und Seel gesund.

8. Er wolle mir die Gnade
geben, daß ich ihn preise durch
mein Leben viel schöner als durch
Wort und Lied, daß Alles, was
ich will und thue, nach ihm nur
streb, in ihm nur ruhe, bis ganz
sein Leben in mir blüht.

9. Es sei dem Vater und
dem Sohne und heilgen Geist
in einem Throne von Herzen
Dienst und Ehr beweist; ihm
will ich Lob und Dank bereiten, in Zeit hier und in Ewigkeiten sei Gott aus aller Kraft
gepreist!

Dr. Johannes Scheffler, 1624—1677.

**Wenn ich dich anrufe, so erhöre mich,
Und gib meiner Seele große Kraft.**
(Joh. 16, 24. 1 Kön. 3, 11—13.)

Weise 588. Herzlich thut mich verlangen.

813. Es hat uns heißen tre= ten, o Gott, dein lieber Sohn mit herzlichen Gebeten vor dei= nen hohen Thron und uns mit theurem Amen Erhörung zuge= sagt, wenn nur in seinem Na= men die Seele fleht und klagt.

2. So komm ich denn ge= gangen in dieser Morgenstund; ach, laß mich doch erlangen, was ich aus Herzensgrund von dir, mein Gott, begehre im Namen Jesu Christ; und gnä= dig mir gewähre das, was mir nützlich ist!

3. Doch bitt ich nicht, zu geben mir, Herr, aus deiner Hand Geld, Gut und langes Leben, nicht Ehr noch hohen Stand; denn dieses ist nur nichtig und lauter Eitelkeit, ver= gänglich, schwach und flüchtig und schwindet mit der Zeit.

4. Ich bitte, mir zu schenken ein fromm und keusches Herz, das nimmermehr mag denken auf Sünd und schnöden Scherz, das stets mit Liebe flammet zu dir, Gott, himmelan, und alle Lust verdammet der lastervollen Bahn.

5. Hernach laß mich gewinnen nach deiner großen Kraft Kunst, Weisheit, kluges Sinnen, Ver= stand und Wissenschaft, daß all mein Thun und Handeln dir mög gefällig sein, und vor der Welt mein Wandeln sei ohne falschen Schein.

6. So wird von jenen allen: Staub, Leben, Ehr und Geld, auf meine Seele fallen, so viel dir, Gott, gefällt; man muß die Seel erst schmücken, dann wirst du allgemach den Leib auch schon beglücken: Glück folgt der Tugend nach.

Matth. 6, 33. 1 Tim. 4, 8.
Georg Neumark, 1621—1681.

**Mein Herz ist bereit,
Gott, mein Herz ist bereit, daß ich singe und lobe.**
(Ps. 57, 8—11.)

Weise 587. Freu dich sehr, o meine Seele.

814. Das walt Gott! die Mor= genröthe treibt hinweg die dunkle Nacht, und der Tag rückt an die Stätte, der da Alles munter macht. Darum muntre ich mich auf, und mein Herz gedenket drauf, wie, o Gott, ich Lob dir bringe und den Morgensegen singe.

2. Loben doch am frühen Mor= gen dich die kleinen Vögelein; eh sie für die Nahrung sorgen, muß zuerst gesungen sein! Sollt ein armes Thierlein nun mir hierin zuvor es thun? Nein, das Singen, Loben, Beten hab ich mehr, als sie, vonnöthen.

3. Wenn ich könnte über=
sehen, was ich für Gefährlich=
keit bisher hatte zu bestehen
meine ganze Lebenszeit, ja, wie
Unheil, Feindestück und Gefahr
all Augenblick und so lang ich
werde leben, über meinem Haupte
schweben: —

4. Ach, so würd ich es erken=
nen, was für große Gütigkeit du
den Menschen pflegst zu gönnen,
und wie du Barmherzigkeit an
mir übest für und für, weil du
so vielfältig mir deine Hilfe
sendst in Gnaden, wenn ich in
Gefahr gerathen.

5. Gib mir stündlich zu er=
wägen deine Huld und meine
Pflicht; was derselben läuft
entgegen, laß mich ja beginnen
nicht. Leite Sinne, Herz, Ver=
stand, o mein Gott, mit deiner
Hand, daß ich treu mein Amt
verwalte, rein Gewissen stets
behalte.

6. Ja, Herr, all mein Thun
und Lassen sei dir kindlich heim=
gestellt; führe mich auf rechter
Straßen, machs mit mir, wie
dirs gefällt. Kommt ein Un=
glück vor die Thür, droht Ge=
fahr und Prüfung mir: laß mich
deine Hilf empfinden, ritterlich
zu überwinden!

7. Nun so will ich mit Ver=
gnügen meine Arbeit fangen an;
du, Gott Vater, wirst es fügen,
daß es wohl gedeihen kann. Jesu
Christe, segne du; heilger Geist,
sprich „Ja" dazu! Herr, in
deinem großen Namen sei mein
End und Anfang. Amen!

M. Christian Scriver, 1629—1693.

Gott sprach: es werde Licht,
Und es ward Licht.

(1 Mos. 1, 3. Pf. 59, 17. 1 Theff. 5, 5—8. Pred. 12, 14.)

Weise 793. Unter Lilien jener Freuden.

815. Seele, du mußt munter
werden; denn der Erden blickt
hervor ein neuer Tag. Komm,
dem Schöpfer dieser Stralen zu
bezahlen, was dein schwacher
Trieb vermag.

2. Doch den großen Gott dort
oben recht zu loben, wollen nicht
nur Lippen sein; nein, es hat
sein reines Wesen auserlesen
Herzen ohne falschen Schein.

3. Deine Pflicht die kannst du
lernen von den Sternen, deren
Gold der Sonne weicht; so laß
auch vor Gott zerrinnen, was
den Sinnen schön hier in dem
Finstern däucht.

4. Schau, wie das, was Odem
ziehet, sich bemühet um der
Sonne holdes Licht, — wie
sich, was nur Wachstum spüret,
freudig rühret, wenn ihr Glanz
die Schatten bricht!

5. So laß dich auch fertig
finden, anzuzünden deinen Weih=
rauch, weil die Nacht, da dich
Gott vor Unglücksstürmen wol=
len schirmen, ist so glücklich hin=
gebracht.

6. Bitte, daß er dir Gedeihen

mög verleihen, wenn du auf
was Gutes zielst; aber daß er
dich mög stören und bekehren,
wenn du böse Regung fühlst.

7. Nichts wird ja so klein
gesponnen, das der Sonnen bis
ans End verborgen bleibt; Gottes Auge sieht viel heller und
noch schneller, was ein Sterb-
licher betreibt.

8. Denk, daß er auf deinen
Wegen ist zugegen, und erkennet,
was du thust; daß er auch verborgne Flecken kann entdecken
und geheime Sündenlust.

9. Treib des Allerhöchsten
Blicke nicht zurücke; — wer
sich seiner Huld bequemt, den
wird schon ein frohes Glänzen
hier bekränzen, das der Sonne
Glut beschämt.

10. Kränkt dich etwas diesen
Morgen: laß ihn sorgen, der
es wie die Sonne macht, die
auch freundlich in den Thalen
pflegt zu stralen, und nicht blos
den Höhen lacht.

11. Wir sind an den Lauf der
Stunden fest gebunden, der ent-
führt, was eitel heißt, und der
dein Gefäß*, o Seele, nach der
Höhle eines Sterbgewölbes reißt.

* Den Leib.

12. Drum so seufze, daß mein
Scheiden nicht ein Leiden, sondern sanftes Schlafen sei, daß
ich seh mit ewger Wonne jene
Sonne, wenn des Todes Nacht
vorbei.

Friedrich Rudolf Ludwig v. Canitz,
1654—1699.

**Ich bin gekommen in die Welt, ein Licht,
Auf daß, wer an mich glaubet, nicht in Finsternis bleibe,
spricht der Herr.**
(Joh. 1, 9; 12, 46.)

Weise 338. Schwing dich auf zu deinem Gott.

815¹/₂. Christe, wahres Seelenlicht, deiner Christen Sonne,
o du klares Angesicht, der
Betrübten Wonne, dessen Güt
und Lieblichkeit neu ist alle
Morgen: in dir bin ich recht
erfreut, darf nicht ängstlich
sorgen!

2. Wecke mich vom Sünden-
schlaf; der du bist das Leben,
neues Leben in mir schaff!
Denn du hast gegeben dieser
Welt das Sonnenlicht, des sich
Jeder freuet; drum wirst du mich
lassen nicht täglich unerneuet.

3. Wende zu mir deine Güt,
freundlich auf mich blicke, daß
mein innerstes Gemüt sich in
dir erquicke an dem hellen Himmelsthau deiner süßen Lehre;
ja, Herr Jesu, auf mich schau
und dich zu mir kehre!

4. O laß ferne von mir sein
Hoffahrt, Augenweide; Fleisches-
lust und eiteln Schein, Jesu,
mir verleide! Was die blinde
Welt ergetzt, bringet nur Verderben; was sie oft fürs höchste
schätzt, macht auf ewig sterben.

5. Nun, so bleibe stets mein

Licht, Jesu, meine Freude, bis der frohe Tag anbricht, wo nach allem Leide ich in deines Reiches

Pracht Lob und Preis dir bringe und, daß Gott es wohlgemacht, ohn Aufhören singe.

Christoph Prätorius (Schulze, Scultetus), lebte im 17. Jahrhundert.

Lobet, ihr Völker, unsern Gott,
Lasset seinen Ruhm weit erschallen!
(Pf. 66, 8.)

Weise 328. Was Gott thut, das ist wohlgethan.

816. Ach Gott und Herr, du Lebenslicht, du Hort des Heils ohn Ende: ich komme vor dein Angesicht und beuge Knie und Hände; ich lobe dich demütiglich in dieser Morgenstunde aus meines Herzens Gruude.

2. Herr, Alles ist in deiner Hand, was uns die Erde bringet; dein ist das Meer, dein ist das Land; die Höhe dir lobsinget. Du bist mein Gott, du hilfst aus Noth; du kannst mir Alles geben, mein Schild, mein Fels, mein Leben!

3. Ach Herr, dein Ohr kehr doch zu mir, erhör mein sehnlich Flehen! Denn meine Hilfe steht bei dir, mein Augen auf dich sehen. Du hast bewacht mich diese Nacht; drum will ich dich jetzt preisen, dir kindlich Dank erweisen.

4. Ach Gott, vergib durch deinen Sohn mir alle meine Sünde, und gib, daß ich vor deinem Thron Schutz und Erbarmen finde. Hilf, daß ich mag auch diesen Tag in deinen Wegen wallen nach deinem Wohlgefallen.

5. Regiere Willen und Verstand mit deines Geistes Gaben und führe mich an deiner Hand, wohin du mich willst haben; behüte mich heut gnädiglich und segne, was ich thue, mit Freude, Heil und Ruhe!

6. Nimm weg mein steinern Herz* von mir, damit ich werd bekehret; ein neues Herz gib mir dafür, das kindlich dich verehret. O daß dein Knecht allzeit dein Recht mit ganzem Ernste hielte und nie mit Sünden spielte!   * Hes. 11, 19.

7. Behüte mich vor Stolz und Pracht, wenn du mit Gut mich segnest; und wenn du Kreuz mir zugedacht und mir mit Zucht begegnest: hilf, daß ich sei ganz still dabei und, auch von Noth umgeben, zunehm am innern Leben.

8. Ach Herr, erhöre, Herr, steh auf, vergiß nicht deiner Armen; vernimm ihr Flehn und merke drauf mit himmlischem Erbarmen! Behüt uns wohl, mach Trostes voll, die in der Kammer weinen und still vor dir erscheinen.

9. Es segne Gott uns, unser Gott, und geb uns seinen Frieden, er helfe uns aus aller Noth; und solls einst

sein geschieden, so hilf, Herr | kraft deiner Leiden zu ewgen
Christ, zu jener Frist uns aus | Himmelsfreuden!

M. Martin-Hancke, 1633—1709.

Hüter, ist die Nacht schier hin?
Hüter, ist die Nacht schier hin?
(Röm. 13, 11—14. Jes. 21, 11.)

817. Weise: Herr, zur Zucht in deinem Grimme. 1555.

Hü=ter, wird die Nacht der Sün=den nicht ver=
schwinden? Hü=ter, ist die Nacht schier hin?
wird die Fin=ster=nis der Sin=nen bald zer=
rin=nen, drinnen ich ver=hül=let bin?

2. Möcht ich, wie das Rund
der Erden, lichte werden! See-
lensonne, gehe auf! Ich bin finster, kalt und trübe: ewge Liebe,
komm, beschleunige den Lauf!

3. Wir sind ja im neuen Bunde,
da die Stunde der Erscheinung
kommen ist; und ich muß mich
stets im Schatten so ermatten,
weil du mir so ferne bist!

4. Wir sind ja der Nacht ent=
nommen, da du kommen; aber
ich bin lauter Nacht. Darum
wollst du mir, dem Deinen, auch
erscheinen, der nach Licht und
Rechte tracht.

. 5. Wie kann ich des Lichtes
Werke ohne Stärke in der Fin=
sternis vollziehn? Wie kann ich

die Liebe üben, Demut lieben
und der Nacht Geschäfte fliehn?

6. Hilf doch, daß sich meine
Seele nicht so quäle, zünd dein
Feuer in mir an. Laß mich
finstres Kind der Erden helle werden, daß ich Gutes wirken kann.

7. Das Vernunftlicht kann das
Leben mir nicht geben; Jesus und
sein heller Schein, Jesus muß
das Herz anblicken und erquicken;
Jesus muß die Sonne sein.

8. Nur die Decke vor den Augen*
kann nicht taugen, seine Klarheit kann nicht ein; wenn sein
helles Licht den Seinen soll
erscheinen, so muß rein das
Auge** sein. * 2 Cor. 3, 15 ff.
** Matth. 6, 22. 23.
43

9. Jesu, gib gesunde Augen, die was taugen; rühre meine Augen an! denn das ist die größte Plage, wenn am Tage man das Licht nicht sehen kann.

Dr. Christian Friedrich Richter, 1676—1711.

Ich will sie stärken in dem Herrn,
Daß sie sollen wandeln in seinem Namen, spricht der Herr.
(Apostelg. 4, 12; 10, 43.)

Weise 129. Allmächtiger, wir singen dir.

817½. Erheb, o meine Seele, dich: die Finsternis vergehet; schon zeigt der Glanz des Tages sich, die Sonn am Himmel stehet. Zu Gott erhebe deinen Sinn, daß er sein Werk in dir beginn, indem er dich erleuchtet.

2. Im Licht muß Alles rege sein und sich zur Arbeit wenden, im Licht singt früh das Vögelein, im Licht will es vollenden; so soll der Mensch in Gottes Licht aufheben billig sein Gesicht zu dem, der ihn erleuchtet.

3. Laßt uns an unsre Arbeit gehn und froh den Herrn erheben, laßt uns, indem wir auferstehn, beweisen, daß wir leben, laßt uns in seinem Gnadenschein nicht eine Stunde müßig sein; Gott ists, der uns erleuchtet.

4. Ein Tag geht nach dem andern fort und unser Werk bleibt liegen. Ach, hilf uns, Herr, du treuster Hort, daß wir uns nicht betriegen; gib, daß wir greifen an das Werk, gib Gnade, Segen, Kraft und Stärk im Licht, das uns erleuchtet.

5. Du zeigst, was zu verrichten sei auf unsern Glaubenswegen; so hilf uns nun und steh uns bei, verleih uns deinen Segen, daß das Geschäft von deiner Hand vollführet werd in allem Land, wozu du uns erleuchtet.

6. Ich flehe, Herr, mach mich bereit zu dem, was dir gefällig, daß ich recht brauch die Gnadenzeit; so flehen auch einhellig die Kinder, die, im Geist geborn, sich scheun vor deinem heilgen Zorn, nachdem du sie erleuchtet.

7. Das Licht des Glaubens sei in mir ein Licht der Kraft und Stärke; es sei die Demut meine Zier, die Lieb das Werk der Werke; die Weisheit fließt in diesem Grund und öffnet beides, Herz und Mund, weil Gott die Seel erleuchtet.

8. Herr, bleib bei mir, du ewig Licht, daß ich stets gehe richtig! Erfreu mich durch dein Angesicht, mach mich zum Guten tüchtig, bis ich erreich die goldne Stadt, die deine Hand gegründet hat und ewiglich erleuchtet.

Peter Lackmann, † 1713.

**Lobe den Herrn, meine Seele! —
Gott ist ein Licht und keine Finsternis ist in ihm.**
(Pf. 113, 2—7.)

Weise 92. Ach Jesu, meiner Seele Freude.

818. Gott Lob! nun ist die Nacht verschwunden, die Finsternis ist überwunden, das Licht des Himmels triumphirt; das Erdreich, das die dunklen Schatten mit ihrer Macht umlagert hatten, steht mit der Sonne Gold geziert.

2. Wach auf, wach auf, mein Geist, und singe dem Vater aller Geister, bringe Preis, Lob, Ehr, Ruhm, Dank, Kraft und Macht; erkenne seine Huld und Treue, die alle Morgen sich aufs neue ausbreitet und dich stets bewacht.

3. O daß doch mit der äußern Erden mein Innres auch möcht lichte werden! O daß mein Herz ein Himmel wär, ein Firmament, daran die Sonne, mein Jesus, meines Geistes Wonne, erglänzte zu des Schöpfers Ehr!

4. O daß der finstern Nacht Geschäfte durch dieser Lebenssonne Kräfte zerstreuet würden, und mein Sinn zu ihrem Licht sich stets erhübe! O daß ihr mächtger Stral mich triebe und zöge zu ihr selber hin!

5. Dies ist mein Wunsch und mein Begehren; du, Vater, wollst mir das gewähren, sprich Ja und Amen selbst dazu: so werd ich auch nach diesen Tagen, wenn überstanden Leid und Plagen, genießen dort des Lichtes Ruh.

Johann Anastasius Freylinghausen, 1670—1739.

**Der Herr ist mein Licht und mein Heil;
Vor wem sollt ich mich denn fürchten?**
(Pf. 111.)

Weise 163. O Traurigkeit, o Herzeleid.

819. Die Nacht ist hin; mein Geist und Sinn sehnt sich nach jenem Tage, vor dem völlig weichen muß Finsternis und Plage.

2. Der Tag ist da, das Licht ist nah, das Dunkle zu vertreiben; vor dir, Jesu, schönstes Licht, kann nichts dunkel bleiben!

3. Der Sonne Licht aufs neu anbricht; o unerschaffne Sonne, brich mit deinem Licht hervor, mir zur Freud und Wonne!

4. Des Mondes Glanz verliert sich ganz, er muß dem größern weichen; mit dir, Glanz der Herrlichkeit, ist nichts zu vergleichen!

5. Der Sterne Pracht muß mit der Nacht für unser Aug verschwinden; unsers Morgensternes Pracht läßt sich immer finden.

6. Der Menschen Schar, die wie todt war, greift jetzt zu ihren Werken; laß mich, Herr, bei meinem Werk dein Werk in mir merken!

7. Ein Jeder will der süßen Still und Ruh den Abschied geben; Jesu, deine stille Ruh sei mein Geistesleben!

8. Denn ich will auch nach meinem Brauch zu meinem Werke greifen; aber laß aus deiner Ruh nie mein Herze schweifen!

9. Wach du, mein Freund, damit kein Feind, kein Unheil mich berühre; meinen ganzen Lebenslauf deine Hand regiere.

10. Wann aber soll der Wechsel wohl der Tag und Nächte weichen? Wenn der Tag anbrechen wird, dem kein Tag zu gleichen.*   * Vergleichen.

11. In jener Welt, wenn diese fällt, die Zion noch macht weinen, soll noch heller siebenmal Tag und Sonne scheinen.

12. Ja dann wird nicht der Sonne Licht Jerusalem verlieren; denn das Lamm ist selbst das Licht, das die Stadt wird zieren.

13. Hallelujah! o wär ich da, wo meine Sonne wohnet, wo die Arbeit dieser Zeit völlig wird belohnet!

14. O Heiland mein, gib Licht und Schein in unsern dunkeln Zeiten; führ uns einst aus dieser Welt in die Ewigkeiten!

Johann Anastasius Freylinghausen, 1670—1739.

Christus ist das wahrhaftige Licht,
Welches alle Menschen erleuchtet.
(1 Cor. 6, 14—18.   Röm. 13, 11—13.)

Weise 380.   O Gott, du frommer Gott.

820. O Jesu, süßes Licht, nun ist die Nacht vergangen, nun hat dein Gnadenglanz aufs neue mich umfangen, nun ist, was an mir ist, vom Schlafe aufgeweckt und hat sich, Herr, nach dir verlangend ausgestreckt!

2. Was soll ich dir denn nun, mein Gott, für Opfer schenken? Ich will mich ganz und gar in deine Gnade senken mit Leib und Seel und Geist heut diesen ganzen Tag: das soll mein Opfer sein, weil ich sonst nichts vermag.

3. Drum siehe da, mein Gott, da hast du meine Seele! sie sei dein Eigentum; mit ihr dich heut vermähle in deiner Liebe Kraft; da hast du meinen Geist! darinnen wollst du dich verklären allermeist.

4. Da sei denn auch mein Leib zum Tempel dir ergeben, zur Wohnung und zum Haus, o du mein Heil und Leben! Ach, wohn und leb in mir, beweg und rege mich, so hat Geist, Seel und Leib mit dir vereiniget sich!

5. Dem Leibe hab ich jetzt die Kleider angeleget: laß meiner Seele sein dein Bildnis eingepräget im goldnen Glaubensschmuck, in der Gerechtigkeit, die allen Seelen ist das rechte Ehrenkleid.

6. Mein Jesu, schmücke mich mit Weisheit und mit Liebe, mit Keuschheit und Geduld durch deines Geistes Triebe; auch mit der Demut mich vor Allem kleide an, so bin ich wohlgeschmückt und köstlich angethan.

7. Gib, daß doch diesen Tag mir stets vor Augen schwebe, daß dein Allgegenwart mich wie die Luft umgebe, damit mein ganzes Thun durch Herze, Sinn und Mund dich lobe inniglich, mein Gott, zu aller Stund.

8. Ach, segne, was ich thu, ja rede und gedenke! Durch deines Geistes Kraft es also führ und lenke, daß Alles nur gescheh zu deines Namens Ruhm, und daß ich unverrückt verbleib dein Eigentum.

Dr. Joachim Lange, 1670—1744.

Das Alte ist vergangen, Siehe, es ist Alles neu geworden.
(2 Cor. 5, 17.)

Weise 807. Ich dank dir schon durch deinen Sohn.

821. O Jesu, meines Lebens Licht, nun ist die Nacht vergangen; mein Geistesaug zu dir sich richt, dein Anblick zu empfangen.

2. Du hast, als ich nicht sorgen konnt, mich vor Gefahr bedecket und hast in Gnaden mich gesund nun aus dem Schlaf erwecket.

3. Mein Leben schenkst du mir aufs neu, drum sei es dir verschrieben, mit neuem Ernst, mit neuer Treu dich diesen Tag zu lieben.

4. Dir, Jesu, ich mich ganz befehl; im Geiste dich verkläre, dein Werkzeug nur sei meine Seel; den Leib bewahr und nähre.

5. Durchdring mit deinem Lebenssaft Herz, Sinne und Gedanken; bekleide mich mit deiner Kraft, in Prüfung nicht zu wanken.

6. Mein treuer Hirte, sei mir nah, steh immer mir zur Seiten, und wenn ich irre, wollst du ja mich wieder zu dir leiten.

7. Sei du alleine meine Lust, mein Schatz, mein Trost und Leben; kein andres Theil sei mir bewußt: dir bin ich ganz ergeben.

8. Zeig mir in jedem Augenblick, wie ich dir soll gefallen; zieh mich vom Bösen stets zurück, regiere mich in Allem.

9. Gib, daß ich meinen Wandel führ im Geist, in deinem Lichte, und als ein Fremdling lebe hier vor deinem Angesichte!

10. Ach, halt mich fest mit deiner Hand, daß ich nicht fall noch weiche; zieh stets mich durch der Liebe Band, bis ich mein Ziel erreiche.

Gerhard ter Steegen, 1697—1769.

Bei dir ist die lebendige Quelle,
Und in deinem Lichte sehen wir das Licht.
(Joh. 12, 46. 1 Petr. 2, 9.)

Weise 54. Nun danket All und bringet Ehr.

822. Das äußre Sonnenlicht ist da und scheint mir ins Gesicht; Gott ist noch mehr dem Geiste nah mit seinem Lebenslicht.

2. Ach wohn in mir, du Gottessonn, mein Geist dein Himmel werd, daß ich, o reine Seelenwonn, ganz werd in dich verklärt.

3. Wenn sich die Sonne offenbart, so weicht die Dunkelheit; vertreib durch deine Gegenwart die Sünd und Eigenheit.

4. Du bist ein Licht und wohnst im Licht: ach, mach mich licht und rein, zu schaun dein heilig Angesicht und dir vereint zu sein.

5. Der Adler schaut gerade zu die Sonne fröhlich an; mein Geistesaug eröffne du, daß ich dich schauen kann.

6. Wer dich in deinem Licht erblickt in seiner Seele Grund, steht, wie die Cherubim, gebückt vor dir zu aller Stund.

7. So laß mich wandeln, wo ich bin, vor deinem Angesicht; mein Thun und Lassen immerhin sei lauter, rein und licht.

8. Dein Auge leite meinen Gang, daß ich nicht irre geh; ach, bleib mir nah mein Leben lang, bis ich dich ewig seh!

Gerhard ter Steegen, 1697—1769.

Die Gebote des Herrn sind lauter
Und erleuchten die Augen.
(Ps. 19, 9. Jes. 2, 5.)

Weise 411. O daß ich tausend Zungen hätte.

822 1/2. O unerschaffne Gnadensonne, erleuchte mich mit deinem Glanz, mit Friede, Freude, Heil und Wonne; hier ist mein Herz, erfüll es ganz! Geh auf in deiner schönen Pracht, vertreibe meiner Sünden Nacht!

2. O stehe mir, mein Gott, auch heute mit deines Geistes Unterricht, Regierung, Trost und Kraft zur Seite, damit mein Wandel stets im Licht und ich als Kind des Tages frei von allen finstern Werken sei.

3. Herr, leuchte mir auf meinen Wegen und sporne mich zur Treue an, daß ich gekrönt mit Heil und Segen tagtäglich auf der schmalen Bahn in Kraft des Glaubens vorwärts eil und näher komm dem ewgen Heil.

Konrad Friedrich Stresow, 1705—1788.

**Ich danke dem Herrn von ganzem Herzen,
Und erzähle alle deine Wunder.**
(Pf. 9, 2. 3; 143, 10. Matth. 6, 33.)

Weise 807. Ich dank dir schon durch deinen Sohn.

823. Mein erst Gefühl sei Preis und Dank; erheb ihn, meine Seele! Der Herr hört deinen Lobgesang: lobsing ihm, meine Seele!

2. Mich selbst zu schützen ohne Macht lag ich und schlief im Frieden; wer schafft die Sicherheit der Nacht und Ruhe für den Müden?

3. Wer wacht, wenn ich von mir nichts weiß, mein Leben zu bewahren? Wer stärkt mein Blut in seinem Kreis und schützt mich vor Gefahren?

4. Wer lehrt das Auge seine Pflicht, sich sicher zu bedecken? Wer ruft dem Tag und seinem Licht, uns wieder aufzuwecken?

5. Du bist es, Gott und Herr der Welt, und dein ist unser Leben; du bist es, der es uns erhält und mirs jetzt neu gegeben!

6. Gelobet seist du, Gott der Macht, gelobt sei deine Treue, daß ich nach einer sanften Nacht mich dieses Tags erfreue!

7. Laß deinen Segen auf mir ruhn, mich deine Wege wallen, und lehre du mich selber thun nach deinem Wohlgefallen.

8. Nimm meines Lebens gnädig wahr! Auf dich hofft meine Seele; sei mir ein Retter in Gefahr, ein Vater, wenn ich fehle.

9. Gib mir ein Herz voll Zuversicht, erfüllt mit Lieb und Ruhe, ein weises Herz, das seine Pflicht erkenn und willig thue:

10. Daß ich als ein getreuer Knecht nach deinem Reiche strebe, gottselig, züchtig und gerecht durch deine Gnade lebe;

11. Daß ich, dem Nächsten beizustehn, nie Fleiß und Arbeit scheue, mich gern an Andrer Wohlergehn und ihrer Tugend freue;

12. Daß ich das Glück der Lebenszeit in deiner Furcht genieße, und meinen Lauf mit Freudigkeit, wenn du gebeutst, beschließe.

M. Christian Fürchtegott Gellert,
1715—1769.

**Siehe, ich bin bei euch alle Tage
Bis an der Welt Ende, so spricht der Herr.**
(Matth. 18, 20.)

Weise 110. Den die Hirten lobten sehre.

824. Früh am Morgen Jesus gehet und vor allen Thüren stehet, klopfet an, wo man gefliehet: „Komm, Herr Jesu, unser Gast.“

2. Nun so lasset ihn nicht

dorten; thut ihm auf des Her=
zens Pforten, rufet ihn mit
süßen Worten: „Kehr, Herr
Jesu, bei uns ein!

3. „Wolleft täglich bei uns
bleiben, alle Feinde von uns
treiben, uns ins Buch des Le=
bens schreiben und der gute
Hirte sein, —

4. „Weiden uns auf grüner
Auen, daß wir deine Fülle schauen
und auf deinen Reichtum bauen,
mit dir gehen aus und ein.“

5. Amen, ja, es soll geschehen!
Jesus wird heut mit uns gehen,
und wir werden fröhlich sehen,
daß er uns nicht läßt allein.

Unbekannter Verfasser.

**Ich will schauen dein Antlitz in Gerechtigkeit,
Wenn ich erwache nach deinem Bilde.**
(Pf. 17, 15.)

Weise 587. Freu dich sehr, o meine Seele.

8241/2. Wenn ich einst von
jenem Schlummer, welcher Tod
heißt, aufersteh und, erlöst von
allem Kummer, jenen schönern
Morgen seh: o dann wach ich
anders auf! Schon am Ziel ist
dann mein Lauf; Träume sind
des Pilgers Sorgen, großer
Tag, an deinem Morgen!

2. Hilf, daß keiner meiner
Tage, Geber der Unsterblichkeit,
im Gericht mich einst verklage,
daß ich frevelnd ihn entweiht!

Auch noch heute wacht ich auf,
Dank sei dir! Zu dir hinauf
führ mich jeder meiner Tage,
jede Freude, jede Plage, —

3. Daß ich froh gen Himmel
sehe, wenn mein letzter Tag
erscheint, wenn zum dunkeln
Thal ich gehe, von den Mei=
nigen beweint; lindre dann des
Todes Pein, laß mich stark und
freudig sein, daß ich sie zum
Himmel weise und dich, Herr
des Todes, preise.

Friedrich Gottlieb Klopstock, 1724—1803.

**Das ist meine Freude, daß ich mich zu Gott halte,
Und meine Zuversicht setze auf den Herrn Herrn.**
(Pf. 59, 17; 73, 28; 92, 2. 3; 143, 8. 10.)

Weise 417. Wie schön leucht uns der Morgenstern.

825. Wie süß in früher Mor=
genstund ertönt in meines Her=
zens Grund, o Jesu, deine
Stimme! Sie mahnet mich, daß
du mich liebst und Oel dem
schwachen Dochte gibst, damit
er heller glimme. Nähre, mehre
nur dein Feuer, du Getreuer,

und bewahre dir mein Herze
zum Altare!

2. Mit dir steh ich vom Lager
auf, mit dir beginn ich meinen
Lauf, dein will ich stets ge=
denken. Mein Heiland, laß
mich nie allein, wollst immer
in und bei mir sein, all meine

Schritte lenken! Ich dein, du mein; du mein Friede, Klang im Liebe, Troſt im Leide, Brunn=
quell aller Lebensfreude!
M. Albert Knapp, geb. 1798.

2. Tiſchlieder.

(Vor Tiſch.)

Aller Augen warten auf dich,
Du gibſt ihnen Speiſe zu ſeiner Zeit.
(Pſ. 145, 15. 16.)

Weiſe 680. Erhalt uns, Herr, bei deinem Wort.

826. Großmächtiger und ew=
ger Gott, du ſchuffſt nach dei=
nem beſten Rath den Menſchen
dir zum Bild und Preis, und
nähreſt reichlich ihn mit Speis!

2. Du lieber Gott, wir bitten
dich durch deinen Sohn de=
mütiglich: mach uns durch ſeine
Wahrheit frei, daß alle Speis
uns heilig ſei.

3. Speiſ' und ernähre ſo den
Leib, daß doch der Geiſt nicht
hungrig bleib; erfüll uns ſo
mit deiner Gab, daß auch die
Seel ihr Nahrung hab

4. Durch Jeſum Chriſtum,
deinen Sohn, der uns vertritt
vor deinem Thron, und der zu
ſegnen ſtets bereit die auser=
wählte Chriſtenheit.

Böhmiſche Brüder, 1531. (Michael Weiße, † 1534.)

Dem Herrn, deinem Gott, ſollſt du dienen,
So wird er dein Brot und dein Waſſer ſegnen.
(1 Cor. 10, 31.)

Weiſe 14. Herr Jeſu Chriſt, dich zu uns wend.

827. O Herr, du wolleſt be=
nedein die Speis, daß ſie uns
mag gedeihn; ſegn uns, o Herr,
und deine Gab, daß Leib und
Seel ſich wohl gehab.

2. Speis auch die Seel mit
Himmelsbrot, das uns erholt
vorm ewgen Tod, auf daß wir
nach der Erdenzeit mit dir leben
in Ewigkeit.

Nikolaus Herman, † 1561.

Er gibet Speiſe denen, ſo ihn fürchten,
Er gedenket ewiglich an ſeinen Bund.
(Pſ. 111.)

Weiſe 14. Herr Jeſu Chriſt, dich zu uns wend.

828. Geſegn uns, Herr, die
Gaben dein, die Speis laß

unſre Nahrung ſein; hilf,
daß dadurch erquicket werd

ber bürftge Leib auf dieser Erb.

2. Denn dieses zeitlich Brot allein kann uns nicht gnug zum Leben sein; dein göttlich Wort die Seele speist, hilft uns zum Leben allermeist.

3. Drum gib uns beides, lieber Gott, hilf endlich auch aus aller Noth: so preisen deine Gütigkeit wir hier und in der Ewigkeit.

Unbekannter Verfasser. 16. Jahrh.

Du thust deine milde Hand auf,
Und sättigest Alles, was da lebet, mit Wohlgefallen.
(Pf. 145, 15. 16.)

Weise 14. Herr Jesu Christ, dich zu uns wend.

828¹/₂. Herr Gott Vater im Himmelreich, wir, deine Kinder allzugleich, wir bitten dich aus Herzensgrund: speis uns, o Herr, zu dieser Stund!

2. Thu deine reiche, milde Hand uns auf, behüt vor Sünd und Schand, verleih uns Fried und Einigkeit, bewahr uns auch vor theurer Zeit,

3. Damit wir leben seliglich, dein Reich besitzen ewiglich. Das sei heut und zu aller Frist Amen im Namen Jesu Christ.

Unbekannter Verfasser. 16. Jahrh.

Unser täglich Brot gib uns heute! —
Selig sind, die zum Abendmahle des Lammes berufen sind.
(Joh. 6, 27—29.)

Weise 656. Schmücke dich, o liebe Seele.

829. Speis, o Vater, deine Kinder, unsre Sorgen mache minder, sprich den Segen zu den Gaben, die wir jetzo vor uns haben, daß sie uns in diesem Leben mögen Kraft und Nahrung geben, bis wir endlich mit den Frommen zu dem Himmelsmahle kommen.

Johann Heermann, 1585—1647.

Bittet, so wird euch gegeben; suchet, so werdet ihr finden;
Klopfet an, so wird euch aufgethan.
(Matth. 7, 7—11.)

Weise 469. Herr Christ, der einig Gottssohn.

829¹/₂. O Vater aller Frommen, dein Nam geheiligt sei, dein Reich laß zu uns kommen, dein Wille mach uns neu; gib Brot, vergib die Sünde; kein Arg das Herz entzünde, lös uns aus aller Noth!

Unbekannter Verfasser. 17. Jahrh.

**Der Herr ist nahe Allen, die ihn anrufen,
Allen, die ihn mit Ernst anrufen.**
(Pf. 145, 15—19. Joh. 6, 32. 33. 35.)

830. Weise: Jesu, als du erstlich kamest.

1744.

Herr, wir ge=hen zu dem Es=sen, laß uns dei=ner
Speis die Lei=ber, stärk die See=len, die wir dir jetzt

nicht ver=ges=sen; denn du bist das Him=mels=brot!
an=be=feh=len, steh uns bei in al=ler Noth;

hilf uns, daß wir nach der Er=den bei=ne Gäst im

Himmel wer=den.

Unbekannter Verfasser.

**Mein Volk soll meiner Gaben die Fülle haben,
Spricht der Herr.**
(Pf. 112, 1—6. Jer. 31, 14.)

Weise 833. Danket dem Herrn, denn er ist sehr freundlich.

831. Segn uns, o Herr, aus beiner reichen Fülle, mach unsre Seelen fromm, ergeben, stille.

2. Gib, daß wir täglich deine Huld ermessen, dich, Geber alles Guten, nie vergessen.

3. Verleih den Armen Brot, das sie ernähret; gib uns ein Herz, das Wohlthat gern gewähret.

4. Mach uns zufrieden mit den guten Gaben, die wir von dir durch Jesum Christum haben.

5. Verbann aus unsern Herzen alle Sorgen, und führ uns aus der Nacht zum hellen Morgen.

6. Bei treuem Fleiß wirst du uns Alles geben, was wahrhaft dient zu einem frommen Leben.

7. O Vater, stärk uns, auf daß wir dir trauen, bis du uns führst zu ewig grünen Auen.

8. Da wollen wir dir Preis und Ehre bringen, dir ewig Dank für deine Güte singen.

M. Wilhelm Hülsemann, geb. 1781.

(Nach Tiſch.).

**Danket dem Herrn Jebaoth, daß er ſo gnädig iſt
Und thut uns immerdar Gutes.**
(Jer. 33, 11.)

832.   Eigne Weiſe.   1531.

Den Va=ter dort o=ben wol=len wir nun lo=ben,
der uns als ein mil=der Gott gnä=dig=lich ge=
ſpei=ſet hat, und Chriſtum, ſei=nen Sohn, durch den uns der
Se=gen kömmt vom al=ler=höch=ſten Thron.

2. Sprechend in der Wahrheit:
Dir ſei Preis und Klarheit, Dank=
ſagung und Herrlichkeit, o mein
Gott, von Ewigkeit, der du dich
haſt erweiſt und uns heut mit
deiner Gab ſo väterlich geſpeiſt!

3. Nimm an dies Dankopfer,
o Vater und Schöpfer, das wir
deinem Namen thun im Herrn
Chriſto, deinem Sohn! O laß
es dir gefalln, und verleih, daß
ſein Verdienſt zu gute komm
uns Alln.

4. Denn nichts iſt zu melden,
womit möcht vergelten unſere
Gebrechlichkeit deine Gnad und
Gütigkeit. Wie kann auf Erden
hier, da dein eigen Alles iſt,
vergolten werden dir?

5. Nimm an, was wir ſingen:
Lob und Dank wir bringen;
und vergib, was uns gebricht
noch zu thun bei unſrer Pflicht!
Mach deinem Bild uns gleich;
gib auf Erden deine Gnad und
dort dein ewig Reich!

Böhmiſche Brüder, 1531. (Michael Weiße, † 1534.)

**Danket dem Herrn, denn er iſt freundlich,
Und ſeine Güte währet ewiglich.**
(Pſ. 107, 1—9.)

833.   Eigne Weiſe.   1544.

Dan=ket dem Herren, denn er iſt ſehr freundlich, und

fei=ne Güt und Wahrheit blei=bet e = wig;

2. Der gütig und barmherzig sich erweiset, uns dürftge Crea=turen hat gespeiset.

3. Singt ihm mit Innigkeit aus frohem Munde: „Dank „sei, Gott Vater, dir aus „Herzensgrunde,

4. „Der du als reicher und als „milder Vater uns kleidst und „speisest, deine armen Kinder.

5. „Verleih, daß wir dich ler=„nen recht erkennen und nach dir, „ewger Schöpfer, stets uns sehnen

6. „In Jesu Christo, deinem „lieben Sohne, der unser Mitt=„ler ward vor deinem Throne!"

Böhmische Brüder, 1544 (Johann Horn).

Mein Herz ist fröhlich,
Und ich will dem Herrn danken mit meinem Liede.
(Pf. 28, 7.)

Weise 12. Herr Gott, dich loben Alle wir.

834. Herr Gott Vater vom Himmelreich, wir, deine Kinder allzugleich, sagen dir herzlich Lob und Dank für die empfangne Speis und Trank,

2. Womit du reichlich uns be=gabt, den Leib gestärkt, das Herz gelabt; dafür dein Nam von uns auf Erd durch Chri=stum stets gepreiset werd!

M. Martin Polycarpus, † nach 1605.

Alle gute Gabe
Und alle vollkommene Gabe kommt von oben herab.
(Jac. 1, 17.)

Weise 589. Herr Jesu Christ, meins Lebens Licht.

834¹|₂. Gott Vater, Sohn und heilger Geist, von dem die Füll der Gnaden fleußt, wir loben dich, wir danken dir für deine Wohlthat für und für.

Unbekannter Verfasser.

Dir will ich Dank opfern
Und des Herrn Namen predigen.
(Pf. 116, 17.)

835. Weise: Nun lobt und dankt Gott allzusammen. 1562.

Wir dan=ken Gott für fei=ne Ga=ben, die wir von

ihm em=pfan=gen ha=ben; wir bit=ten un=sern

lie=ben Herrn, er woll auch fer=ner uns beschern, woll

spei=sen uns mit sei=nem Wort, daß wir satt wer=den

hier und dort.

2. Ach, lieber Gott, du wollst uns geben nach dieser Welt das ewge Leben! — Wir danken dir, Herr Jesu Christ, daß du unser Gast gewesen bist. Bleib du bei uns, so hats nicht Noth; du bist das rechte Lebensbrot.

Unbekannter Verfasser.

Das ist ein köstlich Ding, dem Herrn danken Und lobsingen deinem Namen, du Höchster.
(Pf. 92, 2.)

836. Weise: Wach auf, mach auf die Pforten.
1738.

Laßt uns den Her=ren prei=sen, als Kin=der uns er=
Wir wol=len Lob ihm sin=gen und Dankes=op=fer

wei = sen! da sei = ne Güt und Gnad uns
brin=gen,

reich er=qui=cket hat.

2. Was nöthig ist zum Leben, hat er mit Huld gegeben. In allen diesen Gaben, in Trank und Speise haben wir sichtbarlich erkannt die milde Gotteshand.

3. Er woll uns auch verleihen, von oben benedeien, daß unser Herzverlangen stets würdig mög empfangen ihn selbst, das Himmelsbrot, als Schutz vorm ewgen Tod.

4. Und einſt woll er uns bringen hin, wo die Engel ſingen, daß wir uns droben laben an ſeinen ewgen Gaben, und ſelig uns erfreun in ſeiner Gottheit Schein.

Dr. Johann Scheffler, 1624—1677.

Selig iſt,
Der das Brot iſſet im Reiche Gottes.
(Joh. 6, 32—48.)

Weiſe 59. Lobe den Herren, den mächtigen König der Ehren.

837. Danke dem Herren, o Seele, dem Urſprung der Güter, der uns erquicket die Leiber und ſtärkt die Gemüter. Gebet ihm Ehr! Liebet den Gütigen ſehr; ſinget ihm dankende Lieder!

2. Lebenswort, Jeſu, komm, ſpeiſe die ſchmachtenden Seelen, laß in der Wüſte uns nimmer das Nöthige fehlen; gib nur, daß wir innig ſtets dürſten nach dir, ewig zum Heil dich erwählen!

3. Gütigſter Hirte, du wolleſt uns ſtärken und leiten, und zu dem himmliſchen Mahle recht würdig bereiten; bleib uns hier nah, bis wir dich ewig allda ſchmecken und ſchauen in Freuden.

Gerhard ter Steegen, 1697—1769.

Haltet an am Gebet,
Und wachet in demſelbigen mit Dankſagung.
(Col. 4, 2.)

Weiſe 135. Da Chriſtus geboren war.

838. Was den Leib erhält und nährt, hat uns unſer Gott gewährt, der uns alle Gaben reicht, dem im Wohlthun Keiner gleicht, der die ganze weite Welt, wie es ſeinem Rath gefällt, durch ſein Allmachtswort erhält.

2. Alles, Alles, was ich ſeh, in den Gründen, in der Höh, was hoch in den Lüſten ſchwebt, was im tiefen Meere lebt, hofft, Verſorger, nur auf dich, freuet deiner Gaben ſich, und du gibſt ſie milbiglich.

3. Ach, auch mich, auch mich erfreut deiner Güte Milbigkeit.

Du biſts, Vater, der mir ſchenkt, was mich ſpeiſet, was mich tränkt, reichlich ſchenkt und gern es thut, und im Wohlthun nimmer ruht. O wie iſt mein Gott ſo gut!

4. Dank, ach, Dank ſei dir dafür, milder Geber, daß du mir väterlich auch jetzt beſchert, was mir Unterhalt gewährt; daß ich auch mit frohem Sinn, was du gnädig mir verliehn, zu genießen fähig bin!

5. Hilf, daß ich, beim Überſluß deiner Gaben, im Genuß niemals überhebe mich, allzeit, Höchſter, fürchte dich, und, wenn

ich mich ihrer freu, auch aus Menschenlieb dabei eingedenk des Armen sei.

6. So werd ich zu deiner Ehr, wie du mir befiehlst, o Herr,

froh genießen, was du mir gnädig haft verliehen hier, und mich hoffnungsvoll erfreun, daß auch künftig du allein werdeft mein Verforger fein.

Julius Karl Zuckschwerdt, 1747—1806.

Dein Reich komme, dein Wille geschehe auf Erden wie im Himmel; Gib uns unser tägliches Brot immerdar.

(Luc. 11, 2. 3.)

Weiſe 544. Ringe recht, wenn Gottes Gnade.

838 ¹|2. Irdisch Brot und himmlisch Leben gibst du uns, Herr Jesu Christ! Lehr uns freudig dich erheben, der du unser Alles bift.

2. Dankbar find dir unfre Herzen, du haft uns gesättigt nun; laß in Arbeit, Freud und Schmerzen uns in deiner Liebe ruhn!

Unbekannter Verfaffer.

---

3. Abendlieder.

Du machst den Mond, das Jahr darnach zu theilen; Die Sonne weiß ihren Untergang.

(Pf. 104, 19.)

Weiſe 14. Herr Jesu Christ, dich zu uns wend.

839. Die Sonne tritt dem Westen näh'r und bringt die Abendzeit daher; nun sei der Herr gebenedeit, der so geordnet hat die Zeit.

2. Ein Tag geht hin, ein andrer kömmt, der auch gar bald fein Ende nimmt; und was da lebt und Athem hat, muß kosten noch des Todes Noth.

3. O Mensch, der du durch Jefum Christ ein Gotteskind geworden bift: sieh zu, daß du als Ritter stehst, nicht wiederum zurücke gehst.

4. Gott hat dich lieb und ist

dir hold und will dich prüfen gleich wie Gold und ewig dir des Lebens Kron in seinem Reich verleihn als Lohn.

5. Er kennt die Herzen und weiß wohl, wie er und wann er strafen foll, weiß auch, wie er dir gütlich thun, dich tröften foll als seinen Sohn.

6. O fei ohn Unterlaß bereit, mit Lieb und Unterthänigkeit zu tragen, was des Herren Rath und Weisheit dir befchieben hat.

7. Sieh, wie den Himmel er geziert, wie Alles er auf Erd regiert, all sein Geschöpf zu

wohl ernährt und allem Leben
Speis beschert!

8. Er weiß auch wohl mit
dir zu thun; nur sei du ihm
ein treuer Sohn, halt dich nach
seinem Unterricht, alsdann läßt
er dich ewig nicht.

9. O Vater der Barmherzig=
keit, wir bitten dich mit In=

nigkeit, du wollst uns unsre
Schuld verzeihn und ein herz=
licher Vater sein.

10. Wir opfern dir uns ganz
und gar, hoffend, daß du uns
immerdar regieren werdst nach
bester Weis durch Jesum Christ
zu deinem Preis.

Böhmische Brüder, 1531. (Michael
Weiße, † 1534.)

**Bleibe bei uns, denn es will Abend werden,
Und der Tag hat sich geneiget.**
(Pf. 27.)

Weise 901. Wenn wir in höchsten Nöthen sein.

840. Die Sonne wird mit
ihrem Schein jetzt eine Weil
nicht bei uns sein; o Gott, du
unbegreiflich Licht, weich du
nur von uns Armen nicht.

2. Zu dir steht unsre Zuver=
sicht, auf dich ist unser Thun
gericht, du bist allein der starke
Held, vor dem der Feinde Macht
zerfällt.

3. Der Feinde haben wir sehr
viel, die auf uns schießen, wie
zum Ziel; entschliefen wir nun
ohne dich, so fällten sie uns
sicherlich.

4. Wir opfern uns dir ganz
und gar, o Vater, nimm heint
unser wahr; ziehst du von uns
die Gnadenhand, so ist das Heil
uns abgewandt.

5. Gesegne uns in deinem
Sohn, ohn welchen wir nichts
können thun;* gib, daß das Herz
stets bei dir sei und morgen dir
lobsing aufs neu. * Joh. 15, 5.

6. Nun, Gott Vater und Schö=
pfer, nimm dies unser Abend=
opfer hin durch Jesum Christum,
deinen Sohn, der uns vertritt
vor deinem Thron.

Böhmische Brüder, 1531. (Michael Weiße, † 1534.)

**Er wird dich mit seinen Fittichen decken,
Und deine Zuversicht wird sein unter seinen Flügeln.**
(Pf. 91.)

Weise 901. Wenn wir in höchsten Nöthen sein.

841. Hinunter ist der Sonnen
Schein, die finstre Nacht bricht
stark herein; leucht uns, Herr
Christ, du wahres Licht, daß
wir im Finstern wandeln nicht.

2. Dank sei dir, daß du uns
den Tag vor Schad, Gefahr
und mancher Plag durch deine
Engel hast behüt aus Gnad und
väterlicher Güt.

44

3. Womit wir heut erzürnet dich, dasselb verzeih uns gnädiglich und rechn es unsrer Seel nicht zu; laß schlafen uns in Fried und Ruh.

4. Durch dein Engel die Wach bestell, daß uns der böse Feind nicht fäll; vor Schrecken, Angst und Feuersnoth behüt uns heint, o treuer Gott!

Nikolaus Herman, † 1561.

Ich liege und schlafe, und erwache,
Denn der Herr erhält mich.
(Psf. 28.)

842.   Eigne Weise.   1566.

Die Nacht ist kom=men, wo wir ru=hen sol=len;

Gott walts zum From=men* nach seim Wohlge = fal=len,

daß wir uns le = gen in seim Schutz und Se = gen,

der Ruh zu pfle=gen.   * zum Besten.

2. Herr, treibe ferne die unreinen Geister, halt Nachtwach gerne, sei selbst unser Schutzherr; nimm Leib und Seele unter deine Flügel, send uns bein' Engel.

3. Laß uns einschlafen mit guten Gedanken, fröhlich aufwachen und von dir nicht wanken; laß uns in Züchten unser Thun und Dichten dir zum Preis richten.

4. Pfleg auch der Kranken durch deinen Geliebten,* hilf den Gefangnen, tröste die Betrübten, pfleg auch der Kinder, sei selbst ihr Vormünder, des Feinds Neid hinder'.

* Eph. 1, 6.

5. Vater, dein Name werd von uns gepreiset, dein Reich zukomme, dein Will werd beweiset; frist unser Leben, wollst die Schuld vergeben, erlös uns! Amen.

Böhmische Brüder, 1566.
(Peter Herbert, † 1571.)

Gott, höre mein Gebet
Und verbirg dich nicht vor meinem Flehen.

(Pf. 55, 2.)

Weise 850. Der Tag ist hin; mein Jesu, bei mir bleibe.

843. Die Sonn hat sich mit ihrem Glanz gewendet und was sie soll auch diesen Tag vollendet; es bringet rings die dunkle Nacht herzu und bringet nun, was lebt und webt, zur Ruh.

2. Ich preise dich, du Herr der Nächt und Tage, daß du mich heut von aller Noth und Plage durch deine Hand und hochgelobte Macht hast unverletzt und frei hindurch gebracht.

3. Vergib, wenn ich bei Tage so gelebet, daß ich nach dem, was finster ist, gestrebet; laß alle Schuld durch deinen Gnadenschein in Ewigkeit bei dir verloschen sein.

4. Schaff, daß mein Geist dich ungehindert schaue, da ich mich dir in trüber Nacht vertraue, und daß mein Leib nun auch auf diesen Tag sich seiner Kraft recht sanft erholen mag.

5. Herr, wenn mich wird die lange Nacht bedecken und in die Ruh des tiefen Grabes strecken, so blicke mich mit deinen Augen an, daraus ich Licht im Tode nehmen kann.

6. Laß mich hernach mit allen deinen Frommen zum ewgen Glanz des andern Lebens kommen, wo du uns hast den großen Tag bestimmt, dem keine Nacht sein Licht und Klarheit nimmt.

Dr. Josua Stegmann, 1588—1632.

Herr, erhebe über uns das Licht deines Antlitzes,
Und erhöre uns, wenn wir zu dir rufen.

(Pf. 27, 1. Mich. 7, 8. Joh. 8, 12; 12, 46.)

Weise 12. Herr Gott, dich loben Alle wir.

844. O selig Licht, Dreifaltigkeit, du hochgelobte Einigkeit: die Sonne weicht mit ihrem Schein, geuß dein Licht in das Herz hinein!

2. Des Morgens, Herr, dich rühmen wir, am Abend beten wir zu dir, und preisen deine Herrlichkeit von nun an bis in Ewigkeit.

3. Gott Vater in dem höchsten Thron, und Jesus Christ, sein einer Sohn, zusammt dem werthen heilgen Geist sei nun und immerdar gepreist.

Altes lat. Abendlied (v. Ambrosius), übersetzt von einem Unbekannten.

44*

**Das iſt ein köſtliches Ding, des Morgens deine Gnade,
Und des Nachts deine Wahrheit verkündigen.**
(Pf. 89, 2—6.)

Weiſe 589.   Herr Jeſu Chriſt, meins Lebens Licht.

844 ¹|2. O werthes Licht der Chriſtenheit, o heilige Dreieinig= keit: weil jetzt die Sonne von uns weicht, durch **dein** Licht unſer Herz erleucht!

2. Am Morgen früh da danken wir, des Abends beten wir zu bir, auch unſer armer Lobgeſang dich rühmet unſer Lebenlang.

3. Lob, Ehr und Dank ſei bir erweiſt, Gott Vater, Sohn und heilger Geiſt; du breifach einig wahrer Gott, tröſt unſer Herz in aller Noth!

Das vorige Lied, überſetzt von Matthäus Apelles von Löwenſtern, 1594—1648.

**Wo der Herr nicht die Stadt behütet,
So wachet der Wächter umſonſt.**
(Pf. 121.)

Weiſe 901.   Wenn wir in höchſten Nöthen ſein.

845. O Jeſu, treuſter Hei= land mein, ich geh in mein Schlafkämmerlein; ich will mich legen in die Ruh, ſchleuß du die Thür ſelbſt nach mir zu.

2. Verzeih die Sünd aus Gnad und Güt, und alle böſen Träum verhüt; breit über mich die Flü= gel aus, laß ſtehn dein Engel um das Haus.

3. Behüt vor Feur= und Waſ= ſersnoth, vor einem böſen ſchnel= len Tod; vor allem Uebel und Gefahr mich und die Meinigen bewahr.

4. Wenn ich nun ſchlaf, wach du für mich, treib alles Unglück hinter ſich; laß mich zu deinem Lob aufſtehn und froh an meine Arbeit gehn.

Unbekannter Verfaſſer.

**Wie theuer iſt deine Güte, Gott,
Daß Menſchenkinder unter dem Schatten deiner Flügel trauen!**
- (Pf. 36, 6—13.)

846.   Eigne Weiſe.   J. Schop, 1642.

Wer = de munter, mein Ge=mü=te, und ihr Sin=ne,
laut zu prei=ſen Got=tes Gü=te, die er hat an

he = bet an,
mir ge = than,   da er mich den   gan = zen Tag

vor so man=cher schwe=ren Plag durch sein gua = den=

rei=ches Walten hat be=schir=met und er=hal=ten.

2. Lob und Dank sei dir ge=sungen, Vater der Barmherzig=keit, daß mir ist mein Werk gelungen, daß du mich vor allem Leid und vor Sünden mancher Art so getreulich hast bewahrt, auch die Feinde weggetrieben, daß ich unversehrt geblieben.

3. Keine Klugheit kann er=gründen deine Güt und Wun=derthat, ja kein Redner kann verkünden, was dein Arm er=wiesen hat; deiner Wohlthat ist zu viel, sie hat weder Maß noch Ziel. Herr, du hast mich so geführet, daß kein Unfall mich berühret.

4. Dieser Tag ist hingegan=gen, und das Dnukel bricht herein; hin ist nun der Sonne Prangen und ihr freudenreicher Schein. Stehe mir, o Vater, bei, daß dein Glanz stets bei mir sei; es herrscht tiefe Nacht auf Erden: laß es hell im Herzen werden.

5. Herr, verzeihe mir aus Gnaden alle Sünd und Misse=that, die mein armes Herz be=laden und dich hoch erzürnet hat. Des Versuchers List und Tück treib durch deine Kraft zurück; Gott, du kannst allein mich retten, strafe nicht mein Übertreten.

6. Bin ich gleich von dir ge=wichen, stell ich mich doch wie=der ein; Jesus, der am Kreuz erblichen, stillet des Gewissens Pein. Ich verleugne nicht die Schuld; aber deine Gnad und Huld ist viel größer als die Sünde, die ich immer in mir finde.

7. O du Licht der frommen Seelen, o du Glanz der Ewig=keit, dir will ich mich ganz be=fehlen diese Nacht und allezeit. Bleibe doch, mein Gott, bei mir, weil es nunmehr dunkel hier; schütze mich mit deiner Liebe, daß kein Unfall mich be=trübe.

8. Laß mich diese Nacht em=pfinden eine sanfte, süße Ruh; alles Übel laß verschwinden, decke mich mit Segen zu. Leib und Seele, Mut und Blut, Weib und Kinder, Hab und Gut, Freunde, Feinde, Haus=genossen sei'n in deinen Schutz geschlossen.

9. Ach, bewahre mich vor Schrecken, schütze mich vor Über=fall, laß mich keine Krankheit wecken, halte fern des Krieges Schall, Feuersbrunst und Was=sersnoth, Pestilenz und schnellen Tod; laß mich nicht in Sünden

sterben, noch an Leib und Seel verderben.

10. O du großer Gott, er=höre, was dein Kind gebeten hat! Jesu, den ich stets ver=ehre, bleibe du mein Schutz und Rath! Und mein Hort, du werther Geist, der du Freund und Tröster heißt: höre doch mein sehnlich Flehen! Amen; ja, es soll geschehen!

Johann Rist, 1607—1667.

**Ich liege und schlafe ganz mit Frieden,
Denn du, Herr, hilfst mir, daß ich sicher wohne.**
(Ps. 4.)

847.　　Eigne Weise.　　　1598.

Nun ru=hen al=le Wäl=der, Vieh, Menschen, Städt und Fel=der, es schläft die gan=ze Welt; ihr a=ber, mei=ne Sin=nen, auf, auf! ihr sollt be=gin=nen, was eu=erm Schöpfer wohl=ge=fällt.

2. Wo bist du, Sonne, blie=ben? Die Nacht hat dich ver=trieben, die Nacht, des Tages Feind. Fahr hin! ein andre Sonne, mein Jesus, meine Wonne, gar hell in meinem Herzen scheint.

3. Der Tag ist nun vergan=gen, die goldnen Sternlein pran=gen am blauen Himmelssal. Al=so werd ich auch stehen, wenn mich wird heißen gehen mein Gott aus diesem Jammerthal.

4. Der Leib der eilt zur Ruhe, legt Kleider ab und Schuhe, das Bild der Sterblichkeit. Die zieh ich aus; dagegen wird Christus mir anlegen den Rock der Ehr und Herrlichkeit.* 　*Jes. 61, 10.

5. Das Haupt, die Füß und Hände sind froh, daß nun zum Ende die Arbeit kommen sei. Herz, freu dich: du sollst wer=den vom Elend dieser Erden und von der Sünden Arbeit frei.

6. Nun geht, ihr matten Glie=der, geht hin und legt euch nieder, des Bettes ihr begehrt. Es kommen Stund und Zeiten, wo man euch wird bereiten zur Ruh ein Bettlein in der Erd.

7. Mein Augen stehn ver=

droſſen, im Nu ſind ſie ge=
ſchloſſen; wo bleibt dann Leib
und Seel? Nimm ſie zu dei=
nen Gnaden, ſei gut für allen
Schaden, du Aug und Wächter
Iſrael.

8. Breit aus die Flügel beide,
o Jeſu, meine Freude, und nimm
dein Küchlein ein! Will Satan
mich verſchlingen,* ſo laß die
Engel ſingen: dies Kind ſoll
unverletzet ſein! * 1 Petr. 5, 8.

9. Auch euch, ihr meine Lie=
ben, ſoll heute nicht betrüben
kein Unfall noch Gefahr. Gott
laß euch ruhig ſchlafen, ſtell
euch die goldnen Waffen ums
Bett und ſeiner Helden Schar.
Paul Gerhardt, 1606—1676.

Der Herr iſt mein Hirte;
Mir wird nichts mangeln.
(Pſ. 23.)

848. Eigne Weiſe. Joh. Georg Ebeling, 1666.

Der Tag mit ſei=nem Lich=te fleucht hin und wird zu
nich = te; die Nacht kommt her=ge = gan=gen, mit
Ru=he zu um=fan=gen den mat=ten Er=den=
kreiß. Der Tag der iſt ge = en=det; mein Herz zu dir ſich
wen=det, der Tag und Nacht ge = ſchaf=fen zum
Wachen und zum Schlafen; will ſin=gen dei=nen Preis.

2. Wohlauf, wohlauf, mein
Pſalter, erhebe den Erhalter,
der mir an Leib und Seelen
viel mehr, als ich kann zählen,
hat heute Guts gethan. All
Augenblick und Stunden hat
ſich gar viel gefunden, womit
er ſein Gemüte und unerſchöpfte
Güte mir klar gezeiget an.

3. Gleich wie des Hirten Freude,

ein Schäflein auf der Weide,
sich unter seiner Treue ohn
alle Furcht und Scheue ergetzet
in dem Feld und sich mit Blu=
men füllet, den Durst mit
Quellen stillet: so hat mich
heut geführet, mit manchem
Gut gezieret der Hirt in aller
Welt.

4. Gott hat mich nicht ver=
lassen; ich aber hab' ohn Maßen
mich nicht gescheut, mit Sünden
und Unrecht zu entzünden das
treue Vaterherz. Laß, Vater,
nicht entbrennen den Eifer, noch
mich trennen von deiner Hand
und Seiten; mein Thun und
Überschreiten erweckt mir Reu
und Schmerz.

5. Erhöre, Herr, mein Beten,
und laß mein Übertreten zur
Rechten und zur Linken ins
Meeres Tiefe sinken und ewig
untergehn. Laß aber, Herr,

dagegen sich deine Engel legen
um mich mit ihren Waffen;
mit dir will ich entschlafen,
mit dir auch auferstehn.

6. Darauf so laß ich nieder
mein Haupt und Augenlider,
will ruhen ohne Sorgen, bis
daß der goldne Morgen mich
wieder munter macht. Dein
Flügel wird mich decken; so
wird mich nicht erschrecken der
Feind mit tausend Listen, der
mich und alle Christen verfolget
Tag und Nacht.

7. Ich lieg hier oder stehe, ich
sitz auch oder gehe, so bleib ich dir
ergeben, und du bist auch mein
Leben; das ist ein wahres Wort.
Ich wohn, was ich auch mache,
— ich schlaf ein oder wache —
in deinem Arm und Schoße,
als wie in einem Schloße, bin
selig hier und dort.

Paul Gerhardt, 1606—1676.

Wie theuer ist deine Güte, Gott,
Daß Menschenkinder unter dem Schatten deiner Flügel trauen!
(Ps. 130.)

Weise 587. Freu dich sehr, o meine Seele.

849. Unsre müden Augenlider
schließen sich jetzt schläfrig zu,
und des Leibes matte Glieder
grüßen schon die Abendruh; denn
die dunkle finstre Nacht hat des
hellen Tages Pracht nun ver=
senkt im tiefen Meere und ent=
flammt der Sterne Heere.

2. Ach, bedenk, eh du gehst
schlafen, du, o meines Leibes
Gast, ob du den, der dich er=
schaffen, heute nicht erzürnet
hast. Thu, ach thu bei Zeiten

Buß, geh und falle ihm zu
Fuß, und bitt ihn, daß er aus
Gnaden dich der Strafe woll
entladen.

3. Sprich: Herr, dir ist un=
verholen, daß ich diesen Tag
vollbracht anders, als du mir
befohlen; ja, ich habe nicht
bedacht des Berufes Ziel und
Steg, habe sträflich deinen Weg,
o mein Gott und Herr, ver=
lassen, bin gefolgt der Sünde
Straßen.

4. Ach, Herr, laß mich Gnad erlangen, gib nicht den verdienten Lohn; deine Hut laß mich umfangen, sieh an deinen lieben Sohn, der für mich genug gethan! Vater, nimm den Bürgen an; der hat ja für mich erduldet, was mein böses Herz verschuldet.

5. Stelle deiner Engel Scharen um mich her zu treuer Wacht, Seel und Leib mir zu bewahren in der stillen Mitternacht. Schütze mich vor Angst und Noth, und vor bösem, schnellem Tod; laß kein Unglück mich erwecken, keinen bösen Traum mich schrecken!

6. Laß mich, Herr, von dir nicht wanken, in dir schlaf ich sanft und wohl; gib mir heilige Gedanken, und, bin ich gleich Schlafes voll, so laß doch den Geist in mir zu dir wachen für und für, bis die Morgenröth erstehet und man an das Tagwerk gehet.

7. Vater droben in der Höhe, dessen Nam uns theur und werth: dein Reich komm, dein Will geschehe, unser Brot werd uns beschert; und vergib uns unsre Schuld, schenk uns deine Gnad und Huld; laß uns nicht Versuchung tödten, hilf uns, Herr, aus allen Nöthen!

Johann Franck, 1618—1677.

**Der Herr Zebaoth ist mit uns,
Der Gott Jakobs ist unser Schutz.**
(Pf. 46, 2—8. Klagl. Jer. 3, 57.)

850. Eigne Weise. J. H. Lützel, 1858.

Der Tag ist hin: mein Je=su, bei mir blei=be! O See=len=licht, der Sün=den Nacht ver = trei = be; geh auf in mir, Glanz der Ge=rech=tig = keit, er=leuch=te mich, o Herr, denn es ist Zeit.

2. Lob, Preis und Dank sei dir, mein Gott, gesungen; dir sei die Ehr, wenn Alles wohl gelungen nach deinem Rath, ob ichs gleich nicht versteh; du bist gerecht, es gehe, wie es geh.

3. Nur Eines ist, das mich empfindlich quälet: Beständigkeit im Guten mir noch fehlet; das weißt du wohl, o Herzenskündiger, ich strauchle noch wie ein Unmündiger.

4. Vergib es, Herr, was mir sagt mein Gewissen: der Sünde Lust hat mich von dir gerissen; es ist mir leid, ich stell mich wieder ein, hier ist mein Herz; ich bin dein, und du mein!

5. Israels Schutz, mein Hüter und mein Hirte: zu meinem Trost dein sieghaft Schwert umgürte; bewahre mich durch deine große Macht und halt um mich mit treuen Augen Wacht.

6. Du schlummerst nicht, wenn matte Glieder schlafen; ach, laß die Seel im Schlaf auch Gutes schaffen, o Lebenssonn, erquicke meinen Sinn! Dich laß ich nicht, mein Fels! — der Tag ist hin.

Joachim Neander, 1640—1680.

Die Gerechten werden leuchten,
Wie die Sonne, in ihres Vaters Reich.
(Matth. 13, 43.)

851.   Eigne Weise.   1738.

Der lie-ben Son-ne Licht und Pracht hat nun den Lauf voll-
die Welt hat sich zur Ruh gemacht; thu, Seel, was dir ge-
füh-ret;
büh-ret: tritt an die Himmelsthür und bring ein Lied herfür, und rich-te Au-gen, Herz und Sinn auf
Jesum, dei-nen Heiland, hin.

2. Ihr hellen Sterne, leuchtet wohl und sendet eure Stralen; ihr macht die Nacht des Lichtes voll: doch noch zu tausendmalen scheint heller in mein Herz die ewge Himmelskerz, mein Jesus, meiner Seele Ruhm, mein Schatz, mein Schutz und Eigentum.

3. Der Schlaf zwar herrschet in der Nacht bei Menschen und bei Thieren; doch einer ist, der droben wacht, bei dem kein Schlaf zu spüren. Dein Aug, auf mich

gericht, Herr Jesu, schlummert nicht; drum soll mein Herz auch wachend sein, daß Jesus wache nicht allein.

4. Verschmähe nicht dies arme Lied, das ich dir, Jesu, singe; in meinem Herzen ist kein Fried, bis ich es zu dir bringe. Ich bringe, was ich kann; ach, nimm es gnädig an! Es ist doch herzlich gut gemeint, o Jesu, meiner Seelen Freund!

5. Mit dir will ich zu Bette gehn, dir will ich mich befehlen; du wirst, mein Schutzherr, auf mich sehn zum Besten meiner Seelen. Ich fürchte keine Noth, auch selber nicht den Tod; denn wer mit Jesu schlafen geht, mit Freuden wieder aufersteht.

6. Ihr finstern Geister, fort mit euch, hier habt ihr nichts zu schaffen; dies Haus gehört in Jesu Reich, laßt es nur sicher schlafen. Der Engel starke Wacht hält es in guter Acht, ihr Heer und Lager ist sein Schutz; drum sei auch allen Feinden Trutz!

7. So will ich denn nun schlafen ein, o Herr, in deinen Armen; dein Aufsicht soll die Decke sein, mein Lager dein Erbarmen, mein Kissen deine Brust, mein Traum die süße Lust, die aus dem Wort des Lebens fleußt und die dein Geist ins Herz mir geußt.

8. So oft die Nacht mein Herze schlägt, soll dich mein Geist umfangen; so vielmal sich mein Athem regt, sei dieses mein Verlangen, daß ich mit lautem Schall mög rufen überall: O Jesu, Jesu, du bist mein, und ich auch bin und bleibe dein.

9. Nun, matter Leib, gib dich zur Ruh und schlafe sanft und stille; ihr müden Augen, schließt euch zu, denn das ist Gottes Wille; schließt aber dies mit ein: Herr Jesu, ich bin dein! So ist der Schluß recht wohl gemacht; nun, Jesu, Jesu, gute Nacht!

M. Christian Scriver, 1629—1693.

**Der dich behütet, schläft nicht;
Der Hüter Israels schläft noch schlummert nicht.**
(Pf. 121.)

852. Eigne Weise. (1676) 1698.

Nun sich der Tag ge-en-det hat und kei-ne Sonn mehr scheint, schläft, was von Ar-beit müd und matt, und was zu-vor ge-weint.

2. Nur du, mein Gott, wirkst ohne Raſt, du ſchläfſt noch ſchlummerſt nicht; die Finſternis iſt dir verhaßt, denn du biſt ſelbſt das Licht.

3. Gedenke, Herr, nun auch an mich in dieſer dunkeln Nacht, und ſchenke du mir gnädiglich die Obhut deiner Wacht.

4. Ich fühle zwar der Sünden Schuld, die mich bei dir verklagt; doch hat mir deines Sohnes Huld Vergebung zugeſagt.

5. Er hat für mich genug gethan, als er am Kreuze ſtarb; ich nehm den Troſt im Glauben an, den mir ſein Tod erwarb.

6. Drauf thu ich meine Augen zu und ſchlafe fröhlich ein. Mein Gott wacht über meine Ruh; wer wollte traurig ſein?

7. Weicht, nichtige Gedanken, hin und endet euern Lauf! Ich baue jetzt in meinem Sinn Gott einen Tempel auf.

8. Soll dieſe Nacht die letzte ſein in dieſem Erdenthal, ſo führ mich, Herr, zum Himmel ein, zur auserwählten Zahl.

9. Und alſo leb und ſterb ich dir, o Herr, Gott Zebaoth; im Tod und Leben hilf du mir aus aller Angſt und Noth!

Dr. Joh. Friedr. Herzog, 1648-1699.

**Siehe, Gott iſt mein Heil;
Ich bin ſicher und fürchte mich nicht.**
(Jeſ. 12, 2. Pſ. 32, 7.)

Weiſe 765. Alle Menſchen müſſen ſterben.

853. Gott, du läſſeſt mich erreichen abermals die Ruhezeit, das iſt mir ein neues Zeichen deiner Lieb und Gütigkeit; laß jetzund mein armes Singen durch die Abendwolken bringen, und bleib auch in dieſer Nacht gnädig auf mein Heil bedacht.

2. Neige dich zu meinen Bitten, ſtoße nicht mein Opfer weg! Hab ich gleich oft überſchritten deiner Wahrheit heilgen Steg: ſo bereu ich nun die Sünden und will mich mit dir verbinden; reiß du nur aus meiner Bruſt alle Wurzel böſer Luſt.

3. Herr, es ſei mein Leib und Leben und was du mir ſonſt vertraut, deiner Allmacht übergeben, die vom hohen Himmel ſchaut. Laß um mich und um die Meinen einen Stral der Gottheit ſcheinen, der, was deinen Namen trägt, als dein Gut zu ſchützen pflegt.

4. Laß uns mildiglich bethauen deines Segens Ueberfluß und ſchirm uns vor Angſt und Grauen, wende Schaden und Verdruß, Brand und andre Jammerfälle; zeichne dieſes Hauſes Schwelle, hilf, daß Keinen hier der Schlag des Verderbens treffen mag.

5. Wirke du in meinen Sinnen, ſtehe mir im Dunkeln bei, daß im Schlaf auch mein Beginnen niemals dir zuwider ſei; ſchaffe, daß ich ſchon auf Erden mög ein Geiſtestempel werden,

der nur dir und nicht der Welt allzeit Licht und Feuer hält.

6. Gehet nun, ihr müden Glieder, geht und senket euch zur Ruh! Reget ihr euch morgen wieder, schreib ichs nur dem Schöpfer zu, der so treue Wacht gehalten; wenn ich aber müßt erkalten, nun dann soll im Herrn allein selig eingeschlafen sein!

Friedr. Rudolf Ludwig von Canitz, 1654—1699.

Herr, bleibe bei uns, denn es will Abend werden, Und der Tag hat sich geneiget.
(Pf. 109, 21. 26. 27.)

Weise 587. Freu dich sehr, o meine Seele.

854. Herr, es ist von meinem Leben wiederum ein Tag dahin; lehre mich nun Achtung geben, ob ich fromm gewesen bin; zeige mir auch selber an, so ich was nicht recht gethan, und hilf jetzt in allen Sachen guten Feierabend machen.

2. Freilich wirst du Manches finden, was dir nicht gefallen hat; denn ich bin noch voller Sünden in Gedanken, Wort und That, und zu jeder Tagesstund pfleget Herze, Hand und Mund so geschwind und oft zu fehlen, daß ichs selber nicht kann zählen.

3. Aber, o du Gott der Gnaden, habe noch einmal Geduld; ich bin freilich schwer beladen; doch vergib mir alle Schuld! Deine große Vatertreu werd auch diesen Abend neu, so will künftig deinen Willen ich noch mehr als heut erfüllen.

4. Heilige mir das Gemüte, daß mein Schlaf nicht sündlich sei, decke mich mit deiner Güte, und dein Engel steh mir bei.

Lösche Feur und Lichter aus, und bewahre selbst das Haus, daß ich morgen mit den Meinen nicht im Unglück müsse weinen.

5. Steure den gottlosen Leuten, die im Finstern Böses thun. Sollte man gleich was bereiten, uns zu schaden, wenn wir ruhn: so zerstöre du den Rath und verhindere die That; wend auch alles andre Schrecken, das der Feind mir kann erwecken.

6. Herr, dein Auge geht nicht unter, wenn es bei uns Abend wird; denn du bleibest ewig munter und bist, wie ein guter Hirt, der auch in der finstern Nacht über seine Herde wacht. Darum hilf uns, deinen Schafen, daß wir alle sicher schlafen.

7. Laß mich denn gesund erwachen, wenn es rechte Zeit wird sein, daß ich ferner meine Sachen richte dir zu Ehren ein; oder hast du, lieber Gott, heint bestimmet meinen Tod, so befehl ich dir am Ende Leib und Seel in deine Hände.

M. Kaspar Neumann, 1648—1715.

Der Herr hat des Tags verheißen seine Güte,
Und des Nachts singe ich ihm und bete zu dem Gotte meines Lebens.
(Pf. 39, 5—8; 42, 9.)

Weise 175. Ach, was soll ich Sünder machen?

855. Ach, mein Jesu, sieh, ich trete, da der Tag nunmehr sich neigt und die Finsternis sich zeigt, hin zu deinem Thron und bete. Neige du zu deinem Sinn auch mein Herz und Sinnen hin!

2. Meine Tage gehn geschwinde, wie ein Pfeil, zur Ewigkeit; auch die längste Lebenszeit rauscht vorüber gleich dem Winde, fließt dahin, gleich wie ein Fluß wälzet seinen Wasserguß.

3. Und, mein Jesu, sieh, ich Armer nehme mich doch nicht in Acht, daß ich dich bei Tag und Nacht herzlich suchte! Mein Erbarmer, ach, wie mancher Tag geht hin, wo ich kalt und träge bin!

4. Ach, ich muß mich herzlich schämen; du erhältst und schützest mich Tag und Nacht so gnädiglich, und ich will mich nicht bequemen, daß ich ohne Heuchelei bir dafür recht dankbar sei!

5. Nun, ich komme mit Verlangen, o mein Herzensfreund, zu dir; neige du dein Licht zu mir, da der Tag nunmehr vergangen; sei du selbst mein Sonnenlicht, das durch alles Dunkel bricht.

6. Jesu, theurer Heiland, wache, wache du in dieser Nacht; es beschütz mich deine Macht, deine Liebe hold mir lache. Laß mich selbst auch wachsam sein, ob ich gleich jetzt schlafe ein.

Levin Johann Schlicht, 1681—1723.

Sollte der Herr nicht retten seine Auserwählten,
Die zu ihm Tag und Nacht rufen?
(Luc. 18, 7.)

856. Weise: Singt mit freier Stimm. 1562.

Schöpfer, Herr und Gott Himmels und der Erden,
starker Zebaoth, vor dem auch die Nacht wie des Tages
Pracht, hell und licht muß werden:

2. Deine Vatertreu hast du lassen walten diesen Tag aufs neu über mich, o Gott, mich vor Leid und Noth gnädiglich erhalten.

3. Jetzo rufest du, o du Licht der Frommen, meinen Leib zur Ruh. Ach, laß auch den Geist dadurch allermeist neue Kraft bekommen!

4. Aber eh sich noch meine Augen schließen, Herr, erheb ich hoch deine theure Gnad, die du früh und spat mir gibst zu genießen.

5. Schöpfer aller Ding, Geist und Licht von oben! ich bin zu gering aller deiner Güt; möcht doch mein Gemüt dich dafür recht loben!

6. Laß denn hier auf Erd mich so vor dir leben, wie ichs

wünschen werd, wenn der Tag anbricht, wo sich zum Gericht Jesus wird begeben.

7. Nun so leg ich mich still und sicher nieder; denn ich trau auf dich. Wecke du, o Herr, mich zu deiner Ehr morgen fröhlich wieder.

8. Und wenn ich hernach — o wann wirds geschehen? — an dem großen Tag aus der Erde Staub wie ein frisches Laub werde auferstehen:

9. Herr, dann wollest du das vollselge Leben und die süße Ruh, die kein Leiden stört und die nie aufhört, meiner Seele geben.

Theodor Isaak Herzogenrath, um 1720.

Der dich behütet, schläft nicht;
Siehe, der Hüter Israels schläft noch schlummert nicht.
(Spr. 18, 10.)

Weise 424. Jesu, meine Freude.

857. Hirte deiner Schafe, der von keinem Schlafe etwas wissen mag: deine Wundergüte war mir Schild und Hütte den vergangnen Tag. Sei die Nacht auch auf der Wacht, und laß mich von deinen Scharen um und um bewahren.

2. Decke mich von oben vor der Feinde Toben mit der Vaterhuld; ein versöhnt Gewissen sei mein Ruhekissen; drum vergib die Schuld! Denn dein Sohn hat mich davon durch die tiefgeschlagnen Wunden gnädiglich entbunden.

3. Laß auch meine Lieben keine Noth betrüben; sie sind mein und dein. Schließ uns mit

Erbarmen in den Vaterarmen wohlgeborgen ein. Du bei mir und ich bei dir, — also sind wir ungeschieden, und ich schlaf in Frieden.

4. Komm, verschließ die Kammer und laß allen Jammer ferne von uns sein. Sei du Schloß und Riegel; unter deine Flügel nimm dein Küchlein ein. Deck uns zu mit Schutz und Ruh: so wird uns kein Grauen wecken, noch der Feind uns schrecken.

5. Wie, wenn ich mein Bette hent zum Grabe hätte? Wie bald roth, bald todt! Doch, hast dus beschlossen, daß mein Ziel verflossen, — kommt die Todesnoth: so will ich nicht

wider dich; hab ich Heil in dir gefunden, sterb ich alle Stunden.

6. Nun wohlan, ich thue in vergnügter Ruhe meine Augen zu. Seele, Leib und Leben hab ich dir ergeben, o du Hüter du! Gute Nacht! nimm mich in Acht! Und erleb ich ja den Morgen, wirst du weiter sorgen.

Benjamin Schmolck, 1672—1737.

Der Herr wird dein ewiges Licht sein,
Und die Tage deines Leidens sollen ein Ende haben.
(Pf. 126, 3—6.)

Weise 163. O Traurigkeit.

858. Der Tag ist hin: mein Geist und Sinn sehnt sich nach jenem Tage, der uns völlig machen wird frei von aller Plage.

2. Die Nacht ist da: sei du mir nah, Jesu, mit hellen Kerzen; treib der Sünden Dunkelheit weg aus meinem Herzen!

3. Der Sonne Licht uns jetzt gebricht: o unerschaffne Sonne, brich mit deinem Licht hervor mir zur Freud und Wonne.

4. Des Mondes Schein fällt nun herein, die Finsternis zu mindern: ach, daß nichts Veränderlichs meinen Lauf möcht hindern!

5. Das Sternenheer zu Gottes Ehr am tiefen Himmel flimmert: wohl dem, der in jener Welt gleich den Sternen schimmert!

6. Was sich geregt und sich bewegt, ruht jetzt von seinen Werken: laß mich, Herr, in stiller Ruh dein Werk in mir merken!

7. Ein Jeder will in solcher Still der süßen Ruhe pflegen: laß die Unruh dieser Zeit, Jesu, bald sich legen.

8. Ich will denn nun, um auszuruhn, auch in mein Bette steigen: laß mein Herz zu deinem sich als zum Ruhbett neigen!

9. Wach du, mein Freund, damit kein Feind, kein Unheil mich berühre; sende deiner Engel Schar, die mein Bette ziere!

10. Wann aber soll der Wechsel wohl der Tag und Nächte weichen? Wenn der Tag anbrechen wird, dem kein Tag zu gleichen.

11. In jener Welt, wenn diese fällt, die Zion noch macht weinen, sollen heller siebenmal Mond und Sterne scheinen.

12. Alsdann wird nicht der Sonne Licht Jerusalem verlieren; denn das Lamm ist selbst das Licht, das die Stadt wird zieren.

13. Hallelujah! o wär ich da, wo Alles lieblich klinget, und wo man ohn Unterlaß: „Heilig, heilig" singet!

14. O Jesu du, mein Hilf und Ruh, laß mich dahin gelangen, daß ich mög in deinem Glanz ewig vor dir prangen!

Johann Anastasius Freylinghausen,
1670—1739.

**Siehe, Gott ist mein Heil; ich bin sicher und fürchte mich nicht,
Denn·Gott der Herr ist meine Stärke.**
(Apstgsch. 16, 31.)

Weise 589. Herr Jesu Christ, meins Lebens Licht.

859. Herr Jesu, meines Lebens Heil, mein Seelenschatz, mein Herzenstheil, mein Himmels= weg, mein Freudentag, mein Alles, was ich wünschen mag:

2. Mein Leib und Seele freuet sich, mein Mund und Zunge lobet dich, daß nun der Tag beschlossen ist, und du mein Schutz gewesen bist.

3. Wie gnädig hast du mich bewacht! Der Reichtum deiner Güte macht, die du, o Herr, an mir gethan, daß ich im Segen leben kann.

4. Zwar mich betrübt der Sün= den Schuld, jedoch ergetzt mich deine Huld; auf deine Gnade blick ich hin, draus ich gerecht und selig bin.

5. Mir bleibt dein treues Herz gewis; lieg ich nun gleich in Finsternis, bist du doch, meine Sonne, da, und mir mit Licht und Troste nah.

6. Herr Jesu, meines Glau= bens Gut, Herr Jesu, meiner Hoffnung Mnt, Herr·Jesu, meiner Liebe Licht, dich, mein Herr Jesu, laß ich nicht.

M. Erdmann Neumeister, 1671—1756.

**Ein Tag sagt es dem andern, und eine Nacht thut es kund der andern;
Es ist keine Sprache noch Rede, da man nicht ihre Stimme höre.**
(Pf. 19, 2—9.)

Weise 847. Nun ruhen alle Wälder.

860. Wenn sich die Sonn er= hebet, die dieses Rund belebet, so grüß ich dich, mein Licht; wenn sie sich wieder neiget, mein Herz und Geist sich beuget vor deinem heilgen Angesicht.

2. Die Sonn, der Mond, die Sterne, und was in Näh und Ferne nur schönes wird gesehn; was sich auf Erden reget, was Luft und Wasser heget, soll mit mir deine Macht erhöhn.

3. Mit den viel tausend Chören der Sel'gen, die dich ehren, stets deinem Throne nah, mit aller Engel Scharen will ich mein Loblied paaren und singen froh: Hallelujah!

4. Die Zeit ist nur verschwen= det, wo man, zur Welt gewen= det, in dir nicht lebt und ruht. Du hast uns Geist und Leben zu deinem Dienst gegeben; bei dir nur hats die Seele gut.

5. Nun sich der Tag geendet, mein Herz zu dir sich wendet und danket inniglich. Dein hol= des Angesichte zum Segen auf mich richte; erleuchte und ent= zünde mich!

6. Ich schließe mich aufs neue in deine Vatertreue und in dein Herze ein. Die fleischlichen Ge= schäfte und alle finstern Kräfte vertreibe durch dein Nahesein.

7. Daß du mich herzlich liebest,

45

daß du mich stets umgibest und rufst zu dir hinein, — daß du vergnügst alleine so wesentlich, so reine: laß früh und spät mir heilig sein!

8. Ein Tag sagt es dem andern, mein Leben sei ein Wandern zur großen Ewigkeit. O Ewigkeit, du schöne: mein Herz an dich gewöhne! Mein Heim ist nicht in dieser Zeit.

Gerhard ter Stegen, 1697—1769.

Den Frommen gehet das Licht auf in der Finsternis Von dem Gnädigen, Barmherzigen und Gerechten.
(Pf. 112, 1—4.)

Weise 850. Der Tag ist hin, mein Jesu, bei mir bleibe.

861. Der Abend kommt, die Sonne sich verdecket, und Alles sich zur Ruh und Stille strecket; o meine Seel, merk auf, wo bleibest du? In Gottes Schoß, sonst nirgends hast du Ruh!

2. Der Wandersmann legt sich ermüdet nieder, das Vöglein fleugt zu seinem Neste wieder, die Schäflein ziehn in ihre Hürden ein; laß mich zu dir, o Gott, gekehret sein!

3. Ach, sammle selbst Begierden und Gedanken, die noch so leicht aus Schwachheit von dir wanken; mein Ruhplatz, meine Heimat, thu dich auf, daß ich in dir beschließe meinen Lauf.

4. Recht väterlich hast du mich heut geleitet, bewahrt, verschont, gestärket und geweidet; ich bins nicht werth, daß du so gut und treu! Mein Alles dir zum Dank ergeben sei!

5. Vergib es, Herr, wo ich mich heut verirret und mich zu viel durch dies und das verwirret. Es ist mir leid, es soll nicht mehr geschehn; nimm mich nur ein, so werd ich fester stehn.

6. Da nun der Leib sein Tagwerk hat vollendet, mein Geist sich auch zu seinem Werke wendet, zu beten an, zu lieben inniglich, im stillen Grund, mein Gott, zu schauen dich.

7. Die Dunkelheit ist da und Alles schweiget; mein Geist vor dir, o Majestät, sich beuget; ins Heiligtum, ins Dunkel kehr ich ein; Herr, rede du, laß mich ganz stille sein!

8. Mein Herz sich dir zum Abendopfer schenket; mein Wille sich in dich gelassen senket. Begierden, schweigt! Vernunft und Sinne, still! Mein müder Geist im Herrn jetzt ruhen will.

9. Dem Leib wirst du bald seine Ruhe geben; laß nicht den Geist zerstreut in Unruh schweben! Mein treuer Hirt, führ mich in dich hinein; in dir, mit dir kann ich vergnüget sein.

10. Im Finstern sei des Geistes Licht und Sonne, im Kampf und Kreuz mein Beistand, Kraft und Wonne; deck mich bei dir, in deiner Hütte zu, bis ich erreich die volle Sabbathsruh!

Gerhard ter Stegen, 1697—1769.

**Danket dem Herrn, denn er ist freundlich,
Und seine Güte währet ewiglich.**
(1 Mof. 32, 10. Pf. 25, 10; 106, 1. Jer. 33, 11.)

Weise 336. In dich hab ich gehoffet, Herr.

862. Für alle Güte sei ge=
preist, Gott Vater, Sohn und
heilger Geist! Ihr bin ich zu
geringe; vernimm den Dank,
den Lobgesang, den ich dir kind=
lich singe.

2. Du nahmst dich meiner herz=
lich an, hast Großes heut an mir
gethan, mir mein Gebet gewäh=
ret, hast väterlich mein Haus
und mich beschützet und genähret.

3. Herr, was ich bin, ist dein
Geschenk: der Geist, mit dem
ich dein gedenk, ein ruhiges
Gemüte, was ich vermag bis
diesen Tag, ist Alles deine Güte.

4. Sei auch nach deiner Lieb
und Macht mein Schutz und
Schirm in dieser Nacht, vergib
mir meine Sünden; und kommt
mein Tod, Herr Zebaoth, so
laß mich Gnade finden!

M. Christian Fürchtegott Gellert, 1715—1769.

**Ich weiß, an wen ich glaube;
Vater, in deine Hände befehle ich meinen Geist.**
(Pf. 146.)

Weise 847. Nun ruhen alle Wälder.

863. Herr, der du mir das
Leben bis diesen Tag gegeben,
dich bet ich kindlich an; ich bin
viel zu geringe der Treue, die
ich singe, und die du heut an
mir gethan.

2. Mit dankendem Gemüte freu
ich mich deiner Güte, ich freue
mich in dir; du gibst mir Kraft
und Stärke, Gedeihn zu mei=
nem Werke, und schaffst ein rei=
nes Herz in mir.

3. Gott, welche Ruh der Seelen:
nach deines Worts Befehlen ein=
her im Leben gehn, auf deine

Güte hoffen, im Geist den Him=
mel offen und dort den Preis
des Glaubens sehn!

4. Ich weiß, an wen ich glaube,
und nahe mich im Staube zu
dir, o Gott, mein Heil! Ich
bin der Schuld entladen, ich
bin bei dir in Gnaden, und in
dem Himmel ist mein Theil.

5. Bedeckt mit deinem Segen
eil ich der Ruh entgegen, dein
Name sei gepreist; mein Leben
und mein Ende ist dein; in deine
Hände befehl ich, Vater, meinen
Geist!

M. Christian Fürchtegott Gellert, 1715—1769.

**Die Welt vergehet mit ihrer Luft; wer aber den Willen Gottes thut,
Der bleibet in Ewigkeit.**
(1 Joh. 2, 17. Luc. 2, 29. 30.)

Weise 588. Herzlich thut mich verlangen.

864. Herr, es gescheh dein
Wille; mein Leib eilt nun zur

Ruh, es fallen in der Stille die
müden Augen zu. Erlaß mir

45*

Schuld und Strafe, daß ich, von
Sünden rein, zum Tode, wie
zum Schlafe, bereitet möge sein.

2. Laß, fern von Schreckens=
bildern und wilder Träumerei,
die Seele nichts sich schildern,
das ihrer unwerth sei; laß frei
von eitlen Sorgen den Tag mich
wiedersehn, und auf den Kampf=
platz morgen mit neuen Kräf=
ten gehn.

3. Doch wenn der Todesschlum=
mer für mich in dieser Nacht den
Freuden sammt dem Kummer
ein schnelles Ende macht, dann
stärk mich, wenn das Schrecken,
der letzten Stunde droht; du
wirst mich auferwecken, ein
Schlaf nur ist der Tod.

4. Drum fahr ich hin mit Freu=
den zu Jesu, meinem Herrn; die
Welt und ihre Leiden, o Gott,
verlaß ich gern. Wohl dem, der
bis ans Ende sich als ein Christ
erweist; mein Gott, in deine
Hände befehl ich meinen Geist!

Johann Friedrich v. Cronegk, 1731—1758.

**Das Blut Jesu Christi, des Sohnes Gottes,
Machet uns rein von aller Sünde.**
(1 Joh. 1, 7—9.)

Weise 340. Sollt es gleich bisweilen scheinen.

864 1|2. Nur in Jesu Blut
und Wunden hab ich wahre Ruh
gefunden. Diese sollen auch
allein heut mein Ruhebette sein.

2. Tags umgibt mich sein Er=
barmen, Nachts ruh ich in seinen
Armen. Jesu, ja, in deiner Hut
schläft sichs sicher, wohl und gut!

Christoph Karl Ludwig von Pfeil, 1712—1784.

**Selig sind die Todten,
Die in dem Herrn sterben.**
(Offenb. 14, 13.)

Weise 587. Freu dich sehr, o meine Seele.

865. Sink ich einst in jenen
Schlummer, in der Todesruhe
Nacht, wo ich harre, frei von
Kummer, auf den großen Ruf:
„Erwacht": o dann schlaf ich
anders ein! Aus der Erde Lust
und Pein wall ich zu den Frie=
benshütten derer, die schon aus=
gestritten.

2. Jetzt schlaf ich, um auf=
zuwachen noch für Tage dieser
Zeit: hilf mir, stets mich fertig
machen, Vater, zu der Ewig=
keit, daß ich, leicht, von Bürden
frei, ein bereiter Wandrer sei,
los vom Eitelu dieser Erde,
wenn ich abgerufen werde.

3. Hilf mir, Jesu, durch das
Grauen meiner letzten Todes=
nacht, und laß mich das Leben
schauen, welches mir dein Tod
gebracht; hilf, daß ich in dieser
Welt, Herr, so lang es dir ge=
fällt, als dein Jünger mich er=
weise und dich noch im Sterben
preise.

Friedr. Gottlieb Klopstock, 1724—1803. (Vers 3 geändert nach **Dr. Stier.**)

**Ich werde sehen den Himmel, deiner Finger Werk,
Den Mond und die Sterne, die du bereitest.**
(Pf. 9, 2.)

Weise 847. Nun ruhen alle Wälder.

866. Die Abendsonne sinket;
vom stillen Himmel winket herab
der sanfte Mond. Bedeckt vom
dunkeln Schleier, ruht süß in
stiller Feier, was auf der weiten
Erde wohnt.

2. Wie hast du, Gott, so
weise auf unsrer Pilgerreise die
Nacht uns zugesellt! Vertraut
hüllt sie den Matten in ihre
stillen Schatten als in ein küh=
les, sichres Zelt.

3. Hier leg ich, bis zum
Morgen des Lebens Müh und
Sorgen und allen Kummer ab;

und auf den Arbeitsmüden gießt
süße Ruh und Frieden und neue
Kraft der Schlaf herab.

4. Kommt einst auch meinem
Leben der Abend: ohne Beben
laß dann mich gehn zur Ruh;
leg sanft mich in die Hülle der
Gruft und drücke stille mein
Aug in Jesu Namen zu!

5. Laß, Herr, mich, wenn
im Grabe ich ausgeschlummert
habe, zum schönern Tag erstehn
und, wie die Morgensonne, des
neuen Himmels Wonne mit ewig
hellen Augen sehn!

Friedrich von Köpken, 1737—1811.

**Es sei denn, daß ihr umkehret und werdet wie die Kinder,
So werdet ihr nicht in das Himmelreich kommen.**
(Matth. 18, 3. Pf. 102, 25—29.)

Weise 847. Nun ruhen alle Wälder.

867. Der Mond ist aufge=
gangen, die goldnen Sternlein
prangen am Himmel hell und
klar; der Wald steht schwarz
und schweiget, und aus den
Wiesen steiget der weiße Nebel
wunderbar.

2. Wie ist die Welt so stille
und, in der Dämmrung Hülle,
so traulich und so hold, als
eine stille Kammer, wo ihr des
Tages Jammer verschlafen und
vergessen sollt.

3. Gott, laß dein Heil uns
schauen, auf nichts Vergänglichs
bauen, nicht Eitelkeit uns freun!

Laß uns voll Einfalt werden,
und vor dir hier auf Erden
wie Kinder fromm und fröh=
lich sein!

4. Wollst endlich sonder Grä=
men aus dieser Welt uns neh=
men durch einen sanften Tod!
Und wenn du uns genommen,
laß uns in Himmel kommen,
du, unser Herr und unser Gott!

5. So legt euch denn, ihr Brü=
der, in Gottes Namen nieder;
kalt ist der Abendhauch. Ver=
schon uns, Gott, mit Strafen,
und laß uns ruhig schlafen und
unsern kranken Nachbar auch!

Matthias Claudius (der Wandsbecker Bote), 1740—1815.

Herr, deine Güte reichet,
So weit der Himmel ist.
(Pf. 25, 6; 36, 6; 119, 55.)

Weise 563. Wer weiß, wie nahe mir mein Ende.

868. An Gottes Güte will ich denken, so lang die Augen offen stehn; nach ihr soll sich mein Sinnen lenken, bis meine Sinne mir vergehn: in Gott sei uns der Tag vollbracht, in Gott empfange mich die Nacht.

2. Dein Lieben kann ja nimmer enden, du willst ja stets mein Vater sein; o daß ich nie mich möchte wenden von deines Lichtes Gnadenschein! Ach, leit du selbst mir Herz und Sinn zu deiner ewgen Liebe hin!

3. Ich seh es alle Tag und Zeiten, wie Großes dein Erbarmen schafft; die Erde, voll von Herrlichkeiten, besteht und geht in voller Kraft und reicht uns liebend, Jahr auf Jahr, bald Blüten und bald Früchte dar.

4. O nimmer kann ich ganz bedenken, was deine Güt an uns gethan; so Großes willst du hier uns schenken: was werd ich dort von dir empfahn? Ich will in deiner Liebe ruhn; Herr, lehr mich deinen Willen thun!

5. Entflohn ist jeder Erdenkummer: ich singe Gottes Lieb und Macht. Nimm sanft mich auf, o holder Schlummer: ich weiß, daß Gottes Güte wacht; die schützt und schirmet meine Ruh. So schließ ich froh die Augen zu.

Gottfried Wilhelm Fink, 1783—1846.

Gott ist mein Hort, auf den ich traue,
Mein Schild, das Horn meines Heils, mein Schutz, meine Zuflucht.
(2 Sam. 22, 3.)

Weise 852. Nun sich der Tag geendet hat.

869. Gegangen ist das Sonnenlicht, still schweiget Feld und Hain, und hell am Firmamente bricht hervor der Sterne Schein.

2. Und hell aus stiller Seele blitzt ein wundersamer Stral von dem, der ewig waltend sitzt im hohen Himmelssal.

3. Wie wäre doch das Menschenkind so elend, so allein, wenn nicht von oben zart und lind ihm käme dieser Schein!

4. Es wäre nichts, als Trug und Wahn, ein zitternd Blatt am Baum, ein Körnlein Sand im Ocean, ein Traumbild fast vom Traum!

5. Das Leben wallt von Ort zu Ort, hat nimmer Ruh noch Rast und treibt im wilden Fluge fort, geschnellt durch eigne Hast.

6. Es brauset, wie ein schäumend Meer, das keine Ufer kennt, wirft uns wie Tropfen hin und her im wilden Element.

7. Drum komm, o du, der Friede bringt, du Gott, in stiller Nacht, wo hell die Engelglocke klingt bei goldner Sterne Pracht;

8. Komm, wirf den frommen

Liebesſtral mir warm ins arme Herz; und die Gedanken allzumal; o, zieh ſie himmelwärts!

9. Drum komm mit deinem Engelheer, du lieber Vater gut; du biſt die einzig feſte Wehr, die einzig ſichre Hut!

10. Gar nichtig iſt der Menſchen Macht, die eitle Eitelkeit; was Gott bewacht, iſt wohl bewacht hier und in Ewigkeit!

Ernſt Moriz Arndt, 1769—1860.

Wer mir nachfolgen will, der wird nicht wandeln in Finſternis, Sondern das Licht des Lebens haben, ſpricht der Herr.
(1 Joh. 1, 5—7. Joh. 1, 4—9.)

Weiſe 589. Herr Jeſu Chriſt, meins Lebens Licht.

870. Herr Chriſte, der du Licht und Tag, vor dem die Nacht nicht bleiben mag: du biſt das Licht vom Licht genannt, als Lichtes Herold ausgeſandt.

2. Wir bitten dich, den lieben Herrn, ſei Nacht und Tag von uns nicht fern! Gib uns in deinem Schoße Ruh und ſtille Nacht uns ſende zu, —

3. Daß uns der ſchwere Schlaf nicht drück, uns nicht der böſe Feind berück, und ſich nicht ohne Widerſtand das Fleiſch verirr in Sünd und Schand.

4. Wenn unſre Augen ſchlafen ein, ſo laß das Herz doch wacker ſein; es ſchirme deine rechte Hand die Jünger, die dich, Herr, erkannt.

5. Treib, unſer Hirt und Seelenhort, die auf uns Netze ſtellen, fort; die Jünger nimm in deine Hut, die du erworben durch dein Blut!

6. Gedenk an unſre ſchwache Kraft und an des Lebens ſchwere Haft. Du biſt der Schild in Seelennoth: ſei unſer Beiſtand, Herr und Gott!

7. Gott Vater ſei Lob, Ehr und Preis und ſeinem Sohne gleicher Weis, des heilgen Geiſtes Gütigkeit von nun an bis in Ewigkeit.

Nach einem lateiniſchen Abendlied aus dem 7. Jahrhundert, von Franz Auguſt Cunz, geb. 1804.

Bleibe bei uns, Herr;
Denn es will Abend werden und der Tag hat ſich geneigt.
(Luc. 24, 13—35.)

Weiſe 765. Alle Menſchen müſſen ſterben.

871. Abend iſt es; Herr, die Stunde iſt noch wie in Emmaus, daß aus deiner Jünger Munde jene Bitte fließen muß: bleib, ach bleib in unſrer Mitte, gib nach deiner heilgen Sitte uns im tiefen Erdenthal Friedensgruß und Abendmahl!

2. Hingeſunken iſt die Sonne, deine Leuchte ſinket nicht; Herrlichkeit und ewge Wonne ſind vor deinem Angeſicht. Weithin ſchimmern nun die Sterne in der ſtillen Himmelsferne; aber du, o Glanz des Herrn, biſt der ſchönſte Himmelsſtern!

3. Selig, wem du aufgegangen, wem du in der armen Welt, wo viel eitle Lichter prangen, friedlich seinen Geist erhellt! Wenn die Tage nun sich enden, darf er sich nach oben wenden, und auch auf der dunkeln Bahn wird ihn Gottes Glanz umfahn.

4. Selig, wer am letzten Tage nimmer fürchten muß die Nacht, wenn kein Schrecken, keine Klage, kein Gewissensblitz erwacht, wenn der Morgenstern ihm winket, während er am Abend sinket, wenn der Geist dem Geiste zeigt, daß nun erst die Sonne steigt.

M. Albert Knapp, geb. 1798.

(Am Samstag Abend.)
**Jesus Christus, gestern und heute,
Und derselbe auch in Ewigkeit.**
(Hebr. 13, 8.)
Weise 588. Herzlich thut mich verlangen.

872. Die Woche geht zu Ende, nicht aber Gottes Treu; denn wo ich mich hinwende, da ist sie immer neu. Die Zeit kann wohl verschwinden, nur Gottes Güte nicht; sie läßt sich täglich finden und gibt mir Trost und Licht.

2. Die ganze Woche zenget von deiner Gütigkeit, die du zu mir geneiget; ja, meine Lebenszeit vom Anfang bis jetzunder auf diesen Augenblick rühmt deine Gnadenwunder im Glück und Mißgeschick.

3. Allein mein Herz erbebet, wenn es zurücke denkt, wie übel ich gelebet und wie ich dich gekränkt. Drum will ich dir geloben, von nun an treu zu sein; dein guter Geist von oben wird hiezu Kraft verleihn.

4. Ich bin dein Kind aufs neue; drum gib, daß diese Nacht mich auch dein Schutz erfreue, der Alles sicher macht. Ich werde gleichsam sterben, der Schlaf ist wie ein Tod; doch kann ich nicht verderben: du lebst in mir, mein Gott!

5. Soll dies in meinem Leben die letzte Woche sein: will ich nicht widerstreben und mich im Geiste freun auf jenen Feierabend, den Christi Tod gemacht; an diesem Trost mich labend sag ich nun: „Gute Nacht!"

Benjamin Schmolck, 1672—1737.

(Am Sonntag Abend.)
**Der Herr behüte dich vor allem Uebel;
Er behüte deine Seele.**
(Pf. 121, 7.)
Weise 852. Nun sich der Tag geendet hat.

872¹|₂. Nun bricht die finstre Nacht herein, des Tages Glanz ist todt; jedoch, mein Herz, schlaf noch nicht ein: geh, sprich zuvor mit Gott.

2. O Gott, du großer Herr

der Welt, den Niemand sehen kann, du siehst mich ja vom Himmelszelt: hör auch mein Flehen an.

3. Der Tag, den ich nunmehr verbracht, der war besonders dein; drum hätt er auch bis in die Nacht dir sollen heilig sein.

4. Vielleicht ist dieses nicht geschehn; denn ich bin Fleisch und Blut und pfleg es oftmals zu versehn, wenn gleich der Wille gut.

5. Nun such ich deinen Gna=benthron; sieh meine Schuld nicht an, und denke, daß dein lieber Sohn für mich genug gethan.

6. Schreib Alles, was man heut gelehrt, in unsre Herzen ein, und lasse die, so es gehört, dir auch gehorsam sein.

7. Erhalte ferner noch dein Wort, und thu uns immer wohl, damit, o Herr, man immerfort dir diene, wie man soll.

8. Indessen such ich meine Ruh, o Vater, steh mir bei, und gib mir deinen Engel zu, daß er mein Wächter sei.

9. Und endlich führe, wenn es Zeit, mich in den Himmel ein; da wird in deiner Herrlichkeit mein Sabbath ewig sein.

M. Kaspar Neumann, 1648—1715.

4. Nachtlieder.

Der Herr hat des Tags verheißen seine Güte,
Und des Nachts singe ich ihm und bete zu dem Gott meines Lebens.
(Ps. 42, 9; 119, 44. 55. 62.)

Weise 680.   Erhalt uns, Herr, bei deinem Wort.

873. Wach auf, o Christen=mensch, betracht, was Gott dir thut zu Tag und Nacht; thu, wie der König David that, der Mitternachts Gott pries und bat.

2. Sprich: Dank sei dir, mein Herr und Gott, für deine Treu und gütge That, der du mich auch in dieser Nacht so wohl behütet und bewacht.

3. Schütz und beschirm mich auch forthin, wie du gethan von Anbeginn; mein' Leib und Seel befehl ich dir, o treuer Gott, weich nicht von mir!

Böhmische Brüder, 1566. (Michael Thamm, † 1571.)

Das ist ein köstlich Ding, du Höchster, des Morgens deine Gnade
Und des Nachts deine Wahrheit verkündigen.
(Ps. 92, 2. 3.)

874.   Eigne Weise.   1731.

Nun schlä=fet man; und wer nicht schlafen kann, der

be = te mit mir an den gro = ßen Na = men, dem

Tag und Nacht wird von der Him = mels = wacht Preis,

Lob und Ehr ge = bracht. O Je = su, A = men!

2. Weg, Phantasie! Mein Herr und Gott ist hie; du schläfst, mein Wächter, nie; dir will ich wachen. Ich liebe dich, ich geb zum Opfer mich und lasse willig= lich dich mit mir machen.

3. Es leuchte dir der Him= melslichter Zier; ich sei dein Sternlein, hier und dort zu funkeln. Kehr bei mir ein, Herr, rede du allein beim tiefsten Stille= sein zu mir im Dunkeln!

Gerhard ter Steegen, 1697—1769.

Herr, deine Rechte sind mein Lied in dem Hause meiner Wallfahrt, Und ich gedenke des Nachts an deinen Namen.
(Pf. 119, 54. 55.)

Nach voriger Weise.

875. Mein Auge wacht jetzt in der stillen Nacht; nun ist mein Herz bedacht, dich, Gott, zu loben. Ach, schenke mir Kraft, zu lobsingen dir mit deinen Heil= gen hier und denen droben.

2. Die stille Zeit sei, Jesu, dir geweiht; laß nichts die Ein= samkeit vor dir entweihen. Schleuß selber du mein Herz vor Allem zu, damit es sich in Ruh mög in dir freuen.

3. Wie preis ich dich, mein Jesu, daß du mich aus Gnaden kräftiglich zu dir gezogen! Ach, hätte doch mit größrer Treue noch sich deinem sanften Joch mein Herz gebogen!

4. O Gott voll Huld, du trägst mich mit Geduld, vergabst so oft die Schuld, als ichs erflehte;

und dann sprachst du mir wie= der freundlich zu und schenktest süße Ruh mir im Gebete.

5. Herr, ich bin dein und will es ewig sein; zeuch mich in dich hinein, daß ich nicht wanke. Wann kommt die Zeit, daß ich, bir ganz geweiht, zum heilgen Schmuck bereit, als Sieger danke?

6. Doch deine Gnad, die ange= fangen hat, wird auch nach dei= nem Rath das Werk vollenden. Ich trau es dir; ach, stärk den Glauben mir; ich laß mich für und für nur deinen Händen.

7. Mein einzig Gut, in dem mein Sehnen ruht: du machst mich wohlgemut in deiner Liebe; o hauche dann den Funken stärker an, daß ich dich lieben kann mit mächtgem Triebe.

8. Beim Sturm der Welt sei Anker, der mich hält, und birg mich in dein Zelt, wenn Alles zaget; in Noth und Pein nimm mich, o Liebe, ein, so harr ich kindlich dein, bis daß es taget.

9. Preis, Lob und Ehr sei dir je mehr und mehr, Jehovah hoch und hehr, in Jesu Namen, im Staube hie oft unter Streit und Müh, und einst in Harmonie der Engel. Amen!

Gerhard ter Steegen, (?) 1697—1769.

5. Wochenlieder.

a. Anfang der Woche.

Kommt, lasset uns anbeten und knieen,
Und niederfallen vor dem Herrn, der uns gemacht hat!
(2 Mos. 20, 8—11. Col. 3, 16.)

Weise 107. Gelobet seist du, Jesu Christ.

876. Heut ist des Herren Ruhetag; vergesset aller Sorg und Plag, treibt eure Wochenarbeit nicht, kommt vor des Höchsten Angesicht! Hallelujah!

2. Rühmt unsers Gottes Wunderthat, da er aus nichts erschaffen hat den Himmel und die ganze Welt, und Alles, was sie in sich hält. Hallelujah!

3. Erkennt mit dankbarem Gemüt, wie diese Woche seine Güt uns hat beschützet und ernährt, und manches Unglück abgewehrt. Hallelujah!

4. Drum wollen wir begehn mit Fleiß den Tag nach rechter Christenweis; wir wollen aufthun unsern Mund und sagen dies aus Herzensgrund (Hallelujah!):

5. O Gott, der du den Erdenkreis erschaffen hast zu deinem Preis, uns auch bewahrt so manches Jahr in vieler Trübsal und Gefahr, (Hallelujah!)

6. Hilf, daß wir Alle deine Werk voll Weisheit, Güte, Macht und Stärk erkennen und je mehr und mehr ausbreiten deines Namens Ehr. Hallelujah!

7. O liebster Heiland, Jesu Christ, der du vom Tod erstanden bist, richt unsre Herzen auf zu dir, daß sich der Sündenschlaf verlier. Hallelujah!

8. Gib deiner Auferstehung Kraft, daß dieser Trost ja bei uns haft, und wir uns drauf verlassen fest, wenn uns auch alle Welt verläßt. Hallelujah!

9. O heilger Geist, laß uns dein Wort so hören heut und immerfort, daß sich in uns durch deine Lehr Glaub, Lieb und Hoffnung reichlich mehr'. Hallelujah!

10. Erleuchte uns, du wahres Licht, entzeuch uns deine Gnade nicht, all unser Thun also regier, daß wir Gott preisen für und für. Hallelujah!

11. Gott Vater, Sohn und Geist, verleih, daß dieser Tag dir heilig sei, wir auch die Sab= bathsruh und Freud erlangen einst in Ewigkeit! Hallelujah!

Dr. Nikolaus Selnecker, 1532—1592.

**Dies ist der Tag, den der Herr gemacht hat,
Laßet uns freuen und fröhlich darinnen sein.**
(Hebr. 2, 15. 1 Petr. 1, 3—9.)

Weise 193.   Erschienen ist der herrlich Tag.

877. Gott Lob, der Sonntag kommt herbei, die Woche wird nun wieder neu: heut hat mein Gott das Licht gemacht, mein Heil das Leben mir gebracht! Hallelujah!

2. Dies ist der Tag, da Jesus Christ vom Tod für mich er= standen ist und schenkt mir die Gerechtigkeit, Trost, Leben, Heil und Seligkeit. Hallelujah!

3. Das ist der rechte Son= nentag, da man sich nicht gnug freuen mag, da wir mit Gott versöhnet sind, daß nun ein Christ heißt Gottes Kind. Hallelujah!

4. Mein Gott, laß mir dein Lebenswort, führ mich zur Him= melsehrenpfort, laß mich hier leben heiliglich und dir lobsingen ewiglich! Hallelujah!

Dr. Joh. Olearius, 1611—1684.

b. Wochenschluß.

(Sieh auch Nr. 872.)

**Ich danke dir, Herr, mein Gott, von ganzem Herzen,
Und ehre deinen Namen ewiglich.**
(Pf. 86, 11—17.)

Weise 107.   Gelobet seist du, Jesu Christ.

878. Gott Lob! die Woch ist auch dahin; drum ich ihm billich dankbar bin, daß ich die Zeit hab überlebt, und seine Gnad noch ob mir schwebt. Hallelujah!

2. Gott Lob für seine Güt und Treu, die mir ist alle Morgen neu, der mir beisteht durch seine Kraft, der Hilfe, Trost und Rath mir schafft. Hallelujah!

3. Was ich versehn, vergib mir, Gott, durch deines Sohnes Kreuz und Tod. Gib ferner Se= gen, Fried und Freud, und endlich deine Seligkeit. Hallelujah!

4. Lob sei dem Vater und dem Sohn, dem heilgen Geist in einem Thron; es sei ihm allezeit bereit von nun an bis in Ewigkeit. Hallelujah!

Dr. Joh. Olearius, 1611—1684.

**Du bist mein Gott,
Meine Zeit stehet in deinen Händen.**
(Pf. 31, 16.)

Weise 411. O daß ich tausend Zungen hätte.

879. So ist die Woche nun geschlossen, doch, treuer Gott, dein Herze nicht; wie sich dein Segensquell ergossen, so bin ich noch der Zuversicht, daß er sich weiterhin ergießt und unaufhörlich auf mich fließt.

2. Ich preise dich mit Hand und Munde, ich lobe dich so hoch ich kann, ich rühme dich von Herzensgrunde für Alles, was du mir gethan; ich bitte dich: vergib in Huld mir alle Missethat und Schuld!

3. Dein Schwur ist ja noch nicht gebrochen, du brichst ihn nicht in Ewigkeit, der du dem Sünder hast versprochen, daß er, wenn ihm die Sünde leid, nicht sterben, sondern gnadenvoll, als ein Gerechter, leben soll.

4. Mein Glaube hält an diesem Segen, und so will ich den Wochenschluß vergnügt und froh zurücke legen, da mich der Trost erheben muß, daß ich in Christo solle dein und schon in Hoffnung selig sein.

5. Und wenn ich morgen früh aufs neue den Sonntag wieder sehen kann, so blickt die Sonne deiner Treue mich auch mit neuen Gnaden an; du theilst in deinem Wort und Haus den allerbesten Segen aus.

6. So will ich das im voraus preisen, was du mir künftge Woche gibst; du wirst es durch die That beweisen, daß du mich je und immer liebst und leitest mich nach deinem Rath, bis Leib und Zeit ein Ende hat.

M. Erdmann Neumeister, 1671—1756.

6. Jahreszeiten.

a. Frühlings= und Sommerlieder.

So lange die Erde stehet, soll nicht aufhören Samen und Ernte, Frost und Hitze, Sommer und Winter, Tag und Nacht.
(1 Mos. 8, 22.)

880. Eigne Weise.

Friedr. Silcher, 1858.

Des küh = len Mai = en, der mir durch Got = tes Güt
erquickt Herz und Ge = müt, will ich mich freu = en.

Die Nach=ti = gall läßt ih=ren Schall durch Berg und
Thal er = klin = gen; was lebt und webt,
die Stimm er=hebt, des Schö=pfers Lob zu sin = gen.

2. Die Sonne blicket uns an mit holdem Schein; die Him=melsluft, so rein, das Herz er=quicket. Hin rauschet hell der muntre Quell, es lachen uns die Felder mit frischem Grün, die Gärten blühn, verjüngt er=stehn die Wälder.

3. Drum laßt uns singen in dieser frohen Zeit des Schöpfers Mildigkeit, — das Herz auf=schwingen! Darf hier sich schon der Erde Sohn zu solcher Luft erneuen: denkt, wie einmal des Himmels Sal uns ewig wird erfreuen!

Unbekannter Verfasser.

Siehe, der Winter ist vergangen,
Und die Blumen sind herfürkommen im Lande.
(Jac. 1, 17. Pf. 19, 1—7.)

Weise 807. Ich dank bir schon durch deinen Sohn.

881. Der Meister ist ja lobens=werth, der Alles hat gebauet und väterlich erhält und nährt, was unser Auge schauet.

2. Die Zeit kommt wieder zu uns an, die Berg und Thal beblümet, und hiemit, wie sie immer kann, des Schöpfers Mildheit rühmet.

3. Der Mai, der allen Sinnen pflegt so manche Lust zu schenken, daß schon sein Name Freud er=regt, so oft wir sein gedenken;

4. Der Mai, das schönste Stück vom Jahr, hat schon sich lassen sehen; die Luft ist rein, die Sonne klar, die lieben Winde wehen.

5. Die Wiesen sind an Far=ben reich, der Wald an jungen Sprossen; des Himmels Segen wird zugleich dem Erdreich zu=gegossen.

6. Die Bienen ziehn in Scharen aus, den Honig heimzubringen; die Schwalbe sucht ihr firnes Haus, die Lerch hebt an zu singen.

7. Die Nachtigall läßt ihren Klang durch alle Büsche hören, des allgemeinen Herren Dank, so gut sie weiß, zu mehren.

8. Der Saft steigt wieder auf und bringt den Bäumen neue Blätter; die Herb ist fröhlich, hüpft und springt bei diesem schönen Wetter.

9. Ein jedes Thier kann satt=
samlich sein Herzbegehren stillen;
der Mensch allein verwirret sich
in wandelbaren Grillen.

10. Der Mensch, der keinen
Augenblick an einem Wunsch kann
kleben, verbittert sich nur sein
Geschick und töbt sein eigen
Leben.

11. Sein Leben, das doch ohne=
hin nicht lange Frist kann dauern,

will er mit einem trüben Sinn
noch überdies versauern.

12. Er trotzet immer auf Ver=
stand; o, ließ er den doch mer=
ken, und machte seinen Ruhm be=
kannt in tugendgleichen Werken!

13. Ach, daß er sich doch
weisen ließ, auf Gott sein Thun
zu stellen! Die Erde wär ein
Paradies; — er macht sie sich
zur Höllen.

Robert Roberthin, 1600—1648.

Alle gute Gabe
Und alle vollkommene Gabe kommt von oben herab.
(Pf. 104.)

882. Weise: Heut singt die liebe Christenheit.
Nik. Herman, 1560.

Geh aus, mein Herz, und su=che Freud in die=fer lie=ben
Som=mer=zeit an bei=nes Got=tes Ga=ben; schau
an der schö=nen Gär=ten Zier, und sie=he, wie sie
mir und bir sich aus=geschmücket ha=ben.

2. Die Bäume stehen voller
Laub; das Erdreich becket seinen
Staub mit einem grünen Kleide.
Narzissen, Rosen, Tulipan, die
ziehen sich viel schöner an, als
Salomo mit Seide.

3. Die Lerche schwingt sich in
die Luft, das Täublein fleugt
aus seiner Kluft und macht sich
in die Wälder; die hochbegabte
Nachtigall ergetzt und füllt mit

ihrem Schall Berg, Hügel,
Thal und Felder.

4. Die Glucke führt ihr Völk=
lein aus, der Storch baut und
bewohnt sein Haus, das Schwälb=
lein speist die Jungen. Der
schnelle Hirsch, das leichte Reh
ist froh und kommt aus seiner
Höh ins tiefe Gras gesprungen.

5. Die Bächlein rauschen in
dem Sand und malen sich und

ihren Rand mit schattenreichen Myrten. Die Wiesen liegen hart dabei und klingen ganz vom Lustgeschrei der Schaf und ihrer Hirten.

6. Die unverdroßne Bienenschar fleugt hin und her, sucht hier und dar die edle Honigspeise. Des süßen Weinstocks starker Saft kriegt täglich neue Stärk und Kraft in seinem schwachen Reiße.

7. Der Weizen wächset mit Gewalt; darüber jauchzet Jung und Alt und rühmt die große Güte des, der so überflüssig labt und mit so manchem Gut begabt das menschliche Gemüte.

8. Ich selber kann und mag nicht ruhn; des großen Gottes großes Thun erweckt mir Herz und Sinnen; ich singe mit, wenn Alles singt, und lasse, was dem Höchsten klingt, aus meinem Herzen rinnen.

9. Ach, denk ich, bist du hier so schön und läßt dus uns so lieblich gehn auf dieser armen Erden: was will doch wohl nach dieser Welt dort in dem reichen Himmelszelt und goldnen Schlosse werden!

10. Welch hohe Lust, welch heller Schein wird wohl in Christi Garten sein! Wie muß es da wohl klingen, da so viel tausend Seraphim mit unverdroßnem Mund und Stimm ihr Hallelujah singen!

11. O, wär ich da! O, stünd ich schon, liebreicher Gott, vor deinem Thron und trüge meine Palmen: so wollt ich nach der Engel Weis erhöhen deines Namens Preis mit tausend schönen Psalmen.

12. Doch will ich auch, so lang ich noch hier trage dieses Leibes Joch, nicht gänzlich stille schweigen. Mein Herze soll sich fort und fort an diesem und an allem Ort zu deinem Lobe neigen.

13. Hilf nur und segne meinen Geist mit Segen, der vom Himmel fleußt, daß ich dir stetig blühe; gib, daß der Sommer deiner Gnad in meiner Seele früh und spat viel Glaubensfrucht erziehe.

14. Mach in mir deinem Geiste Raum, daß ich dir werd ein guter Baum, den deine Kräfte treiben. Verleihe, daß zu deinem Ruhm ich deines Gartens schönste Blum und Pflanze möge bleiben.

15. Erwähle mich zum Paradeis, und laß mich bis zur letzten Reis' an Leib und Seele grünen: so will ich dir und deiner Ehr allein, und sonsten keinem mehr, hier und dort ewig dienen.

Paul Gerhardt, 1606—1676.

Herr, vor dir wird man sich freuen,
Wie man sich freuet in der Ernte.
(Pf. 104, 24. 33. 34.)
Weise 193. Erschienen ist der herrlich Tag.

883. Gottlob, die schöne Sommerzeit ist da, die mir mein Herz erfreut; die Fluren stehn in voller Pracht, der Herr

h at Alles wohlgemacht. Halle=
lujah!

2. Mein Gott, gib, daß die
Erntefreud mich mahn an meine

Herrlichkeit, wann kommt der
letzte Sommertag, daß man dir
ewig singen mag. Hallelujah!
Dr. Joh. Olearius, 1611—1684.

Herr, deine Güte ist alle Morgen neu,
Und deine Treue ist groß.
(Klagl. 3, 22—24. Pf. 50, 14. Eph. 5, 19. 20.)
Weise 765. Alle Menschen müssen sterben.

884. Gott, du lässest Treu
und Güte täglich über uns auf=
gehn, schmückst die Flur mit
Laub und Blüte, machest uns
die Erde schön, daß sich in dem
grünen Maien Berg und Thal
und Wiesen freuen; wo das Aug
sich wendet hin, sieht es deinen
Segen blühn.

2. Die gewünschten Frühlings=
zeiten haben Wald und Feld ver=
jüngt; Alles muß dein Lob ver=
breiten, Nachtigall und Lerche
singt; ja, kein Gras ist so ge=
ringe, das, o Schöpfer aller
Dinge, nicht erzählte deine Treu
und wie groß dein Wohlthun sei.

3. Soll der Mensch denn stille
schweigen, den du noch weit höher
krönst, den du dir erwählst zu
eigen, dessen Herz du dir ver=
söhnst? den du durch dich selbst
erneuest, den du inniglich er=
freuest, daß er wieder dich er=
freu und dein schöner Garten sei?

4. Auf, die ihr seid Christi
Glieder, opfert euerm Schöpfer
Dank; bringt ihm angenehme
Lieder, stimmet an den Lobge=
sang, daß er durch die Wolken
bringe und in Gottes Herzen
klinge, der so freundlich auf
uns blickt und das Jahr mit
Gütern schmückt!

Aus dem großen Leipziger Gesangbuche von 1697.

Der Lenz ist herbeigekommen,
Und die Turteltaube läßt sich hören in unserm Lande.
(Hohel. 2, 11—13.)

885. Weise: Warum verstößt du uns, o Herr, so gar. 1562.

Kommt, laßt uns gehn aufs neu=be=leb=te Feld, laßt
uns be=sehn des Frühlings Pracht und Freu=de; des
Höch=sten Werk: die Erd im neu=en Klei=be, es

46

grünt, es blüht; ihm jauch=zet al = le Welt.

2. Der Böglein Schar singt
lustig Tag und Nacht; das
Bienchen sammelt ein bei die=
sem Wetter. Wie süß bestralt
die Sonne Blum und Blätter!
Du bists, mein Gott, der Alles
fröhlich macht!

3. Im Herzen bu; da draußen
die Natur! Ich liebe dich in dei=
nen Schildereien, und muß mich
ja herzkindlich drüber freuen;
wie schön, wie schön ist deine
Creatur!

4. Das kleinste Blatt, das
feinste Gräselein rühmt deine
Kunst; was grünt und blüht und
lebet ein liebend Herz entzückt
zu dir erhebet; wie groß, wie
herrlich muß der Künstler sein!

5. Des Himmels Pracht, wie
tausendfältig schön! Wie im
Triumph stets neue Wunder
grünen! Du lebst, du wirkst,
und Alles soll uns dienen, —
ich kanns entzückt in tausend
Bildern sehn.

6. Die Sonne lockt der Blüte
Knospen aus; die Erde trägt
den Schoß voll Erstlingsgaben,
Gras, Kraut und Korn, zum
Nähren und zum Laben; hier
bring ichs dir als Priester in
dein Haus.

7. Ich schaue dort mit süßem
Andachtsblick der Blumen Zier
in Gärten und in Wiesen, Ge=
stalt, Geruch und Farben hoch
gepriesen, und bringe dir die
ganze Pracht zurück.

8. Die Nachtigall singt Halle=
lujah dir, bewundernd diesen
neuen Schmuck im Grünen;
Herr, höre mich, so will auch
ich dir dienen, und deine Liebe
jauchzt allein aus mir!

9. Die Lerche trägt dein Lob
so hoch sie kann; so möcht in
dir, als meiner Luft, ich schwe=
ben, dich, sel'ges Gut, mit höch=
stem Lob erheben; doch wer er=
reichts? — Ich sink und bete an.

Gerhard ter Steegen, 1697—1769.

**Siehe, der Ackersmann wartet auf die köstliche Frucht der Erde
Und ist geduldig darüber, bis er empfahe den Morgen- und
Abendregen.**
(1 Mos. 8, 22. Jac. 5, 7.)

Weise 395. Nun lob, mein Seel, den Herren.

886. Der Frühling ist er=
schienen, der Winter dünkt uns
nur ein Traum! Nun liegt die
Welt im Grünen, und schnee=
weiß schimmert Heck und Baum;
hört, wie so froh die Lerche ihr
Lied erschallen läßt! Die Schwal=
ben und die Störche beziehn ihr
altes Nest; mit fröhlicher Ge=
berde geht nun der Mensch und
streut den Samen in die Erde,
den er auf Wucher leiht.

2. Wer aber gibt aufs neue
dem Samenkörnlein das Gebot:

„Keim auf und wachs, gedeihe und werde Halm und Aehr und Brot!" Du sprichst den Segen leise, Allmächtiger, und sieh, es wächst für Menschen Speise, und Futter grünt fürs Vieh! Kein Zweifel soll uns kränken; du wirst barmherzig sein, fruchtbaren Regen schenken und milden Sonnenschein.

3. Und wenn sich Wolken thürmen und Wetter drohn mit Glut und Flut, wird deine Hand uns schirmen, wir traun auf dich mit frohem Mut; du hemmst des Sturmes Flügel, du lenkst der Blitze Lauf und stellst als Gnadensigel den Himmelsbogen auf; er wölbt sich hoch und schimmert am grauen Wolkenzelt, und siehe, unzertrümmert bleibt unser Haus und Feld.

5. Freut euch des Herrn, ihr Frommen, und heißt mit lautem Freudenruf das junge Jahr willkommen, und preist ihn, der den Frühling schuf! Seht, wie im Blumenkleide die Wiese lieblich prangt! Nur der fühlt wahre Freude, der Gott von Herzen dankt. Auf! Jeder pflüg und säe und singe froh dazu: „Ehr sei Gott in der Höhe, auf Erden Fried und Ruh!"

Sam. Gottlieb Bürde, 1753—1831.

Es sei denn, daß das Weizenkorn in die Erde falle und ersterbe, so bleibt es allein;
Wo es aber erstirbt, so bringt es viele Früchte.
(Joh. 12, 24 ff. 1 Cor. 15, 36—38.)

Weise 846. Werde munter, mein Gemüte.

8861/2**.** Laß dich durch den Lenz nicht täuschen, Herz, der dich mit Lust umringt, wo mit wonnigen Geräuschen Wald und Flur von Leben klingt, wo sich auf den Ästen wiegen Kehlen voll von süßem Klang, wo, als gäb es kein Versiegen, Flüsse brausen ihren Gang.

2. Von den Bäumen, aus den Bächen, aus dem hellen Morgenroth scheint ein tröstlich Wort zu sprechen; lauschest du, so ists der Tod. Diese Welt sie muß vergehen; früher noch, der Lüfte Raub, wirst als Asche du verwehen, Herz, wie flüchtger Blumenstaub!

3. Willst du bis zum Wesen bringen: wende vom Erschaffnen dich! Willst du dich ins Leben schwingen: e i n e r zeigt als Führer sich, der an solchem Frühlingsmorgen hinter sich ließ die Natur und, dem irdschen Blick verborgen, in der Himmel Himmel fuhr! Marc. 16, 19.

4. Was die Jünger dort empfanden*, als ihr Auge flog empor, — fühl es, Herz, und aus den Banden flüchte durch des Glaubens Thor! Mit den Ewigkeitsgedanken bist du doch von Erde nur, führt nicht er dich aus den Schranken über alle Creatur! * Luc. 24, 50—53.

46*

5. Was auf Erden ihn um=
geben, war ihm Bild und
Ahnung bloß, und er athmete
sein Leben stets nur in des
Vaters Schoß. Sieh auch du
im Glanz der Erde nur vom
Himmel einen Traum! Gleich=
nis dir des Höchsten werde Haus
und Herde, Blum und Baum.

6. Deines innern Lebens
Schwingen wachsen aus dem
Erdentod; eh er konnt ins Le=
ben bringen, hat auch ihm
das Grab gedroht. Wenn aufs
Leben du verzichtet, dann be=
ginnt dein Lebenslauf; wenn
du dich als Staub vernichtet,
stehst du erst als Wesen auf!

Gustav Benjamin Schwab, 1792—1850.

**Der Vogel hat ein Haus gefunden und die Schwalbe ein Nest,
Nämlich deine Altäre, Herr Zebaoth! —**
(Pf. 84, 4.)

Weise 593. Christus der ist mein Leben.

887. Du, der die goldne
Sonne erhöht am Himmelszelt,
du streuest Glanz und Wonne
auf Berge, Wald und Feld.

2. Du weckst die Sänger wie=
der in Thälern und im Hain;
sie singen frohe Lieder, wir
stimmen jubelnd ein.

3. Es schmücken sich die Wie=
sen mit jungem, zartem Grün,
die muntern Bäche fließen jetzt
ungehemmt dahin.

4. Belebet sind die Felder von
Menschen überall, durch Triften
und durch Wälder bringt lauter
Freudenschall.

5. Den Stral der Gnaden=
sonne send, Herr, in unsre
Brust; erwecke Lenzeswonne und
sel'ge Frühlingslust;

6. Erwecke Dankespsalmen,
zünd an des Glaubens Licht;
laß grünen wie die Palmen
der Deinen Zuversicht.

7. Und schmück des Herzens
Felder mit schönster Blüten Flor;
laß rauschen wie die Wälder der
frommen Sänger Chor.

8. Laß einst uns droben sehen
des ewgen Lenzes Licht und dort
uns selig stehen vor deinem An=
gesicht!

Friedrich Börsch, geb. 1799.

b. Erntesieder.

**Gott hat uns vom Himmel Regen und fruchtbare Zeiten gegeben,
Und unsere Herzen erfüllet mit Speise und Freuden.**
(Jer. 5, 24. Apstgsch. 14, 17.)

Weise 395. Nun lob, mein Seel, den Herren.

888. Nun lasset uns Gott
preisen für seine Güt und Wun=
derthat; laßt uns ihm Dank
erweisen, da er uns so gesegnet

hat. Die Frucht hat er gegeben gar reichlich auf dem Land, hat unser armes Leben versorgt mit milder Hand, daß Alles wohl gerathen, was man gesäet aus, und daß durch seine Gnaden es wohl gebracht nach Haus.

2. Wer sollt das nicht erkennen für Gottes Macht und weisen Rath? Wer sollt das nicht bekennen für unsres Gottes Wunderthat? Es ist nichts, der da säet, nichts, der da sammelt ein, nichts, der damit umgehet, nichts, der es führt herein. Gott muß mit seinem Segen uns selbst zur Seite stehn: an dem ist es gelegen; er krönt mit Wohlergehn.

3. Und da er nun in Gnaden dies Jahr an unser Feld ge=

dacht, daß wir die Frucht ohn Schaden in unsre Scheuern eingebracht, so soll man ihn ja preisen und rühmen seine That, ihm Ehr und Lob erweisen für solche große Gnad, von Herzensgrund ihm danken und loben mit dem Mund, in Werken auch nicht wanken von ihm zu keiner Stund.

4. Daß solches nun geschehe, so leite mich, du treuer Gott, und laß von deiner Höhe gesegnet sein mein täglich Brot; laß christlich mich's genießen allzeit in meinem Haus, daß milde Gaben fließen für Arme auch heraus, und ich sowohl hier zeitlich an Früchten werde reich, als auch dereinstmal selig ererb das Himmelreich.

M. Josua Wegelin, † 1640.

**Herr, wir sind viel zu geringe deiner Barmherzigkeit
Und der Treue, die du bis hieher an uns gethan.**
(Pf. 145.)

Weise 411. O daß ich tausend Zungen hätte.

889. O Gott, von dem wir Alles haben: die Welt ist ein sehr großes Haus, du aber theilest deine Gaben recht wie ein Vater drinnen aus; dein Segen macht uns Alle reich: ach lieber Gott, wer ist dir gleich?

2. Wer kann die Menschen alle zählen, die stets bei dir zu Tische gehn? Doch darf die Nothdurft Keinem fehlen, denn du weißt Allem vorzustehn und schaffest, daß ein jedes Laub sein Brot empfängt aus deiner Hand.

3. Du machst, daß man auf Hoffnung säet und endlich auch die Frucht genießt; der Wind, der durch die Felder wehet, die Wolke, die das Land begießt, des Himmels Thau, der Sonne Stral sind deine Diener allzumal.

4. Und also wächst des Menschen Speise, der Acker selbst wird ihm zu Brot; es mehret sich vielfältger Weise; was anfangs schien, als wär es todt, bis in der Ernte Jung und Alt erlanget seinen Unterhalt.

5. Nun, Herr, was soll man **mehr** bedenken? Der Wunder sind hier gar zu viel! So viel, als du, kann Niemand schenken, und dein Erbarmen hat kein Ziel; denn immer wird uns mehr beschert, als wir zusammen Alle werth.

6. Wir wollen es auch nie vergessen, was uns dein Segen träget ein; ein jeder Bissen, den wir essen, soll deines Namens Denkmal sein, und Herz und Mund soll lebenslang für unsre Nahrung sagen Dank.

M. Kaspar Neumann, 1648—1715.

**Lasset uns Gott, den Herrn, fürchten,
Der uns die Ernte treulich und jährlich behütet.**
(Ps. 126, 5. 6. Gal. 6, 7—9.)

Weise 137. Werde licht, du Stadt der Heiden.

890. Herr im Himmel, Gott auf Erden, Herrscher dieser ganzen Welt, laß den Mund voll Lobes werden, da man dir zu Fuße fällt, für den reichen Erntesegen Dankesopfer darzulegen!

2. Ach, wir habens nicht verdienet, daß du uns so heimgesucht; hat auch unser Feld gegrünet, brachten wir doch schlechte Frucht; wolle nicht nach Trauben fragen, da wir Herling meist getragen!

3. Vater, der du aus Erbarmen dich zu deinen Kindern neigst und den Reichen wie den Armen deinen milden Segen zeigst: sei auch reichlich nun gepriesen, daß du so viel Guts erwiesen!

4. Ja, du hast uns nicht gelohnet nach der Sünden schwerer Schuld, und hast uns bisher geschonet mit Erbarmen und Geduld; ob auch Mancher dich verhöhnet, hast du doch das Jahr gekrönet.

5. Du hast Sonnenschein und Regen uns zu rechter Zeit ge-

schickt, und so hat man allerwegen Auen voller Frucht erblickt; Berg und Thäler, Tiefen, Höhen sahen wir im Segen stehen.

6. Als das Feld nun reif zur Ernte, schlugen wir die Sichel an, da man erst recht kennen lernte, was dein großer Arm gethan; wurden bei des Segens Menge doch die Scheuern fast zu enge!

7. Herr, dein Name sei geehret für das Gute deiner Hand, die dies Jahr so viel bescheret uns und unserm ganzen Land; Alles, Alles soll dich preisen und dir Dank und Ehr beweisen!

8. Gib auch, daß wir deinen Segen, den du jetzund hast beschert, also suchen anzulegen, daß der Fluch ihn nicht verzehrt; bleiben wir in alten Sünden, kann das Gute leicht verschwinden.

9. Schenk uns auch zufriedne Herzen; Stolz und Geiz laß ferne sein, laß den Undank

nichts verscherzen, streu das Saatkorn wieder ein, daß wir jetzt und künftig haben, uns und Dürftige zu laben.

10. Laß dein Wort auch Früchte bringen, daß man täglich ernten kann, so wird man hier jährlich singen, wie du uns so wohl gethan. Gib auch nach dem Thränensamen Freudenernt im Himmel! Amen.

Benjamin Schmolck, 1672—1737.

**Du tränkest, o Herr, die Furchen des Landes,
Du feuchtest sein Gepflügtes und segnest sein Gewächs.**

(Pf. 65, 10—12.)

Weise 241. Zeuch ein zu meinen Thoren.

891. Die Ernt ist nun zu Ende, der Segen eingebracht, woraus Gott alle Stände satt, reich und fröhlich macht; der alte Gott lebt noch, man kann es deutlich merken an so viel Liebeswerken; drum preisen wir ihn hoch.

2. Wir rühmen seine Güte, die uns das Feld bestellt und oft ohn unsre Bitte gethan, was uns gefällt, die immer noch geschont, obgleich wir gottlos leben, die Freud und Ruh gegeben, daß Jeder sicher wohnt.

3. Zwar manchen schönen Segen hat böses Thun verderbt, den wir auf guten Wegen noch hätten sonst geerbt; doch hat Gott mehr gethan aus unverdienter Güte, als Mund, Herz und Gemüte nach Würden rühmen kann.

4. Er hat sein Herz geneiget, uns Sünder zu erfreun, genugsam sich bezeuget durch Regen, Sonnenschein; wards aber nicht geacht, so hat er sich verborgen und durch verborgnes Sorgen zum Besten uns gebracht.

5. O treuer, guter Vater, du hast viel Dank verdient; du, mildester Berather, machst, daß uns Segen grünt; wohlan, dich loben wir für abgewandten Schaden, für viel und große Gnaden; Herr Gott, wir danken dir!

6. Zum Danke kommt das Flehen: laß uns, o frommer Gott, vor Feuer sicher stehen und aller andern Noth; gib friedensvolle Zeit, erhalte deine Gaben, daß wir uns damit laben; regier die Obrigkeit.

7. Besonders laß gedeihen dein theuerwerthes Wort, daß wir uns dessen freuen! Halt auch an unserm Ort dies edle Satkorn rein, laß es viel Früchte bringen, daß wir in allen Dingen recht fromme Leute sei'n.

8. Kommt dann des Lebens Ende, so nimm du unsern Geist in deine Vaterhände, wo er der Ruh genießt, wo ihm kein Leid bewußt: so ernten wir mit Freuden nach ausgestandnen Leiden die Garben voller Lust.

Gottfried Tollmann, um 1723.

Mein Herz ist fröhlich,
Und ich will danken mit meinem Liede.
(Jerem. 5, 24. Ps. 95, 1—7.)

Weise 411. O daß ich tausend Zungen hätte.

892. Dir, milder Geber aller Gaben, o Gott, gebühret Ruhm und Dank; du hörst das Schrei'n der jungen Raben, du hörst der Lerche Lobgesang; auch mein Gesang steigt auf zu dir, o neige, Herr, dein Ohr zu mir!

2. Die kleinste deiner Creaturen macht deine Weisheit offenbar; du zeigest deiner Güte Spuren und deine Macht von Jahr zu Jahr. Der kleinste Halm ruft laut uns zu: wie klein sind wir, wie groß bist du!

3. Du sorgst für uns nach Vaterweise, erhältst die Werke deiner Hand, gibst Allem, was da lebet, Speise, beschirmst und segnest jedes Land. Du liebest unveränderlich, der Bösen selbst erbarmst du dich.

4. Das Satkorn wird in deinem Namen auf Hoffnung in das Land gestreut; du schirmst, Allmächtiger, den Samen, dein ist der Erde Fruchtbarkeit. Du gibst allein zur Arbeit Kraft, du bists, der das Gedeihen schafft.

5. Mild öffnest du den Schoß der Erde, du tränkst die Flur von oben her, gibst, daß die Sat erquicket werde, und machst die Aehre segenschwer; du tränkest mit dem kühlen Thau die Fruchtbarkeit auf Feld und Au.

6. So bringt denn bei den vollen Scheuern dem Herrn der Ernte Ehre dar, laßt uns den Bund mit Gott erneuern, des Güte groß und wunderbar! Gelobt seist du, des Vaterhand aufs neu gesegnet unser Land!

7. Nimm gnädig an das Lob der Liebe, das unser Herz dir, Vater, weiht. Dein Segen mehr' in uns die Triebe zum thätgen Dank, zur Folgsamkeit, auf daß der Preis für deine Treu ein dir geweihtes Leben sei.

8. Der du aus liebendem Erbarmen uns nährst, treib uns zum Wohlthun an; ein Jeder sei ein Trost der Armen, wer ihren Mangel stillen kann. Herr, weil du Reich' und Arme liebst, so dien auch beiden, was du gibst.

9. Thu deine milden Segenshände, uns zu erquicken, ferner auf. Versorg uns bis an unser Ende, und mach in unserm Lebenslauf uns dir im Kleinsten auch getreu, auf daß dein Friede uns erfreu!

10. Durch dich ist Alles wohlgerathen auf dem Gefild, das wir bestellt. — Doch reifen auch des Glaubens Saten auf deines Sohnes Erntefeld? Sind wir auch, wenn er auf uns sieht, ein Acker, der ihm grünt und blüht?

11. Der List des Feindes wollst du wehren, wenn er geschäftig Unkraut streut; die Frucht des Wortes laß sich mehren zu deinem Ruhme weit und breit, damit am großen Erntetag ein Jeder Garben bringen mag.

Ehrenfried Liebich, 1713—1780.

Singet dem Herrn, lobet seinen Namen,
Erzählet unter allen Völkern seine Wunder.
(Pf. 100. 117.)

Weise 591. Machs mit mir, Gott, nach deiner Güt.

893. Lobsingt am frohen Ernte=
fest, preist ihn mit Freuden=
psalmen, der Sat in Halmen
sprießen läßt, mit Aehren krönt
die Halmen, und gibt, daß sie
voll Frucht gedeihn, Thau, Regen=
guß und Sonnenschein!

2. Im Wetterdunkel wandelt
er, sät Heil aus milden Hän=
den, und fährt auf Blitz und
Sturm einher, um Segen aus=
zuspenden. Und wenn sie gleich
mit Donnern spricht, spricht
doch die Liebe: zittert nicht!

3. Lobsingt! uns füllte Got=
tes Hand die leeren Scheuern
wieder. O du vom Herrn be=
gabtes Land, bring ihm des Dan=
kes Lieder! Er dachte unsrer
Schulden nicht, voll Gnade schien
sein Angesicht.

4. Noch stralet seiner Sonne
Huld auf Sünder und Gerechte;
noch schont, noch nährt er voll Ge=
duld auch schuldbeladne Knechte.
O sallt aufs neu mit Kindes=
sinn am Thron des guten Va=
ters hin!

5. Des Erdensegens reichen
Theil, wer kann ihn messen,
wägen? Doch welch unendlich
größres Heil beut Gott in Christi
Segen! Vergeßt, wenn euch
das Feld begabt, nicht Jesum,
der die Herzen labt!

6. O laßt uns guten Samen
streun in stillen Glaubenstha=
ten! Der Herr gibt Thau und
Sonnenschein zum Wachstum
solcher Saten. Dann ziehn wir
einst im Jubelchor zum Ernte=
fest durch Salems Thor!

Karl Bernhart Garve, 1763—1841.

(Bei Miswachs.)

Leben und Wohlthat hast du an mir gethan,
Und dein Aufsehen bewahret meinen Odem.
(Hiob 10, 12—14.)

Weise 328. Was Gott thut, das ist wohlgethan.

894. Was Gott thut, das ist
wohlgethan, so denken Gottes
Kinder. Wer auch nicht reich=
lich ernten kann, den liebt Gott
doch nicht minder; er zieht das
Herz nur himmelwärts, wenn
er uns läßt auf Erden von Noth
bedrücket werden.

2. Was Gott thut, das ist
wohlgethan im Nehmen, wie

im Geben. Was wir aus seiner
Hand empfahn, genüget uns zum
Leben. Er nimmt und gibt,
weil er uns liebt; laßt uns in
Demut schweigen und vor dem
Herrn uns beugen!

3. Was Gott thut, das ist
wohlgethan; wer darf sein Wal=
ten richten, wenn er, eh man
noch ernten kann, den Segen

will vernichten? Weil er allein der Schatz will sein, nimmt er uns andre Güter zum Heile der Gemüter.

4. Was Gott thut, das ist wohlgethan! Wenn man nach reichem Säen doch wenig Garben binden kann, so ists vielleicht geschehen, weil Gott auch Frucht bei uns gesucht, und leider mußte klagen, daß wir so schlecht getragen.

5. Was Gott thut, das ist wohlgethan; es geh nach seinem Willen! Läßt es sich auch zum Mangel an, weiß er ihn doch zu stillen. Wer als ein Christ genügsam ist, der kann bei kleinen Gaben doch Freud und Nahrung haben.

6. Was Gott thut, das ist wohlgethan! Das Feld mag traurig stehen: wir gehn getrost auf Gottes Bahn und wollen ihn erhöhen. Sein Wort verschafft uns Lebenskraft; es nennt uns Gottes Erben: — wie können wir verderben?

7. „Was Gott thut, das ist wohlgethan", so laßt getrost uns schließen! Ist auch bei uns kein Kanaan, wo Milch und Honig fließen: er, unser Gott, weiß, was uns Noth, und wird es uns bescheren, wenn wir ihn gläubig ehren.

Benj. Schmolck, 1672—1737.

Unsere Seele harret auf den Herrn;
Er ist unsere Hilfe und Schild.
(Pf. 33, 18. 19.)

Weise 327. Von Gott will ich nicht lassen.

895. Du reicher Trost der Armen, du Schöpfer aller Welt, du Vater voll Erbarmen, der ewig Glauben hält: weil du Gebet erhörst, so kommt zu dir mit Beten dein armes Volk getreten, das du allein ernährst.

2. Herr, unsre großen Sünden verdienen diese Noth, daß wir mit Recht empfinden, was uns dein Wort gedroht: ein fruchtbar Erdreich soll um der Bewohner willen nichts tragen, sie nicht füllen. Auch unser Maß ist voll.

3. Ach, unser sündlich Leben drückt nach Verdienst uns hart; du wollest uns vergeben nach deiner Vaterart! Uns trägt die Sünde Frucht, allein die Frucht ist Schaden; doch du vergibst aus Gnaden, wenn man dein Antlitz sucht.

4. Ach, trage du Erbarmen, wir tragen herzlich Reu; hilf, Herr, ach, hilf uns Armen nach deiner Wundertreu. Du bist die Zuversicht, auf die wir Alle sehen, zu der wir Alle flehen; ach, Herr, verlaß uns nicht!

5. Den Reichen gib Erbarmen, Gefühl für Andrer Schmerz, und, zu erfreun die Armen, ein mitleidvolles Herz, damit sie gern ihr Brot trostlosen Brüdern brechen, nicht unempfindlich sprechen: „es helf und nähr euch Gott!"

6. Herr, deine Brünnlein flie=
ßen mit Waſſer angefüllt; laß
uns es auch genießen, daß uns
dein Segen quillt. Such unſer
Land bald heim; ach, unſer
Flehn erhöre, hilf, deine Gnade
mehre, daß Alles wieder keim.

7. Laß das Getreid gerathen
und baue ſelbſt das Land, dann
grünen unſre Saten durch deine
Gnadenhand; ja, ſegne, was
man pflügt, gib Sonnenſchein
und Regen, daß ſein Gewächs mit
Segen uns wiederum vergnügt.

8. Dein Gutes überſchütte und
krön die Jahreszeit; laß trieſen
deine Tritte von Huld und Frucht=
barkeit! Laß Alles, was da lebt,
am Morgen wohl gedeihen, am
Abend ſich erfreuen; mach fröh=
lich, was da·lebt.

9. Allgütiger, wir hoffen auf
dich und deine Treu! Oft hat
uns Noth betroffen, du ſtandſt
uns mächtig bei. Du hilfſt, du
retteſt gern: ſo ſei denn unſer
Leben vertrauensvoll ergeben dir,
unſerm Gott und Herrn!

M. Ph. Friedr. Hiller, 1699—1769. (Vers 5 und 9 ſpätere Zuſätze.)

c. Herbſtlieder.

Die Welt vergeht mit ihrer Luſt,
Wer aber des Herrn Willen thut, bleibet in Ewigkeit.
(Jeſ. 40, 6—8.)

Weiſe 847. Nun ruhen alle Wälder.

896. Der rauhe Herbſt kommt
wieder; jetzt ſtimm ich meine
Lieder in ihren Trauerton. Die
Sommerluſt vergehet; nichts in
der Welt beſtehet: der Menſch
muß endlich ſelbſt davon.

2. Du, Gott und Herr der
Zeiten, willſt, daß wir uns be=
reiten zu unſrer wahren Ruh;
ſtets zeigſt du dein Gemüte,
ſchickſt uns aus milder Güte
auch ſtumme, ſtille Lehrer zu.

3. Die Roſe läßt ſich brechen,
wird niemals widerſprechen des
Gartenherren Hand; der Apfel
zum Genießen fällt ſelbſt zu
deinen Füßen, verläſſet willig
ſeinen Stand.

4. Und du, Menſch, wollteſt
nicht eben* dich deinem Gott

ergeben? Was iſt dein größter
Ruhm? Daß er dich hat er=
ſchaffen, geziert mit Glaubens=
waſſen, zu ſeinem ewgen Eigentum.   * Ebenſo, ebenfalls.

5. Schickt er denn Kreuz und
Schmerzen, nimmt er, was lieb
dem Herzen: er meints doch
allzeit gut; und ſind wir Gottes
eigen, ſo laßt uns ſtille ſchweigen
zu Allem, Allem, was er thut.

6. Wer mag der Welt Ge=
tümmel erwählen für den Himmel? Hilf, Jeſu, Gottes Sohn,
daß wir uns ſtets gewöhnen,
uns nur nach dir zu ſehnen und
deinem heilgen Gnadenthron!

7. Gib einſt durch deine Hände
mir auch ein ſelig Ende; die
Welt iſt nur Beſchwer. Was

sie sich auserlesen, ist trüglich Thun und Wesen, ein trübes, ungestümes Meer.

8. Auf ihm schiff ich mit Sorgen; bring, wenn du willst, schon morgen mich in den sichern Port, daß mit der Engel Weisen ich ewig könne preisen dich, ewges Licht und Gnadenhort!

Heinr. Albert, 1604—1668.

Himmel und Erde werden vergehn,
Du aber bleibest, wie du bist, und deine Jahre nehmen kein Ende.
(Ps. 102, 26—29.)

Weise 76.   Kommt her zu mir, spricht Gottes Sohn.

897. Des Jahres schönster Schmuck entweicht, die Flur wird kahl, der Wald erbleicht, der Böglein Lieder schweigen. Ihr Gotteskinder, schweiget nicht und laßt hinauf zum ewgen Licht des Herzens Opfer steigen!

2. Gott ließ der Erde Frucht gedeihn; wir greifen zu, wir holen ein, wir sammeln seinen Segen. Herr Jesu, laß uns gleichen Fleiß an deiner Liebe Ruhm und Preis mit Herzensfreude legen!

3. Der Weinstock gibt die süße Kost, aus voller Kelter fließt der Most, die Herzen zu erfreuen. Du, rechter Weinstock, höchstes Gut, laß deine Reben durch dein Blut sich freudiglich erneuen!

4. Was Gottes Hand für uns gemacht, das ist nun Alles heimgebracht, hat Dach und Raum gefunden. So sammle dir zur Gnadenzeit, o Seele, was dein Herr dir beut, für deine Kreuzesstunden!

5. Denn wie die Felder öde stehn, die Nebel kalt darüber wehn und Reif entfärbt die Matten*: so endet alle Lust der Welt; des Lebens Glanz und Kraft zerfällt, schnell wachsen seine Schatten.   * Wiesen.

6. Es braust der Sturm, der Wald erkracht, der Wandrer eilt, um noch vor Nacht zu flüchten aus den Wettern. O Jesu, sei uns Dach und Thurm, hilf, wenn des Lebens rauher Sturm uns will zu Boden schmettern!

7. Es fällt der höchsten Bäume Laub und mischt sich wieder mit dem Staub, von dannen es gekommen. Ach, Mensch, sei noch so froh und werth: du mußt hinunter in die Erd, davon du bist genommen.

8. Doch, wie der Landmann seine Sat ausstreuet, eh der Winter naht, um künftig Frucht zu sehen: so, treuer Vater, deckest du auch unsern Leib mit Erde zu, daß er soll auferstehen.

9. Indes, wie über Land und Meer der Störche Zug, der Schwalben Heer der Sonn entgegenstreben: so laß zu dir die Seele fliehn, zu deinem Paradiese ziehn, an deiner Sonne leben!

Viktor v. Strauß, geb. 1809.

d. Winterlieder.

**Den Gerechten muß das Licht immer wieder aufgehen,
Und Freude den frommen Herzen.**

(Pſ. 97, 11. Eph. 5, 8. 9.)

Weiſe 193. Erſchienen iſt der herrlich Tag.

898. Gott Lob, die kalte Win-
terzeit bringt uns die werthe
Weihnachtsfreud; das Jahr iſt
aus, die Freud iſt da, das
Licht, das neue Jahr iſt nah.
Hallelujah!

2. Mein Gott, gib mir das
wahre Licht, wenn gleich mir
Licht und Freud gebricht, ſei
du mein Troſt, mein Licht und
Freud, daß ich dir ſing in Ewigkeit. Hallelujah!

Dr. Johann Olearius, 1611—1684.

**Er ſchüttet den Reif wie Salz auf die Erde,
Und zieht dem Waſſer einen Harniſch an.**

(Pſ. 147, 16. Hiob 38, 29. 30. Vrgl. Sir. 43, 1—22.)

Weiſe 809. Wach auf, mein Herz, und ſinge.

899. Der Schmuck der Win-
terzeiten ſoll unſre Seele leiten,
den Schöpfer zu verehren und
ſeinen Ruhm zu mehren.

2. Schneemaſſen ſieht, als
Decken, man übers Feld ſich
ſtrecken, hellſchimmernd, wie die
Sterne, in weiter, weißer Ferne.

3. Wie glänzt des Himmels
Bogen mit Sternen überzogen!
Dort leuchten ganze Heere und
rühmen Gottes Ehre.

4. Die ſtarren Waſſergüſſe,
die hartgefrornen Flüſſe, die
Bahn und Wege geben, — lehrt
Alles Gott erheben.

5. Eis, Schnee, Reif, Stern
erheben den Gott, der ſie gegeben; ſo wills auch uns geziemen, die holde Macht zu
rühmen.

6. Herr, laß die Lüſte frieren,
die ſich im Herzen rühren; laß
uns durch gläubig Ringen ſie
dämpfen und bezwingen.

7. Mach ſchneeweiß unſre Sünden; laß deine Huld ſich finden,
die unſre Seelen decket, daß Zorn
und Froſt nicht ſchrecket.

8. Mit dem, was dürre ſcheinet, ſei Chriſti Kraft vereinet,
ſo wird dem armen Leben der
reinſte Schmuck gegeben.

9. Wenn Noth und Trübſal
drücken, ſo laß den Geiſt ſich
ſchmücken, und auch bei uns im
Dunkeln den Glauben herrlich
funkeln.

10. Du Gott und Geiſt der
Freuden, laß einſt nach allen
Leiden den Winter dieſer Erden
zum ewgen Frühling werden.

Zeitzer Geſangbuch von 1752.

Tag und Nacht ist dein,
Sommer und Winter machst du, Herr Zebaoth.
(Pf. 147, 16—18.)

Weise 741. Nun komm, der Heiden Heiland.

900. In der stillen Einsamkeit findest du ein Lob bereit; großer Gott, erhöre mich, meine Seele suchet dich!

2. Der du alle Sterne führst und der Jahre Lauf regierst: unveränderlich bist du, nimmer still und doch in Ruh.

3. Diese kalte Winterluft kräftig in die Herzen ruft: „Seht, wo ist der Sommer hin? Nur der Herr erwecket ihn!"

4. Reif, wie Asche, nah und fern streuet aus die Hand des Herrn; wer kann bleiben vor dem Frost, wenn es weht von Nord und Ost?

5. Gleichwie Wolle fällt der Schnee und bedeckt Land und See; wehet aber Gottes Wind, so zerfließet er geschwind.

6. O Beherrscher der Natur, Allen zeigst du Zeit und Spur; Frühling, Sommer, Herbst und Eis nahn und fliehn auf dein Geheiß. —

7. Folgte deines Worts Befehl auch so willig meine Seel! O daß, Jesu, deine Lieb in mir lenkte jeden Trieb!

8. Friert da draußen Alles ein, soll mein Herz doch brennend sein; leucht, o du mein Heil, in mir, o so glüht und lebt es dir!
Joachim Neander, 1640—1680.

---

7. In Zeiten allgemeiner Noth.
(Siehe auch Nro. 894 und 895.)

Tröste uns, Gott, unser Heiland,
Und laß ab von deiner Ungnade über uns.
(2 Chron. 20, 6—9. Pf. 91, 14—16.)

901. Eigne Weise. 1555.

Wenn wir in höchsten Nö=then sein* und wis=sen nicht, wo
aus und ein, und fin=den we=der Hilf noch Rath, ob
wir gleich sor=gen früh und spat:

* Alte Nebenform für sind.

2. So ist dies unser Trost allein, daß wir zusammen insgemein dich rufen an, o treuer Gott, um Rettung aus der Angst und Noth,

3. Und heben unser Aug und Herz zu dir in wahrer Reu und Schmerz und flehen um Begnadigung und aller Strafen Linderung,

4. Die du verheißest gnädiglich Allen, die darum bitten dich im Namen des Herrn Jesu Christ, der unser Heil und Fürsprech ist.

5. Drum kommen wir, o Herre Gott, und klagen dir all unsre Noth, weil wir jetzt stehn verlassen gar in großer Trübsal und Gefahr.

6. Sieh nicht an unsre Sünden groß, sprich uns davon aus Gnaden los, steh uns in unserm Elend bei, mach uns von allen Plagen frei, —

7. Auf daß von Herzen wir dafür mit Freuden können danken dir, gehorsam sein nach deinem Wort, dich allzeit preisen hier und dort.

Dr. Paul Eber, 1511—1569.

Dein, Herr, unser Gott! ist die Barmherzigkeit und Vergebung; Denn wir sind abtrünnig worden.

(Dan. 9, 4—19. Esra 8, 22.)

Weise 375. Vater unser im Himmelreich.

902. Nimm von uns, Herr, du treuer Gott, die schwere Straf und große Noth, die wir mit Sünden ohne Zahl verdienet haben allzumal! Behüt vor Krieg und theurer Zeit, vor Seuchen, Feur und großem Leid!

2. Erbarm dich deiner bösen Knecht! Wir suchen Gnad und nicht das Recht; denn so du, Herr, den rechten Lohn uns geben wolltst nach unserm Thun, so müßt die ganze Welt vergehn und könnt kein Mensch vor dir bestehn.

3. Ach, Herr Gott, durch die Treue dein mit Trost und Rettung uns erschein! Beweis an uns dein große Gnad, vergilt uns nicht nach unsrer That. Wohn uns mit deiner Güte bei, dein heilger Zorn fern von uns sei.

4. Gedenk an deines Sohnes Tod, an seine Wunden, Angst und Noth; die sind ja für die ganze Welt die Zahlung und das Lösegeld. Des trösten wir uns allezeit und hoffen auf Barmherzigkeit.

5. Leit uns mit deiner Vaterhand, und segne gnädig Stadt und Land! Gib allzeit uns dein heilig Wort und wehr des Feindes List und Mord; wollst uns ein selig End verleihn, auf daß wir ewig bei dir sei'n!

Martin Moller, 1547—1606.

**Hilf du uns, Gott, unser Helfer,
Um deines Namens Ehre willen.**
(Pf. 77, 3; 79, 9. Jer. 29, 11—14.)

Weise 901.　Wenn wir in höchsten Nöthen sein.

903. Hilf, Helfer, hilf in Angst und Noth! Erbarm dich mein, o treuer Gott! Ich bin ja doch dein liebes Kind, trotz Hölle, Welt und aller Sünd.

2. Ich trau auf dich, mein Gott und Herr; wenn ich dich hab, was will ich mehr? Ich hab ja dich, Herr Jesu Christ, der du mein Gott und Heiland bist!

3. Des freu ich mich im Herzen mein, bin gutes Muts und harre dein; auf deinen Namen baue ich: — hilf, Helfer, hilf! erlöse mich!

Martin Moller, 1547—1606.

**Wir liegen vor dir mit unserm Gebete,
Nicht auf unsre Gerechtigkeit, sondern auf deine große Barm-
herzigkeit.**
(Dan. 9, 14—19.)

Weise 365.　Wer nur den lieben Gott läßt walten.

904. Wir liegen hier zu deinen Füßen, ach Herr von großer Güt und Treu, und fühlen leider im Gewissen, wie sehr dein Zorn entbrennet sei. Das Maß der Sünden ist erfüllt; ach, weh uns, wenn du strafen willt!

2. Du bist gerecht, wir lauter Sünder. Wie wollen wir vor dir bestehn? Wir sind die ungerathnen Kinder, die des Verderbens Wege gehn. Kein Wunder, wenn dein Racheschwert* uns längst schon hätte aufgezehrt.
　* Jef. 1, 20.

3. Doch, Vater, denk an deinen Namen, gedenk an deinen lieben Sohn! Dein Wort ist immer Ja und Amen, dein Eidschwur zenget selbst davon. Du willst der Sünder Tod ja nicht, drum geh mit uns nicht ins Gericht!

4. Wir liegen vor dir in dem Staube, und unser Herz ist ganz zerknirscht; uns tröstet ganz allein der Glaube, daß du dich noch erbarmen wirst. Du hast ja noch ein Vaterherz: so siehe denn auf unsern Schmerz!

5. Ach, laß die wohlverdiente Strafe nicht über unsre Häupter gehn, daß wir nicht als verlorne Schafe von deiner Hut verlassen stehn! Ach, sammle uns in deinen Schoß und mach uns aller Plagen los!

6. Gib Fried im Land und im Gewissen; gesunde Luft, wohlfeile Zeit; laß Lieb und Treu sich stetig küssen, und fördre die Gerechtigkeit. Krön unser Feld mit deinem Gut; nimm Kirch und Haus in deine Hut!

7. So wollen wir dir Opfer bringen, dein eigen sein mit Leib

und Seel; es soll dein Lob gen Himmel bringen, und dein erlöstes Israel wird mit verein=ten Stimmen schrei'n: Der Herr soll mein Gott ewig sein!*

* 2 Mos. 15, 18.

Benj. Schmolck, 1672—1737.

Der Sieg kommt vom Himmel,
Und wird nicht durch große Menge erhalten.
(Spr. 21, 31. Röm. 8. 28 ff.)

Weise 545: Jesu, hilf siegen, du Fürste des Lebens.

905. Christen erwarten in allei Fällen Jesum mit seiner allmächtigen Hand; mitten in Stürmen und tobenden Wellen sind sie gebauet auf felsiges Land. Wenn sie auch Nächte der Trübsal bedecken, kann doch ihr Grauen sie wenig erschrecken. 2. Jauchzen die Feinde zur Rechten und Linken, drohet und hauet ihr blinkendes Schwert: lassen doch Christen die Häupter nicht sinken, denen sich Jesus im Herzen verklärt. Wüten die Feinde mit Schnauben und Toben: — schaun doch die Christen voll Trostes nach oben. 3. Geben die Felder den Samen nicht wieder, bringen die Gärten und Fluren nichts ein; schlagen die Schloßen die Früchte darnieder, brennen die Berge vom hitzigen Schein: kann doch ihr Herze den Frieden erhalten, weil es den Schöpfer in Allem läßt walten. 4. Viele verzehren in ängstlichen Sorgen Kräfte, Gesundheit und Kürze der Zeit, da doch im Rathe des Höchsten verborgen, wann und wo Jedem sein Ende bereit. Sind es nicht alles vergebliche Schmerzen, die ihr euch machet, ihr thörichten Herzen?

5. Zweifeln und Sorgen geziemet nicht den Frommen; Glauben und Hoffen bringt Ehre bei Gott. Seele, verlangst du zur Ruhe zu kommen: hoffe geduldig in Jammer und Noth! Ob auch die göttliche Hilfe verborgen: traue dem Höchsten, und meide die Sorgen! 6. Gutes und alle erbetenen Gaben folgen dir, bis man dich leget ins Grab; ja du wirst selber den Himmel noch haben; ei, warum sagst du den Sorgen nicht ab? Werde doch in dir recht ruhig und stille! Das ist des Vaters, des ewigen, Wille. 7. Völlige Wonne, verklärete Freude, himmlische Güter, undenkliches Heil werden dir dort auf der ewigen Weide unter den Engeln und Menschen zu Theil, wenn in der Herrlichkeit Christus wird kommen und zu sich sammeln die Herde der Frommen. 8. Seine allmächtige Stärke beweiset in den Ohnmächtigen mächtige Kraft; dann wird alleine sein Name gepreiset, wenn er den Zagenden Freudigkeit schafft. Darum, o Jesu, gib, daß ich dir traue, wenn ich die Hilfe nicht sichtbarlich schaue.

Christian Ludwig Edeling, † 1742.

47

**Gott, erhöre mein Gebet, vernimm die Rede meines Mundes;
Hilf mir durch deinen Namen.**

(Pf. 54, 3—6; 79, 9; 120, 1.)

Weise 680. Erhalt uns, Herr, bei deinem Wort.

906. Hilf, Helfer, hilf in Angst
und Noth! du kannst es thun,
du lieber Gott; denn du bist
groß von Rath und That, wie's
mancher Christ erfahren hat.

2. Hilf, Helfer, hilf in Angst
und Noth! du mußt es thun,
du starker Gott; du sprichst ja:
„Ich will reißen dich aus aller
Noth, glaubs sicherlich."

3. Hilf, Helfer, hilf in Angst
und Noth! du mußt es thun,
du treuer Gott, da dir dein
Vaterherze bricht, daß du mich
kannst verlassen nicht.

4. Hilf, Helfer, hilf in Angst
und Noth! du willst es thun,
du Amens-Gott;* denn obs
gleich währt bis in die Nacht,
so hilfst du doch durch deine
Macht.　　*2 Kor. 1, 20.

5. So hilf nun Allen in der
Welt, wie, wo und wann es
dir gefällt; so hilf auch mir
zur rechten Zeit zu meiner Seele
Seligkeit.

6. Du kannst, du willst,
du mußt es thun, du willst
dein Wort erfüllen nun. So
will ich dir stets dankbar sein;
hilf, Jesu, hilf! du kannst allein.

Joh. Jakob Lang, 1731—1801.

8. Witterungslieder.

a. Im Allgemeinen.

**Der Herr lässet seine Sonne aufgehen über Böse und Gute,
Und lässet regnen über Gerechte und Ungerechte.**

(Pf. 104.)

Weise 14. Herr Jesu Christ, dich zu uns wend.

907. Gott Vater, der du
deine Sonn läßt scheinen über
Bös und Fromm, der ganzen
Welt ihr Leuchten schenkst, die
Erd mit Thau und Regen tränkst;

2. Des Worte stets gehorsam
sind Schnee, Regen, Sonnenschein und Wind: du machst
die Berg von oben naß und
lässest wachsen Laub und Gras.

3. Du gibst uns reichlich Brot
und Wein, daß unser Herz kann
fröhlich sein; du deckst auch

unsre Sünde zu, dein Wort
bringt Friede, Trost und Ruh.

4. So bitten wir nun deine
Güt: im Wort und Fried uns
stets behüt; die Frücht der Erden uns bewahr, und gib uns
heur ein reiches Jahr.

5. Mach uns zu Kindern fromm
und rein, laß uns dein Volk
und Erbgut sein, und trauen
deiner milden Hand, die uns
aus Wort und Werk bekannt.

6. Die liebe Sonn uns schei-

nen laß, heiß wachsen Brot, Wein, Kraut und Gras, geuß deinen Segen auf das Land und krön das Jahr aus deiner Hand.

7. Den Herren Zions man dich nennt, und alle Welt dein Güte kennt. Du hörst die Bitt und hilfst allein; gib Gnad, daß wir dir dankbar sei'n.

Nikolaus Hermann, † 1561.

**Du feuchtest das Land von oben her
Und machest das Land voll Früchte, die du schaffest.**

(Pf. 65, 10—14; 104, 27. 28.)

Weise 681. Wo Gott, der Herr, nicht bei uns hält.

908. O Herr Gott, der du deiner Schar hast zugesagt auf Erden, daß sie von dir soll immerdar im Kreuz getröstet werden und daß wir unser täglich Brot sammt Rettung aus der Angst und Noth gar reichlich überkommen:

2. Gib reine Luft und Sonnenschein, fruchtbaren Thau und Regen, damit die Früchte wohl gedeihn durch deinen milden Segen, die hier zu Lande früh und spat der Ackersmann geworfen hat auf dein Wort in die Erde.

3. Umsonst ist aller Menschen Müh im Pflanzen und Begießen, läßt du, o Gott, nicht spät und früh des Segens Ströme fließen. Nur du regierst den Witt'rungslauf; durch dich wächst jede Pflanze auf, durch dich nur bringt sie Früchte.

4. Herr, straf uns nicht im heilgen Zorn; vergib, denk deiner Güte! Den Weinstock und das liebe Korn uns gnädiglich behüte vor Frösten und vor Schloßenschlag, vor Mehlthau und was sonst noch mag den Früchten Schade bringen.

5. Vor großer Dürre auch bewahr und ungestümem Winde, und wehre, daß nicht mit Gefahr ein Wetter was entzünde. Halt auch das Erdreich nicht zu naß, auf daß wir mögen Scheun und Faß durch deinen Segen füllen.

6. Gib gnädig, was uns deine Hand gar reichlich jetzo weiset, auf daß damit im ganzen Land werd männiglich gespeiset, so wird dich loben Groß und Klein, die Alten und die Kinderlein und was auf Erden lebet.

7. Wir trauen dir, o großer Gott: laß deine Gnade walten! Du weißt gar wohl, was uns ist Noth, hast lang schon hausgehalten, und wirst noch ferner so regiern, daß man wird deinen Segen spürn und deinen Namen preisen.

Barthol. Ringwaldt, 1531—1598.

b. Bei Dürre.

Gott spricht zum Schnee, so ist er bald auf Erden,
Und zum Platzregen, so ist der Platzregen da mit Macht.
(5 Mos. 11, 13—17. Hiob 37, 6; 38, 25.)

Weise 677. Ach Gott, vom Himmel sieh darein.

909. Ach, großer und gerechter Gott, wir habens wohl verdienet mit unsrer Sünd und Missethat, daß unser Feld nicht grünet und Mensch und Vieh in Trauer gehn; läßt du nicht deine Hilfe sehn, so müssen wir verschmachten.

2. Herr, unsre Sünd bekennen wir: du wollst sie uns verzeihen; all unsre Hoffnung steht zu dir: wollst Hilf und Trost verleihen; gib Regen und den Segen dein zu deines Namens Ehr allein, Herr, unser Gott und Tröster!

3. Gedenke, Herr, an deinen Bund um deines Namens willen; wir bitten dich von Herzensgrund, doch unsre Noth zu stillen! O kehre doch mit Regen ein; denn du bist ja der Herr allein; ohn dich kann es nicht regnen.

4. Verschmäh doch unser Flehen nicht, laß deine Gnade walten; das Weltall hast du zugericht, als Herrscher drin zu schalten. Allmächtig ist der Name dein; nichts, nichts kann dir unmöglich sein, Herr, unser Gott und Tröster!

M. Justus Sieber, 1628—1695.

c. Bei anhaltender Nässe.

Der Herr kehret die Wolken, wo er hin will;
Sie scheiden sich, daß es hell werde.
(Ps. 135, 5—7. Hiob 37, 12.)

Weise 267. Herr Jesu Christ, du höchstes Gut.

910. O Gott, der du das Firmament mit Wolken thust bedecken, der du ingleichen kannst behend das Sonnenlicht erwecken: laß doch des Regens Ende sein und gib uns wieder Sonnenschein, daß unser Land sich freue!

2. Die Felder trauern weit und breit, die Früchte leiden Schaden, weil mit zu vieler Feuchtigkeit und Nässe sie beladen; dein Segen, Herr, den du gezeigt uns Armen, sich zur Erde neigt und drohet zu verschwinden.

3. Das macht wohl unsre Missethat und unser schuldvoll Leben, das deinen Zorn erreget hat; ach komm, uns zu vergeben! Wir müssen zeugen unsre Schuld; weil wir die Buße nicht gewollt, so trifft uns deine Strafe.

4. Doch denke wieder an die Treu, die du uns hast versprochen; wohn uns aufs neu in Gnaden bei, die wir dich kindlich suchen. Wie? hält so hart sich dieser Zeit dein Herz und sanfte Freundlichkeit? Du bist ja unser Vater!

5. Gib uns von deinem Him=
melssal dein klares Licht der
Sonne, und laß uns wieder
allzumal empfinden Freud und | Wonne, daß alle Welt bekenne
frei, wie außer dir kein Segen
sei im Himmel und auf Erden.

Aus Joh. Crüger's Gesangbuch
von 1690.

---

d. Bei einem Gewitter.

(Vrgl. auch Nr. 370.)

Der Herr ist gütig und eine Veste zur Zeit der Noth,
Und kennet die, so auf ihn trauen.

(Nah. 1, 2—7.)

Weise 337. Auf meinen lieben Gott.

911. Ein Wetter steiget auf;
mein Herz, zu Gott hinauf! fall
ihm geschwind zu Fuße durch
wahre Reu und Buße, damit
gleich deine Sünden durch seine
Gnad verschwinden.

2. Herr, der du gut und
fromm: zu dir ich gläubig komm;
um Christi willen schone, mir
nicht nach Sünden lohne; laß
mich dir kindlich trauen und
auf dein Helfen bauen.

3. Ich will mit dem, was
mein, dir ganz ergeben sein;
dein Flügel wird uns decken,
verjagen alles Schrecken, und
lassen uns, aus Gnaden, das
Wetter gar nicht schaden.

4. Wohlan, verlaß uns nicht;
bleib unsre Zuversicht, und laß
dein Vaterlieben auch jetzt an
uns sich üben, so wolln wir,
weil* wir leben, dir Preis und
Ehre geben.   * so lange.

Aemilia Juliana, Gräfin von Schwarzburg=Rudolstadt, 1637—1706.

---

9. Reiselieder.

Der Herr behüte deinen Ausgang und Eingang
Von nun an bis in Ewigkeit.

(Psf. 121.)

Weise 144. Mit Fried und Freud fahr ich dahin.

912. Frisch und getrost reis
ich nun fort in Gottes Namen;
Gott ist mein Licht, mein Weg
und Pfort, Ja und Amen, wie
mir sein Wort zusaget, auf das
ich mich verlasse.

2. Mein' Aus= und Eingang
wird der Herr ja wohl behüten;
in Gnaden wird verleihen er

seinen Frieden. Mit Gott den
Anfang mache, so wirst du's
mit ihm enden.

3. O treuer Gott, eröffne mir
selbst deine Wege; o treuer Gott,
nun weise mir deine Stege; den
Gang nach dir ich richte: laß
meinen Fuß nicht gleiten!

M. Josua Wegelin, † 1640.

**Siehe, ich bin mit dir, spricht der Herr,
Und ich will dich behüten, wo du hinziehest.**
(Pf. 23, 4.)

Weise 847. Nun ruhen alle Wälder.

913. Ich zieh in ferne Lande, zu nützen in dem Staube, zu dem mich Gott bestellt; was gut und recht, wird lassen sein Segen mich erfassen, zu dienen treulich seiner Welt.

2. Bin ich in wilder Wüste, so bin ich doch, Herr Christe, bei dir und du bei mir; du Helfer in Gefahren, du kannst mich doch bewahren, wie dorten, ebenso auch hier.

3. Du wirst zu diesen Reisen gewünschten Fortgang weisen, wohl helfen hin und her, Gesundheit, Heil und Leben, Zeit, Wind und Wetter geben, und Alles, was ich noch begehr.

4. Dein Engel, der getreue, macht meine Feinde scheue, tritt zwischen mich und sie; durch seinen Schutz, den frommen, sind wir so weit gekommen und wissen selber fast nicht, wie.

5. Gefällt es Gottes Güte und sagt mir mein Gemüte nicht was Vergeblichs zu, so werd ich ihn noch preisen mit manchen schönen Weisen daheim in meiner stillen Ruh.

6. Indes wird er den Meinen mit Segen auch erscheinen, ihr Schutz wie meiner sein, wird beiderseits gewähren, was unser Wunsch und Zähren ihn bitten können überein.

Dr. Paul Flemming, 1609—1640.

**So du durchs Wasser gehest, will ich bei dir sein, spricht der Herr,
Daß dich die Ströme nicht sollen ersäufen.**
(Jes. 43, 1. 2.)

Weise 587. Freu dich sehr, o meine Seele.

914. Unergründlich Meer der Gnaden, Abgrund aller Gütigkeit, Gott, beschütze mich vor Schaden, leite mich in Sicherheit; führe, wie du sonst gethan, mich auf rechter, ebner Bahn, daß sich auch auf dieser Reise herrlich deine Huld erweise.

2. Vor dem Wetter, Sturm und Krachen, vor der Wellen wilder Wut, vor des Abgrunds finsterm Rachen halte mich in sichrer Hut! Ach, laß deiner Gnaden Schein meinen holden Leitstern sein; vor des Schiffbruchs Noth und Schrecken laß mich deine Flügel decken.

3. Herr, zu dessen Preis und Ehre jeder Tropfen Wassers rinnt, starker Gott, dem Wind und Meere, Blitz und Sturm gehorsam sind: nimm in deine treue Hut Leib und Seele, Schiff und Gut; ja, du selber wollst zum Segen deine Hand ans Ruder legen!

4. Wirst du deine Gnad ver=

leihen, daß die Ankunft uns er= | hin an seinen Ort; führ uns
getzt, Herr, dann kröne mit Ge= | nach dem letzten Scheiden an
deihen, was sich Jeder vorgesetzt; | den Ort der Himmelsfreuden!
führ uns Alle glücklich fort, Jeden

Unbekannter Verfasser.

10. Fürst, Obrigkeit und Vaterland.

Gott ändert Zeit und Stunde,
Er setzet Könige ab und setzet Könige ein.
(Dan. 2, 20—23.)

Weise 771. Es ist gewislich an der Zeit.

915. Allmächtiger und ewger
Gott, der du die Welt regierest,
von dir kommt beides, Rath und
That; das Regiment du führest;
du setzest Kön'ge ab und ein, bist
aller Herrn ein Herr allein und
änderst Zeit und Stunde.

2. Begnad die ganze Christen=
heit nach deinem Wohlgefallen
mit weiser frommer Obrigkeit,
auf daß dein Lob mög schallen;
gib, daß sie ihres Amts Gewalt
von dir annehm und recht ver=
walt mit Güt und Ernst in Allem.

3. Verleih ihr deinen freudgen
Geist, sie lehre, leit und führe,
daß durch sie werd dein Sohn
gepreist; in Gnaden sie regiere!
Du hast ihr Herz in deiner
Hand; gib Glück und Heil zu
ihrem Staud, den Feinden treu=
lich wehre!

4. Gib deinem Volke frommen
Geist, daß treu und unterthänig
es, Höchster, dir Gehorsam
leist und auch dem irdschen
König, auf daß sie all in Lieb
und Fried, das Haupt, der Leib
und jedes Glied dir, Gott, zu
Ehren leben.

Böhm. Brüder, 1531. (Mich. Weiße, † 1534.)

Wir rühmen, daß du uns hilfst,
Und im Namen unseres Gottes werfen wir Panier auf.
(Pf. 20. Röm. 13, 1—7.)

Weise 680. Erhalt uns, Herr, bei deinem Wort.

916. Gott, deine Gnad man
daran spürt, wenn christlich
Obrigkeit regiert; drum bitten
wir: durch dein Gewalt fromm
Obrigkeit uns wohl erhalt!

2. Bewahre sie durch deine
Gnad, behüt sie auch vor Sünd
und Schad, erhör und schütze
sie in Noth, und send ihr deine
Hilf, o Gott!

3. Aus Zion rüst und stärk
sie sein, und laß dir wohlge=
fällig sein als ein Brandopfer
ihr Gebet; verleih ihr, was ihr
Herz begehrt.

4. Schütt auf sie deinen Segen
gut, gib guten Rath und heil=
gen Mut! Das Leben ihr auch
lange frist, zu deiner Ehr, Herr
Jesu Christ;

5. Und schmück sie anch mit Lob und Ehr, in Schanden laß sie nimmermehr, vor ihren Feinden sie behüt, walt über ihr mit deiner Güt!

6. Ihr Hoffen sei auf dich gesetzt, so wird sie bleiben unverletzt, da deine Hand die Feinde findt, die dir, o Herr, zuwider sind.

7. Weil solches deine Güte schafft, so freuen wir uns deiner Kraft, und über deine Hilf, o Herr, sind wir von Herzen fröhlich sehr.

8. Drum wollen anch aufwerfen wir in deinem Namen das Panier, und weil wir merken deine Hand, getreulich halten unsern Stand.

9. Herr, unser Gott, sieh gnädig drein, beschirm die armen Christen dein, laß sehen deines Reiches Pracht, so wolln wir loben deine Macht.

Straßburger Gesangbuch von 1533.

Seid unterthan aller menschlichen Ordnung, um des Herrn willen, Es sei dem Könige als dem Obersten, oder den Hauptleuten als den Gesandten von ihm.

(Röm. 13, 1. 1 Tim. 2, 1—3. 1 Petr. 2, 13—17.)

Weise 14. Herr Jesu Christ, dich zu uns wend.

917. O heilige Dreieinigkeit, erhalt uns unsre Obrigkeit, die deine treue Vaterhand gesetzet selbst in diesen Stand!

2. Dein guter Geist sie leit und führ und segn ihr Walten für und für, daß sie voll Weisheit und Verstand regiere christlich Lent und Land;

3. Damit wir führen unter ihr ein still, geruhig Leben hier, und dermaleinst mit ihr, mein Hort, bestehen wohl im Himmel dort.

Aemilie Juliane, Gräfin von Schwarzburg-Rudolstadt, 1637—1706.

Gebet dem Kaiser, was des Kaisers, Und Gotte, was Gottes ist.

(Matth. 22, 15—21. Tit. 3, 1.)

918. Weise: Christ, unser Herr, zum Jordan kam. 1524.

Wie weislich hat Gott al = le Ding in sei = nem Rath be=
Nichts ist der = sel = ben so ge=ring, das von uns wird ge=

schlos = sen!
nos = sen,   das nicht den Reichtum sei = ner Gnad und

sei = nen mil = den Se = gen, den er da = mit be =
wie = fen hat, uns will vor Au = gen le = gen und
fei = ne Gü = te prei = fen.

2. Betrachtet doch den reichen Schatz, den Gott uns zugewendet, indem er uns an seinen Platz die Obrigkeit gesendet, die uns soll mit Gerechtigkeit in aller Sorgfalt schützen, daß Jeder mög in Sicherheit bei seinem Weinstock sitzen und seiner Nahrung pflegen.

3. Derhalben sollen wir dafür in einem stillen Leben den Obrigkeiten ihr Gebühr und Gott das Seine geben. Der Heiland gibt gar wohl Bescheid, was jedem Theil gebühret: dem Kaiser von der Zeitlichkeit und was sein Bildnis führet, — Gott unser Herz und Seele.

Unbekannter Verfasser.

**Jedermann sei unterthan der Obrigkeit, die Gewalt über ihn hat;
Denn wo Obrigkeit ist, die ist von Gott verordnet.**
(Röm. 13, 1—8. 1 Petr. 2, 13—17.)

Weise 681. Wo Gott, der Herr, nicht bei uns hält.

919. Wir flehn dich, höchster König, an für Alle, die regieren, daß sie, mit Weisheit angethan, das Scepter glücklich führen. Laß sie in deiner Vorsicht ruhn und stets nach deinem Willen thun, weil du sie eingesetzet.

2. Laß aber uns auch unsers Theils ein stilles Leben führen, daß wir, o Brunnquell alles Heils, auch deinen Segen spüren! Laß Gottesfurcht im Schwange gehn, laß Güt und Treu beisammenstehn, hilf gnädig allen Ständen!

Johann Georg Kirchner, 1710-1772.

**Der Königs Herz ist in der Hand des Herrn, wie Wasserbäche,
Und er neiget es, wohin er will.**
(Spr. 21, 1.)

Weise 762. Wachet auf, ruft uns die Stimme.

920. Herrscher, dir, der mächtig waltet und überall mit Weisheit schaltet, der Herrschaft gibt und Herrschaft nimmt; dir, der bösen Anschlag wendet und Heil der Erde Völkern spendet, in Einklang jeden Mislaut stimmt: dir, Gott, tönt unser Dank;

dich preist der Lobgesang, Hoch=
erhabner! Allwaltender, der
Welten Herr, sei unsers Königs
Schirm und Schild!

2. Licht, Gerechtigkeit und
Wahrheit umleucht mit nie ge=
trübter Klarheit des Königs
Herz, des Königs Thron! Kei=
nen Tag müß er verlieren!
Du höchster Herr, hilf ihm
regieren; gib du ihm Kraft,
sei du ihm Lohn! Sein milder
Herrscherblick seh auf des Volkes
Glück; Wohlfahrt ströme im
ganzen Land auf jeden Staub
durch seine weise Vaterhand.

3. Für des Herrschens Müh
erquicke, o Gott, ihn mit des
Landes Glücke, mit seines Vol=
kes treuem Sinn. Drücken ihn
die Fürstensorgen: nehm er am
Abend und am Morgen im
Landeswohl den Lohn sich hin.
Durch Treu in Glück und Leid
sei sein Gemüt erfreut! Herr,
versüß ihm des Lebens Müh,
verlaß ihn nie, und stärk ihn
stets auf seiner Bahn!

4. Weisheit wollest du gewäh=
ren des Fürsten Räthen, und sie
lehren, was recht, was wahr ist,

was beglückt. Jeder achte das
fürs größte, und Jedem sei nur
das das beste, was unser ganzes
Land' erquickt. Der Eintracht
heilig Band verknüpfe Staub
mit Staub! Aufzuopfern gemei=
nem Heil sein eigen Theil ist
Christenpflicht und Bürgerruhm.

5. Redlichkeit und lautre Tu=
gend zier unsre Männer, unsre
Jugend, und Wahrheit jegliches
Gemüt! Ernste Zucht und from=
me Sitte sei überall in unsrer
Mitte; von Andacht sei das
Herz durchglüht! Des Glaubens
helles Licht entzieh uns, Vater,
nicht! Denn es leuchtet durch
Erdennoth, durch Schmerz und
Tod hinauf ins ewge Vaterland.

6. Herr, erhalt dem König
Frieden; ihm sei das schöne
Loos beschieden, der Trost von
Tausenden zu sein. Schütt auf
seine Lebenspfade die Segens=
ströme deiner Gnade! Nur du
kannst dauernd uns erfreun.
Wer, allem Bösen feind, es
treu und redlich meint, den
beglücke! Herr, unser Hort,
sei hier und dort des Königs
Schirm und Trost und Theil!

Ludwig Theobul Kosegarten, 1758—1818.

**Thut Ehre Jedermann, habet die Brüder lieb,
Fürchtet Gott, ehret den König.**
(1 Tim. 2, 1—3. 1 Petr. 2, 13—17.)
Weise 847. Nun ruhen alle Wälder.

921. Gott woll uns hoch be=
glücken, mit steten Gnadenblicken
auf unsern König sehn, ihn
schützen auf dem Throne, auf
seinem Haupt die Krone lang
uns zum Segen lassen stehn.

2. Gott woll uns hoch be=
glücken, mit seinen Gaben
schmücken das ganze Königs=
haus, darüber mächtig walten,
den theuern Stamm erhalten
bis in die fernste Zeit hinaus.

3. Gott woll uns hoch beglücken, sein festes Sigel drücken auf jede Königsthat, daß Glück aus ihr die Fülle, und Heil und Segen quille zum Wohl, das keinen Wandel hat.

4. Gott woll uns hoch beglücken, mit Lieb und Treue schmücken den Fürsten und das Land, auf daß der Zwietracht Sünde fern sei, und uns umwinde des goldnen Friedens Himmelsband!

Vers 1—3 von Dr. Claus Harms, 1778—1855. Vers 4 von M. Albert Knapp, geb. 1798.

Fromm und wahrhaftig sein behütet den König, Und sein Thron bestehet durch Frömmigkeit.
(Spr. 20, 28.)

Weise 587. Freu dich sehr, o meine Seele.

922. Vater, kröne du mit Segen unsern König und sein Haus, führ durch ihn auf deinen Wegen herrlich deinen Rathschluß aus! Deiner Kirche sei er Schutz, deinen Feinden biet er Trutz; sei du dem Gesalbten gnädig, segue, segue unsern König!

2. Rüst ihn mit des Glaubens Schilde, reich ihm deines Geistes Schwert, daß Gerechtigkeit und Milde ihm des Friedens Heil gewährt. Mach ihm leicht die schwere Last, die du auferlegt ihm hast; sei in Jesu du ihm gnädig, schütze, segue unsern König!

3. Sammle um den Thron die Treuen, die mit Rath und frommem Flehn fest in deiner Streiter Reihen für des Landes Wohlfahrt stehn. Baue um den Königsthron eine Burg, o Gottessohn; sei du ihm auf ewig gnädig, leite, segue unsern König!

4. Nähre du die heilge Flamme, die das Herz des Volks erneut, daß es unserm Fürstenstamme Liebe bis zum Tode weiht. In

so mancher Stürme Nacht hast, o Vater, du gewacht über seinem Haus so gnädig: — segue, segue unsern König!

5. „Fürchtet Gott, den König ehret", das, o Herr, ist dein Gebot, und du hast es selbst bewähret, warst gehorsam bis zum Tod. Wer dich liebt, der folget dir; drum so beten Alle wir: vor dem Bösen schütz uns gnädig, Gott, erhalt uns unsern König!

6. Gib uns Mut in den Gefahren, wenn der Feind uns ernst bedroht, daß wir Treue dann bewahren, freudig gehen in den Tod. Du bist unser Siegspanier; „Gott mit uns!" so siegen wir! Deine Treuen krönst du gnädig: segue, segue unsern König!

7. Breite, Herr, dein Reich auf Erden auch in unserm Lande aus, daß wir deine Bürger werden, ziehen in dein Vaterhaus. Friede und Gerechtigkeit gib uns, Gott, zu aller Zeit; sei du deinem Volke gnädig, segue, segue unsern König!

M. Wilhelm Hülsemann, geb. 1781.

Was ihr bitten werdet in meinem Namen,
Das will ich thun, spricht der Herr.
(Joh. 14, 13.)

Weise 42.   Wie groß ist des Allmächtgen Güte.

923. Wir bitten dich um deinen Segen, o Herr, für unsre Königin; sei du auf allen ihren Wegen ihr Schirm und Stab und ihr Gewinn. Sei du mit ihr an ihrem Feste, der du der Kön'ge König heißt; und deiner Gaben höchste, beste verleih ihr: deinen heilgen Geist!

2. O wohl dem Land, o wohl dem Volke, des Fürstin dir die Kniee beugt, vor deines Heiligtumes Wolke sich an des Volkes Spitze neigt! — Wo Volk und Fürstin im Gebete einander tragen vor dem Herrn, da gibst du, Vater, das Erflehte der Fürstin und dem Volke gern.

3. So heben wir auch heut die Hände für unsre Königin empor. Sei du ihr Vater! Vater, spende ihr deiner Gaben vollen Chor! Erhöre sie, des Königs Wonne, der Armen Trost, des Thrones Zier; laß leuchten ihr die Lebenssonne, sei du ihr Stab und ihr Panier!

4. Laß sie erleben Wonn und Freude an ihrer Kinder Wohlgedeihn; und was dem Herzen bringet Leide, das, Herr, laß ferne von ihr sein! Sie leucht in einem langen Leben mit frommem Vorbild uns voran, bis daß du einst sie wirst erheben sammt uns ins ewge Kanaan.

Dr. Joh. Heinr. August Ebrard, geb. 1818.

11. Kirchweihe.

a. Einweihung einer Kirche.

Hilf deinem Volke und segne dein Erbe,
Und weide sie und erhöhe sie ewiglich.
(1 Kön. 8, 28 ff.   Eph. 1, 17—23; 2, 18—22.)

Weise 250.   Allein Gott in der Höh sei Ehr.

924. Dreieinger, heilger, großer Gott, sieh von des Himmels Höhen, wie hier vor dir, Herr Zebaoth, die Deinen festlich stehen; vernimm den Dank, hör das Gebet, das jetzt zu deinem Throne geht von dieser heilgen Stätte!

2. Wir haben dieses Gotteshaus gebaut zu deiner Ehre; schmück es mit deinem Segen aus, auf daß wir deine Lehre, dein theuerwerthes Gnadenwort an diesem dir geweihten Ort allzeit in Frieden hören.

3. Nimm an die Kindlein, die wir hier dir in der Taufe schenken, laß reine Lehr sich für und für in ihre Herzen senken, und hilf sie in des Glaubens Frucht,

in deiner Furcht, in Christenzucht als Himmelspflanzen ziehen!

4. Hier wollen wir dir ohne Scheu bekennen unsre Sünden; hilf, Herr, daß wir in wahrer Reu uns Alle dazu finden, abbitten unsre schwere Schuld, Vergebung suchen, Gnad und Huld in Christo, deinem Sohne.

5. An deinem Tische werden sich die müden Seelen laben, wo unser Heiland Jesus Christ uns Sünder will begaben mit seinem Leib und seinem Blut, in Tod gegeben uns zu gut und uns zum Heil vergossen.

6. Hier segnet man den Ehstand ein und bittet für die Kranken; o laß dir wohlgefällig sein Preis, Lob, Gebet und Danken! Erhör, wenn König wir und Land, Kirch, Schul und einen jeden Stand dir, Höchster, anbefehlen!

7. Lob, Ehr und Dank und Herrlichkeit sei dir, o Herr, gesungen, daß in dem Drange dieser Zeit es uns soweit gelungen. Gib, daß, was wir gesangen an, erst dann ein Ende nehmen kann, wenn Erd und Himmel brechen.

Hans von Assig, 1650—1694.

**Thut mir auf die Thore der Gerechtigkeit,
Daß ich da hinein gehe und dem Herrn danke.**
(Ps. 118.)

Weise 51. Alles ist an Gottes Segen.

925. Ziert das Thor mit frischen Zweigen, lasset keine Glocke schweigen, singt ein Loblied froh und laut! So laßt uns ein Zeichen geben, daß wir frei als Christen leben, daß uns Gott ein Haus gebaut.

2. Herr, in wildverwachsnen Hainen, auf der Heid, in Felsgesteinen, in verborgner Höhle Grann ließest du die heilgen Männer, deine frühesten Bekenner, einst sich durch dein Wort erbaun.

3. Wenn des Feindes Häscher kamen, litten sie für deinen Namen mit verklärtem Angesicht, und in tausend Seelen hallte noch ihr Seufzer: „Herr, behalte ihnen diese Sünde nicht!"

4. Jetzo nahu auf sichern Pfaden wir uns frei dem Haus der Gnaden, süße Klänge laden ein. Aber sind, die heute kommen, auch so treu, wie jene Frommen, die dir dienten in der Pein?

5. Schenk uns doch in Haus und Hütte guten Glauben, reine Sitte, wie dirs wohlgefallen mag! Laß dir mit Gebet bereiten und mit edeln Festlichkeiten fröhlich heilgen diesen Tag!

6. Wenn die Zeit soll wiederkehren, wo die Feinde wollten wehren dein Bekenntnis freches Muts: dann wollst du dir deinen Haufen mit der Drangsal Flammen taufen, selbst mit Strömen Märtyrbluts.

Friedrich von Kölle, 1781—1848.

Herr, laß deine Augen offen ſein über dies Haus,
Daß du höreſt das Gebet, das dein Knecht an dieſer Stätte
thun wird.
(2 Chron. 6, 18—21. Joh. 17, 17.)

Weiſe 417. Wie ſchön leucht uns der Morgenſtern.

926. Gott Vater, aller Dinge Grund: gib deinen Vaternamen kund an dieſem heilgen Orte! Wie lieblich iſt die Stätte hier, die Herzen wallen auf zu dir; hier iſt des Himmels Pforte. Wohne, throne hier bei Sündern als bei Kindern, voller Klarheit; heilge uns in deiner Wahrheit!

2. Sohn Gottes, Herr der Herrlichkeit: dies Gotteshaus iſt dir geweiht, o laß dirs wohlgefallen! Hier ſchalle dein lebendig Wort; dein Segen walte fort und fort in dieſen Friedenshallen. Einheit, Reinheit gib den Herzen; Angſt und Schmerzen tilg in Gnaden, heil uns ganz vom Seelenſchaden!

3. Gott, heilger Geiſt, du werthes Licht: wend her dein göttlich Angeſicht, daß wir erleuchtet werden! Geuß über uns und dieſes Haus dich mit allmächtgen Flammen aus, mach himmliſch uns auf Erden! Auf zum Himmel zieh das Sinnen und Beginnen; gehts zum Sterben: hilf uns Jeſu Reich erwerben!

4. Dreieinger Gott, Lob, Dank und Preis ſei dir vom Kinde bis zum Greis für dies dein Haus geſungen; du haſts geſchenkt und auferbaut, dir iſts geheiligt und vertraut mit Herzen, Händen, Zungen. Ach, hier ſind wir noch in Hütten; Herr, wir bitten: laß uns droben dich im Tempel ewig loben!

M. Albert Knapp, geb. 1798.

---

b. Kirchweihfeſt.

Hebet eure Hände auf im Heiligtum,
Und lobet den Herrn.
(Pſ. 60, 8; 134, 2.)

Weiſe 417. Wie ſchön leucht uns der Morgenſtern.

927. Kommt her, ihr Chriſten, voller Freud, erzählet Gottes Freundlichkeit, kommt her und laßt erklingen die Stimm des Dankes unſerm Gott; laßt uns dem Herren Zebaoth mit frohem Munde ſingen! Singet, bringet Preis und Amen Gottes Namen für die Gaben, die wir hier genoſſen haben.

2. Wir gehn in dieſem Gotteshaus ein Jahr nun wieder ein und aus und hören da verkünden den edlen Schatz, das Gnadenwort, das uns entdeckt des Lebens Pfort: Vergebung unſrer Sünden. Singet, bringet Preis und Amen Gottes Namen für die Gaben, die wir hier genoſſen haben.

3. Hier wird Gerechtigkeit ge=
lehrt, hier wird Gottseligkeit ge=
hört, des Glaubens Licht ent=
zündet; Geduld, Lieb, Hoffnung,
Weisheit, Zucht und jede gute
Geistesfrucht wird alles da ge=
gründet. Singet, bringet Preis
und Amen Gottes Namen für
die Gaben, die wir hier ge=
nossen haben.

4. O große Wohlthat, die Gott
thut! o heilig gnadenreiches Gut!
kommt her, kommt, liebe Chri=
sten! Da wohnt der Herr der
Herrlichkeit; wohl denen, die sich
allezeit zu seinem Dienste rüsten!
Singet, bringet Preis und Amen
Gottes Namen für die Gaben,
die wir hier genossen haben.

5. Wie mancher Ort ist nun
zerstört, wo sonst ward Gottes
Wort gelehrt, die Kirchen sind
zerfallen; hier stehn noch Thür
und Pfeiler fest, wir hören Gottes
Wort aufs best in seinem Tempel
schallen. Singet, bringet Preis
und Amen Gottes Namen für
die Gaben, die wir hier genossen
haben.

6. Ja, der du hier hast Feur
und Herd, dein Nam wird
billich hochgeehrt, o Gott von
großen Thaten! Gelobt seist du
an diesem Ort, wo du dein heilig
wahres Wort erschallen läßt in
Gnaden! Singet, bringet Preis
und Amen Gottes Namen für
die Gaben, die wir hier genos=
sen haben.

7. Noch eins, o Höchster, bit=
ten wir: laß uns auch künftig
für und für allhier zusammen=
kommen! Bewahr' die Kirch und
die Gemein, laß treue Lehrer
drinnen sein, so werden unsre
Frommen singen, bringen Preis
und Amen deinem Namen für
die Gaben, die sie zu genießen
haben.

M. Joh. Christoph Arnschwanger,
1625—1696.

**Kommt herzu; laßt uns dem Herrn frohlocken,
Und jauchzen dem Hort unseres Heils.**
(Ps. 95, 1—7. Joh. 10, 12—16.)

Weise 135. Da Christus geboren war.

928. Lobt, ihr Frommen nah
und fern, lobet unsern Gott und
Herrn, der uns gnädig hat be=
dacht und zu seinem Volk ge=
macht! Aller Heilgen froher
Mund mache durch dies ganze
Rund solche große Güte kund.

2. Wie viel Tausend gehn ver=
lorn, die er nicht zur Herd er=
korn! Uns hat er so wohl be=
dacht und zu seiner Weid ge=
bracht. Aller Heilgen froher
Mund mache durch dies ganze
Rund solche große Güte kund.

3. Opfert ihm Preis, Ehr und
Ruhm, singet ihm im Heilig=
tum, danket stets dem treuen
Hort für sein uns geschenktes
Wort! Aller Heilgen froher
Mund mache durch dies ganze
Rund solche große Güte kund.

4 Da die Finsternis so gar

deckt die arme Heidenschar; hat bei uns sein Gnadenlicht alle Nacht gemacht zu nicht. Aller Heilgen froher Mund mache durch dies ganze Rund solche große Güte kund.

5. Er selbst ists, der uns regiert, wie ein Hirt die Schafe führt, welche er bei Tag und Nacht wohl versorget und bewacht. Aller Heilgen froher Mund mache durch dies ganze Rnud solche große Güte kund.

6. Seiner Hütte reiches Gut labt und stärkt uns Herz und Mut; Leib und Seele wird entzückt, wenn uns seine Lieb erquickt. Aller Heilgen froher Mund mache durch dies ganze Rund solche große Güte kund.

7. Gib, o Salem, Preis dem Herrn, deinem Fried= und Freudenstern, der als König sitzt in dir und dich schützet für und für. Aller Heilgen froher Mund mache durch dies ganze Rund solche große Güte kund.

8. Lobe, Zion, deinen Gott, lob den Herren Zebaoth; der sammt deinen Kindern dich hegt und segnet ewiglich. Aller Heilgen froher Mund mache durch dies ganze Rund solche große Güte kund.

Aus dem Eislebner Gesangbuch von 1724.

Herr, ich habe lieb die Stätte deines Hauses Und den Ort, da deine Ehre wohnet.
(1 Mos. 28, 17. Ps. 26, 8.)

Weise 421. Meinen Jesum laß ich nicht.

929. Ach wie heilig ist der Ort, ach wie selig ist die Stätte! Hier, hier ist des Himmels Pfort, hier erhöret Gott Gebete, hier erschallt sein theures Wort; o wie heilig ist der Ort!

2. Heil war in des Zöllners Haus, weil er Christum aufgenommen; und hier rufet Jesus aus: „Selig sind, die zu mir kommen!" Er nimmt ihre Herzen ein, daß sie seine Tempel sei'n.

3. O welch Heil ist doch bisher diesem Hause wiederfahren! Wenn der Herr nicht bei uns wär, der sich uns will offen-baren: woher hätten wir den Geist, der den Weg zum Himmel weist?

4. O wie lieblich, o wie schön sind des Herren Gottesdienste! Laßt uns froh zu ihnen gehn; hier erlangt man zum Gewinnste einen Schatz, der ewig währt, den kein Rost, noch Raub verzehrt.

5. Bleibe bei uns, liebster Gast, speis uns ferner mit dem Worte, das du uns gegeben hast! Jesu, laß an diesem Orte deine Kirche feste stehn, bis die Welt wird untergehn!

Benj. Schmolck, 1672—1737.

12. Ordination und Einführung von Geistlichen.

Christus, der Herr, sprach zu seinen Jüngern:
Ihr seid das Salz der Erde, ihr seid das Licht der Welt.
(Jes. 52, 6. 7. Hes. 34, 7 ff. Matth. 5, 1—19. 1 Tim. 4, 12.
Tit. 1, 7—9; 2, 7. 8. 1 Petr. 5, 3.)

Weise 290. Es ist das Heil uns kommen her.

930. Sei Lob und Dank dem Herren Christ, der seine Kirch regieret, darin des Heiles Anfang ist, sein Amt mit Stärke führet, der's Regiment in Händen hält und breitet bis ans End der Welt, wie's ihm allein gebüret! **Ps. 72, 8. Zach. 9, 10.**

2. Obwohl dies Werk der Seligkeit allein ihm angehöret, das er aus Lieb und Gütigkeit erst selber uns gelehret: so braucht er doch, wie's ihm gefällt, Werkzeuge, die er auserwählt, durch die er uns bekehret.

Hebr. 2, 3. 2 Kor. 5, 19.

3. Drum sandt er seiner Christgemein Apostel und Propheten, daß sie ihn predgen klar und rein, sammt den Evangelisten, berief die drei aus sondrer Gnad und schickte sie an seiner Statt, gibt Lehrer auch und Hirten.

Eph. 4, 11.

4. Das ist ein mächtig tröstlich Amt: es predigt die Erlösung des Volks Genossen allesammt, vermahnet zur Versöhnung, bringt Klarheit, wirket Seligkeit und lehrt uns die Gerechtigkeit, schafft Frieden und Erquickung.

2 Kor. 3, 6. 8. 9. Ap. 10, 36.

5. Schau an, o Mensch, den Herrn der Welt, den wir beleidigt haben, wie freundlich er sich zu uns hält und beut uns edle Gaben, schickt seine Botschaft, wirbt um Fried; wer hat doch so ein träg Gemüt, nicht seine Güt zu loben?

6. Nun sind die treuen Diener all an Christi Statt Botschafter*, verkünden Fried mit großem Schall, wo ihre Predigt haftet. O Jesu Christ, üb deine Stärk, schleuß** selber auf und zu dein Werk, auf daß sie Früchte schaffen.

*2 Kor. 5, 20. — **Off. 3, 7.

7. Dämpf und verstör, was sich erhebt und trübt des Heils Erkenntnis; zwing Alles, was dir widerstrebt, eröffne das Verständnis; Gehorsam pflanz und Glaubenstreu; gib, daß dein Nam geheiligt sei durch deines Worts Bekenntnis!

8. Die Lehrer mach zur festen Stadt, zu Säulen, Thürmen, Mauern; gib ihnen Sieg durch deine Gnad; schaff, daß der Feind muß trauern, und spürn, daß du zugegen seist und ihnen helfst mit deinem Geist Himmel und Erde bauen.

Jer. 1, 18; 15, 20. Jes. 51, 16; 59, 21.

9. Weil du sie nennst das Licht der Welt, das wahre Salz

48

der Erden, und deiner Kirch
hast vorgestellt: laß sie ein Vor=
bild werden in Wort und Wer=
ken, in der Lieb, in Glauben,
Zucht und Geistestrieb, in Wan=
del und Geberden!

10. Denn sie sind die, aus
deren Mund man das Gesetz
soll fragen, die Gotts Geheim=
nis machen kund, sein Wort
zum Volke tragen. Doch die
vergessen ihrer Pflicht, stößt
Gott von seinem Angesicht und
wird sie strafend schlagen.
Mal. 2, 7. 1 Kor. 4, 1.

11. Drum sollen sie aus Lau=
terkeit als aus Gott für Gott
reden, mit Weisheit und Sanft=
mütigkeit bessern der Kirche
Schäden, nicht auf Gewinn und
Vortheil schaun, sondern an Got=
tes Reiche baun trotz Aergernis
und Fehden.
Jes. 56, 11. 1 Tim. 3, 1—13.
1 Petr. 5, 2.

12. Sie solln der Herde neh=
men wahr, den Starken Speis
austheilen, der Schwachen war=
ten immerdar, die kranken Läm=
mer heilen, verbinden das ver=
wundet ist, verirrte suchen in
der Wüst, zu den verlornen
eilen.

13. Es ist der ewig gütge Gott
ein Vater aller Frommen, die
Kirch die Mutter, so durchs Wort
die Kinder ruft zusammen und
nährt sie all in ihrem Schoß,
versorget treulich klein und groß,
pflegt sie in Gottes Namen.
Gal. 4, 26. 1 Thess. 2, 7.

14. Wer nun dies Amt kennt,
liebt und ehrt und daran Chri=
stum preiset und Gottes Stimm
darinnen hört und Glaubenskraft
beweiset, der hat Verheißung
hier und dort, darauf er in der
Stille harrt und froh von hinnen
reiset. Matth. 10, 40. 1 Tim. 4, 6-9.

15. Weil Gott der Menschen
Mund und Zung so heiliget und
ehret, daß er durch sie so Alt
als Jung den Weg des Heiles
lehret, so laßt uns Alle dankbar
sein, daß Gottes Stimm in der
Gemein der Christen nicht auf=
höret.

16. Herr Jesu Christ, wir dan=
ken dir für alle deine Gaben,
die du der Kirche gibst zur Zier,
auf daß sie werd erhaben. Gib,
daß wir, wie dein Wort gebeut,
sie auch genießen jederzeit und
dich drum ewig loben.
Böhmische Brüder, 1566. (Peter
Herbert, † 1571.)

Du aber sei nüchtern allenthalben, dulde standhaft,
Thue das Amt eines evangelischen Predigers, richte dein Amt
redlich aus.
(Psl. 132, 9. 1 Cor. 3, 7. Tit. 1, 9. 2 Tim. 4, 2 ff. Jes. 55, 10 ff.)

Weise 550.   Du bist ja, Jesu, meine Freude.

931. Umgürte die, o Gott,
mit Kräften in ihrem Amt, Be=
ruf und Staub, die zu des
Predigtamts Geschäften dein

gnadenvoller Ruf gesandt! Lehr
du sie, dann sind sie gelehret;
erneure, die du, Herr, bekehret;
hilf ihnen selbst: — so wird
allein ihr Amt an uns gesegnet sein.

2. Laß auf ihr Pflanzen,
Säen, Bauen des Geistes Kraft
von oben her zum reichlichsten
Gedeihen thauen; breit aus dein
Reich je mehr und mehr! Mach
sie zum Vorbild uns im Wandeln, begleite du ihr Thun und
Handeln, mach sie für jeden Fall
bereit mit Weisheit, Mut und
Tapferkeit!

3. Gib, daß von deiner ganzen Herde, die du selbst ihnen
anvertraut, kein einziges verloren werde! Mach auch die
Wüsten angebaut; laß in der
umgebrochnen Erden dein Wort
zur Sat des Lebens werden,
daß es auf jener Ernte Tag
dir hundertfältig Früchte trag.

4. Dein Wort laß einem Strome
gleichen, der mächtig durch die
Lande fleußt, dem alle Felsen
müssen weichen, der alle Dämme
niederreißt, der Alles reinigt,
Alles bessert, der alle dürren

Gründe wässert, der alle harten
Felder zwingt und in die tiefsten Risse dringt.

5. Reich ihnen deines Geistes
Waffen, der Feinde Grimm zu
widerstehn; laß sie beim Bitten
und Bestrafen auf Menschen-
Gunst und -Furcht nicht sehn;
gib, wenn sie lehren, Ueberzeugung; gib, wenn sie warnen,
tiefe Beugung; gib, wenn sie
trösten, Kraft und Licht und
felsenfeste Zuversicht!

6. O Herr, wir trauen deiner
Liebe, die bis hieher mit Rath
und That die Deinen aus Erbarmungstriebe in ihrem Amt
geleitet hat. Du wirst das Deine
selbst bewachen und deinen Segen größer machen; der Hirten sind die Schafe nicht, nein,
dein sind sie, o Seelenlicht!

7. Wir sind mit deinem Blut
erkaufet, drum denk auch an dein
theures Blut; wir sind in deinen Tod getaufet: so schütze
dein erstrittnes Gut! Dein Vater
hat uns dir erwählet und uns
zu seinem Volk gezählet: wir
blicken, Herr, getrost auf dich;
weid und erhöh uns ewiglich!

David Samson Georgii, 1697–1758. (Nach dem Lüneburger Gesangbuch.)

**Jesus von Nazareth, so sagte das Volk, war ein Prophet,
Mächtig an Thaten und Worten vor Gott und allem Volk.**
(Luc. 24, 19. Eph. 1, 22.)
Weise 380. O Gott, du frommer Gott.

932. Herr Jesu, der du selbst
von Gott als Lehrer kommen,
und was du aus dem Schoß
des Vaters hast genommen, den
rechten Weg zu Gott mit Wort

und Werk gelehrt: sei für dein
Predigamt gelobt von deiner
Herd!

2. Du bist zwar in die Höh
zum Vater aufgefahren; doch

gibst du noch der Welt dein Wort mit großen Scharen und baust durch diesen Dienst die Kirche, deinen Leib, daß er im Glauben wachs, fest bis ans Ende bleib.

3. Hab Dank für dieses Amt, durch das man dich selbst höret, das uns den Weg zu Gott und die Versöhnung lehret, durchs Evangelium ein Häuflein in der Welt berufet, sammelt, stärkt, lehrt, tröstet und erhält!

4. Erhalt uns diesen Dienst bis an das End der Erden; und weil die Erute groß, groß Arbeit und Beschwerden: schick selbst Arbeiter aus und mach sie klug und treu, daß Feld und Baumann gut, die Erute reichlich sei.

5. Die du durch deinen Ruf der Kirche hast gegeben, erhalt bei reiner Lehr und einem heilgen Leben; leg deinen Geist ins Herz, das Wort in ihren Mund; was jeder reden soll, das mache du ihm kund!

6. Ach, segne all dein Wort mit Kraft an unsern Seelen, laß deiner Herd es nie an guter Weide fehlen, such das verirrte Schaf, das wunde binde zu, das schlafende weck auf, das müde bring zur Ruh!

7. Bewahr vor falscher Lehr, vor Unglaub und vor Dünkel; lehr uns nach deiner Art im Tempel, nicht im Winkel; behüt vor Aergernis, vor Allem, was da trennt; erhalte rein und ganz dein Wort und Sacrament!

8. Bring, was noch draußen ist, zu deiner kleinen Herde; was drinnen ist, erhalt, daß es gestärket werde; bring durch mit deinem Wort, bis einstens Herd und Hirt im Glauben, Herr, an dich zusammen selig wird!

Eberh. Ludw. Fischer, 1695—1773.

Gehorchet euren Lehrern und folget ihnen; Denn sie wachen über eure Seelen.
(Hebräer 13, 17.)

Weise 417. Wie schön leucht uns der Morgenstern.

933. O Jesu, Herr der Herrlichkeit, du König deiner Christenheit, du Hirte deiner Herde: du siehst auf die erlöste Welt, regierst sie, wie es dir gefällt, sorgst, daß sie selig werde. Von dir sind wir auch erwählet, zugezählet den Erlösten, die du segnen willst und trösten.

2. Wohl deinem Volk, daß du es liebst, nach deinem Sinn ihm Hirten gibst, die es zum Himmel führen, und die voll Eifer, Geist und Kraft, geschmückt mit heilger Wissenschaft, das Herz der Sünder rühren. Treue Hirten laß den Seelen niemals fehlen; laß die Herden mit den Hirten selig werden!

3. Wir nehmen hier von deiner Hand den Lehrer, den du uns gesandt; Herr, segne sein Geschäfte! Die Seelen, die sich ihm vertraun, durch Lehr und

Leben zu erbaun, gib Weisheit ihm und Kräfte! Lehr ihn, hilf ihm thun und leiden, dulden, streiten, beten, wachen, selig sich und uns zu machen!

4. Herr, deinen Geist laß auf ihm ruhn, laß ihn sein Amt mit Freuden thun, nichts sei, das ihn betrübe; wenn er uns deine Wahrheit lehrt: gib uns ein Herz, das folgsam hört, ein Herz voll treuer Liebe! Lehrer, Hörer laß in Freundschaft und Gemeinschaft feste stehen und den Weg zum Himmel gehen!

5. Laß, wenn dein großer Tag erscheint, dann unsern Lehrer, unsern Freund, uns dir entgegen führen; du gibst ihm unter seine Hand die Seelen als ein theures Pfand: laß keine ihn verlieren! Jesu, hilf du, bent die Hände, daß am Ende Hirt und Herde treu vor dir erfunden werde!

6. Sei uns gesegnet, Knecht des Herrn; du kommst im Namen unsres Herrn, in Jesu Christi Namen! Leit uns mit treuer Hirtenhand, führ uns zum ewgen Vaterland! Gott mit dir, Amen, Amen! Mit dir gehn wir durch der Zeiten Freud und Leiden zu dem Leben, das uns unser Gott will geben.

Johann Daniel Karl Bickel, 1737—1809.

---

13. Krieg und Friede.

---

a. Im Krieg.

**Der Herr verleih uns Frieden immerdar
In unsrer Zeit in Israel.**
(Pf. 147, 14.)

934.   Eigne Weise.   Altkirchlich. 1535.

Ver=leih uns Frieden gnä=dig=lich, Herr Gott, zu un=sern Zei=ten; es ist doch ja kein An=brer nicht, der für uns könn=te strei=ten, denn du, Herr Gott, al=lei=ne.

Dr. Martin Luther, 1483—1546.

Tröste uns, Gott unser Heiland,
Und laß ab von deiner Ungnade.
(Pf. 85.)

Weise 326. Herr, wie du willst, so schick's mit mir.

935. Herr, der du vormals hast dein Land mit Gnaden angeblicket, und, wenn du Strafen ihm gesandt, es wiederum erquicket; der du die Sünd und Missethat, die alles Volk begangen hat, uns väterlich verziehen: —

2. Willst du, o Vater, uns denn nicht nun einmal wieder laben? und sollen wir an deinem Licht nicht wieder Freude haben? Ach, geuß aus deines Himmels Haus, Herr, deine Güt und Segen aus auf uns, und unsre Häuser!

3. Ach, daß ich hören könnt das Wort erschallen bald auf Erden, daß Friede sollt an allem Ort, wo Christen wohnen, werden! Ach, daß doch Gott uns sagte zu des Krieges Schluß, der Waffen Ruh und alles Unglücks Ende!

4. Ach, wandelte die böse Zeit sich um zu guten Tagen, damit wir in dem großen Leid nicht möchten ganz verzagen! Doch ist ja Gottes Hilfe nah, und seine Gnade stehet da all denen, die ihn fürchten!

5. Wenn wir nun fromm sind, wird sich Gott schon wieder zu uns wenden, den Krieg und alle andre Noth nach Wunsch und also euden, daß seine Ehr in unserm Land und allenthalben werd erkannt, ja stetig bei uns wohne.

6. Die Güt und Treue werden schön einander grüßen müssen, das Recht wird durch die Lande gehn, der Friede wird es küssen, die Treue wird mit Lust und Freud auf Erden blühn, Gerechtigkeit wird von dem Himmel schauen.

7. Der Herr wird uns viel Gutes thun, das Land wird Früchte geben, und die in seinem Schoße ruhn, die werden davon leben; Gerechtigkeit wird wohl bestehn und stets in vollem Schwange gehn zur Ehre seines Namens!

Paul Gerhardt, 1606—1676.

Ach, daß ich hören sollte, daß Gott der Herr Friede zusagte
seinem Volk,
Daß Güte und Treue einander begegnen, Gerechtigkeit und
Friede sich küssen.
(Pf. 85.)

Weise 471. Hinweg, ihr irdschen Hindernisse.

936. Ach, daß wir Friede sollten hören in unsers Gottes Heiligtum! Doch darf uns keine Furcht bethören, denn Gott ist unser Sieg und Ruhm. Wir stimmen ein mit unserm Liede:

Du Friedefürst, gib Friede, Friede!

2. Laß Güt und Treue sich begegnen, es küsse Fried und Recht sich hier: laß Sieg und Glück vom Himmel regnen; auf Erde wachse Treu herfür! Wir stimmen ein mit unserm Liede: Du Friedefürst, gib Friede, Friede!

3. So singt man in gerechten Hütten, so klingt, was deinen Ruhm erhöht; du wirst mit Gutem uns beschütten, daß unser Land im Wachstum steht. Wir stimmen ein mit unserm Liede: Du Friedefürst, gib Friede, Friede!

Benjamin Schmolck, 1672—1737.

b. Nach Wiederherstellung des Friedens.

**Es müsse Friede sein inwendig in deinen Mauern,
Und Glück in deinen Palästen.**
(Ps. 122, 7.)

Weise 340. Soll es gleich bisweilen scheinen.

937. Gott, der Friede hat gegeben, laß den Frieden um uns schweben; Friede herrsch im ganzen Land, Glück und Heil in jedem Staub.

2. Friede hat uns Gott gegeben, daß wir sollen friedlich leben; Friede herrsch im ganzen Land, Glück und Heil in jedem Staub.

3. Billich wir vom Frieden singen, loben Gott in allen Dingen; Friede herrsch im ganzen Land, Glück und Heil in jedem Stand.

Wilhelm II., Herzog von Sachsen-Weimar, 1598—1662.

**Man soll den Namen des Herrn loben
Und dem Herrn danken mit Herzen und Munde.**
(Ps. 46, 8—12; 116, 2; 147, 14.)

Weise 847. Nun ruhen alle Wälder.

938. Ihr Alten mit den Jungen, erhebet eure Zungen, dankt Gott mit süßem Klang! Den Himmelskönig preiset, der uns den Frieden weiset; bringt seinem Namen Lobgesang!

2. Du Vaterland, beschweret, von Feinden ausgezehret, verwüstet hie und da: das Unglück ist gewendet, den Krieg hat Gott geendet, — von Herzen sing: Hallelujah!

3. Herr Gott, groß sind die Gaben, die wir empfangen haben von deiner milden Hand; wie sollen wir vergelten die Wohlthat, Herr der Welten, die du uns Allen zugewandt?

4. Wir bitten deine Treue: den Frieden uns verleihe, Herr Gott, zu aller Zeit; laß uns dafür einst droben mit allen Engeln loben dein Ehr und große Herrlichkeit!

Dr. Georg Werner, 1607—1671.

**Der Herr steuert den Kriegen in aller Welt,
Auf daß seine Herrschaft groß werde und seines Friedens kein Ende.**
(Pf. 76.)

Weise 395. Nun lob mein Seel den Herrn.

939. Gottlob! nun ist erschollen das edle Fried- und Freudenwort, daß nunmehr ruhen sollen die Spieß und Schwerter und ihr Mord. Wohlauf, und nimm nun wieder dein Saitenspiel hervor, o Deutschland! singe Lieder im hohen vollen Chor. Erhebe dein Gemüte zu deinem Gott und sprich: Herr, deine Gnad und Güte bleibt jetzt und ewiglich!

2. Wir haben nichts verdienet, als schwere Straf und großen Zorn, weil stets bei uns noch grünet der freche schnöde Sündendorn. Wir sind fürwahr geschlagen mit harter scharfer Ruth, und dennoch muß man fragen: wer ist, der Buße thut? Wir sind und bleiben böse; Gott ist und bleibet treu, hilft, daß sich bei uns löse der Krieg und sein Geschrei.

3. Sei tausendmal willkommen, du theure, werthe Friedensgab! Jetzt sehn wir, was für Frommen* dein Beiunswohnen in sich hab. In dich hat Gott versenket all unser Glück und Heil; wer dich betrübt und kränket, der drückt sich selbst den Pfeil des Herzleids in das Herze und löscht aus Unverstand die goldne Freudenkerze mit seiner eignen Hand.

* Nutzen.

4. Nichts drückt uns dieses besser in unsre Seel und Herz hinein, als die zerstörten Schlösser, die Städte voller Schutt und Stein, die vormals schönen Fluren, mit frischer Saat bestreut, jetzt — von des Krieges Spuren — nur dürre, wüste Heid, die Gräber voller Leichen, getränkt mit Schweiß und Blut: das sind die Werk und Zeichen von wilder Kriegeswuth!

5. Ach, laß dich doch erwecken, wach auf, wach auf, du harte Welt, bevor das letzte Schrecken dich schnell und plötzlich überfällt! Wer aber Christum liebet, sei unerschrocknes Muts; der Friede, den er giebet, bedeutet alles Guts. Nach diesem laßt uns ringen, nicht achten Kampf und Streit; durch Tod und Leben bringen wir dann zur Herrlichkeit!

Paul Gerhardt, 1606—1676.

**Lobet den Herrn,
Denn unserm Gott lobsingen, das ist ein köstlich Ding.**
(Pf. 44, 6—9. Pf. 147, 10—14.)

Weise 400. Nun danket Alle Gott.

940. Herr Gott, dich loben wir; regier, Herr, unsre Stimmen, laß deines Geistes Glut in unsern Herzen glimmen! Komm,

komm, o edle Flamm, ach komm
zu uns allhier, so singen wir mit
Lust: Herr Gott, dich loben wir!

2. Herr Gott, dich loben wir;
wir preisen deine Güte, wir
rühmen deine Macht mit herzlichem Gemüte. Es steiget unser
Lied bis an des Himmels Thür
und tönt mit lautem Schall:
Herr Gott, dich loben wir!

3. Herr Gott, dich loben wir
für deine großen Gnaden, daß
du das Vaterland von Krieges-
last entladen, daß du uns blicken
läßt des goldnen Friedens Zier;
drum jauchzet alles Volk: Herr
Gott, dich loben wir!

4. Herr Gott, dich loben wir,
die wir in bangen Tagen der
Waffen schweres Joch und frechen
Grimm getragen; jetzt rühmet
unser Mund mit herzlicher Begier: Gottlob, wir sind in Ruh;
Herr Gott, wir danken dir!

5. Herr Gott, dich loben wir,
daß du die Pfeil und Wagen,
Schild, Bogen, Spieß und
Schwert zerbrochen und zerschlagen; der Strick ist nun entzwei, drum singen fröhlich wir

mit Herzen, Zung und Mund:
Herr Gott, wir danken dir!

6. Herr Gott, dich loben wir,
daß du uns zwar gestrafet, jedoch in deinem Zorn nicht gar
hast weggeraffet. Es hat die
Vaterhand uns deine Gnadenthür jetzt wieder aufgethan;
Herr Gott, wir danken dir!

7. Herr Gott, wir danken dir,
daß du Land, Kirch und Häuser,
den hohen Fürstenstamm und
dessen grüne Reiser bisher erhalten hast; gib Gnade für und
für, daß auch die Nachwelt sing:
Herr Gott, wir danken dir!

8. Herr Gott, wir danken dir,
und bitten, du wollst geben, daß
wir auch künftig stets in guter
Ruhe leben; krön uns mit deinem Gut, erfülle nach Gebühr,
o Vater, unsern Wunsch! Herr
Gott, wir danken dir!

9. Herr Gott, wir danken dir
und preisen deinen Namen; Herr
Gott, dich loben wir, und alle
Welt sagt Amen! Was lebt und
Odem hat, preist dich voll Dank-
begier; Herr Gott, wir loben
dich, Herr Gott, wir danken dir!

Johannes Franck, 1618—1677.

---

14. Kinderlieder.*

(Morgenlied.)

**Ich bin das Licht der Welt,
Wer mir nachfolget, wird nicht wandeln in der Finsternis.**
(Joh. 8, 12.)

Weise 97. Vom Himmel hoch da komm ich her.

941. Steht auf, ihr lieben
Kinderlein! der Morgenstern
mit hellem Schein läßt frei sich

sehn, gleich wie ein Held, und
leuchtet in die ganze Welt.

2. Sei uns willkommen, schöner

---

* Siehe auch die Nummern 29. 30. 97. 102. 120½. 125. 680½.

Stern, du bringst uns Christum, unsern Herrn, der unser lieber Heiland ist; darum du hoch zu loben bist.

3. Ihr Kinder sollt bei diesem Stern erkennen Christum, unsern Herrn, Mariens Sohn, den treuen Hort, der uns erleucht mit seinem Wort.

4. Gotts Wort, du bist der Morgenstern; wir können dein gar nicht entbehrn, du mußt uns leuchten immerdar, sonst sitzen wir im Finstern gar.

5. Leucht uns mit deinem Lichte klar, und Jesum Christum offenbar; treib aus der Finsternis Gewalt, daß nicht die Lieb in uns erkalt!

6. Sei uns willkommen, lieber Tag, vor dir die Nacht nicht bleiben mag; leucht uns in unsre Herzen sein mit deinem himmlischklaren Schein.

7. O Jesu Christ, wir warten dein, dein heilig Wort leucht uns so fein! Am End der Welt bleib nicht lang aus, führ uns in deines Vaters Haus!

8. Du bist die liebe Sonne, klar; wer an dich glaubt, der ist fürwahr ein Kind der ewgen Seligkeit, die deinen Christen ist bereit.

9. Wir danken dir, wir loben dich hier zeitlich und dort ewiglich für deine groß Barmherzigkeit von nun an bis in Ewigkeit!

Dr. Erasmus Alber, † 1553.

(Tischlied.)

**Armut und Reichtum gib mir nicht,
Aber laß mich mein bescheiden Theil Speise dahin nehmen!**
(Spr. 30, 7—9. Pf. 147, 7—11.)

Weise 901. Wenn wir in höchsten Nöthen sein.

942. Bescher uns, Herr, das täglich Brot, vor Theurung und vor Hungersnoth behüt uns durch dein lieben Sohn, Gott Vater in dem höchsten Thron!

2. Thu auf, Herr, deine milde Hand, mach deine Gnad und Güt bekannt, ernähr uns, deine Kinderlein, der du speist alle Vögelein.

3. Erhörst du doch der Raben Stimm, darum auch unsre Bitt vernimm; denn aller Ding du Schöpfer bist und jedem Thier sein Futter gibst.

4. Gedenk nicht unsrer Missethat und Sünd, die dich erzürnet hat; laß scheinen dein Barmherzigkeit, daß wir dich lob'n in Ewigkeit.

5. Herr, der du unser Vater bist, weil Christus unser Bruder ist: wir trauen ganz allein auf dich, und woll'n dich preisen ewiglich.

Nikol. Herman, † 1561.

(Bitte.)

**Du sollst lieben Gott, deinen Herrn,
Von ganzem Herzen, von ganzer Seele und von ganzem Gemüt.**
(Apstgsch. 4, 12; 16, 30. 31. Spr. 23, 26. Matth. 22, 37.)

Weise 852. Nun sich der Tag geendet hat.

943. Ich bin ein Kindlein arm und klein, und meine Kraft ist schwach; ich möchte gerne selig sein und weiß nicht, wie ichs mach.

2. Mein Heiland, du warst mir zu gut ein armes kleines Kind, und hast mich durch dein theures Blut erlöst von Tod und Sünd!

3. Mein liebster Heiland, rath mir nun, was ich zur Dankbarkeit dir soll für deine Liebe thun und was dein Herz erfreut.

4. Ich kann nur flehn, weil ich gehört, daß du mein junges Herz zu einem Opfer hast begehrt: „Herr, zieh es himmelwärts!"

5. O nimm es an und halt es rein von Allem, was befleckt; ja, deines Geistes heller Schein halt immer mich bedeckt!

6. Rufst du mich früh aus dieser Zeit, dann ist mir wohl geschehn; ich komm in jene Herrlichkeit, wo Friedenspalmen wehn.

7. Doch soll ich länger hier noch sein, nehm ich an Jahren zu: so hilf, daß ich stets bleibe dein und fröhlich Gutes thu.

8. Und schließ ich endlich meinen Lauf im Glauben seliglich, so hebe mich zu dir hinauf und nimm und küsse mich!

Nikolaus Ludwig, Graf v. Zinzendorf, 1700—1760.

(Ermahnung.)

**Die Augen des Herrn sehen auf die Gerechten, und seine Ohren auf ihr Gebet;
Das Angesicht aber des Herrn siehet auf die, so Böses thun.**
(Ps. 33, 18. Röm. 8, 15. 1 Petr. 3, 12. 13.)

Weise 852. Nun sich der Tag geendet hat.

944. Der Vater siehts; Kind, laß es sein! Der Vater hörts; sei still! Der Vater kommt; begegn ihm sein, und höre, was er will.

2. Er ist der unsichtbare Gott und allenthalben nah; drum halte kindlich sein Gebot, denk: immer ist er da!

3. Das, was du nicht, wenn er vor dir da gegenwärtig stünd, thun oder reden dürftest hier, das laß, o Gotteskind!

4. Doch, wenn dich Noth, wenn dich Gefahr befällt, o junger Christ, so glaube wieder fest und wahr, daß dein Gott bei dir ist.

5. Glaub, daß er, was dich drückt und quält und ängstet im Gemüt, was dir an Leib und Seele fehlt, mit Vateraugen sieht.

6. Halt dich an ihn im Glauben fest, als könntest du ihn schaun, und glaube, daß er nicht verläßt, die also ihm vertraun.

7. Sprich kindlich zu ihm: „Siehe hier dein Kind in dieser Noth! Stets will ich, Vater, fliehn zu dir im Leben und im Tod."

Christoph Karl Ludwig von Pfeil, 1712—1784.

(Bitte.)

Sehet, welch eine Liebe hat uns der Vater erzeigt, Daß wir Gottes Kinder sollen heißen.

(1 Mof. 17, 1. Hiob 34, 21. 1 Joh. 3, 1.)

Weise 741. Nun komm, der Heiden Heiland.

945. Gott, mein Vater, gib mir Kraft, in der kurzen Pilgrimschaft dein zu sein von Herzensgrund; thu mir deine Liebe kund!

2. Gott, mein Vater, lehre mich Jesum suchen inniglich, ihn, das rechte Lebensbrot, das uns hilft von Sünd und Tod.

3. Gott, der du mein Vater heißt, gib mir deinen heilgen Geist; in die Wahrheit leit er mich und versigle mich für dich!

4. Gott, mein Vater, schwebe mir vor den Augen für und für; bild aus mir ein treues Kind, das sich scheut vor aller Sünd.

5. Gott, mein Vater, halte mich, wenn Verführung nahet sich; mache mich durch Einfalt klug wider allen Selbstbetrug!

6. Gott, mein Vater, nimm mich rein einst in deinen Himmel ein als dein Kind durch Jesum Christ, das dir ewig heilig ist.

M. Albert Knapp, geb. 1798.

(Fürbitte für die Eltern.)

Ein Jeglicher fürchte seine Mutter Und seinen Vater.

(2 Mof. 20, 12; 3 Mof. 19, 3.)

Weise 336. In dich hab ich gehoffet, Herr.

946. O frommer Gott, ich danke dir, daß du so liebe Eltern mir aus Gnaden hast gegeben, und noch zur Zeit sie mir zur Freud erhalten bei dem Leben.

2. Verzeihe mir die Missethat, die dich und sie beleidigt hat; laß mich es nicht entgelten, daß ich, mein Gott, auf dein Gebot geachtet hab so selten!

3. Gib mir ein Herz, das dankbar sei und meiner Eltern Eifer scheu, nicht thu, was sie verletzet,

auch nimmermehr sich ihrer Lehr aus Bosheit widersetzet.

4. Laß oft mir kommen in den Sinn, wie sauer ich der Mutter bin von Anfang her geworden, und wie für mich der Vater sich bemühet aller Orten.

5. Gib meinen Eltern Fried und Ruh, es decke sie dein Segen zu; ihr Kreuz hilf ihnen tragen! Behüte sie doch spat und früh vor Trübsal, Angst und Plagen!

6. Und wenn dahin ist ihre Zeit, so führ sie aus der Sterblichkeit hinauf zum Reich der Ehren; ich bringe dir viel Lob dafür, wenn du mich wirst erhören.

Unbekannter Verfasser.

(Ermahnung zur Liebe der Eltern.)

Du sollst deinen Vater und deine Mutter ehren,
Auf daß es dir wohl gehe und du lange lebest auf Erden.
(2 Mof. 20, 12. Spr. 30, 17.)

Weise 14. Herr Jesu Christ, dich zu uns wend.

947. Ihr Kinder, lernt von Anfang gern der Weisheit Grund, die Furcht des Herrn! Was ihr bei Zeiten lernt und thut, kommt jetzt und ewig euch zu gut.

2. Hört die Verheißung, welche Gott als Vater legt auf sein Gebot, wenn er den Himmelsweg euch weist und euch gehorsam werden heißt.

3. „Ehr deine Eltern spät und früh, dank ihnen ihre Lieb und Müh, dann wirds dir wohl auf Erden gehn, dann wirst du Gottes Himmel sehn!“

4. So war auf seiner Erdenbahn den Eltern Jesus unterthan; er, dessen Stuhl die Himmel sind, war einst gehorsam als ein Kind.

5. Des Vaters Segen baut ein Haus, wo Kinder froh gehn ein und aus; der Fluch der Mutter reißt es ein, denn Gott will selbst der Rächer sein.

6. Ein Kind, das seinen Vater schmäht und trotzig von der Mutter geht, wird gleich dem Baume früh entlaubt und ruft sich Noth und Tod aufs Haupt.

7. Doch, o wie süß, wenn Vatermund und Mutterfreude geben kund: „Die liebste Blume, die ich find, ist unser treues, frommes Kind!“

8. Den Vater lieb von Herzensgrund und ehre ihn mit That und Mund! Vergiß nicht, wie du lange Frist der Mutter saner worden bist!

9. Gott, sende deinen Segensstral Eltern und Kindern allzumal; halt sie verbunden in der Zeit, verbunden in der Ewigkeit!

M. Albert Knapp, geb. 1798.

(Abendlieder.)

Des Herrn Auge siehet auf die,
So ihn fürchten.
(Pf. 33, 18.)

Weise 741. Nun komm, der Heiden Heiland.

948. Müde bin ich, geh zur Ruh, schließe beide Äuglein zu; Vater, laß die Augen dein über meinem Bette sein!

2. Hab ich Unrecht heut gethan: sieh es, lieber Gott, nicht an. Deine Gnad und Jesu Blut macht ja allen Schaden gut.

3. Alle, die mir sind verwandt,
Gott, laß ruhn in deiner Hand;
alle Menschen groß und klein
sollen dir befohlen sein.

4. Kranken Herzen sende Ruh,
nasse Augen schließe zu; laß
den Mond am Himmel stehn
und die stille Welt besehn.

Luise Hensel, geb. 1798.

**Der Engel des Herrn lagert sich um die her, so ihn fürchten,
Und hilft ihnen aus.**

(Pf. 34, 8; 91, 11.)

Weise 852. Nun sich der Tag geendet hat.

949. Die Welt thut ihre
Augen zu, und Alles wird so
still; auch ich bin müde, und
zur Ruh ich auch mich legen will.

2. Ich leg im stillen Kämmer=
lein mich in mein Bettchen warm,
und Engel sollen Wächter sein
vor jedem Trug und Harm.

3. Du lieber Gott, der uns
die Nacht mit Mond und Ster=
nen schuf, der himmlisch uns
das Herz gemacht für himm=
lischen Beruf, —

4. Der uns den lichten Him=
melsschein gesenkt in tiefe Brust,
damit wir sollen selig sein durch
deiner Liebe Lust:

5. Du lieber Gott, du gehst

mit mir ins stille Kämmerlein,
und stellst die Wächter an die
Thür, die Engel fromm und
fein!

6. Sie treten leis und sanft
daher und halten treue Hut,
daß diese Nacht und nimmer=
mehr mir nichts was Leides thut.

7. Nun habe Dank für diesen
Tag und Dank für jede Freud!
Ich weiß nicht, was ich beten
mag mit rechter Herzlichkeit.

8. Du weißt am besten, was
ich will, du liebster, treuster
Hort; drum bin ich mit den
Lippen still, G o t t ist mein
letztes Wort.

Ernst Moriz Arndt, 1769—1860.

15. Wiegenlieder.

**Ich liege und schlafe ganz mit Frieden,
Denn allein du, Herr, hilfst mir, daß ich sicher wohne.**

(Pf. 4, 9; 91, 9—12.)

950.　　　　Eigne Weise.　　　　1573.

Nun schlaf, mein liebes Kin=de=lein, thu deine Äug=lein
zu; der Herr will selbst dein Vater sein, drum schlaf in gu=ter

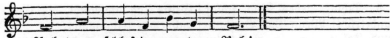

Ruh, drum schlaf in gu = ter Ruh!

2. Dein Vater ist der liebe Gott und wills auch ewig sein, der Leib und Seel gegeben hat :,: dir durch die Eltern dein. :,:

3. Er schenkt dir seinen lieben Sohn, den gab er in den Tod; der kam herab vom Himmelsthron, :,: half dir aus aller Noth. :,:

4. Er krönt dich auch mit seinem Geist aus lauter Lieb und Treu, der dir den Weg der Wahrheit weist :,: und macht dein Herzlein neu. :,:

5. Er schickt dir seine Engelein zu Hütern Tag und Nacht, daß sie bei deiner Wiege sei'n :,: und halten gute Wacht. :,:

6. Dem Vater und der Mutter dein befiehlt er dich mit Fleiß, daß sie dir treue Pfleger sei'n, :,: dich ziehn zu Gottes Preis. :,:

7. Drum schlaf, mein Kindlein, ohne Leid, in Gottes heilger Hut; sein Geist erfüll dich allezeit :,: und geb dir alles Gut. :,:

M. Johann Mathesius, 1504—1565.

Herr, was ist der Mensch, daß du dich sein so annimmst? Und des Menschen Kind, daß du ihn so achtest?
(Pf. 144, 2—4.)

Weise 14. Herr Jesu Christ, dich zu uns wend.

951. Schlaf sanft und wohl, schlaf, liebes Kind, weil ja die Engel bei dir sind; sie sehen Gottes Angesicht, sie wachen hier, und schlummern nicht.

2. Gott schenke Kraft dir und Gedeihn, er segne dich und mach dich rein und fromm, an deiner Seele reich, an Weisheit deinem Jesu gleich.

3. Sei, wie das traute Jesuskind, gerecht, getreu und fromm gesinnt; dies Kindlein gieng die Tugendbahn und war den Eltern unterthan.

4. Dein Gott verkläre für und für sein liebes Jesuskind in dir, daß deine Seel erkennt und faßt, was du am Kindlein Jesu hast.

5. Was Jesus ist und heißt und thut, das ist und thut er dir zu gut; dein großes Elend macht allein, daß er ein Kindlein mußte sein.

6. Wer es mit diesem Kinde hält, für den ist Gottes Reich bestellt, der nimmt, sei klein er oder groß, mit ihm dort gleiches Erb und Los.

7. Wie bald vergeht des Lebens Zeit und bringt uns nach der Ewigkeit! Es ist nur um ein kleines Nun und um den letzten Schlaf zu thun.

8. Bald weckt uns der Posaunen Ton, wir sehen Christum auf dem Thron und bei ihm, wer hier in Gefahr, verachtet, arm und elend war.

9. Schlaf, liebes Kind, schlaf unbetrübt! Wenn Gott Verstand und Jahre gibt, so wachs im Geiste Tag und Nacht, bis Gott dich ewig selig macht.

Johann Christoph Rube, um 1712.

**Ich bin ein guter Hirte und kenne die Meinen
Und bin bekannt den Meinen, spricht der Herr.**

(Matth. 19, 14. Joh. 10, 14. 15; 11, 25. 26. Röm. 8, 29.)

Weise 110. Den die Hirten lobten sehre.

952. Jesu Christ, man hat gelesen, daß du auch ein Kind gewesen und daß wir durch dich genesen, der uns zu erlösen kam.

2. Und noch weiter steht geschrieben, wie du willst die Kinder lieben, und wie stets du drauf getrieben, daß man sie dir bringen soll.

3. Mach dies Kindlein dir zum Lamme, und gewöhn zum Kreuzesstamme sein dem Seelenbräutigame ohnedem geweihtes Herz!

4. Weil du ja die Eltern liebest, niemals sie mit Lust betrübest und auf ihr Gebet was gibest: so beleb auch dieses Kind!

5. Dieses Schäflein von der Herde, die du weidest auf der Erde, gib, daß es gehorsam werde und dir völlig angenehm!

6. König aller Königreiche: hilf, daß dieses Kindlein gleiche deinem Bild, und einst erreiche die geliebte neue Stadt.*

* Hebr. 11, 16.

Nikolaus Ludwig, Graf von Zinzendorf, 1700—1760.

**Er hat seinen Engeln befohlen über dir,
Daß sie dich behüten auf allen deinen Wegen.**

(Ps. 91, 11.)

Weise 741. Nun kommt der Heiden Heiland.

953. Schlafe, Kindlein, hold und süß, wie im Engelparadies; schlaf in stiller, sanfter Ruh, schließ die kleinen Äuglein zu.

2. Draußen stehn die Lilien weiß, haben allerschönsten Preis;* droben in der lichten Höh stehn die Englein, weiß wie Schnee.

* Saum, Einfassung.

3. Kommt, ihr Englein, weiß und fein, wiegt mir sanft mein Kindelein, wiegt sein Herzchen fromm und gut, wie der Wind der Lilie thut.

4. Schlafe, Kindlein, schlafe nun! Sollst in Gottes Frieden ruhn; denn die lieben Engelein wollen deine Wächter sein.

Ernst Moriz Arndt, 1769—1860.

**Ihre Engel im Himmel
Sehen allezeit das Angesicht meines Vaters im Himmel.**

(Ps. 34, 8; 91, 11. Matth. 18, 10. 14.)

Weise 950. Nun schlaf, mein liebes Kindelein.

954. Nun schlafet wohl, schlaft sanft und süß, ihr Kindlein fromm und sein; der Gott, der euch erwachen ließ, :,: wiegt euch in Schlummer ein! :,:

2. Er hat die kleinen Kinder

gut, und liebt sie wunderbar, und hält sie treu in sichrer Hut :,: heint Nacht und immerdar. :,:

3. Nun schlafet wohl, schlaft sanft und süß, ihr Kindlein fromm und fein! in eurer Unschuld Paradies :,: bringt keine Sorge ein. :,:

4. Ihr thut, wie bunte Blümelein, des Nachts die Augen zu, und schlafet, bis der Morgenschein :,: euch wecket aus der Ruh. :,:

5. Schlaft sanft und süß! Wer singt so schön? Die Englein weiß und rein zu Füßen und zu Häupten stehn :,: und wollen Wächter sein. :,:

6. Die hohen Wächter thun so gern, was Gott, der Vater, will,

und leuchten jeder, wie ein Stern; :,: dann wird die Welt so still. :,:

7. Und still und züchtig, fromm und rein und frisch und licht und klar wehts in die zarten Seelen ein, :,: erquickt sie wunderbar. :,:

8. Auch klingt es oft wie Harfenton, wie Geisterflüstern drein: die Kinder sind im Himmel schon :,: beim lichten Sternenschein. :,:

9. Nun schlafet wohl, schlaft sanft und süß, ihr Kindlein fromm und fein; Gott, der euch heut erwachen ließ, :,: wiegt euch in Schlummer ein! :,:

10. Er hat die kleinen Kinder gut und hält so treue Wacht, daß Alles sanft in Frieden ruht, :,: in stiller tiefer Nacht. :,:

Ernst Moriz Arndt, 1769—1860.

Er wird befehlen seinen Engeln über dir, daß sie dich bewahren und auf den Händen tragen,
Daß du nicht etwa deinen Fuß an einen Stein stoßest.
(Ps. 34, 8; 91, 11. Matth. 4, 6; 18, 10. 14. Luc. 4, 10. 11.)

Weise 591. Machs mit mir, Gott, nach deiner Güt.

955. Jedwedem Kindlein, klein und schwach, im Schloß und in der Hütte, folgt leis ein Engel Gottes nach und leitets Schritt vor Schritte, und gibt bei Tage wie bei Nacht treuliebend auf das Kindlein Acht.

2. Der Engel hat von Gott Befehl, das Kindlein zu bewahren und seinen Leib und seine Seel zu schützen vor Gefahren. Er wartet treulich seiner Pflicht und weichet von dem Kindlein nicht.

3. Wenns Kindlein schläft, der

Engel wacht, es liebend zu beschirmen; er schimmert durch die dunkle Nacht, wenn Wind und Regen stürmen, und schafft erbarmend immerzu dem Kindlein eine sanfte Ruh.

4. Wenns spielt, dann spielt der Engel mit, kann es ihn gleich nicht sehen; er läßt auf keinem Schritt und Tritt das Kind alleine gehen; sonst würden unter Fall und Stoß gar wenig Kinder alt und groß.

5. Er freut sich, wenn das Kindlein gern der Eltern Willen

49

übet und wenn es seinen Gott
und Herrn von ganzem Herzen
liebet, wenn es durch Fleiß und
Frömmigkeit der treuen Eltern
Herz erfreut.

6. Solch Kindlein liebt der
Engel sehr und macht es froh
und heiter; er hilft ihm fort
und gibt ihm mehr und ist sein
treuer Leiter; und wenn er andre
Engel findt, so rühmet er sein
gutes Kind.

7. Ein frommes Kind, das

beten lernt, sich in Gehorsam
übet, den Eigensinn von sich
entfernt, die Eltern herzlich lie=
bet, — das liebt der Herr und
Heiland sehr und schickt viel
Engel zu ihm her.

8. Drum, Kinder, nehmt der
Engel wahr, die immer euch um=
geben; bedenket stets: die Engel=
schar sieht euer ganzes Leben
und will sich ewig mit euch
freun, wenn ihr wollt fromme
Kinder sein.

Werner, Graf von der Recke=Vollmerstein, geb. 1795.

---

16. Jahreswechsel.

**Herr, du lässest unsre Jahre dahin fahren, wie einen Strom;
Aber dein Wort bleibet ewiglich.**
(Ps. 119, 89—96.)

Weise 587. Freu dich sehr, o meine Seele.

956. Abermal ein Jahr ver=
flossen näher zu der Ewigkeit!
Wie ein Pfeil wird abgeschossen,
so vergehet meine Zeit. O ge=
treuer Zebaoth, unveränderlicher
Gott: ach, was soll, was soll
ich bringen, deiner Langmut
Dank zu singen?

2. Ich erschrecke, mächtger
König! Angst und Furcht be=
decken mich; denn mein Thun
ist dir zu wenig, meine Schuld
erzürnet dich! O du dreimal
heiliger, großer Seraphinen=
herr: wehe mir, ich muß ver=
gehen; denn wer kann vor dir
bestehen?

3. Schrecklich ist es ja zu
fallen in die Hand von solchem
Gott, der hochheilig zuruft Allen:
„Niemand treibe mit mir Spott!

Teuscht euch, Menschenkinder,
nicht, kommen wird mein Straf=
gericht; ich bin ein verzehrend
Feuer, vor mir wird das Lachen
theuer!" Gal. 6, 7. Hebr. 12, 29.

4. Aber du bist auch lang=
mütig, o getreues Vaterherz;
in dem Heiland bist du gütig,
der gefühlt des Todes Schmerz.
Steh ich nicht in deiner Hand
angezeichnet als ein Pfand, das
du huldvoll willst bewahren ewig
vor des Feindes Scharen?

5. Auf, mein Herz, gib dich
nun wieder ganz dem Friede=
fürsten dar; opfre dem der Seele
Lieder, welcher krönet Tag und
Jahr! Fang ein neues Leben
an, das dich endlich führen kann
mit Verlangen zu dem Sterben,
da du wirst die Kron ererben.

6. Und soll ich in dieser Hütten eine Zeitlang weilen noch, so wirst du mich überschütten mit Geduld, das weiß ich doch; richte denn dein Herz auf mich, Jesu Christe! Du und ich wollen ewig treu verbleiben und von neuem uns verschreiben.

7. An dem Abend, an dem Morgen, o mein Rath, besuche mich! Laß der Heiden Nahrungs=sorgen nimmer scheiden mich und dich; prüf mich jeden Augen=blick, gib, daß ich mein Herz beschick, weck mich, daß ich wachend stehe, ehe denn ich schnell vergehe.

Joachim Neander, 1640—1680.

**Die den Herrn fürchten, schicken ihr Herz
Und demütigen sich vor ihm.**
(2 Mos. 19, 4. Ps. 40, 9. 1 Petr. 4, 19. 1 Joh. 2, 17.)
Weise 588. Herzlich thut mich verlangen.

957. Durch Trauern und durch Plagen, durch Noth, durch Angst und Pein, durch Hoffnung und durch Klagen, durch Sorgen groß und klein bin ich, Gott Lob! gedrungen: dies Jahr ist nun dahin; dir, Gott, sei Lob gesungen! Bewegt ist Herz und Sinn.

2. Der du mich hast erbauet, in dir besteht mein Heil; dir ist mein Glück vertrauet, du bist und bleibst mein Theil. Du hast mich wohl erhalten, du bist mein Trost und Hort; dich laß ich ferner walten, o leit mich fort und fort!

3. Mein Gott, o meine Liebe, was du willst, will auch ich; gib, daß ich nichts verübe, was irgend wider dich! Dir ist mein Will ergeben, ja, er ist nicht mehr mein, dieweil mein ganzes Leben dein eigen wünscht zu sein.

4. Nach dir soll ich mich schicken, und, Herr, ich wills auch thun. Soll mich die Armut drücken? ich will dabei beruhn. Soll mich Verfolgung plagen? ja, Herr, befiehl du mir! Soll ich Ver=achtung tragen? ach, ich ge=horche dir!

5. Soll ich verlassen leben? Herr Gott, dein Wille gilt. Soll ich in Ängsten schweben? mein Heiland, wie du willt. Soll ich denn Krankheit leiden? ich will gehorsam sein. Soll ich von hinnen scheiden? Herr, dein Will ist auch mein!

6. Soll ich zum Himmel drin=gen? gar gern, o Gott, mein Licht! Soll mich die Höll ver=schlingen? ach, dieses willst du nicht! Ich habe zwar verdienet, o Höchster, deinen Zorn; du aber bist versühnet, thust auf der Gnade Born!

7. Heut ist das Jahr beschlos=sen; Herr, deine Huld sei heut neu auf mich ausgegossen; mein Herz werd auch erneut! Laß ich die alten Sünden, so werd ich, Gott, bei dir auch neuen Segen finden; dein Wort ver=spricht es mir.

Dr. Gottfried Wilhelm Sacer, 1635—1699.

49*

Bis hieher hat der Herr geholfen.
Er hat Großes an uns gethan; des ſind wir fröhlich.
(1 Sam. 7, 12. Pſ. 115, 13; 126, 3.)
Weiſe 771. Es iſt gewißlich an der Zeit
(oder 250. Allein Gott in der Höh ſei Ehr).

958. Bis hieher hat mich Gott gebracht durch ſeine große Güte; bis hieher hat er Tag und Nacht bewahrt Herz und Gemüte; bis hieher hat er mich geleit', bis hieher hat er mich erfreut, bis hieher mir geholfen.

2. Hab Lob und Ehre, Preis und Dank, o Gott, für deine Treue, die du mir täglich lebens= lang bewieſen haſt aufs neue. In meinem Herzen ſchreib ich an, daß Großes du an mir gethan, bis hieher mir geholfen!

3. Hilf fernerhin, mein treuer Hort, hilf mir zu allen Zeiten; hilf mir an all und jedem Ort, hilf mir in Freud und Leiden, hilf mir durch Jeſu Chriſti Tod im Leben und in Todesnoth, hilf mir, wie du geholfen!

Aemilie Juliane, Gräfin von Schwarz=
burg=Rudolſtadt, 1637—1706.

Meine Seele dürſtet nach Gott, dem lebendigen Gott;
Wann werde ich dahin kommen, daß ich Gottes Angeſicht ſchaue?
(Pſ. 42, 3; 43, 3—5.)
Weiſe 43. Meins Herzens Jeſu, meine Luſt.

959. Gott Lob! ein Schritt zur Ewigkeit iſt abermals voll= endet; zu dir im Fortgang dieſer Zeit mein Herz ſich ſehnlich wendet, o Quell, woraus mein Leben fließt und alle Gnade ſich ergießt zu meiner Seele Leben!

2. Ich zähle Stunden, Tag und Jahr, und faſt wird mir zu lange, bis es geſchiehet, daß ich gar, o Leben, dich umfange, damit, was ſterblich iſt in mir, verſchlungen werde ganz in dir und ich unſterblich werde.

3. Vom Feuer deiner Liebe glüht mein Herz, das du ent= zündet; du biſt's, mit dem ſich mein Gemüt aus aller Kraft verbindet. Ich leb in dir und du in mir; doch möcht ich, o mein Heil, zu dir noch immer näher dringen!

4. O daß du ſelber kämeſt bald: ich zähl die Augenblicke; ach komm, eh mir das Herz erkalt' und ſich zum Sterben ſchicke! Komm doch in deiner Herrlichkeit; ſchau her, die Lampe ſteht bereit, die Lenden ſind umgürtet!

5. Doch ſei dir ganz anheim= geſtellt die rechte Zeit und Stunde, wiewohl ich weiß, daß dirs gefällt, wenn ich mit Herz und Munde dich kommen heiße, und darauf von nun an richte meinen Lauf, daß ich dir komm entgegen.

6. Ich bin vergnügt, daß nichts mich kann von deiner Liebe tren= nen und daß ich frei vor Jeder=

mann dich meinen Freund darf nennen, daß du, o theurer Lebensfürst, dich dort mit mir vereinen wirst und mir dein Erbe schenken.

7. Drum preis ich dich aus Dankbarkeit, daß sich das Jahr geendet, und daß dadurch von dieser Zeit ein neuer Schritt vollendet; ach führe du mich weiter fort, bis ich gelange zu der Pfort Jerusalems dort oben.

8. Wenn auch die Hände lässig sind und meine Kniee wanken, so beut mir deine Hand geschwind in meines Glaubens Schranken, damit durch deine Kraft mein

Herz sich stärke und ich himmelwärts ohn Unterlaß aufsteige.

9. Geh, Seele, frisch im Glauben dran und sei nur unerschrocken; laß nimmer von der rechten Bahn die Lust der Welt dich locken. Wenn dir der Lauf zu langsam däucht, so eile, wie ein Adler fleugt, mit Flügeln süßer Liebe.

10. O Jesu, meine Seele ist zu dir schon aufgeflogen; du hast, weil du voll Liebe bist, mich ganz zu dir gezogen! Fahr hin, was heißet Stund und Zeit; ich bin schon in der Ewigkeit, weil ich in Jesu lebe.

Dr. August Hermann Francke, 1663—1727.

Herr, laß den Feigenbaum noch dieses Jahr stehen, bis ich um ihn grabe und bedünge ihn,
Ob er wollte Frucht bringen.
(Luc. 13, 6 ff.)

Weise 591. Machs mit mir, Gott, nach deiner Güt.

960. Ein Jahr geht nach dem andern hin der Ewigkeit entgegen. Ach möchte doch der träge Sinn dies fleißiger erwägen! Ach brächte doch ein jedes Jahr viel neue gute Früchte dar!

2. Allein, wo ist, wo ist die Frucht, die wir bisher getragen? Wie oft hat Gott umsonst gesucht, wie hat er müssen klagen! Es that ihm weh, wenn seine Hand anstatt der Frucht nur Blätter fand.

3. „Haut ab", spricht er, „den faulen Baum, der keine Früchte träget! Was nimmt er andern Saft und Raum? Komm, Tod,

der Alles schläget; die Axt leg an die Wurzel an, thu einen Streich, so ist's gethan."

4. Allein der treue Heiland spricht: „Laß ihn dies Jahr noch stehen! Trägt er auch jetzo Früchte nicht: — ich hoff sie noch zu sehen. Halt doch des strengen Urtheils Lauf noch dieses Jahr, mein Vater, auf!"

5. So gib denn, lieber Heiland, Kraft, dies Jahr viel Frucht zu bringen. Ach, laß doch deines Geistes Saft in unsre Zweige bringen. O schütte du auf jedes Haus viel Gnade, Kraft und Segen aus!

Dr. Johann Jacob Rambach, 1693—1735.

Schlußlied.

Der Herr behüte deinen Ausgang und Eingang
Von nun an bis in Ewigkeit.
(Pf. 121, 8.)
Weise 340. Sollt es gleich bisweilen scheinen.

1. Willst du in der Stille singen und ein Lied dem Höchsten bringen: — lerne, wie du kannst allein Sänger, Buch und Tempel sein.

2. Ist der Geist in dir beisammen voller Eifer, voller Flammen: — dieser Sänger, ohne Mund, thut Gott dein Begehren kund.

3. Ist dein Herz, wie sichs gebühret, recht mit Andacht ausgezieret: — dieses Buch dann bringet dir Wort und Weisen gnug herfür.

4. Wenn dein Leib vom Wust der Sünden rein und sauber ist zu finden: — diesen Wohnplatz, dieses Haus sieht sich Gott zum Tempel aus.

5. Kannst du so in Stille singen, kannst du dies dem Höchsten bringen, dann wirst du dir selbst allein Sänger, Buch und Tempel sein.

Johann Peter Titz, 1619—1689.

Berichtigungen.

Lied 11 V. 8 soll so beginnen: „Bald ist es überwunden, Lamm Gottes, durch dein Blut."

„ 78 V. 3 lies: „Abrams Lohn", statt „Abrams Sohn."

„ 89 V. 8 lies: „für Sünden", statt „für Sünder."

„ 97 V. 4 Zeile 3, 4 und 5 lies: „bereit, daß ihr mit uns im Himmelreich sollt leben nun und ewiglich."

„ 245 V. 6 ist nach dem Wort „Sündenjoch" das Wort „künftig" einzufügen.

„ 295 V. 3 lies: „gewähret", statt „bewähret."

„ 329 V. 11 lies: „vor dich", statt „vor dir."

„ 451 V. 1 lies: „läßts", statt „läßt."

„ 453 V. 4 lies: „Ich zeig euch, das was", anstatt „Ich zeig euch das, was."

„ 463 V. 8 lies: „Hes.", statt „Hof."

„ 476 V. 1 lies: „leben", statt „Leben."

„ 544 V. 3, vorletzte Zeile, lies: „noch", statt „und."

„ „ V. 17 lies: „ich", „meine" und „mich", statt „wir", „unsre" und „uns."

„ 586 V. 4 lies: „lebet", statt „betet."

„ 589 V. 6 lies: „mein Seel", statt „meine Seel."

„ 591 V. 2 lies: „mich", statt „mir's."

„ 751 V. 3 lies: „Schon benedeien", statt „beneiden."

Seite 434 ist irrtümlich mit 344 numerirt.

Anhang

von

Gebeten.

Anhang

Seiten.

Verzeichnis der Gebete.

V. Kreuz= und Trostgebete.

I.

Gebete

für den

Sonntag und für die Wochentage.

Sonntag Morgen.

Erwecke meine Andacht, lieber himmlischer Vater, diesen und alle Sonntage, die geistliche Feier nach deinem Willen zu halten. Verleihe mir Gnade, von den Werken der Sünde zu ruhen, mich dir ganz zu ergeben und meine Seele stille zu halten als ein stilles Wasser, damit die Stralen deiner Gnade sich darin spiegeln und mich im Glauben, Liebe und Gebet zu dir erwärmen mögen, und mir durch solches Stillsein und Hoffen geholfen werde, stark zu sein und zu bleiben in aller Gottseligkeit. Amen.

Herr, frühe wollest du meine Stimme hören, frühe will ich mich zu dir schicken und aufmerken, gnädiger Gott. Du bist würdig zu nehmen Preis und Ruhm und Ehre; deine Güte reicht, so weit der Himmel ist, und deine Wahrheit, so weit die Wolken gehen. Ich komme in dieser Frühstunde zu dir mit demütigem Dank, daß du diese Nacht mich (und die Meinigen) behütet und deine Güte und Treue wiederum an mir lassen neu werden. Begleite und beschütze mich auch heute auf allen meinen Wegen. Laß diesen Tag sonderlich einen Erbauungs- und Erquickungstag für meine Seele sein. Du hast nach deiner erbarmenden Liebe diesen Tag von leiblicher Arbeit frei gemacht, daß du dein Werk in mir haben mögest. O, darum erleuchte, heilige und lehre meine Seele, daß ich Schätze möge sammeln, welche mich in Noth und Tod, in Kreuz und Leiden erquicken können, welche weder Motten noch Rost fressen, und da die Diebe nicht nachgraben noch stehlen. Ich freue mich des, das mir verheißen ist, daß wir werden ins Haus des Herrn gehen. Mein Gott, das soll heute meine Lust sein, dein Wort zu hören, in dir mich zu erbauen, dir zu Ehren Lob- und Danklieder anzustimmen, eifrig zu beten und mein Herz dir zu schenken. Wie lieblich sind deine Wohnungen, Herr Zebaoth! Meine Seele freuet sich in dem lebendigen Gott. Laß mich aber kein vergeßlicher Hörer sein, sondern ein Thäter des Wortes werden. Oeffne mir selbst das Herz, daß ich den Samen des Wortes mit Freuden aufnehme; schließ hernach mein Herz zu, daß mir ihn der Satan nicht wiederum raube. Laß mich heute in meinem Christentum, in der Erkenntnis Jesu Christi, im Glauben, in der Liebe, in der Verleugnung meiner selbst, im Absterben der Welt einen festen Grund legen, auf daß ich die ganze künftige Woche daran denke, es ausübe und davon gute Früchte bringe. Bewahre mich vor Verführungen, daß ich nicht der Welt die Stunden überlasse, welche dir geheiliget sind; daß ich nicht ihrer sündlichen Gesellschaft die Zeit, die ich dir zu Ehren hinbringen soll, aufopfere und eben damit einen Fluch auf mich lade, welcher mich die ganze Woche über noch drücken könnte. Ach laß meinen öffentlichen und häuslichen Gottesdienst, mein Beten, mein Hören, mein Lesen und Singen dir gefallen. Sei du selber, o Jesu, meine Stärke, daß ich zunehme an dem inwendigen Menschen; ja wohne du durch den Glauben in mir, bis ich droben mit dir unzertrennlich vereinigt werde. Heilger Geist, du Himmelslehrer, mächtger Tröster und Bekehrer, komm und laß die Seele mein deine ewge Wohnung sein! Amen.

Morgengebete für alle Tage in der Woche.

Lieber himmlischer Vater, ich lobe und preise dich auch für diese Nacht, die du mich überleben, und für diesen Tag, den du mich erleben lassen.

Laß das rechte göttliche, geistliche und himmlische Leben, das aus dir ist, durch den Geist der Gnaden in mir neu werden, damit nicht ich lebe, sondern Christus in mir, und ich im Glauben des Sohnes Gottes stets erneuert werde, als eine Pflanze der Gerechtigkeit zu grünen und zu blühen, dir zum Preise, und auszubrechen in lebendige und dir wohlgefällige Früchte des Geistes, meinem Nächsten zu Nutz und Dienst. Ich ergebe mich dir aufs neue, o Vater: mache mit mir, was dir wohlgefällt. Reinige, läutere und bewähre mich, daß ich ein rechtschaffener Christ sei und zu dem Israel Gottes gehöre, über welchem ist Friede und Barmherzigkeit. Ich begehre keine Ehre als deine Kindschaft, keinen Reichtum, als die Gerechtigkeit Jesu Christi, keine Freude, als die gnadenreiche Einwohnung des heiligen Geistes.

Für mein Leibliches wirst du wohl sorgen; denn du hast gesaget: „Ich will dich nicht verlassen noch versäumen." Doch bewahre mich vor Müßiggang. Laß mich arbeiten, nicht aus Geiz, sondern aus herzlicher Liebe gegen meinen Nächsten.

Laß deine Barmherzigkeit sich ausbreiten über alle Menschen, die auf dem ganzen Erdboden wohnen, und deine Güte über alle deine Geschöpfe. Gedenke deiner Kinder, die dich kennen und in der Einigkeit des Geistes verbunden sind als lebendige Glieder an ihrem hochgelobten Oberhaupte Jesu Christo. Laß unser Aller Gebet ein Gebet sein vor dir durch Christum, in welchem du uns dir selbst angenehm gemacht hast. Sei du selbst eine ewige Vergeltung allen Denen, die mir Liebe beweisen. Meine Beleidiger sieh mit erbarmendem Auge an und vergib ihnen, gleichwie ich ihnen von Herzen vergebe. Alle meine Anverwandte lege in deine Liebesarme. Kirchen und Schulen, Obrigkeit und Unterthanen befehle ich dir, mein Gott. Gieß die Fülle deiner Gnade insbesondere aus über unsern geliebten König, über unsere theure Königin und das ganze königliche Haus. Ach, sieh an den elenden Zustand in allen Ständen, mache dich auf und hilf uns, daß deine Ehre gerettet und des gottlosen Wesens eine Ende werde. Hilf den Armen und Elenden, die zu dir schreien. Herr, mein Gott, verschmähe mein Gebet nicht, sondern erhöre mich um Jesu Christi willen! Amen.

Luthers Morgensegen beim Aufstehen.
Das walte Gott Vater, Sohn und heiliger Geist! Amen.

Ich danke dir, mein lieber himmlischer Vater, durch Jesum Christum, deinen lieben Sohn, daß du mich diese Nacht vor allem Schaden und Gefahr behütet hast, und bitte dich, du wollest mich diesen Tag auch behüten vor Sünden und allem Übel, daß dir all mein Thun und Leben gefalle. Denn ich befehle mich, meinen Leib und Seele, und Alles in deine Hände. Dein heiliger Engel sei mit mir, daß der böse Feind keine Macht an mir finde. Amen.

Tischgebete.
Vor Tische.

Aller Augen warten auf dich, Herr, und du gibst ihnen ihre Speise zu seiner Zeit. Du thust deine Hand auf und sättigest Alles, was da lebet, mit Wohlgefallen.

Unser Vater, der du bist im Himmel; dein Name werde geheiliget; dein Reich komme; dein Wille geschehe auf Erden wie im Himmel; unser tägliches Brot gib uns heute; und vergib uns unsere Schulden, wie wir unsern Schuldigern vergeben;

und führe uns nicht in Versuchung, sondern erlöse uns von dem Übel; denn dein ist das Reich und die Kraft und die Herrlich= keit in Ewigkeit. Amen.

Herr Gott, himmlischer Vater, segne uns diese deine Gabe, die wir von deiner milden Güte zu uns nehmen, durch Jesum Christum, unsern Herrn. Amen.

Komm, Herr Jesu, sei unser Gast, und segne, was du uns bescheret hast. Amen.

Herr Jesu, der du bist das wahre Brot des Lebens, speise du selber uns Leib und Seele zum ewigen Leben. Amen.

Großer Gott, durch deine Gnade setzen wir uns nun zu Tisch; hilf, daß Alles wohl gerathe und der Leib sich so erfrisch, daß er freudig wieder kann seine Arbeit fangen an; laß die Mahlzeit so geschehen, wie du es wirst gerne sehen. Amen.

Nach Tische.

Wir danken dir, Herr Gott, himmlischer Vater, für alle deine Gaben und Wohlthaten, durch Jesum Christum, der du lebest und regierest in Ewigkeit. Amen.

Wir loben dich und sagen Dank, Gott Vater, dir für Speis und Trank; du wollest, fromm zu leben, uns deine Gnade geben. Amen.

Unser Vater, der uns liebt, der uns, was uns gut ist, gibt, gab auch jetzt uns Speis und Trank: lobt ihn, sagt ihm frohen Dank. Aller Segen kommt vom Herrn: dankt ihm und gehorcht ihm gern; liebt ihn, freuet euch des Herrn! Amen.

Abendgebet am Sonntage.

Herr, bleibe bei mir, denn es will Abend werden und der Tag hat sich geneigt. O du lebendiger, allmächtiger Gott, wie unbegreiflich sind deine Werke, wie unaussprechlich ist deine Güte, welche du den Menschenkindern erzeigest! Ich kann von Gnade und Wahrheit, von Liebe und Barmherzigkeit sagen, indem du den vergangenen Tag mir viel Gutes an Leib und Seele er= wiesen hast. Du hast meine Seele gespeiset mit dem Brote des Lebens und mir aus der lebendigen Quelle zu trinken gegeben; dein Wort ist meinem Munde süßer gewesen, denn Honig und Honigseim. Ach, laß dein Wort mein ganzes Leben hindurch ein

Licht auf meinen Wegen bleiben, daß ich darnach meinen Gang richte, so werde ich nicht straucheln oder aus deiner Gnade fallen. Du bist auch mein Erretter, mein Beistand im Leiblichen gewesen, daß ich gesund diesen Abend erreicht habe. Ja, Herr, ich bin nicht werth aller Barmherzigkeit und Treue, die du bisher an mir gethan.

Wenn sich nun meine Glieder zur Ruhe legen, so tritt du, o mein Hüter, mir zur Seiten, habe Acht auf mich und schließ mich in deinen Schutz ein. Laß mich beständig ein Licht in dem Herrn sein und keine Gemeinschaft haben mit den unfruchtbaren Werken der Finsternis. Laß dein Wort, das ich gehört, in mir als einen heiligen Samen aufgehen, welcher Wurzel fasse und Frucht bringe, dreißig=, sechzig= und hundertfältig. Verzeih, wenn ich nicht mit solchem Eifer dir heute gedient, wie ich billich gesollt, und nimm deswegen deine Gnade nicht von mir. Laß in der neuen Woche Alles neu an mir sein, schenke mir neue Liebe zu dir, neue Lust zu deinen heiligen Wegen und Geboten; laß mich die in der vorigen Woche begangenen Sünden meiden und fliehen, damit Jedermann erkenne, daß ich den Sonntag nicht vergebens hingebracht habe. Laß mich fleißig erwägen, daß ich eine unsterbliche Seele habe und vor allen Dingen trachten soll nach deinem Reiche und deiner Gerechtigkeit. Denn was hülfe es dem Menschen, so er die ganze Welt gewönne und nähme Schaden an seiner Seele? — In deinen väterlichen gnädigen Schutz befehle ich mich und die Meinen, und indem ich zur Ruhe mich niederlege, gedenke ich deines himmlischen Sabbaths und deiner ewigen Ruhe, die du dem Volke deines Erbtheils beschieden hast. Dazu wollest du auch mich, so lange, ich hier noch in diesem Leibe walle, vollbereiten, stärken, kräftigen, gründen um deines lieben Sohnes Jesu Christi, unseres Heilandes und Herrn willen. Amen.

Abendgebete für alle Tage der Woche.

Dr. Luthers Abendsegen beim Schlafengehen.

Das walte Gott Vater, Sohn und heiliger Geist!
Amen.

Ich danke dir, mein lieber himmlischer Vater, durch Jesum Christum, deinen lieben Sohn, daß du mich diesen Tag gnädiglich behütet hast, und bitte dich, du wollest mir vergeben alle meine Sünde, wo ich unrecht gethan habe, und mich diese Nacht auch gnädiglich behüten. Denn ich befehle mich, meinen Leib und Seele, und Alles in deine Hände. Dein heiliger Engel sei mit mir, daß der böse Feind keine Macht an mir finde. Amen.

Gelobet sei Gott der Vater durch Jesum Christum im heiligen Geiste, ein einiger ewiger Gott, der durch seine mannigfaltige Güte mich armen Sünder und schwachen Menschen heut so gnädiglich bewahret hat vor allen Pfeilen, die am Tage fliegen, vor der Seuche, welche im Mittag verderbet, dazu vor schnellem Tod und allem Schaden. Herr, deine Güte reichet, so hoch der Himmel ist, und deine Wahrheit, so weit die Wolken gehen. Du bist gnädig und barmherzig, alle deine Werke sind löblich.

Ich bitte dich, o Herr, du wollest mir aus Gnaden verzeihen Alles, was ich heute wider dich gethan habe, sei es mit Werken, Worten und Gedanken. Du wollest auch deine Barmherzigkeit zu mir wenden und mich diese künftige Nacht also lassen einschlafen und ruhen, daß ich dich, der du bist die ewige Ruhe, nun und nimmermehr verlasse, sondern in dir bleibe durch den Glauben, und unter deinem Schirm sicher wohne, auf daß sich der böse Feind nicht dürfe zu mir nahen und mir keinen Schaden könne zufügen. Herr, du bist mein Licht und mein Heil, vor wem soll ich mich fürchten? Du bist meines Lebens Kraft, vor wem soll mir grauen? Auf dich verlässet sich mein Herz, und mir ist geholfen. Du bist mein Trost und gewaltiger Schutz. Deine rechte Hand stärket mich, deine Rechte tröstet mich, und unter dem Schirm deiner Arme habe ich Zuflucht. Siehe, mein Gott, des Tages rufe ich, so antwortest du mir, und des Nachts schweige ich auch nicht, und du erhörest mich. Wenn ich mich zu Bette lege, so gedenke ich an dich; wenn ich erwache, so rede ich von dir, denn du bist mein Helfer und unter dem Schatten deiner Flügel ruhe ich. Meine Seele hanget dir an, deine rechte Hand erhält mich. Wenn ich im Finstern sitze, so ist doch der Herr mein Licht und mein Heil. O gütiger Gott, verleih mir Gnade, daß, wenn mein Sterbestündlein herzunahet und ich mich zur ewigen Ruhe soll niederlegen, ich durch deine Hilfe im rechten festen Glauben getrost und unverzagt möge seliglich zum ewigen Leben einschlafen. Indessen erhalte mich in dir, daß ich allezeit wache, nüchtern und mäßig lebe, und in christlicher Bereitschaft gefunden werde, zu stehen vor des Menschen Sohn, und nicht zu Schanden werde in seinem Gericht, der mit dir lebet und regieret in Ewigkeit. Amen.

II.
Festgebete.

Advent.

Herr Gott, himmlischer Vater, wir danken deiner Gnade, daß du uns deinen Sohn gesandt hast und ihn gesetzet zum König der Gerechtigkeit und zu unserm Heiland und Erlöser, der uns aus dem Reiche der Finsternis errette und uns Gerechtigkeit, Heil und Seligkeit verleihe. Wir bitten dich aber auch: erleuchte uns in seiner Erkenntnis und stärke uns im rechten wahren christ= lichen Glauben, daß wir ihn für unsern König und Seligmacher halten, annehmen und loben, und mit unsern Gaben und Kräf= ten, mit Allem, was wir von dir Gutes haben und vermögen, ihm unterthan sein und dienen mögen, und er seine Wohnung unter uns und in uns habe, und wir allezeit in seinem Reiche und in seinem Gehorsam und Dienste bleiben. Neige der Für= sten und Gewaltigen Herz und Willen, daß sie dem König aller Könige und Herrn der Herrlichkeit aufthun ihre Pforten und Thore; laß ihn einziehen in ihre Lande, Städte und Kirchen, daß er seine Herberge bei ihnen habe und mit seinem Wort und Geist regiere und herrsche. Steure dagegen und wehre allen denen, die Christo die Pforten zuschließen und ihm den Eingang wehren, oder ihn gar vertreiben und von sich stoßen, dagegen dem Anti= christ, falschen Lehrern und Schwärmern Thore und Thüren weit aufthun. Mache ihr böses Vornehmen und ihre Anschläge zu= nichte. Beweise deine Macht und Barmherzigkeit an den armen Menschen, die noch in den Banden des Aberglaubens und in der Trostlosigkeit des Unglaubens, in Abgötterei und allerlei gott= losem Wesen und falscher Lehre gefangen sind, daß Christus auch zu ihnen komme und sein Reich des Lichtes, der Wahrheit und Gerechtigkeit bei ihnen aufrichte, und du, ewiger Vater, sammt demselben deinem ewigen Sohne und dem heiligen Geiste überall mit Lob und Preis und Anbetung deines heiligen Namens ge= rühmet und geehret werdest. Amen.

Weihnachten.

O ewiger Vater unsers Herrn Jesu Christi, wir bitten dich durch die heilige Erscheinung deiner Leutseligkeit und Freundlich= keit: schenke uns nun deinen liebsten Sohn zum rechten Christ= geschenk in unsern Herzen, damit du auch an uns in ihm Wohl= gefallen habest. Schleuß auf dein Vaterherz und gib uns diesen

Schatz geiſtlich, wie du ihn vormals leiblich gabſt und auf Erden
ſandteſt. Mache uns nun ſeiner heiligen Menſchwerdung in der
That theilhaftig, daß wir alle die Seligkeit faſſen und genießen,
die du uns bereitet und er gebracht hat. O du liebſter Jeſu,
reiche uns doch deine heilige Hand aus deiner Krippe und rufe
uns zu dir; denn du biſt kommen, uns dir zu holen aus dieſem
Jammerthal, du, unſre Hoffnung, unſer Heil, unſer Alles!
Ach, entzünde die Herzen mit der Flamme deiner Huld, die dich
aus der Herrlichkeit ins Elend trieb. Gewinne doch deine Ge-
ſtalt in uns in Sanftmut und Demut, in Geduld, in Verleugnung und Armut des Geiſtes, in Gehorſam und Treue der
Wahrheit, in kindlichem lauterem Sinne nach deinem Bilde.
Gnade und Wahrheit iſt durch dich geworden: ſo werde ſie auch
in uns. Den Frieden haſt du gebracht: der ſei auch unſer
eigen. Die Sünder willſt du ſelig machen, daher mach uns
ſelig. Und weil du aufs Niedrige ſieheſt, ſo laß uns doch willig
in Mangel, in Verachtung und Schmach, in Verfolgung und
Trübſal zufrieden ſein, dir im Kreuz nachfolgen und mit deinem
Leiden Gemeinſchaft haben, welches von deiner Geburt anfieng,
auf daß wir auch mit dir herrſchen in Ewigkeit. Hochgelobet
ſeiſt du, o Heiland! Amen.

Jahresſchluß.

Wir danken dir, Herr Zebaoth, du Gott Iſraels, wir danken
dir für alle deine Güte und deine Wunder, die du dies ver-
floſſene Jahr, wie auch die ganze Zeit unſeres Lebens hindurch
an uns gethan haſt. Denn ob wir zwar bekennen müſſen, daß
wir alle vielfältig geſündigt haben und deinen Geboten ungehor-
ſam geweſen ſind, und du daher nicht unrecht gethan hätteſt, wenn du
wäreſt mit uns umgegangen, wie wir gelebet, und uns gerichtet
hätteſt, wie wirs verdienet haben: ſo iſt dennoch deine Barmherzigkeit
ſo groß, daß du nicht gethan nach deinem Zorn, noch dich gekehret, uns gar zu verderben; denn du biſt Gott und nicht ein
Menſch, und biſt der Heilige unter uns. Es iſt deine Güte,
daß wir nicht gar aus ſind; deine Barmherzigkeit hat noch
kein Ende: du haſt alle unſere Sünde hinter dich geworfen
und uns dieſelbe geſchenkt und vergeben. Du haſt alle unſere
Gebrechen geheilet, unſer Leben vom Verderben erlöſet und uns
gekrönet mit Gnade und Barmherzigkeit. Kirche und Schule
und Haus haſt du geſegnet und vor allem Übel behütet. Du
haſt uns Lehrer gegeben zur Gerechtigkeit, und uns ſagen laſſen,
daß ſich ein Jeglicher von ſeinem böſen Weſen bekehre und ſein
Leben beſſere. Du haſt unſerer chriſtlichen Obrigkeit Gnade

und Weisheit verliehen, daß wir unter ihrem Regiment in stiller
Ruhe und gutem Frieden, wie Christen gebühret, haben unser
Leben vollführen mögen. Du hast uns viel Gutes gethan an
Leib und Seele, an Weib und Kind, an Hab und Gut, in der
Stadt und auf dem Felde, daß wirs nicht Alles erzählen können.
Gelobet sei Gott, der Vater unsers Herrn Jesu Christi, der uns
gesegnet hat mit allerlei geistlichem Segen in himmlischen Gütern
durch Christum; der uns so viel Gutes gethan, vom Himmel
Regen und fruchtbare Zeiten gegeben und unsere Herzen er=
füllet mit Speise und Freuden. Danket dem Herrn, denn er
ist freundlich und seine Güte währet ewiglich. Saget, die ihr
erlöset seid durch den Herrn, die er aus der Noth erlöset hat,
die er errettet hat aus ihren Ängsten: „Gelobet sei der Herr, der
Gott Israel, von Ewigkeit zu Ewigkeit, und alles Volk sage
Amen und lobe den Herrn. Gelobet sei der Herr ewiglich!"
Amen, Amen.

Neujahrsfest.

Allmächtiger, ewiger Gott, barmherziger, lieber Vater: wir
haben jetzt abermal ein Jahr unserer Pilgerschaft in diesem
irdischen Leben zu Ende gebracht, und fangen in deinem Namen
ein neues an. Ach, Herr und Gott, wie groß ist deine Güte,
die du uns bisher aus väterlichem Herzen so unzählich bewiesen
hast, da wir doch mit unsern Sünden nichts als Strafe bei dir
verdient haben. Wie können wir alle deine großen Wohlthaten
erzählen, die du uns dieses vergangene Jahr erzeigt hast? Du
hast uns zwar gezüchtiget um unserer vielfältigen Sünden willen,
aber deine Gnade hast du nicht von uns gewendet. Für solche
deine Barmherzigkeit sagen wir dir Lob und Dank, und bitten
dich demütiglich: rechne uns nicht zu unsere vorige und alte
Sünde, womit wir dich so oft erzürnet haben; vergib sie uns
um unsers Herrn Jesu willen. Regiere uns, daß wir keine
alte Unreinigkeit und Missethat in das neue Jahr bringen, son=
dern den alten Menschen aus= und den neuen anziehen, der
nach Gott geschaffen ist. Fange an, lieber Vater, uns aufs
neue zu segnen. Erneuere deine väterliche Liebe und Treue an
uns, gib heiligen Mut und rechte Werke. Nimm von uns
alles Herzeleid und wohlverdiente Strafen, und weil dies künf=
tige Jahr, wie auch die ganze Zeit unsers Lebens, keine Stunde
und kein Augenblick vergeht, wo wir nicht könnten ohne deinen
Schutz in groß Elend gerathen, so halte deine Gnadenhand väter=
lich über uns. Barmherziger Gott und Vater, erhöre unser
Gebet, erbarme dich aller Menschen, erhalte uns dein reines

Wort, heilige alle Lehrer und Prediger, erbaue Kirchen und
Schulen. Behüte uns vor falscher Lehre, stärke alle treuen
Regenten, fördre guten Rath und That, segne Väter und Mütter;
regiere Kinder und Gesinde, bewahre uns vor Krieg und Blut=
vergießen, wende ab ansteckende Seuchen und drückende Theuerung,
kröne das Jahr mit deinem Gute, gib Frieden im Lande, unserm
Herzen Freude, unserm Leibe Gesundheit, segne unsre Nahrung,
fördere das Werk unserer Hände, nähre treue Arbeiter, bekehre
die Sünder, bekräftige die Frommen, bringe zurecht die Irrenden,
erleuchte unsere Feinde, wehre allen Verfolgern, schütze Wittwen
und Waisen, versorge die Armen, speise die Hungrigen, tränke
die Durstigen, erquicke die Verfolgten, erlöse die Gefangenen,
tröste die Elenden, erfreue die Traurigen, pflege der Kranken,
hilf den Hilflosen, labe die Kraftlosen, errette die Bedrängten,
hilf den Gebärenden, bewahre die Reisenden, sei bei den Sterben=
den, durch Jesum Christum, deinen lieben Sohn, unsern Heiland
und Erlöser! Amen.

Auf den allgemeinen Bußtag.

Barmherziger, ewiger Gott und Vater unsers Herrn Jesu
Christi, Herr des Himmels und der Erden: wir arme Sünder
bekennen vor deinem allerheiligsten Angesichte, daß wir leider
mit unsern Vätern gesündigt, daß wir misgehandelt und gottlos
gewesen, mit unsern vielfältigen schweren Sünden auch deinen
gerechten Zorn und allerlei Strafen, ja den endlichen Untergang
gar wohl verdienet haben. Solche unsere begangene Sünden
aber reuen uns von Herzen; und weil du unser Aller Vater
und liebreicher Gott bist, der du dich in deinem Worte also er=
klärt hast: „So wahr als ich lebe, ich habe keinen Gefallen am
Tode des Gottlosen!"—so fliehen wir zu deiner inbrünstigen und
herzlichen Barmherzigkeit mit demütiger Bitte, du wollest nicht
gedenken der Sünden unserer Jugend, noch aller unserer Über=
tretung, sondern vielmehr eingedenk sein deiner grundlosen Güte,
Gnade und Barmherzigkeit. Ach, Vater und Herr, strafe uns
nicht in deinem Zorn, züchtige uns nicht in deinem Grimm.
Ach, Herr, sei uns gnädig, verstoß uns nicht von deinem An=
gesicht, und laß es nicht mit uns gar aus sein; sondern wie
sich ein Vater über seine Kinder erbarmet, also erbarme du dich
auch über uns. Erweis uns deine wunderbare Güte, du Hei=
land derer, die auf dich hoffen, und laß unser Angesicht nicht
zu Schanden werden. Sei du unsere Hilfe in den großen
Nöthen, die uns betreffen. Ach, Herr Gott Zebaoth, sei du
mit uns; ach Gott, sei du unser Gott! Mache dich auf, zu

richten, und hilf allen Elenden und Bedrängten auf Erden. Gestatte ja nicht, getreuer Gott und Vater, daß dein Weinberg, den du unter uns gepflanzet haft, verwüstet werde. Steh auf, Herr, und hilf uns mit deiner starken Hand und allmächtigem Arm, thue wohl diesem und allen andern Landen, in welchen du mit deinem Wort deine Wohnung haft. O lieber Herr und Gott, sei und bleibe du bei und unter uns. Stärke und erweitere dein Reich, das du aufgerichtet haft, denn es ist dein Werk. Erhalt uns und unsere lieben Nachkommen bei reiner, gesunder Lehre und bei gewünschtem Frieden. Verschone unser, o treuer Gott und Vater, mit Krieg, Aufruhr und Empörung, mit Pestilenz und anderen gefährlichen Seuchen. Wend ab alle Theuerung, Miswachs, schädliches Gewitter und andere Plagen. Erleuchte unsere Herzen, daß wir rechtschaffene, wahre Buße thun, alle wissentliche und vorsätzliche Sünden fliehen und meiden, hingegen dich und dein heiliges Wort stets vor Augen haben und also dem wohlverdienten Verderben zeitlich und ewiglich entgehen mögen. Das alles wollest du thun, o treuer, barmherziger Gott und Vater, um des theuern Verdienstes und der kräftigen Fürbitte deines geliebten Sohnes Jesu Christi, unsers Herrn und Heilandes willen. Amen.

Passionszeit.

Ob ich gleich ein armer Sünder bin und mich meine großen Missethaten quälen und zaghaft machen, bin ich doch zufrieden und fröhlich, wenn ich deine Wunden anschaue, die voller Gnade und Barmherzigkeit sind; in ihnen sehe ich, wie gar freundlich und lieblich du bist gegen alle dürftige und betrübte Herzen, welche du allesammt labest und erquickest, und lässest deine Gnade kein Ende nehmen. Wer viel begehrt, der findet viel; er findet noch mehr, als er bittet und hoffet. In der Hoffnung und Zuversicht komme ich, Herr Christe, zu dir und bitte um große Gnade, denn meine Sünden sind groß; heilige mich, Herr Christe, und entsündige mich von meinen großen Missethaten durch dein heiliges Blut.

Laß deine Gnade größer sein als meine Übertretung, nimm mich als ein armes verlornes Schaf in Gnaden an, bring mich wieder zurecht und trag mich auf deinen Schultern, leite und führe mich im Verdienst deines Leidens und Sterbens zum ewigen Leben. Amen.

Jes. 53, 4.　1 Petr. 2, 21.

Gnädiger und barmherziger Gott und Vater! Wie groß ist deine Liebe, die nie aufhört, an unsern Seelen zu arbeiten und uns zur ewgen Seligkeit zu unterweisen und zu bereiten! Wie

viel haft du an uns gethan, um uns aus dem Verberben der
Sünde zu erretten zum ewigen Leben und uns zu solchen Men=
schen zu machen, die deine Gebote halten und selig werden!
Selbst deines eingebornen Sohnes haft du nicht verschonet, haft
ihn für uns Sünder Mensch werden lassen und in das bitterste
Leiden, in den schmählichen Tod am Kreuze dahin gegeben. Wir
rühmen diese deine unendliche Erbarmung, du treuer Gott, be=
sonders auch in diesen Tagen, die der Betrachtung des Leidens
und Sterbens deines lieben Sohnes gewidmet sind, und bitten
dich, laß diese Tage rechte Tage des Heils für uns werden.
Segne sie dazu durch deinen heiligen Geist in unser Aller Herzen.
Und dich, o Jesu, wie sollten wir dich nicht preisen, der du
um unsers Heils willen dich selbst geopfert haft? Was wären
wir ohne deinen Gehorsam bis zum Tode am Kreuze? Was
wären wir ohne deine Liebe, die dich getrieben hat, Mensch zu
werden, unsere Sünden zu tragen und für uns zu sterben? Ohne
Trost bei dem Bewußtsein unserer Schuld; ohne Freudigkeit und
Kraft bei dem Kampfe gegen das Böse; ohne Mut und Stärke
in der Stunde der Anfechtung; ohne Hoffnung am Rande des
Grabes; ohne Frieden bei dem Gedanken an das Gericht, dem
wir jede Stunde näher kommen! Nie wollen wir vergessen, wie
viel dich unsere Erlösung gekostet hat, und nie uns weigern,
Alles zu verleugnen und zu opfern, was dir nicht gefällt, da du
ein Opfer für uns geworden bist. Nie wollen wir uns weigern,
unser Kreuz auf uns zu nehmen, da du uns die Kreuzesbahn
vorangegangen bist. In keiner Noth wollen wir der Verzagtheit
und Ungeduld Raum geben, nachdem du uns von der größten
Noth, vom ewigen Verderben, erlöset haft. Im Tode wollen
wir auf dich blicken, wie du für uns gestorben bist, um uns das
ewige Leben zu erwerben. Deine Leiden sollen unser Trost sein,
deine Schmerzen am Kreuze sollen uns treiben, unser Fleisch
zu kreuzigen sammt den Lüsten und Begierden, dein Tod soll
uns allezeit erwecken, Alles in uns zu tödten, was uns deinem
Bilde unähnlich macht. Das geloben wir dir aufs neue mit
Herz und Mund. Nimm in Gnaden unsere Gelübde an und
stärke uns, daß wir sie erfüllen. Heilige uns, erbarmungsreicher
Heiland, durch die Betrachtung dieser Leiden. Heilige uns durch
und durch, und behalt uns an Leib und Seele und Geist un=
sträflich auf den Tag deiner Zukunft. Hilf uns, daß wir dich
einst in ewiger Herrlichkeit preisen und mit allen Engeln und
Auserwählten singen mögen: „das Lamm, das erwürget ist, ist
würdig, zu nehmen Kraft und Reichtum und Weisheit und Stärke
und Ehre und Preis und Lob von Ewigkeit zu Ewigkeit!" Amen!

Charfreitag.

Ach Herr, du ewiger und gütiger Gott und Vater, ſieh doch an deinen lieben Sohn, was er für große Schmerzen meinet= halben hat müſſen leiden! Ach, Vater, ſieh doch, wer ſolches leidet, und gedenke doch gnädiglich, für wen er leidet. Iſts nicht, ach treueſter Vater, dein Sohn, das unſchuldige Lamm Gottes, das du für den Knecht gegeben haſt? Iſt es nicht der Herr der Ehren und des Lebens, der wie ein Lamm zur Schlachtbank geführet worden und dir bis in den Tod gehorſam geweſen, ja den allerſchmählichſten Tod auf ſich genommen hat? Ach, gedenke doch, o Gott, der du der Welt Leben begehreſt, dein geliebter und einziger Sohn iſts, den du aus deinem Herzen geboren und meiner Schwachheit theilhaftig gemacht haſt. Ach fürwahr, das iſt deine Gottheit, die meine Natur hat an ſich genommen und ſich an das Krenz hat laſſen heften und die ſchwere Strafe unſerer Sünden getragen hat. Ach Herr, wende deine Augen auf dieſes große Werk deiner Gnade und Gütigkeit. Sieh an deinen lieben Sohn, wie er an ſeinem ganzen Leibe ausgedehnt und ausgeſpannt iſt. Sieh an ſeine Hände, wie das Blut daraus wie aus einer Quelle fließet, und vergib mir gnädiglich die Miſſethat, die meine Hände begangen haben. Sieh an, Herr, wie ſeine Seite durchſtochen iſt, und erquicke mich mit dem Blute, das daraus gefloſſen. Sieh an ſeine Füße, die noch nicht auf dem Wege der Sünde gegangen ſind, ſondern allezeit in deinem Geſetz gewandelt haben, wie dieſelben mit Nägeln durchgraben ſind, und verleih mir Gnade, daß meine Füße in deinen Wegen gehen; thu weg von mir den Weg der Bosheit, und laß mich allezeit auf deiner Bahn wan= deln. Amen.

Oſtern.
Röm. 4, 25.

Allmächtiger, barmherziger Gott und Vater unſers Herrn Jeſu Chriſti, der du ein unerſchöpflicher Brunnquell alles Guten biſt und bleibeſt: wir danken dir von Herzen, daß du deines eingebornen Sohnes nicht verſchonet, ſondern ihn um unſrer Sünde willen dahingegeben und am dritten Tage von den Todten erwecket haſt. Wir danken dir, allergetreuſter Herr und Heiland Jeſu Chriſte, daß du unſre Schuld und Miſſethat auf dich genommen, durch deinen Tod ſie getilgt und durch deine fröhliche Auferſtehung Gerechtigkeit, Leben und Seligkeit wieder= bracht haſt! Wir bitten deine grundloſe Barmherzigkeit, du

wolleſt ſolche deine himmliſche Wohlthaten an uns nicht laſſen
verloren ſein, ſondern durch feſten Glauben uns derſelben theil=
haftig werden und bleiben laſſen. Erwecke uns durch die Kraft
deines Geiſtes, daß wir vom Schlaf der Sünden, böſer Irr=
tümer und arger Gewohnheiten aufſtehen und mit dir in einem
neuen Leben wandeln, damit wir uns deiner Auferſtehung er=
freuen, und würdig werden, dir in dein Reich, wohin du als
unſer Verſöhner und Oberhaupt vorangegangen biſt, dereinſt
nachzufolgen.

Du wolleſt dir auch, vermöge deiner unfehlbaren Zuſage,
für und für aus dem menſchlichen Geſchlechte, auch in dieſen
Landen und Gemeinen, eine ewige Kirche ſammeln, ſie erhalten,
treue Arbeiter in deine Ernte ſenden und aller falſchen Lehre
und Verführung ſteuern. Du wolleſt auch die weltliche Obrig=
keit, den König, ſein Haus und alle Räthe ſegnen, über den
geſammten Hausſtand, Väter, Mütter, Kinder, Geſinde dein
Segensworte ausſprechen und ihnen deinen Frieden mittheilen.
Gib bei jetzt anbrechendem Frühlinge der Erde neue Kraft, den
Früchten Wachstum und Gedeihen, uns Allen aber neuen Mut,
neuen Fleiß, neue Hoffnung. Wir halten uns, Herr, an deine
Verheißung: „ich lebe, und ihr ſollt auch leben“! Im Glauben
an dieſelbe laß uns unſere Laufbahn fröhlich und getroſt vollenden,
bis wir einſt in jener Welt dich, den Auferſtandenen, in deiner
Herrlichkeit ſchauen, und nach dem kurzen Grabesſchlummer neu
erquickt werden, wenn wir erwachen nach deinem Bilde. Erfülle
dieſe Hoffnung an uns, du von den Todten auferweckter Heiland,
der du mit dem Vater und dem heiligen Geiſte lebeſt und re=
giereſt in Ewigkeit! Amen.

Himmelfahrt.
Phil. 2, 8—11.

Herr, der du dich geſetzet haſt zur Rechten der Majeſtät in
der Höhe: gib, daß unſre Herzen gerührt werden durch einen
Stral deiner göttlichen Herrlichkeit, damit wir uns vor dir be=
mütigen und dich als unſern erhöhten Heiland und König
anbeten. Du erniedrigteſt dich um unſertwillen und warſt ge=
horſam bis zum Tode, biſt aber nun erhöht und haſt einen
Namen, der über alle Namen iſt, daß in deinem Namen ſich
beugen ſollen alle Kniee derer, die im Himmel und auf Erden
und unter der Erde ſind. Auch wir wollen uns vor dir beugen
und dich als unſern Herrn anbeten, dich als unſern König und
unſer Haupt verehren. Ja, du biſt würdig, daß dir alle Herzen
huldigen und ſich dir unterwerfen. Der Vater hat dir die Völker

zum Erbe und alle Reiche der Welt zum Eigentum geſchenkt;
auch wir ſind dein Eigentum und erkennen dich als unſern
König, dem wir unterthan ſein wollen.

O Herr, du biſt das Haupt der Gemeine, beweiſe dich denn
als ſolches an uns: Regiere und führe uns! Laß von dir auf
uns herabfließen die köſtlichen Kräfte deines Geiſtes, daß unſre
Seelen ſtark werden in allem Guten und unſre Herzen mutig,
dir nachzufolgen durch Kreuz und Leiden, bis wir das Ziel erreichen.
Laß uns mit dir, als unſerm Haupte, beſtändig verbunden bleiben
und alſo Leben, Heil und Seligkeit erlangen. Du haſt uns
verſichert, daß du bei uns ſein und bleiben wolleſt alle Tage
bis an der Welt Ende: vergib uns, daß wir dieſes ſo oft vergeſſen und alſo reden und wandeln, als ob du uns nicht ſäheſt
und nicht nahe wäreſt. Vermehre in uns die Scheu vor deinem
heiligen Angeſichte, daß wir ja nichts thun, woburch du betrübt
würdeſt. Verſetze uns durch deinen Geiſt in das himmliſche
Weſen, daß wir mögen trachten nach dem, das droben iſt, wo
du biſt, ſitzend zur Rechten Gottes! Lehre uns immer feſter an
deine Nähe glauben und laß uns dieſelbe allezeit empfinden,
damit wir dadurch in Trübſal geſtärket, in Verlaſſenheit getröſtet,
wenn die Welt uns haſſet, mutig erhalten, und im Tode erquicket werden. Brauche deine Macht, der du biſt der Erſtge-
borne von den Todten und ein Fürſt der Könige auf Erden,
und ſchütze deine Chriſtenheit. Erhalt ihr dein Wort und erwecke ihr treue Pfleger und rechtſchaffene Hirten, die nicht Herren
der Herde ſein wollen, ſondern Vorbilder. Unterwirf dir die
Herzen Aller, die bisher noch widerſpenſtig geweſen ſind, daß ſie
dir huldigen, ſo lange ſie noch auf dem Wege ſind, ehe du noch
ſie vor Gericht rufeſt. Beuge ſie unter dein Scepter, bringe ſie
zu deinem Willen, herrſche in ihren Seelen.

Mache dein Reich groß auf Erden und gib Allen, die hier
nach deinem Namen ſich nennen, das Leben, das aus dir iſt,
und darauf die ewige Seligkeit! Amen.

Auf Pfingſten.

O Gott, der du die Herzen deiner Gläubigen ſo gnädig
und reichlich mit deinem heiligen Geiſte am heiligen Pfingſttage
beſucht und begabet haſt: ach, geuß auch dieſen deinen Geiſt und
gnädigen Regen über unſere dürre, verſchmachtete Herzen, erquicke
doch dein Erbtheil und labe die Elenden. Komm, o heiliger
Geiſt, und ziere uns mit deinen ſo vielfältigen Gaben, daß wir
auch die großen Thaten Gottes, ſo durch Jeſum Chriſtum geſchehen, wahrhaftig erkennen und preiſen, daß wir mit neuen

Zungen dein Wort reden, rühmen und ausbreiten mögen. Ent=
zünde uns mit dem Feuer deiner heiligen Liebe, brenn aus alle
innerliche Bosheit sammt allen andern fleischlichen Lüsten und
Begierden, zünde an das Licht deiner Wahrheit, daß wir im
Geist und Glauben, inbrünstig mit rechtem Ernst und Eiser un=
serm Gotte dienen mögen. O du Gott des Friedens, verbinde
unsere Herzen mit deinem Bande des Friedens, daß wir in
Sanftmut und Demut, in Friede und Einigkeit bei einander
bleiben und leben. O du Gott der Geduld, gib uns Geduld
in Leidenszeit, und bis ans Ende Beständigkeit.

O du Geist des Gebets, erwecke unsere Herzen, damit wir
sie sammt heiligen Händen zu Gott mögen erheben und dich in
allen Nöthen anrufen; und da wir nicht wissen, was wir bitten
sollen, noch wie sichs gebühret: ach, so vertritt du uns als unser
treuer Fürsprecher mit unaussprechlichem Seufzen. Kühle und
erquicke unsere Herzen in aller Hitze und Angst. Sei unser
Schutz und Schatten in der Noth, unsere Hilfe in Trübsal,
unser Trost in aller Widerwärtigkeit. Komm, du starker Gott,
und stärke die Schwachen, lehre die Elenden deinen Weg, hilf
denen auf, die gefallen sind, bringe zurecht die Irrenden und
erhalte sie bei deiner rechten Hand. Komm, o du ewiges Licht,
Heil und Trost, sei unser Licht im Finstern, sei unser Heil im
Leben, sei unser Trost im Sterben, und führe uns auf ebener
Bahn zum ewigen Leben, damit wir dich, heiliger Gott, sammt
unserm heiligen himmlischen Vater und seinem geliebten Sohne,
unserm einigen Heiland, mit neuen Zungen dort am rechten
Pfingsttage rühmen und preisen immer und ewiglich. Amen.

Fest der Dreieinigkeit.

Preis und Dank sei dir, heiliger Gott, daß du dich in der
ganzen Fülle deiner herrlichen Gnade geoffenbaret hast. Du
ewiger Vater, Schöpfer aller Dinge, hast uns Menschen nach
deinem Ebenbilde erschaffen. Du, eingeborner Sohn Gottes, bist
zu unserm Heil Mensch geworden und hast dich für unsere Sün=
den am Kreuze geopfert. Und du, Geist des Vaters und des
Sohnes, hast uns durch das Evangelium zum Glauben berufen
und zu einer heiligen christlichen Kirche versammelt. Gott Vater,
Sohn und heiliger Geist, du hast uns in der Taufe auf deinen
Namen zugesagt, daß du unser treuer und gnädiger Gott sein
wollest. Laß diese große Verheißung an uns erfüllt werden,
und hilf auch uns, daß wir unsern Taufbund, als den Bund
eines guten Gewissens mit dir, treulich bewahren. Erhalt uns
in wahrer Erkenntnis deines allerhöchsten Namens und in rechtem

Glauben bis an unser Ende und mache uns durch deine Gnade ewig selig! Amen.

Erntefest.

Herr, unser Gott, allgütiger Erhalter und Versorger aller deiner Geschöpfe: wir bringen dir durch Christum unsern herz= lichsten Dank dar für den reichen Segen, den du uns in diesen Tagen in Ruhe und Frieden von unsern Feldern hast einsammeln lassen. Auch in diesem Jahre hast du dich an uns nicht unbe= zeugt gelassen, sondern uns Regen und fruchtbare Zeiten gegeben und uns die Ernte treulich behütet. Immer noch thust du deine milde Hand auf und sättigest Alles, was da lebt, mit Wohl= gefallen. Du bist Allen gütig und erbarmest dich aller deiner Werke. Bewahre uns den Segen, den uns deine Güte ge= schenkt hat! Laß jede deiner Gaben uns eine Ermunterung sein, uns deiner Güte zu freuen, dir aus Liebe zu gehorchen und alle unsre Sorgen mit kindlichem Vertrauen auf dich zu werfen, der du so väterlich für uns sorgest. Segne uns ferner, wenn es dein Wille ist, mit fruchtbaren und gesunden Zeiten, mit Frieden und Wohlstand! Laß aber auch Glauben und Gott= seligkeit, Liebe zu dir und dem Nächsten, Wohlthätigkeit, Mäßig= keit, Fleiß und Sparsamkeit beständig unter uns und unsern Nachkommen wohnen, damit wir einen reichen Samen für die Ewigkeit ausstreuen und einst ernten ohne Aufhören. Amen.

Reformationsfest.

Wir danken dir, ewiger Vater unsers Herrn Jesu Christi, daß es dir gefallen, durch den Dienst der Reformatoren das lautere Licht deines heiligen Evangeliums wiederum leuchten zu lassen. — Wir flehen zu dir, o du lebendiger und wahrhaftiger Gott, du Schöpfer und Herr aller Dinge und deiner Kirche, von ganzem Herzen, daß du um deiner Ehre und um deines Sohnes Jesu Christi willen dir allezeit auch unter uns eine ewige Kirche sammelst durch das Wort des Evangeliums, und unsere Herzen regierest durch deinen heiligen Geist, auf daß wir dich wahrhaftig anrufen und dir wohlgefälligen Gehorsam leisten. Wir vereinigen unsere Bitte mit dem Gebet unsers Herrn und Hohenpriesters Jesu Christi. Vater, heilige uns in deiner Wahr= heit, dein Wort ist die Wahrheit; laß es unseres Herzens Freude und Trost sein, daß wir nimmermehr davon weichen, sondern fest daran halten und uns durch dasselbe erleuchten lassen zur ewigen Seligkeit. Herr, du wollest auch fernerhin das Häuflein deiner Gläubigen mitten unter deinen Feinden erhalten und be=

schützen und den milden Glanz deines Evangeliums fort leuchten lassen über die Völker. Laß täglich wachsen die Zahl derer, die einen freien Zugang haben zu dem lautern erquickenden Quell des Lichtes und der Wahrheit, zu deinem göttlichen Worte. Oft will unser Herz erschrecken und verzagen, wenn es sieht, wie der Glaube bei so Vielen erloschen und die Liebe erkaltet ist, wie die gesunde Lehre deines Wortes verkannt, verdreht und verkehrt wird. Herr, wenn wir gedenken, wie du von der Welt her ge= richtet hast, so werden wir getröstet. „Das Wort sie sollen lassen stahn und kein Dank dazu haben." Wenn gleich das Meer wütete und wallete, und vor seinem Ungestüme die Berge zitterten, dennoch soll die Stadt Gottes sein lustig bleiben mit ihren Brünnlein, da die heiligen Wohnungen des Höchsten sind. Gott ist bei ihr drinnen, darum wird sie wohl bleiben; Gott hilft ihr frühe. O Herr; hilf; o Herr, laß wohl gelingen! Amen

III.
Gebete
bei der
Vorbereitung zum heiligen Abendmahle,
sowie
vor und nach der Feier desselben.

Die christliche Buße.

Herr, meine Sünden haben mich niedergeschlagen; aber deine Güte, mein Gott, richtet mich auf. Sei mir gnädig nach deiner Güte, und reinige mich von meiner Missethat, die ich vor dir bekenne.

An dir habe ich gesündigt, denn ich achtete nicht deines Geistes, der zu mir sprach, und habe ihm seine Wohnung in mir nicht bewahret. Ich vergaß deiner Gegenwart und wich von deinem Heiligtum, daß ich groß Übel vor dir that.

Herr, du bist gerecht, wenn du mich richtest und verdammest. Du gabst mir deinen heiligen Geist, aber ich habe ihn betrübt. Mein Verderben ist groß, aber du hast keine Lust daran. Darum verbirg meine Sünden vor deinem Angesicht und tilge sie aus. Schaff ein neues Herz in mir; reinige mich und lehre mich deine Rechte halten, daß ich nicht mehr sündige.

Lehre mich den Grund meiner Seele erkennen, und laß den Geist deiner göttlichen Weisheit in mir wohnen, daß mich die

sündhafte Thorheit nicht mehr umhertreibe. Sende deine ver=
borgene Kraft, und laß mich deine Gegenwart nicht verlieren.
Verwirf mich nicht, sondern mache mich getrost durch deine Hilfe
und Erbarmung.

Nach dir verlanget mich, o höchstes Gut, daß ich dich als
meinen Retter preise und deine Barmherzigkeit lobe, welche die
Sünde hinwegnimmt.

Herr, ich bin beschämt und gebeugt, und entschuldige mich
nicht; ich suche Gnade und Heil mit einem geängstigten und
zerschlagenen Herzen.

Tröste mich und nimm das Opfer meines Willens an, den
ich dir ganz zu unterwerfen begehre. Erquicke mich durch deine
gnädige Verheißung in Christo Jesu; heile mein verwundetes
Gewissen, und nimm von mir die Gedanken, die sich unter
einander verklagen.

Ich bin mühselig und leidtragend; gib mir Frieden und
erwecke ein neues Leben in meiner kranken Seele. Thue mir
wohl und beschirme mich, daß kein Feind mich mehr erreiche.
Laß das Alte in mir untergehn und schaffe Alles neu durch
deine Gnade. Amen.

Vor der Vorbereitung zum heiligen Abendmahle.

Ich armer sündiger Mensch bekenne und klage dir, meinem
lieben Gott, daß ich in Sünden empfangen und geboren, also,
daß in mir von Natur nichts Gutes, sondern eitel Sünde wohnt,
und daß dieselbe angeborne Sünde mich leider oft zu Falle bringt
in wirklichen Sünden mit Gedanken, Worten und Werken.

Ich erkenne und bekenne auch, daß ich den bösen Lüsten meines
Fleisches nicht mit allem Fleiß widerstrebe, sondern leider oft
die Sünde in mir herrschen lasse und dadurch den heiligen Geist
betrübe; ja, wenn ich gleich einen guten Vorsatz habe, so hanget
mir doch das Böse an, daß ich zum Guten unwillig, kalt, träge
und verdrossen bin, zum Bösen aber leider allzuwillig. Der
Glaube ist schwach, die Liebe ist kalt. Ich erkenne auch und
weiß, daß dieser meiner Sünden Sold ist Gottes Zorn und
der ewige Tod. Deshalb gereuen mich meine Sünden und sind
mir leid. Aber dennoch muß ich dir klagen, daß ich dieselben,
wenn ich sie gleich erkannt, mir nicht lasse so leid sein, wie du
es, lieber Gott, von mir haben willst. Weil aber Jesus Chri=
stus in die Welt gekommen ist, die Sünder selig zu machen,
und du, mein frommer, treuer Gott, sprichst: „So wahr ich
lebe, ich will nicht den Tod des Sünders, sondern daß er sich
bekehre und lebe", — so kehre und wende ich mich in wahrer

Buße durch rechten Glauben zu meinem lieben Mittler und Erlöser, Jesu Christo, und in ihm zu dir, und bitte dich, mein himmlischer Vater, du wollest mir aus Gnaden um desselben deines Sohnes willen alle meine Sünden vergeben, und wollest durch deinen heiligen Geist wahre Buße, rechten Glauben und beständige Besserung des Lebens in mir anzünden, stärken, mehren und erhalten. Amen.

Nach der Vorbereitung zum heiligen Abendmahle.

Ach, liebster Herr Jesu, ich danke dir von Grunde meines Herzens, daß du mir armem Sünder durch den Diener deines Wortes abermal die gnädige Vergebung meiner Sünden hast ankündigen lassen. Sieh, um Trost war mir sehr bange; du aber hast dich meiner Seele herzlich angenommen, daß sie nicht verdürbe; denn du wirfst alle meine Sünden hinter dich zurück.

Ach, verleih mir nun auch ferner deine Gnade, daß ich auf meine Zusage möge anfangen frömmer zu werden. Schaff doch du, o Gott, in mir ein reines Herz und gib mir einen neuen gewissen Geist; verwirf mich nicht von deinem Angesicht und nimm deinen heiligen Geist nicht von mir; tröste mich wieder mit deiner Hilfe, und der freudige Geist erhalte mich. Ach, laß mich doch ablegen nach dem vorigen Wandel den alten Menschen, der durch Lüste im Irrtum sich verderbet. Und laß mich hingegen erneuert werden im Geist meines Gemüts und anziehen den neuen Menschen, der nach Gott geschaffen ist in rechtschaffener Gerechtigkeit und Heiligkeit. Laß mich ablegen von mir den Zorn, Grimm, Bosheit, Lästerung und schandbare Worte. Laß mich tödten Alles, was der Erde angehört, alle Unreinigkeit, böse Lust und den Geiz, welcher ist Abgötterei. Hingegen was wahrhaftig, was ehrbar, was gerecht, was keusch, was lieblich, was wohl lautet, ist etwa eine Tugend, ist etwa ein Lob: dem laß mich nachdenken. Gib, daß ich verleugne das ungöttliche Wesen und die weltlichen Lüste, und züchtig, gerecht und gottselig lebe in dieser Welt, und warte auf die selige Hoffnung und Erscheinung deiner Herrlichkeit, um deines aller-heiligsten Namens willen. Amen.

Vor Empfang des heiligen Abendmahls.

Herr Jesu Christe, mein getreuer Hirt und Bischof meiner Seelen, du hast gesagt: „Ich bin das Brot des Lebens; wer von mir isset, den wird nicht hungern, und wer an mich glaubet, den wird nimmermehr dürsten." Sieh, ich komme zu dir und bitte dich demütiglich, du wollest mich recht bereiten und zum würdigen Gaste deines himmlischen Mahles machen; du wollest mich heute weiden auf einer grünen Aue und zum frischen Wasser des Lebens führen; du wollest meine Seele erquicken und mich auf rechter Straße führen um deines Namens willen.

Vor allen Dingen erwecke in mir wahre herzliche Reue und Leid über meine Sünde und lege mir an das rechte hochzeitliche Kleid des Glaubens, damit ich dein heiliges Verdienst zum ewigen Trost meiner Seele ergreifen und fest behalten möge. Gib mir ein demütiges und versöhnliches Herz, daß ich meinen Feinden von Herzensgrund vergebe, und tilge in mir die Wurzel aller Bitterkeit und Feindseligkeit aus. Pflanze dagegen in meiner Seele herzliche Liebe und Barmherzigkeit, daß ich meinen Bruder und Nächsten, ja alle Menschen, so wie mich selber, in dir lieb haben möge.

Ach, Herr, ich komme zu dir mit vielen Sünden beladen: nimm sie von mir, erledige mich dieser großen Bürde; ich komme als ein Unreiner: reinige mich; als ein Blinder: erleuchte mich, als ein Armer: mache mich an meiner Seele reich; als ein' Verirrter: suche mich; als ein Verlorner: mache mich selig. Ach, mein himmlischer Arzt, ich bringe zu dir eine erstorbene Seele: mache sie wieder lebendig; eine kranke Seele: heile sie; ich bringe zu dir ein Herz, das leer ist von wahrer Gottseligkeit, Heiligkeit und Gerechtigkeit: erfülle es mit deiner Gnade, mit deinem Geiste, mit deiner Liebe, mit deiner Sanftmut, mit deiner Demut, mit deiner Geduld. Ach, du wahrhaftiges Brot des Lebens, speise mich ins ewge Leben, daß mich in Ewigkeit nicht hungere noch dürste. Nur in dir habe ich volle Genüge; du bist mir Alles. Bleibe ewig in mir und laß mich ewig in dir bleiben, wie du gesagt hast: „Wer mein Fleisch isset und mein Blut trinket, der bleibet in mir und ich in ihm, und ich werde ihn auferwecken am jüngsten Tage." Amen.

Nach dem heiligen Abendmahle.

O allmächtiger, barmherziger Gott und Vater, der du mich nun abermal um deines Sohnes willen zu Gnaden angenommen, und deiner Huld und aller himmlischen Gnadenschätze von neuem im heiligen Abendmahle versichert hast: wie soll ich doch diese hohen Wohlthaten vergelten und mich gegen dich dankbar erzeigen? Liebster Vater, du forderst ja nichts von mir, als daß ich dich fürchte und in allen deinen Wegen wandle, daß ich dich liebe, dir von ganzem Herzen und von ganzer Seele diene, deine Gebote halte und dir anhange, auf daß es mir wohlgehe; denn es ist mir ja deutlich gesagt, was gut ist und was du, Herr, von mir forderst: nämlich dein Wort halten, Liebe üben und demütig sein vor dir.

Ja, Vater, meine Begierde wäre wohl, von Sünden zu lassen und nach deinem Willen zu leben; ich finde aber so viel Stärke und Vermögen nicht in mir. Wollen habe ich wohl, aber das Gute vollbringen finde ich nicht.

Darum benge ich meine Kniee vor dir und bitte demütig= lich, du wollest mir ein anderes Herz, nämlich statt des alten steinernen ein neues fleischernes Herz, und einen neuen Geist geben, und einen solchen Menschen aus mir machen, der dich erkenne, dir treulich folge und in deinen Geboten wandle und darnach thue. Gib mir, o Herr, dein Gesetz und deine Furcht in mein Herz, daß ich nicht mehr von dir abweiche, sondern deinem Wort und deiner Stimme gehorche, dir treulich und rechtschaffen diene und dir allein anhange. Hilf, daß ich den alten Menschen ablege, des Fleisches Geschäfte tödte, hingegen im Geist meines Gemüts mich erneue und den neuen Menschen anziehe, der nach dir geschaffen ist in rechtschaffener Gerechtig= keit und Heiligkeit. Regiere mich, Vater, mit deinem heiligen Geist, daß ich mich hinfort nicht mehr verunreinige mit allerlei Sünden und Lastern und dadurch mich selbst verwerflich mache, sondern daß ich solche Greuel von deinem Angesicht wegthue, meine Hand vom Unrechten kehre und nach deinen Geboten wandle. Gib, daß ich hinfort nicht mir selbst lebe, sondern dir und deinem lieben Sohne Jesu Christo, der für mich gestorben und auferstanden ist und jetzt wiederum mich mit seinem Fleisch und Blut zu einem neuen Leben gespeiset und getränket hat. Gib, daß ich an meinem Leib und in meinem Geist dich preise und dir diene die ganze Zeit meines Lebens in Heiligkeit und Gerechtigkeit, die dir gefällig ist. Dazu verleih mir deine gött= liche Gnade und Kraft um Jesu Christi willen. Amen.

IV.

Gebete

bei

besondern kirchlichen Handlungen.

Bei der heiligen Taufe.

O gütiger Gott, himmlischer Vater, da du dieses Kindlein aus lauter Gnade zu dem Bade deiner heiligen Taufe hast

kommen laſſen und als dein Gnadenkind um Chriſti willen auf= und
angenommen, ſo bitte ich dich von ganzem Herzen, du wolleſt
demſelben fortan deinen heiligen Geiſt verleihen, daß es durch
die Kraft und Stärke deſſelben unter der Fahne Jeſu Chriſti,
zu der du es haſt ſchreiben laſſen, ritterlich ſtreite, daß es
Chriſtum Jeſum mit dem Herzen glaube und mit dem Munde
bekenne, auch ſein Kreuz willig auf ſich nehme und ihm auf
dem Wege der Gerechtigkeit geduldig und beſtändig nachfolge,
damit es einmal mit mir und allen rechtſchaffenen Chriſten
fröhlich vor deinem Richterſtuhle erſcheine, die ewige Seligkeit
erlange, und dich, o Gott, ewiglich preiſe. Amen.

Am Tage der Einſegnung (Confirmation).

Zum erſtenmal ſoll ich heute, o allheiliger Gott, vor dein
Antlitz treten an heiliger Stätte, vor deinen Altar, um die
großen Segnungen deiner Liebe zu empfangen, um mich dir
anzugeloben, um mit dir ſelbſt, mein Erlöſer, um mit der Kraft
deines Lebens verbunden zu werden. In mir willſt du leben,
und ich ſoll in dir ſein. Ach, aber wie fühl ich meine Unwür=
digkeit! Wie kann ich ſündiger Menſch zu dir nahen? So oft
war ich· undankbar gegen dich; oft vergaß ich dein Wort und
das Gebet zu dir, mein Vater, mein Heiland voll Liebe und
Treue! Deine Ermahnungen, deine Gebote, deine Lehren waren
mir zu ernſt, zu heilig, forderten, wie ich meinte, zu viel von
mir! Ich vergaß der wahren Liebe gegen meine Eltern, ver=
gaß oft alle Mühe, alle Sorgen, allen Kummer, den ich ihnen
gemacht! Bald war es nur Ehrgeiz, bald Stolz, Neid, Mis=
gunſt gegen Andere, vor denen ich mich hervorthun wollte, was
mich zu Thätigkeit und Fleiß aufregte; leicht riß mich Mutwille
und Sinnlichkeit hin, deinen heiligen Willen ganz zu verſäumen,
wohl gar ſchnöder Luſt zu fröhnen! Erbarmender Vater, Herr,
mein Heiland, gedenke nicht der Sünden meiner Jugend, ſon=
bern gedenke mein nach deiner großen Barmherzigkeit. Tilge die
Macht meiner ſinnlichen Luſt; laß mich allein im Gehorſam
gegen dein Wort meine wahre Ehre, darin mein Lebensglück,
im Gefühl durch dich geheiligter Kraft meine wahre Freude,
in dir den Führer, den Leitſtern meiner Jugend, meines ganzen
Lebens erkennen. Stärke mich, du kennſt ja am beſten meine
Schwachheit bei Verführung, bei der Teuſchung vermeinter
Freunde, die dich nicht kennen. Leite meine Wege in einer Welt
voll Gefahren, voll Reize für das wankende Herz des Jünglings
(der Jungfrau), mit der ganzen Kraft deiner Weisheit, deiner
Treue; zerſtöre mir die Freude, die von dir abführen könnte.

51

Deine Herrlichkeit, die Wonne vor deinem Antlitz sei mein größtes, mein höchstes Ziel. Allmächtiger Erlöser, zieh deine Hand nicht von mir ab, um deines Namens willen. Amen.

Am Trauungstage.

Herr Gott, Vater und Herr meines Lebens, · der du dem Menschen einen Gehilfen in diesem mühseligen Leben zum Trost nach deinem Rath zuordnest, prüfe mich bei meinem Vorhaben, heute in den Stand der heiligen Ehe zu treten, und erfahre in meinem Herzen, wie ichs meine: ob ich durch deinen heiligen Willen und Rath dazu gekommen und dich vor Allem mit Gebet und Glauben gesucht habe, oder ob ich etwa aus fleischlichem Trieb in solchen Stand eile oder aus andern unlautern Absichten.

Das Blut deines Sohnes Jesu Christi reinige uns von aller Sünde, daß du bei uns und unter uns mit deinem Geiste wandeln mögest. Ja, mache uns dir zu Tempeln deines heiligen Geistes und zu Gefäßen deiner Barmherzigkeit; lehre uns Alles anfangen in Buße und Zukehrung unserer Herzen zu dir, mit Glauben und Vertrauen auf dein Wort und Verheißung.

Besonders aber, o du ewiges Gut, entzünde durch den Glauben eine solche brünstige Liebe in uns zu dir, daß dir auch unsere Liebe unter einander allein geheiliget werde, und ein jedes nur dich in dem andern liebe. Verbind uns hiezu in einem Sinn und Geist nach Jesu Christo, durchs Gebet; lehre uns vor dir niederfallen und erst deinen Segen suchen.

Wirke durch deinen Geist in uns wahre Treue gegen dich und gegen einander; gib uns ein Herz und eine Seele zu dir, daß wir beständig vor deinem Angesichte wandeln, einander zu allem Guten aufmuntern, im Kreuz aufrichten, im Glück an dir bleiben und so unser Leben im Frieden und Segen zubringen.

Ja, erfülle an uns die liebreichen Absichten, wozu deine Vorsehung uns mag zusamengeführt haben, daß du von uns gepriesen werdest in Zeit und Ewigkeit.

Weil du aber, o himmlischer Vater, aus tiefer Weisheit und wichtigen Ursachen nach dem Fall viel leibliche Trübsal auf diesen Stand gelegt hast, so bereite uns ja aus lauter Gnade zuvor in recht gründlicher Herzensbekehrung auf alle bevorstehende böse Stündlein, dadurch du uns etwa prüfen und diesen heiligen Stand dem Fleische schwer machen möchtest. Lehre uns darin in Heiligkeit vor dir leben als deine wahren Kinder, dazu du uns machen wollest, damit wir auch deines Segens und Beistandes allezeit versichert sein können. Insonderheit erleuchte und

heilige uns dazu, daß wir würdig werden, mit dir und in dir
eins zu werden, vornehmlich nach dem Geift, damit wir das
große Geheimnis Chrifti und der Gemeine erfahren, welches du
in der wahren Ehe vorgebildet haft. Um deswillen wolleft du
uns darin mit einander unfere Seligkeit mit Furcht und Zittern
wirken lehren, die Hände laffen aufheben ohne Zorn und Zweifel, und einen folchen heiligen Bund vor dir machen, daß wir
dir zufammen ewig treu bleiben und anhängen wollen. Lege
du felbft, Herr Jefu, in uns den wahren Grund in Glauben
und Liebe, daß wir dich durch böfe Luft und unordentliches und
fleifchliches Wefen nicht betrüben noch verftoßen und zum Zorn
reizen, da du uns doch fo gerne felbft einfegnen und verbinden
willft. Im Fortgang unferer Ehe gib uns auch mit- und
untereinander herzliche Liebe, Geduld im Leiden, Sanftmut und
chriftliches Tragen der Schwachheiten und Fehler des andern;
und alfo laß uns alle Noth in dir überwinden, einander ermahnen, ftärken und tröften, wie es noth thut, damit wir ewig in
dir vereinigt feien und bleiben. Amen.

Beim Kirchgange einer Wöchnerin.

Allmächtiger, großer und ftarker Gott, ich erfcheine mit Freuden vor deinem heiligen Angefichte und lobe dich für die große
und herrliche Wohlthat, womit du mich begnadiget haft. O wie
groß ift deine Allmacht, wie herrlich ift deine Stärke! Du hiel-
teft mich, da ich finken wollte; du erquickteft mich, da ich fchwach
und ohnmächtig werden wollte; du ftärkteft mich, als alle Kräfte
dahin waren. Du haft Alles wohl gemacht und herrlich hinaus-
geführt, und mich und mein Kindlein gefund und lebendig erhalten bis auf diefen Augenblick! Darum lobe den Herrn,
meine Seele, und was in mir ift, feinen heiligen Namen! Lobe
den Herrn, meine Seele, und vergiß nicht, was er dir Gutes
gethan hat, der dir alle deine Sünden vergibt und heilet alle
deine Gebrechen, der dein Leben vom Verderben erlöfet und dich
krönet mit Gnade und Barmherzigkeit. Herr, laß dir wohlgefallen das Dankopfer meiner Lippen und nimm das Gebet
meines Mundes gnädig an! Laß auch fernerhin deine Barmherzigkeit groß an mir werden; nimm mich in deinen heiligen,
gnädigen Schutz; fegne das Kind, das du mir anvertraut haft,
daß es aufwachfe zu deiner Ehre, zu feinem Heil und zu meiner
Freude; behüte und fegne du meinen Ausgang und Eingang
von nun an bis in Ewigkeit! Amen.

V.

Kreuz- und Trostgebete.

In innerer Anfechtung.

Lieber himmlischer Vater, ich danke dir, daß du mich in der heiligen Taufe zu deinem lieben Kinde aufgenommen und mich durch dein Wort geheiliget und bisher erhalten hast.

Weil ich aber mit großer Traurigkeit meines Herzens beladen bin und täglich geängstiget werde, daß ich meine Betrübnis nicht aussagen noch aussprechen kann, so bitte ich dich, treuer Gott, verlaß mich doch nicht, nimm deinen heiligen Geist doch nicht von mir, halt mich fest bei deiner Hand, daß ich nimmermehr sinke, noch von dir geschieden werde. Mit traurigem Herzen steh ich des Morgens auf, mit betrübtem Geist eß ich, mit Angst und Schmerzen lege ich mich wieder nieder und habe keine Ruhe in mir. Ach Gott, sieh an mein Elend und Kummer; ich wollte dir gerne mit fröhlichem Herzen und Munde dienen, aber ich vermag es nicht; wie stark ich mich wehre und dawider streite, ich bin gar zu schwach zu diesem großen Kampf. Darum hilf mir Schwachem, o du starker Gott, und gib mir deinen heiligen Geist, der mich erfreue und tröste in aller meiner Traurigkeit. Ich weiß ja, daß ich dein bin im Tode und Leben; es kann mich nichts von dir scheiden, weder Gegenwärtiges noch Zukünftiges, weder Trübsal noch Angst, ob ich gleich jetzt in Angst und Kümmernis schwebe.

Herr, ich hoffe auf deine Gnade; du wirst mich nicht unerhöret von dir lassen, sondern alle Angst aus meinem Herzen reißen und mir ein neues Freudenlied in meinen Mund geben. So will ich dich für deine Güte rühmen, loben, preisen und danken, und dir dienen hier und in Ewigkeit. Amen.

Ach, Herr, ich erfahre es nun in Wahrheit, daß der Glaube nicht Jedermanns Ding sei. Ich glaube, lieber Herr; aber hilf meinem Unglauben! Du wollest das zerstoßene Rohr nicht zerbrechen und den glimmenden Docht nicht auslöschen. O Jesu, der du sitzest zur Rechten Gottes, vertritt mich und bitt für mich, daß mein Glaube nicht aufhöre. Sei der Anfänger und Vollender des Glaubens; laß mich ergreifen den Schild des Glaubens, damit ich auslösche alle feurigen Pfeile des Bösewichts. Laß mich glauben, ob ich gleich nicht sehe, und also selig sein. Amen.

In äußerer Noth.

Allmächtiger, gütiger Gott, der du bist eine Stärke der Schwachen, ein Heil der Kranken, eine Kraft der Mühseligen, ein Trost der Betrübten, eine Freude der Traurigen, eine Zuflucht der Verlassenen, eine Hilfe der Angefochtenen, ein Leben der Sterbenden, ein Gott der Geduld und alles Trostes: du siehest und weißt, daß wir von Natur schwach, blöde und verzagt sind und im Kreuz ohne deine göttliche Hilfe und Beistand nicht können bestehn. Deswegen ruf ich zu dir in aller Widerwärtigkeit, die du mir etwa nach deinem göttlichen Willen und Wohlgefallen zuschickest, du wollest mich auch dabei fest im Glauben und beständig in der Geduld erhalten. Verleih mir Gnade, daß ich deine väterliche Hand und Züchtigung möge erleiden mit sanftem Geist und stillem Herzen. Gib mir Geduld, welche mir hochnöthig ist in Leidenszeit, und lehre mich, daß ich dir, meinem Gott, still halte, wenns übel geht, damit ich die Trübsal nicht achte für ein Zeichen deiner Ungnade und in meinem Herzen nicht etwa wider dich murre; sondern laß mich erkennen, daß du den, welchen du, Herr, lieb hast, auch züchtigest zu seiner Besserung; denn die Trübsal bringt Geduld, Geduld aber bringt Erfahrung, Erfahrung bringt Hoffnung, Hoffnung aber läßt nicht zu Schanden werden. Und selig ist der Mann, den du, Gott, strafest. Darum soll sich Niemand weigern der Züchtigung des Allmächtigen; denn du verletzest, und deine Hand heilet. Aus sechs Trübsalen wirst du mich erretten, und in der siebenten wird mich kein Übel rühren.

So hilf nun, ewiger, barmherziger Gott, daß ich mit Geduld meine Seele möge fassen und in gewisser Hoffnung unabgewendet bleiben, auf daß ich mit kindlicher Zuversicht dein väterliches Herz unter dem Kreuz verborgen möge erkennen und mit aller Kraft gestärket werde, nach deiner herrlichen Macht, in aller Geduld und Langmütigkeit, und daß ich in aller Anfechtung, Widerwärtigkeit und Leiden gewaffnet möge bestehn und fröhlich mit dankbarem Gemüt in aller Noth dich preisen, damit, wie ich mit Christo allhier leide, ich auch mit ihm zur ewigen Herrlichkeit erhoben werde. Amen.

Dankgebet für Hilfe aus der Noth.

Ich danke dir, Herr, mein Gott, von ganzem Herzen und ehre deinen Namen ewiglich. Ich danke dir ewig; denn du kannst es wohl machen. Sieh, um Trost war mir sehr bange; du aber hast dich meiner Seele herzlich angenommen, daß sie

nicht verdürbe. Ich ſchrie zu dir in meiner Angſt, da erhörteſt
du meine Stimme, und mein Geſchrei kam vor dich zu deinen
Ohren, und du tröſteſt mich, du biſt mir treulich beigeſtanden,
du haſt meine Seele erhalten und mich endlich aus meiner großen
Trübſal väterlich errettet.

O mein Herr und Gott, wie ſoll ich dir vergelten alle
Wohlthaten, die du täglich an mir thuſt?

Wohlan, ich will den heilſamen Kelch nehmen und des Herrn
Namen predigen; ich will dich, Herr, loben alle Zeit und dein
Lob ſoll immerdar in meinem Munde ſein. Hilf, du getreuer
Gott, daß ich dieſe meine Gelübde bezahle.

Regiere, leite und führe mich, daß ich in ſteter Dankſagung
für alle erzeigte Wohlthaten täglich wachſe und zunehme, durch
deinen geliebten Sohn, meinen Erlöſer und Heiland Jeſum
Chriſtum, welcher mit dir und dem heiligen Geiſte lebet und
regieret in Ewigkeit. Amen.

In Krankheit.

Herr Jeſu Chriſte, du haſt deinen Boten zu mir geſchickt,
nämlich dieſe meine Krankheit, und mich zur Buße ermahnen
laſſen. Sieh, mein Herr, ich erkenne deinen gnädigen Willen,
bin gehorſam und kehre mich zu dir. Mein Gott, ich ſende dir
wieder einen Boten, nämlich mein armes Gebet und Seufzen.
O Herr, nimm mein Flehen an und laß mein Seufzen vor
dich kommen; gefällt es dir, mein Erlöſer, iſt es mir gut und
ſelig, daß ich leben ſoll: nun ſo richte mich auf und hilf, daß
es ein neues, geſundes, chriſtliches Leben ſei bis an mein Ende.
Gefällt dirs nicht, daß ich lebe, ſondern daß dies mein Ende
ſein ſoll: nun, ſo ſei es ein ſeliges. Dann komm, o Herr Jeſu,
und nimm meine Seele in deine Hände. Amen.

––––––

O mein himmliſcher Vater, du haſt mich laſſen krank werden.
Was aber ſoll meine Krankheit für ein Ende nehmen? Soll
ich leben oder ſoll ich ſterben? Und was willſt du, daß ich
thun ſoll? Meine Seele ſollte wohl Luſt haben abzuſcheiden
und bei Chriſto zu ſein; aber mein Fleiſch und Blut entſetzet
ſich vor dem Tode, und alſo liegt mir beides hart an.

Ich aber weiß nicht, was du über mich beſchloſſen haſt; ich
verſtehe auch nicht, was mir und den Meinen gut iſt, und alſo
weiß ich ſelber nicht, was ich von dir ſoll bitten.

Jedoch, Herr, ich will dir nichts vorſchreiben und auch mir
ſelber nichts ausleſen. Soll ich diesmal ſterben, ſo geſchehe
dein Wille; dir überlaſſe ich Alles und bin zufrieden mit Allem.

Ja, Herr, ich befehle dir meinen Weg auch in das Grab und hoffe auf dich; du wirsts wohl machen. Amen.

Gebet eines Kranken und Sterbenden.

Herr Christe, du Fürst des Lebens und König der Herrlichkeit, der du die Schlüssel der Hölle und des Todes in deiner Hand hast, ich fühle, daß ich meine Hütte bald ablegen werde; ich bin Erde und werde wieder zu Erde werden, davon ich genommen bin. Laß, o Herr, mir nicht grauen vor dem Tod, den ich vor Augen sehe, sondern tröste mich in Todesnöthen und Schmerzen.

Ich danke dir, du Gott meiner Väter, daß du mich aus Gnaden zur Gemeinschaft der christlichen Kirche gebracht, daß du mir zum seligmachenden Glauben geholfen und mich bisher darin erhalten; erhalt mich doch darin bis an mein Ende; laß mich nicht abfallen von des rechten Glaubens Trost, daß mir von dem andern, dem ewigen Tode, kein Leid geschehe.

Himmlischer Vater, es will Abend werden und der Tag meines Lebens hat sich geneiget; bleibe bei mir. Weis mich zur Ruhe, Herr Christe, und laß mich sanft einschlafen; laß mich in meiner Heimfahrt, wie Stephanus, den Himmel offen sehen. Herr Gott, heiliger Geist, weiche nicht von mir, bis sich Leib und Seele scheiden; verkürze mir die Todesqual und nimm mich in Gnaden von diesem elenden Leben und Jammerthal zu dir in den Himmel.

Herr Christe, der du um unserer Sünde willen gestorben und um unserer Gerechtigkeit willen von den Todten erstanden bist: wenn mein irdisches Haus, diese sterbliche Hütte, zerbrochen und mein Leib zu Erde und Asche wird, so gib mir durch deine göttliche Macht für den natürlichen Leib einen geistlichen Leib; und was verweslich in Unehre und Schwachheit gesäet wird, laß unverweslich in Herrlichkeit und Kraft auferstehen; verkläre meinen Leib, daß er ähnlich werde, Herr Christe, deinem verklärten Leibe. Ich sehne mich bei mir selber nach der Kindschaft, freue mich der künftigen Güter, Ehre und Herrlichkeit, und warte auf die freudenreiche Zukunft und meines Leibes Erlösung, auf ein ewiges Leben nach der Verheißung Gottes.

Ich glaube, daß noch eine Ruhe vorhanden sei dem Volke Gottes, darin sie sich ewig freuen werden und die Gerechten leuchten werden, wie die helle Sonne, in ihres Vaters Reich.

Herr Christe, dir lebe ich, dir sterbe ich, dein bin ich todt und lebendig. Ich bin dein und du bist mein, dir sei meine Seele befohlen, du wirst sie wohl bewahren, du hast sie erlöset, du wahrhaftiger und getreuer Gott. Herr, der du kommen wirst, zu richten die Lebendigen und die Todten, verleih mir eine fröhliche Auferstehung mit allen Seligen und laß mich mit gutem Gewissen und fröhlichem Angesichte vor deinem Richter=stuhle erscheinen. Sei du mein Fürsprecher; stelle mich unter deine Schäflein zu deiner Rechten, und laß mich mit Freuden das Wort hören: „Geh ein zu deines Herren Freude!" Laß mich in der künftigen Welt mit dir leben und mit Gebet und Freu=bengesang dir ewig dienen um deiner Gnade willen. Amen.

Vor der Kranken = Communion.

Liebster Jesu, mich verlanget von ganzem Herzen, dein heiliges Liebesmahl zu empfangen, weil ich nicht weiß, wann ich von dieser Welt abscheiden soll. Damit ich nun nicht ohne dich vor dem Gerichte Gottes erscheinen möge, so will ich noch, dieweil ich lebe, mich von neuem mit dir vereinigen, auf daß du in mir und ich in dir sei und bleibe. Ich bin gewis, daß du auch mit deiner Gegenwart mich erfreuen und erquicken werdest.

Ach, liebster Seelenfreund, du bist ja nahe bei den Elenden, du erfreuest die Betrübten, du hilfst denen, die ein zerschlagenes Gemüt haben; so laß auch jetzt mein Herz erfreuet und meine Seele durch diese himmlische Speise und Trank erquicket werden!

Meine Andacht soll Niemand stören, da ich in meiner Ein=samkeit mich mit dir vereinigen will; dabei steure den Schmerzen der Krankheit, und gib mir die Erquickung in dieser Stunde, daß ich ungehindert könne mein Vorhaben vollbringen. Ich will jetzt deinen Tod verkündigen und mich erinnern an dein Leiden und Sterben, an deine Wunden und Schmerzen, an deine Marter und Pein, an deinen Kreuzestod und Alles, was du für mich gethan, an die Einsetzung des heiligen Abendmahls, in welchem du mich speisest und tränkest zum ewigen Leben.

Ich glaube, daß deine Worte sind Ja und Amen, allsammt wahrhaftig und gewis. Ich glaube, daß mir im heiligen Abend=mahle die Gemeinschaft deines heiligen Leibes und Blutes wahr=haftig zu Theil werden soll. Nun, diese himmlische Speise und dieser Trank soll mich stärken im Glauben, daß ich mit Gott versöhnet sei; diese himmlische Speise und dieser Trank soll mich trösten, daß ich nicht verloren sei, sondern das ewige Leben habe; diese himmlische Speise und dieser Trank soll mich ver=sichern, daß ich in deiner Gnade stehe, daß ich Vergebung der Sünden habe und mit dir vereinigt bin, der du bist die Ver=söhnung für unsere, ja für die Sünden der ganzen Welt; diese himmlische Speise und dieser Trank soll mich erinnern an das

Mahl deiner ewigen Freude und Herrlichkeit, wozu du nach meinem Tode mich einführen willst.

O Jesu, Freund meiner Seele, heilige und reinige mich, damit ich als dein Eigentum und dein Miterbe mich ewig mit dir vereinige.

O treuer Hirt, weide meine Seele auf grüner Aue, speise mich mit dem Brote des Lebens, erquicke mich mit deinem Himmelstrank, dann kann weder Sünde noch Tod mir schaden. Ich bin dein und du bist mein. Dir, Jesu, leb ich; dir, Jesu, sterb ich; dein bin ich todt und lebendig. Amen.

Nach der Kranken-Communion.

Herr Jesu, du hast mein Verlangen gestillt, du hast mich gespeiset und getränket mit deinem heiligen Leib und Blut; dafür preise ich dich von Grund meiner Seele.

Meine Seele ist nun genesen, nachdem ich mit Jesu vereinigt bin; ja ich will nun gern sterben, nachdem ich, o Jesu, zu der innigsten Gemeinschaft mit dir gelanget bin. Lobe den Herrn, meine Seele, und vergiß nicht, was er dir Gutes gethan hat. Herr, nun lässest du deinen Diener (deine Magd) in Frieden fahren, denn meine Augen haben deinen Heiland gesehen. O Jesu, lebe in mir, schenke mir einen gelassenen Mut, christliche Zufriedenheit und eine dir ganz ergebene Seele. Erhalt mich beständig bei heiligen und guten Gedanken, und laß dein liebliches und erquickendes Andenken immer in meinem Herzen sein.

Willst du mich, o Gott, nun durch den Tod von diesem Leben abfordern, so geschehe dein Wille. Ich weiß, meine Sünde ist mir vergeben, darum darf ich mich nicht fürchten, vor dich zu treten; denn wo Vergebung der Sünden ist, da ist auch Leben und Seligkeit. Ich weiß, Jesus hat mir seine Gerechtigkeit geschenket; wenn ich in diesem Schmuck und Ehrenkleide vor dich, o Gott, komme, so wirst du mich um derselben willen vor dem Gericht frei und los sprechen.

Nun ich gerecht bin worden durch den Glauben, so habe ich Friede mit Gott durch unsern Herrn Jesum Christum. Durch ihn ist mir der Himmel und der Zugang zu dem Gnadenthron eröffnet. Ich weiß, Jesus ist mein Fürsprecher bei Gott, ich sterbe in der Gnade Gottes, in dem Frieden mit Gott. So bin ich fröhlich, so sterbe ich selig und werde auch ewiglich selig sein.

So ist denn mein Wunsch erfüllet, daß meine Speise vor dem Abscheiden möge das heilige Abendmahl sein. Verleih mir auch, daß mein letztes Wort, das ich auf der Welt rede, möge Jesus, — und daß meine letzten Gedanken, die ich habe, auf Jesu Blut, Tod,

Leiden, Sterben und auf sein heiliges Verdienst gerichtet sein;
denn so weiß ich, daß ich fröhlich und selig leben und sterben
werde. Ist Gott für mich, wer mag wider mich sein? Ja,
wer will mich scheiden von der Liebe Jesu? Dich, mein Jesus,
laß ich nicht, bis du mich bringest zu der Gemeinschaft der Hei=
ligen und Auserwählten. Amen.

Fürbitte für die Zurückbleibenden.

Barmherziger Gott, treuer himmlischer Vater, du eilest mit
mir zu Ende und willst mich in dein ewiges Himmelreich abfor=
dern, dahin ich dir herzlich gerne will folgen.

Weil ich aber die lieben Meinigen in großer Traurigkeit zu=
rücklasse, so bitte ich dich um meines Vertreters Jesu Christi
und um seines theuern Verdienstes willen, du wollest sie in ihrer
Betrübnis reichlich trösten, dein Vaterherz nicht von ihnen wen=
den, deine milde Hand ihnen nicht entziehen, sondern sie es reich=
lich erfahren lassen, daß du deine Vaterhand nicht von ihnen
abgezogen. Laß sie endlich zur bestimmten Zeit mir in das rechte
Vaterland selig nachfolgen, wo wir Alle mit einander dich in
Freuden ohne Aufhören loben und preisen wollen.

Nun, wie du mir sie gegeben und vertrauet, so gebe und
vertraue ich dir sie wieder; du trautes Vaterherz wirst es besser
machen, denn wirs meinen; ich werfe alle meine und ihre Sorge
auf dich, — du wirst sie wohl versorgen. Amen in Jesu Na=
men, Amen.

Fürbitte für den Sterbenden.

Allmächtiger, ewiger, barmherziger Gott, der du unser Leben
erhältst auch im Tode und Sterben: wir bitten dich, du wollest
die Augen deiner Barmherzigkeit wenden zu diesem unserm
kranken Mitbruder (Mitschwester, Kinde), der dein Geschöpf und
Ebenbild ist, ihn erquicken an Leib und Seele und ihm alle
Sünden aus Gnaden vergeben.

Nimm das Opfer des unschuldigen Todes Jesu Christi, dei=
nes lieben Sohnes, zur Vergebung all seiner Sünden gnädiglich
an; denn er ist auf dessen Namen getauft und mit desselbigen
Blute gereinigt.

So errette ihn nun von den Schmerzen der Krankheit, ver=
kürze ihm seine Leiden. Erhalt ihn wider alle Anklage des
Gewissens und wider alle Anfechtung des bösen Feindes, auf daß
er im Glauben ritterlich kämpfe und überwinde. Verleih ihm
eine selige Heimfahrt zum ewigen Leben und schicke ihm deine

heiligen Engel, daß sie ihn begleiten zu der himmlischen Gemeinde aller Auserwählten in Christo Jesu, unserm Herrn. Amen.

Kurze Gebete und Seufzer, dem Sterbenden vorzusprechen.

Ach barmherziger, gütiger Gott, hilf mir in meinen Leiden und in meiner Todesstunde; o mein Gott, du bist ja allezeit mein gnädiger Gott und mein Beistand gewesen: ach bleibe es auch jetzt. O Jesu, bleibe bei mir, es will Abend werden, und der Tag meines Lebens hat sich geneiget. O werther heiliger Geist, stärke mich, erhalt mich im festen Glauben bis an mein Ende, erleuchte mich zum ewigen Leben. Ich will auf Jesu Blut und Wunden sterben; dem lebe ich, dem sterbe ich, auf sein Verdienst verlasse ich mich. Amen.

Wie der Hirsch schreiet nach frischem Wasser, so schreiet meine Seele, Gott, zu dir; meine Seele dürstet nach Gott, nach dem lebendigen Gott; wann werde ich dahin kommen, daß ich Gottes Angesicht schaue? Jesu, du Licht meiner Seele, wenn meine Augen wollen dunkel werden, so laß in meiner Seelen aufgehen die himmlische Klarheit; weich nicht von mir, wenn meine Augen brechen; zeige mir alsdann deine Gestalt, und laß mich sehen dein Bild, wie du dich am Kreuz zu Tode geblutet hast. Ob ich schon wandle im finstern Thal, fürchte ich doch kein Unglück; denn mein Jesus ist bei mir. Ja, mein Jesus, bleibe bei mir, stärke mich im Glauben und laß mich dein Eigentum sein hie zeitlich und dort ewig. Amen.

Dennoch bleibe ich stets an dir, o mein Gott; denn du hältst mich bei meiner rechten Hand, du leitest mich nach deinem Rath und nimmst mich endlich zu Ehren an.

Durch dein bitteres Leiden und deinen Todeskampf hilf mir, mein Heiland und Herr; ich weiche nicht von dir: ach bleibe du auch bei mir! Jesu, wenn mein Kampf angeht, so hilf mir ringen, so hilf mir siegen und überwinden; wenn die Angst meines Herzens groß wird, so führe mich aus meinen Nöthen. Ich bin ja dein Eigentum, darum führe mich durch alle Angst hindurch zur Freude, zur Wonne, zur Herrlichkeit. Bist du mit mir, so fürchte ich mich nicht, so bin ich selig, so werde ich zur Freude eingehen. Amen.

In dem neuen Jerusalem wird Gott abwischen alle Thränen von der Gläubigen Augen und der Tod nicht mehr sein, noch Leid, noch Geschrei, noch Schmerzen wird mehr sein.

Ach, Jesu, ich freue mich auf die Stunde, da ich werde dein Freudenangesicht mit verklärten Augen sehen. Da wird mein Leib leuchten wie die Sonne, und meine Augen werden nicht mehr von Thränen naß, sondern voll Licht und Glanz sein. Bei dir finde ich Freud und Trost. Hier bin ich zur Herberge, bei dir aber bin ich in meinem rechten und ewigen Vaterland. Amen.

Gebet der Umstehenden, wenn der Sterbende verschieden ist.

Herr, allmächtiger Gott und Vater, verleih diesem unserm verschiedenen Mitchristen um deines lieben Sohnes Jesu Christi willen die ewige Freude und Ruhe; laß ihm leuchten dein Himmelslicht, und nimm ihn auf zur Schar aller heiligen lieben Erzväter, Propheten, Apostel, Märtyrer und aller gläubigen Christen; erwecke ihn auch am jüngsten Tage und gib ihm die ewige Herrlichkeit um deines Namens Ehre willen. Uns aber laß an diesem Tode lernen, daß wir auch einmal also sterben und die Welt verlassen müssen, damit wir uns in Zeiten durch Buße, Glauben und Vermeidung aller Sünde und Eitelkeit der Welt dazu bereiten mögen. Tröste du, o Gott, alle durch diesen Tod Betrübten; sei du Vater, Versorger, Pfleger, Helfer und Beistand. Erhöre uns, Herr unser Gott, und zieh uns Alle durch treuen Kampf in dein Himmelreich, wo du der Deinen Gott bist ewiglich. Amen.

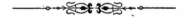

Alphabetisches Register der Lieder.

E.

Die Berichtigungen sind auf Seite 774 verzeichnet.